KB240217

The Bloomsbury Companion To Spinoza

옮긴이 **이혁주**

성균관대학교 학부대학 초빙교수. 동 대학교 교양기초교육연구소 선임연구원. 신학과 철학을 공부했으며 스피노자에 관한 연구로 철학박사 학위를 받았다. 현재 한국연구재단의 학술연구교수 지원을 받아 스피노자 형이상학의 제 주제에 관한 연구를 진행 중이다. 스피노자의 평행론, 개체론, 인과론, 자유 문제, 정서론 등에 관한 논문을 썼고, 옮긴 책으로는 스티븐 내들러의 『에티카를 읽는다』(그린비, 2013)와 스티븐 내들러(글)·벤 내들러(그림)의 『철학의 이단자들』(창비, 2019), 빕 판 뷩어 외 편의 『스피노자 편람』(그린비, 2025)이 있다.

스피노자 편람

스피노자에 대한
거의 모든 것

빔 판 뷩어 Wiep van Bunge,
헨리 크롭 Henri Krop,
피트 스테인바이커스 Piet Steenbakkers,
예룬 판 더 벤 Jeroen van de Ven 편저
이혁주 옮김

The Bloomsbury
Companion
To Spinoza

그린비

The Bloomsbury Companion to Spinoza

Copyright © Wiep van Bunge, Henri Krop, Piet Steenbakkers, Jeroen van de Ven

Korean Translation Copyright © 2025 by Greenbee

Korean edition is published by arrangement with Bloomsbury Publishing Plc (UK) through

Shinwon Agency Co., Seoul.

철학의 정원 77

스피노자 편람 —스피노자에 대한 거의 모든 것

초판1쇄 펴냄 2025년 12월 18일

엮은이 빕 판 뷩어, 헨리 크롭, 피트 스테인바이커스, 예룬 판 더 펜
옮긴이 이혁주
책임편집 민승환 | **디자인** 심민경

펴낸이 유재건
편집장 이진희
편집부 문혜림, 민승환, 전혜빈
디자인팀 심민경, 조예빈
독자사업 류경희
경영관리 장혜숙
펴낸곳 (주)그린비출판사
주소 서울시 서대문구 이화여대2길 10, 1층
대표전화 02-702-2717 | **팩스** 02-703-0272
홈페이지 www.greenbee.co.kr
원고투고 및 문의 editor@greenbee.co.kr

이 역서는 2024년 대한민국 교육부와 한국연구재단의 지원을 받아 수행된 연구임 (NRF-2024S1A5B5A16027360)
This work was supported by the Ministry of Education of the Republic of Korea and the National Research Foundation of
Korea (NRF-2024S1A5B5A16027360)

독자의 학문사변행學問思辨行을 돕는 든든한 가이드 _(주)그린비출판사

감사의 글

이 책 출판에 도움을 준 컨티눔국제출판그룹Continuum International Publishing Group에 감사드리고 싶다. 특히 루디 툄메스Rudi Thoemmes와 메릴린 홀름Merilyn Holme이 큰 도움을 주었다. 에라스무스 대학의 바트 레이웬버그Bart Leeuwenburgh도 그러했고, 한 번 더 편집을 도와준 미힐 빌레마Michiel Wielema 역시 큰 도움을 주었으며 우리의 많은 실수를 바로잡아 주었다.

이 편람은 『17~18세기 네덜란드 철학자 사전』*The Dictionary of Seventeenth and Eighteenth-Century Dutch Philosophers*(2003)과 아주 다른 책이 되었지만, 이 『사전』의 '속편'인 이 편람 간행에 『사전』의 많은 집필진들이 열의와 능력을 가지고 동참해 준 것은 큰 기쁨이었다. 로테르담의 동료이자 『로크 편람』*The Continuum Companion to Locke*(2010)의 공동 편찬자인 파울 슈우먼Paul Schuurman은 곁에서 늘 조언을 아끼지 않았다. 그는 사람들에게 활력을 불어넣어 주는 본보기로 이 프로젝트를 완수하는 데 큰 도움이 되었다.

물론 기고자들께 진 빚이 가장 크다. 마르크 알데링크Mark Aalderink, 로베르토 보르돌리Roberto Bordoli, 베르트 보스Bert Bos, 로랑 보브Laurent Bove, 필립 뷔이스Filip Buyse, 토마스 쿡Thomas Cook, 헤르만 드 뎅Herman De Dijn, 한스 흐리브나우Hans Gribnau, 미하엘 함페Michael Hampe, 조너선 이즈리얼Jonathan Israel, 샹탈 자케Chantal Jaquet, 파울 유페르만스Paul Juffermans, 올리 코이스티넨Olli Koistinen, 프랭크 메르텐스Frank Mertens, 존 밀러Jon Miller, 피에르–프랑수아 모로Pierre-Francois Moreau, 잔루카 모리Gianluca Mori, 얀 노르데흐라프Jan Noordegraaf, 태미 나이든Tammy Nyden, 미리암 판 렌Miriam van Reijen, 타마르 루다브스키Tamar Rudavsky, 한 판 룰러Han van Ruler, 도널드 러더포드Donald Rutherford, 마린 테르프스트라Marin Terpstra, 테드 슈말츠Tad Schmaltz, 린 스프라위트Leen Spruit, 테오 페르베이크Theo Verbeek, 링크 페르메이Rienk Vermij, 이들 없이 『스피노자 편람』은 완성되지 못했을 것이다.

—편집진 일동

서론

오늘날, 바루흐 또는 베네딕투스 데 스피노자(1632~1677)는 지금까지 살았던 위대한 철학자 중 한 명으로 널리 존경받고 있다. 44세라는 이른 나이에 세상을 떠났음에도, 그의 위상과 명성은 이제 토마스 홉스Thomas Hobbes(1588~1679), 르네 데카르트René Descartes(1596~1650), 존 로크 John Locke(1632~1704), 고트프리트 빌헬름 라이프니츠Gottfried Wilhelm Leibniz(1646~1716), 피에르 베일Pierre Bayle(1647~1706) 등 모두 그보다 오래 살았던 동시대 철학자들의 위상과 명성에 비견된다.

1656년 암스테르담의 포르투갈계 유대인 공동체로부터 추방당한 일과 1672년에 홀란트의 대재상Grand Pensionary 얀 더 빗Johan de Witt과 그의 형제 코넬리스Cornelis가 암살당한 것에 분노했다는 기록을 제외하면, 그의 일대기에는 비교적 특별하달 것이 없는 것 같다. 그의 전기는 이 철학자가 무엇보다 자신의 저작에 전념했음을 증언하고 있다. 스피노자의 서신은 이 네덜란드 철학자가 주고받은 80여 통의 편지로 이루어져 있는데 주로 그의 철학 세부 사항에 관한 것이다. 스피노자의 삶 대부분이 여전히 베일에 가려져 있으며, 그의 전기 세부 사항에 관한 연구가 계속해서 전문가들의 관심을 불러일으키는 것은 이러한 이유 때문이다. 우리는 홉스, 데카르트, 로크, 라이프니츠, 베일 등 그들 삶의 세부 사항에 대해 스피노자에 대해 아는 것보다 훨씬 많이 알고 있으며, 그들은 모두 스피노자보다 훨씬 많은 방대한 저작을 남겼다.

1670년 익명으로 출간된 스피노자의 『신학정치론』은 최근 학문적으로 상당한 주목을 받고 있지만, 대부분의 현대 독자에게 스피노자는 여전히 1677년 사후에 출판된 『윤리학』*Ethica*이라는 단 하나의 걸작을 집필한 저자로 인식되고 있다. 그러나 라틴어로 작성되고 유클리드의 『기하학 원론』을 모델로 한 『윤리학』은 그 엄격한 언어와 기하학적 방법 때문에라도 늘 유달리 난해한 책으로 여겨져 왔다. 오늘날까지 『윤리학』에 대한 해석은 여러 갈래가 있고 심지어 상충하는 것도 있는

데,『윤리학』과 다른 저작 간의 정확한 관계 문제도 마찬가지이다.

이 책이 속한 총서[Bloomsbury Companions]의 형식에 따라, 1부는 예룬 판 더 펜Jeroen van de Ven이 편찬한 것으로 스피노자의 생애와 관련된 현재 가용한 문헌 증거의 총람總覽이다. 이 연대기는 관련 기록물의 총망라를 목표로 하지만, 장래의 모든 전기 작가가 계속해서 직면할 많은 공백이 있음은 분명하다. 2부는 스피노자의 사상에 영향을 준 요인에 관한 부분으로 피트 스테인바이커스Piet Steenbakkers가 편집했다. 2부가 스피노자 철학에서 작동하고 있는 모든 원천의 완전한 상을 보여 준다고 할 수는 없다. 하지만 우리는 그런 목록을 남김없이 제공하려는 시도조차 어리석다고 생각한다. 스피노자는 대개 자기 사상의 원천에 대해 침묵한다. 그도 그럴 것이 그는 인문주의 학자humanist scholar는 아니었기 때문이다. 철학계에 새롭게 등장한 데카르트 학파의 추종자로서, 그는 전통적인 학자적 박학함에는 큰 중요성을 부여하지 않았고, 그래서 자신의 관념이 어디에서 비롯되었는지 또는 다른 사상가들의 관념과 어떤 관계가 있는지 명확하게 보여 줄 필요를 항상 느끼지는 않았을 것이다.

스피노자의 저작이 많은 독자에게 매력적이었고 여전히 그러하다는 점 때문에, 그의 관념이 광범위한 혐오감을 일으키기도 했음을 도외시해서는 안 된다. 우리는 이제 아주 초기 단계부터 스피노자가 유럽 전역에서 존경을 받았음을 알고 있지만, 대다수의 초기 독자는 그의 '무신론', '유물론', '숙명론'에 경악했다. 1670년대부터 수십 개의 '논박서'refutation가 출판되었고, 빕 판 빙어Wiep van Bunge가 편찬한 3부 초기 비평가 부분에는 포괄적인 철학으로서의 스피노자주의에 제기된 반박 일부가 선집 형태로 수록되어 있다. 스피노자 철학을 해체하는 데 투입된 막대한 논쟁적 에너지가 얼마나 효과가 있었는지에 대해서는 의견이 엇갈리겠지만, 스피노자주의에 대한 적대적 반향은 여전히 초기 근대 철학에서 그 존재감을 보여 주는 중요하고도 매혹적인 측면이라고 생각한다.

이 책의 가장 많은 부분을 차지하는 4부 용어 해설은 헨리 크롭Henri Krop이 맡았다. 이 용어 해설 부분에는 스피노자의 사상을 구성하는 개념들에 대한 간략한 주해에서 소논문 수준에 이르는 다양한 글 모음이 수록되어 있다. 스피노자의 개념어에 대한 상세한 설명을 통해(정확히 말하자면 다양한 전문가들의 해설을 통해), 우리는 스피노자주의의 기원과 내적 논리뿐만 아니라 그 세부 사항까지 새롭게 조명할 수 있기를 기대한다. 이 특별한 부분의 기고자들이 스피노자 사상의 여러 측면에 대해 의견 일치를 보이지 않는다는 점은 다행스러운 일이다. 그 결과 다면적인 상이 나타나는데, 바라건대 우리는 이 점이 추가적인 숙고를 촉발하는 계기가 되기를 바란다.

5부 스피노자 저작 개요는 피트 스테인바이커스가 썼다. 이 개요는 스피노자 저작들을 요약한 것인데, 스피노자의 『히브리어 문법 강요』 같은, 전문가들에게조차 익숙하지 않은 글을 포함하고 있다. 마지막 부분인 6부 스피노자 연구는 스피노자 연구사를 다룬 소론으로 빕 판 벙어가 썼다. 공동 편찬자로서 우리도 이 책에 수록된 많은 항목을 썼지만, 우리는 이 기획의 만화경적kaleidoscopic 특징이 손상되지 않도록 끊임없이 노력했다. 편찬은 네덜란드인들이 했으나 네덜란드, 벨기에, 프랑스, 이탈리아, 스위스, 핀란드, 미국, 캐나다의 많은 동료와 함께 공동 집필한 것이기 때문이다.

스피노자의 삶은 고요하고 짧았을 뿐만 아니라 그가 내놓은 결과물도 상대적으로 많지 않았지만, 그는 계속해서 철학자, 역사학자, 과학자뿐만 아니라 그에 대한 전문적 관심이 있지 않은 일반인에게도 영감을 주고 있다. 이 편람이 이 네덜란드 철학자의 생애와 저작에 대한 더 많은 성찰과 연구를 자극하는 데 도움이 되기를 바란다.

— 편집진 일동

약어표

주요 저작의 약어

A. 스피노자의 저작

G Spinoza, *Opera*, ed. C. Gebhardt(Heidelberg : Winter, 1925 ; repr.1972), 4 vols.

M Spinoza, Spinoza – Oeuvres, ed. P-F. Moreau(Paris : Presses Universitaires de France, 1999 ; 2005 ; 2009 ; 2020), Vol. I, III, IV, V.

C I, C II Spinoza, trans. by Edwin Curley, *The Collected Works of Spinoza*, 2 vols.

Adn 「『신학정치론』 주석」'Adnotationes ad Tractatum theologico-politicum'

CG 『히브리어 문법 강요』*Compendium grammatices linguae Hebraeae*

CM 「형이상학적 사유」'Cogitata metaphysica'

E 『윤리학』*Ethica*

Ep 『서간집』*Epistolae*

KV 『신, 인간, 그리고 그의 행복에 관한 소론』*Korte verhandeling van God, de mensch en deszelvs welstand*

PPC 『데카르트의 『철학의 원리』』*Renati Des Cartes Principia philosophiae*

TIE 『지성교정론』*Tractatus de intellectus emendatione*

TP 『정치론』*Tractatus politicus*

TTP 『신학정치론』*Tractatus theologico-politicus*

국역본은 각각 번역자 이름으로 약칭(이 책 옮긴이 부록 "스피노자 저작 국역본 소개" 참고)

B. 데카르트의 저작

AT *Œuvres de Descartes*, ed. Ch. Adam & P. Tannery, 2nd ed.(Paris, 1965~1983 ; 1897~1910)

M 『성찰』*Meditationes de prima philosophia*, 이현복 옮김, 『제일철학에 관한 성찰 · 자연의 빛에 의한 진리 탐구 · 프로그램에 대한 주석』, 문예출판사, 2021. "이현복 I"로 약칭

원석영 옮김, 『성찰1 : 성찰에 대한 학자들의 반론과 데카르트의 답변』, 나남출판, 2012. "원석영 I-1"로 약칭

원석영 옮김, 『성찰2 : 성찰에 대한 학자들의 반론과 데카르트의 답변』, 나남출판,

2012. "원석영 I-2"로 약칭

PA   『정념론』*Passiones animae / Les Passions de l'âme*, 김선영 옮김, 『정념론』, 문예출판사, 2013. "김선영"으로 약칭

PP   『철학의 원리』*Principia philosophiae*, 원석영 옮김, 『철학의 원리』, 아카넷, 2012. "원석영 II"로 약칭

D   『방법서설』*Discours de la méthode*, 이현복 옮김, 『방법서설 · 정신지도규칙』, 문예출판사, 2022. "이현복 II"로 약칭

C. 17세기 다른 저자의 저작

Bacon, F., *Nouum Organum*

Francis Bacon, 'Pars secunda operis, quae dicitur Novum Organum, sive Indicia vera de interpretatione naturae', in *Instauratio magna*, London, 1620. *Novum organum scientiarum*, Leiden, 1645. 진석용 옮김, 『신기관』, 한길사, 2001. "진석용 I"로 약칭

Burgersdijk, F., *Idea philosophae moralis* :

Franco Burgerdicius, *Idea philosophae moralis, ex Aristotele maxima parte excerpta, & methodice disposita*, Lugduni Batavorum, ex officina Elzeviriana, 1624.

Burgersdijk, F., *Institutiones Logicae* :

Franco Burgerdicius, *Institutionum logicarum libri duo, decreto illustriss. ac potentiss. dd. ordinum Hollandiae et West-Friesae, in usum scholarum ejusdem provinciae, ex Aristotelis praeceptis nova methodo ac modo formati, atque editi, Editio secunda, ab auctore multis locis ememdata*, Lungduni Batavorum, apud Abrahamum Commelinum, 1634.

Burgersdijk, F., *Institutiones Metaphysicae* :

Franco Burgerdicius, *Institutionum metaphysicarum libri II, Editio altera, priori correctior*, Lugduni Batavorum, apud Hieronymum de Vogel, 1642.

Heereboord, A., *Meletemata philosophica* :

Adrianus Heereboord, *Meletemata philosophica, in quibus pleraeque res metaphysicae ventilantur, tota ethica kataskolastikōs kai anaskolastikōs explicatur, universa physica per theoremata & commentarios exponitur, summa rerum logicarum per disputationes traditur*, Editio nova, Amstelaedami, sumptibus Henrici Wetstenii, 1680.

Heereboord, A., *Hermeneia logica* :

Adrianus Heereboord, Hermeneia logica, *sive synopseos logicae Burgerdicianae explicatio*, Leiden, 1640.

Hobbes, Th., *De Cive* :

TThomas Hobbes, *Elementa philosophica de cive*, Amsterodami, apud Ludovicum Elzevirium, 1647. 이준호 옮김, 『시민론』, 서광사, 2013. "이준호 I"로 약칭

Hobbes, Th., *De corpore* :

Thomas Hobbes, *Elementorum philosophiae sectio secunda De homine*, Londini, typis T.C. sumptibus Andr. Crooke, 1658.

Hobbes, Th., *De homine* :

Thomas Hobbes, *Elementorum philosophiae sectio secunda De homine*, Londini, typis T.C. sumptibus Andr. Crooke, 1658. 이준호 옮김, 『인간론』, 지식을 만드는 지식, 2013. "이준호 II"로 약칭

Hobbes, Th., *Leviathan* :

Thomas Hobbes, *Leviathan, sive De materia, forma, & potestate civitatis ecclesiastiae et civilis*, Amstelodami, apud John. Blaeu, 1668. 진석용 옮김, 『리바이어던1』, 『리바이어던2』, 나남, 2008. 각각 "진석용 II-1"과 "진석용 II-2"로 약칭

D. 17세기 사전

Chauvin, *Lexicon philosophicum* :

Etienne Chauvin, *Lexicon philosophicum* (···) *ita tum recognitum & castigatum ; tum varie variis in locis illustratum, tum passim quammultis accessionibus auctum & locupletatum, ut denuo quasi novum opus in lucem prodeat*···, leeuwardiae, excudit Franciscus Halma, 1713 ; 1a ed. : Rotterda, 1692.

Goclenius, *Lexicon philosophicum* :

Rudolphus Goclenius, *Lexicon philosophicum, quo tanquam clave philosophiae fores aperiuntur*, Frankfurt, 1613.

Micraelius, *Lexicon philosophicum* :

Johannes Micraelius, *Lexicon philosophicum terminorum philosophis ustatorum*, Jena, 1653 ; 2a ed. : Stettin, 1661, 1662.

주요 저작의 인용 방식

「형이상학적 사유」

저서의 약어 CM 뒤에 부部와 장章을 아라비아 숫자로 병기한다.

(예) CM 1. 2 →「형이상학적 사유」1부 2장

『윤리학』

『윤리학』의 약어 E 뒤에 아라비아 숫자로 부를 표시하고, 서문praefatio은 praef, 정의definitio는 d, 공리axioma는 a, 정리propositio는 p, 증명demonstratio은 d, 다른 증명aliter은 al, 해명explicatio은 exp, 따름정리corollarium는 c, 주석scholium은 s, 보조정리lemma는 lem, 요청postulatum은 post, 부록appendix은 app로 표기했다. 『윤리학』2부 정리13의 주석 다음부터 2부 정리14 이전까지 나오는, 「자연학 소론」(영어로는 'physical digression' 또는 'physical interlude'라 불림)이라 불리는 텍스트의 정의는 Def, 보조정리는 Lem이라 표기하고, 2부 정리13의 주석 뒤의 보조정리1 앞에 나오는 두 개의 공리와 보조정리3 이후에 나오는 공리는 모두 A라 표기하고, 보조정리3 뒤에 나오는 공리는 공리 번호 뒤에 아포스트로피(')를 추가하여 구분한다. 3부 부록인 「정서들에 대한 정의」'Affectuum Definitiones'는 ad로, 「정서들에 대한 일반적 정의」'Affectuum Generalis Definitio'는 agd로 표기한다.

(예) E1d4 →『윤리학』1부 정의4
    E3p6d →『윤리학』3부 정리6의 증명
    E2p16c2 →『윤리학』2부 정리16의 따름정리2
    E3praef →『윤리학』3부 서문
    E2p13sA1 →「자연학 소론」의 보조정리1 앞에 나오는 공리1
    E2p13sA1' →「자연학 소론」의 보조정리3 뒤에 나오는 공리1
    E2p13sDef →「자연학 소론」의 정의
    E2p13Lem2d →「자연학 소론」의 보조정리2의 증명

E3ad1exp →『윤리학』3부「정서들에 대한 정의」1번 해명

『신, 인간, 그리고 그의 행복에 관한 소론』

저서의 약어 KV 뒤에 부部는 로마자로, 장章과 절節 번호는 아라비아 숫자로 병기한다. 1부 2장과 3장 사이에 나오는 두 대화편은 저서의 약어 뒤「대화편1」와「대화편2」로 표기한다. 부록은 app으로 약칭하고, 두 부록은 로마자로 구분한다. 부록I의 공리와 정리는『윤리학』표기 규칙을 따른다.

ⓔ KV 1. 2 →『소론』1부 2장
  KV 2. 20. 3 →『소론』2부 20장 3절
  KV 1. 2「대화편1」→『소론』1부 2장「대화편1」
  KV app2. p4c →『소론』부록1 정리4의 따름정리

『데카르트의『철학의 원리』』

저서의 약어 PPC 뒤에 부와 정의, 공리, 정리 등은『윤리학』의 표기 규칙을 따른다.

ⓔ PPC2p14c →『데카르트의『철학의 원리』』2부 정리14의 따름정리
  국역본은 '양진호'로 약칭

『지성교정론』

저서의 약어 TIE 뒤에, *Benedicti de Spinoza Opera quae supersunt omnia*(1843~1846, 1913)의 편집자 칼 헤르만 브루더Karl Hermann Bruder(1812~1892)가 도입하여, 현재 널리 사용되는 문단 번호를 표기한다.

ⓔ TIE 96 →『지성교정론』96절
  국역본은 '김은주'로 약칭

『신학정치론』,『정치론』

저서의 머리글자 TTP, TP 뒤에 장과 절을 각각 로마자와 아라비아 숫자로 병기한다.

ⓔ TTP 4. 3 →『신학정치론』4장 3절
ⓔ TP 11. 2 →『정치론』11장 2절

『서간집』

서간집의 약어 Ep 뒤에 서신의 번호를 아라비아 숫자로 넣는다.

⟮예⟯ Ep63 →「서신63」
      국역본은 '이근세'로 약칭

카를 겝하르트Carl Gebhardt의『스피노자 고증본 전집』
에드윈 컬리Edwin Curley의『스피노자 영역본 선집』
아당과 타네리Ch. Adam & P. Tannery의『데카르트 고증본 전집』

1. 세 권은 편찬자나 번역자 이름으로 약칭하고 이름 뒤에 로마자로 권수를, 아라비아 숫자로 쪽수를 쓰고 온점(.)으로 구분했다.

⟮예⟯ G I. 47 → Gebhard 1권 47쪽
      C I. 136 → Curley 1권 136쪽
      AT VII. 75 → Adam & Tannery 7권 75쪽

2 데카르트의『철학의 원리』인용은 약어 PP 뒤에 부와 항을 각각 로마자와 아라비아 숫자로 표기했다.

⟮예⟯ PP I. 36 →『철학의 원리』1부 36항

3. 인용된 책의 부, 장, 절, 항 등을 밝힐 때는 통상적인 방식을 따랐다.

⟮예⟯ PP I. 27 →『철학의 원리』1부 27항

4. 나머지 문헌의 약어는 통상적 관례에 따른다.

⟮예⟯ 성서 출처 : 출애굽기 33 : 2~3 → 출애굽기 33장 2~3절

차례

일러두기

1 이 책은 Wiep van Bunge et al. eds., *The Bloomsbury Companion to Spinoza*(Bloomsbury Academic, 2014)를 완역한 것이다.

2 주석은 모두 각주이며, 역자가 추가한 각주는 [옮긴이]로 표기했다.

3 국내 문헌의 경우 단행본·정기간행물의 제목에는 겹낫표(『 』)를, 논문·단편·법 등의 제목에는 홑낫표(「 」)를 사용했으며, 국외 문헌의 경우 단행본·저널의 제목에는 이탤릭체를, 논문·단편에는 홑따옴표(' ')를 사용했다.

4 스피노자 가문의 구성원들 이름은 모두 포르투갈어식으로 음역했다.

5 네덜란드 인명, 지명 등은 국립국어원의 외래어 표기 규칙을 원칙으로 하되, 관례적으로 널리 사용되는 음역이 있는 경우 관례를 따랐고(예 : Gomarus → 고마루스, Den Haag → 헤이그), 관례적 음역이 외래어 표기 규칙과 유사하면 외래어 표기 규칙을 따랐다.

6 라틴어는 '한글라이즈'(hangulize.org)를 이용하여 음역했다.

7 본문에 진하게 강조된 부분은 원서 강조이며, 역자가 추가한 내용은 대괄호([ ])로 구분했다.

8 부록은 모두 옮긴이가 작성하여 추가한 것이다.

1부 생애

스피노자의 삶과 시간

역사상의 기록에 근거한 연대기와 주석

LIFE

INFLUENCES

EARLY CRITICS

GLOSSARY

SHORT SYNOPSES OF SPINOZA'S WRITING

SPINOZA SCHOLARSHIP

이 연대기 각 항목의 고딕체로 된 제목은 스피노자의 생애 중 역사에 기록된 사건의 날짜와 해당 장소(알려진 경우)이다.[1] 연대기의 날짜는 달리 명시하지 않은 한 그레고리력이다. 관련이 있는 경우 상응하는 유대력[2]

1 　[옮긴이] 이 장에서는 특정 시기에 대한 연대기가 서술될 때, 맨 앞에 그 시기 전체의 중요한 내용이 먼저 약술되고 그 시기에 있었던 더 세부적인 시기나 특정한 날에 있었던 일들이 상술된다. 종종 내용이 중복되는데 아마도 저자가 밝힌 것처럼 자료집 성격의 글이기 때문일 것이다. 각 항목 제목에는 대괄호 처리가 되어 있는 부분도 많이 있다. 저자가 밝히지는 않았지만, 대괄호는 영미권 저술에서 종종 사료를 통해 확인된 사실은 아니지만 여러 이유에서 그렇게 추정되거나 그럴 개연성이 높은 정보를 구별하기 위한 표시로 사용된다. 예컨대 아래 "1장 프롤로그 : 기원 및 가족 관계"의 첫 번째 항목은 "[비디게이라], 낭트, 암스테르담 : 1587/88~1631 7월 중순]"인데, 이는 스피노자의 아버지 "'미샤엘 드 이스피노자'Michael de Espinose가 '비디제르'Vidiger라는 소도시에서 태어났다. 이곳은 아마도 포르투갈의 '비디게이라'Vidigueira라는 마을과 같은 곳일 것이다"라는 구절에서 가늠할 수 있듯이, 저자는 스피노자 아버지의 출생지로 확인되는 '비디제르'라는 지명을 현재 포르투갈 남부의 '비디게이라'라고 추정한 것이다. 세 번째 항목은 "1621년, 낭트, [암스테르담, 플로이엔뷔르흐 지구]"라는 소제목 이하 내용에서 알 수 있듯이, 이스피노자 가문의 일원들이 '낭트'를 떠나 네덜란드에 정착한 것은 확인되지만, 그 지역이 암스테르담의 플로이엔뷔르흐 지구라는 것은 저자의 추정임을 나타낸다.

2 　[옮긴이] 유대인들이 천지 창조가 있던 해라고 믿는 B.C. 3761년을 유대의 기원으로 셈하는 태음태양력으로 히브리력Hebrew calendar이라고도 한다. 이하에 빈번하게 나오는 유대력

날짜도 뒤에 배치했다. 어떤 경우 역사적 사건 또는 서신 날짜를 그레고리력(신식New Style)[3]뿐만 아니라 율리우스력(구식Old Style, OS로 약칭)[4]으로도 표기했는데, 네덜란드 공화국이나 '구식'을 고수하는 다른 지역에서 일어난 사건을 논하는 경우이다.

스피노자의 출간된 서간집[5]의 서신 번호는 반 블로텐Van Vloten과 얀 피터 니콜라스 란트Jan Pieter Nicolaas Land(1834~1897)[6]가 스피노자의 서신에 연대순으로 매긴 번호와 카를 겝하르트Carl Gebhardt의 표준 고증본 전집[7]에 따라 표시했다. 서간집의 증거나 다른 역사적 자료에 근거하여 복원한 서신에는 전부 그레고리력에 따른 그 날짜(연, 월, 일)에 기초하여 고유 코드를 부여했다. 날짜를 알 수 없는 경우에는 월이나 일을 '00'으로 표시했다. 각 서신 코드 앞에 있는 수학 기호 '⟨' 또는 '⟩'는 각각 '이전'과 '이후'를 나타낸다. 복원된 서신이면 서신 코드 뒤에 별표를 붙였다(예 : 1663.01.11.*). 본 연구에서 두 번 이상 사용된 표준 참고문헌은 약어표

의 달 이름은 다음과 같다. 닛산월Nisan/Nissan(3~4월에 해당), 시브월Iyyar/Iyar(4~5월에 해당), 시완월Sivan/Siwan(5~6월에 해당), 담무스월Tammuz/Tamuz(6~7월에 해당), 아브월Av/Ab(7~8월에 해당), 엘룰월Elul(8~9월에 해당), 디스리월/다님월Tishri/Tishrei(9~10월에 해당), 말케스월/불월Marheshvan/(Mar)cheshvan, Marcheshwan(10~11월에 해당), 키슬레브월Kislev/Kislev, Chisleu, Chislev(11~12월에 해당), 데벳월Tevet/Tebeth(12~1월에 해당), 스밧월Shvat/Shevat, S(h)ebat(1~2월에 해당), 아달월Adar(2~3월에 해당), 아달월1AdarI(윤년 2~3월에 해당).

3　[옮긴이] 그레고리력은 1582년 교황 그레고리 13세가 율리우스력을 개정하여 제정한 서력의 기원력으로, 현행의 태양력을 말한다.

4　[옮긴이] 그레고리력으로 대체되기 전까지 사용된 태양력으로, 줄리어스 시저Julius Caesar가 B.C. 46년에 제정한 옛 태양력이다.

5　라틴어와 네덜란드어로 작성된 출간된 서신 88편과 [유실된 것으로 추정되는] 서한 37편이 있다. [옮긴이] 유실된 서한의 수는 정확해 보이지 않는다. 아래 사이트 참고. https://spinozaweb.org/letters/title/asc.

6　Van Vloten and Land, 1882~1883.

7　Carl Gebhardt 1925, 1985, G로 약칭.

와 참고문헌 목록에 명시되어 있다. 17세기 이름은 종종 다양한 방식으로 표기된다. [이 책에서] 네덜란드인의 성姓은 통상적인 방식으로 제시했다. 지명에서 유래한 이름topographical names은 일반적으로 영어로 더 많이 표기되는 방식이 없는 경우에만 해당 지역에서 표기 방식대로 표기했다.[8] 네덜란드의 기관, 시설, 제도, 단체institutions 이름 등과 전문 용어는 영어에 적절한 대응어가 없는 경우 이탤릭체로 제시했다.

이 연대기는 라이프니츠, 애드문드 후설Edmund Husserl, 홉스의 연대기[9]를 본뜬 것으로 근간 예정인 포괄적인 역사 개론서[10]를 대폭 축소한 것이다.

1장 프롤로그 : 기원 및 가족 관계

개요 - [비디게이라], 낭트, 암스테르담 : 1587/88~1631년 7월 중순

1581년 스페인의 왕(1527~1598) 펠리페 2세Philip II of spain가 포르투갈을 정복한 후, 이베리아반도 전역이 급속히 종교재판소로 뒤덮이고 수천

---

8   [옮긴이] 이 번역본은 대부분 현지 형식으로 표기했고 '헤이그'Den Haag(덴하흐)처럼 이미 널리 사용되는 지명은 예외로 두었다. 기관, 시설, 제도, 단체 이름 등과 전문 용어도 이탤릭체로 구분하지 않았다.

9   Müller and Krönert 1969 ; Schuhmann 1977 ; Schuhmann 1998.

10   Van de Ven, 2014/15. 스피노자의 생애, 저작, 지적 네트워크 및 스피노자에 대한 초기 수용과 관련하여 가용한 문헌 자료 제작을 목적으로 하는 책이다. 1680년까지의 기간을 다룬다. [옮긴이] 이 장 말미의 참고문헌에는 책 제목이 "Spinoza. Facts in Focus"로 되어 있지만, 아래와 같은 제목으로 출간되었다. *Van de Ven, Printing Spinoza : A Descriptive Bibliography of the Works Published in the Seventeenth Century*, Leiden : Brill, 2022.

명의 마라노(또는 신기독교인)가 비밀리에 유대교를 믿고 있다고 기소된
다. 급기야 많은 포르투갈계 비밀 유대인crypto-Jews은 할 수 없이 포르투
갈에서 도망쳐 유럽 전역의 다른 도시에 정착하게 된다. 이들 난민 중 다
수는 프랑스 도시 낭트(브르타뉴)에 정착했다. 무역과 상업이 번창한 이
도시는 비교적 종교적으로 자유로웠기 때문이다.

스피노자의 조부모들도 이베리아반도의 가혹한 종교재판소를 피
해 낭트로 피신했다. 포르투갈 난민 중에 젊은 미샤엘 드 이스피노자
Michael d'Espinosa(1587/88~1654, 스피노자의 아버지)가 있었다. 추측컨대
그는 부유한 상인 페루/페드루 호이스 호드리게스 이스피노자/이스피
뇨자Pê(d)ro Roiz Rodrigues Espin(h)osa(이자크 드 이스피노자Isaac de Espinosa라
불리기도 한다, 1550/60경~1627)와 그의 아내 모르/마이오르 알바르스
Mor(Maior) Alvares(1550/60 출생)의 둘째 아들로 태어나, 1605년 초에 남
포르투갈(비디게이라)에서 낭트로 피신했을 것이다.[11] 페루와 모르가 정
말로 미샤엘의 부모라면, 미샤엘에게는 페르난두Fernando라는 형과 마리
아 클라라Maria Clara라는 누이가 한 명 있었을 것이다.

17세기 초 낭트의 포르투갈계 유대인 대다수가 로마 가톨릭으로 개
종한 후, 이 도시의 세파르디 공동체는 점차 약화된다. 같은 시기에 낭트
출신의 많은 포르투갈계 유대인이 네덜란드 공화국(1581~1795)의 암스
테르담에 있던 포르투갈계 유대인 공동체와 관계를 맺기 시작한다. 암
스테르담은 [당시] 세계 최고의 해양 도시이자 유대인이 남몰래 유대교
를 믿는 것을 금지하지는 않았던 유럽의 몇 안 되는 장소 중 하나였다.
1615년경 낭트에 남아 있던 유대인이 잔혹하게 추방됨에 따라 프랑스와

---

11   Borges Coelho 1987, vol. 1, p. 411 참고.

암스테르담의 세파르디 공동체 연락망은 급속도로 긴밀해진다. 같은 해 네덜란드의 의회(헤이그에 위치한 네덜란드 상설 중앙 의회)는 세파르디 유대인의 연합주[12] 정착을 합법화한다.

그로부터 6년 후, 1621년 10월 말 이전 언젠가 이스피노자 가문은 마침내 낭트를 떠나 암스테르담에 정착한다. 이들은 아마도 이 시기 대부분의 세파르디 유대인들이 거주하던 브레이스트라트Breestraat 근처의 플로이엔뷔르흐Vlooienburg 지구에 임시거처를 마련했을 것이다. 새로 이주한 미샤엘 드 이스피노자는 성공한 이민자 상인이었다. 무엇보다 수익성 있는 아열대 과일 무역업이 성공적이었다. 1627년 첫 번째 부인인 하셀 드 이스피노자Rachel de Espinosa가 죽고 난 후, 미샤엘은 1628년 아나 데보라 드 이스피노자Hanna Deborah d'Espinosa(스피노자의 어머니)와 결혼한다.

1587년 또는 1588년, [포르투갈 비디게이라]

• 날짜 불명

"미샤엘 드 이스피노자"[13]가 "비디제르"Vidiger라는 소도시에서 태어났

---

12 [옮긴이] '연합주'United Provinces는 1579년 위트레흐트 동맹으로 시작되어 1795년 프랑스 혁명군의 침공으로 막을 내린 연방제 형태의 네덜란드 공화국을 일컫는 말이다. 헬데를란트, 홀란트, 제일란트, 위트레흐트, 오버레이셀, 프리슬란트, 그로닝겐 등 북부 7개 주로 구성되었고, '네덜란드 의회' 또는 '연방의회'States General가 국가를 운영했다. '네덜란드 공화국'Dutch Republic이라고도 불린다.

13 [옮긴이] '미샤엘 드 이스피노자'는 'Michael de Espinosa'의 포르투갈어식 음역이며, 네덜란드어식으로는 '미카엘 더 에스피노사'로 음역할 수 있다. 'Michael'은 성경에 나오는 천사의 이름으로 '미카엘'이라는 음역이 친숙하기는 하나, 워낙에 국적에 따라 다양한 방식으로 음역할 수 있는 이름이다. 스피노자 아버지 이름은 물론, 이후 빈번히 나오는 스피노자 가문의 일원들 이름(Hanna, Hester, Mirjam, Isaac, Rebecca, Gabriel, Abraham, Daniel 등)도 성경에 나오는 비교적 친숙한 음역이 있더라도(서양에서 이름은 짓는다기보다 고르는 것에 가깝다. 주요 선택지 중 하나는 알다시피 성경의 등장인물이다) 모두 네덜란드로 이주 전 국적이 포르

다. 이곳은 아마도 포르투갈의 "비디게이라"Vidigueira라는 마을과 같은 곳일 것이다. 미샤엘 드 이스피노자의 출생 연도는 암스테르담의 시기록 보관소에 있는 여러 법률 서류로부터 추산 가능하다.[14]

1621년, 낭트, [암스테르담, 플로이엔뷔르흐 지구]

- **10월 28일 목요일 이전**

이스피노자 가문의 일원들이 자의든 타의든 낭트를 떠나 [암스테르담]에

투갈인 것을 고려하여, 포르투갈어식으로 음역했다. 참고로 스피노자 가문의 성 'Espinosa' 는 스페인어 'espina'(에스피나, '가시', '가시덤불'이라는 뜻)에 '~가 많은'을 뜻하는 접미사 '-osa'가 결합한 형태로, '가시덤불이 많은 곳'이라는 뜻의 지명에서 유래한 성일 것이다. 이름 앞의 de는 '~출신의', '~에 속한'이라는 의미이므로, 'Michael de Espinosa'는 'Espinosa' 출신(또는 그 가문)의 'Michael'이라는 뜻이 된다. 이는 이베리아반도의 성씨 체계에서 흔히 볼 수 있는 구조이다. 'de Espinosa'(드 이스피노자)는 'de'와 연이어 나오는 모음의 충돌을 막기 위한 축약형인 'd'Espinosa'(드이스피노자)로 표기되기도 하고, 'de'의 'e'가 생략된 'd Spinosa'(드 스피노자)라는 형태도 등장한다. 모두 같은 성의 다른 표기이다. 우리의 철학자 '스피노자'의 이름 표기 방식도 여럿이다. 그의 포르투갈 이름은 'Bento'(벤투)이며, 히브리어 이름은 'ברוך'(바루크[바룩])이고, 이 히브리어 이름을 로마자로 음역한 'Baruch'도 등장한다('바루흐'라고 음역한다. 'Baruch'를 네덜란드식으로 읽은 것이다). 여기에 스피노자가 유대인 공동체로부터 '헤렘'(추방) 당한 후 본격적인 학술 활동을 시작하면서 자신의 이름을 라틴어식으로 표기한 'Benedictus'(베네딕투스, 영어식 축약 형태는 Benedict)라는 이름도 추가된다. 이 책에는 각종 사료에 표기된 방식에 따라 'Bento', 'Baruch', 'Benedictus' 등 다양한 이름이 등장하고, 이 이름에 앞서 언급한 성을 표기하는 여러 방식이 결합하여, 그의 이름은 'Bento de Espinosa', 'Bento d'Espinosa', 'Bento d Spinosa', 'Baruch d'Espinosa', 'Benedictus de Spinoza' 등 실로 다양한 형태로 제시된다. 이를테면 스피노자의 할례에 관한 이스라엘 공동체 문헌에는 스피노자의 히브리어식 이름과 포르투갈어식 성이 결합된 'Baruch d'Espinosa'(바루흐 드이스피노자)라는 표기가 등장하고, 스피노자의 후견인이 스피노자를 대신하여 홀란트 최고법원에 제출한 문서에는 그의 이름이 'Bento d Spinosa'(벤토 드 스피노자)라고 되어 있다. 우리에게 가장 친숙한 이름은 '베네딕투스 데 스피노자'Benedictus de Spinoza일 터인데, 이렇게 이름을 라틴어로 표기하는 것은 당시 학계의 관행이었다(예컨대 천문학자 '니콜라우스 코페르니쿠스'Nicolaus Copernicus라는 이름은 폴란드어 이름을 라틴어식으로 표기한 것이다). 'Bento', 'Baruch', 'Benedictus'는 모두 '축복받은'이라는 뜻이다.

14   예컨대 다음을 보라. Vaz Dias and Van der Tak, p. 11, III, 1a, c.

정착한다. 이 도시에 있던 이스피노자 일가의 초창기에 대한 문헌 증거는 아우데르커르크 안 더 암스Ouderkerk aan de Amstel[15] 마을의 포르투갈계 유대인 공동묘지인 벳 하임Beth Haim의 매장 기록부 —— 이 문서는 지금까지 암스테르담 시기록보관소에 보존되어 있다 —— 에 포함되어 있다. 이른바 "리브로 더 벳 하임 도 카할 카도스 더 벳 야아코브[야곱]"Livro de Bet Haim do Kahal Kados de Bet Yahacob[16]에 따르면, 1621년 10월 28일(유대력 5382년 키슬레브월 13일) 목요일 "이자크 드 이스피노자(미샤엘의 아버지. 페루/페드로 호이스 호드리게스 이스피노자) 가문의" 한 아이가 아우데르커르크에 매장되었다.[17]

[1622년 또는 1623년 초, 암스테르담, 플로이엔뷔르흐 지구]

· 날짜 불명

미샤엘 드 이스피노자가 [부계 쪽] 사촌인 하셀 드 이스피노자(1622/23~1627경 활약[18])와 결혼했다. 분명 이들은 댐 광장Dam square에 있는 암스테르담의 옛 중세기의 시청the old medieval town hall(1652년까지 그곳에 있었다)에 혼인 의사가 있음을 등록했을 것이다. 예정대로, 곧 있을 그들

---

15   [옮긴이] 북北홀란트주에 있는 도시로 '암스털 강변 옛 교회'라는 뜻.

16   포르투갈 유대인 회중 벳 야곱[야곱의 집]의 공동묘지인 벳 하임[생명의 집]에 대한 규정, 결정 사항, 수입과 수익이 포함되어 있는 기록부이다. Pieterse 1970 참고.

17   Vaz Dias and Van der Tak, p. 4, I, B.

18   'fl.'을 모두 '활약'으로 번역했다. fl.은 라틴어 'floruit'의 약자이다. 이 라틴어는 '그이는 이하에 나오는 시기에 꽃피었다/활약했다/전성기를 보냈다'라는 뜻이다. 생몰 연대를 확인할 수는 없지만 생존 시기는 확인되는 경우, 연도 앞에 놓아 이를 밝히는 데 쓴다. 언급된 이의 확인 가능한 생존 시기는 실제로 이들이 활발히 활동하던 시기였기 때문일 수 있다. 이 경우 도착어 중 '활약기', '전성기'가 적절하다. 그러나 그저 확인 가능한 생존 시기를 나타낼 수도 있는데, '존명기'存命期, '재세기'在世期 등의 번역어가 이를 반영한다. 이하에서 빈번히 나오지만, 이 중의성을 고려하여 그대로 두었음을 밝힌다.

의 결혼에 대한 의무적 결혼 예고mandatory banns가 3주간 계속 공시되었
다. 이 시기 이후 결혼에 관한 어떠한 기록도 남아 있지 않기 때문에, 미
샤엘과 하셀의 정확한 결혼 날짜는 알려지지 않았다.[19]

1627년, (암스테르담, 플로이엔뷔르흐 지구), 아우데르커르크 안 더 암스털

- **2월 21일 일요일 (유대력 5387년 아달월 5일)**

하셀 드 이스피노자 사망. 같은 날 포르투갈계 유대인 공동묘지 벳 하임
(9열, 18번)에 매장된다.[20] 미샤엘은 아내의 죽음을 추도하며 암스테르담
의 세파르디 공동체에 1 (칼로루스)길더[21]를 기부한다.[22]

- **10월 8일 금요일**

미샤엘 드 이스피노자가 암스테르담에서 사업가로 일하다. 그가 정
확히 언제 어떻게 사업을 시작했는지는 불분명하지만, 아버지나 가족

---

19   1620년이나 1622년 또는 1623년 초로 추정. cf. Meinsma, p. 56 참고

20   'Livro de Bet Haim', Walther and Czelinski 2006, vol. 1, p. 187, no. 14.

21   [옮긴이] 1 길더(내지 플로린)는 20스타위버르(내지 파타르), 또는 320펜닝에 해당하는 금
      액이다. [옮긴이] 원문은 다음과 같다. "one (Carolus) guilder (or florin, the equivalent of
      20 stuivers (or patars) or 320 penningen)." 'guilder'(길더), 네덜란드어로 'gulden'(휠던)
      은 '금으로 된'golden이라는 뜻으로, 1434년부터 2002년까지 사용되던 네덜란드의 화폐이
      다. 주조 당시 화폐 가치는 이탈리아의 금화 플로린florin과 같았다. "guilder (or florin)" 같
      은 표현이 나오는 배경이다. 아울러 "(Carolus) guilder"((칼로루스) 길더), 네덜란드어로
      'Carolusgulden'(카롤뤼스휠던)은 신성 로마 제국의 카를 5세가 1517년 주조하여 16~17세
      기에 사용되던 길더의 명칭이다. "stuivers (or patars)"(스타위버르스 (내지 파타르스))는 각
      각 'stuiver'(스타위버르, 영어로는 스타이버stiver)와 'patar'(파타르)의 복수형으로 길더의
      하위 단위이다. 20 스타위버르 내지 파타르가 1길더에 해당한다. 'penningen'(페닝언)은
      'penning'(페닝)의 복수형으로 1스타위버르는 16펜닝이다. 1길더(플로린)를 바쳤으므로 이
      돈은 20스타위버르/파타르이자 320펜닝이 되는 것이다.

22   Walther and Czelinski 2006, vol. 1, p. 188, no. 16.

의 무역회사 안팎에서 경영 기술을 배웠다고 보는 것이 합당할 것이다. 1627년 10월 8일 "약 38세의 미샤엘 드 이스피노자"는 멘두 로페스Mendo Lopes(1577경~1627경 활약), 조르즈 페르난드스 카네루Jorge Fernandes Canero(1596경~1627경 활약)와 함께 디에고 다 실바Diego da Silva(1570경 ~1629경 활약)의 신원을 확인하기 위해 암스테르담의 공증인 시브란트 코르넬리스Sibrant Cornelisz(1616~1638 활약) 앞에서 네덜란드어로 작성된 법률 서류에 서명한다.[23] 미샤엘의 네덜란드어 이해 능력은 매우 제한적 이었을 것이고, 그래서 그에게는 분명 네덜란드어 문서를 스페인어로 번 역해 줄 다른 사람의 도움이 자주 필요했던 것 같다. 이는 두 개의 법률 서 류(1652년 8월 16일과 10월 8일자 서류)에서 확인되는데, 그는 당시에도 가족과 하인의 번역이 필요했다.[24]

1628년경, 암스테르담 [플로이엔뷔르흐 지구]

· 날짜 불명

미샤엘 드 이스피노자가 아나 데보라 드 이스피노자와 두 번째 결혼을 하다. 그녀는 바루흐 세니오르Baruch Senior(1598~1619 활약)와 마리아 누 느스 가르스스Maria Nunes Garces(1577경~1638경 이후 언젠가)의 딸로, (그 들이 정말 그녀의 부모였다면) 둘 다 일찍이 1598년에 포르투갈을 떠나 암스테르담시에 정착한 사람들이다. 미샤엘과 아나가 암스테르담 시청 에 정식으로 결혼 의사를 등록했음은 거의 확실하다.

---

23   Vaz Dias and Van der Tak, p. 11, III, 1a.
24   Walther and Czelinski 2006, vol. 1, pp. 234~236, nos. 56~57을 보라.

[1629년경], 암스테르담 [플로이엔뷔르흐 지구]

• 날짜 불명

스피노자의 누이 미르장 드 이스피노자Mirjam de Espinosa(1629경~1651)

가 태어났다.

1631년, 암스테르담 [플로이엔뷔르흐 지구]

• 2월

이자크Issac라는 이름의 아들이 미샤엘 드 이스피노자와 아나 데보라 드
이스피노자 사이에서 태어났다. 그러므로 이사크 드 이스피노사Issac de
Espinosa는 스피노자의 친형이다.[25] 그의 생일은 암스테르담의 랍비 모르
테이라Morteira가 히브리어 설교의 자필 원고 중 하나에 남긴 후기에서 추
론할 수 있다(현재 이 원고는 부다페스트의 랍비 신학교 도서관에 보존되
어 있다).[26] 후기 내용은 다음과 같다. "명예로운 미샤엘 드 이스피노자
의 아들 축일(5391/1631)에 한 설교."[27] 이자크 드 이스피노자는 동생 벤
토와 함께 1637년 언젠가 하우트흐라흐트Houtgracht에 있는 암스테르담
탈무드 토라 학교Amsterdam Talmud Torah School에 13세 또는 14세까지 다녔
다. 이자크는 1649년 9월 24일에 죽었다. 그의 생애에 관한 추가적인 세
부 사항은 알려져 있지 않다.

---

25   이에 대해서는 현재까지 결정적 증거가 없는 상태이다.

26   MS 12 'Giv'at Sha'ul', 5 vols ; Saperstein 2005를 보라.

27   MS 12 'Giv'at Sha'ul', vol. 2, fol. 177v(Exod. 35.21).

- 7월 15일 화요일

미샤엘 드 이스피노자가 암스테르담에서 아열대 과일 수출업에 종사하다. 1631년 7월 15일자 법률 문서에 따르면, 미샤엘은 필립스 펠트Philips Pelt라는 사람과 함께 프린셍라흐트Prinsengracht에 설탕, 브라질산 목재, 설탕에 절인 생강 등이 보관된 창고 열쇠를 가지고 있었다.[28] 암스테르담의 공증인 다니엘 브레단Daniel Bredan(1623~1624 활약)이 작성한 진술서affidavit에는 두 사람이 1631년 5월 27일과 6월 18일에 프린셍라흐트의 창고에서 화물계량소로 물건을 수송했음을 신고했다는 내용이 나온다.

2장 출생과 유아기

개요 - 암스테르담 : 1632년 11월 말~1636년 8월

스피노자의 어린 시절에 대해 우리에게 있는 정보는 아주 적고 단편적이다. 그는 1632년 11월 24일 암스테르담에서 미샤엘 드 이스피노자와 그의 두 번째 부인 아나 데보라 드 이스피노자Hannah Deborah de Espinosa의 [둘째] 아들로 태어났다. 암스테르담의 시기록보관소에 스피노자의 출생에 관한 기록이 남아 있지 않기 때문에, 그가 태어난 곳의 정확한 주소는 확실하지 않다. 스피노자가 암스테르담에서 태어났다고 주장하는 가장 오래되고 믿을 만한 자료는 이 철학자의 유작(1677)에 있는 익명의 저자가 쓴 서문이다. 스피노자의 18세기 전기 작가인 루터교 목사 요하

---

28   Vaz Dias and Van der Tak, p. 53, a.

네스 니콜라우스 콜레루스Johannes Nicolaus Colerus(1647~1707)는 스피노자가 암스테르담 중에서도 구 포르투갈인 교회 근처의 뷔르흐발Burgwal에서 태어났다고 덧붙인다.[29] 스피노자에게는 네 명의 형제자매가 있었다. 이자크, 미르장, 헤베카, 가브리엘이었다.[30]

1632년 말, 암스테르담 [플로이엔뷔르흐 지구]

- **11월 24일 수요일**

스피노자가 미샤엘 드 이스피노자와 아나 데보라 드 이스피노자의 [둘째] 아들로 태어나다. 플로이엔뷔르흐 지구에서 출생했을 것으로 추측된다. 콜레루스에 따르면, 스피노자가 태어난 집은 "구 포르투갈인 교회 옆 뷔르흐발에 있는 멋진 상인의 집"vraay Koopmans huis op de Burgwal naast de Oude Portugieze Kerk이었다.[31] 요하네스 모닉호프Johannes Monnikhoff(1707~1787)의 다른 짧은 전기(1747)는 여기에 스피노자가 "구 포르투갈인 교회 옆 하우트흐라흐트에 있는 (…) 멋진 상인의 집에서" 태어났는데, "이 집에는 1743년 '트 오프레흐터 타페이트하위스't oprechte Tapijthuis, the true Carpet house라는 이름의 새로운 외벽이 설치되었다"라고 덧붙인다.[32] 지금까지의 연구로는 스피노자가 그들이 앞서 묘사한 집에 살았을 수도 있다는 점

---

29 Colerus 1705 ; Walther and Czelinski 2006, vol. 1, p. 98을 보라.

30 [옮긴이] 첫째는 미르얌Mirjam(1629경~1651), 둘째는 이자크Isaac(1631~1649), 셋째가 스피노자Bruch[Bento](1632~1677) 본인, 넷째는 헤베카Rebecca(1632~1695 활약), 막내 가브리엘드 이스피노자Gabriel de Espinosa(1632~1664 이후 언젠가에 활약)이다. 스티븐 내들러Steven Nadler는 이들 모두 미샤엘과 아나 데보라 사이에서 태어난 친남매인 것 같다고 추정한다. 스티븐 내들러, 김호경 옮김, 『스피노자 : 철학을 도발한 철학자』, 텍스트, 2011, 113~115쪽 ; 동저자, 이혁주 옮김, 『에티카를 읽는다』(그린비, 2013), 21쪽, 각주 3번 참고.

31 Walther and Czelinski 2006, vol. 1, p. 98.

32 *ibid.*, p. 172.

외에 확실히 말할 수 있는 것은 없다. '트 오프레흐터 타페이트하위스'(정직한 양탄자 집)라는 이름은 18세기 중반에야 등장한다. 요컨대 콜레루스와 모닉호프의 주장을 확인할 역사적 증거가 있는 것은 아니다.[33]

- **[12월 1일 수요일]**

어린 스피노자가 의례에 따라 할례를 받다.[34] (문서 기록은 없는) 이 할례 의식('브릿 밀라' 또는 '브리스'라고 한다)이 거행되면서 스피노자는 공식적으로 세파르디 공동체의 일원이 되고, 벤투(바루흐, 즉 '축복받은 자')라는 이름을 받는다.[35]

1632년 이후, 암스테르담 [플로이엔뷔르흐 지구]

- **날짜 불명**

1632년 이후 어느 날, 미샤엘 드 이스피노자의 두 번째 결혼 생활에

---

33 [옮긴이] 원문은 다음과 같다. "Research has clearly established that Spinoza may have been born in the house described, though the name 't oprechte Tapijthuis'(the true Carpet house) dates from the middle of the eighteenth century(Vaz Dias and Van der Tak, 1982, pp. 172~175). Summing up, there is no historical evidence to confirm the claims made by Colerus and Monnikhoff." 저자가 'the true Carpet house'라고 번역한 't oprechte Tapijthuis'는 18세기 중반에 그 건물에 있던 가게나 사업체의 이름일 것 같다. 아울러 원문 내용은 매끄럽게 연결되지 않고 의문을 자아낸다. 저자의 개정판 원고를 참고하여 수정했음을 밝힌다.

34 Nadler 1999, p. 42.

35 [옮긴이] '브릿 밀라'Brit milah는 히브리어로 '할례의 언약'이라는 뜻이다. '브리스'Bris는 '브릿'의 이시디어로 역시 '언약' 내지 '계약'이라는 의미이다. 둘 다 유대교 할례 의식(창세기 17장 10~14절)을 가리키는 용어로 사용된다. 할례는 보통 아기가 태어난 지 8일째 되는 날에 거행된다. '벤투'Bento와 '바루흐'Baruch는 각각 포르투갈어와 히브리어이며, 스피노자가 유대교 공동체로부터 헤렘을 당한 후 사용한 라틴어 '베네딕투스'Benedictus와 마찬가지로 '축복받은'이라는 뜻이다.

서 다른 두 아이가 태어난다. 헤베카 드 이스피노자Rebecca de Espinosa (1632~1695 활약)와 가브리엘 드 이스피노자(아브라함 드 이스피노자라 고도 불림, 1632~1664 이후 언젠가 활약)이다.

1633년, 암스테르담 [플로이엔뷔르흐 지구]

• 12월 2일 금요일

공증인 브레단이 작성한 법률 서류를 통해 "이 도시의 포르투갈 상인 미샤엘 드 이스피노자 씨"가 가족과 함께 "이곳 플로이엔뷔르흐의 한 집에 서 살고 있다"라는 것이 확인된다. 이 문서에서 우리는 또한 그가 원거리 건포도 무역업에 종사하고 있었음을 알 수 있다. 이 증서는 말라가Malaga 에서 온 50개의 작은 건포도 통을 수령했다는 것에 관한 내용인데, 이 건 포도는 암스테르담에 양호한 상태로 도착하지 않은 것으로 보인다.[36]

1634년, 암스테르담 [플로이엔뷔르흐 지구]

• 6월 29일 목요일

유대계 모로코인 상인 다비드 파야체David Pallache(1626~1650 활약)가 공 증인 다니엘 브레단 앞에서 법률 서류에 서명한다. 이 문서에서 파야체 는 부채 일부를 청산하기 위한 노력의 일환으로 화물을 가득 실은 운반 선을 미샤엘 드 이스피노자와 피터르 볼트링크스Pieter Woltrincx 및 베이난 트 볼트링크스Wijnant Woltrincx 형제에게 수송한다고 한다.[37]

---

36   Vaz Dias and Van der Tak, p. 11, III, 2a.
37   *ibid.*, p. 53, b.

1636년, 암스테르담 [플로이엔뷔르흐 지구]

• 8월

미샤엘 드 이스피노자가 독자적인 자영自營 사업가로 공식 등록된다.[38] 또한 1636~1637년 동안 포르투갈계 유대인 회중 야곱의 집Bet(h) Jacob의 파르나스parnassim(장로) 중 한 명으로 언급된다.[39] 이는 그가 암스테르담의 (세파르디) 공동체에서 존경과 신망을 얻었음을 보여 준다.

3장 정규 교육 및 지적 훈련

개요 - 암스테르담 : 1637~1654년 9월 중순

어린 시절과 젊은 시절 스피노자의 삶은 애도의 시기와 축하의 시기로 특징지어진다. 어린아이였을 때 어머니 아나 데보라 드 이스피노자의 죽음을 경험하지만, 아버지 미샤엘이 에스테르 드 이스피노자Hester de Espinosa와 세 번째 결혼을 한 것도 경험한다(1641). 열세 번째 생일(1645) 즈음에 바르 미츠바bar mitzvah(성인식)를 맞아 가족들의 축하를 받는다. 십 대 시절 스피노자는 다시 그와 매우 가까웠던 사람들과 관련된 고통스럽고 슬픈 사건과 마주하게 된다. 형 이자크의 죽음(1649)과 누나 미르장의 죽음(1651)이 그것이다. 마지막으로 아버지 미샤엘의 작고(1654)도 겪는다.

---

38   Vlessing 1997, p. 21.

39   Vaz Dias and Van der Tak, p. 15, III, 4a.

스피노자가 암스테르담에서 받은 정규 학교 교육에 관한 정보는 거의 없다. 그가 (약 1637년에) 형 이자크와 함께 히브리 성서와 유대교 주석들을 탄탄히 교육시켰던 하우트흐라흐트에 있는 암스테르담 탈무드 토라 학교(에츠 하임 학교로 더 알려져 있다)[40]에 들어가 13세 또는 14세까지 다니며 히브리 성서와 유대교 주석에 대한 탄탄한 훈련을 받은 것은 거의 확실하다. 하지만 이 주장을 뒷받침할 만한 문헌 증거는 없다. 그럼에도 스피노자가 탈무드 토라 수업에 참석했음을 의심할 이유는 별로 없다. 스피노자의 아버지가 유태인 소년 교육을 위한 이 초등 공립학교의 교육위원장 중 한 명으로 거듭 선출되었기 때문이다(1635, 1636, 1642, 1643).[41] 또한 스피노자는 에츠 하임 학교의 에츠 하임회society Ets Haim의 회원으로 언급되기도 한다(1637). 이후 10년간 스피노자의 양육 과정이나 직업에 관해 알려진 것은 거의 없는 것이나 마찬가지이다. 그의 이름은 1655년 4월 20일에야 1654년 초 봄 아버지로부터 인수받은 무역회사의 재정적 갈등과 관련된 암스테르담의 공증 기록에 언급된다. 그래서 우리는 [당시] 스피노자가 아버지의 무역회사를 통해 사업을 시작했다고 추측할 수 있다.

스피노자의 초기 지적 훈련에 관한 역사적 사실 또한 부족하다. 그는 1650년대 중반에 악명 높은 자유사상가 프란시스쿠스 아피니위스 반 덴 엔덴Franciscus Affinius van den Enden(1602~1674)의 라틴어 학교 학생이었을 법한데, 이를 뒷받침할 별개의 역사적 증거는 없다.

---

40   [옮긴이] 에츠 하임Ets Haim은 '생명의 나무'라는 뜻으로, 잠언에서 '지혜'나 '의로운 삶'을 비유적으로 나타내는 말로 쓰인다. 「잠언」 3 : 18, 11 : 30, 13 : 12, 15 : 4 참고.

41   Vaz Dias and Van der Tak, p. 15, III, 4c 참고.

1952년 7월 10일에는 영국 의회가 네덜란드 연합주에 선전포고를 한다(제1차 영국-네덜란드 전쟁, 1652~1654).

1637년, 암스테르담 [플로이엔뷔르흐 지구]

• 날짜 불명

스피노자가 하우트흐라흐트 에츠 하임 학교에서 정규 교육을 받은 것으로 추정된다. 그는 형 이자크와 함께 에츠 하임 학교의 에츠 하임회 회원으로 언급된다.[42] 나중에 스피노자의 이름 위에 줄을 그어 지운 흔적이 남아 있는데, 이는 1656년에 포르투갈계 유대인 연합 회중 탈무드 토라에서 추방당했기 때문일 것이다. 이는 어린 스피노자를 언급하는 것으로 가장 초기의 역사 문헌이다.

1638년, 암스테르담 [플로이엔뷔르흐 지구]
그리고 아우데르커르크 안 더 암스털

• 6월 8일 목요일

암스테르담 스헤펀방크schepenbank(네덜란드 지방 법원)[43]가 미샤엘 드 이스피노자와 라위 호머스 프론테라Ruy Gomes Frontera(1622~1638 활약)를 디에고 카르도조 뉘너스Diego Cardozo Nunes(1624~1647 활약)를 대신하

42　*ibid.*, p. 26, V, 1.

43　[옮긴이] '스헤펀'schepen은 도시 행정사법관magistrate으로서 지방 법원의 구성원이자 행정 업무도 수행했던 직책이다. '방크'bank는 '의자'나 '좌석', '작업대' 등의 뜻으로 여기에서는 스헤펀이 앉는 자리를 뜻한다(영어의 'bench'가 판사석이나 판사직을 뜻하는 것과 마찬가지이다). 따라서 스헤펀방크는 '스헤펀 법정'이라는 뜻이 된다. 네덜란드의 각 도시에 있던 지방 법원으로 1심 법원 역할을 했으며, 재판뿐 아니라 상속, 계약, 상업 관련 공증 업무를 담당했다.

여 최근 사망한 페드로 헨리케스Pedro Henriques(1639 이전 사망)의 파산 재산 공식 수탁자로 지명한다.[44] 암스테르담 기록보관소에 같은 사안에 대한 다른 기록이 1639년 1월 26일자로 남아 있다.[45]

• 9월 8일 화요일

미샤엘 드 이스피노자와 그의 두 번째 부인 아나 데보라가 심각한 병환으로 플로이엔뷔르흐 지구의 자택 병석에 몸져 눕는다. 이는 시몬 바르크만Simon Barkman(1638~1646 활약)이라 불리는 사람의 요청으로 공증인 얀 바르나르츠Jan Warnaertz(1621~1645 활약)가 이들 부부의 집에서 만든 1638년 9월 8일자 법률 서류에서 확인된다. 이 증서는 미샤엘과 아나 데보라가 "병환 때문에" 비셀브리프wisselbrief[46]의 지급을 거부한 것에 관한 것이다.[47] 이 환어음(1600탈러와 34개의 동화銅貨)은 원래 사망한 헨리케스가 로포 뉘너스Lopo Nunes라는 사람에게 지불하도록 지정된 것이었다. 헨리케스의 재산 수탁자인 미샤엘이 부채를 떠안아 1638년 8월 21/31일 "시마오 바르크만"Simao Barquman을 통해 뉘너스에게 지불하기로 합의한 것으로 보인다.[48]

• 11월 5일 금요일 (유대력 5399년 말케스월 28일)

스피노자의 어머니 아나 데보라 드 이스피노자 사망. 같은 날 포르투갈

---

44   Vaz Dias and Van der Tak, pp. 53~54, g.

45   *ibid.*, p. 54, h.

46   환어음. 지정 일시에 지정인 또는 어음의 지참인이나 소지인에게 명시된 금액을 지불하라는 [어음 발행인의] 무조건적인 서면 명령.

47   Vaz Dias and Van der Tak 1982, pp. 187~188, Annex 1.

48   Walther and Czelinski 2006, vol. 1, pp. 220~221, no. 48.

계 유대인 공동묘지 벳 하임에 안장된다.[49]

1641년, 암스테르담 [플로이엔뷔르흐 지구]

• 날짜 불명

미샤엘 드 이스피노자 무역회사의 기업 재정은 힘차게 성장 중이다. 암스테르담 비셀방크에 있는 그의 대변 잔액은 5개월 만에 당당히 총 2만 8052 네덜란드 길더와 88펜닝(요즘 돈으로 환산하면 약 30만 유로)에 달했다.[50]

• 4월 28일 일요일

미샤엘 드 이스피노자가 에스테르 드 이스피노자와 세 번째 결혼을 한다. 암스테르담의 혼인신고 기록부에 따르면, 이 신혼부부는 "플로이엔뷔르흐" 지구에 살고 있었다.[51]

1642년, 암스테르담 [플로이엔뷔르흐 지구]

• 2월 1일 토요일

미샤엘 드 이스피노자의 무역회사의 재정 상태가 훨씬 더 번영했던

---

49   Vaz Dias and Van der Tak, p. 3, I, A.

50   [옮긴이] 비셀방크Wisselbank는 1609년 당시 국제무역의 중심지였던 암스테르담에 설립 승인되고 암스테르담시가 보증한 은행이다. 최초의 중앙은행 모델로 여겨지며 예금은행과 외환은행 역할도 했다. "wissel"(환전exchange)이라는 명칭이 이 은행의 주요 목적을 보여 준다. 또한 본문에 "대변 산액"credit balance이라고 한 것은 이 예금액이 비셀방크 입장에서 기록된 것임을 보여 준다. 은행 입장에서 미샤엘 드 이스피노자의 예금은 부채에 해당하기 때문이다. 미샤엘 드 이스피노자의 기록이라면 예금은 자산asset이므로 차변debit에 기록되었을 것이다.

51   Vaz Dias and Van der Tak, p. 22, III, 11b.

1641년에 비해 다소 문제가 있어 보인다. 비셀방크에 있는 그의 계좌 대변 잔액이 이제 총 1323 네덜란드 길더(현재 가치로 약 1만 5000유로)로 줄어들었다.[52]

1644년, 암스테르담 [플로이엔뷔르흐 지구]
그리고 아우데르커르크 안 더 암스털

· **4월 25일 월요일**

미샤엘 드 이스피노자가 프란시스쿠 로페스 드 아제베두Francisco Lopes de Azevedo(1614~1641 활약)와 포르투갈 무역 계약을 체결한다. 런던에 본사를 둔 상인이자 해운업계의 거물 안토니우 페르난드스 카르바잘Antonio Fernandes Carvajal(1590~1659)도 이 사업 협약에 관여한다.[53]

[1645년 또는 1646년], 암스테르담 [플로이엔뷔르흐 지구]

· **날짜 불명**

십대 초반의 스피노자는 [1645년 또는 1646년] 어느 시점에 에츠 하임 학교를 그만둔다. 같은 시기에 하우트흐라흐트에 새로 지은 포르투갈의 탈무드 토라 회당에서 스피노자의 바르 미츠바[성인식]가 거행될 예정이다. 암스테르담 회당에서 거행된 이 의식은 기록되어 있지 않다.

---

52   'Balansboek', Vaz Dias and Van der Tak, p. 55.

53   *ibid.*, p. 54, n.

[1645~1646년 이후] 암스테르담 [하우트흐라흐트]

· 날짜 불명

우리는 스피노자가 암스테르담 에츠 하임 학교를 그만둔 후 무역 사업을 시작했고, 아버지나 가족의 무역회사 안팎에서 경영 수업을 받았다고 추정할 수 있다. 이 외에도 에츠 하임 학교에서 정식 교육을 받은 후 그가 한창 때 받은 지적 훈련에 대해서는 거의 알려진 것이 없다. 콜레루스에 따르면, 그는 처음에 "고지 독일어[54]를 쓰는 학생"── 아마도 아슈케나지Ashkenazi 출신 독일계 유대인인 투데스쿠tudesco(독일인)였을 것이다── 에게 매일 라틴어를 배웠다고 하는데, 이 주장을 뒷받침하는 문서 증거는 없다. 같은 출처에 따르면, 그후 스피노자는 "저 악명 높은 선생이자 의사인 프란스 반 덴 엔더Frans van den Ende"에게 배웠는데, 그는 자유사상가인 프란시스쿠스 반 덴 엔덴으로 추정된다. 그러나 스피노자가 반 덴 엔덴의 라틴어 학교에 입학했음을 확인할 수 있는 역사적 증거는 없다. 스피노자와 반 덴 엔덴의 관계는 기록된 바 없다. 스피노자가 "전 예수회 수사"ex Jesuit 반 덴 엔덴에게서 라틴어를 배웠음을 시사하는 초기 문헌 기록은 주駐네덜란드 교황 특사 요하네스 밥티스타 판 네르카셀 Johannes Baptista van Neercassel(1626~1686)이 1678년 9월 9일 로마 및 세계

---

54 [옮긴이] '고지 독일어'는 네덜란드어 'Hoogduitsch'(호흐다위츠)를 번역한 말이다. 'hoog'는 '높은'을 뜻하고, '다위츠'(duitsch. 현대 철자로는 'duits'. 독일어로는 Hochdeutsch)는 '독일(어)'과 관련된 여러 품사로 쓰인다. 주로 독일 표준어를 가리키는 말로 쓰이지만, 독일 남부와 중부의 독일어를 지칭하기도 한다. 문자적으로 '고지 독일어'로 번역된다. 대비되는 말로 'Nederduits'(네데르다위츠. 독일어로는 Plattdeutsch)가 있는데, 'neder'는 '낮은'을 뜻하는 옛말(현대 네덜란드어는 'laag')로 독일 북부 저지대 지역 독일어와 네덜란드어를 일컫는 말로 사용된다.

종교재판소의 최고 성성(聖省)Supreme Sacred Congregation[55]에 제출한 스피노자의 생애와 저작에 대한 보고서이다.[56]

1649년, 암스테르담 [플로이엔뷔르흐 지구]
그리고 아우데르커르크 안 더 암스털

• 9월 24일 금요일 (유대력 5410년 디스리월 18일)

스피노자의 형 이자크 드 이스피노자 사망. 그는 아마도 사망 당일 벳 하임에 매장되었을 것이다.

1651년 암스테르담(하우트흐라흐트)
그리고 아우데르커르크 안 더 암스털

• 7월 19일 수요일

스피노자 가족이 암스테르담 플로이엔뷔르흐 지구 하우트흐라흐트에 있는 임대 주택에 살고 있었다. (이른바 "아흐츠터 페닝"achtste penning, 여덟 번째의 페니라고 알려진 것과 관련된) 재산세 과세대장에 따르면, 빌럼 킥Willem Kick 소유의 이 집은 "구시가지 근처 브레이스트라트 뒤쪽" 어딘가에 있다. 같은 자료에 따르면, 미샤엘 드 이스피노자는 킥의 집을 빌리는 데 16길더 5스타위버르를 지불했다.[57]

---

55   즉 1542년에 설립된 전 세계를 대상으로 하는 로마 가톨릭 최고 법정인 종교재판소 검사성성(檢邪聖省)Holy Office of the Inquisition.

56   Orcibal 1949, p. 464, Annex 11 ; 또한 다음을 보라. Bayle in Walther and Czelinski 2006, vol. 1, p. 61. [옮긴이] 이 부 "10장 유산과 유품·로마의 조사" 참고.

57   Vaz Dias and Van der Tak, p. 12, III, 2b.

- 9월 6일 수요일 (유대력 5411년 엘룰월 20일)

스피노자의 누이 미르장 드 이스피노자(출산 중 사망)가 벳 하임에
매장된다.[58]

1652년, 암스테르담(하우트흐라흐트) 그리고 아우데르커르크 안 더 암스털

- 6월 7일 금요일

암스테르담 재산세 기록부에 따르면 스피노자 가족은 계속 킥이 소유한
하우트흐라흐트의 한 주택에 살고 있었다.[59]

- 10월 23일 수요일

스피노자의 새어머니 에스테르 드 이스피노자가 (하우트흐라흐트에 있
는) 자신의 집에서 공증인 얀 폴커르츠 올리Jan Volkertsz Oli 앞에서 유언장
을 작성한다. 서면 유언장에서 에스테르는 그녀의 포르투갈 이름뿐만 아
니라 그녀의 유대인 성 "s.ᵃ giomar de soliz alias Hester d'Espinoza"로도
언급된다. 남편 미샤엘을 법적 상속인으로 지명하는 이 문서에 따르면,
그녀는 병석에 누워 있었고 너무 쇠약하여 유언장에 서명조차 할 수 없
었다.[60]

- 10월 24일 목요일 (유대력 5413년 말케스월 22일)

에스테르 드 이스피노자 사망. 아마도 사망 당일에 벳 하임에 매장되었

---

58 *ibid.*, p. 3, I, A.

59 *ibid.*, p. 12, III, 2b.

60 Vaz Dias and Van der Tak 1982, pp. 188~189, Annex 2.

을 것이다.[61]

1653년, 암스테르담(하우트흐라흐트)

· 7월 3일 목요일

스피노자 가족이 여전히 킥 소유의 하우트흐라흐트에 있는 셋집에 살고 있었다.[62]

1654년, 암스테르담 [하우트흐라흐트]
그리고 아우데르커르크 안 더 암스털

· 3월 28일 토요일 (유대력 5414년 닛산월 10일)

미샤엘 드 이스피노자가 [암스테르담에서] 사망한다. 스피노자의 아버지는 아마도 같은 날에 아우데르커르크에 매장되었을 것이다. 스피노자가 21세 때였다. 네덜란드의 법에 따르면, 그는 법적으로는 아직 미성년자였다.

· 9월 [12일] (유대력 5415년 디스리월 1일)

'바루흐 드 이스피노자'는 포르투갈계 유대인 연합 공동체 탈무드 토라의 가바이Gubay(재무관, 회계)의 분계장(分介帳)journal에 "자히드"Jahid[63]로 처음 언급된다. 이 기록부의 항목들에는 그가 2년간(1654~1656) 세파르디 공동체에 연 2회 납부한 공동체 기부금에 관한 내용이 있다.[64]

---

61   Vaz Dias and Van der Tak, p. 3, I, A.

62   *ibid.*, p. 12, III, 2b.

63   [옮긴이] '자히드'는 히브리어로 '하나'라는 뜻이며, 유대인 공동체의 일원을 지칭하는 말이다.

64   의무적으로 납부해야 하는 고정 기부금인 핀타스fintas 또는 임포스타스impostas와 자발적인

4장 기업가 활동 · 추방 및 초기 저작

개요 - 암스테르담 : 1655년 4월~1659년 8월 초

1654년 3월 말 미샤엘 드 이스피노자의 갑작스러운 죽음 이후, 21세의 스피노자는 가족 회사를 인계받는다. 아마도 동생 가브리엘과 동업했을 것이다. 1654년부터 스피노자는 암스테르담 시기록보관소에 있는 법률 증서들에 사업가로 몇 번 언급된다.

2년 후 1656년 3월 23일에서 28일 사이에, 홀란트 최고법원Supreme Court of Holland은 공식적으로 스피노자의 상속권 포기를 허가한다. 이로써 스피노자는 아버지 미샤엘 드 이스피노자가 포르투갈계 유대인 상인 헨리케스의 부실 재산 수탁자가 되면서 진 재정적 의무에서 벗어날 수 있게 된다.

불과 4개월 후인 1656년 7월 27일 마아마드ma'amad[65]는 하우트흐라흐트의 탈무드 토라 회당에서 스피노자를 공식적으로 추방한다. 최근 스피노자의 가족 회사와 회사의 파산에 관해서는 몇 가지 발견된 것이 있었지만, 스피노자와 암스테르담 포르투갈계 유대인 공동체 간의 관계에 어떤 문제가 있었는지, 그리고 그가 파문당한 이유가 실제로 무엇이었는지는 오늘날까지도 여전히 불분명하다.

스피노자가 추방된 후 중요한 시기인 1661년 봄까지의 전기 정보는 매우 부족하다. 분명, 이 혼란스러운 시기에 스피노자는 암스테르담 세파

기부금인 프로메사스promesas로 구성된다. 페사Pesah(유월절)와 유대인의 새해인 로쉬 하샤나Rosh Hashanah(유대인 새해)에 납부한다. Vaz Dias and Van der Tak 1982, p. 190.

65   [옮긴이] 유대인 공동체의 종교적·세속적 문제를 관리하던 평신도 관리위원회.

르디 공동체 사업가로서의 예전 삶과, 독창적이고 독자적인 사상가, 광학 기구 제작자, 자연과학자로서의 새로운 삶의 기로에 서 있었다. 그는 데카르트 체계에 정통했고 급진적인 데카르트 모임에 자주 드나들었다.

아마도 그는 [1661년 7월 29일 이전] 어느 시점에 [레이던 부근의] 레인스뷔르흐 마을 어딘가로 이사하기 전까지는 대부분의 시간을 암스테르담에서 보냈을 것이다. 이 시기 스피노자에 대해 우리가 알고 있는 유일한 정보는 그가 1658년 말이나 1659년 초 사이에 암스테르담에서 스페인 출신의 아우구스티누스 수도회 탁발 수도사 토마스 솔라노 이 로블레스Tomas Solano y Robles(1627~1659 이후 언젠가)를 만났다는 것이다. 또한 1658년 11월에서 1659년 1월 중순 사이 언젠가 스피노자는 미구엘 페레스 드 말트라니아Miguel Pérez de Maltranilla(1625경~1659경 이후 언젠가) 대령이라는 사람을 알게 된다. 그 후 곧 1659년 8월 초, 이 두 스페인 사람은 마드리드의 종교재판소 법정에서, 암스테르담에 있는 동안 많은 유대인을 만났는데, 그중에는 스피노자와 후안 데 프라도Juan de Prado(1614~1665 이후 언젠가)라는 의사도 있었다고 증언한다. 두 스페인 사람 모두 특별히 스피노자를 "좋은 철학자"라고 하면서도 배교자와 무신론자라고 부르기도 한다. 같은 시기에 스피노자는 초기 저작인 미완성 작품『신, 인간, 인간의 행복에 관한 소론』과 『지성교정론』을 집필한다.

1655년, 암스테르담 [하우트흐라흐트]

• **11월 17일 수요일**

스피노자는 공증인 록Lock 앞에서 조제프 프란시스Joseph Francis라는 암

---

66   [옮긴이] "비셀브리프[환어음]를 이전한다"의 원문은 "the transportation of a 'wisselbrief'"

스테르담의 포르투갈 상인에게 "비셀브리프"를 이전한다[66]는 법률 서류에 서명한다. 스피노자는 또한 "그의 형제이자 동업자인 가브리엘 드 이스피노자 씨"(Sr Gabriel de "비셀브리프"를 이전한다는 Espinosa sijn broeder & Compagnon)를 대표하여 이 문서에 다음과 같이 사인했다. "Bento y gabriel despinoza." 이 문서에서 스피노자와 그의 동생은 조제프 프란시스에게 (876 포르투갈 크루자드스와 79흐로트[67] 가치를 지닌) 환어음을 양도하고convey 판매하는 것으로 되어 있다. 조제프 프란시스는 거래 당시 그 자리에 없었던 것으로 보인다.[68]

- **12월 5일 일요일 (유대력 5416년 키슬레브월 6일)**

스피노자가 포르투갈계 유대인 연합 회중 탈무드 토라에 총 6길더를 기부한다.[69] 가난한 이들의 구제를 위해 바친 이 돈(네다바nedabah 또는 자원제물)[70]은 그가 여전히 암스테르담 세파르디 공동체의 적극적이고 충실한 일원이었음을 말해 주는 것으로 보인다.

이지만, 'transportation'은 'transfer'의 오기일 것이다.

67   [옮긴이] 쿠루자드스crusades와 흐로트groot는 당시 각각 포르투갈과 네덜란드의 화폐 단위였다. 흐로트는 앞서 나온 적 있는 스타위버르보다 작은 단위의 화폐라고 한다.

68   Vaz Dias and Van der Tak, pp. 31~32, V, 9.

69   *ibid.*, p. 32, V, 9.

70   [옮긴이] 시편 119편 108절 참고. 공동번역개정판은 "정성"이라고 번역했지만, 여기에서는 개역개정판의 "자원제물"이라는 번역을 따랐다.

1656년, 암스테르담 [하우트흐라흐트]

- **3월(닛산월)**

스피노자는 (자발적 프로메사스로) 12스타위버르를 바친다.[71]

- **3월 16일 목요일**

암스테르담 베이스카머르Weeskamer(고아후견국局)의 헤이런 베이스메이스테런Heeren Weesmeesteren(고아후견담당관)은 루이 크라이어르스Louis Crayers(1623~1688)를 "벤토 드 스피노자"의 법정 후견인으로 임명했다.[72]

- **[3월 23일 목요일 이전]**

"고아가 된 미샤엘 드 이스피노자의 미성년자 아들 벤토 드 스피노자"Bento d Spinosa minderjarige[underaged] naegelaeten soon van Michael de Spinosa의 법정 후견인 크라이어르스는 법률 문서를 통해 자신의 피후견인이 아버지의 재산 상속을 완전히 포기한다고 홀란트 최고법원에 알린다. 크라이어르스는 스피노자가 아버지의 재산상 채무와 이 재산과 관련하여 그가 이미 취한 모든 법적 조치로부터 공식적으로 면제받을 수 있도록 해 달라고 홀란트 최고법원에 청원한다. 이로써 스피노자는 아버지 미샤엘이 1638년 6월 8일 헨리크버스의 부실 재산 수탁자가 됨으로써 채권자에게 지게 된 재정적 의무에서 벗어날 수 있게 된다.[73] 이 증서에서 미샤엘의 다소 심각한 귀책사유가 드러나는데, 그가 둘째 부인이 사망한 후 아

---

71   Vaz Dias and Van der Tak 1982, p. 190.

72   Vaz Dias and Van der Tak, pp. 32~33, V, 10.

73   Vlessing, 1997, pp. 19~20 참고.

들에게 적절한 몫의 유산을 주지 않았다는 것이다. 그 문서에서 크라이 어르스는 작고한 어머니의 재산에 대한 그의 권리에 근거하여, 스피노자를 미샤엘 재산의 우선 채권자로 내세웠다.[74]

• 3월 23일 목요일

홀란트, 제일란트, 서西프리슬란트 최고법원[75]이 공식적으로 스피노자의 아버지 재산 상속 의무를 면제한다.[76]

• 7월 27일 목요일 (유대력 5416년 아브월 6일)

암스테르담 마아마드가 공식적으로 스피노자를 연합 공동체 탈무드 토라에서 추방(헤렘herem)한다.[77] 지금으로서는 스피노자와 세파르디 공동체의 문제적 관계 — 그런 것이 있었다면 — 뿐만 아니라 그가 갑작스럽게 축출된 정확한 이유에 관한 많은 핵심적인 의문이 남아 있다. 그에게 가해진 헤렘은 사람들이 흔히 추측하는 것과 달리 이 철학자의 종교적 계시 문제에 대한 의견보다 아버지 재산의 암울한 재정 상황과 관련이 있을 가능성이 훨씬 높다. 이 문서에 대해 말하자면, 어떤 제의 문구 ritualistic farmula는 13세기 말이나 14세기 초 베네치아에서 유래한 것으로 보이는 제의 문서로, 실제로 극히 모호하다. 더 이상의 구체적 설명 없이 "끔찍한 이단 학설"과 "가공할 행동"을 언급하고 있기 때문이다. 분명한

---

74   Vaz Dias and Van der Tak, pp. 32~33, V, 11.

75   [옮긴이] 'The Supreme Court of Holland, Zeeland and West-Friesland'를 번역한 말로, 앞서 나온 바 있는 '홀란트 최고법원'Supreme Court of Holland의 공식적인 전체 명칭이다. 홀란트 주가 위 세 지역에서 가장 강성했기 때문에 보통 '홀란트 대법원'이라고 불렀다고 한다.

76   Vaz Dias and Van der Tak, p. 32, V, 11.

77   'Escamoth'(규칙 · 규정 기록부), Vaz Dias and Van der Tak, 1982, p. 164, V, 12, p. 170.

것은 스피노자가 어떤 일탈적인 생각을 했다거나 당시에 그러한 생각을
공개적으로 설파했다는 사실을 보여 주거나 증명하는 문헌 자료, 증거,
저작이 아무것도 없다는 점이다.[78]

1658년, 암스테르담 [하우트흐라흐트]

- **1658년 8월 21일 수요일과 1659년 3월 21일 금요일 사이**

스피노자가 아우구스티누스 수도회 탁발 수도사 토마스 솔라노 이 로블
레스를 알게 된다. 그는 암스테르담에 물어물어 도달한 터였는데 그곳
에서 스페인으로 돌아가는 배를 기다리고 있있다. 이를 통해 스피노자
가 여전히 암스테르담에 살고 있었다고 추정할 수 있다. 1658년 11월에
서 1659년 1월 14일 사이 언젠가 스피노자는 또한 솔라노 이 로블레스
의 동료 여행자들 중 하나였던 미구엘 페레스 드 말트라니야 보병대 대
령을 만난다.[79] 그들이 암스테르담에서 만나 종교 문제를 논의했다는 것
외에 그들 관계에 대해 정확히 알려진 것은 없다. 페레스 드 말트라니
야는 1659년 1월 14일에 스페인으로 돌아갔고, 솔라노 이 로블레스는
1659년 3월 21일에 출항했다.

1659년, [암스테르담, 하우트흐라흐트]

- **8월 8일 금요일**

스페인 귀국 후 솔라노 이 로블레스가 스페인 배우 겸 음악가인 로렌소
에스쿠데로Lorenzo Escudero(1659~1683 활약)가 유대교로 전향한 것에 관

---

78   Vlessing 1997, p. 15 ; Walther and Czelinski 2006, vol. 1, pp. 262~263, no. 73.
79   Revah 1959, p. 32 참고.

해 마드리드 종교재판소의 심문을 받는다. 그러나 종교재판소 법정은 훨씬 더 광범위한 관심을 가지고 있었고, 그래서 또한 그 스페인 수사에게 암스테르담에서 접촉한 사람에 대한 자세한 정보를 요청한다. 솔라노 이 로블레스는 암스테르담에서 많은 유대인을 만났다고 증언하며, 특별히 의사 후안 데 프라도와 스피노자와의 만남을 언급하는데, 그는 스피노자에 대해 "레이던에서 공부했기 때문에 네덜란드의 어느 도시에서 태어난 것 같고 훌륭한 철학자"라고 말한다. 마드리드 종교재판소 보고서는 스피노자가 1658년 8월 이전에 레이던 대학에 다녔을 수도 있음을 암시하는 유일한 출처이다. 우리는 스피노자가 레이던 대학의 학생으로 공식 입학 허가를 받지 않았음을 확실히 알고 있다. 왜냐하면 그의 이름은 레이던 대학의 공식 입학허가자 명부에 언급되지 않기 때문이다. 그러나 스피노자가 그곳에서 사설 교습을(예를 들어 아르놀트 휠링크스Arnold Geulincx[1624~1669]의 지도로 철학 수업을) 받았을 것이라고 가정한다면, 아마도 그가 1661년 초에 레이던 근교의 레인스뷔르흐 마을에 정착한 이유를 설명할 수 있을 것이다. 마드리드 심문 기록에 따르면, 데 프라도와 스피노자는 사석에서, 무신론적을 선호하고 영혼이 육체와 함께 죽는다는 믿음 때문에 세파르디 공동체에서 추방된 것이라고 밝히고 철학적으로만 신을 믿는다고 주장했다.

• 8월 9일 토요일

하루 뒤 페레스 드 말트라니야 역시 마드리드 종교재판소에서 에스쿠데로 사건에 대해 진술한다. 그는 암스테르담에 머무르는 동안 요셉 휘라Joseph Guerra라 불리는 의사의 집에서 여러 유대인을 알게 되었다고 증언한다. 그곳에서 그는 또한 세비야 출신 의사인 미차엘 레이노소Michael

Reynoso(1614~1655 활약)와 초콜릿과 담배 거래로 생활하는 세비야 출신의 제과업자 사무엘 파체코Samuel Pacheco도 만났다. 그는 또한 두 명의 배교자인 후안 데 프라도와 스피노자와 대화를 나누었다고 주장했다.[80]

5장 레이던 학계 바깥에서

개요 - [암스테르담], 레인스뷔르흐 : 1661년 5월 중순~1663년 4월 중순

독창적 사상가로서 스피노자의 명성은 그가 1660년대 초 암스테르담의 포르투갈계 유대인 공동체에서 추방(1656년 7월 27일)된 후 확산되기 시작한다. 스피노자의 견해가 그를 따르던 암스테르담 사람들에게 퍼져 나가기 시작한 것은 아마도 『지성교정론』과 함께였을 것이다.

1660년대 초 스피노자는 이들 몇몇과 긴밀한 관계를 맺고 서신 교환을 시작한다. 작가 겸 의사 로데베이크 마이어Lodewijk Meyer (1629~1681), 메노파교도인 상인 시몬 요스턴 더 브리스Simon Joosten de Vries(1633/34~1667), 피터르 발링Pieter Balling(1647~1664 활약) 및 당시 암스테르담에서 가장 생산적인 출판업자이자 서적상 중 한 명이었던 얀 리우어르츠 세뇨르Jan Rieuwertsz Sr(1617경~1687경) 같은 이들이었다. 이 재능 있는 연구 '모임'의 많은 회원이 자유사상가들이자 대학 바깥의 급진적인 데카르트주의자들이었다.

한편 스피노자는 종국에는 사후 출판된 『윤리학』이 될 자기 고유의

---

80   Revah 1959, pp. 32~33, 66~68, Annex 2.

철학 체계를 정교하게 다듬은 또 다른 논고를 집필 중이었다. 그러나 이 단계에서 그는 자신의 철학을 다양한 형식으로 제시할 계획이었다.[81] 이러한 계획은 그의 미완성 저작인 『신, 인간, 인간의 행복에 관한 소론』의 네덜란드어 번역으로 남아 있는데(유실된 원본은 라틴어로 작성되었다), 스피노자는 이 책을 [이미] 1665년에 기하학적 방식으로 개작했다.

회당에서 추방된 지 5년 만에 스피노자는 마침내 암스테르담을 떠난다. 그는 레인스뷔르흐의 작은 집에 정착하여, 그곳에서 1661년 여름부터 1663년 4월 하순까지 머무르게 된다. 스피노자가 그곳으로 이주한 동기는 밝힌 적이 없으며, 정확한 날짜(1661년 7월 29일 이전 언젠가)도 알려져 있지 않다. 이 시기에 스피노자는 르네 데카르트(1596~1650), 프랜시스 베이컨Francis Bacon(1561~1626), 토마스 홉스(1588~1679)의 새로운 철학New Philosophy을 비롯해 프랑코 페트리 뷔르헤르스데이크Franco Petri Burgersdijk, Franck Pieterszoon Burgersdijk(1590~1635), 아드리안 헤이레보르트Adriaan Heereboord(1614~1661), 바르톨로메우스 케커만Bartholomeus Keckermann(1573~1609)과 같은 여러 신스콜라철학자들의 참고서를 공부한다. 또한 그는 요하네스 카세아리우스Johannes Casearius(1642경~1677경)라는 젊은 레이던 학생과 긴밀한 관계에 있었고, 그에게 데카르트의 『철학의 원리』를 가르친다. 여러 정황으로 미루어 볼 때, 스피노자는 레인스뷔르흐에 있었던 시기에 이미 국제적인 학문 공화국Republic of Letters[82]도 주목하던 상당히 명성이 있는 전문가였던 것으로 보인다. 같은 시기에 스피노자가 처음 (간접적으로) 언급된 것

---

81 [옮긴이] 이 책 5부 2장 『신, 인간, 인간의 행복에 관한 소론』에 관한 소개 참고.
82 [옮긴이] 17세기 유럽 지식인 사회를 일컫는 표현이다.

은 덴마크의 해부학자 올라우스 보르키우스Olaus Borrichius(1626~1690)
에 의해서였다. 그는 스피노자를 무신론자라고 언급할 뿐만 아니라 렌
즈와 현미경을 제조하는 광학 기구 제작자라고도 언급한다. 1660년 후
반에서 1662년 사이에 스피노자는 덴마크의 자연과학자 겸 신학자인 닐
스 스텐센Niels Stensen(1638~1686)을 알게 되는데, 그와 스피노자는 둘
다 데카르트주의 및 인간 해부학에 관심이 있었다. 1661년 7월 29일 이
전 어느 시점에, 자연철학자들의 영국 "보이지 않는[비공식] 대학"(the
British "invisible college". 왕립학회의 전신) 창립 회원 중 한 명인 독일 학
자 헨리 올덴부르크Henry Oldenburg(1615경~1677경)가 스피노자를 방문
한다. 런던에 도착하자마자 올덴부르크는 1661년 8월 26일부터 스피노
자와 활발한 철학적 서신 교류를 시작한다. 올덴부르크의 중개로 스피
노자는 영국의 자연철학자 로버트 보일(1627~1691)과 연락을 주고받았
다. 스피노자는 보일과 실험의 본성, 특히 그의 『자연과학 시론』*Certain
Physiological Essays*[83]에 대해 논의했는데, 이 책은 순수 니트로nitre 또는 초
석saltpetre(강력한 비료인 질산칼륨 KNO_3)에 대한 실험 보고서였다. 이렇
게 올덴부르크는 스피노자가 과학계와 초국가적인 학문 공화국으로 들
어가는 중요한 통로가 된다. 그들의 서신 교환 ― 일부 서신은 스피노자
친구들 사이에서 회람되었던 것으로 보인다 ― 으로 우리는 스피노자
자신도 레인스뷔르흐에서 니트로에 대해 실험했음을 알게 된다.

---

[83] [옮긴이] 『스피노자 서간집』 국역자의 번역을 따랐다(이근세 11, 역주 3번 참고). 17세기에
"physiology"는 물리학이나 자연과학을 포괄하는 용어로 쓰였다.

1661년, [암스테르담, 하우트흐라흐트], 레인스뷔르흐 [카트베이케를란]

• [7월 29일 금요일 이전], 암스테르담, 레인스뷔르흐

스피노자가 암스테르담에서 레인스뷔르흐로 이주하여, 현지 외과의사인 헤르만 호만Herman Homan의 집에 머무르기로 한다.[84] 스피노자가 최종적으로 출발한 정확한 날짜는 알려지지 않았으나, 분명 [1661년 7월 29일 이전] 어느 날이었을 것이다. 레인스뷔르흐에 살던 초기에 스피노자는 외교관이자 자연철학자인 헨리 올덴부르크의 방문을 받아 그와 신, 연장 속성과 사유 속성, 두 속성의 차이, 신체와 영혼 문제를 비롯하여 데카르트와 베이컨의 철학에 이르기까지 다양한 철학적 주제에 관하여 이야기를 나눈다.[85]

• 8월 26일 금요일 (16 OS)

런던으로 돌아온 지 거의 3주 후에 헨리 올덴부르크는 스피노자에게 서신(Ep1 ; G IV. 5~6)을 보내 철학적인 주제의 서신 교환을 시작하자고 청했다. 올덴부르크는 스피노자에게 연장과 사유 및 데카르트 철학과 베이컨 철학의 약점에 관한 서신을 부탁한다. 뿐만 아니라 그는 스피노자에게 곧 출간될 "현재 대단한 지식을 갖춘 저명한 영국인이 집필한"(즉 보일이 집필한) 『자연과학 시론』이라는 제목의 책 한 권을 보내 주겠다고

84 　카트베이커르 란티어Katwijker Laantje 또는 크바컬Kwakkel, 또는 파라데이슬란티어 Paradijslaantje에 있었다. 현재 스피노자가街 29번지로 "스피노자하위스"Spinozahuis(스피노자의 집)라고 하는 집이다. [옮긴이] 정확히 말하자면 레인스뷔르흐에 있는 "헷 스피노자하위스"Het Spinozahuis(The Spinoza House. 'Het'은 영어의 'The'에 해당하는 네덜란드어 정관사이다)이며, 헤이그의 파빌윤스흐라흐트 72-74번지에 있는 "스피노자하위스"Spinozahuis[Spinoza House]와 다른 곳이다(이 책 86~87쪽 관련 옮긴이 주 135번 참고).

85 　올덴부르크가 스피노자에게 보낸 「서신」(Ep1 ; G IV. 5~6 ; 이근세 9~11).

약속한다. 1661년 8월 16/26일자 올덴부르크의 서신은 남아 있는 스피노자의 서간집 중 가장 초기의 것으로, 이 젊은 네덜란드 철학자와 그의 오랜 우정의 시작을 알린다. 그들은 1677년 초 스피노자가 사망할 때까지 줄곧 가까운 (서간) 친구로 지내며, 1661년 8월 26일부터 1676년 2월 11일까지 (동본된 것을 포함하여) 최소 31통의 서신을 주고받았다.

• 9월 초순 [레인스뷔르흐]

스피노자가 올덴부르크의 1661년 8월 16/26일자 서신에 답한다. 답신(Ep2 ; G IV. 7~9)에서 그는 신에 대한 정의, 실체와 신의 관계에 대해 언급하지만 연장 속성과 사유 속성의 구분에 관한 올덴부르크의 질문에 답하지 않고 나아가 스피노자는 실체에 관한 세 가지 정리를 제기한다. 그는 또한 이 서신에 자신의 실체 이론을 "기하학적 방식으로" "명확하고 간결하게 증명"한 글을 동봉한다. 동봉된 글은 유실되었지만 재구성할 수 있다. 올덴부르크에게 보낸 이 서신에서 자세히 설명한 이 단계의 철학적 견해는 『소론』과 나중에 『윤리학』이 될 견해가 혼합되어 있다. 이 서신의 두 번째 부분은 모든 오류의 기초인 자유의지와 이유/원인reason의 상충 문제와 관련하여 데카르트와 베이컨 철학의 결함이 무엇인지 중점적으로 다룬다.

• 9월 10일 토요일

레이던 지역을 여행하던 올라우스 보르키우스는 자신의 일지에 다니엘 랑게르만Daniel Langermann이라는 사람의 증언을 인용하는데, 이는 스피노자에 대해 은근히 언급한 것으로 해석될 수 있다. 보르키우스는 일지에서 거의 무신론자이자 "유대교를 떠나 기독교인이 된" 어떤 사람을 언급한다. 이 무신론자는 "레인스뷔르흐" 부근에 살고 있고 구약성서, 코란, 이솝 우화에 개의치 않지만, 반면에 다른 사람에게 절대 해를 끼치지 않고, 렌즈와 현미경 제조에 시간을 보낸다는 것이다.[86]

• 9월 24일 토요일, 레인스뷔르흐

올라우스 보르키우스가 카트베이크 안 제이Katwijk aan Zee, 팔켄뷔르흐Valkenburg, 레인스뷔르흐를 여행하는 동안, 메넬라오스Menelaus라는 독일인 의사는 스피노자에 관한 상당히 놀라운 정보를 알려 준다. 보르키우스의 여행 일지에 따르면, 스피노자는 "유대교를 떠나 기독교인이 된" 인물로 레인스뷔르흐에 살고 있었고, 그는 아마도 데카르트 철학에 탁월했으며, 심지어 데카르트의 확실한 관념들distinct ideas을 일부 대체하기도 했다. 보르키우스는 또한 스피노자의 관념이 심지어 암스테르담의 수학자 요하네스 휘더Johannes Hudde(1628~1704)의 저작을 능가한다는 사실을 강조하는데, 이 수학자는 데카르트의 『게오메트리아』Geometria[87]에 「더 포르케런」De forkeren이라 불리는 소논문을 추가한 인물이었다. 분명한 것은, 메넬라오스가 보르키우스에게 해 준 이야기를 통해 스피노자가 데카르트 철학에 대한 주목할 만한 전문가로서 누렸던 명성이 확인되는 것 같다는 점이다.[88]

---

86 Borrichius 1983, vol. 1, p. 128 ; Klever 1989, p. 314도 보라.

87 즉 데카르트의 『기하학』Géométrie의 라틴어 번역 2판. Descartes 1996, VI, pp. 367~485를 보라.

88 Borrichius 1983, vol. 1, p. 128 ; Klever 1989, p. 314도 보라.

1661년 또는 1662년 레인스뷔르흐 [카트베이케를란], [레이던]

• 날짜 불명

레인스뷔르흐로 이사한 후, 스피노자는 1660년 후반과 1662년 사이 언제가 젊은 덴마크 지식인 닐스 스텐센을 알게 된다. 아마도 둘 다 레인스뷔르흐나 레이던에 거주하고 있었을 것이다. 그들의 만남은 스텐센이 훗날 로마 검사성성의 최고 성성에 제출한 긴 문서[89]에 의해 확인된다 (1677년 9월 4일). 이 문서에서 스텐센은 "약 15~16년 전에" 자신이 레이던에서 의학을 공부하던 시기(1661년 7월 27일 이후 언젠가)에 스피노자와 친한 사이였다고 증언한다. "그의 학설이 나를 아주 혼란스럽게 한" 스피노자는 유대인 출신이었지만, 특정한 종교적 신념을 가지고 있지는 않았다. 나아가 스텐센은 스피노자가 한동안 랍비 교육을 받았으며, 반 덴 엔덴이라는 "어떤 이"를 만나고 있었는데 이 사람이 스피노자의 비정상적인 무신론적 견해의 근본적 원인일 것이라고도 한다. 또한 데카르트의 철학이 스피노자의 사고에 지대한 영향을 주었다고 주장한다.[90] 이 보고서에서 스피노자의 일대기와 관련하여 가장 흥미로운 부분은 스피노자가 스텐센의 다양한 동물의 뇌 해부 실험에 매일 참석했다는 주장인데, 스텐센은 이를 "운동의 원리와 인간 감정의 원천이 있는 곳을 찾기 위해" 수행했다고 한다.[91]

---

89   "Libri prohibiti circa la nuova filosofia dello Spinosa"(스피노사의 새로운 철학을 중심으로 한 금서들).

90   Totaro 2000, p. 100 ; Totaro 2002, Appendix, p. 33.

91   *ibid.*

1661년 이후, [레인스뷔르흐, 카트비즈케를란]

스피노자의 『신, 인간, 인간의 행복에 관한 소론』의 라틴어 필사본이 아마도 [암스테르담의] 친구들과 추종자들 사이에서 회람되었던 것 같다.[92]

1663년 1~4월 초, 레인스뷔르흐 [카트비즈케를란], 헤이그

- 2월 24일 토요일, 레인스뷔르흐

암스테르담에서 시몬 요스턴 더 브리스가 레인스뷔르흐에 있던 스피노자에게 서신을 보낸다(Ep8 ; G IV. 38~41). 먼저 더 브리스는 추운 날씨 때문에 스피노자에게 방문하지 못한 것에 대해 사과한다. 그러고 나서 그는 "선생님과 한 지붕 아래 머물고 (…) 식사를 하거나 산책을 하면서 가장 중대한 주제들에 관하여 대화를 나눌 수 있"는 "선생님의 동반자 카수아리우스Casuarius(즉 요하네스 카세아리우스Johannes Casearius)"에게 질투를 느낀다고 말한다. 보다 중요한 것은 더 브리스의 서신에, 스피노자의 초기 저작들이 스피노자를 따르던 암스테르담의 소규모 그룹 사이에서 회람되었다는 명시적인 정보가 나와 있다는 점이다. 그는 스피노자에게 그의 저작들에 대해 정기적으로 의견을 나누기 위해 최근에 그 "모임"이 재개되었다고 말한다. 회원 중 한 명이 한 구절을 읽고 그 구절에 대해 설명하고 나서, 스피노자 정리들의 증명을 계속해 나간다는 것이었다. 회원들의 의견이 일치하지 않을 때에는 그것을 기록해 놓고 스피노자에게 추가적인 설명과 "단지 미신의 방식으로 종교적이고 기독교적인 사람들에 반대하여 진리를 옹호"하기 위한 안내를 부탁한다는 서신을 쓴다. 이 서신에서 더 브리스는 또한 정의, 공리, 요청의 본성에 관한 질

---

92   Akkerman 2005, p. 230 참고.

문을 제기한다. 여러 정황으로 미루어 볼 때 그들이 읽은 것은 『신, 인간, 인간의 행복에 관한 소론』이 아니라 분책된 『윤리학』 1부의 초기 원고였을 것이다.

6장 학술 네트워크의 확장

개요 - 포르뷔르흐와 스히담 : 1663년 4월 말~1665년 6월 중순

1663년 4월 20일 이후, 스피노자는 (헤이그 근교) 포르뷔르흐라는 작은 마을에 정착한다. 이유는 알려져 있지 않다. 그는 케르클란Kerklaan[93] 소재의 다니엘 하르먼스 티데만Daniel Harmensz Tydeman(1654~1677 활약)이라는 화가 집의 방을 임대하여 1669년 9월 초와 1671년 2월 중순 사이에 헤이그로 이사하기 전까지 그곳에 머무른다.

새로운 거주지에서 그는 집중적으로 데카르트의 『철학의 원리』를 기하학적으로 제시하는 작업을 하고 이 책에 자신의 형이상학적 견해가 포함된 부록을 덧붙인다. 스피노자가 지식인이나 작가들과 맺은 국제적인 관계망은 점차 확대되고 있었다. 그는 또한 올덴부르크와 계속 긴밀한 관계를 유지하며 아마도 분명 로버트 보일에게도 서신을 보냈을 것이다. 암스테르담의 친구들과도, 특히 리우어르츠 세뇨르 및 로데베이크 마이어와 계속 연락을 취한다. 그리고 그들에게 자신의 관리하

---

93   현재는 케르크스트라트Kerkstraat라고 한다.

에 『데카르트의 『철학의 원리』』의 편집, 교정, 인쇄, 출판계획 일체를 맡긴다. 리우어르츠 세뇨르는 인쇄소가 없었기 때문에, 암스테르담의 식자공 다니엘 바카뮈더Daniel Bakkamude를 고용하여 『데카르트의 『철학의 원리』』를 조판했다. 1663년 늦여름에 이 저작의 출간 직후, 스피노자는 (유실된) 무지개에 관한 논고를 이에 대해 공부하려는 친구들에게 배포한다. 도르드레흐트 곡물 중개인이자 비전문 철학자였던 빌럼 반 블리엔베르흐Willem van Blijenberg(1632~1696)와 함께 스피노자는 데카르트의 『철학의 원리』 개작에 관한 몇 가지 문제를 비롯해 철학적이거나 신학적인 다양한 주제에 관한 서신 교환을 시작한다. 그는 또한 의사 요하네스 보우미스터Johannes Bouwmeester(1630/34~1680), 야러흐 엘러스Jarig Jelles(1619/20~1683), 피터르 발링과 직접 소통하기도 했다. 1664년 출간된 스피노자의 『데카르트의 『철학의 원리』』를 네덜란드어로 번역한 이가 아마도 발링일 것이다. 이 책은 바카뮈더가 아니라 알츠Aaltsz라는 다른 인쇄업자가 조판했다. 그러는 동안 스피노자는 또 다른 논고를 하나 작성 중이었고, 자신의 철학 체계를 종국에는 사후에 출간된 『윤리학』에서 드러날 것으로 확장해 나갔다. 1665년에 그는 자신의 철학을 그가 이전에 선호했던 [여러 주제를] 논의하는 형식이 아니라 기하학적인 방식으로 제시하기로 결심한다.

1664년 12월 말에서 1665년 2월 중순 사이에 스피노자는 일시적으로 포르뷔르흐를 떠나 메노파교도 알레베인 야콥스 헤이서Alewijn Jacobsz Gijse(1627~1683)의 집인 "랑언 보허르트"Langen bogert("긴 과수원"이라는 뜻)[94]에 머물렀다. (로테르담과 가까운) 스히담Schiedam이라는 작은 무역

---

94   [옮긴이] https://spinozaweb.org에서 지역 검색을 하면 이곳의 지도를 볼 수 있다.

항 근처였다. 아마도 헤이그와 그 주변 지역을 휩쓴 흑사병을 피하기 위함이었을 것이다.

1665년 봄 스피노자는 당시 유럽 과학계의 가장 위대한 인물 중 한 명인 크리스티안 하위헌스Christiaan Huygens(1629~1695)와 직접 소통한다. 그들은 헤이그 플레인Plein에 있는 하위헌스 가문의 저택('도뮈스'Domus라 불림)이나 포르뷔르흐 케르클란에 있는 스피노자의 거주지와 아주 가까운 하위헌스 가문의 시골 저택 '호프베이크'(헤이그 남동쪽)에서 만났을 것이다. 스피노자는 천문학, 운동 법칙, 무엇보다 실용 광학과 렌즈 제작 등 다양한 주제에 관한 열정을 하위헌스와 적극적으로 나누었다. 스피노자는 또한 크리스티안의 형 콘스탄테인 하위헌스 Constantijn Huygens Jr(1628~1697)와 이 형제의 유명한 아버지인 르네상스의 대가 콘스탄테인 하위헌스(1596~1687)를 소개받았을 것이다. 이 두 사람도 광학에 깊은 관심을 가지고 있었다.

1663년, 포르뷔르흐(케르클란)와 암스테르담

• 4월 20일 금요일 이후, 포르뷔르흐와 암스테르담

스피노자가 레인스뷔르흐 마을을 떠나 포르뷔르흐로 이주하여 그곳에서 케르클란에 있는 화가 다니엘 티데만 집의 방을 임대한다. 그 후 곧 스피노자는 암스테르담을 방문한다. 그가 그곳에 얼마나 머물렀는지는 알려져 있지 않지만, 포르뷔르흐로 다시 돌아온 때는 1663년 7월 26일이다. 암스테르담에 있을 때 스피노자는 몇몇 "친구들"의 방문을 받는다.[95] 그때 스피노자는 집중적으로 자신의 첫 번째 저작이 될 『데카르트

---

[95] 스피노자가 올덴부르크에게 보낸 서신 Ep13 ; G IV. 63~69 참고.

의 『철학의 원리』를 집필 중이었는데, 이 책은 데카르트의 『철학의 원리』를 "기하학적인 방식으로 증명한" 해설서였다. 그는 이 책에 「형이상학적 사유」로 이루어진 긴 부록을 덧붙였는데, 여기에서 그는 동시대의 신스콜라주의의 형이상학 문제를 다룬다.

• 7월 26일 목요일, 포르뷔르흐

스피노자가 신우信友였던 마이어에게 『데카르트의 『철학의 원리』』의 탈고 지침을 알려 주는 짧은 서신(Ep12A ; Offenberg 1975)을 보낸다. 이 서신은 이 저작의 원고 교정에 관하여 1663년 7월 25일에 받은 마이어의 (유실된) 서신에 대한 답장이었다. 이는 스피노자가 자기 글을 출간하는 일에 적극적인 관심이 있었음을 보여 준다.

• 7월 27일 금요일 (17 OS)

[포르뷔르흐에서] 스피노자가 헨리 올덴부르크에게 서신을 보낸다 (Ep13 ; G IV. 63~69). 이 서신의 첫 부분은 『데카르트의 『철학의 원리』』가 어떻게 시작되었는지, 그리고 이 저작이 원래 작성된 순서가어떻게 되는지에 관한 상세한 정보가 포함되어 있다.[96] 먼저 스피노자는 올덴부르크에게 포르뷔르흐로 이사했으며(1663년 4월 20일 이후 언젠가) 암스테르담에 방문했었다고 알려 준다. 암스테르담에 있는 동안, "몇몇 친구들"이 데카르트의 『철학의 원리』 2부를 간결하게 설명하는 "기하학적 방식으로 증명된" 논고를 써 달라고 부탁하는데, 이 논고는 스피노자가 자

---

[96]   마이어의 서문 참고(Meyer, PPC praef ; G I. 129~130). 이 책은 2부, 1부, 「형이상학적 사유」
        순서로 작성되었다.

신의 사유를 밝히고 싶어 하지 않았던 어떤 젊은이(레인스뷔르흐에서 같이 살던 요하네스 카세아리우스)에게 데카르트의 『철학의 원리』 2부에 대한 설명을 구술하여 받아쓰게 한 내용이었다.[97] 이 친구들의 부탁으로 스피노자는 동일한 방식에 따라 데카르트의 『철학의 원리』 1부 해설도 완성하게 된다. 그는 이 해설 작업을 2주 만에 끝냈다. 그 후 친구들은 저작 전체를 출간할 수 있게 허락해 달라고 부탁했다. 그는 기꺼이 출간을 허락했지만, 그들 중 한 명(로데베이크 마이어)이 "나와 함께" 문체를 손보고 짧은 서문을 추가하여 자신[스피노자]이 "이 논고의 내용 전체를 인정하는 것과 거리가 멀고 여러 부분에서 완전히 대립되는 견해를 지닌다는 점"[98]을 독자에게 알리라는 조건을 달았다. 마이어의 작업을 감독하는 것이 그가 암스테르담에 한동안 머무른 이유였다. 그리고 나서 스피노자는 올덴부르크에게 왜 자신이 논고 출판을 허락했는지 설명한다. 그는 이 서신 교환 상대에게 곧 출간될 책이나 "인쇄 중인" 그 저작의 개요를 보내 주겠다고 약속한다.

97　[옮긴이] 「서신13」에서 스피노자는 실제로 헨리 올덴부르크에게 "얼마 전에 저는 제 사유를 터놓고는 전하고 싶지 않은 젊은이[카세아리우스]에게 이 『논고』를 불러 준 적이 있습니다"라고 말한다(이근세 86). 그 이유는, 스피노자와 함께 살면서 "가장 중대한 주제들에 관하여" 대화를 나눌 수 있는 카세아리위스가 부럽다고 하는 시몬 요스턴 더 브리스의 서신에 스피노자가 다음과 같이 답한 것에서 엿볼 수 있다(「서신8~9」, 이근세 52, 59). "카세아리우스를 부러워할 이유는 없습니다. 사실 그만큼 제게 부담이 되는 사람도 없습니다. 또 그만큼 제가 불신하는 사람도 없습니다. 그래서 **카세아리우스가 더 성숙해지기 전까지는, 제 견해를 그에게 전해 주지 말아야 한다**는 점을 선생님과 나머지 분들 모두 알아 주셨으면 합니다. **그는 아직 너무 어리고 안정적이지 못하며 참된 것보다는 새로운 것에 신경을 씁니다.** 그러나 그가 수년 안에 젊은 시절의 결함으로부터 자신을 회복하리라고 기대합니다. 그의 기질에 비춰 판단해 볼 때 그가 그렇게 하리라고 확신합니다. 그래서 저는 그의 성품을 고려하여 그를 아끼게 됩니다"(「서신9」, 이근세 59, 강조는 인용자).

98　[옮긴이] 「서신13」, 이근세 86 참고.

- **8월 3일 금요일**

포르뷔르흐에서 스피노자가 마이어에게 서신을 보낸다(Ep15 ; G IV. 72~73). [이 서신과 함께] 스피노자는 시몬 요스턴 더 브리스를 통해 받은『데카르트의『철학의 원리』』서문에 대한 (여백에 적은) 수정사항을 다시 더 브리스를 통해 보낸다. 여러 정황으로 미루어 볼 때, 스피노자의 데카르트 해설 일부는 이미 조판이 되었으나 다른 부분들은 아직 인쇄 준비 중이었던 것으로 보인다. 그는 또한 친구 더 브리스에게 자신의 증명 중 많은 것이 실제로는 데카르트의 증명과 다르다는 점을 서문에서 언급해 달라고 요구한다. 또한 스피노자는 마이어가 누군지 특정하지 않은 채 어떤 다른 학자에 맞서고 있음을 보여 주는 부분을 모두 빼라고 강조한다. 마이어는 그 신원 미상의 학자를 떠버리라고 생각했으며 냉소적으로 그를 "저 좀생이"that petty man[99]라고 불렀다. 그는 마이어에게『데카르트의『철학의 원리』』2부 정리27의 주석을 인쇄한 교정지를 보내겠다고 말한다. 인쇄업자는 틀림없이 스피노자가 새로 교정하고 추가한 것을 가지고 다시 조판했을 것이다.

- **8월 3일 금요일 이후**

암스테르담 서적상 얀 리우어르츠 세뇨르가『데카르트의『철학의 원리』』를 발간한다. 스피노자가 생전에 자신의 이름으로 공개 출간한 첫

---

99   [옮긴이] 스피노자가 쓴 표현은 "ille homunculus"이고 이 부의 저자는 영역자 컬리와 설리의 번역을 따라 "that petty man"이라는 표현을 썼다.『스피노자 서간집』의 국역자 이근세는 "미숙아"라고 번역하고, 이 표현이 지칭하는 이는 데카르트『인간론』을 라틴어로 옮기고 이 역서의 서문에서 스피노자가 데카르트를 왜곡했다고 비판한 '플로렌티위스 스하윌'Florentius Shuyl이라고 밝혀 놓았다(이근세는 '플로렌티우스 슐'이라고 음역함). 이근세 102, 역주 99번 참고.

번째 책이었다. 이 책의 4절판 판본의 정확한 출간일은 알려지지 않았으나 일러도 스피노자가 로데베이크 마이어에게 서신을 보낸 1663년 8월 3일 이후일 것이다. 마이어가 스피노자의 명시적인 지침에 따라 꽤 힘들게 『데카르트의 『철학의 원리』』와 「형이상학적 사유」를 편집했다는 점은 아주 분명하다.[100] 스피노자 자신의 증언에 따르면, 이 저작을 출판한 것은 "모두의 이익을 위해서"이다. 이 책의 서문은 마이어가 작성했다. 스피노자의 평생 친구였던 요하네스 보우미스터가 「아드 리브룸」Ad librum 이라는 헌시를 쓴 것으로 간주된다.[101] 「형이상학적 사유」로 이루어진 부록도 덧붙였다. 원고는 유실되었다.

헤리천Gerritsen이 밝혀 낸 것처럼[102] 『데카르트의 『철학의 원리』』의 본문은 어떤 활자판(1663년이라고 각인된)으로 조판되었는데, 이 활자 상자로 시인 요스트 반 덴 폰덜Joost van den Vondel(1587~1679)이 쓴 저작물들의 7개 판형도 조판되었다. 이 7개의 판형 중 하나는 또한 활자체로 볼 때 암스테르담의 인쇄업자 토마스 폰테인Thomas Fonteyn(1630~1661 활약)이 1659년에서 1662년 사이에 사용한 다른 활자판과 연관된다. 최근의 인쇄술Typographical research 연구에 따르면, 스피노자의 데카르트 개요digest[『데카르트의 『철학의 원리』』]를 조판한 인쇄업자는 다니엘 바카

---

100 Steenbakkers 1994, p. 20 참고.

101 [옮긴이] "Ad librum"은 "이 책에 부쳐" 정도의 뜻이다. 이 헌시 아래에는 "I. B. M. D"라는 서명이 있는데, 이 서명으로 의사였던 요하네스 보우미스터Johannes Bouwmeester가 저자로 추정되는 것이다. 위 서명의 앞 두 글자 "I. B"는 그의 이름 이니셜(라틴문자에는 본래 'J'가 없었고 'I'로 표기되었다)과 같고 뒤의 두 글자 "M. D"는 "Medicinae Doctor"의 약자와 같기 때문이다.

102 Gerritsen 1980 ; Gerritsen 2005, p. 255도 보라.

뮈더Daniel Bakkamude였다.[103]

• 8월 중순 이후

이 시기에 스피노자는 아마도 일정 시간을 수리물리학적 측면에서 빛과 색을 연구하는 데 쓰고 있었던 것으로 보인다. 『데카르트의 『철학의 원리』』를 출판한 후 그는 곧 암스테르담의 '친우회'에 무지개에 관한 논고를 배포한다.[104] 이 저작의 원고와 글은 모두 유실되었다.

1664년, 포르뷔르흐(케르클란), ("랑언 보허르트"에 있는) 스히담

• 날짜 불명

1664년 리우어르츠 세뇨르가 『데카르트의 『철학의 원리』』*Renati des Cartes Principia philosophiae*를 네덜란드어로 수정번역adaptation한 『데카르트 『철학의 원리』』*Renatus des Cartes Beginzelen der wysbegeerte*를 스피노자의 실명으로 발간한다. 아마도 번역된 이 저작은 스피노자가 많은 곳을 증보하거나 손을 본 것 같은데, "P. B."라는 이름으로 서명한 누군가가 라틴어에서 네덜란드어로 번역했다. 아마도 이 번역자는 스피노자의 친구 피터르 발링이었을 것 같은데, 이 주장을 뒷받침할 역사적 증거는 없다. 서문은 마이어가 썼다. 이 저작에는 보우미스터I. B. M. D가 쓴 것이라고 여겨지는 「아드 리브룸」이라는 라틴어 헌시를 비롯해 두 편의 네덜란드어 시도 포함되어 있다. 한 편은 「아드 리브룸」을 의역한 것이며, 다른 한 편은 "H. 판 브론호르스트, M.D."라는 서명이 되어 있는데

103　Jagersma and Dijkstra 2014.
104　Akkerman and Hubbeling 1979, no. 9, pp. 112~113.

암스테르담 출신 데카르트주의자인 의사 헨드릭 판 브론호르스트Hendrik van Bronchorst(1636~1678)인 것으로 보인다. 이 책은 암스테르담의 인쇄기술자 알츠Aaltsz에 의해 인쇄되었다.[105] 이 원고 역시 유실되었다.

• 12월 12일 금요일

[도르드레흐트에서] 곡물 중개인이자 비전문 철학자였던 빌럼 반 블리엔베르흐가 스피노자에게 서신을 보낸다(Ep18 ; G IV. 79~85). 이 서신에는 반 블리엔베르흐의 1664년 12월 21일자 서신(유실됨)[106]도 동봉되어 있었다. 스피노자 자신의 증언에 따르면, 그는 1664년 12월 26일(스히담 마을과 가까운 메노파교도 상인 알레베인 헤이서의 농장에 머무를 때)에 그 서신 묶음을 받았다고 한다. (스피노자가 반 블리엔베르흐에게, Ep19 ; G IV. 86~95). 1664년 12월 12일자의 이 서신은 스피노자와 『데카르트의 『철학의 원리』』의 열광적인 독자였던 반 블리엔베르흐의 서신 교환의 시작을 알린다. 반 블리엔베르흐의 이 1664년 12월 12일자 서신은 스피노자의 『데카르트의 『철학의 원리』』와 「형이상학적 사유」에 대한, 우리에게 알려진 최초의 반응이다.

• 12월 26일 금요일 이전, 스히담

스피노자가 스히담 근처 "랑언 보허르트"("긴 과수원")라 불리는 헤이서의 농장에 3~4주 머무를 계획으로 포르뷔르흐를 떠난다.[107] 스피노자

---

105   Jagersma and Dijkstra 2014.

106   반 블리엔베르흐가 스피노자에게, 1664. 12. 21.*

107   스피노자가 반 블리엔베르흐에게, Ep19 참고.

가 그곳에 잠시 머무른 이유는 아마도 헤이그와 그 주변 지역을 휩쓴 흑사병에 감염되는 것을 피하기 위해서였을 것이다. 헤이서의 집은 스히담 외곽에 있는 아우트–맛헤네서Oud-Mathenesse에 있었다.[108] 스피노자 자신의 증언에 따르면, 그는 한 달 정도 스히담에 머무를 계획이었으나 1665년 2월 19일 이후가 되어서야 포르뷔르흐로 돌아갔다.

1665년, 스히담("랑언 보허르트"에서), 포르뷔르흐(케르클란), 암스테르담

• 3월 13일 금요일, 포르뷔르흐

포르뷔르흐에서 스피노자가 반 블리엔베르흐에게 서신을 보낸다(Ep23 ; G IV. 144~152). 1665년 2월 19일자 서신[Ep22]에서 제기된 반박과 질문에 대한 답장이었다. 이 서신에서 스피노자는 자신의 신God 공리에 대한 반 블리엔베르흐의 반박에 대해 자신의 논변을 밀어붙이고, 도덕과 관련된 세 가지 질문에도 답한다. 반 블리엔베르흐의 두 번째 질문(도둑질이 신과 관련하여 정의로운 것이나 다름없는지에 대한 질문)에 대한 스피노자의 답변은 그가 당시 "아직 출간되지 않은"『윤리학』이라는 제목의 논고를 집필 중이라는 흥미로운 사실을 보여 준다. 이는 스피노자가 자신의 철학 체계를 설명하는 저작의 제목이 등장하는 최초의 사례이자 윤리학 출간 계획에 대해 직접적으로 언급한 최초의 사례이기도 하다.

• [5월], [암스테르담]

스피노자가 1665년 4월 28일 헨리 올덴부르크의 서신에 답한다. 그때 그는 아마도 여전히 암스테르담에 있었을 것이다. 올덴부르크에 대한 그

---

108   반 블리엔베르흐가 스피노자에게, Ep20 ; G IV. 96~125.

의 답신(Ep26 ; G IV. 159)은 그가 당시 크리스티안 하위헌스와 긴밀히 소통하고 있었음을 명확히 보여 준다. 스피노자는 이 서신에서 보일이 아직 무사하다는 것과 색깔에 대한 그의 논고가 새로 출간되었다고 하위헌스가 알려 준 것에 반응을 보인다. 스피노자는 "제가 영어를 알았더라면" 하위헌스가 자신이 가지고 있던 보일의 논고를 빌려주었을 것이라고 말한다. 그러므로 이 서신은 스피노자가 영어를 읽을 줄 몰랐음을 보여 준다. 스피노자는 올덴부르크에게 하위헌스가 "현미경 관찰에 관한 책"을 한 권 가지고 있다고 알려 주기도 하는데, 이 책이 로버트 훅Robert Hooke의 『마이크로그라피아』*Micrographia*임은 의심의 여지가 없다. 스피노자의 서신은 또한 그와 하위헌스가 나눈 대화 내용에 관해 알려 준다. 분명 이들은 매우 다양한 주제들에 관해, 특히 현미경과 목성의 일식 및 (반지의 모습으로 보이는) 토성의 그림자를 관찰하는 데 사용된 이탈리아 망원경 같은 천문학 문제에 관하여 의견을 주고받은 것 같다. 또 다른 주제는 왜 토성의 위성들이 움직이지 않는지에 관한 데카르트의 설명 문제였다.

7장 철학의 실천, 과학의 장인匠人

개요 - 포르뷔르흐 : 1665년 9월~1670년 후반

1665년 9월 초, 포르뷔르흐 케르클란에 있는 티데만의 집에서 하숙하는 동안 스피노자는 집중적으로 『신학정치론』을 집필한다. 이로 인해 『윤리학』에서 자신의 철학 체계를 설명하려는 이전 계획은 미루어졌을 뿐만 아니라 영향을 받기도 한다.

한편 스피노자는 계속 런던에 있는 올덴부르크와 서신으로 우정을 이어 나갔고, 철학 및 옥스퍼드 과학자들의 저술과 해부학적 관찰 같은 문제를 비롯해 제2차 영국-네덜란드 해전을 아우르는 광범위한 주제에 대해 의견을 주고받았다. 1665년 12월 중반에, 스피노자와 올덴부르크 의 교류는 근 10년간 중단된다.

1660년대 중반에는 스피노자와 크리스티안 하위헌스의 관계가 더 긴밀했던 것으로 보인다. 하위헌스와 함께 스피노자는 다양한 과학 문제, 특히 이들이 개인적으로 연구하던 광학 분야에 대해 의견을 나눈다. 게다가 하위헌스는 스피노자에게 자신의 『굴절광학』*Dioptrics* 원고를 볼 수 있게 해 주기도 한다.

1666년 초, 스피노자는 현미경을 만들고 망원경을 제작하면서 실용 광학으로 명성을 얻은 요하네스 휘더Johannes Hudde와 접촉한다. 1666년 (6월) 휘더에게 보낸 서신은 스피노자가 렌즈를 만드는 데 일정 시간을 쓰고 있음을 명확히 보여 준다. 광학 문제 외에도 이 시기 스피노자의 서 간집은 또한 그가 시간을 쪼개 가며 확률 계산과 연금술 같은 다양한 문제를 연구했음을 보여 주기도 한다.

1667년 3월 말에서 1670년 사이의 기간은 상대적으로 스피노자의 개인적 삶에 대해 확실히 알려진 것이 거의 없다시피 하다. 1668년부터 1670년까지 주고받은 서신은 남아 있는 것이 없지만, 우리는 [이 시기 에] 스피노자가 『신학정치론』을 집필했을 것이라고 보아야 할 것 같다. 스피노자가 계속 (망원경 및 현미경) 렌즈에 대한 광학 작업도 하고 있었 음을 보여 주는 명백한 증거는 스피노자 개인의 서신과 크리스티안 하위 헌스와 콘스탄테인 하위헌스 사이에 오고 간 서한들뿐이다. 여러 정황으

로 미루어 볼 때 스피노자는 또한 휘더와 (망원경) 렌즈, 어쩌면 굴절 망
원경 연구와 제작을 위해 협력하고 있었던 것 같다. 친한 친구 옐러스에
게 보낸 이 시기의 다른 서신(1669년 9월 5일자)은 스피노자가 유체 역
학 실험을 고안했음을 보여 준다. 스피노자가 언제 포르뷔르흐를 떠나
헤이그에 정착했는지는 확실치 않다. 분명 1669년 9월 5일 옐러스에게
서신을 발송한 이후와 1671년 2월 초 이전의 어느 시점이었을 것이다.

1670년 초 봄, 스피노자는 『신학정치론』 출판으로(1669년 말 또는
1670년 초) 네덜란드 연합주에 파문을 일으킨다. 기성 종교의 침해에 대
항하여 철학힘의 자유를 단호하게 옹호한 책이었다. 현대 정치학에서
는 서문이나 후기에서 겨우 다루어지는 문제이지만, 당시 『신학정치론』
에 대한 대중의 반응은 극히 적대적이었을 뿐만 아니라, 이 논고는 수
십 년 동안 줄곧 혹평vituperation이 된 논고였다. 『신학정치론』에 대해 우
리가 아는 첫 번째 공식적인 반응은 1670년 4월 8일에 나온다. 거의 출
간 직후, 각 지역 교회의 당회, 지역 노회, 주 총회(네덜란드 개혁교회의
3단계 체계)의[109] 여러 회의체에서 맹렬한 논의가 일어난다. 결과적으로

109　[옮긴이] '각 교회의 당회堂會'는 'local consistories'를 번역한 말이다. 네덜란드 개혁
교회의 개별 교회 의결 기구를 일컫는 말로 목사와 장로로 구성된다. 네덜란드어로는
'kerkenraad'(케르켄라트)라고 하며 문자 그대로 '교회 회의'Church council라는 말이다. 이후
저자는 영역하지 않고 그냥 'kerkenraad'라고 할 때가 많은데, 이 경우 '케르켄라트'라고 음
역했다. '지역 노회老會'는 'regional classes'의 역어로, 'classis'(영어, 네덜란드어 동일)는 일정
지역의 여러 당회에서 파송한 대표들로 구성된 중간 단계의 회의체를 말한다. '주州 총회'는
'provincial synods'(provinciale synode)를 옮긴 말로 한 주州에 속한 여러 노회의 대표가 모이
는 주 단위의 최고 의결 기구이다. 이 위에 '전국 총회'nationale synode(나티오날러 시노더)있
었으나 정기적으로 운영되는 상설 회의체인 현대의 'generale synode'(헤네랄러 시노더)와 달
리 국가적·신학적 위기시에만 소집된 비정기적인 임시 회의체였다(전국 총회는 '도르트 총
회'(1618~1619) 이후 18세기 말까지 소집되지 않았다). 따라서 당시 네덜란드 개혁교회의
실질적인 최고 의결 기구는 '주 총회'라고 할 수 있다. 본문에서 저자가 전국 총회를 제외하

『신학정치론』과 익명의 저자는 기독교 최악의 적들 중 하나로 분류된다. 게다가 스피노자의 『신학정치론』은 네덜란드 공화국 내에서뿐만 아니라 해외에서도 순식간에 저명한 사상가들의 주목을 받으며 지식인들 사이에 크나큰 논란을 불러일으켰는데, 그중에는 야콥 토마시우스Jacob Thomasius(1622~1684), 고트프리트 빌헬름 라이프니츠Gottfried Wilhelm Leibniz(1646~1716), 홉스도 있었다. 『신학정치론』 출간 후 스피노자는 다시 『윤리학』 집필을 이어 나간다.

1665년, 포르뷔르흐(케르클란)

- **[9월13일 일요일과 20일 일요일 사이]**

[런던에서] 올덴부르크가 1665년 9월 4일 스피노자의 서신에 답한다. 이 답신(Ep29 ; G IV. 164~165)에서 그는 보일의 색깔에 관한 논고의 라틴어 판본에 대한 의견을 밝히고 아타나시우스 키르허Athanasius Kircher 의 『지하세계』*Mundus subterraneus*에 대해 언급한다. 그리고 올덴부르크는 스피노자에게 보일이 형상과 성질의 기원에 대한 연구보고서[110] 를 출판할 계획이라는 것도 알려 준다. 관련하여 그는 스피노자의 "천사, 예언자, 기적"에 관한 기획을 언급하고 스피노자에게 다음 서신에서 그 저작의 계획과 목적에 대해 알려 달라고 부탁한다. 올덴부르크가 한 말에서 아주 흥미로운 것은 스피노자 『신학정치론』의 시초에 관

고 '네덜란드 개혁교회의 3단계 체계'라고 한 이유이다. 이는 당시 네덜란드가 7개의 자치주 province가 연합한 연방국이었던 것과 관련이 있다. 네덜란드의 '당회', '노회', '주 총회'는 각 각 우리 나라의 '당회', '노회', '총회'에 해당한다. 우리 나라의 장로교에는 일반적으로 노회 와 총회 사이에 중간 회의체가 없다.

110   [옮긴이] 『미립자설에 따른 형상과 질의 기원』*Origin of Forms and Qualities According to the Corpuscular Philosophy*(1666).

한 언급이다. 그는 또한 단치히의 천문학자 요하네스 헤벨리우스Johannes Hevelius(1611~1687)가 보내 준 서신으로 전달받은 최신 과학계 소식을 전해 주기도 한다. 헤벨리우스의 『혜성학』Cometographia과 당시 근간 예정이었던 『혜성학 서설』Prodromus cometicus(1665)에 관한 소식이었다.[111] 올덴부르크는 스피노자에게 크리스티안 하위헌스가 [1656] 발명한 진자(추)시계pendulum clock와 그것이 바다에서 경도를 측정하는 데 사용될 수 있는지에 관하여 네덜란드인들의 견해가 어떠한지 알려 달라고 부탁하고, 또한 하위헌스의 굴절광학 및 운동에 관한 업적에 대해 최근 소식을 알려 주기를 바란다는 말로 서신을 끝맺는다.

· 11월 20일 금요일, 포르뷔르흐

포르뷔르흐에서 스피노자가 올덴부르크에게 긴 서신(Ep32 ; G IV. 169~176)을 보낸다. 서신의 첫 번째 주제는 분리되어 있는 자연의 각 부분과 자연 자체의 일치coherence 및 우주와 관련하여 그러한 각 부분과 [나

111 　[옮긴이] 원문은 다음과 같다. "That news concerns his Cometographia (a twelvevolume study upon two recent comets and sunspots) and his pending Prodromus cometicus." 『혜성학』을 "최근의 두 혜성과 흑점에 관한 12권의 책"이라고 한 괄호 내용은 잘못된 것이므로 바로 잡는다. 12권인 것은 맞지만, "최근의 두 혜성"에 관한 책은 이 책이 아니라 다른 두 권의 책이다. "제가 이 서신을 쓰는 동안, 단치히의 탁월한 천문학자 요하네스 헤벨리우스로부터 서신한 통이 저에게 배달되었습니다. 그는 저에게 무엇보다 12권으로 된 그의 『혜성학』이 이미 1년 동안 인쇄 중이고, 400쪽 즉 1~9권은 완성되었다고 말해 주었습니다. 그리고 또한 최근두 혜성 중 첫 번째 혜성에 대해 상세히 기술한 『혜성학 서설』의 몇몇 사본을 보냈다고aliquot Exemplaria transmississe Prodromi sui Cometici 밝히더군요. 그러나 이것들은 아직 저에게 도착하지 않았습니다. 그는 또한 두 번째 혜성에 대한 다른 책을 출간하고 학자들의 판단을 받기로 결심했다고 합니다"(Ep 29 ; G IV. 165 ; 이근세 205. 번역은 수정). 이하에서도 저자가 인용하거나 요약한 내용이 원문과 명백히 다른 경우, 원문에 의거하여 수정하되 꼭 필요하다고 생각되는 부분에서만 이를 밝혔다.

머지] 다른 부분의 일치이다. 나아가 이 서신으로 스피노자가 여전히 크리스티안 하위헌스와 긴밀한 관계에 있었음이 드러난다. 왜냐하면 스피노자는 올덴부르크에게 광학에 관한 하위헌스의 작업에 대해 몇 가지 상세한 정보를 알려 주기 때문이다. 다른 주제는 데카르트의 물체의 운동 규칙 중 하나에 대한 스피노자 자신의 비판과 하위헌스가 프랑스로 이주한 정확한 날짜에 관한 것이었다. 하위헌스의 렌즈 연마 기계에 대해, 스피노자는 그가 렌즈를 연마할 때 쓰는 특별한 연마판moulds[112]을 제작했다고 말하지만, 그 자신이 능숙하고 노련한 광학 기구 제작자였던 스피노자는 그 기계장치가 사실상 유용하지 않을 것이라고 미심쩍어한다. 그는 [기구를 쓰는 것보다] 손을 자유롭게 쓰면서 둥근 렌즈를 연마하는 것이 훨씬 안전하고 더 나은 결과를 얻을 수 있다고 생각했기 때문이다. 이 언급은 스피노자가 실제로 자기 시간의 일부를 렌즈 연마에 쓰고 있었음을 확증하는 최초의 역사 문헌이다. 그가 실용 광학에 관심이 있었다는 것에 대한 많은 중요한 질문이 답변되지 않은 채 남아 있다. 매우 중요한 한 가지 의문은 그가 렌즈를 연마하는 이 섬세한 기술을 누구에게 훈련받았는가 하는 것이다. 1660년대 중반에는 네덜란드 연합주의 극소수 지식인만이 (망원경) 렌즈를 연마하는 이 힘든 일에 열정적인 관심이 있었을 뿐이다. 스피노자가 정확히 언제 렌즈 제작 기술을 배우기 시작했는지도 명확하지 않다. 1661년 9월 10일자 보르키우스의 보고가 믿을 만하다고 가정한다면, 심지어 1661년에 이미 시작되었을 수도 있다.

112　[옮긴이] 원문은 "novae ad polienda vitra scutellae"이다. 저자는 이를 다음과 같이 네덜란드어를 병기하여 "new moulds['거푸집', '주형'(鑄型)] for grinding lenses('slijpschuttels'[슬레이프스휘털스])"라고 옮겼다. 국역본은 "새로운 용기들"로 옮겼고(이근세 235), 영역자 컬리와 셜리는 모두 "new plates"라고 옮겼다.

처음에 스피노자에게 이 까다로운 기술을 소개하고 그를 훈련시켰을 가능성이 있는 유력한 후보는 아무래도 1654년에 (대물) 렌즈 연마를 시작한 하위헌스 형제인 듯하다. 다른 후보로는 당시 광학 분야에서 큰 명성을 누린 암스테르담 수학자 휘더가 있다. 한편 헤이그와 그 주변에서 일하는 렌즈 제작자들로부터 전문적인 기술을 배웠을 수도 있다. 1665년 12월 [18일] 올덴부르크가 스피노자에게 보낸 서신은 스피노자와 올덴부르크가 주고받은 서신 중 우리가 알고 있는 가장 마지막 것으로, 이후 10년 동안은 서신 교환이 없었다. 스피노자는 1675년 4/5월이 되어서야 서신 교환을 재개한다.

1666년, 포르뷔르흐(케르클란)

- [6월]

스피노자가 1666년 5월 19일 휘더의 (유실된) 서신에 답한다. 이 서신(Ep36 ; G IV. 183~187)의 두 번째 부분의 주제는 실용 광학인데, 이는 스피노자가 렌즈 제작에 많은 시간을 쓰고 있었음을 보여 준다. 그 자신의 증언에 따르면, 스피노자는 렌즈를 연마하기 위한 "새로운 연마판"slijpschuttels[113] 제작을 진지하게 고려하고 있으며, 그래서 그 문제에 대한 휘더의 조언을 기꺼이 구하기도 한다. 그는 구면수차spheric aberration가 생기는 볼록-오목 렌즈(한쪽 면은 볼록하고 다른 한쪽은 오목한 렌즈)를 만들 필요성이 있는지 의문을 갖는다. 반면에 그가 계산해 보았을 때(바

---

113 [옮긴이] 원문은 "novae ad polienda vitra scutellae"이다. 저자는 이를 다음과 같이 네덜란드어를 병기하여 "new moulds(거푸집, 주형鑄型) for grinding lenses ('slijpschuttels'[슬레이프스휘털스])"라고 옮겼다. 국역본은 "새로운 용기들"로 옮겼고(이근세 235), 영역자 컬리와 셜리는 모두 "new plates"라고 옮겼다.

깥쪽이 볼록한) 볼록-평면 렌즈가 (망원 효과를 내는 데) 더 유용해 보인다는 것이다. 이 과정에서 스피노자는 휘더의 논문을 언급한다("선생님의 짧은 굴절 광학"[114]). 스피노자는 굴절률을 계산하기 위해 그 논문의 지침을 따른다. 휘더의 논고는 그의 『원형 렌즈』*Specilla circularia*(1656)일 것이다. 이 볼록-오목 렌즈에 관한 소책자는[115] 비구면 렌즈에 이점이 없음을 보여 준다.[116]

1667년, 헤이그와 포르뷔르흐(케르클란)

- 9월 30일 목요일

크리스티안 하위헌스(1629~1695)가 파리에서 형 콘스탄테인(1596~1687)에게 서신을 보낸다. 이 서신의 주요 주제 중 하나는 이른바 "캄파니" 망원경[117]의 대물 렌즈object lens[118]와 접안 렌즈eyepiece lens[119]를 기술적으로 개선하는 문제였다. 이 서신을 볼 때, 이 시기 콘스탄테인은 일정 시간을 실용 광학 연구에 할애했음이 드러난다. 그는 홀로 "캄파니" 망원경 개선 작업을 했지만, 스피노자 및 "휘더 선생"Monsieur Hudde과 직접 교류하면서 망원경의 대물 렌즈에 관한 의견을 주고받았던 것으로 보인다. 왜냐하면 그 서신에서 크리스티안은 형 콘스탄테인에게 "스피노자와 휘더

---

114 [옮긴이] "parva tua Dioptrica." 국역자는 "선생님의 짧은 광학"이라고 옮겼다(이근세 235).
115 최근에 발견되었다. Vermij and Atzema 1995를 보라.
116 Dijksterhuis 2004, p. 71 참고.
117 "캄파니"Campanine 망원경은 굴절 광학 망원경의 하나로 렌즈의 배열만 이용한다. [옮긴이] 광학 망원경은 굴절 망원경, 반사 망원경, 반사-굴절 망원경으로 나뉜다. 굴절 망원경은 렌즈를 이용하고, 반사 망원경은 거울을 이용하며, 반사-굴절 망원경은 이 둘의 장점을 살려 만든 망원경이다.
118 또는 대물경(對物鏡)object glass. 관측 대상에서 오는 최초의 광선을 받아들이는 제1 렌즈이다.
119 대안 렌즈ocular lens, 즉 눈 바로 앞에 있는 렌즈를 말한다.

선생"이 계산한 길이 40"피에"pieds[120] 망원경의 "개구부"ouverture[121] 크기 값을 자신에게 전해 달라고 부탁하기 때문이다.[122] 요컨대 이 서신은 스피노자가 휘더와 긴밀하게 협력하면서 열심히 (망원경) 렌즈를 제작하고 있었고, 어쩌면 천문, 지상, 해상 관측 등의 목적으로 활용될 굴절 망원경도 개발하고 있었을 수 있음을 보여 준다.

비교적 최근까지 스피노자가 실용 광학 분야에서 수행한 작업에 대해 구체적으로 알려진 바는 거의 없다. 지금까지는 스피노자 자신의 "굴절 광학" 관련 서신들과 하위헌스 형제들 간에 주고받은 광학에 관한 서신 교환(1667년 9월 초~1670년)만이 스피노자를 렌즈 제작의 장인으로 평가할 수 있는 유일한 별개의 사료들이었다. 그런데 새로 발견된 역사 문헌(1717년 문헌)으로 스피노자가 이전의 하위헌스 서신[123]에서 간취할 수 있는 굴절 망원경 개발에 적극 관여했음이 확인된다. 이 중요한 역사 문헌은 고타(엔푸르트의 서쪽)라는 독일 도시의 공작 궁정 내 "프린덴슈타인 박물관"Friendensteinische Kunstkammer에 있는 과학 기구 목록이다. 작센-고타 대공들(특히 "독신자"the "Pious"라고 불린 에른스트 1세 Duke of Sachsen-Gotha Ernst I)은 자신들의 대저택 프린덴슈타인 성에 당대

---

120 [옮긴이] 옛 길이 단위로 약 0.3248미터이다. 약 0.3048미터인 영미 길이 단위 피트에 해당한다. 17세기 중반 일반적인 갈릴레오 망원경의 길이는 5~6피트, 천체 관측용 망원경은 15~20피트 정도였으며, 1656년 하위헌스 형제가 만든 천체 망원경은 23피트였다고 한다 (https://history.aip.org/exhibits/cosmology/tools/tools-first-telescopes.htm 참고). 그러니 당시 40피에(약 12.992미터) 길이의 망원경은 매우 거대한 것이었고, 초점 거리가 긴 만큼 적정 구경을 계산하는 일은 중요했을 것이다(http://spacetimes.co.kr/View.aspx?No=1266376 참고).

121 구경aperture, 망원경 주 광학렌즈의 직경diameter을 말한다.

122 Huygens, *Œuvres complètes*, vol. 6, p. 151.

123 Christiaan Huygens to Constantijn Huygens Jr, 30 September 1667, 6 April and 11 May 1668.

가장 큰 규모의 천체 망원경 컬렉션 중 하나를 소장하고 있었다. 그들 컬렉션에는 유명한 아우구스부르크 광학 기구 제작자 요한 비젤Johann Wiesel(1583~1662)과 폴란드 천문학자 요한네스 헤벨리우스가 만든 몇 개의 망원경도 포함되어 있었는데,[124] 그 목록에 상술되어 있는 망원경들 중 하나가 "스피노자 제작 네덜란드식 망원경"이다.[125]

프린덴슈타인 목록에는 스피노자가 망원경 전체를 혼자 만들었는지 아니면 그 망원경의 다섯 개 렌즈 세트만 연마한 것인지 확정할 수 있는 어떠한 정보도 없다. [하지만] 그 목록에 각 개별 망원경의 제작자 이름이 상세하게 열거되어 있다는 사실에 비추어 볼 때, 스피노자 역시 이 [망원경의] 렌즈들(중 하나)을 제작하여 서명 후 넘겨준 것이라는(하위헌스 형제 역시 으레 그렇게 했던 것처럼) 추정은 꽤 설득력이 있다.[126] 스

---

124   Keil 1999.

125   *ibid*., p. 77.

126   [옮긴이] 원문은 다음과 같다. "One of the telescopes detailed in the inventory is 'a Dutch tube made by Spinoza'(Keil 1999, p. 77). The Friedenstein inventory does not provide any information for deciding whether Spinoza constructed the telescope entirely by himself or that he only ground the set of its five glasses. The fact that the inventory specifically lists the name of each individual telescope builder makes it quite valid to assume that Spinoza also signed (one of) these lenses (as was the habit of the Huygens brothers)." 이 글만 놓고 보면, "그 목록에 각 개별 망원경의 제작자 이름이 상세하게 열거"되어 있고 그들이 소장한 망원경 중 하나가 "스피노자 제작 네덜란드식 망원경"이라고 되어 있는데, 왜 스피노자가 이 망원경 전체를 직접 만들었다고 추정하지 않고, 오히려 "스피노자도 이 [망원경의] 렌즈들(중 하나)을 제작하여 서명 후 넘겨준 것이라는 (…) 추정은 꽤 설득력이 있다"라고 하는지 이해하기 어렵다. 이를 납득하기 위해서는 "프린덴슈타인 목록"에 있는 스피노자의 망원경에 대한 구체적 묘사가 문제가 된다는 점을 살펴볼 필요가 있다. 왜냐하면 이 목록에 있는 "스피노자 제작 네덜란드식 망원경"에 대한 설명은 "일곱 개의 녹색 신축통이 있고, 다섯 개의 렌즈로 구성되어 있으며, 검은색 엠보싱 가죽으로 덮여 있고, 검은색 케이스에 들어 있다"Ein Holländischer tubus von Spinosen gemacht, mit 7 grünen Auszügen, in 5 Gläsern bestehend, und mit schwartz vergüldetem Leder überzogen, in einem schwartzen Futteral라는 묘사로 이어지는데, 이는 당대의 독일식 망원경의 외관과 일치하기 때문이다. 그래서 저자가 말한 것처럼 "스피노

피노자의 망원경이 천체 관측용으로 제작된 것은 아닌 것 같다. 네덜란드의 모든 천체 망원경에는 단 두 개의 렌즈[127]만 있었기 때문이다.

요컨대, 언제 그리고 어떻게 이 "네덜란드 망원경"이 작센-고타 대공들의 수중에 들어오게 되었는지는 전혀 알려져 있지 않은 상태이다. 에른스트 1세가 그 기구를 완전한 상태로 입수했을 수도 있고 아니면 스

자 제작 네덜란드식 망원경"은 사실 렌즈만 스피노자가 만들고 경통은 독일에서 제작한 것은 아닌지 의혹이 제기되는 것이다. 당시 다른 나라에서 제작된 기성 망원경의 경통을 다른 장인에게 맡겨 취향에 맞게 개조하는 일이 흔했다고 하니(하위헌스 형제도 네덜란드산 기성 망원경이나 이탈리아산 기성 망원경의 경통을 장인에게 맡겨 프랑스와 영국 스타일의 경통으로 개조했다고 한다), 아래 본문에서 저자가 지적하는 것처럼 작센-고타 대공들 중 누군가가 스피노자의 렌즈만 입수하여 취향에 맞게 "현지의 독일 장인이 제작"한 경통에 장착했을 법하다. 마지막으로 본문에는 언급되어 있지 않지만, 스피노자의 유산 목록(이 책 1부 9~10장 참고)에 완성된 망원경이 없고 "망원경 제작용 유리 몇 개와 도금된 철관 몇 개"Eenigh glas & blicke pijpen voor het maken van verrekijkers만 포함되어 있다는 사실도 고려할 필요가 있겠다. 스피노자 사망 직후, 집주인 판 데르 스페이크가 봉인한 스피노자 방에 있던 유품은 공증인이 그 목록을 공증하고 스피노자의 친우 리우어르츠 세뇨르가 증인으로 서명하는 등 상당히 철저히 작성된 것으로 것이었다(이 책 1부 10장 참고). 이러한 정황 등을 종합할 때, 저자가 위에서 말한 것처럼 스피노자가 이 망원경 전체를 혼자 만들었다고 보기 어려운 측면이 있는 것이다. 마지막 문장 "The fact that the inventory specifically lists the name of each individual telescope builder makes it quite valid to assume that Spinoza also signed (one of) these lenses (as was the habit of the Huygens brothers)"는 스피노자도 렌즈에 사인을 하고 넘겨주었기 때문에(즉 결과적으로 망원경 제작에 참여했음이 확실하기 때문에) 망원경 제작자에 이름이 올라간 것이라는 취지로 한 말인지도 모르겠다. 괄호 안 내용은 스피노자가 그런 것처럼 하위헌스 형제 역시 렌즈만 만들어 서명하고 넘겨주었을 뿐 경통을 만들지 않았다는 말인 것 같다. 관련하여 당대 렌즈 제작자들이 렌즈 가장자리에 작게 서명을 남기곤 했다는 사실도 언급할 필요가 있겠다. 이상 인용문과 관련 내용은 (Keil 1999를 구할 수 없어) 다음 문헌에서 재인용하거나 추린 것이다. Huib J. Zuidervaart, "The 'Invisible Technician' made Visible : Telescope making in the seventeenth and early eighteenth-century Dutch Republic", in Alison D. Morrison-Low, Sven Dupre, Stephen Johnston, and Giorgio Strano(eds.), *From Earth-Bound to Satellite : Telescopes, Skills and Networks*, Leiden·Boston : Brill, 2012, pp. 52~54. 이 책에 수록된 많은 도록에는 17세기의 여러 망원경을 비롯하여 렌즈 제작자의 서명이 남아 있는 렌즈 사진도 있다(위 책 56쪽과 91쪽 참고).

127　가장 큰 볼록 대물 렌즈와 볼록 접안 렌즈. Zuidervaart 2007, p. 27 참고.

피노자 생전에 다섯 개의 렌즈 세트만 입수했을 수도 있다. 그의 손자 프리드리히 2세(1691년 이후 통치)가 1677년 초 스피노자가 사망한 후 망원경이나 렌즈 세트를 구매했을 가능성도 있다. 그들 중 한 명이 그 다섯 개의 렌즈 세트만 입수했다고 간주한다면, 그 기구의 일곱 개의 신축통(伸縮筒)drawtubes[128]은 현지의 독일 장인이 제작한 것일 수도 있다. 신축통이 제작된 후에 다섯 개의 개별 렌즈를 그 신축통에 빈틈없이 배치하고 장착한 것일 수 있다는 것이다. 물론 이는 모두 순전히 추측일 뿐이다.

18세기 말에는 이 기구가 더 이상 프린덴슈타인 컬렉션에 등장하지 않는다.[129] 그럼에도 프린덴슈타인 목록으로 스피노자가 광학 기구 제작자였으며 당시에 상당한 명성을 지닌 렌즈 제작자였음은 분명히 입증된다.

• 11월 4일 금요일

파리에서 크리스티안 하위헌스는 형 콘스탄테인에게 자신이 실용 광학과 렌즈 연마 문제에 공들이고 있다는 서신을 보낸다. 그는 형에게 "포르뷔르흐의 그 유대인"이 어떤 "기구"의 도움으로 렌즈 제작을 마무리하며 이로 인해 렌즈가 탁월하게 세공된다고 알린다. 그래서 크리스티안은 콘스탄테인도 유사한 장치를 써 보면 어떨지 묻는다. 크리스티안은 형에게 만일 스피노자가 "큰 렌즈"des grands verres(정확히 말하자면 대물 렌즈) 제작을 계속한다면, 스피노자의 작업 성과가 어떠한지 계속 빠짐없이 알려

---

128 판지, 피지, 나무, 금속판과 같은 재료로 만든다.
129 Keil 1999, p. 78 참고.

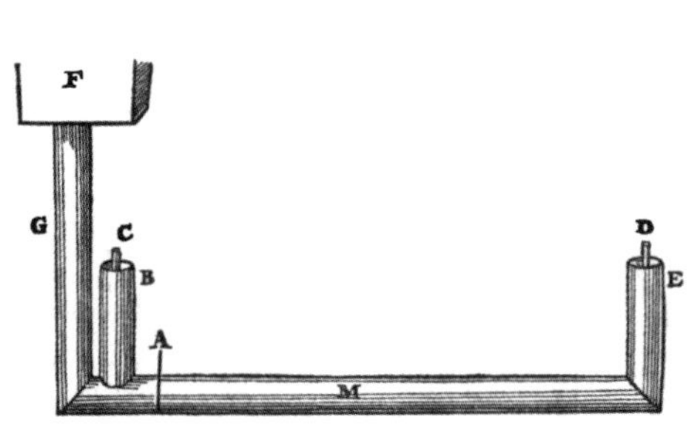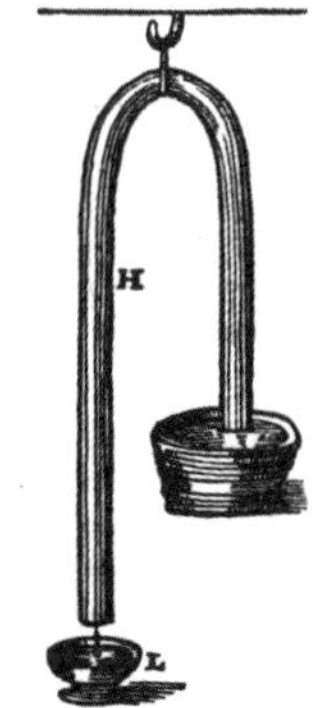

달라고 부탁한다.[130]

1668년, 포르뷔르흐(케르클란)

• 5월 11일 금요일

크리스티안 하위헌스가 파리에서 콘스탄테인에게 서신을 보낸다. 주제
는 다시 광학이었다. 크리스티안은 현미경에서 작은 대물 렌즈가 큰 렌
즈보다 대상을 확대하는 데 있어서 훨씬 더 뚜렷한 이미지 결과물을 보
여 준다는 스피노자의 결론이 사실임을 보여 준다.[131] 의심의 여지없이
이러한 결과에는 필시 어떤 논리적인 설명이 필요하겠으나, 스피노자
도 크리스티안 자신도 이 현상에 대한 충분한 이유를 제시할 수는 없었
다.[132] 크리스티안은 또한 서신에서 자신의 "새로운 방법"에 대해서도 설

---

130   Huygens, *Œuvres complètes*, vol. 6, p. 158.
131   크리스티안이 콘스탄테인에게, 14 October 1667, *Œuvres complètes*, vol. 6, p. 155도 보라.
132   Huygens, *Œuvres complètes*, vol. 6, p. 213.

명하는데, 이 방법에서는 대물 렌즈로 사용되는 볼록 렌즈의 구면수차를 줄이기 위해 접안 렌즈로 작은 오목 렌즈를 사용한다는 것이었다. 그는 형이 이 비밀을 "그 이스라엘인"[스피노자]에게 전하지 않기를 바랐다. 스피노자를 통해 휘더나 다른 광학 기구 제작자들도 그 방법을 배우고 싶어 할 수도 있었기 때문이다.[133] 스피노자가 헤이그나 포르뷔르흐에서 크리스티안을 개인적으로 만난 1674년 5월 초 이전에 스피노자와 하위헌스 형제들 사이에 어떤 접촉이 있었는지에 대해서는 더 알려진 바가 없다.[134]

1669년, 포르뷔르흐(케르클란), [암스테르담, 헤이그]

• 9월 5일 목요일, 포르뷔르흐

포르뷔르흐에서 스피노자가 야러흐 옐러스에게 서신을 보낸다(Ep41 ; G IV. 202~206). 서신의 주제는 유체 역학(또는 수력학水力學)의 본성에 대한 자신의 실험을 설명하는 것이었는데, 이 서신 대화는 앞서 옐러스가 이 주제에 대해 이전 언젠가(1669.09.05.*) 스피노자에게 보낸 서신(현재 유실됨)에 이어지는 것이었다. 옐러스에게 보낸 이 서신은 스피노자

133　Huygens, *Œuvres complètes*, vol. 6, p. 215. [옮긴이] 원문은 "He expects his brother not to pass this secret to the 'Israelite'. Through him opticians like Hudde or others may hopefully also learn about this method"이다. 첫 번째 문장과 두 번째 문장의 내용이 잘 이어지지 않는다. 크리스티안 서신의 본래 내용을 고려하여 이유를 나타내는 것으로 번역했다. 크리스티안의 편지글 내용은 다음과 같다. "비밀 유지를 굳이 당부할 필요는 없겠지요. 이 발명이 성공하지 못해도, 그 이스라엘인에게 아무 말 말아 주세요. 그를 통해 휘더나 다른 이들이 이 연구에 접근하지 못하게요afin que par luy, Hudden ou d'autres ne penetrassent dans cette speculation. 이 연구에는 아직 다른 유용한 점들이 있거든요"(Huygens, *Œuvres complètes*, vol. 6, p. 215).

134　cf. Constantijn Huygens Sr to Oldenburg, 1 May 1676, Oldenburg, *Correspondence*, vol. 12, pp. 255~256.

가 유체 역학에 관한 실험을 수행하기도 했음을 보여 준다. 이 실험에서 그는 특별 제작한 개폐 가능한 수직 나무관과 수평 나무관을 만들고 이 기구 속을 흐르는 물의 압력과 속도에 주목한다. 스피노자는 즉석에서 만든 지렛대 펌프를 사용하여 이 기구 속을 흐르는 물의 속도를 측정했는데, "시간을 재기 위한 추시계가 없어서"(이근세 250) 그랬다고 한다.

• 9월 5일 목요일 이후, 포르뷔르흐, 헤이그

스피노자가 포르뷔르흐에서 헤이그로 이사한다. 헤이그에 정착한 이유를 밝힌 적은 없으며, 정확한 날짜도 알려지지 않았다. 분명 1669년 9월 5일 옐러스에게 서신을 발송한 얼마 후였을 것이고(Ep41을 보라), 헤이그에서 옐러스에 보낸 우리가 아는 첫 번째 서신을 쓴 1671년 2월 17일 이전이었을 것이다(Ep44 ; G IV. 227~229를 보라). 스피노자는 아마도 처음에는 스틸러 페이르카더Stille Veerkade 소재 변호사 빌럼 판 데르 베르버Willem van der Werve의 미망인 집에 있는 방 한 칸을 임대했을 것이다. 나중에 뒤벨레츠트라트Dubeletstraat 건너편 (현재 '매립된') 파빌윤스흐라흐트(72-74번지. 이전에 뷔르흐발이었다)에 위치한 화가 헨드릭 판 데르 스페이크Hendrik van der Spijck(1667~1715 이후까지 활동)의 집 안쪽 이층에 있는 방 한 칸을 임대했다.[135]

---

135   [옮긴이] 위 문장의 지명과 주소 관련 부분의 원문은 다음과 같다. "at the (nowadays 'Gedempte') Paviljoensgracht(nos. 72~74, formerly Burgwal)." "파빌윤스흐라흐트"는 '운하'(gracht[흐라흐트])의 이름이자 이 운하의 이름을 딴 지명이다. 'Gedempte'(헤뎀터)는 '매워진' 또는 '매립된'이라는 뜻으로 저자는 현재 이 운하가 매립되어 존재하지 않는다는 것을 말하려고 했던 것 같다. '(formerly Burgwal)'는 뷔르흐발이 파빌윤스흐라흐트의 예전 이름이라는 말일 것이다. 헤이그의 파빌윤스흐라흐트는 같은 헤이그의 "헤뎀터 뷔르흐발"Gedempte Burgwal과 도보로 10분 거리이고, 델프트의 뷔르흐발과는 도보로 2시간 거리이

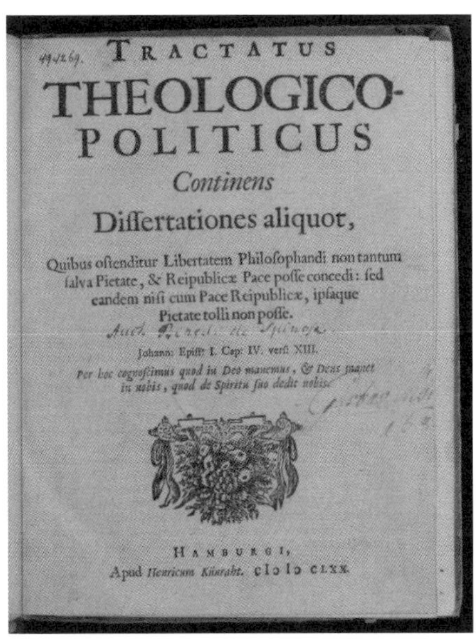

『신학정치론』의 속표지. 하단의 문양이 인쇄소 상표이다.

• 가을, [암스테르담, 포르뷔르흐 또는 헤이그]

아마도 스피노자는 『신학정치론』 출판 과정을 감독하고 이 책을 펴낸 리우어르츠 세뇨르와 [관련 문제를] 검토하기 위해 암스테르담에서 일정 시간을 보냈을 것이다. 이 저작의 출판 준비와 관련해서는 알려진 바가 없다. 책이 출판된 것은 1669년 후반 또는 1670년 초였다. 1669년 또는 1670년에 리우어르츠 세뇨르에게는 자기 소유의 인쇄기가 없었고, 이스라엘 더 파울Israel de Paull이 그 대신 인쇄를 해 주었음을 시사하는 강력한

다. 현재 "스피노자의 집"Spinozahuis으로 불리는 위 집의 번지수는 72-74번지이므로 바로 잡았다.

논거가 있다.[136] 암스테르담에 다녀온 후, 스피노자는 포르뷔르흐에 있던 거주지나 헤이그에 있던 새로운 하숙집으로 돌아온다.

1670년, [포르뷔르흐 또는 헤이그]

• 4월 8일 화요일 이전, 포르뷔르흐 또는 헤이그

스피노자가 『신학정치론』을 익명으로 출판한다. 이 라틴어 4절판 책 속표지에 적혀 있는 펴낸이 이름 헨리쿠스 쿤라트Henricus Künraht[137]는 허구이며, 실제로는 일명 리우어르츠 세뇨르가 틀림없다. 출판지도 거짓으로 "함부르크"라고 밝혀 두었다. 속표지의 인쇄소 상표device는 1650년에 리우어르츠 세뇨르와 폰테인이 처음 사용했던 것이며 1682년에도 여전히 사용 중이었다. 『신학정치론』의 정확한 출간일을 확정해 줄 별개의 사료는 없지만, 늦어도 1670년 4월 8일 회의에서 『신학정치론』을 규탄한 위트레흐트 개혁교회의 케르켄라트(개혁교회의 당회. 개혁교회의 회의체를 말함)의 회의록 날짜보다는 앞설 것이다. 비슷한 증거가 위트레흐트의 신학자 프란시스쿠스 버만Franciscus Burman (1628~1679)의 『버만의 경건』*Burmannorum pietas*이라는 제목의 저작에 있다. 버만이 제시한 『신학정치론』의 출간일은 "1669년" 언젠가이거나 아니면 "1670년에 인쇄되었다".[138]

---

136 Jagersma and Dijkstra 2014.

137 다른 판본들에는 철자가 "Künrath"라고 되어 있기도 하다.

138 Burman 1700, p. 204, Bamberger 1961, pp. 9, 28에서 인용함.

- **4월 8일 화요일**

『신학정치론』에 대한 연합주의 대중적 반응은 처음부터 극도로 적대적이었다. 사람들은 이 익명의 저자를 노골적인 무신론자로 규정하고 이 책을 정통 기독교에 위해를 가하는 것이라고 규탄했다. 이 논고에 대해 우리가 알고 있는 네덜란드 개혁교회 당국의 첫 번째 공식적인 반응은 1670년 4월 8일의 것으로, 그날 격분한 위트레흐트 교회의 케르켄라트는 그 저작에 대해 알리고 위트레흐트의 시장들[139]에게 적절한 조치를 취하라고 촉구한다.[140]

- **5월 8일 목요일**

『신학정치론』 출간 후 곧 스피노자의 논쟁적 논고에 대한 소문은 개신교 독일에까지 퍼졌고, 이 저작에 대한 그곳의 반응도 네덜란드 연합주 지역 교회 당국의 반응과 비슷했다. 이 책에 반대의 목소리를 높인 최초의 지식인은 라이프치히의 웅변술 교수professor of eloquence 야콥 토마지우스Jacob Thomasius이다. 토마지우스는 1670년 말 『익명의 저자에 반하여』 *Adversus anonymum*라는 저작으로 출간된 학술 강연 프로그램[141]에서

139　[옮긴이] 네덜란드의 주Provinces는 여러 시Municipalities로 구성되어 있으며 각 시의 장長을 '뷔르헤메이스터르'Burgomaster라고 한다. 본문의 '위트레흐트의 시장들'은 'the city's Burgomasters'를 옮긴 것인데, 시장이 복수로 표현된 것은 당시에는 이 직을 한 명이 아니라 보통 네 명이 공동으로 맡았기 때문이다(J. L. Price, *The Dutch Republic in the Seventeenth Century*, St. Martin's Press, 1998, Glossary 163쪽 참고). 오늘날에도 시의회Municipal Council 의원 중에서 선출되는 '부시장'Alderman(시 인구수에 따라 2~9명)의 역할에서 그 흔적을 엿볼 수 있다(외교부, 『네덜란드 개황 2023. 12』, 외교부 유럽국 서유럽과, 2013, 40쪽 참고).

140　Utrecht kerkenraad transactions(위트레흐트 교회 케르켄라트 의사록), 8 April 1670, Walther and Czelinski 2006, vol. 1, p. 287, no. 88.

141　'Programma', 1670년 5월 8일.

『신학정치론』이 종교와 사회를 위협한다고 에둘러 반박하며, 『신학정치론』의 자연주의, 계약론contractualism, 자유사상libertinism을 고발한다. 놀랍게도 토마지우스는 이미 "유대교 배교자이자 전형적인 무신론자"인 스피노자가 이 저작의 창작자임을 알고 있었던 것으로 보인다.[142] 토마지우스는 또한 이 익명의 논고가 속표지에 거짓으로 밝혀 놓은 함부르크가 아니라 암스테르담에서 출간된 것이라는 의혹도 제기한다. 이 독일 신학자는 『신학정치론』과 영국 철학자 허버트Herbert of Cherbury(1583~1648) 및 홉스의 저작 간에 직접적 관련성이 있다고 말한 최초의 인물이기도 하다.[143]

• 5월 9일 금요일

위트레흐트 교회의 케르켄라트는 『신학정치론』을 규탄한 후 곧 다른 도시들(레이던, 하를렘, 암스테르담, 헤이그, 스힐란트)에서도 격렬한 반발이 이어졌다. 1670년 5월 9일 레이던 교회의 케르켄라트는 『신학정치론』이라는 "악명 높고 중상모략적인 저작"의 출판에 대해 경고한다. 또한 레이던의 시장들에게 "그것을 압수하고 금지할 것"을 요청하기로 결의한다.[144]

---

142   Thomasius and Thomasius 1693, p. 571.

143   Freudenthal 1899, p. 192, no. 4.

144   Leiden kerkenraad transactions(레이던 교회 케르켄라트 의사록), 9 May 1670, art. 4, Walther and Czelinski 2006, vol. 1, p. 288, no. 90.

145   [옮긴이] 원문은 다음과 같다. "The South Holland Synod roundly condemns the treatise, urging the gathered ministers to persuade the local magistrates to guard against it and suppress the work." '각 도시 당국'은 'the local magistrates'를 번역한 말이다. 당시 네덜란드에서 '마히스트라트'magistraat(magistrate)는 사법 업무뿐만 아니라 행정 업무도 관장하는 관직이었다. 따라서 '행정 장관'이나 '치안 판사'보다 '(도시)행정사법관'(都市)行政司法官

• 7월 15일 화요일과 7월 25일 금요일 사이

『신학정치론』에 대한 네덜란드 개혁교회의 각 당회와 노회의 맹렬한 대응이 곧 주 총회들의 강한 종교적 반발로 메아리친다. 이 논고가 불러일으킨 첫 번째 공식적 반응은 남南홀란트 주 총회에서 나온다. 1670년 여름 이 총회의 회합 기간에 논의된 문제 중 하나는 『신학정치론』의 인쇄 및 판매였다. 남홀란트주 총회는 대대적으로 이 논고를 규탄하며 소집된 성직자들에게 각 도시의 행정사법 당국자를 설득해서 그것을 경계하고 발매를 금지하게 만들라고 촉구한다.[145] 남홀란트주 총회는 또한 네덜란드 법정에 이 수상한 저작을 알리기 위해 몇몇 대표를 임명하기로 결의한다.[146]

이 더 적절해 보인다. 또한 위 구절은 남홀란트 주 총회가 각 노회에서 파견한 성직자들에게 그들이 속한 도시의 '마히스트라트들'magistraten(magistrates)을 압박하라고 했다는 내용이다. 'magistrates'는 이 직책을 맡은 개인들을 지칭할 수도 있지만, 집합적으로 그 집단 전체 또는 당시 행정 및 사법 기관 자체를 가리키는 'magistratuur'(마히스트라튀르, 영어로는 magistracy)를 나타낼 수도 있다. 이러한 점을 고려할 때, 'local magistrates'는 '각 도시의 행정사법관들' 또는 '각 도시 행정사법 당국(또는 기관)'이라고 옮길 수 있겠다. 도시마다 조금 다르지만, 홀란트주의 '마히스트라튀르'는 도시 행정 전반을 총괄하는 '뷔르헤메이스터르들'burgemeesters과 시 법원의 일원이자 행정 업무에도 관여했던 '스헤펀들'schepenen로 구성되었다. 뷔르헤메이스터르들은 임기 중에 '마히스트라튀르'의 의장presidents 역할을 맡았고 시 법원 활동을 포함한 마히스트라튀르의 모든 기능을 감독했다. '마히스트라튀르'의 구성원, 즉 '마히스트라트들'은 '프루츠합'vroedschap(도시 평의회)의 의원 중에 선출되거나 임명되었고 프루츠합의 의원을 겸임하는 경우가 많았다. 따라서 '마히스트라튀르'와 '프루츠합'은 제도적으로 구분되는 기관이지만 구성원은 겹쳤다. 홀란트주의 도시 평의회들의 의원은 종신직이었고 도시의 부유한 상인이나 유력 시민 등 주로 상층 엘리트로 이루어져 있었다. 참고로 '레헌트들'regenten은 네덜란드 공화국의 통치자들을 통칭하는 말이었고 좁은 의미로는 홀란트의 도시들을 지배하는 상층 엘리트 전체를 의미하는 말이었다. 이상 J. L. Price, *The Dutch Republic in the Seventeenth Century*, NY : St. Martin's Press, 1998, pp.75~79, Glossary ; Maarten Prak, trans. by Diane Webb, *The Dutch Republic in the Seventeenth Century*, Second Edition, Cambridge : Cambridge University Press, 2023, pp.154~155 참고.

146 South Holland Synod resolutions(남홀란트주 총회 결의안), 15~25 July 1670, art. 10(ad art. 13, South Holland Synod of 1669), *Acta der particuliere synoden*, 1908~1916, vol. 4, p. 531.

8장 논란과 명성

개요 - 헤이그와 포르뷔르흐 : 1671~1676년 12월 말

1669년 9월 초에서 1671년 2월 중순 사이 언젠가 스피노자는 알 수 없는 이유로 포르뷔르흐를 떠나 헤이그에 정착한다. 먼저 스틸러 페이르카더에 있는 집의 방 한 칸을 임대하지만, 나중에 근처 거리에 있던 파빌윤스흐라흐트(현재의 '헤뎀터') 소재 화가 헨드릭 판 데르 스페이크의 집(현재도 그곳에 있다)에 하숙방을 구한다.

그의 『신학정치론』은 네덜란드 공화국, 독일, 영국에서 순식간에 악명을 떨친다. 그의 논고가 개혁파 교회와 왈론파 교회Églises Wallonnes, Dutch Walloon Church[147]의 공식적 회합official assemblies에서 광포한 반응을 유발하자, 스피노자는 위장된 논변으로 공공연하게 무신론을 가르친다는 비난을 받게 될까 걱정하기 시작한다. 게다가 램버트 반 벨트하위선Lambert van Velthuijsen(1621/22~1685), 레이던 시절의 친구 스텐센, 다른 예전의 동료 알버트 쿤라츤 뷔르흐Albert Coenraadszn Burgh(1650~1708) —— 스텐센과 뷔르흐는 로마 가톨릭으로 개종했다 —— 를 포함한 많은 학자들 또한 스피노자를 경신敬神과 사회에 위협적인 존재라고 선언하면서 『신학정치론』을 무신론적이고 기독교와 완전히 어긋나는 것이라고 거부한다. 많은 비평가들이 『신학정치론』을 공격했지만, 사람들은 조심스럽게 이 저작을 계속 읽었고, 증쇄를 거듭하며([1672], 1673, 1674) 네덜란드 공화국은 물론 해외에서도 활발히 판매

---

147   [옮긴이] 칼뱅주의를 받아들인 프랑스 북부와 벨기에 남부 원주민들이 가톨릭의 박해를 피해 네덜란드로 와서 만든 교단이다.

되었던 것으로 보인다. 비교적 관대한 네덜란드 연합주의 정치적 분위기 때문에, 홀란트, 제일란트, 서프리슬란트 홀란트 최고법원이 『신학정치론』을 금서로 공식 지정한 것은 1674년 7월 19일 칙령에서였다.

1670년대 초에는 그의 저작과 관계망을 통해 전반적으로 재능 있는 수학자이자 광학 기구 제작자라는, 그리고 학계 바깥의 대담하고 논쟁적인 자유사상가라는 평판이 확고하게 구축된 것으로 보인다. 얼마 지나지 않아 스피노자의 명성이 한층 높아짐에 따라, 그의 철학적 견해 역시 해외에 있는 영향력 있는 지식인들의 주목을 받게 된다. 1671년 10월, 스피노자를 데카르트 주석가이자 『신학정치론』의 비밀 저자clandestine author로 알고 있었던 라이프니츠는 조심스럽게 광학이라는 안전한 주제에 관한 서신을 보내(1671년 4월 22일) 스피노자와 접촉을 시도한다. 1673년 2월 스피노자는 또한 그를 하이델베르크 대학 철학 교수로 초대하는 요한 루트비히 파브리티우스Johann Ludwig Fabritius(1632~1696)의 서신을 받기도 하지만 이를 단호히 거절한다.

[한편] 스피노자는 루이 14세Louis XIV의 이른바 "네덜란드 전쟁"(1672~1678/79년 4월) 동안, 1673년 7월 25일부터 28일 사이에 언젠가 위트레흐트 내 프랑스 점령지 군사령부에서 군정 장관military governor 장 바티스트 스투프Jean-Baptiste Stouppe(1624~1692/1700)를 만난다. 저 유명한 콩데 공("위대한 콩테"le Grand Condé 또는 "영웅"le Héros)인 프랑스 군사령관 루이 2세 드 부르봉Louis II de Bourbon(1621~1686)의 예전 초대에 응한 것이었다. 우리는 스피노자가 위트레흐트 점령기에 어떤 역할을 했는지, 방문 목적은 무엇이었는지 모른다. 우리에게 있는 유일한 별개의 문헌 증거로서 우리가 확인할 수 있는 것은 스피노자가 1673년 7월 25일에서 28일 사이에 위트레흐트로 이동하여 스투프를 만났다는 사실 뿐이다.

1670년대 동안 스피노자는 오랜 친구들인 옐러스, 휘더, 리우어르츠 세뇨르와 관계를 유지하는 한편, 다른 많은 지식인들, 곧 요하네스 게오르기우스 그레피우스Johannes Georgius Graevius(1632~1703), 에렌프리트 발터 폰 치른하우스Ehrenfried Walther von Tschirnhaus(1651~1708), 게오르크 헤르만 슐러Georg Hermann Schuller(1650/51~1679), 피터르 반 헨트Pieter van Gent(1640~1693/94 활약), 램버트 판 펠트하위선Lambert van Velthuijsen(1622~1685)과 새로운 관계를 맺기도 한다. 1674년 9월에는 호린험Gorinchem 출신 법학자 휘호 다니엘스 복설Hugo Danielsz Boxel(1607경/12경~1680경)과 유령apparitiones, apparitions, 귀신spectra, spirit, 혼령lemures, ghosts에 관한 긴 토론을 시작한다. 1675년 5월에는 10년 만에 올덴부르크와의 서신을 재개하는데, 이는 아마도 젊은 독일 지식인 치른하우스의 런던 방문에 의해 촉발된 것으로 보인다.[148]

몇 달 후인 1675년 7월 말, 스피노자는 『윤리학』을 완성하고 암스

---

148 [옮긴이] 슐러가 스피노자에게 보낸 1675년 7월 25일자 서신(「서신63」)에는 다음과 같은 흥미로운 이야기가 나온다. "보일 선생과 올덴부르크 선생은 선생님[스피노자]의 인격에 대해 이상한 생각을 갖고 있었습니다. 치른하우스 선생은 그들의 이러한 생각에 대해 오해를 풀어 주었을 뿐만 아니라, 그들이 선생님의 인격에 대해 다시 가장 가치있고 호의적으로 느끼고sentiant 또한 『신학정치론』도 가장 높게 평가하도록aestiment 설득할 이유를 첨언하기도 하셨습니다"(Ep63 ; G IV.267 ; C II. 437 ; 이근세 346. 이 부분은 국역을 따르지 않고 새로 번역했다). 여기에서 우리는 치른하우스가 스피노자와 올덴부르크 간 서신 교환 재개에 어떤 역할을 했을 수도 있음을 엿볼 수 있다. 컬리는 이에 대해 다음과 같이 논평한다. "만일 이 대화가 1675년 6월 8일자 올덴부르크의 서신(「서신61」; 국역본 「서신62」) 이전에 있었다면, 치른하우스는 올덴부르크의 마음을 바꾸는 데(자신의 서신에서는 이를 인정하지 않는다) 어떤 역할을 했을지도 모른다. 만일 이 서신 이후에 있었다면, 올덴부르크가 그 서신에서 표명한 스피노자에 대한 호의적인 견해는 그다지 견실한 것은 아니었을 것이다"(C II. 437. n.142). 「서신61」에서 올덴부르크는 "저는 선생님의 성찰에 반대하여 고안된 편견을 제거하도록 하겠습니다"라고 말할 정도로 스피노자에 대해 호의적으로 말하는데, 그 진정성 여부가 그 대화 시점과 관련이 있을 수 있다는 것이다.

테르담에서 출판 준비를 한다. 그러나 커져만 가는 적개심과 더불어 신이 없음을 보여 주려고 시도하는 책을 출판하려고 한다는 소문이 퍼지자 스피노자는 결국 암스테르담에 도착하자마자 출판을 취소하기로 결심한다. 1670년과 1675년 사이에 시작되었을 것으로 추정되는 다른 프로젝트는 『히브리어 문법 강요』이다. 친구들이 사적으로 이용할 수 있게 할 요량으로 집필한 이 히브리어 문법책은 미완성으로 남는다. 1675년에서 1676년 사이에 스피노자는 『신학정치론』 개정판에 포함하고자 추가 주석을 작성하기 시작한다. 그는 손으로 직접 주석을 써 놓은 자신의 『신학정치론』 한 권을 포메라니아 출신의 레이던 법대생 야코뷔스 스타티위스 클레이프만Jacobus Statius Cleefman(1646/7경~1675 활약)에게 준다(1676년 7월 25일). 1676년 후반에는 미완성으로 끝난 새로운 프로젝트 『정치론』에 착수한다. 마지막으로 1676년 11월 말, 스피노자는 헤이그에서 라이프니츠의 방문을 받았고 그와 다양한 주제들, 특히 그가 『윤리학』에서 제시한 신의 실존에 대한 논증과 관련하여 집중적으로 의견을 교환한다.

1671년, 포르뷔르흐와 헤이그

· 3월 16일 월요일 이전

네덜란드 주 총회들의 격렬한 반응 이후, 1671년 초에 정치적으로 높은 수준에서 『신학정치론』을 공식적으로 금서로 만들려는 새로운 시도가 있었다. [결국] 북홀란트주 총회 대표들은 홀란트주의 대재상Grand Pensionary[149]과 스피노자의 『신학정치론』을 어떻게 할 것인지에 대해 논의

---

149 일종의 사무총장secretarygeneral으로 당시 얀 더 빗이었다.

하게 된다. 얼마 후 그들은 『신학정치론』에서 발췌한 여러 구절들과 함께 홀란트, 제일란트, 서프리슬란트 대법원[홀란트 최고법원]의 『신학정치론』 금서 지정을 촉구하는 청원서를 홀란트주의 대재상에게 전달한다.[150] [이렇게 하여] 대재상으로서 얀 더 빗Johan de Witt(1625~1672)은 모든 주에서on a province-wide basis 『신학정치론』을 금서로 지정해 달라고 탄원한 북홀란트주와 남홀란트주 총회의 공동 노력에 직접적으로 연루된다. 그러나 공화주의적 정신을 가지고 있던 이 대재상이 짐짓 스피노자 논고의 금서 지정을 방해하고 늦추었을 것이라는 주장은 어떠한 문헌 증거에 의해서도 뒷받침되지 않는다.[151]

· **10월 5일 목요일**

라이프니츠는 위트레흐트 대학의 역사학 및 수사학 교수인 그레피우스가 보낸 서신(1671년 4월 22일)을 통해 『신학정치론』의 익명 저자가 누구인지 그 완전한 정체를 알게 된다. 그 후 같은 해 가을, 라이프니츠는 스피노자와 서신 교환을 할 수 있기를 희망하면서 이 네덜란드 철학자와 접촉해 보기로 마음 먹는다. [그리고] 1671년 10월 5일, 그는 스피노자에게 광학 문제에 관한, 그를 매우 찬사하는 서신을 보낸다(Ep45 ; G IV. 230~231). 서신의 서두에서 라이프니츠는 자신의 「새로운 광학 개념」Notitia opticae promotae에 대해 의견을 표해 달라고 정중히 부탁한다. 그 논문은 『새로운 물리적 가설』*Hypothesis physica nova*이라는 운동에 관한

---

150 North Holland Synod transactions(북홀란트주 총회 의사록), 16 March 1671, art. 37 참고. Walther and Czelinski 2006, vol. 1, p. 296, no. 100. Walther and Czelinski 2006, vol. 1, p. 292, no. 97도 보라.
151 Israel 2001, pp. 275~256 참고.

자신의 저작의 긴 일부분이었다. 이 서신과 함께 그는 그 소책자(『새로운 물리적 가설』) 두 권을 동봉하여 보낸다(Ep46 ; G IV. 231~233). 또한 라이프니츠는 서신에서 이탈리아 예수회 소속 프란치스코 라나 데 테르치Francisco Lana de Terzi(1631~1687)가 광학에 관한 견해를 드러낸 『서론』Prodromo이라는 책 이야기를 꺼낸다. 이 서신에서 논의된 다른 저작은 요하네스 올티우스Johannes Oltius(즉 요하네스 하인리히 오트Johannes Heinrich Ott)가 쓴 『시각에 대한 물리적·기계적 사유』Cogitationes Physico-Mechanicas de Visione로, 렌즈 제작용 선반lathe 사용 및 구면수차 문제 해법에 관한 책이었다. 마지막으로 라이프니츠는 추신에서, 답장은 자신과 서신을 교환하던 이들 중 한 명인 "매우 고결한 법학자인 디메르브룩"을 통해 보내 달라고 권한다. 그는 아마도 요하네스 판 디메르브룩Johannes van Diemerbroeck(1668~1681 활약)일 것이다. 또한 라이프니츠는 스피노자에게 만일 원한다면 자신의 『새로운 물리적 가설』 인쇄본을 한 권 보내 주겠다고 약속한다. 이 서신에서 그는 『신학정치론』에 대한 어떠한 언급도 하지 않는다.

- **11월 2일 월요일 이전**

스피노자가 예전에 레이던에 있을 때 친구였던 닐스 스텐센이 칭의Justification에 대한 "공개 서신"을 보내 로마 가톨릭으로 개종했음을 소란스럽게 알린다.[152] 스텐센이 이 "공개 서신"을 작성한 것은 1667년 11월

---

152 Ep67A ; G IV. 292~298. [옮긴이] 이 서신은 OP와 NS에 포함되어 있지 않지만, 겝하르트는 「서신67」과 관련이 있는 이 서신을 「서신67(2)」Epistola LXVII bis로 수록했다. 국역본은 아펑 등 일부 불역본처럼 이 서신을 포함시키지 않았다. 그 이유에 대해서는 이근세 369 역주 239번 참고. 이 서신에 대한 영역은 컬리본(C II. 451~458)과 셜리본(S 929~935)에서 확

2일에 개종하고 4년 뒤였다.[153] "참된 철학에 관한 새로운 철학의 개혁가에게 보내는 니콜라스 스테노의 서신"Nicolas Stenonis ad novae philosophiae reformatorem de vera philosophia epistola이라는 제목의 이 문서는 종교적 성찰을 담고 있는 4부로 된 서한집의 일부로 1675년에 출판되었다. 수신인의 이름은 불분명하지만, 스텐센의 글이 스피노자를 향한 것임은 의심할 나위 없다. 그는 스피노자를 "한때 나와 꽤 친했던 사람"이라고 간접적으로 언급한다. 스텐센의 이 글은 스피노자의 [불온한] 생각에 지대한 관심을 보여 주는 이탈리아에서 나온 첫 번째 문서로, 대부분 "다른 이들이 당신이 그 저자라고 알려 준 당신의 책"에 대한 요란한 공격에 지나지 않는다. 그 책이 『신학정치론』임은 의심의 여지가 없다. 스피노자가 스텐센의 그 소책자를 알고 있었는지, 레이던 시절의 이 친구가 언제가 되었든 이 글을 서신 형식으로 이탈리아에서 이 철학자에게 발송했는지 알 수 없다.[154] 이는 어쩌면 스피노자가 이 공격에 대한 반론을 전혀 쓰지 않은 이유를 설명해 줄지도 모른다.

- **11월 9일 월요일**

스피노자는 1671년 12월 8일에 라이프니츠의 광학에 관한 1671년 10월 15일자 서신에 답하면서 자신의 박학함을 보여 주는 답장을 발송한다(Ep46 ; G IV. 231~233). 첫째, 스피노자는 라이프니츠가 말한 "렌즈[155] 구경"(아마도 굴절 망원경의 대물 렌즈를 말하는 것일 것이다)의 크기

인 가능하며, 불역은 로베르역 서신 번호 43A에 있다.
153　Totaro 2002, p. 36을 보라.
154　Christofolini 2008 참고.
155　아마도 굴절 망원경의 대물 렌즈일 것이다.

를 줄이는 문제와 원형의 큰 볼록 렌즈와 비교할 때 그가 최근에 발명하여 『새로운 광학 개념』에서 제시한 "판도카스"pandochas("모든 것을 받아들이는"이라는 뜻) 렌즈의 보정 성능이 어떠한지 명확하게 설명해 달라고 부탁한다. 또한 그는 라이프니츠에게 그의 『물리적 가설』(라이프니츠의 『새로운 물리적 가설』을 말함) 한 권을 달라고 부탁한다. 헤이그에서 판매하고 있지 않으니 부탁했던 것이다. 이 서신의 추신에서[156] 스피노자는 라이프니츠가 서신을 전달해 줄 사람으로 지목한 디메르브룩이 헤이그에 살지 않는다고 알려 준다. 그래서 서신을 통상적인 우편집배원을 통해 발송하겠으며, 그에게 헤이그에 사는 서신 전달자 역할을 할 수 있을 믿을 만한 다른 사람을 생각해 보라고 부탁한다. 마지막으로 스피노자는 라이프니츠에게 『신학정치론』 한 권을 보내 주겠다고 약속한다. 아직 도착하지는 않았지만 라이프니츠가 자신의 『물리적 가설』을 보내 주겠다고 제안한 것에 대한 답례였다. 스피노자의 이 답장은 그들이 잠깐 동안 주고받은 서신 교환에서 우리가 알고 있는 마지막 서신이다.

---

156 [옮긴이] 추신 내용은 다음과 같다. "디메르브룩 씨께서 이곳에 거주하지 않으십니다. 하여 부득이하게 일반 배달부에게 이 서신을 맡기게 되었습니다. 선생께서 헤이그에 우리의 서신 교환을 도와주실 만한 분을 알고 계시리라 믿습니다. 그분이 누구신지 알려 주시면 감사하겠습니다. 그러면 우리의 서신 교환이 더 용이하고 안전해질 것입니다. 혹시 『신학정치론』이 아직 선생께 도착하지 않았다면, 괜찮으시다면 제가 한 부 보내 드리겠습니다. 건강하시길 빕니다. 가장 고귀하시고 존경받으시는 신사분이시며 마인츠의 법학 박사이시자 고문관이신 고트프리트 빌헬름 라이프니츠 씨께. 1671년 12월 8일" 국역본에는 이 추신이 누락되어 있어 옮겨 둔다.

1672년, [헤이그]

· 6월

프랑스-네덜란드 전쟁에서 프랑스의 루이 14세와 장 바티스트 콜베르 Jean Baptiste Colbert(1619~1683)는 네덜란드 공화국이 장악하고 있던 유럽 경제의 패권을 탈취하고자 했다. 이에 1670년 5월 도버항에서 네덜란 드 연합주를 고립시키기 위한 프랑스와 영국 간 비밀조약이 체결된다. 그로부터 2년 뒤 1672년 4월 루이 14세 군대는 연합주를 향해 리에주 Liège, Lüttich의 남쪽 주교 관할 지역을 침공한다. 6월에 콩데 공의 군대는 라인강을 건너 연합주를 침공한다. 같은 달 프랑스군은 헬데를란트주와 위트레흐트주를 완전히 장악하고 아른험과 네이메헌 같은 동부 도시들 과 네덜란드의 중심에 위치한 도시 위트레흐트를 점령한다(1672년 6월 13일).

1673년, 헤이그(스틸러 페이르카더 또는 파빌윤스흐라흐트), 위트레흐트

· 2월 16일 목요일

스피노자의 명성이 높아지면서 그의 철학적 견해도 해외 지식인들의 관 심을 끌게 된다. 하이델베르크에서는 칼뱅 신학자 요한 루트비히 파브리 티우스의 서신(Ep47 ; G IV. 234~235)이 도착했는데, 팔라틴 선제후 카 를 루트비히Karl Ludwig(1619~1680)를 대신하여 쓴 것이었다. 이 서신에 서 파브리티우스는 하이델베르크 대학의 철학 (및 수학) 교수직을 수락 해 달라는 주군의 공식적인 초빙 제의를 전달한다. 이 초빙은 아마도 프 랑스인 작가 위르뱅 슈브로Urbain Chevreau(1613~1701)가 하이델베르크 궁전을 방문했을 때 제안하여 성사된 것일 수도 있는데, 이 가설을 뒷받 침할 별개의 증거는 없다. 슈브로는 자신의 책『슈브로나』*Chevraeana*에서 이 교수 초빙이 있기 전에 있었던 일을 자세히 설명하고, 하이델베르크에 머물렀을 때 스피노자의 수학 관련 저작을 홍보한 사람이 자신이라고 주장한다. 슈브로에 따르면, 선제후는 『데카르트의 『철학의 원리』』몇 장章을 검토한 후, 파브리티우스를 통해 스피노자에게 하이델베르크 대학의 철학 교수직을 제안하기로 결심했다고 한다. 군주가 내건 유일한 조건은 스피노자가 라인강 유역 팔라틴 선제후령Rhenish Palatinate의 종교적인 문제에 개입하지 않는 것이었다.[157] 파브리티우스는 스피노자를 하이델베르크 대학 교수직에 초빙한 카를 루트비히의 선택에 명백히 반대를 표했다. 그럼에도, 파브리티우스는 팔라틴 선제후를 위해 일하고 있던 까닭에 그에게 복종했다.[158] 하지만 "양심의 가책 없이"그랬다고 하는데, 왜냐하면 그가 [선제후의 명에 따라] 스피노자에게 제안해야 했던 것은 신학 교수직이 아니라 철학 및 수학 교수직이었기 때문이다. 최종적으로 파브리티우스는 1673년 2월 16일자 초빙 서신에서 교묘한 해결책을 제시했다. 라인강 유역 팔라틴 선제후령의 종교적 문제에 개입하지 않는 한 스피노자에게 철학함의 자유가 주어질 것이라는 해결책이었다. 요컨대 그의 서신은 사실상 스피노자에게 재갈을 물리기 위한 책략이었다. 스피노자가 그런 제한적이고 불쾌한 초빙을 받아들이지 않는 것은 당연한 일이었다.

---

157   Chevreau 1700, vol. 2, pp. 105~106, Walther and Czelinski 2006, vol. 1, p. 305, no. 109를 보라.

158   Heidegger 1697, p. 74.

• 3월 30일 목요일

스피노자가 파브리티우스의 1673년 2월 16일자 초빙 서신에 답장을 보낸다. 답신(Ep48 ; G IV. 235~236)에서 그는 카를 루트비히의 하이델베르크 대학 철학 교수직 제의를 정중히 거절한다.[159] 기성 종교를 어지럽히지 않으려면 어떤 한계 내에서 철학할 자유가 억제되어야 하는지 모르겠다는 이유였다.

• 5월 4일 화요일과 5월 19일 금요일 사이

1672년 11월 말부터 위트레흐트에 사령부를 주둔시킨 스위스 고급 장교 장 바티스트 스투프는 1673년 5월 4일에서 19일 사이에 『네덜란드인의 종교』*La religion des Hollandois*라는 소책자를 집필한다. 이 저작은 네덜란드의 시민적·종교적 삶의 다양한 측면을 다룬 완전히 계획된 소책자로, 스위스의 개혁파 신학 교수[160]에게 보낸 여섯 통의 서신으로 구성되어 있는데, 루이 14세[161]가 프랑스의 연합주 점령을 정당화할 목적으로 작성을 지시한 것이었다. 스투프는 특히 이 나라에 많은 종교, 분파, 신념이 존재하고 또 번창한다는 사실을 고려할 때, 루이 14세가 침공한 이 나라가 정말 개신교 국가인지 의문을 제기한다. 『네덜란드인의 종교』에는 또한 스피노자의 『신학정치론』에 대한 우리가 알고 있는 프랑스의 첫 번째 반응이 담겨 있다. 스투프는 네덜란드 신학자들이 스피노자의

---

159 Jelles and Meyer's preface to Spinoza's posthumous works(옐러스와 마이어의 스피노자 유작 서문), no. 7 ; Akkerman and Hubbeling 1979, pp. 112~113.

160 누구인지 이름은 언급되어 있지 않다. 야콥 프로이덴탈Jakob Freudenthal은 그가 베른에 사는 호멜Hommel 교수라고 말한다. Freudenthal 1899, p. 293.

161 Feer 1882, p. 80 참고.

그 논고에 반박하지 않는다고 강하게 비판한다.[162]

[7월 25일 화요일과 7월 28일 금요일 사이]
헤이그, 위트레흐트

프랑스 군사령관 루이 2세 드 부르봉과 그의 아들 앙리 3세 줄리어스 드 부르봉Henri III Julius de Bourbon(1643~1709) 및 그의 친한 친구이자 신우였던 프랑수와-앙리 드 몽모랑시-부트빌François-Henri de Montmorency-Bouteville(1628~1695)이 1673년 4월 21일[163] 또는 5월 8일[164] 위트레흐트에서 입성 경축식Joyeuse Entrée을 거행한다.

여러 출처(콜레루스, 모랄르Morales, 뷔시에르Buissière, [뤼카], 스투프, 라이프니츠)에 따르면, 루이 2세 드 부르봉은 위트레흐트에 있는 동안 스피노자를 군사령부로 소환했다고 한다. 더 나아가 콜레루스는 위트레흐트 군정 장관 스투프가 스피노자에게 점령된 위트레흐트를 방문할 수 있는 통행증을 제공하기도 했다고 말한다. 이 전기 작가[콜레루스]는 스투프가 스피노자와 서신 교환을 원했다고 주장하기도 한다.[165] 스피노자의 프랑스 군사령부 방문에 대한 또 다른 설명은 스투프의 형인 위트레흐트 군정 장관 피에르 알렉상드르 스투프Pierre Alexandre Stouppe(1620~1701)가 쓴 서신에 나온다. 피에르 알렉상드르 스투프가 위트레흐트의 역사학과 수사학 교수 요하네스 게오르기우스 그라비우스에게 쓴 서신(1673년 7월 25일 이전에 작성)은 그의 동생 장 바티스트 스투프Jean Baptiste Stouppe

---

162   Stuppe, La religion des Hollandois, p. 65, letter 3.
163   Cohen 1925~1926, no. 6, p. 62.
164   Duc d'Aumale 1889~1896, vol. 7, p. 383 참고.
165   Walther and Czelinski 2006, vol. 1, p. 128을 보라.

가 스피노자를 위트레흐트로 소환하는 (비밀) 계획의 핵심 인물linchpin이었음을 보여 준다.[166] 피에르 알렉상드르는 콩데에게 보낸 1673년 7월 28일자 서신에서는 스피노자가 "내 동생의 요청으로" 위트레흐트의 프랑스 군사령부로 소환되었다고 명시적으로 주장한다. 위트레흐트에 도착했을 때, 스피노자는 그의 동생 장 바티스트에게 1672년 11월에 군사 법원에 회부된 "몽바스 경"(즉 장 드 바통 대령)의 인형effigy이 "지난 화요일"에 효수되었다는 소식을 알려 준다.[167] 1673년 7월 25일 [화요일]에 드 바통의 인형이 사람들이 보도록 헤이그의 교수대에 상징적으로 효수되있다는 것이었다. 콩데에게 보낸 피에르 알렉상드르의 서신에 따르면, 스피노자는 위트레흐트를 방문했을 때 자신의 동생 장 바티스트와 그 사건에 대해 의논했다고 한다.

만일 우리가 피에르 알렉상드르의 서신을 불완전하고 논란의 여지가 있는 콜레루스[와 뤼카]의 전기뿐만 아니라 피에르 데스메조Pierre Desmaizeaux(1666경~1745)가 수집한 두 개의 18세기 초 증언보다 더 신뢰할 만한 역사적 문헌으로 받아들인다면,[168] 스피노자는 드 바통이 헤이그에서 공개적으로 치욕을 당한 것을 목격했거나 그런 소문을 들었을 것이고, 곧바로 위트레흐트를 떠나 1673년 7월 26일이나 27일이나 28일에 장 바티스트 스투프를 만난 것이 된다. 그후 스투프가 형 피에르 알렉상드르에게 이를 알리고 알렉상드르가 1673년 7월 28일자 서신에서 콩데에게 자기 동생이 스피노자를 만난 이야기를 전한 것이 되는 것이다.

---

166   Van de Ven 2014.

167   Cohen 1926, p. 70.

168   Walther and Czelinski 2006, vol. 2, p. 36을 보라.

요컨대 이 이야기는 스피노자가 프랑스 군영에 방문한 보다 정확한 날짜를 제시할 뿐만 아니라 스피노자가 1673년 7월 25일 이후에 실제로 위트레흐트를 잠시 방문했을 개연성을 높여 준다. 그러나 그가 콩데를 만났을 가능성은 거의 없다. 이 프랑스 군사령관은 1673년 7월 15일 위트레흐트를 떠나 흐라버Grave로 갔기 때문이다.

콩데에게 보낸 피에르 알렉상드르의 서신 세부 내용이 역사적으로 더 일관성 있는 것처럼 보이기는 하지만, 우리가 내릴 수 있는 결론은 그저 스피노자가 스투프의 초대에 응했고 실제로 프랑스 군사령부에 간 것은 확실하다는 것이다.[169]

• 12월 8일 금요일 이전

스피노자 『신학정치론』의 새로운 라틴어 8절판이 인쇄되어 마이어의 『철학, 성서의 해석자』*Philosophia S. Scripturae interpres*라는 글과 함께 한 권으로 출간된다. 같은 시기에 이 두 논고의 세 가지 각기 다른 위장된 8절판 판본도 각기 다른 저자명과 다른 제목, 허구의 인쇄업자 이름으로 유통되었다. 첫 번째 책은 스페인 의사 엔리케스 데 비야코르타 Enríquez de Villacorta라는 인물이 쓴 것처럼 꾸몄고 『외과의술전서』*Opera chirurgica omnia*라는 제목을 붙인다. 두 번째 책 『역사 저작 선집 제1권(제2부)』*Operum historicorum collectio prima(secunda)*의 출판사항은 레이던의 인문주의자 다니엘 헤인시위스Daniel Heinsius(1580~1655)에 의해 작성된 것으로 제시된다. 세 번째 위장된 판은 전해진 바에 의하면 유명한 레이던의 해부학자 프란시스쿠스 더 러 보어 실비우스Franciscus de le Boë

169　Van de Ven 2014~2015.

Sylvius(1614~1672)가 집필한 것으로 되어 있다고 하는데, 『새로운 의학 총론』*Totius medicinae idea nova*이라는 제목으로 출판된다. 이 판본들의 출판 과정이나 스피노자가 이 판본들의 출판에 관여했는지에 관해서는 더 이상 알려진 바가 없다. 이 네 가지 출판물의 정확한 출간일도 알려져 있지 않다.

1674년, 헤이그(스틸러 페이르카더 또는 파빌윤스흐라흐트)

• 7월 19일 목요일

1672년 비참한 "람피아르"Rampjaar(재앙의 해)에 빌럼 3세가 홀란트와 제일란트주의 스타트하우더Stadholder로 권력을 잡은 후 연합주의 정치적 분위기가 바뀌면서, 개혁교회의 주 총회들은 마침내 스피노자의 『신학정치론』을 공식적인 금서로 만들 수 있었다.[170] 1674년 7월 19일, 홀란

---

[170] [옮긴이] 스타트하우더는 본래 합스부르크 황제를 대리하여 각 주의 법 집행과 군사 문제를 담당하던 실질적인 국가 지도자로서 "군주에 가까운 지위"quasi-monarchical position였다. 보통 지방 명문가가 이 자리를 차지했는데, 특히 오라녜가는 동시에 4~5개 주의 스타트하우더직을 겸직하며 네덜란드의 독립을 이끈다. 그러나 1650년에 빌럼 2세가 빌럼 3세(1650~1702)가 태어나기 직전 천연두로 사망하자, 얀 더 빗을 위시한 공화파가 권력을 장악하면서 네덜란드는 연합주 공화국으로 발전한다. 연합주를 이루는 7개의 주들(헬데르란트, 홀란트, 제일란트, 위트레흐트, 오버레이셀, 프리슬란트, 흐로닝언) 각각에서 공무를 담당하던 고위 관리를 'Pensionary'(네덜란드어로는 pensionaris. pension을 받는다는 의미에서 그렇게 불렸다. 보통 '재상'이라 번역되는 것 같다)라고 하며, 이들 가운데 가장 강한 홀란트 주의 'Pensionary'를 'Grand Pensionary'(네덜란드어로는 raad(s)pensionaris. 외국 정부가 지칭하던 명칭이다. '대재상'이라고 번역했다)라고 한다. 홀란트의 'Grand Pensionary'는 1650년부터 1672년까지 7개 주 가운데 5개 주에서 스타트하우더가 임명되지 않은, 이른바 "스타트하우더 부재 시기"에 네덜란드 공화국 전체의 실질적인 정치 지도자였으며 정부 수반이었다. 얀 더 빗은 홀란트의 대재상으로 무역 확대와 종교적 관용 정책을 펼치면서 네덜란드를 유럽에서 가장 부강한 국가로 만든다. 그러나 1672년 영국-프랑스 동맹군의 침공으로 네덜란드는 국가의 존망 위기를 겪게 된다. 네덜란드어 "람피아르"는 글자 그대로 "재앙의 해"라는 뜻으로 1672년을 일컫는 말이다. 이후 전쟁과 해상 봉쇄로 인해 피폐해진 네덜란드 국민들은 공

트, 제일란트, 서프리슬란트주의 최고법원은 빌럼 3세의 명으로 포고령을 공포했다. 홉스의 『리바이어던』, 『폴란드 형제회의 서가』*Bibliotheca fratrum polonorum*,[171] 마이어의 『철학, 성서의 해석자』와 스피노자의 『신학정치론』의 인쇄, 배포, 공적 판매를 금한다는 것이었다.[172]

• 9월 14일 금요일

호린험Gorinchem의 전 재상이었던 휘호 복설이 유령, 귀신, 혼령에 관한 짧은 서신을 보낸다(Ep51 ; G IV. 241~242). 그는 동시대 많은 신학자와 철학자가 주장하는 귀신에 대한 믿음과 혼령에 관한 수많은 이야기를 언급한다. 이는 귀신과 혼령이 실재하는 것임을 시사하는 듯 보인다는 것이다. 복설은 스피노자가 혼령을 믿는지 궁금해하면서, 스피노자의 반응이 부정적일 것이라고 예상하면서도 이 문제에 대해 견해를 표명해 달라고 부탁한다. 1674년 9월 14일자 서신은 복설과 스피노자 간에 오고간 유령, 귀신, 혼령에 관한 여섯 편의 연속된 서신이 시작됨을 알리는 것이었다.

화정에 불만을 갖고 다시 강력한 중앙집권적 체제를 원하게 된다. 급기야 1672년 7월 24일 얀 더 빗은 형 코르넬리스와 함께 반역 혐의로 체포되고 감옥을 습격한 헤이그 시민들에 의해 죽임을 당한다. "네덜란드 황금기"의 종말을 고하는 사건이었다. 이후 장성한 빌럼 3세는 홀란트와 제일란트주의 스타트하우더직을 되찾고 뛰어난 전쟁술로 전쟁을 승리로 이끈다. 이로 인해 네덜란드의 정치체제는 다시 사실상 군주정에 가까운 중앙집권적 체제로 회귀하면서 정치적으로 보수화되고 종교적 관용도 약화된다. 이런 상황에서 스피노자의 『신학정치론』은 금서가 된 것이다. 주경철, 『네덜란드 : 튤립의 땅, 모든 자유가 당당한 나라』, 산처럼, 2003, 188쪽, 253~254쪽 참고.

171　[옮긴이] 삼위일체와 그리스도의 신성을 부정한 파우스토 소치니Fausto Sozzini, Faustus Socinus(1539~1604)를 비롯한 그를 따르는 소치니파들의 글 모음집. 소치니파에 대해서는 246쪽 옮긴이 주 25번 참고.

172　Walther and Czelinski 2006, vol. 1, pp. 315~316, no. 117.

1675년, 헤이그(스틸러 페이르카더 또는 파빌윤스흐라흐트), 그리고 암스테르담

- **1월 5일 토요일**

에렌프리트 발터 폰 치른하우스가 스피노자에게 서신을 보낸다(Ep59 ; G IV. 268~270). 먼저 치른하우스는 알려지지 않은 진리뿐만 아니라 자연학의 일반 원리를 찾아내는 데 있어서 이성을 인도하는 "방법"을 언제 말해 줄 것인지 묻고, 구체적으로 『윤리학』 2부의 보조적인 정리들 subsidiary theorems[173]을 직접 언급하며 이 정리들이 자기가 볼 때 자연학의 많은 어려운 문제들을 쉽게 해결해 줄 것이라고 말한다. 따라서 이 서신은 치른하우스가 당시 『윤리학』에 접근할 수 있었음을 보여 준다. 다음으로 치른하우스는 스피노자에게 운동에 대한 정의와 그 정의definition에 대한 설명을 요청한다. 치른하우스는 "제가 선생님과 함께 있었을 때"를 언급하고 그때 "선생님께서는 알려지지 않은 진리들의 탐구를 위해 사용하는 방법을 제게 일러 주셨습니다"라고 말한다(이근세 336). 따라서 이 서신은 헤이그에서 1675년 1월 5일 이전 언젠가 치른하우스와 스피노자가 개인적으로 만났음을 확인해 준다.

- **[4/5월]**

스피노자가 거의 10년 간의 침묵 끝에 올덴부르크와 오랫동안 중단되었던 서신 교환을 재개한다. 스피노자는 올덴부르크에게 『신학정치론』 한 권을 보냈는데 그 책은 어떤 이유에서인지 올덴부르크에게 도착하

---

173 [옮긴이] 『윤리학』 2부 정리13과 정리14 사이에 있는 '보조정리들'lemma을 말한다.

지 않았다.[174] 우리는 스피노자가 그에게 지금은 유실된 어떤 서신(1675.
[04/05].00.*)과 함께 그 소포를 보냈다고 가정할 수 있다.

• 5월 첫 번째 주말

프랑스에서 영국으로 여행 중이던 치른하우스는 당시 집중적으로『윤리
학』을 공부한다. 이는 그가 게오르크 헤르만 슐러와 나눈 서신에서,『윤
리학』1부의 특정 부분을 명확히 설명해 달라는 자신의 부탁을 스피노
자에게 대신 전해 달라고 슐러에게 청한 것에서 알 수 있다.[175] 이 요청으
로 치른하우스가 여행 가방에『윤리학』필사본을 넣고 영국으로 이동했
음이 드러난다. 같은 시기에 올덴부르크는 런던에서 스피노자에게『신
학정치론』을 보내 주어 감사하다는 (유실된) 서신을 발송했다(그러나 올

---

174 올덴부르크가 스피노자에게, Ep61 ; G IV. 271~272 참고. [옮긴이] 「서신61」(국역본 「서신
62」)에서 올덴부르크는 스피노자가 보내 준 논고를 아직 받지는 못했지만 감사의 뜻을 표하
는 서신(소실됨)을 보냈다고 말한다. 겝하르트의 비평본에는 이 서신이 61번으로 되어 있지
만, 국역본은 이탈리아 연구자 프로이에티(Omero Proietti, *Agnostos theos : Il carteggio Spinoza-
Oldenburg(1675-1676)*, Quodlibet, 2006, p. 138 sq.)의 분석을 토대로 겝하르트본의 61번
서신(1675년 6월 8일)과 62번 서신(1675년 7월 22일)의 순서와 서신 번호를 바꾸고(이근세
341 역주 229번 참고), 이에 따라 61번 서신의 발송일을 62번 서신보다 나중인 "1675년 8월
8~18일 사이에 런던에서 작성된 것으로 추정된다"라고 밝힌다(이근세 344, 역주 232번). 아
울러 「서신61」(국역본 「서신62」)에서 올덴부르크가 스피노자의『윤리학』에 대한 견해를 제
시한다고 주장한다(이근세 341 역주 229번 참고). 참고로 영역자 셜리와 불역자 아펭은 겝하
르트본의 서신 번호와 날짜를 따랐다. 컬리가 프로이에티의 주장을 살폈는지는 알 수 없지
만, 이 연구 이후에 나온 그의 역서『스피노자 선집』2권(2016년 출간)은 서신 번호에 대한
별다른 언급 없이 겝하르트본의 서신 번호를 따랐고, 「서신61」(국역본 「서신62」)에 언급된
논고도『신학정치론』이라고 특정해 놓았다(C II. 434). 불역자 로베르(2010)는 국역자와 같
은 이유로 두 서신의 번호와 날짜를 변경했다(Spinoza, trad. Maxime Rovere, *Correspondance*,
Flammarion, 2010).

175 슐러가 스피노자에게, Ep63 ; G IV. 274~276. [옮긴이] "그[치른하우스]는 몇몇 난점에 대한
해결을 선생님께 여쭤보고 또 다음과 같은 질문을 드릴 것을 여러 번 제게 요청했습니다."

덴부르크는 아무래도 그 책을 받지 못했던 것 같다). [이 유실된 서신에서]
올덴부르크는 『신학정치론』에 대한 부정적 견해를 제기한다. 스피노자
가 1676년[4/5월]에 먼저 런던에 『신학정치론』을 보낸 것과 치른하우스
가 영국으로 여행한 것에 어떤 연관이 있는지는 알려지지 않았다.

• 6월 21일 금요일

헤이그 개혁교회의 케르켄라트는 "스피노자의 매우 무신론적인 견해"가
퍼지고 있다고 경고한다.[176] 이 당회는 구성원들에게 "그가 쓴 다른 책이
출간될 예정인지" 알아내고 그것의 잠재적인 위험을 조사할 수 있게 바
짝 경계하라고 촉구한다. 이 경고가 스피노자가 『윤리학』을 출판할 계획
이라는 소문과 관련이 있음은 거의 확실하다.[177]

• 7월 22일 월요일

런던에서 올덴부르크가 스피노자의 1675년 7월 5일자 (유실된) 서신에
답장을 보낸다(Ep62[178] ; G IV. 273). 올덴부르크는 스피노자의 1675년
7월 5일자 (유실된) 서신에서 "5부로 된 선생님의 논고", 곧 의심할 여지
없는 『윤리학』을 출판하고 싶어 한다는 것을 알게 되었다고 답한다. 이
처럼 이 서신으로 스피노자가 그때 이미 『윤리학』을 완성했고 출판할 준
비를 하고 있었음이 분명해진다.

176　The Hague kerkenraad resolutions(헤이그 교회 케르켄라트 결의안), art. 5 참고.

177　Walther and Czelinski 2006, vol. 1, p. 320, no. 121.

178　[옮긴이] 앞서 지적했듯이 국역본으로는 「서신61」이다. 이하 모두 동일.

스피노자가 『윤리학』 원고를 출판사에 맡기기 위해 암스테르담으로 이동한다.[179] 헤이그로 떠나기 직전에 그는 올덴부르크의 1675년 7월 22일자 서신을 받는다(Ep62 ; G IV. 273을 보라). 암스테르담에 도착했을 때, 스피노자는 무신론을 가르친다는 비난과 자신의 철학에 대한 적개심이 커져 가는 문제에 대해 심각하게 우려하기 시작한다. 그가 곧 신의 실존을 부정하는 어떤 저작을 출판할 것이라는 소문이 도는 상황이었다. 일부 신학자들은 즉시 오라녜 공Prince of Orange과 집정자들에게 소疏를 올렸다. "어리석은 데카르트주의자들"(Ep68)은 스피노자의 견지에 동조한다는 의혹에 대해 자신들을 방어하기 위해 스피노자의 견해와 저작을 걸핏하면 비난하고 나서는 중이었다. 스피노자는 『윤리학』 출판을 미루기로 결심하고[180] 일이 어떻게 돌아갈지 관망하기로 결정한다. 스피노자의 암스테르담행에 관해 더 이상 알려진 것은 없지만, 그가 『윤리학』 출판 문제를 논의하기 위해 리우어르츠 세뇨르를 본 것은 확실하다. 스피노자가 암스테르담에 머무르는 동안 『윤리학』 일부가 이미 조판되었는지 여부는 알려져 있지 않다.

• 9월 3일 화요일

[아마도 플로렌스에서] 알버트 쿤라츤 뷔르흐가 스피노자에게 최근에 로마 가톨릭으로 개종했다는 서신을 보낸다(Ep67 ; G IV. 280~291). 서두에서 뷔르흐는 "여행 중 생길 모든 중요한 일에 대해 선생님께 알려 드

179　스피노자가 올덴부르크에게, Ep68 ; G IV. 299 참고.
180　스피노자가 올덴부르크에게, Ep68 참고.

리기로” 약속했음을 언급한다. 이 도입부는 뷔르흐가 1673년에 네덜란
에서 이탈리아로 떠나기 직전에도 그들이 여전히 연락하고 있었음을 강
조한다. 이 서신에서 뷔르흐는 로마 가톨릭 교회에 합류하게 된 개인적
인 동기에 관해 말한다. 그는 또한 스피노자의 “참된” 철학에 대한 명백
히 부정적인 견해를 내놓는데, 그가 생각하기에 스피노자의 철학은 단지
“착각”illusio과 “환상”chimaera에 지나지 않는다는 것이다[이근세 353]. 그
가 볼 때 스피노자의 철학은 다른 모든 철학들처럼 불확실하고 헛되다.
다음으로 그는 “불경한 제목의 선생님 저작”(즉『신학정치론』)에 대해 언
급하면서, 스피노자가 의도적으로 칠학과 신학을 혼란스럽게 만든다고
비난한다[이근세 354]. 그는 또한 스피노자의 성서 해석과 성서의 지극
히 신성한 진리에 관한 모든 의심을 완강하게 비난하면서 그에게 영원한
저주를 피하도록 로마 가톨릭 신앙의 오류 없는 진리를 인정하라고 설교
한다.

- [9/10월]

[아마도 헤이그에서] 스피노자가 헨리 올덴부르크의 1675년 7월 22일
자 서신에 답신을 보낸다. 이 답장에서(Ep68 ; G IV. 299) 스피노자는
『윤리학』 인쇄를 준비하기 위해 암스테르담을 방문했다는 것과 출판을
연기하기로 결정한 것에 대해 말한다. 이 서신의 두 번째 부분은 근자에
『신학정치론』을 개정해 두 번째 판을 출간할 계획이라는 명확한 정보를
제시한다.

- **11월 14일 목요일 이전**

치른하우스가 파리에서 게오르크 헤르만 슐러에게 (유실된) 서신 한 통

을 보낸다. 이 서신의 내용은 스피노자에게 보낸 1675년 11월 14일자 서신을 통해서만 알 수 있다(Ep70 ; G IV. 301~303을 보라). 치른하우스는 슐러에게 자신이 파리에서 무슨 일을 하고 누구를 만났는지 알려 준다. 파리에서 크리스티안 하위헌스와 라이프니츠 등을 만났다는 것이다. 치른하우스의 서신에서 쟁점 중 하나는『윤리학』1부의 특정 정리들에 대한 그의 반박과 관련이 있다.[181] 따라서 그가 여전히 출간되지 않은 스피노자의『윤리학』을 공부하는 데 계속 시간을 쓰고 있었음은 분명하다. 치른하우스는 또한 슐러에게, 라이프니츠가 자신이 가지고 있는『윤리학』필사본을 이용하는 것을 스피노자가 허락하는지 물어봐 달라고 요청한다.

• 1675년 말 또는 1676년 초

[아마도 헤이그에서] 스피노자가 1675년 9월 3일로 기입되어 있는 뷔르흐의 서신에 답한다. 뷔르흐가 로마 가톨릭 종교로 개종했음을 알린 것 (Ep67 ; G IV. 280~291을 보라)에 대한 반응이었다. 스피노자의 서신 (Ep 76 ; G IV. 316~324)은 뷔르흐가 실제로 로마 가톨릭 교회에 합류했다는 것을 다른 사람에게 들었을 때는 믿을 수 없었는데 서신을 보니 이해가 간다고 말하면서 시작된다. 스피노자는 뷔르흐가 자신과 스텐센에 대해 말할 때 "일찍이 선생[뷔르흐]께서 인정한 다른 이유들"[182]을 언

---

181 치른하우스가 스피노자에게, Ep65(G IV. 279) ; 스피노자가 치른하우스에게, Ep66(G IV. 280).

182 [옮긴이] 원문은 다음과 같다. "Spinoza starts his letter (Ep 76 ; G IV. 316~324) by expressing his unbelief that Burgh has actually joined the Roman Catholic Church. He refers to 'other causes to which you once gave your approval' when speaking about Stensen, 'in whose footsteps you now follow'." 「서신76」에 대한 이 요약은 실제와 상이한 부분이 많으므로 원

급하지는 않겠다며 뷔르흐는 지금 스텐센의 자취를 따르고 있다고 말한다. 스피노자는 로마 가톨릭 신앙을 받아들이자는 뷔르흐 서신의 논증에 반박하면서 "선생님께서 (…) 자신의 덕으로써 만물이 존재하고 보존되도록 하는 무한한 신을 인정"했던 때를 언급한다([이근세 394]). 또 다른 쟁점은 스피노자의 철학에 대한 뷔르흐의 비판이다. 실제로 스피노자는 자신이 최선의 철학을 발견했다고 주장하는 것이 아니라 자신이 참된 철학을 인식하고 있음을 알고 있을 뿐이라고 분명히 말한다. 즉 "세 각의 합이 두 직각과 같다는 것을 알고" 있는 것과 같은 방식으로 말이다([이근세 396]). 결국 스피노자는 뷔르흐의 신앙에 전혀 합리적 근거가 없다고 책망한다. 그리고 마침내 미신을 버리고 이성을 인정하라고 부탁한다. 스피노자는 『신학정치론』의 근본 원리, 즉 성서의 지극히 신성한 지위를 포기하고 성서를 성서 그 자체를 통해서만 이해한다는 원리에 대한 뷔르흐의 반박에 대해 자신을 변호하면서 서신을 마무리한다([이근세 399~400]). 결국 스피노자는 뷔르흐에게 자신의 설명을 면밀하게 읽고

문에 의거하여 내용을 가감했음을 밝힌다. 스피노자는 「서신76」에서 뷔르흐가 가톨릭으로 개종한 것을 믿지 못했는데 이 서신에서 뷔르흐가 "로마 교회를 위해 싸우는 이들의 앞줄"에 있는 것을 보고 그가 정말 가톨릭으로 개종한 것을 이해하게 되었다고 말한다. 그리고 다음과 같이 말한다. "선생의 서신에 답신하지 않으려고 했습니다. 선생께는 분명 논증ratio보다 시간tempus이 더 필요합니다. 선생을 선생 자신과 선생의 사람들에게로ad te, tuosque, 그리고 말할 것도 없이 우리가 스텐센(선생께서 지금 그의 발자취를 따르고 있는)에 대해 이야기했을 때 선생께서 예전에 인정했던 다른 이유들/원인들alias causa로 선생을 되돌려 놓기 위해서는 말입니다"(Ep72 ; G IV. 316~317 ; 이근세 392. 번역은 수정). "선생께서 예전에 인정했던 다른 이유들/원인들"은 아마도 스피노자와 뷔르흐가 스텐센이 가톨릭으로 개종한 이유나 원인에 대해 이야기를 나누었을 때 그들이 개종의 이유가 될 수 없다고 보았던 이유를 말하는 것 같다. 스피노자는 예전에 뷔르흐도 그러한 거부되어야 할 이유를 인정했는데 왜 뷔르흐가 개종했는지 안타까워하며 그 이유를 인정하는 상태로 되돌리기 위해서는 합리적 설득보다 시간이 필요한 것 같아 답신을 하지 않으려고 했다고 말하는 듯하다.

기독교 교회사를 공부하라고 부탁한다([이근세 400]). 스피노자는 교회사 공부가 뷔르흐를 이성으로 돌아오게 할 것이라고 생각했다.

1676년, 헤이그(스틸러 페이르카더 또는 파빌윤스흐라흐트)

· 7월 25일 토요일 이전

[헤이그의] 숙소에서 스피노자는『신학정치론』에 대한 보충 주석을 작성하는 데 시간을 보낸다.[183] 그는 곧 가지고 있던 책의 여백에 이 주석을 기입한다.

· 7월 25일 토요일

[헤이그에서] 스피노자는 독일의 젊은 법학도인 야코부스 스타티위스 클레이프만의 방문을 받는다. 클레이프만과의 관계가 어느 정도 중요했던 것은 분명한데, 왜냐하면 스피노자가 그에게『신학정치론』의 초판본을 한 권 주었기 때문이다. 이 책은 현재 하이파Haifa에 보존되어 있는데, 스피노자가 자필로 쓴 속표지의 헌정사뿐만 아니라 여백에 있는 다섯 개의 보충 주석[184]도 포함되어 있다.

· 1676년 하반기

스피노자가 집중적으로 정치 이론을 구축하는 작업에 매진한다. 이는 결국 미완의 저작인『정치론』이 된다. 이 저작에서 스피노자는 세 가지 상이한 국가 형태를 논할 예정이었다. 군주정, 귀족정, 민주정이 그것이

183　Akkerman 2005, pp. 210~236 참고.
184　*ibid*., pp. 2, 70, 93, 116, 117.

다. 정치에 관한 이 논고를 작성할 때 스피노자는 가까운 친구에게 (유실된) 서신 한 통을 받았다(〉 1676. 07.00.*) 이 서신의 내용에 대해서는 알려진 바 없지만, 어쨌든 스피노자의 답신(Ep84 ; G IV. 335~336)은 당시 그들의 관계가 아주 단단했음을 시사하는 것처럼 보인다. 그의 전기와 관련하여 가장 중요한 것은 이 스피노자의 서신으로 이 신원 미상의 친구가 그에게 정치 이론을 집필하도록 독려했다는 점이 증명된다는 것이다.[185]

• **10월 18일 일요일과 10월 29일 목요일 사이**

4년간의 파리 체류 후 마침내 라이프니츠가 우회로를 거쳐 독일로 돌아와 하노버 궁정의 고문관 및 개인 사서personal librarian라는 새로운 직책을 맡는다. 파리를 떠난 후(1676년 10월 4일) 그는 두 번째 단기 영국 방문을 위해 칼레Calais로 가서 배에 오른다. 도항 후에는 런던에서 올덴부르크를 만난다(1676년 10월 18일 이후 언젠가). 이들의 대화 내용에 대해서는 알려진 바 없지만, 어쩌면 곧 있을 라이프니츠의 스피노자 방문에 대해 대화를 나누었을 것이다. 그들이 만나는 중에 라이프니츠는 또한 스피노자가 올덴부르크에게 보낸 세 통의 최근 서신을 필사했을 수도 있다.[186] 뿐만 아니라 올덴부르크는 스피노자에게 보내는 (유실된) 서신을 라이프니츠에게 건넨다(〉 1676.10.18.*). 그러나 이 서신을 라이프니츠

185　[옮긴이] "그것은 선생님의 조언으로 얼마 전에 시작한 『정치론』의 집필입니다"(이근세 417). 이 서신의 유력 수신자로 옐러스Jarig Jelles(1619/20~1683, 국역본은 '옐레스'로 음역)가 거론된다(Akkerman 2005, p. 416, 역주 269번 ; C II. 372, 488, n.243) 스피노자는 이 서신에서 이미 1~6장은 마무리되었고, 7장을 집필 중이라고 말한다. 『유고』에 포함된 『정치론』의 최종 원고는 11장에서 민주정을 조금 다루다가 중단된다.

186　Ep73(G IV. 306~309) ; Ep75(G IV. 311~316) ; Ep78(G IV. 326~329).

는 알 수 없는 이유로 스피노자에게 전달하지 않는다.[187] 라이프니츠는
1676년 11월 첫째 주에 연합주로 갈 계획을 세웠으나 그의 배는 심한 폭
풍으로 시어네스 요새Fort Sheerness에서 출항하지 못한다.[188]

• [11월 18일 수요일과 11월 21일 토요일 사이]

라이프니츠가 하를렘, 레이던, 델프트를 잠시 여행하고, 그곳에서 유명
한 자연주의자 안토니 판 레이우엔훅Antonie van Leeuwenhoek(1632~1723)
을 알게 된다. 그 후 곧 헤이그로 가서[189] 마침내 스피노자를 만나게 된
다.[190] 라이프니츠가 스피노자를 방문한 것은 [1676년 11월 18일에서
21일 사이] 어느 날임에 틀림없다.[191] 라이프니츠와 스피노자는 네덜란
드 정치인 얀과 코르넬리스 더 빗Cornelis de Witt의 암살(1672)부터 데카르
트의 운동 이론, "보편적 특성"characteristica universalis, 신 존재 증명 논증에
이르는 다양한 문제에 관해 논의한다. 대화하는 동안 라이프니츠는 쪽지
에 신의 실존에 대한 존재론적 논증을 적는다.[192] 스피노자는 또한 라이
프니츠에게 자신의 『윤리학』 원고(일부)를 볼 수 있도록 해 준다.[193] 이는
라이프니츠가 같은 종이에 스피노자의 존재론적 논증에 대해 비판적 논

---

187   Oldenburg to Leibniz, 1677년 2월 22일/1677년 3월 4일.

188   Müller and Krönert 1961, p. 45 참고.

189   *ibid.*, p. 46 참고.

190   Leibniz 1734, p. 231 ; Leibniz to Count Ernst von Hessen-Rheinfels, 4/14 August 1683 ;
        Leibniz, AA, 2 : 1, p. 535 ; Leibniz to Jean Gallois 1676/77, Walther and Czelinski 2006,
        vol. 1, p. 331, no. 139.

191   Müller and Krönert 1961, p. 46 참고.

192   Leibniz, AA, 2 : 1, pp. 426~428, no. 131.

193   Schuller to Leibniz, 16/26 February 1677, Leibniz, AA, 2 : 1, p. 304 ; 3 : 2, p. 46 참고.

평을 적어 놓은 것에서도 분명히 드러난다.[194]

9장 치명적 질병 · 갑작스러운 죽음과 장례

개요 - 헤이그, 1677년 1~2월 말

1676년 말이나 1677년 초에 스피노자는 상당히 진행된 불치병의 신체적 증상으로 고통받는다. 1677년 2월 말 사망 직전까지 스피노자는 자연주의적인 정치론을 구축하기 위해 일정 시간을 할애했으나 이는 결국 미완의 저작인 『정치론』이 된다. 1677년 2월 6일 슐러는 "가족 내력인" 폐결핵으로 스피노자의 건강 상태가 급속하게 악화되고 있다고 보고한다. 그러고 나서 1677년 2월 21일 일요일 스피노자는 헤이그의 판 데르 스페이크의 집에 있던 자신의 방에서 돌연 사망한다. 같은 날 공증인 빌럼 반 덴 호버Willem van den Hove(1650/51~1684 이후 언젠가)가 임시로 대략적인 유산 목록을 작성한다. 스피노자의 전기 작가 콜레루스에 따르면, 스피노자는 마지막 준비로 판 데르 스페이크에게 자신이 죽으면 『윤리학』 원고를 암스테르담의 서적상이자 출판인인 얀 리우어르츠 세뇨르에게 안전하게 전달하여 출간될 수 있게 해 달라는 부탁을 했다고 한다. 리우어르츠 세뇨르는 판 데르 스페이크에게 보낸 서신(1677년 3월 25일)에서 스피노자의 문갑文匣이 도착했음을 확인해 준다. 그러므로 우리는 판 데르 스페이크가 스피노자의 사망 후 수 주 이내에 스피노자의

194　Leibniz, AA, 2 : 1, p. 428, no. 131에 인용되어 있음. Leibniz, AA, 6 : 3, pp. 578~580도 보라.

모든 기록이 들어 있는 문갑을 헤이그에서 암스테르담으로 발송했다고 추정할 수 있다.

스피노자의 마지막 몇 시간과 죽음을 둘러싼 사건 대부분은 안개 속에 싸여 있으며, 우리에게는 단지 사망의 주요 원인에 대한 몇 가지 단서만 있을 뿐이다. 출처는 다양하지만, 대부분 일정하지 않고 단편적이며 일부는 추측에 불과하고 불완전하여, 상충되는 정보나 단순한 소문이 제시되어 있을 뿐이다. 스피노자의 갑작스러운 죽음 이후 며칠 동안 집주인 판 데르 스페이크는 스피노자의 가장 친한 친구들과 함께 장례식과 추도식을 준비한다. 장례 의식은 1677년 2월 25일 헤이그 스파위Spui의 니우어케르크Nieuwe Kerk에서 열렸다.

1677년, 헤이그(파빌윤스흐라흐트)

- **2월 6일 토요일**

암스테르담에서 슐러가 1677년 1월 18일 라이프니츠의 (유실된) 서신에 답한다. 그는 라이프니츠에게 스피노자의 건강이 "가족 내력"인 폐결핵 때문에 급속히 악화되고 있다고 말한다. 스피노자가 폐결핵 때문에 곧 죽을 것 같다고 슐러가 우려하고 있었음은 분명하다.[195]

- **2월 21일 일요일**

스피노자는 44세의 나이로 헤이그 파빌윤스흐라흐트에 있는 판 데르 스페이크의 집 이층 자기 방에서 사망한다. 콜레루스는 이 갑작스러운 죽

---

[195]   *ibid.*, 3 : 2, p. 37.

음의 사망 추정 시각을 "3시 정각"이라고 알려 준다.[196] 이는 스피노자의
집주인 내외의 증언에 근거한 것이지만, 이 주장은 어떠한 역사적 증거
로도 뒷받침되지 않는다. 콜레루스는 의사 "L. M."이 스피노자의 임종
을 지켰다고 전한다. 어떤 의사가 거기 있었다는 것은 또한 1678년에서
1679년에 쓴 작자 불명의 원고에서도 언급된다.[197] 그리고 슐러는 라이
프니츠에게 보낸 서신에서 그가 스피노자를 돌본 사람이라고 말한다. 하
지만 스피노자 사망 당시의 정확한 상황을 확실하게 재구성하는 것은 불
가능하다.[198] 스피노자의 마지막 날을 둘러싼 사건에 대한 실질적인 역
사상의 문서는 공증인 빌럼 반 덴 호버Willem van den Hove가 1677년 2월
21일에 만든 법적 유산 목록으로, 이 문서는 정확한 사망 날짜와 장소를
보여 준다.[199] 스피노자 사망 즉시, 판 데르 스페이크의 요청으로 반 덴
호버는 임시로 스피노자의 대략적인 법정 유산 목록을 작성한다. 여러
정황으로 미루어 볼 때 스피노자는 마지막 유언임을 나타내는 어떠한 문
서도 작성하지 못한 것 같다. 그러나 콜레루스는 판 데르 스페이크의 증
언을 인용하면서, 스피노자가 자신의 『윤리학』이 인쇄될 수 있게 (구두
로) 집주인과 약간의 준비를 했다고 주장한다. 콜레루스에 따르면, 판 데
르 스페이크가 증언하기를 스피노자가 자신이 죽으면 즉시 자신의 글이
들어 있는 문갑을 암스테르담에 있는 리우어르츠 세뇨르에게 전달해 달
라고 부탁했다는 것이다.[200]

196　Walther and Czelinski 2006, vol. 1, p. 158.

197　Steenbakkers, Touber and Van de Ven을 보라.

198　cf. Steenbakkers 1994, pp. 34~35.

199　Walther and Czelinski 2006, vol. 1, pp. 336~337.

200　Colerus, Walther and Czelinski 2006, vol. 1, p. 140을 보라.

- **2월 21일 일요일과 3월 25일 목요일 사이**

헤이그에서 판 데르 스페이크가 스피노자의 "저작함"을 암스테르담으로 전달한다. 정확한 내용물("저작과 서신"[201])은 알려져 있지 않다. 헤이그에서 이 문갑을 보낸 날짜는 늦어도 리우어르츠 세뇨르가 판 데르 스페이크에게 스피노자의 문갑이 잘 도착했다고 확인해 준 (유실된) 서신의 날짜인 1677년 3월 25일 이전이다.

- **2월 25일 목요일**

스피노자의 장례식이 헤이그 스파위의 니우어케르크에서 거행된다.[202] 많은 저명 인사가 탑승한 마차 여섯 대가 스피노자의 관을 따랐다. 니우어케르크의 "렌트메이스터르"rentmeester(재무관리인)의 장례 기록부에 따르면, 스피노자는 이른바 "하위르흐라프트"huirgraft(임대 지하 납골당, 162번)[203]에 안장되었다. 홀란트의 대재상 더 빗의 무덤과 가까운 곳이었다. "렌트메이스터르"의 동일한 장례 기록부에 따르면, 훗날 이 지하 납골당은 1738년, 1766년, 1786년 혹은 1809년 중 어느 한 해에 정리되었다.[204] 따라서 스피노자의 납골당은 이르면 1730년대 후반에 정리되었을 수도 있지만 그보다 더 나중에 정리되었을 가능성도 있다. 유해는 아마도 니우어케르크 주변에 뿌려졌을 것이다.

---

201   *ibid.*

202   *ibid.*, p. 162을 보라.

203   [Wichers] 1889, pp. 56~57.

204   Wildeman 1893, pp. 120~121 참고.

10장 유산과 유품 · 로마의 조사

개요 - 헤이그 : 1677년 2월 말~12월

스피노자가 사망하고 장례가 치러진 후 한동안, 집중적으로 그의 유산을 둘러싼 법적 처분 과정이 진행되었고, 보다 중요한 것으로는 그가 남긴 글의 출판 과정이 있었다. 1677년 3월 2일 공증인 빌럼 반 덴 호버는 판 데르 스페이크가 작성하고 리우어르츠 세뇨르가 증인을 선 스피노자의 방에 있던 물품과 개인 서가에 대한 공식적인 유산 목록을 공증한다. 1677년 3월 말 판 데르 스페이크는 스피노자의 법정 상속인인 누이 헤베카 드 이스피노자Rebecca de Espinosa와 조카 다니엘 더 카르세리스Daniel de Carceris로부터 스피노자의 생활비, 집세, 장례비로 이미 지출한 비용을 회수하기 위한 법적 절차에 착수한다. 이 소송은 헤베카와 다니엘이 암스테르담에서 증서(1677년 9월 30일자)에 서명하면서 종결되는데, 이 증서에서 스피노자의 누이와 조카는 각각에게 작고한 형제와 외삼촌 되는 스피노자의 유산에 대한 권리를 공식적으로 완전히 포기한다. 1677년 11월 4일에 스피노자의 소유물, 특히 그의 책들, 광학 기구들과 렌즈 가공 도구들은 헤이그의 판 데르 스페이크 집에서 경매로 매각된다.

아마도 2월 21일 스피노자 사망 직후, 늦어도 1677년 3월 25일 이전에, 판 데르 스페이크가 스피노자의 모든 문서가 들어 있는 문갑을 암스테르담의 리우어르츠 세뇨르에게 보낸다. 그 후 곧 스피노자와 가장 가까웠던 심복지우들의 헌신적인 모임은 스피노자의 모든 저작과 서간문을 라틴어와 네덜란드어 판본으로 출판하려는 저 유명하고도 위험한 계획에 착수한다. 스피노자 유작의 편집, 번역, 인쇄 작업에 참여한 것으로 생각되는 친구들은 마이어, 반 헨트, 보우미스터(라틴어『유고』*Opera posthuma*), 옐러스, 리우어르츠 세뇨르(네덜란드어『유고』*De nagelate schriften*)와 전문 번역가 얀 헨드릭스 흘라제마커르Jan Hendriksz Glazemaker(1619/20~1682)이다. 슐러도 스피노자의 문서에 접근할 수 있었던 것으로 보이나 유작의 출판 작업에서 그가 어떤 역할을 했는지는 명확하지 않다. 모든 편찬 과정은 1677년 2월 말에서 7월 27일 사이에 다소 서둘러 마무리되었고, 이때 라틴어판과 네덜란드어 번역도 암스테르담의 리우어르츠 세뇨르가 고용한 신원 미상의 인쇄업자에게 전달된다. 유작의 실제 조판, 교정, 인쇄 같은 기술적 과정 자체는 1677년 7월 말에서 12월 31일 사이에 완료되었다.

1677년 [8월 말 또는 9월], 로마 가톨릭 관계자들이 스피노자의 생애와 저작에 대한 더 많은 정보를 찾기 위해 조사를 시작한다. 그의 저작이 종교적 교의의 순수성을 위협하는지 조사하기 위함이었다. 스피노자가 예전에 레이던에 있을 때 친구였던 스텐센이 아마도 이 조직적인 조사 활동의 배후였을 가능성이 높다. 조사가 시작된 날짜는 빨라도 "어떤 루터교 외국인"(그의 정체는 아마도 치른하우스일 것이다)이 로마에 있던 스텐센을 방문한 날(1677년경 [8월 21일]) 이후이다. 이 방문자는 스텐센에게 스피노자의 미출간 저작의 필사본을 보여 주었는데, 그것이 스피노자의『윤리학』이었음은 의심의 여지가 없다. 스텐센은 곧장 로마 가톨릭 당국으로 달려가 종교재판소성의 최고 성성에 스피노자에 대한 보고서를 넘겨주면서 그 책은 당장 조치하지 않으면 안 될 만큼 위험한 책이라고 알린다(1677년 9월 4일). 스피노자가 편찬한 무신론적 원고가 존재한다는 소문을 듣고 경각심을 갖게 된 최고 성성 장관 겸 대심문관 Grand Inquisitor 프란체스코 바르베리니Francesco Barberini(1597~1679)는 미시오 홀란디카의 교황 특사 판 네르카셀에게 스피노자의 생애와 저작에 관한 정보를 더 알아보라고 명령한다(1677년 9월 18일).[205] 1677년 11월 25일 판 네르카셀은 바르베리니에게 네덜란드 공화국에서 수집한 스피노자에 대한 보다 자세한 정보를 올린다. 그는 이 정보를 자신의 연락망과 암스테르담과 헤이그의 정보원[206]을 통해 입수한다. 조사를 진행하는 동안 판 네르카셀은 1677년 11월 28일에 브뤼셀의 로마 가톨릭 교황청 공사 세바스티엔 안토이네 타나라Sébastien Antoine Tanara(1650~1724)의 손을 거쳐 바르베리니에게 『신학정치론』 한 권을 보낸다. 스피노자의 유작은 1677년 12월에 인쇄소를 떠나, 1678년 1월에 배포되기 시작한다.

1677년

• 2월 26일 (16 OS) 금요일

암스테르담에서 슐러가 라이프니츠에게 1677년 2월 중순의 (유실된) 서신에 대한 답장을 보낸다. 슐러의 서신에 나오는 중요한 문제 중 하나는 "선생께서 그[스피노자]의 집에서 보았던"(1676년 11월 18일에서 21일 사이에) 스피노자 『윤리학』 자필 원고에 관한 것이었다. 슐러는 라이프니츠에게 『윤리학』 "자필 원고"가 150길더에 매물로 나왔다고 말한다.

---

205   [옮긴이] "교황 특사"는 "로마 가톨릭 선교사"로도 번역될 수 있는 "Vicar apostolic"을 옮긴 말이다. 당시 로마 가톨릭은 개혁파가 지배적이었던 네덜란드에 가톨릭교회를 재건하기 위해 "미시오 홀란디카"Missio Hollandica("네덜란드 선교부" 정도로 번역될 수 있다)를 운영했다. 당시 "선교사"라고 불리던 이가 본문에 언급된 판 네르카셀이 하던 일도 했을지 모르나, 여러 정황을 고려할 때 "선교사"라는 번역보다 "교황 특사"라는 번역이 더 적절하다고 생각된다.

206   마르티누스 헨리퀴스 더 스반Martinus Henricus de Swaan(1651~1713)이라는 로마 가톨릭 신학생과 그의 형제 얀 더 스반Jan de Swaan(1677 이후 언젠가 사망), 알려지지 않은 랍비, "미스터 반델마뉘스"Mister Wandelmannus라고 불린 아르미니우스파 신학 후보생a candidate in Arminian theology, 신원 미상의 소치니파교도 등.

그래서 슐러는 라이프니츠에게 그의 군주 브룬스비크-뤼네부르크-칼렌베르크의 대공 요한 프리드리히Johann Friedrich(1625~1679)를 설득하여 스피노자의 자필 원고를 구입해 하노버 도서관에 소장하도록 하라고 강력히 권고한다.[207]

이 중요한 진술은 스피노자 유작의 위험한 편찬 과정의 역사와 관련이 있지만, 다른 역사상의 증거에 의해 뒷받침되지 않기 때문에 다소 조심스럽게 접근할 필요가 있다. 저자의 자필 원고 외에, 우리는 얼마나 많은『윤리학』사본이 실제로 쓰이고 있었는지에 대한 증거를 가지고 있지 않다. 분명 여러 사람들이 필사한 몇 개의『윤리학』사본이 있었음은『유작』의 서문으로 분명하게 확증된다.[208] 결론적으로 우리가 확실히 아는 유일한 사본은 치른하우스가 1675년 7월에서 1679년 중순 사이에 영국, 프랑스, 이탈리아에서 여행 가방에 넣어 다녔던 필사본이다. 이 사본의 존재는[209] 스피노자와 주고받은 몇몇 서신들에서 확인된다. 판 데르 스페이크가 2월 21일 아니면 그날보다 조금 늦게(어찌 되었든 1677년 3월 25일 전에) 암스테르담의 리우어르츠 세뇨르에게 전달한 스피노자의 저작이 들어 있던 문갑에는『윤리학』의 최초 자필 원고뿐만 아니라 필사본(어쩌면 정서한 사본)도 들어 있었을 수 있다.[210]

• **[3월 2일 화요일 또는 그 이전]**

헤베카 드 이스피노자와 그의 의붓아들 다니엘 더 카르세리스가 헤이그

---

207   Leibniz, AA, 3 : 2, p. 46 ; Steenbakkers 1994, p. 15.

208   Akkerman and Hubbeling 1979, no. 74, pp. 146~147.

209   the Vatican codex Vat.lat. 12838 ; Spruit and Totaro, 2011.

210   Steenbakkers 1994, pp. 55~58을 보라.

시의 서기관secretary 안토니 더 페이르Anthony de Veer(1643~1716)에게, 그들에게 각각 형제와 외삼촌 되는 작고한 스피노자의 유산 목록에 대한 공증 절차 개시를 관허官許해 달라고 요청한다. 같은 시기에 리우어르츠 세뇨르가 헤이그에 있었고 공증인 반 덴 호버가 작성한 스피노자 유산의 법정 목록에 대한 두 건의 공증 문서에 증인으로 서명한다.[211]

• 3월 2일 화요일

서기관 더 페이르가 헤베카 드 이스피노자와 다니엘 더 카르세리스에게 그들에게 각각 형제와 외삼촌 되는 작고한 스피노자의 유산 목록 작성을 관허하는 법률 서류에 서명한다. 또한 같은 서류에다 더 페이르는 판 데르 스페이크에게 작고한 그의 하숙인[스피노자] 재산을 공무원이 살펴보는 데 문제가 없도록 하라는 지시를 남긴다.[212] 헤베카 드 이스피노자와 다니엘 더 카르세리스는 판 데르 스페이크가 앞으로 목록 작성을 둘러싼 작업을 감독하겠다고 한 것에 동의한 것으로 보인다. 실제로 같은 날 판 데르 스페이크는 헤이그의 공증인 반 덴 호버에게 스피노자 방문의 봉인을 뜯고 유품을 조사해 달라고 요청한다. 방 안에는 스피노자의 렌즈 연마 장치, 렌즈 연마 도구, 책과 책장이 있었다. 판 데르 스페이크는 스피노자 사망 후 곧바로 1677년 2월 21일 늦은 오후 또는 저녁에 스피노자의 방문을 잠갔다.[213] 반 덴 호버는 스피노자가 기거하던 방문의 봉인을 뜯고 유품이 모두 그대로 있음을 확인한 후 스피노자의 소유물

---

211   Colerus, Walther and Czelinski 2006, vol. 1, p. 140 참고.

212   Walther and Czelinski 2006, vol. 1, p. 339, no. 149.

213   *ibid.*, no. 150.

목록을 공증했는데, 이 목록은 여러 정황으로 미루어 볼 때 판 데르 스페이크가 작성한 것으로 보인다.[214] 이 목록에는 통상적인 가재 도구 외에도 스피노자의 장서 목록(160권)과 렌즈 가공 및 망원경 제작용 기구들과 재료들에 대해 간단히 적혀 있었다.[215]

• 3월 29일 월요일

암스테르담에서 슐러가 라이프니츠에게 서신을 발송한다. 1677년 3월 중순에 라이프니츠가 보낸 서신(유실됨)에 대한 답장이었다. 잠시 친구 반 헨트의 집에 기거하던 슐러는 자신이 이전에 라이프니츠에게 스피노자 『윤리학』의 자필 원고 구입을 제안한 일을 라이프니츠가 아직 "자신의 군주"(즉 브룬스비크-뤼네부르크-칼렌베르크의 대공 요한 프리드리히)에게 알리지 않았다는 사실에 크게 안도했다고 말한다.[216] 그러고 나서 슐러는 스피노자가 남긴 글로 결국 무엇을 해야 하는지에 대해 자신이 스피노자 친구들 간에 있었던 이견을 조정 중이기 때문에, 계획에 큰 변화가 있었다고 라이프니츠에게 은밀하게 알려 준다. 결과적으로 슐러는 공익을 위해 스피노자의 원고를 전부, 그러니까 『윤리학』뿐만 아니라 다른 남아 있는 저작 및 그가 주고받은 서신까지 모두 출판하기로 결정했다고 말을 이어 나간다. 이 계획의 싹이 잘려 나가는 시도를 미연에 방지하기 위해 그는 라이프니츠에게 이 계획을 아무에게도 "심지어 친구에게도" 말하지 말라고 부탁한다. 슐러 자신의 증언에 따르면, 그는

---

214 *ibid.*, pp. 341~359, no. 151을 보라.

215 *ibid.*, p. 358, no. 151.

216 Schuller to Leibniz, 16/26 March 1677을 보라.

당시 (미완의) 『지성교정론』의 자필 원고[217] 또는 필사본,[218] 스피노자가 1662년 [4월] 헨리 올덴부르크에게 보낸 서신,[219] (미완의) 『정치론』, 몇 통인지 정확히 모르나 많은 서신을 가지고 있었다.[220] 슐러가 라이프니츠에게 보낸 1677년 3월 29일자 서신은 스피노자가 사후에 남긴 철학적 유고를 출간하기 위한 헌신적인 친구들 모임의 계획이 드러난 첫 번째 역사 문헌이다. 여러 정황으로 미루어 볼 때, 슐러는 이 계획에 대해 직접 알고 있었고 그 모임과 긴밀하게 접촉하고 있었던 것으로 보인다. 그럼에도 스피노자 유고 편찬 과정에 그가 직접적으로 관여했다는 구체적인 증거는 없다. 얼마간의 기여도 편찬 과정이 아니라 아마도 일을 조직하고[221] 중재하고 촉진했다는 점에서 평가되어야 할 것이다.

• 3월 30일 화요일

헤이그에서 판 데르 스페이크가 공증인 리베르투스 루프Libertus Loeff(1647~1704) 앞에서 위임장에 서명한다. 암스테르담 출신의 로버트 스메딩Robbert Smedingh이라는 사람에게 자신을 대신하여 스피노자의 생활비와 장례 비용에 들어간 돈을 회수할 법적 권한을 위임한다는 내용이었다.[222] 이 증서에서 판 데르 스페이크는 스메딩에게 클레이너 자컨kleine zaken(소액 청구 재판) 위원회에 스피노자의 법정 상속인인 레베카 데스피노사와 다니엘 더 카르세리스를 소환하여 그가 지출한 비용

---

217   Meinsma 1896, p. 443 참고.

218   Steenbakkers 1994, p. 60 참고.

219   1662. [04].00 (Ep6)을 보라.

220   Leibniz, AA, 2 : 1, pp. 476~477 ; 3 : 2, pp. 52~53.

221   Steenbakkers 1994, p. 63 참고.

222   Walther and Czelinski 2006, vol. 1, p. 364, no. 153.

(현재 가치로 약 6000유로)을 회수하라고 지시한다. 스피노자의 전기 작가 콜레루스는 이 위임장을 언급하면서 스피노자의 누이 헤베카가 판 데르 스페이크의 집에 와서 자신이 스피노자 유산의 법정 상속인이라 밝히고 자기 형제의 소유물을 청구하려고 했다고 말한다. 그러나 콜레루스는 이 이야기에 헤베카가 스피노자의 장례 비용과 남아 있는 다른 채무 변제를 거부했다고 덧붙인다.[223] 판 데르 스페이크가 스피노자의 하숙비와 장례 비용으로 미리 지출한 총액은 위임장에 언급되어 있지 않지만, 1677년 7월 8일자 다른 법률 서류에서 그가 스피노자의 법정 상속인들에게 요구한 총액이 250길더, 14스타위버르, 2펜닝(현재 가치로 약 2500유로)임을 알 수 있다.

• **7월 8일 목요일**

판 데르 스페이크는 스피노자의 공동 법정 상속인에 대해 적절한 법적 조치를 취하고자 헤이그 피르스하르vierschaar(지방 법원)에 공식 청구서를 제출했다. 판 데르 스페이크의 진술서는 1677년 9월 23일과 10월 13일에 다시 제출되었다.[224] 피르스하르의 최종 평결은 알려지지 않았으나, 아마도 소송은 중단되었을 것이다. 스피노자의 상속인들이 1677년 9월 30일자 권리 포기 각서에 그들에게 각각 형제이자 외삼촌 되는 스피노자의 유산을 공식적으로 포기한다고 선언했기 때문이다. 또한 판 데르 스페이크의 법정 대리인 요한 라우커르스Johan Louckers(지방 법원 소송 대리인)는 자신의 의뢰인이 스피노자가 진 빚을 돌려받을 수 있도록 그의

223　Colerus, Walther and Czelinski 2006, vol. 1, pp. 166~168을 보라.
224　Walther and Czelinski 2006, vol. 1, resp. p. 370, no. 159, p. 372, no. 161을 보라.

유산을 공개 매각할 수 있는 공식 허가를 받아 냈을 것이다.

• **7월 27일(17일 OS) 화요일**

슐러가 라이프니츠에게 서신을 보내 스피노자의 모든 유작이 이제 인쇄
업자에게 전달되었다고 알려 준다. 이 서신에 따르면 스피노자의 저작
은 라틴어와 네덜란드어로 동시에 출간될 예정이었다.[225] 라이프니츠에
게 보낸 슐러의 이 서신은 스피노자의 글을 출간하기 위해 결성된 친구
들 모임의 편찬 작업 과정에 관한 가장 초기의 역사 문헌이다. 슐러의 서
신으로 라틴어 『유고』에 쓰일 텍스트에 관한 대부분의 작업과 네덜란드
어 『유고』에 쓰일 번역은 처음 준비를 시작한 3월 말에서[226] 작업이 끝
난 1677년 7월 말 사이에 완료되었다는 것이 분명해진다. 그의 일대기
와 관련하여 가장 중요한 문제는 누가 스피노자의 유작 편찬에 참여했는
가이다. 지금으로서는 마이어와 아마도 반 헨트가 라틴어판의 편찬 책
임을 맡았을 것이라고 생각된다. 스피노자의 친구 보우미스터 또한 편
찬 계획에 참여했을 것 같은데 아직 결정적인 역사상의 증거는 없다.[227]
슐러(그는 1677년 3월 말경에 스피노자 저작의 자필 원고 또는 사본 대부
분을 가지고 있었다)의 역할에 대해 말하자면, 그가 유작 편찬 계획에 직
접 참여했다는 구체적인 증거는 없다. 그가 기여한 바가 있다면, 아마도
대부분 이 계획의 준비와 관련된 일이었을 것이다.[228] 유작의 서문은 야

---

225   Leibniz, AA, 3 : 2, p. 202.

226   Schuller to Leibniz, 29 March 1677.

227   Steenbakkers 1994, p. 1 참고.

228   *ibid.*, p. 63 참고.

러흐 옐러스가 썼고 아마도 마이어가 라틴어로 번역한 것 같다.[229] 라틴어『유고』와 한 쌍인 네덜란드어『유고』편찬에 참여했던 이들은 아마도 옐러스, 흘라제마커르, 리우어르츠 세뇨르였을 것이다.[230] 라틴어『유고』와 네덜란드어『유고』는 서문,『윤리학』,『정치론』(미완성),『지성교정론』(미완성), 스피노자 서간집(75통)의 편집본으로 이루어져 있다. 그밖에 라틴어본에는『히브리어 문법 강요』(미완성)가 포함되어 있다. 유작의 서문에 따르면『윤리학』은 특별히 스피노자 자신의 요청으로 출판된 것이라고 되어 있다. 이 저작들과 서간집의 교정쇄는 아무것도 남아 있지 않은 것으로 알려져 있다.

· 8월

스피노자가 예전에 레이던에 있을 때 친구였던 스텐센이 어느 "루터교 소속 외국인"[치른하우스]의 방문을 받는다. 스텐센의 증언에 따르면, 그 외국인은 자신에게 "누가 쓴 것인지 말해 주지 않고 어떤 필사본"을 보여 주었는데 이후 그것이 스피노자가 쓴 것이라고 밝힌다.[231] 이 루터교도 여행자와 스텐센의 만남은 틀림없이 1677년 8월 중이었을 터인데, 아마도 그 시점은 스텐센이 하노버 궁정에서 (브룬스비크-뤼네부르크-칼렌베르크의 대공 요한 프리드리히의 요청으로) 북부 선교 지역의 교황 대리vicar apostolic라는 까다로운 직책에 임명(1677년 8월 21일)되기 직전이나 직후로 추정된다. 스텐센과 라이프니츠의 만남은 늦어

---

229   Akkerman and Hubbeling 1979, p. 105 참고 ; Pierre Bayle to Theodorus Jansonius ab
      Almeloveen, 7 March 1686, Deckherr 1686, pp. 387~388도 보라.
230   [Duijkerius] 1991, p. 195를 보라.
231   Totaro 2000, p. 101 참고 ; Totaro 2002, Appendix, p. 33.

도 1677년 9월 4일 이전이었을 것이다. 1677년 9월 4일에 스텐센은 종
교재판소 검사성성에 보고서를 제출했는데, 그 보고서에 그가 어떤 외국
인과 만났다는 언급이 있기 때문이다. 이 루터교도 외국인의 이름은 언
급되지 않지만, 그의 신원은 틀림없이 젊은 독일 지식인 치른하우스였을
것이다. 그가 유럽 대륙 그랜드 투어Grand Tour[232] 중, 1677년 4월 중순부
터[233] 1678년 4월 10일까지 로마에서 시간을 보냈으며, 1677년 8월에 스
텐센을 알게 되었음을 보여 주는 역사상의 증거가 있다. 치른하우스는
여행 가방에 『윤리학』 필사본을 넣고[234] 1675년 7월에서 1679년 중순 사
이에 영국, 프랑스, 이탈리아를 여행한 것으로 알려져 있기 때문에, 우리
는 그 필사본이 실제로 치른하우스가 이 덴마크인 개종자[스텐센]에게
보여 준 바로 그 필사본이라고 추정할 수 있다. 스텐센은 어떻게든 치른
하우스에서 필사본을 얻는 데 성공했고, 나중에 그 필사본을 종교재판소
검사성성에 제출하기로 마음먹었다(1677년 9월 23일).[235] 치른하우스
가 1677년 8월 스텐센과 만났을 때 했던 행동을 둘러싼 몇 가지 의문이
있다. 왜 치른하우스는 스텐센에게 스피노자의 『윤리학』을 읽을 수 있
게 내주었을까? 스텐센이 치른하우스에게 자신이 1661년 또는 1662년
에 레이던에서 의학을 공부할 때 스피노자와 친한 사이였다고 이야기하
면서 그를 현혹했을 수도 있다.[236] 치른하우스는 스텐센에게 스피노자의

---

232 [옮긴이] 옛날 귀족 자제들이 교육의 일환으로 유럽 대륙을 둘러보던 여행을 일컫는다. 유럽
　　 순회 여행 또는 순유巡遊 여행으로 번역되기도 한다.

233 Tschirnhaus to Leibniz, 17 April 1677을 보라.

234 note by Leibniz made in 1676, AA, 6 : 3, p. 384 참고.

235 Spruit and Totaro 2011, pp. 2, 11~12.

236 스피노자가 『윤리학』을 너무 경솔하게 다른 사람들에게 보여 주지 말라고 경고했다는 것을
　　 누가 알았겠는가? 스피노자가 슐러에게, Ep72 ; G IV. 304~305를 보라.

사망 소식과 그의 철학적 유산이 출판 준비 중이라는 것도 말해 주었을까? 치른하우스가 당시 유작의 편찬 소식을 이미 알고 있었는지는 알려져 있지 않다. 만일 치른하우스가 그 사실을 스텐센에게 말했다면, 우리는 스텐센이 1677년 9월 4일에 보고서를 제출함으로써『윤리학』출간이 임박했음을 서둘러 로마 가톨릭 당국에 알렸을 것이라고 상상해 볼 수 있다.

• 9월 4일 토요일

로마에서 스텐센이 종교재판소 검사성성에 보고서를 서명하고 제출한다. 이 보고서의 목적은 "네덜란드의 스피노사Spinosa라는 사람"의 "새로운 철학"의 위험에 관한 정보를 제공하는 것이었다. 이 수상한 철학이 널리 퍼트린 "질병"은 추가적인 감염과 전염을 막아야 하는, 그리고 이미 감염된 이들을 적절하게 치료하려면 가능한 모든 치료제를 써서 반드시 막아야 하는 질병이다.[237] 1661년 또는 1662년에 레이던 또는 레인스뷔르흐에서 그와 스피노자의 개인적 관계에 관해 간단히 설명한 후, 스텐센은 "일부는 자기 이름으로, 일부는 이름 없이" 나온 스피노자의 저작에 대해 자세히 설명한다. 그는 여기에 몇 해 전 자신이 스피노자에게 서신을 보낼 일이 있었는데, 그 서신을 "참된 철학에 관한 새로운 철학의 개혁가에게 보내는 서신"(Ep67a)이라는 제목으로 출판했다고 덧붙인다. 그가 알고 있기로, 그 철학자는 또한 "어떤 원고"를 완성했는데 신뢰하는 친구로부터 조심해야 할 것 같다는 이야기를 듣고 결국 출간하지 않기로

---

237   Totaro 2000, p. 100 ; Totaro 2002, Appendix, p. 33.

결정했다고 한다.[238] 스텐센은 출판된 것이든 아니든 스피노자의 저작에
대해 잘 알고 있었던 것으로 보인다. 그는 루터교도 외국인과 만난 경험
을 이야기하며, 그 외국인이 자신에게 스피노자의 필사본 중 하나를 보
여 주었다고 하는데, 아마도 『윤리학』이었을 것이다.[239] 스텐센은 스피
노자의 철학적 견해, 특히 신적 실체와 그 속성들에 대한 이론을 가혹하
게 비판하면서 이야기를 이어 나간다. 마지막으로 그는 스피노자를 지지
하고 따르는 사람들에 관해 알려 준다. 그는 그들 전부 수학 전문가이고
데카르트에 대해 깊은 관심을 가지고 있었다고 말한다. 그들은 네덜란
드 연합주나 영국에서 공부했고, 그곳에서 스피노자의 오류에 감염되었
다. 그들이 적극적으로 스피노자의 오류를 지지한 것은 아닐지라도, 스
텐센은 그들에게 적어도 스피노자의 오류를 퍼트린 책임은 있다고 주장
한다.[240] 스텐센은 스피노자가 영국처럼 먼 곳에서 빈번하게 서신을 받
은 걸 보면 그 "악"이 틀림없이 널리 퍼져 있는 상태라고 강조하면서 보
고서를 마무리한다. 그는 또한 어떤 외국인이 스피노자의 견해를 더 잘
이해하고자 그의 집에 머물렀던 것을 기억해 내기도 한다. 나아가 스텐
센은 언젠가 홀란트에서 누군가와 나눈 이야기를 언급하는데, 이 대화를
통해 그는 스피노자의 원고에 내재된 원리가 이미 이단자들 사이에 널리
퍼져 있음을 충분히 확인할 수 있었다는 것과, 그러나 자신이 기억하는
한 로마 가톨릭교도 사이에서 퍼진 것은 아니었다고 말한다.[241] 스텐센
이 언급한 "영국에서 자주 오는 서신"이 1660년대 초 올덴부르크와 스

---

238   Totaro 2000, pp. 100~101 ; Totaro 2002, Appendix, p. 33.

239   Totaro 2000, p. 101 ; Totaro 2002, Appendix, p. 33.

240   Totaro 2000, p. 102 ; Totaro 2002, Appendix, p. 34.

241   Totaro 2000, p. 103 ; Totaro 2002, Appendix, p. 35.

피노자의 서신 교환과 관계가 있다는 것은 의심의 여지가 없다. 그가 어떤 외국인이 스피노자를 방문했다고 주장한 것도 올덴부르크와 관련이 있을지 모른다. 스텐센의 보고서는 스피노자가 로마 가톨릭 교리에 위협적일 수 있는지 알아내기 위해 그의 범죄 혐의 정보incriminating information를 어느 정도 체계적으로 조사하기 시작했음을 알려 준다. 1679년 3월 중순 스피노자의 서간집, 『윤리학』, 『신학정치론』, 『정치론』이 금서 목록에 오른다. 1677년 9월 중순 종교재판소 검사성성이 스피노자를 겨냥해 실시한 조사에서 스텐센이 정확히 어떤 역할을 했는지에 대해서는 알려진 것이 없다. 그러나 우리는 그가 로마의 조사에 정보원이나 전달책으로 유용했을 네덜란드 공화국 사람들의 이름을 제공했을 것이라고 추정해 볼 수 있다.

• **9월 12일 일요일**

판 데르 스페이크가 헤이그의 공증인 마테이스 판 리벤달Matijs van Lievendael(1671~1681 활약) 앞에서 법률 서류에 서명한다. 이 공증 증서에서 그는 지방 법원의 소송 대리인 요한 라우커르를 (1677년 7월 8일에 제기된 소송의) 원고를 대리하여 진술할 법정 대리인으로 선임하여 스피노자의 법정 상속인인 헤베카 드 이스피노자와 다니엘 더 카르세리스를 상대로 스피노자의 생활비, 집세, 장례비로 지출된 비용과 채무를 회수하도록 한다.

• **9월 18일 토요일**

로마에서 종교재판소 검사성성 장관 바르베리니 추기경이 네덜란드 교황 대리 판 네르카셀에게 지침서를 발송한다. 바르베리니는 판 네르카셀에게 검사성성의 다른 추기경들이 자신에게 "스피노사가 쓴 무신론 문제에 관한 원고"에 대해 경험했다고 알리는데, 이는 의심의 여지없이『윤리학』을 말하는 것이다. 바르베리니에 따르면, 이 원고의 유대인 저자는 로마 가톨릭 교리 및 교회의 순수성과 근본을 위험에 빠뜨리는 다른 저작들도 출간했던 것으로 추정된다. 그는 판 네르카셀에게 자신에게 보고된 소문이 정말이라면 그 원고가 이미 인쇄소로 넘어갔는지 알아내고, 만일 그렇다면 책을 입수하라고 명령한다. 그는 또한 판 네르카셀에게 같은 저자의 다른 모든 저작을 구입하고, 즉시 어떤 식으로든 관련이 있을 수 있는 다른 모든 정보와 함께 로마로 보내라는 임무를 맡긴다.[242]

바르베리니가 판 네르카셀로 하여금 스피노자의 저작과 삶에 대해 조사하도록 결정한 것에는 몇 가지 실질적인 장점이 있었다. 판 네르카셀은 미시오 홀란디카의 책임자여서 그 자격으로 개혁파 북네덜란드 Reformed Northern Netherlands 전역에 퍼져 있는 로마 가톨릭 공동체와 성직자의 긴밀한 네트워크에 의지할 수 있었다. 게다가 판 네르카셀은 암스테르담에 자리 잡고 있었는데, 이는 자유 사상이 유포되고 인쇄물이 출판되는 네덜란드의 중심지에서 그 철학자의 저작에 관해 더 알고 있을지도 모를 사람들을 찾아내는 데 훨씬 효과적이었을 것임에 틀림없다. 바르베리니의 서신을 받은 직후 판 네르카셀은 스피노자에 관한 조사를 도울 오라토리오회 수도사 페트뤼스 코더Petrus Codde(나중에 그의 후임이 됨)의 두 친척을 선발해 조사를 개시했다. 그들은 독실한 젊은 로마 가톨릭 신학생 마르티누스 헨리퀴스 더 스반Martinus Henricus de Swaan과 그의 형제이자 암스테르담에서 활동 중이던 영향력 있는 상인인 얀 더 스반Jan

---

242   Orcibal 1949, p. 460, Annex 2.

de Swaan이었다.[243] 판 네르카셀은 틀림없이 로마 가톨릭 신앙에 대한 그들의 열광적인 헌신뿐만 아니라 그들이 가진 인맥 때문에 그들을 뽑았을 것이다.

• 9월 30일 목요일

헤베카 드 이스피노자와 다니엘 더 카르세리스가 그들 각각에게 형제이자 외삼촌 되는 스피노자의 유산에 대해 자신들의 법적 권리와 자격을 공식적으로 완전히 포기한다는 서류에 서명한다.[244] 이들 모자가 스피노자 유산을 공식적으로 포기한 것과 판 데르 스페이크가 스피노자의 법정 상속인들을 상대로 스피노자의 장례 비용과 남은 부채를 되찾기 위해 헤이그의 피르스하르에 제출한 청구서(1677년 7월 8일)는 직접적인 연관이 없을 것이다. 처음부터 스피노자의 누이와 조카는 스피노자의 유산이 부채로 가득할지도 모른다고 의심했던 것 같다. 이는 무엇보다 이들 모자가 1677년 5월 30일 대법원 변호사 앞에서 한 진술에서 명백해진다. 그들은 상속된 유산을 초과하는 부채에 대해 법적 책임이 없는 경우에만 고인의 유산을 상속받겠다고 했던 것이다. 그들이 스피노자의 장례식과 유산에 대해 무조건적인 재정적 책임을 지는 것을 꺼려했음은 콜레루스의 보고에도 나타난다.

• [9월 28일 화요일/10월 2일 토요일]

슐러가 라이프니츠에게 스피노자 유작의 인쇄 진행 상황을 알려 준다.

---

243   Van Neercassel to Martinus de Swaan, 31 October 1677 참고.

244   Walther and Czelinski 2006, vol. 1, p. 371, no. 160.

이 서신에서 그는 라이프니츠에게 작업이 이제 곧 거의 완성되었으며 2주 이내에 판매될 것이라고 은밀히 전한다. 슐러는 또한 이 저작으로 인해 틀림없이 신학자들이 격분할 것이며 가능한 한 빨리 이를 금지시킬 방법을 모색하게 될 것이라고 말하기도 한다.[245]

• 10월 16일 토요일

판 네르카셀이 바티칸의 외교사절로 브뤼셀에 있는 타나라Tanara에게 서신을 발송한다. 이 서신에서 판 네르카셀은 타나라에게 그의 서신과 바르베리니의 서신이 모두 자신에게 잘 전달되었다고 안심시킨다. 이 네덜란드의 교황 특사[판 네르카셀]는 타나라에게 자신이 바르베리니에게 서신을 보내 『신학정치론』의 저자인 "유대인" 스피노자에 관해 알려 주었다고 말한다. 또한 그 교황의 외교사절[타나라]에게 자신이 이제 암스테르담과 헤이그의 도시들에서 스피노자의 "품행과 저작"morals and writings에 관한 사실을 계속 조사하게 될 것이라고 알려 준다. 이는 그가 스피노자가 살았던 곳을 알았음을 시사하는 것일지도 모른다.[246]

• 10월 26일 화요일 (OS 16일)

암스테르담에서 슐러가 라이프니츠에게 서신을 보낸다. 그는 스피노자의 유작이 출간되는 즉시 보내 주겠다고 약속한다.[247]

---

245   Leibniz, AA, 3 : 2, p. 239.

246   Orcibal 1949, p. 460, Annex 2.

247   Leibniz, AA, 3 : 2, p. 264.

- **10월 31일 일요일**

판 네르카셀이 자신의 정보원 더 스반에게 서신을 보낸다. 그는 스피노자가 남긴 글의 "상속인" 이름이 아마도 그가 "당신의 랍비"라고 묘사한 사람에 의해 밝혀질지도 모른다고 지적한다.[248] 이 단서는 더 스반(또는 그의 형제 얀)이 암스테르담의 포르투갈계 이스라엘 공동체 내부 사람들과 접촉했음을 시사한다. 나아가 판 네르카셀은 더 스반으로 하여금 "미스터르 반델마뉘스"라고 알려진 아르미니우스파 신학 후보생에게 관심을 갖게 만드는데, 그는 소치니파와 접촉하는 데 도움이 되었을 것이다. 이 항변파 신학생의 손을 거쳐 스피노자가 다른 저작을 남겨 놓지는 않았는지 알아내는 것이 가능했을 수도 있다.[249] 판 네르카셀이 "미스터르 반델마뉘스"라고 부른 이는 암스테르담 출신의 로마 가톨릭 사제 요하네스 반델만Johannes Wandelman(1657 이전~1686)으로 추정된다. 그 랍비의 이름과 아르미니우스파 신학 후보생의 이름은 판 네르카셀이 더 스반에게 보낸 서신에 언급되지 않는다.

---

248   [옮긴이 주] 원문은 다음과 같다. "He points out that the name of the 'heir' of Spinoza's written legacy may perhaps be uncovered by someone whom he describes as 'your rabbi'." 이 문장의 마지막 부분 someone whom he describes as 'your rabbi'는 더 스반이 이전에 판 네르카셀에게 '랍비'라고 말한 누군가를, 판 네르카셀이 다시 "당신 말한 랍비"라는 의미에서 'your rabbi'라는 식으로 표현한 것이 아닌가 생각된다. 그래야 이 문장 내용을 아래 문장에서 말하는 것처럼 더 스반이 암스테르담의 포르투갈계 유대인 공동체와 접촉했다는 "단서"라고 할 수 있을 것이다.

249   Orcibal 1949, pp. 460~461, Annex 4. [옮긴이] "이 항변파 신학생"은 앞서 언급된 "'미스터르 반델마뉘스'라고 알려진 아르미니우스파 신학 후보생"을 말한다. 항변파Remonstrants(저항파)라는 명칭은 야코부스 아르미니우스Jacobus Arminius(1560~1609)의 추종자들이 네덜란드 개혁교회가 칼뱅주의를 채택한 것에 반대하여 네덜란드 정부에 제출한 "항변서"Remonstrance에서 유래한 것이다.

- **11월 4일 목요일**

암스테르담과 하를럼의 신문에 공표된 지 이틀 후, 스피노자의 유산은 공개 경매를 통해 매각된다. 장소는 헤이그 파빌윤스흐라흐트에 있는 스피노자가 하숙했던 집의 집주인 판 데르 스페이크의 집이었다. 이는 1677년 11월 4일에 작성된 경매 결과 목록에서 확인된다. 콜레루스가 그 일부를 인용하는데, 이 전기 작가에 따르면 그 목록은 리퀴스 판 스트랄런Rykus van Stralen이라는 부동산 경매인이 작성했다. 판 데르 스페이크 (1677~1715 이후 언젠가 활약)는 18세기 초에 콜레루스가 스피노자의 전기를 준비할 때 모든 유산 처분 집행 내역을 이용할 수 있게 해 주었음에 틀림없다. 전기를 준비할 때 콜레루스는 1677년 11월 4일의 "불-세될러"Boel-cedulle를 조심스럽게 연구했다.[250] 이는 그의 전기에 스피노자 개인 소유물의 공매 경매 가격(430길더와 13스타위버)과 결과에 대한 자세한 정보가 나와 있는 것에서 알 수 있다.[251] 스피노자의 소유물 공매 경매를 감독하고 진행한 것은 앞서 언급한 판 스트랄런이 아니라 콜레루스가 추정한 것처럼 헤이그에서 온 "펜뒤메이스터르"venduemeester(수석 경매사) 자격이 있는 피터르 더 흐라프Pieter de Graef(1672~1678 활약)라는 사람이었을 것이라는 강력한 증거가 있다. 이는 더 흐라프의 사업 기록 보관소에 있던 스피노자 유산의 공매 결과와 관련된 법률 증서로 확인된다. 이 기록에 따르면, 공매액 전체 중 일부(30파운드, 13스헬링, 8펜

---

250 [옮긴이] 'Boel'은 네덜란드어로 '물건', '가재도구' 등을 뜻하고 'Cedulle'은 '증명서'나 '공식 문서'를 뜻하는 'cedel' 또는 'ceel'의 고어이다. 결국 "불-세될러"는 본문에 언급된 작성 날짜를 통해서도 가늠할 수 있듯이 앞서 언급된 "공매 결과 목록"이 무엇이었는지 보여 주는 증명서를 뜻한다.

251 Walther and Czelinski 2006, vol. 1, pp. 168~170을 보라.

닝)가 헨드릭 판 데르 스페이크 앞으로 정당하게 할당되었다.[252]

- **11월 5일 금요일 (OS 10월 26일)**

슐러가 라이프니츠에게 서신을 보내 스피노자 유고 인쇄가 색인 외에는
모두 준비되었다고 알린다. 그는 라이프니츠에게 출판 즉시 책을 보내
주겠다고 약속한다.[253]

- **11월 25일 목요일**

위트레흐트에서 판 네르카셀이 바르베리니에게 서신을 보낸다. 판 네르
카셀은 그에게 기독교인과 유대인을 조사하며 스피노자가 쓴 로마 가톨
릭 신앙에 해가 될 수 있는 어떤 수상한 원고나 책이 존재하는지 밝혀내
고자 한 시도가 실패하고 말았다고 알린다. 그의 정보에 따르면, 스피노
자는 "여름"(원문 그대로임)[254]에 사망했으며, 자신의 모든 저작을 "요아
너스 리우에르저"Joannes Rieuwerze라는 암스테르담의 메노파교도이자 소
치니파교도인 서적상에게 남겼다고 한다. 판 네르카셀[의 서신]에 따르
면, 리우에르저는 그저 데카르트의 『원리』(즉 데카르트의 『철학의 원리』)
에 대해 스피노자가 육필로 쓴 약간의 성찰들[『데카르트의 『철학의 원
리』』]밖에 모른다고 장담했다. [또한] 리우에르저가 전해 준 바에 따르

---

252 Freudenthal 1899, p. 173, no. 78 ; Walther and Czelinski 2006, vol. 1, p. 374, no. 165도
보라.

253 Leibniz, AA, 3 : 2, p. 264.

254 [옮긴이] 이 책 9절에 나오는 것처럼 스피노자는 1677년 2월 21일 일요일에 사망했다. 그러
니 여름이 아니라 겨울에 사망했다고 해야 할 터인데, 판 네르카셀의 서신 원문에는 '여름'이
라고 되어 있다는 것이다. 실제로 그의 편지 원문에는 그렇게 되어 있다. 아래 '옮긴이 주' 서
신 출처 참고.

면, 그가 알고 있는 스피노자가 출판한 유일한 저작은 『신학정치론』밖에 없다는 것이었다.[255] 판 네르카셀은 바르베리니에게 로마 가톨릭 교의를 위협하는 어떠한 위험에 대항하여 즉시 행동할 것임을 장담하면서 스피노자에 대한 자신의 이야기를 끝낸다.[256]

---

255 [옮긴이] 원문은 다음과 같다. "The latter[Rieuwerze], according to Van Neercassel, had assured him that he is only aware of some handwritten meditations on Descartes's Principia (i.e. Renati des Cartes *Principia philosophiae*). The only work published by Spinoza known to him, according to Rieuwertsz's information, is the *Tractatus theologico-politicus*." 이 글 첫 번째 문장의 "he"는 물론 두 번째 문장의 "him"도 모두 리우에르저임은 판 네르카셀의 편지 원문을 보면 분명해진다. "이 서적 상인은 저에게 자기가 스피노자의 유산에서in Musaeo Spinozae 발견한 글은 단지 데카르트의 『철학의 원리』에 대해 성찰한 약간의 육필 원고밖에 없었고 스피노자의 책 중 인쇄본은 『신학정치론』 외에는 아무것도 없었다고 주장했습니다asseruit"(J. Orcibal, "Les Jansénistes face à Spinoza", in *Revue de littérature comparée*, 23, 1949, p. 461 ; L. Spruit and P. Totaro(eds.), *The Vatican Manuscript of Spinoza's Ethica*, Leiden/ Boston : Brill, 2011, p.21, n.57에서 재인용 및 번역). 이 편지에서 판 네르카셀이 리우에르저Joannes Rieuwerze라고 한 이는 스피노자의 친구이자 그의 『데카르트의 『철학의 원리』』(1664)와 『신학정치론』(1669 또는 1670)을 발행한 얀 리우어르츠 세뇨르Jan Rieuwertsz Sr이다. 스피노자 전기 작가 콜레루스에 따르면, 스피노자는 자기가 기거하던 하숙집 주인 판 데르 스페이크에게 자신이 죽으면 『윤리학』 원고를 리우어르츠 세뇨르에게 맡겨 달라고 부탁했다고 하며, 실제로 리우어르츠 세뇨르가 판 데르 스페이크에게 보낸 서신을 보면 그의 유고를 받았음이 확인된다. 스피노자와 리우어르츠 세뇨르의 관계를 감안할 때, 그가 판 네르카셀에게 한 말은 스피노자의 유고를 보호하기 위해 한 거짓말이었음이 분명하다. 거짓말의 내용도 흥미로운데, 자기가 아는 유일한 수고본이라고 한 『데카르트의 『철학의 원리』』나 유일한 출판본이라고 한 『신학정치론』은 이미 출간된 것이어서, 그는 결국 판 네르카셀에게 스피노자의 유고에 대한 새로운 정보를 전혀 알려 주지 않은 셈이기 때문이다. 판 네르카셀은 위 서신에서 리우어르츠 세뇨르를 "자신의 인쇄기로 이곳에서 건방지고 교만한 기질로 생각해 낸 기이하고 불경한exoticum et impium 것들을 상습적으로 간행"하는 인물로 촌평한다. 판 네르카셀은 아마도 리우어르츠 세뇨르가 거짓말하고 있음을 알았을 것이다. 그는 한 해 뒤 1678년 5월이 되어서야 스피노자의 『유고』를 입수했고, 같은 해 9월 13일에 검사성성에 보낸 서신에서 리우어르츠 세뇨르가 당시에 "뻔뻔하게 거짓말했다"라고 이른다(Orcibal, *Revue de littérature comparée*, p. 467. L. Spruit and P. Totaro(eds.), *The Vatican Manuscript of Spinoza's Ethica*, p.23, n.63에서 재인용).

256 Brom 1911, p. 152.

- 11월 28일 일요일

판 네르카셀이 브뤼셀에 있는 타나라에게 서신을 보낸다. 이 서신과 함께 그는 바르베리니에게 줄 "히브리인 스피노사의 논고" 한 권을 보낸다. 이 논고는 분명 『신학정치론』이었을 것이다. 결국 타나라가 그 저작을 로마에 있는 바르베리니에게 전달했을 것임에 틀림없다.[257]

- 12월 31일 금요일 (OS 21일)

슐러가 서신으로 라이프니츠에게 스피노자의 유작이 이제 인쇄된다고 알려 준다. 그는 새해가 시작된 후 곧 스피노자의 저작이 판매될 것이라고 예상한다. 다시 슐러는 라이프니츠에게 그[라이프니츠]가 스피노자의 책을 첫 번째로 받는 사람들 중 한 명이 될 것이라고 확언한다.[258]

11장 에필로그 : 유작 · 초기 반응 · 금지령과 금서 목록

개요 - 1678~1679년

스피노자의 유작이 암스테르담의 리우어르츠 세뇨르의 출판사에서 두 개의 판본(라틴어본, 네덜란드어본)으로 발간되어 1678년 1월 두 번째 주에 판매 개시된다. 익명으로 출간된 『신학정치론』으로 지식인들과 신학자들의 엇갈린 반응이 유발된 것처럼, 스피노자의 유작도 출간 즉시

---

257   Orcibal 1949, p. 462, Annex 6.
258   Leibniz, AA, 3 : 2, p. 304.

연합주와 그 너머에서 폭풍 같은 맹렬한 감정을 일으킨다. 『윤리학』은 출간과 거의 동시에 분노로 가득찬 개혁교회의 여러 집회의 저항에 부닥친다. 우리가 알고 있는 첫 번째 공식적인 반응은 레이던 지역교회회의가 한 규탄이었다(1678년 2월 4일). 일주일 후, 레이던의 시장들은 지역 서점에서 스피노자의 유고를 몰수하기로 결정한다. 레이던의 대표들Leiden deputies을 통해 경각심을 느낀 홀란트주의 대재상 하스파르 파헐Gaspar Fagel(1634~1688)은 1678년 3월 17일 남홀란트와 북홀란트 주총회가 『유고』의 유포와 관련하여 제출한 항의를 홀란트 주의회에 알린다. 맹렬한 토론과 내부 심의 끝에, 마침내 홀란트, 제일란트, 서프리슬란트 최고법원은 1678년 6월 25일 유작의 발매 금지 결정을 공식적으로 공포한다.

같은 시기에, 미시오 홀란디카의 책임자 판 네르카셀은 연합주에서 스피노자에 대한 자세한 정보를 계속 캐내고 있었다. 로마에 스피노자에 관한 정보를 알려 주는 과정에서 중요한 역할을 한 이는 브뤼셀의 교황 사절 타나라였다. 다른 중요한 인물은 교황의 외교관 로렌초 카소니Lorenzo Casoni(1643~1720)였다. 판 네르카셀은 그에게 스피노자의 삶과 저작에 관한 긴 보고서를 보낸다(1678년 9월 9일). 나흘 뒤에는 로렌초 카소니에게 로마에 있는 바르베리니에게 전달해 달라는 부탁과 함께 스피노자의 유고 한 부를 발송한다. 곧이어 1679년 초, 종교재판소 검사성성은 공식적으로 스피노자의 저작을 금서 목록에 올린다.

네덜란드의 행정 당국은 17세기 후반과 18세기 내내 스피노자 유작의 인쇄와 배포, 판매, 번역을 금지한다. 그러나 금지령도 스피노자의 모든 저작을 금서 목록에 올린 결정도, 추종자들뿐만 아니라 반대자들 사이에서조차 스피노자의 관념이 점차 퍼져 나가는 것을 막을 수는 없었다. 그의 저작은 계몽주의 초기 내내 계속 읽혔고 배포되고 번역된다. 이는 새로 인쇄된 『신학정치론』의 양으로 가늠할 수 있다. 라틴어판([1678]) 외에도, 프랑스어 번역([1678]), 영어 번역(1689), 네덜란드어 번역(1693, 1694)이 가짜 제목과 가짜 발행 정보를 붙인 채 비밀리에 출간되었지만, 그럼에도 수십 년 동안 어렵지 않게 구할 수 있었다. 유럽에서 스피노자의 도발적 관념이 가한 엄청난 충격은 1730년경에 약해졌지만, 프랑스 혁명 직전에 스피노자에 대한 관심은 다시 증대된다.

1678년

- **1월 1일 토요일에서 1월 24일 월요일 사이**

스피노자가 사망하고 장례를 치른 후 채 11개월도 지나지 않아 그의 유작은 라틴어 보급판과 네덜란드어 번역본으로 판매된다. 두 판본 모두 제본되지 않은 4절판 상태로 출간되었는데, 당시에는 흔한 방식이었다. 두 판본의 인쇄 부수에 관한 세부 사항은 알려지지 않았다. 두 판본의 확실한 출간일을 확증해 줄 별개의 역사상 증거는 없으나, 우리는 슐러가 라이프니츠에게 보낸 1677년 12월 21/31일자 서신을 통해 새해 시작 직후 출간이 예정되어 있었음을 알 수 있다. 스피노자 유고 출간일은 그레피우스가 1678년 1월 24일 니콜라스 헤인시위스Nicolaas Heinsius(1620~1681)에게 보낸 서신에서 유작 출간에 반응을 보인 것을 볼 때 늦어도 1678년 1월 24일 이전임이 확인된다. 라틴어본과 네덜란드어본 모두 스피노자의 이름을 의도적으로 다음과 같이 모노그램 속에 감추어 놓았다. B.d.S. Opera posthuma ; De nagelate schriften van

스피노자 동판화. 보통 '전집 초상화'라고 불린다.

B.d.S..[259] 서문을 보면 스피노자와 『윤리학』 인쇄에 관한 논의가 있었고 그가 『윤리학』을 익명으로 출판하기를 원했음을 알 수 있다. 두 가지 언어의 판본을 준비한 친구들도 출판지(암스테르담)와 발행인 이름(리우어르츠)을 뺐다. 최근의 인쇄술 연구는 이 저작이 암스테르담의 인쇄업자 이스라엘 더 파울에 의해 조판되었음을 보여 준다. 1680년경 신원 미상의 작가가 스피노자의 동판화 — 보통 "전집 초상화"Opera portrait라고 불

---

259 Akkerman and Hubbeling 1979, no. 10, pp. 112~113을 보라. [옮긴이] 모노그램monogram을 엄밀하게 두 글자 또는 세 글자를 한 글자처럼 조합한 기호로 본다면, 스피노자의 이름 첫 글자를 단순히 'B. d. S'라고 나열한 것은 모노그램이라고 보기 어렵다.

린다 ── 를 제작했고 이 동판화는 『유고』의 일부 판본에 포함된다.[260]

• 1월 3일 월요일

[브뤼셀에서] 타나라가 판 네르카셀에게 서신을 쓴다. 1677년 11월 28일 판 네르카셀이 그에게 보낸 『신학정치론』을 잘 받았다는 답신이었다. 타나라는 이 서신에서 스피노자의 유작이 연합주에서 곧 출간될 것이라는 소문에 강하게 반응한다. 그는 이 서신에서 네덜란드의 교황 특사 판 네르카셀에게 연합주에서 스피노자와 관련된 사실을 계속 조사하고, 특히 그 철학자가 최근에 다른 책을 출간했는지 알아내라고 촉구한다.[261]

• 1월 24일 월요일

위트레흐트에서 인문주의자 그레피우스가 유명한 고전학자이자 시인인 피아넌Vianen의 니콜라스 헤인시위스에게 서신을 쓴다. 이 서신에서 그는 헤인시위스에게 스피노자가 쓴 "도덕 학설과 영혼"에 대한 "혐오스러운" 책이 이제 그의 다른 유작과 함께 연합주에서 출간되었다는 사실을 알려 준다. 버만의 『명문 인사들의 서간집』*Sylloges Epistolarum a viris illustribus scriptarum*에 실려 있는 이 서신은 스피노자의 유고와 특히 『윤리학』 출간을 직접 언급하는, 우리가 알고 있는 첫 번째 역사 문헌이다.[262]

---

260   Ekkart 1999, p. 13, no. 7 참고.
261   Orcibal 1949, p. 462, Annex 7.
262   Burman 1727, vol. 4, p. 475.

- **2월 4일 금요일**

유작 출간에 대한 반응이 시작부터 적대적이다. 우리가 알고 있는 개혁 교회 당국의 첫 번째 공식 대응은 1678년 2월 4일 레이던 교회 케르켄라트가 내린 것이다. 이 회합은 "B.D.S.라는 사람의 『유고』[263]의 무신론적 내용을 규탄한다. 급기야 격분한 레이던 교회 케르켄라트는 대표단을 뽑아 "저 해롭고 악의에 찬 책"을 금지할 추가적인 조치를 취하라고 지시한다.[264] 선인된 대표단은 1678년 2월 11일 레이던 교회 당회에 자신들의 활동을 보고한다.

- **2월 11일 금요일**

레이던 교회 케르켄라트는 대표단으로부터 레이던 시장들이 지역 서점에서 스피노자의 유작을 판매할 수 없게 조치하도록 만들었다는 성과 보고를 받는다. 이 교회의 케르켄라트의 결의안에 따르면, 시장들은 그들에게 드디어 스피노자의 책을 몰수하기로 결정했고 또한 홀란트 주의회에 공식적인 금지를 고려해 달라는 요청을 하기로 결정했다고 알려 왔다고 한다.[265] 같은 날 헤이그 교회 케르켄라트는 구성원들에게 "스피노사가 라틴어와 네덜란드어로 새로 출간한 책"을 조심하라고 요청한다. 또한 이 교회의 케르켄라트는 소속 교회의 개혁파 성직자 다비드 아미아 David Amya(1678~1711 활약)에게 새로운 임무를 부여하기로 결정한다. 홀란트 최고법원이 설득해 "상기 서적들이 더 이상 퍼지지 않도록" 추가

---

263   Leiden kerkenraad resolutions(레이던 교회 케르켄라트 결의안), 4 February 1678 ; Walther and Czelinski 2006, vol. 1, p. 380, no. 171.

264   *ibid*.

265   *ibid*., p. 381, no. 172.

조치를 내리도록 만들라는 것이었다.[266]

• 6월 25일 토요일

1678년 4월 16일 직후, 의심도서심의주위원회States committee on suspect books[267]는 홀란트주와 서프리슬란트주에서 스피노자 유작을 전면적으로 금지하는 판결을 내린다. 분명 이들의 대표는 레이던의 재상 피터르 뷔르헤르스데이크Pieter Burgersdijck(1623경~1691경)이었을 것이다.[268] 이 위원회의 자문에 따라 홀란트 주의회와 서프리슬란트는 스타트하우더 빌럼 3세의 명으로 스피노자 글을 인쇄·배포·판매·번역하는 행위를 금하는 공식 칙령을 내린다. 야코뷔스 스헬튀스Jacobus Scheltus가 인쇄한 이 칙령의 제목은 다음과 같다. "B.D. 스피노사의 유고집이라는 제목의 책에 대한 홀란트 주의회와 서프리슬란트 스타트하우더의 칙령. 1678년 6월 25일에 공포."[269]

• 7월 11일 월요일에서 7월 23일 토요일 사이에

남홀란트주 총회의 1678년 7월 중순의 결의안으로 우리는 네덜란드 개혁교회 당국이 특별위원회(1678년 3월 17일 설치)의 의심 도서 금지 결

---

266   The Hague kerkenraad resolutions(헤이그 교회 케르켄라트 결의안), 11 February 1678, Walther and Czelinski 2006, vol. 1, p. 382, no. 173.

267   레이던 [케르켄라트의] 대리인들 및 신학 문제 처리 특임을 맡은 주 대표자들로 구성되었다.

268   North Holland Synod resolutions(북홀란트주 총회 결의안), 1 August 1678, ad art. 5, North Holland Synod of 1677, Walther and Czelinski 2006, vol. 1, p. 392, no. 180 참고.

269   "Placaet van de Heeren Staten van Hollandt ende West-Vrieslant, tegens het Boeck geintituleert B.D. Spinosa Opera Posthum. In date den vijff-en-twintighsten Junij 1678", Walther and Czelinski 2006, vol. 1, pp. 385~386, no. 177.

정에 영향을 주기 위해 어떠한 노력을 했는지 잘 알 수 있다. 레이던에
서 회의가 진행되는 동안, 남홀란트주 [총회] 대표단은 주 총회에 자신들
이 이전에 "유해한 책들", 특히 "B.D.H.의 유고집에 들어 있는 책들(의
심할 나위 없는 스피노자의 책들)"을 금지하기 위해 어떠한 노력을 했는
지 알려 준다. 남홀란트 대표단의 설명에 따르면, 자신들은 헤이그 교회
케르켄라트를 대표하는 다비드 아미아와 함께 홀란트 최고법원의 "피
스칼"Fiscael(공보관)에게 가서 이 수상한 저작들의 몰수를 요청했다고 한
다.[270] 이윽고 공보관은 그들에게 홀란트 최고법원에 직접 항의서를 제
출하라고 조언한다. 이에 그들은 이 최고법원에 스피노자의 글에서 뽑
은 여러 끔찍한 구절을 들이댔고, 최종적으로 종교적 반대 이유를 담은
보고서를 제출한다. 같은 날 남홀란트주 총회 대표단에 따르면, 최고법
원은 즉시 헤이그 내 서점들을 불시단속하여 스피노자의 유고본들은 몰
수하기로 결정한다. 남홀란트주 총회 대표단은 또한 (네덜란드어로 번역
된) 스피노자 저작들에서 뽑은 구절들을 대재상(즉 하스파르 파헐)에게
전달했고, 이 구절들은 이어서 홀란트 주의회의 일부 구성원들(분명 의
심 도서 특별위원회에서 신학 문제 특임을 맡았던 주의회 대표자들이었을
것이다)에게 전달되었다고 말한다. 결국 홀란트 주의회는 스피노자의
유작에 대한 칙령을 공표하기로 결정한다.[271] 이 결의안은 남홀란트주
총회가 의심도서위원회의 의사 결정을 촉구하는 자신들의 대표단의 시

---

270 The Hague kerkenraad resolutions(헤이그 교회 케르켄라트 결의안), 11 February 1678,
     Walther and Czelinski 2006, vol. 1, p. 382, no. 173 참고.

271 South Holland Synod resolutions(남홀란트주 총회 결의안), 11~23 July 1678, art. 9(ad art. 16
     and 17, South Holland Synod of 1677. Acta der particuliere synoden van Zuid‐Holland[남홀란
     트주 총회 회의록] 1621~1700, vol. 5, pp. 236~237).

도에 힘을 실어 주기 위해 여러 신학 교수들과 관계를 맺고 있었음을 보여 준다. 이 자료에 따르면, 이 교수들 중 한 명은 레이던의 데카르트주의 신학자 크리스톱 비티흐Christoph Wittich(1625~1687)였다.[272]

1679년

• 3월 13일 월요일

교황 특사 판 네르카셀이 제출한 스피노자에 관한 보고서의 의견과 결론에 따라 로마의 종교재판소 검사성성은 교령敎令에서 스피노자의 『서간집』, 『윤리학』, 『신학정치론』, 『정치론』이 로마 가톨릭 교리의 도덕성을 오염시킨다는 공식적인 선고를 내린다. 검사성성은 이 저작들을 금서 목록에 올린다.[273] 1690년 8월 29일, 검사성성은 공식적으로 스피노자의 『유고』 전체를 금서 목록에 올린다.[274]

---

272 Walther and Czelinski 2006, vol. 1, p. 390, no. 179. [옮긴이] 이 책 3부 초기 비평가 "크리스톱 비티흐" 항목에 스피노자 철학에 대한 그의 반박글이 실려 있다.

273 *Index librorum prohibitorum Innoc. XI*, Walther and Czelinski 2006, vol. 1, p. 397, no. 184에서 인용함.

274 *Index librorum prohibitorum Leonis XIII*.

[부록]
스피노자 저작의 판본과 번역

일러두기

아래에 소개된 17, 18세기 스피노자 저작의 판본과 번역에는 서지 사항 뒤에 책의 구성collation을 기호나 숫자로 표시한 것이 나온다.

1. 알파벳과 숫자 또는 알파벳과 숫자와 알파벳 : 다른 판본variant이 있음을 뜻한다. (예 : T3 = 3판. T3V = 3판 V본)
2. 숫자° : 판형을 말한다. (예 : 4° = 4절판, 8° = 8절판)
3. fols : 장수(1장=2쪽)를 나타낸다. (예 : 78 fols=78장)
4. 대괄호([ ]) 안의 숫자 : 본문 앞에 나오는 반표지half-title, 서문, 목차, 빈 쪽 등의 총 쪽수를 나타낸다.
5. 꺾쇠 괄호 뒤의 숫자 : 본문 쪽수를 나타낸다.
6. 본문 페이지 뒤의 대괄호 안의 숫자 : 본문 뒤에 나오는 후기, 빈 쪽 등의 총 쪽수를 나타낸다.
7. figures : 그림이 포함되어 있음을 나타낸다.
   (예 : Tractatus theologico-politicus(Hamburg[Amsterdam] : H. Künraht, 1670 [1672?]).

T2a. 4°, 124 fols, [12] 1-233 [3]은 다음을 뜻한다. T2a(『신학정치론』 2판 a본. 4°(4절판), 124 fols(124장), [12](본문 앞의 총 쪽수) 1-233(본문 페이지) [3](본문 뒤의 총 쪽수)

※ 자세한 정보는 다음 문헌과 사이트를 참고하라.
1. J. Kingma and A.K. Offenberg, 'Bibliography of Spinoza's Works up to 1800', In *Studia Rosenthaliana*, 1977, Vol. 11, No. 1(JANUARY 1977), pp. 1~32.
2. https://spinozaweb.org/.

17세기

1. B. de Spinoza, *Renati des Cartes Principia philosophiae*(Amsterdam : J. Rieuwertsz, 1663). 4°, 78 fols, [16] 1-141, figures(J. Kingma and A.K. Offenberg, pp. 4~5, no. 1 참고). 100권 남아 있음.[275]
2. B. de Spinoza, *Principia : Renatus des Cartes Beginzelen der wysbegeerte*(Amsterdam : J. Rieuwertsz, 1664). 4°, 93 fols, [6] 1-101 [2] 109-168, figures(Kingma and Offenberg, pp. 5~6, no. 2 참고).

---

275 [옮긴이] 아래 문헌 뒤에 있는 권수는 남아 있는 책의 권수를 말한다.

13권.

3. *Tractatus theologico-politicus*(Hamburg [Amsterdam] : H. Künraht, 1670). T1.4°, 124 fols, [12]1-233 [3], 오식 목록 있음. 정오표는 없음. 104쪽이 304쪽으로 잘못 인쇄되어 있음(Kingma and Offenberg, p. 8, no. 3 참고). 15권.

4. *Tractatus theologico-politicus*(Hamburg [Amsterdam] : H. Künraht, 1672). T2. 4°, 123 fols, [12] 1-233 [1], 정오표(pp. 8, 22, 39, 41, 95, 121). 42쪽이 24쪽으로 잘못 인쇄되어 있음. 207쪽이 213쪽으로 잘못 인쇄되어 있음. 161쪽 16장(Cap. XVI)이 14장으로 잘못 인쇄되어 있음. 기호 signature (*)3이 (*)4로 잘못 인쇄되어 있음(Kingma and Offenberg, pp. 8~9, no. 4 참고). 19권.

5. *Tractatus theologico-politicus*(Hamburg [Amsterdam] : H. Künraht, 1670 [1672?]). T2a. 4°, 124 fols, [12] 1-233 [3], 정오표(pp. 8, 22, 39, 41, 95, 121). 42쪽이 24쪽으로 잘못 인쇄되어 있음. 161쪽 16장(Cap. XVI)이 14장으로 잘못 인쇄되어 있음. 기호 (*)3이 (*)4로 잘못 인쇄되어 있음(Kingma and Offenberg, p. 9, no. 5 참고). 10권.

6. (F. Henriquez de Villacorta), *Opera chirurgica omnia*(Amsterdam : J. Paulli, 1673). 『신학정치론』의 위장판. T3V. 8°, 180 fols, [24] 1-136 [1] ; 110 fols, [18] 1-182 [20](Kingma and Offenberg, p. 12, no. 8 참고). 4권.

7. (D. Heinsius), *Operum historicorum collectio prima(secunda)*(Leiden : I. Hercules, 1673). 『신학정치론』의 위장판. T3H. 8°, 180 fols, [24] 1-336 [1] ; 110 fols, [18] 1-182 [20](Kingma and Offenberg, pp. 12~13, no. 9 참고). 26권.

8. (F. de le Boe Sylvius), *Totius medicinae idea nova*(Amsterdam : C. Gratianus, 1673). 『신학정치론』의 위장판. T3S. 8°, 178 fols, [22] 1-334 ; 다음 책과 함께 출간됨. L. Meyer, *Philosophia S. Scripturae interpres*(Amsterdam, 1666). 110 fols, [18] 1-182 [20](Kingma and Offenberg, pp. 13~14, no. 10 참고). 5권.

9. *Tractatus theologico-politicus*(Hamburg[Amsterdam]) : Kunraht, 1673). T3T. 8°, 180 fols, [22]1-334 [4] ; 다음 책과 함께 출간됨. *Philosophia S. Scripturae interpres*. 110 fols, [18] 1-182 [20] (Kingma and Offenberg, pp. 14~15, no. 11 참고). 5권.

10. *Tractatus theologico-politicus*(n.p. [Amsterdam?], 1674). *Ab Authore longè Emendatior*. T3E. 8°, 180 fols, [20] 1-334 [4] ; 다음 책과 함께 출간됨. *Philosophia S. Scripturae interpres*. 109 fols, [18] 1-182 [20](Kingma and Offenberg, pp. 15~16, no. 13 참고). 54권.

11. B.d.S., *Opera posthuma*(n.p. [Amsterdam] : [J. Rieuwertsz], 1677). 4°, 404 fols, [41] 2-264 [1] 266-354 [1] 356-392 [2] 395-614 [34] 1~112, figures(Kingma and Offenberg, pp. 26~27, no. 24 참고). 167권.

12. B.d.S., *De nagelate schriften*(n.p. [Amsterdam] : [J. Rieuwertsz], 1677). 4°, 270 fols, [48] [1] 2-300 [1] 302-403 [2] 406-446 [2] 449-666 [2], 기호 Nn3가 N3로 잘못 인쇄되어 있음. 265쪽이 165쪽으로 잘못 인쇄되어 있음. figures(Kingma and Offenberg, pp. 27~28, no. 25 참고). 45권.

13. *Tractatus theologico-politicus*(Hamburg [Amsterdam] : H. Künrath, n.d. [after 1677]). T4.4°, 123
fols, [12] 1-233 [1], p. 130이 p. 830으로 잘못 인쇄되어 있음(Kingma and Offenberg, p. 10, no.
6 참고). 12권.

14. *Tractatus theologico-politicus*(Hamburg [Amsterdam] : H. Künrath, n.d. [after 1677]). T5.4°, 123
fols, [12] 1-233 [1], p. 192이 p. 92으로 잘못 인쇄되어 있음(Kingma and Offenberg, p. 10, no.
7 참고). 11권.

15. *La clef du santuaire par un sçavant homme de nôtre siecle*(Leiden : P. Warnaer, 1678).『신학정치론』
의 위장판. X1. 12°, 312 fols, [32] 1-531 [31] 1-30(Kingma and Offenberg, pp. 17~18, no. 13 참
고). 11권.

16. *Reflexions curieuses d'un esprit des-interessé sur les matieres les plus importantes au salut, tant pub-
lic que particulier*(Cologne : Cl. Emanuel, 1678).『신학정치론』의 위장판. X2. 12°, 312 fols, [32]
1-531 [21] 1-30(Kingma and Offenberg, p. 18, no. 14 참고). 20권.

17. *Traité des ceremonies superstitieuses des juifs tant anciens que modernes*(Amsterdam : J. Smith, 1678).
『신학정치론』의 위장판. X3. 12°, 312 fols, [32] 1-531 [31] 1-30(Kingma and Offenberg, pp.
18~19, no. 15 참고). 29권.

18. *La clef du sanctuaire par un sçavant homme de nôtre siecle*(Leiden : P. Warnaer, 1678).『신학정치론』
의 위장판. Y1. 12°, 313 fols, [33] 1-531 [31] 1-30(Kingma and Offenberg, p. 19, no. 16 참고). 2권.

19. *La clef du sanctuaire par un sçavant homme de nôtre siecle*(Leiden : P. Warnaer, 1678).『신학정치론』
의 위장판. Y2. 12°, 313 fols, [32] 1-531 [31] 1-30(Kingma and Offenberg, p. 20, no. 17 참고). 확
인된 권수 18권. 확인되지 않은 권수는 더 많은 것으로 알려짐.

20. *La clé du sanctuaire par un sçavant homme de nôtre siecle*(Leiden : P. Warnaer, 1678).『신학정치론』
의 위장판. Y3. 12°, 313 fols, [33] 1-531 [31] 1-30(Kingma and Offenberg, pp. 20~21, no. 18 참
고). 1 copy.

21. *Reflexions curieuses d'un esprit des-interessé sur les matieres les plus importantes au salut, tant public
que particulier ; Traitté des ceremonies superstitieuses des juifs tant anciens que modernes*(Cologne/
Amsterdam : CI. Emanuel/J. Smith, 1678).『신학정치론』의 위장판. Y4, Y5. 12°, 312 fols, [32]
1-531 [31] 1-30(Kingma and Offenberg, pp. 21, no. 19 참고). 22권. 확인되지 않은 권수는 더 많
은 것으로 알려짐.

22. *Miracles, no Violations of the Laws of Nature*, ed. Ch. Blount(London : R. Sollers at the King's Arms
and Bible, 1683). 주요 내용은『신학정치론』6장을 영어로 바꾸어 말한paraphrase 것임. 홉스의『리
바이어던』에서 발췌한 내용과 T. Burnett의 *Telluris theoria sacra*가 수록됨(London, 1681). 8°, [6]
1-531 [6]. 4권.

23. *A Treatise Partly Theological, and Partly Political*(London, 1689).『신학정치론』첫 영역. 8°, 241
fols, [30] 1-452 [31]. p. 130이 p. 120으로 잘못 인쇄되어 있음(Kingma and Offenberg, p. 22, no.

20 참고). 35권.

24. *De rechtzinnige theologant, of godgeleerde staatkundige verhandelinge*(Hamburg [Amsterdam] : H. Koenraad, 1693). 『신학정치론』의 첫 네덜란드어 역본. 4°, 194 fols, [28] 1-360. 기호 B3가 A3로 잘못 인쇄되어 있음. 204쪽이 203쪽으로 잘못 인쇄되어 있음(Kingma and Offenberg, p. 24, no. 22 참고). 14권.

25. *Een rechtsinnige theologant, of godgeleerde staatkunde*. Revised reprint of *De rechtzinnige theologant*(Bremen : H.J. von der Weyl, 1694). 4°, 156 fols, [20] 1-289. 기호signature [Ii3]이 [Ii3으로 잘못 인쇄되어 있음. p. 191이 p. 199으로 잘못 인쇄되어 있음(Kingma and Offenberg, pp. 24~25, no. 23 참고). 8권.

18세기

26. *An Account of the Life and Writings of Spinosa. To Which is Added, an Abstract of His Theological Political Treatise*(London : W. Boreham at the Angel in Pater-Noster-Row, 1720). 콜레루스의 스피노자 전기 영역본 중판. 『신학정치론』요약이 수록됨. 8°, 50 fols, [5] 2-27 [1] 29-96(Kingma and Offenberg, pp. 22~23, no. 21 참고). 8권.

27. *A Treatise Partly Theological, and Partly Political*(London, 1737). 『신학정치론』영역본의 2차 중판. 8°, [30] 1-452. 7권.

28. B.v.S., *Sittenlehre widerleget von dem beruehmten Weltweisen unserer Zeit Herrn Christian Wolf*(Frankfurt/ Leipzig, 1744). 스피노자 『윤리학』의 첫 번째 독일어 역본. Johann Lorenz Schmidt 번역. 8°, 389 fols, [3] 4-6 [1] 8-56 [3] 430 339-340 341-540 [1] 542-598 [3] 4-128(Kingma and Offenberg, pp. 28~29, no. 26 참고). 13권.

29. *Tractatus de primis duodecim Veteris Testamenti libris : in quo ostenditur eos omnes ab uno solo historico scriptos fuisse : deinde inquiritur quisnam is fuerit, et an huic operi ultimam manum imposuerit, idque ut desiderabat, perfecerit*(London, 1763). 『신학정치론』의 8장과 9장 발췌본. 8°, 총 52쪽, 9권.

30. B. de Spinoza, *Zwey Abhandlungen ueber die Kultur des menschlichen Verstandes und ueber die Aristokratie und Demokratie*(Leipzig : in der Schönfeldschen Handlung, 1785). 『지성교정론』의 첫 번째 독일어 역본과 『신학정치론』. S. H. Ewald의 서문. 8°, 204 fols, [5] VI-XVI [1] 2-96 [1] 2-32 [1] 34-54 [1] 56-71 [1] 73-212 [1] 214-248 (249-255) [1]. 222쪽이 122쪽으로 잘못 표기됨. 249~255쪽이 257~263쪽으로 잘못 표기됨(Kingma and Offenberg, p. 29, no. 27 참고). 16권.

31. B. de Spinoza, *Philosophische Schriften*(Gera : Chr.Fr. Bekmann, 1787~1793). 스피노자 유고의 첫 번째 독일어 역본. 두 권으로 출간됨. 8°, 244 fols, [5] IV-XXII [8] [1] 2-456 ; 123 fols, [3] II-LXII [1] 2-182. 67쪽이 6쪽으로 잘못 표기됨 ; 151 fols, [3] 2-299(Kingma and Offenberg,

pp. 30~31, no. 28 참고). 19권.

32. B. de Spinoza, *Philosophische Schriften*(Leipzig : A.Fr. Böhme, 1796). 1787판의 중판. 8권.

참고문헌

스피노자 저작 초판본

B. de Spinoza, *Renati des Cartes Principia philosophiae*(Amsterdam, 1663).

B. de Spinoza, *Renatus des Cartes Beginzelen der wysbegeerte*(Amsterdam, 1664).

[B. de Spinoza], *Tractatus theologico-politicus*(n.p. [Amsterdam], 1670). 세 가지 가명과 가짜 제목하에 1673년에 출간된 다양한 판본이 있음. F. Henriquez de Villacorta, *Opera chirurgica omnia*(Amsterdam, 1673) ; D. Heinsius, *Operum historicorum collectio prima(secunda)*(Leiden, 1673) ; E. de le Boe Sylvius, *Totius medicinae idea nova*(Amsterdam, 1673).

B.d.S. [B. de Spinoza], *De nagelate schriften*(n.p. [Amsterdam], 1677). 네덜란드 문헌 디지털 도서관Digitale Bibliotheek voor de Nederlandse Letteren 웹사이트에서 디지털 출판물로 이용 가능(http://www.dbnl. org/tekst/spin003nage01_01/).

______, *Opera posthuma*(n.p. [Amsterdam], 1677). 복제판 : *Opera posthuma : Amsterdam 1677 : riproduzione fotografica integrale, complete photographic reproduction*, eds. P. Totaro, et al.(Macerata : Quodlibet, 2008). 로마 린세이 코르시니아나 국립 아카데미 도서관Biblioteca dell'Accademia Nazionale di Lincei e Corsiniana의 보존 도서 복사본임(67 D 19). 『유고』는 카네기 멜론 대학(피츠버그), Posner Collection and the Herzog August Bibliothek(Wolfenbüttel)의 웹사이트에서 디지털 출판물로 이용 가능(http://posner.library.cmu.edu/Posner/books/book.cgi?call=199_S75O).

스피노자 연구 참고문헌

Freudenthal, J., *Die Lebensgeschichte Spinozas in Quellenschriften, Urkunden und nichtamtlichen Nachrichten*(Leipzig : Von Veit, 1899). Rev. and augm. by M. Walther and M. Czelinski as : Die Lebensgeschichte Spinozas(2006).

Huygens, Chr., ŒEuvres complètes : Correspondance(1638~1684), *vols 1~8 and 22* (*The Hague : Nijhoff, 1888-1950*). Gallica(Bibliotheque nationale de France) 웹사이트에서 디지털 출판물로 이용 가능.

Kingma, J. and A.K. Offenberg, *Bibliography of Spinoza's Works up to 1800*(Amsterdam : Amsterdam University Library, 1977). *Studia Rosenthaliana*의 발췌 인쇄본, no. 11 (1977) pp. 1~32.

Leibniz, G.W., *Sämtliche Schriften und Briefe*(Darmstadt : Reichl, 1923~), AA로 약칭.

Meinsma, K.O., *Spinoza en zijn kring. Historisch-kritische studiën over Hollandsche vrijgeesten*(The Hague : Nijhoff, 1896 ; repr. Utrecht : Hes, 1980).

Oldenburg, H., *Correspondence*, eds. A.R. Hall and Marie Boas Hall, 13 vols(Madison, Milwaukee and London : University of Wisconsin Press ; Mansell ; Taylor and Francis, 1965~1985).

Steenbakkers, P., *Spinoza's Ethica from Manuscript to Print. Studies on Text, Form and Related Topics*(Assen : Van Gorcum, 1994).

Vaz Dias, A.M. and W.G. van der Tak, *Spinoza, mercator & autodidactus. Oorkonden en andere authentieke documenten betreffende des wijsgeers jeugd en diens betrekkingen*(The Hague : Nijhoff, 1932). 많은 내용을 추가하여 다음 문헌으로 중판됨. 'Spinoza. Merchant & Autodidact. Charters and Other Authentic Documents Relating to the Philosopher's Youth and His Relations', *Studia Rosenthaliana*, no. 16(1982), pp. 109~195.

Walther, M. and M. Czelinski, *Die Lebensgeschichte Spinozas. Lebensbeschreibungen und Dokumente. Zweite, stark erweiterte und vollständig neu kommentierte Auflage der Ausgabe von Jakob Freudenthal 1899*(Stuttgart Bad Cannstatt : Frommann-Holzboog, 2006).

1차 자료

Acta der particuliere synoden van Zuid Holland 1621-1700, ed. W.P.C. Knuttel, 6 vols(The Hague : Nijhoff, 1908~1916). 네덜란드 역사연구소 웹사이트에서 디지털 출판물로 이용 가능(http://www.inghist.nl/ retroboeken/actazh/).

Borrichius, O., *Itinerarium 1660-1665*, ed. H.D. Schepelern, 4 vols(Copenhagen : Reitzel/ Brill, 1983).

Boyle, R., *Certain Physiological Essays, Written at Distant Times, and on several Occasions*(London, 1661 ; rev. and augm. edn, London, 1669).

Brom, G., *Archivalia in Italië belangrijk voor de geschiedenis van Nederland : Rome. Vaticaansche Bibliotheek*, vol. 2(The Hague : Nijhoff, 1911).

Burman, F. Jr, *Burmannorum pietas, gratissimae beati parentis memoriae communi nomine exhibita a Francisco Burmanno, adjiciuntur mutuae Cl. Limburgii & Fr. Burmanni epistolae*(Utrecht, 1700).

Burman, P., *Sylloge epistolarum a viris illustribus scriptarum*, 5 vols(Leiden, 1727).

Chevreau, U., *Chevraeana ou diverses pensées d'histoire, de critique, de érudition et de morale*, 2 vols(Amsterdam, 1700).

Colerus, J., *Korte, dog waarachtige levensbeschryving van Benedictus de Spinosa, uit autentique stukken en mondeling getuigenis van nog levende personen, opgestelt*(Amsterdam, 1705 ; repr. The Hague : Nijhoff, 1880 ; The Hague : Nijhoff), 1910.

Deckherr, J., *De scriptis adespotis, pseudepigraphis, et supposititiis conjecturae cum additionibus variorum*(Amsterdam, 1686).

Descartes, R., *Principia philosophiae*(Amsterdam, 1644).

_________, *Œuvres*, eds. Ch. Adam and P. Tannery, 11 vols(Paris : Cerf, 1897~1913 ; new edn, Paris : Vrin, 1964~1971 ; repr. Paris : Vrin, 1996).

[Duijkerius, J.], *Het leven van Philopater, opgewiegt in Voetiaensche talmeryen, en groot gemaeckt in de verborgentheden der Coccejanen*(Groningen [Amsterdam], 1691). Edited by G. Maréchal : J. Duijkerius, *Het leven van Philopater & Vervolg van 't leven van Philopater*(Amsterdam : Rodopi, 1991). 네덜란드 문헌 디지털 도서관Digitale Bibliotheek voor de Nederlandse Letteren 웹사이트에서 디지털로 출판물로 이용 가능(http://www.dbnl.org/auteurs/auteur.php?id=duij002).

_________, *Vervolg van 't leven van Philopater. Geredded uit de verborgentheeden der Coccejanen, en geworden een waaragtig wysgeer*(Groningen [Amsterdam], 1697). Published as : J. Duijkerius, *Het leven van Philopater & Vervolg van 't leven van Philopater*, ed. G. Maréchal(Amsterdam : Rodopi, 1991). 네덜란드 문헌 디지털 도서관Digitale Bibliotheek voor de Nederlandse Letteren 웹사이트에서 디지털로 출판물로 이용 가능(http://www.dbnl.org/auteurs/auteur.php?id=duij002).

Heidegger, J.H., *Historia vitae et obitus Ludovici Fabricii, sanctae memoriae theologi, & consultoris ecclesiastici archapalatini celeberrimi…*(Zürich, 1697).

Hevelius, J., *Cometographia, totam naturam cometarum (⋯) exhibens (⋯) acc. omnium cometarum historia, notis et animadversionibus locupletata, iconibus aeri incisis illustrata*(Danzig, 1668).

_________, *Prodromus Cometicus, quo historia, cometae anno 1664 exorti cursum, faciesq[ue] diversas capitis ac caudae accurate delineatas complectens*(Danzig, 1665).

Hooke, R., *Micrographia : or Some Physiological Descriptions of Minute Bodies Made by Magnifying Glasses. With Observations and Inquiries Thereupon*(London, 1665 ; repr. London, 1667).

[Hudde, J.], *[Specilla circularia, sive quomodo per solas figuras circulars fieri possint omnis generis specilla, tam microscopia quam telescopia, eundem [planè] effectum habentia, aut saltem quam proxime accedentem ad eorum, quae per ellipsicas aut hyperbolicas figuras]*(n.p., 1665).

Kircher, A., *Mundus subterraneus in XII libros digestus ; quo divinum subterrestris mundi opificium, mira ergasteriorum naturae in eo distributio*(Amsterdam, 1664 ; repr. Amsterdam, 1665).

Lana de Terzi. Fr., *Prodromo overo saggio di alcune inventioni nuove premesse all'arte maestra*(Brescia, 1670).

Leibniz, G.W., *Hypothesis physica nova : quae phaenomenorum naturae plerorumque causae ab unico quodam universali motu, in globo nostro supposito, neque Tychonicis, neque Copernicanis aspemando, repetuntur*(Mainz, 1671).

_________, *Essais de théodicée sur la bonté de Dieu, la liberté de l'homme et l'origine du mal*, 2 vols(Amsterdam, 1720 ; rev. repr. Amsterdam, 1734 ; repr. Paris : Aubier, 1962 ; repr. Paris : Garnier-Flammarion, 1969).

[Lucas, J.M.], *La vie et l'esprit de mr Benoit de Spinosa*(Amsterdam, 1719 ; repr. Hamburg, 1735).

[Meyer, L.], *Philosophia S. Scripturae interpres : exercitatio paradoxa, in quâ, veram philosophiam infallibilem s. literas interpretandi normam esse, apodicticè demonstratur, & discrepantes ab hâc sententiae expenduntur, ac refelluntur*(Eleutheropoli [Amsterdam], 1666 ; repr. Halle, 1776).

Ott, J.H., *Cogitationes physico-mechanicae de natura visionis*(Heidelberg, 1670).

Pieterse, W.Chr., *Livro de Bet Haim do Kahal Kados de Bet Jahacob*(Assen : Gemeente Amsterdam, Stadsarchief, 1970).

Socinus, F., et al., *Bibliotheca fratrum Polonorum, quos unitarios vocant...*(Irenopoli [Amsterdam], 1668).

Spinoza, B. de, *Benedicti de Spinoza adnotationes ad Tractatum theologico politicum*, ed. Chr. G. von Murr(The Hague, 1802).

_________, *Opera quotquot reperta sunt*, eds. J. van Vloten and J.P.N. Land, 2 vols(The Hague : Nijhoff, 1882~1883).

_________, *Opera*, ed. C. Gebhardt, 5 vols(Heidelberg : Winter's Univer-sitätsbuchhandlung, 1925, 1985).

_________, *Korte verhandeling van God, de mensch en deszelvs welstand*, ed. F. Mignini(L'Aguila : Japadre Editore, 1986).

_________, *Tractatus theologico-politicus/Traité théologico-politique*, ed. F. Akkerman et al.(Paris : Presses Universitaires de France, 1999).

Stensen, N., *Ad virum eruditum, cum quo in unitate S.R.E. desiderat aeternam amicitiam inire. Epistola detegens illorum artes, qui suum de interprete s. scriptura errorem sanctorum patrum testimonio confirmare nituntur*(Florence, 1675).

[Stouppe, J.B.], *La religion des Hollandois, representée en plusieurs lettres écrites par un officier de l'armée du roy, a un pasteur & professeur en theologie de Berne*(Cologne, 1673 ; Paris, 1673).

Thomasius, J., *Adversus anonymum, de libertate cogitandi…P.P. Dominica rogationum d. 8 Maji anno MDCLXX*(Leipzig, 1670). Thomasius and Thomasius, 1693, pp. 571~581로도 출간됨.

Thomasius, J. and Chr. Thomasius, *Dissertationes LXIII. Varii argumenti magnam partem ad historiam philosophicam & ecclesiasticam pertinentes. Antea a beato autore in Academia Lipsiensi intra quadraginta circiter annos per modum Programmatum separatis foliis publicatae*(Halle, 1693).

2차 자료

Akkerman, F. '*Tractatus theologico-politicus* : texte latin, traductions néerlandaises et *Adnotationes*', in F. Akkerman and P. Steenbakkers(eds.), *Spinoza to the Letter*(2005), pp. 209~236.

_______, and H.G. Hubbeling, 'The Preface to Spinoza's Posthumous Works 1677 and its Author Jarig Jelles(c.1619/20-1683)', *Lias. Sources and Documents Relating to the Early Modern History of Ideas*, no. 6(1979), pp. 103~173.

_______, and P. Steenbakkers, *Spinoza to the Letter. Studies in Words, Texts and Books*(Leiden and Boston : Brill, 2005).

Aumale, Duc d', Histoires des Princes Condé pendant les XVIe et XVIIe siècles, *7 vols*(Paris : Lévy, 1889-1896).

Bamberger, F, The Early Editions of Spinoza's Tractatus Theologico-Politicus. A Bibliohistorical Examination, *Studies in Bibliography and Booklore*, no. 5(1961), pp. 9~33.

Borges Coelho, A., *Inquisição de Évora. Dos primórdios A 1668*, 2 vols(Lisbon : Caminho, 1987).

Cristofolini, P., 'La Lettera di Stensen : un falso autore', *Historia philosophica*, no. 6(2008), pp. 141~144.

Cohen, G., *Le séjour de Saint-Évremond en Hollande et l'entrée de Spinoza dans le champ de la pensée française*(Paris : Champion, 1925). *Revue de la littérature comparée*, no. 5(1925), pp. 431~454, no. 6(1926), pp. 28~78, 402~423으로도 출간됨.

Dijksterhuis, F.J., *Lenses and Waves. Christiaan Huygens and the Mathematical Science of Optics in the Seventeenth Century*(Dordrecht : Kluwer, 2004).

Ekkart, R., *Spinoza in beeld. Het onbekende gezicht*(n.p. [Voorschoten] : Het Spinozahuis, 1999).

Feer, L., 'Un pamphlet contre les Hollandois', *Bulletin de la Société de l'Histoire du Protestantisme français*, vol. 31(1882), pp. 80~91.

Gerritsen, J., 'Vondel and the New Bibliography', in A.R.A. Croiset van Uchelen (ed.), *Hellinga Festschrift/ feestbundel/mélanges : Forty-Three Studies in Bibliography Presented to Prof. Wytze Hellinga on the Occasion of His Retirement from the Chair of Neophilology in the University of Amsterdam at the End of the Year 1978*(Amsterdam : Israel, 1980), pp. 205~215.

__________, 'Printing Spinoza – Some Questions', in F. Akkerman and P. Steenbakkers(eds.), *Spinoza to the Letter*(2005), pp. 251~262.

Israel, J. I., *Radical Enlightenment : Philosophy and the Making of Modernity 1650-1750*(Oxford : Oxford University Press, 2001).

Jagersma, R. and T. Dijkstra, 'Uncovering Spinoza's Printers by Means of Bibliographical Research', *Quaerendo*(2014).

Keil, I., 'Die Fernrohre von Herzog Ernst I, dem Frommen, von Sachsen-Gotha', *Beiträge zur Astronomiegeschichte*, no. 2(1999), pp. 70~79.

Klever, W.N.A., 'Burchard de Volder(1643~1709) : A Crypto-Spinozist on a Leiden Cathedra', *Lias. Sources and Documents Relating to the Early Modern History of Ideas*, no. 15(1988), pp. 191~241.

__________, 'Spinoza and Van den Enden in Borch's Diary in 1661 and 1662', *Studia Spinozana*, no. 5(1989), pp. 311~325.

Müller, K. and G. Krönert, *Leben und Werk von Gottfried Wilhelm Leibniz. Eine Chronik*(Frankfurt am Main : Klostermann, 1969).

Nadler, S., *Spinoza. A Life*(Cambridge : Cambridge University Press, 1999).

Offenberg, A.K., *Brief van Spinoza aan Lodewijk Meijer, 26 juli 1663*(Amsterdam : Universiteitsbibliotheek, 1975). Also published as : 'Letter from Spinoza to Lodewijk Meijer, 27 July 1663', in S. Hessing(ed.), *Speculum Spinozanum*(London : Routledge/ Kegan Paul, 1977), pp. 426~435, and in *Philosophia. Philosophical Quarterly of Israel*, no. 7(1977), pp. 1~13.

Orcibal, J., 'Les Jansénistes face a Spinoza', *Revue de littérature comparée*, no. 23(1949), pp. 440~468.

Revah, I. S., *Spinoza et Dr. Juan de Prado*(Paris and The Hague : Mouton, 1959).

Saperstein, M., *Exile in Amsterdam : Saul Levi Morteira's Sermons to a Congregation of 'New

Jews'(Cincinatti : Hebrew Union College Press, 2005).

Schuhmann, K., *Husserl-Chronik. Denk- und Lebensweg Edmund Husserls*(The Hague : Nijhoff, 1977).

_______, *Hobbes une chronique. Cheminement de sa pensée et de sa vie*(Paris : Vrin, 1998).

Spruit, L. and P. Totaro(eds.), *The Vatican Manuscript of Spinoza's Ethica*(Leiden/ Boston : Brill, 2011).

Steenbakkers, P., J. Touber and J. van de Ven, 'A Clandestine Notebook(1678~1679) on Spinoza, Beverland, Politics, the Bible and Sex', *Lias : Journal of Early Modern Intellectual Culture and its Sources*, 38 : 2(2011), pp.41~181.

Totaro, P., 'Documenti su Spinoza nell'Archivio del Sant'Uffizio dell'Inquisizione', *Nouvelles de la République des Lettres*, no. 1(2000), pp. 95~128.

_______, '"Ho certi amici in Ollandia" : Stensen and Spinoza– Science Verso Faith', in K. Ascani et al.(eds.), *Niccolò Stenone(1638-1686) : anatomista, geologo, vescovo, Atti della seminario organizatto da Universitetsbiblioteket i Tromso e l'Accademia di Danimarci, lunedì 23 ottobre 2000*(Rome : 'L'Erna' di Bretschneider, 2002), pp. 27~38.

Van de Ven, J. M. M., '"Crastinâ die loquar cum Celsissimo principe de Spinosa". New Perspectives on Spinoza's Visit to the French Army Headquarters in Utrecht in Late July 1673', *Intellectual History Review.* Forthcoming(2014).

_______, *Spinoza. Facts in Focus. An Intellectual Chronology of the Life and Times of Benedictus de Spinoza Based upon Historical Documents.* In preparation(2014/15).

Vermij, R. and E. J. Atzema, 'Specilla Circularia : An Unknown Work by Johannes Hudde', *Studia Leibnitiana*, no. 27(1995), pp. 104~121.

Vlessing, O., 'The Excommunication of Baruch Spinoza. A Conflict Between Jewish and Dutch Law', *Studia Spinozana*, no. 13(1997), pp. 15~47.

[Wichers, L.], 'De grafplaatsen van de De Witten en Spinoza in de Nieuwe Kerk', *Jaarboekje Die Haghe*, no. 1(1889), pp. 53~57.

Wildeman, M.G., 'Nog iets over de grafplaatsen van de De Witten en Spinoza in de Nieuwe Kerk', *Jaarboekje Die Haghe*, no. 5(1893), pp. 117~121.

Zuidervaart, H.J., *Telescopes From Leiden Observatory and Other Collections 1656-1859. A Descriptive Catalogue*(Leiden : Museum Boerhaave, 2007).

— 예룬 판 더 펜

2부 영향

LIFE

INFLUENCES

EARLY CRITICS

GLOSSARY

SHORT SYNOPSES OF SPINOZA'S WRITING

SPINOZA SCHOLARSHIP

들어가며

스피노자의 글에는 권위자들이 거의 언급되지 않는다. 그렇게 외부의 증명에 호소하는 것은 『윤리학』의 종합적 논증synthetic argument[1]에는 적절하지 않을 것이다. 그러나 그는 보통 다른 저작에서도 전거를 제공하지 않는다. 이렇게 전거를 제시함으로써 논변을 뒷받침하기를 꺼리는 것은 수사적 전략의 일부이다.[2] 이는 스피노자가 아무것도 참고하지 않은 상태에서 시작했음을 의미하지 않는다. 그의 사유는 철학 전통의 영향 아래에서, 그리고 철학 전통에 대한 반응으로 출현했다. 스피노자의 삶에 대해 우리가 알고 있는 사실이 많지 않고 그 자신이 전거에 대해 거의 말하지 않는다는 점을 고려할 때, 그의 철학이 전개되는 데 영향을 준 것을 가

---

1   [옮긴이] '종합'과 이에 대비되는 '분석'에 대해서는 이 책 4부 용어 해설의 '기하학적 질서' 항목 참고.

2   Lagrée 2005.

늠해 보는 일은 시론적인 것일 수밖에 없다. 널리 알려진 것처럼 H. A. 울프슨H. A. Wolfson은 "그[스피노자]가 접한 모든 철학 문헌을 작은 종잇조각으로 잘라 공중에 던져 땅에 떨어뜨린다면, 그 흩어진 종잇조각들로부터 스피노자의 『윤리학』을 재구성할 수 있을 것이다"[3]라고 주장한다. 울프슨이 그의 장대하고 여전히 소중한 연구에서 보여 준 학식은 인상적이다. 그럼에도 이러한 환원주의적 접근으로는 스피노자 철학을 제대로 다룰 수 없다.[4] 뿐만 아니라 스피노자주의의 원천을 이해하는 데에도 도움이 되지 않는다.

스피노자에게 확실히 영향을 주었다고 평가되는 철학자들은 많지 않다. 데카르트, 모세스 마이모니데스Moses Maimonides 정도가 있을 뿐이다. 그렇다 하더라도 그들이 스피노자 자신의 사유에 어떤 기여를 했는지 평가하는 것은 여전히 어렵다. 아래 항목들에서 분명해지겠지만, 다른 철학자들의 용어와 가정을 채택했다고 해서 스피노자가 그것에 동의했음을 의미하지는 않는다. 철학 형성에 영향을 준 지적 전통formative intellectual tradition에 대응하는 한 가지 방법은 특정 입장의 함축을 발전시켜 완전히 다른 이론으로 변형함으로써 그 전통을 넘어서고 약화시키는 것이다.

2부에서는 스피노자 사유의 여러 원천과 그 영향을 소개하고 탐사할 것이다. 여기에는 유대교 철학자(마이모니데스Maimonides, 하스다이 밴 아브라함 크레스카스Hasdai ben Abraham Crescas, 유다 아브라바넬Abrabanel, 므나세 벤 이스라엘Menasseh ben Israel, 요셉 솔로몬 델메디고Joseph Solomon

---

3   Wolfson 1934, vol. 1, p. 3.
4   Gueroult 1968, p. 442 참고.

Delmedigo), 데카르트, 스토아학파, 17세기의 신스콜라철학자 뷔르헤르스데이크Burgersdijk와 헤이레보르트Heereboord, 스피노자의 스승이었던 반 덴 엔덴이 포함된다. 이 목록이 전혀 완전한 것은 아니다. 조르다노 브루노Giordano Bruno(1548~1600), 우리엘 다 코스타Uriel da Costa(1583경 ~1640경), 또는 아르놀트 휠링크스Arnold Geulincx(1624~1669)에 관한 항목은 없다. 이 세 명에 대해 왜 그들이 스피노자의 사유에 영향을 주었다고 할 수 있는지에 대한 좋은 논변이 있을 수 있지만(있기도 했다), 지금까지는 그들이 실제로 스피노자에게 영향을 주었다는 어떠한 증거도 제시된 바 없다.[5] 마찬가지로 뷔르헤르스데이크와 헤이레보르트 외에는 스콜라철학에 대한 항목도 포함되지 않았다. 스피노자가 스콜라철학 자료에 대해 잘 알고 있었고 또 읽었으며 이용했음은 분명하다.[6] 그러나 뷔르헤르스데이크와 헤이레보르트를 제외하고는 그가 본 자료가 무엇이었는지 알아내는 것은 불가능하다. 니콜로 마키아벨리Niccolò Machiavelli, 프랜시스 베이컨, 홉스의 경우에는 상황이 조금 다르다. 스피노자는 이따금 이들을 언급하기도 하고, 그들의 저작을 소장하고 있었으며, 어떤 영향이 있음을 보여 주는 유사성도 있다. 베이컨의 경우 스피노자 철학과의 관련성은 깊지 않다.[7] 스피노자는 마키아벨리를 철저하게 연구했으며『정치론』에서 그를 존중하며 언급한다(TP 5.7, 10.1). 그럼에도 마키아벨리가 스피노자에게 얼마나 영향을 주었는지는 불분명하며, 이때 그가 직접적인 원천이었는지 간접적인 원천이었는지 구분하는 것도 어

---

5   브루노에 대해서는 Spruit 2008을 보라. 다 코스타에 대해서는 Osier 1983, 특히 pp. 77~97과 Nadler 2001, pp. 165~173을 보라. 휠링크스에 대해서는 Van Ruler 2006을 보라.

6   Coppens 2003 ; *Spinoza and Late Scholasticism*, 2008.

7   [옮긴이] 스피노자와 베이컨에 대해서는 김은주 2016 참고.

렵다.[8] 스피노자는 또한 피터르 드 라 쿠르Pieter de la Court 및 요한 드 라 쿠르Johan de la Court의 저작을 알았는데, 이들이 스피노자와 공화주의자 마키아벨리 사상이 연결되는 매개자 역할을 했을 것이다.[9] 홉스와 스피노자는 서로의 저작에 대해 알았고, 『신학정치론』에서 스피노자는 『리바이어던』에 분명하게 반응을 보인다.[10] 그러나 이때 다시 스피노자가 홉스에 대해 읽은 것이 무엇인지 그리고 그 영향은 어떻게 평가되어야 하는지는 분명하지 않다.[11]

스피노자는 고대의 주요 철학적 흐름에 대해 개괄적으로 알고 있었다. 그의 견해와 스토아학파 간에 유사성이 있다는 주장이 종종 있었나. 이 책에도 스피노자 철학의 스토아적 측면에 관한 항목이 포함되어 있다. 스피노자가 플라톤Plato과 아리스토텔레스Aristotle를 거론하는 일은 거의 없으며, 언급할 때는 반감을 표하기 위한 것이다(Ep56).[12] 그럼에도 이것이 그의 철학이 (신)플라톤주의와 아리스토텔레스주의에 어떤 식으로도 빚을 지고 있지 않음을 함축하는 것은 아니다. 그의 저작에서 신플라톤주의적 요소의 중요한 전거 중 하나는 레온 에브레오Leone Ebreo로 알려져 있는 르네상스 철학자 아브라바넬이다.[13] 그는 유대교의 영향에 관한 항목에서 다루어질 것이다. 스피노자가 플라톤의 저작을 연구했다는

---

8   [옮긴이] 스피노자와 마키아벨리에 대한 국내 연구로는 신철희 2014 참고.

9   Steenbakkers 2010, pp. 44~45 ; Morfino 2002, p. 260 ; 마키아벨리와 스피노자에 대해서는 Gallicet Calvetti 1972도 보라.

10   Verbeek 2003.

11   Spinoza and Hobbes 1987을 보라. 그리고 특히 Schuhmann 2004를 보라. [옮긴이] 홉스와 스피노자에 대한 국내 논문으로는 진태원 2004, 2005 ; 고원 2006 참고.

12   [옮긴이] "플라톤, 아리스토텔레스, 소크라테스 등의 권위는 제게 큰 무게가 없습니다"(이근세 324).

13   Gebhardt 1921을 보라.

흔적은 없지만, 「형이상학적 사유」 2부 7장의 한 구절은 그가 아리스토 텔레스를 읽었음을 보여 준다.[14] 스피노자는 에피쿠로스Epicurus와 루크 레티우스Lucretius를 명시적으로 칭찬하지만(Ep56), 그럼에도 지금까지 스피노자 철학의 에피쿠로스적 요소에 대해 수행된 연구는 거의 없다.[15] 반면 스피노자와 회의주의 간 관련성은 특히 리처드 팝킨에 의해 분석된 바 있다.[16]

스피노자에게 영향을 주었을지 모를 원천에 대한 모든 탐구에는 불 가피하게 틈이 있을 것이다. 이 부는 가장 분명한 철학자들과 흐름에 초 점을 맞추고 있기는 하나 다른 선택이 옹호될 수 있음을 인정한다. 다른 길을 좇아가 보고 싶은 독자들은 저자들이 참고문헌에서 더 읽을거리로 제안한 것을 찾아보기를 바란다.

참고문헌

Ayers, M., 'Spinoza, Platonism and Naturalism', in M. Ayers(ed.), *Rationalism, Platonism and God*(Oxford : Oxford University Press, 2007), pp. 53~78.

Coppens, G. (ed.), *Spinoza en de scholastiek*(Leuven and Amersfoort : Acco, 2003).

Gallicet Calvetti, C., *Spinoza lettore del Machiavelli*(Milan : Università Cattolica del Sacro Cuore, 1972).

Gebhardt, C., 'Spinoza und der Platonismus', *Chronicon Spinozanum*, no. 1(1921), pp. 178~234.

Gueroult, M., *Spinoza I. Dieu(Éthique I)*(Hildesheim : Olms, 1968).

Lagrée, J., 'La citation dans le Traité théologico-politique', in F. Akkerman and P. Steenbakkers(eds.), *Spinoza to the Letter : Studies in Words, Texts and Books*(Leiden :

---

14   Manzini 2009.

15   Moreau 2006.

16   Richard Popkin 1979.

Brill, 2005), pp. 107~124.

Manzini, F., *Spinoza : Une lecture d'Aristote*(Paris : Presses Universitaires de France, 2009).

Moreau, P.-F., *Problèmes du spinozisme*(Paris : Vrin, 2006), pp. 15~26.

Morfino, V., *Il tempo e l'occasione : l'incontro Spinoza-Machiavelli*(Milan : LED, 2002).

Nadler, S., *Spinoza's Heresy : Immortality and the Jewish Mind*(Oxford : Oxford University Press, 2001).

Osier, J.-P., *D'Uriel da Costa à Spinoza*(Paris : Berg, 1983).

Popkin, R. H., *The History of Scepticism from Erasmus to Spinoza*(Berkeley : University of California Press, 1979), pp. 229~248.

Ruler, H. van, 'Geulincx and Spinoza : Books, Backgrounds and Biographies', *Studia Spinozana*, no. 15(1999 ; published 2006), pp. 89~106.

Schuhmann, K.(2004), 'Methodenfragen bei Spinoza und Hobbes : Zum Problem des Einflusses', in K. Schuhmann, *Selected papers on Renaissance Philosophy and on Thomas Hobbes*, ed. P. Steenbakkers and C. Leijenhorst(Dordrecht : Kluwer), pp. 45~71.

Spinoza and Hobbes. Special issue of *Studia Spinozana*, no. 3(1987).

Spinoza and Late Scholasticism. Special issue of *Studia Spinozana*, no. 16(2008).

Spruit, L., 'Bruno en Spinoza : substantie en gelukzaligheid', in C. van Heertum(ed.), *Libertas philosophandi : Spinoza als gids voor een vrije wereld*(Amsterdam : In de Pelikaan, 2008), pp. 166~182.

Steenbakkers, P., 'Spinoza leest Machiavelli', in A.C. Klugkist and J. van Sluis(eds.) *Spinoza : zijn boeken en zijn denken*(Voorschoten : Uitgeverij Spinozahuis, 2010), pp. 35~54.

Verbeek, Th., *Spinoza's Theologico-political Treatise : Exploring 'the Will of God'*(Aldershot : Ashgate, 2003).

Wolfson, H. A., *The Philosophy of Spinoza*, 2 vols(Cambridge, MA : Harvard University Press, 1934).

국내 연구

진태원(2004), 「『신학정치론』에서 홉스 사회계약론의 수용과 변용-스피노자 정치학에서 사회계약론의 해체 I」, 『철학사상』(19), 133~164쪽.

진태원(2005), 「대중들의 역량이란 무엇인가?-스피노자 정치학에서 사회계약론의 해체 II」, 『트랜스토리아』(5), 13~50쪽.

신철희(2014), 「마키아벨리와 스피노자」, 『정치사상연구』, 20(1), 139~164쪽.

고원(2006), 「대중이란 무엇인가-홉스와 스피노자의 정치사상 비교」, 『영국 연구』(16), 29~48쪽.

김은주(2016), 「지성의 교정(emendatio intellectus)과 스피노자의 베이컨주의」, 『철학사상』(60), 167~196쪽.

— 피트 스테인바이커스

1장 프랑코 페트리 뷔르헤르스데이크Franco Petri Burgersdijk (1590~1635)

프랑코 페트리 뷔르헤르스데이크Franco Petri Burgersdijk(부르게르스디키우스Burgersdicius)는 신스콜라철학을 체계적으로 정리하여 그 축도epitome를 제시한 철학 안내서를 통해 스피노자에게 영향을 주었다. 17세기 개신교계 대학들에서는 이러한 안내서가 널리 사용되었다. 『아리스토텔레스 전집』*Corpus Aristotelicum*을 인문주의적 방식에 맞게 바꾸어 개신교 국가들의 종교 및 세속 권력이 필요로 했던 근대 초기 철학 교육의 요구를 충족시켰다.

뷔르헤르스데이크는 1590년 델프트Delft 근처 더 리르De Lier에서 태어났다. 1610년에 레이던 대학에 입학하여 그리스어, 자연학Physics, 신학 정규 강의public lecture를 들었고, 또한 고마루스Gomarus(호마루스)와 1640년부터 1676년 사망할 때까지 엄격한 칼뱅주의의 비공식적인 지도자가 된 기스베르투스 보에티우스Gisvertus Voetius(푸티위스)의 사설 강의도 들었다. 1614년 뷔르헤르스데이크는 소뮈르의 개신교 아카데미로 갔고, 그곳에서 고마루스 밑에서 다시 신학을 공부했다. 1619년에는 레이던의 논리학 교수로 임명되었다. 도르트 전국 총회Synod of Dordt 후 대학의 숙청 작업으로 생긴 공석들 중 하나를 채운 것이었다. 1620년부터는 윤리학도 가르쳤다.

뷔르헤르스데이크의 교수教授는 네덜란드 대학들의 철학 수준과 위상을 높였다. 그의 안내서는 전 철학을 포괄하고 있으며, 예비 학과목이었던 철학을 신학이나 문헌학과 독립된 일련의 지식으로 변형시켰다. 취임 강연을 한 지 겨우 한 달 후, 그는 이중진리double truth 학설[17]을 거부하고 신학에 대해 철학이 지닌 양도할 수 없는 권리를 옹호한 논쟁을 주도했다. 철학과 신학의 관계에 대한 토마스 아퀴나스Thomas Aquinas의 관점을 채택한 뷔르헤르스데이크는 신학적 교의가 인간 이성의 한계를 능가할 수 있을지 몰라도 철학 자체는 오류로부터 자유롭다고 주장했다. 이교도인 아리스토텔레스가 가장 위대한 철학자였던 것은 이러한 이유 때문이다. 같은 맥락에서 뷔르헤르스데이크는 이베리아 신스콜라주의[18]와

17　[옮긴이] 신앙의 진리와 이성의 진리, 신학과 철학의 관계에 대한 스콜라철학의 학설을 말한다.

18　[옮긴이] 16세기부터 17세기까지 스페인, 포르투갈, 이탈리아를 중심으로 유럽 여러 지역에서 부흥한 스콜라철학을 일컬어 "제2스콜라주의"Second Scholasticism라고 하는데, 본문에 나오는 "이베리아 신스콜라주의"Iberian neo-scholasticism는 아마도 이베리아반도에서 번성한 제2스콜라주의를 나타내기 위해 사용한 용어로 보인다. 스페인 살라망카 대학을 중심으로 활동한 "살라망카 학파"School of Salamanca와 포르투갈 코임브라 대학의 "코임브라 학파"Coimbra School가 유명하다. 스페인 스콜라주의자들을 중심에 두고 말할 때는 "스페인 스콜라주의"Spanish Scholasticism라고 좁혀 부르기도 한다. 스페인의 프란시스코 데 비토리아Francisco de Vitoria(1483경~1546경), 도밍고 데 소토Domingo de Soto(1494~1560), 루이스 데 몰리나Luis de Molina(1535~1600), 프란시스코 수아레스Francisco Suárez(1548~1617), 도밍고 바녜스Domingo Báñez(1528~1604) 등과 이탈리아의 토마스 카예탄Thomas Cajetan(1469~1534. 토마소 데 비오Tommaso de Vio), 포르투갈의 페드루 다 폰세카Pedro da Fonseca(1528~1599) 등이 유명하다. 제2스콜라주의에 대해서는 다음 책 참고. Simona Langella, Rafael Ramis Barceló, eds., *¿QUÉ ES LA SEGUNDA ESCOLÁSTICA?*, Madrid : Editorial Sindéresis, 2023.

다른 로마 가톨릭 철학자들의 권위를 전적으로 인정했다. 그러므로 뷔르헤르스데이크가 칼뱅주의 철학Calvinist philosophy을 만들려고 했다는 분트와 디봉의 주장은 기각될 수밖에 없다.[19] 네덜란드 공화국에 데카르트주의가 빠르게 수용될 수 있었던 것도 철학에 대한 이러한 태도가 지배적이었기 때문이다. 뷔르헤르스데이크는 자연학도 강의했으며, 1628년에는 도덕철학 교수직 대신 자연학 교수직으로 갈아탔다. 1630년 레이던 대학의 학장rector으로서 그는 데카르트를 수학과 학생으로 입학시켰다. 뷔르헤르스데이크는 1635년 2월 8일 사망했다.

뷔르헤르스데이크의 저작들 중 가장 성공적이었던 것은 논리학 안내서였다. 이 책은 17세기 내내 여러 번 재판을 찍었으며, 스피노자는 이 책을 인과성 개념을 해설하는 데 사용했다. 도르트 전국 총회the national Synod of Dordt가 전국의회에 한 권고에는 라틴어 학교Latin Schools를 개혁하고 논리학과 수사학을 가르치라는 요구가 포함되어 있었다. 이른바 "스홀로르드러"Schoolordre, School order(학교 정비)라고 불리는 학교 규정은 1625년에 반포되었다. 1625년에 반포된 학교에 관한 조례는 논리학 개론과 논리학에 대한 본격적인 교과서를 요청했다. 뷔르헤르스데이크는 두 책 모두 집필해 달라는 의뢰를 받았다.

뷔르헤르스데이크의 형이상학 교과서인 『형이상학 체계』*Institutiones metaphysicae*는 사후에 출간되었다. 스피노자가 이 안내서를 잘 알고 있었고 비판적이기는 했지만, 자신의 용어를 발전시키는 데 잘 활용했음은 그의 『소론』, 『윤리학』, 「형이상학적 사유」에 나오는 여러 암묵적 언급을 통해 입증된다. 트렌델렌부르크는 『소론』 1부 3장과 『윤리학』 1부 정

---

19   Dibon 1954 ; Wundt 1939.

리16~18의 작용인에 관한 부분이 뷔르헤르스데이크의 『논리학 체계』 *Institutiones logicae* 1권 17장에서 온 것이라고 지적한다.[20] 야콥 프로이덴탈Jakob Freudenthal(1839~1907)은 '스피노자와 스콜라철학'Spinoza und die Scholastik이라는 선구적인 연구에서 스피노자가 뷔르헤르스데이크의 『형이상학 체계』를 광범위하게 활용했음을 보여 준다. 그는 스피노자가 뷔르헤르스데이크와 대부분의 후기 스콜라철학에서 형이상학을 일반적인 부분[일반 형이상학]과 특수한 부분[특수 형이상학]으로 양분하는 관점을 차용했다고 말한 후, 스피노자가 「형이상학적 사유」 2부에서 다룬 신의 속성은 순서만 조금 다를 뿐 뷔르헤르스데이크가 다룬 신의 속성과 거의 동일하다고 지적한다. 스피노자는 신의 영원성, 단일성, 광대무변함, 불변성, 단순성, 생명, 지성, 의지, 역량, 창조, 협력concurrence의 순서로 다루는데(CM 2.1~11), 뷔르헤르스데이크는 필연성, 단일성, 영원성, 광대무변함, 단순성, 불변성, 생명과 지성, 의지와 역량, 창조와 협력 순으로 다룬다는 것이다.[21] 프로이덴탈뿐만 아니라 코펜스Coppens도 스피노자가 후기 스콜라철학에 관심을 가진 것은 전혀 "잘 구성된 신학[저작]을 집필하지 않았"고, 그래서 신적 속성을 적절하게 다루지 못했던 데카르트 신학의 부적절함 때문이라고 설명한다.[22] 그러나 스피노자가 흔히 논박하는 맥락에서 뷔르헤르스데이크를 언급한다는 점이 지적될 필요가 있다. 이런 이유로 뷔르헤르스데이크의 형이상학에 그의 매개적 존재자론 theory of intermediate being[23]은 결정적이지만, 스피노자는 「형이상학적 사유」

---

20   Trendelenburg 1867, pp. 317~325.

21   Freudenthal 1887, p. 110.

22   Coppens 2004, p. 19.

23   *Institutiones metaphysicae* 1.3.

1부 1장에서 그 이론을 퉁명스럽게 일축한다. 그리고 『형이상학 체계』 2권 6~7장에서 신의 속성들에 대한 뷔르헤르스데이크의 증명은 2번 풍자적인 주석의 대상이 된다. "우리는 저자들이 신의 단일성을 증명하고자 시도한 쓸모없는 논변에 종종 놀랐다"(CM 2.2 ; G I. 252 ; C I. 318). 그리고 "저자들이 신의 광대무변함을 다룰 때, 그들은 신에게 양을 귀속시키는 것처럼 보인다. (…) 이보다 더 불합리한 것은 없다"(CM 2.3 ; G I. 254 ; C I. 319~320).

참고문헌

1차 문헌

Idea philosophiae naturalis, sive methodus definitionum et controversiarum(Leiden, 1622, 1643, 1652 ; Dutch trans. A.L. Kók, Amsterdam, 1648).

Idea philosophiae moralis, sive compendiosa institutio(Leiden, 1623 ; Oxford, 1631).

Institutionum logicarum libri II decreto D.D. Ordinum Hollandiae et WestFrisiae, novâ methodo ac modo formati, atque editi(Leiden, 1626, 1637, 1648, 1651, 1653 ; Dutch trans. A.L. Kók, Amsterdam, 1646 ; English trans. as *Monitio Logica or an Abstract and Translation of Burgersdicius his Logick*, London, 1697).

Collegium physicum disputationibus XXXII absolutum(Leiden, 1632, 1650, 1664 ; Dutch trans. A.L. Kók, Amsterdam, 1648).

Institutionum logicarum synopsis, sive rudimenta logica(Leiden, 1632, 1637, 1646, 1659, 1661, 1716 ; Dutch trans. A.L. Kók, Amsterdam, 1646).

Institutionum metaphysicarum libri II(Leiden, 1640, 1651, 1653, 1657, 1675).

Idea oeconomicae et politicae doctrinae(Leiden, 1644, 1723).

2차 문헌

Bos, E.P. and H.A. Kro(eds.), *Franco Burgersdijk(1590~1635)* : *Neo-Aristotelianism in Leiden*(Amsterdam : Rodopi, 1993).

Coppens, G., 'Spinoza et la conception scolastique de Dieu dans le contexte hollandais', in Chantal Jaquet(ed.), *Les Pensées Métaphysiques de Spinoza*(Paris : Sorbonne, 2004), pp. 19~36.

Dibon, P. A. G., *La philosophie néerlandaise au siècle d'or : L'enseignement philosophique dans les universités à l'époque précartésienne(1575~1650)*(Paris and Amsterdam : Elzevier, 1954), pp. 99~136.

Freudenthal, J., 'Spinoza und die Scholastik', in *Philosophische Aufsätze Eduard Zeller gewidmet*(Leipzig : Fues's Verlag, 1887), pp. 85~138.

Ruestow, E. G., *Physics at 17th and 18th Century Leiden*(The Hague : Mouton, 1973), pp. 14~33.

Trendelenburg, A., *Historische Beiträge zur Philosophie III*(Berlin : Bethge, 1867).

Wundt, M., *Die deutsche Schulmetaphysik des 17. Jahrhunderts*(Tübingen : Mohr, 1939), pp. 87~89.

— 헨리 크롭

2장 르네 데카르트René Descartes(1596~1650)[24]

르네 데카르트는 스피노자가 가장 많은 빚을 진 철학자이다. 그는 엄밀한 의미에서 결코 데카르트주의자가 아니었지만, 이 프랑스 철학자가 그에게 영향을 끼친 것은 분명하다. 스피노자는 데카르트의 저작을 (여러 판본으로) 소장하고 있었으며, 당시 아직 출판되지 않은 『정신지도규칙』 *Regulae ad directionem ingenii*의 필사본을 접했을 가능성도 있다. 스피노자 자신의 저작들이 증언하는 것처럼, 그는 데카르트주의를 주의 깊고 날카롭게 그리고 비판적으로 연구했다. 스피노자 초기 저작들(『지성교정론』의 인식론, 『소론』에서 정념의 목록, 『데카르트의 『철학의 원리』』와

---

24 이 절은 페르베이크의 저작(Verbeek 2003)에 나오는 데카르트의 생애와 저작에 관한 설명을 상당 부분(때로는 문자 그대로) 포함하고 있다. 그가 관대하게 허락해 준 덕이다.

「형이상학적 사유」에서 형이상학)의 용어, 주제, 접근 방법에서부터 원숙기 철학에서 데카르트에 대한 진심 어린 존경과 날카로운 비판(E3praef ; E5praef)에 이르기까지 데카르트의 유산은 스피노자의 철학이 전개되는 내내 편재해 있다.

스피노자가 살았던 곳의 지적 환경은 철저하게 데카르트적이었다. 그의 친구들과 서신을 교환했던 많은 이들에게 데카르트의 업적은 모든 철학적·과학적 문제들에 대한 준거점으로 여겨졌다. 17세기 후반, 다양한 색조와 변종을 지닌 네덜란드의 데카르트주의는 활발하면서도 가장 영향력 있는 사조였다. 다른 어떤 곳보다 네덜란드에서 그랬다.[25] 페르베이크가 주장한 것처럼, 데카르트는 삶의 대부분을 네덜란드에서 보냈고 자기 계획에 대해 주로 네덜란드 친구들(그들 중에는 베크만, 하위헌스, 홀리위스, 레네리, 레기우스가 있다)과 의논했으며, 거의 모든 저작을 네덜란드에서 구상, 집필, 출간했다. 네덜란드 대학들은 처음부터 그의 철학을 다루고 가르쳤다. 네덜란드의 철학자들은 데카르트주의를 철학의 지적·학문적 전통의 일부로 만들었다. 데카르트 전 저작이 네덜란드어로 번역된 덕택에 대중적인 독자층이 형성될 수 있었다.[26] 스피노자와 같은 철학자에게 데카르트주의는 아무래도 철학 형성에 가장 큰 영향을 준 사조일 수밖에 없었다.

르네 데카르트(라틴어로는 레나투스 카르테시우스Renatus Cartesius)는 1596년 3월 31일 투렌Touraine 지방의 라에La Haye(현재 명칭은 '데카르트')에서 태어났다. 그는 아마도 아버지의 직업을 따라 변호사가 되는 장

---

25   Thijssen-Schoute 1950.
26   Verbeek 2003, p. 258.

래를 생각했을 것이다. 그는 라플레슈 예수회 학교Jesuit college of La Flèche
로 갔고[1606/07~1614/15까지 수학], 이후 푸아티에Poitiers 대학으로
가서 1616년에 법학 학위를 받았다. 데카르트는 망설임 끝에 네덜란드
로 향했고(아마도 1618년 초에) 브레다Breda에 있는 마우리츠 판 나사우
Maurice of Nassau 군대에서 복무했다. 1618년이 끝나 갈 무렵 그는 아이작
빅만Issac Beeckman(1588~1637)을 만났고, 그와 함께 수학, 음악, 화성, 낙
하 물체의 법칙 문제 등에 대해 의견을 주고받았다.

이후 2년간 여행한 독일에서 데카르트는 꿈을 꾸었는데, 그는 이
꿈을 신의 명령이자 자신의 직관에 대한 확인으로 해석했다. 그 직관
이란 양과 비율의 보편학general science에 관한 것으로 다른 수리 과학(산
술, 기하학, 대수, 음악 등)은 이에 대한 단순한 응용에 불과할 것이라
는 생각이었다. 이탈리아 여행 후 파리에 체류하면서 그는 광학과 수학
에 대해 연구하고 방법론에 대한 미완의 저서인 『정신지도규칙』을 집
필했다. 이후 데카르트는 1628년 10월에 잠시 네덜란드로 돌아왔다
가 1629년 봄에 최종적으로 정착한다. 그 후 5년 동안 그는 프라네커
르Franeker에 살다가 암스테르담으로 이주했고, 데벤테르Deventer를 거쳐
다시 암스테르담으로 돌아왔다. 그는 산술, 굴절광학, 형이상학, “기상
학”(지구와 달 사이의 모든 자연현상), 일반 자연학general physics에 착수했
다. 그러는 동안 데벤테르와 위트레흐트의 철학 교수인 헨리퀴스 레네리
Henricus Reneri(1593~1639), 레이던 대학의 동양 언어학 및 수학 교수 야
콥 홀리위스Jacob Golius, 스타트하우더의 개인 비서 콘스탄테인 하위헌
스Constantijn Huygens(1596~1678), 부유하고 영향력 있는 후원자 다비드
르 레우 드 빌럼David le Leu de Wilhem(1588~1658) 등 다양한 네덜란드 인
물들과 친구가 되었다. 모두들 데카르트가 아무것도 출판하지 않겠다고

결심한 것을 번복하게 하려고 애썼다. 데카르트는 일반적인 "방법에 관한 담론"(우리가 보통 『방법서설』이라고 부르는 부분)을 서두로 하여 굴절광학, 기상학, 기하학에 관한 세 편의 '논고'로 구성된 원고를 쓰기 시작했다.[27] 이 글은 1637년에 레이던에서 출판되었다. 데카르트는 『방법서설』에 자신의 형이상학 요약[제4부 형이상학의 토대들]을 포함시켰는데, 너무 소략한 나머지 혼란과 비판을 불러일으켰다. 이에 자세한 개정판을 쓰기 시작했고, 이 원고는 점차 『제1철학에 대한 성찰』*Meditationes de prima philosophia*로 발전되었다. 데카르트는 자신의 견해가 보다 수월하게 받아들여지기를 바라며 여섯 묶음sets으로 된 '[성찰에 대한] 반론과 답변'을 포함시켰다. 이 책은 1641년 파리에서 출판되었다. 암스테르담의 루이 엘제비르Louis Elzevier(1604~1670)는 2판을 찍자고 제안했고, 1642년 1월에 준비되었다.

그즈음 데카르트는 자신의 철학에 대해 위트레흐트 대학에서 벌어진 논쟁에 휘말리게 된다. 그의 친구인 의학교수 헨리퀴스 레기우스Henricus Regius, Henri du Roy가 제출한 논문들로 신학 교수진, 특히 위트레흐트 대학의 총장rector magnificus이었던 보에티우스Gisbertus Voetius(1589~1676)의 공분을 산 것이다. 이 소동은 "새로운 철학"을 공식적으로 규탄하고 레기우스를 의학부medicine faculty로 밀어내는 것으로[28] 종결된다. 같은 시기에 예수회, 특히 피에르 부르댕Pierre

---

27 [옮긴이] 『방법서설』의 원제는 다음과 같다. 『이성을 잘 인도하고 학문에서 진리를 찾기 위한 방법에 관한 담론[방법서설] 및 이 방법에 관한 논문인 굴절광학, 기상학, 기하학』 *Discours de la méthode pour bien conduire sa raison, & chercher la vérité dans les sciences. Plus la Dioptrique, les Météores et la Géométrie., qui sont des essais de cette Méthode.*

28 [옮긴이] 레기우스는 레이던 대학에서 본래 일반 자연학 강의를 할 수 있게 승인을 받았으나 의학부 교수진으로 제한되어 더 이상 자연학 강의를 할 수 없게 되었음을 뜻한다. 이에 대

Bourdin(1595~1653)이 『성찰』에 대해 반론을 제기한다(데카르트는 이를 무익한 반론이라고 생각했다). 이에 데카르트는 『성찰』 제2판에 자신의 답변과 함께 부르댕의 반론을 수록하고 또한 파리 예수회 대구장에게 보내는 공개 서한도 수록한다. 그는 이 서한에서 부르댕에 대해 항의하며 그를 예수회와 분리하려고 하고 또한 보에티우스에 대해서도 항의한다.[29] 이 일곱 번째 반론과 답변 및 디네Dinet 신부에게 보내는 서신은 『성찰』의 '부록'으로 인쇄되어 1642년 봄에 출간되었다. 이제 보에티우스가 격분할 차례였다. 그는 마틴 스호크Martin Schoock(1614~1669)를 끌어들여 자신을 변호하게 한다. 스호크는 『놀라운 방법』*Admiranda methodus*을 써서 이를 수행한다.[30] 데카르트는 처음에 저자가 보에티우스라고 생각하고 반박문을 쓰기 시작했는데, 이 글이 결과적으로 「보에티우스에게 보내는 공개 서한」*Epistola ad Voetium*(1643)이 된 것이다.

　『성찰』을 끝내기도 전에 데카르트는 다른 목표를 세운다. 철학의 원리를 출간하는 목표였다. 이 계획에는 어느 정도 논박하려는 의도가 있었다. 데카르트는 스콜라철학에 대한 반박을 포함시키고 싶었던 것이다. 부차적인 동기는 그 책을 통해 자신의 철학에 교과서적 체제didactic format를 부여하려는 것이었다. 이로부터 나온 최종 결과물은 데카르트 자신의 철학을 네 부분으로, 곧 ① 형이상학적·인식적 원리, ② 자연의 원리(운동 법칙들 등등), ③ 우주의 구조(천체 자연학), ④ 발효, 자력 등

해서는 Lawrence Nolan(ed.), *The Cambridge Descartes lexicon*, Cambridge University Press, 2016의 '레기우스' 항목 참고.

29　[옮긴이] "지극히 존경하는 예수회의 프랑스 지역 수장이신 디네 신부님께 르네 데카르트가 인사를 드립니다"(원석영 I-2, 115 이하).

30　Schoock 1643 ; Descartes and Schoock 1988도 보라.

과 같은 물리적 현상에 대한 설명으로 나누어 체계적으로 제시한 것이었다. 식물, 동물, 인간에 대한 부분도 계획되었으나 경험적·실험적 데이터가 부족하여 실현되지 못했다. 이 저작은 『철학의 원리』라는 제목으로 1644년에 출간되었다.[31] 클로드 피코Claude Picot의 프랑스어 번역(몇몇 중요한 점에서 본래의 라틴어판과 어긋난다)은 1647년에 파리에서 나왔다.

1643년에 시작된 보헤미아의 엘리자베스 공주Elisabeth of Bohemia, Princess와의 서신 교환은 데카르트의 마지막 저작인 『정념론』*Les Passions de l'âme*이 나오게 된 계기였다. 보다 정확히는 정념들을 엄밀하게 "정의"해 달라는 엘리자베스 공주의 요청으로 나온 것이었다. 『정념론』은 1649년에 출간되었다.[32] 한편 데카르트는 네덜란드를 떠나 스웨덴으로 갔다[1949]. 크리스티나 여왕Queenn Christina이 그에게 이른 아침 시간(오전 5시)에 수학 교습을 해 달라고 요청한 것은 데카르트에게 치명적이었던 것으로 알려져 있다. 1650년 2월 11일 그는 프랑스의 대사 피에르 핵터 샤뉘Pierre Hector Chanut(1601~1662)의 품에서 숨을 거두었다. 아마도 폐렴 때문이었을 것이다.

스피노자가 언제 어떻게 새로운 철학, 특히 데카르트의 저작을 알게 되었는지는 알려져 있지 않다. 그가 다녔던 유대인 학교 에츠 하임에서 가르친 철학은 토라, 미슈나, 탈무드 주석에 초점을 맞춘 것이었다.[33] 그

---

31 [옮긴이] 르네 데카르트, 원석영 옮김, 『철학의 원리』(개정판), 아카넷, 2012.

32 [옮긴이] 르네 데카르트, 『정념론』, 김선영 옮김, 문예출판사, 2013.

33 [옮긴이] 토라Torah는 '가르침', '교훈'을 뜻하는 히브리어로, '성문 토라'와 '구전 토라'로 구분된다. 성문 토라는 『모세오경』(창세기, 출애굽기, 레위기, 민수기, 신명기)을 가리키며, 구전 토라는 성문 토라에 대해 랍비들 여러 세대에 걸쳐 확립한 해석과 가르침을 말한다. 마가복음 7장 3~15에 나오는 "조상의 전통"(공동번역, 개역개정판의 번역은 "장로들의 전통")이 이

는 이곳에서 마이모니데스와 다른 중세 사상가를 공부했다. 그곳에서 또한 고전 철학자와 르네상스 철학자의 저작을 접했을지도 모른다. 스피노자가 받은 최초의 서신이라고 알려진 것은 헨리 올덴부르크가 1661년 9월에 쓴 것(Ep1)으로, 그들이 데카르트와 베이컨 철학에 대해 주고받은 논의가 언급된다.[34] 답신(Ep2)에서 스피노자는 그들 철학에 대한 자신의 반론에 대해 설명한다. 데카르트와 베이컨에게는 만물의 제1원인과 기원에 대한 인식도, 정신의 참된 본성과 오류의 참된 원인에 대한 인식도 없다는 것이다. 그는 특히 데카르트의 자유의지 관념을 비판한다. 자유의지 관념은 그의 견지에서 단순한 정신적 구성물ens rationis(엔스 라티오니스, 사고상의 존재자)일 뿐이다. 이 주제는 스피노자가 주고받은 서신들에서 거듭 수면 위로 떠오른다(Ep21, 57, 58).『데카르트의『철학의 원리』』의 서문에서 로데베이크 마이어는 자유의지가 스피노자가 데카르트를 떠난 쟁점 중 하나였다고 분명히 언급한다(Ep15도 참고). 마이어 자신은 데카르트주의자로 간주될 수 있지만,[35] 그의『철학, 성서의 해석자』*Philosophia S. Scripturae interpres*는 데카르트주의자라는 용어가 아주

를 말하는 것이다. 구전 토라를 3세기 초 랍비 예후다 한나씨가 집대성하여 6개의 큰 주제로 나누어 편찬한 문헌이『미쉬나』*Mishna*이다. 미쉬나는 '(배운 것을) 반복하다'라는 뜻의 '샤나'shanah에서 파생된 명사로 '반복', '공부'라는 뜻이다. 제목은 그 내용이 반복 학습해야 하는 유대교 전통임을 시사한다. 토라의 계명을 실생활에 적용하여 구체화한 세부적인 법률과 관습, 의례, 윤리적 가르침을 망라한다. 구전 토라를 성문화한『미쉬나』에 랍비들의 해석과 토론인 '게마라'Gemara를 덧붙인 책이『탈무드』*Talmud*이다.『미쉬나』는 최근 2종의 완역본이 출간되었다.『미쉬나』, 변순복 옮김, THE하임, 2024 ;『미쉬나』, 권성달·김성언·윤성덕·이영길·전재영·최영철 옮김, 한길사, 2024. 두 역서 모두 번역서 6권과 개론서 1권(총 7권)으로 출간되었다.

34   [옮긴이] "레인스뷔르흐에서 저희의 대화 주제는 신, 무한한 연장과 사유, (…) 끝으로 데카르트 및 베이컨 철학의 원리들이었습니다"(이근세 10).

35   Thijssen-Schoute 1954.

느슨한 의미로만 사용되고 있음을 보여 준다. 마이어는 자신의 『해석』뿐
만 아니라 스피노자의 철학도 데카르트의 기획을 철저하게 전개한 것이
라고 이해한다. 그가 『해석』 후기에서 스피노자의 『윤리학』은 데카르트
의 과제를 더 발전시킨 것이라고 단언하는 것은 이러한 이유 때문이다.[36]

　이러한 매우 폭넓고 자유로운 해석에서, 데카르트주의라는 것은 잘
다듬어진 일련의 철학적 신조tenets라기보다 관념들과 합리적 방법의 공
유 여부와 관련된 문제였다. 따라서 데카르트주의에는 마이어나 스피노
자 같은 사상가도 포함될 수 있었는데, 그들이 데카르트 자신에게는 중
요한 입장을 거부했더라도 마찬가지이다. 그 프랑스 철학자[데카르트]
와 달리 마이어와 스피노자는 신과 영혼 문제를 신학에 남겨 두기를 거
부하고 대신 이 문제를 탁월하게 철학적 문제로 바꾸어 놓았다. 스피노
자가 올덴부르크에게 보낸 서신에서 푸념한 것처럼, 네덜란드의 "어리
석은 데카르트주의자들"은 마이어의 『해석』, 스피노자의 『신학정치론』,
홉스의 『리바이어던』 같은 저작의 출간으로 촉발된 "오디움 테올로기
쿰"odium theologicum(신학적 증오)[37]에 직면하자 자신들이 스피노자와 관
련이 없음을 분명히 하고자 열심이었다(Ep68).[38] 그러나 개혁파 정통
주의Reformed Orthodoxy[39]는 데카르트주의와 스피노자주의가 결국 한 통

36　Meyer 1666, 마지막 페이지(페이지가 적혀 있지 않음).

37　[옮긴이] 종교에 대해 논쟁할 때 흔히 생기고는 하는 논적에 대한 원한과 증오의 감정을 뜻한
　　다. 스피노자의 저작에서는 『신학정치론』 17장에서 이 문제가 다루어진다.

38　[옮긴이] "저에 대해 우호적이라고 의심받은 어리석은 데카르트주의자들은 그런 의심에서
　　벗어나려고 제 사유와 글에 대한 증오심을 사방에서 표명하기를 멈추지 않았고 지금도 그렇
　　게 하고 있습니다"(이근세 370).

39　[옮긴이] 개혁파 정통주의Reformed Orthodoxy는 장 칼뱅(1509~1564) 이후 거의 칼뱅주
　　의 정통Calvinist orthodoxy과 동일시되지만, 사실 칼뱅뿐만 아니라 울리히 츠빙글리Ulrich
　　Zwingli(1484~1531), 마르틴 부처Martin Bucer/Butzer(1491~1551), 하인리히 불링거Heinrich

속일 것이라는 의심을 거두지 않았다. 반세기 후에 요하네스 레기우스
는 『데카르트, 스피노자주의의 진정한 창시자』*Cartesius verus Spinozismi
architectus*(1719)에서 상황이 이러함을 아주 명시적으로 알린다. 모든
스피노자주의자는 처음에는 데카르트주의자로 시작하며, 데카르트의
체계는 스피노자주의의 원리, 특히 신과 세계의 동일시 및 이에 수반되
는 법칙의 필연성을 채택하지 않는다면 붕괴되고 말 것이라고 말이다.[40]
레기우스의 디딤돌 이론에는 얼마간 사실과 일치하는 부분도 있겠으나,
스피노자의 경우에 꼭 들어맞는 것은 아니다.

그렇다면 데카르트는 스피노자에게 얼마나 영향을 주었는가? 이 물
음에 답하려면 스피노자와 데카르트가 아주 다른 철학적 맥락 속에 있었
다는 점을 염두에 두어야 한다. 데카르트가 마지못해 형이상학에 관여하
게 된 것은 확실한 지식을 찾으려는 그의 동기에서 비롯된 것인데, 그가
보기에 이는 물리적 영역과 정신적 영역의 철저한 분리, 법칙이 지배하

Bullinger(1504~1575), 마르틴 루터Martin Luther(1483~1546), 필리프 멜란히톤Philipp
Melanchthon(1497~1560), 피터 버미글리Peter Martyr Vermigli(1499~1562), 토마스 크랜머
Thomas Cranmer(1489~1556) 같은 종교개혁가들의 보다 광범위한 개혁 전통을 따르는 신학
적 입장으로 정의될 수도 있고, 16세기 중후반부터 18세기에 이르는 종교개혁가들의 신학
이 체계화되고 정교화되는 과정이나 시기로 정의되기도 한다. 이상 Herman J. Selderhuis, *A
Companion to Reformed Orthodoxy*(Brill 2013) 참고.

40 [옮긴이] 이 절의 저자 피트 스테인바이커스Piet Steenbakkers에게 문의하여 받은 부연설명을
옮겨 놓는다. "레기우스가 말하고 싶었던 것은 데카르트주의가 필연적으로 스피노자주의
(그리고 무신론)로 이어질 것이라는 점이었습니다. 여기에서 그의 논변은 두 부분으로 되어
있습니다. (1) 결국 스피노자주의자가 된 모든 이들은 스피노자주의로 옮겨 가기 전에는 데
카르트주의자였다는 것입니다. 그리고 (2) 데카르트의 체계는 [정합적이지 않으므로] 스피노
자주의의 두 가지 기본 원리, 즉 신을 자연으로 환원하고 자연법칙이 필연적이라는 원리 위
에 구축되지 않는 한 유지될 수 없다는 것입니다. 이 두 원칙은 무신론(신=자연)과 비도덕성
(필연적 법칙은 자유의지나 도덕적 책임을 위한 자리를 남겨 두지 않음)으로 이어집니다. 레기
우스는 이러한 스피노자의 관념이 없다면 데카르트주의는 정합성이 없으며 유지될 수 없다
는 것입니다."

는 세계를 자유롭게 창조한 신, 오류의 발생을 설명할 수 있는 인간의 자유의지를 필요로 한다. 스피노자의 출발점은 이를테면, 전체로서의 자연 안에 있는 인간의 지위 같은 윤리적인 문제였다. 만물은 어떻게 상호연결되며, 그것이 인간 행동에 대해 의미하는 것은 무엇인가? 기본적으로 데카르트의 실체, 속성, 양태 같은 형이상학적인 틀을 사용하면서, 스피노자는 데카르트가 다다른 결론과 정반대의 결론에 도달한다. 만일 실체가 "실존하기 위해서 다른 어떤 것도 필요로 하지 않는 것"이라면, 데카르트 자신이 말한 것처럼 "실존하기 위해서 다른 어떤 것도 필요로 하지 않는 실체는 오로지 하나뿐이라고 할 수 있는데, 바로 그것은 당연히 신이다"(PP I. 51 ; 원석영 II. 43. 용어는 수정). 스피노자는 이 실체 정의를 그것의 논리적 결론으로 이끈다. 곧 신이 유일한 실체이며, 다른 모든 것은 실체 **안에** 실존함에 틀림없다는, 다시 말해서 실체의 양태로 실존함에 틀림없다는 것이다. 이는 데카르트의 형이상학을 전복시킨다. 곧 신은 창조자일 수 없으며, 그의 인과 작용은 오직 내재적인 것일 수밖에 없다. 데카르트와 스피노자의 근본적인 불일치는 『성찰』과 『윤리학』의 격돌하는 구조에도 반영된다. 데카르트는 의심에서 시작하고[41] 인간 정신으로 이어지며 그 다음 신의 실존으로 나아간다. 나머지 부분은 물질적 세계의 실존과 물질적 세계에 대한 인간 인식의 (제한적) 확실성으로 끝난다. 스피노자의 궤도는 그 반대이다. 신으로부터 출발하여(신의 본질로부터 모든 실재가 필연적으로 따라 나온다. E2praef) 인간 정신으로 나아간다. 뒤의 내용은 인식의 토대가 아니라 윤리학의 토대이다.

　　스피노자는 데카르트의 형이상학을 주로 부정적인 방식으로 수용

41　스피노자의 이론에는 '의심'이라는 문제가 있을 자리가 없다. Mason 1993.

하지만, 데카르트의 자연학은 대체로 인정하는 것으로 보인다. 스피노자는 때때로『철학의 원리』2부 46~52절에 개진된 충돌 법칙들을 비판하지만(Ep31, 32, 81),『데카르트의『철학의 원리』』(2p24~31)뿐만 아니라『윤리학』2부 정리13 뒤에 나오는 이른바「자연학 소론」에서 외견상으로는 조건 없이 그의 충돌 법칙들을 채택하는 것으로 보인다.[42]

명료하고 뚜렷한 지각을 강조하고 상상력과 순수 지성을 대립시키는[43] 데카르트의 인식론은 스피노자 철학에서 상당히 변형된다. 스피노자가 상상력의 사용에 부여한 중요성(『신학정치론』의 예언에 관한 장들에서, 그리고『윤리학』3~4부의 정서 이론에서)과 오류의 기원에 대한 비非데카르트적 설명에 의해 그의 인식론은 데카르트 인식론과 용어상의 유사성에도 불구하고 뚜렷하게 달라진다.

스피노자는 자신의 철학을 전개하는 과정에서 데카르트가『정념론』에서 개진한 심리학 이론에 대한 생각을 바꾸게 된다.『정념론』에 제시된 정념의 목록과 정념에 대한 대부분의 서술 내용은 다소 직접적으로 그의『소론』에 수입되지만,『윤리학』3부에서는 완전히 새로운 정서 이론을 제시한다. 정서에 대한 데카르트의 학설을 비판하면서 따라 나온 필연적 결과로, 스피노자는 또한 자신의 이론이 그가 스토아학파의 견해(정념은 통제될 수 있다는 것)라고 지적한 것과 관련이 없음을 분명히 한다(E5praef). 그가 제시한 스토아학파의 예는 다른 훈련을 받은 두 마리 개의 예인데, 이 예는 데카르트의『정념론』1부 50항에서 취한 것이었

---

42   Van der Hoeven 1973을 보라. [옮긴이] 국내 연구로는 김은주 2013 참고.

43   [옮긴이] 상상력imaginatio과 순수 지성pura intellectio의 차이는『성찰』의「제6성찰」에서 검토된다. 이현복 I. 103~105 ; AT VII. 72~73 참고.

다.[44] (데카르트가 『정념론』에서 제시한) 신체와 영혼을 연결한다는 송과샘 이론은 『윤리학』 5부 서문에서 분석되고 반박된다. 그곳에서 스피노자의 비판은 신체와 정신의 통일성unity에 대한 그의 견해와 밀접하게 연결되어 있다.

요약하자면, 스피노자의 철학은 (강하게 말하자면) 데카르트의 유산 없이는 있을 수 없었을 것이라고 말할 수 있다. 그럼에도 이 두 철학자의 체계는 양립할 수 없다. 스피노자의 사유가 데카르트의 사유에 아무리 많은 빚을 지고 있다 해도, 스피노자의 철학은 데카르트주의의 어떠한 변종으로도 축소될 수 없다.

---

44 [옮긴이] "하지만 스토아학파 사람들은 정서가 절대적으로 우리의 의지에 의존하며, 우리는 정서를 절대적으로 지배할 수 있다고 생각했다. 하지만 그들은 경험의 항의의 외침으로 인해 그들의 원칙에도 불구하고, 정서를 억제하고 조절하기 위해서는 적지 않은 훈련usum과 노력이 필요하다는 점을 실토하지 않을 수 없었다. (내가 옳게 기억하고 있다면) 이들 중 어떤 사람은, 하나는 집 지키는 개이고 다른 하나는 사냥개인 두 마리의 개의 사례를 통해 이 점을 보여 주려고 노력했다. 왜냐하면 훈련을 통해 집 지키는 개는 사냥을 하도록, 반대로 사냥개는 토끼를 쫓아다니는 것을 단념하도록 길들일 수 있었기 때문이다"(G II. 277~278). "영혼에게 어떤 대상을 나타내는 샘의 운동이, 정기와 뇌의 운동만큼이나 영혼 안에서 어떤 정념을 일으키는 것과 본성적으로 결합되어 있음에도, 습관으로 인해 아주 다른 것과 분리되거나 결합할 수도 있다는 것을 인식하는 것 역시 유용하다. (…) 그리고 동물에서도 그와 같은 것을 주목할 수 있다. 왜냐하면 동물이 이성을, 나아가 어떠한 생각도 갖지 못할지라도, 우리 안에서 정념을 일으키는 정기와 샘의 모든 운동은 동물 안에도 그대로 존재하고, 그 운동은 동물 안에서 우리에게서처럼 정념은 아니지만 정념을 동반하는 습관이 있는 신경과 근육의 운동을 유지하고 강화하는 데 그래도 소용이 있기 때문이다. 이처럼 개가 자고새를 보았을 때, 개는 자고새를 향해 자연적으로 달려가게 된다. 그리고 방아쇠를 당기는 소리를 들을 때, 이 소음은 개가 자연스럽게 도망가게 한다. 그럼에도 일반적으로 사냥개를 훈련시켜서, 자고새를 목격한 사냥개를 멈추게 하고, 사람이 자고새를 향해 총을 당기면 사냥개가 그 소리를 들은 후에 자고새가 있는 곳으로 달려가게 만든다. 그런데 이것은 각 개인에게 그들의 정념을 규제하는 방법을 배울 용기를 주기 위해서 알면 유용하다"(PA 50 ; 김선영 62~63).

참고문헌

1차 문헌

Descartes, R., *Œuvres de Descartes*, ed. Ch. Adam and P. Tannery, 11 vols(Paris : Cerf, 1897~1913).

_______ , *The Philosophical Writings of Descartes*, trans. John Cottingham et al., 3 vols(Cambridge : Cambridge University Press, 1985~1891).

Descartes, R. and M. Schoock, *La Querelle d'Utrecht*, ed. Th. Verbeek(Paris : Les impressions nouvelles, 1988).

Meyer, L., *Philosophia S. Scripturæ interpres : Exercitatio paradoxa*(Amsterdam, 1666).

Regius, J., *Cartesius verus Spinozismi architectus*(Franeker, 1719).

Schoock, M., *Admiranda methodus novae philosophiae Renati Des-Cartes*(Utrecht, 1643).

2차 문헌

Brunschvicg, L., 'Descartes', in idem, *Spinoza et ses contemporains*, 4th ed.(Paris : Presses Universitaires de France, 1951), pp. 153~193.

Clarke, D. M., *Descartes : A Biography*(Cambridge : Cambridge University Press, 2006).

Cottingham, J., *Cartesian Reflections : Essays on Descartes's Philosophy*(Oxford : Oxford University Press, 2008).

Descartes-Spinoza. Special issue of *Les études philosophiques*, no. 71(2004).

Gueroult, M., *Spinoza, I : Dieu(Éthique, I)*(Paris : Aubier-Montaigne, 1968), pp. 529~556.

_______ , *Spinoza, II : L'Âme(Éthique, II)*(Paris : Aubier-Montaigne, 1974), pp. 619~625.

Hoeven, P. van der, 'Over Spinoza's interpretatie van de cartesiaanse fysica, en de betekenis daarvan voor het systeem der Ethica', *Tijdschrift voor filosofie*, no. 35(1973), pp. 27~86.

Mason, R. V., 'Ignoring the Demon? Spinoza's Way with Doubt', *Journal of the History of Philosophy*, no. 31(1993), pp. 545~564.

Moreau, P.-F., 'Spinoza et Descartes,' in idem, *Problèmes du spinozisme*(Paris : Vrin, 2006), pp. 32~50.

Specht, R., 'Spinozas Umgestaltung der Grundthesen Descartes', in idem, *Innovation und Folgelast : Beispiele aus der neueren Philosophie-und Wirtschaftsgeschichte*(Stuttgart-Bad Cannstatt : Frommann-Holzboog, 1972), pp. 137~184.

Spinoza and Descartes. Special issue of *Studia Spinozana*, no. 10(1994).

Thijssen-Schoute, C. L., 'Le Cartésianisme aux Pays-Bas', in E.J. Dijksterhuis et al. (eds.), *Descartes et le cartésianisme hollandais*(Paris : Presses Universitaires de France/

Amsterdam : Éditions Françaises d'Amsterdam, 1950), pp. 183~260.

Thijssen-Schoute, C. L., *Lodewijk Meyer en diens verhouding tot Descartes en Spinoza*(Leiden : Brill, 1954).

Verbeek, Th., 'Descartes', in W. van Bunge et al(eds.), *The Dictionary of Seventeenth and Eighteenth-Century Dutch Philosophers*(Bristol : Thoemmes, 2003), pp. 254~260.

국내연구

김은주(2013), 「외적 충격으로부터 어떻게 내면이 구축되는가? — 데카르트의 물체 충돌 규칙과 스피노자의 변용(affectio) 개념」, 『철학사상』, 49, 53~83쪽.

김은주(2015), 「우리는 어떤 물체가 많은 방식으로 변용됨을 느낀다 — 데카르트의 심신 합일 논증에 대한 스피노자의 대안」, 『철학』, 122, 1~23쪽.

진태원(2012), 「정신적 자동장치란 무엇인가? — 데카르트, 스피노자, 들뢰즈」, 『철학논집』, 28, 119~148쪽.

양진호(2008), 「스피노자의 『데카르트 철학원리』(1663) 연구(1) : 「서론」에서 '신 증명'과 '순환논증'의 문제」, 『칸트연구』, 22, 149~191쪽.

박삼열(2010), 「데카르트 실체 개념의 문제점과 후대 합리론자들의 해결방안」, 『철학논집』, 20, 133~163쪽.

— 피트 스테인바이커스

3장 프란시스쿠스 반 덴 엔덴Franciscus van den Enden (1602~1674)

프란시스쿠스 반 덴 엔덴Franciscus van den Enden은 1602년 2월 6일 앤트워프에서 태어나 세례를 받았으며, 그곳에서 아우구스티누스 학교와 예수회 학교에 다녔다. 1619년에는 메헬렌Mechelen에서 예수회 수사 수련 기간에 들어갔다. 루뱅에서 철학을, 앤트워프에서 문법을 공부했고, 그 후 플랑드르에 있는 여러 예수회 학교들에서 교사로 일했다. 1629년에는 신학을 공부하고자 루뱅으로 돌아갔으나 1633년 5월 15일에 불확실한 이유로 교단에서 추방되었다. 이후 반 덴 엔덴은 아마도 스페인의 아우구스티누스 수도회 탁발 수도사Austin Friar 바르톨로메 데 로스 리오스 이 알라르콘Bartlomé de los Rios y Alarcon(1580~1652)과 협력 관계associate를 맺은 것으로 보이는데, 바르톨로메는 성모 마리아 신앙Marian devotion을 전파하던 인물propagator이자 이사베야 공주Infanta Isabella의 고해 신부로서 브뤼셀 궁중의 유력 인사였다. 1637년부터 1641년 사이 언젠가 반 덴 엔덴은 의학 학위를 받았으나, 어디에서 받았는지는 알려져 있지 않다. 이 시기에 반 덴 엔덴은 또한 앤트워프의 유명한 출판인 동생 마르티누스 반 덴 엔덴 1세Martinus van den Enden I의 예술작품 매매업에 관여하기도 했다.

1640년에 반 덴 엔덴은 앤트워프에서 클라라 마리아 페르메이런Clara Maria Vermeeren과 결혼했다. 7명의 자녀를 낳았는데, 그중 어른이 될 때까지 살아남은 건 딸 셋뿐이었다. 1640년대 중반에 반 덴 엔덴 일가는 암스테르담으로 이주했다. 그는 그곳에서 예술가들의 모임에 자주 드나들었고, 자신의 미술품 상점art shop을 세웠으며, 주로 성자의 반열에 오른 로마 가톨릭 순교자들의 그림이 포함된 판화prints 출판인으로 일했다. 1650년 아마도 스타트하우더 빌럼 2세와 홀란트 주의회 간의 새로운 긴장 상황으로 인해 반 덴 엔덴은『짧은 증명』Korte verthooninghe이라는 정치적 소책자를 출판하기도 했는데, 이 책은 프랑수아 브랑크François Vranck가 1580년대에 러스터 백작Earl of Leicester의 지배에 반대하고 홀란트와 서프리슬란트의 주권을 옹호하기 위해서 썼던 글을 재출간한 것이었다. 스피노자는『신학정치론』18장에서 같은 맥락에서 이 소책자를 언급한다. 1652년 반 덴 엔덴은 미술품 상점이 파산하자 아마도 가르치는 일로 돌아갔던 것 같다.

반 덴 엔덴이 라틴어 학교를 운영했다는 첫 번째 증거는 1654년 2월로 거슬러 올라가는데, 그때 그의 제자들은 암스테르담의 시장들 중 한 명의 딸인 코르넬리아 판 플로스베이크Cornelia van Vlooswijk의 결혼을 축하하고자 베르길리우스Publius Vergilius Maro/Virgil/Vergil(B.C. 70~19)의 「아이네이스」 일부를 공연했다. 반 덴 엔덴의 제자들 중에는 니콜라스 판 플로스베이크와 요한 판 플로스베이크Nicolaes and Johan van Vlooswijck, 로메인 더 호게Romeyn de Hooghe, 피터르 릭스털Pieter Rixtel, 얀 판 엘슬란트Jan van Elslandt, 알베르트 뷔르흐Albert Burgh, 테오도르 케르크링Theodoor Kerckring, 그리고 베네딕투스 데 스피노자가 있었다. 반 덴 엔덴과 케르크링의 관계가 가장 밀접했는데, 케르크링은 반 덴 엔덴의 사위이자, 반 덴 엔덴의 목숨을 앗아 간 루이 14세에 대한 역모에도 가담한 인물이었다.

1665년에서 1667년 사이에 반 덴 엔덴은 [루이 14세에] 불만을 품은 몇몇 프랑스 귀족들을 알게 되었다. 1671년 반 덴 엔덴이 파리로 이주한 것은 아마 그들이 부추긴 탓이었을 것이다. 그곳에서 오텔 데 뮤즈Hôtel des Muses(뮤즈의 사저)라는 다른 라틴어 학교를 열었다. 1672년에는 카타리나 므다엥Catharina Medaens과 결혼했고[두 번째 결혼], 같은 해(네덜란드의 "재앙의 해"[45])에 프랑스는 네덜란드 공화국을 침공했는데, 아마도 이 일로 인해 반 덴 엔덴은 자신의 목숨을 앗아 가게 될 대담한 계획을 추진하게 되었을 것이다. 그는 로앙의 영주le Sieur de Rohan, Chevalier Louis de Rohan 및 드 라트레오몽Gilles du Hamel de Latréaumont과 함께 루이 14세를 시해하고 황태자를 납치하여 노르망디의 모반을 유도하고, 프랑스에 "자유 공화국"을 건립할 계획을 세웠다. 대중적인 봉기는 성공하지 못했으며 공모자들은 모두 곧 붙잡혀 고문을 당했고 재판에 넘겨졌다. 1674년 12월 6일 반 덴 엔덴은 교수형에 처해졌다.

---

45   [옮긴이] 이 책 1부 8장 참고.

반 덴 엔덴과 스피노자의 관계에 대한 많은 주장이 있다. 그들이 언제 만났는지에 대해 학문적으로 일치된 견해가 있는 것은 아니다.[46] 하지만 알려진 바에 따르면, 스피노자가 반 덴 엔덴 학교와 관련이 있음을 합리적으로 확신할 수 있는 시기는 1657년과 1658년뿐이다. [그런데] 1658년 봄, 테렌스Terence의 「내시」Eunuchus의 라틴어 공연에서 스피노자가 보다 복잡한 역할 중 하나를 맡았을 가능성이 크다는 점을 고려해 본다면, 당시 그는 틀림없이 이미 라틴어를 충분히 익힌 상태였을 것이다. [게다가] 반 덴 엔덴은 제자들이 2년 안에 대학에 갈 수 있게 훈련시켰기 때문에, 이는 스피노자가 적어도 그가 피문당했던 즈음(1656년 7월)에 반 덴 엔덴의 학교에 입학한 것으로 추측 가능하다.[47]

반 덴 엔덴이 스피노자가 자연주의적 세계관을 채택하는 데 영향을 주었는지는 확실하지 않다. 반 덴 엔덴의 종교 저작 『필레도니우스』*Philedonius*(1657)[48]가 극히 평범했다는 사실은 그렇지 않았다는 점을 시사하는 것처럼 보인다. 반 덴 엔덴이 스피노자에게 데카르트, 갈릴레오, 피에르 가상디Pierre Gassendi, 홉스, 베이컨, 브루노, 마키아벨리의 근대 철학을 소개해 주었을 것이라는 연구자들의 주장이 있지만,[49] 증거가

---

46   Meinsma 1980, p. 124 ; Von Dunin Borkowski 1933, vol. 1, p. 249 ; Gullan-Whur 1998, pp. 59~60 ; Israel 2001, p. 169 그리고 특히 Israel 2002, p. 130.

47   [옮긴이] 저자는 스피노자가 1658년에 이미 라틴어 공연에서 다른 역할에 비해 "보다 복잡한 역할 중 하나"를 맡아 연기할 수 있을 정도로 라틴어를 충분히 익힌 상태였고, 반 덴 엔덴 학교의 대학 입학을 위한 라틴어 과정이 2년 정도였음을 고려할 때, 스피노자의 입학 시기는 알려진 것과 달리 1657년 이전일 수도 있다고 주장하는 것이다. 시기상 어쩌면 1656년 7월 27일 헤렘을 당하면서 반 덴 엔덴 학교에 들어갈 결심을 굳힌 것일지도 모른다.

48   [옮긴이] '헤도네의 친구'라는 뜻이다. 그리스어 헤도네Hedone(라틴어로는 Voluptas)는 '쾌락'이라는 뜻으로, 그리스 신화에서 프시케와 에로스 사이에서 태어난 여신의 이름이다.

49   이를테면 Nadler 1999, p. 111.

있는 것은 아니다. 반 덴 엔덴이 스피노자를 알게 된 것은 드 라 쿠르de la Court(1618~1685) 형제들의 저작을 통해서일지도 모르지만, 아마도 요하네스 보우미스터Johannes Bouwmeeste와 야콥 발란Jacob Vallan 덕택이었을 것이다.[50]

베지Bedjai와 빔 클레베Wim Klever는 동시에 익명으로 출판된 두 개의 정치 관련 소책자 『신네덜란드 개론』Kort Verhael van Nieuw Nederland(1662)과 『자유 정치 명제』Vrye Politijke Stellingen(1665)를 반 덴 엔덴이 썼음을 알아냈다. 그들은 이 텍스트에 의거하여 반 덴 엔덴이 스피노자에게 미친 영향은 매우 중대한 것이었다고 추론하지만, 이 소책자의 내용이 그러한 주장을 보증하는 것은 아니다. 『자유 정치 명제』의 몇몇 구체적인 주장은 1665년경 반 덴 엔덴이 스피노자의 견해를 잘 알고 있었음을 보여 준다.[51] (이를테면 예수의 모든 "약속, 위협, 기적"은 "평범한 유대민의 본성과 필요"에 맞게 조정된 것으로 해석되어야 한다거나, 사람들은 어리석게도 "그들의 앎과 행동의 제1원인 것처럼" 행세한다거나, "상상, 믿음, 명료한 인식"이 "인식"의 세 형태라는 것 등이 그 예이다.) 다른 분석은 이러한 예를 통해 반 덴 엔덴이 스피노자의 영향을 받았다고 말하기도 한다.[52] 반 덴 엔덴의 정치 사상이 스피노자에게 간접적으로 영향을 미쳤을 가능성도 있다. 반 덴 엔덴의 중심 원리인 "에벵엘레이크헤이트"evengelijkheit(평등)를 위시하여 그의 일부 생각이 스피노자의 친구였던 콜레지언파Collegiant 피터르 발링의 두 출판물에 명확히 나타나

---

50   Mertens 2008, p. 80, n. 26.
51   Van den Enden 1665, pp. 28, 41, 44.
52   Mertens 1994, pp. 730~734.

기 때문이다.[53] 그러나 1660년대 전반기에 영향을 준 것은 아닐 것이다. 이 시기에 스피노자는 정치적 문제에 거의 관심을 보이지 않았기 때문이다. 스피노자의 『신학정치론』(1670)과 『정치론』(1677)은 스피노자가 1660년대 후반에야 정치 이론에 깊이 몰두하게 되었음을 명확하게 보여 준다. 이 저작들을 참고하여 스피노자의 사유와 반 덴 엔덴의 사유를 보다 자세하게 비교할 수 있다. 둘 다 민주주의를 최선의 정부 형태로 옹호하고, 종교적 관용과 교회에 대한 국가의 지배를 주장하며, 언론의 자유가 국가가 불안정해지지 않도록 만드는 최선의 길임을 논증한다. 그럼에도 그들이 이러한 결론에 도달한 방식은 다르다. 인간과 사회에 대한 그들의 분석에 상당한 차이가 있기 때문이다. 예컨대 스피노자는 '권리'와 '역량'을 동일시하지만, 매우 도덕적 특징을 지닌 반 덴 엔덴의 정치 이론에는 이러한 관념이 없다. 반 덴 엔덴은 그의 "유덕한 인도인"virtuous Indian 개념에서 예증되는 것처럼 자연 상태를 긍정적으로 보지만, 스피노자의 자연 상태 개념은 부정적이며 보다 홉스적이다.

이러한 차이에도 불구하고, 반 덴 엔덴과 스피노자에게는, 피터르 발링, 로데베이크 마이어, 아드리안 쿠르바흐Adriaan KoerBagh를 비롯한 급진적인 친구들 집단과 공유하던, 공화국과 국가와 교회의 관계에 관한 몇 가지 기본적 관념이 있다. 문헌 증거 또한 그들에게 1670년대 후반까지 몇몇 공동의 친구들이 있었음을 시사하는 것으로 보인다.[54]

반 덴 엔덴이 파리로 이주한 후에도 그들이 연락을 주고받았다면, 스피노자는 자신의 예전 스승이 루이14세에 대한 역모를 꾀했음을 알았

---

53   Balling 1663, pp. 2~4과 Balling 1664, pp. 3~5.
54   Kerckring 1670, pp. 68, 178, 199~200과 De Koeckoecx-zangh 1677, p. 10.

을 가능성이 높다. 음모자들이 체포되었다는 소식이 네덜란드 공화국에
도착했을 때, 그리고 결국 공모자들이 1674년 11월 27일에 바스티유 앞
에서 처형되었다는 소식이 전달되었을 때, 스피노자는 틀림없이 슬퍼했
을 것이다. 그러나 (유사한 다른 모든 경우처럼) 이를 확인할 수 있는 문
헌 기록이 있는 것은 아니다.

참고문헌

1차 문헌

Anonymous, *De Koeckoecx-zangh van de nachtuylen van het Collegie Nil Volentibus Arduum,
huylende met eenen naare geest : Dr. Ruysch en Boeckelman zijn de beest, of een
blyeyndende zamenspraak tusschen een doctor, proponent, en poeet*(Zwolle, n.d. [1677]).

[Balling, P.], *Verdediging van de Regering der Doopsgezinde Gemeente*(Amsterdam, 1663).

________ , *Nader verdediging van de regering der doopsgezinde gemeente*(Amsterdam, 1663).

Enden, F. van den, Philedonius, *Tonneelspel ; slaande op de woorden des wijzemans : In alle
uwe werken gedenk uwe uitersten, en ghy zult in der eeuwigheit niet zondigen*(Amster-
dam, 1657).

[Enden, F. van den], *Kort Verhael van Nieuw-Nederlants Gelegentheit, Deughden, Natuerlijke
Voorrechten, en byzondere bequamheidt ter bevolkingh*(n.p. [Amsterdam], 1662).

________ , *Vrye politijke stellingen, en consideratien van staat, gedaen na der ware christenens
even gelijke vryheits gronden ; strekkende tot een rechtschape, en ware verbeeteringh van
staat, en kerk*(Amsterdam, 1665).

Kerckring, D., *Specilegium anatomicum, continens observationum anatomicarum rariorum
centuriam unam : nec non osteogeniam foetuum*(Amsterdam, 1670).

Pels, A., *Gebruik én misbruik des tooneels*(3rd edn, Amsterdam, 1718).

Rios y Alarcon, B. de los, *Phoenix Thenensis e cineribus rediviuus*(Antwerp, 1637).

________ , *De Hierarchia Mariana libri sex*(Antwerp, 1641).

Rixtel, P., *Mengel-rymen*(Haarlem, 1669).

[Vrancx, F.], *Korte verthooninghe van het Recht by den Ridderschap, Edelen ende Steden van
Hollandt ende West-vrieslant*(Amsterdam, 1650).

2차 문헌

Akkerman, F., *Studies in the Posthumous Works of Spinoza : On Style, Earliest Translation and Reception, Earliest and Modern Edition of Some Texts*(Ph.D. thesis, Groningen, 1980).

Bedjaï, M., 'Métaphysique, éthique et politique dans l'œuvre du docteur Franciscus van den Enden(1602~1674). Contribution à l'étude des sources des écrits de B. de Spinoza', *Studia Spinozana*, no. 6(1990), pp. 291~313.

Borrichius, O., *Itinerarium 1660-1665*, ed. H.D. Schepelern, 4 vols(Copenha-gen : Reitzel/Brill, 1983).

Dunin Borkowski, S. von, *Spinoza*, 4 vols(Münster i.W. : Aschendorffsche Verlagsbuchhandlung, 1933~1936).

Gullan-Whur, M., *Within Reason. A Life of Spinoza*(London : Jonathan Cape, 1998).

Israel, J. I., *Radical Enlightenment. Philosophy and the Making of Modernity 1650-1750*(Oxford : Oxford University Press, 2001).

———, 'Philosophy, Commerce and the Synagogue : Spinoza's Expulsion from the Amsterdam Portuguese Jewish Community in 1656', in J. Israel and R. Salverda (eds.), *Dutch Jewry. Its History and Secular Culture(1500-2000)*(Leiden, Boston and Köln : Brill, 2002), pp. 125~139.

Klever, W., 'Proto-Spinoza Franciscus van den Enden', *Studia Spinozana*, no. 6(1990), pp. 281~288.

Meininger, J.V. and G. van Suchtelen, *Liever met wercken, als met woorden ; de levensreis van doctor Franciscus van den Enden. Leermeester van Spinoza, complotteur tegen Lodewijk de Veertiende*(Weesp : Heureka, 1980).

Meinsma, K.O., *Spinoza en zijn kring. Historisch-kritische studiën over Hollandsche vrijgeesten*(The Hague : Nijhoff, [1896] ; repr. Utrecht : HES, 1980).

Mertens, F., 'Franciscus van den Enden : tijd voor een herziening van diens rol in het ontstaan van het spinozisme?', *Tijdschrift voor filosofie*, no. 56(1994), pp. 718~738.

———, 'Spinoza's Amsterdamse vriendenkring : studievriendschappen, zakenrelaties en familiebanden', in C. van Heertum(ed.), *Libertas philosophandi : Spinoza als gids voor een vrije wereld*(Amsterdam : In de Pelikaan, 2008), pp. 68~81.

Nadler, S., *Spinoza. A Life*(Cambridge : Cambridge University Press, 1999). 『스피노자—철학을 도발한 철학자』, 김호경 옮김, 텍스트, 2011.

Vries, Th. de, *Spinoza. Beeldenstormer en wereldbouwer*(Amsterdam : Becht, n.d. [c. 1980]).

———, *Spinoza. Biografie*(Amsterdam : De Prom, 2003).

— 프랭크 메르턴스

4장 아드리안 헤이레보르트Adriaan Heereboord(1614~1661)

아드리안 헤이레보르트Adriaan Heereboord의 저작은 스피노자가 당대의 신 스콜라철학에 대해 알 수 있게 된 자료 중 하나였다. 스피노자가 1661년 중반 이전에 이미 레인스뷔르흐에 살고 있었다면, 이론적으로는 그가 레이던 대학의 헤이레보르트 강의에 참석했을 수도 있지만 증거가 있는 것은 아니다. 프랑코 뷔르헤르스데이크의 제자였던 헤이레보르트는 뷔르헤르스데이크의 신스콜라철학 학설을 계승하여 발전시켰지만, 레이던 대학에 그가 열렬히 추종했던 데카르트 철학을 도입한 인물로도 인정된다. 헤이레보르트는 데카르트주의를 두고 벌어진 논쟁에서 한 역할로 인해 결국 레이던 대학의 자리를 지킬 수 없었다. 성마르고 격정적인 성격과 그의 삶을 특징짓는 알코올 중독으로 인해 상황은 심각하게 악화되었다.

아드리안 헤이레보르트는 1614년 10월 13일 레이던에서 태어났다. 1629년 철학과 신학 전공과정 학생으로 레이던 대학에 입학 허가를 받았다. 1641년에는 레이던 대학의 철학 특임extra ordinem 교수로 임용되어 논리학을 가르쳤다. 이듬해에는 홀란트주 의회의 보조금을 받는 신학대학인 스타텡콜레허Statencollege(주州 대학)의 쉬브레헨트subregent(부학장)가 되었다. 1644년 그는 윤리학 학과장직을 수락했다. 헤이레보르트가 데카르트 철학을 지지한다는 것은 1643년 말에 분명해졌다. 데카르트는 1644년 1월 8일자 서신[55]에서 "헤이레보르트는 레기우스가 지금까지 했

---

55   AT IV. 75~78. [옮긴이] "데카르트가 알폰소 팔로티Alphonse Pollot, Alphonso Pallotii(1602경 ~1668경)에게 보낸 서신"(Ep336).

던 것보다 (…) 더 공개적으로 나에 대한 지지를 표명했습니다"라고 썼다. 그런데 1647년 이전 약간의 공개적인 충돌이 있었다. 그의 스타텡콜레허의 상관이었던 레비어스Revius가 데카르트의 철학에 대한 일련의 논박을 시작했을 때였다. 잇달아 일어난 입씨름에 헤이레보르트는 몇 차례 개입했다. 그는 데카르트에게 레이던 대학의 이사들에게 서신을 보낼 필요가 있다고 알려 주었을 뿐만 아니라, 그 자신도 이 논쟁에 대해 자세히 설명한 "이사들에게 보내는 서신"을 썼다.[56] 그러는 중에 그의 처남들이자 후에 정치 이론에 관한 저술가로 이름을 알리는 피터르 드 라 쿠르와 요한 드 라 쿠르[57]는 몇몇 소책자에 그의 사생활과 관련된 추악한 사실을 폭로하기도 했다. 1652년 헤이레보르트는 더 이상 학문적 의무를 이행할 수 없다는 처분이 내려졌으나 그는 생애 마지막까지 계속 몇몇 논쟁에서 주도적인 역할을 했다. 그는 1661년 6월 17일에 사망했다.

헤이레보르트의 주요 저작은 형이상학에 대한 방대한 안내서이다. 이 안내서의 제목 『멜레테마타』는 데카르트의 형이상학을 생각나게 한다('meletemata'는 'meditationes'[성찰]의 그리스어이다). 너무 부피가 커서 교과서로는 적합하지 않았지만, 이 책은 그의 사후에도 절판되지 않고 오랫동안 출간되었다. 헤이레보르트는 또한 뷔르헤르스데이크의 형이상학 안내서를 편찬하기도 했고, 그의 짧은 논리학[58]에 주석을 달기도 했으며, 다른 철학자들의 전통적인 형이상학 저작들의 새로운 판을 내기도 했다.

56　이 서신은 그의 『멜레테마타 필로소피카』*Meletemata philosophica*(철학적 성찰)에 수록된다. 이하 『멜레테마타』로 약칭.

57　[옮긴이] 이 장 첫머리의 「들어가며」 부분 참고.

58　[옮긴이] Burgersdijk, *Institutiones Logicae*, 1634.

　1644년 헤이레보르트의 학생들 사이에서는 이를테면 "우리가 명료하고 뚜렷하게 지각하는 모든 것은 참되다", "모든 오류의 원인은 의지이다"와 같은 데카르트의 논제에 대한 논쟁이 있었다. 이듬해, 그는 공개 강의에서 데카르트를 "자연의 비밀을 밝혀내고 철학의 열쇠를 찾아냈으며 흔들리지 않는 진리에 이르는 길을 보여 준 (…) 샛별"이라고 칭했다. 몇 해 후, 헤이레보르트는 이 프랑스 철학자를 "모든 철학자들 중에 가장 위대한 거성, 진리·철학·사유의 자유의 수호자이자 구원자"라고 평했다.[59] 그럼에도 그의 철학적 입장을 단순히 데카르트주의자라고 말하는 것은 옳지 않을 것이다. 왜냐하면 그는 다른 새로운 철학자들(이를테면 라무스와 베이컨)도 지지했기 때문이다. 또한 그의 제한적인 데카르트주의 옹호는 그의 인문주의와 칼뱅주의에 기인하는 것으로 보인다. 헤이레보르트는 스콜라철학의 미개함과 불경함을 거듭 비난했다. 1641년 취임 강연에서 그는 철학의 역사를 옛 시기와 새로운 시기로 나눈다. 중세기에 성직자들은 모호한 말 뒤에 진리를 숨겨 놓았고 철학을 접근하기 어려운 미로로 바꾸어 놓았다. 데시데리우스 에라스무스Desiderius Erasmus, 페트라르카Petrarch, 아그리콜라Agricola가 "소크라테스적인" 철학의 자유를 주장하고 나서야 스콜라철학은 몰락했다. 지성의 자유와 종교의 자유는 일치하기 때문에, 인문주의는 교회 개혁을 촉진한다. 정신은 편견과 모든 선천적으로 또는 후천적으로 갖게 된 "우상"으로부터 자유로워져야 한다. 이러한 자유는 오직 우리가 확실한 방법을 사용하고 (데카르트를 따라) 수학자들의 모범을 학문에 일률적으로 적용할 때에만 가능하

59　"Epistola ad curatores" in *Meletemata*, p.11, 13.

다.[60] 스피노자의 『데카르트의 『철학의 원리』』 서문에서, 헤이레보르트 문화에서 레이던을 졸업한 로데베이크 마이어는 기하학적 방법을 철학에도 적용할 필요가 있다고 강조한다.

헤이레보르트에 대한 평판은 확고한 데카르트주의자라는 것이었지만, 그 자신은 계속 "옛" 철학을 가르쳤다. "새로운" 철학은 자연학만 다룰 수 있고 윤리학을 결여하고 있어서 전통 철학을 완전히 대체할 수 없다고 보았기 때문이다. 따라서 철학은 "절충적인" 학문이어야 한다.

헤이레보르트는 스피노자가 명시적으로 전거를 밝힌 극소수의 사람들 중 한 명이다. 스피노자는 「형이상학적 사유」 2부 12장에서[61] 헤이레보르트가 『멜레테마타』에서 말한 주목할 만한 부분[62]을 인용한다. 그곳에서 헤이레보르트는 지성을 의지의 움직이는 원리라고 논한다. 스피노자처럼 헤이레보르트는 "예수회와 항변파"가 주장한 의지의 무차별성이라는 틀에 박힌 관념을 거부한다. 스피노자가 헤이레보르트 논증의 조건법적 성격을 못 본 체하고 그의 논증을 다른 문맥에서, 즉 의지와 지성의 동일성이라는 문맥에서 사용한다는 것은 분명하다.[63]

---

60 *Epistola ad curatores*, 14.

61 [옮긴이] 원문에는 「형이상학적 사유」 1부 2장이라고 되어 있어 2부 12장(G I. 279 ; C I. 344~345)으로 바로잡는다.

62 Adrianus Heereboord, *Meletemata philosophica*, Editio nova, Amstelaedami, sumptibus Henrici Wetstenii, 1680, p. 714. [옮긴이] 원문에는 출처가 "Heereboord's *Collegium Ethicum* 1.10"이라고 되어 있는데, 사정을 모르는 사람들은 「콜레기움 에티쿰」이 『멜레테마타』와 별개의 단행본이라고 오해할 소지가 있다. 또 "1.10"이라고 인용하면 잘못된 인용이라고 할 수는 없어도 책의 편재상 어떤 부분을 말하는지 특정하기 매우 어려우므로, 구판과 달리 연속적인 페이지 번호를 매긴 『멜레테마타』의 신판 페이지 번호로 출처를 바꾸었다.

63 [옮긴이] '의지의 무차별성'will's indifference(또는 indifference of the will)은 동일한 조건하에서 어떤 행위를 하거나 하지 않을 수 있고 다른 행위를 할 수 있는 의지 능력을 가리키는 말로, 이에 근거한 자유를 '무차별적 자유'libertas indifferentiae라고 한다(이 책 4부 '자유' 항목

스피노자는 실체, 속성, 변용, 양태, 변양 같은 전통 형이상학의 용어를 많이 사용했다. 그러나 그가 차용한 이 용어의 출처는 변양 외에는 아마도 데카르트였을 것이다. 스피노자의 저작에는 출처가 불확실하지만 용어상의 영향이 있음을 보여 주는 몇 가지 예가 있다. 예컨대『윤리학』1부 정리16~18과『소론』1부 3장에 나오는 원인 구분은 뷔르헤르스데이크에게서 나온 것일 수도 있지만, 이 구분은 헤이레보르트의 저작에도 등장한다. 또한 "피니스 쿠이우스 카우사"finis cuius causa(~를 위한 목적, E4d7)[64]는 헤이레보르트가 목적인을 논박할 때 사용한 표현이다.[65] "인수오 게네레"in suo genere(자신의 유 안에서)와 "압솔루테"absolute(절대적인) 같은 개념쌍은 뷔르헤르스데이크와 헤이레보르트가『논리학 체계』에서 사용했던 것이다.[66] 나투라 나투란스natura naturans(능산적 자연), 나투라 나투라타natura naturata(소산적 자연)라는 쌍(KV 1.8~9 ; CM 2.7, 2.9 ; Ep9 ; E1p29s, 31)은 여러 자료에 등장하는데, 그중에는 헤이레보르트『멜레테마타』의「콜레기움 피지쿰」Collegium Physicum도 있다.[67] 그러나 이

의 옮긴이 주 참고). 인과 필연성을 인정하지 않으므로 결정론과 양립 불가능한 자유 이론이다. 그런데 헤이레보르트는 스피노자가 인용한 구절에서 의지는 원인에 의해 규정되며 그 원인은 지성이라고 주장한다. 그의 논변은 지성에 의해 의지가 어떤 것을 의지하도록 규정되지 않는다면 자기 자신에 의해 규정되어야 할 터인데(본문에서 헤이레보르트 논증에 '조건법적[반사실적] 성격'counterfactual nature이 있다고 한 것은 이를 두고 한 말일 것이다), 자기 자신에 의해 규정된다고 볼 수 없으므로 의지는 지성에 의해 규정된다는 식으로 진행된다. 따라서 헤이레보르트의 주장에는 사실 의지와 지성이 동일하다는 논제가 함축되어 있지 않다. 그럼에도 이 항목의 저자 헨리 크롭은 스피노자가 이를 "못 본 체하고" 헤이레보르트의 논변을 의지와 지성의 동일성을 주장하는 맥락에서 사용한다고 지적하는 것이다.

64   [옮긴이] "나는 우리가 그것을 위해 어떤 것을 하는 목적을 욕구로 이해한다"Per finem, cuius causa aliquid facimus, appetitum intelligo.

65   *Meletemata* 2.23, pp. 301~303.

66   Burgersdijk, *Institutiones Logicae*, 1.17.

67   *Meletemata*, p.820.

러한 용어 차용 또한 논쟁적 목적에서 그런 것일 수 있다. 예를 들어『윤리학』1부 부록에서 스피노자는『멜레테마타』에서 가져온 "피니스 인디겐티아이"finis indigentiae(필요의 목적)와 "피니스 아시밀라티오니스"finis assimilationis(동화의 목적)라는 스콜라철학의 구분[68]을 활용하지만, 이는 단지 그것을 반박하기 위한 것이었다.

참고문헌

1차 문헌

Sermo extemporaneus de rectâ philosophicè disputandi ratione(Leiden, 1648).

Philosophia naturalis, moralis, rationalis(Leiden, 1654).

Hermeneia logica, seu synopseos logicae Burgersdiciana explicatio(Leiden, 1650, 1651,1652, 1658, 1663, 1666, 1670, 1676, 1680, 1694).

Meletemata philosophica maximam partem metaphysica(Leiden, 1654, 1659, 1664, 1665, 1680).

2차 문헌

Coppens, G., 'Spinoza et la conception scolastique de Dieu dans le contexte hollandais', in Chantal Jaquet(ed.), *Les Pensées métaphysiques de Spinoza*(Paris : Sorbonne, 2004), pp. 19~36.

Freudenthal, J., 'Spinoza und die Scholastik', in *Philosophische Aufsätze Eduard Zeller gewidmet*(Leipzig : Fues's Verlag, 1887), pp. 85~138.

Robinson, L., *Kommentar zu Spinozas Ethik*(Leipzig : Meiner, 1928).

Verbeek, Th., *Descartes and the Dutch*(Carbondale : Southern Illinois University Press, 1992).

________, 'Descartes and Some Cartesians', in T. Sorell(ed.), *The Rise of Modern Philosophy*(Oxford : Clarendon Press, 1993), pp. 167~196.

— 헨리 크롭

---

68   *Meletemata* 2. 24, pp. 304~307.

5장 유대교 철학의 영향 : 마이모니데스, 크레스카스, 아브라바넬, 므나세 벤 이스라엘, 카발라, 델메디고

이 항목에서는 스피노자의 지적 체계 형성에 도움을 준 유대교 사상가들이 검토될 것이다. 특히 마이모니데스, 크레스카스, 아브라바넬, 므나세 벤 이스라엘, 카발라, 델메디고가 논의될 것이다.

스피노자는 적어도 4학년(대략 14세)까지 암스테르담의 탈무드 토라 학교에 다녔으며, 아마도 유대법(할라카halakha)[69]과 히브리어에서 두각을 나타냈을 것이다. 스피노자가 중세 유대교 주석서를 비롯하여 유대교 철학 저작을 읽었다는 것은 명백하다. 스피노자가 남긴 유산들 중 그의 장서 목록으로 우리는 그가 마이모니데스, 아브라바넬, 델메디고를 비롯한 여러 유대교 철학 텍스트를 소장하고 있었음을 알고 있다.[70] 이 목록을 통해 우리는 스피노자가 마이모니데스의『당혹스러워하는 이들을 위한 안내서』*Moreh Nevukhim*, 하스다이 벤 아브라함 크레스카스 Hasdai ben Abraham Crescas의『주의 빛』*Or Adonai*, 아브라바넬의『사랑의 대화』*Dialoghi d'Amore*, 델메디고의 저작들 등을 (혹 읽지는 않았을지라도) 적어도 알고는 있었다고 추정해 볼 수 있다.

연구자들은 이 저작들 중 어느 것이든 스피노자의 최종적인 배교에

---

69   [옮긴이] '할라카'는 '걷다', '가다'라는 뜻의 히브리어 동사 '할라크'halakh에서 파생된 명사로 '걸음', '길', '방식', '결정', '규정' 등의 의미가 있다. 할라카는 종교의식부터 일상생활의 세세한 부분까지 유대인들이 따라야 할 종교적, 도덕적, 법적 규범의 총체로, 토라를 근간으로 하며 미쉬나와 탈무드에서 그 해석과 적용의 기준을 얻는다. 유대인들에게 할라카는 다른 종교와 구분되는 유대교의 고유성을 담고 있는 것으로 여겨진다. 보통 음역하거나 뜻을 새겨 유대교 법 내지 유대인 법으로 번역하기도 한다.

70   Freudenthal 1899, pp. 160~164.

기여한 것이 있는지를 두고 논쟁해 왔다. 예컨대 겝하르트는 아브라바넬의 책이 스피노자가 유대교 회당을 떠나도록 이끌었다고 주장한다.[71] 내들러는 유대교 사상에서 광범위하게 논의된 교의인 인격적 불멸성을 거부한 것이 스피노자 파문에 핵심적 역할을 했다고 역설한다.[72] 반면에 조너선 이즈리얼은 스피노자가 랍비 유대교의 근간을 공공연하게 부인한 것이 파문을 야기했다고 주장한다.[73] 이스라엘에 따르면, 젊은 스피노자를 이단적이고 급진적인 방향으로 이끌었을 가능성이 가장 높은 인물은 그의 라틴어 선생이었던 프란시스쿠스 반 덴 엔덴이다.

스피노자가 유대교 신앙이나 관습을 거부한 것이 헤렘으로 이어졌는지에 대한 문제가 이 절의 범위를 벗어나는 것처럼, 원숙기 스피노자가 유대교 철학 저작에 얼마나 영향을 받았는가 하는 문제 역시 이 절의 범위를 벗어난다. 하지만 나는 그의 유대인 선조들처럼 스피노자도 아리스토텔레스 형이상학과 보다 광범위한 우주론적·신학적 관심사를 조화시키려는 탐구에 관여했으며, 선대의 유대인들처럼 사유의 신학적 패러다임과 철학적 패러다임을 조화시키는 일의 중요성을 인식하고 있었다고 제안하고자 한다. 우리는 그의 초기 저작인 『소론』과 『지성교정론』에 나오는 자전적 언급을 통해 그가 젊어서부터 오랜 지적 투쟁을 벌여 왔다고 추정해 볼 수 있다. 유대인 선배들과의 접촉이 그의 지적 투쟁에 기여했을 가능성이 없지 않다.

---

71   Gebhardt 1987.

72   Nadler 2001.

73   Israel 1985, pp. 162~174.

모세스 마이모니데스Moses Maimonides, Moshe ben Maimon

(1135경~1204경)

저명한 철학자이자 탈무드 학자였고 의사였던 모세스 마이모니데스 Moses Maimonides, Moshe ben Maimon는 의심의 여지없이 중세 유대 역사상 가장 위대한 인물 중 한 명이다. 그의 저작은 철학적 탐구와 유대법의 권위를 결합시켰다는 데 그 특징이 있다. 철학 관련 주저인『당혹스러워하는 이들을 위한 안내서』(이하『안내서』)에서 마이모니데스는 그가 염두에 두었던 독자들 — 과학과 법을 높이 평가하는 헌신적인 종교인들 — 의 지적 "당혹감"이 완화될 수 있도록 아리스토텔레스의 수학과 논리학 원리를 종교적 교의에 적용한다. 그는 종교와 철학의 이질적 요소를 융화하고자 성서에 아리스토텔레스적이고 신플라톤적인 의미를 부여하면서 광범위한 성서 해석학에 몰두했다.

스피노자는『신학정치론』에서 마이모니데스의 비판적 관점을 상세히 설명하지만, 스피노자의 전략은 마이모니데스의 그것과 정반대였다. 마이모니데스는 성서에 철학적 가치가 있다는 증거를 찾으려고 시도하는 반면, 스피노자는 그러한 탐구가 무익하다고 주장한다. 이러한 이유로 마이모니데스는 스피노자의 특별한 공격 대상이 된다.[74] 스피노자는 빈번하게 마이모니데스의 이름을 언급하는데, 이는 종종 마이모니데스에 동의하지 않음을 표하기 위함이다. 예컨대 그는 마이모니데스가『안내서』에서 왜 영원성 테제를 받아들이지 않는지에 대해 서술한 구절을 길게 인용하는데,[75] 이는 이 점에 대해 마이모니데스를 비난하기 위한 것

74　Pollock 1880과 Chalier 2006을 보라.

75　[옮긴이] TTP 7.76 ; G III. 113~114 ; C II. 187~188. 인용된 구절은『안내서』2장 25절

이다. 보통 스피노자는 마이모니데스의 철학적 성서 주해가 "유해하고 무익하며 불합리"하다고 비난한다(TTP 7.21 ; TTP 15).

스피노자는 마이모니데스의 성서 해석학 방법을 무가치하다고 생각했지만, 그에게 아주 많은 영향을 받았음은 의심의 여지가 없다.[76] 울프슨은 스피노자에 대한 권위 있는 연구에서 "스피노자의 철학 훈련에 두드러진 영향을 끼치고 스피노자 자신의 철학을 형성하도록 이끌었다고 말할 수 있는 이는 (…) 마이모니데스와 데카르트밖에 없다"라고 주장했다.[77] 스피노자에게 마이모니데스가 특별한 영향을 끼쳤음을 체계적으로 주장한 다른 현대 연구자로는 로스Roth와 핀스Pines가 있다. 로스는 『스피노자, 데카르트, 마이모니데스』*Spinoza, Descartes and Maimonides*에서 스피노자주의를 데카르트주의에 대한 마이모니데스적 비판으로 제시하면서 종종 "마이모니데스와 스피노자는 도처에서 한목소리로 말한다"라고 주장한다.[78] 핀스 역시 마이모니데스의 『안내서』를 소개한 책에서 마이모니데스가 스피노자에게 직접적인 영향을 끼쳤다고 주장한다.[79] 보다 최근에 윌리엄 하비William Harvey(1578~1657)는 "마이모니데스 철학의 근본 요소들이 스피노자 철학의 근본 요소들로 되살아났다"라고 주장했다.[80] 그는 그러한 근본 요소를 몇 가지 열거하면서 이러한 요소들은 마이모니데스 특유의 것이며 다른 중세 저자들에게는

이다. Moses Maimonides, trans. by Shlomo Pines, *The Guide of the Perplexed*, Vol. 2, The University of Chicago Press, 2010, p. 327~328. 이하 *Guide*로 약칭.

76   Dienstag 1986을 보라.

77   Wolfson 1934, vol. 1, p. 19.

78   Roth 1924, p. 144.

79   Maimonides 1963, pp. xcvi, xcviii, c.

80   Harvey 1981, p. 155.

발견되지 않는다고 주장한다.

이러한 영향 중 몇 가지는 주목할 만한 가치가 있다. 인식론적으로 마이모니데스와 스피노자는 둘 다 지성과 상상이 날카롭게 구분된다고 역설하며, 이러한 구분으로 인해 한쪽의 참/거짓 개념과 다른 한쪽의 선/악 개념 간에도 추가적인 상응성이 성립하게 된다고 주장한다. 이들은 우리가 오류에 빠지는 것은 단지 상상 때문이라고 주장한다.[81] 스피노자와 마이모니데스는 둘 다 상상과 지성을 혼동해서는 안 된다고 역설한다.[82] 두 사람 모두 데카르트와 반대로 상상 능력은 신체적 능력bodily faculty이며, 다시 데카르트와 반대로 상상은 비신체적인 것the incorporeal을 인식할 수 없다고 단언한다.[83]

이러한 지성과 상상의 구별이 함축하는 것은 우리가 도덕적 주장에 주목할 때 중요하다. 마이모니데스와 스피노자는 둘 다 참 거짓과 달리 선과 악은 지성적 개념이 아니라 상상 활동의 결과로 생겨나는 관념이라고 주장한다. 선과 악은 현실적 상태pragmatic conditions를 반영하지 실재 안에 있는 어떤 실정적인positive 것을 나타내지 않는다. 하비가 말한 것처럼, "'선'과 '악'에 대한 마이모니데스적-스피노자적 정의에 따르면, (…) 무엇이 선이나 악으로 간주되어야 하는지에 대한 물음은 실지로는 주관적인 것이다. 즉 그것은 우리의 의도, 목표, 엑셈플라리아exemplaria(모범)에 따라 상대적이다".[84] 이는 마이모니데스나 스피노자가 도덕적 상대주의자라는 말이 아니다. 오히려 두 사람은 모두 각자 인간 노력의 목적이

---

81   *Guide* I. : 2 ; E2p40~42.

82   *Guide* I. : 73 princ10[열 번째 원리]과 TIE 84. Ravven 2001을 보라.

83   *Guide* I. : 73 ; TIE 89.

84   Harvey 1981, p. 158 ; *Guide* III. : 13 ; E4praef ; KV 1.10.

라고 본 것을 분명하게 제시한다. 그러나 메타윤리적 관점에서 볼 때, 선악이라는 용어에는 결정적 의미가 없다. 도덕적 용어의 상대성은 우리가 증명적 학문Scienece of demonstration을 통해 알 수 있는 수학 및 자연학physics의 명제와 대비될 수 있는데,[85] 마이모니데스는 선악에 대한 인식을 "널리 받아들여진 관념"[86] 수준으로 격하시킨다. 반면에 스피노자는 선악에 대한 인식을 억견 또는 상상과 연관된 가장 낮은 수준의 인식인 "1종"의 인식과 동일시한다. 왜냐하면 선과 악은 "이성의 존재자가 아니라 상상의 존재자"이기 때문이다.[87] 두 저자는 전혀 정념에 의해 지배되지 않고 온전히 지성에 의해 지배되는 개인(그런 사람이 실세로 존재하지는 않았지만)은 이론적으로는 선악의 관념을 지니고 있지 않을 것이라며, 그래서 선악이라는 용어는 무의미하거나 불필요할 것이라고 지적한다. 마지막으로 마이모니데스와 스피노자는 둘 다 에덴동산 이야기를 활용하여 자기 입장이 사실임을 보여 준다.[88]

마이모니데스와 스피노자의 또 다른 상응점은 둘 다 목적론을, 즉 우주 또는 신 바깥에 어떤 최종 목적이 있다거나 우주가 인간을 위해 창조되었다는 견해를 거부한다는 점이다.[89] 둘 다 반인간중심적 견해를 주장하는 가운데, 마이모니데스는 명시적으로 스피노자는 묵시적으로 잠언 16장 4절[90]을 언급한다. 둘 다 인간중심주의에 대한 믿음이 우주를 목

---

85   *Guide* I. : 73 ; E2p44.

86   *Guide* I. : 2.

87   E2p40s2 ; E2p41 ; E4p68.

88   *Guide* I. : 2와 E4p68 ; TTP 4, Ep19도 보라.

89   *Guide* III. : 12, III. : 13 ; E1app.

90   [옮긴이] "야훼께서는 모든 것을 각각 쓰임에 맞게 만드셨으니 불의한 사람은 재앙이 내리는 날에 재앙받을 사람으로 만드신 것이다."

적론적으로 설명하려는 오류의 원인이라고 주장한다. 하비가 지적한 것처럼, 이러한 유사성은 중세 문헌에 마이모니데스의 강한 반목적론적 견해에 필적할 만한 것이 없다는 점과 데카르트도 이러한 반목적론적 정서를 공유하지는 않았다는 점을 고려할 때 특히 놀랍다.[91]

게다가 마이모니데스의 신은 스피노자의 사유 속성과 아이디어 차원에서 아주 가깝다. 그래서 핀스는 스피노자가 한 일은 마이모니데스에게 상속받은 신에 연장 속성을 추가한 것이라고 넌지시 말한다.[92] 『안내서』 1부 68장에 있는 마이모니데스의 유명한 말을 검토해 보라. 그곳에서 그는, 신은 인식자the Knower이자 인식된 존재the Known이며 인식 자체the Knowledge itself라는 아리스토텔레스의 관념을 발전시킨다.

> 그[신]는 지성[the Intellect, haSekhel]이자 지성적으로 인식하는 주체[intellectually cognizing subject, ha-maskil]이며 지성적으로 인식된 대상[intellectually cognized object, ha-muskal]이다. 그(찬미 받으소서) 안에 있는 이 세 관념은 다수성multiplicity이 없는 하나의 단일한 관념이다.[93]

스피노자는 마이모니데스의 이 말을 『윤리학』 2부 정리7의 주석에서 넌지시 언급한다.

---

91   Gueroult 1968, pp. 399~400 ; Harvey 1981, p. 164 ; Wolfson 1934, vol. 1, pp. 400~440을
      보라.

92   Maimonides 1963, p. xcviii을 보라.

93   Guide I. : 68[p. 163] ; Aristotle, *Metaphysics* XII. : 7, 1072b 19~23 ; 1075a 10~11을 보라.
      [옮긴이] "지성은 사유대상을 포착함으로서 자기 자신을 사유하는데, 그 까닭은 지성은 대상
      과 접촉하고 사유하는 가운데 사유대상이 되고, 결과적으로 지성과 사유대상은 동일한 것이
      되기 때문이다"(아리스토텔레스, 『형이상학 2』, 조대호 옮김, 나남, 2012, 157쪽).

연장의 양태와 이 양태의 관념 또한 하나의 동일한 것이지만 두 가지 방식으로 표현된다. 어떤 히브리인들이 신과 신의 지성 및 신이 인식한 실재들은 하나의 동일한 것이라고 주장하면서 마치 구름 사이로 보듯이 보았던 것 같은 것이 바로 이 점인 듯하다.

이 구절에서 스피노자는 마이모니데스 견해의 논리적 함축을 전개하고 있다. 만일 신이 실제로 인식자일 뿐만 아니라 인식된 존재자이기도 하다면, 연장된 공간은 신에 의해 지성적으로 인식되며, 따라서 신은 자신의 사유대상들과 동일하므로 연장되어 있음에 틀림없다는 것이다. 그러나 마이모니데스는 신에게 신체body 또는 물체성corporeality을 부여하기를 꺼리면서 독자들에게 되풀이하여 신은 "물체가 아니"라고 상기시킨다(*Guide* 1. : 35). (물체는 분할 가능하기 때문에) 신에게 물체성을 귀속시키는 것은 신의 단일성을 위태롭게 한다는 이유이다. 이처럼 스피노자는 신에게 연장 속성을 귀속시키면서 마이모니데스의 말을 그 논리적 결론에 이르기까지 밀고 나간다.[94]

하스다이 크레스카스Hasdai Crescas(1340경~1410경)

카탈로니아의 철학자이자 랍비였으며 정치가이자 아마추어 시인인 하스다이 밴 아브라함 크레스카스Hasdai ben Abraham Crescas는 랍비 니심 벤 레우벤 제론디Nissim ben Reuben Gerondi(1320~1376) 밑에서 철학과 탈무드를 공부했다. 크레스카스는 바르셀로나 유대인 공동체의 서기장secretary으로 복무하는 동안 탈무드 법의 현지 권위자가 되었고 아라곤의

---

94   Fraenkel 2006을 보라.

왕 페로 4세에 의해 유대인 관련 소송을 판결하도록 요청받았다. 그의 철학적 관심사는 토라의 본성에 대한 자신의 견해에서 분석적으로 따라 나오는 근본적 믿음 또는 종교적 개념을 식별하는 문제였다. 크레스카스는 주요 저작 『주의 빛』*Or Adonai*에서 토라는 신의 자발적 행위의 산물이라고 주장한다. 유대교 철학에 대한 아리스토텔레스 세력을 약화시키기 위해 크레스카스는 아리스토텔레스의 자연학과 형이상학을 날카로운 비판 대상으로 삼았다.

스피노자에 대한 크레스카스의 영향은 의심할 나위 없다. 그는 스피노자가 이름을 언급하는 극소수의 유대교 철학자 중 한 명이다. 「서신 12」에서 스피노자는 크레스카스를 "랍비 하스다이라고 불리는 어떤 유대인"이라고 언급하면서, 신의 실존에 대한 크레스카스의 논변을 언급한다(G IV. 61 ; 이근세 84. 번역은 수정). 크레스카스의 주저 『주의 빛』은 스피노자 저작에 있는 많은 주제의 윤곽을 보여 준다. 예컨대 크레스카스와 스피노자는 둘 다 무한한 연장이 측정 가능한 부분으로 이루어져 있다는 견해를 받아들이지 않는다. 두 사람 모두 물질이 영원하다고 여기며 창조활동이 물질의 배치ordering에 있다고 여긴다. 물질적 세계는 신의 본성에 참여한다. 스피노자 존재론의 가장 놀라운 측면 중 하나는 무한 연장 학설이다. 울프슨은 일찍이 무한한 연장의 불가분성에 대한 스피노자의 「서신12」의 논의가 『주의 빛』에 나오는 크레스카스 자신의 논의를 반영하는 많은 세부 사항을 포함하고 있다고 지적한 바 있다.[95] 크레스카스와 스피노자는 둘 다 비물체적 양을 정립함으로써 무한의 실존을 확립한다. 크레스카스가 비물체적 연장 또는 진공이라고 부른 것은

---

95   Wolfson 1934, vol. 1, p. 265.

스피노자가 연장 실체 또는 연장 속성이라고 부른 것에 상응한다. 크레스카스가 물체적 연장이라고 부른 것은 스피노자의 특수한 연장의 양태에 상응한다.[96]

가장 흥미로운 점은 두 철학자의 체계에서 발견되는 철저한 결정론이다. 『주의 빛』에서 크레스카스는 여섯 가지 근본 학설의 목록 — 특수한 것들에 대한 신의 인식, 섭리, 신의 역량, 예언, 인간의 선택, 토라의 합목적성 — 을 제시한다. 그의 선배 게르소니데스Gersonides(1288~1344)에 반대하여 크레스카스는 미래의 우연적인 것들에 대한 신의 인식을 긍정한다. 심지어 인간 선택에 의해 결정되는 것들에 대해서도 마찬가지이다. 그러고 나서 인간의 자유는 겉보기에만 그렇지 진정한 것이 아니라고 주장한다. 인간은 자기 선택의 원인을 모르기 때문에 자유롭다고 생각한다는 것이다. 행위에 대한 인간의 책임은 그 행위를 실제로 했다는 것actual performance에 있는 것이 아니라 오히려 행위자가 특정 행위를 자신의 것으로 받아들이는acceptance 데 있다. 행위자가 특정 행위를 묵묵히 따르는 것에서 느끼는, 예컨대 계명을 준수하는 것에서 느끼는 기쁨이 그 행위에 대한 보상이다. 울프슨은 스피노자 자신의 결정론을 이해하는 데 있어서(신을 "자유 원인"으로 보는 견해뿐만 아니라 인간의 선택에 대한 견해와 관련하여) 크레스카스의 논의가 중요하다고 지적했다.[97] 크레스카스와 스피노자는 둘 다 어떤 사건도 우발적이라고 불릴 수 없다고 주장하지만, 그럼에도 크레스카스는 목적론을 유지하는 반면 스피노자는 『윤리학』 1부 부록에서 목적인에 대한 어떠한 논의도 반대한다는 점

96　Wolfson 1934, vol. 1, p. 281 ; Rudavsky 2001을 보라.

97　Wolfson 1934, vol. 1, p. 308.

에서, 크레스카스의 결정론은 스피노자의 그것과 다르다. 크레스카스와 스피노자는 둘 다 "자유에 대한 의식"이 환상일 수도 있다고 말한다. 우리는 우리 행위의 원인을 알지 못하기 때문에 자유롭다고 생각한다는 것이다.[98] 역시 스피노자는 "자연은 쓸모없는 일을 하지 않는다"라는 중세인들이 일반적으로 받아들인 견해를 거부하는 반면, 크레스카스는 (그의 선배 마이모니데스와 달리) 전체로서의 자연에 대한 이러한 목적론적 상을 결코 포기하지 않는다.

유다 아브라바넬Judah Abrabanel, 'Leone Ebreo'(1460경~1523경 이후)

아브라바넬Judah Abrabanel, Leone Ebreo의 저작은 히브리 사상과 마르실리오 피치노Marsilio Ficino(1433~1499)가 부활시킨 그리스 철학을 융합한 탁월한 예이다. 철학자 이삭 아브라바넬Isaac Abrabanel의 아들이었던 유다는 리스본에서 태어나 유년기 대부분을 아버지 밑에서 공부했다. 그는 플로렌스 소재 플라톤 아카데미의 학자들과 가깝게 지냈으며, 스페인 총독 돈 곤살보 데 코르도바Don Gonsalvo de Córdoba의 의사로 일했다.

유다는 그의 주저 『사랑의 대화』*Dialoghi di Amore*라는 대화편을 저술했는데, 이 책의 대담자는 정신적인platonic 사랑의 화신을 상징한다. 이 저작은 두 유대인 구애자 필로Philo와 소피아Sophia 간의 우화로 구성되어 있는데, 이는 신에 대한 철학적 사랑의 중요성을 설명하기 위함이다.[99] 필로는 소피아에게 사랑의 기원에 관해 설명하는데, 이는 언제 사랑이 시작되었는지에 대한 보다 일반적인 의문을 일으킨다. 사랑은 영원으로

---

98 *Or Adonai* II. 5.3 ; E2praef ; E2p35s ; E3p2s.
99 유다 아브라바넬 저작에 대한 자세한 내용은 Tirosh-Rothschild 1997, p. 456 이하를 보라.

부터 산출되었는가 아니면 시간 속에서 창조되었는가? 필로는 즉시 이 물음을 우주의 기원 문제와 연결하는데, 이는 우주의 창조에 대한 세 개의 주요 견해를 요약하는 것으로 이어진다. 플라톤의 견해와 아리스토텔레스의 견해, 모세Moses의 견해가 그것이다. 아리스토텔레스의 모델에서 왜 우주가 영원한지 설명하는 중에 필로는 시간도 영원한 것임에 틀림없다는 견해를 넌지시 언급한다. "왜냐하면 임의의 순간은 모두 실상 지난 시간의 끝이며 미래의 시작이고, 시간의 처음이자 시작인 순간은 있을 수 없기 때문이다"(Leone Ebreo 1937, p. 280). 그리고 나서 필로는 플라톤 이론과 모세의 율법 및 카발라를 일치시키려고 시도하면서, 이를 사랑에 대한 학설에 적용한다.

아브라바넬Abravanel이 스피노자에게 얼마나 영향을 끼쳤는지는 논쟁적인 문제로 남아 있다. 울프슨은 스피노자에 대한 "레오 헤브라이우스"Leo Hebraeus의 영향은 지나치게 과장되어 있다고 주장하면서[100] 유력하다고들 하는 구절 중 많은 것들이 아브라바넬 고유의 것이 아니라 중세 후기의 다른 많은 저작에서도 그 흔적을 찾을 수 있는 것이라고 말한다. 그러나 우리는 스피노자가 서가에 아브라바넬의 『사랑의 대화』스페인어 번역본 한 권을 소장하고 있었음을 알고 있다. 이 저작의 주제 중 많은 것들이 스피노자 철학에 다시 나타난다. 초기 저작인 『소론』에서 스피노자는 『사랑의 대화』의 대략적인 주제, 곧 추구되어야 할 신에 대한 지적 사랑을 되풀이한다. 그는 사랑의 두 유형(아브라바넬도 강조했던), 곧 부패하기 쉬운 대상에 대한 사랑과 영원한 대상에 대한 사랑의

100　Wolfson 1934, vol. 2, p. 277. [옮긴이] 'Leo Hebraeus'는 아브라바넬Abrabanel/Abravanel의 라틴어 이름으로 '히브리인 레오'라는 뜻이다.

지향을 구별한다. 스피노자는 우리의 사랑이 "영원하고 부패되지 않는" 것 — 그가 신과 동일시하는 것 또는 "우리가 [신과] 하나이자 동일한 것이라고 간주하는 것인 진리"(KV 2.5) — 을 지향해야 한다고 주장한다. 그는 사랑은 우리의 지성이 선하다고 판단한 대상과의 연합이며, 사랑에 의해 "우리는 사랑하는 자lover와 사랑의 대상loved이 하나이자 동일한 실재가 되는 또는 함께 하나의 전체를 형성하게 되는 연합을 이해한다"(KV 2.5 ; G I. 63 ; C I. 105)라고 말한다.

므나세 벤 이스라엘Menasseh Ben Israel(1604~1657)

스피노자의 스승이었던 므나세 벤 이스라엘Menasseh Ben Israel은 1604년에 (아마도 마데이라Madeira에서) 태어났다. 그가 아직 어린아이였을 때 가족들은 그와 암스테르담으로 이주한다. 그곳에서 므나세 벤 이스라엘은 출판인이 되어 1626년에 네덜란드의 첫 번째 히브리인 출판사를 세운다.

1632년 그는 『조정자』*The Conciliator*라는, 외견상 모순적으로 보이는 [히브리] 성서의 구절을 낱낱이 해명하고자 시도한 저작을 출판한다. 이 저작으로 인해 많은 기독교 주요 사상가들이 그를 기독교 세계에 대한 유대 사상의 대변자라고 여기게 된다.[101] 므나세는 유대교 신비주의와 카발라 사상을 랍비 아보아브 헤레라Aboab Hererra뿐만 아니라 델메디고(1620년대에 암스테르담에 살았다)에게서 배운다. 1650년에는 그의 가장 잘 알려진 저작인 『이스라엘의 희망』*Spes Israelis*을 스페인어, 라틴어, 영어, 히브리어로, 그리고 나중에 네덜란드어로 출판한다. 메시아 사

---

101   [옮긴이] 이 책에 대해서는 Steven Nadler, *Menasseh ben Israel : Rabbi of Amsterdam*(New Haven and London : Yale University Press, 2018), 4장 참고.

상에 잃어버린 이스라엘 지파들Lost Tribes of Israel의 재출현이 얼마나 중요한지에 대해 쓴 글이었다.[102] 이후 므나세는 영국의 천년왕국 운동에 관여하게 되는데, 천년왕국주의자들은 예수의 재림이 임박했다고 확신하

---

102 [옮긴이] 이하 내용과도 밀접한 연관이 있으므로 부연한다. B.C. 1003년경 다윗에 의해 통일된 이스라엘은 솔로몬 사망(B.C. 922경) 후 내란에 휩싸여 B.C. 930년경에 10개의 지파로 구성된 북이스라엘과 2개의 지파(다윗 혈통의 유다 지파와 베냐민 지파)로 이루어진 남유다로 분열된다(열왕기상 11 : 43~12장 참고). 이후 북이스라엘은 B.C. 722년에 아시리아(앗수르)에 의해 멸망하고 남유다는 북이스라엘보다 136년간 더 존속했으나 B.C. 586년 바빌로니아(바벨론) 제국에 의해 패망하고 만다. 바빌로니아는 남유다의 지파들을 바빌로니아로 강제 이주시키는 정책을 시행했지만, 그들의 정체성을 말살하려는 적극적인 융합 정책을 쓰지는 않았기 때문에 두 지파는 순혈성을 유지할 수 있었다. 하지만 아시리아는 강제 이주 정책과 민족 간 융합 정책을 쓰면서 북이스라엘의 열 지파는 주변의 다른 민족과 섞여 역사 속으로 사라지고 만다. 메시아mashiah, Christ 도래에 대한 유대 민족의 신앙이 메시아가 두 왕국을 통합할 것이라는 믿음(에스겔 37 : 12~28 참고)으로 발전한 것은 이를 배경으로 한다. 나아가 메시아 신앙은 시리아-헬레니즘의 통치와 로마의 지배 시기를 거치면서 정치적 해방에 대한 열망과 결합하게 된다. 그리고 기원전 2~3세기경 메시아가 "잃어버린 열 지파"Ten Lost Tribes(본문에는 "잃어버린 이스라엘 지파들"이라고 표현되어 있다)까지 규합하여 강력한 군대를 만들어 로마의 압제로부터 이스라엘을 구원할 것이라는 이른바 "메시아 사상"(메시아 대망론)Messianism이 형성되기에 이른다(원수에게 처형당한 무기력한 예수는 그들이 믿었던 강력한 군사적·정치적 지도자로서의 메시아 상과 너무도 달랐기 때문에 유대인들은 예수를 메시아로 인정하지 않았다). 메시아 대망론이 이스라엘 민족에 대한 적대감과 핍박이 심해질 때마다 거듭 부상했던 것은 이러한 이유 때문이다. 그러나 메시아가 도래하려면 일단 "잃어버린 열 지파"가 어딘가에 있어야 할 것이다. 메시아는 이들까지 규합하여 이스라엘 왕국을 재건할 것이라는 믿음이 메시아 대망론의 핵심이었기 때문이다. 그런데 1644년 안토니오 데 몬테시노스Antonio de Montesinos/Aharon Levi라는 유대인이 포르투갈 유대인 공동체 지도자들parnassim을 찾아가 자신이 남아메리카를 여행하던 중 1642년에 안데스산맥에서 "잃어버린 열 지파"의 후손을 만났다고 주장한다. 당시 이 보고를 기록한 이가 므나세 벤 이스라엘이었는데 그는 몬테시노스를 깊이 신뢰했다. 그리고 얼마 지나지 않아 1648년 폴란드 유대인 대학살(흐멜니츠키 봉기)이 일어난다. 수많은 유대인이 희생되었고 이로 인해 메시아 대망론은 다시 불붙는다. 므나세 벤 이스라엘은 일련의 일들을 메시아의 도래가 임박했다는 징조로 이해하기에 이른다. 이를 주장한 것이 본문에 언급된 『이스라엘의 희망』이다(이 책에 대해서는 Nadler, *Menasseh ben Israel : Rabbi of Amsterdam*, 6장 참고). 이 책은 유대인뿐만 아니라 기독교인들에게도 큰 관심을 끌었고 특히 천년왕국설을 신봉한 영국 청교도들이 그랬다. 그리고 이하에 언급되는 유대인의 영국 재입국 운동에도 큰 영향을 미친다.

고 유대인들이 영국으로 들어올 것이라고 믿었다.[103] 므나세는 1657년

---

103 [옮긴이] 1부에서 본 것처럼 17세기 초 네덜란드는 황금기를 구가하며 유럽의 중심으로 떠
올랐다. 암스테르담은 국제무역의 중심지로 부상했고 이곳에 정착한 유대인들도 함께 번영
을 누렸다. 유대인들은 자신들의 종교에 따라 살 수 있었고, 네덜란드의 해상무역 확장과 맞
물려 유대인들은 금융과 국제무역 등 다양한 분야에서 두각을 나타내며 막대한 부도 축적할
수 있었다. 그러나 유대인들의 사회적 지위는 여전히 불안정한 상태였다. 시민권도 없었고
직업과 거주지 등도 제한되었을 뿐만 아니라 길드 가입도 할 수 없는(1632년 금지) 법적, 사
회적 차별이 존재했기 때문이다. 이런 상황에서 1648년 폴란드 유대인 대학살로 인해 수많
은 유대인들(아슈케나지 유대인들)이 서유럽으로 피난길에 오르자, 네덜란드의 세파르디 유
대인들도 네덜란드 사회 내 반유대주의 정서가 확산되지는 않을까 걱정하기 시작했다. 이에
네덜란드 유대인 공동체를 이끌던 랍비 므나세 벤 이스라엘은 동쪽에서 밀려오던 피난민 동
포들을 스웨덴이나 영국으로 이주시킬 계획을 세우게 된다. 1649년 영국 내 대표적인 친유
대 세력이었던 청교도들이 왕당파에 승리를 거두고 의회를 장악하자 그들의 수장 올리버 크
롬웰에게 전쟁비용을 댔던 므나세는 1650년에 그에게 유대인 재입국을 허락해 달라고 청원
한다. 1290년 에드워드 1세의 유대인 추방령 이후 막혀 있던 터였다. 크롬웰로서는 간단한
문제가 아니었다. 한편으로는 유대인들의 자본과 국제적 네트워크가 영국 경제 발전에 도움
이 될 것이라는 기대도 있었지만, 다른 한편으로는 반유대주의 정서와 기독교 근본주의 세
력의 반발도 고려해야 했기 때문이다. 1651년에 크롬웰이 "항해조례"를 반포하여 네덜란드
해안을 봉쇄하고 해상무역을 장악함에 따라 유대인 피난민들의 영국 이주는 그들 자신에게
는 물론 해상무역에 종사하던 암스테르담의 유대인들에게도 중요한 문제였다. 므나세는 크
롬웰을 설득하기 위해 다양한 노력을 기울였다. 특히, 당시 영국 사회에 널리 퍼져 있던 천년
왕국설을 적극 활용했다. 천년왕국설은 그리스도가 최후의 심판 이전에 지상에 재림하여 천
년 동안 통치하는 낙원, 곧 천년왕국이 있을 것이라고 믿음(요한계시록 20장 1~6절)으로 친
유대적 성향을 지닌 급진적인 청교도들이 이를 믿는 주요 세력이었다. 므나세는 "땅 이 끝에
서 저 끝까지 온 땅에 있는 만백성 가운데 너희[이스라엘 민족]를 흩으실 것"(신명기 28 : 64)
이라는 성서의 예언에 따라 "땅끝"(크레 하 아레츠Kezeh ha-Arez, 중세 히브리어로 영국을 가리
키는 말이기도 하다)인 영국에까지 유대인이 들어와야 메시아가 재림할 것이라고 적극 주장
함으로써 크롬웰을 설득했다고 한다. 항해조례로 시작된 1차 영국-네덜란드 전쟁으로 답보
상태에 있던 유대인 입국은 1655년 9월 므나세가 런던으로 크롬웰을 찾아가 청원서를 제출
하면서 급물살을 타게 되고 우여곡절 끝에 1656년 사실상 묵인된다. 360여 년 만의 일이었
고 결과적으로 해적질이나 하고 살던 영국 경제 부흥의 서막을 장식한 중요한 사건 중 하나
였다. 유대인 입국 묵인은 유대인의 자본과 역량이 필요했던 영국과 신흥 해상무역 중심지
로 부상한 영국이 필요했던 유대인의 이해관계가 맞아떨어진 결과이기도 했지만, 영국 의회
를 장악한 청교도들의 친유대 성향과 천년왕국설에 대한 믿음도 주요했다. 므나세는 본문에
언급된 것처럼 이러한 영국의 천년왕국운동에 관여하고 『이스라엘의 희망』을 쓰기도 했던
것이다(유대인 입국 문제도 저작 동기 중 하나였을 것이다). 므나세가 기다리던 메시아가 청
교도들이 기다리던 메시아와 달랐을 터인데 흥미로운 부분이자 "범종교적인"ecumenical 랍

11월 2일 미델부르크Middelburg에서 사망했다.

1651년에 출간된 므나세의 『생명의 숨』*Nishmat Hayyim*[104]은 영혼의 본성 문제에 천착한 저작이다. 부분적으로는 영혼불멸성을 부정한 논쟁적 논고로, 파문당한 우리엘 다 코스타Uriel da Costa(1585~1640)의 주장에 대한 응답으로 쓴 것이었다. 이 저작에서 므나세는 암스테르담 동료들—모두 영혼에 관한 논고를 출간했던 랍비 사울 레비 모르테라Saul Levi Mortera(또는 Morteira, 1596경~1660경), 아보아브와 모세 라파일 데 아귈라르Moses Raphael de Aguilar(1611~1679)—의 전통에 따라 영혼불멸 학설이 다른 유대교 교리, 이를테면 신의 실존에 대한 믿음, 토라의 신적 기원, 보상과 징벌 같은 교리에 대한 믿음의 토대라고 주장했다. 스승을 따라 스피노자도 영혼불멸 학설에 주목했다. 그가 불멸성이라는 용어를 정신의 일부가 존속함을 표현하기 위해 사용한 것은 아니라는 사실에 특히 유의해야겠지만 말이다. 『윤리학』에서 "불멸적"immortalis이라는 용어는 단 한 번 5부 정리41의 주석에서 등장한다.

만약 사람들이 (…) 정신이 신체와 함께 소멸할 것 (…) 이라고 믿는다면, 그들은 자신들의 기질로 되돌아가 (…) 운을 좇아 살아가려고 할 것이다. 이는 내가 보기에는 누군가가 자신은 자기 신체에 영원히 좋은 음

비라는 평가를 받는 그의 면모를 잘 보여 주는 일화이기도 하다. 이상 폴 존슨, 김한성 옮김, 『유대인의 역사』, 포이에마, 2014, 471~477쪽 ; 홍익희, 『유대인 이야기 : 그들은 어떻게 부의 역사를 만들었는가』, 행성B, 2013, 435~440쪽(특히 청교도들의 친유대적 성향에 대해서는 353~354, 436~438쪽 참고) ; Nadler, 위의 책 참고.

104 [옮긴이] 창세기 2장 7절에서 신이 사람을 만들고 코에 불어넣었다고 되어 있는 것이 "Nishmat Hayyim"[니슈마트 하임]이다. 공동번역은 "입김"이라고 번역했고, 개역개정판은 "생기"라고 옮겼으며, 표준새번역의 도착어는 "생명의 기운"이었다.

식을 공급할 수 있다고 믿지 않으니 차라리 독이나 그와 유사한 다른 치명적인 것들을 만끽하는 편을 택하겠다고, 아니면 정신은 영원한 또는 불멸의 것이 아니라고 생각하기 때문에quia videt Mentem non esse aeternam seu immortalem 정신을 놓고amens 미친 듯이sine ratione 사는 편을 택하겠다고 말하는 것만큼이나 부조리한 것이다.

정신의 영원성에 대한 스피노자의 유명한 논의는 인간 정신이 무엇을 인식할 수 있는지를 배경으로 한 것으로『윤리학』5부 정리23에 요약되어 있다.

인간 정신은 신체와 함께 절대적으로 파괴될 수 없으며, 그중에서 영원한 어떤 것이 남는다.[105]

카발라

지금까지 우리가 하고자 한 것은 스피노자가 영향을 받았을 수도 있는 주제와 일부 텍스트를 강조하는 것이었다. 이 개관은 결코 완전한 것이 아니며, 실제로 우리는 유대 사상에서 스피노자에게 영향을 준 다른 사례를 지적할 수도 있을 것이다. 예컨대 카발라Kabbalah에 대한 스피노자

105　[옮긴이] 스피노자에 의하면 "인간 정신이 인식할 수 있는 것" 중에는 신체와 함께 소멸하는 것도 있지만 신체와 함께 파괴되지 않는 영원한 것도 있다.『윤리학』5부 정리23의 주석에서 그는 "이해하면서 인식하는 것"이 그러한 것이라고 주장한다(E5p23s). 자세한 것은 이 책의 '영원성' 항목 및 스티븐 내들러, 이혁주 옮김,『에티카를 읽는다』(그린비, 2013), 427~446쪽 참고.

의 양가적 태도를 들어 보자. 한편으로 그는 카발라주의자를 묵살한다
(TTP 9장을 보라). 그러나 다른 문맥에서는 아마도 초기 카발라(결국 근
대 카발라에 의해 대체된)라고 생각되는 관념을 언급하면서 "고대 히브
리인들의 의견과 전통"에 존경을 표하는 어조로 말한다(E2p7s ; Ep21을
보라).[106]

요셉 솔로몬 델메디고Joseph Solomon Delmedigo, Yashar Mi-Qandia (1591~1655)

스피노자가 영향을 받았을 수도 있는 또 다른 사람으로, 1626년 암스테
르담을 방문했던 요셉 솔로몬 델메디고Joseph Solomon Delmedigo, Yashar Mi-
Qandia가 있다. 스피노자의 선생이었던 므나세 벤 이스라엘이 그의 친구
가 되었고 델메디고의 저작 중에서 『엘림의 서書』*Sefer Elim*[107]를 출간해

---

106 Brann 1967도 보라.

107 [옮긴이] 본문에 언급된 『신학정치론』의 구절은 다음과 같다. "하지만 대부분 사람은 성경의
     다른 부분에서도 어떤 결함이 발생했다는 것을 전혀 인정하지 않는다. 대신 그들은 특별한
     섭리로 하느님께서 성경 전체를 무결하게 보존해 왔다고 주장한다. 그들은 이문(異文)varias
     lectiones이 가장 심오한 신비의 징표(…)라고 가정한다. (…) 나는 그들이 이런 말을 어리석
     음과 맹목적인 헌신에서 하는 말인지, 아니면 그들만이 하느님의 비밀을 소유하고 있다고 믿
     게 하려는 오만과 악의에서 하는 말인지 모르겠다. 내가 아는 것은 이것이다. 비밀스러운 분
     위기를 풍기는 그들의 글에서 내가 알게 된 것은 아무것도 없고 오직 유치한 생각들뿐이라
     는 것이다. 나는 또한 몇몇 카발라적인 시시한 소리를 하는 이들nugatores의 글을 읽었고 실
     제로 그들을 알고 있는데, 그들의 광기는 내 모든 놀라움을 초월하는 것이었다"(TTP 7.33 ;
     G III. 135~6 ; C II. 217). 본문에서 스피노자가 카발라에 대한 존경을 표한 것으로 추정되
     는 『윤리학』 2부 7의 주석은 다음과 같다. "연장의 양태와 이 양태의 관념 또한 하나의 동일
     한 것이지만 두 가지 방식으로 표현된다. 어떤 히브리인들이 신과 신의 지성 및 신이 인식한
     실재들은 하나의 동일한 것이라고 주장하면서 마치 구름 사이로 보듯이 보았던 것 같은 것
     이 바로 이 점인 듯하다." 같은 출처로 제시된 「서신21」은 어떤 구절을 말하는 것인지 모호한
     데, 브란의 논문(Brann 2001, 188)에 언급된 것은 「서신73」의 다음 구절이다. "첫째, 저는 신
     과 자연에 대해 새로운 기독교 학자들이 통상적으로 옹호하는 것과 매우 다른 견해를 가지

주었다.

루더만은 델메디고의 성향이 그의 스승이었던 갈릴레오Galileo의 성향과 마찬가지로 아리스토텔레스의 자연학 틀 바깥에서 자연 세계를 이해하는 것이었다고 강조한다.[108] 카발라나 신플라톤 사상에 대한 델메디고의 관심도 이러한 성향과 같은 선상에 있다.[109] [그러나] 델메디고는 『엘림의 서』(갈릴레오의 과학 이론에 관해 아주 자세히 논한 『세페르 엘림』이라는 저작이다)에서 갈릴레오의 "기이한 천문학"에 대해서뿐만 아니라 지배적인 형이상학reigning metaphysics에 도전하는 이 새로운 천문학의 내재적 위험에 대해서도 서술한다.[110] 『세페르 엘림』의 문체 자체가 갈릴레오의 대화편을 생각나게 한다. 델메디고는 모스헤 메트스Moshe Metz의 입을 빌려 옛 천문학의 철학적 기초를 철저히 비판한다.[111] 바르

고 있습니다. 저는 신이 만물의 이른바 내재적 원인이고 타동적 원인이 아니라고 생각합니다. 요컨대 저는 바울, 그리고 비록 다른 방식이기는 하지만 고대의 모든 철학자처럼 만물이 신 안에 존재하고 신 안에서 운동한다고 주장합니다. 나아가 저는 이것이, 비록 그것들이 겪은 변질에도 불구하고 제가 몇몇 전통들에 따라 가정할 수 있는 한에서 볼 때 모든 고대 히브리인의 사유라고 감히 첨언하겠습니다"(Ep73 ; G IV. 307 ; 이근세 382). '초기 카발라'earlier Kabbalah는 토라와 탈무드에 대한 유대교 신비주의의 해석을 근간으로 12~13세기에 형성된 카발라를 말한다. '근대 카발라'modern Kabbalah는 16세기 이후 특히 이사악 루리아Isaac Luria에 의해 형성된 '루리아 카발라'Lurianic Kabbalah를 일컫는다. 초기 카발라는 단순하고 원초적인 신비주의적 관념을 갖고 있었지만, 근대 카발라는 복잡하고 체계적인 우주론과 신학 체계를 포함하는 형태로 발전된다. 『신학정치론』에서 스피노자가 폄하한 카발라는 아마도 근대 카발라라고 생각되는데, 이는 그의 종교관과 관련해서도 생각해 볼 수 있는 부분이다. 이 책 4부 용어해설 '종교' 항목 참고. "엘림"은 유대인들이 이집트에서 탈출하여 사막을 유랑할 때 머물렀던 곳(오아시스)을(출애굽기15 : 27, 16 : 1, 민수기 33 : 9, 33 : 10 참고), "세페르" סֵפֶר는 '책' 내지 '두루마리'를 뜻한다.

108 Ruderman 1995.
109 Ruderman 1995, p. 134를 보라.
110 Delmedigo 1629.
111 Elim, pp. 48~62, 특히 p. 54 이하.

질라이가 주장하는 것처럼, "야샤르Yashar(델메디고의 다른 이름)의 다른 어떤 저작에서도 비교적 짧은 이 논문만큼 고중세 형이상학 일반 및 특히 천문학의 기본 개념을 전례가 없을 정도로 전면적으로 공격한 부분을 볼 수 없다".[112]

그런데 우리는 델메디고가 실제로 스피노자에게 준 영향을 찾아낼 수 있을까? 우리는 스피노자의 서가에 델메디고의 저작 중 적어도 한 권(『심연의 지혜』*Abscondita Sapientiae*)이 있었음을 알고 있지만, 스피노자가 『엘림』도 접했는지는 명확하지 않다. 프로이덴탈이 만든 스피노자의 장서 목록에는 이름을 밝히지 않은 "랍비의 수학 저작"에 대한 언급만 있을 뿐이다. 트앙코나D'Ancona는 이 언급이 『엘림』에 대한 것일 뿐만 아니라 스피노자가 이 저작을 주의 깊게 읽었을 가능성이 매우 높음을 시사한다는 설득력 있는 증거를 제시했다.[113] 트앙코나는 예컨대 『소론』 1부의 어떤 특징 — 이를테면 주제 배치 같은 — 을 이해하기 어려운 것은 스피노자에 대한 델메디고 저작의 영향을 입증하는 것이라고 주장한다. 예컨대 그는 제라흐 바르 나탄Zerach bar Natan이 델메디고에게 한 열두 개의 질문(이 질문은 일곱 문단으로 나누어져 있다)이 『소론』의 처음에 나오는 장들과, 특히 장들의 순서 및 구분과 "분명 밀접한 관계"가 있다고 주장한다.[114] 보다 최근에 제이콥 애들러는 스피노자가 "『엘림』을 읽은 것으로 알려져 있으며, 실제로 우리는 그가 1부의 56쪽을 읽었다고 무리 없이 확신할 수 있다"라고 주장한다.[115] 애들러는 스피노자가 지성

---

112   Barzilay 1974, p 153.

113   D'Ancona 1940.

114   D'Ancona 1940, p. 35.

115   Adler 2008, pp. 180~181.

과 의지의 동일성을 스스로 생각해 냈을 수도 있지만, "델메디고의 『엘
림』에서 지성과 의지의 동일성을 알게 된 것이 아니라는 생각을 쉽게 믿
어 버리기에는 무리가 있다"라고 주장하며 이를 시사하는 증거를 제시
한 바 있다.[116]

참고문헌

1차 문헌

Crescas, H., 'Or' Adonai[The Light of the Lord], Part I.2.11 and I.1.15 in H. A. Wolfson, *The Philosophy of Crescas*(Cambridge, MA : Harvard University Press, 1929).

Delmedigo, J., *Sefer Elim*(Amsterdam, 1629 ; repr. Odessa, 1864~1867).

Israel, M. ben, *Nishmat Chayim*(Jerusalem : Yedid ha-Sefarim, 1995).

Leone Ebreo, *The Philosophy of Love(Dialoghi d'Amore)*, trans. F. Friedenberg-Seeley and J. H. Barnes(London : The Soncino Press, 1937).

Maimonides, M., *The Guide of the Perplexed*, ed. and trans. Shlomo Pines(Chicago : University of Chicago Press, 1963).

Pico della Mirandola, G., *Examen vanitatis doctrina gentium*, in *Opera omnia*(Basel, 1573).

2차 문헌

Adler, J., 'J.S. Delmedigo as Teacher of Spinoza ; The Case of Noncomplex Propositions', *Studia Spinozana*, no. 16(2008), pp 177~183.

――――, 'Joseph Solomon Delmedigo : Student of Galileo, Teacher of Spinoza', *Studia Spinozana, Intellectual History Review* 23(1) March 2013 : 141~157. [옮긴이 추가]

Barzilay I., *Yoseph Shlomo Delmedigo(Yashar of Candia) : His Life, Works, and Times*(Leiden : E.J. Brill, 1974).

Brann, H.W., 'Spinoza and the Kabbalah', *Hartwick Review*, no. 3.1(1967) ; reprinted in G. Lloyd(ed.), *Spinoza : Critical Assessments*, vol. 1(London : Routledge, 2001), pp. 185~195.

Bunge, W. van, *From Stevin to Spinoza. An Essay on Philosophy in the Seventeenth Century Dutch Republic*(Leiden : Brill, 2001).

---

116   Adler 2008, p. 181.

Chalier, C., *Spinoza Lecteur de Maimonide : La question théologico-politique*(Paris : Cerf, 2006).

Curley, E., 'Introduction' and footnotes in *The Collected Works of Spinoza*, trans. Edwin Curley(Princeton : Princeton University Press, 1985).

D'Ancona, J., 'Delmedigo, Menasseh ben Israel en Spinoza', *Genootschap voor de Joodsche wetenschap in Nederland, Bijdragen en mededeelingen*, no. 6(1940), pp. 105~152.

Dienstag, J.I., 'The Relationship of Spinoza to the Philosophy of Maimonides : an Annotated Bibliography', *Studia Spinozana*, no. 2(1986), pp. 375~416.

Fraenkel, C., 'Maimonides' God and Spinoza's Deus sive Natura', *Journal of the History of Philosophy*, no. 44(2006), pp. 169~215.

Freudenthal, J., *Die Lebensgeschichte Spinozas in Quellenschriften, Urkunden und Nichtamtlichen Nachrichten*(Leipzig : Verlag Von Veit, 1899).

_______, *Spinoza. Sein Leben und Seine Lehre*(Stuttgart : Fr. Frommanns Verlag, 1904).

Gebhardt, C., *Supplementa [to Spinoza : Opera]*(Heidelberg : Winter, 1987).

Gueroult, M., *Spinoza I-II*, 2 vols(Paris : Aubier, 1968~1974).

Harvey, W.Z., 'Spinoza as a Maimonidean', *Journal of the History of Philosophy*, no. 19 (1981), pp. 151~172.

Israel, J., *European Jewry in the Age of Mercantilism 1550-1750*(Oxford : Oxford University Press, 1985).

Kaplan Y., H. Mechoulan and R. Popkin, *Menasseh ben Israel and his World* (Leiden : Brill, 1989).

Kasher, A. and S. Biderman, 'Why Was Baruch de Spinoza Excommunicated', in David S. Katz and Jonathan I. Israel(eds.), *Sceptics, Millenarians and Jews*(Leiden : Brill, 1990).

Levy, Z., 'Sur quelques influences juives dans le développement philosophique du jeune Spinoza', *Revue des sciences philosophiques et théologiques*, no. 71(1987), pp. 67~75.

_______, *Baruch or Benedict : On Some Jewish Aspects of Spinoza's Philosophy*(New York : Lang, 1989).

Mechoulan, Henri, *Être juif à Amsterdam au temps de Spinoza*(Paris : Albin Michel, 1991).

Nadler, S., *Spinoza : A Life*(Cambridge : Cambridge University Press, 1999).

_______, *Spinoza's Heresy : Immortality and the Jewish Mind*(Oxford : Clarendon Press, 2001).

_______, 'The Jewish Spinoza', *Journal of the History of Ideas*, vol. 70(2009), pp. 491~510.

Pines, S., 'Spinoza's *Tractatus Theologico-Politicus* and the Jewish Philoso-phical Tradition', in Isadore Twersky and Bernard Septimus(eds.), *Jewish Thought in the Seventeenth*

Century(Cambridge : Harvard University Press, 1987), pp. 499~521.

Pollock, F., *Spinoza : His Life and Philosophy*(London : C. Kegan Paul & Co, 1880).

Ravven, H.M., 'Some Thoughts on What Spinoza Learned from Maimonides about the Prophetic Imagination : Part 1. Maimonides on Prophecy and the Imagination', *Journal of the History of Philosophy*, no. 39(2001), pp. 193~214.

________ , 'Some Thoughts on What Spinoza Learned from Maimonides about the Prophetic Imagination : Part 2. Spinoza's Maimonideanism', *Journal of the History of Philosophy* 39(2001), pp. 385~406.

Ravven, H. M. and L. E. Goodman(eds.), *Jewish Themes in Spinoza's Philosophy*(Albany : SUNY Press, 2002).

Roth, L., Spinoza, *Descartes and Maimonides*(Oxford : Clarendon Press, 1924 ; 1963).

Rudavsky, T.M., *Time Matters : Time, Creation and Cosmology in Medieval Jewish Philosophy*(Albany : SUNY Press, 2000).

________ , 'Galileo and Spinoza : Heroes, Heretics, and Hermeneutics,' *Journal of the History of Ideas*, no. 62(2001), pp. 611~631.

Ruderman, D., *Jewish Thought and Scientific Discovery in Early Modern Europe*(New Haven : Yale University Press, 1995).

Smith, S. B., *Spinoza, Liberalism, and the Question of Jewish Identity*(New Haven : Yale University Press, 1997).

Strauss, L., *Spinoza's Critique of Religion*(New York : Schocken, 1965).

Studia Spinozana, no. 13(1997), special issue on 'Spinoza and Jewish Identity', ed. S. Nadler, M. Walther and E. Yakira. Tirosh-Rothschild, H., 'Jewish Philosophy on the Eve of Modernity,' in *History of Jewish Philosophy*, ed. D.H. Frank and O. Leaman(London : Routledge, 1997).

Wolfson, H. A., *Crescas' Critique of Aristotle*(Cambridge, MA : Harvard University Press, 1929).

________ , *The Philosophy of Spinoza*, 2 vols(Cambridge, MA : Harvard University Press, 1934).

________ , *Philo : Foundations of Religious Philosophy*(Cambridge, MA : Harvard University Press, 1947).

Yovel, Y., *Spinoza and Other Heretics : The Marrano of Reason*(Princeton : Princeton University Press, 1988).

— 타마르 루다브스키

6장 스토아철학

스피노자의 독자들은 그의 철학 체계의 강한 스토아적 면모에 대해 오랫동안 지적해 왔다. 라이프니츠는 스피노자를 "실재들이 신의 이성적 선택으로 인해 활동하는 것이 아니라 [우주의] 역량 때문에 활동한다"라고 주장하는 "신스토아학파"의 수장이라고 불렀다.[117] 비슷한 시기에 베일은 그의 『역사비평사전』에서 "세계영혼 학설은 (…) 스토아학파 체계의 주요 부분으로 실지로는 스피노자 학설과 동일하다"라고 말한다.[118] 이 항목은 스피노자주의와 스토아주의 간의 주요한 개념적 유사성뿐만 아니라 중요한 차이점도 확인해 볼 것이다. 그러나 이 문제에 착수하기 전에 두 체계의 관계를 둘러싼 수수께끼에 대해 언급하고자 한다.

스피노자는 스토아주의를 알고 있었다고 볼 수 있다. 실제로 알았다고 보아야 할 한 가지 이유는 스토아주의가 1600년대에 다시 크게 유행했기 때문이다. 스피노자는 그야말로 그 시대의 지식인이었기 때문에 스토아적 학설의 요점을 접했을 수 있다. 다른 이유는 스피노자가 에픽테토스Epictetus의 『엥케이리디온』*Enchiridion*[119]과 세네카Seneca의 『에피스톨라이』*Epistolae*[120]를 비롯한 고대 스토아학파의 저작을 몇 권 소장하고 있었기 때문이다.[121] 그러나 이와 동시에 스피노자를 스토아주의에 관심

---

117   Leibniz 1989, pp. 281~282.

118   Bayle 1740, vol. 4, p. 253.

119   [옮긴이] 에픽테토스, 김재홍 옮김, 『왕보다 더 자유로운 삶-에픽테토스의 엥케이리디온, 대화록 연구』, 서광사, 2013 ; 에픽테토스, 김재홍 옮김, 『엥케이리디온-도덕에 관한 작은 책』, 까치, 2003.

120   [옮긴이] 세네카, 김천운 옮김, 『세네카 삶의 지혜를 위한 편지』, 동서문화동판, 2016.

121   Aler 1965.

이 아주 많은 사람이었다고 보기는 어렵다. 그가 데카르트나 중세 유대교 철학자를 집중적으로 연구한 만큼 스토아 사상을 연구했다는 증거는 없다. 더욱이 스피노자가 자신의 저작에서 스토아학파를 명시적으로 언급한 것은, 『지성교정론』74절에서 한 번, 그리고 『윤리학』5부 서문에서 두 번, 이렇게 단 두 차례뿐이다. 자신의 사유에 스토아학파가 보다 중요했다면, 그는 데카르트의 경우처럼 스토아학파를 더 자주 끌어들였을 것이다. 스피노자의 사유가 스토아학파의 영향을 받았다기보다는 스피노자가 놀랍도록 독자적인 스토아적 철학 체계를 구축했을 가능성이 더 높다. 양자 간의 이 수수께끼 같은 특징은 그들 사이의 유사성을 더욱 흥미롭게 만든다.

이러한 유사성은 두 체계의 구조 자체에서 시작된다. 『최고선악론』 *De finibus* 3권 말미에서 키케로Cicero는 스토아주의에 대해 다음과 같이 말한다. "어떤 글자 하나를 바꾸면 전체가 파괴되는 것처럼, 그 부분들이 밀접하게 상호 연관되어 있지 않은 것이 어디에 있습니까?"[122] 스피노자의 기하학적 방법mos geometricus이 뜻하는 바에 대한 논쟁이 계속되고 있지만, 한 가지 공통된 해석은 기하학적 방법이 전문 용어들linguistic terms로 자연의 개념적 구조를 표현하려는 시도라고 보는 것이다. 이렇게 해석할 때, 만일 『윤리학』이 성공적이라면, 『윤리학』에 제시된 체계의 어떤 부분을 바꾸는 것은 자연을 바꾸는 것만큼이나 불가능할 것이다. 스토아주의와 스피노자주의의 합리주의적 야망rationalist ambitions은 매우 유사하며, 그 야망은 두 진영에서 주장된 형이상학적·윤리적 입장의 공통 부분을

122　Cicero 1931, p. 295. [옮긴이] 마르쿠스 툴리우스 키케로, 김창성 옮김, 『키케로의 최고선 악론』, 서광사, 1999, 155~156쪽. 번역은 수정.

뒷받침한다.

두 진영의 형이상학 견해에서 중첩되는 많은 부분은 아프로디시아스의 알렉산드로스Alexander of Aphrodisias(200년경)와 스피노자의 글 일부를 비교함으로써 포착될 수 있다. 알렉산더에 따르면 스토아학파는 다음과 같이 주장한다.

이 세계는 하나이며 자신 안에 모든 존재자를 포함하고 있다. 이 세계는 살아 있고 이성적이며 지적인 자연nature에 의해 조직된다. 또한 이 세계에는 존재자들의 구조organization of beings가 있으며, 이 구조는 영원하며 어떤 특정한 순서와 질서에 따라 진행된다. (…) 이 세계에 생겨나는 어떤 일이든 그것에 뒤따르는 대안 없는 다른 무언가가 반드시 존재하며 또한 그것에 원인으로 연결되어 있는 다른 무언가가 반드시 존재한다.[123]

스토아학파처럼 스피노자도 실체 일원론자였고 단 하나의 실체만 존재하며 이러한 실체는 궁극적으로 자연 자체와 동일하다고 주장했다(E1p14). 스토아학파처럼 스피노자도 자연 안에 있는 모든 것은 하나의 실체의 변형variations 내지 (스피노자의 용어를 사용하자면) 실체의 "변양"modifications으로 간주되어야 한다고 주장한다(E1p16). 스토아학파가 그랬던 것처럼, 스피노자도 하나의 실체에 기반한 인과 관계망이 있으며 이 실체는 그 영역 안에 만물을 포함하고 원인과 결과를 엄격하게 결합한다고 믿었다(E1p18 ; E1p29 ; E1p33). 스토아학파와 스피노자는 모두

---

123   Alexander of Aphrodisias 1983, p. 70.

인간 또한 다른 모든 별개의 개별자들만큼이나 세계-질서world-order의 한 부분이자 세계-질서에 의해 지배된다고 강조한다(E3praef). 스토아주의와 스피노자주의가 그린 궁극적인 형이상학적 상은 우주를 그 안에 모든 존재가 포함되고 실체에 의해 질서를 갖게 되는 일원적 체계로 묘사한다. 이러한 긴밀한 유사성은 두 진영 모두 전체로서의 우주를 언급할 때 '신'과 '자연'이라는 단어를 사용한다는 점에 의해 강화된다.

형이상학에서 윤리학으로 향하면서 스토아학파와 스피노자는 모두 똑같이 선택 가능한 두 선택지 중 하나를 선택한다는 의미에서의 자유의지가 인과 계열에 의해 배제된다고 주장한다.[124] 그렇기는 하지만 인간은 그러한 의미에서 자유롭지 않을지라도 여전히 그들 자신의 행복에 대해 전적인 책임이 있다. 행복을 극대화하기 위해 스토아학파와 스피노자는 모두 인간이 자연의 질서를 받아들이고 그것에 순응해야 한다고 생각했다. 스토아학파가 주장하는 것처럼 "자연과 합치되도록 즉 자신의 본성 및 우주의 본성과 합치되도록 살아가는 것이 삶의 목표이다".[125] 스피노자 특유의 어법으로는 다음과 이야기된다.

우리는 우리 바깥에 있는 실재들을 우리의 사용에 맞추어 조정하는 절대적 능력potestas을 가지고 있지 않다. 하지만 우리는 할 일을 다했으며, 우리가 가진 역량은 이 일을 피할 수 있게 하는 데까지 미치지 못했다는 것, 그리고 우리는 우리가 그 질서를 따르는 자연 전체의 일부분이라는

---

124 Alexander 1983, p. 73과 『윤리학』 1부 정리32를 비교해 보라. [옮긴이] "의지는 자유 원인이라 불릴 수 없으며, 단지 필연적 원인이라 불릴 수 있다"(Z1p32).

125 Diogenes Laertius 1970, p. 195.

것을 의식한다면, 우리의 유용성의 원칙이 요청하는 것과 상반되게 일어나는 것을 평정하게 견디어 낼 것이다(E4app32).

스피노자 철학에는 스토아학파 철학과의 피상적인 유사성보다 더 많은 것이 있지만, 두 철학을 완전히 일치시키는 것은 온당치 않을 것이다. 한 가지 핵심적인 불일치 영역이 이 점을 잘 보여 줄 터인데, 스토아주의는 철두철미하게 목적론적이라는 점이다. 이는 천체로서의 세계 — 이는 지극히 선하며 인간의 이익을 위해 만들어졌다 — 뿐만 아니라 인간이 생각하고 행위하는 방식에 대해서도 참이다. 연구자들은 스피노자가 인간의 삶에 부여한 목적론의 역할에 대해 논할 수도 있겠으나,[126] 스피노자가 스토아주의에서는 아주 현저하게 드러나는 우주적 목적론을 거부했음은 의심의 여지가 없다. 그는 딱 잘라 말한다. "자연은 자신에게 지정되어 있는 아무런 목적도 갖고 있지 않다"(E1app).

참고문헌

1차문헌

Alexander of Aphrodisias, *On Fate. Text, Translation and Commentary*, ed. and transl. by R.W. Sharples(London : Duckworth, 1983).

Bayle, P., *Dictionnaire historique et critique*, 4 vols(Amsterdam, 1740).

Cicero, *De finibus*(Cambridge, MA : Harvard University Press, 1931).

Diogenes Laertius, *Lives of the Philosophers*(Cambridge, MA : Harvard University Press, 1970).

---

126 [옮긴이] 다음 구절에 근거한 주장일 것이다. "둘째, 인간은 목적을 위하여, 곧 그들이 욕구하는 이익을 위하여 행동한다. 그러므로 인간은 성취된 것에 관하여 항상 목적인만을 알려고 하며, 그것을 듣게 되면 그것으로 만족한다"(E1app).

________ , *Lives of Eminent Philosophers*, edited with introduction by Tiziano Dorandi (Cambridge : Cambridge University Press, 2013).[옮긴이 추가]

Leibniz, G.W., *Philosophical Essays*, ed. and transl. by R. Ariew and D. Garber(Indianapolis : Hackett Publishing, 1989).

2차 문헌

Aler, J.M.M.(ed.), *Catalogus van de bibliotheek der Vereniging 'Het Spinozahuis' te Rijnsburg*(Leiden : Brill, 1965).

Long, A.A., 'Stoicism in the Philosophical Tradition : Spinoza, Lipsius, Butler', in J. Miller and B. Inwood(eds.), *Hellenistic and Early Modern Philosophy*(Cambridge : Cambridge University Press, 2003), pp. 7~29.

박기순, 「스피노자와 스토아 전통—감정 이론을 중심으로」, 『인간연구』, 01(40), 2020, 137~164쪽.

— 존 밀러

3부 초기 비평가

LIFE

INFLUENCES

EARLY CRITICS

GLOSSARY

SHORT SYNOPSES OF SPINOZA'S WRITING

SPINOZA SCHOLARSHIP

1장 피에르 베일, 『역사비평사전』(1697)

해제 : 잔루카 모리 (편자)

동시대 많은 이들처럼, 피에르 베일의 뇌리에는 바루흐 스피노자에 대해 "태생은 유대인, 후에는 유대교 변절자déserteur, 종국에는 무신론자"라는 생각이 떠나지 않았다. "스피노자" 항목은 『역사비평사전』 중 가장 길고, 이 사전이 제시한 해석은 당대 가장 영향력 있는 것이었다. 『백과사전』*Encyclopédie*의 같은 항목 ─ 드니 디드로Denis Diderot(1713~1784)가 쓴, 아니 더 정확히 말하자면 엮은 ─ 은 베일 글을 재가공한 것이나 다름없다. 베일이 쓴 글은 18세기 내내 엄청났는데, 이 시기는 데이비드 홈David Hume(1711~1776)의 『인간 본성에 관한 논고』*Treatise of Human Nature*(1739)[1]를 비롯하여 콩디악(1714~1780)의 『체계론』*Traité des*

---

1   [옮긴이] 데이비드 흄, 『인간 본성에 관한 논고 1~3』, 이준호 옮김, 서광사, 1994, 1996, 2008.

systèmes(1749)과 볼테르(1694~1778)의 『무지한 철학』*Le Philosophe ignorant*(1766)이 위세를 떨치던 시기였다. 그가 스피노자를 무신론자라고 비난한 첫 번째 인물은 아니었지만, 스피노자를 "고결한 무신론자"이자 "체계적인 무신론자"라고 이중적으로 묘사한 이도 베일이었다. 스피노자에게는 이미 젊은 시절부터 무신론자라는 딱지가 붙어 있었고,『신학정치론』 출간은 대부분의 동시대인들에게 그에 대한 나쁜 평판이 사실임을 보여 준 사건이었다. 초기 근대의 사고방식에는 신의 실존에 대한 명시적인 거부가 무신론에 요구되는 것은 아니었다. 그저 신의 도덕적 속성(특히 신의 "섭리")을 거부하는 것만으로도 충분히 "무신론자"라고 불릴 수 있었다. 이러한 맥락에서 스피노자가 무신론자라는 욕설 epithet을 들을 만했다는 것은 의심의 여지가 없다. 베일 시대의 철학자와 신학자는 신의 실존을 철학적 견지에서 부정하는 소위 "사변적 무신론자"가 실제로 존재하는지 논의하고는 했다. 무신론은 보통 마음의 상태나 도덕상의 악덕으로 간주되었지 하나의 이론적 입장으로 간주되지는 않았다. "전해지는바 스스로 무신론자가 되고 싶을 수는 있지만 정말 무신론적으로 생각할 수 있는 것은 아니다."[2] 베일의 견해에 따르면 스피노자의 철학은 사실상 그 반대 증명이다.

베일이 스피노자 문제를 다룬 것은 1670년대 후반부터로, 그가 아직 프랑스에 있을 때였다. 그가 『신학정치론』을 처음 언급한 것은 1677년이었다.[3] 그가 가브리엘Gabriel de Saint-Glain(1620경~1684경)의 프랑스어 번역본을 구한 것은 1679년 5월이었고, 몇 달 후에는 『유고』와

---

2   Kors 1991, p. 17.

3   Bayle, *Correspondance*, vol. 2, p. 457.

『데카르트의『철학의 원리』』를 구입했다.[4] 그러나 베일이 처음으로 출판한『혜성에 대한 몇몇 생각』*Pensées diverses sur la comète*(1682) 초판본에서 언급한 저자들에 스피노자는 포함되지 않았다(이 책은 로테르담의 레이니어 레어스Reinier Leers가 출간한 책으로, 베일은 로테르담으로 1681년에 이주했다). 스피노자는『생각』제2판(1683)에서야 언급된다. 175절에서 처음 언급되고 이후 181절에서는 더 장황하게 언급되는데, 이 절은 다음과 같은 제목을 가지고 있다. "사람들이 자기 원칙에 따라 살지 않음을 보여 주기 위한 새로운 소견"New Remark to Show That Men Do Not Live According to Their Principles. 여기에서 베일은 많은 신앙인들이 부도덕하게 행동하고 살 수 있는 것처럼 무신론자도 도덕적인 삶을 살 수 있다고 주장한다. 이는 스피노자가 도덕적 원칙에 천착했던 것을 설명할 수 있겠으나, 그럼에도 그러한 삶에는— 베일에 따르면 — "아주 큰 공허함"이 수반된다.

> [스피노자는] 지금까지 존재했던 가장 위대한 무신론자였다. 그는 철학의 특정 원리들에 홀린 나머지 그것들을 잘 숙고하기 위해 은거하면서 즐겁거나 덧없다고 불릴 수 있는 모든 세상사를 포기하고 오직 난해한 명상에만 관심을 가졌다. 죽을 때가 가까이 왔음을 느꼈을 때, 그는 안주인을 불러 자신이 죽을 때 어떤 성직자도 오지 못하게 해 달라고 부탁했다. 그의 친구들 중 한 사람[5]이 잘 알려 준 것처럼, 논쟁하면서 죽고 싶지 않고 또한 지성이 쇠약해져 그로 인해 자신의 원리를 반박하는 데

---

4   Bayle, *Correspondance*, vol. 3, p. 181, 204.
5   Vernière 1954, p. 30. 이 문헌에 따르면 그 친구는 아드리안 파츠Adriaan Paets라고 한다.

사용될 수 있는 어떤 말을 하게 될까 두렵다는 이유였다. 이는 그가 죽음 직전에 양심이 깨어나 이로 인해 자신의 용기를 자책하고 자신의 생각을 부정하게 될 수도 있다는 생각에 그런 자신의 모습이 세상에 널리 드러날까 두려워했음을 시사한다. 이보다 더 우스꽝스럽고 더 극단적인 허영이 그리고 거짓 관념을 향한 더 광적인 열정이 일관된 하나의 형태로 나타날 수 있을까?[6]

이 모호하고 다소 악의적인 스피노자에 대한 초상과 『역사비평사전』에 있는 스피노자에 대한 초상을 비교해 본다면, 스피노자에 대한 베일의 생각에 진전이 있었음이 눈에 띌 것이다. 『사전』에서 스피노자는 "붙임성 있고 상냥하며 정직하고 친절했으며 정연한 도덕성을 갖춘" 인물로 그려진다. 『생각』에서 보여 준 조심스러운 관점을 감히 완전히 포기할 수 없었던 베일에게는 스피노자가 그랬다는 것이 여전히 "이상해" 보였지만 말이다. 후기 저작에서는 한 걸음 더 나아가 스피노자와 무신론자들이 무신론에도 불구하고 도덕적인 것이 아니라 무신론 때문에 도덕적인 사람들이라고 주장했다. 최종적으로 이렇게 발전하게 된 것은 철학적이고 수사학적인 많은 요인들 때문이었다. 베일은 종교가 도덕과 별개일 뿐만 아니라(이는 명백히 『생각』에서 취했던 입장의 결과이다) 인간의 도덕적 행동에 해롭다는 것을 깨달았다. 종교는 '양심'의 영역인바, 베일은 니콜라스 말브랑슈Nicolas Malebranche를 따라 이성에 반대되는 것이라고 간주한다. 베일에게 종교적 양심은 인간의 영혼에 어떠한 양심의 가책도 남기지 않은 채 신에게 예배하기 위한 가장 잔인한 행동의 동기

---

6   Bayle, *Various Thoughts*, p. 227.

가 될지도 모르는 것이었다. 반면에 (스피노자와 같은) 사변적 무신론자는 초자연적 신성을 위해 싸울 필요가 없으며, 자신의 행위를 덮어 버리기 위해 신의 의심할 바 없는 [구원의] 의지에 호소하지 않아도 된다. 이러한 일련의 생각은『잇따른 여러 생각들』및『어느 촌뜨기의 질문에 대한 답변』의 마지막 두 부분에서 한층 정연해진다.[7] 이 후기 저작들에서 베일은 완전한 무신론의 인간학anthropology of atheism을 발전시킨다. 무신론자들이 천사들은 아니지만, 그들도 그들의 삶, 그들의 아이, 그들의 재산에 마음을 쓴다. 무신론자인 신민은 왕이 이런저런 종교를 믿는다는 이유로 왕을 거부할 이유가 없고, 반대로 무신론자인 왕은 자기 신민들의 종교가 자신과 다르다고 박해하지 않을 것이다. 이 두 저작에서 이 이론을 뒷받침하기 위해 스피노자와 스피노자주의자들이 명시적으로 인용된다.

스피노자에 대한 베일의 공식적 입장은 다음과 같이 요약될 수 있다. 스피노자는 유덕한 무신론자이지만 그의 철학 체계는 불합리하고 불가해하다. 베일에게 스피노자주의의 불합리함은 본질적으로 실체 단일성 학설에 있다. 이것이 스피노자의 원죄이며 그의 모순 대부분의 토대이다. 그러나 베일이 볼 때 스피노자주의는 독창적인 입장이 아니었다. 일원론을 고대 그리스에서부터 중국에 이르기까지 철학 사상에서 되풀이되는 유혹이라고 보았기 때문이다.[8] 스피노자의 철학은 단지 그 최근 형태이자 메타 역사적meta-historical 입장의 가장 정교한 표현으로, 이러한

---

7 Bayle, *Continuation des pensées diverses*, 1705, 114절과 149절 ; *Réponse aux questions d'un provincial*, 1706~1707, 3부 17장과 20장.
8 Budde 1701도 보라.

입장은 태곳적부터 있었던 것이다. 이처럼 스피노자주의의 역사는 보다 큰 (그리고 보다 모호한) 역사에 편입되고, 이 역사에는 또한 스토아학파의 아니마 문디anima mundi(세계영혼), 아베로에스주의자의 보편 지성 교의, 보편자에 대한 스코투스주의자의 입장, 몇몇 동양 철학 학설도 포함된다. 베일이 즉각 써먹을 수 있는 수많은 반박을 찾아낼 수 있었던 것은 바로 이 덕분이다. 곧 그는 단지 아니마 문디에 반대하는 또는 아베로에스주의에 반대하는 고대의 논변을 번역하여 스피노자라는 새로운 적에게 그것을 들이대기만 하면 되었던 것이다. 스피노자와 스피노자주의자들이 『역사비평사전』의 다른 많은 항목에 언급되는 것도 이러한 이유 때문이다. "아벨라르"Abélard 항목의 C절, "아부 무슬림"Abumuslimus 항목의 A절, "아게시폴리스"Agésipolis 항목의 A절, "안들로"Andlo 항목의 문면, "아리스토텔레스" 항목의 문면, "아베로에스"Averroes(이븐 루시드Ibn Rushd, 1126~1198) 항목의 E절, "브루누스"Brunus 항목의 D절, "뷔리당"Buridan 항목의 B절,[9] "카인파"Caïnites 항목의 D절, "체살피노"Césalpin 항목의 C절, "크리시푸스"Chrysippe 항목의 S절, "크리티아스"Critias 항목의 H절, "데모크리토스"Démocrite 항목의 R절, "디오게네스"Diogène 항목의 B절, "에피쿠로스"Epicure 항목의 주석notes, "에우클레이데스"Euclide 항목의 문면, "에스겔"Ezéchiel 항목의 D절, "에노"Hénault 항목의 문면, "일본"Japon 항목의 D절, "쥬피터[유피테르]"Jupiter 항목의 G절, "레우키포스"Leucippe 항목의 G절, "루크레티우스"Lucrèce 항목의 Q절, "오리게네스"Origène 항목의 K절, "바울파"Pauliciens 항목의 I절, "플로티노스"Plotin 항목의 D절, "소라누스"Soranus 항목의 F절, "스틸폰"Stilpon 항목의 H절, "신인협력주의

---

9   [옮긴이] 원문에는 "'Buridan', C"라고 되어 있지만, 오기이므로 바로잡는다.

자"Synergistes 항목의 C절, "바이드네루스"Weidnerus 항목의 문면, "크세노파네스"Xénophanes 항목의 B, L절, "엘레아의 제논"Zénon d'Elée 항목의 I절.

스피노자를 적대시하던 최초의 인물들부터 컬리[10] 같은 오늘날의 비평가들에 이르는 다른 독자들처럼, 베일도 무한한 실체와 그 양태들 간의 관계에 대한 몇 가지 있을 수 있는 생각들에 대해 논했다. 베일은 이 관계를 스피노자주의의 가장 큰 약점이라고 주장한다. 베일이 볼 때 스피노자의 신은 자연과 동일하거나 아니면 유한한 물질적 존재자들의 모음이거나 둘 중 하나인데, 어느 쪽이든 신성모독인 것은 마찬가지이다. 베일의 반박은 다양하고 다각적이지만, 스피노자 체계 내 신과 세계의 관계 문제에 대한 그의 상이한 접근은 아마도 세 가지 주요 모델로 환원될 수 있을 것이다. (1) 무한한(또는 무한정한indefinite) 공간 내의 유한한 부분들의 구별, (2) 아리스토텔레스 형이상학에서 실체와 그 우유(또는 속성) 사이에 존재하는 내속 관계, (3) 포르피리우스의 나무Porphyrian tree(존재의 사다리)에서 최상의 유에 하위 종들의 논리적 포함이 그것이다. 이 모든 경우들에서 스피노자 형이상학에는 많은 불합리함이 발생하는바, 베일은 수사학적 재능과 반어법을 활용하여 다양한 방식으로 이러한 해석에 영향을 끼쳤다.

(1) 스피노자 체계에서 연장은 신의 한 속성이다. 따라서 베일에 따르면 신이 현행적인 부분들로 나누어질 것임에 틀림없다는 결론이 따라 나오는데, 이는 무의미하고 상상할 수 없는 결론이다. 베일은 이 논변을

---

10   Curley 1969, pp. 4~77.

주해 'N'[11]의 첫 부분에 제시한다. 그곳에서 그는 자신의 데카르트주의를 잠시 버리고 실체들 간 구별에 대한 스콜라철학 학설에 토대를 둔 보다 전통적인 입장을 택한다.[12] 1680년대에 이미 스피노자 비평가 피에르 프와레Pierre Poiret(1646~1719)와 소치니파 노엘 오베르 드 베르세Noël Aubert de Versé(1642/45~1714)가 동일한 반박을 제기했다는 사실을 덧붙일 수 있을 것이다. 곧 나오겠지만 그들은 베일 글의 가장 중요한 참고자료에 속한다.

(2) 주해 'N'의 두 번째 부분은 "내속"과 관련하여 무한 실체와 그 양태의 관계에 대한 분석에 할애된다. 만일 유한 양태들이, 다시 말해서 (스피노자 체계 내에서) 이 세계의 다양한 존재자들과 그 우연적 특징들이 하나의 단일한 무한 실체의 특성들로 생각되어야 한다면, 결과적으로 신은 슬픈 동시에 기쁘고 선한 동시에 악하며 독일인인 동시에 터키인이라는 결론에 이르게 된다. 이러한 베일의 주장은 더더욱 독창적인 것이 아니다. 스피노자주의에 반대했던 최초의 적대자들인 콜레지언파Collegiants 프란스 카위퍼르/쿠페루스Frans Kuyper/Cuperus(1629~1691),[13] 앞서 언급된 피에르 프와레[14]와 노엘 오베르 드 베르세[15] 등이 이미 동일한 논변을 사용한 바 있기 때문이다. 그 외에도 말브랑슈 또한 『형이상학

---

11 [옮긴이] 베일의 『역사비평사전』 각 항의 소절은 알파벳으로 구분되어 있다.

12 주해 'N'에서 베일이 그렇게 한 것과 달리, 물질과 공간을 하나이자 동일한 실재라고 본 순혈 데카르트주의자들은 두 개의 연장된 실체들을 "공간과 관련하여" 쉽게 구별할 수 없다— 다른 글에서는 베일 자신이 물질과 공간이 구별되지 않는다는 반박을 데카르트주의자에게 제기한다. 베일의 『사전』, "엘레아의 제논" I을 보라.

13 Frans Kuyper, *Arcana atheismi revelata*, p. 213.

14 Pierre Poiret, *Cogitationes rationales*, bk III, chap. 13, n. 1 and bk III, chap. 20, n. 4.

15 Noël Aubert de Versé, *L'Impie convainvu*, p. 49.

대담집』*Entretiens sur la métaphysique*에서 유사한 논변을 제기한 바 있다.[16] 베일은 스피노자의 신이 인간이 짓는 모든 죄의 장본인이 되고 말 것이며 이는 그의 선함과 모순된다고 덧붙인다. 스피노자 항목 중 이는 신정론 문제를 암시한 첫 부분으로, 이는 뒤따른 주해 'O'의 결정적 논점이다.

(3) 스피노자 체계에서 신과 세계의 관계 문제에 대한 세 번째 접근은 주해 'P'(이 책에는 포함되지 않음)에서 분석된다. 베일에게 스피노자의 유일무이한 실체는 그보다 상위 개념이 없으므로 일종의 "최고 유"supreme genus로, 즉 상대적인 종이 아닌 유로 간주되었을 것이다.[17] 그러나 심지어 이 경우에도 존재자들의 다수성을 여전히 생각할 수 있다. 가령 베드로와 바울은 같은 유에 속하고 같은 속성(둘 다 "이성적 동물"이다)을 공유하고 있지만, 이것이 그들이 하나의 단일한 존재자임을 뜻하는 것은 아니다. 똑같은 반박을 베일은 1680년에 스당Sedan에서 작성한 『논문』*Theses*에서 개략적으로 제시한 바 있는데,[18] 그것은 보편자에 대한 중세의 논의에서 사용된, 특히 스코투스주의자들 입장을 반박하는 옛 논변을 스피노자주의에 그대로 적용한 것이었다.[19]

주해 'N'에서 분명히 볼 수 있는 것처럼, 베일은 스피노자 체계에서 신과 세계의 관계에 대한 할 수 있는 모든 해석에 일군의 반박을 제시할 수 있었다. 그러나 그는 정말 스피노자의 형이상학적 관점을 이해했던 것일까? 그의 반박은 스피노자주의의 심장부에 도달했을까? 일부 동시

---

16   Nicolas Malebranche, *Entretiens sur la métaphysique*, in *Œuvres complètes*, vol. 12~13, p. 199.

17   Wolfson 1934, vol. 1, pp. 61~77에 유사한 접근 방식이 있다.

18   Bayle, *Œuvres diverses*, vol. 4, p. 134.

19   Bayle, *Dictionnaire*, 'Abélard', C를 보라.

대인들은 그렇지 않다고 생각했다. 베일의 개괄적인 해명은 『역사비평 사전』 2판(1702)에 추가된 주해 'DD'에 포함되어 있는데, 그곳에서 그는 자신이 '실체'와 '변양'이라는 단어를 데카르트주의자들이(그리고 어쩌면 스피노자가) 받아들인 것과 똑같은 방식으로 받아들였다고 여러 번 되풀이해서 말한다. 그러나 이러한 해명은 모든 독자들의 견해를 바꾸기에 충분하지 않았다. 헤르더는 『신』*Gott*에서 베일이 스피노자를 이해하기 위한 "최고 권위자는 아니다"[20]라고 말했고, 얼마 전에는 피터 게이 Peter Gay(1923~2015)가 베일은 "한 세기 전체를 호도했다"라고 언급하기도 했다.[21] 한 가지 확실한 것은 만일 베일이 스피노자를 이해하지 못했다면, 말브랑슈와 라이프니츠도 마찬가지이며(그들의 해석은 베일의 해석과 다르지 않다) 대부분의 초기 근대 철학자들과 신학자들도 그렇다고 이야기해야 한다는 점이다. 그러므로 베일이 현대 비평가들만큼 스피노자 체계를 설명하지 못한 것은 그의 철학적 재능이 부족해서가 아니다. 1680년대 이래 널리 유포된 스피노자주의에 대한 잘 정립된 해석이 있었고, 베일의 글은 초기 근대 유럽의 철학적 사고방식 속으로 수월하게 유입된 이러한 통설을 정확히 반영하고 있다.

그러나 베일은 이러한 통상적인 해석을 반복하는 데 그치지 않고, 초창기 스피노자 반대론자들의 길을 따르면서도 자신만의 무언가를 추가했다. 베일의 독해의 핵심은 대체로 그가 스피노자주의의 기원을 이론적으로 재구성한 주해 'O'에 있다. 베일에 따르면[22] 스피노자는 정통 신

---

20   Herder and Gott 1787, p. 3.
21   Gay 1973, vol. 1, p. 293.
22   그의 해석은 다시 오베르 드 베르세 및 푸아레의 해석과 아주 유사하다. Mori 1999, pp. 166~173을 보라.

학의 두 가지 주요 난제, 창조 문제와 자유의지 문제를 다루지 않을 수 없었다. 그러나 그는 이성에 의해, 오직 이성에 의해서만 나아갔다. 스피노자는 무로부터의 창조(이는 베일이 언급한 것처럼 "무에서는 아무것도 생기지 않는다" 같은 보편 공리와 모순된다)라는 불합리한 교리를 받아들이려고 하지 않았다. 또한 스피노자는 인간의 선택의 자유 및 원죄에 종속됨이 선하고 전능한 신의 실존과 양립할 수 없다고 생각했다.[23] 스피노자에게는 단 하나의 길만 열려 있었고 모든 난점을 뿌리 뽑을 수 있는 길도 그 길뿐이었다. 신 안에 모든 피조물을 포함시키는 것이다. (스피노자에게) 창조와 자유의지의 형이상학적 신화를 제거하고 신정론 문제를 해소하는 길이었다. 이러한 관점에서 보면 스피노자주의는 가장 모순이 없는 신학이 된다. 그러므로 스피노자주의의 명백한 불합리함(베일은 주해 'O'에서 계속 이렇게 주장한다)은 신에 대한 모든 합리적 개념의 불합리함이 된다.

베일의 다른 많은 저작들처럼 『역사비평사전』의 스피노자에 관한 글도 다양하게 독해될 여지가 있다. 일견 베일은 스피노자에 대한 기독교 정통파 적대자들orthodox adversaries 중 가장 나중에 등장했지만, 가장 신랄한 비판자 중 한 명에 불과한 인물로 보일 수 있다. 그러나 보다 깊은 분석이 가능하고 또 요구된다. 스피노자를 비판하면서 베일은 철학적 신학이라는 기획 자체를 거부한다. 주해 'DD' 말미에서 베일이 말해 마지않는 것처럼, 정통 신학이 성변화(聖變化)Transubstantiation 교리[24](이 교리는

---

23   베일은 『어느 촌뜨기의 질문에 대한 답변』 2부 138~142절과 같은 후기 저작들에서도 같은 입장을 취했다.

24   [옮긴이] '화체설'化體說, '실체변화'라고도 하는 기독교 신학 용어 중 하나로, 성체성사 때 빵과 포도주가 실제로 그리스도의 몸과 피로 변한다는 기독교 학설이다. 그리스도가 빵과 포

주로 로마 가톨릭과 관련된다)와 삼위일체 교리(이 교리는 소치니주의
자[25]나 다른 이단들의 경우에는 아닐 수도 있지만, 그 외에는 모든 기독교
신학자에게 유효하다)를 정당화하려고 할 때 정통 신학 역시 스피노자주
의와 똑같은 어려움에 직면한다. 그래서 스피노자가 동시에 슬프기도 하
고 기쁘기도 한 존재자를 상정할 때 불합리한 것처럼, 기독교 신학자들이
신은 하나이자 셋이라고 선언할 때 그들 역시 똑같이 비논리적이다. 이러
한 관점에서 그가 주해 'DD' 마지막 부분에서 아베로에스를 언급한 것
은 일종의 이론적인 정언명령처럼 들린다. 너의 신학을 절대 철학적 용
어로 번역하려고 하지 말라. 이러한 번역은 자기모순을 일으킬 수도, 다
시 말해서 철학적 담론에서 가장 원치 않는 사건을 일으킬 수도 있기 때문
이다.

아래 글들은 팝킨R. Popkin이 편찬한 피에르 베일의 『역사비평사전
선집』*Historical and Critical Dictionary : Selections* 중 "스피노자" 항목(p.

도주에 영적으로 임재한다는 '임재설'과, 빵과 포도주는 그리스도의 살과 피를 단순히 상징
하는 것일 뿐이라는 '상징설' 등이 있다.

25 [옮긴이] 소치니파는 이탈리아 르네상스 인문주의자이자 신학자인 렐리오 소치니Lelio
Sozzini, Laelius Socinus(1525~1562)와 그의 조카 파우스토 파아오로 소치니Fausto Paolo
Sozzini, Faustus Socinus(1539~1604)가 창시한 기독교 신학 체계를 추종하는 집단을 말한다.
삼위일체 교리와 그리스도의 신성을 부정한 인문주의적·합리주의적 성서 해석을 제시한 것
으로 유명하며, 16세기와 17세기 폴란드 개혁교회의 급진적 종교개혁 집단인 폴란드 형제단
Polish Brethren에 큰 영향을 주었다. 소치니와 소치니파의 글 모음집인 『폴란드 형제회의 서
가』*Bibliotheca fratrum polonorum*는 1674년 7월 19일 홉스의 『리바이어던』 및 스피노자의
『신학정치론』과 함께 금서로 지정된다(이 책 1부 「생애」 8장 참고). 피에르 베일은 '스피노자'
항목에서도 소치니파를 자주 언급하며 그의 『역사비평사전』에는 '소치니' 항목이 별도로
있다.

288 이하)을 전재한 것이다. 베일의 원주는 삭제하거나 본문에 넣었다.[26]

『역사비평사전』, "스피노자" 항목

1. 스피노자, 이름은 베네딕투스, 태생은 유대인, 후에는 유대교 변절자, 종국에는 무신론자, 암스테르담 출신. 그는 완전히 새로운 방법을 사용한 체계적인 무신론자였지만, 이론적 토대는 유럽과 동양의 몇몇 다른 고대 및 현대 철학자들의 그것과 다르지 않았다 (…).

스피노자 가문에 대해서는 딱히 이렇다 할 만한 것을 알 수 없었으나, 그의 가문은 궁핍했고 그리 영향력이 있는 것은 아니었다고 볼 근거는 있다. 그는 암스테르담에서 라틴어를 가르쳤던 어떤 의사(프란시스쿠

---

26 [옮긴이] 베일의 『역사비평사전』은 1697년 초판이 출간되었고 1702년에 2판이 나왔으며 이후 판을 거듭하다 1740년 5판이 출간되었다. 팝킨은 이 5판을 대본으로 일부 항목을 번역하여 영역본을 냈으며, 『편람』의 편자는 팝킨 영역의 스피노자 항목 중 "본문" 일부와 "주해 N"(일부 생략), "주해 O"(완역), "주해 DD"(일부 생략)를 전제한 것이다(4~5판의 N, O, DD 항목은 각각 1~3판의 I, K, Z 항목에 해당한다). 베일의 『역사비평사전』은 크게 본문과 주해로 이루어져 있다. 책 상단에 본문이 있고 본문에 대한 주해가 각주 형식으로 하단에 나열되어 있다. 이렇게만 보면 특별할 것이 없지만, 사실 본문이 주해의 10분의 1도 되지 않고 주해에 대한 주도 있는 복잡한 구성이다. 주해는 숫자가 아닌 대문자 알파벳 (A), (B), (C) … 로 표기, 구분된다. 본문과 주해 양옆 란 외에는 본문과 주해 내용에 대한 주(출처나 간단한 설명)가 있다(이 주들은 3판까지는 공히 소문자 알파벳 (a), (b), (c) … 를 붙여 구분했으나, 4판부터 본문에 대한 주는 소문자 알파벳으로, 주해에 대한 주는 아라비아 숫자로 구분되어 있다). 편저자가 "삭제하거나 본문에 넣었다"라고 한 "베일의 원주"는 이 『편람』에 포함되지 않은, "본문"에 있는 "주해" 표시(이를테면 "(A)", "(B)" 같은 것들)이거나 본문 또는 주해 내용에 대한 주들이다. 우리는 베일의 원주를 포함한 모든 주를 각주 처리했고, 편찬자 주와 옮긴이 주는 주 앞에 이를 밝혔다. 팝킨의 영역본은 베일의 원저작처럼 본문과 주해가 같은 면에 놓여 있고 주해 표시도 원저작과 같다. 그러나 이 『편람』의 편저자는 이 체제의 번거로움 때문인지 주해를 미주 처리했다. 그리고 각각의 주해에 그것이 주해임을 나타내기 위해 "Remark"라는 말을 붙였는데, 본 역서도 이를 따랐다. 번역은 출발어인 불어 원문(『역사비평사전』 1740년 5판, 1974년 Editions Sociales판. 자세한 서지사항은 이 항목의 참고문헌 목록 참고)과 팝킨의 영역을 대조하며 번역했다.

스 반 덴 엔덴) 밑에서 라틴어를 공부했고, 어려서는 신학 공부에 전념하여 수년간 정진했다. 이후에는 전적으로 철학 연구에 진력했다. 그에게는 수학적 정신이 있었고 만물의 근거를 발견하고자 했기 때문에, 곧 랍비의 학설이 자신에게는 맞지 않음을 깨달았다. 결과적으로 그가 여러 가지 측면에서 유대교를 탐탁치 않아 했음을 쉽게 알 수 있다. 그는 양심을 제약하는 어떠한 것에도 반대했던 인물이자 위선의 커다란 적이었기 때문이다. 그가 자유롭게 의혹을 개진하고 신념을 말한 이유이다. 전하는 말에 유대인들은 겉으로나마 의례상의 관행을 따라 준다면 관용을 베풀겠다고 제안했으며 심지어 연금을 주겠다고 약속하기도 했지만, 그는 그러한 위선적 조치에 굴복할 수 없었다고 전해진다. 그는 점점 더 유대인들의 회당을 멀리했다. 그가 극장을 나설 때 어떤 유대인의 칼에 공격을 당한 적이 있었는데, 이 일이 없었다면 아마도 더 오랫동안 어느 정도는 그들과의 관계를 유지했을 것이다. 상처는 크지 않았으나 그는 암살범의 의도가 자신을 죽이려는 것이었다고 믿었다. 이 사건 이후 그는 유대인 공동체와 관계를 끊었고 이로 인해 그는 파문을 당하게 되었다. 나는 이 일의 정황을 다 파헤치지는 못한 채 지금까지 조사해 왔다. 그는 스페인어로 회당을 떠난 것에 대한 변론을 썼다. 이 저작물은 지금까지 출판된 바 없다. 그러나 그가 그 변론에 포함시켰던 많은 내용들이 1670년 암스테르담에서 출간된 그의 『신학정치론』에 나온다고 알려져 있다. 치명적이고 혐오스러운 책으로, 그는 이 책에 그의 『유고』에서 명명백백하게 드러난 무신론의 모든 씨앗을 슬쩍 끼워 넣었다 (…).

스피노자가 철학 연구로 돌아섰을 때, 그는 곧 평범한 이론들에 혐오감을 느낀 반면 데카르트 이론에는 아주 만족해했다. 그는 진리 탐구를 향한 강한 열정을 느꼈다. 진리 탐구를 더 잘 수행할 수 있기 위해 세상을 단념할 정도였다. 그는 모든 종류의 일에서 자신을 떼어 놓은 것으로 만족하지 않았다. 그가 암스테르담을 떠난 것도 친구들의 방문으로 사변에 너무 많은 방해를 받았기 때문이다. 그는 낙향하여 그곳에서 틈날 때마다 사색에 잠겼으며 현미경과 망원경을 만드는 데 공을 들였다. 헤이그에 정착한 후 계속 이런 삶을 살았다. 그는 사색에서, 사색한 것을 정리하는 일에서, 그리고 그것을 친구들과 나누는 일에서 큰 즐거움을 느꼈다. 기분 전환에는 시간을 거의 쓰지 않을 정도였다. 가끔은 두문불출하고 만 3개월을 하숙집에서만 보내기도 했다. 이러한 은둔 생활도 그의 이름과 명성이 퍼져 나가는 것을 막지는 못했다. 도처에서 자유사상가들이 찾아왔다. 팔츠 궁정이 그를 원해 그에게 하이델베르그 철학 교수직을 제안했다. 그는 어떠한 방해도 받지 않고 진리를 추구하고자 하는 자신의 욕망과 거의 양립할 수 없을 것이라는 내용의 우편물을 보내 거절했다. 44세를 조금 넘겼을 때 오랜 병에 시달렸고 이로 인해 1677년 2월 21일에 생을 마감했다.

나는 콩데 공이 위트레흐트에 있었을 때 그가 스피노자에게 만나자는 부탁을 했다는 이야기를 들은 적이 있다. 스피노자를 알았던 이들과 그가 한동안 은둔 생활을 한 마을의 주민들은 모두 그가 붙임성 있고 상냥하며 정직하고 친절했으며 정연한 도덕성을 갖추었다고 한목소리로 말한다. 이상한 일이다. 그러나 어쨌든 복음을 철저히 확신하더라도 아주 나쁜 삶을 사는 사람들도 있으니 그보다 더 놀랄 일은 아니다. 어떤 사람들은 그가 "갑자기 나빠지는 사람은 아무도 없다"라는 격언처럼 살았고, 무신론에 빠진 것도 시나브로 일어난 일이었으며, 데카르트의 원리들을 기하학적으로 증명한 저작[『데카르트의 『철학의 원리』』]을 출간했을 때만 해도 무신론과는 거리가 멀었다고 주장한다. 이 저작에서 신의 본성에 관한 그의 견해는 데카르트 자신만큼이나 정통적이었지만, 그가 자신의 신념 때문에 그렇게 말한 것이 아니라는 점은 지적할 필요가 있다. 그가 데카르트의 몇 가지 원리를 오용했기 때문에 벼랑[무신론]으로 가게 되었다고 보아도 무리는 아니다.

[『신학정치론』에] 포함된 모든 난점을 다루는 일은 스피노자의 『유고』에서 보이는 체계를 완전히 파괴하는 것만큼이나 쉽지 않다. 왜냐하면 이는 상상할 수 있는 것 중에서 가장 괴물 같은 가설이고 가장 불합리하며 우리 정신의 가장 명증한 관념과 정면으로 배치되는 가설이기 때문이다.[27] 신의 섭리가 이 저자의 뻔뻔함을 기이한 방식으로 벌했다고 말할 수 있을지도 모르겠다. 즉 섭리는 그를 눈멀게 하여, 철학자를 괴롭힐 수 있는 몇 가지 난점을 피하려다가 도리어 훨씬 더 해명할 수 없고 균형 잡힌 정신의 소유자라면 결코 모를 수 없을 만큼 너무나 명백한 다른 당혹스러운 문제들 속으로 그 자신을 던져 넣게 만들었던 것이다. 그를 논박하는 일에 착수했던 저자들이 성공적이지 못했다고 항의하는 이들은 상황을 당혹스럽게 만든다. 그들은 그가 직면한 문제들이 완전히 제거되기를 바라지만,[28] 그들에게는 그의 가설이 심지어 가장 약한 적에 의해서도 완전히 전복되었다는 것으로 충분할 것이다.

스피노자의 친구들은 그가 겸허했던 탓에 자기 이름의 학파를 만들고 싶어 하지 않았다고 주장한다. 추종자들이 아주 많았다는 것은 사실이 아니다. 극소수의 사람들만이 그의 이론을 신봉했고, 그렇다고 의심을 받는 이들 중에 그의 이론을 공부한 이들은 거의 없으며, 그의 이론을

---

27   아래 주해 'N'을 보라.
28   아래 주해 'O'를 보라.

공부했다는 이들 중에 그의 이론을 이해하고 그의 이론의 당혹스러운 문제들과 뚫어 낼 수 없는 추상적 개념에 좌절하지 않았던 이들도 거의 없다. 사실은 이렇다. 언뜻 보기에 거의 종교가 없고 이 사실을 그다지 숨기려고 하지 않는 이들이 스피노자주의자라고 불리는 것이다. 이는 프랑스에서 복음의 신비를 의심한다고 생각되는 이들이 그들 대부분 소치니나 그의 제자들의 글을 한 번도 읽어 본 적이 없는데도 소치니주의자라고 불리는 것과 마찬가지이다. 게다가 불경한 체계를 생각해 낸 이들이 면할 수 없는 똑같은 일이 스피노자에게도 일어났다. 그들은 특정 반론에 대해서는 스스로를 방어하지만, 더욱 당혹스러운 문제들에는 스스로를 노출시키고 만다. 만일 그들이 정통교리를 받아들일 수 없다면, 또 그들이 논쟁을 너무 좋아한다면, 독단론자dogmatists가 되지 않는 것이 훨씬 더 편안할 것이다. 그러나 모든 무신론 가설들 중 스피노자의 가설이 누군가를 호도할 가능성이 가장 낮다. 앞서 말했듯이 그의 가설은 인간 정신의 가장 뚜렷한 관념과 반대되기 때문이다. 대중들 사이에서 그에 대한 반론이 빗발쳤지만, 그가 겨우 내놓은 답변들은 그가 옹호해야 할 논제 자체보다도 더 모호했다. 그의 독毒 자체가 해독제를 지니고 있었던 것이다 (…).

[이 절은 1702년 판에 추가된 것이다. 내가 스피노자 체계에 대해 제기했던 반박에 대해 이야기해 보자. 작업의 성격에 비추어 반박이 이미 너무 길다고 생각하지 않았다면, 나는 반박 내용을 정말 충분히 증보했을 것이다. 여기는 통상적인 논쟁에 관여하는 자리가 아니다. 몇 가지 일반적인 의견을 제시하여 스피노자주의의 토대를 공격하고 그것이 철학적 논의를 정리하는 데 도움이 되는 대부분의 공통 관념을 뒤엎을 정도로 이상한 추정에 근거한 체계라는 것을 보여 주는 것으로 충분할 것

이다. 현재 우리가 가지고 있는 가장 명증하고 가장 보편적인 공리와 스피노자의 체계가 대립한다는 사실을 통해 그의 체계를 공격하는 것은 그것과 싸우는 아주 좋은 방법임에 틀림없다. 그렇지만 오래된 스피노자주의자들을 치료하는 데에는 이 방법보다 스피노자의 정리들이 서로 모순된다는 것을 그들에게 알려 주는 편이 더 적절할 것이다. 만일 그들이 스피노자가 항상 자기 자신과 일치하는 것은 아니었고 확립해야 할 것에 대한 증명은 형편 없으며 확립할 필요가 있는 문제들을 증명하지 않은 채 놔두고 그의 결론이 논리적으로 도출되지 않는다는 등등의 문제에 부득불 동의했다면, 그들은 선입견의 무게를 훨씬 덜 느꼈을 텐데 말이다. 하지만 일단 내가 보충하려는 내용에 대해 말해 보자. 이는 몇몇 사람들의 주장처럼 내가 스피노자의 이론을 전혀 이해하지 못했다는 것이 사실인지에 대한 문제를[29] (…) 해명하는 것으로 이루어져 있다. 이 일은 아주 이상해 보일 것이다. 왜냐하면 나는 지금까지 단지 스피노자 체계의 토대이자 그가 더 이상 명확할 수 없게 표현한 정리를 논박하고자 노력해 왔기 때문이다. 그가 명확하고 신중하게 자신의 첫 번째 원리로 제시한 것, 즉 신은 우주에 있는 유일 실체이며 다른 모든 존재자는 단지 그 실체의 변양이라는 것을 반박하는 선에서 그치겠다. 만일 혹자가 스피노자가 이 원리로써 의미했던 바를 이해하지 못한다면, 이는 스피노자가 독자들에게 주의를 주지 않은 채 그 단어들에 완전히 새로운 의미를 부여했기 때문임에 틀림없다. 이는 자신이 저지른 과오로 자신의 이론을 이해할 수 없게 만드는 대단한 재능great moien이다 (…).

---

29   아래 주해 'DD'를 보라.

주해 'N' (가장 괴물 같은 가설 … 우리 정신의 가장 명증한 관념과 정면으로
배치되는 가설)

그는 자연 안에 단 하나의 실체만 있으며 이 유일무이한 실체에는 무한
한 속성들 ── 그중에는 사유와 연장 속성이 있다 ── 이 있다고 가정한
다. 그 결과 그는 우주 안에 실존하는 모든 물체들은 연장된 것인 한에서
의 상기한 실체의 변양이며, 예컨대 인간의 영혼은 사유하는 것인 한에
서의 상기한 동일한 실체의 변양이라고 주장한다. 따라서 필연적이고 무
한하게 완전한 존재자인 신은 사실 실존하는 모든 것들의 원인이지만 그
것들과 다르지 않다. 단 하나의 존재자가, 그리고 단 하나의 자연이 있
을 뿐이다. 그리고 이 자연은 자기 자신 안에 우리가 피조물이라고 부르
는 모든 것을 내재적 활동을 통해 산출한다. 자연은 행위자(작용하는 자)
agent이자 수용자(작용받는 자)patient이며 동시에 작용인이자 작용대상
sujet이다. 그것이 산출하는 모든 것은 그 자신의 변양이다. 말할 수 있는
모든 방자함을 통째로 쌓아올린 것도 능가할 가설이 존재하는 것이다.
이교도 시인들이 아프로디테와 제우스에 맞서 감히 노래한 가장 극악한
것들도 스피노자가 신에 대해 우리에게 제시한 끔찍한 관념에 필적하지
못한다. 적어도 그 시인들은 [모든 피조물이] 저지른 죄악과 이 세계의
모든 질병이 신들Dieux 탓이라고 하지는 않았기 때문이다. 그러나 스피
노자에 따르면 우리가 벌의 악과 죄의 악이라 부르고 물리적 악과 도덕
적 악이라고 부르는 모든 면에서 신 외에는 다른 어떠한 행위자도, 다른
어떠한 수용자도 없다.[30] 스피노자 체계의 불합리한 문제들에 조금 손을

---

30   [옮긴이] 기독교 신학에서 죄는 크게 원죄peccatum originale와 행위죄peccatum actuale로 나
      뉜다. 전자는 선악과를 탐한 최초의 인간 아담으로부터 비롯된 것으로 그 대가는 고통

대 보자.

• 스피노자에게서 신과 연장이 동일한 실재라는 문제[31]

I. 우주가 단일한 하나의 실체라는 것은 불가능하다. 왜냐하면 연장된 모든 것에는 필연적으로 부분이 있고, 부분이 있는 모든 것은 합성적이기 때문이다. 그리고 연장의 부분들은 서로 안에 존속하지 않기 때문에, 연장 일반은 하나의 실체가 아니거나 연장의 각 부분이 다른 모든 부분과 구별되는 특수한 실체여야 한다. 그런데 스피노자에 따르면 연장 일반은

---

suffering이다(창세기 3 : 16~19). 후자는 동생 아벨을 시기하여 죽인 카인의 사례처럼(창세기 4 : 1~16) 인간들 사이에서 벌어지는 범죄crime를 뜻한다. 전자는 벌의 악malum de ratione poenae, mal de peine, evil of punishment 또는 물리적 악mal physique 개념과 연결되며, 후자는 죄의 악malum de ratione culpae, mal de coulpe, evil of guilt 또는 도덕적 악mal moral 개념으로 이어진다. 벨은 (그가 보기에) 스피노자 철학에서는 만물이 신의 변용이니 원죄이고 행위죄이고 할 것 없이 모두 신의 탓이라는 "끔찍한" 결론이 도출된다는 것이다. 악의 문제는 기독교 창조론과 분리될 수 없으며 이는 이른바 신정론Theodicy의 핵심 주제를 이룬다. 벨은 라이프니츠와 이 문제를 두고 서신 논쟁을 벌인 바 있는데(1687~1702), 벨이 『역사비평사전』의 '로라리우스'Rorarius 항목에서 라이프니츠의 예정조화설을 비판한 것이 계기였다. 이후 라이프니츠는 1710년 신정론 문제를 체계적으로 다룬 『변신론』Essais de Théodicée(이근세 옮김, 아카넷, 2014)을 출간하게 된다. 이 문제에 대해서는 김선영, 「벨 철학에서 악의 문제 : 라이프니츠의 『변신론』을 중심으로」, 『가톨릭철학』, 33, 2019, 107~134쪽 참고.

31 [옮긴이] 이 짧은 텍스트에는 여러 논변이 복잡하게 얽혀 있다. 최소 4개의 논변이 눈에 띈다. (1) 실체 일원론과 실체와 속성의 동일성 주장에 의해 스피노자의 체계가 내재적으로 붕괴한다는 논변, (2) 연장과 신적 실체의 실재적 구별을 주장하더라도 문제가 발생한다는 논변, (3) 삼차원성의 존재론적 근거, (4) 연장의 단순성 논박이 그것이다. 이 논변들은 베일의 몇 가지 전제에 근거한다고 생각된다. 우선 텍스트상에 드러나 있지 않은 숨은 전제가 세 가지 있다. ① 신의 전능성, ② 신의 비연장성, ③ 연장 실체의 실존이 그것이다. 반면 텍스트에 명시된 주요 전제가 있다. ① 연장된 모든 것에는 필연적으로 부분이 있는 것, ② 연장 실체는 부분들로 합성되어 있다는 것(연장의 비단순성. ①의 귀결), ③ 그 부분들 각각은 다른 모든 부분과 구별되는 특수한 실체라는 것(부분들의 실체성). 편집상의 이유로 옮긴이 주를 나누었지만, 본문이 이어지는 하나의 글이므로, 이 주와 아래 4개의 옮긴이 주 역시 모두 이어지는 내용이다.

하나의 실체의 속성이다. 그는 다른 모든 철학자들처럼 어떤 실체의 속성이 그 실체와 실제로 다르지 않다고 인정한다. 그러므로 그는 연장 일반이 하나의 실체임을 승인해야 함에 틀림없다. 이로부터 연장의 각 부분이 하나의 특수한 실체라는 것이 필연적으로 따라 나온다. 이는 이 저자의 체계 전체의 기초를 파괴한다.[32]

그는 연장 일반이 신적 실체와 구별된다고 말할 수 없다. 구별된다고 말한다면 이 신적 실체가 그 자체로는 연장되어 있지 않다고 가르쳐야 할 것이기 때문이다. 신이 연장되어 있지 않다면, 신의 창조가 아니고서는 연장은 결코 세 차원을 획득할 수 없었을 것이다. 왜냐하면 창조가 아닌 다른 방식으로 연장이 비연장적 대상에서 생겨나거나 유출될 수 없음은 명백하기 때문이다. 그런데 스피노자는 무無로부터는 아무것도 생겨날 수 없다는 것을 믿지 않았다.[33] 비연장적 실체가 본성상 세 차원을 지닌 대상이 될 수 없음은 훨씬 더 명백하다. 어떻게 수학적 점에 세 차원을 놓는 것이 가능하겠는가 말이다. 그렇다면 삼차원성이 대상 없이

---

32 [옮긴이] 첫 번째 논변 (1)은 다음과 같이 재구성될 수 있을 것이다. ① 연장된 모든 것에는 필연적으로 부분이 있다(위 명시적 전제 ①). ② 연장의 부분들은 서로 안에 존속하지 않는다(위 명시적 전제 ③에 의존). ③ 연장 일반은 하나의 실체가 아니거나 연장의 각 부분은 다른 모든 것과 구분되는 특수한 실체임에 틀림없다(①과 ②에 의해. 글은 선언지 형식으로 되어 있지만, 베일의 논리에 따르면 사실상 둘 다 참일 것이다). ④ 따라서 우주는 하나의 단일한 실체일 수 없다(①~③에 의해). ⑤ 그런데 스피노자에 의하면 연장 일반은 하나의 실체의 속성이다. ⑥ 그리고 스피노자는 실체와 그 속성이 다른 것이 아님을 받아들인다. ⑦ 그렇다면 연장 일반은 하나의 실체이어야 한다(⑤~⑥에 의해). ⑧ 연장이 하나의 실체라면, 연장의 각 부분도 특수한 실체라는 것이 필연적으로 따라 나온다(①~③에 의해). ⑨ 스피노자는 단일한 하나의 실체만 인정한다. ⑩ 이는 그의 체계 전체의 기초이다. ⑪ 따라서 단일한 하나의 실체를 주장하면서 실체와 그 속성의 동일성을 주장하는 것은 그의 체계 전체의 기초를 파괴한다(⑧~⑩에 의해). 이 논변의 앞부분에서 우리는 베일이 문제 삼는 스피노자 비판의 핵심 근거가 무엇인지 확인할 수 있다. 앞의 주에서 베일의 명시적 전제로 변별한 것이 그것이다.

33 [편자] 아래 주해 'O'를 보라.

존속할 것이다. 만일 그렇다면 삼차원성이 실체가 될 것이다. 그래서 만일 이 저자가 신이라는 실체와 연장 일반 간의 실재적 구별을 인정했다면, 그는 신이 서로 구별되는 두 개의 실체, 곧 비연장적 존재자와 연장으로 구성된다고 말해야 할 것이다. [그런데 그렇게 말하고 있지 않으니] 따라서 우리는 그가 연장과 신이 단지 동일한 실재임을 인정할 의무가 있다고 본다.[34, 35]

---

34 [옮긴이] 베일은 첫 번째 논증에서 드러난 난점에서 스피노자가 벗어나는 길은 연장 일반이 신적 실체와 구별된다고 주장하는 것밖에 없다고 보는 것 같다. 그러나 베일은 연장과 신적 실체의 실재적 구별을 주장하더라도 문제가 발생한다. 논변 (2)는 다음과 같이 전개된다. ① 연장 일반이 신적 실체와 구별된다고 해 보자(스피노자가 이를 주장하는 것은 아니지만, 이렇게 주장해도 문제가 해결되지 않음을 보여 주기 위해 베일이 세운 반대 가정이다). ② 그러면 신적 실체 자체는 연장적이지 않을 것이다(1에 의해). ③ 그런데 세 차원이 존속한다(위 숨은 전제 ③). ④ 그리고 삼차원은 실체이다. ⑤ 스피노자가 신적 실체와 연장 일반 간에 실재적 구별을 인정하면, 신이 두 개의 실체(비연장적 실체인 신과 연장적 실체)로 구성된다는 문제가 발생한다(②~④에 의해). ⑥ 그런데 스피노자에 의하면 연장과 신은 동일한 실재이며 우주에는 단 하나의 실체만 존재한다. ⑦ 따라서 스피노자는 연장 일반이 신적 실체와 구별된다고 말할 수 없다(⑥에 의해). 그런데 베일은 해당 본문에서 이러한 주장을 펼치는 동안 위 논증 재구성에는 포함시키지 않은, 추가적인 설명이 필요한 몇 가지 주장을 한다. 삼차원성의 존재론적 근거가 그것이다. 아래 주에서 다룰 것이다.

35 [옮긴이] 논변 (2)가 전개되는 동안, 논변 (3) 삼차원성의 존재론적 근거가 잠깐 논의된다. 다음과 같이 재구성될 수 있겠다. ① 연장 일반이 실존한다(위 숨은 전제 ③). ② 따라서 연장 일반이 어디서 왔는지 설명되어야 한다. ③ 연장은 연장 실체에서 나왔거나 [신이 아닌] 비연장적 실체에서 나왔거나 신으로부터 창조되었을 것(위 숨은 전제 ①)이다. ④ 연장은 연장 실체에서 나온 것일 수 없다. 그렇다면 무한 소급에 빠지기 때문이다. ⑤ 비연장적 실체는 본성상 세 차원을 지닌 대상이 될 수 없다. ⑥ 이는 세 차원을 [부피가 없는 비연장적인] 수학적 점에 놓을 수 없는 것과 마찬가지이다. ⑦ 따라서 삼차원성은 신이 창조한 것이다(①~⑥에 의해). 위 논증 재구성의 ③과 ④ 역시 본문에는 없지만 숨은 전제라고 생각된다. 적절한 보충이라면, 전제 ④는 베일이 유대기독교적 창조 관념을 자명한 것으로 보고 있음을 보여 준다. 이 주장을 펼치는 과정에서 "스피노자는 무無로부터 아무것도 생겨날 수 없다는 것을 믿지 않았다"(원문과 영역은 다음과 같다. "Or Spinoza ne croyait point que rien ait pu être fait de rien."/"Now Spinoza did not believe that nothing could be made from nothing[see below, Remark O]."는 문제의 구절이 등장한다. 베일의 이 말은 그 자체로만 보면 "스피노자가 무에서 무언가 생겨날 수 있다고 믿었다"라는, 그래서 "스피노자도 무로부터의 창조를 주장한

게다가 그는 우주 안에 단 하나의 실체만 있다고 주장하기 때문에, 연장이 수학적 점들처럼 합성으로부터 면제된 단순한 존재자라고 가르쳐야 한다. 그런데 이런 주장이 농담이 아니라고? 이건 우리의 정신 안에 우리가 가진 가장 뚜렷한 관념들에 맞서 싸우자는 것이 아닌가? 1000이라는 숫자가 1000개의 단위로 [1000개의 1로] 구성되어 있다는 것이 100인치의 물체가 각각 1인치의 연장을 가진 실제로 구별되는 100개의 부분으로 구성되어 있다는 것보다도 더 명백한 것은 아니지 않는가?[36]

다"라는 뜻으로 해석될 여지가 있다. 그러나 베일이 말하려는 것은 그런 것이라기보다, 스피노자가 파르메니데스의 "무에서 아무것도 생겨날 수 없다"ex nihilo nihil fit라는 원리 곧 생성소멸의 불가능성을 주장하는 원리에 동의하지 않았다는 점일 것이다. 다시 말해서 스피노자 역시 생성과 소멸이 가능하다고 보았다는 점에서 스피노자의 체계에서도 연장의 생성에 대한 설명이 필요하다는 것이다. 그렇다면 베일이 보기에 이는 전통적인 "무로부터의 창조" 관념을 통해 비연장적인 신의 창조로 설명하는 것이 마땅한데, 스피노자는 불합리하게도 이를 신의 연장 속성의 변양(양태)으로 설명했다고 비판하는 것이다. 요컨대 베일은 스피노자의 물질세계에 대한 설명에 무로부터의 창조 관념이 함축되어 있다는 것이 아니라 오히려 배제되어 있다고 주장하는 것이다. 편자는 원문에 "아래 주해 O를 보라"라는 더 이상 간단할 수 없는 주를 달아 놓았는데, 매우 불친절(?)하지만 적실하기는 하다.

36 [옮긴이] 연장의 단순성을 논박하는 논변 (4)는 다음과 같이 간단히 재구성될 수 있다. ① 스피노자는 연장이 수학적 점처럼 합성으로부터 면제된 단순한 존재자라고 주장한다. ② 그러나 연장은 부분들로 합성되어 있고 부분들 각각은 다른 것과 구별되는 특수한 실체이다 (숨은 전제 ②, ③). ③ 예컨대 100인치의 물체는 각각 1인치의 연장을 가진 실제로 구별되는 100개의 부분들로 구성되어 있다. ④ 이는 숫자 1000이 1000개의 단위로 구성되어 있다는 것만큼 명백한 것이다. ⑤ 따라서 연장이 단순한 존재자라는 것은 불합리하다. 본문 마지막 문장의 원문은 다음과 같다. "Est-il plus évident que le nombre millénaire est composé de mille unités, qu'il n'est évident qu'un corps de cent pouces est composé de cent parties réellement distinctes l'une de l'autre, qui ont chacune l'étendue d'un pouce?"/"Is it not more evident that the thousandth number is composed of a thousand unities than even that a body of a hundred inches is composed of a hundred parts actually distinct from one another, each having one inch of extension?" 아마도 베일은 스피노자 역시 "1000이라는 숫자가 1000개의 1로 구성되어 있음"은 분명히 받아들일 터인데, 이에 못지않게 분명한 관념인 "100인치의 연장을 가진 물체가 실제로 구별되는 1인치의 연장을 가진 100개의 부분으로 구성되어 있음"은 왜 받아들이지 않고 연장을 단순한 존재자라고 하는지 이해하지 못하겠다고 힐난하는 것으로 보인다. 그에게 스피노자의 철학이 "가장 괴물 같은 가설 (⋯) 우리 정신의 가장 명증

- **연장이 각기 특수한 실체인 부분들로 구성되어 있다는 문제**

아무도 상상력과 감각의 편견들을 들어 우리에게 반박하지 말라. 왜냐하면 가장 지적인 관념, 가장 비물질적인 관념으로 인해 우리는 완전한 증거를 가지고 질을 가지고 있는 것과 질을 가지고 있지 않은 실재들 간에 정말 실재적 구별이 있음을 이해할 수 있기 때문이다. 스콜라철학자들은 우리에게 실재들을 구별할 수 있는 특징 및 절대적으로 확실한 기호가 무엇인지 보여 주는 데 있어서 완벽한 성과를 거두었다. 사람들이 어떤 실재를 긍정할 수 있을 때, 그들은 우리에게 사람들이 다른 것에 대해서는 긍정할 수 없는 것, 그것들이 구별된다는 것을 알려 주는 것이다. 시간이나 장소와 관련하여 서로 나뉠 수 있는 것들은 구별된다. 이러한 특성들을 1피트 길이^{étendue/extension}를 구성하고 있는 12개의 인치들에 적용해 본다면, 우리는 그것들 간에 실재적 구별이 있음을 알게 될 것이다. 나는 다섯 번째 인치에 대해 그것이 여섯 번째 인치에 인접해 있음을 긍정할 수 있다. 그리고 첫 번째와 두 번째 인치 등에 대해서는 다섯 번째 인치가 인접해 있음을 부정한다. 나는 여섯 번째 인치와 열두 번째 인치의 자리를 바꿀 수 있다. 그때 여섯 번째 인치는 다섯 번째 인치와 분리될 수 있다.

보시라. 스피노자는 스콜라철학자들이 썼던 구별의 특징(식별 특성)^{les caractères de distinction}이 아주 정당하다는 것을 부정할 수 없다. 왜냐

한 관념과 정면으로 배치되는 가설"로만 보였던 것은 그의 문체와 수사에서 드러나는 "너무도 강한 확신" 때문이었는지도 모르겠다. 이상 베일의 주요 논증을 네 가지로 간추려 "자비의 원리"에 따라 재구성해 보았다. 당연히 이와 다른 다양한 논증 재구성이 가능할 것이다. 베일 논증의 타당성과 건전성이 별개의 문제라는 것 또한 두말할 나위 없다. 이하에도 관련 논의가 계속 나올 것이다.

하면 그가 돌과 동물이 무한한 존재자의 동일한 양태modalité[37]가 아님을 인정하는 것 자체가 이러한 표식에 의한 것이기 때문이다. 곧 말하겠지만, 그는 이같이 실재들 간에 어떤 차이가 있음을 받아들인다. 그가 이 점을 인정하리라는 것은 지극히 필연적이다. 자기 자신과 자신을 칼로 찌른 유대인 사이에 차이가 없다고 믿을 정도로, 또는 자기 침대와 자기 방이 모든 점에서 중국 황제의 것과 동일하다고 뻔뻔하게 말할 정도로 미친 것은 아니기 때문이다.

그렇다면 그는 뭐라고 말했는가? 곧 보게 될 것이다. 그는 두 나무가 연장의 두 부분이 아니라 두 변양이라고 가르쳤다. 그가 새로운 체계를 구축하기 위해 그렇게 오랜 세월 작업했다는 사실에 놀랄 것이다. 그 체계의 기둥 중 하나는 그가 근거 없이 주장하는 '부분'이라는 단어와 '변양'이라는 단어의 차이이기 때문이다. 그는 이 단어를 바꾼 것으로부터 어떤 이점을 얻을 수 있을 것이라고 약속할 수 있었는가? 그가 '부분'이라는 말을 원하는 만큼 회피하도록 놔두자. 그가 '부분' 대신 '양태' 또는 '변양'이라는 단어를 원하는 만큼 쓰도록 놔두자. 그렇게 해서 얻을 수 있는 것이 무엇일까? '부분'이라는 말에 부여된 관념이 사라질까? '부분'이라는 말에 부여된 관념이 '변양'이라는 말에는 적용되지 않는 것일까? 물질이 부분들로 나누어진다고 할 때 보다 변양으로 나누어진다고 할 때 차이의 표식과 특징이 덜 실재적이거나 덜 명확한가? 헛소리! 물질 관념은 여전히 합성된 존재자의 관념, 여러 실체들의 집합 관념으로 남을 것

---

37   [옮긴이] 베일은 스피노자의 'modus'(양태) 개념을 보통 'modalité'라고 번역한다. 이를 우리는 '양태'라고 번역했고, 'modalité'와 'mode'가 같이 등장하는 경우에는 각각 '양태성'과 '양태'라고 번역했다.

이다. 여기에서 이를 증명할 것이 있다.

• 양립 불가능한 양태는 구별되는 대상을 요구한다

양태는 그것이 변용하고 있는 실체 없이는 실존할 수 없는 존재자이다. 그러므로 양태가 실존하는 모든 곳에 실체가 있음은 필연적이다. 양립 불가능한 변양이 그것들 안에서 증가되는 만큼 실체가 자신을 증가시킨다는 것 또한 필연적이다. 그래서 다섯 개나 여섯 개의 변양이 있는 곳에서는 어디에서나 또한 다섯 개나 여섯 개의 실체가 있다. 사각형과 원형이 동일한 밀랍 덩어리에서 양립할 수 없음은 명백하며 어떤 스피노자주의자도 이를 부정할 수 없다. 그렇기 때문에 네모난 모양으로 변용된 실체가 둥근 모양으로 변용된 실체와 동일한 실체가 아님은 필연적으로 사실임에 틀림없다. 따라서 내가 방에서 둥근 테이블과 네모난 테이블을 보고 있을 때, 나는 둥근 테이블이라는 대상인 연장과 다른 모양의 테이블이라는 대상인 연장이 서로 구별되는 실체들이라고 단언할 수 있다. 그렇지 않다면 네모난 모양과 둥근 모양은 동시에 하나이자 동일한 대상에 있을 것임이 분명하기 때문이다. 그런데 이는 불가능하다. 철과 물, 포도주와 나무는 [하나의 대상 안에서] 양립 불가능하다. 그러므로 그것들에는 수적으로 구별되는 대상이 필요하다 (…).

• 신의 불변성은 연장의 본성과 양립 불가능하다
  물질의 부분들은 실제로 분할된다

II. 신을 연장된 실재로 만드는 것이 터무니없는 것은 이것이 신의 단순성을 제거하고 신을 무한하게 많은 부분으로 구성된 실재로 만들기 때문이다. 그렇다면 이것이 신을 물질의 상태로 격하시킨다고 생각할 때 우리는 뭐라고 할 것인가? 모든 존재자 중 가장 비천한 것이며, 거의 모든 고대 철학자들이 무無 바로 위에 놓았던 그런 물질의 상태로 말이다. 물질에 대해 말하고 있는 사람은 갖가지 변화가 일어나는 극장, 대의명분들이 충돌하는 전쟁터, 세상의 모든 부패와 모든 생성의 기체subject, 신의 불변성과 전혀 양립 가능하지 않은 본성을 지닌 존재자에 대해 말하고 있는 것이다. 그러나 스피노자주의자들은 물질이 분할되지 않는다고 주장하며, 상상할 수 있는 가장 하찮고 가장 저급한 속임수로 이 주장을 뒷받침한다. 그들은 물질이 분할되려면 물질의 부분portions이 빈 공간에 의해 다른 부분과 필연적으로 분리되어야 하는데, 이러한 일은 결코 일어날 수 없다고 주장한다. 이것이 분할을 정의하는 아주 나쁜 방식임은 너무나 확실하다. 우리와 친구들이 떨어져 있는 그 간격intervalle이 흙으로 가득 차서 채워져 있을 때든 다른 사람들이 죽 줄지어 서 있어 점유되어 있을 때든, 우리는 실제로 친구들과 떨어져 있다. 따라서 물질이 재와 연기로 환원되니 물질은 분할되는 것이 아니지 않냐고 주장하는 것은 우리의 관념과 우리의 언어를 모두 뒤엎는 것이다. 하지만 우리가 그들의 거짓된 분할 가능성 정의가 우리에게 주는 이점을 포기한다 한들 그들[스피노자주의자들]이 얻을 것은 무엇인가?[38]

---

38 [옮긴이] 베일에 의하면 스피노자주의자들은 물질이 분할(구분)되기 위해서는 반드시 빈 공간으로 분리되어야 한다고 주장한다. 다시 말해서 "진공이 없다면(~p), 물질은 분할되지 않는다(~q)"(~p ⊃ ~q)는 식으로 주장(A)한다는 것이다. 베일이 보기에 이는 우리가 분할을 이해하는 일반적이고 자명한 관념에 반한다. 빈 공간이 없어도 예컨대 두 사람 사이의 공간이 흙이나 다른 사람으로 꽉 차 있어도 두 사람은 서로 분할된(떨어져 있는) 존재자로 인식되기 때문이다. 요컨대 베일의 주장은 "진공(빈 공간)이 없어도(~p) 물질은 분할될 수 있다(q)"(~p ∧ q)라는 것이다(B). 베일이 스피노자주의자들의 (A)가 "우리의 관념"(B)을 뒤엎는다고 말한 것은 이러한 의미일 것이다. 마찬가지로 우리는 물질이 분할되어 있다고 말할 때 "빈 공간에 의해 분리된다"라는 식의 표현을 사용하지 않는다. 이러한 의미에서 (A)는 "우리

우리가 아직 스피노자의 신에 가변성과 부패 가능성이 있다는 충분한 증거를 확보하지 못했을까? 모든 사람이 불변적인 실재에 대한 아주 명확한 관념을 가지고 있다. 그들은 이 용어를 결코 새로운 것을 획득할 수 없는, 그것이 한때 가지고 있던 것을 결코 상실하지 않는, 그 실체에서나 그 존재 방식에서나 항상 동일한 존재자라고 이해한다. 이 관념의 명확성으로 가변적 존재자가 무엇인지 우리가 아주 뚜렷하게 파악하고 있음이 드러난다. 그것은 실존이 시작되고 끝날 수 있는 자연물일 뿐만 아니라, 항상 그 실체와 관련하여 존속하면서 잇따르는 변양들을 획득할 수 있고 한때 가지고 있던 우연성이나 형태를 상실할 수도 있는 자연물이다. 고대 철학자들은 모두 이 세계에서 볼 수 있는 이 지속적인 생성과 부패의 연속이 물질의 어떤 부분도 생산하거나 파괴하지 않는다는 것을 알았다. 이로부터 그들은 질료가 실체의 측면에서는 "생성 불가능"하고 "부패 불가능"ingénérable et incorruptible한 것이라고, 그렇지만 물질은 모든 생성과 부패의 기체基體[39]라고 말한다. 또한 그것은 가변적 존재자의 가장 명확하고 가장 적절한 예시로 제시될 수 있으며, 실제로 그것은

의 언어"도 뒤엎는다고 한 것이라 생각된다. 그렇다면 "그들[스피노자주의자들]의 거짓된 분할 가능성 정의leur fausse manière de définir le divisible가 우리에게 주는 이점"은 무엇일까?(결과적으로는 스피노자주의자들의 분할 불가능하다는 정의를 말한다) 베일이 이를 명시적으로 밝히지 않아 단언할 수는 없지만, 전후 내용을 고려할 때 스피노자주의자들의 이러한 정의가 무엇보다 물질의 가변성을 설명하지 못하는 문제를 스스로 드러냄으로써, 오히려 물질의 분할 가능성을 통해 물질의 가변성을 잘 설명할 수 있는 자신들 편에서 이점이 된다는 이야기일 것이다. 베일이 말하는 "이점"이 무엇이든 베일 입장에서 그것을 포기해도 스피노자주의자가 얻을 것은 없다는 것이 이하의 내용이다. 물질의 분할 불가능성이 참이라고 해도, 너무나도 "자명한" 물질의 가변성을 부정할 수는 없으며, 이로 인해 신이 물질의 속성인 가변성에 노출되고 불완전한 존재로 전락하기 때문이다. 베일이 보기에 말이다.

39   [옮긴이] '기체'는 'subject'를 번역한 말이다. 이하에서 문맥에 따라 '대상' 또는 '주체'라고도 번역했다.

모든 종류의 변동과 내부 변화를 겪는 존재자이다. (…) 질료[물질]에서 산출된 형상들은 질료와 내부적으로, 그리고 질료에 침투되는 방식으로 intérieurement et pénétrativement 결합된다. 질료는 형상들이 내속하는 기체leur sujet d'inhérence이다. 건전한 철학에 따르면 형상들과 질료 간 구별은 양태들과 변용된 실재 간 구별과 다른 것이 아니다. 이로부터 스피노자주의자들의 신은 실제로 변화하는 자연이며, 내부적으로 그리고 실제로 서로 다른 상이한 상태들을 거쳐 가는 자연이라는 결론이 따라 나온다. 따라서 그들의 신은 "변함도 없으시고 우리를 외면하심으로써 그늘 속에 버려두시는 일도 없으"신(야고보서 1 : 17)[40] 지극히 완전한 존재자가 전혀 아니다.

- **신은 인간의 사유가 내속하는 대상일 수 없다**
  인간의 사유들은 서로 다른 것이기 때문이다

III. 우리는 계속 아주 괴물 같은 불합리함을 볼 예정인데, 이는 스피노자의 신이 모든 사유의 변양들의 기체로 간주된다는 사실에 기인한다. 연장과 사유를 단일한 실체로 결합하는 것은 이미 매우 큰 문제이다. 왜냐하면 이는 금속 합금 같은 결합alliage이나 물과 포도주를 섞는 것 같은 혼합 따위가 아니기 때문이다. 이러한 결합이나 혼합에 요구되는 것은 **병치**Juxtaposition일 뿐이다. 그러나 사유와 연장의 결합은 **동일한 것**identité이어야 한다. 사유함과 연장됨은 실체와 동일한 두 개의 속성이다. 그러므

---

40   [옮긴이] 야고보서 1장 17절의 전문은 다음과 같다. "하느님 아버지는 변함도 없으시고 우리를 외면하심으로써 그늘 속에 버려두시는 일도 없으십니다"(공동번역). "온갖 좋은 은사와 온전한 선물이 다 위로부터 빛들의 아버지께로부터 내려오나니 그는 변함도 없으시고 회전하는 그림자도 없으시니라"(개역개정판).

로 이 속성들은 근본적이고 본질적인 인간의 추론 규칙, 곧 **제삼자와 같은 것들은 서로 같다**quae sunt idem uni tertio, sunt idem inter se[41]는 규칙에 의해 서로 **동일하다**. 만일 스피노자가 다른 학파에서 이런 혼란을 발견했다면, 그는 분명 그것을 주목할 가치가 없다고 판단했을 것이다. 그러나 그는 자신의 문제에 대해서는 그렇게 생각하지 않았다. 다른 이들의 생각pensées을 가장 경멸조로 비판하는 이들이 자신에게는 가장 관대하다는 것은 너무나도 사실이기 때문이다. 그는 분명 삼위일체의 신비를 조롱했고, 정확히 말하자면 그는 지구상에 존재하는 사람들만큼 많은 인격을 신적 본성에 부여한 인물임에도 수없이 많은 사람들이 세 위격으로 제한된 절대자[42]에 대해 감히 말했다며 이를 불가사의하게 생각했다. 그는 성변화transsubstantiation를 받아들이고 인간이 몇 개의 장소에 동시에 있을 수 있으며, 파리에서는 살아 있고 로마에서는 죽어 있다는 등의 말을 하는 이들을 바보라고 간주한다. 그러면서 그는 연장되고 유일무이하며 분할 불가능한 실체가 동시에 어디에나 있고, 여기에서는 차갑고 다른 곳에서는 뜨거우며, 여기에서는 슬프고 다른 곳에서는 즐겁다는 등 그렇게 주장한다.[43] 말이 나온 김에 말이지만, 내가 말하려는 것을 주의 깊게 생각해 보기를 바란다. 만일 인간 인식에 확실하고 이론의 여지가 없는 것

---

41 [옮긴이] a, b, c 중에서 a와 b가 같고 a와 c가 같다면, b와 c도 같다는 뜻이다. 데카르트가 『정신지도규칙』의 제12규칙에서 공통개념communes notiones의 명증성에 의존하는 추론의 사례로 제시한 것으로(AT X, 419) 국역본의 번역을 따랐다(이현복 II. 183 참고). 베일은 사유 속성과 연장 속성 각각이 실체와 같은 것이라면 사유 속성과 연장 속성도 같은 것이라는 결론이 따라 나온다고 지적하는 것이다.

42 [옮긴이] "세 위격으로 제한된 절대자"une nature terminée de trois hypostases/Being terminated by three hypostases는 기독교의 하느님에게 성부, 성자, 성령이라는 세 위격 외에 다른 위격이 있을 수 없음을 뜻한다.

43 [편자] 아래 주해 'DD'를 보라.

이 있다면, 그것은 이 명제이다. **반대되는 두 말은 동일한 대상에 대해 동일한 측면에서 동시에 참이라고 긍정될 수 없다**Opposita sunt quae neque de se invicem, neque de eodem tertio secundum idem, ad idem, eodem modo atque tempore vere affirmari possunt.[44] 예컨대 "베드로는 건강하고 베드로는 매우 아프다, 베드로는 이것을 부정하고 베드로는 그것을 긍정한다"라는 말은, 그 말들이 항상 동일한 관계와 동일한 의미를 갖는다면 거짓말을 하는 것이 아니고서는 할 수 없는 말이다. 스피노자주의자들은 이러한 관념을 파괴하고 왜곡하여 그들이 어디에서 진리의 표식을 찾을 수 있을지 더 이상 알 수 없게 만든다. 만일 그러한 정리들[위에서 강조된 정리]이 거짓이라면, 우리가 진리임을 보장할 수 있는 어떠한 것도 없을 것이기 때문이다. 그때 우리는 그들과의 논쟁에서 아무것도 바랄 수 없을 것이다. 만일 그들이 이것을 부정할 수 있다면, 그들은 그들에게 제시된 어떠한 다른 논변도 부정할 것이기 때문이다. [필연적 진리인] 이 공리가 그들의 체계에서 완전히 거짓임을 보여 주도록 하자. 그리고 먼저 다음을 논란의 여지가 없는 준칙maxime으로 가정하자. 즉, 어떤 주체가 [능동적으로] 행하는 것과 [수동적으로] 겪는 것을 나타내기 위해 그 주체에 주어진 모든 이름은 엄밀히 그리고 물리적으로proprement & physiquement 그것의 실체에 적용되는 것이지 그 우유에 적용되는 것이 아니다. 우리가 쇠는 단단하고 무거우며 물에 가라앉으며 나무를 쪼갠다고 말할 때, 우리는 쇠의 단단함이 단단하고 그것의 무거움이 무겁다는 등등을 말하려는 것이 아니다.

---

44 [옮긴이] 아리스토텔레스가 『형이상학』 4권에서 제시한 "일반 공리" 중 하나인 모순율이다 (『형이상학』 4권, 1005b19 참고).

이러한 표현은 너무 무절제할 것이다.[45] 우리가 말하고자 하는 것은 철을 합성하는 연장 실체가 강하고 무거우며 물에 가라앉고 나무를 가른다는 것이다. 동일한 방식으로 인간이 부정하고 긍정하고 화를 내고 쓰다듬고 칭찬하고 등등을 한다고 말할 때, 우리는 이 모든 속성들을 그의 영혼 자체인 실체에 귀속시키는 것이지 우유나 변양인 그의 사유들에 귀속시키는 것이 아니다. 그렇기 때문에 만일 스피노자가 주장하는 것처럼 인간이 신의 양태라는 것이 사실이라면, "베드로는 이것을 부정하고 저것을 원하며 이러저러한 것을 긍정한다"라고 말할 때 우리는 그릇된 말을 하는 셈일 것이다. 스피노자의 이론에 따르면, 부정하고 원하고 긍정하는 것은 실제로는 신이기 때문이다. 그리고 결과적으로 모든 사람의 사유로부터 나온 모든 명칭들은 엄밀하게, 그리고 자연법칙에 따라 신에게 귀속되어야 한다. 이로부터 신이 동시에 동일한 것을 미워하고 사랑하며 부정하고 긍정한다는 결론이 따라 나온다. 이러한 결론은 반대되는 말과 관련하여 위에서 언급한 규칙["반대되는 두 말은 동일한 대상에 대해 동일한 측면에서 동시에 참이라고 긍정될 수 없다"]을 거짓으로 만들기 위해 필요한 모든 조건을 충족한다. 왜냐하면 이 말들을 가능한 한 엄격하게 받아들일 때 어떤 사람들이 미워하고 부정하는 것을 다른 사람들은 사랑하고 긍정한다는 점은 부인할 수 없기 때문이다.[46] 더 나아가 보

---

45 [옮긴이] 베일은 모든 것이 실체의 양태라면 쇠 또한 실체의 양태일 것이며, 따라서 "쇠는 무겁다"라는 말은 결국 '쇠'라고 불릴 수 있는 무거움으로 변용된 실체의 양태가 무겁다는, 곧 무거움이라는 양태가 무겁다는 말과 다르지 않다고 말하려는 것 같다. 이러한 표현을 '무절제하다'extravagantes라고 한 것은 흔히 '오컴의 면도날'이라 불리는 '검약의 원리'(경제성의 원리라고도 한다)에 위배된다고 보았기 때문일 것이다.

46 [옮긴이] 베일은 미움/사랑, 부정/긍정은 엄격하게 모순되는 말들이므로, 동시에 한 실체의 술어들일 수 없고 상이한 실체들에 귀속되어야 한다고 지적한다. 바울이 무언가를 미워하고

자. 의지함과 의지하지 않음 같은 모순적 말들이 동시에 상이한 사람에게 속한다. 그 말들이 신이라 불리는 단일하고 분할 불가능한 실체에 속한다는 것은 스피노자의 체계에서 사실임에 틀림없다. 그러므로 신은 동일한 대상에 대해 의지를 발동하기도 하고 발동하지 않기도 한다. 이렇게 되면 두 개의 모순적인 말이 그에 대해 참이 되는데, 이는 형이상학의 첫 번째 원리["반대되는 두 말은 동일한 대상에 대해 동일한 측면에서 동시에 참이라고 긍정될 수 없다"]를 뒤엎는 것이다. 나는 사실 성변화 논쟁에서 스피노자주의자들에게 도움이 될 수 있는 한 가지 궤변이 사용된다는 것을 잘 알고 있다. [예를 들어 그들은] 만일 베드로가 로마에서 어떤 것을 원하면서 파리에서는 원하지 않는다면, "원함"과 "원하지 않음"이라는 모순된 말이 그에게는 참이 되지 않을 것이라고 한다. 왜냐하면 그가 로마에서 원한다고 가정했으므로 그가 원하지 않는다고 말하는 것은 거짓이기 때문이다. 이러한 헛된 교묘함은 그들에게 맡겨 두자. 다만 이렇게 말하자. 둥근 사각형이 모순이듯 하나의 실체가 동일한 대상에 대해 동시에 사랑과 미움을 갖는 것도 모순이라고.[47]

부정하지만, 베드로는 그것을 사랑하고 긍정할 수 있다는 식으로 말이다. 그런데 아래에서 상술될 것처럼 모든 것이 신의 변용이라면, 이는 결국 신이 무엇인가를 미워하는 동시에 사랑하고 부정하는 동시에 긍정한다는 이야기가 되므로 불합리하다는 주장이다.

[47]　[옮긴이] 그리스도교의 성변화transsubstantiation 교리는 성찬식에서 사용되는 빵과 포도주의 실체가 사제의 축성 이후 빵과 포도주의 우유는 지니고 있지만 그리스도의 몸과 피라는 본질을 지닌 실체로 변한다는 교리이다. 베일은 여기에서 축성된 빵과 포도주에 빵과 포도주의 우유와 그리스도의 몸과 피라는 본질이 속한다는 "궤변"(chicane, 영역자는 "cavil"이라고 번역함)이, 모순되는 두 항이 동일한 실체에 속할 수 있다는 불합리한 주장을 하는 스피노자주의자에게 도움이 될지도 모르겠다고 주장(힐난)하는 것이다. 이어서 베일은 스피노자주의자들이 제기할 법한(그가 보기에) 다음과 같은 예상 반론을 제시한다. "[예를 들어 그들은] 만일 베드로가 로마에서 어떤 것을 원하면서 파리에서는 원하지 않는다면, '원함'과 '원하지 않음'이라는 모순된 말이 그에게는 참이 되지 않을 것이라고 한다. 왜냐하면 그가 로마에

- **인간 사유의 사악함으로부터 도출한 앞서 말한 것에 대한 다른 증명**

IV. 그런데 자연학적으로 말해서 단순하고 단일한 주체가 전 인류의 사유들로 동시에 변용된다는 주장이 엄청나게 불합리하다면, 도덕성의 관점에서 이는 끔찍하게 혐오스럽다. 도덕성의 관점에서 고려한다면 어떻다는 것인가? 무한한 존재자, 필연적인 존재자, 지극히 완전한 존재자가 한결같고 변함없으며 불변적인 존재자가 아니게 될 것이다! 내가 왜 불변적이라고 말했겠는가? [스피노자 철학에서] 신은 같은 모습으로 있을 수 없을 것이다. 그의 사유는 끊임없이, 그리고 끝도 없이 계속될 것이다. 동일한 정념과 감정의 혼란스러운 상태가 두 번 다시 되풀이되지 않을 것이다. 이러한 생각은 받아들이기도 어렵거니와 여기에는 그보다 훨

서 원한다고 가정했으므로 그가 원하지 않는다고 말하는 것은 거짓이기 때문이다."(원문과 영역은 다음과 같다. "on dit que, si Pierre voulait à Rome une chose qu'il ne voudrait pas à Paris, les termes contradictoires vouloir et ne vouloir pas ne seraient point véritables à son égard, car puisqu'on suppose qu'il veut à Rome, on mentirait en disant qu'il ne veut pas."/"It is said that if Peter wills something at Rome that he does not will at Paris, the contradictory terms 'willing' and 'not willing' would not be true with regard to him ; for since it is supposed that he wills at Rome, one would lie in saying that he does not will.") 베드로가 로마에서 피자를 원하지만, 파리에서는 피자를 원하지 않는다고 해 보자. 이 경우 '원함'과 '원하지 않음'이라는 모순된 말이 베드로에게 둘 다 참이 될 수 없다. 베드로는 로마에서 피자를 원한다고 가정되어 있으므로, 베드로에 대해 로마에서 피자를 '원함'만 참이 될 뿐 로마에서 피자를 '원하지 않음'은 거짓이 되기 때문이다. 반대로 파리에서는 피자를 원하지 않는다고 가정되어 있으므로, 이때는 베드로가 파리에서 피자를 '원하지 않음'만 참이 되고 베드로가 파리에서 피자를 '원함'은 거짓이 된다. 베일은 스피노자주의자들이 이렇게 "지금은 맞고 그때는 틀리다"라는 식으로 혹은 "여기에서는 맞고 저기에서는 틀리다"라는 식으로 시공간의 차이에 의해 '원함'과 '원하지 않음'이라는 모순된 말이 베드로라는 하나의 동일한 대상에 속할 수 있는 것처럼, 단일한 신적 실체에게도 상반된 두 성질이 속할 수 있다고 주장할 가능성을 제기한 것이다. 그러나 베일은 이를 "헛된 교묘함"vaine subtilité에 불과하다고 일축하며, 이러한 논리로는 단일한 신적 실체가 동시에 상반된 성질을 가질 수 있다는 스피노자주의의 근본적인 모순을 해결하지 못한다고 단언한다. 스피노자의 주장은 마치 "둥근 사각형"처럼 개념적 모순을 내포하고 있으며, 이는 형이상학의 기본 원리를 위반한다는 것이다. 아래 "주해 DD"에도 관련 주장이 나온다.

씬 더 나쁜 것이 있다. 이런 의미에서 이 지속적인 변화로 상당한 획일성 beaucoup d'uniformité이 있게 될 터인데, 무한한 존재자의 좋은 사유 하나에 항상 1000개의 어리석고 지나치고 불순하며 혐오스러운 사유가 있게 될 것이라는 점에서 그렇다. 그것은 그 자체로 모든 어리석음, 모든 망상, 모든 추악함, 인류의 모든 죄악을 낳을 것이다. 그것은 그것들의 작용인일 뿐만 아니라 수동적인 주체, 내속의[그것들이 내속하는] 주체이기도 할 것이다 (…).

　　지극히 완전한 존재자의 본성과 그토록 사악하고 비참한 인간이 어떻게 양립할 수 있는지 이해할 수 없었던 몇몇 위대한 철학자들은 선한 원리와 악한 원리라는 두 가지 원리를 가정했다. 그런데 여기 신이 인간의 모든 범죄와 비참함의 작인일 뿐만 아니라 희생자이기도 한 것이 좋다고 생각한 철학자가 있다. 인간들이 서로를 미워하고 숲에서 서로를 죽이며, 군대에서 만나 서로 죽이고 때로는 정복자가 피정복자를 잡아먹는다고 해 보자. 이는 그들이 서로 구별되며 **나의 것**과 **너의 것**이 그들 안에서 상반되는 정념을 만들어 낸다고 가정한다면 이해될 수 있을지도 모르겠다. 그러나 인간이 단지 동일한 존재자의 변양일 때, 결과적으로 오직 신이 행위하는 것일 때, 그리고 자신을 터키인으로 변용한 신이 자신을 헝가리인으로 변용한 신과 수적으로 동일한 신일 때, 전쟁과 다툼이 있다는 것은 일찍이 작은 방[48]에 가두어 둔 더 미칠 수 없을 정도로 미쳐 버린 사람들의 괴이하고 허무맹랑한 모든 소동을 능가하는 것이다. 이미 말한 것처럼, 양태들이 아무것도 하지 않는다는 것을, 그리고 작용하

48　[옮긴이] 출발어는 "petites maisons"이다. 영역자는 "lunatic asylums"라고 옮겼다. 근대 유럽의 소위 광인 수용에 관한 역사를 고려하여 "작은 방"이라고 직역했다.

고 작용받는 것은 오직 실체뿐이라는 것을 보시라. "꿀의 달콤함이 미각을 기쁘게 한다"라는 문구는 그것이 꿀로 구성된 연장된 실체가 혀를 기쁘게 한다는 것을 의미하는 한에서만 참이다. 이같이 스피노자의 체계에서 "독일인이 만 명의 터키인을 죽였다"라고 말하는 이들은 "독일인으로 변용된 신이 만 명의 터키인으로 변용된 신을 죽였다"라는 뜻으로 말한 것이 아니라면 옳지 않게 그리고 거짓되게 말하는 것이다. 인간이 서로에게 하는 행동을 표현한 모든 구절 역시 마찬가지이다. 이러한 주장들은 "신이 자신을 미워한다, 신이 자신에게 부탁하고 자신의 부탁을 거절한다, 신이 자신을 박해한다, 신이 자신을 죽인다, 신이 자신을 먹는다(자기 자식을 삼켜 버린 크로노스 신화의 비합리성은 스피노자가 주장한 것의 비합리성에 비하면 엄청 나은 편이다), 신이 자신을 비방한다, 신이 자신을 처형한다 등등"의 의미 외에는 다른 진정한 의미가 없다. 만일 스피노자가 신을 구별되는 부분들의 집합체로 제시했다면 그나마 덜 터무니없었을 것이다.[49] 그러나 그는 신을 가장 완전한 단순성, 실체의 단일성, 분할 불가능성으로 축소시켰다. 따라서 그는 상상할 수 있는 것 중 가장 악명 높고 가장 괴물 같은 방자한 주장을 하고 이교도 신들에 관한 시인들의 주장보다 훨씬 더 터무니없는 주장을 하고 있는 것이다. 그가 그것들을 보지 못했든 아니면 보았을지라도 그가 자신의 원리를 고수할 정도로 그렇게 독선적이었든 놀라운 일이다. 양식 있는 사람이라면, 이처럼 충

---

49   [옮긴이] 줄곧 본 것처럼 베일은 스피노자가 신과 피조물의 관계를 실체(주어)와 그것에 내속하는 실재적으로 구별되지 않는 양태(술어)들의 관계로 만들어 결과적으로 신을 슬퍼하는 동시에 기뻐하고, 선한 동시에 악하며, 서로를 죽이는 독일인인 동시에 터키인인 불합리한 존재자로 전락시켰다고 비난한다. 그런데 피조물과 신의 관계를 부분들과 그 집합체의 관계처럼 제시했다면, 이 역시 불합리하기는 하지만 그나마 부분들이 실재적으로 구별된다는 점에서 실체와 양태 관계로 제시한 것보다는 덜 불합리했을 것이라 주장하는 것이다.

격적이고 터무니없는 가설을 세우느니 땅을 이와 손톱으로 개척하는 편
을 선호할 것이다.

· 인간의 비참함에서 도출한 앞서 말한 것에 대한 다른 증명

V. 두 개의 추가 반론. 예부터 신이 존재한다는 것을 부정할 정도로 불
경한 철학자들이 있기는 했다. 그러나 그들 역시 신이 실존하더라도 그
의 본성에 완전히 행복만 있지는 않았을 것이라고 주장하는 정도까지 괴
이한 생각을 밀어붙이지는 않았다. 가장 위대한 고대 회의론자들은 모
든 사람에게 신 관념이 있으며, 신 관념에 따르면 신은 살아 있는 존재자
이며 행복하고 부패하지 않으며 더할 나위 없는 진복眞福을 가지고 있고
어떠한 악도 허용하지 않는다고 말했다.[50] 행복은 신 관념에 포함된 속성
중 신과 가장 분리될 수 없는 속성이었다. 세계에 대한 신의 권능과 지배
를 부정하는 이들조차 적어도 그에게 진복과 불멸의 지복은 남겨 두었
다. 신을 죽음에 종속시키는 이들조차 적어도 살아 있는 동안에는 신이
행복했다고 말한다. 불멸성과 행복을 신의 본성에 통합시키지 않는 것은
의심의 여지없이 광기에 가까운 괴이함이었다. 플루타르크는 스토아학
파의 이러한 불합리성을 아주 잘 논박했다.[51] 그러나 스토아학파의 이러
한 망상이 아무리 어리석었다 해도 신의 생전에 신들에게서 행복을 빼앗
지는 않았다. 스피노자주의자들은 아마도 신을 비참함으로 환원시킨 유
일한 이들일 것이다. 어떤 비참함인가? 때로는 너무 비참하여 절망에 빠
지고, 할 수만 있다면 스스로를 소멸시키려고 시도한다. 할 수 있는 것을

---

50   [편자] 베일은 여기에서 Sextus Empiricus, *Adversus mathematicos* IX, 33을 언급한다.
51   [편자] 베일은 여기에서 Plutarch, *Moralia*, 'De Stoicorum repugnantiis'를 언급한다.

스스로 포기하며, 자신을 집어삼켜 더는 견딜 수 없는 끔직한 슬픔에 스스로 목을 매거나 절벽에서 뛰어내리기도 한다. 단순히 과장조로 말하는 것이 아니다. 이는 정확하고 철학적인 언어이다. 만일 인간이 단지 변양이라면, 그가 한 일은 아무것도 없기 때문이다. "기쁨이 즐거워하며 슬픔이 슬퍼한다"라고 말하는 것은 엉뚱하고 우스꽝스러우며 익살맞은 표현 방식일 것이다. 스피노자 체계에서 "인간이 생각한다, 인간이 스스로를 괴롭힌다, 인간이 스스로를 목매단다 등"과 같이 말하는 것은 [앞서 언급한 표현 방식과 유사한] 표현 방식이 될 것이다. [스피노자 철학에서] 이 모든 명제는 인간이 단지 그 양태에 불과한 실체에 대해 이야기되어야 한다. 어떻게 스스로 존재하고 무한한 완전성을 지닌 자존적 존재자가 인류의 모든 비참함에 종속될 수 있다고 상상할 수 있다는 말인가? 만약 다른 어떤 존재자가 그 자존적 존재자에게 스스로를 괴롭히도록 강요했던 것이라면, 우리는 그 존재자가 스스로를 불행하게 만드는 활동을 하는 것을 그다지 이상하게 생각하지는 않을 것이다. 우리는 아마도 이렇게 말할 것이다. "그 존재자는 **불가항력적 힘**에 복종하고 있는 것임에 틀림없다. 분명 더 큰 병을 피하기 위해 스스로에게 결석(結石)gravelle, 복통, 고열, 광기를 주는 것이다." 그러나 그 존재자는 우주에 있는 유일한 존재자이다. 그 존재자에게 명령하거나 촉구하거나 간청하는 것은 아무것도 없다. 스피노자는 말할 것이다. 그것의 본성 자체가 특정 상황에서 자신에게 큰 괴로움과 매우 심한 고통을 주도록 이끄는 것이라고. 그러나 나는 그에게 답할 것이다. 당신은 그러한 숙명론fatalité에서 무언가 괴물 같고 상상할 수 없는 것을 발견하지 않았는가?

• 스피노자의 가설은 자신의 모든 행위와 담론을
우스꽝스러워 보이게 만들 것이다

VI. 내가 이 사람에 반대하여 책을 집필하고 있는 것이 아니라 지난 결에 조금 간단하게 언급하는 중임을 잊어버렸다면, 나는 그의 체계에 있는 다른 많은 불합리함을 보여 주었을 것이다. 이것으로 마무리하자. 그는 자신의 모든 작업을 우스꽝스럽게 만들 가설을 세웠으며, 나는 그의 『윤리학』 모든 쪽에서 조금은 측은한 횡설수설을 발견할 수 있다고 확신한다.

첫째, 나는 그가 어떤 학설을 거부하고 다른 학설을 제시했을 때 그가 의도한 것이 무엇인지 알고 싶다. 진리를 가르치려는 의도였나? 오류를 논박하고 싶었던 것인가? 그런데 그에게 [어떤 학설에] 오류가 있다고 말할 권리가 있는가? 일반 철학자들의 사유, 유대인들의 사유, 기독교인들의 사유도 『윤리학』의 사유만큼이나 무한한 존재자의 양태들 아닌가? 그것들도 그의 모든 사변들과 마찬가지로 우주의 완전성에 필요한 실재 아닌가? 그것들은 필연적 원인에서 나오지 않는 건가? 그런데 어떻게 그는 감히 바로잡을 것이 있다고 주장할 수 있는가?

둘째로, 그는 그것들이 양태가 되는 자연 la nature이 필연적으로 행동하고 항상 자신의 길을 가며 벗어날 수도 멈출 수도 없고, 우주 안에 있는 유일한 존재이므로 일찍이 어떠한 외부 원인도 그를 멈추거나 억제할 수 없다고 주장하지 않는가? 그렇다면 이 철학자의 강의보다 더 쓸모없는 것은 아무것도 없다. 단지 실체의 한 변용에 불과한 주제에 무한한 존재자에게 무엇을 해야 한다고 규정하는 것이 과연 가당키나 한가? 이 존재자[신]가 그의 말을 듣겠는가? 설령 듣는다 한들, 이로부터 어떤 유익을 얻을 수 있겠는가? 이 존재자는 자기가 어디로 가는지, 무엇을 하는지도 모른 채 항상 자신의 모든 역량에 따라 행위하고 있지 않은가? 스피노자 같은 사람은 만약 제대로 추론했다면 꼼짝도 하지 않고 가만히 있었을 것이다. 그는 이렇게 말했을 테니까. "만일 그러한 학설이 확립될 수 있다면, 내 책 없이도 자연의 필연성이 그것을 확립하겠지. 만일 불가능하다면, 나의 모든 글은 아무 소용도 없을 것이고…."[52]

주해 'O' (그들은 스피노자가 직면한 어려움이 완전히 제거되기를 바란다)

내가 보기에, 스피노자가 벼랑으로 자신을 내던진 이유를 [1]물질matiere이 영원하고 신과 다르다는 점을 이해하지 못했거나[53] [2]물질이 무無로부터 산출되었다는 점을 이해하지 못했거나 [3]무한하고 지극히 자유로운 정신인 만물의 창조주가 이 세상과 같은 작품을 산출할 수 있었다는 점을 이해하지 못했기 때문이라고 가정해도, 틀린 것은 아닐 것이다.

[1]필연적으로 실존하면서도 활동이 없고 다른 원리의 힘에 종속된 물질은 이성이 동의할 수 있는 것이 아니다. 우리는 이 세 가지 성질

---

52 [옮긴이] 베일은 (아마도) '자기 자신'처럼 누군가 만물이 신의 본성에서 필연적으로 따라 나온다는 학설을 "제대로 추론한다면"s'il raisonnait bien(영역자는 "logically"라고 번역함) 어떤 행동도 의미가 없으니 꼼짝 않고 가만히 있을 것이라고 비꼰다. 그리고 이런 사람이 할 수 있는 말은 기껏해야 자연 필연성 학설에 관한 책을 쓰지 않더라도 그 학설이 참이라면 결국 성립할 것이고, 참이 아니라면 성립할 수 없는 학설을 담고 있는 책을 써 보아야 결국 이룰 수 있는 것은 없으니 아무것도 하지 않고 가만히 있는 자신을 정당화하는 말밖에 없을 것이라고 빈정거리는 것이다.

53 [옮긴이] "스피노자가 (…) 물질matiere이 영원하고 신과 다르다는 점을 이해하지 못했거나…"라는 부분의 원문은 다음과 같다. "… il (…) n'avoir pu comprendre, ni que la matiere soit éternelle & différente de Dieu, ni …"(영역은 "… he … not having been able to comprehend either that matter is eternal and different from God, or …"). 이 부분은 베일이 물질의 영원성을 받아들이고 스피노자가 이를 이해하지 못했다고 비판하는 것처럼 보인다. 그러나 베일은 물질세계를 신의 피조물로 보기 때문에 물질의 영원성을 거부한다고 볼 수 있다. 베일의 말은 아마도 물질이 영원하더라도 신과 다를 수 있는데(곧 연장이 신의 속성이 아닐 수 있는데) 스피노자가 이를 이해하지 못했다는 점일 것이다. 앞의 "주해 'N'"의 "I" 참고.

이 전혀 조화되지 않는다고 본다. 질서 관념l'idée de l'ordre은 이 조합과 반대된다.[54] [2]무로부터 창조된 물질은, 이전에 없었던[무였던] 것을 실재하는 실체로 바꾸는 어떤 의지 행위라는 관념을 형성하려고 아무리 애써 보아도, 상상할 수 없는 것이다. "무에서는 아무것도 생기지 않는다"라는 이 고대의 원리 엑스 니힐로 니힐 핏ex nihilo nihil fit[55]은 끊임없이 우리의 상상에 떠오르며 너무도 눈부시게 우리의 상상 속에서 빛나기 때문에, 우리가 창조에 대해 어떤 개념을 형성하기 시작했더라도 이를 포기하게 만든다.[56] [3]마지막으로 무한하게 선하고 무한하게 거룩하며 무한하게 자유로운 신이 피조물을 언제나 거룩하고 행복하게 만들 수 있음에도 불구하고 피조물이 영원히 죄를 짓고 비참해지는 것을 선호했다는 주장은 이성을 혼란스럽게 한다. 특히 이성이 인간의 자유의지[57]와 무로부

---

54   [옮긴이] 물질이 필연적으로 실존한다는 것은 스피노자 철학에서 물질의 실존이 신의 연장적 본성으로부터 필연적으로 따라 나온 결과라는 것을 말한다. 물질이 활동성을 결여한다는 것은 물질이 신의 연장 속성의 필연적 표현인 이상 신의 변양(양태)으로서의 물질은 자체적인 능력이나 의지를 발휘하지 못하는 수동적 존재라는 것을 뜻한다(바로 앞 "주해 'N'"의 "VI" 참고). 마지막으로 물질이 다른 원리에 의존한다는 것은 물질이 신의 자기 표현적 역량의 산물인 이상 그 자체로 신의 역량에 의존할 수밖에 없다는 주장이라 생각된다. 베일은 이 물질의 필연성, 비활동성, 의존성이 전혀 조화되지 않고 이치에 어긋난다고 주장하는 것이다.

55   [옮긴이] 존재의 생성과 소멸을 부정한 고대 그리스의 엘레아학파 파르메니데스(B.C. 510경 ~450경)의 원리를 말한다. 있는 것은 있고 없는 것은 없으므로 없는 것(무)에서 있는 것이 나오거나(생성) 있는 것이 없는 것이 되는 일(소멸)은 논리적 모순이라는 주장이다.

56   [옮긴이] 앞서 베일이 스피노자가 "물질이 무無로부터 산출되었다는 점을 이해하지 못했다"라고 주장한 것과 "무로부터 창조된 물질은 (…) 상상할 수 없는 것이다"Une matiere créée de rien n'est pas concevable라고 말한 부분은 일견 배치되는 것처럼 보일 수도 있다. 그러나 베일의 의도는 '엑스 니힐로 니힐 핏'이라는 고대의 원리로 인해 인간의 상상력으로는 무로부터의 창조 관념을 이해하기 어렵다는 사실 자체를 지적하기 위함이었을 것이다. 베일은 비연장적 신의 무로부터의 창조라는 전통적 관념을 옹호하며, 스피노자가 이를 의도적으로 배제하고 있다고 본다. 따라서 스피노자가 물질세계를 신의 연장 속성의 변용으로 설명하려는 시도를 무로부터의 창조 개념을 올바로 이해하지 못한 결과라고 비판하는 것이다.

57   즉 무차별적 자유liberté d'indifférence.

터 산출된 존재자의 성질을 화해시킬 수 없게 한다는 점에서 더 그렇다. 그런데 이 두 요소를 화해시키지 않고서는, 인간이 자유롭고 선하며 신성하고 공의로운 섭리 아래에서 어떤 처벌을 받아야 한다는 것은 이해될 수 없을 것이다.[58]

이것들이 스피노자가 새로운 체계를 찾게 한 세 가지 난점이다.[59] 그 체계에서 신은 물질과 구별되지 않고 필연적으로 자신의 모든 역량에 따라 자신 바깥에서가 아니라 자신 안에서 행동한다. 이 가정에 따르면, 이 필연적인 원인은 자신의 역량을 제한하지 않고 행동 규칙으로 선이나 정의나 지식을 지니고 있지도 않은 채 오직 자신의 본성의 무한한 힘만 있으므로, 가능한 모든 실재성에 따라 자신을 변용할 수밖에 없다는 점이 따라 나온다. 따라서 오류와 범죄, 고통과 괴로움도, 진리, 덕, 기쁨만큼이나 실재적인 양태들이므로 우주에 포함될 수밖에 없다. 스피노자는 이를 통해 하나의 원리에 맞서는 마니교도들의 반박에 답할 수 있다고 생각했다.[60] [그러나] 그들의 반박은 오직 이 유일한 원리가 선택에 의해 행

---

58 [옮긴이] 인간의 자유의지, 즉 동일한 조건 하에서 어떤 행위를 하거나 하지 않을 수 있고 다른 행위를 할 수 있는 '무차별적 자유'가 신에 의해 '무로부터 산출된 존재자의 성질'la qualité d'un Etretiré du néant이라면, 인간이 신이 부여한 자유의지에 따라 죄를 범했을 경우 어떻게 신이 인간을 처벌할 수 있는가 하는, 이른바 '신정론'Theodicy 문제 중 하나가 발생하는 것이다. 베일은 스피노자 철학에서 인간과 인간의 모든 행위가 신의 본성에서 필연적으로 따라 나오는 변양인 이상, 인간의 자유의지와 창조된 존재자라는 성질 사이의 철학적 긴장을 해결하지 못한다고 비판하는 것이다.

59 [옮긴이] "세 가지 난점"은 서두에서 베일이 "스피노자가 벼랑으로 자신을 내던진 이유"로 제시한 [1]물질이 신과 다르다는 점, [2]물질이 비연장적 신에 의해 무로부터 산출되었다는 점, [3]무한하고 지극히 자유로운 정신인 만물의 창조주에 의해 이 세상이 창조되었다는 점을 말한다.

60 [옮긴이] 마니교Manichaeism는 유일신교의 '하나의 원리'one principle에 반대하여 선과 악이라는 두 대립하는 원리가 우주를 지배한다고 믿었다. 하나의 원리로는 선한 신과 악의 양립 문제(신정론)를 해결할 수 없다고 보았기 때문이다. 베일은 스피노자 철학의 목표가 일원론

동하고, 행동하거나 행동하지 않을 수 있으며, 자신의 선함과 공의라는 원칙에 따라 혹은 악의적인 충동에 따라 자신의 역량을 제한할 수 있다고 가정할 때만 설득력이 있다. 이런 가정하에서 사람들은 묻는다. "만약 이 유일한 원리가 선하다면 악은 어디에서 오는가?" 스피노자는 이렇게 답변할 것이다. "나의 유일한 원리는 악과 선을 행할 역량을 가지고 있고 할 수 있는 모든 것을 하므로, 우주에 선과 악이 있음은 완전히 필연적이다."

부디, 그가 비켜 갈 수 있기를 바란 세 가지 난점과 그가 채택한 가설의 터무니없고 끔찍한 결과에 대해 공정하게 따져 보시기 바란다.[61] 당신은 그의 선택이 선한 사람이나 판단력 있는 사람의 선택이 아님을 알게 될 것이다. 그는 최악이라고 해 보아야 우리 이성의 약함으로 인해 어떤 것들이 가능한지 명확히 알 수 없다는 점뿐인 몇 가지를 포기했고, [오히려] 불가능성이 명백한 다른 것들은 받아들였다. 어떤 것의 가능성을 이해하지 못하는 것과 그것의 불가능성을 이해하는 것 사이에는 매우 큰 차이가 있다.[62]

을 유지하면서 마니교의 이원론에 대응하는 것이었으며 이를 위해 선과 악을 비롯한 상반되는 모든 것을 단일한 실체의 양태로 만드는 방식을 채택했다고 주장하는 것이다.

61 [옮긴이] "세 가지 난점"은 위에서 언급한 베일이 "스피노자가 벼랑으로 자신을 내던진 이유"로 제시한 것들이며, "그가 채택한 가설의 터무니없고 끔찍한 결과"는 옮긴이가 본문에 추가한 두 번째 [1], [2], [3]에 해당하는 내용이라 생각된다. 곧 베일은 스피노자가 "세 가지 난점"을 피하고자 [1]신과 다른 것인 물질을 신의 연장 속성의 양태로 만듦으로써 물질을 필연성, 비활동성, 의존성을 지니게 했고, [2]비연장적 신에 의해 무로부터 산출된 물질을 신의 연장 속성의 변용으로 만들어 무로부터의 창조가 아니고서는 설명되지 않는 물질세계의 본질과 실존을 이해할 수 없게 만들었으며, [3]무한하고 자유로운 정신인 신에 의해 창조된 물질세계를 신의 필연적이고 내재적인 작용으로 만들어 신정론 문제를 해결할 수 없게 만들었다는 것이다.

62 [옮긴이] 베일이 보기에, 예컨대 인간의 자유의지가 신의 자유로운 창조의 결과임에도 이 자

이제 [스피노자] 독자들의 불공정함을 보시라. 그들은 스피노자에
반대하는 글을 쓴 이들이 스피노자 자신도 이해하지 못했고 그 어려움으
로 인해 그가 다른 이론으로 빠지게 된 진리를 최대한 명확하게 보여 줄
의무가 있다고 주장한다. 그리고 그들은 반反스피노자 저술들에서 이를
찾지 못했기 때문에 이러한 저작들이 실패했다고 선언한다. 이 무신론자
의 지적 체계가 무너졌다는 것만으로 충분하지 않은가? 상식은 혁신가
들이 더 나은 법을 제시하지 않는 한 그들의 시도에 맞서 관습이 유지되
어야 한다고 말한다. 그들의 견해가 그들이 맞서 싸우는 폐단보다 나쁘
지는 않더라도 기존의 견해보다 더 낫지 않다면 그 사실만으로도 거부되
어야 한다. 관습에 복종하거나 더 나은 것을 제시하라고 이 사람들에게
말해야 한다.

스피노자주의의 체계를 거부하는 것이 정당한 더 중요한 이유가 있
다. 그의 체계는 우리를 몇 가지 어려움에서 빠져나오게 하는 듯하지만
결국에는 우리를 훨씬 더 불가해한 당혹스러운 상태로 몰아넣기 때문이
다. 양쪽의 어려움이 동일하다면 기존 체계le système ordinaire가 유지되어야
한다. 이는 그 체계가 [이미 우리가] 소유한 체계라는 특권 외에도 미래
에 큰 유익을 약속하고 이 삶의 고통에 대해 무수한 위안을 준다는 이점

유의지로 죄를 범했을 때 신에 의해 정죄될 수 있다는 것은 "우리 이성의 약함으로 인해 어떤
것들이 가능한지 명확히 알 수 없"는 것에 불과하다. 그러나 만물이 실재적으로 구별되지 않
는 신(실체)의 양태(술어)들이라는 것은 "불가능성이 명백한" 것들이다. 그 귀결은 "반대되
는 두 말은 동일한 대상에 대해 동일한 측면에서 동시에 참이라고 긍정될 수 없다"라는 자명
하고 부정될 수 없는 명제와 반대되기 때문이다(위의 "주해 'N'" 참고). 불가능한 것은 당연히
이해되지 않는다. 따라서 "불가능성을 이해하는 것"은 일종의 형용모순이다. 베일은 "가능
성을 이해하지 못하는 것"과 "불가능성을 이해하는 것"에는 큰 차이가 있다고 하면서, 스피
노자의 주장이 불가능한 것을 마치 이해한 것처럼 말하는 불합리한 체계임을 강조하는 것이
아닌가 생각된다.

도 있기 때문이다. 신에게 드리는 기도가 응답될 것이고 어떤 경우에도 신께서 우리의 인내에 상을 주고 훌륭하게 보상해 주실 것이라고 자신을 다독이는 것이 불행 속에서 조금은 위안이 되지 않겠는가? 다른 사람들이 양심의 명령과 신에 대한 경외를 어느 정도 고려할 것이라고 자신을 다독일 수 있다는 것은 큰 위안이 된다. 이는 기존 가설이 불경한 이론보다 더 참되고 동시에 더 편리하다는 것을 의미한다.[63] 그렇다면 "이 가설이 직면한 반론이 기독교 가설이 직면한 반론보다 적지 않다"라고 말할 수 있다는 점은 스피노자의 가설을 거부할 충분한 근거가 될 것이다. 따라서 스피노자주의가 그 첫 번째 원리에서 모호하고 거짓되며 그 결과가 불가해하고 모순된 부조리로 가득하다는 것을 보여 주는 모든 저자는 설령 모든 반론에 명확하게 답하지 않더라도 스피노자주의를 잘 반박한 것으로 간주하여야 한다.

문제 전체를 몇 마디 말로 줄여 보자. 기존 가설은 스피노자주의자들의 가설과 견주어 볼 때 명확한 부분에서는 진리의 증거를 더 많이 가지고 있다. 그리고 불분명한 부분에 대해서는 다른 가설과 견주어 볼 때에도 자연의 빛에 덜 반대되는 것처럼 보인다. 게다가 기존 가설은 우리에게 현세의 삶 이후의 무한한 행복을 약속하고 현세의 삶에 수많은 위안을 가져다주지만, 다른 가설은 이 세상 너머의 어떠한 것도 약속하지 않으며, 우리의 기도와 우리 이웃의 죄책감에 대한 믿음을 앗아 간다. 따라서 기존 가설이 다른 가설보다 더 낫다.

---

63 나는 이미 "소치니"Faustus Socinus, Fousto Sozzini 항목 "주해 'I'"에서 다른 모든 이들이 양심적이고 신을 경외하는 것은 개개인의 이익에 부합한다고 말한 바 있다.

**주해 'DD' (몇몇 사람들의 주장처럼 내가 스피노자의 이론을 전혀 이해하지
  못했다는 것이 사실인지)**

여러 곳에서 이런 말을 들었지만, 이런 판단을 내린 사람들이 무슨 근거
로 그렇게 말하는지 말해 준 이는 아무도 없었다. 따라서 나는 그들에게
정확히 답할 수도 없고, 그들의 근거가 나에게 알려지지도 않았으니 내
가 그들의 논거를 받아들여야 할지 검토할 수도 없다. 나는 일반적인 방
식으로 나 자신을 변호할 수 있을 뿐이다. 그리고 만일 내가 논박하려고
한 정리들을 이해하지 못했다면, 그건 내 잘못이 아니라고 말할 수 있을
것 같다. 내가 스피노자의 전 체계에 맞서 한 쪽 한 쪽 따라가며 책을 썼
다면, 나는 자신감이 덜했을 것이다. 분명 그가 의도한 바를 이해하지 못
한 때가 몇 번이고 있었을 것이다. 그런데 그가 자신의 가설을 완전히 이
해하고, 그 모든 결과를 속속들이 이해할 수 있게 만들었을 가능성도 낮
다. 그러나 나는 간단한 몇 마디로 표현된 정리 하나에 그쳤다. 그 정리
는 명확하고 정확해 보이며 전체 구조의 토대가 된다. 따라서 내가 그 정
리를 이해했거나 아니면 그 정리가 체계-구축가d'un Fondateur de Système와
전혀 어울리지 않는 어떤 애매함을 포함하고 있다고 볼 수밖에 없다. 어
떤 경우든, 나는 내가 스피노자의 다른 적대자들이 그의 정리에 대해 부
여한 것과 같은 의미를 부여했다는 점과, 그의 추종자들이 내가 그를 이
해하지 못했다고 말하는 것 외에 더 나은 답변을 할 수 없다는 점에서 나
자신에게 만족한다. 이러한 비난은 그를 반박하는 글을 쓴 가장 최근의
인물[64]이 문제의 정리를 나와 똑같이 이해하는 것을 막지 못했는데, 이는

---

64   [옮긴이] 베일은 "그를 반박하는 글을 쓴 가장 최근의 인물"에 대해 "[주해] (BB)의 주석을 보
      라"라는 주(164번)를 남겼다. "주해 (BB)"에는 이 인물과 책에 대한 다음과 같은 정보가 나

그들의 비난이 근거 없다는 명백한 징표이다.

그러나 보다 구체적으로 말하자면, 내 반박에서 내가 가정한 것은 다음과 같다. 나는 이것이 스피노자가 가르쳤던 것이라고 본다. (1)세계 안에는 단 하나의 실체만 존재한다는 것, (2)이 실체는 신이라는 것, (3)물체적 연장과 함께 모든 특수한 존재자들 —— 해, 달, 식물, 동물, 인간, 인간의 운동, 관념, 상상, 욕망 등 —— 은 신의 변양이라는 것이 그것이다. 이제 나는 스피노자주의자들에게 묻는다. 당신들의 선생이 위 학설을 가르쳤는가 아니면 가르치지 않았는가? 만일 스피노자가 이것을 가르쳤다면, 내 반박이 이그노라치오 엘렝키ignoratio elenchi(논점 무시의 오류)라 불리는 결함을 가지고 있다고 말할 수 없다. 왜냐하면 내 반박은 상기한 것이 그의 학설이라고 가정하고 이러한 근거 위에서만 그의 학설을 공격하고 있기 때문이다. 그렇다면 나는 안전하며, 내가 이해하고 있지 못한 것을 반박했다는 사람들의 주장은 항상 틀릴 것이다. 만일 당신이 스피노자는 위에 언급된 세 가지 학설을 가르치지 않았다고 말한다면, 나는 묻겠다. 그렇다면 왜 그는 세상에서 가장 큰 열정을 가진 사람들이 그들이 가르친 독자들을 확신시키기 위해 했을 법한 것과 똑같이 스스로 이 세 가지 학설을 표명했는가? 다른 사람이 사용한 단어들에 같은 관념을 부여하지 않고 그 단어들에 부여해야 할 새로운 의미를 알리지도 않은 채 일반적인 언어를 사용하는 것이 정당하거나 칭찬받을 만한 일인가?

온다. "(BB) 며칠 전에 출판된 작은 플라망어 책(156)의 저자. 그는 자신을 그저 N. N. 필라레테스N. N. Philalethes라고 부른다. 그의 저서의 제목은 다음과 같다. 『절대적으로 무한한 단일 실체에 관한 스피노자의 논변의 허위성 논증』*Demonstration de la fausseté de l'argument de Spinoza, touchant la substance unique absolument infinie.*" 여기에 나오는 156번 주의 내용은 다음과 같다. "(156) 암스테르담 베르나르 비셔Bernard Visscher, 1701년." 베르나르 비셔는 아마도 출판사 이름일 것이다.

그러나 이 문제를 조금 논의하기 위해 그 오해가 [만일 내가 오해한 것이라면] 어디에서 생겨날 수 있는지 살펴보자. 나는 '실체'라는 단어에 관해서는 실수하지 않았다. 왜냐하면 나는 이 점에서 스피노자의 견해에 반대하지 않고 오히려 그가 가정한 것을 받아들였기 때문이다. 즉 어떤 것이 실체라는 이름으로 불릴 자격이 있기 위해서는 모든 원인에서 독립적이어야 하며, 영원히 그리고 필연적으로 자기 자신에 의해 실존해야 함에 틀림없다. 나는 그에게 신만이 실체의 본성을 가지고 있다는 견해를 귀속시키는 데 있어 내가 실수했을 리 없다고 믿는다. 그렇기 때문에 만일 내 반박에 어떤 실수가 있었다면, 그것은 단지 내가 '양태성'modalitez, '변양', '양태'라는 단어를 스피노자가 의도한 것과 다르게 이해했다는 점에 있을 것이라고 믿는다. 그러나 다시 한 번 말하건대 만일 내가 이 점에서 실수했다면, 이는 그의 잘못일 것이다. 나는 이 용어들을 늘 이해되어 온 의미대로 또는 적어도 모든 새로운 철학자들이 그 용어들을 이해한 의미대로 받아들였다.[65] 그리고 나에게는 스피노자도 이 용어들을 같은 의미로 받아들였다고 가정할 권리가 있었다. 스피노자가 세상에 이 용어들을 다른 의미로 받아들인다고 주의를 준 적이 없기 때문이다.

철학자들의 일반적 학설은 존재자의 관념 바로 그 아래 두 종류의 존재자 ─ 실체와 우유 ─ 가 포함되어 있으며, 실체는 자기 자신을 통

---

[65] 나는 "새로운 철학자들이 그 용어들을 이해한 의미"라고 제한했는데, 왜냐하면 우유의 본성과 관련하여 우리 시대 아리스토텔레스주의자들의 이론과 데카르트주의자들 및 가상디주의자들 등의 이론에는 차이가 있기 때문이다. 이러한 차이는 중요하지만 스피노자에 대한 반박과 관련해서는 문제가 되지 않는다. [옮긴이] 베일의 주이며, 원서의 각주 번호는 165번이다.

해 존속하고ens per se subsistens 우유는 어떤 다른 존재 안에서ens in alio 존속한다는 것이다. 그들은 "자기 자신을 통해 존속하기 위해"라는 말이 단지 "어떠한 내속의 대상에도 의존하지 않음"을 의미할 뿐이라고 덧붙인다. 그런데 그들에 따르면 이는 물질, 천사, 인간 영혼도 마찬가지이기 때문에, 그들은 두 종류의 실체, 즉 창조되지 않은 것과 창조된 것을 인정한다. 그리고 그들은 창조된 실체는 다시 두 종으로 나눈다. 이 두 가지 중 하나는 물질이고 다른 하나는 영혼이다. 우유와 관련하여 기독교계를 분열한 불행한 논쟁이 있기 전에는 그들 모두 우유가 그 내속 대상에 본질적으로 의존하여 그것 없이 실존할 수 없다는 데 동의했다. 이것이 우유가 실체와 구별되는 우유의 특징이다. [그러나] 성변화 학설로 이 모든 관념은 전복되었고 철학자들은 우유가 그 대상 없이도 존속할 수 있다고 말하게 되었다. 그들이 그렇게 말할 수밖에 없었던 이유는 한편으로는 성찬식 빵의 실체가 축성(祝聖)consécration 이후 더 이상 존속하지 않는다고 믿었고, 다른 한편으로는 빵의 모든 우유가 이전처럼 존속한다고 보았기 때문이다. 따라서 그들은 실체와 그 우유들 간의 실재적 구별과 이 두 종류의 존재자들 간의 상호 분할 가능성séparabilité reciproque을 인정했으며, 그 결과 실체와 우유 각각은 다른 것 없이 실존할 수 있게 되었다.[66]

그러나 그들 중 일부는 계속 그 대상과 실재적으로 구별되지 않고 대상 바깥에서 존속할 수 없는 우유들이 있다고 말했다. 그들은 이러한

66　[옮긴이] 기독교의 성변화 학설에 의하면, 성찬식에서 빵과 포도주라는 실체들은 사제의 축성 후에 그리스도의 몸과 피라는 다른 실체로 변한다. 하지만 빵과 포도주의 모양, 색, 맛 등의 우유들은 축성 이후에도 변하지 않는다. 베일은 이러한 학설이 성립하기 위해서는 실체와 우유가 실재적으로 구별되고 분할가능해야 한다는 점을 설명하고 있는 것이다.

우유들을 "양태"라고 불렀다.[67] 데카르트, 가상디, 그리고 일반적으로 스콜라철학을 버렸던 모든 이들은 우유가 그 대상과 분리된 이후에도 존속할 수 있는 방식으로 대상과 분리될 수 있음을 부정했고, 모든 우유에 "양태"라 불리는 것들의 본성을 귀속시켰으며, "우유" 대신에 "양태", "양태성", "변양"이라는 용어를 사용했다. 그런데 스피노자는 한때 위대한 데카르트주의자였으므로, 그가 이러한 용어들에 데카르트가 그랬던 것과 동일한 의미를 부여했다고 가정하는 것이 합리적이다. 만일 그러하다면, 그는 "실체의 변양"이라는 말을 단지 모양·운동·정지·위치가 물질에 대해 갖고 있는 관계 및 고통·긍정·사랑 따위가 인간 영혼에 갖고 있는 관계와 동일한 관계를 실체에 대해 갖고 있는 존재 방식une façon d'être이라는 의미로 이해했을 것이다. 왜냐하면 이러한 것들이 데카르트주의자들이 "양태"라고 부른 것이기 때문이다. 그들은 이러한 것들 외에 다른 어떤 것도 인정하지 않는다. 이로부터 그들은 아리스토텔레스의 오래된 관념, 곧 우유는 본성상 그 기체[내속 대상]의 부분이 아니며 그것 없이 실존할 수 없고 그 기체는 우유들을 그 실존에 영향을 받지 않는다는 관념을 유지했던 것으로 보인다. 이 모든 것은 둥긂, 운동, 정지가 돌과 맺는 관계와 일치하며, 고통과 긍정이 인간 영혼과 맺는 관계와도 마찬가지로 일치한다. 만일 우리의 스피노자가 동일한 관념을 그가 "실체의 변양"이라고 부른 것에 결합했다면, 내 반박이 정당함은 분명하다. 나는 전적으로 그가 한 말의 참된 의미에 따라 그를 공격했기 때문이다. 나는 그의 이론을 제대로 이해했으며, 그 이론의 실제 의미에 입각하여 그

---

67   연합, 지속, 편재성ubication 같은 것을 말한다. [옮긴이] 베일의 주이며, 원서의 각주 번호는 166번이다.

것을 반박했다. 요컨대 지금 검토 중인 비방은 나에게 적용되지 않는다. 그러나 만일 그가 물질(또는 연장) 및 인간 영혼 개념에 대해 데카르트와 동일한 개념을 가지고 있었지만, 그럼에도 스피노자는 실체를 어떠한 원인에도 의존하지 않는 존재자라고 믿었으니 만일 그가 연장이나 우리 영혼에 실체의 지위를 부여하고 싶어 하지 않았던 것이라면, 나는 근거 없이 그를 공격한 것이며, 그에게 그가 가지고 있지 않은 견해를 귀속시켰다는 점을 인정한다.[68] 이것이 내가 검토해야 할 남아 있는 문제이다.

일단 실체가 모든 작용인으로부터도 독립적이거니와 모든 질료인이나 모든 내속 대상으로부터도 독립적으로 자기 자신에 의해 실존하는 것이라고 제시한 이상, 그는 물질이든 인간의 영혼이든 실체라고 말할 수 없었다. 그리고 통상적인 견해에 따라 그는 존재자를 단 두 종류, 즉 실체와 실체의 변양으로 나누었으므로, 그는 물질과 인간의 영혼이 단지 실체의 변양일 뿐이라고 말해야 했다. 어떠한 정통파Orthodoxe도 [스피노

---

68   [옮긴이] 데카르트 철학에서 실체의 의미는 일의적univocal이지 않고 다의적equivocal이다. 무한자와 유한자가 다른 의미로 실체라 불릴 수 있기 때문이다. 실체는 공식적으로는 "존재하기 위해서 다른 어떤 것도 필요로 하지 않는 것"으로 정의된다. 이 정의에 부합하는 실체는 신뿐이다. 그러나 "존재하기 위해서 필요로 하는 것은 단지 신의 조력뿐"인 것들 역시 "피조물로서 공통된 실체 개념으로 이해될 수 있다". 물체와 정신(영혼, 사유 실체) 같은 피조물 역시 공히 두 번째 의미를 갖는 실체로 볼 수 있다는 것이다(PP I. 51~52). "따라서 실체라는 이름은 (…) 신과 신의 도움이 없이는 존재할 수 없는 실체들에게 동일한 의미로 붙여질 수가 없다"(PP I. 51). 이른바 "무한 실체"와 "유한 실체"가 있게 되는 것이다. 이에 베일은 데카르트 실체 개념의 이러한 다의성을 고려하여, 스피노자도 사실 유한한 실재(물질과 영혼)에 대해 데카르트와 같은 개념을 가지고 있었지만, 엄밀한 의미의 실체 개념은 오직 무한한 실재에만 부여될 수 있다고 생각하여 비록 완화된 의미이기는 하나 유한한 실재도 실체라고 부르는 것을 거부하고 양태라고 부른 것은 아닌지, 스스로 문제를 제기하고 그 가능성을 검토해 보겠다는 것이다. 만일 스피노자의 양태 개념이 실제로 그러한 것이었다면, 자신이 실체와 양태의 존재론적 차이에 근거하여 이 양태 개념을 비판한 것은 "근거 없이 그를 공격"한 셈이 되기 때문이다. 이후 베일의 주장은 두말할 나위 없이 자신의 반박이 적실하다는 것이다.

자의] 이 실체 정의를 따를 때 우주 안에 단 하나의 실체만 존재하며, 그 실체가 신이라는 것에 그와 의견을 달리하지 않을 것이다. [따라서] 남은 문제는 그가 실체의 변양을 두 가지 종으로 세분하는지 여부를 알아내는 것뿐이다. 그가 변양을 이렇게 세분하고, 두 종류 중 하나는 데카르트주의자들과 다른 기독교 철학자들이 말하는 "창조된 실체"를 뜻하고, 다른 하나는 그들이 말하는 "우유" 또는 "양태"를 뜻한다면, 그와 그들 사이에 남아 있는 논쟁은 말mot에 관한 것밖에 없을 것이며, 그의 전 체계를 정통 학설로 되돌리고 그의 학파를 사라지게 만드는 것은 매우 쉬울 것이다. 왜냐하면 사람들이 스피노자주의자가 되려고 하는 이유는 단지 스피노자가 모든 것을 완전히 자유롭게 통치하는 비물질적 신이 실존한다는 기독교 철학자들의 체계를 완전히 전복했다고 믿기 때문이다. 말이 나온 김에 이로부터 우리는 "실체의 변양"이라는 말의 의미에 대해 스피노자주의자들과 그들의 논적들의 의견이 완전히 일치한다고 결론 내릴 수 있다. 그들은 모두 스피노자가 단지 데카르트주의 철학자들이 "양태"라 부르는 것과 같은 본성을 지닌 존재자를 지칭하기 위해 "실체의 변양"이라는 용어를 사용했으며, 그가 결코 이 용어를 우리가 "창조된 실체"라고 부르는 것의 특성이나 본성을 지닌 존재자라고 이해하지 않았다고 믿는다.

내가 스피노자를 오해한 것이라고 꿋꿋이 주장할 이들은 스피노자가 단지 산출, 보존, 작업 측면에서(스콜라철학에서 말하듯 인 피에리, 인 에세 에트 인 오페라리in fieri, in esse et in operari[생성됨 안에서, 존재함 안에서, 그리고 작업함 안에서]라는 측면에서) 다른 원인에 의존하는 존재자들에 대해 "실체"라는 명칭만 거부한 것이라고 가정할지도 모르겠다. 그들은 스피노자가 그 실재의 모든 실재성을 유지하면서도 그렇게 원인에 의존하는 존재자는 엔스 페르 세 숩시스텐스ens per se subsistens, 즉 "자기 자신을 통해 존속하는 존재자"(이는 실체 정의이다)라고 불릴 수 없다고 생각했기 때문에 그 단어[실체]를 사용하지 않은 것이라고 말할 수 있을 것이다. 앞서 답했던 것처럼, 나는 그들에게 답한다. 만일 그들의 생각이 맞다면, 그들과 다른 철학자들 사이에 있는 것은 단지 말에 관한 순수한 언쟁logomachie 내지 논쟁일 뿐이라고, 그리고 만일 스피노자가 실제로는 데카르트주의자였지만 "실체"라는 말을 사용하는 데 있어서 데카르트 선생보다 더 주의 깊었던 것이고 그에게 있다고 간주되는 모든 불경함은 단지 오해에 불과하다는 것이 사실이라면, 나는 세상에서 가장 기쁜 마음으로 내 실수를 인정할 것이라고 말이다. [스피노자주의자들은] 스피노자가 말하려고 한 것은 단지 신학자들의 책에서 볼 수 있는 것에 불과하다고, 곧 신의 광대함이 하늘과 땅 그리고 모든 상상의 공간에 무한히 가득하며,[69] 결과적으로 그의 본질이 다른 모든 존재자들을 관통하고 공간적으로 둘러싸고 있어서 우리가 "숨쉬고 움직"(사도행전 17 : 28)이는 것은 신 안에서 일어나는 것이고, 신 바깥에서는 아무것도 산출되지 않는다는 것에 불과하다고 덧붙일 것이다. 왜냐하면 신이 모든 공간을 가득 채우고 있으므로 그의 바깥에는 아무것도 존재하지 않는다는 사실을 고려할 때 그는 물체를 자신 안에만 둘 수 있기 때문이다. 게다가 우리는 만물이 신 없이 실존할 수 없음을 안다. 그렇다면 데카르트 양태의 특성이 "창조된 실체"라고 불리는 것과 일치한다는 것은 참이다. 창조된 실체는 신 안에 있으며, 신 바깥에서, 그리고 신 없이는 존속할 수 없다. 따라서 스피노자가 그것들을 "변양"이라고 부른 것을 이상하게 여길 필요는 없다. 그러나 다른 한편으로 그는 [변양들 간

---

69   데카르트적 신학자들은 신의 광대함을 다른 방식으로 설명한다는 점에 주의하라. [옮긴이] 베일의 주이며, 원서의 각주 번호는 168번이다.

에] 실재적 구별이 있고 각각의 변양들이 행위나 정념의 특수한 원리가 되어 그것들이 서로 다른 것을 하고, 하나에 대해 긍정된 것이 다른 것에 대해 부정될 때 이것이 논리 규칙에 따라 이루어진다는 것을 부인하지 않았다. 누구도 스피노자의 원리로부터 모순된 두 원리가 하나이자 동일한 대상에 대해 동시에 참이 된다는 것이 따라 나온다고 그를 반박할 수 없게끔 말이다.

이 모든 이야기는 무의미하다. 논의의 핵심으로 들어가고자 한다면, 다음과 같은 질문에 답해야 한다. 변양의 참되고 고유한 특성이 신과의 관계에서 물질에 부합하는가, 부합하지 않는가?[70] 내게 답하기 전에 변양의 특성이 무엇인지에 대해 예를 들어 설명할 때까지 기다려 달라. 변양은 운동이 물체 안에 있고 사유가 인간의 영혼 안에 있으며 그릇의 모양이 우리가 그릇이라고 부르는 꽃병 안에 있는 것과 같은 방식으로 어떤 대상un sujet(기체/주체) 안에 있는 것이다. 신적 실체의 변양이기 위해, 신의 광대함 안에 존속하고 신에 의해 관통되며, 사방이 신의 광대함에 의해 둘러싸여 있고 신 덕택에 실존하며, 신 없이 또는 신 바깥에서 실존할 수 없다는 것만으로는 충분하지 않다. 신적 실체가 실재의 내속 대상이

---

70 [옮긴이] 원문은 다음과 같다. "Le vrai & le propre caractere de la modification convient-il à la matiere par rapport à Dieu, ou ne lui convient-il point?" "신과의 관계에서(신과 관련하여, 신에 대하여)"라고 번역될 수 있는 "par rapport à Dieu"라는 부분이 좀 어렵다. 아마도 스피노자는 모든 물질을 신의 연장 속성의 변양이라고 보기 때문에, 과연 신의 변양으로서의 물질이 신의 본성과 모순되지는 않는지 묻는 질문일 것이다. "변양의 참되고 고유한 특성이 신과의 관계에서 물질에 부합한다"라는 것은 신의 변양으로서의 물질이 신의 본질과 모순되지 않고 적합하다는 의미일 것이다. 반면 "변양의 참되고 고유한 특성이 신과의 관계에서 물질에 부합하지 않는다"라는 것은 신의 변양으로서의 물질이 신의 본질과 양립할 수 없고 부적합하다는 뜻일 것이다. 베일은 이하에서 "변양의 참되고 고유한 특성"을 고려할 때, 신의 변양으로서의 물질은 신의 본성에 부합하지 않는다고 주장한다.

라는 점 또한 필수적일 것이다. 이는 통상적으로 인간 영혼이 느낌과 욕
망이 내속하는 대상이고, 주석이 그릇의 형태가 내속하는 대상이며, 물
체가 운동과 정지와 모양이 내속하는 대상인 것과 같다.

이제 나에게 답해 보라. 만약 당신들이 스피노자에 따르면 신적 실
체는 그런 방식으로 연장이나 운동이나 인간의 사유가 내속하는 주체가
아니라고 말한다면, 나는 당신들에 의해 스피노자가 한 명의 정통 철학
자가 되었음을 인정하겠다. 그러면 그는 그에게 제기된 반론으로 비난
받을 이유가 전혀 없고, 단지 모든 사람이 다 아는 학설을 혼란스럽게 만
들고 한 단어의 모호함에 기반한 새로운 체계를 지어내느라 많은 고생을
했다는 점에서만 비난받을 이유가 있는 철학자일 뿐이다.[71] 만일 당신들
이 스피노자의 주장은 신적 실체가 물질과 모든 종류의 연장 및 사유의
내속 대상이라는 것이었다고 말한다면, 그리고 이는 데카르트에게서처
럼 연장이 운동이 내속하는 대상이며 인간 영혼이 감각과 정념이 내속하
는 대상이라는 것과 같은 의미라고 말한다면, 나는 내가 필요로 하는 모
든 것을 얻은 셈이다. 그것이 바로 내가 스피노자를 이해한 방식이며, 내
모든 반박은 그것에 기반한 것이기 때문이다 (…).

스피노자주의자들은 [스피노자를 옹호하기 위해 실체와 우유의 분
할 가능성을 인용하는] 성변화 학설을 이용할 수 있을 것이다. 왜냐하면
그들이 스페인 스콜라철학자들Scholastiques Espagnols의 저작을 참고한다면,
거기에서 동일한 사람이 터키에서는 이슬람교도이고 프랑스에서는 기

---

71   [옮긴이] "모두가 다 아는 학설을 혼란스럽게 만들고"라고 번역한 부분의 원문은 다음과 같
다. "… *pour embarrasser une doctrine que tout le monde savait* …". 영역본의 "… *to embrace
a view that everyone knows* …"라는 번역은 실수였을 것이다.

독교도일 수 없으며, 로마에서는 아프고 비엔나에서는 건강할 수 없다고 말하는 이들의 논변에 답변을 하기 위한 무수히 많은 교묘한 논리를 볼 수 있을 것이기 때문이다.[72] 그러나 어쨌든 그들이 자신들을 압도하는 모순에 대한 반론objections de contradiction에서 벗어나기 위해 자신들의 이론을 불가피하게 삼위일체의 신비와 비교해야 할 처지가 된 것은 아닌지 모르겠다. 만일 그들이 플라톤, 아리스토텔레스, 이 말, 이 원숭이, 이 나무, 이 돌과 같은 신의 변양들이 아주 많은 개성적 실재들이지만 그것들은 비록 같은 실체와 **동일시**될지라도 각각 특수하고 규정된 원리가 될 수 있고 다른 변양과 구분될 수 있다고 말하지 않는다면, 그들은 "두 모순적인 말이 동일한 대상에 동시에 속할 수 없다"라는 원리와 관련하여 그들을 공격하는 일격을 막아 낼 리 없다.[73] 후일 스피노자주의자들

---

72   [옮긴이] 앞서 본 것처럼 베일은 "반대되는 두 말은 동일한 대상에 대해 동일한 측면에서 동시에 참이라고 긍정될 수 없다"라는 명제를 자명하고 부정할 수 없는 원리로 받아들인다. 신의 피조물을 단일한 실체의 우유 내지 양태처럼 만들고 신에게 양립 불가능한 성질을 귀속시키는 스피노자 철학은 이 원리와 정면으로 배치되는 "가장 괴물 같은 가설"이라는 것이 "주해 'N'"의 핵심 주장이었다. 베일은 이러한 가설의 등장이 "기독교계를 분열한 불행한 논쟁"인 성변화 학설과 관련이 있다는 나름의 분석을 내놓는다. 성변화 논쟁으로 인해 "실체와 그 우유들 간의 실재적 구별과 이 두 종류의 존재자들 간의 상호 분할가능성séparabilité reciproque을 인정"하는 철학자들이 생겨나고 결과적으로 실체와 우유가 다른 것 없이 실존할 수 있는 존재자들처럼 이해되면서, 상이하고 심지어 모순되는 두 우유 내지 양태가 단일한 대상에 내속할 수 있다는 식의 주장으로까지 발전했다는 것이다. 베일은 스피노자 철학을 그 전형으로 본 것이다. 따라서 그가 보기에 스피노자주의자들은 위 원리와 배치되는 스피노자 철학의 문제를 해결해야 한다. 그런데 베일은 위 본문에서 이를 위해 그들이 실체와 우유의 실재적 분할가능성을 주장하는 "성변화 학설"을 이용할 가능성이 있다고 보고(앞서 베일이 "성변화 논쟁에서 스피노자주의자들에게 도움이 될 수 있는 한 가지 궤변이 사용된다"라고 한 것 역시 같은 맥락에서 이해된다. 스페인 스콜라철학자들이 이 학설을 뒷받침하는 교묘한 논리를 개발했으니 스피노자주의자들이 그 논리를 참고할 수도 있겠다고 가정하는 것이다. 나름 예상 반론이라고 생각된 것을 미리 논박하기 위해 하는 말임은 두말할 나위 없다("스페인 스콜라철학자들"에 대해서는 172쪽 옮긴이 주 18번 참고).

73   [옮긴이] 베일은 한 번 더 위와 같은 이유로 스피노자주의자들이 "자신들을 압도하는 모순에

은 어쩌면 다음과 같이 말할지도 모른다. 신학자들에 의하면, 삼위일체의 세 위격은 신적 실체와 구별되지 않고 세 위격 모두는 수적으로 동일한 것인 절대적인 속성을 갖고 있지 않으면서도, 각각은 다른 위격에 대해 부정될 수 있는 속성을 갖는다고, 마찬가지로 스피노자가 신적 실체 안에 무한한 양태나 개성적 실재를 인정하는 데 아무런 장애가 없으며, 그중 하나는 다른 것들이 하지 않는 일을 할 수 있다고 말이다. 이는 진정한 모순이 아닐 텐데, 왜냐하면 신학자들은 "모순적인 두 술어의 수용과 관련하여"in ordine ad suscipicienda duo praedicata contradictoria 사실상의 구별distinction virtuelle을 인정하기 때문이다.[74] 그러나 예리한 아리아가Rodrigo de Arriaga(1592~1667)가 형이상학적 단계에 관하여 현명하게 지적한 것처럼, 일부 사람들은 이 형이상학적 단계들degrez metaphysiques[75]이 두 개의

대한 반론"을 해결하기 위해 "불가피하게 삼위일체의 신비와 비교해야 할 처지"에 있다고 우회적으로 비판한다. 그러면서 스피노자주의자들이 삼위일체론에서 세 위격(성부, 성자, 성령)이 하나의 실체(신)이면서도 구별되는 "위격들"persons인 것처럼, "플라톤, 아리스토텔레스, 이 말, 이 원숭이, 이 나무, 이 돌과 같은 신의 변양들이" 실체와 동일시되면서도 서로 구분되는 "개성적 실재들"personalitez(personnalité, 영역자는 'personalities'라고 번역)이라고 하지 않고서는 문제를 해결할 수 없을 것이라고 주장한다.

74   [옮긴이] 베일은 자신이 말하는 스피노자 철학의 "모순"을 스피노자주의자들이 "진정한 모순"이라고 생각하지 않을 가능성에 대해 논한다. 베일 자신도 인정하는 것처럼, 성부, 성자, 성령, 세 위격 간에 "사실상의 구별"distinction virtuelle이 성립한다고 주장하는 신학자들이 있기 때문이다. 이 구별의 논리에 따르면, 이러한 속성은 하나의 본질 안에서 모순 없이 "수용"될 수 있다. 본질적으로 동일한 단일한 실체로서의 신 안에서 실재적으로 구별되지 않는, 하지만 각 위격의 특정한 속성이나 역할을 통해 사실상의 구별이 성립하는 세 위격을 수용할 수 있기 때문이다. 이를테면 성부는 '창조주'이지만 '구속자'가 아니다. 성자는 '구속자'이지만 '창조주'가 아니다. 성자는 십자가의 고난을 받았지만, 성부는 그러한 고난을 받지 않았다. 베일은 스피노자가 상이한 만물을 단일한 실체의 무한한 변양으로 만듦으로써 발생하는 문제를 해결하기 위해 스피노자주의자들이 신학자들의 이러한 논리를 빌려 스피노자 철학의 모순이 진정한 모순이 아니라고 주장할 수 있다고 말하는 것이다. 그러나 베일은 본문의 이하 내용에서 이러한 해법 역시 문제가 있다고 주장한다.

75   이는 그들이 인간 본성을 구성하는 속성들이라고 부른 것으로, 존재자, 실체, 물체, 살아 있음

모순된 명제를 받아들일 수 있다고 주장할지 모르지만, 계시가 신의 본성에 관해 우리에게 가르쳐 준 것을 자연 사물에 적용하려는 시도는 철학을 완전히 파괴하는 일이 될 것이다. 왜냐하면 이는 피조물들 간에 어떠한 실재적 구별도 없음을 증명하는 길을 열게 될 것이기 때문이다.[76]

이것이 우리가 스피노자에게 진 멋진 빚[77]이다. 그는 할 수 있는 한 우리에게 모든 원리 중 가장 불가결한 원리를 빼앗는다. 왜냐하면 동일한 것이 이러저러한 것이면서 동시에 그런 것이 아닐 수 없다는 것이 확실하지 않다면, 숙고하거나 추론하는 것은 매우 무익한 일이 될 것이기 때문이다. 아베로에스Averroes가 말한 것을 보라.[78]

---

vivens, 동물임animal, 이성적임rationalis을 말한다. 이 속성들은 서로 구별되지 않으며 실질적으로 하나이자 동일한 존재entité라는 것이 일치된 의견이다. [옮긴이] 베일의 주이며, 원서의 각주 번호는 173번이다.

76   Arriaga, *Disput. V Logica*, Sec. II, no. 29, p. 83. [옮긴이] 베일은 아리아가를 경유하여 "형이상학적 단계들"("인간 본성을 구성하는 속성들")에 두 개의 모순적 명제(속성)가 속할 수 있다(이를테면 인간은 물질적 실체이면서 정신적 실체라는 식으로)는 주장을 "계시가 신의 본성[삼위일체]에 관해 우리에게 가르쳐 준 것을 자연 사물에 적용하려는 시도"라고 평가한다. 그가 보기에 이는 두 가지 점에서 문제가 된다. 첫째, 모순율을 부정한다는 점에서 "철학을 완전히 파괴하는 일이 될 것"이기 때문이다. 둘째, 상이한 속성에 따라 실재적으로 구별되는 피조물들 간 차이를 무의미하게 만들기 때문이다. 베일은 결국 스피노자주의자들이 삼위일체의 신비를 설명하는 신학자들의 논리에 호소하는 것 역시 마찬가지라고 말하는 것이다. 관련하여 베일의 스피노자 비판은 편찬자 잔루카 모리가 지적하는 것처럼 "철학적 신학이라는 기획 자체를 거부"하는 것으로도 볼 수 있을 것이다.

77   [옮긴이] 이전 내용을 참고할 때, "멋진 빚"la belle obligation은 스피노자류의 철학이 더 이상 철학을 망치지 못하도록 막는 일과 이를 통해 피조물들 간의 진정한 차이를 보존하는 일이라고 말할 수 있을 것이다. 베일은 이것이 스피노자 덕분에 우리가 지게 된 "아름다운 빚"이라고 비꼬면서 동시에 지금까지 자신이 행한 스피노자 철학에 대한 논박(?)의 의의를 강조하는 것이다.

78   [옮긴이] 어쩐 일인지 번역 대본에는 아베로에스를 보라는 이 마지막 구절이 누락되어 있었다. 이 구절 뒤에 베일은 16세기 예수회 철학자 페드루 다 폰세카Pedro da Fonseca(1528~1599)가 자신의 『아리스토텔레스의 『형이상학』 주해』*Commentariorum in Libros Metaphysicorum Aristotelis*(1577) 제4권, 3장, 6550쪽에서 아베로에스가 "이 선언 없

참고문헌

1차 문헌

Aubert de Versé, N., *L'Impie convaincu, ou dissertation contre Spinoza*(Amsterdam, 1684).

Bayle, P., *Pensées diverses sur la comète*(Rotterdam, 1682). English translation : *Various Thoughts on the Occasion of a Comet*, transl. by Robert C. Bartlett(New York : State University of New York Press, 2000).

________ , *Commentaire philosophique*(Rotterdam, 1686). English translation : *A Philosophical commentary*, edited, with an Introduction, by J. Kilcullen and C. Kukathas(Indianapolis : Liberty Fund, 2005).

________ , *Continuation des pensées diverses*(Rotterdam, 1705).

________ , *Réponse aux questions d'un provincial*(Rotterdam, 1704~1707).

________ , *Œuvres diverses*, 4 vols(The Hague, 1727~1731 ; repr. Hildesheim : Olms, 1984~1890).

________ , *Dictionnaire historique et critique*, 5 th edn(Amsterdam, 1740).

________ , *Historical and Critical Dictionary. Selections*, ed. R. Popkin(Indianapolis : Hackett, 1965).

________ , *Écrits sur Spinoza*, ed. P.-F. Moreau and F. Charles-Daubert(Paris : Berg Int., 1983).

________ , *Correspondance*, ed. É. Labrousse and A. McKenna, 10 vols(Oxford : The Voltaire Foundation, 1999~).

Budde, J.F., *De spinozismo ante Spinozam*(Halle and Magdeburg, 1701).

Herder, J.G., *Gott*(Gotha, 1787).

Kuyper, F., *Arcana atheismi revelata*(Rotterdam, 1676).

Malebranche, N., *Œuvres complètes*, 20 vols(Paris : Vrin, 1958~1970).

Poiret, P., *Cogitationum rationalium de Deo, anima et malo libri quatuor*, 2nd edn(Amsterdam, 1685).

이는 철학을 하는 것이 불가능할 뿐만 아니라 논쟁하거나 추론하는 것조차 불가능하다"sine hoc pronuntiari non modo possibile non esse philosophari, sed ne disputare quidem aut ratiocinari라고 한 것을 환기하는 주를 덧붙인다(베일의 주 176번). 모순율이 고대(아리스토텔레스)부터 중세(아베로에스)와 자신의 시대(폰세카)에 이르기까지 철학적 전통에서 얼마나 중요한 것인지 강조하려는 의도의 인용이었을 것이다. 주해 'DD'가 아베로에스에 대한 위 언급으로 마무리되기도 하고, 베일에 대한 잔루카 모리의 해설에도 아베로에스가 언급되므로 되살렸다.

2차 문헌

Curley, E. M., *Spinoza's Metaphysics*(Cambridge, MA : Harvard University Press, 1969).

Gay, P., *The Enlightenment. An Interpretation*, 2 vols(London : Wildwood House, 1973).

Israel, J. I., *Radical Enlightenment. Philosophy and the Making of Modernity, 1650-1750*(Oxford : Oxford University Press, 2001).

Kors, A. C., *Atheism in France (1650-1729) : The Orthodox Sources of Disbelief*(Princeton : Princeton University Press, 1991).

Mori, G., *Bayle philosophe*(Paris : Champion, 1999).

Nadler, S., *Spinoza : A Life*(Cambridge : Cambridge University Press, 1999).

Vernière, P., *Spinoza et la pensée française avant la Révolution*(Paris : Presses Universitaires de France, 1954).

Wolfson, H. A., *The Philosophy of Spinoza*, 2 vols(Cambridge, MA : Harvard University Press, 1934).

국내 연구

김선영(2019), 「벨 철학에서 악의 문제 : 라이프니츠의 『변신론』을 중심으로」, 『가톨릭철학』, 33, 107~134쪽.

______(2017), 「피에르 베일과 종교적 주체의 가능성」, 『중세철학』, 23, 81~106쪽.

김응종(2009), 「근대 무신론의 철학적 기원」, 『프랑스사 연구』, 20, 45~72쪽.

______(2008), 「피에르 베일과 무신론」, 『프랑스사 연구』, 18, 31~57쪽.

조현진(2008), 「스피노자에 대한 베일의 비판은 정당한가?」, 『철학논집』, 15, 25~49쪽.

2장 새뮤얼 클라크, 『신의 존재와 속성 증명』(1705)

해제 : 빕 판 뷩어 (편자)

18세기 초 뉴턴의 물리학은 "뉴턴주의"라 불리는 하나의 학파로 변모하게 되었다. 캠브리지에서 교육받은 철학자이자 신학자인 새뮤얼 클라크Samuel Clark(1675~1729)는 뉴턴 물리학을 포괄적인 자연신학의 주

촛돌로 삼음으로써 곧 뉴턴주의의 가장 영향력 있는 지도자로 부상했다. 18세기 초 클라크의 독자들 중 많은 이들에게 그의 뉴턴주의가 가진 주요 이점은 스피노자주의의 위협에 대항할 수 있는 능력이었던 것으로 보인다. 실제로 클라크의 생각에는 뉴턴의 자연철학을 옹호하는 것과 스피노자주의를 박멸하는 것은 밀접한 관련이 있는 시도였다. 예컨대 30세가 되기 전 집필한 여러 신학 논문뿐만 아니라 자크 루오Jacques Rouhault(1618~1672)의 데카르트 자연학에 많은 주석을 덧붙인 라틴어 번역(1697)[79]이 그랬는데, 이는 뉴턴의 자연학이 데카르트의 자연학보다 우월함을 입증하기 위한 것이었다.[80] 1704년 보일에 관한 여덟 개의 강연을 토대로『신의 존재와 속성 증명 : 특히 홉스 선생, 스피노자, 그리고 그들의 추종자들에게 보내는 답변』*A Demonstration of the Being and Attributes of God : More Particularly in Answer to Mr. Hobbs, Spinoza, And their Followers*을 쓴 것도 마찬가지이다.

그런데『신의 존재와 속성 증명』에서 클라크의 주요 목표 중 하나는 존 톨런드John Toland의 운동이 물질의 본질이라는 견해를 반박하는 것이었다.[81] 반면 클라크의 주요 주장은 진공의 가능성, 즉 물질이 실존하

---

79 [옮긴이] 프랑스어로 작성된 원서는 1671년에 출간되었고, 제목은 *Traité de physique*(자연학 논고)였다. 클라크의 라틴어 번역서 제목은 *Physica. Latine reddidit, et annotationculis quibusdam illustravit S. Clarke*(자연학. 클라크가 라틴어로 번역하고 일종의 주석을 덧붙여 설명함)이다.

80 [옮긴이] 'physics'라는 하나의 출발어에 '자연학'과 '물리학'이라는 두 개의 도착어가 사용되고 어느 하나로 대체하기 난감한 데에는 복잡한 사정이 있다. 보통 데카르트를 비롯한 17세기 철학자 대부분의 'physics'는 '자연학'으로, 뉴턴의 'physics'는 '물리학'으로 번역되고, 그 편이 자연스럽다. 다만 여기서는 데카르트 자연학과 비교되는 사정을 고려하여 뉴턴의 '자연학'이라고 번역했으며, 다른 경우에는 통상적 번역을 따랐다.

81 John Toland 1705, pp. 45~59.

지 않을 가능성에 관한 것이었다. 클라크에 따르면, 물질은 공간 속에 존재하며 이 공간은 필연적 실체인 신의 속성이다. 클라크가 뉴턴 물리학에 형이상학적 토대를 놓고자 시도한 것은 뉴턴의 『프린키피아』 제2판(1713)에 의해, 특히 2판에 유명한 "일반 주석"이 포함되면서 더욱 힘을 얻었다.[82] 뉴턴은 클라크가 라이프니츠와 주고받은 잘 알려진 서신 교환을 포함하여[83] 클라크의 이러한 노력을 높이 평가했다.

최근 새뮤얼 클라크가 남긴 유산에 대한 관심이 되살아났다. 특히 뉴턴주의가 프랑스 계몽주의에 미친 실제 영향이 여러 비평적 연구의 주제였는데, 그중 뉴턴을 과학적 출발점으로 삼은 백과전서파에 의해 유포된 근본 신화가 상당히 자세하게 재검토되었다.[84] 클라크의 합리주의적

---

82 [옮긴이] 3종의 번역서가 있다. 아이작 뉴턴, 『프린키피아(전3권)』(이무현 옮김, 교우사, 1998~1999) ; 『프린키피아』(박병철 옮김, 휴머니스트, 2023) ; 『프린키피아-해설서와 자연철학의 수학적 원리』(배지은 옮김, 승산, 2023). 원제는 잘 알려진 것처럼 『자연철학의 수학적 원리』*Philosophiae Naturalis Principia Mathematica*(1687)이다. 2판에 포함된 "일반 주석"General Scholium은 위 번역서에서 각각 "제3권, 7. 일반적인 설명", "제3권, 제4장 일반적 설명"(929쪽~), 제3권 아래 "일반 주해"(857쪽~)라는 제목으로 번역되어 있다. "일반 주석"에는 태양계의 질서정연한 구조가 지적 설계자의 존재를 암시한다는 것과 신의 편재성과 전지전능함 등 신의 본질과 속성에 대한 논의가 나온다. 실험과 관찰에 기반한 귀납적 방법의 중요성을 강조하면서 말한 "나는 가설을 만들지 않는다"Hypotheses non lingo라는 유명한 선언의 출처도 이 글이다. 클라크 장의 해설을 쓴 빕 판 뷩어는 뉴턴이 이 주석에서 제시한 신학적, 형이상학적 논의를 통해 뉴턴 물리학의 형이상학적 토대를 제시하고자 한 클라크의 시도가 더 설득력을 얻게 되었다고 지적하는 것이다.

83 [옮긴이] G. W. Leibniz & Samuel Clarke, *Leibniz and Clarke : Correspondence*, Indianapolis : Hackett, 2000.

84 Israel 2001, pp. 519~527과 599~609 ; 2006, pp. 201~222 ; Force and Hutton(eds.), 2004 ; Mandelbrote(ed.), 2004 ; Shank 2008. [옮긴이] "근본 신화"the foundational myth는, "백과전서파에 의해 유포된"propagated by the Encyclopedists, 뉴턴이 계몽주의를 가능케 한 과학적 토대라는 널리 받아들여진 믿음을 말한다. 저자는 최근 연구들에서 뉴턴 사상과 프랑스 계몽주의의 관계가 재검토되고 있으며, 그 영향 관계는 일정 부분 신화화된 요소가 있다는 비판적 해석을 소개하고 있는 것이다.

자연신학이 흄 『논고』의 주요 표적에 속했다는 주장도 최근에 제기된 바 있다.[85]

아래 글은 『신의 존재와 속성 증명』(1705) 50~57쪽과 93~126쪽을 전재한 것이다. 주로 스피노자의 저작들을 언급하고 있는 클라크의 주석들은 삭제했다.[86]

『신의 존재와 속성 증명』

· III. 영원으로부터 자신의 실존에 대한 어떤 외부 원인 없이 실존해 온

85 　Russell 2008.

86 　[옮긴이] 클라크(1675~1729)의 『신의 존재와 속성 증명』은 1705년 처음 출간된 후, 클라크가 살아 있는 동안 7판(1728)까지 나왔고 클라크 사후에 8판(1732)이 간행되었다. 이 장章의 참고문헌에는 두 개의 판본이 소개되어 있는데, 하나는 1705년 초판이며, 다른 하나는 8판을 저본으로 에치오 바일라티Ezio Vailati가 편찬한 고증본A Demonstration of the Being and Attributes of God And Other Writings(Cambridge Univ. Press, 1988. 이하 "고증본" 또는 "Vailati 1998"로 약칭)이다. 정확히 말하자면, 이 고증본은 『신의 존재와 속성 증명』 8판이 수록된 『클라크 저작집』The Works of Samuel Clarke(4 Vols. London, John and Paul Knapton, 1738 ; reprint New York, Garland Publishing Co., 1978)을 저본으로 했다고 한다(고증본 xxxvii쪽 참고). 『신의 존재와 속성 증명』은 총 12절로 되어 있고, 각 절에서 12개의 명제가 검토된다. 본 역서에 전제된 텍스트는 1705년 초판 중 스피노자를 다루는 3절 일부와 7절, 8절이다. 1705년 판의 50~57쪽과 93~126쪽(이 『편람』의 원서에는 126쪽이 129쪽이라고 되어 있지만, 오기이므로 바로잡는다), 고증본으로는 20~23쪽, 35~46쪽에 해당한다. 우리는 두 판본을 모두 참고하여 번역했다. 아울러 이 장의 편찬자 빕 판 빙어는 본문에서 밝힌 것처럼 스피노자 『윤리학』을 언급한 클라크의 주석들(출처뿐만 아니라 해당 구절도 각주에 남겼다)을 없앴지만, 본 역서는 고증본을 참고하여 클라크가 언급한 스피노자 『윤리학』의 출처는 되살렸다. 한편 "캠브리즈 철학사 문헌"Cambridge Texts in the History of Philosophy 총서로 출간된 고증본은 본문 비평과 고증에 따른 텍스트 수정은 물론, 총서의 편집 방침에 따라 현대의 용법과 맞지 않는 이 18세기 텍스트의 "불필요한 대문자를 없애고, 철자 및 구두점을 수정했으며, 이탤랙체 사용을 최소화했다"(고증본 xxxvii쪽 참고). 이 중 이탤릭체 사용을 최소화한 것은 큰 의미 없이 빈번하게 사용된 것을 감안할 때(예컨대 스피노자 이름은 항상 이탤릭체로 되어 있다) 수긍되는 부분이 많지만, 간혹 저자의 의도를 감안하여 필요하다고 생각되는 부분은 되살렸다.

저 불변하고 독립적인 존재자는 자존적이어야 한다. 즉 필연적으로
실존하는 것이어야 한다

… **스피노자**, 우리 시대 무신론의 가장 유명한 옹호자, 실체들 간에 차이
가 없고, 물질세계 전체와 모든 부분이 필연적으로 실존하는 존재자이며
우주 외에 다른 신은 없다고 생각한 이. 그는 이 견해의 다양한 부조리함
을 피하는 것처럼 보이기 위해, 자신의 논의를 전개하는 과정에서 모호
한 표현을 사용하여 자신의 주장이 논박될 수 있다고 예상한 논증들을
교묘히 피하려고 시도한다.[87] 그는 처음에는 모든 실체가 필연적으로 실
존한다고 분명히 주장했지만, 이후에는 모든 실재가 필연적으로 실존하
며 현재의 상태와 조금도 다를 수 없는 이유를 모든 실재가 **신적 본성의
필연성**으로부터 흘러나오기 때문이라고 주장함으로써 처음 주장을 해명
해 버리려는 것처럼 보이기 때문이다.[88]

　　만약 주의 깊지 못한 독자가 이를 통해 그가 의미하는 바를 "무한
한 지혜와 선함이 모든 것 중에서 가장 적합하고 현명한 질서로 실재들
을 만들 수 있을 뿐 달리 만들 수 없기 때문에 그것들이 필연적으로 현재
처럼 존재하는 것"이라고 이해한다면, 그는 단단히 오해한 것이다. 왜냐
하면 그러한 필연성[무한한 지혜와 선함에 기인하는 필연성]은 자연적 필
연성이 아니라 단지 도덕적이고 결과적인 필연성일 뿐이며, 이는 저자
의 참된 의도와 정면으로 배체되는 것이기 때문이다. 나아가 만약 독자
가 이로써 신이 지혜와 선함의 필연성에 의해서가 아니라 의지와 선택을
배제한 단순한 자연적 필연성에 의해 모든 실재를 현재와 같이 만들도록

87　　E1p6 ; E1p8 ; E1p7 ; E1p14.

88　　E1p7 ; E1p33 ; E1p16.

결정되었다고 이해한다면, 이 또한 스피노자가 의도한 전부는 아니다. 왜냐하면 이는 그 자체로도 터무니없지만 여전히 신을 물질세계와 구별되는 실체로 가정하는 것인데, 이는 스피노자가 명시적으로 부정하는 것이기 때문이다. 아니, 더 나아가 만약 누군가가 그의 의도를 세상의 모든 실체가 단지 신적 본질의 변양일 뿐이라는 주장이라고 생각할지라도, 이 역시 [스피노자가 의도한] **전부**는 아니다. 왜냐하면 이렇게 되면 신은 여전히 최소한 **자기 자신**에 작용하는 행위자로서 자신의 의지에 따라 상이한 방식으로 **자기 자신**을 현시하는 행위자로 여겨질 수 있는데, 스피노자는 이를 명시적으로 거부하기 때문이다.

따라서 그가 때때로 아무리 희미하고 모호하게 말할지라도 그의 진의는 이것임에 틀림없다(그리고 만약 그가 무엇이든 자신과 조금이라도 일관된 것을 의도한다면, 이외에 다른 것일 수 없다). 즉 어떤 것도 다른 것에 의해 창조되거나 산출되는 것은 절대적으로 불가능하고, 신이 어떤 것을 현재와 조금이라도 다르게 만드는 것 역시 절대적으로 불가능하므로, 실존하는 모든 것은 필경 그와 같이 신적 실체의 어떤 부분이어야 한다.[89] 전체 안에 있는in the whole 어떤 의지나 선의good pleasure 또는 지혜에 의해 그 실체에 생겨난 변양으로서가 아니라, 각 부분의 실존 방식과 관련해서뿐만 아니라 본질적으로 전체의 자기 실존the self-existence of the whole 과 관련해서도 절대적 필연성을 가진 것으로 말이다.[90]

---

89 E1p6 ; E1p33 ; E1p14 ; E1p32c1.

90 [옮긴이] 클라크는 스피노자가 처음에는 "모든 실체는 필연적으로 실존한다"라고 주장했으나 나중에는 이를 "모든 실재는 신적 본성의 필연성으로부터 흘러나오기 때문에 필연적으로 실존하며 지금과 다른 방식으로 실존할 수 없다"라는 주장으로 바꾸었다고 주장한다. 그런데 클라크는 이 후자의 주장이 첫 번째 주장을 논파할 수 있는 논변을 회피하기 위한 것이라고 생각하는 것 같다. 다시 말해서 "모든 실체는 필연적으로 실존한다"라는 스피노자의 첫

따라서 스피노자의 견해는 명확하고 일관되게 표현될 때 분명 다음과 같은 것이 된다. 곧 물질세계와 그것의 모든 부분 그리고 각 부분의 존재 질서와 방식이 유일한 자존적self-existent 존재자 곧 필연적으로 실존하는 존재자라는 것이다. 그리고 이제 결과적으로 그는 필연적으로 내가 앞서 그 견해에서 명백히 따라 나온다는 것을 보여 준 모든 결론을 긍정해야 한다. 그는 어떤 것이 현재와 조금이라도 다르게 존재하거나 상상되는 것은 모순이라고 긍정하는 것을 피할 수 없다(**신의 완전성**과 모순된다는 것을 긍정해야 한다는 것이 아니다. 왜냐하면 우주 안에는 오직 하나의 실체만 있다고 주장하는 그에게 그것[어떤 것이 현재와 다르게 존재하거나 상상되는 것이 신의 완전성에 모순된다는 것]은 단지 무의미한 허튼소리이자 말장난에 불과하기 때문이다. 대신 그는 그것[실재가 지금과 다르게 존재한다는 것]이 **그 자체로** 모순이자 **용어상** 모순이라고 긍정해야 한다). 그는 세계의 여러 부분의 수數나 형태 또는 질서가 어떤 식으로든 현재와 다를 수도 있었다고 가정하는 것을 모순이라고 말해야 한다. 그는 운동이 필연적으로 **그 자체로** 존재한다고motion is necessarily of itself(그 자체에서 비롯된다고) 말해야 하며, 따라서 어떤 물질이 정지해 있다고 가정하는 것은 용어상 모순이라고 말해야 한다. 아니면 그는 둘 중 더 불

번째 주장은 예컨대 "그렇다면 왜 실존하지 않는 실체가 있는가?" 하는 주장(이를 증명하는 논변)에 의해 논파될 수 있는데(이 예는 전후 맥락을 고려한 것이긴 하지만 옮긴이의 추측일 뿐, 클라크의 주어진 텍스트에 의해 뒷받침되는 것은 아니다), 스피노자는 이를 피하고자 존재하는 모든 실체가 지금과 같은 것은 신적 본성의 필연성으로부터 흘러나왔기 때문이라는 식으로, 그래서 지금과 달리 실존하거나 실존하지 않는 실체는 신적 본성에서 따라 나올 수 없기 때문이라는 식으로(E1pp33d 참고), "애매한 표현"을 써서 첫 번째 주장에 제기될 수 있는 문제를 회피하는 식으로 "모든 실체는 필연적으로 실존한다"라는 주장을 설명해 버렸다고 보는 듯하다.

합리한 쪽을(이 논의의 두 번째 주요 논점의 증명에서 이미 언급한 것에서 알 수 있듯이, 그는 그럼에도 더 불합리한 쪽을 주장하기로 선택했다)[91], 즉 의존적 존재인 운동이 그 자체 안에든 외부에든 그 존재의 어떤 근원적 원인도 없이 한 물질에서 다른 물질로 영원히 전달되어 왔다고 주장해야 한다. 이는 실재들의 실존의 필연성에 관한 다른 유사한 결과들(그 결과들을 언급하는 것만으로도 그것들이 따라 나오는 어떤 견해에 대한 충분한 반박이 된다)과 마찬가지로, 내가 말한 것처럼 앞서 언급한 스피노자의 견해에서 불가피하게 따라 나온다. 그리고 결과적으로 그 견해 곧 **우주 또는 전체 세계가 자존적 존재자라는 곧 필연적으로 실존하는 존재자라는 것은 거짓임이** 증명된다 (…).

· VII. 자존적 존재자는 필연적으로 오직 하나여야 한다

이는 그 존재자가 필연적으로 실존한다는 점에서 명백히 따라 나온다. 절대적 필연성 그 자체는 단순하고 균일하며uniform 보편적이어서 어떠한 차이나 불일치difformity, 다양성도 있을 수 없기 때문이다. 실존의 모든 다양성이나 차이는 필경 어떤 외부 원인에서 생겨나고 그것에 의존하며 그 원인이 무엇이든 그 작용력efficiency에 비례해야 한다. 종류상으로든

---

91   E2p13L3. [옮긴이] 클라크의 이 책은 총 12개의 논점을 다루는 12개 절로 구성되어 있다
      (Vailati 1988, Section II, pp.10~12). 그중 두 번째 주요 논점the second general head은 "영원으
      로부터 하나의 불변하고 독립적인 존재자가 실존해 왔다"라는 것이다. 클라크는 그곳에서
      우주의 모든 것의 실존 근거는 불변하는 독립적인 존재자로부터 유래했거나 아니면 변화하
      고 의존적인 존재자들의 무한한 연쇄로부터 끝없이 이어져 왔을 터인데, 후자는 그 내부나
      외부에 어떠한 실존 근거도 없고 필연적 존재가 아닌 것들은 그것들의 연쇄 전체도 필연적
      일 수 없으므로 첫 번째 가능성이 옳다고 결론 내린다. 그런데 스피노자는 이 "불합리한 쪽"
      을 선택했다는 것이다. "두 번째 주요 논점"은 이후에도 몇 차례 더 언급된다. 자세한 내용은
      아래 8절 참고.

정도상으로든 어떠한 변화도 있을 수 없는 절대적 필연성은 여러 존재자 (그것들이 아무리 유사하고 일치하더라도)의 실존 근거가 될 수 없다. 왜 냐하면 다른 차이가 전혀 없더라도 단지 수數 자체가 (이렇게 말할 수 있 다면) 작용력이나 인과성의 명백한 불일치 또는 비동등성을 나타내기 때문이다.[92] 또한, 둘 이상의 구별되는 존재자들이 각자 필연적으로 실존하며 서로 독립적이라고 가정하는 것은 다음과 같은 명백한 모순을 내포한다. 곧 각각이 서로 독립적이므로 둘 중 하나만 홀로 실존한다고 가정할 수 있고, 따라서 다른 하나가 실존하지 않는다고 상상하는 것은 모순이 아닐 것이며, 결과적으로 둘 다 필연적으로 실존하는 것이 아니게 된다.[93] 그러므로 필연적으로 실존하는 것은 무엇이든 자존적 존재자의 단일하고 단순한 본질이며, 그것과 다른 모든 것은 필연적으로 실존하는

---

92 [옮긴이] 원문은 다음과 같다. "Absolute necessity, in which there can be no variation in any kind or degree, cannot be the ground of existence of a number of beings, however similar and agreeing, because without any other difference even number is itself a manifest difformity or inequality (if I may so speak) of efficiency or causality." 수적으로 다른 다수의 존재자들은 서로 아무리 유사하고 일치하는 부분이 많다 하더라도 그것들이 여럿이라는 사실 자체가 이미 필연적으로 실존하는 유일무이한 존재자와 양립할 수 없다는 주장이다. 그에 의하면, 절대적 필연성을 지닌 존재자는 단순하고 균일하며 보편적이므로 그로부터는 어떠한 차이도 산출될 수 없다. 다수의 존재자가 실존한다면, 그 차이는 서로 다른 외부 원인의 차이(본문의 표현을 빌리자면 "작용력이나 인과성의 명백한 불일치 또는 비동등성")에서 산출된 것이어야 한다. 설사 수적으로만 다른 존재자들이 실존한다 할지라도, 이는 차이나는 외부 원인들의 실존을 함축한다. 그런데 스피노자는 절대적으로 필연적인 유일무이한 실체의 실존을 주장하면서도 그것으로부터 무한하게 많은 양태들이 따라 나온다고 주장하므로 불합리하다는 것이다. 참고로 위 구절은 초판에는 없었으나 이후 추가된 것이다.

93 이 문제에 대한 더 자세한 설명은 이 책 끝부분에 있는 "첫 번째 서신에 대한 답변"을 참조하라. [옮긴이] 클라크의 『신의 존재와 속성 증명』에 부록으로 첨부된 서신들 중 버틀러Joseph Butler(1692~1752)의 "첫 번째 서신"에 대한 답변(Vailati 1998, pp.98~100)을 말한다. 이 답변에서 클라크는 필연적 존재자의 개념, 편재성ubiquity, 복수의 필연적 존재자의 실존 불가능성에 대해 더 자세히 설명한다.

것이 아니다. 절대적 필연성에는 실존의 차이 또는 다양성이 있을 수 없기 때문이다. [그런데] 하나의 무한한 자존자 외에 무수한 다른 존재자가 있을 수 있다. 그러나 다른 어떤 존재자도 자존적일 수는 없다. [만일 그것이] 자존한다면, [서로] 다르다고 가정되는 순간에 하나하나가 모두 individually 동일한 것이 될 것이기 때문이다.

이로부터 첫째, 신의 단일성은 비유적인 것이 아닌 참되고 진정한 단일성이라는 점이 따라 나온다. 이러한 자연 종교의 제일 토대와 삼위일체에 관한 성서의 교리가 어떻게 완벽하게 일치하는지는 따로 적절한 곳에서 보여 주고자 했다.

둘째, 이로부터 일부 철학자들이 상상한 것처럼 신과 물질 같은 두 개의 서로 다른 자존적인 독립적 원리가 존재할 수 없다는 점이 따라 나온다. 자존은 필연적 실존이므로, 그리고 (이미 보여 준 것처럼) 두 개의 서로 다른 존재자가 각각 필연적으로 실존한다는 것은 명백한 모순이므로, 신과 물질 같은 두 개의 독립적인 자존적 원리가 있다는 것은 절대적으로 불가능하다는 점이 분명히 따라 나온다.

셋째, 이로부터 우리는 스피노자의 허영심과 어리석음, 그리고 약점을 볼 수 있다. 그는 자존적 존재자가 필연적으로 오직 하나뿐이어야 하므로 이로부터 전 세계와 그 안에 포함된 모든 것이 하나의 균일한 실체이며 영원하고 창조되지 않았으며 필연적이라고 결론 내린다.[94] 그러나 그는 정반대로 결론을 내렸어야 했다. 세상의 모든 것은 서로 아주 다르고 온갖 종류의 다양성이 있으며, 그 안에 의지와 임의성, 그리고 가변성(필연성이 아닌)의 모든 특징이 있다. 따라서 그것들은 분명 각기 다른

---

94   E1p6 ; E1p7 ; E1p14.

목적을 위해 각기 다른 능력으로 설계되었으며, 양태의 다양성에 의해서
뿐만 아니라 본질적 속성의 다양성에 의해서도, 따라서 (우리의 현재 능
력으로 그것들에 대해 어떤 지식이든 얻을 수 있는 한에서) 그 실체 자체
에 의해서도 서로 구별된다고 결론 내려야 했던 것이다. 그러므로 이러
한 존재자들 중 어느 것도 필연적이거나 자존적이지 않으며, 필경 어떤
외부 원인 곧 유일하고 지고하며 불변하는 자존적 존재자에게 전적으로
의존해야만 한다.

스피노자를 어리석고 파괴적인 견해로 이끈 것, 그리고 그의 모든
논변이 전적으로 기반하고 있는 것은 실체에 대한 [그의] 터무니없는 정
의이다. 그것의 관념이 그것이 나올 수 있는 다른 어떤 것의 관념에 의존
하거나 그것을 전제하지 않고 그 자체로 필연적 실존을 포함한다는 그
정의 말이다.[95] 이 정의는 거짓이자 아무런 의미도 없는 것이거나(그렇다
면 이를 바탕으로 한 그의 전 학설은 한꺼번에 무너지고 만다), 만일 참이
라면 물질도 영혼도 (앞서 보여 준 것처럼) 어떠한 유한한 존재자도 그런
[그 정의가 말하는] 의미에서 엄밀하게는 실체가 아니라 오직 자존적 존
재자the ὁ ὤv[96]만 실체가 된다. 그러므로 이는 (그의 모든 과시show와 증명
형식에도 불구하고) 그의 주요 목적, 곧 우주 안에 힘이나 자유 같은 것은
없고 세상의 모든 특수한 것들은 절대적 필연성에 의해 지금 그대로일
뿐 어떤 측면에서도 도저히 다르게 될 수 없었음을 믿게 하려는 그의 주
요 목적을 전혀 증명하지 못할 것이다.[97]

---

95   E1d3 ; E1p7d.
96   [옮긴이] "지금 계신 분"the one who is being이라는 뜻으로, 성서에서는 요한계시록 1장 4절
      ("지금 계시고 전에도 계셨고 또 장차 오실 그분")에 나오는 표현이다.
97   E1p33.

말하건대, 그의 실체 정의가 참일지라도, 이는 모든 것의 필연성에 관한 그의 주요 목적에 대해 실제로 아무런 결론도 내리지 못한다. 그의 정의에 따르면, 물질도 정신도 어떤 유한한 존재자도 실체가 아니라 단지 양태일 뿐이기 때문인데, 그렇다면 어떻게 실체가 자존한다고 해서 이 모든 양태 역시 그럴 것이라는 결론이 나올 수 있겠는가? 왜냐하면 무한한 원인으로부터 필경 무한한 결과가 따라 나와야 하기 때문이다. 이는 그야말로 참이다. 만약 그 무한한 자존적 원인이 자발적인 것이 아니라 단지 필연적인 작인이라는, 즉 전혀 작인이 아니라는 가정하에, 그리고 단순한 필연성 안에 모든 종류의 다양성이 있을 수 있고 또 있어야 한다는 가정에서 말이다. 이 두 가정은 (현재 논변에서) 회피된 논점the question begged이며, 이후에 그가 이 가정들을 증명하기 위해 시도하는 주장들을 이후 적절한 자리에서 다루기로 하겠다.

· VIII. 모든 것의 자존적이고 근원적인 원인은 지성적 존재자이어야 한다

이 명제에 우리와 무신론자들 사이의 주요 쟁점이 있다. 왜냐하면 무언가가 자존적이어야 하고, 자존적인 것은 필연적으로 영원하고 무한하며 모든 것의 근원적 원인이어야 한다는 점에 대해서는 큰 이견이 없을 것이기 때문이다. 그러나 모든 무신론자들이 세계가 질료와 형상 모두에서 그 자체로[스스로] 영원하다고 주장하든, 질료만 필연적이고 형상은 우연적이라고 주장하든, 또는 어떤 가설을 세우든 간에, 그들은 직접적으로든 간접적으로든 자존적 존재자가 지성적인 존재자가 아닌 순수한 비활성 상태의 질료pure inactive matter이거나, 혹은 달리 말해도 같은 것인데 단순한 필연적 작인이라고 노상 주장해 왔고 또 그렇게 주장해야 한다. 왜냐하면 단순한 필연적 작인은 명백하고 직접적으로 필경 가장 노골적인 의미에서in the grossest sense 비지성적이거나(이는 고대 무신론자들의 자존적 존재자에 대한 관념이었다), 아니면 그것의 지성이 의지와 선택의 능력으로부터 완전히 분리되어야 하는데(이는 스피노자와 일부 현대인들의 주장이다), 이는 어떤 탁월함과 완전함과 관련해서든 또는 사실 어떤 상식과 관련해서든 전혀 지성이 없는 것과 다를 바 없기 때문이다.

이제 자존적 존재가 그러한 맹목적이고 비지성적인 필연성이 아니라, 가장 엄밀한 의미에서 이해력 있고 실제로 능동적인 존재자라는 점은 사실 **선험적** 고찰을 통해서는 그렇게 명백하고 직접적으로 우리에게 드러나지 않는다. 왜냐하면 우리 능력의 불완전성으로 인해 우리는 지성이 무엇으로 이루어져 있는지 알 수 없고, 영원성, 무한성, 단일성 같은 개념과 달리 [지성과] 자존성과의 즉각적이고 필연적인 연관을 볼 수는 없기 때문이다. 그러나 **후험적으로는** 세상의 거의 모든 것이 이 위대한 진리를 우리에게 입증하고 있으며, 세상과 그 안의 모든 것이 지적이고 인식하는 원인의 결과임을 증명하는 부정할 수 없는 논거를 제공한다.

첫째, 일반적으로 실재에는 명백히 다양한 종류의 능력과 아주 다른 탁월성과 완전성의 정도가 있으므로, 필경 원인과 결과의 질서에서 원인은 항상 결과보다 더 탁월할 것임이 틀림없다. 따라서 자존적 존재자를 무엇으로 간주하든 간에 (모든 것의 근원이므로) 필연적으로 모든 것의 모든 완전성의 총합과 최고의 정도를 자체 내에 포함해야 한다. 이는 자존적인 것이 따라서 모든 가능한 완전성을 가져야 하기 때문이 아니라 (이는 그 자체로는 확실히 참이지만, **선험적으로는** 쉽게 증명될 수 없다), 어떤 결과도 원인에 없는 완전성을 가질 수는 없기 때문이다. 만약 그렇다면, 그 완전성은 무에서 생겨났을 터인데, 이는 명백한 모순이다. 그렇다면 비지성적 존재자는 분명 세상 모든 것의 모든 완전성을 지니고 있을 수는 없다. 왜냐하면 지성이 그러한 완전성들 중 하나이기 때문이다. 따라서 모든 것은 비지성적 근원에서 생겨날 수 없으며, 결과적으로 자존적 존재자는 필연적으로 지적이어야 한다.

무신론자가 이 논증의 힘을 피할 수 있는 가능성은 다음 두 가지 중 하나를 주장하는 것 외에는 없다. [1] 우주에 지성적 존재자가 전혀 없다고 하는 것, 또는 [2] 지성이 별개의 완전성이 아니라 단순히 형태와 운동의 조합에 불과하다고 하는 것(색깔과 소리가 일반적으로 그렇다고 여겨지는 것처럼). 전자의 주장에 대해서는 모든 사람의 자기 의식이 충분한 반박이 된다. 짐승이 단지 기계에 불과하다고 주장하는 사람들조차 인간도 그렇다고 추정하지는 않았기 때문이다.[98] 그리고 후자의 주장, 즉 무신론의 주된 힘이 있는 이 주장이 가장 불합리하고 불가능하다는 것은 곧 드러날 것이다. 비록 그 주장이 사실이라고 가정될 수 있을지라도, 여전히 자존적 존재자가 필경 지적이어야 한다는 결론이 불가피하게 따라 나올 것이며, 이는 이 주제에 대한 나의 네 번째 논증[IV]에서 증명될 것이다. 한편, 지성이 엄밀히 말해 별개의 완전성이 아니라 단순히 비지성적 모양과 운동의 조합일 뿐이라는 주장 자체가 가장 불합리하고 불가능하다는 것은 다음 논증[I]에서 말할 내용을 통해 드러날 것이다.

둘째, 특히 인간에게는 사유, 지성, 의식, 지각 또는 인식이라고 불리는 능력이 있음을 부인할 수 없으므로 다음 중 하나는 필연적으로 사실이어야 한다. [1] 어떤 근원적 원인도 없이 영원으로부터 무한한 인간의

---

98 [옮긴이] 바일라티는 여기에 다음과 같은 주를 남겼다. "여기에서 클라크가 염두에 두었던 이들은 데카르트주의자들이다. 그들은 동물이 인간과 대조적으로 사유와 감각(사유를 함축하는 한에서의)이 전혀 없는 단순한 기계들에 불과하다는 데카르트의 견해를 따랐다. 데카르트에 대해서는 예컨대 『방법서설』 5부를 보라"(Vailati 1998, p.39, n.a.).

연쇄가 있어 왔고 그중 누구도 필연적 존재자가 아니라 모두가 의존적이고 전달된 존재자communicated being였다. [2] 지각과 의식을 지닌 이 존재자들이 언젠가 감각, 지각 또는 의식과 같은 성질이 전혀 없는 것으로부터 단순히 생겨났다. [3] 이 존재자들이 어떤 더 높은 지성적 존재자에 의해 산출되었다. 이 세 가지 가정 중 하나가 참임을 부인할 수 있는 무신론자는 전혀 없었고 앞으로도 없을 것이다. 따라서 앞의 두 가지가 거짓이자 불가능함이 증명될 수 있다면, 세 번째 가정은 명백히 참으로 받아들여져야 한다. 첫 번째가 불가능함은 이 논문의 두 번째 주요 논점을 증명하면서 이미 말한 것으로부터 분명하다.[99] 그리고 두 번째도 마찬가지로 불가능하다는 것은 다음과 같이 증명될 수 있다. 만일 지각이나 지성이 별개의 성질이나 완전성이며 단지 비지성적인 형태와 운동의 결과나 조합에 불과한 것이 아니라면, 지각이나 의식을 지닌 존재자가 순전히 그러한 성질을 전혀 지니고 있지 않은 것에서 생겨나는 일은 결코 있을 수 없다. 왜냐하면 어떤 것도 **그 자체 안에** 현행적으로 지니고 있지

---

99   [옮긴이] 클라크는 "영원으로부터 하나의 불변하고 독립적인 존재자가 실존해 왔다"라는 논점을 다루는 "두 번째 주요 논점"the second general head(Vailati 1998, pp.10~12)에서, 우주 만물의 실존 근거는 불변하고 독립적인 하나의 존재자에게 있거나 아니면 의존적이고 가변적인 존재자들의 무한한 연속에 있어야 할 터인데, 두 번째는 불가능하다고 주장한다. 왜냐하면 의존적 존재자들의 무한한 연속은 그 외부에 아무것도 없는 전체이므로 외부에 실존 근거가 있을 수 없고 연쇄의 모든 부분 또한 의존적이므로 내부에도 실존의 근거가 있을 수 없기 때문이라는 것이다. 그리고 "변화하고 의존적인 존재자들이 근원적 원인이 없는 끝없는 진행progression 속에서 서로로부터 산출되는 무한한 연속succession을 가정하는 것은 단지 한 단계에서 다른 단계로 후퇴하는 것이며, 말하자면 실재의 실존 근거나 이유에 관한 질문을 시야에서 제거하는 것에 불과하다"라고 일축한다. "이는 실제로나 논증의 관점에서나 시작도 없고 끝도 없는 지속을 가진 하나의 연속적 존재자가 그 자체로 자존적이거나 필연적이지도 않고 어떤 자존적 원인에 그 존재의 기초를 두지도 않는다고 가정하는 것과 정확히 같은 가정인데, 이는 전적으로 불합리하고 모순적이다"(Vailati 1998, p.11). 따라서 영원으로부터 하나의 불변하고 독립적인 존재자가 실존해 왔다는 자신의 주장이 타당하다고 결론 내린다.

않거나 적어도 **더 높은 정도로** 지니고 있지 않은 완전성을 다른 것에 줄 수는 없기 때문이다. 정말이지 지각이나 지성은 별개의 성질이나 완전성이며, 단순히 비지성적인 형태와 운동의 결과나 조합에 불과한 것이 아니다.

[I] 첫째, 만약 지각이나 지성이 실재적으로 구별되는 성질이나 완전성이며 단순히 비지성적 형태와 운동의 결과나 조합이 아니라면, 지각이나 의식을 지닌 존재자가 순전히 그 자체에 지각이나 의식 같은 성질이 전혀 없는 것에서 생겨나는 일은 도저히 있을 수 없다. 왜냐하면 어떤 것도 자신이 현행적으로 지니고 있지 않거나 적어도 더 높은 정도로 지니고 있지 않은 완전성을 다른 것에 줄 수는 없기 때문이다. 이는 아주 분명한데, 만약 어떤 것이 자신이 지니고 있지 않은 완전성을 다른 것에 줄 수 있다면, 그 완전성은 절대적으로 무에서 생겨났을 터인데, 이는 명백한 모순이기 때문이다. 만약 누군가가 여기에서 (길든 선생이 블런트 선생에게 보낸 서신에서 그랬듯이)[100] 색깔, 소리, 맛 등이 그 자체에는 그러한 성질이 없는 형태와 운동으로부터 생겨난다고 반박하거나, 또는 모양, 가분성, 이동성mobility 및 물질의 다른 성질들이 신으로부터 주어진 것으로 인정되지만 신 자신이 그러한 성질들을 지니고 있다고 말하는 것은 극도의 신성모독 없이는 불가능하다고 주장하면서, 그렇기 때문에 마

---

100 C. Blount, *The Oracles of Reason*[이성의 신탁], pp. 187~192. 영혼불멸성에 관한 몇 가지 해결책과 답변이 있는 도드웰Dodwell 선생에게 보낸 내 서신도 참고하라. [옮긴이] 찰스 블런트Charles Blount(1654~1693)는 영국의 이신론자deist이자 철학자였고, 찰스 길든Charles Gildon(1665~1724)은 영국의 비평가이자 작가였다. 이들에 대해서는 Luisa Simonutti, "Spinoza and the English Thinkers. Criticism on Prophecies and Miracles : Blount, Gildon, Earbery", in Wiep van Bunge & Wim Klever(eds.), *Disguised and Overt Spinozism around 1700*, Leiden : E.J. Bull, 1996, pp. 191~211 참고.

찬가지로 지각이나 지성이 그 자체에는 지성이 없는 것으로부터 생겨날
수 있다고 주장한다면, 그에 대한 답변은 아주 쉽다.[101]

[i] 첫째,[102] 색깔, 소리, 맛 등은 결코 단지 형태와 운동에서 생겨나는
결과가 아니다(감각의 대상인 물체 자체에는 이러한 성질과 어떤 식으로든
유사한 것이 없기 때문이다). 오히려 이것들은 분명 지성적 존재자인 정신
자체의 사유 또는 변양이며, 엄밀히 말해 형태와 운동의 인상에 기인하는
caused 것이 아니라 단지 그것에 의해 **야기된**occasioned 것일 뿐이다.[103] 또한

---

101 "만일 키케로의 대화자 중 한 명처럼 그들이 (⋯) 세계의 일부가 지성적이므로 세계 전체가
지성을 가지고 있어야 한다고 추론한다면, 우리는 키케로에 있는 다른 화자처럼 동일한 논변
으로 전체의 많은 부분이 궁정인, 음악가, 무용 교사, 철학자이므로 전체도 그래야 한다고 응
수할 수 있을 것이다." Mr. Toland's letter *Motion essential to matter*. [옮긴이] 톨런트는 키
케로를 인용하여 누군가 세계의 일부가 지성적이므로 세계 전체가 지성적이라고 주장한다
면, 이는 세계의 일부가 궁정인이나 음악가이므로 세계 전체도 그래야 한다는 주장과 마찬
가지라고 지적하는 것이다. 이른바 부분의 속성에서 전체의 속성을 추론하는 오류라는 것
이다. 바일라티가 제시한 관련 출처는 다음과 같다. "M. T. Cicero, De Natura Deorum, III,
9"；Mr. Toland's letter *Motion essential to matter*, in *Letters to Serena*(London, 1704；reprint
Stuttgart-Bad Cannstatt, F. Fromann, 1964), Letter 5.(Vailati 1998, p.40, n.33.). 키케로 국역
본은 마르쿠스 툴리우스 키케로, 『신들의 본성에 관하여』, 강대진 옮김, 그린비, 2019) 참고.
참고로 바일라티의 고증본에서 이 주는 바로 앞 블런트의 출처를 밝힌 주와 합쳐져 있다.
7판과 8판에 따라 다시 나누었다.

102 [옮긴이] 본문에 클라크가 "쉽다"라고 한 답변에 관한 "[i] 첫째" 항목이다. 이 문단의 "[ii]
둘째" 항목으로 이어진다. 앞 문단 서두의 "[I] 첫째"는 312쪽의 "[II] 둘째"로 이어져 "[IV]
넷째" 논증으로 마무리된다. 이 네 가지 논증은 모두 "지각이나 지성은 별개의 성질이나 완
전성이며, 단순히 비지성적인 형태와 운동의 결과나 조합에 불과한 것 아니다"라는 것을 증
명하는 내용이다. 편의상 로마자 대소문자를 넣어 구분했다.

103 [옮긴이] 클라크는 감각 대상에 있는 것과 우리가 그 대상에 대해 갖게 되는 색, 소리, 맛 같은
감각 성질 간에는 유사성이 전혀 없으며, 우리가 갖는 감각 성질은 감각 대상에 있는 것에 의
해 야기된(촉발된)occasioned 우리 정신의 변양일 뿐이라고 주장한다. 감각 대상에 있는 것은
감각 성질의 직접적 원인이 아니라 감각 성질을 일으키는 일종의 계기occasion에 불과하다는
것이다. 주지된 바와 같이 이러한 감각 이론은 후대 영국 경험론자들의 논의에도 영향을 미
친 갈릴레이 및 데카르트의 제1성질과 제2성질의 구분 및 그의 지각 표상설the Representative
Theory of Perception에 기초한 것이다.

여기에서 우리가 무신론자를 위해 (그에게 가장 유리하도록) 정신 자체가 단순한 물질일 뿐 전혀 비물질적 실체가 아니라는 가장 불합리한 가정을 하더라도, 이는 현재의 문제와 관련하여 그에게 전혀 도움이 되지 않을 것이다. 왜냐하면 정신을 단순한 물질이라고 가정하더라도 무신론자는 필경 그것이 형태와 운동뿐만 아니라 지성과 지각의 성질도 지닌 물질임을 인정해야 하기 때문이다. 따라서 현재의 문제와 관련하여 여전히 동일한 결론에 이르게 된다. 즉, 색깔, 소리 등은 비지성적 물체의 성질이 아니라 정신의 지각이며, 이는 단순한 비지성적인 형태와 운동에서 발생할 수 없다는 결론에 도달하게 되는 것이다. 이는 마치 색깔이 삼각형이 될 수 없고 소리가 사각형이 될 수 없으며 무로부터 어떤 것이 발생할 수 없는 것과 마찬가지이다.[104] [ii] 둘째, 반론의 다른 부분, 곧 물질의 형태, 가분성, 이동성 및 기타 성질들은 우리 자신도 인정하듯이 신으로부터 주어진 것이지만, 신 자신이 그러한 성질을 지니고 있다고 말하는 것은 극도의 신성모독이 아니고서는 할 수 없는 말이니 마찬가지로 지각이나 지성은 지성이 없는 것으로부터 생겨날 수 있다고 주장한다면, 이에 대한 답변은 더욱 쉽다. 형태, 가분성, 이동성 및 이와 같은 물질의 다른 성질들은 실재적이고 고유한 별개의 실정적인 힘을 지니고 있지 않으며, 단지 비실정적, 결여 또는 불완전성일 뿐이다. 그런데 어떤 원인도 그것이 본래 가지고 있지 않은 실재적 완전성을 그 결과에 전달할 수는 없지만, 결과는 분명 원인에 없는 많은 불완전성, 결여 또는 비실정적인 성질을 가질 수 있다. 그러므로

---

104 [옮긴이] 클라크는 여기서 정신이 단순히 물질에 불과하더라도 무신론자에게 도움이 되지 않는다고 주장한다. 무신론자도 정신이 지각과 사유의 속성을 지닌다는 점은 부정할 수 없는 이상, 여전히 그러한 속성의 기원을 설명해야 하기 때문이다.

형태, 가분성, 이동성 등(이는 모든 한계와 모든 힘의 결여가 그런 것처럼 단지 부정성에 불과한 것이다)은 결과에 존재할 수 있지만 원인에는 존재하지 않을 수 있다. 그러나 지성은 그럴 수 없다(이것이 별개의 성질임을 곧 증명할 것이며, 아무도 그것이 단순한 부정성이라고 말할 수 없다).[105]

따라서 (설사 무신론자가 원하듯이 [지각이나 지성이] 단지 물질에 한정된다고 해도)[106] 이렇게 지각이나 지성이 별개의 성질 또는 완전성이며 단순히 비지성적인 형태와 운동의 결과 또는 조합이 아니라고 한다면, 지각이나 의식을 지닌 존재자는 순전히 지각이나 의식 같은 성질이 전혀 없는 것으로부터 생겨날 수 없음을 증명했으므로(어떤 것도 자신이 지니고 있지 않은 완전성을 다른 것에 줄 수 없으므로), [II] 둘째로, 지각이나 지성이 실제로 그러한 별개의 성질이나 완전성이며, 단순히 비지성적 형태와 운동의 결과나 조합일 수 없음은 쉽게 드러날 것이다. 그 이유는 단순하다. 지성은 형태가 아니며 의식은 운동이 아니기 때문이다. 어떤 것이든 무엇으로부터 생겨나거나 그것으로 조합될 수 있는 것은 여전히 그것이

---

105   [옮긴이] 계속해서 클라크는 무신론자가 제기할 법한 반론을 검토한다. 물질의 형태, 가분성, 이동성 같은 성질도 신에게서 왔지만 신에게는 그러한 성질이 없는 것처럼, 지각이나 지성도 그러한 성질이 없는 원인으로부터 생겨날 수 있지 않으냐는 주장이 그것이다. 그러나 클라크는 그러한 물질의 성질은 실재적인 별개의 힘이 아니라 단지 비실정적 성질, 결여, 혹은 불완전성에 불과하다고 역설한다. 어떤 원인도 자신이 본래 가지고 있지 않은 실재적 완전성을 그 결과에 전달할 수 없지만, 결과에는 원인에 없는 다양한 불완전성이나 결여가 있을 수 있다. 형태, 가분성, 이동성 같은 성질이 원인(신)에는 없더라도 결과(물질)에는 있을 수 있는 이유이다. 하지만 지각과 지성은 단순한 부정성이 아닌 별개의 실정적 성질이다. 따라서 지각과 지성은 그러한 성질이 없는 것으로부터 결코 생겨날 수 없다는 것이다.

106   [옮긴이] 원문은 다음과 같다. "though even but of matter only, if the atheist pleases." 클라크는 지각이나 지성이 단지 물질 자체에만 있는 속성이라는 무신론자의 주장을 수용해도 여전히 지각이나 지성이 단순한 물질의 조합이나 운동으로 설명될 수 없는 별개의 성질이라는 결론은 변하지 않는다고 말하려는 것이다. 다음 옮긴이 주 참고.

조합된 바로 그 실재들일 뿐이다. 무한한 조합이나 분할이 영원히 이루어질지라도, 그 실재들은 여전히 영원히 동일할 것이며 그것들의 모든 가능한 결과는 동일한 것의 반복에 불과할 뿐 결코 다른 것이 될 수 없을 것이다. 예컨대 형태의 모든 가능한 변화, 조합, 분할은 여전히 형태일 뿐이며, 운동의 모든 가능한 조합이나 결과는 영원히 단순한 운동일 뿐이다. 그러므로 만약 우주에 물질과 운동 외에 아무것도 존재하지 않았던 시기가 있었다면, 거기에는 결코 물질과 운동 외에는 다른 어떤 것도 존재할 수 없었을 것이다. 그리고 지성이나 의식뿐만 아니라 심지어 빛이나 열이나 소리나 색과 같은 우리가 물질의 이차 성질이라고 부르는 그 어떤 것도 언젠가 실존했을 가능성은 없을 것이다. 이는 지금 운동이 파란색이나 빨간색이 되고 삼각형이 소리로 되는 일이 불가능한 것과 마찬가지이다.[107]

사람들이 이 문제에 속기 쉬웠던 것은 그들이 이 합성물을 그 구성 요소와 얼마간 실제로 다르다[구별된다]고 상상하기 때문이다. 그러나 이는 아주 크게 오해한 것이다. 사람들이 그렇게[합성된 것과 그 구성 요소가 실제로 다르다고] 판단하는 모든 것들은 그것들이 **실제로 다른**really different

---

107   [옮긴이] 클라크의 논변은 다음과 같이 재구성될 수 있겠다. ① 지각이나 지성은 (무신론자의 주장처럼) 비지성적 물질에 한정되는 성질 또는 완전성이거나 이와 다른 별개의 성질 또는 완전성일 것이다. ② 지각이나 지성이 단지 물질에 한정되는 성질 또는 완전성이라고 해보자. ③ 어떤 것에서 생겨나거나 그것으로 조합된 것은 합성과 분할이 아무리 계속되더라도 그것과 같은 것에 불과하다. ④ 그렇다면 지각이나 지성은 비지성적 물질에 한정되는 성질 또는 완전성에 불과할 것이다(③에 의해). ⑤ 그러나 지각이나 지성은 형태나 운동과는 명백히 다른 성질이다. ⑥ 따라서 지각이나 지성은 비지성적 물질에 한정될 수 없는 다른 별개의 성질이나 완전성이다(④, ⑤에 의해). 이 논변은 근본적으로 인과적 유사성 원리를 바탕으로 하는 다음 논변과 같은 맥락에 있다. ① 어떤 원인도 그것이 본래 가지고 있지 않은 실정적 완전성을 그 결과에 전달할 수는 없다. ② 비지성적 물질에는 지각이나 의식 같은 성질이 전혀 없다. ③ 따라서 지각이나 의식은 그러한 성질이 없는 비지성적 물질로부터 기인할 수 없다.

것일지라도 합성물들도 그 결과들도 아닌 완전히 별개의distinct 무엇이다. 예컨대 일반 대중이 색깔과 소리를 물체에 내재한 속성이라고 생각할 때, 사실 그것들은 순수하게 정신의 사유일 뿐이다. 또는 만약 그것들이 실제로 합성물이나 결과라면, 그것들은 **다른 것이 아니라**not different 정확히 이전과 동일한 것이다(예를 들어, 두 개의 삼각형을 합쳐 정사각형을 만들 때 그 정사각형이 여전히 두 개의 삼각형에 불과한 것처럼, 또는 정사각형을 반으로 잘라 두 개의 삼각형을 만들 때 그 두 삼각형이 여전히 정사각형의 두 반쪽에 불과한 것처럼, 또는 파란색과 노란색 가루를 섞어 초록색을 만들 때 그 초록색이 현미경의 도움으로 명확히 볼 수 있듯 여전히 파란색과 노란색이 섞인 것에 불과한 것처럼 말이다). 요컨대, 조합, 분할 또는 운동에 의한 모든 것은 전체로든 부분으로든, 또는 다른 위치나 순서로든 이전과 정확히 동일한 것일 뿐이다.

따라서 지성이 운동하는 비지성적 물질 체계a system of unintelligent matter in motion의 결과라고 주장하려면, 다음 중 하나를 주장해야 한다. 곧 [1] 지성이 단순히 특정 형태와 운동의 이름이나 외적 명칭일 뿐이며 그것이 비지성적 형태 및 운동과 다른 점은 원이나 삼각형이 정사각형과 다른 것과 같은 방식일 뿐이라고 주장하거나(이는 명백히 불합리하다), 아니면 [2] 그것이 그 자체로는 지적이지 않은 물질 체계의 특정 운동에서 생겨나는 실재적으로 구별되는 성질이라고 가정해야 한다. 그러나 이 경우에는 한 성질이 다른 성질 안에 내재한다는, [첫 번째 주장] 못지않게 명백히 불합리한 결과가 따라 나올 것이다. 왜냐하면 이 경우 체계를 구성하는 입자라는 실체 자체가 아니라 단순한 양태 즉 운동과 형태의 특정 양태가 지성적일 것이기 때문이다.[108] 홉스 선생은 이를 인식하고 있었던 것으로 보인다. 그래서 선생은 극도로 말을 아끼고 말하자면 드러내기를 꺼리지만, 감각이나 의식이 단순히 형태와 운동의 결과일 수 없다는, 이 불가능성에서 기인하는 난점 때문에 압박을 느끼고, (그것이 아무리 가능하다 해도) 신이 그의 전능한 힘의 즉각적이고 자발적인 행위로 특정 물질 체계에 의식과 사유를 부여한다고 가정하는 것이 자신의 목적에 전혀 도움이 되지 않자 (이 견해에 대해서는 나중에 더 말할 기회가 있을 것이다), 결국 선생은 모든 물질이 물질로서 형태와 운동 능력뿐만 아니라 현행적인 감각이나 지각도 지니고 있으며, 단지 동물의 기관과 기억만 있으면 그 감각을 표현할 수 있다는 엄청나게 불합리한 가정에 의지하지 않을 수 없었다.[109]

[III] 셋째, 모든 것의 자존적이고 근원적인 원인이 지성적 존재자라는 것은 세상 모든 것의 뛰어난 다양성, 질서, 아름다움, 그리고 그것들의 고유한 각각의 목적에 맞는 놀라운 재간contrivance과 적합성에서 풍부히 드러난다. 이 논증은 고대와 현대의 저술가들이 너무나 박학하게 충분히 다

108　[옮긴이] 위 두 주장에 관한 부분은 초판에는 없었던 내용이다. 그래서 이를 전제한 이 책『편람』의 원서에도 없는 부분이지만, 8판을 저본으로 한 바일라티의 고증본에는 포함되어 있어 번역했음을 밝힌다.

109　"모든 물체가 감각을 지니고 있다고 주장한 철학자들이 있었음을 알고 있다. 그리고 그들은 학식 있는 사람들이었다. 만약 감각의 본성이 단지 반응reactio에 있다고 한다면, 어떻게 그들의 주장을 반박할 수 있을지 모르겠다. 그러나 다른 물체들의 반응으로부터도 어떤 환영 phantasma이 생겨난다고 하더라도, 그것은 대상이 제거되면 곧바로 사라질 것이다. 왜냐하면 이 물체들이 동물들이 가진 것처럼 대상이 제거된 후에도 각인된 운동을 유지하기에 적합한 기관을 가지고 있지 않다면, 그들은 결코 자신들이 감각했음을 기억하지 못할 정도로만 감각할 것이기 때문이다. (…) 따라서 일반적으로 그렇게 불리는 감각에는 필연적으로 어떤 기억이 수반된다." 등등(Hobbes, *De Corpore*, Part IV, Ch 25, Section 5.). [옮긴이] 바일라티는 여기에 "라이프니츠 선생과 클라크 박사 간에 오고 간 글 모음 부록 2항과 11항도 보라"라는 주를 남겼다. 바일라티의 고증본 "Supplementary text IX", p. 161~164 부분이다. 홉스의 감각 개념에 대해서는 홉스,『리바이어던』1부 1장 ; 진석용 II-1. 27~30 참고.

루었으니, 전혀 상술하지 않고 언급만 하겠다. 다만 지금은 이 한 가지만 말하고자 한다. 데카르트 등등은 단지 필연적인 운동 법칙으로만 어떻게 세계가 형성될 수 있는지 가능한 설명을 하려고 노력했지만(내가 **가능한** 이라고 했던가? 그렇기는커녕 사실 가장 불가능하고 터무니없는 설명이다), 겉보기에는 아주 방대한 작업을 통해 그들이 실제로 의도했던 것은 세상의 가장 덜 중요한 부분인 무생물 부분이 어떤 식으로든 만들어질 수 있었는지 철학적으로 설명하려는 것에 불과했다. 왜냐하면 그들은 창조주의 지혜가 주로 드러나는 식물과 동물에 관해서는 그것들이 최초에 어떻게 형성되었는지에 대해 조금이라도 그럴듯한 방식으로 또는 조금이라도 성공적으로 보이게 감히 설명했다고 주장한 적이 없기 때문이다.[110] 이러한 것들[식물과 동물들]에서 물질과 운동 법칙이 할 수 있는 것은 전혀 아무것도 없다. (내 생각에 이제는 무신론자들조차 모두 포기한 가설이라는 점 외에도) 지구가 맨 처음에 우연히 그것들을 만들어 냈다는 에피쿠로스학파의 가설이 얼마나 터무니없는지는, 가장 하찮은 어떤 동물이나 식물들조차 우연 발생equivocal generation은 없다는 철학의 최근 발견에서 나타난다 (태양과 지구, 물, 자연의 모든 힘이 결합하더라도 식물적 생명만큼만이라도

---

110 [옮긴이] "감히 설명했다고 주장한 적이 없다"로 번역한 원문은 "have never (⋯) pretended to give an account"이다. 이 표현은 "설명하려고 한 적이 전혀 없다"라고도 번역될 수 있다. 그러나 이렇게 번역하지 않은 이유는 설명을 시도하지 않았다는 사실 자체만을 드러낼 뿐, 설명할 수 없었기 때문에 아예 시도조차 하지 않았다는 함축을 충분히 전달하지 못한다고 판단했기 때문이다. 물론 설명할 수 없었으니 설명하려고 하지 않았다고도 볼 수 있겠다. 그러나 그보다는 설명이 불가능하다는 사실을 인지했기에 "감히 설명했다고 주장하지 않았다"라고 번역하는 것이 클라크의 의도를 더 잘 반영한다고 생각된다. 다시 말해서 클라크는 물질세계의 형성을 운동 법칙만으로 설명하려 했던 데카르트주의자들의 "의도"가 실상 기껏해야 "무생물[불활성] 부분"inanimate part의 형성을 설명하는 것에 불과했다는 점을 지적한 후, 이들이 식물과 동물의 형성은 운동 법칙만으로는 설명할 수 없다는 사실을 인지하고 있었기 때문에 이를 감히 설명했다고 주장하지 않았다고 말하고자 했던 것이 아닌가 생각된다.

지닌 어떤 것을 산출하기 위해 할 수 있는 것은 아무것도 없다). 이 가장 훌륭한 발견으로부터 우리는 부수적으로 자연철학과 실험철학이 때로는 종교 문제에도 유용함을 알 수 있다. 사정이 이와 같으므로, 가장 완강한 무신론자조차 다음 중 하나를 인정할 수밖에 없다. [1] 모든 식물과 동물은 처음부터 지성적 존재자의 작품이자 그러한 존재자에 의해 시간 속에서 창조되었다는 것, 또는 [2] 그것들은 지금과 같은 질서와 방식으로 영원으로부터 존재해 왔으며 무한한 역량과 지혜를 계속해서 발휘하는 영원한 지적 원인의 영원한 결과라는 것, 아니면 [3] 어떠한 자존적 기원self-existent original도 없이 그것들이 의존적 원인들의 무한한 과정에 의한 영원한 계기 속에서 하나가 다른 하나로부터 유래되었다는 것을 말이다. 이 세 가지 사항 중 첫 번째는 우리가 주장하는 결론이다. 두 번째는 무신론의 주장이 관련되는 한 아주 동일한 것이 된다.[111] 세 번째는 이 논문의 두 번째 주요 논점의 증명에서 이미 절대적으로 불가능하고 모순적임을 보여 주었다.[112]

[IV] 넷째, 세계의 형상form과 그 안에 포함된 모든 가시적인 것들, 그 부분의 질서, 아름다움, 그리고 정교한 적합성fitness이, 심지어 우리가 알고 있는 모든 존재자의 의식과 사유를 지닌 지성 자체까지도 단순한 비지성

---

111 [옮긴이] 원문은 다음과 같다. "the second, so far as the cause of atheism is concerned, comes to the very same thing" 여기에서 "cause"에는 원인, 이유, 논점, 주의, 주장, 대의명분, 이상 등의 뜻이 있다. 문맥상 무신론의 발생 "원인"에 관한 이야기가 아니라 아마도 무신론의 "주장"을 말하는 것이라고 생각된다. 그렇다면, 위 구절은 무신론자가 그들이 취할 수 있는 세 가지 주장 중 두 번째 주장을 인정하더라도, 이는 신이 존재하지 않는다는 무신론의 "주장"과 관련해 볼 때 결국 첫 번째 주장처럼 "우리가 주장하는 결론", 곧 "유신론"과 같은 것이 된다는 말일 것이다.

112 [옮긴이] Vailati 1998, pp.10~12.

적 물질, 형태, 운동의 결과나 산물일 수 있다고 가정하더라도(이는 세상에서 가장 비합리적이고 전혀 성립할 수 없는 가정이다), 여전히 자존적 존재자가 무엇이라고 가정되든 간에 반드시 지성적이어야 한다는 부인할 수 없는 증명이 남아 있을 것이다. 왜냐하면 이 원리들 자체, 즉 비지성적 형태와 운동도 그것들이 존재하기 이전에 지적인 원인이 없었다면 결코 실존할 수 없었을 것이기 때문이다. 운동을 예로 들어 보자. 세계에 지금 운동이라는 것이 존재한다는 것은 분명하며, 이는 어느 시점에 시작되었거나 아니면 영원했을 것이다. 만약 그것이 어떤 시점에 시작되었다면, 첫 번째 원인이 지성적 존재자임을 입증하는 것이다. 왜냐하면 단순한 비지성적 물질, 그것도 정지 상태에 있는 물질이 그 자체로 움직임을 시작할 수 없다는 것은 명백하기 때문이다. 반대로 만약 운동이 영원했다면, [1] 그것은 어떤 영원한 지성적 존재자에 의해 영원히 생겨났거나, [2] 그 자체로 필연적이고 자존적이어야 하거나, 아니면 [3] 자신의 본성에 어떤 필연성도 없고 외부의 어떤 필연적 원인도 없이 끝없는 연속적 전달successive communication에 의해 영원으로부터 실존해 왔어야 한다. 만약 운동이 어떤 영원한 지성적 존재자에 의해 영원히 생겨났다면, 이 또한 현재의 논쟁에서 쟁점이 해결되는 것이다. 만약 그것이 그 자체로 필연적이고 자존적이었다면, 어떤 물질이 정지해 있다고 가정하는 것은 용어상 형용 모순a contradiction in terms임이 틀림없다는 결론이 따라 나온다. 그러나 동시에, 이 자존적 운동의 규정determination은 모든 방향으로 동시에 이루어져야 하므로, 그 효과는 영구적인 정지 외에 다른 것일 수 없다. 게다가 (불합리함이 한 번 시작되면 끝이 없듯이) 이는 우주에 실제로 있었던 것보다 더 많거나 적은 운동이 원래 있었을 가능성이 있다고 가정하는 모순을 포함하게 되는데, 그것은 너무나 불합리한 귀결이어서 스피노자 자신도 모든 것이 필연적이라고 명시적으로 주장하면서도 여기에서는 자신의 의견을 말하기를 부끄러워하거나, 오히려 운동의 기원에 관한 질문에서는 명백히 자기모순을 보인다.[113] 그러나 마지막으로 스피노자가 상당히 비일관적으로 주장하는 것처럼 운동이 그 자체의 본성에 어떤 필연성도 없고 외부의 어떤 필연적 원인도 없이, 단지 끝없는 연속적 전달에 의해 영원으로부터 실존해 왔다고 말한다면, 이것이 명백한 모순임은 내가 앞서 이 논문의 두 번째 주요 정리에 대한 증명에서 보여 준 것이다.[114] 따라서 운동은 필연적으로 처음에는 지성적인 무언가에 의해 생겨났어야 한다. 그렇지 않으면 세상에 운동이라는 것은 결코 존재할 수 없었을 것이다. 결과적으로 자존적 존재자, 즉 모든 것의 근원적 원인이 되는 존재자는 그것이 무엇이라고 가정되든 간에 필연적으로 지성적 존재자여야 한다.

이로부터 다시 물질세계가 근원적인 자존적 존재자일 수 없다는 결론이 따라 나온다. 자존적 존재자는 지성적이라는 것이 증명되었으나, 물질세계는 분명히 그렇지 않기 때문에, 물질세계가 자존적일 수 없음이 따라 나오기 때문이다. 일부 사람들이 세계의 영혼에 대해 허황되게 상상한 것은, 만약 그것이 창조된 의존적 존재자를 의미한다면 현재의 논증에서 아무런 의미가 없다. 그러나 만약 그들이 그것으로 필연적이고 자존적인 무언가를 이해한다면, 그것은 단지 신에 관한 거짓되고 변질된 불완전한 관념일 뿐이다.[115]

---

113 E1p33 ; E2p13L3과 비교하라.

114 E2p13L3.

115 [옮긴이] '세계영혼'a soul of the world은 우주 전체의 지성적 원리를 지칭하는 개념으로, 플라톤이 『티마이오스』에서 체계적으로 제시한 후 신플라톤주의를 거쳐 르네상스 시기와 근현대에 이르기까지 우주론에 다양한 방식으로 등장하는 관념이다. 아마도 클라크는 스피노자의 '무한 지성' 관념도 이와 다르지 않다고 보았을 것이다. 클라크가 세계영혼이 "창조된 의

참고문헌

1차 문헌

Clarke, S., A *Demonstration of the Being and Attributes of God : More Particularly in Answer to Mr. Hobbs, Spinoza, and their Followers*(London, 1705).

Clarke, S., Ezio Vailati(ed.), *A Demonstration of the Being and Attributes of God And Other Writings*(Cambridge University Press, 1988).

Newton, I., *Philosophiae naturalis principia mathematica*(Cambridge, 1713).

Rouhault J., Physica. *Latine reddidit, et annotationculis quibusdam illustravit S. Clarke*(London, 1697).

2차 문헌

Dobbs, B. J. T. and M. Jacob, *Newton and the Culture of Newtonianism*(Amherst : Humanity Books, 1995).

Force, J. and S. Hutton(eds.), *Newton and Newtonianism. New Studies*(Dordrecht, Boston and London : Kluwer, 2004).

Israel, J.I., *Radical Enlightenment. Philosophy and the Making of Modernity, 1650-1750*(Oxford : Oxford University Press, 2001).

________, *Enlightenment Contested. Philosophy, Modernity, and the Emancipa-tion of Man, 1670-1752*(Oxford : Oxford University Press, 2006).

Mandelbrote, S.(ed.), *Newton and Newtonianism, Studies in the History and Philosophy of Science*, no. 35(2004), Issue 3.

Russell, P., *The Riddle of Hume's Treatise. Skepticism, Naturalism, and Irreligion*(Oxford : Oxford University Press, 2008).

Shank, J.B., *The Newton Wars and the Beginning of the French Enlightenment*(Chicago : Chicago University Press, 2008).

존적 존재자를 의미한다면 현재의 논증에서 아무런 의미가 없다"라고 한 것은, 이 경우 자신의 주장은 여전히 유효하고 또 피조물로서의 세계영혼과 양립 가능하다고 보았기 때문이다. 그 역시 만일 물질세계에 지성이 존재한다면 이는 "근원적인 자존적 존재자"the original self-existent being에서 비롯된 것이라고 주장할 수 있기 때문이다. 그러나 세계영혼을 "필연적이고 자존적인 무언가"라고 생각한다면, 이는 "거짓되고 변질된corrupt 불완전한 관념"이라고 비판한다. 추가적인 설명이 없어 단언할 수는 없지만 본문 내용을 토대로 추론해 보자면, 아마도 자존적 존재자는 필연적으로 지성적인데 물질세계는 지성적이지 않으므로, 물질세계에 세계영혼이 있더라도 그 역시 자존적일 수 없다고 보았기 때문인 것 같다.

Stewart, L., 'Samuel Clarke, Newtonianism and the Factions of Post-Revolutionary England', *Journal of the History of Ideas*, no. 42(1981), pp. 53~71.

3장 헨리 모어, 『논박』(1679)

해제 : 빕 판 뷩어 (편자)

케임브리지 플라톤주의자 헨리 모어Henry More(1614~1687)에게 스피노자는 유물론뿐만 아니라 무신론을 고취하기 위해 작정하고 덤벼든 몇몇 동시대 철학자들 중 한 명에 불과했다.[116] 모어의 생각에 데카르트는 물질을 자율적인 실체로 바꾸어 놓음으로써 물질주의가 확산되는 길을 연 인물이었다. 처음에 모어는 데카르트적 이원론에 함축된 변증적 가능성apologetic possibilities에 매력을 느꼈지만,[117] 곧 자연에 대한 데카르트의 기

---

116 Popkin 1990.

117 [옮긴이] 변증론(辯證論)apologetics 또는 변증학은 '대답하다', '변호하다'는 뜻의 그리스어 '아폴로게오마이'ἀπολογέομαι에서 나온 '아폴로기아'ἀπολογία를 번역한 것으로, 기독교에 대한 공격과 의문에 답하고 기독교 신앙을 변증하는 기독교 신학의 한 분야를 말한다. 기독교 변증학Christian apologetics이라고 불리기도 하는데, 초대 교회 시기(이 시기 대표적인 변증론자가 바울이다)부터 현대에 이르기까지 기독교 문학과 신학 저작에서 다양한 형태로 나타난다. 본문에서 모어가 처음에는 데카르트적 이원론에 함축된 변증적 가능성에 매력을 느꼈다는 것은 데카르트의 심신이원론을 통해 영혼불멸성을 변증할 수 있다고 보았음을 뜻한다. 주지된 바와 같이 데카르트 철학의 핵심 테제 중 하나는 『성찰』 초판(1641)의 제목("르네 데카르트의 제일철학에 관한 성찰. 여기서 신의 실존 및 인간 영혼의 불멸성이 증명됨"Renati Descartes Meditationes de prima philosophia in qua. Dei existentia et animae immortalis demonstratur)이 보여 주는 것처럼 "영혼불멸"이었다. 참고로 초판 제목에서 "영혼불멸"이라는 표현은 재판(1642)에서는 "인간 영혼과 신체의 구별"animae humanae a corpore distinctio로 바뀌었고, 1647년에 출간된 불역본에서는 "인간 영혼과 신체의 실재적 구별"la distinction réelle entre l'âme et le corps de l'homme로 변경된다.

계론적 철학은 무신론적 결과를 낳을 것이라고 느꼈다.[118] 모어가 『영혼 불멸성』*The Immortality of the Soul*(1986)에서 홉스의 물질주의에 반대했다는 것 또한 잘 알려져 있다. 그러나 그의 스피노자에 대한 반응은 케임브리지 플라톤주의에 대한 최근의 점증하는 관심에도 불구하고 거의 주목을 받지 못했다.[119] 모어는 일생동안 명백하게 기독교적인 신플라톤주의 학설을 상설했는데, 이는 연금술적 요소와 융합된 것으로, 그는 이 학설이 자기 시대의 물질주의와 기계론에 대한 대안을 제공할 수 있을 것이라고 생각했다.

모어의 『논박』은 1679년 그의 『전집』*Opera Omnia*에 실려 처음 출판되었으며, 1677년 말에야 출간된 『윤리학』에 대한 가장 이른 논박 중 하나로 사용되었다. 『논박』은 프란스 카위퍼르 또는 쿠페루스Frans Kuyper or Cuperus(1629~1691)에 의해 1687년 네덜란드어로 번역되었는데, 그는 그 시기에 스피노자주의라고 추정된 요하네스 브레덴뷔르흐Johannes Bredenburg(1643~1691)와의 싸움에 몰두하고 있었다.[120] 카위퍼르는 특히 스피노자의 기하학적 방법이 쓸데없는gratuitous[121] 것이라는 그의 주장에 동의했다.[122] 모어 쪽에서는 『신학정치론』에 대한 짧은 논박이 동봉된 V. C[123]에게 드리는 다른 서신』*Ad V.C. Epistola altera, quae brevem*

---

118 Gabbey 1982.

119 Colie 1957, pp. 66~116 ; Hutton 1984.

120 Israel 2001, pp. 342~358.

121 [옮긴이] 원문의 "Kuyper shared with More in particular his insistence on the gratuity of Spinoza's geometrical method"에서 "gratuity"(선물, 팁, 퇴직금 등)는 "gratuitous"의 오 기였다.

122 Petry 1981.

123 [옮긴이] "V. C."가 누구인지에 대한 여러 의견과 쟁점이 있으며, 특정 인물이 아니라 존경 을 표하는 일반적 표현인 "vir clarissimus"(가장 고귀한/유명한 분이라는 뜻)의 약자일 것이라

*Tractatus theologico-politici confutationem complectitur*에서 스피노자의
『신학정치론』(1676)에 대한 카위퍼르의 반박에 혐오감을 표했는데, 이
는 계시에 대한 평가에서 이성이 아무런 역할도 하지 않는다는 전제에
근거했기 때문이다. 모어에 따르면, 이성과 계시는 분리될 수 없는 것이
다. 하지만 특히 기적에 대한 스피노자의 합리주의적 분석은 로크가 "기
독교의 합리성"이라고 명명할 것을 카위퍼르가 부정한 것보다 더욱 잘
못되고 위험한 것이었다.[124] 모어가 보기에 스피노자의 합리주의는 순수

는 해석도 있다. 이에 대해서는 Alan Gabbey, "Philosophia Cartesiana Triumphata : Henry More(1646-1671)", *Problems of Cartesianism*, eds. Thomas M. Lennon, John M. Nicholas, and John W. Davis, Kingston/Montreal : McGill-Queen's University Press, 1982, pp. 214~215, n.86 참고.

124 [옮긴이] 원문은 다음과 같다. "Kuyper shared with More in particular his insistence on the gratuity of Spinoza's geometrical method. More, for his part, (…) was abhorred by Kuyper's own refutation of Spinoza's Tractatus theologico-politicus (1676), since it was based on the assumption that reason has no role to play in the assessment of revelation. According to More, reason and revelation are inseparable, but Spinoza's rationalist analysis of miracles in particular was even more misguided and dangerous than Kuyper's denial of what Locke was to dub 'the reasonableness of Christianity'." 원문 마지막 문장은 "기적에 대한 스피노자의 합리적 분석"과 "로크가 훗날 '기독교의 이치(합리성)'라고 명명한 것에 대한 카위퍼르의 부정"을 비교하고 모어는 후자보다 전자가 훨씬 더 위험하다고 보았다는 주장으로 읽힌다. 어려운 문장은 아니지만, 내용이 사뭇 어색하다. 아마도 저자는 다음과 같은 내용을 염두에 두었던 것이 아닌가 생각된다. 먼저 카위퍼르는 계시에 대한 이성의 역할을 부정하므로 "기적에 대한 스피노자의 합리적 분석"을 부정한다. 카위퍼르의 계시와 이성에 대한 관점은 기독교 신앙과 성서에 대한 이성적 이해가 가능하다고 주장하는 로크의 '기독교의 합리성' 관념도 부정할 법한 것이다. 그런데 후자를 부정하는 것을 모어는 위험하다고 보았다. 모어는 이성과 계시가 분리될 수 없다고 보았기 때문이다. 이성과 계시의 분리를 토대로 계시에서 이성의 역할을 부정하는 것은 여전히 다른 영역에서는 이성의 역할이 있을 수 있음을 부정하는 것은 아니다. 그러나 스피노자는 이성과 계시를 분리하고 이성에서 계시의 역할을 부정한다기보다 아예 계시(엄밀히 말하자면 "기적")를 도덕적 의의 이상의 합리적 가치가 없는 미신으로 본다. 따라서 전자보다 후자가 훨씬 더 위험하다고 보았다는 이야기를 하고 싶었던 것이 아닌가 생각된다. 참고로 존 로크의 『성서를 통해 본 기독교의 이치』*The Reasonableness of Christianity As Delivered in the Scriptures*(이태하 옮김, 아카넷, 2020)는 카위퍼르의 사망(1691) 이후 1695년에 출간되었으니, "Kuyper's denial of what Locke was to dub 'the reasonableness

한 '광신주의'와 격돌하는 것이었다.[125]

아래 부분은 알렉산더 제이컵Alexander Jacob이 번역하고 주석을 단 모어의 『논박』[126] 시작 부분이다. 이 글에서 모어는 신이라 불리는 단일한 실체의 실존에 대한 스피노자의 증명을 해체하고자 시도한다. 일부 각주는 제외했다.

『무신론의 주요 기둥, 즉 필연적 실존이 실체로서의 실체SUBSTANCE AS SUBSTANCE에 속한다는 것과 우주에 단 하나의 실체만 있다는 스피노자의 두 정리의 증명에 대한 간결하고 확고한 반박』

그가 이 문제를 확립하기 위해 상정한 첫 번째 원리는 「서신29」(「서신12」)에서 찾을 수 있다. "실체의 본질에는 실존이 속합니다. 즉 실체의 본질과 정의로부터 실체가 실존한다는 결론이 나옵니다."[127] 이는 스피노자가 「서신39」(「서신34」)에서 명백하게 인정하는 것이다. 그는 다음과 같이 말한다. "3. 실존하는 모든 존재에 대해 그것이 실존하도록 실재적 원인이 필연적으로 주어져야 합니다. 4. (실존이 이 사물 자체의 본성에 속하거나 또는 이 본성이 실존을 필연적으로 포함하기 때문에) 이 원

---

of Christianity'"라는 구절은 이를 감안하여 카워퍼르에게 이미 로크의 관점이 부정될 법한 생각이 있었다는 식으로 읽어야 할 것이다. 아울러 gratuity는 gratuitous의 오식임이 분명하므로 바로잡았다.

125 [옮긴이] 원문은 다음과 같다. "To More's mind, Spinoza's rationalism smacked of pure 'Enthusiasm'." 스피노자와 합리주의는 순수한 '광신주의'의 대척점에 있는 극단적 합리주의라는 뜻이라고 생각된다.

126 A. Jacob 1991, pp. 55~59.

127 [옮긴이] 이근세 76. 용어만 수정. 앞의 서신 번호는 모어가 인용한 OP의 번호이며, 뒤에 옮긴이가 괄호 안에 추가한 서신 번호는 널리 사용되는 겝하르트 고증본의 서신 번호이다. 이하 동일.

인은 사물 자체의 본성 또는 정의 안에 있거나 사물 외부에 있습니다."[128] 그 의미에 대한 『윤리학』 1부 정리11의 철학적 설명은 다음과 같다. "모든 실재에 대하여 그것이 왜 실존하는가에 대해서만이 아니라 왜 실존하지 않는가에 대해서도 원인 또는 이유가 지정되어야 한다. 가령 어떤 삼각형이 실존한다면, 그것을 실존하게 만든 원인 또는 이유가 존재해야 한다. 그리고 만약 그것이 실존하지 않는다면, 또한 그것이 실존하는 것을 방해하는 또는 그것의 실존을 제거하는 원인 또는 이유가 존재해야 한다. 그리고 이러한 이유 또는 원인은 실재의 본성 안에 포함되어 있든가 아니면 그 밖에 있든가 해야 한다. 가령 네모난 원을 실존하지 못하게 만드는 이유는 그것의 본성 자체에 의해 지시되고 있다. 곧 그것은 모순을 함축하기 때문이다. 그리고 반대로 왜 실체가 실존하는가에 대한 이유는 실체의 본성만으로부터 따라 나오는데, 이는 곧 그것이 실존을 함축하고 있기 때문이다." 그리고 이 구절은 독자들에게 『윤리학』 1부 정리7을 참조하게 한다. 그것은 다음과 같다. "실체의 본성에는 실존함이 속한다." 이는 위의 잘 알려진 원리, 즉 실존이 실체의 본질에 속한다는 원리와 동일한 것이다.

 이 주장의 참됨을 판단하기 전에, 그것의 분명하고 정확한 의미를 결정하는 것, 참으로 이 정리가 전칭적으로universally 이해되어야 하는지 아니면 특칭적으로particularly 이해되어야 하는지, 혹은 완전히 다르게 이해되어야 하는지 결정하는 것이 필요하다. 만일 그것이 전칭긍정universal affirmation이라면, 즉 그것[E1p7]이 실존하는 것이 모든 실체의 본성에 속한다는 것이라면, 나는 그것이 명백하게 거짓이라고 말한다. 왜냐하면

나는 그것이 물질의 본성(그것은 사실 사라지는 성질에 속한다)에도 또는 정신spirits, 천사, 인간 영혼souls의 본성(나는 분명하게 그것을 실체로 간주한다)에도 속하지 않는다고 주장하기 때문이다. 만일 은밀한 목적을 뒷받침하는 그 마지막 정리[E1p7]가 받아들여진다면, 그것은 실재들을 내부로부터 뒤집을 것이다. 동시에 정신, 천사, 인간 영혼의 실존 뿐만 아니라 무한하고 영원하며 전능하고 전지한 정신, 곧 당연한 일이지만 참된 신이라고 불리는 것의 실존도, 또는 심지어 스피노자의 실존도 본의 아니게 파괴된다. 만일 그 긍정이 특수한 것이고 그 실존이 어떤 특수한 실체의 본성에 속한다는 것이라면, 나는 그 정리가 확실히 참임을 인정한다. 그럼에도 전체로서 참이어야 한다는 학문의 원칙presept, 즉 "모든 것에 대해서, 그 자체로서, 그리고 보편적이라고 하는 것"κατὰ παντὸς, καθ᾽ αὑτὸ, καθ᾽ ὁλου πρῶτον[129]은 적어도 타당하다.

이 원칙[E1p7]은 심지어 '모든 것에 대하여'κατὰ παντοσ 참인 것도 아니다. 나는 비록 그것이 특칭적으로 이해될 때 참이라는 것을 인정하지만, 그것이 그의 목적에 아무런 기여도 하지 못한다는 것을 분명히 알 수 있다. 그 어떤 것도 우리로 하여금 그가 가장 애용하는 물질his beloved matter이 필연적으로 실존한다는 결론(그 결론을 그는 아주 바랐겠지만)을 내리게 만들지 못한다.[130] 오직 영원하고 무한한 정신, 즉 참된 신만이 실

129　Aristotle, *Posterior Analytics*, 73a~74a. [옮긴이] 아리스토텔레스, 김재홍 옮김,『아리스토텔레스의 분석론 후서』(서광사, 2024), 66~78쪽. 인용된 구절은 70쪽에 나온다.

130　[옮긴이] 모어는 "실체의 본질에 실존함이 속한다"라는『윤리학』1부 정리7의 증명 여부를 판단하기 위해 이 명제가 전칭긍정명제인지 특칭긍정명제인지 검토한다. 모어에 의하면, 정리7이 "모든 실체의 본질에는 실존함이 속한다"라는 전칭긍정명제일 경우 정리7은 거짓이 된다. 정리7이 참일 경우, 신 외의 다른 유한한 실체들은 물질이든 정신이든 그 본성이 실존함을 가지지 않게 되며 결국 유한한 실체들의 실존은 부정되기 때문이다. 그가 "그것은 실재

존하는 것이 그 본성에 속하거나 그 지성적 관념이 그 안에 필연적 실존을 명백하게 함축하는 유일한 실체일 따름이다.

실제로 당신은 스피노자가 일곱 번째 정리를 명확하게, 말하자면 수학적인 방법으로 증명했다고 말한다. 물론 그가 자신의 원칙을 어떤 유사-수학적인 방식으로 배치하고 (학식이 없는 사람들과 평범한 사람들에게 인상적으로 보이도록) 어떤 유형의 논증이든 자신의 논증을 기하학적 질서와 증명이라는 웅장한 제목 아래 내세운 것은 인정해야 할 것이다. [하지만] 그 기하학적 질서라는 것은 사실 그의 원칙이 거짓인 이상 학식 있는 이들 사이에서는 별다른 가치가 없다. 마치 삼단논법의 두 전제가 둘 다 거짓이거나 하나라도 거짓인 경우 그 도식figure과 방식이 올바르다고 해도 아무런 가치가 없는 것처럼 말이다. 그러므로 나는 일곱 번째 정리에서 그 정리가 진리임이 해명되는 이전의 모든 정리들로 거슬러 올라갈 것이다. 나는 모든 원리의 첫 번째로 나아가서 마침내 각각의 가르침이 건전한지 아닌지 검토 결과를 밝히겠다.

실제로 그는 이 일곱 번째 정리를 여섯 번째 정리의 따름정리, 즉 "실

들을 내부로부터 뒤집을 것"이라고 하는 것은 이러한 의미이다. 나아가 스피노자의 주장은 유한한 실재의 존재를 부정함으로써 스피노자가 의도치 않은 결론에 이르게 한다고 비판한다. 즉 유한 실체가 부정되면, 그 창조주로서의 전능한 신 또한 부정될 수밖에 없고, 궁극적으로는 "스피노자의 존재" 또한 부정될 수밖에 없다는 것이다. 반면 정리7이 "어떤 실체의 본질에는 실존함이 속한다"라는 특칭긍정명제라면, 모어는 신적 실체의 본질에는 실존이 속하므로 정리7이 신적 실체의 경우에는 참이라고 인정한다. 그러나 이때 이 명제는 아리스토텔레스가 『분석론 후서』에서 말한 과학적 지식으로서 갖춰야 할 보편성을 만족시키지 못한다. "어떤 실체의 본질에는 실존함이 속한다"라는 특칭긍정명제가 참이라면 그 외에 다른 모든 유한 실체에는 적용되지 않기 때문이다(앞의 옮긴이 주 참고). 그리고 모어는 그렇게 되면 스피노자가 주장하는 물질의 필연적 실존도 성립하지 않게 된다고 역설한다. 우리는 여기에서 모어와 스피노자의 결정적 차이가 유한한 실재들을 실체로 볼 것인지 아니면 단일한 실체의 양태로 볼 것인지임을 알 수 있다. 이러한 논리는 아래에서도 반복된다.

체는 다른 것에 의해 생산될 수 없다"라는 것으로부터 증명한다. 여섯 번째 정리는 "하나의 실체는 다른 실체에 의해 생산될 수 없다"라는 것이다. 만일 그것이 참이라면 나는 실체가 결코 다른 것에 의해 산출될 수 없음을 인정한다. [그렇다면] 양태들 말고는 실체를 산출한 것이 남아 있지 않은데, 양태들은 어떤 실체 안에서만 발견되며, 엄밀하게는 그것들이 속한 실체 자체에서 벗어나 [독립적으로] 활동한다고 말할 수 없는 것들이다.[131]

여섯 번째 정리에 대해 전혀 다른 판단이 가능하다는 것은 전칭긍정이나 특칭긍정의 명확한 표지에 의해 확립된다. 즉 "어떠한 실체도 다른 것에 의해 산출될 수 없다"거나 "어떤 실체는 다른 실체에 의해 산출될 수 없다"라고 이야기된다는 것이다. 만일 그 정리가 첫 번째 의미로 이해된다면, 나는 그것이 완전히 거짓이라고 말한다. 왜냐하면 가능한 한 무한히 완전한 실체가 실존한다는 것은 어떠한 모순도 함축하지 않기 때문이다. 실제로 이전에 없었던 실체가 존재한다는 것은 모순을 함축하지 않는다. 그러므로 무한하게 완전한 실체는 필시 그것을 쉽게 초래할 수 있다. 실제로 어린 시절부터 논리학을 배운 사람이라면 누구나 이전에 실존하지 않았던 실체가 실존한다는 것이, 실존과 비실존을 동시에 함축할지라도 모순을 함축하지 않음을 배웠을 것이다. 그런데 완전한 실체는

---

131 [옮긴이] 1부 정리6의 따름정리에서 스피노자는 자연 안에는 실체와 그 변용 외에 아무것도 주어져 있지 않은데(공리1과 정의3과 5에 의해), 실체는 다른 실체에 의해 생산될 수 없으니 실체는 절대 다른 것에 의해 생산될 수 없다고 결론 내린다. 모어는 이를 토대로 실체가 다른 실체에 의해 생산될 수 없다면, 실체를 생산할 수 있는 후보 중 남는 것은 실체에 속한 양태 밖에 없지만, 양태는 실체 안에 있고 실체 밖에서 독자적으로 활동할 수 없는 것이니, 실체가 다른 실체에 의해 생산될 수 없다면, "나는 실체가 결코 다른 것에 의해 산출될 수 없음을 인정한다"라고 하는 것이다.

너무나도 절대적이고 무한하게 실존해서 그 안에 포함된 것과 전적으로 모순되지 않는 한 어떤 완전성도 그것에 부족하지 않다는 것이 우리가 동의하는 공통 원리, 곧 "실재의 본질 또는 정의에서 확실히 그 실존을 도출할 수 있다"라는 원리로부터 분명하다. 그러므로 **절대적으로 완전한 존재자**의 실존이 그 관념의 참된 본질로부터 연역될 수 있음은 앞서 말한 것으로부터 분명하다. 그러므로 실체가 산출될 수 있는 충분한 원인이 실존하므로, 어떠한 실체도 다른 것에 의해 산출될 수 없다는 것은 거짓임이 분명하다. 그리고 확실히 만일 **절대적으로 완전한 존재자** 또는 무한하게 완전한 실체 — 그 완전성들 중 하나가 **전능함**(다시 말하면 창조의 역량)인 — 가 그 본성의 완전성 때문에 존재한다면, 말하자면 **자기 자신의**, 즉 **절대적으로 완전한 존재자**의 원인이라면, 그러한 존재자가 그보다 무한하게 열등한 존재자들, 곧 이 세상의 물질과 자연의 영the spirit of nature, 인간과 천사의 영의 원인이 될 수 있다는 것이 놀라운 일인가?

이는 실제로 여섯 번째 정리의 특칭긍정인 "하나의 실체는 다른 실체에 의해 생산될 수 없다"라는 것으로 이어진다. 나는 이를 참이라고 인정하지만, 이는 오직 절대적이고 전적으로 완전한 실체에 대해서만 참이다. 그런 종류의 실체는 오직 참된 신 곧 내가 위에서 서술한 무한하고 전지전능한 영뿐이다. 따라서 이 정리를 이런 식으로 이해할 때 스피노자의 목적에 아무런 득이 되지 않는다. 이로부터 물질적 실체가 다른 실체에 의해 산출될 수 없다는 결론은 전혀 따라 나오지 않는다. 이 결론을 그는 그토록 바랐지만….[132]

---

132 [옮긴이] 모어에 의하면, "하나의 실체는 다른 실체에 의해 생산될 수 없다"라는 스피노자
　　『윤리학』의 1부 정리6은 "어떠한 실체도 다른 것에 의해 산출될 수 없다"라는 전칭긍정명제

[이하 편집자 주]

이후 모어는 『윤리학』 1부의 처음 11개 정리에 대한 분석을 끝내는데, 그가 보기에 이 정리들은 우주가 단지 연장된 물질로만 구성되어 있다는 견해로 이어진다. 모어가 특별히 중시하는 것은 자유로운 신의 정신적 본성과 자연 안에 목적인의 실존에 대한 옹호이다. 그는 로마 가톨릭교의 장점에 대해 알베르트 뷔르흐Albert Burgh가 보낸 서신에 대한 스피노자의 답신 내용을 혹평하고,[133] 마지막으로 인간 정신이 사유의 양태라는 스피노자의 견해를 간략히 검토한다. 마지막 문단에서 모어는 자신이 『윤리학』을 "다소 거칠고 조금 성급하게" 다루었다며 양해를 구한다. "훌륭한 모든 이들은 나의 이 지당한 분노를 용서할 것이다. 현시대는 온갖 무절제함과 사악함perverseness에서 으뜸가며 이미 독약을 먹을 만큼 먹어 버렸다."[134]

로 볼 것인지 아니면 "어떤 실체는 다른 실체에 의해 산출될 수 없다"라는 특칭긍정명제로 볼 것인지에 따라 다른 판단이 가능하다. 먼저 모어는 정리6을 전칭긍정명제로 볼 수 없다고 주장한다. 무한하게 완전한 실체(곧 신)가 실존할 수 있고 이 실체에 의해 다른 실체가 산출될 수 있기 때문이다. 따라서 "하나의 실체는 다른 실체에 의해 생산될 수 없다"라는 여섯 번째 정리가 "어떠한 실체도 다른 것에 의해 산출될 수 없다"라는 전칭긍정명제라면, 그 정리는 "완전히 거짓"이다. 그렇다면 정리6을 "어떤 실체는 다른 실체에 의해 산출될 수 없다"라는 특칭긍정명제로 볼 수 있을까? 모어는 정리6의 실체가 절대적으로 완전한 실체로서의 신이라면, 오직 그러한 한에서 정리6을 특칭긍정명제로 받아들일 수 있을 것이라고 주장한다. 그러나 모어는 그렇게 이해된 정리6이 "스피노자의 목적에 아무런 득이 되지 않는다고 지적한다. 정리6이 그러한 의미라면, 이 정리는 무한한 실체로서의 신이 다른 실체로부터 생산될 수 없다는 것일 뿐, 다른 실체들이 어떤 실체로부터 생산될 수 없다는 것은 아니기 때문이다. 따라서 그에 의하면 "물질적 실체가 다른 실체로부터 산출될 수 없다는 결론"을 도출하려는 "스피노자의 목적"은 달성되지 않는다.

133　Jacob 1991, pp. 102ff ; Ep. 76. [옮긴이] 이근세 392~400.
134　Jacob 1991, p. 119.

참고문헌

1차 문헌

Kuyper, F., *Arcana atheismi revelata, philosophice et paradoxe refutata, examine Tractatus theologico-politici*(Rotterdam, 1676).

More, H., Ad V.C. *Epistola altera, quae brevem Tractatus theologico-politici confutationem complectitur, paucaque sub finem annexa habet de libri Franscici Cuperi scopo, cui titulus est, Arcana atheismi revelata, in Opera omnia. Tum quae latine, tum quae anglicae scripta sunt,* 2 vols(London, 1679), I, pp. 563~614.

________, *Demonstrationis duarum praepositionum, viz. Ad substantiam quatenus substantia est, necessarium existentiam pertinere, &, unicam in mundo substantiam esse quae praecipue apud Spinozium atheismi sunt columnae, brevis solidaque confutatio in Opera omnia. Tum quae latine, tum quae anglicae scripta sunt,* 2 vols(London, 1679), I, pp. 615~635.

________, *Korte en bondige weederlegging van het wiskunstige bewijs van B.D. Spinoza, met welk hij zijn atheistise gronden, heeft gepoogd te bekrachtigen*(n.p., 1687).

________, *The Immortality of the Soul*, ed. A. Jacob(Dordrecht, Boston and Lancaster : Kluwer, 1986).

________, *A Brief and firm Confutation of the Demonstration of the two Propositions in Spinoza which are the chief Columns of Atheism, namely that Necessary Existence pertains to Substance as Substance, and that there is but a Single Substance in the Universe*, in A. Jacob, *Henry More's Refutation of Spinoza*(Hildesheim, 1991), pp. 55~119.

2차 문헌

Colie, R., *Light and Enlightenment. A Study of the Cambridge Platonists and the Dutch Arminians*(Cambridge : Cambridge University Press, 1957).

Gabbey, A., 'Philosophia Cartesiana Triumphata : Henry More(1646~1671)', in N. Davis and T. Lennon(eds.), *Problems of Cartesianism*(Toronto : McGill-Queens University Press, 1982), pp. 171~250.

Hutton, S., 'Reason and Revelation in the Cambridge Platonists, and their Reception of Spinoza', in K. Gründer and W. Schmidt-Biggemann(eds.), *Spinoza in der Frühzeit seiner religiösen Wirkung*(Heidelberg : Schneider, 1984), pp. 181~200.

Israel, J.I., *Radical Enlightenment. Philosophy and the Making of Modernity, 1650~1750*(Oxford : Oxford University Press, 2001).

Petry, M.J., 'Kuyper's Analysis of Spinoza's Axiomatic Method', in K. Cramer, W.G. Jacobs, W. SchmidtBiggemann(eds.), *Spinozas Ethik und ihre frühe Wirkung*(Wolfenbüttel : Herzog August Bibliothek, 1981), pp. 231~241.

Popkin, R.H., 'The Spiritual Cosmologies of Henri More and Anne Conway', in S. Hutton(ed.), *Henry More(1614-1687). Tercentenary Studies*(Dordrecht : Kluwer, 1990), pp. 97~114.

4장 베르나르트 니우엔테이트, 『세계관의 올바른 활용』(1718)

해제 : 빕 판 뷩어 (편자)

오늘날 베르나르트 니우엔테이트Bernard Nieuwentijt(1654~1718)는 아마도 잘 알려져 있지 않은 스피노자의 초기 비평가들 중 한 사람일 것이다. 그는 의학박사로 레이던과 위트레흐트에서 교육받았으며 퓌르메런트Purmerend 시장으로 일하기도 했다. 생애 말에 그는 스피노자를 저격하는 내용을 담은 책의 저자로서 상당한 성공을 누렸다. 『무신론자와 불신자 설득을 위한 세계관의 올바른 활용』*Het regt gebruik der werelt beschouwingenm*(1715)이라는 제목의 책이었다. 이 책은 1759년까지 8쇄를 찍었으며 영어(『종교철학자』*The Religious Philosopher*, 1718), 프랑스어(『경이로운 자연을 통해 증명된 신의 실존에 대하여』*De l'existence de Dieu démontrée par les merveilles de la nature*, 1725), 독일어(『신성한 본질의 지혜, 힘, 자비에 대한 인식』*Die Erkänntnüsz der Weisheit, Macht und Gütte des göttlichen Wesens*, 1732)로 번역되었다. 이 번역서들 또한 쇄를 거듭했다. 니우엔테이트가 스피노자의 수학 이용을 보다 자세히 분석한 연구는 사후에 『확실성의 토대』*Gronden van zekerheid*(1720)라는 제목으로 출간되었다. 니우엔테이트의 초기 저작은 미분 방법에 관한 교과서(1695)를 비롯한 수학에 집중되었다. 라이프니츠의 견해를 비판하면서 몇몇 라이프니츠 추종자들뿐만 아니라 그 위대한 철학자 자신과도 논쟁이 벌어지기도 했다.[135]

『세계관의 올바른 활용』의 주요 저술 목적은 일반적으로 무신론에, 그리고 특별히 스피노자에 있다고 생각되는, 자연이 맹목적 우연의 결과라는 견해를 겨냥한 것이다. 인간이 자연이라는 책을 읽을 수 있다는 고대의 비유를 따르면서, 니우엔테이트는 그가 신의 섭리를 증거한다고 느꼈던 수백 가지 예를 제시한다. 자연이라는 책은 그것이 신에 의해 쓰였다는 명백한 표적을 보여 준다. 18세기의 많은 독자들에게 니우엔테이트의 물리신학physico-theology은 과학과 종교 간의 충돌을 막아 주었다. 오히려 그의 신학은 자연과학을 개혁교회 전통의 자연스러운 동맹자로 만들었다. 니우엔테이트는 온건한 계몽주의 옹호자로 죽었지만, 젊은 학생 시절에는 자신이 급진주의자였고 "스피노자주의자"였다고 인정했다. 동시대 많은 이들에게 니우엔테이트가 『윤리학』이 작성된 "기하학적 질서"를 분석한 작업은 뉴턴이 사용한 수학의 위세가 급속도로 확산되면서 [과학과 종교의 충돌을 막는 데] 훨씬 효과적인 것으로 여겨졌다. 18세기 초에 이르러 뉴턴의 물리학은 본질적으로 섭리론적 자연신학providential natural theology으로 변모했는데, 이는 스피노자의 무신론과 근본적으로 대립하는 것이었다.

아래 내용은 바우처W. Boucher가 편찬한 『스피노자, 18세기와 19세기의 논의』*Spinoza. Eighteenth and Nineteenth-Century Discussions* 총 6권

---

135 Vermij 1991.

중 제1권 128~130쪽[136]을 전재한 것이다.

『세계관의 올바른 활용』(1718)

• 10절. 네 번째 원인은 우리 자신의 지혜에 대한 지나친 자만이다

무신론의 네 번째 원인은 내가 관찰하고 경험해 본 바에 의하면 **우리 자신의 지혜에 대한 지나친 자만에서, 그리고 우리가 습관적으로 우리 자신의 관념이나 생각으로부터 연역한 것을 진리라고 맹목적으로 받아들이는 것에서** 생겨난다. 그리고 일부 사람들은 매우 오만하게 피조물의 가장 작은 현상에 대해서뿐만 아니라 신적 속성 및 특성에 대해서도 그러한 자신들의 생각을 제시하는 경향이 있다. 요컨대 그들은 예외 없이 모든 것이 가능성과 불가능성, 진리와 거짓, 선과 악이라는 무오류의 규칙으로 환원되는 것처럼 꾸민다.

이는 매우 위험한 짓이다. **첫째로,** 그들은 생각해 보지 못한 모든 것을 부정하기 때문이다. 그래서 그들은 모든 신적 계시(그것은 그들의 이해를 넘어선다)를 거부할 뿐만 아니라 비웃기도 한다. **둘째,** 그들은 틈만 나면 자신들의 오류를 허울 좋고 그럴싸한 논변으로 뒷받침하고 그들에 대해 제기된 반박의 설득력을 회피하기 때문이다. 그들은 논적들이 하찮은 실수와 실책을 범하기라도 하면 그 틈을 놓치지 않고 즉각 그렇게 한다. **셋째,** 그들 중 많은 이들이 대화할 때 겉보기에는 도덕성과 다른 사회적 덕을 가진 것처럼 보이기 때문이다. 이로써 그들은 종종 무지자들에게 다소 존경을 받는데, 이는 위험한 결과를 초래할 수 있다. 그들 중 여

---

136 챔버라인J. Chamberlayne이 『세계관의 올바른 활용』을 영역한 『종교철학자』(1730) 4판을 옮겨 놓은 부분이다.

러 사람이 **유클리드** 기하학의 원리들, **대수**, 그리고 **수학**의 다른 이론적 분야를 배웠기 때문에 무지자들 사이에서 위대한 **수학자**로 통하니 더 그렇다. 이 칭호는 **논리학**을 아주 조금밖에 모르는 사람에게 위대한 철학자라는 칭호가 속하지 않는 것과 마찬가지로 그들에게 속하지 않는다. 사람들은 이러한 관념적이거나 이론적인 학문을 아주 잘 알고 있을 수 있지만, 실제로 존재하고 일어나는 일에 관해서는 지식이 거의 없거나 전혀 없는 선생들일 수 있기 때문이다.

그러나 우리는 이로부터 그 고귀한 학문들 자체가 이 하찮은 사람들을 그러한 잘못된 견해로 이끈다고 결론 내려서는 안 된다. 왜냐하면 많은 경우에 그 학문들은 우리가 달리 획득할 수 없는, **창조의 작품에서 신의 지혜를 발견하는 길**을 열어 주기 때문이다. 반대로 그 학문들은 매우 유용하다. 단지 어설프게 배운 사람들이 오용할 때만 문제가 될 뿐이다. 이들은 약간의 지식으로 우쭐한 나머지 자신이 모든 것을 안다고 생각하고는 **선분**과 **양**lines and quantities에 관해 자신들만큼 이해하지 못했다고 해서 다른 종류의 학문에서는 훨씬 더 현명하고 분별력이 있는 이들도 모두 경멸한다.

- **11절. 스피노자에 대한 간략한 논박**

그래서 우리는 현재 **무신론적** 저술들조차 논란의 여지가 없는 진리로 통용되게 하려고 그 저자들이 자신의 저작에 수학적 증명의 형식을 부여하고자 노력했음을 알게 된다. 주목할 만한 예를 **스피노자**의 책에서 볼 수 있는데, 그의 책은 그러한 이유로 이 불행한 많은 사람들에게 이렇듯 많은 인정을 받았다. **수학**을 제대로 이해하지 못하는 이들이 겉모습만 보고 그 책에 제시된 것을 올바른 **수학적** 원리로부터 연역된 것이라고 판단하기 때문이다.

아마도 우리가 이후 진정으로 **수학적인** 것과 비교할 때 스피노자의 책에서 **증명**이라는 이름으로 제출된 오류들을 더 완전하게 보여 줄 기회가 있을 것이다. 말이 나온 김에 그 오류들에 대해 한두 마디 하겠다.

1. **수학자들**이 직접 다루거나 이용하는 관념에는 두 종류가 있다. 즉 단순히 그 자체로 고려되는 관념과 실제로 실존하는 실재들에 대한 관념이 그것이다. 더 명확하게 말하자면, **수학자들**은 자신의 관념에 대해서만 논하거나 아니면 자신의 관념 바깥에 실제로 실존하는 실재들에 대해 논한다.

2. 첫 번째 방식은 이를테면 **유클리드**의 원론이나 **대수학** 등과 같은 **사변 기하학**speculative geometry에서 볼 수 있다. 이러한 학문에서 수학자들은, 점은 부분을 갖지 않는 것, 선은 폭이 없는 것 등이라고 생각한다. 마찬가지로 수학자들은 여기에서 세 차원 이상을 가진 크기도 고려하는데, 이는 누구나 알고 있듯이 단지 우리의 특정한 개념 방식일 뿐이며 실제로 개념 밖에 실존하는 것이 아니다.[137]

137 　[옮긴이] 원문은 다음과 같다. "So likewise they here consider Magnitudes, which have more than three Dimensions, &c. which every body knows are only certain Ways of our Conceptions, having no real Existence out of them." 니우엔테이트가 수학자들이 고려한다고 한 "세 차원 이상을 가진 크기"가 무엇을 말하는 것인지는 매우 불확실하나 흥미로운 언급이 아닐 수 없다. 데카르트는 『방법서설』(1637)에 포함된 논문 「기하학」*La geometrie*에서 좌표계Cartesian coordinate system를 통해 공간을 수학적 좌표로 정의하는 방식을 제안한다. 그는 3차원 이상의 공간을 다루지 않았지만 이 역사적 업적을 통해 고차원 공간에 대한 추상적인 사고 가능성이 열렸다고 볼 수 있다. 하지만 4차원에 대한 체계적인 수학적 연구는 19세기에 이르러서야 해밀턴William Rowan Hamilton(1805~1865)과 베른하르트 리만Bernhard Riemann(1826~1866)과 같은 수학자들에 의해 가능해졌다. 따라서 니우엔테이트의 저 말은 당시 수학자들이 실체로 3차원 이상의 크기에 대해 수학적으로 논했다는 것을 방증한다기보다 수학자들이 실제로 존재하지 않는 순수한 개념적 구성물에 대해 논한다는 것

3. 두 번째 종류의 대상은 **천문학, 광학** 등에 등장한다. 이 학문들에서는 우리의 관념과 별개로 그 자체로 실재적 실존을 갖는 실재들이 고려된다.

4. 제일의 토대는 **공리** 외에도 **정의**가 있다. 정의에서 수학자들은 자신의 관념을 그 관념과 일치하는 실재적으로 실존하는 실재가 있는지 고민하지 않고 기술한다. 우리가 방금 제시한 [점, 선의 정의 같은] 것이 그 예이다. 따라서 수학자들에게는 **삼각형의 세 각이 두 직각과 같다**는 것이 진리이며, 이는 세상의 모든 것이 원형이고 삼각형 같은 것이 실제로 존재하지 않을지라도 여전히 그러할 것이다.

5. [2번에서 언급한 방식과] 다른 길은 실험과 발견에 기초한다. 이 실험과 발견은 수학자들 자신이나 다른 믿을 만한 사람들이 자신의 관념 밖에 있고 단순한 개념 이상의 사물들에 관해 만들어 낸 것이다. 따라서 훌륭한 **천문학자**는 자신이나 자신이 믿을 수 있는 사람이 실험을 통해 발견한 것을, 곧 **지구**라는 구체와 **태양**, 육안으로 보이는 **달**, 다섯 개의 **행성**(그중 일부에는 주위를 도는 위성이나 물체가 있다), 그리고 많은 수의 항성이 실제로 존재한다는 것을 자기 학문의 기초로 삼는다. 하지만 그는 결코 자신의 상상이나 공상을 다른 세계, 다른 종류의 물체를 가정하는 데까지 확장하지 않는다. 예컨대 열 개의 태양이 있고 수백 개의 달이 있고 수천 개의 행성이 있고 극소수의 항성이 있다는 식으로 말이다. 천문학자는 그러한 상상적 세계에 관해서도 우리가 첫 번째 논증 방식에

을 설명하기 위한 단순 예시라고 생각된다. 당시 3차원 이상의 차원 개념이 있었고 논의되었다 할지라도 이는 추상적인 수학적 아이디어였을 뿐 체계적인 수학적 연구 대상은 아니었을 것이다.

따라 충분히 수학적이라고 인정할 수 있는 많은 증명을 제시할 수 있을 지도 모르지만, 이를 사물 자체에 적용하면 완전히 거짓임이 드러날 것 이다.

6. **스피노자**를 읽고 이해한 이들은 그가 모든 것의 기초로 자신의 관념과 개념만 제시하고 있음을 알 수 있으니 이는 여기에서 더 이상 증 명할 필요가 없다. 이로부터 모든 이들이 알 수 있듯이 그는 어처구니없 게도 이 진리 발견의 방식을 실제로 실존하는 실재들에 적용하고 있다. 진정한 **수학자들**은 이 방식을 자신의 관념에 관해서만 사용할 뿐, 실제 로 존재하는 것들에 관해서는 결코 사용하지 않는다. 그런 까닭에 **스피 노자**의 책에서 수많은 가설과 증명이라고 알려진 것의 계열 전체는(그가 그 원리들에 근거하여 올바르게 논증했다고 해도 많은 경우 그 반대가 증 명될 수 있다) 우리에게 단지 그 불행한 저자가 자신 안에서 만들어 낸 상 상이나 개념의 특성만 보여 줄 뿐이다. 어떤 사람도 이를 통해서는 천문 학자가 참된 천체의 구조에 대해 자신의 공상을 제시하는 것 이상의 무 언가를 실재 자체로부터 결론 내릴 수 없다.[138]

7. 따라서 이러한 잘못만으로도 **스피노자**의 모든 논변의 취약성이 드러나며, 그 증명 방식이 진정한 **수학자**들의 증명 방식과 얼마나 불일 치하는지가 한눈에 드러난다.

---

138 [옮긴이] 원문은 다음과 같다. "nor can any Man thereby conclude any thing more from the Things themselves than an Astronomer can do, who advances his own Fancies for the true Structure of the Heavens." 천문학자의 공상은 실제 천체의 구조에 적용될 수 없고 그래서 이를 통해서는 천체에 대해 어떤 결론도 내릴 수 없는 것처럼, 스피노자의 관념과 개념으로 는 실재 자체에 대해 아무것도 도출할 수 없다는 말이다.

- **12절. 이 네 번째 원인에 대한 치료제**

여담에서 본론으로 돌아간다. 이 불행한 철학자들은 자신의 이해력에 너무 큰 가치를 부여하고 강력한 이성에 의해 뒷받침되는 온갖 형이상학적 논변의 무게에 맞서 온 힘을 다해 반대하려고 하니, 내가 지금까지 모든 것을 이해할 수 있다는 그들의 오만한 공상을 무너뜨리고 그들의 이해력이 얼마나 협소한지 보여 주기 위해(이는 특히 그들의 회심에 필요하다) 성공한 유일한 방법은 다음과 같다. 그들을 화학 실험실이나 사람들이 물리 실험을 하는 다른 장소들, 즉 사람들에게 일반적으로 알려지지는 않은 실험을 하는 곳으로 데려가라. 그리고 그들에게 그들 자신의 관념과 개념에 따를 때 이런저런 실험으로부터 어떤 결과가 나올지 물어보라. 이때 그들이 오류를 범하고 사태가 그들이 예상했던 것과 정반대로 나타난다면, 그들은 핑계를 대거나 회피할 수 없을 것이며, 그들의 지성이 실제로 실존하는 대상에 대해 거의 알지 못했음을 인정하지 않을 수 없을 것이다. 그리고 그들이 자연실험에 조예가 깊은 경우, 그들이 보고 있는 모든 것이 어떻게 일어나는지를 편견 없이 숙고하게 하라. 그리고 마치 어떤 장인의 판단력과 기술이 그가 발명한 기계에서 명백히 드러나는 것만큼이나, 만물의 위대한 창조자이자 통치자가 가진 힘과 지혜가 만물에 명명백백하게 드러나 있지 않은지 생각해 보게 하라.

참고문헌

1차 문헌

Nieuwentijt, B., *Het regt gebruik der wereltbeschouwingen ter overtuiginge van ongodisten en ongelovigen*(Amsterdam, 1715).

English transl. as *The Religious Philosopher : Or the Right Use of Contemplating the Works of the Creator*(London, 1718).

French transl. as *De l'existence de Dieu démontrée par les merveilles de la nature, ou traité téléologique dirigé contre la doctrine de Spinoza par un médecin hollandais*(Paris, 1725).

German transl. as *Die Erkänntnüsz der Weisheit, Macht und Gütte des göttlichen Wesens, aus dem rechten Gebrauch aller irrdischen Dinge dieser Welt*(Amsterdam and Frankfurt, 1732).

———, *Gronden van zekerheid, of de regte betoogwyse der wiskundigen, so in het denkbeeldige, als in het zakelyke : Ter wederlegging van Spinosaas denkbeeldig samenstel : en ter aanleiding van eene sekere sakelyke wysbegeerte*(Amsterdam, 1720).

2차 문헌

Bots, J., *Tussen Descartes en Darwin. Geloof en natuurwetenschap in de achttiende eeuw*(Assen : Van Gorcum, 1972). Israel, J.I., *Enlightenment Contested. Philosophy, Modernity, and the Emancipation of Man, 1670-1752*(Oxford : Oxford University Press, 2006).

Boucher, W.(ed.), *Spinoza. Eighteenth and Nineteenth-Century Discussions*, 6 vols(Bristol : Thoemmes Press, 1999).

Jorink, E., *Het Boeck der Natuere. Nederlandse geleerden en de wonderen van Gods schepping, 1575-1715*(Leiden : Primavera Pers, 2006).

Petry, M.J., 'Nieuwentijt's Criticism of Spinoza', *Mededelingen vanwege Het Spinozahuis 40*(Leiden : Brill, 1979).

Vermij, R.H., *Secularisering en natuurwetenschap in de zeventiende eeuw : Bernard Nieuwentijt*(Amsterdam : Rodopi, 1991).

———, 'The Formation of the Newtonian Philosophy : the Case of the Amsterdam Mathematical Amateurs', *British Journal for the History of Science*, no. 36(2003), pp. 186~200.

Wall, E.G.E. van der, 'Newtonianism and Religion in the Netherlands', *Studies in the History and Philosophy of Science*, no. 35(2004), pp. 493~514.

5장 존 톨런드, 『세레나에게 보낸 서신』(1704)

해제 : 링크 페르메이 (편자)

영국의 이신론자이자 자칭 "범신론자"인 존 톨런드(1670~1722)가 스피노자에게 의존했는지 여부는 논쟁 중인 주제이다. 그의 동시대인들 대다수는 톨런드에게 스피노자주의자라는 딱지를 붙여도 문제가 없다고 보았다. 반면 현대의 역사가들은 흔히 그를 영국 시민 전쟁의 급진주의에서 그 기원을 도출할 수 있는 토착적인 영국 전통의 문맥 속에 넣는다. 그러나 보다 최근에 조너선 이즈리얼은 사실 스피노자의 철학이 톨런드 관념의 주요 원천들 중 하나였다고 강력하게 주장했다.[139]

톨런드는 스피노자의 저작을 자주 언급하지는 않지만, 1704년에 처음 출간된 『세레나에게 보낸 서신』에는 스피노자 철학에 대한 상당히 광범위한 논의가 들어 있다. 이 책에는 다양한 철학적 주제에 관한 다섯 편의 서신이 포함되어 있는데, 지금 우리의 관심사는 그중 마지막 두 편이다.

여담이지만 이 서신들은 "세레나"에게 보낸 것이 아니다. 네 번째 서신은 알려진 대로라면 "네덜란드의 어느 신사"에게 보낸 것이었는데, 톨런드는 서문에서 그를 "스피노자의 과도한 추종자"라고 불렀다.[140] 그리고 다섯 번째 서신은 이전 서신에 관해 그에게 질문했던 네덜란드의 또다른 스피노자주의자에게 보낸 것이다. 아마도 이 수신자들을 문학적인 허구적 인물로 간주하는 것이 가장 안전한 해석일 것이다.

---

139 Israel 2001, pp. 609~614.

140 [옮긴이] Toland 1704, The Preface, 14절. [옮긴이] 이 『편람』 원서에는 본문 뒤에 출처가 간단히 "(C2v)"라고 되어 있다. 『세레나에게 보낸 서신』의 서문은 총 열일곱 문단으로 각 문단마다 번호가 매겨져 있다(우리는 "절"로 표시했다). 일렬 페이지 번호는 없고 쪽 하단에 알파벳 소문자와 숫자가 병기된 번호(a1, a2 …, b1, b2 …, c1, c2 …)가 한 페이지 걸러 한 번씩 등장하는데(없는 부분도 많은데, 이유는 정확히 알 수 없었다), 톨런드 책의 스캔본이 상태가 좋지 않아 단언할 수는 없지만 『편람』 원서의 "(C2v)"라는 출처는 아마도 "c2"일 것이다. 서문 이후 서신이 나오는 부분부터는 일렬 페이지 번호가 있다.

네 번째 서신에서 톨런드는 스피노자의 철학을 길게 논하면서 그의 철학은 "어떠한 원리나 기초도 없다"라고 주장한다. 그의 주요 반박은 스피노자가 운동에 대한 고유한 정의를 제시하지 못했다는 것이었다. [그에 의하면] 치른하우스가 스피노자에게 그의 운동 개념을 제시해 달라고 구체적으로 요청했을 때조차(Ep59), 그는 모호하고 얼버무리는 식의 답변을 했을 뿐이다. 이는 안전한 토대 없이 그의 체계를 방치하는 것일 뿐만 아니라, 더 나쁜 것은 스피노자에게 철학자의 자격을 박탈하기도 한다는 것이었다. 이 서신에서 공격 대상은 스피노자의 관념이라기보다는 스피노자의 성격이다. 스피노자 체계의 결함을 드러냄으로써 톨런드가 의도했던 것이 그의 체계를 반박하는 것이었다고 보이지 않는다. 오히려 그는 그렇게 함으로써 스피노자 체계의 결점이라고 생각되는 것을 수선하여 그 체계를 강화하려고 했다. 다섯 번째 서신에서 톨런드는 그 문제는 운동이 물질에 본질적이라고 가정함으로써 해결될 수 있다고 주장한다.

스피노자의 기본 신조에 대한 톨런드의 지지는 상당히 공개적이었다. 그러므로 그가 철학자로서의 스피노자를 폄하한 발언은 스피노자주의를 보다 안전하게 방어하기 위한 위장술이라고 간주될 수 없다(종종 그렇게 생각되었지만). 그의 비판적인 발언은 다른 목적을 위한 것이었음에 틀림없다. 부분적으로 그러한 발언은 야심이나 선망에 의해 자극되었을지도 모른다. 그러나 외견상으로는 자신이 정말 실질적인 기여를 하고 있다고 느꼈고 그의 철학적 반박은 진실한 것으로 보인다. 그러나 그가 초점을 맞추었던 것은 스피노자가 구체적으로 말했거나 하지 않았던 어떤 것이 아니라 기계론 철학의 일반적 함축이었던 것 같다.

잘 알려져 있듯이 운동은 늘 자연철학의 핵심 개념이었다. 전통적으로 아리스토텔레스 철학에서 운동 개념은 대체로 변화 개념 일반과 일치한다. 또한 모든 운동은 운동자mover를 필요로 한다. 우주의 모든 변화는 궁극적으로 제1운동자에 의해 초래된 것으로, 이 운동자는 나중에 기독교적인 창조주 신과 동일시된다. 17세기의 "기계론적 철학"에서 운동은 모든 자연이 운동 중에 있는 물질로 환원되었기 때문에 그다지 중요하지 않았다. 모든 현상은 그 배치가 가지각색으로 변화하는 작은 입자들에 의해 설명될 수 있었다. 그러나 운동은 당시 "장소 운동"local motion, 곧 다른 물체와 관련된 물체의 위치 변화로 환원되었다. 그렇게 함으로써 운동은 순수한 수학적 개념이 되었다. 게다가 그러한 장소 이동은 운동자를 필요로 하지 않는다. 어떠한 물체든 일단 운동 상태에 놓이게 되면 외부 힘에 의해 멈춰지지 않는 한 영원히 운동할 것이다. 정지해 있는 물체가 외부 힘에 의해 움직여지기 전까지는 정지한 상태로 머물러 있을 것처럼 말이다. 실제로 운동과 정지는 동일한 존재론적 지위를 가지고 있었다. 이러한 새로운 운동 이해를 구축하면서 자연철학은 갈릴레오, 데카르트, 하위헌스, 뉴턴 등등의 저작에서 혁명적인 방식으로 "수학화"되었다.

그러나 원숙한 기계론 과학이 새로운 운동 관념의 모든 함축을 고려할 수 있기까지는 상당한 시간이 걸렸다. 가속도나 에너지 같은 개념은 그보다 훨씬 더 나중에야 발전되었다. 이렇게 명확하지 않은 부분들 때문에 철학적 사변의 여지가 많이 남아 있었다. 데카르트는 자신의 자연법칙 중 하나를 우주 안에 있는 운동의 총량은 일정하다고 진술했다[PP II, 36]. 그러나 만일 '운동'이 단지 상대적인 장소 변화라면 '운동량'은 무엇인가? 만일 운동 자체에 어떠한 존재론적 의미도 없다면, 운동량은 어떻게 보존될 수 있는가? 많은 이들에게 운동은 여전히 어떤 원인 내지 형이상학적 정당화가 필요한 문제로 느껴졌다.

톨런드는 물체의 모든 감각적 성질뿐만 아니라 그것들의 형식forms, 발생, 퇴락 등은 "그 부분들의 무수한 혼합·전위轉位·다른 배열(이 모든 것은 운동의 자연적이고 의심의 여지없는 효과들 내지 더 정확히 말하자면 이러한 몇몇 이름이나 규정들이라는 형식하에 있는 운동 자체이다)"[141]로부터 따라 나온다는 기계론 철학자들의 주장에 동의했다. 그럼에도 그는 이를 [운동의] 진정한 원인으로 간주하는 데에 주저했다. 그러한 운동은 실재적인 어떤 것이 아니라는 바로 그 이유였다. 그가 네 번째 서신의 여덟 번째 절에서 쓴 것처럼, 장소 운동은 단지 다른 물체와 관련된 위치 변화에 불과한 것이었고, 그러므로 "자연 안에 있는 어떤 실재적 존재자real being"가 아니었다. 그리고 "수학자들은 (…) 장소 운동을 발견된 그대로 다루며 그 기원에 대해 많은 고민을 하지 않"지만, 철학자들은 그렇게 해서는 안 된다고 한다. 실재는 철학적 원리로부터 설명되어야 한다. 톨런드는 이 점에서 자신이 수학과 역학을 무시해도 된다고 느꼈다(예컨대 그는 힘은 운동을 설명하기 위해서 필요한 것이 아니라 단지 운동의 변화를 설명하기 위해 필요한 것이라는 뉴턴의 증명을 완전히 무시했다).

톨런드는 기독교의 신과 동일시될 수 있는 외부의 제1원동자를 받아들일 수 없었다. 때문에 [운동의] 제1원인은 물질 자체에 있어야 했고, 따라서 그것은 기계론적 사유에서 가정되었던 것처럼 한낱 수동적인 것이 아니었다. 우리가 대상에서 지각할 수 있는 모든 변화의 기저에는, 장소 변화이든 아니든, 그가 힘·활동 또는 에너지라고 부른 원리가 있다. 물론 이 '에너지'는 19세기에 등장하게 될 수학적 에너지 개념과는 아무런 관련이 없다. 그것은 무엇보다 장소 운동, 가분성으로, 그러나 또한 부

141　John Toland, *Letters to Serena*, 1704, pp. 168~169[서신5의 4절].

동성motionlessness으로 자신을 드러내는 물질의 본질적 성질이다.

따라서 톨런드의 문제는 기계론적 사유의 완전한 함축을 받아들일 수 없다는 것이었다. 그는 현상에 대한 기계론적 설명은 받아들였을지 모르지만, 실재 그 자체가 수학적이라는 기계론의 기본 원리는 거부했다. 스피노자는 새로운 기계론적 우주를 훨씬 더 편안하게 여겼다. 자연학을 수학으로 환원하려는 데카르트의 이상을 채택한 그는 자연을 수학적 개념으로 설명하는 것에 더할 나위 없이 만족했다. 비록 공개적으로 그렇게 말하지는 않았을지라도, 그는 수학적 개념들에 어떤 자연학적 기초가 필요하다고 느끼지 않았다.[142]

서신 4. 네덜란드의 어느 신사분께, 스피노자의 철학 체계는 어떠한 원리나 토대도 갖추지 못했음을 보여 드리며…

3. 저로서는, 스피노자가 그렇게 많은 일에서 거의 성공을 거두지 못했다고 해서, 그가 잘한 것이 전혀 없다고 말씀드리지는 않겠습니다. 오히려 그는 운좋게 몇 가지 탁견을 얻었고 놀라운 천부적 재능을 가진 사람이었던 것으로 보입니다. 다만 그의 학식share in Learning은 (일부 수학 분야와

---

142 [옮긴이] 톨런드는 자연에 대한 수학적 설명의 기저에 물질의 본질적인 힘과 같은 더 근본적인 철학적 (자연학적) 기초가 있어야 한다고 생각했지만, 스피노자는 수학적 설명 외에 이를 근거 지을 자연학적 기초가 필요하지 않았다는 이야기이다. 그래서 톨런드는 "실재reality는 철학적 원리로부터 설명되어야 한다"라고 보고 심지어 "수학과 역학을 무시해도 된다고 느꼈"지만, 스피노자는 자연에 대한 수학적 설명에 "더할 나위 없이 만족했다perfectly happy"라는 것이다. 이 해제를 쓴 링크 페르메이의 주장과 달리 스피노자가 "자연학을 수학으로 환원한다는 데카르트의 이상을 채택"한 엄격한 의미의 기계론 철학자였는지는 재고의 여지가 있다. 이 책 352~353쪽 옮긴이 주 151번 참고. 이에 대해서는 Filip Buyse, 'Spinoza, Boyle, Galileo : Was Spinoza a Strict Mechanical Philosopher?', *Intellectual History Review*, 23 : 1, 2013, pp.45~64 참고.

럽비 문헌에 대한 이해를 제외하면) 매우 평범했던 것 같습니다.

5. 그가 아무리 정직한 사람이었다 해도, 저는 선생께서 가장 훌륭한 이들조차 지닐 수밖에 없는 많은 인간적 약점에 대해 그를 예외로 두시지는 않으리라고 생각합니다. 그런데 저는 그의 가장 큰 약점이 학파의 수장이 되어 제자들을 거느리고 영예롭게 자기 이름을 딴 새로운 철학 체계를 세우고자 하는 열망이었다고 의심하고 있습니다. 그의 선생인 데카르트의 성공이라는 생생하고 매력적인 선례가 있었으니까요. 저는 이러한 결론을 그가 자주 "나의 철학" 또는 "우리의 체계" 등과 같은 표현을 사용했다는 점에서 내린 것이 아닙니다. 또한 저는 어떤 특별한 발견을 했다거나 심지어 철학의 모든 측면을 변화시키고 절대적으로 새로운 방법을 도입했다고 하는 사람들이 모두 이런 식의 허세를 부린 것이라고 비난하지도 않을 것입니다. 그러한 사람들이 다른 동기 없이 진리에 대한 사랑과 사회의 이익이라는 동기에 의해서만 행동했을 수 있음은 의심할 여지 없고, 실제로 그들이 해롭고 잘못되었거나 무익하다고 생각한 것만 거부할 것이라는 점도 마찬가지이기 때문입니다.

6. 그러나 어떤 이가 어떤 제1원리도 없이 또는 불안정한precarious 토대 위에 전체 철학 체계를 세우고는 나중에 잘못을 지적받고 그 난점이 상기되었음에도, 그 결함을 보충하거나 이미 확립한 것으로 해명하지도 않으며 게다가 자신의 실수를 인정하지도 않는다면, 우리는 그가 자신의 새로운 세계(철학 체계란 그러한[세계 같은] 것이니까요)를 너무나 사랑한 나머지 더 나은 창시자를 결코 받아들이지 않을 것이라고 합리적으로 의심해 볼 수 있을 것입니다. 반면에 진리를 드러내고 전파하는 것 외에 다른 목적이 없고 공상이나 추측만으로 만족할 수 없는 사람이라면, 그러한 상황에서 자신의 오류를 고백하고 수정하는 일을 조금도 부끄러워

하지 않을 것입니다.

7. 이제 제가 스피노자에게 제기한 혐의가 그에게 있는지 검토해 봅시다. (…) 그를 더없이 흠모하는 사람에게도 그가 우주에 단 하나의 실체만 있다고 인정했음을, 또는 우주의 모든 것들의 질료가 아무리 다르게 변용되더라도 어디에서나 동일한 본성을 지니고 있으며 불변적이고 본질적이며 분리 불가능한 속성들을 지닌 단 하나의 연속적 존재자임을 제가 증명할 필요는 없을 것입니다. 그는 이러한 속성들(그는 속성들이 그것들이 속한 실체와 마찬가지로 영원하다고 가정했지요) 중 연장과 사유가 가장 주요한 것이라고 생각합니다. 그는 이름을 붙이려는 수고도 하지 않은 무수한 다른 속성이 있다고 가정하지만 말입니다. 그는 어디에서도 운동이 그러한 속성들 중 하나라고 암시조차하지 않았습니다. 그가 운동을 속성 중 하나라고 암시했다 하더라도, 우리는 그의 말만 믿지는 않았을 것입니다. 물질의 모든 부분과 입자가 항상 사유한다는 주장에 대해서도 그가 제시한 것보다 더 설득력 있는 논증 없이는 받아들이지 않았을 것입니다. 이는 이성과 경험 모두에 반하는 것이기 때문입니다. 이성과 경험은 모두 물질의 연장Extension of Matter을 증명합니다. 동물의 사유 원리가 무엇이건 간에, 그것은 뇌를 통해서만 수행될 수 있습니다.[143]

143　[옮긴이] 스피노자가 "물질의 모든 부분과 입자가 항상 사유한다"라고 주장했다는 톨런드의 말은 다음과 같은 주장을 염두에 둔 것이라 생각된다. "왜냐하면 지금까지 우리가 보여 준 것은 완전히 일반적인 것이어서 다른 개체들—이것들도 상이한 정도이긴 하지만 모두 정신화animata되어 있다—보다 인간에게 더 많이 속하는 것은 아니기 때문이다. 왜냐하면 신 안에는 모든 실재에 대한 관념이 존재하기 때문이다"(E2p13cs). 이는 관념과 그 대상의 동일성 그리고 관념들과 그 대상들 각각의 질서 및 연관의 동일성을 주장하는 스피노자 평행론의 귀결이다(E2p3~8 참고). 그런데 톨런드에 의하면, "물질의 모든 부분과 입자가 항상 사유한다"라는 것은 이성과 경험에 반한다. 이성과 경험이 증명하는 것은 단지 "물질의 연장" 곧 물질이 연장이라는 것 뿐이다. 이러한 맥락에서 톨런드가 "동물의 사유 원리가 무엇이건 간에,

8. 우리는 물질의 영속적 변화가 운동의 결과라는 점에 모두 동의합니다. 운동은 무한하게 많은 상이한 형태와 혼합, 감각적 성질을 만들어냅니다. 하지만 우리는 장소 운동과 운동력moving Force 또는 활동(작용)Action을 구별해야만 합니다. 장소 운동은 단지 위치 변화, 또는 동일한 물체가 다른 여러 물체들의 각 부분과 연속적으로 관계를 맺는 것일 뿐이기 때문입니다.[144] 따라서 이러한 운동은 물체 자체와 다른 것도 아니고 자연 안에 있는 어떤 실재적 존재자도 아닙니다. 단지 그 위치의 양태나 고려 사항일 뿐이며, 그 물체 내부나 외부에 있는 어떤 힘이나 활동의 결과일 뿐입니다. 통상적인 운동 법칙들이란 장소 운동에서 일반적으로 일어나는 일들에 대한 경험으로부터 배운 관찰이거나, 그러한 관찰로부터 추론된 개연적 계산에 불과하지만, 활동 또는 운동력 역시 종종 운동이라는 이름으로 불립니다. 그래서 결과가 원인과 혼동되어 수많은 혼란과 부조리를 초래했습니다. 하지만 물질에서 일어나는 다양성을 다룬 모든 사람들은 이 활동을 그 원인으로 여겼음이 틀림없습니다. 그렇지 않다면

그것은 뇌를 통해서만 수행될 수 있습니다"Whatever be the Principle of Thinking in Animals, yet it cannot be perform'd but by the means of the Brain라고 한 것은 동물의 사유 능력을 인정하고 전제한 말이라기보다, 만일 동물이 사유한다고 해도 그 원리는 사실 연장에 불과한 뇌라는 물질에 의해 수행되는 것이지 물질이 사유하기 때문이 아니라는 말일 것이다.

144 [옮긴이] 장소 운동이 "위치 변화Change of Situation, 또는 동일한 물체가 다른 여러 물체들의 각 부분과 연속적으로 관계를 맺는 것successive Application"이라는 말은 다른 물체와의 위치 관계가 그 운동에 따라 연속적으로 변화한다는 뜻이라고 생각된다. 이는 "자신과 닿아 있으면서 정지해 있는 것으로 간주되는 물체들과 이웃함으로부터 다른 물체들과 이웃함으로의 이동translatio"(PP II. 25)이라는 데카르트의 운동 개념과 흡사하다. 그러나 톨런드는 데카르트가 운동을 "이동시키는 힘이나 행위가 아니라 이동"(PP II. 25)이라고 규정하고 물체의 운동과 힘을 분리한 것과 달리, 이러한 장소 운동은 "물체의 내부나 외부에 있는 어떤 힘이나 활동의 결과"라고 주장한다. 그리고 이어지는 논의에 나오는 것처럼 철학자는 수학자와 달리 운동의 진정한 기원을 찾아야 한다고 역설한다.

그들의 노력은 헛된 것이었을 것입니다. 이 활동이 일단 설명되면, 우리는 그 결과로서의 장소 운동을 쉽게 설명할 수 있지만, 다른 방식으로는 불가능하기 때문입니다. 수학자들은 대개 운동력을 당연한 것으로 전제하고, 장소 운동을 그들이 본 그대로 다루며, 그 기원에 대해서는 많은 고민을 하지 않습니다. 하지만 철학자들의 방식은 다르며, 정확히 말하자면 달라야만 합니다.

9. 누구든 세계의 기원이나 현재의 기계적 구조, 물질의 변용을 제1원인들에 의해 설명하려고 하는 사람은 누구든 반드시 운동의 제1원인으로부터 시작해야 합니다. 있는 그대로의 연장 관념에는 어떤 종류의 다양성도 어떤 변화의 원인도 포함되어 있지 않기 때문입니다. 그리고 오직 활동만 연장에서 어떤 변화를 산출할 수 있다는 점을 고려할 때, 이러한 활동이나 운동의 원리는 잘 해명되고 확립되어야 하며, 그렇지 않으면 그 체계는 곧 결함이 드러날 수밖에 없습니다. 만약 그것을 단지 당연한 것으로 받아들인다면, 그 체계는 하나의 가설에 불과하겠지요. 하지만 만약 그것이 증명되고 설명된다면, 우리는 자연철학에서 지금까지보다 더 큰 확실성을 발견할 수 있을 것입니다. 따라서 장소 운동에만 의존하는 것으로는 충분하지 않습니다. 장소 운동은 앞서 말씀 드렸듯이 자연의 다른 모든 다양성과 마찬가지로 이 활동의 결과일 뿐입니다. 정지도 마찬가지입니다. 정지는 이제 일반적으로 결핍이나 절대적 비활동inactivity 상태가 아닌 것으로 인정됩니다. 물체를 움직이기 위해 필요한 것만큼의 힘이 물체를 정지 상태로 유지하기 위해서도 필요하기 때문입니다. 그런 까닭에 장소 운동과 정지는 단지 상대적인 용어이며 사라질 수 있는 양태일 뿐이지, 실정적positive이거나 실재적인 존재자가 아닙니다 (…).

11. 스피노자는 자신의 체계 어디에서도 운동이나 정지를 정의하려고 시도하지 않았습니다. 의도적이었든 아니든 철학자로서는 용납될 수 없는 일이지요. 그럼에도 『윤리학』에서 그가 한 말에 따르면, **운동과 정지가 물체들 간의 모든 다양성의 원인**[145]이며, 그런고로 **특수한 물체들의 구별이 생기고,**[146] 또한 **무한한 실재들이 운동과 정지로부터 생겨난다**[147]고 합니다. (…)[148] 그가 운동을 물질의 영원한 속성이라고 생각하지 않았다는 것은 추론을 통해 보여 줄 필요도 없습니다. 만약 그가 그렇게 생각했더라도, 우리는 충분한 증명 없이는 그것을 믿을 수 없었을 것입니다. 말씀드리건대, 우리는 이런 수고를 할 필요가 없습니다. 그는 명백히 그 반대를 주장했고, 그가 자신의 견해를 가장 잘 알려 줄 수 있는 사람이었기 때문입니다. 그는 자신의 『윤리학』 일부를 전달하면서 올덴부르크에게 보낸 첫 번째 서신에서 다음과 같이 썼습니다.

---

145 "물체들은 운동과 정지, 빠름과 느림의 관계에 따라ratione 서로 구별되지, 실체의 관계에 따라ratione substantiae 서로 구별되는 것이 아니다"(E2p13lem1).

146 "운동 중이거나 정지해 있는 물체는 다른 물체에 의해 정지하거나 운동하도록 규정되었어야 하며, 이 다른 물체 역시 다른 것에 의해 운동하거나 정지하도록 규정되었고, 이 후자 역시 또 다른 것에 의해 규정되었고, 이처럼 무한하게 나아간다"(E2p13lem3).

147 "그리고 주어진 의지 또는 지성으로부터 무한하게 많은 것들이 따라 나올 수 있다고 해도 신이 의지의 자유에 따라 행위한다고 말할 수는 없는데, 이는 운동과 정지로부터 따라 나오는 것 때문에(왜냐하면 운동과 정지로부터도 무한하게 많은 것이 따라 나오기 때문이다) 신이 운동과 정지의 자유에 따라 행위한다고 말할 수 없는 것과 마찬가지이다"(E1p32c2). [옮긴이] 아울러 본문에 강조된 부분은 위 두 보조정리와 따름정리에 대한 톨런드의 요약이다. 그는 이 세 부분에 『윤리학』의 해당 라틴어 원문과 출처를 각주로 달아 놓았다. 마지막 따름정리의 출처는 1부 정리3의 따름정리2라고 되어 있으나 오기이므로 바로잡았다. 아울러 이를 전제한 『편람』의 원서는 톨런드가 밝힌 원문은 생략하고 출처만 밝힌 채 따옴표로 묶어 놓아 톨런드가 스피노자의 글을 직접 인용한 것처럼 오해할 소지가 있다. 원서대로 수정했음을 밝힌다.

148 [옮긴이] 생략된 부분에서 저자는 스피노자의 다른 텍스트를 고려하지 않아도 되는 이유를 간략하게 제시한다.

저는 속성을 자신에 의해, 그리고 자신 안에서 생각되고 존재하는 것으로서 이해합니다. 따라서 한 속성의 개념은 다른 어떤 것의 개념도 포함하지 않습니다. 예를 들어 연장은 자신에 의해, 그리고 자신 안에서 생각됩니다. 그러나 운동은 그렇지 않습니다. 운동은 다른 것에 의해 생각되며 운동의 개념은 연장을 포함하기 때문입니다.[149]

지극히 명료하고 단정적이지요. 우리는 이 주장이 연장에 대해 얼마나 참되거나 거짓된 것인지 지금 검토하지는 않겠습니다. 연장은 추상관념에 불과하며 운동만큼이나 기체 없이는 인식될 수 없는 것입니다.[150]

12. 게다가 『윤리학』에서 실재를 그 제1원인들(스콜라 학자들이 아 프리오리[a priori, 선험적]라고 부르는)로부터 연역한다고 자랑하는 스피노자는 물질이 어떻게 운동하게 되었는지 또는 운동이 어떻게 지속되는지에 대해 어떤 설명도 제시하지 않았습니다. 그는 신을 최초의 운동자로 인정하지도 않았고, 운동이 [물질의] 속성임을 증명하거나 가정하지도 않았으며, (오히려 그 반대를 주장하고는) 사실 운동이 무엇인지 설명하지도 않았습니다. 따라서 그는 특수한 물체들의 다양성이 어떻게 실체의 단일성이나 전 우주의 물질의 동일성과 조화를 이룰 수 있는지 보여줄 수 없었습니다. 그런 까닭에 그의 체계는 전적으로 불확실하고 어떤 종류의 근거도 없으며 뒤죽박죽이고 철학적이지 않다고 별 탈 없이 결론 내릴 수 있을 것입니다. 그러나 그에 대한 애정 때문에 그렇게 위대한 사

---

149 [옮긴이] Ep2 ; G IV 7~8 ; 이근세 13.
150 [옮긴이] 스피노자는 연장은 다른 것이 없이 생각될 수 있지만 운동은 그렇지 않다고 본 반면, 톨런드는 연장과 운동 모두 기체 없이 인식될 수 없다고 주장하는 것이다.

람이 처음부터 그렇게 실수할 리 없고 제가 미처 발견하지 못한 어딘가에다 이 엄청난 결함을 보완했을 것이라고 생각하실까 봐 말씀 드립니다. 그의 철학을 맹목적으로 받아들이지는 않았지만, 그들의 견해 차이가 아마도 선생님과 제 사이처럼 그들의 애정에도 거의 영향을 주지 않았던 어떤 이에게 했던 그 자신의 말을 믿어 주시기 바랍니다. 그가 우물쭈물하고 핑계와 변명을 늘어놓으면서 자신에게 제기된 반박을 해결하지 않고 회피하려고 했음은 아주 주목할 만한 일입니다.[151] 그 때문에 저

151　[옮긴이] 여기서 톨런드가 말하는 "어떤 이"는 스피노자의 주요 서신 교환자 중 한 명이었던 치른하우스일 것이다. 치른하우스는 「서신80」에서 물체의 다양성이 어떻게 연장에서 따라 나올 수 있는지 질문한다. 그런데 스피노자는 데카르트가 생각한 불활성적인 덩어리로서의 연장에서 물체들의 실존을 증명하는 것은 불가능하다고 답한다(「서신81」). 치른하우스는 이 답변에 만족할 수 없었다. 왜냐하면 데카르트의 철학과 달리 운동의 제1원인으로서의 외재적인 신을 가정하지 않는 스피노자 철학에서 실재의 다양성이 어떻게 가능한지 물은 것이었기 때문이다. 그래서 치른하우스는 「서신82」에서 어떻게 "연장으로부터 실재의 다양성이 선험적으로 증명될 수 있는지" 설명해 달라고 재차 부탁한다. 이에 스피노자는 답장(「서신83」)에서 "저는 이 문제가 불가능하다고 이미 아주 명료하게 말씀드렸다고 생각"한다고 답하면서, 물질을 데카르트처럼 연장으로 보아선 안 되고 "영원하고 무한한 본질을 표현하는 속성을 통하여" 설명해야 한다고 역설한다. 그리고 스피노자는 추가적인 설명 없이 곧바로 다음과 같이 말한다. "제가 충분히 오래 산다면si vita suppetit, 당신과 보다 명확하게 이 문제를 논의할 것입니다. 아직까지는 이 주제에 관한 어떤 것을 적절한 순서로 정리할 기회를 갖지 못했습니다"(이근세 415, 번역은 수정). 톨런드가 언급한 "그 자신의 말"은 바로 이 말이며, 나중 운운하며 아직 이 문제에 대해 정리하지 못했다고 한 것은 그가 "자신에게 제기된 반박을 해결하지 않고 회피하려고 했음"을 보여 준다고 주장하는 것이다. 반면 톨런드는, 스피노자 자신이 말한 것처럼 실재의 다양성이 데카르트의 연장 개념에 의해 선험적으로 증명될 수 없고 그가 말하는 속성을 통해 설명되어야 한다면, 속성에는 운동이 포함되어야 한다고 주장한다. 그러나 스피노자가 「서신83」에서 한 답변을 고려할 때, 스피노자가 연장으로부터는 실재의 다양성이 선험적으로 증명될 수 없음을 "이미 아주 명료하게 말씀드렸다고 생각"한다고 강조하며 실재의 다양성은 속성을 통해 설명되어야 한다고 간단히 답한 것은, 『윤리학』 필사본을 소지하고 스피노자 철학을 연구하던 그 영민한 독일인 귀족이 『윤리학』 1부 후반부의 논점을 충분히 이해하고 있다고 보았기 때문일 수 있다고 생각된다. 스피노자는 『윤리학』 1부 후반부에서 "신의 역량은 신의 본질 자체"(E1p34)이기 때문에, "신의 역량을 일정하게 규정된 방식으로 표현"하는 실존하는 모든 것들은 어떤 결과를 산출하는 역량을 지니며, 따라서 "주어진 그 본성으로부터 어떤 결과가 따라 나오지 않는 것은 아무것도 실

는 그가 차마 자신의 체계를 포기할 수 없었고 새로운 학파의 수장이 되려는 희망을 내려놓을 수도 없었다는 생각 속에 계속 머무르게 됩니다.[152]

서신 5. 운동은 물질에 본질적입니다.
스피노자 논박에 대한 고귀한 친구의 몇 가지 논평에 답변 드리며

7. 차제에 모든 애매함을 피하기 위해 선생님께 다음과 같은 점을 알려 드리는 편이 좋겠습니다. 물체들이란 정신이 여러 제한된 체계나 특정한 양(量)Quantitys으로 인식하는 물질의 특정한 변양들을 뜻합니다. 이것들은 정신적으로 추상된 것일 뿐, 우주의 연장으로부터 실제로 분리되는 것은 아닙니다. (⋯) 우리는 하나의 물체가 다른 물체보다 크거나 작다

존하지 않는다"(E1p36)라고 역설한다. 다시 말해서 스피노자는 「서신81」에서 말한 것처럼 물질의 다양성은 데카르트의 불활성적인 연장을 통해 이해될 수 없고 「서신83」에서는 『윤리학』 1부에서 설명한 것처럼 무한한 생산 역량과 동일시되는 "필연적으로 영원하고 무한한 본질을 표현하는 [연장] 속성"을 통해 설명되어야 한다고 답했던 것이다. 스피노자가 "이 주제에 관한 어떤 것을 적절한 순서로 정리할 기회"가 필요하다고 생각했던 것은 분명하다. 그러나 톨런드가 문제 삼는 「서신83」의 저 말은 실재의 다양성 문제를 해결할 수 없었기 때문이 아니라 『윤리학』 1부에서 충분히 해명된다고 보았기 때문일 것이다. 유의할 것은 스피노자의 주장을 톨런드가 아래 자신의 「서신5」에서 개진한 주장과 유사한 것으로 보아서는 안된다는 점이다. 톨런드는 사실상 운동의 원인을 물체 내부에 두는 아리스토텔레스의 역학으로 회귀하는 것처럼 보이는데, 스피노자의 인과론은 근대의 타동적 인과론의 성과를 수용하면서 동시에 물체에 원인으로서의 역량을 부여하려는 시도이기 때문이다. 이에 대해서는 진태원, 「변용과 연관의 인과론-스피노자 인과 이론에 대한 한 가지 해석」, 『헤겔연구』, 27권, 2010, 215~240쪽과 이혁주, 「스피노자의 인과론과 개체화 문제」, 『동서철학연구』, 105집, 2022, 263~296쪽 참고.

152 13절에서는 서신63, 64, 69, 71, 72의 서신 교환 내용이 요약된다. [옮긴이] 「서신63」은 슐러를 경유하여 치른하우스가 스피노자에게 보낸 서신이며 「서신64」는 스피노자의 답신이다. 「서신69」는 스피노자가 램버트 반 벨트하위선에게 보낸 서신이며, 「서신71」은 헨리 올덴부르크가 스피노자에게 보낸 서신으로 스피노자가 올덴부르크에게 보낸 「서신68」에 대한 회신이다. 「서신72」는 스피노자가 슐러에게 보낸 서신이며 슐러가 스피노자에게 보낸 「서신70」에 대한 회신이다. 이근세 344~381의 해당 서신 참고.

고 깨지거나 분해된다고 말하는데, 이는 변양의 다종다양한 변화 때문입니다. 하지만 우리는 엄밀하게 물질이 다른 것보다 더 크거나 작다고 말할 수 없습니다. 우주 안에는 단 한 종류의 물질만 있기 때문입니다. 그리고 만약 그것이 무한하게 연장되어 있다면, 다른 것과 독립적인 절대적인 부분들을 가질 수 없고, 부분들과 입자들은 방금 물체들에 대해 말씀 드렸던 것처럼 인식됩니다. 다른 많은 말들은 우리의 상상을 돕기 위해 고안된 것으로, 이는 작업자들의 편의를 위한 발판scaffold(비계)과 같은 것입니다. 발판은 공사가 끝나고 나면 치워 버려야지 그것을 기둥이나 토대라고 착각해서는 안 됩니다. 예컨대 '크다'와 '작다'가 이런 유의 말인데, 이러한 말들은 단지 정신의 비교에 불과할 뿐, 어떤 실정적 기체들positive Subjects의 이름도 아닙니다. 선생께서는 어린 여동생에 비해서는 크지만 코끼리에 비해서는 작고, 선생님의 여동생은 그녀의 앵무새에 견주어 볼 때 크지만 어머니 옆에 서면 아주 작은 것처럼 말입니다. 이런 말들과 그와 유사한 말들은 올바르게 적용될 때는 매우 유용하지만, 종종 오용되어 상대적이거나 양태적인 것에서 실재적이고 절대적이며 실정적인 것이 되어 버립니다. '물체들', '부분들', '입자들', '어떤 것', '특정한 존재자' 등이 그러한데, 이런 말들은 일상생활에서야 허용될 수 있지만 철학적 사변에서는 결코 그럴 수 없습니다 (…).

12. 그런데 '공간'Space보다 더 오용되고 결과적으로 더 논쟁을 불러일으킨 말은 없습니다. 공간은 단지 추상 관념(앞으로 아시게 될 것입니다) 또는 임의의 사물이 자신과 떨어져 있는 다른 존재자들에 대해 갖는 관계일 뿐입니다. 그것들 사이에 있는 것들은 고려되지 않습니다. 그 사

이에 있는 것들이 [그것들과] 실재적 실존을 동시에 가지고 있어도요.[153] 따라서 '장소'Place는 어떤 사물이 주위의 물체들과 관련하여 갖는 '상대적 위치'relative position이거나 그 사물이 그 자체의 부피로 채워 다른 모든 물체를 배제한다고 생각되는 '공간'Room입니다. 이 개념들은 단순한 추상일 뿐이며, [물체의] 체적Capacity은 그 물체에 포함된 것과 전혀 다른 것이 아닙니다. 이처럼 '거리'Distance 역시 측정되는 연장을 가진 사물들은 고려하지 않는 두 물체 사이의 측정값measure입니다.[154]

그럼에도 수학자들은 사물들이 없는 지속, 양이 없는 점 등을 가정했던 것처럼, 물질 없는 공간을 가정할 필요가 있었습니다. 그래서 비활동적이라고 여겨지는 물질 속 운동의 발생을 달리 설명할 수 없었던 철학자들은 물질과 구분되는 실재적 공간을 상상해 냈고, 이 공간을 연장되어 있고 비물체적이며 움직일 수 없는 동질적이고 무한한 것이라고 여긴 것이지요. 그러나 이 모든 논쟁은 물질의 활동과 무한성에 달려 있습

153　[옮긴이] 서울을 평양과 비교하면 서울은 평양과 직선으로 195킬로미터의 공간적 거리를 갖는 도시라고 규정될 수 있고, 서울을 뉴욕과 비교하면 서울은 뉴욕과 직선으로 11,046킬로미터라는 공간적 거리를 갖는 도시라고 규정될 수 있다. 톨런드에 의하면 공간은 서울이 각각 평양과 뉴욕에 대해 갖는 (공간적) 관계에 다름 아니다. 어떤 도시와 비교하든 그 사이에 실제로 존재하는 사물이 얼마나 있든, 이런 방식으로 어떤 도시가 다른 도시와 갖는 관계는 (공간적) 거리로 추상할 수 있으므로, 우리가 공간이라고 부르는 것은 사실 그러한 공간적 관계에 다름 아니라는 것이다. 요컨대 공간은 두 비교 대상 사이에 실재하는 절대적이고 실정적인 어떤 것이 아니라 (그가 앞서 말한 크기처럼) 비교되는 두 대상 간의 관계에서 비롯된 상대적이고 양태적인 추상 개념에 불과하다는 주장이다.

154　[옮긴이] 원문은 다음과 같다. "and so Distance is the Measure between any two Bodys, without regard to the things whose Extension is so measur'd." 핵심은 "without regard to the things"라는 표현이다. 곧 거리는 순수하게 두 물체 사이의 측정값에 불과하며, 측정되는 두 대상이 무엇인지는 전혀 무관하다는 말이다. 예컨대 서울과 평양 사이의 "거리"는 "약 195킬로미터"로 측정된다. 그러나 이 "195킬로미터"라는 거리는 사실 두 실재(도시) 자체와는 무관하다. 부산의 김해공항과 광주의 광주공항 사이의 거리의 측정값 역시 195킬로미터이며, 무수히 많은 다른 두 실재 역시 같은 거리로 측정될 수 있기 때문이다.

니다. 우선 물질 자체가 본질적으로 활동적이라면, 이런 식의 주장을 지어내어 물질에 운동을 부여할 필요도 운동의 생성을 부여할 필요도 없습니다. 둘째로, 만약 물질이 무한하다면, 우리가 특수한 분할 가능한 물체들이라고 부르는 그러한 변양들이 있다 하더라도, 서로 독립적으로 굽은 선이나 직선을 따라 운동하는 분리된 부분들을 가질 수 없습니다. 셋째로, 물질이 자체적으로 활동하고 견고성 또는 연장성을 갖고 있다면, 물질은 마찬가지로 부분으로 나뉘지 않고 균질해야 합니다.[155] 넷째로, 물질이 무한하다면 우주에는 어떤 장소 운동도 없어야 합니다. 왜냐하면 그 외부에는 그것이 연속적으로 적용될 수 있는 고정점이 없으며 그것이 옮겨 갈 수 있는 어떤 장소도 없기 때문입니다.

17. 그러나 모든 물질의 내부 에너지, 아우토키네시Autokinesy,[156] 또는 본질적 활동(이것이 없다면 물질은 어떠한 특수한 변화나 분할도 할 수 없을 것입니다)과 외부 장소 운동 또는 위치 변화(이는 본질적 활동이라는 그 주체의 다양한 변양일 뿐입니다)를 항상 구분하셔야 합니다. 특수한 운동들은 보다 우세한 다른 운동들에 의해 직선이나 원 방향으로,[157] 빠르거나 느리게, 연속적이거나 단속적이 되도록continu'd or interrupted

---

155 [옮긴이] 원문은 다음과 같다. "Thirdly, Matter must be likewise homogeneal, if it has Action of it self as well as Solidity or Extension, without being divided into Parts." 물질 전체가 본질적으로 활동성Action과 무한성Infinity을 지니고 있는 것처럼 견고성 또는 연장성을 지니고 있으며, 따라서 물질 전체는 부분으로 나눠지지 않는 균질한 하나의 전체라는 것이다.

156 [옮긴이] "자생적(자발적)auto-generated, spontaneous 운동"이라는 뜻으로 앞 장에 나온 헨리 모어Henry More(1614~1687)와 함께 17세기 영국의 캠브리지 플라톤주의자의 대표자였던 철학자이자 신학자 랠프 커드워스Ralph Cudworth(1617~1688)가 도입한 용어이다. 아리스토텔레스의 "아우토키네시스"αὐτοκίνησις, autokinēsis(자기운동능력) 개념에서 유래했다 (Physis VIII. 5).

157 [옮긴이] "direct or circular". 『편람』 원서는 "or"가 "of"로 되어 있어 바로잡는다.

결정됩니다. 이는 다른 물체들의 현행적, 후속적, 또는 주변적 운동들 occurrent, subsequent, or circumambient Motions에 따른 것입니다. 물질의 어떤 부분도 자신의 내부 에너지 없이는 있을 수 없으나, 이는 이웃한 부분들에 의해 결정되더라도 그것들의 특수한 결정이 더 강하냐 약하냐에 따라 움직이거나 저항하는 방식으로 결정됩니다. 그리고 이것들은 다시 다음 것들에 의해 다른 방식으로 계속 변화되고, 그래서 모든 것은 끝없는 변화들 속에서, 즉 (제가 주장하는 것처럼) 영속적인 운동 속에서 진행됩니다.

우연적인 것들[우유들]로 인정되므로, 증가하고 변화하며 축소하고 소멸하면서도 그것들이 변용시키거나 그 안에 존재하는 기체는 파괴되지 않기 때문에, 이러한 기체는 완전히 상상적인 것일 수 없고 한낱 추상적인 관념에 불과한 것일 수도 없으며, 오히려 실재적이고 실정적인 어떤 것이어야 합니다. 연장은 이러한 기체일 수 없습니다. 연장 관념이 어떠한 다양성이나 변화나 운동도 암시하지 않는다는 것은 필연적이기 때문입니다. 그러므로 (방금 말씀드린 것처럼) 연장은 활동일 수밖에 없습니다. 그러한 모든 운동은 단지 활동의 상이한 변양들일 뿐이며, 마치 모든 특수한 물체나 양이 단지 연장의 상이한 변양인 것과 같기 때문입니다.

18. … 철, 돌, 금, 또는 납이라고 해서 사람들이 유동체라 부르는 것들보다 이러한 내부 운동이 더 결여되어 있는 것도 아닙니다. 그렇지 않다면 그것들은 공기나 불이나 물이나 다른 어떤 것들이 그것들에 일으키는 변화를 결코 겪을 수 없을 것이기 때문입니다 (…).

19. 그럼에도 그러한 물체들이 한 장소에 머무른다는 것 자체는 실재적 활동입니다. 이는 구획된 부분Parcel의 노력과 저항이 일정 시간 동안 그것에 작용하는 이웃한 물체들의 결정 운동determining Motions과 대등하기 때문이며being equal, 이웃한 물체들이 그 부분이 특정한 범위를 넘

어가지 못하도록 하기 때문입니다. 이는 제가 이미 상세하고도 명확하게 설명드린 운동의 무수한 연속적 결정들로부터 쉽게 이해될 수 있습니다. 이 머무름은 그러한 결정의 일종으로, 사람들은 그러한 물체의 상태를 가시적인 장소 운동과 구별하기 위해 '정지'Rest라고 부르는 것이지요.[158]

참고문헌

1차 문헌[159]

Toland, J., *Letters to Serena*(London : Printed for Bernard Lintot at the Middle-Temple Gate in Fleet Street, 1704).

Toland, J., *Letters to Serena*(New York : Garland, 1976).

Toland, J., *Letters to Serena*, Ian Leask(ed.), John Toland's 'Letters to Serena', Dublin : Four Courts Press, 2013.

2차 문헌

Champion, J., *Republican Learning. John Toland and the Crisis of Christian Culture, 1696-1722*(Manchester : Manchester University Press, 2003).

Colie, R.L., 'Spinoza and the Early English Deists', *Journal of the History of Ideas*, no. 20(1959), pp. 23~46.

Daniel, S.H., *John Toland. His Methods, Manners, and Mind* (Kingston and Montreal : McGill-Queen's University Press, 1984).

Israel, J. I., *Radical Enlightenment. Philosophy and the Making of Modernity, 1650-1750*(Oxford : Oxford University Press, 2001).

Lurbe, P., 'Le spinozisme de John Toland', in O. Bloch(ed.), *Spinoza au XVIII siècle*(Paris : Méridiens Klincksieck, 1990), pp. 33~47.

---

158 [옮긴이] 물체가 한 장소에 머무름을 일컫는 물체의 정지 상태가 그 물체의 노력 또는 저항과 인접한 물체들의 다양한 결정 운동이 대등한 상태에 있는 것이라고 말하는 것이다. 그런 의미에서 물체들의 정지 상태는 이웃한 물체들이 그 부분의 노력 또는 저항이 그 물체가 정지 상태로 규정될 수 있는 "특정한 범위(경계)bounds를 넘어가지 못하도록" 계속 결정 활동을 하고 있기 때문에 유지된다고 할 수 있다.

159 [옮긴이] 원서에는 1차문헌 정보가 누락되어 있어 추가했다.

Sullivan, R. E., *John Toland and the Deist Controversy. A Study in Adaptations*(Cambridge, MA : Harvard University Press, 1982).

Vermij, R. H., 'Matter and motion : Toland and Serena', in W. van Bunge and W. Klever(eds.), *Disguised and Overt Spinozism around 1700. Papers Presented at the International Colloquium Held at Rotterdam, 5-8 October 1994*(Leiden : Brill, 1996), pp. 275~288.

6장 크리스톱 비티흐, 『안티 스피노자』(1690)

해제 : 마르크 알데링크 (편역자)

1677년 스피노자의 『유고』가 출간되자 반-데카르트주의자들과 데카르트주의자들 모두 똑같이 격분했다. 스피노자는 이미 『신학정치론』 저자로 악명 높았다. 익명으로 출간되었음에도 『신학정치론』의 저자가 스피노자라는 것은 널리 알려진 사실이었다. 저지대Low Countries[160]의 가장 중요한 데카르트주의자 중 한 명인 크리스톱 비티흐Christoph Wittich(1625~1687)가 『윤리학』이 출판되고 나서 10년도 되지 않아 『윤리학』을 철저하게 반박한 책을 썼다는 사실은 스피노자의 철학이 데카르트주의자들에게 얼마나 도발적이었는지를 잘 보여 준다. 이 논박은 『안티 스피노자』라는 제목으로 스피노자 사후인 1690년에 등장했다. 그러나 『안티 스피노자』 끝부분에 있는 두 통의 서신을 볼 때, 그는 이 책의 일부를 이미 1681년이나 그 이전에 쓴 것이 분명하다. 어쨌든 『안티 스피노자』는 스피노자 『윤리학』에 대한 가장 초기 반박서 중 하나이다.

---

160   [옮긴이] 네덜란드, 벨기에, 룩셈부르크 등 북해 연안의 저지대低地帶 지역을 말한다.

비티흐가 『안티 스피노자』를 쓸 당시 그는 레이던 대학의 신학 교수였다. 아브라함 하이다누스Abraham Heidanus(1597~1678), 프란시스쿠스 버만Franciscus Burman(1628~1679) 같은 신학자들뿐만 아니라 요하네스 드 레이Johannes de Raey(1622~1702), 요하네스 쿨라우버스Johannes Clauberg(1622~1665) 같은 철학자들과 더불어, 비티흐는 영향력 있는 네덜란드 데카르트주의자 집단에 속해 있었다. 그는 이미 레이던에서 수학할 때 데카르트 철학을 접했고 이를 받아들였다. 그로닝겐Groningen과 레이던에서 신학을 공부한 후, 비티흐는 1651년 독일 나사우 공국에 있던 허본Herborn의 수학 교수가 되었다. 그러나 같은 해 허본에서 데카르트주의가 금지되었고, 이 일로 비티흐는 요하네스 쿨라우버스와 함께 뒤스부르크Duisburg로 옮겨 수학과 신학을 가르쳤다. 그후 (1655년부터는) 네이메헌Nijmegen에서, (1671년부터는) 마지막으로 레이던에서 신학을 가르쳤다. 그는 개인 강좌에서도 철학을 가르쳤을 것이다. 데카르트 『성찰』에 대한 비티흐의 주해가 그의 제자 중 한 명인 살로몬 반 틸Salomon van Til(1643~1713) 덕택에 남아 있기 때문이다. 이는 분명 데카르트 철학에 관한 개인 강좌의 결과물로 보인다.[161]

성서신학에 관한 저작 외에 그의 저작 대부분은 데카르트 철학과 신학의 관계 문제를 다루고 있다. 이 저작들에서 그는 철학과 신학이 엄밀하게 구별되어야 한다고 주장하면서도 철학과 신학이 서로 모순되는 것은 아니라고 주장한다. 한층 더 철학적인 다른 저작들에서 비티흐는 자연신학을 다루는데, 신학은 이성보다는 계시에 토대를 둔 것이기 때문에 자연신학은 좁은 의미의 신학에서 배제된다. 자연신학에 대한 이러한 이해는 스피노자에 대한 비판에서도 분명하게 드러난다.

『안티 스피노자』는 스피노자 『윤리학』의 거의 모든 정의, 공리, 정리에 대한 완전한 논의와 평가를 담고 있다. 이 텍스트는 우리에게 데카르트 철학에 심취한 사람이 스피노자『윤리학』을 어떻게 해석했는지 보여준다. 이는 데카르트와 스피노자의 관계를 이해하는 데 얼마간 추가적인 도움을 줄 수 있다. 비티흐는 이해하기 어려운『윤리학』의 일부 구절을 명확히 할 뿐만 아니라, 주로 데카르트적 관점에서 스피노자가 자신의 논증이나 전통적인 철학 용어 사용에서 부정직하다고 여겨지는 부분을 지적하기도 한다.

『안티 스피노자』에서 비티흐는『윤리학』을 검토하기에 앞서 "증명 방법에 관하여"De Methodo Demonstrandi라는 제목의 논의를 제시한다. 그곳에서 그는 분석의 방법과 종합의 방법을 구분한다. 종합의 방법은 기하학적 증명 순서, 즉 정의, 공리, 요청에서 시작하여 정리들을 연역하는 방법이라고 이해된다. 종합의 방법에 대한 그의 평가는 데카르트의 그것과 일치한다. 즉, 종합의 방법은 분석의 방법만큼 증명을 이해하기 위해 많은 주의를 요구하지는 않지만, 명제나 결론을 참된 것으로 받아들이지 않을 수 없게 한다.[162] 실제로 종합의 방법은 대개 설득의 방법이나 수사적 장치이다. 게다가 이 방법에 대한 비티흐의 비판은 데카르트가 한 말

---

161 [옮긴이] 원문은 다음과 같다. "In his private courses he most likely taught philosophy as well, since we owe to one of his students, Salomon van Til (1643~1713), a commentary by Wittich on Descartes's Meditationes, which clearly appears to be a result of private courses on this topic." 원문의 "commentary"는 아마도 살로몬 반 틸이 데카르트『성찰』에 대한 비티흐의 개인적인 강해 수업에 참석하면서 남긴 "필기"를 말하는 것이라고 생각된다. "개인 강좌"private courses는 당시 유럽 대학들의 교원들이 학생들에게 별도의 수업료를 받고 개인적으로 개설했던 강좌를 말한다. 교원들의 추가 수입원이었을 뿐만 아니라, 공식 커리큘럼에서 다루기 어려운 주제나 새로운 학설을 가르칠 수 있었던 장이었고 결과적으로 대학의 학문적 다양성과 자유를 증진하는 역할을 했다. 17세기에서 18세기 중반까지 유럽 대학에서 중요한 역할을 하다 19세기에 들어서면서 점차 사라졌다.

162 데카르트,「두 번째 반박에 대한 답변」, AT VII. 155~159 ; 원석영 I-1. 103~108.

과 부분적으로 일치한다. 그는 한편으로 종합의 방법이 무언가가 어떻게 발견되는지 보여 주지 않는다고 반대하며, 다른 한편으로 정의는 정신 바깥에 실존하는 실재에 관한 것이 아니기 때문에 부정확할 수도 있다고 주장한다. 이러한 위험은 분석의 방법을 사용할 때는 발생하지 않는다. 분석의 방법은 실재적인 것들에 대한 올바른 정의에서 시작하거나 그러한 정의의 발견을 목표로 하기 때문이다. 종합의 방법과 달리 분석의 방법은 신이나 정신 같은 특수한 실재 자체에서 시작하여 어떠한 편견 없이 그것들을 빈틈없고 세심하게 고찰하기 위함이다.

비티흐에 따르면, 스피노자의 가장 큰 오류는 특수한 실재에서 시작하지 않고 실체 정의와 같은 "이차 관념"에 대한 정의에서 시작한다는 점이다. 그런 다음 스피노자는 이러한 이차 관념에 근거하여 신과 같은 실재 자체를 정의한다. 스피노자의 정의가 있는 그대로의 실재와 일치하지 않고 단지 이차 관념과 관련되는 것은 이러한 이유 때문이다. 하지만 그는 자신의 정의가 대상에 대한 참된 정의라고 가정한다. 게다가 그의 정의는 그 용어의 통상적 용법과도 다르다. 비티흐에 따르면 이차 관념이나 지향(성)secundae notiones or intentiones은 철학자들이 실재들을 서로 비교하여 만들어 낸 것이다.[163]

그러한 방식으로 실체, 본질, 유, 종, 기체, 특성, 우유, 양태 같은 관념들이 형성된다. 이 관념들은 특히 논리학과 관련된 전통적인 철학 개

---

163 Wittich 1690, 『윤리학』 1부 정의1에 관하여, 7~9쪽을 보라. 일차 관념과 이차 관념이라는 용어의 역사적 배경에 대해서는 Verbeek 2005, pp. 107~109를 보라. [옮긴이] 원문에는 페르베이크의 논문 페이지 번호가 "118~120"으로 되어 있다. 오기이므로 바로잡는다. 일차 지향과 이차 지향에 대해서는 이상섭, 「중세 스콜라철학의 지향성, 지향의 대상 및 지향적 존재에 대한 연구」, 『현상학과 현대철학』, 26호, 2005, 159~206쪽 참고.

넘들로, 실재에 대한 우리의 인식을 명확하게 하는 데 사용된다. 이 관념들은 사실 우리가 실재를 고찰하는 방식이며, 따라서 항상 우리의 지성과 관련된다. 게다가 이 관념들은 특수한 실재들에 대한 지식과 연결될 때만 정확한 의미를 가질 수 있다. 결과적으로 이 관념들은 정신 바깥에 있는 실재들의 실재적 측면으로 간주되어서는 안 된다. 앞서 언급한 글[「증명 방법에 관하여」]에서 비티흐는 예컨대 실체라는 관념을 논하는데, 이는 분명 스피노자 철학에서 가장 흥미로운 이차 관념이다. 한편으로 연장은 실체로 간주될 수 있고 돌과 같은 특수한 물체들은 그 양태로 간주될 수 있다. 다른 한편으로 돌 역시 실체로 간주될 수 있고, 우리는 거기에 회색이라는 특성이나 양태 같은 특수한 특성을 부여할 수 있다. 결과적으로 하나이자 동일한 실재(돌)가 어떤 측면에서는 실체라고, 다른 측면에서는 어떤 우유accident라고 이야기될 수 있다. 그러므로 실체 관념의 정확한 의미는 실재에 대한 우리의 이해와 관계가 있다.

결과적으로 우리는 특수한 실재에 대한 선행 지식 없이, 달리 말해서 정신 바깥에 있는 특수한 실재에 대한 개념인 일차 관념을 고려하지 않은 채 실체 관념에서 시작해서는 안 된다. 게다가 일반적이고 추상적으로 사용된 실체 관념은 어떠한 실재적인 것과도 관련되지 않고 단지 우리가 실재를 파악하는 방식과 관련될 뿐이다. 스피노자는 실재하는 사물을 우리가 이해하는 방식으로, 즉 이차 관념을 사용하여 정의하므로 그의 정의는 잘못되었다. 이를 보여 주는 것이 스피노자 『윤리학』에 대한 비티흐 주석의 목적 중 하나이다.

비티흐의 핵심 논점은 실체와 우유 또는 양태, 카우사 수이causa sui(자기 원인) 같은 이차 관념들은 단지 실재 자체와 관련된 일차 관념과 연결될 때만 고정된 의미를 갖는다는 것이다. 달리 말해서 비티흐의 스피노자 비판은 스피노자가 정신 바깥에 실존하는 실재적 실재에 대한 인식과 추상적 개념에 대한 인식을 혼동한다는 주장으로 압축된다. 추상 개념은 실재에 대한 우리의 인식을 명확하게 하는 데 사용될 수 있지만, 특수한 실재에 대한 인식에 근거할 때에만 고정된 의미를 얻는다. 이는 종합의 방법 대신 분석의 방법을 따라야 함을 시사한다. 예컨대 신의 경우 우리는 먼저 신에 대한 명료하고 뚜렷한 관념, 즉 일차 관념을 획득해야 한다. 이는 『성찰』에서 데카르트의 절차가 그렇듯 분석의 방법을 사용함으로써, 곧 모든 편견을 버리고 사유하는 실재로서의 자기 자신에 대한 인식에서 시작하여 사유의 순서에 따라 신에 대한 인식에 도달함으로써 이루어진다. 비티흐는 "엑사멘 에티케스"Examen ethices(윤리학 검토)의 부록 「신과 그 본성 및 본질에 대한 주석」에서 이러한 절차를 따르는데, 이 글은 사실상 문자 그대로의 자연신학에 해당하는 글이다.[164] 이 글로 볼 때, 비티흐가 이 논고를 스피노자 철학에 대한 데카르트적 대안이라고 생각했음은 분명하다.

아래 텍스트는 『안티 스피노자』 1부 처음 여덟 개 정리에 대한 라틴어 본문을 번역한 것이다.[165] 가능한 한 원문의 문장 구조를 유지했다. 특히 보다 전문적인 용어들은 같은 라틴어 단어가 등장할 때마다 대개 같은 영어 단어를 사용했으며, 일부는 괄호 안에 설명을 덧붙였다. 비티흐가 『윤

---

164 [옮긴이] 『안티 스피노자』의 온전한 책 제목은 "안티 스피노자 또는 베네딕투스 데 스피노자의 윤리학 검토 및 신과 그 속성들에 대한 주석"이다(이 장의 참고문헌 참고). 이 장의 해제를 쓴 알데링크M. Aalderink는 『안티 스피노자』를 여기에서는 "엑사멘 에티케스"라고 칭한 것이다. 아울러 『편람』 원서에 「신과 그 속성들에 대한 주석」the Commentary on God and his Attributes이라고 번역된 부록의 제목은 「신과 그 본성 및 본질에 대한 주석」Commentarius de Deo eiusque Natura & Essentia이 맞으므로 바로잡는다. (Wittich 1690, p. 337 참고)

165 Wittich 1690, pp. 40~52. [옮긴이] 원문에는 40~57쪽까지라고 되어 있으나 오기이다.

리학』을 인용할 때 사용된 번역은 에드윈 컬리Edwin Curley의 것이며, 모든 인용문을 겝하르트본으로 검토했다.[166]

정리·검토

정리1

실체는 본성상 그 변용들에 앞선다

검토

저자[스피노자]는 여기에서 변용을 양태라고 이해하는 것 같다. 그는 이 정리1의 증명에서 정의5를 언급하는데, 정의5는 양태와 관한 것이기 때문이다. 그러나 **변용**이라는 용어에는 본질적 속성attributa essentialia을 비롯한 훨씬 광범위한 의미가 있다.[167] 그러나 이 점을 차치하더라도 이 정리는 전혀 명확하지 않다. 왜냐하면 [여기에서] 실체와 변용이라는 개념은

---

166 [옮긴이] 본 역서 역시 같은 라틴어 단어에 대해 같은 한국어를 사용했다. 이하『안티 스피노자』 본문 번역은 이『편람』원서의 알데링크 영역과 비티호의 라틴어 원문을 대조하여 번역했으며, 편역자가 생략한 정리7 부분도 분량이 얼마되지 않아 포함시켰다. 편역자는 본래 사무엘 셜리Samuel Shirley의 영역을 사용했다고 밝혔는데, 영미권에서는 보통 컬리본을 표준 번역본으로 삼는다.『편람』2판에서는 개성되었고, 이에 본문 내용도 수정했다. 아울러 이하『윤리학』인용 부분은 겝하르트판과 모로판을 토대로 표준 영역본인 컬리의 영역본과 진태원 선생의 국역(근간 예정)을 참고하여 옮겼다. 작은 따옴표와 일부 문단 나누기 내용을 고려하여 옮긴이가 추가한 것이다. 알데링크의 주는 [편역자] 표시하여 옮긴이 주와 구분했다.

167 [편역자] 데카르트의 본질적 속성 관념을 말한다. 데카르트의 견해에서 모든 실체는 그 유명한 하나의 독특한 속성 내지 주요 속성을 갖는데, 이는 실체의 본성이 된다. 스피노자와 달리 데카르트는 또한 속성이라는 용어를 실재의 모든 가능한 특성을 포함하는 더 넓은 의미에서 사용한다. 데카르트의『철학의 원리』I부 53절(AT VIIIa. 25), 56절(AT VIIIa. 26)을 보라(원석영 II. 44, 46).

[1] 추상적인 것으로, 그리고 이차 관념notiones secundae으로 준용된 것이거나 [2] 구체적인 특수자들로in particularibus 고려된 것이기 때문이다.[168]

[실체와 양태가] 구체적인 특수자들concrete particulars이라는 후자[2]의 의미로 준용된 것이라면, 이 정리는, 우리가 지성 외부에 실존하는 실재의 구체적인 특수자들을 고려하고 그 속에서 무엇이 실재적인 존재들realia인지 발견할 때, 본성상 선행하는 것prior은 그것들의 본성을 구성하는 것이고, 후행하는 것posterior은 그 본성을 변용하는 것이라는 의미가 될 것이다.[169] 만일 그것이 첫 번째 의미[1]로 준용된 것이면, 이 정리는, 우리가 구체적인 특수자들을 이차 관념들로 표시하여, 하나는 실체로 다른 것은 양태로 간주할 때 실체는 본성상 그 변용들에 앞선다는 의미가 될 것이다.[170] 우리는 두 의미 모두로 이 정리를 받아들이지만, 스피노자의 증명은 이를 거부한다. 그의 증명은 정의4와 5에 의존하는데, 이 정의들은 앞서 「증명 방법에 관하여」에서] 본 것처럼 참이기에 충분하지 않기 때문이다.[171]

---

168 [편역자] 이차 관념이라는 용어는 주석에서 해명된다. 비티흐는 주석에서 실체 관념의 두 용법을 대비시키고 있다. 한편으로 실체 관념은 추상적으로 또는 포괄적으로, 곧 정신 안에 그 관념이 적용되는 특수한 실재를 갖지 않은 채 사용될 수 있다. 스피노자는 실체에 대한 자신의 정의에서나 여기에서 검토 중인 정리들에서 이런 의미로 실체 관념을 사용한다. 다른 한편으로 실체는 특수한 실재에 적용될 때, 보다 구체적인 의미를 가질 수 있다. 비티흐의 주요 논점은 추상 관념이나 이차 관념에 근거해서는 실재적 존재자에 관한 타당한 추론을 할 수 없고, 따라서 『윤리학』 1부에서 스피노자의 연역은 부당하고 오류가 있다는 것이다.

169 [옮긴이] 스피노자가 실체와 변용 개념을 두 번째 의미의 구체적인 특수자들이라는 의미에서 사용한 것이라면, 실체가 본성상 그 변용들에 앞선다는 『윤리학』의 정리1은 결국 소크라테스처럼 지성 외부에 실존하는 실체의 본성이 피부색이나 주름 같은 우유에 선행한다는 의미가 된다는 뜻이다.

170 [옮긴이] 정리1의 실체와 변용 개념이 이차 관념이라면, 이 정리는 결국 편역자가 해제에서 지적한 것처럼 이를테면 연장 실체가 그 변용들인 구체적인 돌이나 나무보다 앞선다는 의미가 된다는 것이다.

정리2

상이한 속성을 지닌 두 개의 실체는 서로 아무런 공통적인 것도 갖지 않는다

검토

이 정리는 [스피노자] 철학 도입부에initio Philosophiae 아주 모호하게 제시되어 있고, 그래서 이해하기 어렵다. 그러나 인간 정신은 명료하고 쉬운 것들에 의해 인도되기를 바란다. 실체라는 용어는 추상적인 것으로 지성 바깥에 실존하는 독특한 실재rem singularem 외에 다른 것을 지칭하는 것이 아닌데, 이는 자신 안에 있고 다른 것 안에 있는 것이 아니므로 다른 어떤 기체에도 의존하지 않는다. 그러므로 실체라는 말을 들을 때마다 우리는 언제나 단지 어떤 일반적 개념 또는 이차 관념을 듣는 것에 불과하다. 그리고 실체가 셀 수 있는 것이고 두 실체라고 불린다는 것을 알게 될 때, 우리가 적어도 독특한 실체들을 혼란스러운 방식으로 생각하고 그래서 실체라는 이름과 관념이 속하는 두 개의 또는 두 개의 특수하거나 독특한 실재가 있을 수 있다고 가정하지 않는 한, 우리는 이중적 실체 개념을 형성할 수 없다. 그러나 이는 저자의 의도와 완전히 반대되는데, 그는 앞으로 보게 되겠지만 신이라는 하나의 단일하고 독특한 실체만 존재하고 다른 모든 것들은 단지 그 단일한 실체의 특정한 양태들이라고 주장하고자 했기 때문이다. 한편 이 정리가 마땅히 그래야 하듯이 특수한 실체들에 적용되는 것으로 간주된다면, 이 정리가 참임은 분명하다. 실제로 연장 실체와 사유 실체는 구체적인 특수자들에서in particularibus 공통적인 것이 아무것

---

171   [옮긴이] 비티흐는 실체와 변용 개념이 어떤 방식으로 준용되었는가에 따라 정리1이 어떤 의미일 수 있는지 밝히고, 어떤 의미이든 받아들일 수 없다고 주장한 것이다.

도 없는데, 이는 연장 속성과 사유 속성이 완전히 다르기 때문이다. 각 실재의 실재적 속성은 단 하나만 있을 뿐이며, 그 속성이 그 실재의 본성이 된다. 따라서 상이한 속성을 지니고 있기 때문에 서로 구별되는 두 실체는 어떠한 실재적 속성도 공유할 수 없다. 각각에는 그 실체의 본성을 완성하는 단 하나의 실재적 속성만 있고 이 속성은 다른 실체의 속성과 다르기 때문에, 두 실체에 공통적인 어떠한 실재적 속성도 남아 있을 수 없다. 그럼에도 이 두 실체에는 각각이 실체라고 불리는 것을 비롯한 많은 관념적 속성들attributa notionalia을 공유할 수 있다.[172] 우리는 스피노자의 증명을 정당하게 거부하는데, 왜냐하면 그 증명은 우리가 위에서 정당하게 거부한 스피노자적 의미의 정의3에 의존하기 때문이다.

정리3

서로 아무런 공통적인 것도 갖지 않는 것들은 서로의 원인이 될 수 없다

검토

만약 이 정리에서 '공통적인 것'이라는 말을 어떤 실재적인 공통 속성이라고 이해하고 그러한 의미로 받아들인다면, 스피노자는 의심의 여지없이 그렇게 이해되기를 원했지만, 이 정리는 완전히 거짓이다.[173] 실제로

---

172 [편역자] '관념적 속성들'은 실재 그 자체에 있지는 않지만 우리가 실재에 포함시키거나 실재에 있다고 간주하는 개념들이다.

173 [옮긴이] 원문과 편역자의 영역은 다음과 같다. "Haec propositio si sumatur eo sensu, ut per verba *commune inter se* intelligatur commune aliquod attributum reale, uti procul dubio eam vult intellectam Spinoza, falsa est omnino."; "If this proposition is taken in the sense that the words *nothing in common* designate a real attribute common to several things, like Spinoza undoubtedly wants to have it understood, it is entirely false"(이탤릭은 원저자와 편역자의 것).

그는 뒤에 나올 것처럼 신이 연장되어 있지 않은 한 물체의 원인일 수 없음을 절대적으로 명확하게 만들고자 하는데, 우리는 위에서 신이 만물을 무로부터 만들었음을 증명하며 이 주장이 지극히 거짓임을 입증했다.

이 정리는 "원인은 그것에 없는 어떠한 것도 결과에 줄 수 없다"Nihil potest dare causa effectui, quod ipsa non habet라는 공리와 같은 것으로 보일 수도 있다. 그러나 이 공리가 올바르게 이해된다면, 이 정리3이 이 공리와 동등하지 않다는 것을 쉽게 알 수 있다. 사실 그 [공리의] 의미는 다음과 같은 것이다. "원인은 형상적으로 또는 탁월하게formaliter vel eminenter 가지고 있는 것 외에는 아무것도 결과에 줄 수 없다."[174] "어떤 것을 형상적으로 가진다"habere aliquid formaliter라는 것이 무엇을 의미하는지는 그 자체로 분명하다. 하지만 "탁월하게 가진다"habere eminenter라는 것이 무엇을 의미하는지는 그렇게 분명하지 않다. 왕은 나에게 주는 돈, 재산, 집 등을 형상적으로 가지고 있다. 하지만 왕은 나에게 수여하는 박사 학위, 비서나 교수직을 형상적으로 가지고 있지 않다. 대신 그가 이것들을 탁월하게 가지고 있다고 말한다. 이는 그가 그것을 나에게 줄 권리를 가지고 있다는 뜻이다. 마찬가지로 신은 연장을 탁월하게 포함하고 있는데, 우리가 적절한 곳에서 보여 주었듯이 그럼에도 신은 연장을 무로부터 산출한다.[175]

영역은 오해의 소지가 있을 수 있어 원문에 따라 번역했다.

174 [편역자] 데카르트는 「제3성찰」에서 신의 실존을 후험적으로 증명하기 위해 어떤 것을 형상적으로 또는 탁월하게 갖는다는 스콜라철학적 구분을 사용한다(AT VII. 41~46 ; 이현복 I. 64~72). 비티흐의 용법에서 분명한 것처럼, 이는 또한 신이 자신은 물질적이지 않으면서도 어떻게 연장이나 물질을 창조할 수 있는지를 설명하는 데 사용된다. 곧 신이 연장을 탁월하게 지님으로써 가능하다는 것이다.

175 [옮긴이] 요컨대 비티흐는 신이 지닌 연장성과 물체가 지닌 연장성은 사실 서로 공통적인 것이 전혀 없다는 것이다. 그런데 스피노자는 '공통적인 것'을 '어떤 실재적인 공통 속성'을 의미한다고 보고, "서로 아무런 공통적인 것도 갖지 않는 것들은 서로의 원인이 될 수 없다"라

스피노자의 증명은 공리5와 4에 의거하므로, 단지 '만약 실재들이' 실재적이든 관념적이든 넓은 의미에서 받아들여지는 "공통적인 것을 아무것도 가지고 있지 않다"라면, "그중 하나는 다른 것의 원인이 될 수 없다"라는 것만을 증명할 뿐이다.[176] 우리는 이러한 의미로는 그 정리를 기꺼이 받아들이지만, 이러한 의미에서는 스피노자의 목적에 아무런 도움도 되지 않을 것이다.

정리4

서로 구별되는 두 개 또는 그 이상의 실재는 실체의 속성 차이에 의해 구별되든가 아니면 그 실체의 변용 차이에 의해 구별되어야 한다

검토

이 정리는 그 일반성과 추상성 때문에 조금도 분명하지 않다. 그래서 우리는 이 정리를 이해하기 위해 그것을 증명과 비교해 보고자 한다.

는 정리3에 의거하여, 신이 물체를 창조한 원인이라면 신 또한 연장성을 형상적으로 지녀야 한다(E2p2 참고)라는 부당한 주장을 했다는 지적이다. 비티흐가 이 정리를 단순히 "원인은 그것에 없는 어떠한 것도 결과에 줄 수 없다"라는 식으로 보면 안 된다고 하면서, 사실 "원인은 형상적으로 또는 탁월하게 가지고 있는 것 외에는 아무것도 결과에 줄 수 없다"라고 해야 옳다고 주장하는 것은 이러한 이유 때문이다.

176 [옮긴이] 정리3의 증명은 다음과 같다. "만약 그것들이 서로 아무런 공통적인 것도 갖지 않는다면, (공리5에 의해) 그것들은 서로 이해될 수 없다. 따라서 (공리4에 의해) 서로 다른 것의 원인이 될 수 없다. 이것이 증명되어야 할 점이었다. Q.E.D." 공리5는 "서로 아무런 공통적인 것도 갖지 못한 것들은 서로 이해될 수 없다. 또는 하나의 개념이 다른 것의 개념을 함축하지 않는다"이며, 공리4는 "결과에 대한 인식은 원인에 대한 인식에 의존하며 그것을 함축한다"라는 것이다. 비티흐의 원문에는 "공리5와 7에 의거한다"nititur axiomate V. & VII라고 되어 있고 편역자는 이를 그대로 두었다. 옮긴이는 어떤 이유나 의도가 있는지 검토한 끝에 단순 오기라 생각되어 수정했다.

존재하는 모든 것은 자신 안에 존재하든가 다른 것 안에 존재한다(공리 1에 의해). 곧 (정의3과 5에 의해) 지성 바깥에는 실체와 그 변용만이 존재할 뿐이다. 따라서 지성 바깥에는 실체 또는 같은 것이지만(정의4에 의해) 그 속성과 그 변용 말고는 다수의 실재가 서로 구별될 수 있게 해 주는 아무것도 존재하지 않는다.

이 증명을 정리 자체와 비교해 볼 때, 정리4의 의미는 실재들 사이에 두 가지 구별이 있다는 것이라고, 다시 말해 실재들이 서로 다른 실체로서 구별되거나 하나이자 동일한 실체의 서로 다른 양태로서 구별된다는 것이라고 생각할 수도 있겠다. 그리고 만일 이런 의미로 이 정리를 새긴다면, 우리는 그 정리뿐만 아니라 그 증명도 받아들일 수 있다. 그러나 실제로 이 정리가 이후에 사용되는 방식을 보면, 그가 뜻한 바는 아주 다르다는 점이 드러난다.[177]

스피노자는 정의3에서 너무 좁게 정의된 실체라는 용어에 기초하여 단 하나의 실체만 있을 수 있다고 주장하는데[E1p5d], 이는 우리가 그 정의를 논의할 때 보았듯이[178] 결국 '자기 자신에 의해 존재하는 실재'를 *rem, quae a se est* 가리킨다. 따라서 이 정리의 의미는 단지 실재가 속성에 의해 구별되거나(그래서 하나의 실체에는 서로 실재적으로 구별되며 *realiter inter se invicem distincta* 서로의 개념에 포함되지 않는 여러 속성이 있을 수 있다), 아니면 양태에 의해 구별된다는 것일 수밖에 없다. 이런 의미에서

---

177   [옮긴이] 『윤리학』 1부 정리4는 정리5의 증명에서만 사용된다. 실제로 정리5의 증명에서 정리4는 비티흐가 말한 바와 다르게 사용된다. 정리5 검토에서 곧 논의될 것이다.

178   [옮긴이] 원문과 영역은 다음과 같다. "uti ad illam proposi. vidimus"; "as we have seen when discussing that proposition". 'proposi.'는 'def.'의 오기라 생각된다.

우리는 이 정리를 정당하게 거부한다. 왜냐하면 우리는 실재적으로 구별되는 속성이 있는 만큼 많은 실체가 있고 그래서 하나의 개념은 다른 것의 개념에 포함되지 않는다는 것을 확립했기 때문이다.[179]

우리는 또한 하나이자 동일한 실재가 서로 다른 관점에서pro diverso respectu 어떤 실재의 양태로도 실체를 구성하는 속성으로도 고려될 수 있다고 말한다. 이런 식으로 다이아몬드와 사파이어의 본질적 속성들은 attributa essentialia 그것들에 의해 하나의 보석이 다른 보석과 구별되지만, 단지 연장이나 연장된 것의 특정한 양태들일 뿐이다. 이와 마찬가지로 이 사파이어와 저 사파이어처럼 하나의 개체를 다른 개체와 구별할 수 있게 해 주는 수적 구별은distinctio numerica 각각의 서로 다른 양태들에 의해 이루어지는데, 동시에 고려된 그 양태들이 이 또는 저 사파이어의 실체를 구성한다.[180]

179　[옮긴이] 비티흐는 스피노자가 정리4의 증명에서 다수의 실재는 속성과 그 변용에 의해서만 구분된다고 한 것이 "실재가 서로 다른 실체로서 구별되거나 하나이자 동일한 실체의 서로 다른 양태로서 구별된다"라는 뜻이라면 문제가 없다고 지적한다. 비티흐가 보기에 위 정리는 그러한 뜻이어야 한다. 스피노자의 실체는 결국 '자기 자신에 의해 존재하는 실재'(즉 실체)와 다른 것이 아니며, 그는 "실재적으로 구별되는 속성이 있는 만큼 많은 실체가 있다"라고 보았기 때문이다. 문제는 그가 보기에 스피노자는 정리4로부터 "자연 안에는 동일한 본성 또는 속성을 지닌 두 개 또는 그 이상의 실체가 존재할 수 없다"라는 정리5를 도출하고(아래 정리5 검토 부분 참고), 자연 안에 있는 모든 실재를 속성에 의해 구별되는 실체가 아니라 단일한 실체의 변양으로 만든다는 점이다. 비티흐가 이 정리를 받아들일 수 없었던 결정적인 이유이다. 이하 정리8 검토 참고.

180　[옮긴이] 비티흐는 또한 하나이자 동일한 실재를 '어떤 실재의 양태'modus alicuius rei로 볼 수도 있고 '실체를 구성하는 속성'attributum substantiam constituens으로 볼 수도 있다고 주장한다. 그래서 다이아몬드와 사파이어의 '본질적 속성들'attributa essentialia은 '특정한 양태들'로 고려될 수 있으며, 수적 구별distinctio numerica의 기초가 되는 이 사파이어와 저 사파이어의 서로 다른 '양태들'은 '이 또는 저 사파이어의 실체를 구성'하는 것, 즉 '속성'으로 간주할 수도 있다는 것이다. 이 장의 편역자 해제 참고.

정리5

자연 안에는 동일한 본성 또는 속성을 지닌 두 개 또는 그 이상의 실체가 존재할 수 없다

검토

이 정리는 동일한 본성이나 속성이 수적 동일성identitas numerica이 아닌 종적 동일성identitas specifica으로 이해된다면 거짓이다.[181] 이 정리의 증명도 그것이 의존하는 정리4의 애매성 때문에 마찬가지로 애매하다. 왜냐하면 그는 다음과 같이 말하고 있기 때문이다.

> 만약 두 개 또는 그 이상의 구별되는 실체가 존재한다면, 그것들은 속성의 차이나 변용의 차이에 의해 서로 구별되어야 한다(앞의 정리에 의해). 만약 속성의 차이에 의해서만 구별된다면, 오직 동일한 속성을 지닌 하나의 실체만 존재한다는 점이 인정될 것이다.

> 두 실체는 개체적 속성의 차이에 의해ex diversitate attributorum individualium 구별될 수 있는데, 이 속성들은 종류별로generatim 고찰된 실체의 변용이나 양태로 간주할 수 있다. 베드로와 바울의 정신이 이런 식으로 구별된다. 두 사람의 신체도 마찬가지이다. 이것이 바로 오래전 데카르트

---

181 [편역자] 비티흐는 자신의 실체 관념을 명확하게 하고자 종적 동일성specific identity과 수적 동일성numerical identity 간의 전통적 구별을 언급하고 있다. 종적 동일성은 종류의 동일성을 뜻한다. 예컨대 베드로와 바울의 정신의 본질은 사유에 있고, 그래서 그들은 같은 종류이거나 종적 동일성을 갖는다. 두 사람 모두 동일한 본질적 속성, 곧 사유를 갖는 실체로 간주될 수 있지만, 그들의 개체적 속성에 의해 수적으로 구별되며 이 경우 개체적 속성은 양태로 간주된다.

가 『철학의 원리』 1부 63항에서 다음과 같이 언급한 이유이다. "우리는 사유와 연장을 사유하는 실체와 물체의 본성을 이루는 것으로 볼 수 있다. 이때 우리는 사유와 연장을 바로 사유 실체와 연장 실체, 다시 말해 정신과 물체로서 이해해야 하며"[182] 운운. 64항에서는 다음과 같이 말한다. "사유와 연장을 우리는 실체의 양태로도 간주할 수가 있는데, 이는 동일한 하나의 정신이 여러 가지 다양한 사고를 할 수 있고 또 동일한 하나의 물체가 크기를 동일하게 유지한 채 여러 가지 다양한 양태로 연장될 수 있기 때문이다."[183] 이 구절을 살펴볼 때 다음과 같은 결론이 따라 나올 것이다. 만약 개체적 속성의 차이에 의해 구별되는 여러 실체가 있다면, 비록 그것들이 종적 속성attributum specificum을 공유할 수 있을지라도, 동일한 개체적 속성을 가진 실체는 오직 하나뿐이다. 이는 개체적 속성에 의해 구별되는 여러 개체적 실체가 있으면서 동시에 종적 속성을 공유할 수 있다는 사실과 모순되지 않는다. 스피노자는 증명을 다음과 같이 이어 나간다.

만약 두 개 또는 그 이상의 구별되는 실체가 존재한다면, 그것들은 속성의 차이나 변용의 차이에 의해 서로 구별되어야 한다(앞의 정리에 의해). 만약 속성의 차이에 의해서만 구별된다면, 오직 동일한 속성을 지닌 하나의 실체만 존재한다는 점이 인정될 것이다. 하지만 만약 변용의 차이에 의해 구별된다면, 실체는 본성상 그 변용에 앞서므로(정리1에 의해) 일단 변용은 제쳐 두고 실체를 그 자체로 고려한다면, 곧 (정의3과

---

182   AT IXb. 30~31 ; CSM I. 215 ; 원석영 II. 52.
183   AT IXb. 31 ; CSM I. 215 ; 원석영 II. 53.

공리6에 의해) 참되게 고려한다면, 한 실체는 다른 것[실체]과 구별되는 것으로 인식될 수 없을 것이다. 곧 (위의 정리에 의해) 다수의 실체가 존재할 수 없으며, 오직 하나의 실체만 존재할 것이다. Q.E.D.

이에 대해 나는 다음과 같이 말한다. 그러한 변용들은 그것들이 실체를 구별하는 한에서는 실체의 본질적 속성으로 간주되지만, 그 두 실체가 유적으로in genere 일치하여 한 종이나 유의 실체라고 말할 수 있는 한에서는 유적으로 고려된in genere consideratae 그 실체의 변용으로 간주할 수 있다. 이런 식으로 형태, 운동, 정지, 장소는 연장 실체의 변용들이지만, 각 입자가 서로 상대적인 특정한 정지나 운동, 특정한 형태와 장소를 가져 다른 연장 실체와 구별되는 한에서는 이 실체 또는 저 실체의 속성들이기도 하다.

또한 "실체를 그 자체로[그 자체 안에서] 고려한다면in se considerata, 곧 (정의3과 6에 의해) 참되게 고려한다면vere considerata"(E1p5d) 같은 말에도 비밀이 숨겨져 있는 것으로 보인다. 정의3은 다음과 같다. "나는 자신 안에 있고in se est 자신에 의해 인식되는 것, 곧 그 개념을 형성하기 위해 다른 실재의 개념을 필요로 하지 않는 것을 실체로 이해한다."[184] 즉 그는 '그 자체로[그 자체 안에서] 고려된 실체가 올바르게 고려된 실체'

---

[184] 그리고 정의6은 다음과 같다. "나는 절대적으로 무한한 존재자, 곧 각자 영원하고 무한한 본질을 표현하는, 무한하게 많은 속성들로 구성된 실체를 신으로 이해한다." [옮긴이] 비티흐가 보았을 『유고』(OP, NS)에는 실제로 전거가 '정의3과 6에 의해'라고 되어 있으나, 사실 '정의6'은 '공리6'으로 정정되어야 한다. 정의6이 아니라 참된 관념에 대한 공리인 공리6("참된 관념은 그것의 대상과 합치해야 한다")이 논의 맥락에 부합하기 때문이다. 대표적인 고증본 전집인 겝하르트판과 모로판 모두 해당 구절을 '정의3과 공리6에 의해'로 교정해 놓았고, 요즘 사용되는 대부분의 영역본과 불역본도 마찬가지이다.

라는 것을 위 두 정의에 근거하여 증명해야 한다. 하지만 나는 두 정의에서 어떻게 그러한 결론이 따라 나오는지 이해하지 못한다. 정의3이 '자신 안에 있는 것이 실체'in se est substantia라는 것과 정의6이 '그것이 참으로 실체라는 것'id quod vere est substantia을 표명하고, 결과적으로 이 두 정의가 동일한 것에 대한 정의이니 실체와 신이 완전히 하나이자 동일하다고 하지 않는 한 말이다. 우리는 이 점을 앞서 정의3에 대해 다루었을 때 이미 언급한 바 있다. 하지만 이 증명 방식은 아직 분명하지도 수학적이지도 않다. 수학자들이 정의에서 증명하는 것은 그 정의에서 명시적으로 언급되지만, 위 두 정의 중 어느 것도 '자신 안에 있는 실체'가 '참으로 실체인 것'과 동일한 것이라고 명시하고 있지 않기 때문이다. 따라서 이는 억측에 의해 추론된 것임이 틀림없다.

정리6

하나의 실체는 다른 실체에 의해 생산될 수 없다

검토

이 정리의 증명은 두 개의 틀린 정리에 의존하고 있다. 즉 바로 앞의 정리인 "자연 안에는 동일한 본성 또는 속성을 지닌 두 개 또는 그 이상의 실체가 존재할 수 없다"라는 정리5와 "상이한 속성을 지닌 두 개의 실체는 서로 아무런 공통적인 것도 갖지 않는다"라는 정리2가 그것이다. 전자에 대해 우리는 그 반대로 자연 안에는 여러 실체가 있고, 그 실체들은 유적이든 종적이든 동일한 속성들인 공통적인 것communia sive eadem attributa specifica & generica을 가지고 있다는 것을 보여 주었다. 후자에 대해서도 우리는 그것이 틀렸음을 보여 주었다. 따라서 이러한 토대가 제거되면 정리6은 필연적으로 무너질 수밖에 없으므로 우리는 이 정리를 틀린 것으로 거부한다. 마찬가지로 정리6의 따름정리인 "실체는 다른 것에 의해 생산될 수 없다"라는 정리도 틀렸다. 이는 창조에 완전히 반하는데, 이는 앞서 보여 준 것처럼 이 사람ille homo이 원한 것과 달리 불합리하지 않을 뿐만 아니라 완전히 필연적이기도 하다. 그러나 그는 이 따름정리에 다른 증명을 덧붙인다.

이는 모순을 통한 귀류법에 의해 좀 더 쉽게 증명된다. 왜냐하면 만약 실체가 다른 것에 의해 생산된다면, 그것[실체]에 대한 인식은 그 원인에 대한 인식에 의존해야 할 것인데(공리4에 의해), 그렇게 되면(정의3에 의해) 그것은 실체가 아니기 때문이다.

이 다른 증명으로부터 우리는 스피노자의 속임수를 알 수 있다. 이는 정의3에 대해 논할 때 이미 의심했던 것인데, 분명 의존적 실체 개념은 신이 원인으로 간주되고 그 실체가 의존적인 것으로 간주되는 한에서 신 개념을 필요로 하지만, 그것이 실체로서 고찰되는 한에서는 그렇지 않기 때문이다. 따라서 만약 의존적인 실체가 그것이 의존적인 한에서 그것의 원인에 대한 인식에 의존해야 한다면 그것은 실체일 수 없다는 점이 따라 나온다는 것을 나는 부정한다. 그것은 실체 개념 자체에는 요구되지 않기 때문이다.

정리7

실체의 본성에는 실존함이 속한다

이 정리의 증명은 우리가 거짓이라고 말했던 앞의 정리의 따름정리에 근거한다.[185]

정리8

모든 실체는 필연적으로 무한하다

검토

이 정리의 증명은 무엇보다 거짓인 정리5와 역시 거짓인 정리7에 의존한다. 하지만 그는 이 정리들에서 단지 "따라서 그 본성으로부터 유한하거나 무한하게 실존할 것"(E1p8d)[186]이라는 결론만 이끌어 낸다. 이 결론은 일종의 정리로ut propositio quaedam 받아들일 수 있지만, 그가 여기에서 증명했어야 할 "모든 실체는 필연적으로 무한하다"라는 정리8과 같은 의미는 아니다.[187] 그는 이어서 "실존이 유한한 본성으로부터 나오지 않는다"라는 것을 보여 주려고 하는데, 이는 실제로 참이지만 덧붙인 증명은 올바르게rectis 진행되지 않는다. 그는 다음과 같이 말한다.

---

185 [옮긴이] 정리7의 증명은 다음과 같다. "실체는 다른 것에 의해 생산될 수 없다(앞 정리의 따름정리에 의해). 따라서 그것은 자기 원인일 것이다. 곧 (정의1에 의해) 그 본질은 필연적으로 실존을 함축할 것이다. 또는 그 본성에는 실존함이 속한다. Q.E.D."

186 [옮긴이] 『윤리학』의 원문은 다음과 같다. "Erit ergo de ipsius natura, vel finita, vel infinita existere." 비티흐는 올바로 인용했으나, 셜리본을 이용한 편역자는 셜리처럼 "de ipsius natura"을 누락했다.

187 [옮긴이] 비티흐가 인용하지 않은 지금까지 논의와 관련된 정리8의 증명은 다음과 같다. "하나의 속성의 실체[하나의 같은 속성을 지닌 실체]는 오직 하나만이 실존할 뿐이며(정리5에 의해), 그것의 본성에는 실존함이 속한다(정리7에 의해). 따라서 그 본성으로부터 유한하거나 무한하게 실존할 것이다. 하지만 유한하게 실존하지는 않는다." 이하 증명 내용은 아래 본문에 인용된 부분으로 이어진다.

왜냐하면 (정의2에 의해) 이 경우[유한하게 실존하는 경우] 그것은 동일한 본성을 지닌 다른 실체 —— 이것 역시 필연적으로 실존해야 하는 것이다(정리7에 의해) —— 에 의해 한정되어야 할 것이기 때문이다[E1p8d].

정의2에서 그가 '자신의 유 안에서 유한한 실재res'에 관해 말할 때, 사람들은 모두 그것을 '자신의 유 안에서 유한한 실체substantia'라고 이해한다. 그는 그것이 '동일한 본성의 다른 실재에 의해 한정될 수 있는 실재'라고 말하며 '유한한' 물체를 예로 드는데, "왜냐하면 우리는 항상 그 물체보다 더 큰 물체를 인식할 수 있기 때문"이라는 것이다. 따라서 그는 우리가 항상 더 큰 것을 생각할 수 있는 유한한 물체인 유한한 실체가 실존한다고 가정하는 것으로 보인다. 실제로 유한한 물체는 더 큰 연장을 가진 다른 물체가 생각될 수 있는 유한한 연장 실체라고 불리지 않고서는 생각될 수 없다. 하지만 이런 방식으로는 그가 증명하려고 했던 "유한한 실체에는 실존함이 존재하지 않는다"non esse de substantia finita existere/there does not exist a finite substance라는 것이 증명되지 않는데, 이는 유한한 실체가 자신에 의해 존재하는 것이 아니라 그 본질과 실존이 다른 것에 의존하기 때문이라는 식으로 훨씬 쉽게 증명될 수 있었을 것이다. 그런데 그는 주석1에서도 다른 논변으로 "모든 실체는 필연적으로 무한하다"라는 것을 증명하려고 시도한다.

유한하다는 것은finitum esse 사실은 어떤 본성의 실존에 대한 부분적 부정ex parte negatio이고 무한하다는 것은 절대적 긍정absoluta affirmatio이기 때문에, 단지 정리7만으로부터도 모든 실체는 무한해야 한다는 점이 따라 나온다[E1p8s1].

　그러나 그는 거기에서 '부정 자체'와 '부정이 붙어 있는 것'을 혼동하고 있다. 유한한 것은Id quod finitum est은 어떤 실재성을 가지고 있는데, 그 실재성에 부정이 부착되어 있으며 그로 인해 그 실재는 자신을 더 연장[확장]하지 못한다. 그가 "유한하다는 것은 (…) 부분적 부정"이라고 말할 때, 그 자신도 이를 인정하는 것처럼 보인다. 그러나 이로부터는 분명 그가 의도했던 것이 따라 나오지 않는다. 만일 유한finitum이 단지 부정에 불과할 뿐 실재적인 어떤 것도 포함하고 있지 않는다면 결국 모든 실체가 무한해야 한다는 것이 따라 나오겠지만, 유한이 어떤 실재성을 포함할 때는 같은 결론이 따라 나오지 않을 것이기 때문이다.[188]

　이제 우리는 그가 정리7을 예로 들어 설명하려고 시도하는 정리8의 주석[E1p8s2]으로 들어간다.

　실재를 혼란스럽게 판단하고 실재를 그 첫 번째 원인에 따라 인식하는 데 익숙하지 않은 사람들이 정리7의 증명을 이해하는 데 어려움을 겪으리라는 점은 의심의 여지가 없다. 그 이유는 그들이 실체의 변양들을 그 실체들과 서로 구별하지 못하고, 실재들이 어떻게 생산되는지 알지 못하기 때문이다. 그리하여 그들은 자연적인 실재들이 시초를 지니고 있는 것을 보고 그릇되게도 실체에게도 시초를 부여한다.

188　[옮긴이] 유한하다는 것이 '부정 자체'ipsa negatio가 아니라 '부정이 붙어 있는 것're, cui illa adest 곧 '부분적 부정'을 뜻한다면, 유한한 실재의 실재성은 모두 부정되는 것이 아니라 부분적으로 부정된다. 이는 유한한 실재에 부정되지 않은 어떤 실재성이 있다는 말이므로 유한한 실체가 실존할 수 없다는 결론은 부당하며, 따라서 스피노자가 '의도'한 유한한 실체는 실존하지 않으며 모든 실체는 필연적으로 무한하다는 결론 역시 따라 나오지 않는다는 것이다.

그러나 여기에서 문제가 되는 것은 유한한 연장과 유한한 사유 cogitatio finita가 단지 실체의 변양에 불과한 것인지, 그 자체로 실체이기도 한 것은 아닌지 하는 것이다. 그가 증명하지 않은, 하나이자 동일한 실체가 서로 다른 무한한 속성 — 우리는 그중 단 두 개의 속성인 연장과 사유만 알고 있다 — 을 가질 수 있다는 것도 의문이다. 그리고 나는 그가 실재의 산출 방식에 관해 통상적인 방식으로more vulgari 이해하는 사람들보다 더 잘 이해하는지도 모르겠다. 앞서 정의6에 대해 논할 때 보았듯이, 그는 자신이 고집하는 정의6에서 어떻게 실재들이 신의 본성으로부터 흘러나오는지fluant ex Dei natura(그는 이를 산출 방식으로per modum productionis 이해한다) 설명했어야 했다.[189] 나중에 이 문제를 논의할 새로운 기회가 있을 것이다. 그는 또한 자연적 실재와 자연적 실체를 구분하고, 그렇다면 마땅하다는 듯이 자연적 실재를 단지 양태라고 이해한다. 이에 관해서는 곧 더 살펴보겠다. 이후 그는 혼란스러운 사유에 대한 예를 제시하는데, 이는 우리가 인정하는 것이다. 그러나 그가 여기에 덧붙

189　[옮긴이] 정의6은 다음과 같다. "나는 절대적으로 무한한 존재자, 곧 각자 영원하고 무한한 본질을 표현하는 무한하게 많은 속성들로 구성된 실체를 신으로 이해한다. 해명: 나는 절대적으로 무한하다고 말하지 자신의 유 안에서 무한하다고 말하지 않는다. 왜냐하면 자신의 유 안에서 무한한 것에 대해서 우리는 무한하게 많은 속성들을 부정할 수 있기 때문이다. 반면 절대적으로 무한한 것의 본질에는 어떤 본질은 표현하면서 부정은 함축하지 않는 모든 것이 속한다." 신이 실재를 산출하는 방식을 신의 본성으로부터 실재들이 '흘러나오는'fluere 방식이라고 묘사하고 있다. 1부 정리16의 증명을 염두에 둔 발언일 것이다. 다음 구절 참고. "그러나 나는 신의 지고한 역량 또는 신의 무한한 본성으로부터 무한하게 많은 것이 무한하게 많은 방식으로, 곧 모든 것이, 필연적으로 흘러나왔다고effluxisse, 또는 삼각형의 본성으로부터 영원성에 의해 그리고 영원하게 그것의 세 각의 합은 2직각과 동일하다는 것이 따라 나오는 것과 동일한 필연성에 의해 항상 따라 나온다는 점을 아주 명료하게 보여 주었다고 생각한다(정리16을 보라)"(E1p17c2s). 스피노자가 쓴 'effluere'라는 단어는 'fluere'에 출발이나 기원을 나타내는 접두사 'ex'를 붙인 형태이다.

인 내용도 좀 더 들여다봐야 한다. 6쪽에서 그는 다음과 같이 말한다.[190]

그러나 만약 사람들이 실체의 본성에 주의를 기울인다면, 누구도 정리
7[실체의 본성에는 실존함이 속한다]이 참되다는 것을 의심하지 않을 것
이다. 실로 이 정리는 누구에게나 공리일 것이며, 공통 통념 중 하나로
간주될 만하다. 왜냐하면 그들은 실체라는 것을 자신 안에 있고 자신에
의해 인식되는 것, 곧 그것을 인식하기 위해 다른 것에 대한 인식이 필
요하지 않는 것으로 이해할 것이기 때문이다. 하지만 변양은 다른 것 안
에 있는 것으로, 그것의 개념이 그것이 포함되어 있는 것[실체]의 개념
에 따라 형성되는 것이라고 이해할 것이다. 이 때문에 우리는 실존하지
않는 변양에 대한 참된 관념을 가질 수 있는데, 왜냐하면 그것이 지성
바깥에서 현행적으로 실존하지 않을지라도, 그 본질은 다른 것 안에 포
함되어 있어서 이 다른 것을 통해 인식될 수 있기 때문이다[E1p8s2 ; G
II. 50].

이 말들은 우리가 처음에 「증명 방법에 관하여」에서 이미 살펴본 정
의의 종류 사이의 구분을 고려한다면 정말 이상한 말이다.[191] 앞서 그가
461쪽에서 말한 것을 들은 것처럼, 그가 여기에서 호소하는 실체와 양

---

190 [옮긴이] "자연적 실재를 단지 양태라고 이해"하고 이후 "혼란스러운 사유들의 예"를 제시했
다고 하는 부분은 모두 1부 정리8의 주석2 앞부분이다[G II. 49]. 본문에 언급된 '6쪽'은 『유
고』(OP)의 페이지 번호이다.

191 [옮긴이] 비티흐가 이에 대해 언급한 곳은 총 6쪽인 「증명 방법에 관하여」의 5쪽이다. 편역
자가 "… that we have already observed before at the outset of *On the method of demonstrating*"
이라고 번역한 "… quam jam antea observavimus initio *de Methodo demonstrandi*"라는 구절
을 우리가 본문과 같이 번역한 이유이다.

태 정의는, 단지 '검토의 대상으로서 제시된 정의'일 뿐 '본질만을 찾아야 하고 본질만이 의문시되는 대상에 적용되는 정의'가 아니기 때문이다.[192] 그런데 여기에는, 말하자면 찾고 있는 바로 그 실재의 본질을 설명하는 데 도움이 되는 점이 추가된 것처럼 보인다. 그러나 나는 여전히 이 정의로부터 어떻게 "실체의 본성에는 실존함이 속한다"라는 것이 따라 나오는지 이해하지 못하겠다. 그가 자신 안에 있음esse과 자신에 의해 인식됨을 실존하기에 충분하고 자기 원인인 그러한 있음을 가리키는 것으로, 다시 말해서 자신 안에 있음을 자신에 의해 있음과 동일한 것이라고 이해하지 않는다면 말이다. 그러나 우리는 이를 정의6에 대해 논의할 때 이미 반박한 바 있다. 이와 같이 그는 실체를 보통 늘 이해되는 의미와는 완전히 다른 의미로 이해한다. 이런 식이라면 오직 신만 실존할 터인데, 이는 완전히 불합리하다. 그리고 신만 실체라면, 다른 모든 실재는 변양이라고 말해야 할 터인데, 나는 그것이 어떻게 생각될 수 있는지 합리적으로는 알 수 없다. 다른 모든 실재가 신의 부분이라면, 어떻게 그것들을 변양이라고 말할 수 있겠는가? 어떻게 한 부분이 다른 부분과 구별되고, 그렇기 때문에 다른 실체와도 구별되는, 특정한 변양을 가진 실체 자체가 아니라 실체의 변양인지 이해할 수 없기 때문이다.[193] 스피노자는 다음과

---

192 [편역자] Ep9(G IV. 42), Shirley 2002, p. 781. [옮긴이] 본문에 언급된 '461쪽'은 스피노자 『유고』(OP)의 「서신27」이 시작되는 페이지 번호이며 겝하르트본으로는 「서신9」이다(이근세 59 ; Curley I. 194). 인용문도 이 서신에 나오는 구절이다. 비티흐가 이에 대해 '앞서' 들었다고 한 곳은 「증명 방법에 관하여」의 5쪽이다.

193 [옮긴이] 이상의 내용은 「증명 방법에 관하여」의 논의를 전제하고 있어 어려운 감이 있다. 이 단락에서 비티흐는 스피노자가 정리8의 주석2에서 '자신 안에 있고 자신에 의해 인식되는 것'이라는 정의3과 '다른 것 안에 있으며 또한 이 다른 것에 의해 인식되는 것'이라는 정의5에서 "실체의 본성에는 실존함이 속한다"라는 정리7의 자명함을 도출하는 것을 부당하다고 주장한다. 첫째, 그에 의하면 스피노자의 정의는 그 자신이 「서신9」에서 분류한 '본질

같이 이어 나간다.

반면 실체는 자기 자신을 통해 인식되기 때문에, 지성 바깥의 실체들의 진리는 오직 그것들 자신 안에만 존재한다. 따라서 만약 누군가가 자신

만을 찾아야 하고 본질만이 의문시되는 대상에 적용되는 정의'와 '검토 대상으로서 제시된 정의' 중 후자에 속하기 때문이다. 이른바 '약정적 정의'stipulative definition이지 '실재적 정의'real definition가 아니라는 것이다. '약정적 정의'는 '약정'이라는 말에서 알 수 있듯이 피정의항이 무엇을 의미하는지 단순히 설명하고 이를 정定하는 일종의 약속이다. 그래서 정의의 참 거짓은 여부는 문제되지 않는다. 중요한 것은 정의 대상이 명확히 제시되고 일관되게 사용되는지이다. 유클리드 기하학에서 점이나 선의 정의가 대표적이다. 반면 '실재적 정의'는 정의 대상의 참된 본질과 존재 방식을 제시하는 정의이다. 따라서 이 정의는 피정의항과 관련하여 진리값을 갖는다. 피정의항이 반드시 실존하는 대상이어야 하는 것은 아니다. 실존하는 나무뿐만 아니라 실존하지 않는 유니콘이나 황금산에 대한 정의도 실재적 정의 대상일 수 있다. 유니콘이나 황금산의 실재성은 지성 바깥에 지성과 독립적으로 것으로 지성에 의해 임의적으로 규정될 수 없는 것이기 때문이다(「서신9」, 이 책 4부 용어 해설의 '정의' 항목, 스티븐 내들러, 이혁주 옮김, 『에티카를 읽는다』(그린비, 2013), 86~92쪽 참고. 그런데 비티흐는 스피노자가 약정적 또는 명목적 정의에 불과한 실체와 양태 정의를 '여기[E1p8s2 위 인용문]에서는 말하자면 [그가] 찾고 있는 바로 그 실재[실체와 양태]의 본질을 설명하는 데 도움이 되는 점'을 지닌 실재적 정의처럼 활용하여 정리7을 증명하니, '우리가 처음에 「증명 방법에 관하여」에서 이미 살펴본 정의의 종류 사이의 구분을 고려한다면 정말 이상한 말'이라고 하는 것이다. 요컨대 실체와 양태 정의에 제시된 실체의 자존성이나 양태의 의존성을 근거로 정리7을 자명하다고 할 수 없다는 주장이다. 둘째, 실체와 양태 정의가 실재적 정의라고 해도, 정의3에서 제시된 실체가 "자신 안에 있다"라는 것이 "자신에 의해 있다"라는 것과 같은 의미라는 것이 확립되지 않았기 때문이다. 오히려 그는 자신이 '자신 안에 있음'이 곧 '자기 원인'이라는 의미는 아니며, 의존적 실체도 자신 안에 있는 것으로 규정될 수 있음을 정의6을 반박할 때 보여 주었다고 역설한다. 그래서 **여전히** 이 정의[E1d3]로부터 어떻게 '실체의 본성에는 실존함이 속한다'라는 것[E1p7]이 따라 나오는지 이해하지 못하겠다"(강조는 인용자)라고 주장한다. "그는 실체를 보통 일반적으로 이해되는 것과 완전히 다른 의미로 이해한다"라는 말에서 알 수 있듯이, 비티흐의 스피노자 비판은 근본적으로 실체에 대한 이해 차이에 기인한다. 이는 스피노자 체계에서 오직 신만 실체가 되고 다른 유한한 실재는 그 실체의 변양이 된다는 결론을 받아들일 수 없다는 이하 주장에서 극명하게 드러난다. 특히 스피노자 철학에서는 부분과 변양의 구분이 모호해지며, 부분은 실체의 변양이 아니라 실체 자체의 일부로서 그 자체가 실체들이며 실체들로 구별되어야 한다고 주장하는 것은 비티흐가 데카르트의 실체론을 받아들였음을 여실히 보여 준다.

은 실체에 대하여 명료하고 뚜렷한 관념, 곧 참된 관념을 가지고 있지만 그럼에도 그러한 실체의 실존에 대해 의심을 품고 있다고 말한다면, 그 것은 정말이지 자신이 참된 관념을 가지고 있지만 그럼에도 그것의 참 됨에 대해 의심을 품고 있다고 말하는 것과 꼭 같은 것이다(충분히 주의 를 기울이는 사람에게 이는 명백하다). 또는 누군가가 실체는 창조된다고 말한다면, 그는 동시에 거짓된 관념이 참된 관념이 되었다고 말하는 셈 이 된다. 이보다 더 부조리한 것은 생각될 수 없다. 따라서 실체의 실존 은 그 본질과 꼭 마찬가지로 영원 진리라는 점을 필연적으로 인정해야 한다[E1p8s2 ; G II. 50].

이 모든 추론은 "자신 안에 있음과 자신을 통해 인식됨"esse in se & per se concipi이라는 구절의 애매성에 의지하고 있다. (…)[194] 실체가 '자신 안 에' 또는 '자기 자신에 의해' 있다고 말할 때, 이는 사유 안에서 지성 안에 서 그렇게 있다고 이해되어야 한다. 다시 말해서 우리는 실체를 [그것에 대한] '우리의 개념으로부터는 그것이 실존하는지 여부를 규정할 수 없 는 것'이라고 이해한다. 이는 어떤 이가 '전체는 그것의 모든 부분으로 구성된 것'이라고 말할 때, 그로부터 전체가 실존한다고 추론하는 것이 허용되지 않은 것과 마찬가지이다. 이런 식으로 우리가 전체에 '있음'esse 을 귀속시킬 때,[195] 이는 단지 우리 지성에 대해서만, 즉 우리 지성 안에

---

194 [옮긴이] 편역자가 생략한 부분에는 요하네스 드 레이의 저작에서 인용한 구절이 들어 있 다. 출처는 "Joh. de Raei disputationum de Interpretatione, p.131"로 되어 있는데, 다음 책 으로 추정된다. Johannes de Raei, *Cogitata de interpretatione*(Amstelaedami : apud Henricum Wetstenium 1692).

195 [옮긴이] '에세'esse(있음/존재함) 개념은 이 책 4부 용어 해설의 해당 항목 및 관련 항목 참고.

있는 전체로 이해되어야 한다. 우리는 실체에 대해 그러한 참된, 곧 명료하고 뚜렷한 관념을 가지고 있지만, 그렇다고 해서 그러한 실체가 실존한다고 말할 수는 없다. 이는 마치 우리가 천사에 대해 물체[신체]와 분리된 정신이라는 명료하고 뚜렷한 관념을 가지고 있다 하더라도, 그 관념으로부터 천사가 실존한다고 추론할 수 없는 것과 같다.

따라서 우리가 실체에 대한 저 정의[196]에서 도출할 수 있는 것은 단지 다음과 같은 것뿐이다. 즉 실체가 그것의 있음을 산출하고 보존하는 다른 실재를 필요로 하더라도, 실체는 형상적으로 또는 그 형상적 측면에서는 실존하기 위해 다른 실재를, 즉 그 실체 안으로 들어가거나 그 실체의 있음을 구성하는 다른 실재를 필요로 하지 않는다.[197] 모든 실체에는 특정한 자족성이 있으며, 그래서 실체를 내생적으로 구성하고 다른 모든 것과 구별되게 하는 어떤 본질을 지니고 있다. 이 문제는 정의3에 대해 논할 때 더 상세하게 다룬 바 있다. 그러나 이 모든 것은 단지 사유

---

196 [옮긴이] 스피노자의 실체 정의가 아니라, 실체는 "'자신 안에' 또는 '자기 자신에 의해' 존재"하며 '[그것에 대한] 우리의 개념으로부터는 그것이 실존하는지 여부를 규정할 수 없는 것'이라고 하는 비티흐 자신의 실체 정의를 지칭하는 것이라고 생각된다.

197 [옮긴이] 원문과 영역은 다음과 같다. "Hoc igitur tantum ex illa definitione substantiae possumus colligere, quod substantia formaliter sive in sua ratione formali non indigeat alia re ad existendum, sive, quae se immeet vel suum esse constituat, quamvis fieri possit, ut substantia aliqua re indigeat, quae illud suum esse producat & conservet." ; "Therefore, we can only infer from the definition of substance that a substance formally, or in its formal reason (in sua ratione), does not need another thing for existing, or which goes into it or constitutes its being, although it may be the case that a substance needs another thing which produces it in its being and preserves it." 'immeet'는 편역자가 판단한 대로 'immittat'의 오식일 것이다. "quae se immeet vel suum esse constituat"의 'se'와 'suum'이 문제인데, 편역자는 두 단어 모두 're'가 아니라 'substantia'의 대명사와 소유 형용사로 보았다. 're'를 받는다면, 마지막 구절은 "자신을 그 실체 안에 주입하거나 자신의 있음을 구성하는 그런 실재를 필요로 하지 않는다" 정도가 되어야 할 터인데, 문맥상 어색해 보인다.

안에 존재할 뿐이다.[198] 하지만 어떤 실체가 그 본질이 우리의 사유에서 실존을 포함하는 것이라고 인식된다면, 우리는 그로부터 그 실체의 실존이 필연적이라고 올바르게 추론할 수 있다. 그러나 만약 그 실체가 그런 것이 아니라면, 우리는 그것의 실존을 선험적으로는 알 수 없고 오직 후험적으로만 알 수 있다.

결과적으로 어떤 실체가 창조된다고 말하는 것은 [스피노자가 주장한 것과 달리] '거짓 관념을 참'이라고 말하는 것과 같은 것이 아니다. 왜냐하면 창조되지 않은 것은 아직 실체가 아니지만, 창조되는 동안 실체가 되고 실체가 있는 곳에서는 비록 외생적으로는 다른 실재가 필요할지라도 그것의 형상적이고 내생적인 면에서는 실존하기 위해 다른 실재를 필요로 하지 않기 때문이다.[199] 모든 논의는 모든 이들이 받아들

---

198 [옮긴이] 원문은 다음과 같다. "Habent omnes substantiae αὐτάρκεια quandam, qua fit, ut habeant aliquam essentiam, qua intrinsecus constituuntur, & ab alia quavis re distinguuntur, qua de re plenius egimus ad Defin. III. Sed haec omnia habent antum in cogitatis." 원서의 스캔 상태가 좋지 않아 단언할 수는 없지만, 원문에 포함된 그리스어는 'autarkeia'로 보인다. 편역자를 따라 '자족성'self-sufficiency이라고 번역했다. 'antum'은 'tantum'의 오식이거나 스캔 문제로 그리 보이는 것이라고 생각된다.

199 [옮긴이] 내생적 속성intrinsic property은 어떤 실재가 그 자체로(바로 그것이기 때문에) 갖는 속성이며, 외생적 속성extrinsic property은 어떤 실재가 다른 실재와 관련하여 갖는 속성이다. 비티흐는 실체가 외생적으로는 다른 실재를 필요로 할 수 있지만, '형상적이고 내생적인 면에서는'in suo formali & intinsecus 자족적이라고 말한다. 앞 단락에서 '모든 실체의 특정한 자족성이 (…) 단지 **사유 안에 존재할 뿐**'이라고 했던 것 역시 여기에서 논의되는 실체의 자족성이 우리가 실체를 내생적으로 그 자체로 고려할 때 성립하는 것임을 뜻한다. 즉 실체의 독립성은 형상적이고 내생적으로 고려된 실체의 본질이다. 실체가 "형상적으로 또는 그 형상적 측면에서는formaliter sive in sua ratione formali 실존하기 위해 (…) 다른 실재를 필요로 하지 않는다"라는 것도 같은 의미이며, 더 이전에 "실체가 '자신 안에' 또는 '자기 자신에 의해'esse in se & per se 있다고 말할 때, 이는 **사유 안에서 지성 안에서 그렇게 있다고 이해되어야 한다**"라고 말하고, 곧바로 "우리는 실체를 [그것에 대한] '**우리의 개념으로부터는** 그것이 실존하는지 여부를 규정할 수 없는 것'이라고 이해한다"라고 한 것 역시 여기에서 말하는 실체가 그 자체로 고려된 실체이기 때문이다. (이상 인용문의 강조는 모두 인용자의 것) 이하에서 관련 논

이는 실체에 대한 일반적 정의, 곧 "실체는 자기 자신에 의해 실존하는 것"substantia est id quod per se existit이라는 정의에 달려 있는 것으로 보인다. 지금까지 이 말들을 스피노자가 사용한 의미로 받아들인 사람은 아무도 없었다(말은 돈과 같다[200]). 외려 모두 "어떤 실재가 실존할 때마다 그것이 다른 것 안에 있지 않은 방식으로 실존한다면, 그것은 실체라고 불린다"라는 의미로 받아들였다Quandocunque res aliqua existit, si ita existat ut non sit in alio eam dici substantiam.

이와 같이 내가 어떤 것을 실체라고 생각한다고 해서 그것이 실존해야 한다는 것이 따라 나오지는 않는다. 어떤 이가 켄타우로스를 생각한다고 해서, 그가 전능한 천사를 생각한다고 해서, 그로부터 그러한 실재가 실존한다는 것이 따라 나오는가? 어떤 이가 실체적 형상을 생각한다고 해서 그것이 실존한다는 것이 따라 나오는가? 따라서 이 정의로부터 추론할 수 있는 것은 단지 '만약 당신이 다른 것 안에 있지 않은 것으로 생각하는 어떤 것이 실존한다면, 그것은 실체'라는 것뿐이다. 모든 실체의 본성은 그것이 자신에게 고유한 존재성이나 어떤 실재성 또는 본질을entitatem sive realitatem aliquam aut essentiam 지니고 있다는 것이다. 이를 통해 실체는 내생적으로 성립되고, 이 힘에 의해 [다른] 존재자의 어떤 것aliquid entis이 아니라 진정으로 자기 자신에 의한 존재자가 된다. 이 점에서 실체는 양태나 우유와 반대되는데, 양태와 우유는 그것들을 내생적으

의가 계속된다.

200 [편역자] 비티흐의 이 말은 고대 로마인의 속담 "verba valent ut nummi"(베르바 발렌트 우트 눔미)와 관련이 있다. [옮긴이] "말은 돈처럼 강하다." 혹은 "말에도 돈처럼 가치가 있다(값이 나간다)"라는 뜻으로, 말도 돈처럼 특정 가치가 있고 강한 것인데, 이를 스피노자처럼 자기 마음대로 사용하면 안 된다는 비판일 것이다. 이하에서 그는 스피노자가 "자기 마음대로 정의를 만들었다"라고 비판한다.

로 구성하는 그 존재성과 실재성이 다른 것 안에 있다고 생각되는 것이기 때문이다.[201]

단지 자신 안에, 그리고 자기 자신에 의해 자신의 실재성을 지니고 있을 뿐만 아니라 자기 자신에 의해 존재하고 자신의 본성의 힘에 의해 실존하여 기원이나 존속의 측면에서 다른 것에 의존하지 않는 특수한 실체[무한 실체]가 있다는 것은 참이다. 이는 유일 실체이며 자기 자신과 외부의 다른 모든 실재가 실존하는 데 있어 전혀 모자람이 없다. 하지만 이 실체 외에도, 자신의 본성의 힘에 의해서나 자신의 본성의 내생적 필연성과 자족성에 의해 실존하는 것이 아니라, 오직 그의 권능에 의해sola potestate eius 존재하고 유지되거나 계속 존재하기 위해 창조된 다른 실체들이 있다.[202]

실제로 이 실체들은 그것들을 산출할 수 있는 실체가 실존한다는 이유만으로 실존하게 되는 것이 아니다. 오히려 그럴 때 그것들은 단지 가능한 것으로만 간주되어야 하며, 그 실체가 그것들이 실존하기를 바란다고 생각되는 그때에만 실존하는 것으로 생각되어야 한다. 하지만 그 실

---

201   [옮긴이] 앞 단락에서 모든 것은 "자기 자신에 의해per se 실존하는 것"이라는 실체에 대한 일반적 정의를 어떻게 이해하는지에 달려 있다는 비티흐의 말대로, 결국 그의 스피노자 비판은 실체 이해의 차이에서 비롯된다. 그는 데카르트의 실체론을 거의 그대로 수용하며, "존재하기 위해서 다른 어떤 것도 필요로 하지 않는" 무한한 실재 외에도 "존재하기 위해 신의 조력 외에 다른 어떤 것도 필요로 하지 않는"(PP I. 51) 유한한 실재들 역시 실체로 인정된다고 주장한다. 단 하나의 실체만 있고 다른 모든 것은 그 실체의 변용(양태)인 것이 아니라 무한 실체와 유한 실체들이 있다. 요컨대 스피노자가 양태라고 본 것도 얼마든지 실체일 수 있다고 지적하는 것이다. 편역자 마르크 알데링크가 해제에서 지적한 것처럼, 비티흐는 '데카르트 철학에 심취한 사람이 스피노자『윤리학』을 어떻게 해석했는지' 잘 보여 준다.

202   [옮긴이] 비티흐가 말하는 '특수한 실체'와 '이러한 실체 외에 어떤 다른 실체들'이 각각 데카르트의 무한 실체와 유한 실체들을 의미하는 것임은 두말할 나위 없다. 데카르트의 실체 개념에 대해서는 PP I. 51~53(원석영 II. 42~44) 참고.

체가 그것들이 실존하기를 의지할 때, 바로 그 의지를 통해 그것들에게 고유한 실재성이 생겨나는데, 비록 제한된 것이기는 하지만 그것들을 내생적으로 구성하는 이 실재성에 의해 그것들은 다른 모든 제한된 실체로부터도, 심지어 자신들이 그 실재성을 계속해서 받고 있는 바로 그 실체와도 실재적으로 다르며 구별되어야만 한다.[203]

이러한 실체를 양태와 혼동해서도 안 된다. 양태는 어떤 고유한 실재성 propriam realitatem도 지니고 있지 않고, 외려 그것들의 있음과 실재성 esse, realitas은 완전히 다른 실재나 실체 안에 있는 것으로 생각되기 때문이다. 분명 이러한 의존적 실체는 다양한 양태를 허용하지만, 그것들이 바로 그 양태들과 필연적으로 구별되어야 함은 의심의 여지가 없다. 그러나 그자[스피노자]는 자기 마음대로 정의를 만들었고 '실체'라는 용어에 무한하고 독립적인 실체만 할당했음에도 나중에 그 정의로부터 실재들의 본질이 설명되는 증명을 만들어 내길 원했다. 그러므로 그는 우리가 「증명 방법에 관하여」 서두에서 살펴본 자신의 규칙과 반대로 행동하는

---

203   [옮긴이] 원문과 영역은 다음과 같다. "Quando tamen illa substantia vult ut existant, per ipsam illam voluntatem consequuntur propriam sibi realitatem, quamvis limitatam, qua intrinsece constituuntur, & ab alia quavis substantia limitata, quin imo etiam ab hac ipsa, a qua istam realitatem accipiunt continuo, realiter differunt & distingui debent." ; "When, however, that substance wills that they exist, their reality follows from that very will, a reality, though limited, by which they are constituted intrinsically, as well as limited from every other substance, so that they indeed have to differ really (realiter) and be really (realiter) distinguished from that substance from which they continually receive that reality." 영역은 'ab alia quavis substantia limitata'에서 'limitata'를 'substantia'를 수식하는 형용사가 아니라 'constituuntur'와 병렬적으로 이어지는 동사로 보고 "by which they are constituted intrinsically, as well as limited from every other substance"라고 번역한 것 같다. 그렇다면 원문은 "이 실재성에 의해 그것들은 내생적으로 구성되고 또한 다른 모든 실체로부터 제한되어" 정도로 번역될 것이다. 가능한 번역이지만, 이하 내용을 고려할 때 'limitata'를 'substantia'를 수식하는 형용사로 보는 것이 더 적합하다고 판단했다.

것이다.[204]

그리고 그는 분명 그것이 크게 다르다는 것을 부정할 수 없을 것이다. 예를 들어 인간 정신의 개념은 상상, 지각sentiendi, 순수 이해, 의지와 같은 양태 개념과 다르며, 이것들 모두는 인간 정신의 양태이다. 마찬가지로 물체 개념은 삼각형, 사각형, 원과 같은 물체의 양태 개념과 다르다. 따라서 이러한 정신과 물체[신체]는 신과 사유의 양태 및 물체의 양태들 사이의 어떤 중간자intermedium가 될 것이다. 우리는 그 중간자를 실체라고 부르지만, 그는 그것들을 양태라고 부른다. 그러므로 그 사안에 대해서는 의견이 일치하겠지만,[205] 논의된 바와 같이 우리의 용어가 더 낫고 더 적절하다는 것은 명확하다.

참고문헌

1차 문헌

Wittich, C., *Anti-Spinoza sive Examen Ethices Benedicti de Spinoza, et commentarius de Deo et ejus attributis*(Amsterdam, 1690).

---

204 [옮긴이] 종합의 방법을 따르고 정의는 실재의 본질을 표현해야 한다고 한 것에 반한다는 것이다.

205 [옮긴이] 원문과 영역은 다음과 같다. "de Re ergo conveniet"; "We agree in substance". 비티흐는 '인간 정신'과 상상, 지각, 의지 같은 정신의 양태들은 다른 것이며, '물체'와 삼각형, 사각형, 원과 같은 물체의 양태 역시 다른 것이라고 지적한다. 그리고 절대적으로 독립적인 신과 이 신에 의존하는 인간 정신이나 물체, 그리고 그 변양들인 정신이나 물체의 양태들을 구분한다. 인간 정신이나 물체를 '중간자'라고 하는 이유이다. 비티흐는 스피노자가 '신적 실체'와 그 변용들인 인간 정신이나 신체/물체 같은 '양태', 그리고 그러한 인간 정신과 신체/물체의 변용들인 '양태의 양태'를 구분하니, 자신은 이를 '실체'라고 부르고 스피노자는 이를 '양태'라고 한다는 점에서 다르지만, 인간 정신이나 신체/물체 같은 '중간자'가 존재한다는, 이 '사안'에 대해서는 자신과 스피노자가 일치한다고 주장하는 것이다. 편역자는 뜻을 살려 "우리는 실질[본질, 내용]에 있어서는 일치한다"라고 번역한 것 같다. 아무튼 이후 나오는 것처럼 비티흐는 '실체'라는 용어가 더 적절하다고 주장한다.

________, *Ondersoek van de Zede-konst van Benedictus de Spinoza en een verhandeling van God en desselfs eigenschappen*, trans. A. van Poot(Amsterdam, 1695).

________, *Annotationes ad Renati Des-Cartes Meditationes*(Dordrechti 1688)

2차 문헌

Bordoli, R., 'Wittichius, Christopher', in W. van Bunge et al(eds.), *The Dictionary of Seventeenth and Eighteenth-Century Dutch Philosophers*(Bristol : Thoemmes Press, 2003), pp. 1083~1086.

Hubert, C., *Les premières réfutations de Spinoza. Aubert de Versé, Wittich, Lamy*(Paris : Presses Universitaires de France, 1994).

Pape, G., *Christoph Wittichs Anti-Spinoza*(Berlin : n.p., 1910).

Savini, M., 'Notes au sujet de la publication de l'Anti-Spinoza de Christoph Wittich', *Nouvelles de la République des Lettres*, no. 2(2000), pp. 79~96.

Verbeek, Th., 'Wittich's Critique of Spinoza', in T. M. Schmaltz(ed.), *Receptions of Descartes. Cartesianism and AntiCartesianism in Early Modern Europe*(London and New York : Routledge, 2005), pp. 113~127.

4부 용어 해설

LIFE

INFLUENCES

EARLY CRITICS

GLOSSARY

SHORT SYNOPSES OF SPINOZA'S WRITING

SPINOZA SCHOLARSHIP

【ㄱ】

가능한 것Possibile(포시빌레)

『윤리학』에는 포시빌레가 등장하는 두 개의 핵심적인 곳이 있다. 1부 정리33의 주석1에서 스피노자는 우리가 어떤 것의 본질이나 원인에 대해 무지할 때 그러한 것을 '우연적인 것이라든가 가능한 것'이라고 부른다. 만일 우리가 그것의 본질과 원인을 충분히 알고 있다면, 우리는 그것이 '필연적이거나 불가능한' 것이라고 확실하게 말할 수 있을 것이다. 스피노자는 이 구절에서 우연성과 가능성을 구별하지 않지만, 나중에 『윤리학』의 다른 부분에서는 구분한다. 4부 정의3에서 스피노자는 "독특한 실재들"은 그 실존이나 비실존이 단지 그 본질에 수반되지 않는다면 오직 그러한 경우에만 "우연적"이라고 말한다. 반면에 정의4에 따르면, "동일한 독특한 실재들"은 그 "원인들이 그 실재들을 생산하도록 규정되어 있는 것인지" 우리가 알지 못하는 경우에만 "가능"하다.

왜 이 개념들이 이전과 다른지 의아하게 여길 이들을 위해, 스피노자는 이 정의 아래에서 1부 정리에서는 "이것들을 정확하게 구별할 필요가 없었다"라고 설명한다. 이 정의와 더불어 스피노자는 (아리스토텔레스적) 전통에 등을 돌린다. 이 전통은 가능한 것을 현실적[현행적] 존재자actual being와 불가능한 것 둘 다와 대립시키는 것이었다. 가능한 것을 이를테면 새로운 별 또는 다른 세계처럼 현행적으로 실존하지는 않지만 있을 수도 있는 존재로 정의하기 때문이다. 논리적으로 가능한 것은 모순적 술어를 포함하지 않는다.[1] 그러나 홉스는 『물체론』 10장에서 우연적인 것과 가능한 것의 실재성을 거부한다. 가능한 것은 단지 겉보기에만 그렇게 보이는 것으로, 이는 우리의 인식의 결여에 기인한다. 내일 비가 올 것임이 필연적이라면, 이는 필연적으로 작동하는 원인들의 결과이기 때문이다. 만일 우리가 이러한 원인들을 알지 못한다면, 우리는 어떤 사건을 '우연적' 사건 또는 '우발적'fortuitous 사건이라고 부를 것이다.

가능한 것에 대한 스피노자의 견해를 타당하게 만들고자 하는 독자들 앞에는 두 개의 상이한 주석학적 과제가 있다. 첫 번째는 스피노자의 형이상학적 가능성 개념과 인식론적 가능성 개념을 구분하는 것이다. 인식론적 가능성 개념에 따르면, 실재는 단지 우리 인식의 한계 때문에 가능한 것이라고 간주된다. 형이상학적 가능성 개념에 대한 올바른 해석이 무엇인지에 대해서는 논쟁이 있다. 한 가지 독해 방식은 실재가 가능한 경우는 오직 자연법칙과 양립 가능한 경우일 뿐이며 실재가 자연법칙과 양립 가능하지 않다면 불가능하다고 주장하는 것이다. 두 번째 주석학적 과제는 다음과 같은 질문의 형태로 표현될 수 있다. 스피노자는 모든 가능한 것은 현실적이라고 생각했는가? 만일 그렇다면, 현실화되지 않은

---

[1] Chauvin, *Lexicon philosophicum*.

가능성은 없을 것이고, 결국 실존하지 않는 어떤 것도 실존할 수 없었을 것이다. 다른 한편 만일 스피노자가 모든 가능한 실재가 현실적이기도 하다는 것을 부정했다면, 그는 실존할 수 있지만 실존하지 않는 어떤 것이 존재한다고 주장했을 것이다.

최근 몇 십 년간 연구자들은 스피노자가 모든 가능한 것을 현실적인 것으로 받아들였다고 보는 경향이 있지만, 이 쟁점과 텍스트는 매우 복잡하여 여전히 논란의 여지가 있다고 볼 수 있다.

· 관련 항목 : 우유, 인식, 상상, 실존

원문

Possibilem, cujus existentia, ipsa sua natura, non implicat contradictionem, ut existat (⋯) *sed cujus existentiae necessitas pendet a causis nobis ignotis* (TIE 53, G II. 20). *Contingens, possibile non nisi defectus nostrae perceptionis, nec aliquid reale esse* (CM 1.3). *Res aliqua contingens dicitur, nisi respectu defectus nostrae cognitionis.* (⋯) *eandem vel contingens, vel possibilem vocamus* (E1p33s1). *Easdem res singulares voco possibiles, quatenus, dum ad causas, ex quibus produci debent, attendimus, nescimus, an ipsae determinatae sint ad easdem producendum* (⋯) *inter possibile et contingens nullam feci differentiam, quia ibi non erat opus haec accur ate distinguere* (E4d4).

참고문헌

1차 문헌

Hobbes, Th., *De corpore*.

2차 문헌

Mason, R., 'Spinoza on Modality', *The Philosophical Quarterly*, no. 144(1986), pp. 313~342.

Miller, J., 'Spinoza's Possibilities', *Review of Metaphysics*, no. 54(2001), pp. 779~814.

— 존 밀러

가책 → 콘스키엔티아를 보라.

감정 → 정서를 보라.

강인함Fortitudo(포르티투도)

스피노자는 포르티투도[2]에 상응하는 네덜란드어 클룩헤이트kloekheid 및 다페르헤이트dapperheid를 거의 사용하지 않는다. 포르티투도라는 라틴어 단어는 생애 말기 저작들인 『윤리학』과 『정치론』에서만 다섯 번 등장할 뿐이다. 그러나 체계에 맞게 변형되어 채택된, 특히 스토아 전통에서 가장 중요한 이 덕목은 스피노자 철학에서도 기본적인 역할을 유지한다.

『윤리학』 3부에서 정념[수동 정서]에 대해 다룬 후, 스피노자는 정리 59에서 능동 정서를 다루기 시작한다. 그는 능동 정서가 세 가지 근본 정서 중 기쁨과 욕망으로부터만 나온다고 주장한다. 슬픔과 슬픔에서 파생된 [정서의] 유형들을 정신의 능동성에 기인하는 정서 항목에서 제외하지 않으려고 한 데카르트[3]와 반대로, 스피노자는 그러한 가능성을 분명하게 배제한다. 능동 정서는 명료하고 뚜렷한 인식을 전제하기 때문이다. 더구나 적합한 관념에 의해 우리의 실존 역량이 축소되거나 우리의 코나투스가 억제되는 것은 불가능하다. 그러한 일은 슬픔의 경우에나 정신에 일어날 수 있다.

---

2   [옮긴이] 『편람』 원서에는 'fortitude'와 'strength of character'라는 두 개의 영역이 제시되어 있다. 영역자 컬리와 셜리는 후자로 번역했다.

3   PA II. 91~92항 [옮긴이] "영혼에서 영혼 단독의 작용에 의해par la seule action de l'ame 일어나는 순수하게 지적인 기쁨"(91항)과 "정념은 아니지만 슬픔의 정념을 수반하지 않을 수 없는 지적인 슬픔"(92항)을 말한다. 김선영 93~94 참고.

프랑스어판『정념론』171항에서는 쿠라주courage(용기)라는 단어를 쓰고 라틴어판에서에서는 아니모시타스animositas(용기)와 아우다키아audacia(대담함)라는 단어를 쓰는 데카르트를 따라, 스피노자는 포르티투도를 정서로 간주하지만 [그것에 대한] 실재적 정의를 제시하지는 않는다.[4]『윤리학』3부 정의1과 3에 따르면, 정신이 적합한 원인인 모든 정서는 능동이다. 이는 그 결과로서 일어나는 인간 행동이 이성의 명령을 따른 것임을 시사하는데, 굳건함animositas과 관대함generositas에 대한 정의 둘 다에서 '각자가 오직 이성의 인도에 따라 (…) 노력하는 욕망'이라는 표현이 공통으로 사용되는 것에서 알 수 있는 부분이다. 뒤이어 스피노자는 세 개의 다른 능동 정서인 절제, 절도, 위험에 직면하여 마음을 다잡는 것animi praesentia과, 두 개의 사회적 정서인 겸손함Modestia과 너그러움Clementia을 열거한다(E3p59s). '이성의 인도'는『윤리학』4부 정리 24 이후에서 다루어진다. 이성의 인도를 따를 때 인간은 자유로워진다(E4p69~72). 강인함은 모든 이성적 행위와 관련되기 때문에, 강인함에

---

4   [옮긴이] 원문은 다음과 같다. "Although Spinoza, imitating Descartes, who in the French text of the *Passions de l'âme art.* 171 uses 'courage' and in the Latin version animositas and audacia, considers fortitude to be an affect, he does not supply a real definition." "데카르트를 따라 스피노자가 강인함을 정서로 간주"한다라는 말은 아마도 스피노자가 강인함의 아종으로 분류한 '굳건함'과 '관대함'을 데카르트도 정서들로 다루었으니 그리 말한 것이 아닌가 추측된다. 그리고 스피노자는 실제로 '강인함'의 실재적 정의를 제시하지 않았다. 단지 능동 정서로 분류할 뿐이다. "이해하는 한에서의 정신과 관련을 맺고 있는 정서들에서 따라 나오는 모든 능동actiones(능동적 작용)을 나는 강인함과 관련시키며, 강인함은 굳건함과 관대함으로 나누겠다. 왜냐하면 나는 굳건함을 각자가 오직 이성의 인도에 따라 자신의 존재를 보존하려고 노력하는 욕망으로 이해하기 때문이다. 그리고 관대함은 각자가 오직 이성의 인도에 따라 다른 사람들을 돕고 그들과 우정으로 연결되려고 노력하는 욕망으로 이해한다"(E3p59s). 물론 강인함의 아종으로 분류된 굳건함과 관대함의 실재적 정의를 참고하여 강인함의 본질을 추론해 볼 수는 있을 것이다. '실재적 정의'에 대해서는 이 책 용어 해설 4부 '기하학적 질서' 항목과 '실존' 항목의 옮긴이 주 참고.

해당하는 특정 정서는 열거되지 않는다. 정신의 강인함이 모든 능동 정서의 필요조건으로 간주될 수 있는 것은 이러한 이유 때문이다.

그러나 『윤리학』 4부와 5부 및 『정치론』 둘 다에서 스피노자는 강인함을 '마음의 덕'과 동일시하면서(E4p69) 강인함을 정서라고 하지 않고 덕이라고 한다.[5] 엄밀한 의미의 강인함은 경건함과 종교라는 근본적인 덕과 연관된다(E5p41s).[6] 또한 강인함은 인간의 자유와도 동일시된다. 따라서 '자유인'과 '덕 있는 인간'은 동일하다(E4p73s와 TP 1.6). 도의심/도덕/경건pietas(피에타스, 자신과 관련된 도덕성), 신의honestas(호네스타스, 타인과 관련된 도덕성), 그리고 종교(신에 대한 도덕성)를 아우르는 강인함은 모든 덕 중에 가장 포괄적인 것이다. 그것의 지적 본성은 강인함이 개인적인 덕이며 그 자체로는 정치적인 것에 요구되는 것이 아님을 시사한다.

『소론』에서 스피노자는 이 개념의 그리스적 기원, 즉 플라톤이 가장 중요한 네 가지 덕에 포함했던 안드레이아andreia, ἀνδρεία(용기)를 암시한다.[7] 스토아학파는 처음에는 전쟁의 덕이었던 그 덕에 명확히 지적인 성

---

5 [옮긴이] "따라서 용기를 억제하기 위해서는 두려움을 억제하기 위해 필요한 것과 같은 크기의 마음의 덕 또는 강인함aeque magna animi virtus, seu fortitudo이 필요하다(3부 정리59의 주석에 나오는 정의를 보라)"(E4p69d). 『편람』 원문 "the virtue of magnanimity"는 오기이다.

6 [옮긴이] "도덕, 종교, 그리고 절대적으로 말하면 강인함과 관련된 모든 것을…"Pietatem igitur, & Religionem, & absolute omnia, quae ad animi Fortitudinem referuntur(E5p41s).

7 [옮긴이] 『소론』의 다음 구절에 나오는 '남자답게'라는 표현에 포르티투도 개념의 그리스적 기원이 암시되어 있다는 지적이다. "어떤 일을 해내기 위해 무언가를 해야 하는데 (…) 영혼이 그 일을 해내기로 남자답게mannelyk(manly) 결정하고 그 일이 해낼 만한 것이라면, 그것은 강인함Moed(Strength of Character)이라고 불린다. 그리고 그 일이 해내기 어려운 것이라면, 그것은 굳건함Kloekmoedigheid(Tenacity) 또는 용맹Dapperheid(Bravery)이라고 불린다"(KV 2.9 ; G I. 71 ; C I. 113. 영역은 모두 컬리의 것). 그리스어 '안드레이아'의 어원은 '남성'man을 의미하는 '아네르'anēr, ἀνήρ이며 '안드레이아'는 문자 그대로 '남자다움'manliness

격을 부여했다. 예컨대 세네카는 위험을 경멸하도록 정신을 준비시키는 포르티투도를 선과 악을 구별하는 도덕적 앎이라고 정의한다.[8] 스토아의 현자는 꾸준하고 **인내심이 강하며**persevering 너그러운 정신을 지닌 **강건한**vigorous 사람이다. 그러나 아리스토텔레스 전통에서 포르티투도라는 덕은 기본적인 본성에 속하는 것이기도 했다. 아퀴나스에 따르면 포르티투도는 포괄적인 덕이거나 덕의 필요조건으로, 유덕하게 행동하기 위해 요구되는 확고함과 인내를 정신에 제공하고 그럼으로써 인간이 이성에 따라 살아갈 수 있게 하는 것이다.[9] 스피노자처럼 아퀴나스도 포르티투도는 두려움과 무모함 사이에서 중용을 유지한다고 말한다. 늘 그렇듯 스피노자는 격조 있게 전통적인 모든 자원을 사용한다.

· **관련 항목** : 정서, 파시오, 악티오, 코나투스,
관대함, 관용, 지성, 피에타스, 종교, 자유, 자유로운

이라는 뜻을 내포하고 있기 때문이다. 플라톤이 제시한 네 가지 주요 덕은 지혜sophia, 용기 andreia, 절제sōphrosynē, 정의dikaiosynē를 말한다(플라톤, 『국가』, 제4권 참고).

8   [옮긴이] "그것[Fortitudo]은 생각 없는 무모함도 위험에 대한 사랑도 두려운 것들에 대한 추구도 아니다. 그것은 무엇이 나쁜 것이고 무엇이 그렇지 않은지를 구별하는 앎scientia이다. 포르티투도는 자신을 보호하는 데 매우 신중하면서도 동시에 나쁨이라는 거짓 인상을 주는 것들을 견디는 데 강하다"(*Lucius Annaeus Seneca*, Ad Lucilium Epistulae Morales, epist.85.28). 아래 두 영역자는 포르티투도를 각각 'bravery'와 'courage'라고 번역했다. *Seneca : Selected Philosophical Letters*, trans. Brad Inwood(Oxford : Oxford University Press, 2007), p. 45 ; *Letters on Ethics to Lucilius*, trans. Margaret Graver and A. A. Long(Chicago : The University of Chicago, 2015), p. 293.

9   *Summa theologiae* II-II, q. 123. [옮긴이] "그리고 이러한 장애를 제거하기 위해서는 정신의 포르티투도fortitudo mentis가 필요하다. 이는 분명 이러한 종류의 어려움들에 저항할 수 있게 하며, 마치 인간이 신체의 포르티투도를 통해per fortitudinem corporalem 신체적 장애를 극복하고 물리치는 것과 같다. 따라서 포르티투도는 인간을 이성에 따라secundum rationem 살게 하는 한에서 덕임virtus이 분명하다"(ST IIa-IIae, q. 123 a.1). 『신학대전』 제2부 2편 123~140문에서 '포르티투도' 개념이 자세하게 다루어진다. 번역서는 아직 출간되지 않았다. '한국성토마스연구소'의 '신학대전 번역사업'에 관한 안내에는 '용기'로 번역되어 있다. http://stik.or.kr/contents/biz_101.php.

원문

Als de ziel tot het voortbrengen van de zaake mannelijk besluit (…) en die zaake beswarlijk om voort te brengen zijnde, zo word het kloekmoedigheid genoemd of dapperheid(KV 2.9). *Spiritus* (…) *fortitudinis sumitur ad significandum animum fortem vel virtutem fortitudinis*(TTP 1, G III. 22). *Omnes actiones quae sequuntur ex affectibus qui ad mentem referuntur quatenus intelligit ad fortitudinem, quam in animositatem et generositam refero*(E3p59s). *Magna animi virtus, seu fortitudo requiritur ad audaciam quam ad metum coercendum*(E4p69). *Haec et similia quae de vera hominis libertate ostendimus ad fortitudinem referuntur*(E4p73). *Communia vitae pericula et quomomodo animi praesentia et fortitudine optime vitari et superari possunt*(E5p10s). *Pietatem igitur et religionem et absolute omnia quae ad animi fortitudinem significandum referuntur*(E5p41s). *Animi libertas seu fortitudo privata virtus est*(TP 1.6). *Humana potentia non tam ex corporis robore, quam ex mentis fortitudine aestimanda est*(TP 2.11). *Pax virtus est quae ex animi fortitudine oritur*(TP 5.4) ; TP 6.3. *Si ex natura foeminae viris aequales essent, et animi fortitudine et ingenio in quo maxime humana potentia et consequenter jus consistit, aeque pollerent*(TP 11.4).

참고문헌

1차 문헌

Aquinas, *Summa theologiae.*
Descartes, R., *Passiones animae,* trans. Henri Desmarets(Amsterdam, 1650).

2차 문헌

Jaquet, Ch., ʾLa fortitude cachéeʾ, in Ch. Jaquet, P. Sévérac and A. Suhamy(eds.), *Fortitude et Servitude, lectures de l'Ethique IV de Spinoza*(Paris : Éditions Kimé, 2003), pp. 15~25.

— 헨리 크롭

개념Conceptus(콘켑투스)

스피노자는 콘켑투스와 그것에 상응하는 동사 콘키피concipi라는 용어를 한 번도 정의하지 않았지만, 그 의미를 가늠할 수 있게 해 주는 다양한 암시를 제공한다. 예를 들어 관념은 '정신의 개념'이다(E2d3 ; cf. E2p48s2 ; E2p49s). 스피노자는 '지각' 대신 '개념'이라고 하는데, 왜냐하면 '지각'은 수동성을 암시하지만 '개념'은 정신의 능동을 전제하기 때문이다. 어떤 실재에 대한 참된 개념은 우리가 "다른 것들과 결합하지 않고 그것만 고찰할 때, 그것으로부터 해당 실재의 모든 특성"을 연역할 수 있게 해 준다(TIE 96 ; 김은주 103. cf. Ep9). 개념은 '주어와 술어의 결합'cohaerentia이며, 그래서 왜 어떤 것이 어떤 것의 술어가 되는지 그 이유를 함축하고 있다(TIE 62 ; 김은주 71. 번역은 수정). 어떠한 개념도 결코 추상적이거나 일반적이어서는 안 된다(TIE 21의 주석 h, 김은주 35~37 ; TIE 55 ; TIE 57의 주석 x, 김은주 65 ; TIE 75. cf. E2p49s). 그것은 '표상적 본질'(TIE 36), 곧 사유 안에서 표상된 실재적이고 특수한 실재이다. 모든 개념은 '자연의 근원'origo naturae(TIE 76)[10]에 근거해야 하고 그것으로부터 연역되어야 한다. 그래서 모든 개념은 모든 실재를 관념적으로 표상하는 개념적 네트워크의 일부이다.

그러나 스피노자는 이를테면 유한한 실재에 대한 적합한 개념은 [구체적인] 실존에 관한 판단을 함축하지 않는다고 주장할 때처럼 개념이라는 단어를 특정하지 않은 방식으로 사용하는 경우도 많다(TP 2.2 cf. E2p24 ; E4p37s2 ; TTP 16, G III. 189~191). 스피노자가 그렇게 말하는 곳에서 **개념**은 스피노자 자신의 전제를 고려할 때 단지 '분류 개념'class concept을 의미할 수 있을 뿐이다. 사실 유한한 실재에 대한 진정으

10 　[옮긴이]『편람』원문에는 "the origin of being"이라고 되어 있다. 셜리 번역을 인용한 것으로 보인다(Shirley 21 참고).『지성교정론』원서의 표현과 김은주의 국역본을 따라 수정했다.

로 적합한 개념은 그것의 실존 바로 그것을 함축할 것이다(TIE 55 ; 69).

· **관련 항목** : 관념, 지각하다

원문

Ut nullus detur conceptus, id est idea, sive cohaerentia subjecti et praedicati in mente(TIE 62, G II. 24). *Deceptio ex eo oritur, quod res nimis abstracte concipiunt*(TIE 75, G III. 28). *Talis requiritur conceptus rei, sive definitio, ut omnes proprietates rei, dum sola, non autem cum aliis conjuncta, spectatur*(TIE 96, G II. 35). *Quod petis an ex solo extensionis conceptu rerum varietas a priori possit demonstrari* (⋯) *id impossibile esse*(Ep83). *Certum est, omnia in natura sunt, Dei conceptum pro ratione suae essentiae suaeque perfectionis involvere et exprimere*(TTP 4, G III. 60). *Philosophi ex claris conceptibus res conantur intelligere*(TTP 6, G III. 88). *Per ideam intelligo mentis conceptus* (⋯) *Dico potis conceptum quam perceptionem, quia perceptionis nomen indicare videtur Mentem ab objecto pati. At conceptus actionem mentis exprimere videtur*(E2d3). *Distinguant inter ideam, sive Mentis conceptum et inter rerum imaginationes*(E2p49s).

참고문헌

1차 문헌

Descartes, R., *Passions de l'âme*.

— 테오 페르베이크

결정 → 규정/결정/한정을 보라.

경건 → 피에타스를 보라.

경험Experientia(엑스페리엔티아)

스피노자의 저작에는 '경험'이라는 단어와 그에 상응하는 세 가지 네덜란드어 온데르빈딩ondervinding, 에르바렌트헤이트ervarentheid, 베빈딩

bevinding이 자주 등장한다. 이 단어가 풍부하게 등장한다는 사실은 분명 그 중요성을 시사한다. 게다가 『지성교정론』의 유명한 첫 번째 구절에서 스피노자는 경험이 삶의 진정한 가치를 가르쳐 주었다고 말한다. 『윤리학』에 따르면, 우리가 우리의 정신이 부분적으로 영원하다는 것을 느끼고 아는 것은 경험에 의해서이다.[11] 경험은 우리에게 사실이 관념을 증명하고 확인해 주며 [추론의] 전제를 제공한다는 것을 보여 준다.[12] 이성과 함께 경험은 서슴없이 소환된다.[13] 경험은 또한 '정치가의 스승'이기도 하다(TP 1.2).

스피노자는 '경험'이라는 단어를 일상적 의미로도, 그리고 베이컨에게 빌려온 전문적 의미로도 사용한다. 『지성교정론』과 『윤리학』에서 무작위적이거나 막연한 경험은 그가 이 저작들에서 각각 4종의 인식과 3종의 인식으로 구별한 것 중 첫 번째 인식이다(TIE 26~29 ; E2p40s2). 사실 스피노자는 경험 관념에 대해 전혀 상술한 바 없고 경험과 실험 간 차이를 숙고한 바 없다. 하지만 이러한 사실이 꼭 그에게 경험 관념에 관심이 없었다거나 심지어 경험의 중요성을 부정했다는 것을 함축하는 것은 아니다. 그런 결론은 18세기 초에 만들어진, 스피노자를 메마른 '합리

---

11   [옮긴이] "그럼에도 우리는 우리가 영원하다는 것을 느끼고sentimus 경험한다. 왜냐하면 정신은 그것이 기억 속에 지니고 있는 것 못지않게 이해하면서 인식하는 것도 느끼기 때문이다"(E5p23s).

12   '너무나 분명히' 그렇다. 예컨대 우리에게 혀를 억제할 능력이 없다는 사실이 보여 주는 것처럼 말이다. E2p2s 참고.

13   [옮긴이] 이성에 호소하듯 서슴없이 경험에 호소한다는 뜻이다. 다음 구절 참고. "그리하여 경험 그 자체는, 인간들이 스스로 자유롭다고 믿는 것은 그들이 자신들의 행동은 의식하는 반면 그 행동을 규정하는 원인들에 대해서는 무지하다는 오직 한 가지 이유 때문이라는 점, 또한 정신의 자유로운 결단들은 욕구들 자체와 다르지 않으며, 이 때문에 신체의 성향들에 따라 변화한다는 점을 이성 못지않게 명백하게 가르쳐 준다"(E3p2s).

주의 철학자'이자 건전한 철학의 완고한 적으로 보는 논쟁적 시각을 그대로 답습하는 일이 될 것이다.[14] 스피노자에 따르면 상상은 오류의 원천이지만, 그는 「제2성찰」에서 잘 알려진 '경험 비판'을 한 데카르트와 달리 결코 경험을 부정하지 않았다.

17세기 담론에는 경험에 대한 두 가지 견해가 통용되고 있었다. 먼저 아리스토텔레스-스콜라적 견해가 여전히 지지받고 있었다. 예컨대 1627년 크리스토퍼 필립 리히터Christoph Philipp Richter(1602~1673)는 경험과 기예art(예술) 사이의 차이를 강조했는데, 경험은 우연적 방식으로 획득되고(그렇기에 경험은 학습될 수 없다고 보았다) 또한 우발적으로만 활용되므로 기예와 구별된다는 것이다. 또한 홉스가 『리바이어던』에서 경험을 "다량의 기억, 혹은 많은 것들에 대한 기억"이라고 부른 것도 그렇다.[15] 따라서 경험이 근본적으로 기억이 만들어 낸 특수한 것에 대한 인식이라는 견해가 통용되었음을 알 수 있는데, 이는 크리스티안 볼프Christian Wolff(1679~1754)가 18세기에도 여전히 고수한 관념이었다. 미크라일리우스는 경험에 대한 이러한 아리스토텔레스적 요소에 대해 다음과 같이 평한다. "경험은 여러 독특한 것들로부터 구축된 보편적 인식 또는 자주 같은 방식으로 보인 그것들에 관찰이나 기억이다."[16]

그러나 베이컨은 두 가지 새로운 관념을 개진하여 경험에 대한 17세

---

14   Moreau 1994, pp. 227~245.

15   Hobbes, *Leviathan*, ch.2(진석용 II-1. 84~85).

16   Chauvin, *Lexicon philosophicum*. [옮긴이] 『편람』의 원문은 "experience consists of a universal science derived from a great number of individual observations"이다. 미크라일리우스 사전의 'experientia' 항목 원문은 다음과 같다. "Experientia est ex pluribus singularibus cognatis scientia universalis exstructa ; aut et eius, quod sape & eodem modo visum est, observatio & memoria." 원문을 고려하여 번역했다.

기 사유를 바꾸어 놓았다. 경험이 (자연)철학의 필요조건('자연학의 원리')[17]이라는 관념과 경험이 위계적인 몇 가지 유형으로 구성된다는 관념이 그것이다. 『신기관』에서 베이컨은 먼저 [경험의 유형 중] 인간이 '방향을 제대로 잡지 못한 채 이리저리'[18] 헤맬 때 생기는 무작위적인 또는 '모호한[막연한] 경험'experientia vaga을 구별한다. 이러한 이유로 이 유형의 경험은 '우연'accident, chance이라고 불린다. 두 번째 유형의 경험은 '실험'experiment과 동일시되고 기록을 요하는 '추구하여' 얻은sought for, ordinata 경험이다. 여기에서 방법은 "질서정연하고 잘 정돈된 실험에서 시작하여 공리를 이끌어 내고, 이 공리에서 다시 새로운 실험을 이끌어 내는 것이다". 그러한 방법은 "경험의 어지러운 숲에서 공리의 평원平原으로 가는 탄탄대로를 걷는 것과 같다".[19]

에티엔 에티엔 쇼뱅Étienne Chauvin에 따르면, 외부 감각 기관의 단순한 사용sensoriorum externorum usus으로부터 특정한 이론을 논박하거나 긍정하기 위해 사용되는 실험에 이르기까지 총 세 종류의 대등한 경험이 있다.[20] 마지막 사례[실험]에 해당하는 경험은 이성과 연관된다.

스피노자가 베이컨의 경험 모델을 차용했음은 분명하다. 스피노자는 경험을 다음과 같이 구분한다. (1) 무작위적인 경험random experience. 이는 베이컨에게서 직접 채택한 용어로, 그러한 인식에는 '질서'가 없다(E2p40s2). '지성에 의해 규정되지 않은' 것이며 '우연히 갖게 된' 것이고(TIE 19), 따라서 혼란스러운 것이기 때문이다. (2) 들음report, auditus을 통

---

17   Chauvin, *Lexicon philosophicum*.

18   Bacon, *Novum Organum* I.70(진석용 I.76).

19   Bacon, *Novum Organum* I.82(진석용 I.91).

20   [옮긴이] 두 번째는 '관찰'이다. Chauvin, *Lexicon philosophicum*, p.229.

한 인식, 또는 단어를 듣거나 읽어서 알게 된 인식. 『윤리학』에서 이러한 종류의 경험은 상상과 동일시되는데, 상상은 다른 종류의 인식의 필요조건이다. 이를테면 공통 통념과 실재의 특성에 대한 적합한 관념으로 구성된 이성은 스피노자가 말한 것처럼 독특한 실재에 대한 우리의 지각에 근거한다. (3) 실험에 의한 인식, 즉 정해진 규칙에 따라, 그리고 실험 도구의 도움을 받아 질서 있게 수행된 관찰에 의한 인식. 이러한 인식은 베이컨의 '탐색한 경험'과 일치하는 것으로 지각된 현상의 본성을 정확히 정의하고 자세히 볼 수 있게 해 준다(TIE 103 ; Ep6 참고).[21] 이러한 종류의 경험은 '명료하고 뚜렷하게 이해'될 것이나 지성과 달리 모든 의심을 완전히 제거할 수는 없다(TTP 5). 이러한 유형의 경험들이 모여 베이컨적 '히스토리아'를 형성하는데(Ep37), 이는 자연을 해석하는 수단으로 쓰일 수 있다(TTP 7).[22] 따라서 경험은 또한 스피노자에 따르면 철학적 인식을 위한 필요조건이지만 논리적인 의미에서가 아니라 단지 시간적 chronological 의미에서만 그렇다. 일단 획득된 지성적 인식은 더 이상 정당화가 필요하지 않다.

하지만 경험적 인식 없는 삶이 가능하지 않음은 분명하다. 우리는 이를 『지성교정론』에 나오는 예를 통해 추론할 수 있을지 모른다. "내가 태어난 날과 이들이 내 부모라는 것, 또한 이와 비슷한 것들을 나는 소문만으로 알며, 이에 대해 나는 한 번도 의심해 본 적이 없다." 또한 경험을 통해

---

21   [옮긴이] "이 보조물들[실험]은 (⋯) 모두 우리가 우리 감각들을 사용할 줄 알게 되고, 또한 탐문의 대상을 규정하기에 충분할 만큼의 실험을 일정한 법칙들에 따라 순서대로 실행할 줄 알게 되는 것, 그 결과 이 실재가 영원한 실재들의 어떤 법칙에 따라 만들어졌는지 이 실험들로부터 마침내 결론을 내리고, 또한 그 실재의 내밀한 본성이 우리에게 알려지는 것을 지향한다"(TIE 103 ; 김은주 109. 번역은 일부 수정).
22   [옮긴이] 이 책 4부 용어 해설 '히스토리아' 항목 참고.

나는 내가 죽는다는 것과 "기름이 불꽃을 지피기에 알맞은 양분이고, 물은 그것을 꺼뜨리기에 알맞음을 안다". 따라서 경험에 의해 "삶에 유용한 거의 모든 것을 이런 식으로 인지해 왔다"(TIE 20 ; 김은주 35). 그러나 들어서 알게 된 '일체의 확실성'omnis certitudo은 학문에서 배제되어야 한다(TIE 26). 「서신10」에 따르면 경험은 단지 실재의 정의나 본질로부터 추론될 수 없는 양태의 실존을 알기 위해 요구될 뿐이다. 비록 관찰로 지성의 길이 열릴지라도, 실재의 정의나 본질은 경험의 범위를 넘어선다.[23]

그러나 『정치론』 1장이 보여 주는 것처럼 정치철학에서는 경험이 최상의 권위를 갖는다. 정치적 삶에서 사람들은 경험을 통해 자신의 주장을 입증해야 하는데, 왜냐하면 소수의 학식 있는 사람들만 상위의 인식으로 나아갈 수 있고 이성만으로도 설득될 수 있기 때문이다(TTP 5). 따라서 스피노자는 정치가와 철학자 및 신학자를 대비시키는데, 후자는 이성이나 종교에 의해 구성된 순수하게 이론적 모델만으로 사회를 다루고 실제 현실을 무시한다. 타키투스적인 방식으로 스피노자는 경험을 정치가의 스승으로 받아들인다.[24] 그는 정치가의 경험적 인식을 확실하고

23　[옮긴이] "선생께서는 속성의 정의가 참된지 알기 위해 경험이 필요한지 물으십니다. 이에 대해 우리는 예컨대 양태들의 실존처럼 실재들의 정의에서 추론될 수 없는 것들에 대해서만 경험이 필요하다고 답하겠습니다. 왜냐하면 이는 실재의 정의에서 추론될 수 없기 때문입니다. 실존이 본질과 구별되지 않아서 실존이 그 정의로부터 추론되는 것들에 대해서는 경험이 필요하지 않습니다. 사실 어떠한 경험도 우리에게 이에 대해 답할 수 없을 것입니다. 왜냐하면 경험은 어떠한 실재의 본질에 대해서도 가르쳐주지 않기 때문이다"(G Ⅳ. 47 ; 이근세 66. 번역은 수정).

24　[옮긴이] "§1. 정서에 우리는 시달린다. 그런데 철학자들은 이 정서를 마치 인간이 자기 잘못 때문에 빠지게 되는 악덕처럼 간주한다. 그래서 인간을 비웃고 한탄하며 조롱하고, 또는 (스스로 거룩해 보이기를 원해서) 욕하곤 한다. (…) 결과적으로 철학자들은 대개 윤리학 대신 풍자소설을 썼고, 실제에 적용될 수 있는 정치학을 만들어 내지 못했다. (…) §2. 정치가들은 그 반대로 인간을 염려하기보다는 인간을 속인다고 여겨지며, 현명하기보다는 오히려 교활하

이론의 여지가 없는 논증으로 증명할 수 있다고 주장하지만, 정치학에 기하학적 방법을 적용하지는 않았다.

· 관련 항목 : 히스토리아, 상상, 인식

원문

Geloof door ondervinding, of door hooren zeggen (…) hoe kan hij doch zeeker zijn dat de ondervinding van eenige bijzondere hem een regul kan zijn van alle[gevallen](KV 2.1). Begeerte komt ook uijt bevindinge(KV 2.3). Het begrip hebben wij in vierdelijk verdeeld, als in horen zeggen alleen, in ervarentheid, in geloov, en klare kenisse(KV 2.4). *Experientia vaga, hoc est experientia quae non determinatur ab intellectu (…) scio me moriturum (…) quod oleum sit aptum alimentum ad nutriendam flammam (…) et sic fere omnia novi quae ad usum vitae faciunt (…) alii ab experientia simplicium faciunt axioma universale (…) agam de experientia et empiricorum et recentium philosophorum procedendi methodum*(TIE 19~23, i, G II. 10~13). *Nos non egere experientia nisi ad illa quae rei definitione non possunt concludi ut ex gr. existentia modorum (…) nam experientia nullas rerum essentias docet*(Ep10). *Cum experientia et ratio convenire*(TTP 1, G III. 29). *Nisi experientia talis sit, ut clare et distincte intelligatur*(TTP 5, G III. 77). *Quandoquidem omnia postulata vix quicquam continent, quod non constat experientia, de qua nobis non licet dubitare*(E2p17s). *Tales perceptiones cognitionem ab experientia vaga vocare consuevi*(E2p40s2). *Quae modo ostendimus, ipsa etiam experientia quotidie tot, tamque luculentis testimoniis testatur*(E4p35s). *Artes quas experientia longo usu docuit (…) Quoniam politici experientiam magistram habuerunt*(TP 1.2). *Experientia omnia genera civitatum, quae concipi possunt (…) ostendisse*(TP 1.3).

다고 평가받는다. 경험이 그들에게 확실히 가르쳐 준 것은 인간이 존재하는 한 악덕도 있으리라는 것이다. 그래서 정치가들은 오랜 경험을 통해 배운 기술, 즉 이성보다는 두려움에 의해 더 많이 이끌리는 인간을 훈련할 때 사용하곤 하는 기술을 가지고 인간의 악행을 예방하려고 노력할 때 그들은 종교, 특히 신학자들에 반대되는 것처럼 보인다. (…) 그러나 바로 그 정치가들이 철학자들보다 정치적 사안에 대해 훨씬 더 적절하게 썼다는 것은 의심할 수 없다. 그들은 경험을 스승으로 삼았기 때문에 실제로부터 동떨어진 어떤 것도 가르치지 않았다"(TP 1~2 ; 공진성 47~49). 관련하여 언급되는 타키투스 텍스트의 구절은 다음과 같다. "인간이 있는 한, 악덕은 존재할 것입니다." 타키투스, 김경현·차전환 옮김, 『타키투스의 역사』(한길사, 2011), 385쪽(제4권, 74절. 번역은 일부 수정).

참고문헌

1차 문헌

Bacon, F., *Novum Organum*.

Descartes, R., *Meditationes*.

2차 문헌

Christoph Philip Richter, *Lexicon ethicum omnium terminorum usitatorum et ad philosophiam moralem pertinentium, Norimbergae*, 1627.

Curley, E.M., 'Experience in Spinoza's Theory of Knowledge', in M. Grene(ed.), *Spinoza, a Collection of Critical Essays*(Garden City, NY : Anchor Books, 1973), pp. 25~59.

Ellsipen, Chr., 'Die Erkenntnisarten', in M. Hampe and R. Schnepf(eds.), *Baruch de Spinoza. Ethik*(Berlin : Akademie Verlag, 2006), pp. 133~150.

Gueroult, M., *Spinoza II : L'âme*(Hildesheim : Olms, 1974).

Moreau, P.-F., *Spinoza, l'experience et l'éternité*(Paris : Presses Universitaires de France, 1994).

Robinson, L., *Kommentar zu Spinozas Ethik*(Leipzig : Meiner, 1928).

— **헨리 크롭**

계시Revelatio(레벨라티오)

「형이상학적 사유」 2부 1장에서 스피노자는 계시에 의해서만 알려질 뿐 자연의 빛에 의해서는 알려지지 않는 것은 형이상학이 아니라 신학에 속한다고 주장한다. 『신학정치론』 1장에서는 계시와 예언을 동일시하고 계시를 '확실한 인식'certa cognitio이라고 정의하지만, 그가 거의 모든 쪽에서 계시에 의해 산출된 인식과 이성에서 나온 인식을 대비시키는 것은 이러한 이유 때문이다. 그러나 스피노자에게서 엄밀한 의미의 계시는 생생한 상상에서 나온 것으로 초자연적인 본성에 속하지 않는다. 스피노자는 종종 '계시'를 복수로 쓰거나 그것을 특정한 예언자의 사적 경험으로 이해한다. 계시 경험은 인간을 예언자로 변화시킨다. 스피노자는 단지 이따금 계시를 신의 말씀이라는 전통적인 객관적 의미로 사용하는데, 이러한 의미의 계시는 성서에 포함되어 있다고 가정된 것이다.

계시는 복종의 기초가 되는 믿음을 곧 신경(信經)creed[25]의 핵심으로 낳고, 신학은 이러한 진리를 성경에 포함된 계시에 근거하여 다룬다(TTP 15). 이해 없는 복종은 수학적 확실성의 표현이 아니라 단지 계시로부터 발생하는 도덕적 확실성의 표현일 뿐이다. 그러므로 '성서 즉 계시'Sacra Scriptura, sive revelatio(TTP 15.44 ; G III. 188 ; C II. 281)는 유용하고 필요하다. 예언자들은 신적 계시의 해석자들이다. 정신은 신적 본성의 일부이기 때문에, 신적 본성은 계시의 제일 원인이다. 유대인들에게, 처음에 율법의 형식을 띠고 있던 계시는 이성의 불충분함에 기인하는 것이었다. 그러나 나중에 그리스도는 참된 빛으로 계시된 것을 지각했다(TTP 4). 의식[26]은 유대교 율법이 상상한 것과 달리 계시의 일부가 아니다(TTP 5). 요하네스 코케이우스Johannes Coccejus(1603~1669) 역시 신성한 말씀은 인간의 지성에 맞추어져 있다고 강조한다.[27] 반면 시몬 에피스코피우스Simon Episcopius(1583~1643)는 신성한 말씀의 명료함을 지적한다.[28] "계시가 지성적 대상에 관한 명료하고 뚜렷한 명제 외에 다른 것이 아님은 의심의 여지가 없다."

홉스는 계시가 이성 및 예언과 함께 신의 말씀이 현시되는 방식 중

---

25   '믿음의 기초' 항목 참고.
26   '종교의식' 항목 참고.
27   Coccejus, *Summa theologiae* p. 46. 113.
28   Episcopius, *Notae breves in Matthaeum* p. 96.

하나라고 간주한다.[29] 진정한 종교의 창시자는 아브라함으로, 그는 신이 자신을 초자연적 형태로 계시한 첫 번째 인물이다.[30]

· **관련 항목** : 신학, 믿음의 기초, 성서, 예언자, 종교의식

원문

Eorum essentia [Angelorum] et existentia non nisi per revelationem notae sunt(CM 2.12). *Divinas revelationes*(Ep21). *Divinae revelationis certitudinem sola doctrinae sapientia, non autem miraculis, hoc est ignorantia adstrui posse*(Ep73). *Apparitiones seu revelationes*(Ep75). *Prophetia sive revelatio* (…) *prima divinae revelationis causa mens* (…) *revelatio per solas imaginationes continget*(TTP 1, G III. 15~16). *Prophetae non certi erant de Dei revelatione per ipsam revelationem, sed per aliquod signum*(TTP 2, G III. 30). *Prophetae pro vario corpore magis ad has quam ad illas revelationes apti erant*(TTP 2, G III. 32). *Deum revelationes captui et opinionibus prophetarum accommodavisse*(TTP 2, G III. 42). *Leges humanae ex revelatione sancitae*(TTP 4, G III. 61). *Scripturae maximam partem historiae et revelationes componunt*(TTP 7, G III. 98). *Per theologiam praecise intelligo revelationem quatenus indicat scopum quae diximus Scripturam*(TTP 15, G III. 184). *Necessitatem sacrae scripturae sive revelationis*(TTP 15, G III. 188).

참고문헌

1차 문헌

Coccejus, J., *Summa theologiae*, in *Opera omnia* VI(Amsterdam, 1675).
Episcopius, S., *Notae breves in Matthaeum*, in *Opera theologica* II(Amsterdam, 1665).
Hobbes, *De cive*.

---

29   Hobbes, *De cive* 15.3. [옮긴이] "신의 법률은 다음과 같은 세 가지 방식으로 공표되었다. 첫째, 올바른 이성의 묵시적 명령, 둘째, 직접적 계시 (…) 셋째, 신이 실제 기적을 이룸으로써 다른 사람들에게 믿을 만하다고 추천하는 한 사람의 목소리이다. (…) 그 사람을 예언자라고 한다. 이 세 가지 방식은 이성적 언어와 감각적 언어sensible word, 그리고 예언의 언어word of prophecy 등 신의 세 가지 언어threefold word of God를 나타낸다"(이준호 I. 261).
30   위의 책, 16.1.(이준호 I. 285~286).

2차 문헌

Levene, N. K., *Spinoza's Revelation. Religion, Democracy, and Reason*(Cambridge : Cambridge University Press, 2004).

Martinech, A. P., *The Two Gods of Leviathan*(Cambridge : Cambridge University Press, 1992).

Pacchi, A., '*Leviathan and Spinoza's Tractatus* on Revelation : Some Elements for a Comparison', *History of European Ideas*, no. 10(1989), pp. 577~593.

Verbeek, Th., *Spinoza's Theologico-Political Treatise. Exploring 'the Will of God'*(Aldershot : Ashgate, 2003).

— 로베르토 보르돌리

공리 → 기하학적 질서를 보라.

공통 통념 Notio communis(노티오 콤무니스)

보통 '공통 통념'은 공리, 곧 검증되거나 증명되어야 할 필요가 없는 자기 명증적 주장과 정확히 같은 것을 의미한다. 스피노자가 『데카르트의 『철학의 원리』』 서문과 『신학정치론』, 그리고 『윤리학』의 적어도 한 구절[E1p8s2]에서 공통 통념이라는 용어를 사용한 방식은 그러한 것이었다.[31] 하지만 스피노자는 이를테면 '본유적인', '자기-명증적인', '신이 인간 정신에 심어 놓은' 관념들 같은 전통적인 관념에 대해 논의하지 않는다. 이것이 우리가 『윤리학』 2부에서 공통 통념이라는 단어에 부여해야 할 의미인지도 논란의 여지가 있다.

『윤리학』 2부는 과학적 추론, 특히 시간과 공간 관념, 근본적인 물리법칙 등과 관련이 있는 것처럼 보이는데, 스피노자는 이를 '어떤 것의 본

---

31   데카르트, 『철학의 원리』 I, 49~50항도 참조.

질을 구성하지 않고 모든 것에 공통적인 것, 그리고 부분과 전체에 균등하게 존재하는 것'이라고 말한다(E2p37). 하지만 2부 정리40을 끝맺는 주석에서는 이러한 분석을 '공통적이라 불리며 우리의 추론의 기초를 이루는 통념들'에 대한 설명이라고 진술한다(E2p40s1). 이는 '공통 통념'이 자연법칙 또는 공유된 특성 같은 것임을 시사한다. 그러나 이러한 진술은 '공리'에 걸맞은 기술이 아니다. 이러한 사실 외에도, 스피노자 자신이 채택한 공리가 논리적이거나 문법적인logical or grammatical 것[32] 또는 사실과 관련된 것[33]이라는 점도 문제이다.

스피노자의 의도는 공통 통념의 획득이 우리가 자연법칙을 **획득**하는 것과 동일한 방식이라는, 곧 일양적이고 보편적으로 적용되는 특정한 원리(인과성, 가지성)를 이해함으로써(E2p38c) 획득된다는 것일 수도 있다. 다시 말해서 원리와 공리는 경험의 결과일 수도 있다는 것이다. 하지만, 이러한 해석 역시 썩 만족스러운 것은 아니다. 2부 정리40의 주석1에서 스피노자는 공통 통념에 대한 더 나은 설명이 있다면서, 이로써 "어떤

32　존재하는 모든 것은 자신 안에 있거나 다른 것. [옮긴이] "공리와 공준 또는 정신의 공통 통념은 단지 그 용어들 자체를 올바르게 이해했다면 아무도 동의하지 않을 수 없는, 너무나 명료하고 분명한 명제들이다"(PPC praef ; G I. 127 ; C I. 225) ; "신에 대한 사랑은 그에 대한 인식에서 비롯되며, 신에 대한 인식은 확실한 공통 통념에서 도출되어야 하며 그 통념 자체를 통해 인식되어야 한다"(TTP 4 ; G III. 61 ; C II. 129~130) ; "우리는 2장에서 예언적 논증 혹은 계시로부터 형성된 논증들이 보편적인 공통 통념에서 도출된 것이 아니라 아무리 터무니없더라도 이미 인정된 것들과 그것들이 계시된 이들이나 성령이 설득하고자 하는 이들의 의견에서 도출된 것임을 명백히 보였기 때문이다"(TTP 6 ; G III. 88 ; C II. 160) ; "우리가 신의 본성을 명료하고 뚜렷하게 개념화할 수 있으려면, 공통 통념이라 불리는 아주 단순한 관념들에 주의를 기울이고, 그들과 신의 본성에 관한 것을 연결 지어야 한다"(TTP adn 6 ; G III. 252~253 ; C II. 156) 안에 있다"(E1a1).

33　"인간은 사유한다"(E2a2) ; "우리는 어떤 신체가 여러 가지 방식으로 변용되는 것을 느낀다"(E2a4).

통념이 다른 통념보다 유익하며, 어떤 통념들이 거의 아무런 쓸모가 없는지, 그리고 어떤 것들이 공통적인 통념인지, 어떤 것들이 아무런 편견에도 사로잡히지 않은 사람들에게 명료하고 뚜렷한 것인지, 마지막으로 어떤 것들이 근거가 없는 것인지” 드러날 것이라고 주장한다. 그렇다면 공통 통념이 얼마나 있는지는 정해진 것이 아닐 것이다. 어떤 이들에게 공통 통념인 것이 다른 이들에게는 아닐 수도 있다는 이야기이다. 이 대안적 설명[E2p40s1]을 어떻게 보아야 할지도 명확하지는 않다. 만일 ‘공통 통념’이 일반적인 공리와 원리(이를테면 인과성 같은)를 나타내는 것이라고 추정해 본다면, 스피노자가 의도는 공통 통념을 신 관념으로부터 연역할 수 있다는 것일 수도 있다. 왜냐하면 만일 우리가 “존재하는 모든 것은 신 안에 있다”(E1p15)라는 것과 신은 “자신의 본성의 법칙으로부터만 행위”한다는 것을 증명한다면(E1p17), 모든 특수한 실재들은 신의 일부이며 동일한 필연성에 종속되어야 하기 때문이다. 그러한 논변의 개요는 『지성교정론』78~80절과 『데카르트의 『철학의 원리』』의 서문, 『신학정치론』6장에서 발견된다.

· **관련 항목** : 기하학적 질서·정의·공리, 인식, 본질

원문

Axiomata seu communes animi notiones clarae atque perspicuae sunt enunciationes, ut iis omnes (…) assensum negare nequaquam possint(PPC praef). *Cognitio ex notionibus per se certis et notis hauriri debet*(TTP 4, G III. 61). *Ex notionibus universalibus et communibus*(TTP 6, G III 88). *Ut Dei natura clare et distincte a nobis possit concipi, necesse est, ut ad quasdam notiones simplicissimas, quas communes vocant*(TTP adn 6). *Omnibus axioma esset et inter notiones communes numeraretur*(E1p8s2). *Dari quasdam ideas, sive notiones omnibus hominibus communes ; nam omnia corpora in quibusdam conveniunt, quae omnibus debent adaequate percipi*(E2p38c). *His causam notionum, quae communes vocatur, quaeque ratiocinii nostri fundamenta sunt*(E2p40s1). *Quod homines non aeque claram Dei ac notionum communium habeant cognitionem*(E2p47s).

참고문헌

1차 문헌

Descartes, R., *Principia philosophiae*.

— 테오 페르베이크

공화국 → 레스푸블리카를 보라.

관념Idea(이데아)

스피노자는 '관념'을 "정신이 생각하는 실재이기 때문에 형성하는 정신의 개념"이라고 정의한다(E2d3). 이는 스피노자가 '관념'이라는 용어에 대한 데카르트의 용법을 넘겨받았음을 시사한다. 데카르트는 스콜라학파에 반대하여 관념을 "정신이 직접 지각하는 모든 것"[34] 또는 [쇼뱅의 관념 정의를 빌려 말하자면] "인간 정신의 첫 번째 코기타티오cogitatio(생각, 사유)"와 동일시했다.[35] 스콜라철학자들에 따르면, 관념은 **신적** 정신의 지각 형상들을 의미한다.

하지만 스피노자의 관념이 데카르트적이라는 제안에는 많은 문제가 있다. 우선 스피노자는 관념을 설명하면서 개념이라는 용어를 강조한다. "나는 **지각**이 아니라 오히려 **개념**이라고 말하는데, 왜냐하면 **지각**이

---

34 데카르트, 「세 번째 반박에 대한 답변」(AT VII. 181 ; 원석영 I-1. 135).

35 Chauvin, *Lexicon philosophicum*. 'Idea ergo est prima mentis humanae cogitatio'.

라는 명칭은 정신이 대상에 의해 작용을 수동적으로 겪는다고 지시하는 것처럼 보이기 때문이다. 반면 **개념**은 정신의 작용을 표현하는 것으로 보인다"(E2d3exp. 강조는 인용자). 스피노자는 관념이 수동적 지각이 아니라고 주장함으로써 데카르트[36]와 거리를 둔다. 아마도 이는 스피노자가 데카르트의 판단 이론 또한 거부하기 때문일 것이다(E2p49). 데카르트의 판단 이론에 의하면, 판단은 기본적으로 수동적인 관념을 의지 작용, 곧 의지가 그 지각을 참이라고 긍정하는 작용과 결합한다. 하지만 스피노자에 의하면 관념의 내용을 그것이 참되다고 긍정하는 작용과 분리하는 것은 불가능하다. 삼각형에 관한 참된 판단을 연역하는 데 필요한 모든 것은 삼각형의 개념을 갖는 것뿐이다. 그래서 모든 관념은 '그것들이 관념인 한'(*ibid*) 이미 판단을 함축한다. 예컨대 A에 대한 관념을 형성함으로써 우리는 A가 현실 세계의 일부임을 정당하게 주장한다(TIE 55, 69).

이는 상상 관념에 대해서도 어느 정도는 참이다. 이 경우 판단은 종종 참이 아닐지라도 말이다. 예컨대 하늘을 나는 말을 상상하는 것은 하늘을 나는 말의 실존을 믿는 것이다(E2p17s ; E2p49s와 비교하라). 이러한 믿음은 (데카르트의 회의에서처럼) 의지의 작용에 의해서가 아니라

---

36 Descartes, *Passions de l'âme* §19. [옮긴이] 다음 구절도 참고. "그러므로 가장 먼저 표상해야 하는 것은, 모든 외적 감각들은, 그것들이 신체의 부분들인 만큼, 비록 우리가 그것들을 작용을 통해, 즉 장소 운동을 통해 대상들에 적용하더라도, 그렇지만 그것들은 본래 수동적으로만 감각한다는 점이다"(『정신지도규칙』 제12규칙 ; AT X. 412 ; 이현복 II. 174). "정신 안에 있는 의지처럼 움직이는 힘의 역할을 하는 것에 대해서는 '능동/활동'이라는 용어를 사용해야 하는 반면, 동일한 정신 안에 있는 지성과 지각/상상vision, visio처럼 움직여진 어떤 것의 역할을 하는 것에 대해서는 '수동'이라는 용어를 적용해야 한다"(1641년 12월 레기우스에게 보낸 편지 ; AT III 455 ; CSMK 199).

우리가 상상하는 것의 실존과 양립할 수 없는 다른 관념의 현존 때문에 흔들리거나 중단된다. 물속에 있는 나무 막대가 휘어져 있다는 믿음은 우리 손이 휘어져 있지 않다는 느낌 때문에 흔들린다. 우리가 유령을 보았다는 믿음은 유령이 실존하지 않는다는 지식에 의해 흔들린다. 따라서 의심과 불확실성은 우리가 하나 이상의 관념을 가지고 있고 이 관념이 비일관적일 경우에만 생겨난다(TIE 77~80).

하지만 모든 관념이 '능동적'이라는 생각은 상상이 본질적으로 수동적이라는, 곧 "상상과 관련하여 영혼은 오직 수동적 성격만을 띤다"(TIE 86 ; cf. 84, 90)라는 사실과 반대되는 것처럼 보인다. 나아가 "모든 의문을 제거하기 위해서는 실재의 표상적 본질을, 혹은 같은 말이지만 관념을 갖는 것으로 충분"하다(TIE 36). 그렇다면 오직 참된 관념, 즉 지성에 의해 형성된 관념만이 진정으로 관념일 것이다. 키메라, 허구들, 사고상의 존재자들은 관념이 아니라 사고방식들modi cogitandi이다(CM 2.1 ; cf. 1.6 ; KV 2.16). [1] 그러므로 정신의 일부 내용들은 적어도 관념이 아니다.

『윤리학』에서도 스피노자는 그의 독자들에게 "관념, 즉 정신의 개념과 우리가 상상하는 실재의 이미지"(E2p49s)를 조심스럽게 구분할 것을 촉구한다. [2] 그러므로 이미지는 관념이 아니다. 나아가 불가능한 것에 대한 관념은 그 자체가 불가능하다는 사실을 고려할 때, 거짓 관념을 형성하는 것은 불가능하다. "관념은 거짓의 형상을 구성하는 어떠한 실정적인 것도 포함하지 않는다"(E2p35d). 그러므로 만일 어떤 관념이 거짓이라면, 이는 그 관념이 관념이 아니라 이미지인 한에서만 그럴 수 있을 뿐이다.

마지막으로 "사랑, 욕망과 같은 사유의 양태는 (…) 동일한 개체 안에 사랑이나 욕망의 대상이 되는 실재에 대한 관념이 없다면 존재하지 않는다. 그러나 관념은 다른 사유의 양태가 없어도 있을 수 있다"(E2a3). [3] 그러므로 정신의 어떤 내용(어떤 관념과 연관된 정서적 요소)은 관념이 아니다. 그러나 ('관념'이 종종 일반적인non-specific 의미로 사용된다는 사실과는 전혀 별개로) 반증사례를 찾는 것은 쉽다.[37] 예컨대 「정서에 대한 일반적 정의」에서 정념은 "정신이 이것을 통해 자신의 신체나 그 신체의 부분들 중 하나의 실존의 힘이 이전보다 더 크거나 작다고 긍정"하는 혼란스러운 관념이라 불린다(E3agd). 그러므로 정념은 **관념**일 뿐만 아니라(혼란스러운 관념일지라도) 판단으로도 표현될 수 있다(곧 어떤 것이 사실인 것으로 **긍정된다**).

요컨대 스피노자는 '관념'을 두 가지 상당히 다른 방식으로 사용하는 것처럼 보인다. (1) 신플라톤적(신의 지성에서 형성되는 것으로서의 특수한 실재에 대한 참된 개념을 의미하는) 방식으로, 이는 상상, 엔티아 라티오니스entia rationis(이성의 존재자) 등에 대한 관념을 배제한다. (2) 데카르트적(정신의 모든 내용을 의미하는) 방식으로, 이는 상상과 사고상의 존재자 등에 대한 관념을 포함한다. 아마도 이러한 애매성은 모든 사유가 신의 활동이라는 사실로부터 나오는 것 같다. 신은 어떤 것의 존재 원인이 되지 않고서는 그것에 대해 사유할 수 없다(그것에 대한 관념을 가질 수 없다). 이는 모든 관념이 참임을 의미할 것이다. 반면에 현실

---

37   [옮긴이] 2부 공리3에 의하면 관념은 다른 사유의 양태 없이도 있을 수 있는 것이다. 그렇다면 사랑이나 욕망과 같은 사유의 양태는 그 대상이 되는 실재에 대한 관념이 없다면 존재할 수 없는 것이므로 관념이 아닐 것이다. 물론 일반적 의미의 관념에는 관념과 연관된 정서적 요소(즉 정념) 역시 포함될 수 있다. 하지만 이와 별개로 정념 역시 관념이라는 반증사례(정념은 관념이 아니라는 것의 반증사례)를 찾기는 쉽다는 것이다.

적으로 우리는 종종 우리의 관념이 거짓임을 발견한다.

원리상 이 문제를 해결하는 두 가지 방식이 있다. 우리는 관념이 두뇌의 작용인 한에서 모든 인간의 사유는 자연의 일부이며 그래서 신에 의해 어떤 식으로든 파악되어야 한다고 말할 수 있다. 따라서 거짓 관념은 거짓 관념을 갖는 개체의 두뇌를 파악하는 한에서의 신에 의해 파악되어야만 한다. 이는 스피노자가 '엔티아 라티오니스'(이성의 존재자)는 신이 **단지** 인간 정신을 파악하는 한에서만 신에 의해 파악된다고 주장했을 때 염두에 둔 것이다(CM 2.7). 반대로 우리는 모든 관념은 (데카르트적 의미에서) **단지** 그것이 진정으로 관념인 한에서만, 즉 그것이 신의 지성 수준의 사유 활동을 포함하는 한에서만 참이라고 주장할 수 있다. 스피노자는 이 길을 『윤리학』 2부에서 탐구한다(E2p32~35).

· **관련 항목** : 사유, 개념, 인식, 적합한, 정서, 상상, 판단, 지성, 이성의 존재자

원문

Daar is geen zaak in de Natuur, of daar is een idea van in de denkende zaak(KV 2.20). *Cum itaque veritas nullo egeat signo, sed sufficiat habere essentias rerum objectivas, aut quod idem est, ideas, ut omne tollatur dubium*(TIE 55, G II. 20). *Hucusque de idea falsa. Superest, ut de idea dubia inquiramus*(TIE 77, G II. 28). *Distinximus inter ideam veram et caeteras perceptiones, ostendimusque quod ideae fictae, falsae et caeterae habent suam originem ab imaginatione*(TIE 86, G III. 32). *Per ideam intelligo Mentis conceptum, per quem Mens format, propterea quod est res cogitans. Expl. : dico potius conceptum quam perceptionem, quia perceptionis nomen indicare videtur, Mentem ab objecto pati.* (···) *Per ideam adaequatam*(E3d3 and 4). *At idea dari potest, quamvis nullus alius detur cogitandi modus*(E2ax3). *Esse formale idearum Deum pro causa agnoscit*(E2p5). *Nihil in ideis positivum est, propter quod falsae dicuntur*(E2p33). *Non enim per ideas imagines, quales in fundo oculi, sed cogitationis conceptus intelligo*(E2p48s). *Lectores moneo, ut accurate distinguant inter ideam et inter imagines* (···) *ideam* (quandoquidem modus cogitandi est) *neque in rei alicujus imagine, neque in verbis consistere*(E2p49s).

참고문헌

1차 문헌

Descartes, R., *Passions de l'âme, Meditationes, Tertiae Responsiones*.

2차 문헌

Gueroult, M., *Spinoza II De l'Âme*(Hildesheim : Olms, 1974).

Verbeek, Th., *Spinoza's Theologico-Political Treatise. Exploring 'the Will of God'*(Aldershot : Ashgate, 2002).

— 테오 페르베이크

관대함Generositas(게네로시타스)

『정치론』에서는 단 한 번 등장하지만, 스피노자가 '게네로시타스'(관대함generosity 또는 정신의 고결함nobility)라는 용어를 사용하는 것은『윤리학』의 특징으로,『윤리학』에서 이 용어와 파생어는 총 열다섯 번 등장한다.『윤리학』 3부 정리59의 주석에서 게네로시타스는 "각자가 오직 이성의 인도에 따라 다른 사람을 돕고 그들과 우정으로 연결되려고 노력하는 욕망"으로 정의된다. 게네로시타스는 그것과 상관적인 '아니모시타스'(굳건함Tenacity 또는 정신의 활력mental vigour)와 함께 포르티투도fortitudo(강인함Strength of character)의 아종을 이루는데, 아니모시타스가 자신의 보존을 지향한다면 게네로시타스는 타인를 지향한다.『윤리학』 4부 정리46에서 게네로시타스는 또한 "사랑"으로 정의되기도 한다.[38]

---

38 [옮긴이] "나는 이해하는 한에서의 정신과 관련되는 정서에서 따라 나오는 모든 능동 actiones(작용)을 포르티투도Fortitudo(강인함)와 관련시키고 포르티투도를 아니모시타스 Animositas(굳건함)와 게네로시타스Generositas(관대함)로 나눈다. 왜냐하면 나는 아니모시타 스를 각자가 오직 이성의 인도에 따라 자신의 존재를 보존하기 위해 노력하는 욕망이라고

출현 빈도는 상대적으로 낮지만, 이 개념은 『윤리학』 4부에서 제시된 스피노자의 사회적이고 정치적인 존재로서의 인간 개념에 결정적으로 중요하다. 관대함은 미움을 극복함으로써 타인의 기쁨을 증대시켜 사회의 안녕에 도움이 되기 때문에, 강인함의 이러한 이타적 측면은 정치적 평화를 향상시킬 것이다. 그뿐 아니라 "참된 삶과 종교"(E4p73s)에 속하는 모든 것이 더 잘 수용될 것인데(이성적 인간은 또한 타인의 삶도 개선하지 않을 수 없다), 이는 특히 타인이 관대함과 사랑을 자신의 역량을 강화하는 것으로 인정할 것이기 때문이다(E4p46). 따라서 정신은 "무기가 아니라 사랑과 관대함에 의해 정복된다"(E4app11).[39]

또한 관대함 개념은 『윤리학』 5부에 등장하는 자유로운 인간이라는 관념과도 연결되는데, 이는 스피노자가 악한/나쁜 정서를 피하는 것을 "강인한 사람은 무엇보다 신의 본성의 필연성으로부터 따라 나오는 모든 것을 고려"(E4p73s ; E4p50s 참고)한다는 사실과 연결한다는 점에서 그렇다. 그러나 종국에 그는 5부의 복된[지복을 주는] 영적 통찰beatifying spiritual insights을 정치적 우정의 영역 안에서 굳건함과 고귀함의 도덕적·정치적 이점이 효과를 발휘하는 데 필요한 것으로 간주하지 않는다. 다시 말해 관대함은 도덕적·정치적 효과가 있다는 합리적 근거만으로도 받아들여질 수 있다(E5p41).

스피노자는 자신의 게네로시타스 개념을 통해 『정념론』에서 핵심이

이해하기 때문이다. 그리고 게네로시타스는 각자가 이성의 명령에 의해서만 다른 이들을 돕고 자신과 우정으로 결속시키기 위해 노력하는 욕망이라고 이해한다"(E3p59s) ; "이성의 인도에 따라 살아가는 사람은 다른 사람의 미움과 노여움, 무시 등에 대 하여 그가 할 수 있는 한 **사랑으로 또는 관대함으로**Amore sive Generositate 보답하려고 노력한다"(E4p46, 강조는 인용자).

39   [옮긴이] 원문에는 출처가 E4app9라고 되어 있으나 오기인 것으로 보인다.

되었던 제네로지떼la générosité 관념을 더 엄격하게 해석한다. 스피노자는 관대함이 다른 사람을 경멸할 수 없게 만든다는 생각을 공유한다는 점에서 데카르트를 따르지만(PA 3.153~154 ; E4p73s), 관대함의 정서는 두 철학자의 저작에서 다소 다른 식으로 해석된다. 데카르트에 따르면, 우리 자족감의 궁극적 척도인 관대함은 (1) "자신에게 진정으로 속하는 것이 의지의 자유로운 자질뿐"이라는 앎과 (2) 이러한 "자유의지를 잘 사용한다는 것에 대한 확고하고 항상적인 결심"의 결합에 해당한다(PA III. 153 ; 김선영 144). 이러한 데카르트적 유형의 관대함은 다른 사람에 대한 우리의 평가에 적용될 때, 우리가 공유하는 (너무나 인간적인) 본성으로 인해 의식적인 형태의 자비심으로 나타난다[PA 153~156 참고]. 반면 스피노자에게 그러한 잘하려는 의지는 형이상학적 근거에 의해 배제되지 않을 뿐만 아니라, 그것은 또한 엄격한 주지주의적인 관대함이라는 관념으로 대체되는데, 이 관념은 정신적 결단이라는 데카르트의 관념을 순수한 형태로 보면 지식의 단순한 부수 효과에 불과한 고결함이라는 관념으로 치환한다.[40]

---

40   [옮긴이] 원문은 다음과 같다. "When applied to our esteem of others, this Cartesian type of generosity amounts to a conscious form of benevolence on account of our shared – and all too human – nature. In Spinoza, by contrast, not only is no such well-willing excluded on meta physical grounds, it is also supplanted by a rigorously intellectualistic notion of generosity that substitutes Descartes's idea of a mental determination with a notion of nobility that, in its purest form, is a mere side-effect of knowledge." '잘하려는 의지'는 'well-willing'를 번역한 말이다. '호의'beneficia는 적절한 번역어가 아니라고 판단했다. 스피노자는 경우에 따라서는 호의를 받아들일 필요가 있고 거절하는 경우에도 조심해야 하지만, "무지자들ignaros 사이에서 살아가는 자유인은 할 수 있는 한 무지자들의 호의를 거절하기 위해 애쓴다"(E4p70)라고 하기 때문이다. 옮긴이가 보기에 'well-willing'은 스피노자의 '볼룬타스, 시베 아페티투스 베네파키엔디'voluntas, sive appetitus benefaciendi, 곧 '선의를 베풀려고 하는 의지 또는 욕구'(E3p27c3s)를 염두에 둔 표현이 아닌가 생각된다. "형이상학적 근

완전한 인식이 부재하는 상황에서, 우리는 정신의 이해를 방해하는 악에 대한 확고한 치료제로 고결한[관대한] 태도를 항상 가질 수 있도록 상상력을 훈련할 수 있다(E5p10 ; E5p10s). 그렇지만 상상적 훈련의 결과로서든 아니면 합리적 통찰의 결과로서든 게네로시타스는 우리의 정서적 삶에 사회적 측면을 더한다. 실제로 게네로시타스는 아니모시타스와 나란히 나타나고 이 둘은 포르티투도의 동등하게 중요한 부분을 이루기 때문에, 스피노자의 인간의 정서적 삶 개념은 홉스의 보다 비관적인 견해와 날카롭게 대조된다. 스피노자의 게네로시타스는 타인의 이익을 포함하는 계몽된 자기 이익이라는 관념the idea of an enlightened self-interest을 가질 수 있게 할 뿐만 아니라 '잘 행위하고 기쁘게 살아'(E4p73s ; E4p50s 참고)가는 문제에 있어서도 우리에게 영감을 준다.

· **관련 항목** : 강인함, 정서, 악티오, 파시오, 자유로운, 우정, 사랑, 포텐티아

원문

Omnes actiones, quae sequuntur ex affectibus, qui ad mentem referuntur, quatenus intelligit, ad fortitudinem refero, quam in animositaten et generositatem distingui. Per generositatem autem cupiditam intelligo, qua unusquisque ex solo rationis dictamine conatur reliquos homines juvare et sibi amicitia jungere (…) *Modestia autem, clementia etc. species generositatis sunt*(E3p59s). *In ipsum odium, iram, contemptum etc. amore contra sive generositate compensare*(E4p46) ; E4p73s ; E4app11 ; E5p10s. *Illa tamen quae ad animositatem et generositatem prima*

거에서 배제되지 않는다"라고 한 것은 근본적으로 변용 메커니즘(E2p16~17)과 정서 모방 (affectuum imitatio, E3p27s) 기제에 의해 그렇다는 말일 것이다. 마지막 문장에 나오는 '관대함'generosity과 '고결함'nobility은 별개의 개념이 아니라 이 항목 모두에 나온 것처럼 둘 다 '게네로시타스'의 영역으로 사용되는 말이다. 컬리, 셜리, 파킨슨G. H. R. Parkinson은 'nobility'라고 옮겼고, 키즈너와 실버손은 'generosity'라고 번역했다. 모로판은 'générosité' 이다.

haberemus(E5p41). *Rex* (⋯) *animi generositate ductus. ut scilicet utilitati publicae consulat*(TP 7.11).

참고문헌

1차 문헌

Descartes, R., *Passions de l'âme*.

2차 문헌

Deregibus, A., 'Il sentimento morale della *generosità* nelle dottrine di Descartes e di Spinoza', in Emilia Giancotti(ed.), *Spinoza nel 350° anniversario della nascita. Atti del congresso*(Urbino, 4~8 Ottobre 1982)(Naples : Bibliopolis, 1985), pp. 221~235.

Matheron, A., *Individu et communauté chez Spinoza*(Paris : Editions de Minuit, 1969).

Rosenthal, M.A., 'Tolerance as a Virtue in Spinoza's Ethics', *Journal of the History of Philosophy*, no. 39(2001), pp. 535~557.

— 한 판 룰러

관용Tolerantia(톨레란티아)

스피노자는 '톨레란티아'라는 용어를 불행과 고통 한가운데에서도 한결같음constancy의 덕이라는 스토아적 의미에서 단 한 번 사용한다. 그래서 과거에는 스피노자가 로크나 베일처럼 관용에 대한 주요 초기 근대 이론가들에 포함되는 일은 드물었다. 스피노자는 이 용어를 사용하지도 않았고, 또한 그가 이 용어를 사용한('철학함의 자유'를 논한) 곳에서 관용이라는 표현은 엄밀한 의미로 정의된 것이라기보다는 열린 개념이었기 때문이다. 『신학정치론』의 부제에서 이 저작의 목적은 "국가가 국가의 평화와 경건을 해치지 않고 철학함의 자유를 승인할 수 있으며, 국가의 평화와 경건함을 파괴하지 않고서는 철학함의 자유를 거부할 수 없다는 것을 증명"하는 것이라고 이야기된다. 대부분의 주석가는 최근 이러한 점 때문에 스피노자가 리베르타스 필로소판디libertas philosophandi(철학함의 자유)를 [관용을 포함하는 개념으로] 폭넓게 정의했으며 또한 그것을 사회에 불가결한 최우선 과제로 여겼다고 확신하게 되었다. 일부 주석가는 여전히 이 표현을 좁은 의미로 해석하거나 심지어 단지 특별히 스피노자 자신의 철학에 대한 관용을 의미하는 것이라고 해석하기도 한다.

어쨌든 스피노자의 관용 이론에서 사유의 자유와 분리된 것으로 생각되는 예배의 자유는 분명 주변적인 문제였다. 바로 그렇기 때문에 종교적 자유가 관용의 결정적 측면이었던 로크와 달리, 스피노자는 『정치론』에서는 종교적 자유에 관해 좀 더 말하기는 하지만 자신의 관용 이론을 상술한 저작인 『신학정치론』에서는 이 문제를 거의 다루지 않는다. 스피노자에게 예배의 자유가 주변적 문제였던 것은, 의심의 여지없이 그 문제가 자신에게 더 중요해 보였던 판단의 자유 문제에 종속된다고 보았기 때문이다. 이처럼 종교적 자유는 생각과 표현의 자유라는 보다 넓은 의미의 관용에 포함되지만 부차적인 문제로 다루어진다.

그뿐만 아니라 스피노자는 기성 종교 조직이 개개인에 대한 영향력을 확대하거나 영적 권한을 행사할 수 있게 허용하는 것에 또는 로크의 관용 이론이 교회의 정치 참여를 장려한 것과 달리 교회의 정치 참여를 허용하는 것에 저항한다. 이렇게 구성된 관용 개념은 개인의 자유 및 표현의 자유와 관련하여 매우 상반된 결과를 낳을 수 있다고 느꼈기 때문이다. 그래서 스피노자는 개인의 예배를 용인하는 것과 교회가 자유롭게 그 권한과 추종자를 늘려 나갈 수 있게 허용하는 것에 명백한 차이가 있음을 규명하고, 이 둘은 완전히 다른 사안이자 후자는 바람직하지 않다고 본다. 스피노자는 모든 사람이 어떤 신앙을 고백하든 자신의 믿음을 표현할 자유가 있어야 한다는 점을 인정하면서도, 동시에 기성 종교가 자임하는 것pretensions과 그 활동에 대한 제도화된 제약이 필요하다고 촉구한다.

그래서 스피노자에게 표현의 자유는 주로 국가 체제하에 있는 개인의 자유를 보호하는 것이었다. 이는 그가 당시 사회의 불관용이라고 여긴 것을 비판하고 반대하도록 이끌었다. 이때 출판 검열이 특히 문제가 되었으며, 이는 생애 말기 스피노자의 실천과 사적 포부의 실현을 끊임없이 방해하는 것이었다. 결과적으로 그의 관용 이론의 한 가지 핵심 목표는 아무리 신학자나 다수파에 의해 매도될지라도 누구든 자신의 견해를 출판할 자유를 확립하는 것이었다. 실제로 초기 계몽주의의 관용 이론 중 스피노자의 이론에 견줄 만큼 언론 자유에 광범위한 길을 열어 준 이론은 없었다. 스피노자에게 사회가 행위와 관련해서는 정당하게 개인의 복종을 요구할 수 있지만 생각, 판단, 견해에 대해서는 그럴 수 없다는 원리는 인간에게 또한 토론과 출판에서 자신의 견해를 표현할 자유가 있어야 함을 의미했다. 그는 의견 표명에 재갈을 물리려는 모든 시도가 합법적 자유를 전복시킬 뿐만 아니라 국가의 안정을 위협한다고 주장한다.

· **관련 항목** : 철학함의 자유, 레스푸블리카, 임페리움, 자유, 자유로운

원문

Homines (…) *ad necem ducantur et quod castata malorum formido pulcherrimum fiat theatrum ad summam tolerantiae et virtutis exemplum* (TTP 20, G III. 245).

참고문헌

2차 문헌

Israel, J., *Radical Enlightenment. Philosophy and the Making of Modernity* (Oxford : Oxford

University Press, 2001).

__________, *Enlightenment Contested. Philosophy, Modernity and the Emancipation of Man*(Oxford : Oxford University Press, 2006).

— 조너선 이즈리얼

구별distinctio(디스팅크티오)

스피노자가 (형이상학적) 구별의 종류에 대한 전통적인 학설을 언급한 곳은 『소론』, 「형이상학적 사유」, 『윤리학』밖에 없다. 그는 「형이상학적 사유」 2부 5장에서 구별 문제를 다루면서, 『정신지도규칙』의 데카르트처럼 경멸조로 [실재적 구별, 양태적 구별, 이성적 구별 외에] 소요학파의 다른 구별들은 '잡동사니'farrago에 불과하다고 일축한다(G I. 259).[41] 앞서 그 프랑스 철학자는 『정신지도규칙』의 제14규칙에서 "배운 자들은 종종 아주 예리한 구별들을 사용해서 자연의 빛을 분산"시킨다고 말한 바 있다(AT X. 442 ; 이현복 II. 208). 「형이상학적 사유」에서 스피노자는 데카르트가 『철학의 원리』 1부 60~62항에서 구별 이론을 실재적 구별, 양태적 구별, 이성적 구별로 구분한 것을 거의 똑같이 다시 제시한다. 이러한 구별법은 정교한 스콜라철학의 이론을 단순화한 것임이 분명하다.

실재적 구별은 데카르트와 스피노자 모두 "예컨대 사유와 연장이든 또는 물질의 부분이든 같은 속성을 갖는 두 실체를 또는 다른 속성을 갖는 두 실체를 서로 구별되게 하는qua duae substantiae inter se distinguuntur, sive

---

41   [옮긴이] 원문은 다음과 같다. "Like Descartes in the *Regulae*, he contemptuously dismissed 'scholasticism's craving for shallow distinctions'." 인용문의 출처에 대한 저자의 답변은 "The reference is to AT X, 442, l. 22. Quia tamen litterati etc. I do not remember which translation I used"였으나, 문제가 없지 않아 출처 내용 등 여러 가지를 고려하여 번역했다.

diversi, sive ejusdem attributi : ut ex. gr. cogitatio, & extensio, vel partes materiae 구별"이

라고 생각했다(CM II. 5 ; G I. 257). (스피노자는 데카르트의 본문에 속

성에 관한 구절을 추가했는데, 데카르트에 따르면 실체는 근본적으로 단

하나의 속성만 지니기 때문이다.)[42] 만일 두 실재에 대해 하나가 "다른 것

의 도움 없이 인식될 수 있고, 결과적으로per consequens 다른 것의 도움 없

이 실존할 수 있다"라면, 실재적 구별이 확인된다고 할 수 있다(CM II. 5

; G I. 257).[43] 그런데 스피노자는 [실재적 구별에 대한 정의에서] 신의 역

량에 대한 관례적인 언급을 빼 버린다. 데카르트에 의하면 신의 역량은

실재적 구별 정의의 "다른 것의 도움 없이 인식될 수 있다"라는 구절과

"다른 것의 도움 없이 실존할 수 있다"라는 구절이 다른 의미를 갖게 만

든다. 그는 정신과 신체는 뚜렷하게distincte(다른 것 없이) 인식될 수 있지

만, 인간 안에서 정신과 신체라는 실체들은 신의 역량에 의해 정밀하게

연결되어 있어서 두 실체는 이 우주에서는 결코 떨어져서apart 실존할 수

없다고 말한다. 그럼에도 두 실체는 실재적으로realiter 구별되는데, 왜냐

하면 신의 절대적 역량에 의해 분리된 채separately 실존했을 수도 있기 때

문이다.[44] 물론 스피노자 철학에서 신의 지성과 의지의 차이 및 신이 이

---

42   [옮긴이] 『철학의 원리』에서 데카르트의 실재적 구별 정의는 다음과 같다. "원래 실재적 구
      분은 단지 둘 이상의 실체들 간에 성립된다. 우리는 두 실체를 서로 독립적으로 명료하고 뚜
      렷하게 인식할 수 있기 때문에 그 실체들이 실제로 서로 구분되어 있다는 것을 지각한다"(PP
      I. 60 ; 원석영 II. 49. 용어만 수정). 저자는 데카르트의 유한 실체가 사유 또는 연장이라는 단
      하나의 속성만 갖는다는 점을 고려하여 스피노자가 데카르트의 실재적 정의에 속성에 대한
      구절("sive diversi, sive ejusdem attributi : ut ex. gr. cogitatio, & extensio, vel partes materiae")을
      덧붙였다고 말하는 것 같다.

43   『성찰』의 「두 번째 반박에 대한 답변」 정의 10번과 비교하라. [옮긴이] 정의 10번의 내용은
      다음과 같다. "둘 중 어느 하나가 다른 하나 없이 각각 존재할 수 있을 때, 그 둘은 실재적으
      로 구별된다"(AT VII. 162 ; 원석영 I-1. 111. 용어는 수정).

44   「첫 번째 반박」에서 요하네스 카테루스Johannes Caterus는 주장하기를, 여기에서 데카르

전에 가졌던 역량 관념과 나중에 가졌던 역량 관념 간 차이에 근거하는
신의 절대적 역량과 제정된 역량potentia dei absoluta et ordinata 간 전통적 구
별[45]은 전혀 말이 되지 않는다. 그래서 스피노자는 '결과적으로'라는 말
을 덧붙인 것이다.[46] 그러나 데카르트에 따르면 실재적 구별은 단지 물체

트의 이론은 스코투스적 형상적 구별 곧 단일한 존재를 함께 구성하는 실재적으로 구별되
는 쿼디타스들 간 구별과 가깝다고 한다. Schmidt 2010 참고. [옮긴이] 「첫 번째 반박」; AT
VII. 100 ; 원석영 I-1, 30~31 참고. 이에 대한 데카르트의 답변에 대해서는 431~432쪽
46번 주 참고.

45　[옮긴이] 신의 역량과 관련된 피에르 아벨라르Pierre Abélard(Petrus Abaelardus, 1079~1142)와
　　롱바르Pierre Lombard(Petrus Lombardus, 1096경~1160)의 논쟁과 관련하여 헤일즈의 알렉산
　　더Alexander of Hales(1185~1245)가 도입한 용어이다. 아벨라르에 의하면 신은 그가 했던 것,
　　하는 것, 이미 하고자 계획한 것만 할 수 있다. 곧 신의 행위 능력은 그의 의지에 제한된다.
　　그러나 롱바르는 신의 순수한 능력과 그의 의자작용을 구별하고 "신은 그가 하고자 의지하
　　지 않은 많은 것을 할 수 있으며 그가 한 것을 하지 않을 수 있다"라고 반박한다. 헤일즈의 알
　　렉산더는 이에 대해 절대적으로/무제약적으로 고려된 신의 역량을 뜻하는 '신의 절대적 역
　　량'potentia Dei absoluta과 제정(制定/齊整)된/정해진 것으로 고려된 '신의 제정된 역량'potentia
　　Dei ordinata을 구분하고, 전자일 때 신의 역량은 신의 의지를 능가하지만 후자일 때는 신의
　　현행적 의지와 동연적coextensive이라고 주장한다(이상 Henrik Lagerlund, ed., *Encyclopedia
　　of Medieval Philosophy Philosophy between 500 and 1500*, Second Edition, Springer, 2020, pp.
　　451~454, '신적 역량' Divine Power 항목 참고). 이러한 신의 역량 문제는 신의 불변적 본성, 자
　　유, 지성, 의지, 창조 문제 등과 얽혀 있는 것으로, 중세기는 물론 17세기까지 논쟁이 이어졌
　　다. 주지된 바와 같이 스피노자는 "신은 의지의 자유에 따라 작업하지 않는다"(E1p32c1)라
　　고 역설하며 신의 본성에서 의지를 배제한다(E1p32c2).

46　[옮긴이] 본문 내용이 너무 압축적이라 부연 설명이 필요할 것 같다. 데카르트에 따르면 '실
　　재적 구별은 단지 둘 이상의 실체들 간에 성립'하는 구별이다. 이 구별은 우리가 두 실체를
　　서로 독립적으로 명료하고 뚜렷하게 인식할 수 있다는 데서 성립한다. 그리고 그렇게 인식
　　된 두 실체는 '실재적으로 서로 구분'되어 있다. '신이 우리가 뚜렷하게 인식하는 것을 우리
　　가 인식한 대로 존재하게 할 수' 있기 때문이다(이상 PP I. 60 ; 원석영 II. 49. 용어만 수정). 「두
　　번째 반박에 대한 답변」의 다음과 같은 구절은 이러한 논점을 잘 보여 준다. "우리는 정신을
　　다시 말해서 사유 실체를, 신체 즉 어떤 연장 실체 없이 명료하게 **지각**한다(요청2에 따라). 또
　　반대로 신체를 정신없이 명료하게 **지각**한다(누구나 쉽게 인정하듯이). 따라서 적어도 **신성한
　　역량을 통해**per divinam potentiam 정신은 신체 없이, 그리고 신체는 정신없이 **존재**할 수 있
　　다"(AT VII. 170 ; 원석영 I-1. 120. 강조는 인용자. 용어는 수정). 따라서 두 실체는 실재적으로
　　구별되는 것으로 인식될 뿐만 아니라 서로 독립적으로 실존한다. 실체가 '**존재**하기 위해서
　　다른 어떤 것도 필요로 하지 않는 것'(PP I. 51 ; 원석영 II. 43)으로 정의될 수 있는 이유이다.

같은 '완전한 실재'res completa, complete things에만 적용되는데, 왜냐하면 운동과 형태는 추상에 의해 분리하여 인식될 수 있지만 운동과 형태는 그것이 내재한 물체 없이 완전하게 인식할 수 없기 때문이다(「첫 번째 반박

문제는 인간의 정신과 신체가 서로 뚜렷하게 인식되는 것처럼 실제로도 독립적으로 실존할 수 있는가이다. 주지된 바와 같이 그는 인간의 정신과 신체를 각각 사유 실체와 연장 실체라고 주장하므로, 정신과 신체는 서로 독립적으로 실존한다는 결론이 따라 나오기 때문이다. 그러나 데카르트는 인간 안에서 정신과 신체가 너무나도 밀접하게 결합되어 있음을 부정하지 않는다. 오히려 "자연은 (…) 내가 단지 선원이 배에 있는 것처럼 내 신체에 있는 것이 아니라, 내가 신체와 극히 밀접하게 결합되어 있고, 흡사 혼합되어 있다는 것, 그런 만큼 신체와 어떤 **일체**를 구성하고 있다는 것도 가르친다"(AT VII. 81 ; 이현복 I. 113)라고 역설한다. 그리고 '정신과 신체의 연합'은 사유 관념 및 연장 관념과 함께 우리 앎의 토대가 되는 세 가지 '기초 관념'notions primitives 중 하나로 제시된다(엘리자베스에게 보내는 1643년 5월 21일자 서신. AT III. 665 참고). 그렇다면 정신과 신체의 실체적 독립성과 실재적 통일성은 어떻게 양립 가능한가? 데카르트가 '신의 역량'을 동원하는 것은 이 맥락에서이다. 그는 인간 안에서 정신과 신체는 아주 밀접하게 결합되어 '일체'를 이루고 있고 이를 신이 의지했지만, 그럼에도 "두 실체는 실제로 구분된 채로 남아 있다. 신이 그 실체들을 아무리 밀접하게 결합했어도, 그가 이전에 그것들을 분리하는 데 또는 그중 하나를 다른 하나 없이 보존하는 데 가지고 있던 힘을 잃을 리 없기 때문이다." 요컨대 두 실체가 밀접하게 결합되어 있는 것은 신의 '나중에 가졌던 역량(제정된 역량)'에 의한 것이지만, 신의 제정된 역량으로 신의 '이전에 가졌던 역량(절대적 역량)'이 사라지는 것은 아니다. 두 실체를 분리하는 데 필요한 절대적 역량은 여전히 신에게 있기 때문이다. 그래서 그는 다음과 같이 결론 내린다. "따라서 신이 **분리할 수 있고 분리한 채 보존할 수 있는 것들**은 실제로 서로 구분되는 것들이다"(PP I. 60 ; 원석영 II 49. 강조는 인용자). 그렇다면 신의 역량에 의해 "다른 것의 도움 없이 인식될 수 있다"라는 구절과 "다른 것의 도움 없이 실존할 수 있다"라는 구절의 의미는 일의적인 것이 아니게 된다. 후자는 신의 절대적 역량과 관련하여 이해되어야 하겠기 때문이다. 스피노자는 본문에서 지적된 것처럼 실재적 구별을 정의할 때 이러한 신의 역량을 동원하지 않고 실재적으로 구별되는 두 실체는 "다른 것의 도움 없이 인식될 수 있고 **결과적으로**per consequens 다른 것의 도움 없이 실존할 수 있다"(CM I. 5 ; G I. 257. 강조는 인용자)라고 하면서, 데카르트의 실재적 구별 정의를 미묘하게 비튼다. 신의 역량과 무관하게 그리고 '결과적으로'라는 표현을 삽입하면서 "다른 것의 도움 없이 실존할 수 있다"라는 규정은 데카르트와 달리 "다른 것의 도움 없이 인식될 수 있다"라는 규정의 논리적 귀결이 된다. 이 항목의 저자는 이러한 변주가 스피노자의 경우 '신의 지성과 의지의 차이 및 신이 이전에 가졌던 역량 관념과 나중에 가졌던 역량 관념 간 차이에 근거하는 신의 절대적 역량과 제정된 역량 간 전통적 구별'을 받아들이지 않았기 때문이라고 지적하는 것이다.

에 대한 답변. AT VII, 121).[47]

두 번째로 양태적 구별에는 스피노자와 데카르트가 말한 것처럼 두 유형이 있다. 하나는 "실체 자체와 실체의 양태 간에 있는 구별, 그리고 하나이자 동일한 실체의 두 양태들 간에 있는 구별이 그것이다. 우리는 후자의 경우를 하나이자 동일한 실체의 두 양태는 다른 것의 도움 없이 인식될 수 있지만, 그럼에도 그 두 양태 모두 그것이 양태인 실체의 도움 없이는 인식될 수 없다는 사실로부터 인식한다". 첫 번째 구별은 "비록 실체는 그 양태 없이 인식될 수 있지만, 그럼에도 그 양태는 실체 없이

---

47 [옮긴이] 앞서 본 것처럼 스피노자의 실재적 구별 정의에 따르면 두 실체를 독립적으로 뚜렷하게 인식할 수 있으면 두 실체는 존재론적으로도 실재적 구별이 성립한다고 규정된다. 그러나 데카르트에 의하면 '지성의 추상화'를 통해서도 '어느 하나를 다른 하나와는 뚜렷하게 그리고 분리된 상태로 파악'하는 것이 가능하다. 이러한 구별이 이른바 '형상적 구별'distinctio formalis이다. 그러나 데카르트는 이러한 구별은 '불완전한 존재자들entia incompleta하고만 관련'된다고 주장한다. 형상적 구별은 "각각의 것들을 독립적인 그리고 다른 모든 것과 상이한 존재자로 인식할 정도로 뚜렷하게, 그리고 분리된 상태로 파악하는 데에는 충분하지 않다. 이를 위해서는 전적으로 실재적 구별이 요구된다". 실재적 구별의 대상은 형상적 구별의 대상인 불완전한 존재자와 '엄밀하게 구별'되는 '완전한 존재자들'entia completa이다. 동일한 물체의 형태와 운동 간에는 형상적 구별이 성립한다. 형태와 운동은 서로 독립적으로 잘 인식되며 추상에 의해 물체로부터 분리하여 인식하는 것도 가능하다. 그러나 형태나 운동은 그것이 내재한 실재 없이는 '완전하게complete 인식'할 수 없는 '불완전한 존재자들'이다. 반면 물체/신체와 정신은 각각 상대에 속하는 모든 것을 부정하면서도 완전하게 인식될 수 있는 '완전한 실재'res completa이다. 데카르트는 "만일 정신과 신체 간에 실재적 구별이 존재하지 않는다면 이는 불가능하다"라고 주장한다(이상 「첫 번째 반박에 대한 답변」 AT VII. 120~121 ; 원석영 I-1. 56~57. 용어는 수정). 이 항목의 저자는 스피노자의 정의를 따를 때 형상적 구별과 실재적 구별의 차이가 희석되지만, 데카르트의 경우 그렇지 않다는 점을 보여 주고자 이 말을 덧붙인 것 같다. 끝으로 이 옮긴이 주를 붙인 문장의 원문은 "However, according to Descartes a real distinction only applies to 'complete things' such as bodies, for although by abstraction motion and figure can be conceived separately, **a body cannot exist without both motion and figure**(Responsiones primae, AT VII. 121)"(강조는 인용자)였지만, 데카르트의 해당 구절을 보았을 때 강조한 부분은 오식이 분명하므로, 데카르트의 해당 주장을 참고하여 번역은 수정했음을 밝힌다.

인식될 수 없다는 사실로부터 알려진다"(CM II. 5 / G I. 257).[48] 조금 전 언급했던 요하네스 카테루스Johannes Caterus의「첫 번째 반박」에 대한 답변에서 데카르트는 양태적 구별을 스콜라철학의 형상적 구별과 동일시한다[49](형상적 구별은 실재 안에 있는 확고한 구별의 기초, 곧 '푼다멘툼 인 레'fundamentum in re[실재 안에 있는 기초]를 가정한다).

마지막으로 이성적 구별은 스피노자에 따르면 "연장으로부터 지속이 구별될 때처럼 실체와 그 속성 간에 실존하는 구별"을 나타낸다. 이러한 구별은 "그러한 실체는 그 속성 없이 인식될 수 없다"라는(데카르트의 용어로는 우리가 명료하고 뚜렷한 관념을 가질 수 없다는) 사실로부터 인식된다(CM II. 5 ; G I. 257).[50] 데카르트는 알려지지 않은 예수회 수사에게 보낸 서신에서 이러한 이성적 구별을 프란시스코 수아레즈 Francisco Suárez(1548~1617)가 개진한 반성된 이성적 구별the distinction of reasoned reason과 동일시했다. 이 구별법에 반대되는 반성하는 이성적 구별 the distinction of resoning reason을 데카르트는 그 기초가 실재성 안에 있는 것

---

48   스피노자는 데카르트의 '명료하게'라는 말을 빼 버린다. [옮긴이] 양태적 구별에 대한 데카르트의 정의 중 첫 번째 구별 부분에 '명료하게'라는 말이 있다. "우리는 우리가 실체와는 다르다고 하는 양태 없이도 실체를 **명료하게** 지각할 수는 있으나, 거꾸로 실체 없이 양태를 인식할 수는 없다"(PP I. 61 ; 원석영 II. 50. 강조는 인용자).

49   [옮긴이] "아주 학식이 뛰어난 신학자[카테루스]가 스코투스에게서 차용한 형상적 구분과 관련해서, 나는 간단히 이렇게 주장하련다. 형상적 구분은 양태적 구분과 다르지 않으며, 그것은 내가 완전한 존재자들과 엄밀하게 구분한 불완전한 존재자들하고만 관련이 있을 뿐이다. (…) 동일한 물체의 모양과 운동 간에는 형상적 구분이 있다"(AT VII. 120 ; 원석영 I-1. 56).

50   [옮긴이] 데카르트의 이성적 구별 정의는 다음과 같다. "끝으로 이성에 의한 구별은 한 실체와 그것의 속성 ─ 이 속성이 없이는 우리가 그 실체를 인식할 수 없는 ─ 간이나 한 실체의 그러한 두 속성들 간의 구분인데, 우리는 이를 다음으로부터 인식한다. 한 실체로부터 그것의 속성을 제외시키면 우리는 그 실체에 대해 어떠한 뚜렷한 관념도 형성할 수가 없다"(PP I. 62 ; 원석영 II. 51. 용어는 수정).

이 아니기 때문에 무가치하다고 일축한다.[51] 그러한 이성적 구별은 단지 언어적 본성에 속한다. 스피노자가 『소론』 부록1의 공리2에서 단지 두 종류의 구별 곧 실재적 구별과 양태적 구별만 리스트에 포함한 것은 이러한 이유 때문이다.[52]

약간의 수정만 가하여 스피노자는 데카르트의 구별 이론을 다시 내놓았고, 결과적으로 「형이상학적 사유」에서 그는 하나이자 유일한 신의 속성들은 단지 '개념적으로' 구별될 뿐이라는 마이모니데스의 이론을 차용한다. 그러나 데카르트의 구별 이론은 그의 존재론과 밀접한 연관이 있다. 스피노자가 『윤리학』에서 자신의 정의에 맞게 데카르트의 구별 이론을 조정해야 했던 것은 이러한 이유 때문이다. 한편으로는 실체(신)의 속성들 간 실재적 구별이 속성들 중 "하나는 다른 속성의 도움 없이 인식될 수 있"기 때문에 인정되지만, 이제 스피노자는 실재적 구별이 필연적으로 다수의 실재적 존재자 또는 다수의 실체를 함축하는 것은 아니라고 덧붙인다. 다른 한편으로 데카르트와 대조적으로 물질의 부분들 간 실재

---

51   「서신418」. AT IV. 349. [옮긴이] '반성된 이성적 구별'과 '반성하는 이성적 구별'의 원문은 각각 "distinctio rationis Ratiocinatae"와 "distinctio rationis Ratiocinantis"이다. ratiocinatae 와 ratiocinantis는 각각 '계산하다, 숙고하다, 반성하다' 정도의 뜻이 있는 ratiocinor의 완료 수동분사와 현재능동분사가 곡용된 형태이다. 이 항목의 저자는 이를 각각 "distinction of reasoned reason"과 "distinction of resoning reason"이라고 번역한 것이다(참고로 영역자들은 각각 'distinction made by reason *ratiocinatae*'와 'distinction made by reason *ratiocinantis*'라고 옮겼다(CSMK. 280). 데카르트는 전자는 구별의 기초가 실재 안에 있지만 후자는 그렇지 않다고 지적한다).

52   [옮긴이] 위의 두 이성적 구별이 나오는 서신에서 데카르트는 '반성된 이성적 구별'을 '넓은 의미의 양태적 구별', '형상적 구별', '이성적 구별'과 동일시한다. 따라서 양태적 구별을 넓은 의미의 양태적 구별과 좁은 의미의 양태적 구별을 포함하는 구별법으로 본다면, 데카르트의 구별 이론은 실재적 구별과 양태적 구별로 축소될 것이다. 이 항목의 저자 크롭은 아마도 스피노자가 『소론』 부록1의 공리2에서 "[서로] 다른 실재는 실재적으로 구별되거나 양태적으로 구별된다"(G I. 114 ; C I. 150)라고 한 것은 이를 염두에 둔 발언이라고 주장하는 듯하다.

적 구별은 부정된다(E1p10s와 E1p15s ; Ep8 참고). 결과적으로 스피노자는 더 이상 신이 극도의 '단순성'을 지닌다는 고전적 원리를 고수하지 않는다(E1app).

속성들 간 실재적 구별과 비-데카르트적 일원론의 화해라는 난제가 몇몇 학자에 의해 다루어졌다. 질 들뢰즈Gilles Deleuze에 따르면『윤리학』에서 실재적 구별은 수적 구별을 함축하지 않는다. 왜냐하면 실재적으로 구별되는 다수의 속성은 수적으로 하나인 실체와 일치하기 때문이다. 분명 스코투스적인 형상적 구별과 유사한 점이 있다. 한편으로는 양태적 구별의 정의는 약화되고 양태를 실재(E1p29s) 또는 실재적 존재자(E5p30)라고 부름으로써 양태적 구별과 실재적 구별 간 차이는 흐려진다. 이 점에서 스피노자는 "보통 양태는 진정한 의미의 하나의 존재자 내지 실재가 아니다"라고 보는 스콜라적 전통에 반대한다.[53] 이러한 이유로 스피노자는 후기 저작에서 자신의 새로운 존재론에 데카르트-스콜라적Cartesio-scholastic 구별의 종류 학설을 채택했다고 할 수 있다.

· **관련 항목** : 본질, 실존, 실체, 속성, 양태, 자유, 의지

원문

Een wettige beschrijvinge bestaan moet van geslacht en onderscheid (KV 1.7). De dingen welke verscheiden zijn worden onderscheiden of dadelijk of toevalligh (KV app1a2). Van welke andere zaak men dit wezen niet en zal konnen dadelijk, maar alleen wijzenlijk (modaliter) onderscheiden (KV app1p4). *Realis distinctio inter animam et corpus* (PPC 1 prolegomenon, G I. 146). D*istinctionem rationis cum distinctione modali vel modali confundant* (CM 1.6). *In rerum natura nihil praeter substantias, et earum modos dari, unde triplex rerum distinctio deducitur, Art. 60. 61. et 62. realis scilicet, modalis et rationis.*

---

53   Di Vona 1988, p. 159.

Realis vocatur illa, quae duae substantiae inter se distinguuntur, sive divers, sive ejusdem attributi ut ex. gr. cogitatio et extensio sive partes materiae. Haeque ex eo cognoscitur, quod utraque sine op alterius concipi et per consequens existere possit. Modalis duplex ostenditur, nimirum quae est inter modum substantiae et ipsam substantiam ac quae est inter duos modos unius ejusdemque substantiae. Atque hanc ex eo cognoscimus, quod quamvis uterque modus absque alterius concipitur, neuter tamen absque ope substantiae cujus sunt modi. Rationis denique ea esse dicitur, quae oritur inter substantiam et suum attributum, ut cum duratione ab extensione distinguitur (…). *omnes distinctiones qua inter Dei attributa facimus, non alias esse, quam rationis* (…) . *Peripateticorum distinctionum farraginem non curamus*(CM 2.5). *Distinctiones in rebus non fingo*(CM 2.9). *Duae aut plures res distinctae vel ex diversitate earundem affectionum*(E1p4). *Duo attributa realiter distincta concipere, hoc est unum sine ope alterius* (…) *ex signo diversitatem substantiarum diagnoscere*(E1p10s). *Rerum quae realiter ab invicem distinctae sunt una sine alia esse et in suo statu remanere potest*(E1p15s).

참고문헌

1차 문헌

Descartes, R., *Regulae, Principia philosophiae, Meditationes.*

2차 문헌

Deleuze, G., *Expressionism in Philosophy : Spinoza*(New York : Zone Books, 1990; original French edn 1968).

Di Vona, P., 'Il problema delle distinzioni nella filosofia di Spinoza', *Studia Spinoza*, no. 4(1988), pp. 147~164.

Donagan, A., 'Essence and the Distinction of Attributes in Spinoza's Metaphysics', in M. Greene(ed.), *Spinoza. A Collection of Critical Essays*(Notre Dame : Notre Dame University Press, 1979), pp. 164~181.

Schmidt, A., 'Substance, Monism and Identity-Theory in Spinoza', in O. Koistinen(ed.), *The Cambridge Companion to Spinoza's Ethics*(Cambridge : Cambridge University Press, 2010), pp. 79~97.

— 헨리 크롭

국가 → 임페리움, 레스푸블리카, 시민을 보라.

국가 권력 → 임페리움을 보라.

군주정Monarchia(모나르키아)

『정치론』2장과 3장의 정의에 따르면, 군주정monarchy 또는 왕정 체제royal regime는 사회가 한 사람에 의해 통치되는 정치 질서이다. 이 정의가 말하는 군주정 통치체제는 결코 실재하지 않는데, 왜냐하면 한 사람이 사회를 통치하는 것은 불가능하기 때문이다.

　　스피노자는 일정한 조건 아래에서 안정된 군주정이 있을 수 있고 붕괴된 국가보다는 군주정이 훨씬 낫다고 생각했지만 군주정에 대해 매우 비판적이었다(TP 7.1~2). 실제로 그는 주로 특정한 종류의 군주정, 곧 자유로운 인민에 의해 수립된 군주정에 관심이 있었다(TP 7.26). 왜냐하면 왕들은 압제적이고 인민을 노예로 만들며 안전하고 평화로운 상태보다는 전쟁 상태를 선호하는 경향이 있기 때문이다. 군주정 체제는 스스로 벗어나기 어려운 정치 질서에 대한 끈질긴 이미지에 뿌리를 두고 있다. 군주정에 대한 매우 비판적인 평가는『신학정치론』서문에서도 볼 수 있다. 군주정은 자유로운 사회와 양립 불가능한데, 왜냐하면 그것의 힘은 속임수에 근거하는 것으로 사유의 자유를 필연적으로 제한하기 때문이다. 수페르스티티오superstitio(미신)에 의해 사람들은 그들의 안녕이 한 사람의 통치에 의존한다고 믿게 된다. 군주정과 종교의 관계는『신학정치론』17장에서 보다 명확해진다. 그곳에서 왕으로서의 모세는 신과 인민의 중재자로 묘사된다. 그의 힘은 심지어 '보통의' 왕보다 더 큰데, 왜냐하면 사람들은 군주에게 순응하기만 하면 신에게 복종하는 것이라고 믿기 때문이다.『신학정치론』18장에서 스피노자는 군주정이 빠져나오기 힘든 상상적 제도imaginary scheme라고 말한다. 영국인들은 왕을 폐위한 후에도 다른 독재자의 지배를 받았으며 또 다른 왕이 그 뒤를 이었다. 이름만 바뀌었을 뿐 권력 구조는 동일했다. 게다가 만일 왕이 군사 지도

자로 선택된다면, 군주정의 위험성으로 인해 인민은 계속 영속적인 전쟁 상태에 있게 될 것이다(TTP 7.22).

군주정의 기만적 성격 때문에, 군주정이 안정되기 위해서는 강력한 토대가 필요하다. 군주정의 안정성은 다중의 안녕을 보장하는 그것의 힘으로부터 나온다. 군주가 시민들의 회의에 의해 지지되어야 하는 이유이다(TP 6.15 이하). 이 회의는 국가의 영혼인 왕과 다중을, 그리고 심지어는 왕과 외국의 지배자들을 중재한다. 이러한 입헌 군주정constitutional monarchy에서 모든 이들은 왕에게 복종하지만, 회의는 왕의 결정을 공표하는 일promulgation을 맡는다.[54] 여기에서 스피노자는 요하네스 알투시우스Johannes Althusius 같은 모나르코마크들Monarchomachs[55]과 같은 입장을 가지고 있다.

스피노자는 의지의 변덕스러움을 이유로 홉스의 (군주제적) 통치권에 대한 견해도 거부한다. 그는 한 사람의 지배보다 시민뿐만 아니라 왕도 묶여 있는 법의 통치를 선호한다(TP 7.1). 왕은 정치적·법적 권력의 상징이 된다. 실제로 군주는 항상 다중의 의지 또는 더 우월한 부분의 의지에 계속 의존하는 상태로 남는다.[56] 그럼에도 인민들이 군주정에 대한 혐오를 극복하게 되는 특수한 상황들이 있는데, 이를테면 인민들이 분열

---

54 [옮긴이] "또한 이 회의의 임무는 왕의 계획이나 결정을 공개적으로 알리는 것과 공적인 일에 관해 결정된 것을 살피는 것, 그리고 국가 전체의 경영에 왕의 대리인처럼 관심을 기울이는 것이다"(TP 6.18).

55 [옮긴이] 16세기 말 군주정에 반대했던 프랑스 위그노교도 이론가 그룹 중 하나이다. 1572년 바돌로매 대학살 이후 시민 주권론을 주장하며 폭군 살해tyrannicide를 이론적으로 정당화했던 것으로 유명하다. 보통 음역하거나 '반왕정주의'로 옮긴다.

56 [옮긴이] "인민의 안녕은 최고의 법률, 곧 왕의 최고 권리이므로 자문회의에서 제출한 의견들 가운데 하나를 선택하는 것은 왕의 권리이지만, 회의 전체의 뜻에 어긋나게 어떤 것을 결정하거나 판결을 내리는 것은 왕의 권리가 아니다(앞 장의 제25절을 보라)"(TP 7.5).

되어 있거나 긴급한 과제들이 있을 때가 그렇다.[57] 군주정은 본질적으로 불안정하지만, 조신들이나 세습 승계hereditary succession 규칙 같은 대응책을 통해 보다 안정될 수 있다.

스피노자가 특정 조건을 전제로 군주정을 지지하는 경향이 있는 것은 이러한 이유 때문이다. 그가 염두에 두었던 군주정은 자유로운 인민들이 선택하고 구조에 묶여 있으며 그 구조 안에서 왕이 시민들의 평의회와 권력을 공유해야 하는 군주정이다. 이것이 군주정 체제의 최선의 형태이다. 이러한 국가는 한 번도 존재한 적이 없기 때문에 역사적 사례를 통해 이를 증명하기는 어렵지만, 경험은 이러한 조건들을 간접적으로 보여 준다. 단 하나의 사례만 스피노자의 입장을 지지하는 것처럼 보인다. 아라곤Aragon 왕국이 그것이다(TP 7.30). 군주정은 보다 근본적인 민주적 질서에 확고히 근거할 때에만 허용될 수 있을 뿐이다.

· 관련 항목 : 예속, 미신, 임페리움, 레스푸블리카

원문

Regiminis monarchici summum sit arcanum, ejusque omnino intersit, homines deceptos habere, et metum, quo retineri debent, specioso religionis nomine adumbrare, ut pro servitio, tanquam

---

57 [옮긴이] 사람들이 '군주정에 대한 혐오를 극복하는 쪽으로 기우는 경향'이 생기는 '특별한 상황'으로 이를테면 전쟁 상황 같은 것을 생각해 볼 수 있다. 스피노자는 영국-프랑스 동맹군이 네덜란드를 침공했을 때(1672) 군중들이 군사적 개입을 반대한 공화정 체제보다 전쟁을 승리로 이끌 강력한 군주적 지도자를 원했던 것을 목도했다. 이 일로 인해 결국 스타트하우더 부재 시기에 네덜란드 공화국을 이끌던 실질적 지도자 얀 더 빗(홀란트 정부의 대재상)은 무참히 살해되고 네덜란드는 오라녜파의 빌럼 3세가 스타트하우더로 네덜란드를 통치하는 사실상의 군주정 체제로 돌아가게 된다. 이 사건에 대해서는 주경철, 『네덜란드 : 튤립의 땅, 모든 자유가 당당한 나라』, 산처럼, 2003, 188, 253~254쪽과 스티븐 내들러, 이혁주 옮김, 『에티카를 읽는다』(그린비, 2013), 1장, 44쪽 각주 30번, 57~58쪽 참고.

pro salute pugnent(TTP praef, G III. 7). *Si succcesorem Moses eligisset, qui ut ipse totam imperii administrationem haberet* (…) *imperium mere monarchicum fuisset*(TTP 17, G III. 207). *Donec imperium iterum in monarcham, mutato etiam tantum, ut in Anglia nomine cessit. Quoad autem ad Hollandiae ordines attinet, hi numquam reges habuerunt*(TTP 18, G III. 227). *Si denique reipublicae cura et consequenter imperium penes unum sit, tum monarchia appellatur*(TP 2.17). *Denique status civilis tria dari genera, nempe* (…) *monarchicum*(TP 3.1).

참고문헌

1차 문헌

Althusius, Johannes, *Politica methodice digesta*(Herborn, 1604).
Hobbes, Thomas, *Leviathan*.

2차 문헌

Matheron, A., *Individu et communauté chez Spinoza*(Paris : Éditions de Minuit, 1969).

— 마린 테르프스트라

권력/권능/권한 → 포테스타스를 보라.

권리Ius → 렉스Iex를 보라.

귀족정Aristocratia(아리스토크라티아)

『정치론』(2.17)에서 귀족정aristocracy 또는 귀족 체제nobilary regime는 사회가 "일정 수의 선발된 사람들로 구성"된 회의체[58]에 의해 통치되는 정치 질서라고 정의된다. 이 선발된 사람들, 예컨대 귀족에 속하는 정치적 엘

---

58   [옮긴이] 아래에서 설명될 '최고 회의'supremum concilium을 말한다(TP 8.7 참고).

리트는 이 회의체 자체에 의해 선출된다.[59] 이 회의체의 일원으로 선출
될 수 없는 이들은 '외국인들'처럼 여겨진다.[60] 불변적 의지와 만장일치
unanimity를 결합한 귀족정은 거의 절대적이고 완전한 임페리움에 가깝다
(TP 8.3).[61] 귀족정은 통치체제에서 다른 모든 것을 배제해야 한다.[62] 이

---

59   [옮긴이] '이 선발된 사람들, 예컨대 귀족에 속하는 정치적 엘리트'는 'men selected (…), e.g.
      a political elite of regents(patricii)'를 번역한 것이다. 여기에서 왜 regents(지역섭정관)를 썼
      는지 명확하지 않다. 『정치론』의 다음과 같은 구절을 고려할 때, 지역섭정관이 아니라 단순
      히 '귀족'patricii 내지 '검찰관'syndicus으로 새기는 것이 맞지 않을까 싶다. "귀족 국가를 우리
      는 한 사람이 아니라 다중 가운데에서 선별된 몇몇 사람들이 주권을 보유하는 것이라고 말
      했다[TP 2.17]. 이 사람들을 우리는 앞으로 귀족이라고 부를 것이다"(TP 8.1). "왜냐하면 명
      확하게 선출된 사람이 아니면 어느 누구도 귀족의 수에 포함되지 않기 때문이다"(TP 8.1).
      귀족이 귀족정의 통치기구인 최고 회의에 의해 선출된다는 것은 민주정을 다루는 장에서 언
      급된다. "귀족 국가에서는 이 사람이나 저 사람이 귀족으로 선출되어야 하는지 여부가 오
      직 최고 회의의 자유로운 선출에만 의존한다"(TP 11.1). 검찰관은 귀족들 중에서 선출된다.
      "이 최고 회의에 몇몇 귀족들로 구성되는 다른 회의를 부속시키는 것이 공동의 안녕에 더없
      이 유익할 것이다. 이 몇몇 귀족들의 임무는 오직 회의들과 국가의 관료들에 관한 법이 침해
      되지 않고 지켜지도록 감시하는 것이다. (…) 이 귀족들을 앞으로 검찰관syndicus라고 부를
      것이다. 검찰관은 종신으로 선출되어야 한다"(TP 8.20~21). 이상 『정치론』 인용문은 모두
      공진성의 것이다. 일부 용어는 수정했다.
60   [옮긴이] "왜냐하면 신민[피치자]는 회의에 참여할 수도 없고 투표도 할 수 없으므로 외국인
      과 마찬가지로 여겨져야 하기 때문이다"(TP 8.9 ; 공진성 255). "그 밖에 귀족 외에 모든 사람
      이 [사실상] 외국인이라고 해서 (…)"(TP 8.10 ; 같은 곳).
61   [옮긴이] "둘째로 왕은 죽을 수밖에 없지만 회의는 영원하다. (…) 셋째로 (…) 이런 방식으로
      구성된 회의['충분히 큰 회의'―인용자]의 힘은 그와 달리 언제나 하나로 동일하게 유지된다.
      넷째로 한 사람의 의지는 매우 여러 가지이고 가변적이다. (…) 그러나 충분히 큰 회의의 의
      지에 관해서는 그렇다고 말할 수 없다. (…) 그러므로 우리는 충분히 큰 회의에 양도된 주권
      이 절대적이라는, 또는 절대적인 것에 가장 많이 근접한다는 결론을 내린다. 왜냐하면 어떤
      절대적인 주권이 있다면 그것은 사실 전체 다중이 보유하는 것이기 때문이다"(TP 8.3 ; 공진
      성 245~247). 만장일치 문제에 대해서는 이 책 '민주정' 항목의 옮긴이 주 참고.
62   [옮긴이] 이를테면 다중의 심의나 투표 같은 다중의 참여는 배제된다(TP 8.4 ; 공진성 247).
      스피노자는 무엇을 정의하거나 어떤 것의 특성을 서술하는 경우 동시대 다른 저작들에서도
      흔히 볼 수 있는 것처럼 의무나 논리적 필연성, 자연적 확실성을 뜻하는 'debeo'(~해야 한다,
      ~하지 않으면 안 된다, 당연히 ~하다, ~하도록 되어 있다)라는 동사를 자주 쓴다. 예컨대 "이
      국가[귀족 국가]의 토대는 오직 저 회의의 의지와 판단에 의존**해야 하며**, 다중의 깨어 있음에
      의존해서는 안 된다"et consequenter eius fundamenta sola eiusdem concilii voluntate et iudicio niti

정체에서 그 집단community[63]은 하나의 신체와 하나의 정신으로 나타난다
(TP 8.19).[64] 심각한 저항을 피하려면 이 정체는 이성에 의해 지배되어
야 한다.

스피노자에 따르면, 국가 통치에 있어서 보다 많은 사람을 관여시키
는 편이 그렇지 않을 때보다 항상 더 낫다. 30세 이상인 남자 시민들의
약 2퍼센트가 최고 의회에 선출되어야 한다(TP 8.13). 일반 원리는 귀
족들의 수가 감소하면 불안정함(군주정)으로 이어진다는 것인데, 왜냐
하면 있을 수 있는 반대자들의 수가 늘어날 것이기 때문이다. 인간 정신
은 홀로 정치적인 일들의 모든 문제와 해법을 이해하기에 적합하지 않
다. 반대로 숙의(熟議)deliberation는 최선의 방법이다(TP 9.14). 따라서 안
정된 통치체제를 확립하기 위한 기본 규칙은 귀족들의 수를 늘리는 것이
다(TP 8.11, 13). [귀족들의 수를 늘려야 할] 다른 이유로는 [그렇게 했을
때] 그들 가운데 도시나 국가를 어떻게 통치해야 할지 아는 지혜로운 사
람들이 있을 가능성이 더 클 것이고(TP 8.2), 숙의에는 이성적인 경향이
있으며(8.6), 구성원들의 동등성이 보존되고(8.11), 마지막으로 그것의
기초가 공동체 안에 있다는 점(8.13와 8.39) 등이 있다. [한편] 귀족 집

---

debent, non autem multitudinis vigilantia(강조는 인용자)라는 구절처럼 말이다. 그러나 위 문장
은 귀족 국가의 의무나 당위가 아니라 귀족 국가의 특성을 말한다고 볼 수 있다. 마찬가지로
스피노자가 '~해야 한다'라고 할 때 '~한다' 정도로 새기는 쪽이 자연스러운 부분이 적지 않
다. 이 항목의 저자도 스피노자의 이러한 표현법을 그대로 쓰고 있어 이를 감안하고 읽을 필
요가 있다.

63   [옮긴이] 귀족들의 회의체인 최고 회의를 말하는 것으로 보인다.

64   [옮긴이] "이 국가의 최고 권력은 구성원 각자의 손에 있지 않고 이 회의 전체의 수중에 있다
(그렇지 않으면 이 회의는 무질서한 다중의 집합에 불과할 것이다). 그러므로 모든 귀족이 마치
하나의 정신이 다스리는 하나의 신체를 구성하는 것처럼 법률에 의해 서로 묶이는 것이 필
요하다"(TP 8.19 ; 공진성 267).

단은 종교적인 역할에서나 의복 등에서 보통 사람들과 구별되어야 한다
(TP 8.46~47).

이 정체의 구조는 『정치론』 9~10장에서 상술된다. 정치권력은 소
수의 사람이나 가문의 수중에 들어가서는 안 되고 반드시 분할되어야 한
다. 또한 현실적인 이유에서, 최고 회의가 실질적으로 통치하는 대표자
들을 선출하도록 하는 것이 타당하다. 그래서 원로는 최고 회의에서 선
출된다.[65] 그러나 원로회의senatus는 선택된 통치자들의 위원회[최고 회
의]에 정치적 결정을 할 수 있게 권한을 위임한다(TP 9.6 참고). 이 회의
체들과 정치인들은 검찰관들을 감독하는 법원 및 연장자인 귀족들의 회
의체와 구별된다.[66]

스피노자는 하나의 도시보다 더 많은 도시로 확대된 귀족 체제를 선
호한다(TP 9.1). 그러한 도시연방에서 시민들은 동등한 대우를 받을 수
있다. 하지만 도시들은 그렇지 않다. 도시의 지위는 각 도시들의 다중에
의해 결정되는 도시들의 힘에 따라 차별화되어야 한다(TP 9.4). 도시들
의 연합은 원로회의와 법원에 의해 보장된다. 귀족들은 자신들의 도시에
대한 완전한 권력이 있다.[67] 그러나 도시연방에 관한 정치적 문제는 원로
회의가 처리해야 한다.

---

65 [옮긴이] "원로들은 각 도시의 귀족들에 의해 선발되어야 한다. 각 도시의 귀족들은 자신
   들의 회의에서 일정한 수의 원로를 자신들의 동료 가운데에서 선출한다"(TP 9.6 ; 공진성
   327~329).

66 [옮긴이] '이 회의체'는 최고 회의를, '연장자인 귀족들의 회의체'council of older aristocrats는
   원로회의를 뜻하는 것으로 보인다. 스피노자는 귀족정에서 원로의 나이를 '만 50세' 이상으
   로 규정한다(TP 8.30 ; 공진성 283).

67 [옮긴이] 이 구절에서도 "도시의 귀족들은 자기 도시에서 최고의 권리를 가지며 그 도시의
   최고 회의에서 최고의 권력을 가진다"(TP 9.5 ; 공진성 325)라는 『정치론』의 구절을 고려하
   여 regents를 '귀족들'이라고 번역했다.

다수의 귀족들이 있을 때의 주요 이점은 정치적 역할을 수행할 자격이 있는 대부분의 시민에게 그들의 야망, 명예를 위한 그들의 노력을 성취할 기회가 주어진다는 점이다(TP 10.7). 정치 질서가 갖추어야 할 체계는 사람들이 그 체계를 훼손하지 않고 자유로운 것처럼 행동하는 그러한 체계이다(TP 10.8).[68]

· **관련 항목** : 레스푸블리카, 임페리움, 군주정, 민주정, 신정, 포테스타스

원문

Si haec cura reipublicae ad concilium pertineat, quod ex quibusdam tantum selectis componitur, tum imperium aristocratia appellatur(TP 2.17). *Aristocraticum imperium illud esse diximus, quod non unus, sed quidam ex multitudine selecti tenent, quos imposterum patricios appellabimus*(TP 8.1). *In [aristocratico imperio] a sola supremi concilii voluntate et electione pendeat, ut hic aut ille patricius creetur*(TP 11.1).

참고문헌

2차 문헌

Haitsma Mulier, E., *The Myth of Venice and Dutch Republican Thought in the Seventeenth Century*(Assen : Van Gorcum, 1980).

Matheron, A., *Individu et communauté chez Spinoza*(Paris : Éditions de Minuit, 1969).

— **마린 테르프스트라**

규정/결정/한정Determinatio(데테르미나티오)

스피노자의 저작에는 '데테르미나티오'라는 명사보다 '데테르미

---

68   [옮긴이] "사람은 자기가 다른 누군가에 의해 인도되는 것이 아니라 자기의 천성과 자유로운 결정에 따라 산다고 스스로 여기도록 인도되어야 한다"(TP 10.8 ; 공진성 357).

노’determino[determine, 규정/결정/한정하다]라는 동사 ― 상응하는 네덜란드어 동사 노드자컨noodzaken[necessitate, 필연화하다, ~의 결과를 필연적으로 동반/수반하다], 베팔런bepalen[qualify, 제한/한정하다], 페로르자컨veroorzaken[cause, ~의 원인이 되다/일으키다]이 ‘데테르미노’의 다양한 의미를 나타낸다 ― 와 ‘데테르미나투스’determinatus[determinate, 규정/결정/한정된]라는 형용사가 훨씬 자주 등장한다. 『서신』과 『윤리학』에서도 명사 ‘규정’은 드물게 사용된다(단 네 번 사용됨). 17세기 용법에 따라서 스피노자는 ‘규정’과 그것에 상응하는 네덜란드어 베팔링bepaling(규정/결정/한정)을 상호 연관된 여러 방식으로 사용한다.

논리학과 의미론에서 ‘규정’은 개념의 제한restriction 또는 한정qualification을 의미했으며, 이는 임의의 문장, 이를테면 “로마는 황제가 있는 곳, 즉 비잔틴이 아니었다” 같은 문장이 어떤 의미에서 참 또는 거짓인지를 나타낸다.[69] 따라서 ‘규정하다’라는 동사는, 예를 들어 시간과 장소에 대해 그 자체로는 미규정적인 일반 개념이 보다 개별적 존재자를 나타내는 보다 특수한 관념으로 변형 일반 개념을 구체화한다는to specify 의미였을 것이다.[70] 규정 과정은 보다 특수한 모양을 갖게 함으로써 [어떤 것을] 제한함을 의미하기도 하지만, 또한 일종의 결여 또는 부정이기도 하다.[71] 이러한 본성 및 사유에 관한 규정으로 인해 실재 ― 또는 개

---

69   Chauvin, *Lexicon philosophicum*. [옮긴이] 출처가 정확해 보이지 않는다. 쇼뱅 사전의 ‘규정’ 항목에는 인용된 예시나 관련 내용이 나오지 않는다.

70   Goclenius, *Lexicon philosophicum*.

71   「서신50」 참고. [옮긴이] “부정(否定)negatio이자 실정적인 어떤 것aliquid positivum이 아닌 모양figura(형태)에 대해 말하자면, 무한정한 것으로 고려된indefinite consideratam 전체로서의 물질은 그 어떤 모양도 가질 수 없다는 점, 그리고 모양이 단지 유한하고 규정된 물체들에 in finitis, ac determinatis corporibus 속한다는 점은 자명합니다. 어떤 모양을 생각한다고 말하

념과 정의 ─ 는 완전히 확고하고 구체적이게 된다.[72]

　자연학에서 규정은 어떤 미규정적 원인indeterminate cause이 특정한 방식으로 작용하도록to act 만드는 활동an act을 의미한다.[73] 그러한 규정을 야기하는 원인에는 작용적 유형, 형상적 유형, 질료적 유형, 목적적 유형이 있을 수 있다. 이러한 인과적 규정은 실재가 작용 활동하도록 강제한

는 사람은 누구나 그 말로 그가 어떤 규정된 실재를rem determinatam 생각하며 그것이 어떻게 규정되는지 생각한다는 것 외에 다른 어떤 것도 나타내는 것이 아니기 때문입니다. 따라서 이러한 규정determinatio은 그것의 존재에 의거하여juxta suum esse 그 실재에 속하는 것이 아니라 반대로 그 실재의 비존재eius non esse입니다. 따라서 모양은 규정 외에 다른 것이 아니며 규정은 부정이므로, 이미 말한 것처럼 모양은 부정과 다른 것이 아닙니다"(Ep50 ; G IV. 240 ; 이근세 295. 번역은 수정).

72　스피노자의 "일정하고 규정된 방식으로"라는 표현과 데카르트의 『철학의 원리』 2부 25항에서 운동의 정의에 나타나는 "규정된 본성" 또는 2부 20항에 나오는 물체의 공간에 대한 규정을 비교해 보라. [옮긴이] "특수한 실재들은 신의 속성의 변용들과 다르지 않다. 곧 신의 속성이 **일정하고 규정된 방식으로**certo & determinato modo 표현되는 양태들과 다르지 않다"(E1p25sc) ; "만일 일상적 용법이 아닌 실재에 대한 진리로부터 운동으로 이해되어야 하는 것을 고려하자면, 그리고 운동에 **규정된 본성**determinata natura을 할당하기 위해서라면…"(PP II. 25 ; AT VIII. 53 ; 원석영 II. 86. 강조는 인용자. 번역은 수정) ; "우리는 본성상ex natura 나누어질 수 없는 원자나 물질의 부분들이 존재한다는 것이 불가능하다는 것을 인식한다. (…) 물질의 그런 작은 부분particula은 **본성상 나누어질 수 있는 것이기 때문에 나누어질 수 있는 것**으로 남아 있게 된다"(PP II. 20 ; AT VIII. 51~53 ; 원석영 II. 82~83. 강조는 인용자).

73　[옮긴이] "운동 중이거나 정지해 있는 물체는 다른 물체에 의해 정지하거나 운동하도록 규정되었어야 하며, 이 다른 물체 역시 다른 것에 의해 운동하거나 정지하도록 규정되었고, 이 후자 역시 또 다른 것에 의해 [그랬으며], 이처럼 무한하게 나아간다"(E2p13sL3). "실존하고 작업하도록 규정된 모든 것은 신에 의해 그처럼 규정된다(정리26 및 정리24의 따름정리에 의해). […] 그것은 유한하고 규정된 실존을 갖는 어떤 변양에 의해 변용된 한에서의 신 또는 그것의 어떤 속성에 의해 따라 나오거나 또는 실존하고 작업을 하도록 규정되었어야 했다. 이것이 첫 번째 논점이었다. 그 다음, **이 원인 또는 이 양태**의 경우 (우리가 이미 이 정리의 첫 번째 부분을 증명할 때 사용했던 것과 동일한 추론에 의해) 마찬가지로 유한하고 규정된 실존을 갖는 다른 것에 의해 또한 규정되었어야 하고, 역으로 이 후자의 것 역시 (같은 추론에 의해) 다른 어떤 것에 의해 규정되었어야 하며, (같은 추론에 의해) 이처럼 항상 무한하게 나아간다. Q.E.D"(E1p28d. 강조는 인용자).

다. 신은 (적어도 자연학적 의미에서) 자연의 제1원인으로서 모든 자연
적 실재의 작용을 규정한다. 그러나 쇼뱅에 따르면, '예수회'(그리고 아
르미니우스주의자들)는 "자신의 본성에 의해 작용하도록 규정되는 제
2원인들을 신의 이러한 보편적 규정 활동에서 배제하는 경향이 있었다".
쇼뱅이 인정한 두 번째 종류의 규정[74]은 자유롭고 지적인 존재의 도덕적
규정으로, 이때 그의 의지는 지성의 명령, 설득, 조언에 의해 작용하도록
규정된다. 스피노자는 도덕적 종류의 규정을 제외한 논리적 의미와 인과
적 의미의 '규정' 개념을 채택했다.

[논리적 규정 개념] 무한한 양이 지속이나 연장으로 규정된다면, 그
러한 규정[한정]된 양은 실용적 문제에는 유용하지만 확고한 형이상학
적 토대가 있는 것은 아닌 이성적 존재자a being of reason(사고상의 존재자)
이다. 스피노자에게 지속과 연장은 모두 무한한 양인데, 만일 이러한 것
들에 대한 규정을 실재의 내적 본성에 대한 정보를 제공하는 것이라고
여긴다면 역설이 발생한다(E1p15s). 그러므로 규정된 양이 무엇인가에
할당될 때, 이는 단지 관계적 정보만 제공할 뿐이다.[75]

---

74 [옮긴이] 원문에는 '세 번째 종류의 규정'이라고 되어 있으나 쇼뱅은 규정을 '도덕적 규정'
    과 '자연적 규정' 두 가지로 나누므로 수정했다("Duplex distinguitur Determinatio, *moralis, &*
    physica"). 그리고 도덕적 규정을 먼저 다룬다. Chauvin, *Lexicon philosophicum*, p.178 참고.
75 스피노자는 윤리학 1부 정리15의 주석에서 물체적 실체는 유한하지만 신은 무한하므로 물
    체적 실체는 신의 본질에 속할 수 없다는 논적들의 논변(데카르트를 염두에 둔 것이라고 해석
    된다. PP I. 23 참고)을 소개한다. 논적들은 귀류법적으로 "물체적 실체는 무한하다"라는 반
    대 가정에서 불합리한 결론이 도출되므로 물체적 실체는 유한하며 결과적으로 신의 본질에
    속할 수 없다고 결론 내린다(G II. 57~58). 그러나 스피노자는 논적들의 주장에서 여러 역설
    적·모순적 결과들이 따라 나온다는 것을 보여 주고, 연장 실체는 무한하며 물체적 실체의 부
    분들은 실재적으로 구별되지 않는다고 반박한다(G II. 58~59). 그에 의하면 우리가 양量을
    이해하는 방식에는 두 가지가 있다. 양을 유한하고 가분적이며 부분으로 구성된다고 보는
    방식(우리가 보통 양을 추상적/피상적으로 상상하는 방식)과 무한하고 불가분적이며 유일한

[인과적 규정 개념] 스피노자는 규정을 인과적 개념으로도 사용한다. 예를 들어 그가 다른 것에 의해 실존하고 행위하도록 규정된 실재에 대해 말할 때(E1p28), 그리고 그가 정신이 신체를 운동하거나 정지하도록 규정한다는 것을 부정할 때(E3p2) 그렇다. 인과적 개념으로서의 규정은 스피노자가 기하학적 존재의 본성을 사고할 때도 작동한다. 예컨대 구sphere 관념은 반원이 그 축을 중심으로 운동할 때 생성됨을 보여 줌으로써 [특정한 것으로] 규정될 수 있다(TIE 72). 따라서 기하학적 대상이 실존하도록 규정될 수 있는 여러 방식이 있을 수 있다. 스피노자의 본성nature에 대한 학설에서 개별 실재는 그 본질이 현실화된 것이며, 기하학적 모델의 본성에 따라 이러한 본질은 일견 여러 방식으로 규정되는 것으로 보인다. 스피노자 필연주의의 핵심에 있는 것은 이러한 규정이 일어나는 방식이 단 하나만 있다는 것이다.[76] 스피노자는 또한 지성이 다른 지성을 규정한다고 말하기도 한다(E5p40s). 이런 유의 말은 모든 지성이 신의 무한 지성의 일부이므로 모든 지성은 이 하나의 지성 안에 내장되

것으로 보는 방식(지성 속에서 양을 실체로 보는 방식)이 그것이다. 예컨대 우리는 전자의 방식에 따라 임의의 실재들에 '길이', '너비' 같은 '규정된 양'을 할당하는데, 이때 그 양은 그 양이 할당된 대상의 '내적 본질'에 관한 정보를 제공하는 것이 아니라 다른 대상과의 관계를 통해 갖게 되는 '상대적 정보'relational information('~보다' 크다, 작다 같은)만 제공할 뿐이다. 결론적으로 스피노자는 연장적 실재는 양태인 한에서 상이한 방식으로 변용된 것들로 분할가능하며 생성 소멸하지만, 실체(의 속성)인 한에서 분할 불가능하고 생성 소멸하지 않는다고 역설한다(G II. 59~60). 스피노자의 서신12와 이 책의 「무한」, 「유한」, 「구별」, 「진공」, 「이성의 존재자」 항목 참고.

76 [옮긴이] 스피노자 철학이 모든 가능세계를 배제하는 무조건적 결정론categorical determinism 또는 필연주의necessitarianism인지, 아니면 인과적 결정론conditional determinism 또는 조건적 결정론determinism인지는 이론의 여지가 있다. 이 책의 '가능한 것', '자유', '함축하다' 항목 참고. 관련된 좋은 연구가 있다. 김은주, 『스피노자의 형이상학』(민음사, 2024), 3부 6장 '인과적 결정론 혹은 필연론' 참고.

어embedded 있다는 스피노자의 실체 일원론 내에서 타당하다.

·**관련 항목** : 악티오, 피니스, 원인, 가능한 것, 자유

원문

Isser noodzakelijk bepaling(KV 1.2). De bepaling van beweging(KV 2.19). *Determinatio motus corporis*(PPC 1p16). *Motus in se spectatus differt a sua determinatione*(PPC 1p19). *Determinatio unius corporis aequalem vim requirat ut mutetur, quam motus*(PPC 1p26c). *Determinatio ad rem juxta suum esse non pertinet* (⋯) *Quia ergo figura non aliud quam determinatio et determinatio negatio est*(Ep50). *Appetitum et corporis determinationem simul esse natura*(E3p2s). *Determinatio voluntatis secundum Cartesius*(E5praef).

참고문헌

1차 문헌

Descartes, R., *Principia philosophiae*.

2차 문헌

Bennett, J., *A Study of Spinoza's Ethics*(Cambridge : Cambridge University Press, 1984).
Gueroult, M., *Spinoza I. Dieu(Éthique I)*(Hildesheim : Olms, 1968).
Robinson, L., *Kommentar zu Spinozas Ethik*(Leipzig : Meiner, 1928).

— **올리 코이스티넨**

그리스도Christus(크리스투스)[77]

스피노자는 『신학정치론』에서 그리스도라는 인물을 1장(「예언에 관하여」)과 4장(「신법에 관하여」)에서 다룬다. 그뿐만 아니라 우리는 5, 7, 9, 12, 14장과 19장 곳곳에 흩어져 있는 그리스도에 관한 다소 불연속적인

---

77   [옮긴이] 「서신73」(이근세 383), 「서신75」(이근세 388~391), 「서신78」(이근세 405) 참고.

언급을 보게 된다. 올덴부르크에게 보낸 스피노자의 마지막 서신들에도 그리스도론에 관한 논평이 나온다. 『윤리학』에서 그리스도라는 이름은 딱 한 번 언급된다(E4p68s).[78]

『신학정치론』에서 그리스도는 예언자들과 구별된다. 1장에서 스피노자는 인간을 구원으로 이끄는 신의 섭리가 그리스도에게 간접적으로 말씀과 환상으로 계시된 것이 아니라 직접적으로 계시되었다고 주장한다. 그러므로 그리스도의 정신은 신을 직접적이고 비물체적 방식으로 인식하기 때문에 여타의 인간 정신을 능가한다. 성서가 말하는 것처럼 신과 "서로 얼굴을 마주 보면서"[79] 소통했던 모세와 달리, 그리스도는 신의 정신을 자신의 지성으로 감각의 도움 없이 직접 알았다.[80] 그러므로 스피노자는 (비유적인 방식으로) 신의 지혜가 그리스도 안에서 인간의 본성을 획득했다고 말할 수 있을지도 모른다고 말한다. 『신학정치론』과 「서신73」에서는 성육신 교리에 대한 영적 해석과 합리적 해석을 개진하고 자신의 그리스도 개념은 성서 자체로부터 추찰한 것이라고 주장하면서, 자신의 해석은 정통 교회가 고백하는 그리스도관과 관련이 없음을 분명히 한다.

4장에서도 그리스도는 예언자와 구별된다. "물론 신께서 자신을 예언자들에게 말과 이미지로 계시하신 것과 달리, 그리스도에게, 즉sive 그

---

78 [옮긴이] "그 이후 이 자유는 그리스도의 영, 곧 신의 관념에 의해 인도되는ducti Spiritu Christi, hoc est, Dei idea 족장들에 의해 되찾게 되었는데, 우리가 앞에서 보여 준 것처럼(4부 정리37에 의해) 인간이 자유롭게 존재하고 인간이 자기 스스로 욕망하는 좋음을 다른 인간들을 위해서도 욕망하는 것은 오직 이러한 신의 관념에 달려 있다"(E4p68s).

79 [옮긴이] 신명기 5장 4절의 구절이다. "야훼께서는 그 산 위 불길 속에서 너희와 서로 얼굴을 마주보면서 말씀하셨다."

80 [옮긴이] "그래서 만약 모세가 보통 인간이 동료와 얼굴을 맞대고(즉 그들의 두 몸을 이용하여) 대화하듯이 신과 그렇게 대화했다면, 그리스도는 정말로 마음[정신]에서 마음으로de mente ad mentem 신과 소통한 것이다"(TTP 1 ; G III. 21 ; C II. 85).

리스도의 정신에menti(마음에) 직접 계시하셨다는 사실로부터 우리가 이해할 수 있는 유일한 것은 그리스도가 계시된 바를 참되게 지각했다는, 즉 인식했다는 것뿐이다"(TTP 4.32 ; G III. 64 ; C II. 133). 그래서 그리스도는 예언자가 아니라 "신의 입"os Dei이라고 불려야 한다[TP 4.31]. 그 귀결은 예언자들이나 모세와 달리 유독 그리스도만 정치인이 아닌 철학자라는 점이다. 만일 그리스도가 예언자들처럼 계시된 진리를 율법으로 선포했다고 한다면, 성서에 그렇게 기록된 것은 사람들의 무지 때문이다[TP 4.32]. 그러나 그리스도에게는 하늘의 신비에 대한 인식이 주어졌다. 그러므로 그의 가르침은 율법이 아니라 영원한 진리의 형식을 취한다. "만약 그[그리스도]가 그것들을 율법으로 규정했다면, 이는 오직 사람들의 무지와 고집 때문이었다. 말씀하신 이는 그리스도였으며, 그리스도는 입법자로서 율법을 제정한 것이 아니라 교사로서 가르침을 주었다. 왜냐하면 (위에서 보여 준 것처럼) 그는 외적인 행동보다 오히려 마음을 고치기를 원했기 때문이다. 이 때문에 그리스도는 모세가 그랬던 것과 달리 육체적인 보상이 아닌 영적인 보상을 약속한다"(TTP 4 ; G III. 64~65 ; C II. 133). 나아가 그리스도는 유대인뿐만 아니라 모든 인류를 가르치도록 보내졌다. 그러므로 그의 가르침은 그 공리들이 보편적 참이므로 모든 사람이 공히 가져야 할 믿음과 관념으로 채택되어야 하며, 적합한 인식으로 이루어져 있다.

『신학정치론』에서 그리스도는 종종 모세에 반하는 보편적 교사로 설정된다. 모세는 단지 한 사람의 예언자일 뿐이다. 모세는 정치가이고 입법자이다. 그리스도는 정치적인 인물이나 입법자가 아니라 도덕 교사이다(TTP 7). 모세는 물질적 보상을 약속하지만, 그리스도는 정신적 보상을 약속한다(TTP 5). 모세는 히브리 민족을 가르치기 위해 보내졌지

만, 그리스도는 모든 인간을 가르치기 위해 보내졌다.[81]

스피노자가 그리스도를 예언자들과 대립시킨 것은 그리스도를 유일무이하게 영감[계시]을 받은inspired 개인으로 보는 영적·합리적 관점과 연관된 것이자 그리스도 관련 성서 텍스트에 대한 유비적 독해에 근거한 것으로 보인다. 그리스도는 단지 예외적인 인간일 뿐이라는 이러한 견해는 소치니파와 콜레지언파에서는 아주 흔한 것이었으며, 스피노자는 옐러스가 1673년에 써서 스피노자에게 보낸 신앙고백(Ep48A)에 대해 호의적으로 논평한다.[82] 하지만 옐러스는 그리스도의 부활 교리를 글자 그대로 받아들였다.[83] 그래서 조너선 이즈리얼은 스피노자가 그리스도에 대한 위와 같은 견해를 선호했던 것은 그가 이런 비주류 기독교인들과의 전략적 동맹이 필요하다고 느꼈던 것으로 설명될 수 있을지도 모른다고 주장한다.[84]

올덴부르크에게 썼던 마지막 서신들[Ep73, 75, 78]에서 스피노자는 교리나 '신비'와 완전히 무관한 그리스도에 대한 견해를 옹호한다. 스피노자는 그리스도의 성육신설과 부활설을 문자적 의미로[글자 그대로] 받아들이는 것을 거부하고, 올덴부르크에게 이러한 교리를 상징적 의미로 이해하라고 권고한다. 나아가 스피노자는 그리스도에 대한 육신fresh

---

81   [옮긴이] "그리스도는 모세가 그랬던 것과 달리 육체적인 보상이 아닌 영적인 보상을 약속한다. 앞서 말한 것처럼, 그리스도는 국가를 보존하고 법을 제정하기 위해 보내진 것이 아니라, 하나의 보편적 법을 가르치기 위해 보내진 것이다"(TTP 5 ; G III. 70 ; C II. 140).

82   [옮긴이] 스피노자의 심복지우였고 『유고』 서문을 쓰기도 한 옐러스가 콜레지언파였다. 본문에 언급된 옐러스의 서신(Ep48A)에 대해서는 이 책의 4부 '믿음의 기초' 항목의 옮긴이 주 참고.

83   Spruit 2004, pp. xlv-xlvi.

84   Israel 2006, pp. 121~122, 그리고 2007, pp. xvii~xx.

에 따른 인식과 영spirit에 따른 인식을 구별한다[Ep78]. 후자는 구원에 요구되지만 전자는 그렇지 않다[Ep73]. 영에 따른 그리스도 인식은 신적 지혜의 소유에 버금가는 것이다. 이러한 방식으로 스피노자는 요한복음의 잘 알려진 구절을 해석한다[Ep75]. "말씀이 육신이 되어."[85] 『윤리학』에서 스피노자는 영적 의미에서 [창세기의] 타락 설화를 읽는다[E4p68s]. 아담은 동물들의 정념을 모방하면서 자신이 동물과 동류라고 믿었다. 그리스도의 영에 의해 인도된 사람은 최초의 자유를 되찾는다. 그러므로 그리스도의 영에 대한 관념은 자유인 관념과 연결되어 있고, 그리스도의 영은 신 관념과 동일시된다[E4p68s].

· **관련 항목** : 예언자, 모세, 성서, 믿음의 기초

원문

Ad salutem non esse omnino necesse Christum secundum carnem noscere, sed de aeterno illo Dei filio, hoc est aeterna sapientia, qui se in omnibus et maxime in Christo Jesu manifestavit(Ep73). *Itaque Christi a mortuis resurrectionem revera spiritualem, et solis fidelibus ad eorum captum revelatam fuisse*(Ep75). *Resurrectionem allegorice*(Ep78). *Quare, si Moses cum Deo de facie ad faciem, ut vir cum socio solet* (hoc est mediantibus duobus corporibus) *loquebatur, Christus quidem de mente ad mentem cum Deo communicavit*(TTP 1, G III. 21). *Et sane ex hoc, quod Deus Christo, sive ejus menti sese immediate revelaverit, & non ut Prophetis, per verba, & imagines, nihil aliud intelligere possumus, quam quod Christus res revelatas vere percepit, sive intellexit*(TTP 4, G III. 64~65). *Ut Christus fecit, qui tantum documenta universalia docuit et hac de causa Christus praemium spirituale non autem ut Moses corporeum promittit*(TTP 5, G III. 70). *Christus non tam actiones externas, quam animum corrigere voluit*(TTP 7, G III. 103). *Libertatem suam amittere, quam Patriarchae postea recuperaverunt, ducti Spiritu Christi, hoc est, Dei idea, a qua sola pendet, ut homo liber sit*(E4p68s).

---

85   [옮긴이] 요한복음 1장 14절. 공동번역 개정판은 '말씀이 사람이 되셔서'라고 번역했다.

참고문헌

1차 문헌

Jelles, J., *Belydenisse des algemeenen en christelyken geloofs, vervattet in een brief aan N. N.*(Amsterdam, 1684; modern edn with Italian translation by L. Spruit, Macerata : Quodlibet, 2004).

2차 문헌

Israel, J.(ed.), *Spinoza. Theological-Political Treatise*(Cambridge : Cambridge University Press, 2007).

Israel, J., *Enlightenment Contested*(Oxford : Oxford University Press, 2006).

Mason, A., *The God of Spinoza, a Philosophical Study*(Cambridge : Cambridge University Press, 1997).

Matheron, A., *Le Christ et le salut des ignorants chez Spinoza*(Paris : Aubier Montaigne, 1971).

— 파울 유페르만스

그리스도교(기독교) → 종교를 보라.

기쁨Laetitia → 정서를 보라.

기적Miraculum(미라쿨룸)

스피노자는 기적 개념을 주로 『신학정치론』 6장에서 다루지만, 다른 곳 (TTP Praef. 1~3, 7, 15, 17~19)에서도 기적에 관한 여러 언급을 남겼다. 또한 우리는 「서신73」, 「서신75」, 「서신76」, 「서신78」과 『윤리학』 1부 부록에서도 기적에 관한 언급을 볼 수 있다.

스피노자는 루돌프 고클레니우스Rudolph Goclenius나 미크라일리우스가 다시 내놓은 전통적인 기적 정의를 채택하지 않았다. 예컨대 이들은 근본적으로 기적을 "자연적 작인에 의해 일어날 수 없는", "자연을 능가하는", 그러므로 "초자연적인 기이한 힘"을 요구하는 사건이라고 말한다.[86] 오직 모든 자연적 인과성을 뛰어넘는 신만 그러한 초자연적 힘이 될 수 있다. 그러나 스피노자는 기적을 평범한 사람의 지성을 초월하는 놀랍거나 이례적이거나 예기치 않은 자연의 작용이라고 정의하는데, 이는 『리바이어던』에 있는 홉스의 정의를 다시 내놓은 것이다. "기적이란 하느님이 일으킨 감탄스러운 일들을 말한다. 따라서 '이적'(異蹟)wonders이라고도 한다."[87] 기적은 본질적으로 '일상적 수법'ordinary means으로 일어날 수 있다.[88] 스피노자처럼 홉스도 전통적으로 기적에 있어야 할 초자연적 성격을 무시했다. 개신교 신학자들은 기적을 경시하는 추세에 호의적이었던 것으로 보인다. 이는 『신국론』 21권 8장에서 기적은 "자연에 반해 일어나는 것이 아니고 어디까지나 우리가 알고 있는 자연에 반해 일어날 뿐이다"라고 기술한 아우구스티누스Augustine 이래로 기독교에서 어느 정도 용인되는 것이었다.[89]

「서신75」에서 기적에 대한 믿음은 인간 무지의 결과로 제시된다. "신의 현존과 종교를 기적을 토대로 확립하려는 사람들은 모호한 것을 그들이 전혀 알지 못하는 더 모호한 다른 것을 통해 입증하려고" 한다(이근세

---

86   Goclenius, *Lexicon philosophicum* ; Micraelius, *Lexicon philosophicum*.

87   Hobbes, *Leviathan*, ch. 37(진석용 II-1. 104).

88   [옮긴이] "성경에 술법enchantments이 무엇인지 설명한 대목은 없다. 많은 사람들은 술법이 주문과 말[소리]의 이상한 효과의 작용이라고 믿지만, 만일 그런 것이 아니라 일상적 수법에 의한 사기 혹은 속임수에 불과하다면, 따라서 초자연적인 것과는 거리가 멀다면, (사기꾼들은 자연적 원인에 대해서는 깊이 연구할 필요가 없고, 사람들이 일반적으로 가지고 있는 무지와 우둔과 미신만 잘 연구하면 그런 속임수를 부릴 수 있다) 마술과 마법과 술법의 힘을 인정하는 듯이 보이는 성경 구절들은 첫눈에 이해되는 것과는 다른 의미를 지니고 있음에 틀림없다"(홉스, 『리바이어던』, 3부 37장 ; 진석용 II-2 111쪽).

89   [옮긴이] 아우구스티누스, 성염 옮김, 『신국론3(19-22)』, 분도출판사, 2004, 2459쪽.

388). 가급적 자연의 원인을 통해 기적을 설명하고[90] 만일 우리가 자연의 원인으로 기적을 설명할 수 없다면 판단을 중지하는 것이 더 낫다.

『신학정치론』6장에서 스피노자는 자연 안에서 자연의 보편적 법칙에 어긋나는 어떠한 일도 일어나지 않으며, 이러한 법칙과 일치하지 않거나 그러한 법칙으로부터 따라 나오지 않는 어떠한 것도 일어나지 않는다고 주장한다. 그러므로 기적처럼 보이는 어떠한 일도 자연적 사건임이 틀림없다. 기적은 인간 믿음의 결과이며, 단지 "그 자연적 원인을 익숙한 다른 사례를 들어 설명할 수 없는 또는 적어도 그 기적을 기록하거나 이야기한 이들에 의해 잘 설명될 수 없는 일 외에 다른 것이 아니다"(TTP 6.13 ; G III. 83~84 ; C II. 15).

성서 시대 사람들은 과학의 원리에 대해 아는 것이 거의 없었다. 그들은 평범한 사람들이 익숙한 방법으로 설명할 수 없는 자연현상은 모두 기적으로 여겼다. 그래서 성서에는 기적이라고들 하는 많은 일이 있지만, 오늘날 우리는 이를 과학적 원리를 통해 설명할 수 있다. 그러므로 어떤 자연현상이 왜 성서에 기적으로 묘사되었는지 이해하려면, 처음에 기적에 관해 이야기하고 기적에 관한 기록을 남겨 놓은 이들의 믿음을 이해하여 이러한 믿음과 실제로 일어났던 일을 구별할 필요가 있다. 왜냐하면 많은 일들이 실제 일어난 일이라고 생각되었지만, 그럼에도 그 일들은 단지 상징적이고 상상적인 것에 불과하며 이를 우리에게 전해 준 이들의 믿음에 맞추어진 것에 불과하기 때문이다. 자신들에게 보여진 대로, 즉 실제로 일어난 사건처럼 말이다. 게다가 이러한 기적적인 사건을 둘러싼 상황은 흔히 성서에 보고되어 있지 않다. 그뿐만 아니라 기적의

---

90   스피노자는 『신학정치론』의 여러 곳에서 성서에 묘사된 기적을 그렇게 설명한다.

실재성에 대한 올바른 이해를 위해 성경 저자들의 어법과 은유에 익숙해지는 것도 중요하다. 그렇지 않으면 우리는 성경의 저자들이 결코 엄밀한 의미의 기적이라고 생각하지 않은 많은 기적을 성서에 기록된 기적이라고 생각할 것이다.

『신학정치론』 6장 기적에 대한 논의의 종합적인 결론은 기적이 자연의 고정되고 불변적인 질서 내지 법칙에 어긋나는 사건이라고 생각될 수 없으며, 신의 본질뿐만 아니라 신의 실존도 기적을 통해 알려질 수 없다는 점이다. 반대로 만일 기적을 자연법칙에 어긋나는 사건이라고 생각한다면, 기적은 신의 실존을 의심스럽게 만들 것이다. 기적이 없다면 우리는 신의 실존을 절대적으로 확신할 수 있을 것이기 때문이다.[91] 그러므로 기적에 대한 믿음은 신에 대한 참된 인식의 장애물이며 인간이 자연적 사건의 원인에 대한 과학적 탐구를 하지 못하게 한다(E1app). 기적에 대한 신앙을 일으키는 것은 단지 공황astonishment이나 놀람surprise 같은 정념과 연관된 인간의 무지일 뿐이다(E3p52s).[92]

---

91   [옮긴이] "기적은 자연의 질서에 반하는 작용opus으로 이해되는 한 신의 실존을 보여 주는 것과는 거리가 멀다. 오히려 기적은 신의 실존을 의심하게 만들 것이다. 왜냐하면 기적이 없다면 우리는 신의 실존을 절대적으로 확신할 수 있을 것이기 때문이다. 즉 우리는 자연의 모든 것이 확고하고 불변적인 질서를 따른다는 것을 알고 있기 때문이다"(TTP 6.19 ; G I. 85 ; C II. 156~157).

92   [옮긴이] "이러한 정신의 변용, 또는 (정신 안에 독특한 한 실재에 대한 상상만이 존재하는 한에서) 이 실재에 대한 상상은 놀람Admiratio이라 불린다. 그리고 이것이 우리에게 두려움을 주는 대상에 의해 작동될 경우에는 공황(恐惶)Consternatio(경악, 아연실색)이라 불리는데, 왜냐하면 어떤 나쁜 것에 대한 놀람은 이 나쁜 것을 피하게 해줄 수 있는 다른 것들을 생각하지 못하게 만들 만큼 사람으로 하여금 오직 이 나쁜 것만을 [멍하니] 바라보도록 정지시키기 때문이다"(E3p52s). "4. 놀람은 어떤 것에 대한 상상으로, 정신은 이것에 고착되어 있는데, 왜냐하면 이 독특한 상상은 다른 것들과 전혀 연관을 맺지 못하기 때문이다"(E3ad4). "42. 공황은 나쁜 일을 피하려는 욕망을 품고 있지만 그를 두렵게 하는 어떤 나쁜 일에 대한 놀람으로 인해 이 욕망이 제약당하는 사람에 대해 언급된다"(E3ad42).

원문

*Miracula, & ignorantiam pro aequipollentibus sumpsi, quia ii, qui Dei existentiam, &
Religionem miraculis adstruere conantur, rem obscuram per aliam magis obscuram, & quam
maxime ignorant, ostendere volunt*(Ep75). *Miracula opera Dei vocantur, hoc est opera
stupenda*(TTP praef). *Vulgus opera naturae insolita vocat miracula* (···) *Nos ex miraculis, nec
essentiam, nec existentiam, nec providentiam Dei posse cognoscere* (···) *nomen miraculi non
nisi respective ad hominum opiniones posse intelligi et nihil aliud significare quam opus, cujus
causam naturalem exemplo alterius rei solitae explicare non possumus, vel saltem ipse non potest,
qui miraculum scribit aut narrat* (···) *miracula ad captum vulgi facta fuerunt*(TTP 6, G III.
83~84). *Ut qui miraculorum causas veras quaerit, quique res naturales ut doctus intelligere,
non autem, ut stultus, admirari studet, passim pro haeretico, et impio habeatur*(E1app).

참고문헌

1차 문헌

Augustine, *De civitate Dei*.
Hobbes, Th., *Leviathan*.

2차 문헌

Curley, E., 'Spinoza on Miracles', in E. Giancotti Boscherini(ed.), *Spinoza 350°
anniversario della nascità. Atti/Proceedings of the First Italian International Congress on
Spinoza*(Naples : Bibliopolis, 1985), pp. 421~438.
Parkinson, G., 'Spinoza on Miracles and Natural Law', *Revue internationale de philosophie*,
no. 31(1977), pp. 145~157.
Tosel, A., *Spinoza ou le crepuscule de la servitude. Essai sur le Traité Théologico-Politique*(Paris
: Aubier Montaigne, 1984).

── 파울 유페르만스

기하학적 질서·정의·공리Ordo geometricus, Definitio, Axioma(오르도 게오메트리쿠스, 데피니티오, 악시오마)

스피노자는 홉스와 데카르트(그리고 베이컨)의 새로운 철학, 네덜란드의 필로소피아 노반티쿠아philosophia novantiqua(특히 뷔르헤르스데이크와 헤이레보르트),[93] 마이모니데스와 게르소니데스Gersonides와 같은 유대교 철학자들을 포함한 다양한 컨텍스트에 정통했다. 방법론에 관한 그의 생각과 관련하여 그에게 결정적 영향을 준 것이 무엇인지 확실히 규정하기란 아주 어려운 일이다.[94] 그러나 그가 그의 로지카logica(논리) 개념[95]에 영향을 준 베이컨의 『신기관』과 당시 널리 퍼져 있던 '아리스토텔레스식' '유클리드적' 기하학 방법'Aristotelian' conception of a 'Euclidian' geometrical method 개념에 정통했음은 분명하다.[96] 스피노자의 모스 게오메트리쿠스mos geometricus(기하학적 방법) 또는 오르도 게오메트리쿠스ordo geometricus(기하학적 순서)라는 관념은 (완전히 동일하지는 않지만) 홉스의 관념과 가장 유사해 보인다.[97]

스피노자 연구에서 스피노자의 기하학적 방법이 수사적 장치나 설명 방법(단순히 교육적 도구)인지 아니면 실제 증명 방법인지, 혹은 둘 다인지 하는 문제는 의견이 분분하다. 그것이 실제 증명 방법이라고 생각하는 이

---

93 [옮긴이] 글자 그대로 '새로운 고대 철학'이라는 뜻이다. 17세기 중엽 네덜란드에서 일어난 고대antiqua 철학 전통(특히 아리스토텔레스주의)을 새로운nova 근대 철학(데카르트의 기계론 및 베이컨의 경험론 등)과 통합하려는 철학적 시도를 가리킨다. 본문에 언급된 레이던 대학의 뷔르헤르스데이크와 헤이레보르트가 주요 인물이었다.

94 Garrett 2003, pp. 97~99.

95 이 개념은 미출간 저서인 그의 『지성교정론』에서 발견된다. 이에 대한 분석은 De Dijn 1996 참고.

96 De Dijn 1986.

97 Gueroult I. 13; De Dijn 1986, pp. 68~69 ; Garrett 2003, pp. 103~115.

들조차 그것의 구체적 성격에 관해서는 의견이 일치하지 않는다.[98] 그것은 삼단논법 같은 것인가? 아니면 형식 공리적formal axiomatic 방법인가? 아니면 전혀 다른 무엇인가? 기하학적 방식으로 『에티카』를 집필하는 데 투자된 시간, 노력, 정성을 보더라도, 이것이 단순히 스타일 문제였을 가능성은 극히 희박하다. 『윤리학』 4부 정리18의 주석에서 스피노자는 다음과 같이 말한다. "하지만 이 점을 우리의 기하학적 순서에 따라 번거롭게 prolixus, cumbersome 증명하는 것을 시작하기 전에, 각자가 내가 생각하는 바를 좀 더 쉽게 지각할 수 있게 우선 여기에서 간단하게나마 이성의 명령 자체가 무엇인지 보여 주고 싶다." 비록 다른 방식으로 표현할 수도 있겠으나, 스피노자가 참된 인식에 도달하기 위해 기하학적 연역이 필요하다고 생각했다는 점은 분명하다.

기하하적 방법 내에서의 표준적 구분은 분석과 종합을 구분하는 것이다.[99] 분석은 결과에서 원인으로, 귀결에서 원리로, 전체에서 부분으로 나아간다고 간주되며, 종합은 역방향의 사유 운동이다. 여기에서 말한 원인과 부분은 실제적인concrete 원인과 부분이 아니라 가지성의 필수적이고 충분한 요소(원리)임이 분명하다. 데카르트는 형이상학에서 진리 증명 **및** 발견의 적절한 방법은 (『성찰』에서 사용된) 분석적 방법뿐이라고 생각했지만, 『윤리학』에서 스피노자는 분명 그 반대라고 생각하는 것 같다. 형이상학적 진리뿐만 아니라 윤리적 진리에서도 증명 **및** 발견

---

98 De Dijn 1986, pp. 67~69; Garrett 2003, pp. 99~103.

99 De Dijn 1986, pp. 69~71. [옮긴이] 원문은 다음과 같다. "A standard distinction within the geometrical method is the distinction between analysis and synthesis." 기하학적 방법 자체가 두 가지 별개의 방법으로 나뉜다기보다 기하학적 방법 안에 분석의 방법과 종합의 방법이라고 하는 두 가지 접근법이 존재한다고 보는 것이 표준적이라는 뜻이라고 생각된다.

의 올바른 길로 여긴 것은 종합이었다.[100]

『윤리학』 3부 서문에서 스피노자는 신과 정신을 기하학적 방법으로 다루었던 것처럼 인간 정서의 본성과 역량을 연구하는 데 동일한 방법을 사용할 것이라고 명시적으로 밝힌다. 이 방법에 의해 (그가 몇 문장 앞에서 말한 것처럼) 이러한 정서의 본성과 특성을 이해할 수 있는 **원인**을 이해할 수 있게 될 것이다. 따라서 기하학적 방법의 근본 목적은 '아리스토텔레스식' 용어로 말하자면 실재의 프롭테르 퀴드propter quid[101]에 대한 이해, 곧 실재의 모든 특성이 연역될 수 있는 본질을 '인과적'으로 이해하고 또한 그렇게 정의되고 이해된 실재들 사이의 법칙적 관계를 설명하는 것이다.

같은 서문에서 말하듯, 실재의 본성과 특성 및 필연적 관계를 이해

---

100 Gueroult I. 35. [옮긴이] 본문에 언급된 것처럼 스피노자는 증명 및 발견의 방법으로 원인을 종합하여 결과로 나아가는 종합의 방법을 택한 것으로 평가된다. 스피노자에 의하면 신은 인식에서나 본성에서나 모든 것에 앞선다. 따라서 '실재를 그 첫 번째 원인에 따라 인식'(E1p8s2)하는 것이 올바른 '철학함의 순서'ordo philosophandi(E2p10cs)이다. 이는 『윤리학』 1부에서 '신에 관하여'De Deo를 고찰한 후 2부에서 '정신의 본성과 기원에 대하여'De Natura et Origine Mentis를 논하는 순서에 반영되는데, 이 순서가 데카르트 『성찰』 2부('De natura mentis humance : quad ipsa sit notiorquam corpus')와 3부('De Deo, quad existat') 순서를 전도한 것이라는 점은 시사적이다(P. Steenbakkers 1994, 33 ; Deleuze 2019, 10장). 그러나 종합의 방법은 분석의 방법을 활용할 수 있다(TIE 68 ; Deleuze 2007, 94 ; Gueroult I. 169). 들뢰즈가 지적한 것처럼, 스피노자에게도 분석의 방법이 없지 않고 따라서 두 방법을 단순히 대립시켜서는 안 된다.(Deleuze 2007, 83~84) 이를테면 종합의 방법에 따른 무한한 신적 실체 연역(E1p9~11)은 분석의 방법에 따른 유한 실체의 불가능성(E1p1~8)을 통해서이다. 자세한 것은 Deleuze 2007 참고.

101 [옮긴이] 아리스토텔레스, 『분석론 후서』 I.13. 'propter quid'는 직역하자면 '무엇 때문에'라는 뜻으로, 실재를 원인을 통해 증명하는 방식demonstratio propter quid을 뜻한다. 이에 대비되는 것이 실재를 결과를 통해 증명하는 방식demonstratio quia이다. 각각 선험적 증명demonstratio a priori과 후험적 증명demonstratio a posterior에 해당한다. 이에 해당하는 그리스어를 국역본은 "'그런 것은 왜인가'[이유]의 추론"과 "'그렇다는 것'[사실]의 추론"으로 번역했다. 아리스토텔레스, 김재홍 옮김, 『아리스토텔레스의 분석론 후서』(서광사, 2024), 106~110쪽 참고.

하는 것은 실재를 '자연의 보편적 법칙과 규칙에 따라', 즉 신-자연의 결과 또는 양태로서의 모든 실재를 지배하는 법칙에 따라 이해하는 것일 뿐이다. 실제로 스피노자는 정확히 신적 실체(『윤리학』1부 「신에 대하여」에서 논구된 **실재**res)의 본성과 특성에 대한 통찰로부터 연역된 자연의 보편적 법칙에 기초하여 인간 존재(『윤리학』2부 「정신의 본성과 기원에 관하여」에서 논구된 **실재**)의 특징을 이루는 특수한 법칙에 대한 통찰을 발전시켰다. 이 1, 2부의 통찰에 근거하여, 3부에서는 정서에 대한 일반적 정의 또는 노티오네스 콤무네스notiones communes(공통 통념)에 도달한다. 정서 또는 감정은 만물의 궁극적 원인인 신적 실체의 특정한 양태인 인간의 변양이다. 따라서 기하학적 방법은 실재-실체 또는 양태-의 본성과 특성을, 그것을 지배하는 보편적이고 특수한 법칙을 통해, 그리고 영원의 관점에서의sub specie aeternitatis(숩 스페키에 아이테르니타티스, E2p44c2) 이해를 구성하는 보편적이고 특수한 공통 통념을 이용하여(E2p38과 39) 이해하는 것과 내재적으로 연관된다. 이 모든 것은 실제로 같은 것을 의미한다.

　　실제 사물의 본성과 특성을 완전히 설명하는 **실재적** 정의real definition 산출은 기하학적 방법에서 결정적이다. 『지성교정론』은 정의에 관한 스피노자의 견해에 관하여 매우 귀중한 정보를 제공한다. 그 견해는 약간의 차이는 있지만 『윤리학』의 실제 방식과 일치한다.[102] 기하학적 방법의 핵심은 '인과적' 이해로, 이를 통해 우리는 실제 사물에 적용된다는 것을 보여 줄 수 있는 정의를 획득할 수 있다. 홉스와 마찬가지로 스피노자도 '실재적' 정의를 **발생적** 정의genetic definition, 즉 필수적이고 충분한 요소들

102　Gueroult I. 25~31 ; De Dijn 1996, pp. 150~160.

의 결합 방식을 통해 실재의 내적 구조 이해에 통찰을 제공하는 정의라고 본다.

여기에서 기하학적 또는 공리적 연역과 실재적 정의 형성 간의 정확한 관계 이해는 어려운 문제 중 하나이다. 일반적으로 실재적 정의는 미리 정의된 개념 목록에서 개념을 결합하고 미리 선별된 공리를 사용하는 명제들의 도출 결과이다. 이러한 도출 또는 연역은 끝부분margin(the *scholia*[주석])에서 실재적 정의(들)의 정식화로 이어진다. 일단 정의가 형성되면, 본질에 대한 통찰을 실재의 특성에 대한 통찰과 연결하는 새로운 명제가 제시될 수 있다. 이는 신에 대한 정의에 명확히 나타난다. 그 구축은 『윤리학』 1부의 정리9와 10에서 준비되어 정리10의 주석에서 신의 본질(『윤리학』 1부 정의6에서 잠정적으로 정의된)에 대한 사고 가능성/구축 가능성conceivability/constructability 정식화로 이어지기 때문이다. 이후 정리11부터 스피노자는 신의 본질적 특성, 우선 신의 필연적 실존을 연역하기 시작하는데, 동시에 이 연역은 사고된 실재things conceived가 **실재하는 실재**real thing임을 증명한다.[103] 유사한 절차가 정서의 기원과 본성에 관한 『윤리학』 3부에서도 발견된다. 정서에 대한 3부의 통찰은 정서의 '기원'을 실제로 실존하는 인간 심신 양태의 사고 가능한 변양으로 설명하면서 도출되는데, 이 심신 양태는 코나투스로서 필연적으로 신의 역량을 표현한다.[104]

---

103   De Dijn 1996, ch. 9.

104   [옮긴이] 원문은 다음과 같다. "These insights are derived from an explanation of the 'origin' of the affects as conceivable modifications of the really existing human mind-body mode, which as conatus necessarily expresses God's power." 정서는 '신체의 행위 역량을 증대시키거나 감소시키고, 촉진하거나 저해하는 신체의 변용인 동시에 이러한 변용에 대한 관념'이라고 정의된다(E3d3). 이는 인간 정서의 기원이 사유의 양태일 뿐만 아니라 연장의 양태이

공리가 정의만큼 방법의 중심에 있지 않다는 점은 놀라운 일이 아니다. 스피노자에게 **모든** 공리를 열거하거나 연역을 위해 필요한 **모든** 개념을 미리 열거하는 것이 중요하지 않았던 이유이다. 그의 철학이 설명되는 다양한 방식에서 공리가 정리가 되고, 그 반대가 되기도 하는 것도 같은 이유이다. 이는 또한 스피노자의 방법이 오늘날 정식화된 공리적 방법이 아님을 의미한다.[105]

· **관련 항목** : 렉스, 본질, 공통 통념

원문

More geometrico geometrico ordine demonstrata (⋯) *disposita*(PPC praef) ; *Methodus mathematicis disciplinis peculiaris* (⋯) *ordo mathematicus*(PPC praef) ; Ep2. *More mathematico scire*(Ep21). *Geometricae demonstrationes*(Ep56). *Mathematice demonstrare*(TTP 15, G III. 187). *Mos geometricus tractandi*(E3praef). *Prolixus geometricus ordo demonstrandi*(E4p18s).

Optima conclusio erit depromenda ab essentia aliqua particulari affirmativa, sive a vera et legitima definitione (⋯) *recta inveniendi via est ex data aliqua definitione cogitationes formare* (⋯) *Quare cardo totius hujus secundae Methodi partis in hoc solo versatur, nempe in conditionibus bonae definitionis cognoscendis* (⋯) *Definitio perfecta debebit intimam essentiam rei explicare* (⋯) *comprehendere causam proximam* (⋯) *omnes proprietates rei, dum sola spectatur*(TIE 94~96, G III. 34~96). *Omnis definitio, sive clara et distincta idea vera*(Ep4). *Definitio vel explicat rem, prout est extra intellectum et tum vera debet esse et a propositione vel axiomata non differre*(Ep9). *Veram rei definitionem nihil involvere, neque exprimere*

기도 한 '인간 심신 양태'에 있는 것이며, 그래서 정서는 인간에게 있을 수 있는 인간의 '사고 가능한 변양'임을 뜻한다. 코나투스로서 실존하는 인간은 필연적으로 신의 역량을 표현하는 신의 변용이다. 따라서 인간의 정서 또한 근본적으로는 이 역량의 표현이다. 스피노자가 『윤리학』 3부 서문에서 역설하는 것처럼, 정서는 '인간의 무능력과 불안정함'을 보여 줄지라도 '인간 본성의 악덕 탓'이 아니라 '자연의 공통적인 역량'에 기인하는 것이다. 이 책 4부 '정서', '코나투스', '포텐티아' 항목 참고.

105   De Dijn 1986, pp. 67~69.

praeter rei definitae naturam plus realitatis rei definitio exprimit (…) *Ex ipsius definitione vel essentia sequitur* (E1p16). *Rei alicujus existentia vel ex ipsius essentia seu definitione* (…) *sequitur* (E1p33s1). *Veram uniusquisque rei definitionem nihil involvere neque exprimere praeter rei definitae naturam* (E1p8s2).

Ab experientia simplicium faciunt axioma universale (TIE 23, G II. 12). *Axiomata intellectualia per se nota* (TTP 5, G III. 76). *Si homines ad naturam substantiae attenderent, minime de veritate 7 prop. dubitarent ; imo haec prop. omnibus axioma esset et inter notiones communes numeraretur* (E1p8s2). *Aliae quorundam axiomatum sive notionum causae dantur* (E2p40s1). *Postulatum seu axioma* (E3post1).

참고문헌

2차 문헌

De Dijn, H., 'Conceptions of Philosophical Method in Spinoza : *Logica and Mos Geometricus*', *Review of Metaphysics*, no. 3(1986), pp. 55~78.

De Dijn, H., *Spinoza. The Way to Wisdom*(West Lafayette, IN : Purdue University Press, 1996).

Garrett, A.V., *Meaning in Spinoza's Method*(Cambridge : Cambridge University Press, 2003).

Gueroult, M., *Spinoza I. Dieu*(Éthique I)(Paris : Aubier-Montaigne, 1968).

Steenbakkers, P. Spinoza's Ethica from Manuscript to Print : Studies on Text, Form and Related Topics(Assen : Van Gorcum, 1994).

질 들뢰즈, 박정태 옮김, 『들뢰즈가 만든 철학사 : 생성과 창조의 철학사』(이학사, 2007), 「4장. 스피노자, 그리고 마르시알 게루의 일반적 방법」.

질 들뢰즈, 현영종·권순모 옮김, 『스피노자와 표현 문제』(그린비, 2019).

— 헤르만 드 뎅

【ㄴ】

나투라Natura(자연/본성)

스피노자는 '나투라'와 그것에 상응하는 네덜란드어 '나튀르'natuur 및

‘아르트’aard라는 용어를 자주 사용하지만, 스피노자는 이 개념을 한 번도 정의한 적이 없다. 스피노자가 『소론』과 『윤리학』 1부에서 다룬 ‘나투라 나투란스’natura naturans(능산적 자연)와 ‘나투라 나투라타’natura naturata(소산적 자연)라는 스콜라철학의 개념쌍뿐만 아니라 이 개념의 전통적인 의미 역시 받아들인다는 것은 분명하다.

[본성으로서의 나투라] 나투라(본성)의 첫 번째 의미는 아주 고전적인 것으로 실재의 특성과 대비되는 실재의 본질을 나타낸다. 예컨대 신의 본성, 인간의 본성, 삼각형의 본성 등은 각각의 본질을 나타낸다. ‘본성’이라는 용어는 실재의 본질과 구조를 가리키면서도, 본질에 비해 논리적 함축이 적다는 이점이 있다. 본성은 더 한정된 방식으로 사용되기 때문에, 실재에 대한 과학적 접근과 관련된다.[106] 예컨대 기하학자는 삼각형의 본성과 그것의 특성을, 다시 말해서 어떤 도형이 삼각형이라는 사실을 고려할 때 어떻게 삼각형의 본성에서 어떤 특성들이 따라 나오는지, 또는 부정적인 방식으로 정식화한다면 어떻게 어떤 특성들이 어

---

106 원문은 다음과 같다. “Denoting a thing’s essence and fabric, an avantage of the term ‘nature’ in comparison with essence is that it has fewer logical connotations. Since it is used in a more definite way, it refers to a scientific approach to reality” 나투라 개념이 본질essentia(에센시아) 개념에 비해 ‘논리적 함축[내포]’logical connotations이 적다는 것은 에센시아 개념의 함축에는 에세esse, 엔스ens, 엑시스텐티아existentia, 실존 등의 스콜라철학 개념과 논리적으로 결부된 측면이 있지만 나투라 개념은 그렇지 않다는 의미라고 생각된다. 나투라라는 용어가 “더 한정된 방식으로 사용된다”라는 것도 에센시아 개념과 결부된 다양한 문제와의 관련성이 덜하다는 의미에서 상대적으로 더 명확히 규정된 방식으로 사용된다는 주장으로 보인다. 나투라의 내포는 이러한 문제와 관련성이 적지만 나투라의 외연은 여전히 ‘실재의 본질과 구조fabric’를 가리키므로, 저자는 나투라가 ‘실재에 대한 과학적 접근’과 관련하여 사용되었다고 주장하는 듯하다. 본문 이하의 예에 나오는 것처럼 이를테면 기하학자는 삼각형의 나투라(본성)를 다룬다. 에센시아와 에세, 엔스, 엑시스텐티아 개념 등의 관련성에 대해서는 이 책 4부 용어 해설 항목의 ‘본질’, ‘에세’, ‘엔스’, ‘실존’ 항목 참고.

떤 실재에 있는 것이 불가능한지를 연구한다. 그러한 탐구는 대상에 대한 냉정한 태도('비웃거나 슬퍼하거나 저주하지' 않는)뿐만 아니라 목적인에 대한 거부도 함축한다. 대상의 본성과 특성에 대한 검토는 그것의 목적이나 이상적 본질에 대한 숙고와 대비된다. 목적이나 이상적 본질이라는 미명하에 어떤 것은 자신의 목적을 이루지 못한 것으로 매도되고, 이는 그것을 악덕이나 죄로 만든다. 『윤리학』과 스피노자의 서신은 종종 이러한 의미의 '나투라'를 대문자로 쓴다.

[자연으로서의 나투라] 두 번째 의미도 첫 번째 의미처럼 고전적인데, 실존하는 모든 실재들 전체를 의미한다.[107] 이 전체는 내부의 법칙에 의해 지배된다. 우리는 인간의 필요에 따라 자연을 인도하기 위해 외부의 권능('자연의 지배자')이 필요하다고 상상해서는 안 된다. 이러한 법칙 전체는 전통적으로 신이라 불린 원리principle를 가질 수 있을지 모르나(이로 인해 '신 즉 자연'이라는 표현의 등장이 정당화된다), 삼각형이 그것의 어떤 특성과 동일시되어서는 안 되는 것처럼, 그것은 자연의 어떠한 부분과도 동일시되어서는 안 될 것이다. 스피노자는 '나투라 나투란스'(신-실체와 속성)와 '나투라 나투라타'(실재들) 간의 스콜라철학적 구별을 사용하여 자신의 목적에 따라 그 차이[자연 전체와 그 부분의 차이]를 표시한다.

스피노자 사상의 독창성은 신을 자연으로 환원한 것에 있는 것이 아니라 자연의 법칙이 보편적이고 불변하는 것이라고 주장한다는 데 있다. 자연의 질서를 위반하는 기적이 존재할 수 없는 것은 이러한 불변성 constancy 때문이다. 인간이 자연의 법칙에서 벗어날 수 없는 '자연의 일부'인 것도 이러한 보편성 때문이다. 인간 본성에 적용되는 특정한 법칙

---

107   나투라 레룸natura rerum 또한 이러한 의미로도 사용된다.

은 연장과 사유의 일반 법칙이 특수한 영역에 적용된 것에 지나지 않는다. 인간 본성에 적용되는 특정한 법칙 또한 불변성과 통일성이 그 특징인 것은 이러한 이유 때문이다. 심리학적 수준에서 말하자면, 정념은 악덕이 아니라 단지 자연법칙이 인간 본성에 필연적으로 적용된 것일 뿐이다. 그래서 정념을 무시하는 이들은 훨씬 심각한 정념의 희생양이 된다. 정치적 수준에서, 사회계약은 이러한 인간 본성의 필연적 법칙을 폐지하지 않는다. 이것이 그 법칙을 감안하는 제도institution를 만들어야 할 이유이다. 결국 인간들 간에 근본적인 차이는 존재하지 않으며, 국가 간에도("자연은 민족을 창조하지 않는다")[108] 개인들 간에도(귀족들도 그들이 멸시하는 다중들과 동일한 감정적 삶을 살아간다) 그렇다.

이러한 상황에서 '초자연적'super natural이라는 단어를 사용하면서 우리의 자연적 인식과 다른 범주의 인식이 실존한다고 인정하는 것은 가능

---

108 [옮긴이] 원문은 다음과 같다. "nature does not create peoples." 민족은 자연적으로 만들어지는 것이 아니라는 이 정식은 『신학정치론』 3장 16절(G III. 47 ; C II. 114), 17장 93절(G III. 217 ; C II. 317), '인간은 정치적인 존재로 태어나지 않고 만들어'진다는 『정치론』 5장 2절(공진성 135)의 논의를 토대로 이 항목의 저자 모로가 정식화한 것이다. "자연이 민족을 창조하지 않는다는 것은 민족이나 국가가 인공적인 실재임을 뜻하지 않는다. 그 문맥으로 돌아가면, 이 정식화는 국가 고유의 특성이 국가를 합성하는 개인에 뿌리를 두고 있을 가능성 배제를 목표로 한다. 개인은 자연[본성]적으로naturellement 국가의 구성원이 아니며 자연적으로 어떤 민족 또는 특정 민족에게서만 발견되는 성격을 갖고 있지 않다. 마찬가지로 "인간은 시민으로 태어나는 것이 아니라 시민이 된다"[TP 5.2]와 같은 정식도 도시가 인공물이라는 의미가 아니라 개인이 국가에 적응하는 것이 자동적으로 일어나는 일이 아님을 뜻한다. 이는 도시 자체의 구조의 효과이다. 더욱이 이 공식은 '시빌레 세우 후마니'civiles seu humani(문명적인 또는 인간적인, TP 10.4)이라는 등식 같은 다른 정식에 의해 대체로 상쇄된다. 어떤 식으로든 인간은 사회적 존재로 태어난다. 그렇지 않으면 인간은 결코 사회적 존재가 될 수 없을 것이다. 그러나 인간의 물리적 구조에는(그리고 그에 상응하는 관념에는) 그들을 다른 국가가 아닌 한 국가의 시민으로 만드는 요소가 없다. 인간의 본성은 하나이자 동일하다." Pierre-François Moreau, *Spinoza-L'expérience et l'éternité*, Presses Universitaires de France, 1994, p. 446.

하지 않다. 자연은 어떠한 것도 배제하지 않는다. 그러나 우리는 자연의 질서를 이해하거나 이해하지 못할 뿐이다. 초자연적인 것은 단지 "요구되는 순서대로"debito ordine[109] 파악되지 않은 자연에 불과하다. 예언적 지식은 우리가 지각하고 있지만 (아직) 이해하지 못한 현상(예컨대 신체와 상상력이 일으키는 효과)에 의해 산출된다는 의미에서 초자연적이다. 그 결과 우리는 이러한 현상을 자연 바깥에 실존하는 것이라고 믿게 된다.

모든 실재가 자연의 법칙을 따른다면, 어떻게 도덕성을 근거 지을 수 있는가? 이성은 나투라에 반하는 것을 요구하지 않으며, 오히려 똑같이 자연적인 여러 행위 가운데 신체의 더 나은 균형equilibrium, 타인과의 더 나은 관계, 외부 세계와의 더 다채로운 관계를 가능하게 하는 선택을 허용한다. 이러한 목표에 이르려면, 상상적 목표가 아니라 우리가 획득할 수 있는 인간의 자연적 역량과 그 법칙에 대한 최선의 인식을 바탕으로 인간 본성의 모범을 세워야 한다.

· **관련 항목** : 능산적 자연, 본질, 예언, 기적

원문

In de natuur geen scheppen, maar alleen genereeren (⋯) door haar natuur oneijndelijk (KV 1.2). In de natuur geen zaak en is, van de welke men niet kan vraagen waarom datze is (KV 1.3). Dingen door eigen aard en natuur vergankelijk (KV 2.14). De natuur word gekend door zig zelfs en niet door eenig ander ding. Zy bestaat van oneyndige eigenschappen, een

---

109 [옮긴이] 『지성교정론』 44절에 나오는 표현이다. "만일 누군가가 자연에 대한 탐구에서 어떤 운명에 의해 이렇게 진행해 왔다면, 즉 주어진 참된 관념의 규준에 따라 다른 관념들을 요구되는 순서대로 획득하면서 진행해 왔다면, 그는 자신이 가졌을 진리에 대해 결코 의심하지 않았을 것이며(우리가 이미 보여 주었듯이, 진리는 스스로 명백하게 드러나기 때문에), 그뿐만 아니라 모든 것이 그에게 저절로 흘러들어 왔을 것이다"(김은주 53).

ieder van de zelve oneyndig(KV apph2p4c). *Bonum sua natura incertum*(TIE 6, G II. 7).
Cognitio unionis, quam mens cum tota natura habet (⋯) *Nihil enim in sua natura spectatum*
perfectum dicetur(TIE 12, G II. 8). *In natura nihil possit dari quod ejus leges oppugnet*(TIE
a, G II. 23). *Si ad analogiam totius naturae attendimus, ipsam ut unum ens considerare*
possumus(CM 2.7). *Si homines clare totum ordinem naturae intelligerent omnia aeque*
necessaria reperirent, ac omnia illa quae in Mathesi tractantur(CM 2.9). *Deum a natura non*
ita separem, ut omnes quorum apud me est notitia, fecerunt(Ep6). *Sua natura, sive vi suae*
definitionis infinitum (⋯) *unica substantia ejusdem natura existit* (Ep12). *Partem naturae*
cum suo toto convenire(Ep32). *Vulgus ad rara et a sua natura aliena anhelans*(TTP 1, G III.
15). *Certum est omnia, quae in natura sunt, Dei conceptum* (⋯) *exprimere*(TTP 4, G III.
60). *Vulgi de natura et miraculis opiniones*(TTP 6, G III. 82). *Universalis historia naturae*
solius philosophiae fundamentum est(TTP 15, G III. 185). *Ex sola sua natura existere* (E1d7).
Id cujus natura involvit existentiam(E1p25). *Ostendam naturam finem nullum sibi*
praefixum habere (⋯) *rectores naturae*(E1app). *Naturam sub attributo extensionis sive sub*
attributo cognitionis concipiamus unum eundumque ordinem reperiamus(E2p7s). *Totam*
naturam unum esse individuum(E2lem7s). *Nihil in natura evenit, quod ipsius vitio possit*
tribuit(E3praef). *Leges naturae corporis*(E3p2s). *Ex natura aliquid appetere*(E3p31s). *Ipsam*
naturam tum deficisse vel peccavisse credunt (⋯) *Deum seu naturam appellamus* (⋯) *Deus seu*
natura agit(E4praef). *Dei seu naturae potentia*(E4p2s). *Ratio nihil contra naturam*(E4p18s).
Homines in natura veluti imperium in imperio concipiunt(TP 2.6).

참고문헌

2차 문헌

Collins, J., *Spinoza on Nature*(Carbondale and Edwardsville : Southern Illinois University
    Press, 1984).

Espinosa Rubio, L., *Spinoza, Naturaleza y Ecosistema*(Salamanca : Publicaciones Universidad
    Pontificia de Salamanca, 1995).

Yovel, Y. (ed.), *God and Nature. Spinoza's Metaphysics. Papers Presented at the First Jerusalem*
    Conference(*Ethica I*)(Leiden : Brill, 1991).

— 피에르-프랑수아 모로

내재적 원인causa immanens → 코나투스를 보라.

노력 → 코나투스를 보라.

능동 → 악티오를 보라.

능산적 자연Natura naturans(나투라 나투란스)

스피노자의 저작에서 '나투라 나투란스'natura naturans(능산적 자연)와 '나투라 나투라타'natura naturata(소산적 자연)라는 스콜라철학의 개념쌍이 등장하는 일은 많지 않지만, 스피노자는 (적어도 1660년과 1663년 사이에는)[110] 사실상 자신의 체계에서 한편의 실체 및 속성과 다른 한편의 그것에 종속되는 양태가 근본적으로 구별됨을 나타내기 위해 이 개념을 채택했다.

『소론』에서 스피노자는 능산적 자연을 실체들(이 초기 저작은 여전히 '젤프스탄디헤이던'selfstandigheden [zelfstandigheden, 실체들]을 인정했다)과 '그 자체를 통해 명료하고 뚜렷하게' 인식되는 모든 속성들, 그리고 신과 동일시한다. 그는 신을 실체라고 부르기를 거부했다는 이유로 후기 스콜라 학설('토마스주의자들')을 비판한다. 소산적 자연에는 양태들 내지 피조물들이 포함되며, 두 가지 종류, 즉 보편적인 것과 특수한 것으로 더 나뉜다(이상 KV 1.8 ; C I. 91). 보편적인 소산적 자연은 신에게 직접 의존하는 양태들, 즉 물질 속성 안에 있는 운동과 사유 속성 안에 있는 지성으로 이루어져 있다. 이 양태들은 영원하고 불멸하며 '실로 제작자의 위대함만큼 위대한 작품'이다. 그리고 스피노자는 그것들에 그리스도의 술어인 '아들'이라는 이름을 붙인다. 하지만 그것들은 "그것들 자신을 통해

---

110   Steenbakkers 2003.

서는 실존할 수도 없고 이해될 수도 없다"(이상 KV 1.9 ; C I. 91~2). 보편적인 소산적 자연이라는 관념은 「형이상학적 사유」에서 다시 등장한다. "우리는 자연을 하나의 존재자로, 결과적으로 하나의 관념 또는 신의 명령에 근거한 것으로 간주할 것이다"(CM 2.7). 그러나 『소론』에서 특수한 소산적 자연은 다루어지지 않는다. 『윤리학』에서 능산적 자연과 소산적 자연에 대한 정의는, 단지 실체는 "자신 안에 있고 자신에 의해 인식되는 것"이며 속성은 "[신의] 영원하고 무한한 본질을 표현"하는 것이고 양태는 "신의 본성의 필연성으로부터 따라 나오는 (…) 모든 것"이라는, 실체, 속성, 양태에 대한 새로운 정의에 맞추어져 있을 뿐이다 (E1p29s).[111]

17세기의 이 한 쌍의 개념이 지닌 스콜라철학적 기원은 분명했다. 이 표현들에서 두 분사는 모두 라틴어 동사 '나투라레'naturare에서 파생된 것인데,[112] 이는 고전 라틴어가 아닌 스콜라 라틴어에 기원이 있음

111　[옮긴이] '정의'로 제시되지는 않지만, 초기 저작의 보편적 소산적 자연과 특수한 소산적 자연에 관한 논의는 『윤리학』의 무한 양태에 관한 정리(E1p21~23)로 이어진다. 무한 양태는 '신의 어떤 속성의 절대적 본성absoluta natura alicuius attributi Dei으로부터' 필연적으로 따라 나오는 능산적 자연의 첫 번째 산물이다. 스피노자는 무한 양태를 다시 신의 어떤 속성의 절대적 본성으로부터 직접 따라 나오는 '직접적 무한 양태'와 그것을 매개로 하여 따라 나오는 '매개적 무한 양태'로 구분한다. 스피노자는 그 사례를 제시해 달라는 치른하우스와 슐러의 질문에 연장의 직접적 무한 양태의 예로 '운동과 정지'motus & quies를 제시하고 사유의 직접적 무한 양태의 예로는 '절대적으로 무한한 지성'intellectus absolute infinitus이 있다고 답한다 (Ep63~64). 유한 양태는 '신의 본성이 일정하고 규정된 방식으로 표현되는'(E1p25sc) 것들로서 '이 첫 번째 것들을 매개로 하여' 따라 나온다(E1p28s).

112　[옮긴이] 'natura naturans'와 'natura naturata'에서 'naturans'와 'naturata'를 말한다. 각각 'naturare'의 현재분사와 과거분사이다. 'naturare'는 'natura'[나투라, 자연]의 산출 활동을 표현하기 위해 만든 라틴어 신조어neologism이다. 아래에서 저자는 'naturare'가 13세기에 아베로이스의 주해서들을 번역하면서 도입되었고, 이후 몇몇 철학자들에 의해 사용되었지만, 이 단어의 사용은 그리 흔한 일은 아니었다고 지적한다(영미권에서는 널리 쓰이는 라틴어 사전에는 'naturare'가 등재되어 있지 않다). 영어나 프랑스어에도 'naturing'과 'natured', 'naturante'

이 분명하다.[113] 이 동사는 '발생시키다'generate, '낳다'bring forth, '산출하다'produce라는 뜻이며, 아베로이스의 주석을 번역하는 과정에서 13세기 라틴어에 도입된 것으로 보인다. 인문주의자들은 중세의 조잡한 라틴어medieval barbarism를 비난했지만, 이 용어는 후기 스콜라철학 저작(아리스토텔레스 『자연학』에 대한 코임브라의 주석,[114] 헤이레보르트의 저서[115])뿐만 아니라 브루노, 베이컨, 요하네스 클라우베르크Johannes Clauberg(1622~1665) 같은 '근대' 철학자들의 저작에서도 사용되었다. 또한 이 용어는 사전들에도 등장한다.[116] 이 개념의 등장이 흔한 일은 아니었지만(수아레즈나 뷔르헤르스데이크 같은 석학들의 저작에는 나오지 않는다), 다른 한편으로는 지속적으로 등장했다. 클라우베르크는 이런 '조잡한 용어'barbaric terms가 실제로 필요한 것은 아니라고 말한다. 왜냐하면

와 'naturée' 같은 분사형을 만들 수 있는 동사는 없지만, 출발어의 사정에 맞추어 각각 'naturing Nature/natured Nature'와 'Nature naturante/nature naturée'라고 번역하기도 한다. 이를 고려한다면, 우리말 번역어로 각각 '자연하는 자연'과 '자연된 자연'도 괜찮을 것 같다. 그러나 이미 '능산적 자연'과 '소산적 자연'이라는 번역이 널리 사용되고 있어 이를 따랐다. 주지된 바와 같이 일본에서 유입된 이 도착어는 뜻을 살린 번역이다. Charles Ramond, *Dictionnaire Spinoza*, Paris : Ellipses, 2007의 'Nature naturante, nature naturée' 항목 ; P. G. W. Glare(ed.), *Oxford Latin Dictionary*, Oxford University Press, 1968 참고.

113　[옮긴이] '고전 라틴어'latina classica는 보통 기원전 1세기에서 기원후 1~2세기에 사용되던 고대 로마의 라틴어를 말한다. '스콜라 라틴어'latina scholastica는 중세 가톨릭교회의 의례, 문서, 스콜라 철학자들의 저술 등에 많이 사용되던 라틴어로 '교회 라틴어'라고도 불린다. 보통 기독교가 공인된 기원후 4세기경에 시작되어 르네상스 시작 이전인 13세기 정도까지 사용되던 라틴어를 일컫는다.

114　[옮긴이] 1592년과 1606년 사이에 포르투칼의 코임브라Coimbra와 리스본Lisbon에 있는 출판사들에서 간행된 아리스토텔레스에 관한 주석서 8권을 말하는 것으로 'Conimbricenses' 또는 'Coimbra Course'(Cursus Conimbricensis)라고도 불린다. 이에 대해서는 아래 사이트 참고. http://www.conimbricenses.org/encyclopedia/cursus-conimbricensis/.

115　Heereboord, *Collegium physicum*, in Meletemata.

116　Goclenius, *Lexicon philosophicum* ; Micraelius, *Lexicon philosophicum* ; Chauvin, *Lexicon philosophicum*.

신과 피조물의 관계는 다른 말들로 기술될 수 있기 때문이다.[117]

대다수의 주석가들에 따르면, 자연 자체는 일차적으로 하나의 활동, 즉 생성 활동과 다름없는 것이었다. 이는 '나투라'natura(자연)와 '나스키'nasci(일어나다, 발생하다, 나오다)의 어원적 연결에 의해 설명된다. 그러한 활동은 발생 원리와 그 결과 둘 다를 함축하는 것으로 보인다. 쇼뱅에 따르면, '나투라'natura(자연/본성)는 아주 광범위하고 애매한 개념으로, 그는 자그마치 일곱 가지 의미를 열거한다.[118] 쇼뱅은 나투라가 만물의 생성 원리 곧 신적인 정신Mens Divina, Divine mind을 가리키는 데 사용될 수 있는데, 세네카는 이를 '만물의 제작자'라고 불렀다고 말한다. 키케로와 아우구스티누스는 둘 다 이러한 의미의 나투라를 신이라고 말한다.[119] 그러나 나투라는 또한 모든 피조물 전체, 곧 제일 원리에 직접 의존하는 모든 실재이기도 하다. 보다 구체적으로 나투라는 창조주의 법칙에 따라 자연 안에서 작용하는 모든 원인을 가리키는 데 사용될 수 있다. 마지막으로 나투라는 실재의 본질이다. 그러나 어떤 실재의 나투라는 그 실재의 존재 원리, 즉 본질이 아니라 그것의 활동 원리이다. 다른 개념쌍보다 더 나투라 나투란스와 나투라 나투라타는 우주의 역동적 구조를 분명하게 만든다. 분명 스콜라적 유산의 이런 부분이 스피노자의 마음에 들었

---

117   Clauberg, *Paraphrasis in R. Des Cartes Meditationes*, p. 327.

118   Chauvin, *Lexicon philosophicum*. [옮긴이] 이하 내용은 이 사전의 '나투라' 항목에 제시된 일곱 가지 의미 중 처음 세 가지 의미의 요약이다.

119   [옮긴이] 쇼뱅은 키케로와 아우구스티누스뿐만 아니라 루크레티우스의 『사물의 본성에 관하여』 제1권에 나오는 다음 구절도 전거로 제시한다(위의 책, 'natura' 항목 참고). "또한, 만일 창조자인 자연Natura creatrix 이 사물들 전체를 극소의 부분들로 분해되도록 강제해 버릇했다면, 같은 자연은 그것들로부터 아무것도 다시 준비할 수 없었을 것이다." 루크레티우스, 강대진 옮김, 『사물의 본성에 관하여』, 아카넷, 2012, 71쪽.

을 것이다.

· **관련 항목** : 나투라, 운동, 신, 신의 지성과 의지, 무한

원문

Kortelijk geheel de natuur te schiften—te weten in 'Natura naturans' en 'Natura naturata'; door de 'natura naturans' verstaan wij een wezen dat wij (door zig zelfs ⋯) klaar ende onderscheidelijk begrijpen het welk God is. Gelijk ook de Thomisten (⋯) De 'natura naturata' zullen wij in twee verdelen, in een algemene en in een bezondere. De algemene bestaat in alle die wijzen die van God onmiddelijk afhangen. De bezondere bestaat in alle die besondere dingen, de welke van de algemene wijze veroorsaakt werden. Soo dat de naturata naturata om wel begrepen te worden eenige selfstandigheden van noden heeft(KV 1.8, KV1.9). *Dei idea sive decretum de natura naturata*(CM 2.7). *Tota natura naturata non sit nisi unicum ens*(CM 2.9). *Intellectum quamvis infinitum ad naturam naturatam pertinere*(Ep9). *Per naturam naturantem nobis intelligandum est id quod in se est et per se concipitur sive talia substantiae attributa* (⋯) *hoc est Deus quatenus ut causa libera consideratur. Per naturatam id omne quod ex necessitate Dei naturae sive uniuscujusque attributorum sequitur, hoc est omnes Dei attributorum modos*(E1p29s, E1p31).

참고문헌

1차 문헌

Clauberg, J., *Paraphrasis in R. Des Cartes Meditationes*(Duisburg, 1658).
Heereboord, A., *Collegium physicum, in Meletemata*.

2차 문헌

Giancotti, E., 'On the Problem of Infinite Modes', in Y. Yovel(ed.), *God and Nature, Spinoza's Metaphysics, Papers Presented at the First Jerusalem Conference(Ethica I)*(Leiden : Brill, 1991), pp. 97~118.
Gueroult, M., *Spinoza I. Dieu(Éthique I)*Hildesheim : Olms, 1968).
Robinson, L., *Kommentar zu Spinozas Ethik*(Leipzig : Meiner, 1928).
Steenbakkers, P., 'Spinoza over *natura naturans en natura naturata*', in G. Coppens(ed.), *Spinoza en de scholastiek*(Leuven : Acco, 2003), pp. 35~52.

Weijers, O., 'Contribution à l'histoire des termes *natura naturans et natura naturata* jusqu'à Spinoza', *Vivarium*, no. 16(1978), pp. 70~80.

Yovel, Y., 'The Infinite Modes and Natural Laws in Spinoza', in Y. Yovel(ed.), *God and Nature, Spinoza's Metaphysics, Papers Presented at the First Jerusalem Conference(Ethica I)* (Leiden : Brill, 1991), pp. 79~96.

— 헨리 크롭

【ㄷ】

덕/실력Virtus(비르투스)

스피노자의 비르투스라는 용어 사용 방식에는 전통적인 윤리 관련 어휘가 17세기의 철학적 성찰 속에서 전유되며 변화한 양상이 반영되어 있다. 예컨대 쇼뱅에 따르면 덕은 다의적이다.[120] 넓은 의미의 덕은 자연적인 것이든 초자연적인 것이든 선천적인 것이든 획득된 것이든 간에 모든 실재의 역량이나 완전성을 의미한다. 보다 엄격한 의미의 덕은 아리스토텔레스의 습관 개념을 나타내는데, 이는 그 습관에 해당하는 활동으로 인간을 완전하게 만드는 것이다.

간혹 스피노자는 덕이라는 용어를 넓은 의미의 '역량'이라는 뜻으로 사용한다.[121] 그러나 대체로 그의 주요 저술들에서 이 용어는 역량이라

---

120 Chauvin, *Lexicon philosophicum*.

121 『신학정치론』의 '예언의 덕'virtus ad prophetandum(TTP 11.12 ; G III. 155)이나 「형이상학적 사유」의 [신의] 덕은 무한하기 때문에'cum sit infinitae virtutis라는 표현이 그러하다(CM 2.10). 「형이상학적 사유」에서 스피노자는 신을 '무한한 덕'을 가진 존재자라고 다섯 번 말한다.

는 뜻뿐만 아니라 인간 본성에 대한 스피노자의 체계적인 설명에 비추어 재해석된 전통적인 도덕적 덕이라는 뜻도 함축하고 있다.

스피노자는 고대인들(특히 아리스토텔레스와 스토아학파)로부터 힘과 역량이라는 요소를 개체가 그 종에 속한 뛰어난 모범임을 보여 주는 [그 종의] 특징적 탁월함characteristic excellences 관념과 결합한 복합적인 덕 개념을 물려받았다. 스피노자는 상이한 자연적인 종種 자체에는 큰 관심이 없었는데, 이는 그가 모든 실재가 본성적으로 존재 안에 존속하기 위한 동일하고 본질적인 코나투스적 노력에 의해 규정된다고 주장하기 때문이다. 그러나 종들 간에, 그리고 개체들 간에 인정되어야만 하는 차이가 있다. 『윤리학』 4부의 비르투스 정의는 덕과 역량을 그것들이 인간 본질 또는 인간의 본성과 관련되는 한에서 동일시함으로써 이 복잡한 상황을 제대로 다루려고 시도한다.[122] 이 정의는 4부 시작 부분에 있는데, 비

---

122 [옮긴이] 『편람』 원문은 다음과 같다. "The definition of virtus in *Ethics* 4 seeks to do justice to the complexity of the situation by identifying virtue and power, in so far as both are related to man's essence, or the nature of man." 이 구절에 언급된 덕에 대한 정의는 이것이다. "나는 덕[실력]과 역량을 같은 것으로 이해한다. 곧 (3부 정리7에 의해) 덕은 인간과 관련되는 한에서 인간의 본질 자체 또는 본성인데, 이는 인간이 그의 본성의 법칙들만으로 이해될 수 있는 어떤 결과들을 생산할 수 있는 능력을 갖고 있는 한에서 그렇다"Per virtutem, & potentiam idem intelligo, hoc est (per Prop. 7. p. 3) virtus, quatenus ad hominem refertur, est ipsa hominis essentia, seu natura, quatenus potestatem habet, quaedam efficiendi, quae per solas ipsius natuae leges possunt intelligi(E4d8). 저자는 스피노자의 덕 개념과 그의 본질 이론 사이에 어떤 철학적 긴장이 존재한다고 주장하는 것으로 보인다. 스피노자가 고대인들에게서 물려받은 복합적인 덕 개념은 모든 종에 존재하는 고유한 탁월함arete 관념과 이를 구현하는 정도로 드러나는 개체의 힘 관념을 결합한다는 점에서 그 이면에는 '종적 본질 개념'이 작동하고 있지만, 그의 본질 이론은 종과 무관하게 모든 개체의 본질을 '자신의 존재 안에서 존속하려고 하는 노력conatus'으로 단일하게 규정하기 때문이다. 그래서 저자에 의하면, 스피노자는 『윤리학』 4부 정의8에서 "이 복잡한 상황을 제대로 다루려고 시도한다"seeks to do justice to the complexity of the situation[마땅히 다루어야 할 문제를 다룬다는 함축이 있다]. 스피노자는 문제의 정의에서 먼저 포괄적으로 '덕'[실력]virtus과 '역량'potentia은 같은 것이라고 규정하고, 이

르투스라는 용어는 『윤리학』의 나머지 부분에서 서른 번 이상 사용된다.

덕은 우리 본성의 법칙으로부터 활동하는 것과 다른 것이 아니고, 코나투스 원리는 우리 본성의 가장 근본적인 법칙이므로, 존재 안에서 존속하기 위한 노력[코나투스]이 덕의 기초라는 결론이 따라 나온다

는 이를테면 인간의 덕은 '그의 본성의 법칙들만으로solas 이해될 수 있는 어떤 결과들을 생산할 수 있는 능력을 갖고 있는 한에서quatenus' 인간의 본질 자체 또는 본성이라고 규정함으로써, 덕과 동일시되는 역량과 본질/본성을 구체화한다. 이 정의에 나타난 '덕=역량=~한에서의 본질/본성'의 동일시는 그것이 명시적으로 언급하는 '코나투스' 이론(E3p7d. E1p36 ; E2d2도 참고)과 암묵적으로 전제하는 '(부)적합한 원인' 및 '능동/수동' 이론(E3d1~2)을 배경으로 한다. 전자는 모든 실재의 현행적 본질을 '자신의 존재 안에서 존속하려고 하는 역량 또는 노력'potentia, sive conatus(E3p7d)으로 규정하며, 후자는 적합한 원인을 '그 결과가 원인 자신에 의해 명료하고 뚜렷하게 지각되는' 원인으로 제시하고(E3d1), 우리 안팎에서 우리의 본성만으로 명료하고 뚜렷하게 인식될 수 있는 것이 따라 나올 때 '우리는 능동적nos agere(활동한다)'이라고 규정한다. 결국 4부 정의8은 인간의 덕을 적합한 원인으로서의 역량을 지니고 있는 한에서의 인간 본성 자체라고 정의한 것이다. 인간의 본질은 역량과 다른 것이 아니므로, 인간의 덕은 인간 본성이 적합한 원인이 되는 결과의 산출 역량이라고 할 수 있다. 이 정의의 두 번째 부분은 4부의 이론적 목표에 따라 '인간과 관련되는 한에서'quatenus ad hominem refertur 인간의 덕을 규정하는 방식으로 서술되어 있다. 그러나 '인간'의 자리에 다른 실재를 넣는다면, 그 규정은 그 실재의 덕에 대한 규정이 된다. 즉 덕은 다음과 같이 포괄적으로 정의될 수 있다. "모든 x에 대하여, x가 자기 본성의 법칙들만으로 이해될 수 있는 어떤 결과 e를 산출할 능력을 가질 때, 그리고 오직 그럴 때에만 x의 덕은 곧 x의 본질이다." 개체의 현행적이고 관계적인 본질 이론(E2p13s 이하 「자연학 소론」)을 따른다면, 유와 종은 개체의 그러한 본성에서 따라 나오는 개체들 간 본성의 산술적 평균과 편차(유사성과 차이)로 이해되어야 한다. 즉 이 범주는 개체의 본질을 설명하는 '원인'이 아니라 개체의 관계적 본질에서 따라 나오는 '결과'이다. 그의 본질 이론은 보편자인 '종'보다 특수한 '개체'를 더 근본적인 것으로 보는 '유명론적 사고' 또는 '개체군 사고'population thinking를 선명하게 보여주며, 덕 이론 또한 이후 4부에서 종적 차이에 따른 고유한 기능ergon과 목적telos과 무관하게 개체의 관계적 본성 밀접한 연관이 있는 것으로 드러난다. 그러나 저자의 말처럼 만일 스피노자가 모든 종에 고유한 탁월함과 이를 구현하는 개체들의 힘이라는 고대의 덕arete 개념을 물려받았고 "종들 간에 그리고 개체들 간에는 인정되어야만 하는 차이 있다"there are differences among species and among individuals that must be acknowledged면(저자는 E1p8s2, E1p17s, E1p24d, TP 2.2 등에 나타나는 본질 이론을 염두에 두고 한 말일 것이다), 이는 상술한 조건하에서만 성립한다는 것이 우리의 생각이다. 스피노자의 현행적(개체적) 본질 개념에 대해서는 이 책 4부 '본질' 항목 참고.

(E4p18s). 아리스토텔레스 『니코마코스 윤리학』의 초반부 논변을 연상시키는 구절에서 스피노자는 궁극적인 목적인 덕은 그 자체를 위해 추구되는 것이라고 설명한다.[123]

악티오actio(활동, 능동)와 이데아 아다이콰타idea adaequata(적합한 관념)라는 용어에 대한 스피노자의 전문적 이해 방식(E3d1~2)은 적합한 관념을 가지고 있기 때문에 어떤 것을 하도록 규정될 때에만 비로소 덕으로부터 활동한다고 (또는 참으로 조금이라도 **활동**한다고) 말할 수 있다는 결론으로 이어진다.[124] 그런데 스피노자에게 이성은 적합한 관념과 관련하여 이해되므로 덕은 다시 이성과의 전통적 연관을 회복하는데, 이는 다만 스피노자 특유의 방식으로 이성과 자신의 유익을 추구하는 것을 동일시함으로써 그렇게 된다(E4p24). 참된 인식은 신에 대한 인식에 근거하므로, "정신의 지고한 덕"은 신에 대한 인식이다(E4p28).[125]

---

123 [옮긴이] 아리스토텔레스, 『니코마코스 윤리학』, 제1권 7장, 1097a24~1097b22. "우리는 그 자체로 추구되는 것이 다른 것 때문에 추구되는 것보다 더 완전하다고 말하며, 다른 것 때문에 선택되지는 않는 것이 그 자체로도 선택되고 그것[다른 것] 때문에도 선택되는 것보다 더 완전하다고 말한다. 따라서 언제나 그 자체로 선택될 뿐 결코 다른 것 때문에 선택되는 일이 없는 것을 단적으로haplōs 완전한 것이라고 말한다. 그런데 무엇보다도 행복이 이렇게 단적으로 완전한 것처럼 보인다. 우리는 행복을 언제나 그 자체 때문에 선택하지, 결코 다른 것 때문에 선택하지는 않기 때문이다"(아리스토텔레스, 이창우·김재홍·강상진 옮김, 『니코마코스 윤리학』, 이제이북스, 2006, 27쪽) ; "둘째, 덕을 그 자체로 추구해야 하며, 덕보다 더 가치 있거나 또는 우리에게 유익해서 우리가 그것을 그 자체로 추구해야 마땅한 그런 것은 존재하지 않는다"(E4p18s).

124 [옮긴이] 괄호 부분의 원문은 "or indeed to *act* at all"이다. 적합한 관념에 의해 어떤 활동을 할 때에만 덕으로부터 활동한다고 할 수 있다는 것을 강조하여, 한 걸음 더 나아가 그 조건이 충족되어야만 애초에 활동이라는 것 자체를 한다고 말할 수 있다는 의미이다. 즉 스피노자의 악티오와 이데아 아다이콰타의 정의에 따르면, '덕으로부터 활동하는 것'에 실패하는 것은 부덕한 활동을 한다거나 질적으로 낮은 활동을 하는 게 아니라, 애초에 '활동'의 범주에조차 들지 못하는 '활동을 겪는/수동적인 상태'에 불과하다는 것이다.

125 [옮긴이] "우리에게서 덕에 따라 절대적으로 행위한다는 것은 이성의 인도에 따라 행위하고

사람들은 이성에 따라 살아가는 한 서로 일치한다(E4p35). 또한 신에 대한 인식은 합이 0이 되는 선zero-sum good이 아니므로,[126] 덕을 사랑하는 모든 이들과 함께 똑같이 공유될 수 있다(E4p36). '덕을 따르는 이들'이라는 표현이 거듭 사용되는데, 이는 다소 의외의 표현법이다. 왜냐하면 당연히 모든 이들이 존속하기 위해 노력하고 모든 이들은 이를 위한 역량(덕)을 추구하기 때문이다. 아마도 스피노자의 저 표현은 덕에 대한 이성의 중심적 역할을 올바로 이해하는 이들과 이성의 인도 아래에서 '덕을 따르는' 이들을 가리키는 표현일 것이다.

『윤리학』 4부 끝부분에서 스피노자는 전통적으로 덕이라고 평가되어 온 특정한 감정이나 성격 특성의 윤리적 지위에 대해 명시적으로 고찰한다. 역량을 잣대 삼아 그는 동정심, 후회, 겸손은 덕의 자격이 없다고 단언한다. 4부를 마무리하는 "자유로운 사람"에 대한 묘사(E4p67~73)는 덕자체에 대해 많은 것을 말하지는 않지만 진정으로 덕 있는 사람에 대한 설명으로 읽을 수 있다. 종국에는 지복beatitudo 자체가 신에 대한 능동적 인식과 동일시되고, 따라서 덕과 동일시된다. 그래서 『윤리학』의 마지막 정리는 그러한 지복이 보상이 아니라 바로 덕 그 자체라고 말한다.[127]

· **관련 항목** : 악티오, 포텐티아, 나투라, 본질, 코나투스, 지복, 자유로운

살아가고 자신의 존재를 보존하는 것(동일한 것을 의미하는 세 가지 방식)과 다르지 않으며, 이는 자신의 고유한 유용성을 추구하는 것을 기초로 하여 이루어진다"(E4p24) ; "정신의 지고한 선Summum Mentis bonus은 신에 대한 인식이며, 정신의 지고한 덕은 신을 인식하는 것이다"(E4p28).

126   [옮긴이] 누군가 신에 대해 더 많이 인식한다고 해서 그만큼 다른 이들이 신에 대해 인식할 몫이 줄어드는 것은 아니다. 득실의 총량이 영(0)이 되는 제로섬 상황이 아닌 것이다.

127   [옮긴이] "지복은 덕의 대가가 아니라 덕 그 자체이다"(E5p42).

원문

Infinitae virtutis(CM 2.10). *Virtus ad prophetandum*(TTP 11, G III. 155). *Per virtutem et potentiam idem intelligo, hoc est*(per Prop. 7, p. 3) *virtus quatenus ad hominum refertur est ipsa hominis essentia, seu natura, quatenus potestatem habet, quaedam efficiendi, quae solas per ipsius naturae leges possunt intelligi* (E4d8). *Quandoquidem virtus nihil aliud est, quam ex legibus propriae naturae agere, et nemo suum esse conservare conetur, nisi ex propriae naturae agere*(E4p18s). *Ex virtute absolutè agere, nihil aliud in nobis est quam ex ductu rationis agere, vivere, suum esse conservare* (haec tria idem significant) *ex fundamento proprium utile quaerendi*(E4p24). *Summum mentis bonum est Dei cognitio, et summa mentis virtus Deum cognoscere*(E4p28). *Summum bonum eorum, qui virtutem sectantur, omnibus commune est, eoque omnes aeque gaudere possunt*(E4p36). *Beatitudo non est virtus praemium ; sed ipsa virtus*(E5p42).

참고문헌

2차 문헌

Garrett, D., 'Spinoza's Ethical Theory', in D. Garrett(ed.), *The Cambridge Companion to Spinoza*(Cambridge : Cambridge University Press, 1996), pp. 267~314.

Wolfson, H. A., *The Philosophy of Spinoza : Unfolding the Latent Processes of His Reasoning*(Cambridge, MA : Harvard University Press, 1934; reprinted in 2 vols, New York : Schocken, 1969).

— **토마스 쿡**

도의심 → 피에타스를 보라.

동등함/평등함Aequalitas(아이콸리타스)

'동등함'은 스피노자 사유에 관한 주석서들의 색인에 좀처럼 등장하지 않는 용어이며, 그의 저작 어디에서도 사회적 또는 정치적 이상으로 특별히 강조되지는 않지만, 그럼에도 그의 철학 구조에 근본적이다. 이는 그의 체계에서 인간은, 모두 동일한 방식으로 기능하고 동일한 심리 법칙에 복종하며, 자신의 존재를 보존하고 자신만의 방식으로 행복해지려는 욕망 안에서, 그리고 자신에게 좋거나 나쁘게 보이는 것에 대해 [추구하거나 피하고자] 노력하는 욕망 안에서 모두 엄격하게 평등한 규정된 존재자이기 때문이다. 일반적으로 말해서 남자와 여자는 서로를 동등[평등]한 존재로 보거나 대우하지 않는데, 이는 그들의 편견이나 불합리함 때문이다. 그들이 더 이성적이 될수록 그들은 서로를 더 동등하게 생각할 것이다. 그 결과 『윤리학』 4부 정리36에 의하면 "덕을 따르는 이들의 최고선summum bonum은 모두에게 공통적이며 모두가 동등하게 누릴 수 있다".

　　스피노자가 『윤리학』 4부 정리37에서 "덕을 추구하는 모든 사람은 스스로 좋음을 욕구하며 또한 이것을 다른 사람을 위해서도 욕망할 것이다. 그리고 그가 신을 더 많이 인식할수록 더욱더 그럴 것"이라고 말할 때, 그는 인간 삶에 최선인 것은 동등하게 공유될 수 있으며 최선의 사회나 공동체 형태에서는 그렇게 공유될 것이라고 주장하는 것이다. 이는 도덕 원리로 진술되며, 분명 스피노자 윤리학의 근간이다. 그러나 이는 또한 확실히 그의 정치철학 및 표현의 자유 이론과 가장 분명하게 연관되는 그의 도덕철학의 요소이기도 하다. 그래서 『신학정치론』 16장에서 스피노자가 왜 민주적 정부 형태가 군주정이나 귀족정보다 더 좋다고 단언하는지에 대한 주된 이유 중 하나는 민주주의의 법 아래에서 "모든 사람은 이전에 자연 상태에서 그랬던 것처럼 변함없이 평등하다"라는 점이다. 더욱이 같은 방식으로 그 도덕 원리는 사상의 자유와 표현의 자유를 뒷받침한다. 『윤리학』 4부 정리37의 주석2에서 스피노자가 "이에 따라 자연의 최고 권리에 의해 각자는 좋은 것 것과 나쁜 것을 판단하고, 자신의 고유한 기질에 따라 자신의 유용성을 따지고(4부 정리19와 20에 의해) 보복하며(3부 정리40의 따름정리2에 의해), 자신이 사랑하는 것은 보존하고 미워하는 것은 파괴하려고 노력한다(3부 정리28에 의해)"라고 덧붙이는 것은 이러한 이유 때문이다.

스피노자에게 이성은 도덕적 삶으로 인도하는 안내자이지만, 동등한 토대 위에서 시민권과 법에 대한 복종으로 인도하고 노예적 복종과 독재를 제거하는 것 또한 이성이다. 그래서 그는 『윤리학』 4부 마지막 정리에서 이성에 의해 인도되는 사람은 두려움 때문에 사회의 법에 복종하는 것이 아니라, 정확하게는 "자유롭게 살아가려고 노력하는 한에서 그는 공동의 삶의 규칙과 유용성을 준수하기 위해 욕망하며(4부 정리37에 의해), 결과적으로 국가의 공동의 법령에 따라 살아가는 것을 욕망한다"라고 결론 내린다.

· **관련 항목** : 덕, 민주정, 자유, 자유로운, 철학함의 자유

원문

In imperio democratico omnes manent ut antea in statu naturali aequales (TTP 16, G III. 196). *Certum est quod aequalitas qua semel exuta communis libertas necessario perit* (TP 10.8).

참고문헌

1차 문헌

Enden, F. van den, *Vrye politijke stellingen, en consideratien van staat, gedaen na der ware christenens even gelijke vryheits gronden ; strekkende tot een rechtschape, en ware verbeeteringh van staat, en kerk. (···) door een liefhebber van alle der welbevoeghde borgeren even gelijke vryheit, en die, ten gemeene-beste, meest van zaken houdt* (n.p., 1665)

Hobbes, T., *Leviathan*.

2차 문헌

Israel, J.I., *Radical Enlightenment. Philosophy and the Making of Modernity*(Oxford : Oxford University Press, 2001).

Israel, J.I., *Enlightenment Contested. Philosophy, Modernity and the Emancipation of Man*(Oxford : Oxford University Press, 2001).

— 조너선 이즈리얼

동사 → 명사를 보라.

또는 → 시베를 보라.

【ㄹ】

레스푸블리카Respublica(국가/공화국)

'레스푸블리카'라는 용어는 『신학정치론』에 빈번하게 등장한다. 『신학정치론』에서 이 용어는 특별히 부제와 마지막 정치에 관한 장 제목에도 포함된다.[128] 현대어 번역본은 주로 '국가'state라는 용어를 사용하지만, '커먼웰스'commonwealth[129]와 '국사'(國事)affairs of the state, 공화국republic이라

---

128 [옮긴이] 『신학정치론』의 마지막 20장 제목은 "자유로운 공화국에서는 모든 이들에게 바라는 것을 생각하고 생각하는 것을 말하는 것이 허용된다는 점을 보여 준다"Ostenditur, in Libera Republica unicuique & sentire, quae velit, & quae sentiat, dicere licere이다.

129 [옮긴이] 홉스나 로크는 포괄적 의미의 '국가'라는 뜻으로 '커먼웰스'라는 단어를 쓴다. 홉스의 『리바이어던』 2부의 제목 'Of Commonwealth'와 로크의 『통치론』 10장의 제목 'Of the Forms of a Commonwealth' 참고. 『리바이어던』 국역본 역자 진석용은 음역했고, 로크의 『통치론』을 옮긴 강정인과 문지영은 '국가'라고 번역했다. '커먼웰스' 개념에 대해서는 진석용

는 번역어가 등장하기도 한다. 그러나 번역은 문제적이다. 레스푸블리카는 키비타스 및 임페리움과 함께 고대로부터 줄곧 상호 중첩적으로 사용되었던 같은 용어군에 속하기 때문이다.

초기 근대 시기에, 이 세 단어는 당시 출현한 근대 국가를 의미하게 되었다(하지만 '국가'라는 포괄적 용어에는 여전히 이러한 측면이 결여되어 있다). 그러나 이 세 용어는 동시에 각각의 특정한 의미를 지니고 있었다. 정확한 함축은 분명 특정한 문맥에 의존한다. 17세기 정치 이론가들이 이 세 용어를 국가의 세 가지 상이한 측면과 관련시켜 다룰 때, 레스푸블리카는 정치적 삶과 국가의 구체적 상황을 함축하는 것이었고(『정치론』 3장 1절에서 스피노자의 정의 참고[130]), 키비타스는 시민 다중을, 임페리움은 국가의 권한과 권력을 의미하는 것이었다. 아케르만은 프리지아 변호사 윌릭 휘버르Ulrik Huber(1636~1694)의 유사한 정의를 언급하는데, 휘버르는 "단일화된 다중은 키비타스라고 불리고, 화합과 공동선을 낳는 공동의 활동으로 귀결되는 연합 자체는 레스푸블리카라고 불렸으며, 단일화된 의지는 임페리움이라고 불린다"라고 말한다.[131] 활동 중인 정치 공동체라는 관념은 사전들에서 확인된다. 예컨대 미크라일리우스는 레스푸블리카를 "서로 필요한 것을 공급하고 과업과 권리를 할당

II-1. 22 각주 3번 참고.

130 [옮긴이] "어떤 유형의 것이든 임페리움imperium(주권/통치권)이 있는 상태를 사회 상태status civilis라고 부르고, 임페리움imperium의 몸체 전체integrum corpus를 키비타스civitas(국가/정치 공동체)라고 부른다. 임페리움을 보유한 사람의 지휘에 의존하는 임페리움의 공통 업무를 레스푸블리카respublica(공적인 일/공무/국사)이라고 부른다"(TP 3.1 ; 공진성 93. 번역은 수정). 국가(imperium/respublica/civitas) 개념에 대해서는 에티엔 발리바르, 진태원 옮김, 『스피노자와 정치』(그린비, 2014)에서 진태원의 '용어 해설' 중 '국가' 항목(291~293쪽) 참고.

131 Akkerman 1997.

하는 시민들의 질서"라고 정의한다.[132] 반면 고클레니우스는 레스푸블리카를 "인민들의 몸이자 특정한 법에 따라 인민들의 행복을 가능하게 하는 선"이라고 정의한다.[133] 엄밀한 의미의 레스푸블리카는 인간, 동물, 무생물로 이루어져 있다. 이런 이유로 부적절하게 통치하는 국가, 예컨대 독재 국가는 "레스푸블리카라고 불릴 수 없다".

이 세 관념은 어느 정도 스피노자의 용법에 반영된다. 때때로 스피노자는 '레스푸블리카'를 자유롭고 잘 조직된 국가를 나타내기 위해, 이를테면 그의 시대의 연합주United Provinces를 언급할 때 사용한다.[134] 여기에서 공화국republic은 인민이 주권을 가진 국가 또는 사실상 모든 시민이 참여하는 국가를 의미한다. 그러한 국가의 목적은 자유이다(TTP 20).

다른 곳에서 레스푸블리카는 '국사'라는 함축을 가지고 등장한다. 이 함축에는 인민들이 살아가고 정의를 추구하는, 보다 '능동적인' (정치적) 삶이라는 관념이 포함되어 있다. 이러한 국사는 잘 관리되어야 한다. 그로 인해 국가는 자유로운 상태이거나 또는 타락한 상태일 수 있다(TTP 7). 스키너는 에라스무스가 이를테면 최선의 국가와 최악의 국가를 비교했던 점에 주목한다.[135] 스피노자는 정치적 결정 권한 없이 국사를 관리하는 일이 가능하지 않음을 분명히 한다. 그러므로 임페리움은 모든 레스푸블리카의 필요조건 또는 특징이다. "국가를 형성하기 위해서는 다음과 같은 점이 필수적이다. 즉 모든 사람이든 어떤 사람이든 단한 사람이든 법령을 만들 수 있는 모든 권한을 가지고 있어야 한다"(TTP

132　Micraelius, *Lexicon philosophicum*.

133　Goclenius, *Lexicon philosophicum*.

134　[옮긴이] 연합주United Provinces에 대해서는 이 책 1부 「생애」 옮긴이 주 12번 참고.

135　Skinner 2002.

20). 결과적으로 스피노자는 임페리움을 국사를 돌볼 수 있는, 특히 도시를 세우고 전쟁과 평화를 결정하는 법을 제정할 수 있는 권한을 갖는 것으로 받아들인다(TP 2.17, 3.2, 5.1). 키비타스라는 의미의 국가에는 조금 다른 의미가 있는 것으로 보이는데, 이는 자신을 유지할 수 있는 집합적 몸체collective body 자체를 가리킨다. 『윤리학』 4부 정리37의 주석2에 따르면, "법률들과 스스로를 보존할 수 있는 힘potestas에 기초하여 설립된 이러한 사회가 키비타스"이다.

이와 같이 스피노자는 이 개념들을 얼마간 구별한다. 그러나 스피노자에게 레스푸블리카가 키비타스나 임페리움과 완전히 등가적인 중요한 문맥이 있다는 점에 유의해야 한다. 예컨대 『신학정치론』 16장에서(G III. 197) 스피노자는 레스푸블리카와 키비타스를 동의어로 취급하는 반면,[136] 18장의 제목과 첫 번째 문장에서 그는 레스푸블리카를 임페리움과 등가적인 것으로 취급한다.[137] 레스푸블리카라는 용어는 일찍이 키케로의 저작에서도 보이기 시작한다. 그 의미는 상당히 다양하다. 그것은 국가, 정부, 정치적 공동체, 사회 문제public affairs, 공무public business, 공적 생활public life 등으로 번역될 수 있다. 보다 전문적인 의미로 그것은 국가의 구조적 측면constitutional aspect of a state, 권력이 국가 내에서 구조화되는 방식을 나타낸다.

초기 근대 유럽에서는 '국가'state 또는 커먼웰스commonwealth라는 제

---

136 [옮긴이] 본문에 언급된 부분에서 스피노자는 키비타스를 '국가'라는 의미로 빈번하게 사용한다.

137 [옮긴이] 스피노자는 『신학정치론』 18장 제목과 첫 문장에서 히브리 국가를 지칭하기 위해 각각 'Hebraeorum Respublica'(헤브라이오룸 레스푸블리카), 'Hebraeorum imperium'(헤브라이오룸 임페리움)이라는 용어를 쓴다. '히브리 국가' 항목 참고.

도 및 관념 형성이 점차 빠르게 진척되고 있었다. 이는 시민 사회와 명령 및 복종의 질서 간에 단절이 있음을 의미했다. 그러나 스피노자 시대에 라틴어 스타투스status는 아직 전통적인 레스푸블리카나 키비타스를 대체하지 않았다. 물론 스타투스는 자연 상태state of nature와 국가 상태civil condition를 구별하기 위해 사용되고는 했다. 나아가 스타투스는 종종 독립적인 정치적 공동체로서의 커먼웰스나 국가(또는 도시)의 상태 및 상황을 나타내기 위해 사용되었다. 이러한 상태는 좋은 상태, 평화로운 상태일 수 있다. 스피노자의 저작에는 이러한 용법이 반영되어 있다(예컨대 TP 6.21 참고).[138] 유명한 예외는 『정치론』 8장 24절인 것으로 보이는데, 그곳에서 스피노자는 현대적 의미를 지닌 스타투스 개념을 사용하면서 어떠한 검찰관이나 국가의 다른 관료에게도 임금이 지불되어서는 안 된다고 말한다.

레스푸블리카는 포괄적인 용어이며 17세기에는 아직 특정한 정부 형태인 '공화국'과 다른 가능한 정부 형태 간에 뚜렷한 개념적 구분이 없었다. 그러나 '국가'는 천천히 유적인 것이 되고 '공화국'은 그것의 종적인 것이 되어 가는 중이었다. 마키아벨리는 각각 그 자신의 토대를 갖고 있는 상이한 국가에 대해 말한다. 곧 각 국가는 그 자신의 특수한 법, 관습, 제도를 가지고 있다.[139] 이와 같이 스피노자의 저작에서 레스푸블리카는 다른 용어, 즉 키비타스 및 임페리움과 함께 '국가'를 의미하는 용어이다.

---

138 [옮긴이] "이 회의의 후보자들은 신민으로서 자신들이 속한 정치 공동체의 정부, 기초, 그리고 상태나 상황을statum seu conditionem 아는 자들이어야 한다"(공진성 165).

139 이를테면 『군주론』, 3장을 보라(니콜로 마키아벨리, 강정인·문지영 옮김, 『군주론』, 까치, 2003, 16~17쪽). 『신학정치론』 3장(G III. 47) 참고.

원문

Cum nobis haec rara foelicitas contingit, ut in republica vivamus unicuique judicandi libertas integra et Deum ex suo ingenio colere conceditur (TTP praef., G III. 7). *Jussum de non committendo adulterio solius rei publicae et imperii utilitatem respicit* (TTP 5, G III. 72). *Hominibus oppressis, qui vivebant in republica corrupta, et ubi justitia prorsus negligebatur* (TTP 7, G III. 103). *At in republica et imperio, ubi salus totius populi, non imperantis, summa lex est, qui in omnibus summae potestati obtemperat, non sibi inutilis servus, sed subditus dicendus, et ideo illa respublica maxime libera est, cujus leges sana ratione fundata est* (TTP 16, G III. 194~195). *Ex fundamentis reipublicae supra explicatis evidentissime sequitur finem ejus ultimum non esse dominari, nec homines metu retinere* (···) *Finis ergo respublicae revera libertas est. Porro ad formandam rempublicam hoc unum necesse fuisse vidimus, nempe ut omnis decretandi potestas penes omnes, vel aliquot, vel penes unum esset* (···) *Quod fides uniuscujusque erga rempublicam ex solis operibus cognosci potest* (···) *In libera republica libertatem judicii, quae non potest opprimi* (TTP 20, G III. 240~241, 243 and 246). *Hoc imperium is absolute tenet qui curam reipublicae ex communi consensu habet* (TP 2.17). *Imperii cujuscunque status dicitur civilis ; imperii autem integrum corpus civitas appellatur & communia imperii negotia, quae ab ejus qui imperium tenet directione pendent, respublica* (TP 3.1). *Rempublicam alicui absolute credere, & simul libertatem obtinere fieri nequaquam potest. Verum eorum, qui sibi imperium absolutum concupiscent* (···) *civitatis omnino interesse, ut ipsius negotia secreto agitentur* (TP 7.29). *Civitas sive respublica* (TP 8.3). *Syndicis, vel cuicunque status ministro stipendium nullum* (···) *Rempublicam administrare* (···) *imperii ministris* (TP 8.24). *Potest non absque magno reipublicae periculo imperium aliquando in monarchicum mutari* (TP 10.1).

참고문헌

1차 문헌

Hobbes, Th., *Leviathan*.
Machiavelli, N., *Il principe*.

2차 문헌

Akkerman, F., 'Mots techniques-mots classiques dans le *Tractatus Theologico-Politicus* de Spinoza', in P. Totaro(ed.), *Spinoziana. Ricerche di terminologia filosofica e critica testuale*(Florence : Olschki, 1997), pp. 1~22.

Blom, H., 'Spinoza on *Res Publica*, Republics, and Monarchies', in H. Blom et al.(eds.), *Monarchisms in the Age of Enlightenment : Liberty, Patriotism, and the Common Good*(Toronto : University of Toronto Press, 2007), pp. 19~44.

Bobbio, N., *Democracy and Dictatorship*(Cambridge : Polity Press 1989; original Italian edn 1980).

Cicero, *On the Commonwealth and On the Laws*, ed. J.E.G. Zetzel(Cambridge : Cambridge University Press, 1999).

Conze, W., 'Staat und Souveranitat', in R. Koselleck et al.(eds.), *Geschichtliche Grundbegriffe. Historisches Lexikon zur politischen-sozialen Sprache in Deutschland*, vol. 6(Stuttgart : Klett-Cotta, 1990), pp. 1~25.

Curley, E., 'Troublesome Terms for Translators in the *Tractatus Theologico-Politicus*', in P. Totaro(ed.), *Spinoziana. Ricerche di terminologia filosofica e critica testuale*(Florence : Olschki, 1997), pp. 39~62.

Münkler, H., 'Staat', in J. Ritter and G. Grunder(eds.), *Historisches Worterbuch der Philosophie*, vol. 10(Darmstadt : Wissenschaftliche Buchgesellschaft, 1998), pp. 1~30.

Skinner, Q., 'From the State of the Princes to the Person of the State', in Q. Skinner, *Visions of Politics. Volume II. Renaissance Virtues*(Cambridge : Cambridge University Press, 2002), pp. 368~412.

— 한스 흐리브나우

렉스Lex(법/법칙/법률/법령)

'렉스'라는 말과 그것의 네덜란드어 동의어 '벳'wet은 스피노자의 모든 저작에 나타난다. 이 말들은 주로 '신' 또는 '자연'과 함께 쓰이지만 '인간', '유대인', '인간 이성' 또는 '순수 지성'과 함께 쓰이기도 한다.

'렉스' 개념의 복잡한 본성은 『신학정치론』 4장의 주요 논의에서 드러난다. 4장은 다음과 같은 포괄적인 정의로 시작한다. "절대적인 방식으로 고려된 '렉스'라는 말은 그것에 따라 각각의 개체 또는 동일한 종에 속하는 모든 것 또는 일부가 하나이자 동일한 고정되고 규정된 방식으로 활동한다는 것을 의미한다"(TTP 4.1 ; G III. 57 ; C II. 125). 나아가 렉스는 자연의 필연성에 의존할 수도 있고[첫 번째 범주의 법], 인간 의지의 결정에 의존할 수도 있다[두 번째 범주의 법]라고 주장된다.

첫 번째 범주의 법에 관해 말하자면, 이러한 법은 특수한 실재의 본성 또는 정의로부터 따라 나온다. 보편적인 자연의 법칙universal laws of nature은 그것에 따라 모든 실재가 생겨나고 결정되는 것으로, 신의 영원한 법령decrees이며, 항상 영원 진리와 필연성을 함축한다(TTP 3). 오직 이러한 측면에서만 자연법칙은 신법이라고 불려야 한다.[140] 이러한 표현들은 스콜라철학 및 근대 이전 담론에서도 자주 등장하지만, 법을 공포한 신적 입법자 없이도 성립하는 스피노자의 자연법칙 관념은 비교적 새로운 것이었다. 이러한 측면에서 스피노자의 견해는 데카르트와 긴밀히 연결된다. 데카르트는 『철학의 원리』 2부 37절에서 자연법칙을 "신의 불변성으로부터 인식"될 수 있는 '법칙'leges으로 정의했고, 이후 뉴턴 역시 이를 기계론적 운동 법칙들과 동일시했다.

스피노자는 일반적으로 '렉스'라는 말은 비유적으로만 자연현상에 적용된다고 말한다(TTP 4.5). 우리는 단지 인간의 의지에 달려 있는 규칙들rules, 즉 두 번째 범주의 법만을 고유한 의미의 '법'이라고 부르는 것처럼 보인다. 스피노자는 이렇게 설명한다. 흔히 '법'은 단지 사람들이

140　[옮긴이] '자연법칙'의 출발어는 'natural law'이다. 'law(s) of nature' 같은 표현도 사용된다. 문맥을 고려하여 '자연법칙' 또는 '자연법'이라고 옮겼다. 'divine law'(lex divinae)는 '신법' 또는 '신성한 법'이라고 번역했다.

따르거나 따르지 않을 수 있는 명령을 뜻한다. 법은 인간의 전체 역량(권한)을 일정한 한계 내에 있는 것으로 제한하고 인간의 역량을 넘어서는 것을 요구하지 않기 때문이다. "그러한 까닭에 법은 보다 특수하게 인간이 어떤 목적을 가지고 자기 자신이나 타자에게 규정한praescribit 삶의 원리ratio vivendi라고 정의할 필요가 있어 보인다"(TTP 4.5 ; G III. 58 ; G II. 126~127). 입법자는 달성하려는 목표에 따라 법을 제정할 수 있다. [그러나] 이 목적을 신이 명한 더 높은 법higher, Goddecreed law과 일치해야 하는 어떤 목표로 이해해서는 안 된다.

이러한 관념은 당대의 사전에서 명백히 알 수 있듯이 부분적으로는 스콜라적 담론의 핵심을 요약한 것이다. 예를 들어 쇼뱅은 "법은 도덕적 행위 규칙"이며, 고클레니우스는 "엄밀한 의미의 법은 인간의 행위 규칙 및 척도"라고 말한다.[141] 또한 법을 목적과 연결시키는 것은 토마스 아퀴나스 전통의 본질적인 부분이었다. 아퀴나스는 『신학대전』 제2부 1편의 '법의 본질'에 관한 유명한 절에서 "법은 공동선에 대한 이성의 신조일 뿐"(90문 2절)이라고 말한다.[142] 스피노자는 이러한 관념을 둔스 스코투스와 오캄에서 시작된 주의주의적(主意主義的)voluntaristic 전통과 우아하게 연결시킨다. 그는 입법자의 의지에 주목하며 다음과 같이 말한다. "법의 진정한 목적은 보통 소수에게만 명백하고 대부분의 사람은 법의 참된 목적을 거의 지각할 수 없으며 결코 이성에 따라 살지 않기 때문에, 입법자들은 모든 사람을 똑같이 제한하기 위해 현명하게 법의 본성에서 필연

141　Chauvin, Lexicon philosophicum ; Goclenius, Lexicon philosophicum.

142　[옮긴이] 토마스 아퀴나스, 이진남 옮김, 『신학대전 : 법』, 28권, 바오로딸, 2020, 11~16쪽 ; 자코모 달 사쏘·로베르토 꼬지 엮음, 이재룡 옮김, 『신학대전 요약』(개정판), 가톨릭대학교출판부, 서울, 1995, 195쪽.

적으로 따라 나오는 것과는 아주 상이한 다른 목표를 만들어 왔다"(TTP 4.6 ; G III. 58~9 ; C II. 127). 입법자들은 보상과 처벌을 약속한다. "이러한 방식으로 입법자들은 할 수 있는 한 말을 고삐로 죄듯이 평범한 사람들을 억제하고자 노력해 왔다"(TTP 4.6 ; G III. 59 ; C II. 127). 그러므로 법은 "일반적으로 다른 사람들의 명령에 의해 사람들에게 규정된 삶의 원리"이며, "법에 복종하는 이들은 법 아래에서 살아간다고 이야기되며 노예처럼 보인다"(TTP 4.7 ; G III. 59 ; C II. 127). 이러한 법 개념은 인간 본성을 출발점으로 삼는다. 나아가 스피노자는 법 관념과 도덕 관념을 연결하는 전통적 관념을 분리함으로써 법 관념에 대한 탐구를 진행해 간다. "정당하게 이루어질 수 없는 것 또는 법에 의해 금지되는 것, 그것이 바로 (우리가 앞 절에서 말한 것처럼) 죄이다"(TP 2.19). 죄는 시민법[143]이 있는 국가에서만 생각될 수 있다.

스피노자 정치사상의 독특성은 그가 처음부터 (준-기계론적)법[첫 번째 범주의 법] 개념으로부터 정치사상을 도출하지 않는다는 점이다. 그는 "법은 어떤 목적을 달성하기 위해 행위를 명령하거나 금지한다"라고 말함으로써, "인간 의지에 달려 있는 법은 (⋯) 삶을 보다 안전하고 편리하게 만들기 위해 (⋯) 인간이 자신과 타자를 위해 규정한

---

143 [옮긴이] '시민법'은 'civil law'를 옮긴 말이다. '신법'divine law이나 '자연법'natural law과 대비되는 개념으로 정치 공동체가 제정한 법을 일컫는다. 일반적으로 '시민법'이라고 번역되고 '실정법'이라는 번역어도 눈에 띈다. '인간이 제정한 법'이라는 의미에서 '제정법'制定法이라는 도착어도 고려해 볼 만하다고 생각된다. '제정법'이라는 도착어가 '자연법'과 잘 대비된다면, 이하에서 저자가 'civil law' 대신 사용하는 '인간법'human law은 '신법'과 그러하다. 그러나 아래에서 언급되는 것처럼 스피노자는 인간법뿐만 아니라 신법도 'ordained law'(명령된/제정된 법)라는 보는데, 이에 대한 도착어로 '제정된 법'을 할당하고, 'civil law'는 '시민법'이라고 번역했다.

것"(TTP 4.1)임을 시사한다. 그러한 법은 [보다 정확히는] 유스ius(jus, ordinance[법령])라고 불린다. 일반적으로 스피노자는 법과 권리를 통상적인 용법대로 사용하는데, 이 두 용어는 행동을 바라보는 상이한 관점을 함축하고 있다. 인간법은 인간이나 단체의 행동을 규제하는 구속적 일반 규칙imperative general rules으로, 특정 행위를 금지, 명령, 허용함으로써 규범적 질서를 확립한다. 이러한 시민법은 권리의 토대가 되는데, 이는 이 일반 규칙들이 그 규칙으로부터 행위할 권리(또는 능력/권능)와 의무를 얻는 개인과 단체를 대상으로 삼기 때문이다.[144] 일반적으로 유스ius(Jus, right[권리])는 홉스가 『시민론』에서 기술한 것처럼 시민법이 허용하고 남겨 둔, 시민의 자연권의 일부라는 의미에서의 행위의 자유liberty to act이다.[145] 이는 이 일반 규칙의 대상이 되는 신민[피치자] ─ 곧 시민,

---

144 원문은 다음과 같다. "These civil laws are the basis of rights, for these general rules address persons and institutions which derive the right (or competence) or obligation to act." 여러 가능성을 검토해 보았으나 원문에 무게를 두면 결과물이 매끄럽지 않다. 그러나 저자가 말하고자 한 바는 분명해 보인다. 시민법이 권리의 토대가 되는 것은 그것이 개인과 단체에게 행위할 권리나 의무를 부여하기 때문이라는 것이다.

145 [옮긴이] Hobbes, *De Cive* 13.15. [옮긴이] 원문에는 『시민론』 13장 5절이라고 되어 있어 바로잡았다. "자유는 시민법civil laws에 의해 신민들에게 승인되거나 남겨진 자연권의 일부이다"(『시민론』, 13장 15절 ; 이준호 I. 231. 용어는 수정). 다음 구절도 참고. "그런데 '자연적 자유'a natural liberty는 법laws에 의해 제정된 권리가 아니라 법의 제한을 받지 않는[법에 의해 허락된] 권리이다. '법'이 폐기되면 우리의 '자유'는 절대적이 되기 때문이다. 우리의 권리는 처음에 자연법과 신법divine lawes에 의해 제한되지만, 자연법과 신법이 남겨 둔 권리는 '시민법'에 따라 제한된다. 그리고 나머지 권리는 특정 도시나 단체의 '제도'에 의해 제한될 수 있다"(『시민론』, 14장 3절 ; 이준호 I. 238~239. 번역은 조금 수정). "최고의 학식을 자랑하는 저술가들조차 '시민법'lex civilis과 '시민권'Jus civile을 같은 것으로 혼동하는 경우가 있는데, 잘못된 일이다. 왜냐하면 '권리'는 '자유', 즉 시민법이 우리들에게 남겨 준 자유를 말하는 반면, '시민법'은 '의무'이며 자연법이 우리에게 부여한 권리를 가져가는 법이기 때문이다. (…) '법'lex과 '권리'Jus가 다른 것은 '의무'와 '자유'가 다른 것과 같다"(진석용 II-1. 376). "렉스와 유스라는 명칭, 곧 법과 권리는 종종 혼동된다. 그렇지만 이보다 더 반대되는 의미를 가진 두 단어는 거의 없다. 왜냐하면 권리는 법이 우리에게 남긴 자유이며, 법은 우리가 서로 서로

사회 전체, 또는 국가(기관) —— 가 특정한 방식으로 행동할 수 있도록 남겨 둔 자유이다. 예컨대 규범적 규칙prescriptive rule의 경우 개인은 특정한 방식으로 행동해야 할 의무가 있으며 국가는 복종을 강제할 권리가 있다. 하지만 스피노자에게 권리는 궁극적으로 항상 자연권에 의해 결정된다. 인간의 권리는 그의 힘이 미치는 범위까지 확장된다(TP 2.3~4).

제정된 법ordained law은 다시 인간법과 신법으로 나뉜다(TTP 4.3). 인간법은 오직 생명과 커먼웰스를 보호하는 것을 목표로 하는 행동 규칙인 반면, 신법은 최고선과 참된 인식, 신에 대한 사랑을 목표로 한다. 이 법은 신을 아는 한에서의 우리가 제정한 삶의 방식이기 때문에 신성한 법[신법]이다. 이 신법은 신의 명령으로 구성되며, 이는 말하자면 신에 의해, 곧 우리의 마음속에 있는 신에 대한 우리의 관념에 의해 제정된 것이다. 따라서 철학적 삶은 충분히 '신법'이라고 불릴 수 있으며 일반 윤리학에서 다루어진다. 신법의 목적인 신에 대한 참된 인식과 사랑은 자연현상에 대한 지식을 통해 달성될 수 있다. 그리고 자연현상에 대해 더 많이 알수록 신의 본질에 대한 인식은 더 완전해진다. 이런 식으로 이른바 신법은 첫 번째 (고유한) 의미의 자연법칙 또는 신법에 연결된다. 스피노자는 인간 본성으로부터 연역된 신성한 법을 자연 신법lex divinae naturalis이라고 부른다(TTP 4.18 ; G II. 61). 이러한 법은 보편적이어서, [성서의] 역사적 서사 —— 가령 법이 어떻게 공포公布되었는지에 대한 일화 —— 에 대한 믿음을 요구하지 않는다.

의 자유를 축소하기로 합의한 제약들이기 때문이다"(Thomas Hobbes, *The Elements of Law : Natural and Politic*, 2nd edition. Edited by F. Tönnies. New York : Frank Cass, 1969, p.148. 2부 10장 5절).

다른 제정된 법인 인간법은 생명과 커먼웰스를 보호하는 작인으로 간주된다. 따라서 시민법은 국가가 그 목적, 즉 시민의 평화와 안전을 달성할 수 있게 하는 중요한 수단이다. 법은 시민을 특정한 방식으로 행위하도록 강제함으로써 그들의 자유를 보존한다. 평화로운 협력을 보장함으로써 사람을 안전하게 만드는 수단으로의 법이라는 관념은 마키아벨리가 『로마사 논고』 제1권 3장에서 사람들을 선하게 만드는 것은 법[146]이라고 말한 것을 반영하고 있다. 국가의 시민은 무엇이 정의롭고 부정의한지, 무엇이 옳고 그른지 스스로 결정할 위치에 있지 않다. 그들은 자신의 의지를 커먼웰스의 의지에 넘겨 주어야 한다. 시민들에게 국가란 상호 이익을 위한 협력체co-operative enterprise이므로 시민들은 국가의 명령과 법령에 복종해야 하며, 이를 모두의 의지로 받아들여야 한다. 따라서 시민법에 복종함으로써 자신에게 이익이 되는 행위를 한다. 그러므로 시민은 법률의 진정한 의도와 필요성을 인정하고, 그에 따라 흔들림 없이 행동하며 "실제로는 어떤 낯선 것이 아니라 그 자신의 결정에 근거하여"(여기에서 장 자크 루소Jean-Jacques Rousseau와 임마누엘 칸트Immanuel Kant의 자기-입법self-legislation 관념이 어렴풋이 보인다) 행동한다. 또한 "각자가 자기의 재판관이 되는 자연권은 사회 상태civil state에서 필연적으로 사라진다"(TP 3.3 ; 공진성 95~96. 용어는 수정). 이 권리는 국가의 통치자에게만 있다. 커먼웰스는 법을 제정하고 이러한 법을 해석하고 집행할 수 있는 (정치적) 권리가 있다(TP 4.5~6).

146　[옮긴이] "그러므로 굶주림과 빈곤은 사람들을 근면하게 만들고, 법률은 사람들을 선량하게 만든다는 말이 있다." 니콜로 마키아벨리, 강정인·안선재 옮김, 『로마사 논고』, 한길사, 2003, 85쪽.

커먼웰스 또는 국가는 법의 유일한 창시자author이며, 따라서 법에 구속되지 않는다. 그러나 국가 권력에는 한계가 있다. 커먼웰스는 자연법에 구속되기 때문이다. 자연 필연성과 충돌하는 시민법은 인간 역량의 한계를 넘어서고, 따라서 인간은 그것에 복종할 수 없을 것이다. 시민법은 실제 행동이든 법에 대한 특정한 태도든— 이를테면 사람들에게 실제로 혐오감을 주는 법에 대한 존경심 같은— 불가능한 것을 요구해서는 안 된다. 그렇지 않으면 신민(시민)은 하나이자 동일한, 고정되고 규정된 방식으로 기꺼이 행위하려고 하지 않을 것이며, 법은 더 이상 올바른 법proper law이라고 불릴 수 없을 것이다. 그러므로 시민법은 강제력에 의존하기보다 복종을 고취해야 한다.

이처럼 시민법은 국가에 의해 정립되고 확립되며, 선악과 같은 도덕적 본질에 의해 결정되지 않는다. 반대로 전통적 자연법 이론은 '더 높은 법'higher law의 존재를 주장한다. 중세 자연법 이론에서 신은 인류 전체에게 명시적 명령을 내리며, 이는 실정법positive law의 상위 기준이 된다. 토마스 아퀴나스에 따르면, 더 높은 법, 즉 자연법에서 벗어난 인간의 (실정)법은 더 이상 법이 아니다. 스피노자는 법의 이러한 목적론적 본질을 부정하며, 주의주의적 법 개념도 옹호하지 않는다. 홉스와 달리 스피노자는 법을 단순히 '볼룬타스'voluntas 또는 의지로 보지 않는다.[147] 그러므로 입법자legislator의 힘은 무제약적이지 않으며, 그의 명령은 신민의 힘을 고려해야 한다. 이 힘은 자연법칙들에 의해 결정된다. 왜냐하면 "인간은 이성에 의해 이끌리거나 오직 욕망에 의해 이끌리거나 간에 자연법칙과 규칙을 따라, 즉 자연의 권리를 가지고 행동"(TP 2.5 ; 공진성 65)하기 때

147　『리바이어던』 26장과 비교하라.

문이다. 좋은 법은 시민의 역량을 강화하고, 이는 결국 커먼웰스와 주권자의 역량을 증대시킨다. 그러므로 스피노자는 보비오가 적절하게 말한 것처럼 '파르스 포풀리'pars populi(인민의 입장)에서 국가와 시민의 관계를 본다.[148]

· **관련 항목** : 자연 상태, 임페리움, 레스푸블리카, 포테스타스, 사회, 시민

원문

Als de wetten van de natuur machtiger zijn, worden de wetten van de menschen vernietigt. De goddelijke wetten zijn het laatste eijnde om het welke zij zijn(KV 2.26). *Anima secundum certas leges agens*(TIE 88, G II. 35). *Leges naturae extensae*(PPC praef). *Leges naturae sunt decreta Dei lumine naturali revelata*(CM 2.12). *Leges mechanicae*(Ep13). *Leges naturae universales secundam quas omnia fiunt et determinantur nihil esse nisi Dei aeterna decreta quae semper aeternam veritatem et necessitatem involvunt*(TTP 3, G III. 46). *Legis nomen absolute sumptum significat id, secundum quod unumquodque individuum, vel omnia vel aliquot ejusdem speciei una eademque certa ac determinata ratione agunt* (⋯) *communiter per legem nihil aliud intelligitur quam mandatum* (⋯) *per [lex] humanam intelligo rationem vivendi, quae ad tutandam vitam et rempublicam tantum inservit* (⋯) *at is qui unicuique suum tribuit, ex eo quod veram legum rationem et earum necessitatem novit, is animo constanti agit et ex proprio, non vero alieno decreto, adeoque justus merito, vocatur*(TTP 4, G III. 59). *Qui omnia legibus determinare vult, vitia irritabit potius, quam corrigibit*(TTP 20, G III. 243). *Leges motus et quietis*(E2p2s). *Communes leges naturae sequuntur affectus*(E3praef). *Naturae leges et regulae secundum quas omnia fiunt*(E3p2s). *Peccatum est, quod jure fieri nequit, sive quod jure prohibetur*(TP 2.19). *Optimi imperii jura ex rationis dictamine institui debent*(TP 2.21). *Nam si civitas nullis legibus seu regulis, sine quibus civitas non esset civitas, adstricta esset, tum civitas non ut res naturalis sed ut chimaera esset contemplenda*(TP 4.4).

148　Bobbio 1989, p. 144.

참고문헌

1차 문헌

Aquinas, *Summa theologiae*.

Descartes, R., *Principia philosophiae*.

Hobbes, Th., *De Cive, Leviathan*.

Machiavelli, N., *Disputationum de republica, quas discursus nuncapavit libri III, ex Italico Latini facti*(Leiden, 1649).

2차 문헌

Belaief, G., *Spinoza's Philosophy of Law*(The Hague : Mouton, 1971).

Bobbio, N., *Democracy and Dictatorship*(Cambridge : Polity Press, 1989; original Italian edn 1980).

Grawert, R., 'Gesetz', in O. Brunner, W. Conze and R. Koselleck(eds.), *Geschichtliche Grundbegriffe*, vol. 2(Stuttgart : Klett Cotta, 1975), pp. 863~922.

Gribnau, H., 'La Force du Droit : La contribution de Spinoza à la theorie du droit', *Revue interdisciplinaire d'études juridiques*, no. 35(1995), pp. 19~39.

Skinner, Q., 'The Republican Ideal of Political Liberty', in G. Bock, Q. Skinner and M. Viroli(eds.), *Machiavelli and Republicanism*(Cambridge : University Press, 1990), pp. 293~309.

Steffen, V. H., *Recht und Staat im System Spinozas*(Bonn : Bourvier, 1968).

Walther, M., 'Spinoza und der Rechtspositivismus', in E. Giancotti(ed.), *Spinoza nel 350 anniversario della nascita*(Naples : Bibliopolis, 1985), pp. 401~418.

_______, 'Die Transformation des Naturrechts in der Rechtsphilosophie Spinozas', *Studia Spinozana*, no. 1(1985), pp. 73~104.

Uyl, D. den and S.D. Warner, 'Liberalism and Hobbes and Spinoza', *Studia Spinozana*, no. 3(1987), pp. 261~318.

Zac, S., 'L'idée de loi', in idem, *Philosophie, théologie, politique dans l'oeuvre de Spinoza*(Paris : Vrin, 1979), pp. 191~214.

— 한스 흐리브나우

"

【ㅁ】

마음 → 정신을 보라.

마음의 정념Pathema animi(파테마 아니미)

스피노자는 '파시오 아니미'passio animi[마음/영혼의 정념/수동]에 상응하는 '파테마 아니미'animi Pathema라는 표현을 단 두 번 사용한다. 『신학정치론』 7장에서 스피노자는, 모세가 신은 질투하는 존재라고 가르쳤고 그가 신에게 '파시오[정념] 즉 아니미 파테마'passio sive animi pathema가 없다고 가르친 곳은 어디에도 없다고 말한다(TTP 7.22 ; G III.101 ; C II. 174). 파시오와 아니미 파테마의 등가성은 『윤리학』에 의해 확인되는데, 여기에서 스피노자는 신에게 파시오가 없다는 전통적 지혜에 공감한다(E5p17).[149] 『윤리학』 3부의 「정서들에 대한 일반적 정의」에서도 이러한 등가성이 확인되는데, 여기에서는 정서에 대한 정의 자체에 아니미 파테마와 파시오 아니미라는 용어가 사용된다.[150]

아니미 파테마라는 표현은 스콜라 라틴어에서는 자주 사용되지 않지만, (예컨대 아리스토텔레스의 『영혼론』[151]에 대한 라틴어 주석에서 나

---

149 [옮긴이] "신은 정념passio을 갖지 않으며, 어떠한 기쁨과 슬픔의 정서도 그를 변용하지 않는다."

150 [옮긴이] "**마음의 정념**animi Pathema이라 불리는 정서는 **혼란스러운 관념**으로, 정신은 이것을 통해 자신의 신체나 그 신체의 부분들 중 하나의 실존의 힘이 이전보다 더 크거나 작다고 긍정하며, 이것의 현존은 정신이 저것보다는 이것을 사고하도록 규정한다. 해명 : 첫째, 나는 정서 또는 **마음의 정념/수동**을passionem animi **혼란스러운 관념**이라고 말한다"(E3agd. 강조는 인용자).

151 Aristotle, *De anima* I, 403a 10.

타나는 것처럼) 그리스어 파테마πᾰθημᾰ의 라틴어 음차transcription로 이따금 사용된다.[152] 의학 문헌에서 아니미 파테마는 질병이라는 함축이 있다. 예컨대 윌리엄 하비William Harvey(1578~1657)는 "옴네 아니미 파테마omne animi pathema[모든 마음의 파테마]는 야위고 쇠약해지는 것 또는 무질서한 체액과 소화불량을 수반하는데, 이는 온갖 종류의 질병을 낳고 인간 신체를 소진시킨다"라고 말한다.[153]

그러나 스피노자의 직접적인 참고 자료는 데카르트였다. 데카르트는 다음과 같이 말한다. "심장과 심장 주변에 연결된 작은 신경들은 비록 제아무리 작다 하더라도 다른 내감을 만든다. 이것이 기쁨, 슬픔, 사랑, 미움 등과 같은 영혼의 모든 감동commotiones이나 파테마타 그리고 정서affectus의 본산이다"(PP IV. 190 ; 원석영 II. 431. 용어만 수정). 그리고 조금 뒤에서 데카르트는 아니미 파테마를 직접적으로 '아펙투스'affectus(정서)와 동일시한다(*ibid*).[154]

· **관련 항목** : 파시오, 정서, 변용

원문

Nec ullibi docet, Deum carere passionibus sive animi pathematis(TTP 7, G III. 101). *Affectus qui animi pathemata dicitur, est confusa idea* (⋯) *Dico primo affectum, seu passionem animi esse confusam ideam*(E3agd).

---

152 [옮긴이] 감정, 격정, 고통 등으로 번역될 수 있는 'Pathema'는 그리스어 'πᾰθημᾰ'의 음역이며, 그 라틴어 번역이 '파시오'passio(정념/수동)이다. 파토스pathos(Πάθος)도 '파시오'로 번역된다. 아래 데카르트의 인용문에 사용된 파테마타pathemata(πᾰθήμᾰτᾰ)는 파테마의 복수형이다.

153 William Harvey, *De motu cordis* XV.

154 [옮긴이] "그 신경들의 다양한 운동은 단지 감정 혹은 영혼의 파테마타affectus(sive animi pathemata)인 한에 있어서…"(원석영 II. 432. 용어만 수정).

참고문헌

1차 문헌

Aristotle, *De anima*.

Descartes, R., *Principia philosophiae*.

Harvey, W., *De motus cordis*.

2차 문헌

Marion, J.L., *Cartesian Questions. Method and Metaphysics*(Chicago : Chicago University Press, 1999; French original 1991).

— 미리암 판 렌

명사/이름Nomen(노멘), 동사Verbum(베르붐)

스피노자는 철학과 언어학 저작 둘 다에서 '노멘' 개념을 다룬다. 철학자로서 스피노자는 언어의 관습적 성격conventionality에 대한 전통적(아리스토텔레스적) 견해를 망설임 없이 받아들인다. [관습적 언어관에 대해] 예컨대 쇼뱅은 "노멘[명사]은 어떤 관념을 나타내기 위해 인간에 의해 자리 잡은 용어diction"라고 말하며, 명사에 대한 아리스토텔레스 『명제에 관하여』*De interpretatione*의 유명한 정의를 언급한다.[155] "명사는 합의에 의해 무엇인가를 나타내는, 시간(의 규정)이 없는 말소리이며, 그것의 어떤 부분도 따로 떨어져서는 아무것도 나타내지 않는다."[156]

아리스토텔레스는 명사와 동사를 구별하지만, 스피노자는 그러한

---

155 Chauvin, *Lexicon philosophicum*.

156 아리스토텔레스·포르퓌리오스, 김진성 옮김, 『범주들/명제에 관하여/입문』, 그린비, 2023, 130~131쪽.

구분을 하지 않는다. 언어의 관습적 본성에 의해 철학자는 단어의 의미에 신경 써서는 안 되고 단지 실재의 본성에 관심을 가져야 한다는 스피노자의 전제가 정당화된다. 더욱이 언어에 대한 스피노자의 철학적 이론은 『윤리학』 2부 정리40의 주석1에서 볼 수 있는 것처럼 뚜렷한 유명론적 성향을 가지고 있다. 그는 아마도 홉스로부터 그러한 유명론을 가져왔을 것이다.

17세기에는 품사 이론이 매우 다양했다. 일반적으로 품사는 여덟 종류로 나뉘었는데, 그중 명사와 동사가 중요한 것으로 간주된다. 전통적인 히브리어 문법에서 품사는 세 가지 주요 종류로 나뉜다. 명사, 동사, 불변화사particle가 그것이다. 스피노자의 히브리어 문법책인 『히브리어 문법 강요』의 뚜렷한 특징은 스피노자가 거의 모든 품사를 명사라고 생각한다는 점이다. 그러한 까닭에 스피노자는 방금 언급한 예외[동사, 불변화사]를 제외한 모든 품사를 명사라고 지칭한다(5장).

하지만 그의 문법 체계에도 동사가 존재한다. 스피노자는 여섯 가지 명사적 범주nominal categories가 있다는 결론에 도달한다. 부정사적 명사infinitive noun는 그의 '명사의 종류'genders of the noun 목록에서 다섯 번째이다(5장). 부정사에는 무엇보다도 고유명사의 특징이 있으며 복수로 쓰일 수 없다. 그런데 스피노자는 활동을 표현하는(12장) 이러한 노멘 인피니티붐nomen infinitivum(부정사적 명사)을 활용을 통해 동사가 도출되는 명사로 간주한다. 부정사가 인칭 접사personal affixes를 취할 때 그것은 활용되며, 접사를 가진 부정사적 명사는 동사라고 불린다(13장). 따라서 동사는 시간과 관련하여 주어에 대해 어떤 것을 서술하는 단어이며(5장), 그 자체로는 시간과 관련이 없는 노멘 악티오니스nomen actionis(행위 명사)로부터 파생된다(5장).

동사의 명사적 기원을 강조함으로써 스피노자는 히브리어에서 제일 먼저 만들어진 단어가 명사였다는, 히브리어 문법학자들 사이에서 흔히 볼 수 있었던 발생론적 설명을 지지한다. 이러한 견해는 예를 들어 아브라암 데 발메스Abraham de Balmes(1440경~1523경)의 저작들에서 발견될 수 있는 것으로 히브리어의 기원에 관한 아이디어와 관련이 있다. 아담은 실재들에 한정사/속성attributes이나 (굴절된) 동사가 아니라 **이름/명사**names를 부여하기 위해 피조되었다.[157] 이러한 이름들 ── 또는 명사 ── 로부터 다른 품사들이 파생되었다.

스피노자의 단일 품사 이론은 모든 것을 하나의 실체로 환원하려는 그의 철학 체계의 결과라는 제안이 있다. 그러나 스피노자가 단 하나의 품사만 존재한다고 보지 않았다는 점에 주목해야 한다. 그는 어떤 범주는 명사에 포함될 수 없다는 사실을 명시적으로 언급한다. 동시대 문법학자들 중에는 조지 달가노George Dalgarno(1626~1687)가 단 하나의 품사, 즉 명사만 상정한 유일한 인물이었다. 그에게 불변사들, 즉 이차적인 품사들은 모두 명사에 그 기원이 있다.

· **관련 항목** : 초월적인 것, 실체

원문

Deinde cum verba sunt pars imaginationis, hoc est quod prout vage ex aliqua dispositione corporis componuntur (…) *possint esse causa multorum errorum*(TIE 89, G II. 33). *Philosophos verbales* (…) *res enim ex nominibus judicant, non autem nomina ex rebus*(CM

---

157 「창세기」 2:19. [옮긴이] "들짐승과 공중의 새를 하나하나 진흙으로 빚어 만드시고, 아담에게 데려다 주시고는 그가 무슨 이름을 붙이는가 보고 계셨다. 아담이 동물 하나하나에게 붙여 준 것이 그대로 그 동물의 이름이 되었다."

1.1). *Chimaeram, quia neque in intellectu est, neque in imaginatione, a nobis ens verbale commode vocari posse*(CM 1.3). *Nullius momenti iis, qui de rebus, non vero de nominibus sunt solliciti*(CM 1.6). *Si forte* (ut soleo propter verborum penuriam) *aliquid obscure posui*(Ep6). *Dividitur apud Latinos oratio in octo partes* (⋯) *Nam omnes Hebraeae voces, exceptis tantum interjectionibus et conjunctionibus et una et altera particulara vim et proprietates nominis habent*(CG 5). *Nomina infinitiva exprimunt actionem vel ad agentem relatam, vel ad patientem*(CG 12). *Nomina infinitiva quatenus sic conjungata verba appellabimus*(CG 13).

참고문헌

2차 문헌

Klijnsmit, A.J., *Balmesian Linguistics. A Ch in the History of Pre-Rationalist Thought*(Amsterdam : Neerlandistiek, VU, 1992).

__________, 'More Notes on Spinoza's *Compendium*', unpubl. ms.

Michael, I., *English Grammatical Categories and the Tradition to 1800*(Cambridge : Cambridge University Press, 1970).

Pettit, Ph., *Made with Words. Hobbes and Language*(Princeton : Princeton University Press, 2009).

— **얀 노르데흐라프**

모세|Moses(모세스)

『신학정치론』 8장에서 스피노자는 "모세오경[158]과 여호수아, 판관기, 룻기, 사무엘상하, 열왕기상하는 저자들 자신이 직접 쓰지 않은 것으로 보인다"라고 말한다. 스피노자에 따르면, 모세가 모세오경의 저자가 될 수 없음을 처음 지적한 이는 이븐 에즈라Ibn Ezra인데, 그는 「신명기」 주석서

158　[옮긴이] 구약성서에 있는 첫 다섯 권의 책 창세기, 출애굽기, 레위기, 민수기, 신명기를 말한다. 모세가 쓴 다섯 권의 경전이라 하여 '모세오경'이라 불린다.

에서 그 이유를 모세오경에 모세의 사후에 일어난 사건이 열거되어 있기 때문이라고 말한다.[159] 『리바이어던』(33장)에서 홉스가 에즈라의 주장에 동의했던 것처럼, 스피노자도 그의 견해에 전적으로 동의하면서 모세오경에 있는 모세 사후의 여러 역사 기록 사례를 덧붙인다. 모세가 모세오경의 저자라는 문제는 스피노자가 모세를 바라보는 더 큰 전체적 시각 속에서 하나의 세부 사항에 지나지 않는다. 그의 주요 관심은 모세가 "교사 또는 예언자[선지자]"이자 "입법자 또는 통치자"라는 것에 있다.(TTP 5.7).

스피노자는 모세가 신께서 "진짜 목소리로 히브리인들에게 명하고자 한 율법을 계시(「출애굽기」 25 : 22, 「신명기」 5 : 4, 「민수기」 12 : 6~7)" 한 유일한 사람이었음을 강조하면서 구약의 예언자들 가운데 모세의 출중함을 인정한다(TTP 1.10~11). 이는 예외적인 사건이었는데, 신의 계시는 보통 징표signs(표적)를 통해 일어나기 때문이다. 다른 곳에서 스피노자는 모세를 단순히 "가장 위대한 예언자"라고 부른다(TTP 11.7). 스피노자의 관심사는 시나이산[시내산]에서 실제로 일어난 사건이 아니라, 오히려 모세가 신을 만난 일에 대해 성서가 어떻게 이야기하는지였다. 스피노자에 따르면 성서 해석은 많은 실제 **사건들**의 실제 역사에 관한 진리를 재건하려는 시도가 아니라, 이러한 사건들과 관련된 성서 본문의 도덕적 의미를 이해하려는 시도이다. 따라서 「신명기」 31장 27절에서 모세가 자신이 죽고 난 후 히브리인들이 분명 신에게 반항할 것이라고 경고한 것은 "그가 그것을 보다 생생하게 상상할 수 있기는 했지만 [그의 말은] 장차 이스라엘 민족의 변절을 수사적으로 예언한 비유적 표

159　[옮긴이] 신명기 34장 6~12절 참고.

현에 불과하다"(TTP 11.6).

그렇다고 해서 모세의 성경적 탈월성biblical pre-eminence이 줄어들지는 않는다. 다만 예언자인 모세가 제공할 수 있었던 것은 도덕적 확실성 뿐이었다. 스피노자는 이런 결론을 「신명기」 13장에 나오는 모세 자신의 말에서 추론하는데, 그곳에서 모세는 주께서 자신의 백성을 거짓 계시를 통해 시험하기도 하므로 예언자의 계시는 본질적으로 의심의 여지가 있으며 기껏해야 아주 그럴듯한 것일 뿐이라고 이야기한다(TTP 2.6).[160] 모세의 예언들은 다른 예언자들의 예언과 마찬가지로 모세의 믿음에 맞추어진 것이다. 왜냐하면 계시의 내용이 어떠하든 계시받은 이의 상상력의 본성에 따라 결정될 수밖에 없기 때문이다(TTP 2 마지막 부분).[161] 예컨대 모세에게 이스라엘이 천사의 돌봄을 받을 것이라고 계시된 일을 들 수 있다(「출애굽기」 33 : 2~3). 신께서 스스로 다른 모든 민족들 중에 이스라엘 민족을 선택했다는 모세의 확신(「신명기」 10 : 15) 또한 신께서 자신을 히브리인의 이해 수준에 맞춘 사례로 이해되어야 한다.

다음으로 스피노자는 입법자이자 정치가인 모세의 약속 문제로 나아간다. 그가 모세를 그리스도와 비교하는 것은 의미심장하다. "그리스도는 유대인들뿐만 아니라 모든 인류를 가르치도록 보내졌기 때문에"

---

160 [옮긴이] "1 내가 너희에게 명령하는 이 모든 것을 너희는 성심껏 실천하여야 한다. 거기에 한마디도 보태지 못하고 빼지도 못한다. 2 예언자라는 사람이나 꿈으로 점친다는 사람이 너희 가운데 나타나 표적과 기적을 해 보인다고 장담하고, 3 그 장담한 표적과 기적이 그대로 이루어진다고 하더라도, 너희가 일찍이 알지도 못하고 섬겨 본 일도 없는 다른 신들을 따르자고 하거든, 4 그 예언자나 꿈으로 점치는 사람의 말을 듣지 마라. 그것은 너희 하느님 야훼께서 과연 너희가 마음을 다 기울이고 정성을 다 쏟아 너희 하느님 야훼를 사랑하는지 시험해 보시려는 것이다. 5 너희의 하느님 야훼만 따르고 그분만을 공경하여라. 그의 명령만 지키고 그의 말씀만 들어라. 그분만 섬기고 그에게만 충성을 바쳐라"(신명기 13:1~5).

161 [옮긴이] 아마도 2장 52~53절을 염두에 둔 것이라 생각된다(GIII. 42 ; C II. 109 참조).

그는 "인류에게 보편적인 견해와 학설 곧 공통적이고 참된 관념"에 맞추어진 정신을 가져야 했다(TTP 4.31). 그래서 스피노자는 계속 "예언자들에게 계시하셨던 것처럼 말과 이미지를 통해서가 아니라 그리스도 즉[sive] 그리스도의 정신에는 신께서 자신을 직접 계시했다는 사실에서, 우리가 이해할 수 있는 유일한 것은 그리스도가 계시된 것을 진정으로 지각하셨다는 것, 즉[sive] 이해하셨다는 것뿐이다"(TTP 4.32)라고 말한다. 한편 모세는 오직 이스라엘의 구원자였다. 그의 계시는 그 자신의 이해에 **맞추어진** 것이었고, 그의 율법은 "보편적인 것이 아니라 대체로 하나의 민족[히브리 민족]의 정신성과 보존에 맞추어진 것이었다"(TTP 4.17). 어떤 의미에서 모세가 제정한 율법은 (아주 운 좋은) 오해의 결과였다고 해야 한다.

예컨대 우리는 심지어 모세도 계시에 의해 또는 그에게 계시된 것으로부터 이스라엘 백성들이 세계의 특정 지역에서 가장 잘 결합될 수 있고 완전한 사회질서를 형성할 수 있는 또는 국가를 세울 수 있는 방법을 지각했다고 말해야 한다. 그는 또한 이스라엘 백성이 가장 잘 복종하도록 강제될 수 있는 방법을 지각했다. 그러나 모세는 이 방법이 최선이라는 점을 또는 심지어 그들이 겨냥한 목표조차 그와 같은 세계의 한 지역에 사는 민족의 일반적 복종에서 필연적으로 따라 나올 수 있는 것임을 지각하지 못했으며, 그에게 이러한 점은 계시되지도 않았다. 그래서 그는 이 모든 일들을 영원 진리로서가 아니라 계율과 법령으로 지각했고, 이를 이스라엘 백성들에게 신의 율법으로 명령했다. 모세가 신을 백성을 긍휼히 여기고 정의로운 등등의 특성을 지닌 통치자, 입법자, 왕으로 상상했던 이유이다. 이 모든 특성은 단지 인간의 본성에만 속하며 신적 본성으로부터는 완전히 제거되어야 하는 것임에도 말이다(TTP 4.29~30 ; G III. 64 ; C II. 132~133).

이것이 모세가 정한 전례ceremonial observances가 더 이상 유지되지 않은 이유이다. 그가 정한 전례는 히브리 국가에만 속했으며 [보편적인] 도덕적 승인moral sanction을 받을 수 있을 만한 것이 아니었다. 전례의 보편성 결여는 전례가 물리적 처벌을 통해 강제되었다는 사실에서 분명히 드러난다. 반면 그리스도의 법은 보편적이며 오직 영적인 보상만을 약속한다(TTP 5.8 ; G III. 70 ; C II. 140 참고).

스피노자에 따르면, 이는 영원 진리에 대한 분명한 이해에 근거한 보편적 도덕성으로 충분하다는 것을, 그리고 그리스도가 모세의 율법을 '폐지'했다는 것을 말하는 것이 아니다. 모세가 없었다면, 이스라엘은 분명 멸망했을 것이다. 어떤 식으로든 모세는 수년간의 포로생활 후 형편없던 이스라엘 상태로 인해 히브리인의 생존을 보장하기 위한 세 가지 특별한 조치를 취하지 않을 수 없었다. 먼저 모세는 자기 백성들의 가장 강력한 영감의 원천인 두려움을 헌신으로 바꾸어 놓기 위해 국가 종교를 도입했다. 다음으로 "그는 또한 그들에게 은혜와 함께 의무를 지게 하고 신의 이름으로 그들에게 장래에 많은 것을 약속했다". 이렇게 하여 모세는 히브리인들을 감사해하고 희망에 찬 사람들로 바꾸어 놓았다. 마지막으로 그는 각자, 그리고 자기 국가의 모든 구성원이 "그 통치자에게 달려 있어야 한다"(TTP 5.29 ; G III. 75 ; C II. 146)라는 취지에서 반드시 자기 백성의 개인적 삶의 가장 내밀한 세부 사항조차도 전례들과 항상 연결되도록 만들었다. "그들의 삶은 너나 없이 복종을 지속적으로 함양하는 과정이었다"(TTP 17.88 ; G III. 216 ; C II. 316).[162] 그들은 누가 자신들을 노예 상태에서 구해 주었는지 결코 잊지 않았으며, 특히 순종을 장려하도록 고안된 계약을 맺음으로써 성과를 거둘 수 있었다(TTP 14.7).

다음으로 스피노자는 이스라엘 백성들이 이집트를 탈출한 후 그들 자신의 새로운 법을 제정할 자유가 있었으나 그들의 모든 자연권을 오직 자신들의 해방을 책임지고 있는 신에게만 이양하기로 결정했다고 강조한다. 그리고 히브리인들은 모세를 진정한 예언자로 인정했기 때문에, 모세의 예언적 계시에 대한 그들의 복종은 무조건적이었다. 그러나 이스라엘에 대한 통치권을 가진 이는 신이었다. 이스라엘은 모세의 왕국이 아니라 신의 왕국이라고 불렸으며, 이스라엘의 모든 적은 신의 적이었다. 이스라엘 국가의 내부 구조에 있어, 시민법과 종교civil law and religion는 구별되지 않았으므로 이스라엘은 사실상 신정국가였다(TTP 17). 하지만 모든 이스라엘인이 똑같이 자신의 권리를 오직 신에게 양도하여 평등해졌다는 첫 번째 언약은 그들이 그들에게 말씀하시는 신에게 귀 기울이기를 원하지 **않게** 되자 완전히 새로운 국면을 맞게 되었다. 「출애굽기」 19장 16절과 20장 18~20절에서 볼 수 있다시피, 그들은 '불길 속에서 말씀하시는 신'이 너무 두려워 모세에게 신을 대신하여 자신들에게 말씀해 달라고 요청했다. 이는 모세가 군주정을 수립한 계기가 되었지만, 모세가 후계 예언자들(그의 형제 아론과 레위지파)에게 어떠한 시민의 권리도 갖지 못하도록 명령하고 생계를 다른 부족에게 의존하게 만들었다는 사실에 비추어 볼 때, 모세는 실제로 세습군주제 도입을 피한 것이다.

162　[옮긴이] 원문에는 19장이라고 되어 있으나 바로잡았다.

한편 유대교 제사장들은 군대를 통솔할 수 없었다.[163] 그러므로 모세는
자신의 뒤를 이을 이들이 대리인ministers, 곧 국가의 관리servants가 되도록
확실히 조치했다(TTP 17).

　히브리 국가의 역사로부터 스피노자는 몇 가지 정치 원리를 도출한
다. 첫째, 모세의 사례는 "최고 통치권을 지닌 최고 통치자를 선출하는
일은 신의 왕권과 반대되지 않는다"(TTP 18.3)라는 것을 보여 준다. 그
런데 모세의 가르침이 무시당하면서 히브리인들 사이에 군주정이 서서
히 출현하기 시작했다는 사실은 세습군주에게 통치권을 부여하는 것보
다 인민 주권설popular sovereignty이 국가 내부의 평화에 훨씬 이롭다는 점
을 보여 준다. 스피노자에 따르면, 모세와 그의 후계자들의 역사에 의해
다음과 같은 점이 증명된다.

　1. 성스러운 일에 종사하는 성직자에게 [종교적인] 법령을 제정하거나
국사國事를 다스리는 권한을 부여하는 일이 종교와 국가 양쪽에 얼마나
파괴적인 일인지….

　2. 순전히 사변적인 것을 신적 권한에 속하는 문제로 만드는 일과 사람
들이 흔히 논쟁하거나 논쟁할 수도 있는 의견에 관한 법률을 제정하는
일이 얼마나 위험한지….

　3. 최고 권력이 허용 가능한 것과 그렇지 않은 것을 구별하는 권리를 부
여하는 일이 국가와 종교 양쪽에 얼마나 필수적인지.

　4. 마지막으로 사람들이 왕의 통치 아래 사는 데 익숙하지 않고 이미

163　[옮긴이] "한편 이 대제사장은 신에게서 신의 답변을 전달받는 역할을 하지만 군대를 갖지
　　못했고 [군에 대한] 합법적 지휘권도 갖지 못했다"(TTP 17. 51 ; G III. 209 ; C II. 307).

법을 세워 놓았을 때 군주정을 선택하는 것이 얼마나 치명적인지(이상
TTP 18.22, 23, 27, 28 ; G III. 225~226 ; C II. 327~328).

· 관련 항목 : 성서, 예언자, 그리스도, 계시, 종교의식, 신정, 히브리 국가/히브리 민족

원문

Voce enim vera revelavit Deus Mosi leges, quas Hebraeis praescribi volebat (…) *Cogimur distinguere inter Prophetiam Mosis et reliquarum Prophetarum*(TTP 1, G III. 17). *Deut. Cap. 13. monet Moses, quod si quis Propheta novos Deos docere velit, quamvis suam confirmet doctrinam signis, et miraculis, mortis tamen damnetur : nam, ut ipse Moses pergit Deus signa etiam et miracula facit ad tentandam populam* (…) *Moses non satis percipit, Deum esse omniscium, humanasque actiones omnes ex solo decreto dirigi* (…) *Si jam ad Mosis revelationes attendamus, eas hisce opinionibus accomodatas fuisse reperiemus* (…) *Moses nullam Dei imaginem in cerebro formaverat*(TTP 2, G III. 31, 38~40). *De ipso Mose etiam dicendum est eum ex revelatione vel ex fundamentis ei revelatis percepisse modum, quo populus Israeliticus in certa mundi plaga optime uniri posset et integram societatem formare, sive imperium erigere ; deinde etiam modum, quo ille populus optime posset cogi ad obediendum, sed non percepisse modum illum optimum esse* (…) *Quapropter haec omnia mon ut aeternas veritates, sed ut praecepta et instituta percepit et tanquam Dei leges praescripsit ; et hinc factum est, ut Deum rectorem, legislatorem, regem, misericordem, justum etc. imaginaretur ; cum tamen haec omnia solius humanae naturae sint attrributa et a natura divina prorsus removenda*(TTP 4, G III. 64) ; TTP 5, G III. 70 ; TTP 8, G III. 118. *Cum Moses Deuter. Cap. 31. vers. 27 Israelitis dixit* (…) *Quare verba illa Mosis moralis locutio tantum sunt, qua rethorice et prout futurum populi defectionem vividius imaginari potuerat*(TTP 11, G III. 152). *Deus Mosi ad singularem gratiam ipsi largitam indicandum ait* (…) *nomine meo Jehova non sum cognitus ipsis*(TTP 13, G III. 169). *Moses non suduit Israelitas ratione convincere, sed pacto, juramentis et beneficiis obligare*(TTP 14, G III. 174). *Moses nullum talem succesorem eligit, sed imperium* (…) *theocraticam appellari potuerit*(TTP 17, G III. 207~208). *Hebraei* (…) *imperii jus in Mosen trans tulerunt, qui deinceps rex absolute mansit*(TTP 18, G III. 230).

참고문헌

1차 문헌

Hobbes, Th., *Leviathan*.

2차 문헌

Bunge, W. van, 'Spinoza and the Idea of Religious Imposture', in T. van Houdt, J.L. de Jonge, Z. Kwak, M. Spies, M. van Vaeck(eds.), *On the Edge of Truth and Honesty. Principles and Strategies of Fraud and Deceit in the Early Modern Period*(Leiden and Boston : Brill, 2002), pp. 105~126.

Terpstra, M., 'De betekenis van de oudtestamentische theocratie voor de politieke filosofie van Spinoza. Een hoofdstuk uit de geschiedenis van de politieke theologie', *Tijdschrift voor filosofie*, no. 60(1998), pp. 292~320.

Zac, S., 'Spinoza et l'état des Hébreux', in S. Hessing(ed.), *Speculum Spinozanum, 1677-1977*(London, Henley and Boston : Routledge and Kegan Paul, 1977), pp. 543~571.

— 빕 판 뷩어

목적 → 피니스를 보라.

무Nihil(니힐)

스피노자의 라틴어 저작에는 니힐에 대한 여러 언급이 있으며, 때때로 가끔 그에 상응하는 네덜란드어 '닛'niet에 대한 언급도 있다.

스피노자가 이 용어를 사용하는 두 가지 중요한 맥락이 있다. 첫째, 무는 어떠한 속성도 갖지 않는다는 공리를 논의하는 맥락이다. 데카르트는 『철학의 원리』 1부 11항 첫머리에서 지각은 신체의 실존보다 정신의 실존을 보다 명확하게 보여 준다는 점을 주장하기 위해 비슷한 공리에 호소한다.[164] 그리고 나중에 2부 16항에서 그는 특수한 연장은 어떤 것이든 어떤 실체에 속해야만 한다는 사실로부터 진공의 불가능성을 도출한다.[165] 스피노자는 데카르트의 『철학의 원리』 요약에서는 이 공리를 이용해 같은 결론을 얻었지만(PPC 2lem1d ; G I. 185 ; C I. 266), 『윤리학』에는 진공에 관한 결과적 논의만 포함되어 있다(E1p15s).

두 번째 맥락은 무로부터는 아무것도 산출되지 않는다는 인과 공리와 관련된 것이다(PP I. 18). 『철학의 원리』 요약[PPC]에서 스피노자는 "실존하는 어떤 것도 그 실존의 원인으로 무를 가질 수 없다"라는 데카르트의 공리를 받아들여 결과가 그 원인보다 더 많은 실재성이나 완전성을 가질 수 없음을 보여 준다.[166]

그러나 스피노자의 저작을 보면 그가 데카르트보다 더 강한 형태의 공리를 받아들였음을 보여 준다. 왜냐하면 특히 『윤리학』 1부의 중요 공리4는 결과가 개념적으로 그것의 원인을 '함축'하고 '의존'함을 요구하고 있기 때문이다. 스피노자는 정신과 신체가 개념적으로 독립적인 속성들을 포함하고 있다고 생각한다는 점에서 데카르트를 따르기 때문에, 그

---

164 [옮긴이] "무無는 어떠한 성질affectiones sive qualitates(상태 혹은 성질들)도 가지고 있지 않다는 것은 자연의 빛lumine naturali, lumen naturale에 의해 아주 잘 알려져 있다"(원석영 II. 15).

165 [옮긴이] "공간 혹은 내적 장소의 연장은 물체의 연장과 다르지 않기 때문에, 철학적인 의미로서의 진공, 즉 그 안에 어떤 실체도 존재하지 않는다는 의미로서의 진공이란 있을 수가 없다"(원석영 II. 79).

166 [옮긴이] 본문에 언급된 데카르트의 『철학의 원리』 1부 18항의 공리는 다음과 같다. "무無로부터는 무無가 생성되며, 더 완전한 것은 덜 완전한 것으로부터 생성되지 않는다는 것은 자연의 빛에 의해 잘 알려져 있기 때문이다"(원석영 II. 21). 저자가 요약하여 인용한 스피노자의 『데카르트의 『철학의 원리』』 1부 공리7의 정확한 내용은 "현행적으로 실존하는 어떤 실재도, 그리고 그 실재의 현행적으로 실존하는 어떠한 완전성도, 그 실존의 원인으로 무, 곧 실존하지 않는 실재를 가질 수 없다"라는 것이다. 이 공리에 의거하여 스피노자가 보여 주었다고 언급된 내용은 이어지는 공리8의 설명 부분에 나온다(PPC Ia8 ; G I. 155 ; C I. 244).

는 정신과 신체가 인과적으로 상호작용할 수 없다고 결론 내린다. [하지만] 데카르트는 이따금 자신의 인과 공리가 정신-신체의 상호작용에 걸림돌이 되지 않는다고 주장하는데, 이는 그가 원인과 그 결과에 공통적인 실재성은 같은 속성과 관련하여 인식되어야 함을 요구하지 않는다는 사실로 설명될 수 있다. 그러나 「서신4」가 시사하는 것처럼, 스피노자는 만일 원인과 결과에 어떠한 공통적 속성도 없다면 결과가 그 원인과 공통적으로 갖지 않는 것은 무에서 생겨나야 할 것이라고 생각했다.[167]

· **관련 항목** : 진공, 구별, 속성

원문

Want van de Niet kan geen Iet voortkomen (⋯) De reden is, omdat de Niet geen eigenschappen konnende hebben, de Al dan alle eigenschappen moet hebben(KV 1.2). *Nulla res, neque ulla rei perfectio actu existens, potest habere nihil, sive rem non existentem pro causa suae existentiae*(PPC 1ax7). *Nihili nullae sunt proprietates*(PPC 2ax1). *Extensio sive spatium non potest esse purum nihil*(PPC 2lem1dem). *Inepta sit illa divisio qua dividitur ens in ens reale et ens rationis ; dividunt ens in ens et non-ens* (⋯) *ens rationis esse mere nihil*(CM 1.1). *Finitum, et imperfectum, id est, de nihilo participans*(CM 1.3) ; Ep4. *A nihilo nihil fit*(Ep10). *Nihili nullae sunt proprietates*(Ep13).

참고문헌

1차 문헌

Descartes, R., *Principia philosophiae.*

---

167 "끝으로 넷째, 서로 간에 아무 공통점도 없는 두 사물 중 하나는 다른 것의 원인이 될 수 없습니다. 이 경우 결과는 원인과 공통되는 것이 아무것도 없을 것이기 때문에, 이런 결과는 무無에서 자기 존재의 모든 것을 도출해 내야 할 것입니다"(이근세 26~27).

2차 문헌

Gueroult, M., *Spinoza I : Dieu*(Hildesheim : Olms, 1968).

Wilson, M.D., 'Spinoza's Causal Axiom(Ethics I, Axiom 4)', in Y. Yovel(ed.), *God and Nature : Spinoza's Metaphysics*(Leiden : Brill, 1991), pp. 133~160.

— **테드 슈말츠**

무신론Atheismus(아테이스무스)

무신론자라는 의혹을 받았던 스피노자는 올덴부르크에게 보낸 「서신 30」과 오스턴스Jacob Ostens에게 보낸 「서신43」에서 분노를 표출하면서 자신의 도덕성을 강조하는 방식으로 무신론자라는 비난에 반박한다. 일부 학자들에게 스피노자의 이러한 답변은 설득력이 없으며 그의 '마라노적' 경향을 보여 주는 징표에 불과하다고 간주된다.[168] 다른 학자들은 스피노자의 답변이 반드시 그의 내적 신념을 반영하는 것은 아니라고 본다.[169] 하지만 『신학정치론』에서는 스피노자 자신이 기적을 인정하고 신의 영원한 법칙에 의해 창조된 자연의 질서를 부정하는 이들을 무신론자라고 비난한다. 양측[스피노자를 비난하는 측과 스피노자 측] 모두 상대를 비방하기 위해 '무신론'이라는 용어를 사용한 것으로 보인다.

보에티우스는 무신론에 관한 논쟁에서 무신론이라는 말이 종종 아주 광범위하고 '중상모략적인 의미'로 사용된다고 지적한 바 있다.[170] 보다 구체적으로 반 벨트하위선은 '무신론자'를 '이신론자'와 동일시했다.

---

168 Misrahi 1977.

169 Caillois 1985.

170 Voetius 1648, p. 116.

이신론자는 메르센 신부가 『이신론자, 무신론자, 자유사상가들의 신성모독』*L'impiete des deistes, athees et libertins*(1624)이라는 책에서 다룬 집단으로, 이는 무신론을 다룬 초창기 소책자 중 하나였다. 반 벨트하위선에 따르면 스피노자는 창조주인 신Creator-God의 실존을 인정하지만 무신론자이다. 왜냐하면 그는 세계를 공허한 필연성에 종속시키기 때문이다. 이러한 숙명론fatalism은 도덕의 언어를 은유적이고 무의미한 것으로 만든다. 게다가 무신론은 국가에 대한 종교의 완전한 종속을 내포한다. 반 벨트하위선은 스피노자 철학을 무신론이라고 고발한 첫 번째 동시대인이었다. 세기가 바뀌기 전 두 명의 위그노교도 학자인 베일Pierre Bayle(1647~1706)과 이삭 자클로Isaac Jacquelot(1647~1708)가 반 벨트하위선을 따랐다. 베일은 스피노자를 '체계적 무신론자'atheist with a system라고 불렀으며, 자클로는 스피노자를 '에피쿠로스주의자'라고 비난했다. 라그레에 따르면, 두 명칭은 거의 같은 것이다. 왜냐하면 장 르클레르Jean Le Clerc, Johannes Clericus(1657~1736)가 말한 것처럼 에피쿠로스는 자신의 원자론에 기초하여 무신론적 철학 체계를 발전시킨 첫 번째 철학자였는데, 홉스와 스피노자는 이러한 무신론적 철학 체계를 부활시켰기 때문이다.[171] 그들은 그 헬레니즘 철학자[에피쿠로스]처럼 창조를 부정했으며 결과적으로 우연성과 인간의 자유를 부정했다.

17세기 후반기에 '무신론'이라는 용어는 온갖 종류의 종교적 일탈을 의미하는 아주 모호한 말이 되었다. 이에 상응하는 다양한 용어로는 미신, 우상숭배, 불경不敬, 자유사상, 이신론, 마키아벨리즘, 무차별주의,

---

171   Lagree 1994, pp. 543~544.

중립주의, 소치니파, 일반적인 이단 등이 있다.[172] 신 존재 부정은 전혀 어떤 철학을 무신론적이라고 부르기 위한 필요조건이 아니었다. 보에티우스는 심지어 아르미니우스 학자 제라두스 요하네스 보시우스Gerardus Joannes Vossius, Gerrit Janszoon Vos(1577~1649)는 『이교도 신학에 대하여』*De theologia gentili*에서 미치지 않고서야 인간이 신의 존재를 부정할 수는 없다고 말했다.[173] 이론적 무신론자 외에 다른 주요 무신론자의 범주로는 '실천적' 무신론자가 있다. 실천적 무신론자는 자신의 행동으로 신을

---

172   [옮긴이] '불경'은 'irreligion'을 번역한 것으로 단순히 '비종교'를 뜻한다기보다는 '종교적 가치에 대한 존중 없음' 또는 '신에 대한 불손함'을 의미하는 것이었다. '자유사상'libertinage(libertinism이라고도 한다)은 교회의 신성한 종교적·도덕적 가르침에 의문을 제기하는 태도를 나타내는 말로, 사실상 신 없이 쾌락주의적으로 사는 '실천적 무신론'practical atheism과 다를 바 없다고 여겨졌다. '이신론'deism은 신의 존재와 창조는 인정하되 이후의 섭리나 계시를 부정하거나 최소화하는 철학적·신학적 입장을 일컫는 말이다. 마키아벨리즘Machiavellianism은 주지된 바와 같이 정치적 목적을 위해 수단과 방법을 가리지 않는 니콜로 마키아벨리의 현실주의적 정치철학을 일컫는 말이다. 정치 영역에서 신의 법(도덕)을 명시적으로 배제하고 종교를 정치적 도구로만 취급하는 '정치적 무신론'으로 간주되었다. '무차별주의'indifferentism('무관심주의' 또는 '종교적 무차별[무관심]주의'라고 번역되기도 한다)'는 모든 종교가 본질적으로 동등하며 특정 종교가 절대적 진리를 독점하지 않는다는 주장을 가리킨다. 종교개혁 및 반종교개혁 이후 30년 전쟁(1618~1648)을 거치며 종교적 독단주의에 대한 회의와 관용론이 확산하던 17세기에 등장하기 시작한 관념으로, 개념적 토대는 계시 종교의 특수한 교리나 의례를 부차적으로 보고, 인간 이성으로 파악할 수 있는 보편적 '자연 종교'가 존재한다고 주장한 영국의 이신론자deist인 허버트Herbert of Cherbury(1583~1648)가 만든 것으로 평가된다. 1832년 교황 그레고리오 16세의 회칙回勅에서 '그릇되고 왜곡된 견해'opinio perversa로 규정되었으며, 개신교 정통 신학자들 또한 기독교의 존립을 위협하는 주장이라고 비난해 마지않았다. 20세기 '종교 다원주의'religious pluralism와 유사한 측면이 있는 역사적 전례로 볼 수 있다(종교적 무차별주의는 『편람』 2판에 추가된 것이다). '중립주의'neutralism는 종교 문제(예컨대 가톨릭과 개신교 문제 등)에서 어느 편에도 서지 않고 신앙고백을 유보하거나 거부하면서 종교적 분쟁에서 중립을 지키려는 태도를 뜻한다. 신에 대한 열정보다 세속적인 평화나 안정을 더 중요하게 여기는 태도로 여겨졌으며 무신론과 동일한 결과를 낳는 무신론의 변종으로 분류되었다. 소치니파Socinianism는 성경의 기적이나 초자연적 요소를 축소하고 합리화하여 무신론으로 여겨졌다. 소치니파에 대해서는 이 책 246쪽 옮긴이 주 25번 참고.

173   Vossius, *De theologia gentili*, 1.3.

부정한다. 보시우스가 분류한 다른 종류의 무신론으로는 신의 섭리를 부정함으로써 인간에게 사랑을 불러일으키지 못하는 에피쿠로스적 무신론과, 신은 인간의 덕을 현세에서만 보상한다고 믿는 사두개파Sadducean의 신개념 등이 있었다. 보에티우스는 무려 열두 종류의 무신론을 열거한다.

그러나 보에티우스에 따르면 온갖 종류의 무신론을 판단할 수 있는 공통 기준이 있다. "직접적으로든 간접적으로든" 무신론은 "신에 대한 올바른 인식, 신에 대한 참된 신앙 및 정당한 예배"와 모순된다는 것이다. 이는 "자신이나 타인에게 종교와 도덕성을 제거하려는 시도를 동반할 수 있다". 두 번째 부분은 특히 참된 종교를 적절히 증진하지 않고 가짜 종교를 부당하게 용인했던 집정자執政者와 관련된다. 첫 번째 부분은 회의론자와 모든 잘못된 철학자들의 무신론을 비난하고 있다. 특별히 무신론에 대한 이 정의에서 신에 대한 인식이 도덕성과 본질적으로 연결되어 있다는 점을 주목할 필요가 있다. 이러한 연결은 오스턴스가 연결해준 반 벨트하위선과 스피노자의 서신 교환에서도 전제되며(Ep42~43), 베일이 '덕 있는 무신론자'를 언급하기 전까지는 학자들 사이에서 당연한 것으로 받아들여졌다. 그러므로 17세기 담론의 문맥에서 반 벨트하위선에 대한 스피노자의 답변(Ep43)은 분명 적절한 것이었다.[174]

· **관련 항목** : 신, 피에타스, 믿음/신앙, 믿음의 기초, 성서, 종교, 종교의식

---

174 [옮긴이] "첫째로 그[반 벨트하위선]는 '제가 출신이 어디인지 또 어떤 삶의 규칙을 갖고 있는지 전혀 관심이 없다'라고 말합니다. 그가 그것을 알았더라면, 제가 무신론을 설파한다고 그토록 쉽게 확신하지 않았을 것입니다. 실제로 무신론자들은 무엇보다도 명예와 부를 추구하는 습관을 갖고 있습니다. 저를 아는 모든 이가 알고 있듯이 명예와 부는 제가 항상 대수롭지 않게 여기는 것들입니다"(G IV. 219 ; 이근세 273. 번역은 일부 수정).

Vulgus me atheismi insimulare non cessat(Ep30). *Primo ait* (⋯) *me atheismum docere. Solent enim athei honores et divitias supra modum quaerere, quas ego semper contempsi*(Ep43). *Res eo jam pervenit, ut qui aperte fatentur se ideam Dei non habere et Deum non nisi per res creates* (quarum causas ignorent) *cognoscere, non erubescant Philosophos atheismi accusare*(TTP 2, G III. 30). *Si quid* (⋯) *ordini, quem Deus in natura statuit, repugnaret, adeoque contra naturam ejusque leges esset et consequenter ejus fides nos de omnibus dubitare faceret et ad atheismum duceret*(TTP 6, G III. 86~87).

참고문헌

1차 문헌

Voetius, G., 'De atheismo' and 'An sint athei', in *Disputationum selectarum pars prima*(Amsterdam, 1648), pp. 116~226.

Vossius, G.J., *De theologia gentili*(Amsterdam, 1641).

2차 문헌

Barth, H.M., *Atheismus und Orthodoxie, Analysen und Modelle christlicher Apolegetik im 17. Jahrhundert*(Göttingen : Moltmann, 1971).

Caillois, R., 'Spinoza et l'athéisme', in E. Giancotti(ed.), *Spinoza nel 350° anniversario della nascita. Proceedings of the First Italian Congress on Spinoza*(Naples : Bibliopolis, 1985), pp. 3~33.

Krop, H.A., 'Spinoza and the Low Countries', in *The Cambridge History of Atheism* (Cambridge : Cambridge University Press, 2021), pp. 223~241.

Lagrée, J., 'Spinoza, athée et épicurien', *Archives de Philosophie*, no. 57(1994), pp. 541~558.

Misrahi, R., 'L'athéisme et la liberté chez Spinoza', *Revue internationale de philosophie*, no. 31(1977), pp. 217~230.

Mori, G., 'L'athée spéculatif selon Bayle, permanence et développements d'une idée', in M. Magdelaine(ed.), *De l'humanisme aux lumières. Bayle et le protestantisme*(Paris and Oxford : Universitas and Voltaire Foundation, 1996), pp. 595~609.

Schöder, W., *Urprunge des Atheismus. Untersuchungen zur Metaphysik- und Religionskritik des 17. und 18. Jahrhunderts*(Stuttgart : Frommann-Holzboog, 1999).

— 헨리 크롭

무한infinitum(인피니툼)

스피노자는 초기 저작부터 줄곧 유한과 무한의 고전적인 구별 방식을 받아들였지만, 이 개념들을 자신의 체계가 규정하는 방식으로 정의한 것은 『윤리학』1부와 「서신12」에서였다.

스피노자는 유한을 그것의 제한된 본성 내지 부정적 본성으로 정의한다. 『윤리학』1부 정의2는 다음과 같이 말한다. "실재는 자신의 유 안에서 유한하다고 이야기된다. 그것은 동일한 종류의 다른 실재에 의해 제한될 수 있다." 그리고 『윤리학』정리8의 주석1에서는 "유한한 존재는 사실 (…) 부분적 부정"이라고 말한다. 쇼뱅에 따르면, 첫 번째 관념은 관습적인 것이고 두 번째 관념은 데카르트에 기원이 있다. 그는 다음과 같이 말한다. "어떤 실재가 유한하다는 것은 모든 실재성 또는 완전성을 포함하고 있지 않다는 뜻이다. 그래서 데카르트주의자들은 세계가 연장에 의해 무한하다고 가정하지만, 그것은 그 본질 또는 완전성에 의해 유한하다."[175]

유한에 대한 이러한 부정적 관념은 스피노자주의를 일종의 범신론으로 해석하는 모든 독해를 지지하는 것처럼 보이는데, 이는 유한한 실재를 유일한 실체 속으로 다시 흡수되어야 할 운명인 단순한 부수 현상epiphenomena으로 생각하는 경향이 있다. 그러나 다른 텍스트를 보면 그러한 독해에 반하는 구절을 확인할 수 있으며, 그곳에서 유한은 또한 독특한 것과 동의어라고 언급된다(E1p28).[176] 우리가 사는 실재적 우주는 각각 그 자신의 역량을 가지고 있는 독특한 실재로 이루어져 있으며, 그것

---

175 Chauvin, *Lexicon philosophicum*.
176 [옮긴이] "모든 독특한 실재, 곧sive 유한하고 규정된 실존을 갖는 모든 실재는…"(E1p28).

들의 한계를 나타내는 부정은 동시에 그것들의 개별성을 보증하는 규정이다. 자연적 개체는 저마다의 역량을 소유하고 있는데, 이는 스피노자가 『정치론』에서 말하는 것처럼 단지 신의 영원한 역량의 변형일 뿐이다(TP 2.2).[177] 유한을 무한의 가치절하로 여기지 않고 구체적 존재들로 이루어진 우주 안에서 무한한 것에 의해 획득된 실존의 특수한 형태로 해석할 수 있는 것은 이러한 이유 때문이다.

이런 이유로 스피노자는 같은 주석(E1p8s1)에서 무한을 "본성에 대한 절대적 긍정"이라고 정의하고 그것을 실체의 무한성의 결과로 묘사한다. 여기에서 신의 절대적 무한성은 그 본질이 모든 부정을 배제하는 것으로 정의된다(E1d6). 이는 전통적인 '절대적' 무한 개념으로, '어떤 [특정한] 측면에서' 무한한 것과 반대된다.[178] 그러나 '무한'이라는 용어는 여러 실재에 적용될 수 있다. 첫째, 수학자들이 다루는 무한이 있다. 이 경우 스피노자가 마이어에게 제안한 것처럼 '무한정한'indefinite이라는 용어를 쓰는 것이 좋다(Ep12 ; G IV. 61 ; 이근세 83).[179] 그는 수, 측정, 시간을 올바른 의미에서 무한으로 간주할 수 없다고 명확히 말한다. 왜냐하면 그것들은 단지 상상의 도구일 뿐이기 때문이다. 올바른 의미의 무한은 실체, 속성들, 특정 양태들에만 귀속시킬 수 있는 용어이다. 실체는 절대적으로 무한하다. 다시 말해서 실체는 어떠한 실체에 의해서도 제한될 수 없을 뿐만 아니라 무한한 것들(속성들)로 이루어져 있다. 속성

---

177 [옮긴이] "자연의 실재를 실존하게 하고 그러므로 또한 작업하게 하는 힘은 바로 신의 영원한 힘 외의 다른 것일 수 없다. (…) 저 [신의 영원한] 힘은 자연적 실재가 창조되기 위해 필요하고 계속 실존하기 위해 필요한 힘과 같은 힘이다"(공진성 61. 용어는 수정).

178 Micraelius, *Lexicon philosophicum*.

179 [옮긴이] "끝으로 무한하다고, 또는 더 정확히는 무한정하다고 말할 수 있는 것들이 있습니다."

은 단지 자신의 유 안에서 무한하다. 다시 말해서 그 본성(연장, 사유, 우리에게 알려져 있지 않은 다른 모든 속성)은 어떠한 제한도 허용하지 않지만, 속성들 각각에 대해 다른 속성에 속하는 양태들의 종적 특성은 부정될 수 있다. 이와 달리 특수한 양태들은 이를테면 어떤 사유는 다른 사유를 제한하고 어떤 물체는 다른 물체를 제한한다.[180] 그러나 직접적으로든 간접적으로든 속성의 본성에 의존하는 양태들 또한 무한하다. 애석하게도 스피노자는 이 무한 양태에 대해 『윤리학』 정리21~23과 슐러의 질문(Ep63)에 대한 답변(Ep64)에서 아주 간략하게 다룬다. 그는 사유의 직접적 무한 양태는 '무한 지성'이며 연장의 직접적 무한 양태는 '운동과 정지'라고 말하고, 매개적 무한 양태는 소위 '파키에스 토티우스 우니베르시'facies totius universi(우주의 모습)라고 말한다. 하지만 이 매개적 무한 양태가 연장으로부터만 따라 나오는 것인지 다른 속성들로부터도 따라 나오는 것인지는 확정하지 않은 채로 남겨 둔다.

---

180   [옮긴이] 이상 실체, 속성, 특수한 양태들에 관한 원문은 다음과 같다. "Substance is absolutely infinite, that is to say not only that no things limit it, but it also consists of infinities (the attributes). The attributes are only infinite in their kind, that is to say their nature (extension, thinking, or whatever other attribute unknown to us) does not tolerate any limitation, unlike the particular modes – a thought limits another thought and a body another body – but of each them the specific property of the other modes may be denied." 다음 구절 참고. "동일한 본성의 다른 실재에 의해 한정될 수 있는 실재를 자신의 유類 안에서 유한하다in suo genere finita고 한다. 예컨대 하나의 물체는 유한한데, 왜냐하면 우리는 항상 그 물체보다 더 큰 물체를 인식할 수 있기 때문이다. 마찬가지로 하나의 사고cogitatio는 다른 사고에 의해 한정될 수 있다. 하지만 한 물체는 한 사고에 의해 한정되지 않으며, 사고 역시 물체에 의해 한정되지 않는다"(E1d2) ; "나는 신을 절대적으로 무한한 존재자ens absolute infinitum, 곧 각자 영원하고 무한한 본질을 표현하는 무한하게 많은 속성들로 구성된 실체라고 이해한다. 해명 : 나는 절대적으로 무한하다고 말하지 자신의 유 안에서 무한하다고 말하지 않는다. 왜냐하면 자신의 유 안에서 무한한 것에 대해서 우리는 무한하게 많은 속성들을 부정할 수 있기 때문이다. 반면 절대적으로 무한한 것의 본질에는, 어떤 본질은 표현하면서 부정은 함축하지 않는 모든 것이 속한다"(E1d6).

주석가들은 종종 어떻게 유한이 무한으로부터 도출될 수 있는지에 대해 의문을 제기한다. 하지만 그러한 질문이 진정으로 스피노자적인 것인지는 불확실하다. 그것은 유출 관념을 함축하는 것으로 보인다. 진정한 스피노자적 관점은 유한한 것의 인과성을 통해 무한한 것의 전개를 추적하는 경향을 보인다.

· **관련 항목** : 피니스, 실체, 속성, 양태

원문

God oneijndige eigenschappen heeft(KV 1.1). Door haar natuur zijn alle deelen eijndelijk(KV 1.2). Oneijndig in haar geslagt(KV 2.9). *Dei infinitas invito vocabulo, sit quid maxime positivum, nam eatenus ipsum infinitum esse dicimus, quatenus ad ejus essentiam sive summam perfectionem attendimus*(CM 2.3). *Ens constans infinitis attributis, quorum unumquodque est infinitum sive summe perfectum in suo genere*(Ep2). *Non distinxerunt inter id quod sua natura, sive vi suae definitionibus sequiter esse infinitum et id quod nullos fines habet non quidem vi suae essentiae, sed vi suae causae*(Ep12). *Ea res dicitur in suo genere finita, quae alia ejusdem naturae terminari potest. Ex. gr. Corpus dicitur finitum, quia semper majus concipimus*(E1d2). *Ens absolute infinitum* (⋯) *absolute infinitum, non autem in suo genere* (⋯) *negationem nullam involvit*(E1d6). *Omnis substantia necessario infinitum* (⋯) *finitum esse revera ex parte negatione*(E1p8s1). *Omnis quae ex absoluta natura alicujus attributi Dei sequuntur, semper et infinita existere debuerunt, sive per idem attributum aeterna et infinita sunt*(E1p21). *Quodcunque singulare, sive quaevis res, quae finita est et determinatam habet existentiam*(E1p28).

참고문헌

2차 문헌

Gueroult, M., *Spinoza I. Dieu(Éthique I)*(Hildesheim : Olms, 1968).

Robinson, L., *Kommentar zu Spinozas Ethik*(Leipzig : Meiner, 1928).

Saverio, A., *Spinoza et le baroque. Infini, désir, multitude*(Paris : Éditions Kimé, 2001).

— 피에르-프랑수아 모로

물체/신체Corpus(코르푸스)

스피노자는 데카르트의 『철학의 원리』와 『윤리학』에서 물체/신체 개념을 다룬다. 『윤리학』에서 스피노자가 제시한 물체/신체 개념은 『유고』(OP)로 일곱 쪽이 채 되지 않는[OP 53~59] 2부 정리13 이하의 이른바 「자연학 소론」에 나온다.[181] 「자연학 소론」에는 물체의 본성과 물체의 구별 및 개별화 원리에 대한 스피노자의 가장 집중적이고 자세한 논의가 포함되어 있지만, 실제로는 그가 인간 신체를 어떻게 다룰 것인지 소개하는 내용이다.

스피노자는 미완의 이력을 데카르트 자연학의 기초를 해설하는 것으로 시작했지만, 그가 물체를 연장된 실재라고 본 데카르트의 관점을 단순히 받아들이지 않았음은 분명하다. 「서신81」에서 스피노자는 데카르트가 연장을 불활성적인 덩어리라고 본 것을 단호히 거부한다. 그뿐 아니라 그는(『데카르트의 『철학의 원리』』 1부 정의7에서 정의한 것과 달리[182]) 「자연학 소론」에서는 물체 내지 물질적 개별자를 연장된 실재로 정의하지도 않고 이동된 물질의 조각으로 정의(PPC 2d8)하지도 않는다. 이 네덜란드 철학자[스피노자]에 따르면, 물체는 아주 역동적이고 복잡한 개체로, 그 부분들은 분리되거나 대체될 수 있고 더 커지거나 작아

---

181 『윤리학』 2부 정리13과 14 사이에 나오는 자연학에 관한 논의를 말한다. 우리말로는 보통 「자연학 소론」이라 하고, 영어로는 보통 'Physical Interlude' 또는 'Physical digression'이라고 한다.

182 [옮긴이] 『데카르트의 『철학의 원리』』 1부 정의7과 2부 정의8의 내용은 다음과 같다 : "연장의, 그리고 모양, 위치, 장소 운동 등처럼 연장을 전제하는 우유의 직접적 주체인 실체는 물체라 불린다. 그러나 정신이라 불리는 실체가 물체라 불리는 것과 동일한 것인지, 아니면 그것들이 두 개의 상이한 실체들인지는 추후 질문할 필요가 있다"(PPC1D7) ; "장소 이동은 물질의 일부, 즉 한 물체가 그것에 직접 닿아 있고 정지한 것으로 간주된 물체 근처에서 다른 것의 근처로 이동한 것이다"(PPc2d8).

질 수 있으며, 운동의 방향과 속도가 다양할 수 있고, 물체는 정지해 있거나 어떤 방향으로든 움직일 수 있다. 그럼에도 물체는 그 부분들 사이에 운동과 정지의 관계ratio가 유지되는 한 그 본성을 유지한다.

「자연학 소론」에서 스피노자는 가장 단순한 물체들로부터 시작해서 복잡성의 증대에 따라 물체를 구분한다. 그러나 이러한 미립자들corpuscles은 실제로 분할 불가능한 물체나 원자가 아니다. 반대로 그것들은 이중적 추상물double abstractions이다(E1p15s과 Ep12). 즉 그것들은 진공이 존재하지 않으므로 필연적으로 그것들을 둘러싼 외부 물체들로부터 추상한 것들이자, 또한 모든 물체는 복합적이므로 필연적으로 그것들을 구성하는 내부 물체들로부터 추상한 것들이다.

스피노자에 따르면, 인간 신체는 물체들 사이에 있는 예외적 문제가 아니다. 아리스토텔레스적 전통과 달리, 그는 물체를 죽은 물체와 영혼이 있는 살아 있는 물체로 나누지 않았다. 생명은 실존 안에 존속하기 위한 실재의 단순한 힘에 불과한 것이기 때문이다(CM 2.6).[183] 실제로 스피노자는 인간 신체가 모든 물체의 한 모델이며, "이것들[모든 물체]도 상이한 정도이기는 하지만 모두 살아 있다"(E2p13s)라고 말한다. 17세기의 많은 '기계론 철학자들'과 달리, 그가 인간 신체를 기계와 유비적인 것으로 생각하지 않은 이유는 "인간 신체의 구조fabricam 자체가 (…) 인간들의 기술이 만들어 낸 모든 것을 훨씬 능가"(E3p2s)한다고 보았기 때문이다. 신체와 정신이 단지 양태적으로만 구별되고 근본적으로는 하나이자 동일한 것으로 규정되는 것은 이러한 이유 때문이다(E2p21s). 그러

---

183   [옮긴이] "그러므로 우리는 생명을 실재가 자신의 존재 안에 존속하는 힘이라고 이해한다"(G I. 260 ; C I. 326).

나 신체와 정신은 각각이 그 자체를 통해 인식되어야 하는 자연의 상이
한 속성(E1p10)에 속하는 구별되는 양태이다. 그렇기는 하지만 스피노
자 자신이 선언한 「자연학 소론」의 목표는 어떻게 정신들이 상이한지 설
명하는 것인데, 그 목표를 이루기 위해 스피노자가 물체/신체를 다루는
것은 신체가 바로 정신의 대상이기 때문이다(E2p13).

모든 지식이 그러하듯 물체에 대한 지식도 다른 물체/신체에 의해
변용된 인간 신체와 함께 시작한다. 이렇게 변용됨과 동시에 정신은 다
른 물체/신체에 대한 관념을 갖게 된다. 그러나 그 관념은 외부 물체/신
체보다 인간 신체를 더 많이 나타낸다(E2p16c2). 물체의 공통 측면에 대
한 관념을 토대로 스피노자는 물체 자체에 대한 적합한 인식에 이른다.
그러나 있는 그대로의 물체를 더 완전하게 이해하기 위해 스피노자는
「서신12」에서 이 양태[물체]는 영원한 본질과 관련하여 정의되어야 한
다고 설명한다. 그런 이유로 스피노자는 물체를 "연장되는 실재로 간주
된 한에서의 신의 본질을 일정하게 규정된 방식으로 표현하는 양태"라
고 정의한다(E2d1). 결과적으로 전체로서의 자연은 하나의 물체가 아닌
데, 그것은 절대적으로 무한한 전체이기 때문이다.

· **관련 항목** : 정신, 운동, 변용, 속성, 공통 통념

원문

In spatio imaginario sive ubi nulla dantur corpora(TIE 57, G II. 21). *Substantia quae est
subjectum immediatum extensionis et accidentium quae extensionem praesupponunt, ut figurae,
situs, motus localis etc. vocatur corpus*(PPC 1def7). *Ultra sensiles qualitates nihil remanet
in corpore praeter extensionem et ejus affectiones*(PPC 2ax7). *Quamvis durities, pondus
et reliquae sensiles qualitates a corpore aliquo separantur integra remanebut nihilominus
natura corporis* (PPC 2p2). *Corpora quae aequale spatium occupant, puta aurum et aer,*

aeque multum materiae sive substantiae corporeae habent(PPC 2p4c). *Corpora in fluida et consistentia, ac in visibilia et invisibilia* (⋯) *ratione et calculo corpora in infinitum dividimus*(Ep6). *Insaniunt qui substantiam extensam ex partibus sive corporibus ab invicem realiter distinctis conflatam esse putant*(Ep12). *Ex extensione ut eam Cartesius concipit molem sc. quiescentem corporum existentiam demonstrare omnino impossibile est*(Ep81). *Corpus dicitur finitum, quia aliud semper majus concipimus*(E1d2). *Per corpus intelligimus quamcumque quantitam, longam, latam et profundam certa aliqua figura terminatam*(E1p15s). *Per corpus intelligo modum qui Dei essentiam quatenus ut res extensa consideratur certo et determinato modo exprimit*(E2d1). *Omnia corpora vel moventur vel queiescunt*(E2ax1 after p13). *Corpore ratione motus et quietatis, celeritatis et tarditatis et non ratione substantiae ab invicem distinguuntur*(E2lem1 after p13). *Corpora simplicissima*(E2lem6 after p13).

참고문헌

1차 문헌

Descartes, R., *Principia philosophiae*.

2차 문헌

Deleuze, G., *Spinoza, philosophie pratique*(Paris : Éditions de Minuit, 2003).

Della Rocca, M., *Representation and the Mind-Body Problem in Spinoza*(Oxford : Oxford University Press, 1996).

Gueroult, M., *Spinoza II. L'âme*(Paris : Aubier, 1974).

Jonas, H., 'Spinoza and the Theory of Organism', *Journal of the History of Philosophy*, no. 3(1965), pp. 43~57.

Klever, W., 'Moles in Motu', *Studia Spinozana*, no. 4(1988), pp. 165~193.

— 필립 뷔이스

미신Superstitio(수페르스티티오)

'수페르스티티오'라는 말은, 『신학정치론』에는 자그마치 스물여섯 번이나 등장하고 『윤리학』과 서신들에는 각각 여섯 번, 그리고 『정치론』에는 단 한 번 등장한다. 스피노자의 사상에서 '수페르스티티오'의 의미는 다름 아닌 『윤리학』 1부의 부록과 『신학정치론』의 서문, 두 텍스트에서 설명된다.

『윤리학』 1부의 부록에서 '수페르스티티오'라는 말은 단 한 번 사용되지만, 이 말의 기원에 대한 전반적인 설명이 포함되어 있다. 미신은 목적론적 편견 및 자부심이나 자기 비하 같은 정념과 연관된 자유로운 자아와 인간중심주의라는 환상에서 기원한다는 것이다.

비록 홉스가 루크레티우스를 따라 두려움을 미신의 원천이라고 맹렬히 비난한 바 있지만,[184] 미신에 대한 스피노자의 이러한 계보학적 접근에는 새로움이 있는 것 같다. 왜냐하면 스피노자와 반대로 기존 전통이나 홉스는 모두 미신을 종교와 대립시켰고 미신을 단순히 거짓 종교와 동일시했기 때문이다. 이를테면 "미신은 사악한 의식"이라는 미크라일리우스의 정의나[185] 『리바이어던』 6장에서 홉스의 다음과 같은 정의를 보라. "머리로 가상하거나 이야기를 듣고 상상한, 보이지 않는 힘에 대한 '공포'는 공공연하게 인정된 경우 '종교'religion라고 하고, 인정되지 않은 경우 '미신'(迷信)superstition이라고 한다. 그 힘이 진실로 우리가 상상한 그대로 일 때, '진정한 종교'true religion가 된다."[186] 홉스에 따르면 미신은 도덕적으로나 지적으로나 그릇된 종교이다.

두 번째 텍스트[신학정치론]에는 미신의 기원에 대한 조금 다른 설

---

184 Hobbes, *Leviathan*, Ch. 11과 *De Cive* 16.1. [옮긴이] "보이지 않는 것들에 대한 이러한 공포야말로 각자가 종교라고 부르는 것(자기들이 믿는 것과 다른 힘을 숭배 혹은 경외하는 경우에는 미신이라고 부르는 것)의 자연적 씨앗이다"(진석용 II-1. 147. 번역은 일부 수정) ; "볼 수 없는 것에 대한 두려움은 올바른 이성을 벗어나면 미신이다"(이준호 I. 285).

185 Micraelius, *Lexicon philosophicum*.

186 Hobbes, *Leviathan*, ch.6(진석용 II-1. 84~85).

명이 제시된다. 『신학정치론』 서문에 미신이라는 말은 열네 번 등장하는데, 거기에서 운fortuna에 대한 불안과 무지, 희망이나 특히 두려움 같은 정념, 그리고 불확실한 재화에 대한 과도한 욕망에 근거한다고 주장된다. 이런 것들 때문에 인간 본성은 일반적으로 미신에 경도되는 것으로 가정된다. 또한 그 거짓된 본성으로 인해 미신은 인간과 사회에 해롭다. 그것은 통치자나 왕의 손에서 다중을 조작하기 위한 부적절한 수단이 된다. 미신의 정념적 구성 요소에 관해 말하자면, 두려움, 미움, 질투, 분노, 겸손과 같은 슬픔의 정념이 자부심이나 야심ambition[187]과 같은 기쁨의 정념보다 우세하다. 그래서 스피노자는 미신을 "험악하고 슬픈" 것이라고 말한다(E4p45c2s).[188]

스피노자를 따를 때도 미신은 거짓 종교이다. 그러나 미신이 거짓인 것은 그것의 그릇된 신조나 교의 때문이 아니라 그것이 환상에 근거하고 그릇된 사회적 실천으로 인도하기 때문이다. 미신이라는 말이 현실 종교(특히 유대교나 기독교 같은)와 관련하여 사용될 경우, 그것은 그 종교들의 타락과 부패를 가리킨다. 그러한 타락은 예컨대 성서의 문자를 숭배하거나 내면적 도덕성을 버리고 외면적 의식과 예전에 집착하는 우상 숭배의 형식으로 드러난다(TTP 12.4~5). 미신의 특징은 이성과 자연(적

---

187 [옮긴이] 엄밀히 말하면 암비티오ambitio(야심)는 기쁨의 정념이 아니라 욕망이다. 『윤리학』 3부에서 암비티오는 잘 보이려는 욕망(E3p29s ; E3ad44 참고)과 지배에 대한 욕망(E3p31c)으로 규정된다. 이러한 욕망으로서의 암비티오는 "모든 정서를 촉진하고 강화하는 욕망"(E3ad44exp)이다. 그런데 스피노자에 의하면 "기쁨과 슬픔은 외부 원인에 의해 증대하거나 감소하고, 촉진되거나 저해되는 한에서의 욕망 또는 욕구 자체이다"(E3p57d). 따라서 외부 원인에 의해 증대하고 촉진되는 한에서의 암비티오는 기쁨이며 감소하고 저해되는 한에서의 암비티오는 슬픔이라고 할 수 있다. 저자의 말은 이러한 맥락에서 이해해야 할 것이다.
188 [옮긴이] "분명 험악하고torva 슬픈 미신이 아니라면 어떤 것도 즐거움을 금지하지 않는다."

인식)의 멸시이다. 예컨대『신학정치론』7장을 보라. "이러한 악에 우리는 미신을 더할 것인데, 그것은 인간에게 이성과 자연을 멸시하도록 가르치고 이성과 자연에 반대되는 것에만 감탄하고 그것만을 숭배하도록 가르친다"(TTP 7.4 ; G III. 97~8 ; C II. 170). 스피노자의 서신들에 따르면, 미신은 편견과 무지에 근거한 것이기도 하다. 예컨대「서신73」을 보라. "이와 관련하여 종교와 미신 간의 핵심 차이로서 저는 미신이 무지에 기초하고 종교는 지혜에 기초한다는 점을 인정한다고 기꺼이 첨언합니다"(이근세 382). 종교와 대조적으로 미신에 항상 부정적 함축이 있는 것은 이러한 이유 때문이다. 미신은 사회와 국가에서 일어나는 불화와 사회적 갈등의 중요한 원인이다. 스피노자가『신학정치론』의 11장 마지막에서 "모든 미신으로부터 다시 해방된 종교"를 보는 바람을 표명했던 것은 놀라운 일이 아니다.[189] 미신은 정치적으로 위험한 현상이다. 특히 만일 정치권력이 특정 종파를 선호하여 "철학하는 자유"를 훼손하고 종교를 미신으로 바꾸어 버릴 때 그렇다(TTP 17). 미신이 예속serfdom을 의미하는 것은 이러한 이유 때문이다.[190]

· **관련 항목** : 종교, 예속, 상상

원문

Hoc tamen hic addo, me inter religionem et superstitionem hanc praecipue agnoscere differentiam, quod haec ignorantiam, illa autem sapientiam pro fundamento habeat(Ep73).

---

189 [옮긴이] "모든 미신으로부터 자유로운 종교를 다시 보게 된다면, 우리 시대는 정말 얼마나 행복할까!"(G III. 158).

190 [옮긴이] 원문의 'serfdom'은 보통 '농노제' 또는 '농노의 신분(임)'으로 번역되지만, 이는 스피노자가 말하는 '예속(상태)'servitudo(이 책의 '예속' 항목 참고)를 환언한 것이라 생각된다.

Causa a quo superstitione oritur, conservatur et fovetur metus est(TTP praef, G III. 6). *Ad haec mala accessit superstitio, quae homines rationem & naturam contemnere docet, & id tantum admirari ac venerari, quod huic utrique repugnat*(TTP 7, G III. 97~98). *Iam autem felix profecto nostra esset aetas, si ipsam etiam ab omni superstitione liberam videremus*(TTP 11, G III. 158). *Praejudicium in superstitionem versum*(E1app). *Nihil profecto nisi torva et tristis superstitio*(E4p45s2). *Cavendum est ne ipsi Patricii* (···) *superstitione capti libertatem subditis dicendi ea quae sentiunt, adimere studeant*(TP 8.46).

참고문헌

1차 문헌

Hobbes, Th., *De Cive, Leviathan*.

2차 문헌

Juffermans, P., *Drie perspectieven op religie in het denken van Spinoza. Een onderzoek naar de verschillende betekenissen van religie in het oeuvre van Spinoza*(Budel, Damon, 2003).
Samely, A., *Spinozas Theorie der Religion*(Würzburg : Köningshausen-Neumann, 1993).
Strauss, L., *Die Religionskritik Spinozas als Grundlage seiner Bibelwissenschaft*(Berlin : Akademie-Verlag, 1930).

— 파울 유페르만스

민주정Democratia(데모크라티아)

『정치론』은 민주정 또는 민주정 체제democraticum(데모크라티쿰, 간혹 포풀라레 임페리움populare imperium[인민의 통치]라고도 한다)를 대중 전체에서 모은 남자들의 위원회가 사회를 통치하는 정치 체제라고 정의한다(TP 2.17). 스피노자는 민주정이 최초의 정체였으나 나중에는 보통 귀족정이나 군주정으로 퇴보한다고 생각했는데(TP 8.12), 이는 드 라 꾸르De la Court 형제나 자연법에 관한 영향력 있는 논고였던 『자연법과 만민법에 관하여』*De jure naturae et gentium*(1672)라는 책에서 사무엘 폰 푸펜도르프

Samuel von Pufendorf 같은 이가 공유하던 견해이기도 하다. [스피노자에 의하면] 통치권rule, imperium과 만장일치unanimity[191]를 결합한 다중에 의한 임페리움이 절대적이고 완전한 정체이다(TP 8. 3).[192] 스피노자가 [민주주의에 대한] 전통적 판단과 의견을 같이한다고 볼 수 없는 것은 이러한 이유 때문이다. [반면에] 예컨대 1653년에 미크라일리우스는 [전통적 판단과 유사하게] 민주주의를 여전히 "순수한 정치 형태polity로부터 벗어난 국가의 형식"이라고 정의하기도 했다.[193]

부모가 시민이면서 자기 나라에서 태어난 성인 남자들인 경우 [민주정에 참여할] 자격이 있다. 기본법constitution으로 투표할 자격이 있는 이들을 한정할 수 있지만, 귀족정에서처럼 최고 회의가 이러한 선별을

---

191 [옮긴이] "국가의 몸은 마치 하나의 정신에 의한 것처럼 인도되어야 하고 **정치 공동체의 의지는 모든 사람의 의지로 여겨져야 하므로**, 정치 공동체가 옳고 좋다고 결정한 것은 **각 사람에 의해 그렇게 결정된 것으로 여겨져야 한다**. 그러므로 신민은, 설령 그가 정치 공동체의 결정을 부당하게 여길지라도, 그 결정을 따르도록 구속된다"(TP 3.5 ; 공진성 99. 강조는 인용자). 요컨대 정치 공동체의 결정은 그 공동체에 속한 각 사람들의 만장일치에 의해 결정된 것으로 간주된다는 것이다. 그런데 스피노자는 권리와 역량을 동일시하고 통치권/주권 imperium을 '대중들의 역량에 의해multitudinis potentia 정의'하므로(TP 2.17 ; 3.2, 3.7, 3.9 참고), 모든 정체에서 다중과 통치권의 연관성이 문제가 된다. 다시 말해서 어떤 형식의 국가에서든 국가를 이루는 개인들의 자연권이 '온전하게 보존'(Ep50)되므로, 국가의 결정을 국가를 구성하는 개인들이 만장일치에 의한 결정으로 받아들이고 복종해야 하는지가 문제가 되는 것이다. 따라서 에티엔 발리바르Étienne Balibar가 보여 준 것처럼 "국가의 실존은 자신을 '정신인 것처럼', 의지인 '것처럼'comme 제시하지 않고서는 실존할 수 없는 개인들의 개체[개인들로 구성된 인공적 국가-개체]의 실존"이 되며, '만장일치 문제는 복종의 물질적 조건들과, 따라서 국가에서 다중의 대표를 가능하게 해 주는 조건들, 그리고 실질적인 결정 권한의 조건들이라는 문제와 하나'를 이루게 된다(에티엔 발리바르, 진태원 옮김,『스피노자와 정치』, 그린비, 2014, 172~173쪽). 만장일치 문제, 특히 홉스와 스피노자, 로크, 루소에서 그 차이에 대해서는 발리바르, 위의 책, 171~173쪽 참고.

192 [옮긴이] "그러므로 우리는 충분히 큰 회의에 양도된 주권이 절대적이라는, 또는 절대적인 것에 가장 많이 근접한다는 결론을 내린다. 왜냐하면 어떤 절대적인 주권이 있다면 그것은 사실 전체 다중이 보유하는 것이기 때문이다"(공진성 245~247).

193 Micraelius, *Lexicon philosophicum*.

할 수는 없다(TP 8.1). 민주정에서 정치적 책임을 지게 될 이들을 선택하는 일은 임의적인 의지가 아니라 법에 근거한다(TP 11.2). 경우에 따라 민주정의 형태는 다를 수 있다. 스피노자가 염두에 두었던 형태에는 다른 국가에 충성하는 이들이나 다른 사람에게 의존하고 있는 이들(여자, 노예,[194] 아이들), 추잡한 이들, 법을 어겼던 이들이 선택되는 일은 배제된다[TP 11.3]. 스피노자는 여성이 남성과 동일한 지위를 갖고 정계에 참여할 수 있다는 의견을 논박하는 특별한 문단을 작성하기도 했다(TP 11.4).

스피노자는 『정치론』의 민주주의 부분을 완성할 수 없었지만, 『신학정치론』의 정치 부분은 전적으로 민주주의에 할애된다. 16장은 인간이 사회 전체에 자신들의 힘/권리power을 넘겨준다는 사실을 언급하면서 하나의 정의를 제시한다. 민주주의는 "하나의 몸체로서 자신의 역량 안에 있는 모든 것에 대한 최고 권리를 갖는 인간들의 총 회합coetus"이다[TTP 16.26 ; G III. 198 ; C II. 287]. 모든 사람은 사회 전체의 통치권rule에 완전히 종속될 것이다. 사회는 할 수 있는 것을 하는 무제한적인 권리를 획득한 최고 권력summa potestas이 된다. 그러나 이러한 종속이 노예 상태가 된다는 것을 의미하는 것은 아니다. 민주주의에서 최고 권력은 공동의 이익을 증진시키고, 그래서 반란이나 전복을 막을 때에만 계속 존재할 수 있다. 유사한 생각이 『정치론』 5장에서 표현된다. 많은 사람들의 회합에서 불합리한 결정을 내리는 일은 아마도 없을 것이다. 민주주의의 목적은 조화롭고 평화로운 사회적 삶을 보장하는 것이다. 스피노자는 이

---

194   [옮긴이] 저자는 스피노자의 '세르부스'servus(종, 노예, 부하 등)라는 표현을 'employees'라고 번역했으나, 우리는 '노예'라는 국역을 따랐다.

러한 정체에 대해 자세한 논의를 하지는 않지만, 그가 염두에 두었던 정치 질서는 자유로운 체제이다. 시민들은 최고 회의의 결정에 순응해야 한다. 시민들은 최고 회의의 숙의의 일부이기 때문이다. 이러한 의미에서 이 정체는 인간의 자연 상태 ─ 즉 자유 ─ 에 가깝다. 정치 질서의 일반적 기초는 역량을 정부에 양도하는 것이고, 그래서 복종과 같은 뜻이기 때문에, 정치 질서는 우리가 한 사람에게 복종하는지 아니면 소수의 그룹에게 복종하는지, 인민 전체에게 복종하는지에 따라 달라진다.

『신학정치론』 20장에서는 모든 시민이 또는 다수의 인민이 통치하는 민주주의를 자유 국가free republic라고 부른다. 신정 또는 군주정에서 있을 수 있는 일, 곧 인민들이 자기 생각을 말하지 못하게 하는 일은 민주정에서는 더 이상 일어날 개연성이 없다. 자유란 정치권력이 사람들의 말이 아니라 행위에만 개입하기 때문에 정치권력이 받아들여지는 상태를 의미한다.[195] 민주정은 정치권력이 변화될 가능성이 아주 낮은 정체이다. 인민은 다수결로 결정을 내리지만 결정된 것을 비판하거나 바꿀 권리도 유지한다.

스피노자는 마키아벨리를 따라[196] 자유가 갈등을 수반한다는 점을 인정하지만, 이것이 곧 일치unanimity나 조화와 모순되는 것은 아니라고 본다. 우리가 불화를 피하고자 한다면, 자유를 포기하고 한 사람에게 권력을 주어야 한다(TP 6.4). 그럼에도 스피노자는 갈등이 과도해질 수 있다고 인정한다. 만일 인민들이 내부 갈등을 처리할 수 없거나 외부 갈등(전쟁)에

---

195 [옮긴이] 원문은 다음과 같다. "Freedom means that political power is accepted because it only interferes with men's deeds, not with their words."

196 Machiavelli, *Discorsi*, 1.4.5(니콜로 마키아벨리, 강정인·김경희 옮김, 『로마사 논고』, 한길사, 2018, 86~88쪽).

휘말려 있는 상태라면, 왕을 세우는 일은 불가피할 수 있다. 민주주의는 평화 속에서 성공한다(TP 7. 5). 『신학정치론』18장에서 스피노자는 이스라엘이 민주주의였을 때 내전이 거의 없었다고 지적한다.

· **관련 항목** : 임페리움, 자유, 자유로운, 예속, 철학함의 자유

원문

Talis vero societatis jus democratia voca tur, quae proinde definitur coetus universus hominum qui collegialiter summum jus ad omnia, quae potest, habet. Ex quo sequitur summum potestatem nulla lege teneri, sed omnes ad omnia ei parere debere(TTP 16, G III. 193). *Si haec cura ad concilium pertineat, quod ex communi multitudine componitur, tum imperium democratia appellatur*(TP 2.17).

참고문헌

1차 문헌

V. H. [i.e. Jan de la Court], *Consideratien en exempelen van Staat*(Amsterdam, 1660).
Machiavelli, N., *Discorsi sopra la prima deca di Tito Livio*(Florence, 1519).
Pufendorf, S., *De lege naturae et gentium*(Amsterdam, 1672).

2차 문헌

Matheron, A., 'La fonction théoretique de la démocratie chez Spinoza', *Studia Spinozana*, no. 1(1985), pp. 259~273.

— **마린 테르프스트라**

믿음/신앙Fides(피데스)

『소론』에서 네덜란드어 헬로프geloof(신앙 또는 믿음)는 경험에서 나온 억견waan, opinion과 이성weeten, klare kennis, reason 사이에 있는 인식의 한 유

형을 가리킨다. 『소론』에 따르면 믿음은 우리에게 무엇이 존재해야 하는 지what must be에 대해 말해 주는 것이지, 무엇이 존재하는지what is에 대해 말해 주는 것이 아니다.[197] 우리에게는 강력한 이유들에 근거한 [존재하는 것에 대한] 강한 확신이 있기는 하지만, 우리는 단지 "내 지성 외부의 실재가 진정으로 존재한다"라는 것만 알고 있을 뿐이기 때문이다. "믿음은 이유들에 근거한 강한 증거이다. 믿음에 의해 나는 내 지성 안에 실재가 진정으로 존재한다는 것을 확신하는 것처럼 내 지성 바깥에도 진정으로 존재한다고 확신한다. 나는 [믿음을] 이유들에 근거한 강한 증거라고 말하는데, 이로써 믿음을 억견이나 지식weten, science 둘 다와 구별하기 위함이다. 억견은 언제나 의심스럽고 오류의 소지가 있으며, 지식은 이유들에 근거한 확신에 있는 것이 아니라 실재 자체와의 직접적 연합에 있다"(KV 2. 4 ; G I. 59 ; C I. 102, n. a).

피데스의 정치적 의미는 통치자(TP 1.6)나 국가(TP 3.14)에 대한 신뢰성 또는 사회적 협약을 맺을 수 있게 하는 행위를 시사한다(TTP 16 ; TP 2.2).[198] 신학적 의미는 신에 대한 순종과 이웃에 대한 사랑을 낳는 인식이다(TTP 14). 그러므로 믿음은 그 자체로 참된 것이 아니라 순종으로 인도하는 한에서만 참되다. 피데스 카톨리카 시베 우니베르살리

---

197 [옮긴이] 'what must be'와 'what is'는 각각 스피노자의 'wat de zaake behoort te zyn[밧 더자커 베호르트 터진]'과 'wat zy waarlyk is[밧 지 바를리크 이스]'라는 구절을 재서술한 표현으로 보인다. 표준 영역본인 컬리본은 두 구절을 각각 'what it belongs to the thing to be'와 'what it truly is'라고 옮겼고, 셜리본의 경우 'what a thing ought to be'와 'what it really is'라고 번역했다. 불역자 아펑은 'ce qu'il faut que soit la chose'와 'ce qu'elle est vraiment'으로, 모로판은 'ce qu'il convient que soit la chose'와 'ce qu'elle est véritablement'이라고 옮겼다.

198 [옮긴이] 그래서 『정치론』에 나오는 "fides"는 공진성의 번역처럼 '충성(심)' 또는 '신의'로 옮길 수 있다.

스fides catholica sive universalis(보편적인 또는 공통적인 신앙, TTP 14. 22와 Ep76)[199]는 논쟁적 교리를 주장하지 않고, 단지 선한 한 분이신 하느님이 존재한다는 것과 하느님에게는 순종이 이웃에게는 사랑이 돌려져야 한다고 말한다('믿음의 기초' 항목 참고).

근본적으로 실천적인 종교적 신앙의 본성은 철학자나 신학자 모두 인정하는 것이다. 홉스에게 제정법civil law과 신법에 대한 복종 및 그리스도에 대한 신앙은 네케사리아 아드 살루템necessaria ad salutem(구원에 불가결한 것)이다.[200] 시몬 에피스코피우스는Simon Episcopius(1583~1643) 그리스도에게 복종하고 보나 오페라bona opera(선행)를 하는 이들은 참된 믿음을 가지고 있다 생각한다.[201] 믿음을 아모르 데이amor Dei(신에 대한 사랑)로 정의했던 코케이우스Johannes Coccejus(1603~1669)나 소키누스Faustus Socinus, Fausto Paolo Sozzini(1539~1604)도 마찬가지이다.[202] 사무엘 마레시우스Samuel Des Marets/Maresius(1599~1673)는 철학적 의미의 믿음(의심의 여지가 있는 어떤 신념)을 신학적 의미의 믿음, 즉 보카티오 데이vocatio Dei(신의 소명)에 의해 생성되는 믿음과 구분했다.[203] 전자는 피데스 히스토리카fides historica(역사의 믿음)이고, 후자는 피데스 살비피카fides salvifica(구원의 믿음)이다. 후자는 휴고 그로티우스Hugo

---

199　[옮긴이] 바로잡자면, 「서신76」에는 동일한 표현이 아닌 유사한 표현이 나온다. "unicum & certissimum verae fidei Catholicae signum"("진정한 보편적 신앙의 유일하고 매우 확실한 징표". G IV. 318 ; 이근세 394).

200　Hobbes, De cive 18 ; *Leviathan* 43. [옮긴이] '믿음의 기초' 항목 각주 참고.

201　Episcopius, *Confessio* II, pp. 83~84.

202　Coccejus, *Disputationes selectae* 1.1 ; Socinus, *Opera omnia*, "Opera exegetica" II, pp. 238~239.

203　Maresius, *Systema theologicum* 11.18~21.

Grotius(1583~1645)가 신약성서에 대한 자신의 주석에서 주장하고는 했
던 것처럼 항구성과 지속성뿐만 아니라 기원과 본성 측면에서 전자와 구
별된다.

마지막으로 스피노자 철학에서 믿음은, 경신(輕信)credulity(TTP
praef)이나 미신(Ep73)에 상응하는 것이자 그 대상으로 기적을 꼽는
(TTP 6), 논쟁적이고 부정적인 의미를 갖는 용어로도 나타난다. 『신학
정치론』 4장과 11장에서는 솔라 피데sola fide(오직 믿음)라는 개신교 교의
가 언급된다.

· **관련 항목** : 인식, 믿음의 기초

원문

Deze begrippen dan verkrijgen wij of enkelijk door geloof(welk geloof hervoort komt
of door ondervinding, of door hooren zeggen)(KV 2.1, KV 2.2). Het ware geloof(KV
2.4). *Historiae fide dignus*(Ep54). *Fidem catholicam*(Ep76). *Fides jam nihil aliud est* (···)
quam credulitas et praejudicia(TTP praef, G III. 8). *Ex sola fide* (TTP 4, G III. 65). *Fides
miraculorum*(TTP 6, G III. 96). *Hominem justificari non ex fide*(TTP 11, G III. 157). *Ad
fidem cognitionem*(TTP 14). *Fidem pacti*(TTP 16). *Fides in Republica apprime necessaria
est*(TTP 19, G III. 243, TP 1.6, TP 2.12). *Fides quam sana ratio et religio servandam
docet*(TP 3.14).

참고문헌

1차 문헌

Coccejus, J., *Disputationes selectae*, in *Opera omnia* VI(Amsterdam, 1675).

Episcopius, S., *Confessio*, in *Opera theologica* II(Amsterdam, 1665).

[Grotius, H.], *Explicatio* (···) *N. Testamenti* (···) *In quibus agitur de fide et operibus*
    (Amsterdam, 1640).

Hobbes, Th., *De cive, Leviathan*.

Maresius, S., *Systema theologicum*(Groningen, 1673).

Socinus, F., *Opera omnia*([Amsterdam], 1656).

2차 문헌

Lagrée, J., *La raison ardente. Religion naturelle et raison au XVIIe siecle*(Paris : Vrin, 1991).
Matheron, A., *Le Christ et le salut des ignorants chez Spinoza*(Paris : Aubier Montaigne, 1971).
Rosenthal, M.A., 'Spinoza's Dogmas of the Universal Faith and the Problem of Religion', *Philosophy and Theology*, no. 13(2001), pp. 53~72.
Verbeek, Th., *Spinoza's Theologico-Political Treatise. Exploring 'the Will of God'*(Aldershot : Ashgate, 2003).

— 로베르토 보르돌리

믿음의 기초Fundamenta fidei(푼다멘타 피데이)

'성서적 교의와 원리', '종교의 기초', '믿음의 기초' 같은 『신학정치론』의 구절은 17세기의 신조(信條)articles of faith, 교의doctrine, 교리문답서catechism, 고백profession, 신앙고백이나 신앙 규범[宗規]confession or rule of faith, 심볼룸[信經]symbolum과 크레도credo('믿음' 항목 참고) 같은 표현과 같은 범주에 속한다. 이 모든 표현에는 거의 모든 신앙고백의 공통적인 확신이 드러나는데, 그 믿음의 내용은 근본적으로 기독교인이라면 믿고 따라야 할 정합적인 진술이나 가르침으로 이루어져 있다. 예컨대 미크라일리우스는 신조를 "하느님의 말씀에 포함된 교의에 속하는 가르침a tenet of a doctrine으로 기독교인 앞에 구원을 얻기 위해 믿어야 할 것으로 제시된 것"이라고 정의한다. 스피노자는 간혹, 예컨대 『신학정치론』 14장에서 '보편적 믿음의 교의'를 열거하여 믿음을 정의하려고 시도할 때 드러나는 것처럼 이러한 신념을 공유했던 것처럼 보인다.

로마 가톨릭 저자들은 이러한 신조를 만드는 데 있어서 교회의 역할을 강조하는 경향이 있는 반면, 개신교 저자들은 건전한 믿음을 형성하는 데 필요한 모든 진술을 완벽하게 포함하는 것으로 보이는 성서에 초점을 맞추었다. 예컨대 레이던의 신학자 코케이우스는 "율법서와 예언서에서 불필요한 교리를 가르치는 일은 없다"[204]라고 말한다. 로마 가톨릭 변증가 로베르토 벨라르미노Roberto Bellarmino(1542~1621)는 개신교도와 벌인 논쟁에서 경전과 교부들의 저작에는 교리문답서가 없다고 주장하면서 성서에 모든 신조가 포함되어 있다는 '유해한' 개신교의 원리를 거부한다.[205] 그리고 같은 책에서 "만일 이것이 장 칼뱅John Calvin의 진짜 견해라면, 상당수의 신앙의 가르침은 의심스러운 것이 될 것이고, 많은 가르침이 구원을 받기 위해 절대적으로 필요한 것은 아닐 것"이라고 말한다.[206] 개신교 신학자 보에티우스Gisbertus Voetius(1589~1676)는 "교회가 필요하다고 공포公布한 모든 가르침이 신조에 속한다는 것은 가톨릭 놈들Papists의 잘못된 가설"[207]이라고 말했지만, 성서의 어떤 가르침이 다른 가르침보다 구원에 덜 필요하다는 생각에는 동의하지 않을 수 없었다. 이를테면 어떤 가르침은 공리와 같고 다른 가르침은 이들 전제들에서 추론되는 것이다.

'경전의 원리'라는 어구를 사용한 것에 미루어, 스피노자가 성서의 충족성self-sufficiency에 대한 개신교의 믿음을 공유했음은 분명하다. 그러나 그는 결코 지나치게 기독교적이고 신앙고백적인 함축을 지닌 것이 분명

---

204 Coccejus, *Demonstratio potentiae Sacrae Scripturae* 31.123. 그곳에서 코케이우스는 교회가 가르친 원리와 성서의 원리(누구도 전부를 아는 것은 불가능한)를 구분하는 로마 가톨릭 논객 발렌부르크Walenburg 수도사의 주장을 거부한다.

205 Bellarmine, *Disputationes* II, controversia 1, p. 295.

206 *ibid.*, p. 260. [옮긴이] 그래서 교회가 신조를 만드는 역할을 해야 한다는 것이다.

207 Voetius, *Selectae disputationes* II, p.530.

한 '신조'라는 용어를 사용하지는 않았다. 일부 서신에 이 용어가 사용되기는 한다. 이를테면 스피노자가 그리스도의 부활을 단지 비유적 의미로만 이해하고 있음을 알고 나서 올덴부르크가 경전의 기초로 레수렉티오니스 아르티쿨루스resurrectionis articulus(부활 신조)에 대해 말하는 부분(「서신79」, 이근세 408)이 그렇다.[208]

그러나 스피노자 논변에 보다 근본적인 것은 믿음에 절대적으로 필수적인 원리와 필수적인 것은 아닌 교리를 구별하는 것이다. 16세기 이래 '평화'를 추구하는 신학자('irenic'-minded theologians)는 모든 기독교인이 받아들일 만한 보편적인 신앙고백을 만드는 경향이 있었다(Ep48a).[209] 이를 위해 그들은 많은 신조를 최소한으로 제한하려고 시도

---

208 「서신61」의 '통상적 신앙 문서들'이라는 표현 또한 참고하라. [옮긴이] 이근세 343. 국역본 서신 번호는 62번이다.

209 [옮긴이] 스피노자의 심복지우 중 한 명이자 『유고』 편찬에 참여하고 서문을 쓰기도 한 콜레지언파 야리흐 옐러스는 1673년 신앙고백문을 작성하여 스피노자에게 보내 논평을 부탁한다. 하지만 이 서신은 스피노자의 『유고』(OP, NS)에 실리지 않았고, 서신도 유실되었다. 그러나 옐러스가 사망한 1년 뒤 1684년 그의 『신앙고백』(Jarig Jelles, *Belijdenisse des algemeen en christelijken geloofs, vervattet in een brief aan N.N. door Jarig Jelles*, Amsterdam : Jan Rieuwertsz, 1684)이 출간되었고, 우리는 이를 통해 옐러스가 보낸 서신 내용을 가늠할 수 있다. 아케르만Fokke Akkerman, 휘벨링H. G. Hubbeling, 베스테르브링크A. W. Westerbrink은 1684년 옐러스의 『신앙고백』을 발췌 번역하여 그들이 편집하고 번역한 『서간집』(*Briefwisseling*, Amsterdam : Wereldbibliotheek, 1977. 2nd edition : 1992)에 포함시키면서 서신번호 '48A'를 부여했다. 위 본문의 「서신48a」는 이를 일컫는 것이다. 이후 2004년 린 스프라위트Leen Spruit는 1684년 『신앙고백』을 이탈리아어 번역과 함께 대역본 형태로 출간했고(*Professione della fede universale e cristiana, contenuta in una lettera a N.N.*, translated by Leen Spruit, Macerata : Quodlibet, 2004), 표준 영역본인 컬리의 『스피노자 선집』*The Collected Works of Spinoza*은 이를 저본으로 발췌한 서신을 역시 'Letter 48A'라는 제목으로 추가했다(C II. 398~403). 옐러스의 1673년 서신에 대한 스피노자의 답신 역시 원본은 유실되었고, 스피노자가 네덜란드어로 옐러스에게 쓴 아주 짤막한 호의적 논평이 담겨 있는 편지 일부만 남아 있으나, 이 역시 『유고』에 수록되어 있진 않다. 겝하르트는 남아 있는 스피노자의 답신을 'Epistola 48bis'('서신48두 번째'라는 뜻)라는 제목을 붙여 서간집에 추가했고(G IV. 237), 겝하르트본을 대본으로 한 이근세의 국역본 『스피노자 서간집』도 이를 '서신48-2'로 옮겨 실었다(이근세 292).

했다. 반 벨트하위선은 1680년 『전집』*Opera omnia*에 포함되어 처음 출
판된 『신조에 관하여』*De articulis fidei*에서 실제로 많은 신조를 단 한 가
지로 한정했다. 모든 기독교인은 인간이 죄로 인해 저주 받았으나 그리
스도에 의해 구원받는다는 것을 믿어야 한다는 신조가 그것이다. 홉스에
의하면 구원을 위해 성서가 요구하는 유일한 신조는 예수가 그리스도,
곧 메시아로 선포되었다는 것뿐이다.[210]

· 관련 항목 : 믿음/신앙, 성서

원문

Fundamenta fidei(TTP praef, G III. 11). *Fundamenta et dogmata Scripturae*(TTP 6, G
III. 95, TTP 7). *Nos ex Scripturae jussu nihil aliud teneri credere, quam id, quod ad hoc
mandatum exequendum absolute necessarium sit* (⋯) *Ad fidem catholicam sive universalem
nulla dogmata pertinere, de quibus inter honestos potest dari controversia*(TTP 14).

참고문헌

1차 문헌

Bellarminus, R., *Disputationes de controversiis christianae fidei adversus hujus temporis
        haereticos*, 4 vols(Ingolstadt, 1605).
Coccejus, J., *Demonstratio potentiae Sacrae Scripturae, in Opera omnia* VII(Amsterdam,

---

겝하르트본의 'Epistola 48bis'는 컬리역에 'Letter 48B'의 일부로 포함되어 있으며(C II.
403), 그 부분을 제외한 컬리역의 'Letter 48B' 내용(C II. 403~405)은 실제 편지가 아니고
'이전 서신[48A]에 대한 스피노자의 반응이 기록된 세 가지 보고'라는 부제가 말해 주듯이
컬리가 스피노자의 답신 내용일 것이라고 추정되는 몇 가지 보고 내용을 취합한 것이다. 이
상 C II. 367~368, 371~372 참고.

210 Hobbes, *De cive* 18.6 ; *Leviathan* 43. [옮긴이] "나는 예수는 그리스도라는 신앙만이 그리스
도교인에게 구원을 위해 유일하게 필요한 필수적인 항목이라고 단정한다"(이준호 I. 369) ;
"단 하나의 '필수조항'unum necessarium, 즉 구원에 필요한 단 하나의 신조는 『성경』에 따르
면, '예수가 그리스도이다'라는 것이다"(진석용 II-2, 291).

1675).

Hobbes, Th., *De cive*, *Leviathan*.

Velthuijsen, L. van, *De articulis fidei*, in *Opera omnia* I(Rotterdam, 1680).

Voetius, G., *Selectae disputationes theologicae*, 5 vols(Utrecht, 1648~1669).

2차 문헌

Matheron, A., *Le Christ et le salut des ignorants chez Spinoza*(Paris : Aubier, 1971).

Verbeek, Th., *Spinoza's Theologico-Political Treatise. Exploring 'the Will of God'*(Aldershot : Ashgate, 2003).

— 로베르토 보르돌리

【ㅂ】

바울/바울로Paulus(파울루스)

『신학정치론』에서 바울은 그리스도 다음으로 가장 많이 언급되는 신약 성서의 인물이다. 그는 사도들 중 가장 철학적인 인물로 간주된다. 예언자들은 [신의] 직접 계시direct revelation를 통해 권위를 가지고 말하며 자신의 메시지를 기적에 의해 확증하지만, 사도들은 논변을 사용하여 학자이자 교사로서 말한다. 하여 바울은 초자연적인 빛을 사용하지 않고 이성만 사용한다(TTP 11).

스피노자는 이전의 그 누구와 비교할 수 없을 정도로 바울을 그리스도에 필적하는 인물로 묘사한다. 유대인의 선민사상 — 이는 그리스도와 함께 [유대인에 한정되는 특수한 것이 아니라] 보편적인 것이 된다 — 과 관련하여, 스피노자는 예컨대 "바울은 정확히 우리가 필요로 하는 것을 가르친다"라고 주장한다(TTP 3.45 ; G III. 54 ; C II. 122). "만

물이 신 안에 존재하고 신 안에서 운동한다"라는 테제도 마찬가지이다
(Ep73, 이근세 382).[211] 『신학정치론』 2장에서는 한층 더 철학적인 문제
도 로마인들에게 보낸 편지[로마서] 3장 5절, 6장 19절, 9장 10절 이하
를 참조하라고 한다.[212] 스피노자에 따르면, 바울은 인간과 신의 정의正

---

211 [옮긴이] 「서신73」에서 스피노자는 바울의 주장에 빗대어 다음과 같이 말한다. "저는 바울,
그리고 비록 다른 방식이긴 하지만 고대의 모든 철학자처럼 만물이 신 안에 존재하고 신 안
에서 운동한다고 주장합니다"(이근세 382). 이는 사도행전 17장 22~28절에 기록된 바울
의 가르침을 염두에 둔 말일 것이다. "[22]바울로는 아레오파고 법정에 서서 이렇게 연설했다.
(…) [23]내가 아테네 시를 돌아다니며 여러분이 예배하는 곳을 살펴보았더니 '알지 못하는 신
에게'라고 새겨진 제단까지 있었습니다. 여러분이 미처 알지 못한 채 예배해 온 그분을 이
제 여러분에게 알려 드리겠습니다. [24]그분은 이 세상과 그 안에 있는 모든 것을 만드신 하느
님이십니다. 그분은 하늘과 땅의 주인이시므로 사람이 만든 신전에서는 살지 않으십니다.
[25]또 하느님에게는 사람 손으로 채워 드려야 할 만큼 부족한 것이라곤 하나도 없으십니
다. 하느님은 오히려 사람들에게 생명과 호흡과 모든 것을 주시는 분이십니다. (…) [28]'우리
는 그분 안에서 숨 쉬고 움직이며 살아간다'[욥기 12:10(시편 104 ; 다니엘 5:23 참조)]라는 말
도 있지 않습니까?"

212 [옮긴이] 신정론theodicy 같은 철학적 문제의 경우에도 바울을 참고하라고 한다는 이야기
이다. "로마인들에게 보낸 편지 9장 10절 이하를 보라. 그[바울]가 로마인들에게 보낸 편
지 3장 5절 및 6장 19절에서 신에게 정의를 귀속시킬 때ubi Deo justitiam tribuit, 자기 말을
수정한다는 점에 주목하라. 왜냐하면 그는 이와 같이 육신의 나약함 때문에propter carnis
imbecillitatem 인간적인 방식으로 말하고 있기 때문이다"(TTP 2.51 ; G III. 42 ; C II. 109).
스피노자가 참고하라고 한 구절은 각각 다음과 같다. "[10]뿐만 아니라 리브가가 우리 조상 이
사악과의 사이에서 한 번에 두 아들을 잉태했을 때의 경우도 마찬가지입니다. [11~12]그 아들
들이 아직 태어나지도 않았고, 따라서 선이나 악을 행하기도 전에 하느님께서는 리브가에게
'형이 동생을 섬기게 될 것이다'[창세기 25:23] 하고 말씀하셨습니다. 그러나 하느님께서는
사람의 선행을 보시고 불러 주시는 것이 아니라 당신의 뜻대로 불러 주시며 선택의 원리에
의해서 당신의 계획을 이루십니다. [13]그것은 '나는 야곱을 사랑하고 에사오는 미워했다'[말
라기 1:2~3]라고 기록된 성서의 말씀대로입니다. [14]그렇다고 하느님이 공정하지 못하다고
말할 수 있겠습니까? 절대로 그럴 수 없습니다. (…) [17]성서에는 하느님께서 파라오에게 '내
가 너를 왕으로 내세운 것은 너를 시켜서 내 힘을 드러내고 내 이름이 온 세상에 널리 알려지
게 하려는 것이다'[출애굽기 9:16]라고 하신 말씀이 있습니다. [18]이렇게 하느님께서는 당신의
뜻대로 어떤 사람에게는 자비를 베푸시고 또 어떤 사람은 완고하게도 하십니다. [19]'그렇다면
어찌하여 하느님께서 사람을 책망하십니까? 누가 능히 하느님의 뜻을 거역할 수 있겠습니
까?' 하고 말할 사람도 있을 것입니다. (…)"(9:10절 이하) ; "카인과 그가 바친 예물은 반기지
않으셨다. 카인은 고개를 떨어뜨렸다. 몹시 화가 나 있었다. 야훼께서 이것을 보시고"(3:5) ;

義가 비교 불가능하다고 주장했으며 자신이 신에 관해 인간적인 방식으로 말하고 있다는 것을 알고 있었다(TTP 2.51). 인간 스스로 "잘못을 저지르려는 유혹을 극복할 수 있다"라고 말하는 창세기 4장 7절[213]과 반대로, 바울은 인간이 단지 신의 특별한 선택과 은총을 통해서만 정념을 지배할 수 있다고 말한다(TTP 2.51).[214] 성서 안에 있는 이 명백한 모순은 신이 자신의 계시를 예언자들과 사도들의 이해력에 맞추어 조정했음을 보여 준다. 스피노자가 높이 평가하는 점은 바울이 신약성서의 정신성spirituality과 구약성서의 물질성materiality을 대립시킨다는 점이다. 그 한 가지 예가 그리스도의 부활에 대한 정신적 해석을 지지하기 위해 코린트인들에게 보낸 첫째 편지[고린도전서] 15장을 인용한 것이다(Ep75, 이근세 390).[215] 또한 『신학정치론』 4장에서 '육정을 따라 사는 사람'(로마인들

"여러분의 이해력이 미치지 못할까 하여 이렇게 인간사에 비추어 말하는 것입니다. 여러분이 전에는 온몸을 더러운 일과 불법의 종으로 내맡기어 불법을 일삼았지만 이제는 온몸을 정의의 종으로 바쳐 거룩한 사람이 되도록 힘써야 할 것입니다"(6:19).

213 [옮긴이] "네가 잘했다면 왜 얼굴을 쳐들지 못하느냐? 그러나 네가 만일 마음을 잘못 먹었다면, 죄가 네 문 앞에 도사리고 앉아 너를 노릴 것이다. 그러므로 너는 그 죄에 굴레를 씌워야 한다."

214 [옮긴이] "하느님의 선택을 받고 안 받는 것은 인간의 의지나 노력에 달려 있는 것이 아니라 오직 하느님의 자비에 달려 있는 것입니다"(로마인들에게 보낸 편지 9:16).

215 [옮긴이] 코린트인들에게 보낸 첫째 편지 15:35~44. "[35]그러면 '죽은 사람이 어떻게 다시 살아나며 어떤 몸으로 살아나느냐?' 하고 묻는 사람이 있을지도 모릅니다. [36]어리석은 질문입니다. 심은 씨는 죽지 않고서는 살아날 수 없습니다. [37]여러분이 심는 것은 장차 이루어질 그 몸이 아니라 밀이든 다른 곡식이든 다만 그 씨앗을 심는 것뿐입니다. (…) [42]죽은 자들의 부활도 이와 같습니다. 썩을 몸으로 묻히지만 썩지 않는 몸으로 다시 살아납니다. [43]천한 것으로 묻히지만 영광스러운 것으로 다시 살아납니다. 약한 자로 묻히지만 강한 자로 다시 살아납니다. [44]육체적인 몸으로 묻히지만 영적인 몸으로 다시 살아납니다. 육체적인 몸이 있으면 영적인 몸도 있습니다"; "그리스도는 바울에게 나중에 나타났는데, 반대로 그는 그리스도를 육신이 아닌 정신에 의해 인식함을 자부합니다"(「서신78」; 이근세 405. 번역은 수정).

에게 보낸 편지 7:14[216])은 종교의 지고한 계명이 최고선으로서의 신을 사랑하는 것이라는 관념을 이해할 수 없다고 이야기된다. 나아가 바울에게는 오직 신만이 자연적 필연성을 통해 활동하고, 그리스도는 자신의 언어를 민중의 사고방식에 맞춘다.

이 동일한 맞춤adaptation이라는 관념을 코케이우스도 개진한다.[217] 그리스도와 바울의 유사점은 에피스코피우스Simon Episcopius(1583~1643)에서도 발견되는데, 그는 예언자들과 사도들은 보통 단지 간접적인 예언적 계시를 받았을 뿐이지만 바울은 그리스도와 동일한 계시를 받았을 수 있다고 주장한다.[218] 『신학정치론』 4장에서 바울은 계시에 대한 실재적 이해를 옹호한 것으로 인용되며, 이러한 이유로 또한 무지는 변명이 되지 않는다고 주장하는 솔로몬 및 그리스도와 함께 언급된다(TTP 4.48~50). 마지막으로 『신학정치론』 16장에는 로마인들에게 보낸 편지 7장 7절의 자연과 사회의 구별이 언급된다.[219] 즉 자연 안에는 법도 죄도 없다.

· **관련 항목** : 그리스도, 자연 상태, 렉스, 예언자, 계시

216　[옮긴이] "우리가 아는 대로 율법 자체는 영적인 것입니다. 그런데 나는 육정을 따라 사는 사람으로서 죄의 종으로 팔린 몸입니다."

217　Coccejus, *Commentarius in epistolam ad Philippenses*, in Opera V, §76, p.52.

218　Episcopius, *Institutiones theologicae* 2.5

219　[옮긴이] 『신학정치론』 16장의 해당 구절은 다음과 같다. "바울이 율법 이전에는ante legem 곧 인간이 자연의 통치에 따라서ex naturae imperio 살아가는 것으로 간주되는 동안에는 죄가 없음을 알았을 때 그가 가르쳤던 것이 바로 이것이다"(TTP 16. 6 ; G III. 190). 이 항목의 저자는 이 구절과 관련된 바울의 말을 로마인들에게 보낸 편지 7장 7절이라고 지적한 것이다. "그러면 율법이 곧 죄라고 말할 수 있겠습니까? 절대로 그럴 수 없습니다. 그러나 율법이 없었던들 나는 죄를 몰랐을 것입니다." 참고로 스피노자는 『신학정치론』 3장에서 16장과 비슷하게 "계명과 율법이 없으면 죄도 없다"(TTP 3.44)라고 하면서 로마인에게 보내는 편지 4장 15절("법이 없으면 법을 어기는 일도 없게 됩니다. 법이 있으면 법을 어기게 되어 하느님의 진노를 사게 마련입니다")을 출처로 제시한다.

원문

Ep73 ; Ep75. *Paulus* (···) *gloriatur quod Christum non secundum carnem, sed secundum spiritum noverit* (Ep78). *Paulus* (···) *nihil apertius docet, quam quod homines nullum imperium, nisi ex Dei singulari vocatione et gratia in carnis tentationes habent* (···) *humano more sic loquatur et propter carnis imbecillitatem* (TTP 2. 51, G III. 42) ; TTP 3, G III. 54. *Propter* (···) *imbecillitatem* (···) *hominum carnalium sua verba accommodat* (TTP 4. 31, G III. 65). *Paulus duo modi praedicandi indicat, ex revelatione unum, ex cognitione alterum* (···) *eum loqui de libertate monendi, quae ipsi tanquam doctori, et non tamquam prophetae erat* (···) *nemo apostolorum magis philosophatus est, quam Paulus* (TTP 11, G III. 151, 156 and 158). *Per excellentiam Paulum apostolum appellamus* (TTP 13, G III. 169).

참고문헌

1차 문헌

Coccejus, J., *Commentarius in epistolam ad Philippenses*, in *Opera* V (Amsterdam, 1675).
Episcopius, S., *Institutiones theologicae*, in *Opera theologica* I (Amsterdam, 1650).

2차 문헌

Verbeek, Th., *Spinoza's Theologico-Political Treatise. Exploring 'the Will of God'* (Aldershot : Ashgate, 2003).

— 로베르토 보르돌리

법 → 렉스를 보라.

변양(變樣)Modificatio(모디피카티오)

스피노자는 라틴어 명사 '모디피카티오'와 상응하는 네덜란드어 '베이징'wijzing('투발'toeval도 쓰임)이라는 말을 종종 사용한다. 각각 '모디피카레'modificare와 '베이저헌'wijzigen이라는 동사에서 파생된 두 명사는 『윤리학』에서는 1부에서만, 그리고『소론』에서는 부록에서 좀 더 자주 등장한다.[220] 변양이 모두스modus(양태)와 동의어임은 분명하다.

이를 뒷받침하는 첫 번째 논거는 변양에 대한 정의이다. 「서신4」에서 스피노자는 변양을『윤리학』1부 정의3에 나오는 양태와 거의 같은 방식으로 정의하면서 변양을 '아키덴스'accidens(우유)와 동일시한다. "변양 또는 우유는 다른 것 안에 존재하고, 그 다른 것에 의해 생각되는 것"이다(G IV. 13 ; 이근세 26).『윤리학』1부 정리8 주석2의 정의는 1부 모두冒頭에서 실체와 양태를 정의할 때 썼던 표현들을 결합하고 변양에 대해 다음과 같이 말한다. "변양은 다른 것 안에 있는 것으로, 자신들이 포함되어 있는 것[실체]의 개념에 따라 그 개념이 형성되는 것들로 이해할 것이다."

[두 번째 논거] 게다가 양태처럼 변양도 데카르트적인 방식으로 '아트리부툼'attributum(속성) 또는 '에이헨스합'eigenschap과 직접 연결된다.『소론』에서 스피노자는 영혼을 '사유' 속성의 변양이라고 부른다. "내가 그 [사유]속성의 가장 직접적인 변양wizing이라고 부르는 변양은 실존하기 위해 동일한 속성의 다른 변양이 필요하지 않은 변양이다"(KVapp2 ; G I. 118, n.1).[221] 그러한 직접적 변양에는 이를테면 '사랑, 욕망, 기쁨'

---

220 [옮긴이] 「서신4」에서 한 번,『데카르트의『철학의 원리』』3부 요청(G I. 288 ; C I. 297)에서 두 번 사용된다.

221 [옮긴이] 원문은 다음과 같다. "Ik noem de alderonmiddelykste wyzing van de eigenschap, die wyzing de welke om wezentlyk te zyn, niet van nooden heeft eenige andere wyzing in de zelfde eigenschap"(G I. 118, n.1). 크롭이 'modificatio'에 상응하는 네덜란드어라고 말한 'wyzing'(wijzing)을 영역자 컬리와 셜리는 모두 'mode'라고 번역한다(C I. 153, n.a ; S 105, n.1). 그러나 불역자 아펭과 최근의 모로판은 'wyzing'를 'modificatio'라고 옮겼다(A I. 163, n.I ; M I. 419).

같은 다른 변양이 포함되는데, 이 변양들은 사유 속성의 첫 번째 "최고의 직접적인" 변양, 즉 관념에서 기원한다(G I. 118 ; C I. 153. E2a3 참고). 스피노자는 여기에서 변양들에 있는 어떤 위계hierarchy를 언급한다. 『소론』 부록에서는 인간 신체를 '연장 속성의 변양'이라고 부르기도 하는데, "연장 속성은 변하지 않지만 인간 신체는 파괴될 수 있다". 그러나 "연장은 운동과 정지 외에 다른 변양을 포함하지 않기" 때문에, "특수한 물체적 실재는 특정한 운동과 정지의 비율에 지나지 않는다"(G I. 120 ; C I. 155).

변양과 속성의 관계에 대한 동일한 견해가 『윤리학』 1부에서 채택된다. 스피노자는 『윤리학』 1부 정리22와 23에서 필연적이고 무한한 변양에 의한 속성의 변양은 동등하게 필연적인 양태가 될 것이라 말한다. 『윤리학』 2부 정리10의 따름정리에 따르면, 인간의 본질은 신적인 속성의 어떤 변양에 의해 구성되며, 따라서 신의 본성을 표현하는 양태 자체이다.

양태와 변양의 동일시를 지지하는 세 번째 논거는 스피노자가 『소론』의 부록 공리1에서 네덜란드어 단어 '투발런'toevallen을 사용하여 전통적인 존재 분할을 정식화할 때 라틴어 '모디피카티오'를 괄호 안에 병기한 것을 들 수 있다.[222]

그러나 양태와 변양 개념 간 미묘한 의미 차이가 식별될 수도 있을 것이다. 스피노자 시대 철학 사전에서 변양 개념이 다루어지는 일은 드

222　[옮긴이] 본문에 언급된 소론의 구절은 다음과 같다. "De zelfstandigheid staat wegens syn natuur voor aile syne toevallen(modificationes)"(G I. 114 ; C I. 150). "실체는 본성상 그 변양들에 앞선다"라는 뜻이다. 이 책의 '존재자'ens 항목 참고.

물었고, 간혹 있다 하더라도 '모디피카툼'modificatum이라는 표제로 다루어졌다.[223] 하지만 18세기에 두 개념의 구분은 확고히 자리를 잡았는데, 이는 아마도 스피노자 때문일 것이다. 예컨대 볼프는 『존재론』에서 "일시적인 실재의 변화는 다양한 양태들로 구성된다"라고 말한다. 이 "다양한 양태들, 다시 말해서 하나의 양태와 다른 양태가 계기하고, 하나의 양태가 다른 양태로 대체되는 것을 우리는 변양이라고 부른다".[224] 『자연신학』 말미의 절들에서는 신적 속성들로부터 '변양을 통해'per modificationem 영혼과 신체가 발생한다는 스피노자의 관념을 다루기 위해 변양 개념을 사용한다.[225]

분명 변양 개념은 주로 변화와 변이 과정 및 결과를 표현한다. 이러한 연관은 이미 뷔르헤르스데이크와 헤이레보르트 같은 스피노자의 스콜라철학 선배들에게서 발견된다(데카르트는 '변양'이라는 단어를 거의 사용하지 않았다). 양태를 정의하면서 뷔르헤르스데이크는 양태에 의해 실재는 그 존재 및 생성과 관련하여 변양되지만,[226] 우유는 실체를 변양하여 실체를 활동하도록 만든다고 말한다.[227] 그리고 헤이레보르트는 "모든 자연적 물체의 질료는 동일한 것이지만, 그것들의 다양성은 다양

---

223   고클레니우스와 미크라일리우스는 실재가 '양태에 의해 변용'되므로, 실제로 그것이 변양된다는 것을 나타내는 동사에서 그 명사[modificatum]를 도출한다. Goclenius, *Lexicon philosophicum* ; Micraelius, *Lexicon philosophicum*. [옮긴이] 원문은 다음과 같다. "both Goclenius and Micraelius in fact derive the noun from a verb stating a thing is modified because it is 'affected by a mode'." 여기서 말하는 동사는 'modificio'일 것이다.

224   Wolff, *Ontologia* § 703~704.

225   Wolff, *Theologia naturalis*.

226   Burgersdijk, *Institutiones metaphysicae* I, ch. 7.

227   Burgersdijk, *Institutiones metaphysicae* II, ch. 17.

한 운동에 기인하는 상이한 변양에 의해 생겨난다"라고 말한다.[228] 여기에서 변양 개념에 이런 저런 방식으로 변양되는 실재의 상태가 언급되면서 미묘한 차이가 부여된다. 이러한 의미의 음영陰影에 의해, 스피노자가 『윤리학』 1부 후반부에서 신적 실체로부터 유한한 실재들의 산출을 다룰 때 종종 '변양'이라는 용어를 선호하는 이유를 설명할 수 있을 것이다.

· **관련 항목** : 양태, 변용, 엔스, 실체, 속성, 운동

원문

De zelftandigheid staat wegens sijn natuur voor alle sijn toevallen (modificationes). (…) Ziel zulks zij een wijzing van die eigenschap, die wij denking noemen (…) Alle de overige wijzingen gelijk als Lievde, Begeerte, Blijdschap (…) alleronmiddelijkste wijzing van de eigenschap, die wijzing de welke, om wezentlijk te zijn niet van noden heeft eenige ander wijzing in de zelfde eigenschap (…) dat in de uijtgebreidheid geen andere wijzinge is als beweging en stilte(KV app). *Modificationes in materia realiter existentes*(PPC 3, post 1). *Per modificationem sive per accidens* (…) *id quod in alio est et per id in quo est concipitur*(Ep4). *Non dubito quin omnibus qui de rebus confuse judicant* (…) *non distinguunt inter modificationes substantiarum et ipsas substantias* (…) *Si autem ad naturam substantiae attenderent* (…) *intelligerent per modificationes id quo in alio est et quarum conceptus a conceptu in qua sunt formatur, quodcirca modificationum non existentium veras ideas possumus habere, quandoquidem quamvis non existant actu extra intellectum earum tamen essentia ita in alio comprehenditur, ut per idem concipi possint*(E1p8s2). *Quicquid ex aliquo Dei attributo, quatenus modificatum est tali modificatione, quae et necessario et infinita per idem existit, sequitur, debet quoque et necessario et infin itum per idem existere*(E1p22) ; E1p23 ; E1p28. *Essentiam hominis constitui a certis Dei attributorum modificationibus*(E2p10c).

228　Heereboord, *Philosophia naturalis*, ch. 5.

참고문헌

1차 문헌

Burgersdijk, F., *Institutiones metaphysicae*(Leiden, 1642).

Heereboord, A., *Philosophia naturalis*(Leiden, 1658).

Wolff, Chr., *Philosophia prima, sive ontologia modo scientifica pertractata*(Frankfurt and Leipzig, 1730).

————, *Theologia naturalis, modo scientifica pertractata*(Frankfurt and Leipzig, 1737).

2차 문헌

Melamed, Y., 'Spinoza's Metaphysics of Substance : the Substance-Mode Relation as a Relation of Inherence and Predication', *Philosophy and Phenomenological Research*, no. 78(2009), pp. 17~82.

Robinson, L., *Kommentar zu Spinozas Ethik*(Leipzig : Meiner, 1928).

Richter, G.T., *Spinozas philosophische Terminologie I : Grundbegriffe der Metaphysik*(Leipzig : Barth, 1913).

— 헨리 크롭

변용(affectio, 아펙티오)

라틴어 단어 아펙티오affectio — 그리고 관련 동사 아피키affici — 는 스콜라철학에서 유래한 용어로, 스피노자에 의해 자주 사용된다. 그러나 상응하는 네덜란드어 안두닝aandoening은 단 한 번 나온다. 세 가지 다른 의미를 가려낼 수 있다.

첫 번째로 스피노자는 '변용'을 양태modus, 일차적으로는 실체의 양태와 동의어로 사용한다. 그는 『윤리학』 1부 양태에 대한 정의와 「서신12」에서 두 개념이 동일시된다. "나는 실체의 변용들을 (…) 양태로 이해한다.” 다른 곳에서 양태와 변용은 시베sive 또는 세우seu[229]라는 단어로 연결된다(E1p25c ; E3p32s 등).『윤리학』1부 정리1에서 실체가 양태에 존재론적으로 우선한다고 말할 때 변용이라는 말이 사용되며, 정리4에서 전통적인 존재 분할에 대해 언급할 때도 역시 변용이라는 말을 쓴다. “지성 바깥에는 실체들 또는 같은 것이지만(정의4에 의해) 그 속성들과 그 변용들affections[230] 말고는, 다수의 실재들이 서로 구별될 수 있게 해 주는 아무것도 존재하지 않는다.”

둘째로 ‘양태’라는 말처럼 ‘변용’은 특수한 실재들의 존재론적 성격을 나타내기 위해 사용된다.[231] “특수한 실재들은 신의 속성의 변용들과 다르지 않다. 곧 신의 속성이 일정하게 규정된 방식으로 표현되는 양태들과 다르지 않다”(E1p25c).

마지막으로 스피노자에 따르면 변용은 양태처럼 오직 실체에 의해 간접적으로만 생겨난 것이다.『윤리학』1부 정리14의 따름정리2에서, 그는 “연장되는 실재와 사고하는 실재는 신의 속성들이든가 아니면

---

229 [옮긴이] 둘 다 ‘즉’, ‘또는’이라는 뜻이다. 이 책 ‘시베’ 항목 참고.

230 affectio를 옮길 때 대부분의 영역자들이 사용한 단어이다. [옮긴이] 원문에는 ‘affections’가 아닌 ‘modifications’라고 되어 있었다. 저자는 라틴어 ‘affectio’와 ‘modificatio’를 모두 ‘modification’이라고 번역한 엘위스R. H. M. Elwes의 번역을 염두에 두고 말한 것으로 보인다. 그러나 현재 널리 사용되는 영역본은 두 단어를 각각 ‘affection’과 ‘modification’으로 번역한다. 이에 문제의 단어를 수정하여 번역했다. 아래 나오는『윤리학』1부 정리25 따름정리의 원문도 같은 이유로 수정했음을 밝힌다. ‘modificatio’ 개념은 이 책 ‘변양’ 항목 참고.

231 [옮긴이] “Secondly, like the word ‘mode’, ‘affection’ is used to designate the ontological constitution of the particular things (…).” 변용이 “특수한 실재의 존재론적 ‘constitution’[성격, 구조, 구성]을 나타낸다”라는 말이 정확히 무엇을 의미하는지 불분명하다. 변용은 유한 양태의 ‘상태’constitutio를 나타내기도 하지만(E2p16c2 ; E2p17s ; E3p17s …), 본문에 사용된 ‘constitution’은 그런 의미는 아니라고 생각된다. 이하에 이러한 의미가 별도로 제시되고, 무엇보다 저자는 곧바로 특수한 실재의 ‘존재론적 지위’나 ‘성격’을 나타내는 1부 정리25의 따름정리를 인용하고 있기 때문이다. 이를 고려하여 ‘존재론적 성격’이라고 번역했다.

(공리1에 의해) 신의 속성들의 변용들"이라고 말한다. 그것은 신적 속성의 효과이자 신의 본성을 표현하는 신의 본질의 역량이 산출한 결과이다. 따라서 "인간의 본질은 신의 속성들의 일정한 변양들modificationibus에 의해 구성된다"(E2p10c). 그러한 본질은 "신 안에 존재하고 신이 없이는 존재할 수도 인식될 수도 없는 것, 곧 (1부 정리25의 따름정리에 의해) 일정하게 규정된 방식으로 신의 본성을 표현하는 변용 또는 양태이다"(E2p10cd).

　이러한 의미의 변용은 또한 특정한 존재의 양태들, 이를테면 물체의 성질 같은 것을 가리킬 수도 있다. 「서신6」에서 스피노자는 "만질 수 있는 모든 질質은 오직 운동, 형태, 그리고 다른 기계적 변용들에 달려 있다"(이근세 37)고 말한다. 『데카르트의 『철학의 원리』』에서 스피노자는 '변용'을 데카르트가 '속성'을 실재의 양태, 시간, 실존, 연장, 본질을 가리키기 위해서 사용했던 방식으로 사용한다고 밝힌다(KV I. 2).[232] '변용'과 '양태'는 같은 것이지만equivalent 변용과 달리 양태는 세심하게 정의되기 때문에, 스피노자 철학에서 양태는 변용보다 훨씬 덜 기본적인 개념이다.

　스피노자의 저작에서 변용은 또한 인간과 인간의 능력이 겪는 변화를 가리키기도 한다. 정서에 대한 첫 번째 정의에서 스피노자는 "우리는 인간 본질의 변용을 이러한 본질의 어떤 상태로(그것이 본유적인 것이든 아니든, 그것이 사유 속성에 의해서만 또는 연장 속성에 의해서만 인식되든 아니든, 마지막으로 그것이 두 속성 모두에 동시에 관련되든 간에) 이해"한다(E3ad1exp)라고 말한다. 그러나 아펙티오는 정신과 관련해서는 드물게 사용되고 어원이 같은 명사인 아펙투스affectus(정서)가 선호된다.

232　[옮긴이] 데카르트의 속성 개념에 대해서는 『철학의 원리』 I. 52~58 참고.

인간 신체의 변용은 그 신체의 특성을 가리키는 외부 실재의 이미지이다(E2p16). 그것은 인간 신체를 특정한 방식으로 행위하도록, 그리고 그 행위 역량이 크거나 작아지도록 배치한다(E3Post1 ; E3p11s). 스피노자는 또한 사유나 상상의 변용에 대해서도 말하는데, 이러한 의미의 변용은 초월적 용어transcendental term를 나타낸다(E2p40s1).

아펙티오는 아리스토텔레스의 파토스pathos를 라틴어로 번역한 말이다. 파토스는 이 그리스 철학자가 실체의 술어가 될 수 있는 성질을 가리키기 위해 사용했던 세 용어 중 하나로, 나머지 둘은 심베베코스symbebēkos(부수적/우연적)와 트로포스tropos(방식)이다. 그 의미의 일반성은 아펙티오가 초월적 용어, 본질의 내재적 속성 또는 가변적 우유를 나타낼 수 있다는 사실에서 드러난다. 뷔르헤르스데이크에 의하면 이 일반성은 "존재에 [독립적인] 존재자가 아닌, 많은 것들이 있지만 그것들이 전혀 아무것도 아닌 것은 아니"라는 사실에 기인한다.[233] 이를테면 참, 하나, 선과 같은 존재자의 단순한 아펙티오들이 에센티아essentia(본질)에 어떤 것을 "더한다"라면, 지속, 장소, 시간 같은 다른 것들은 엑스시스텐티아existentia(실존)에 어떤 것을 더한다. 모두스modus(양태)와 아펙티오는 뷔르헤르스데이크의 일반 형이상학에서 다루어지지만, 아키덴스accidens(우유)는 주로 특수 형이상학에서 '어떤 유의 존재자'certain kind of being를 나타낸다.

스피노자 당대의 사전들에서도 같은 방식으로 사용된다. 미크라일리우스에 따르면 아펙티오는 반드시 (1) 그것이 술어가 되는 주어/주체와 형상적으로 달라야 하고, (2) 동일한 실재를 가리켜야 하며, (3) 그 개

---

233 Burgersdijk, *Institutiones metaphysicae* 1.9.

념이 그것의 주어 개념으로부터 따라 나와야 한다.[234] 고클레니우스는 아펙티오 개념의 기원을 가장 일반적 의미의 겪음(그리스어 파스케인 paschein)이라는 관념, 곧 형상을 부여받고being informed, 기질을 갖게 되고 [특정한 방식으로 배치되며]being disposed, 움직여지고 인상을 갖게 된다는 관념들에서 찾는다.[235] 그러므로 그것의 동의어는 우유, 정서, 정념이다. 쇼뱅은 아펙티오라는 용어를 술어가 주어에 미치는 영향이라는 관념에서 도출하여 설명한다. 이러한 한정하는 영향modifying influence으로 인해 모든 아펙티오는 특수하며 그것의 고유한 주어/주체에 속한다. 그러므로 정신의 아펙티오는 특수한 본성을 지니고 있으며 보다 정확하게는 아펙투스affectus(정서)라 불린다. 쇼뱅은 스토아 전통에서 출발하여 이 관념을 설명한다. 이러한 방식으로 그는 아리스토텔레스에서 유래한 존재론적 전통을 도덕 담론에서의 쓰임과 연결한다.[236] 두 전통 모두 스피노자의『윤리학』에 존재한다.

· **관련 항목** : 구별, 실체, 우유, 양태, 변양, 정서, 파시오, 초월적인 것

원문

Aandoeningen van de ziele(KV 1.9). *Praeter extensionem et ejus affectiones*(PPC 2def7). *Per modem cogitandi* (⋯) *cogitationis affectiones*(CM 1.1). *Per affectiones id quod per*

---

234 Micraelius, *Lexicon philosophicum*. [옮긴이] (1)은 어떤 주체와 그 변용은 '형상적 구별'에 의해 구별되며, '실재적 구별'이나 '이성적 구별'에 의해 구별되는 실재들이 아니라는 것을 뜻한다. (2)는 변용이 그것이 술어가 되는 주체를 가리키는 것이지 별개의 실재를 가리키는 것이 아니라는 말이다. 이를테면 소크라테스의 '지혜로움'(변용)은 지혜로운 '소크라테스'(주체)외에 다른 것을 가리키지 않는다. (3)은 변용 개념은 주체 개념에 존재론적으로 의존하며 그로부터 따라 나오는 개념이라는 것을 뜻한다(아래 관련 항목 참고).

235 Goclenius, *Lexicon philosophicum*.

236 Chauvin, *Lexicon philosophicum*.

attributa denotavit Cartesius (···) *sub quibus essentiam vel existentiam* (···) *impossibilitas inter affectiones entis numerari non potest*(CM 1.3). *Terminus transcendentalis sive affectio entis*(CM 1.6). *Per modum intelligo substantiae affectiones*(E1d5). *Substantia prior est natura suis affectionibus*(E1p1). *Extra intellectum nihil datur praeter substantias earumque affectiones*(E1p5). *Rem extensam et rem cogitantem vel Dei attributa esse vel affectiones attributorum Dei*(E1p14c2). *Res particulares nihil sunt, nisi Dei attributorum affectiones, sive modi*(E1p25c). *Imaginationis affectiones*(E1app). *Ut verba usitata retineamus, corporis humani affectionibus*(E2p17s). *Corporis affectiones quibus ipsius corporis agendi potentia augetur*(E3p3). *Rerum imagines sunt ipsius humani corporis affectiones sive modi*(E3p32s). *Mentis affectio*(E3p52s). *Affectio, qua agendi hominis potentia, seu conatus coercetur*(E3p59s). *Per affectionem humanae essentiae quamcumque essentiae constitutionem intelligimus*(E3daff1). *Prout cogitationes, rerumque ideae ordinantur et concatenantur in mente, ita corporis affectiones seu rerum imagines ad amussim ordinantur et concatenantur in corpore*(E5p1).

참고문헌

1차 문헌

Burgersdijk, F., *Institutiones metaphysicae*(Leiden, 1642).

2차 문헌

Richter, G.T., *Spinozas philosophische Terminologie I : Grundbegriffe der Metaphysik*(Leipzig : Barth, 1913).

Robinson, L., *Kommentar zu Spinozas Ethik*(Leipzig : Meiner, 1928).

— 헨리 크롭

보편자 → 초월적인 것을 보라.

본성 → 나투라, 본질을 보라.

본질Essentia(에센티아)

『윤리학』2부 본질에 대한 스피노자의 정의는 세 줄이 넘어갈 정도로 복잡하다. 본질의 정의는 다음과 같다. "나는 어떤 실재의 본질에 그 본질이 주어지면 그 실재가 필연적으로 정립되고 그 본질이 제거되면 그 실재도 필연적으로 제거되는 것이 속한다고, 또는 그 본질 없이는 그 실재가 역으로 그 실재가 없으면 그 본질이 존재할 수도 인식될 수도 없는 것이 속한다고 말한다"(E2d2).

게루에 따르면, 스피노자의 이 본질 정의가 전통적이고 데카르트적인 본질 정의(cf. PPC II. a2)와 길이와 내용 면에서 편차가 있는 것은 유한한 실재를 다루는 2부에서야 원인과 본질의 구분이 필요해졌기 때문인데, 원인과 본질은 "그것 없이 실재가 존재할 수도 인식될 수도 없는 것"이라는 데카르트적 표현에 따르면 [1부에서 다루어지는] 신 안에서는 동일하고 일치하는 것이었다.[237] 게다가 신은 모든 실재의 본질과 실

---

[237] Gueroult 1974, pp. 27~28. [옮긴이] 게루의 주장을 정리하자면 다음과 같다. '전통적이고 데카르트적인 본질 정의'에 따르면 본질은 '그것 없이 실재가 존재할 수도 인식될 수도 없는 것'이다("(…) 어떤 것[S]이 그것[x, y] 없이도 존재할 수 있는 그런 것[x, y]은, 그것[x, y]이 어떤 것이든 그 어떤 것[S]의 본성[E]에 포함되어서는 안 된다…" 「네 번째 반박」, AT VII. 219 ; 원석영 I-1. 186. 대괄호는 인용자의 것). 본질이 그러한 것인 한, 본질은 실재의 존재와 인식에 필요 불가결하다. 그런데 스피노자는 본질 정의(E2d2)에 'a) 그것 없이 실재가 존재할 수도 인식될 수도 없는 것'이라는 점 외에 'b) 그것을 통해 필연적으로 실재에 대한 개념과 존재가 주어지는 것', 'c) 그 실재 없이 존재할 수도 인식될 수도 없는 것'이라는 규정을 추가한다. 『윤리학』1부 '신에 관하여'에서는 전통적이고 데카르트적인 본질 정의인 a) 외에 다른 두 조건을 언급할 필요가 없었다. 왜냐하면 신은 존재와 인식을 위해 다른 원인을 필요로 하지 않는 자기 원인(E1p6c, E1p7d)이기 때문이다. 신이 그러한 실재인 한 전통적인 본질 규정인 a)만으로 신의 존재와 인식을 설명하는 것이 가능했다는 것이다. 그러나 유한한 실재를 다루는 2부에서는 본질과 원인의 구분이 필요하다. 유한한 실재의 본질은 실존을 함축하지 않기 때문이다(E1p24 참고). 데카르트에 의하면 물체의 본질은 연장이다. 물체의 운동과 모양은 a)가 보여 주는 것처럼 연장 없이 존재할 수도 인식될 수도 없다. 그러나 c)와 정반대로 연장은 운동이나 모양 없이도 생각될 수 있다(PP I. 53 ; 원석영 II. 44). 따라서 b)와

존 둘 다의 원인이므로 모든 실재의 본질에 속하는 것으로 해석되고는 했다(E2p10cs).[238] 스피노자의 본질 정의는 또한 2부 정리37에서 명시적

달리 운동과 모양의 존재 및 인식이 연장에 의해 필연적으로 정립되는 것은 아니게 된다. 그러나 스피노자는 유한한 실재의 본질은 a)를 충족해야 할 뿐만 아니라 b), c)도 충족해야 한다고 본다. 왜냐하면 유한한 실재는 본질이 실존을 함축하지 않으므로 그것의 존재와 인식을 위해서는 그 외부 원인이 필요하기 때문이다. 따라서 본질이 a)라면, 이는 유한한 실재의 존재와 인식에 필연적인 그 원인만 제시하는 것이 된다. 그러나 본질이 그것이 무엇인지(what it is) 보여 주어야 한다면, a)가 성립해야 함은 물론 그 본질에서 그것의 존재와 인식이 따라 나와야 하므로 b)도 성립해야 하고, 그 실재 없이 그것의 본질 역시 존재할 수도 인식될 수도 없는 것이라는 점에서 c) 역시 성립해야 한다. 그러한 본질이 스피노자가 말하는 각각의 유한한 실재에 고유한 '운동과 정지의 관계(비율, ratio)'로서의 본질이다. 그래서 '물체는 (보조정리1에 의해) 운동과 정지의 관계에 의해 서로 구별되는 독특한 실재(2부 정의1에 의해)'(E2p13L3d)로 규정된다. 만일 본질이 a)일 뿐 b)와 c)의 조건을 포함하지 않는 것이라면, 신과 세계의 관계 또한 합리적으로 설명될 수 없다(E2p10cs와 아래 옮긴이 주 참고). 게루는 스피노자 본질 정의에 포함된 저 세 조건을 구분하지 않으면 '귀속 오류'erreurs d'attribution에 빠진다고 역설한다. '신의 본성과 독특한 실재들의 본성을 혼동하거나, 신과 독특한 실재들 간의 모든 연관을 부정하거나(E2p10과 E2p10cs), 공통 속성과 개별적 실재를 혼동하거나(E2p37), 관념과 의지를 인위적으로 분리(E2p49)'하는 오류가 그것이다. 이상 Gueroult 1974. pp. 21~22, 27~28 참조.

238 [옮긴이] 그래서 스피노자는 본질을 달리 정의하고 신은 유한한 실재들의 본질에 속하지 않는다고 주장했다는 것이다. "모든 사람은 분명 신 없이는 아무것도 존재할 수도 인식될 수도 없음을 인정해야 한다. 왜냐하면 **모든 사람은 신이 모든 실재의 본질뿐만 아니라 실존의 유일한 원인임을, 곧 신은 실재의 생성**fieri **원인일 뿐만 아니라 사람들이 말하듯이 존재**esse **원인임을 인정**하기 때문이다. 그런데 **많은 이들**은 그렇게 인정하는 동안 어떤 실재의 본질에 어떤 것이, 곧 그것 없이 실재가 존재할 수도 없고 인식될 수도 없는 것이 속한다고 말한다. 따라서 그들은 **신의 본성이 피조된 실재의 본질에 속한다**거나 아니면 **피조된 실재가 신 없이 존재할 수 있고 인식될 수 있다**고 믿는 것이다. 또는 더 확실한 것은 그들이 자신들의 견해와 충분히 일관적이지 않다는 것이다. (…) 그러나 나는 이 문제에 대해서는 넘어가겠다. 왜냐하면 여기에서 내 의도는 단지 왜 **내가 어떤 실재의 본질에는 다음과 같은 것이 곧 그것 없이는 실재가 존재할 수도 인식될 수도 없는 것이 속한다고 말하지 않았는지** 그 이유를 제시하고자 했기 때문인데, 분명 **독특한 실재는 신 없이 존재할 수도 인식될 수 없지만 그럼에도 신은 독특한 실재의 본질에 속하지 않기** 때문이다. 그러나 '그것이 주어지면 실재가 정립되고 그것이 제거되면 실재가 제거되는 것이, 반대로 그 실재 없이는 그것이 존재할 수도 인식될 수도 없는 것이 필연적으로 어떤 실재의 본질을 구성한다'[E2d2]고 나는 말했다"(E2p10cs). 스피노자가 '많은 이들' 운운할 때, 데카르트도 그중 하나였음은 분명하다. 스피노자는 데카르트의 본질 개념을 다음과 같이 정식화한다. "공리2 : 만일 어떤 것이 어떤 실

재로부터 그 실재가 온전하게 남아 있는 동안 제거될 수 있다면, 그것은 그 실재의 본질을 구성하지 않는다. 그러나 만일 어떤 것이 그것이 제거될 때 그 실재도 제거된다면, 그것은 그 실재의 본질을 구성한다"(PPC II. a2 ; G I. 183 ; C I. 264~265). 스피노자는 이러한 본질 개념에서 위 주석에서 언급한 신과 세계의 관계에 관한 불합리한 결론이 도출된다고 본다. 이를 이해하기 위해서는 스콜라철학의 '생성 원인'과 '존재 원인'에 대한 검토가 필요하다. 토마스 아퀴나스에 의하면 "모든 결과는 원인이 바로 그 결과의 원인인 한 자신의 원인에 의존한다". 먼저 "어떤 작용자agens는 단지 생성의 관점에서만secundum fieri 그 결과의 원인이 될 뿐이며, 결과의 존재의 관점에서는secundum esse 직접적 원인이 되지 않는다는 것을 고려해야 한다". 이러한 행위자는 그 결과의 '생성fieri 원인'이라 불린다. 이를테면 건축가는 집의 생성 원인이지만 집의 직접적인 존재 원인은 아니다. 집의 '존재'는 집의 '형상'에서 나오는 결과이기 때문이다. 집의 존재는 집의 구성과 질서를 수용하고 보존하는 사물들의 본성에 의존한다. 반면 '존재esse 원인'은 그 결과의 '생성' 원인일 뿐만 아니라 '존재'의 원인이기도 한 원인을 말한다. 이 경우 작용자의 활동이 중지될 때 그 결과의 생성뿐만 아니라 존재 또한 중단된다. 이를테면 태양은 공기가 빛을 내는 생성 원인일 뿐만 아니라 존재 원인이다. 공기 안에는 빛의 근원이 없으므로 태양의 작용이 멈추면 공기는 그 즉시 빛을 잃는다. "그런데 모든 피조물과 하느님과의 관계는 공기와 빛을 내는 태양과의 관계와 같다." 따라서 신의 활동이 중지될 때 피조물은 존재는 중단된다. "왜냐하면 피조물은 결과의 존재가 존재의 원인에 의존하는 만큼 하느님에 의해 보존될 필요가 있기 때문이다." 그리고 이러한 "하느님에 의한 사물들의 보존은 어떤 새로운 작용을 통해 일어나는 것이 아니라, 존재를 수여하는 작용의 연속성에 의해per continuationem actionis qua dat esse 일어난다"(이상 토마스 아퀴나스, 이상섭 옮김, 『신학대전 14』, 제 104 문제, 제1절, 바오로딸, 2009, 102~117쪽 참고. 강조 및 괄호는 인용자의 것). 데카르트는 이러한 원인 개념에 근거하여 '우리가 보존되기 위해서는 제1원인의 지속적 작용을 필요로 한다는 것'을 부정하는 논적의 견해에 대해 신은 피조물의 생성 원인일 뿐 아니라 존재 원인이므로 우리의 보존에 신의 지속적 작용이 필수적이라고 역설한다(「다섯 번째 반박에 대한 답변」AT VII. 369 ; CSM II. 245~246 ; 원석영 I-1. 374~376). 그리고 스콜라철학의 이러한 '계속적인 창조'creatio continua(연속 창조) 관념은 "신은 애초부터 물질을 운동과 정지를 동반시켜서 창조했고 자신의 일상적인 조력만으로도per solum suum concursum ordinarium 창조했을 때와 같은 양의 운동과 정지를 물질 속에 보존한다"라는 그의 운동의 제1원인 관념으로 계승된다(PP II. 36 ; 원석영 II. 97). 그런데 본질이 그것 없이 실재가 존재할 수도 인식될 수도 없는 것이라면, 생성 원인의 결과는 존재와 관련하여 그 원인에 의존하지 않으므로 생성 원인은 그 결과의 본질을 구성하지 않을 것이다. 이는 스피노자가 정식화한 데카르트 본질 정의의 첫 번째 경우에 해당한다. 반면 존재 원인의 결과는 존재와 관련하여 그 원인에 의존하므로 존재 원인은 그 결과의 본질을 구성할 것이다. 이는 스피노자가 데카르트의 본질 정의로 제시한 두 번째 경우에 해당한다. 그런데 신은 피조물의 생성 원인일 뿐만 아니라 존재 원인이고 따라서 피조물은 신 없이 존재할 수도 없다. 그렇다면 본질은 그것 없이 실재가 존재할 수도 인식될 수도 없는 것이므로 신은 피조물의 본질을 구성해야 할 것이다. 그런데 (1) 신의 존재는 필연적 실존을 함축하지만 유한한 실재

으로 제시된 개체의 본질에 대한 결정적인 관념을 알려 준다.[239]

스콜라주의에 따르면 '본질'은 두 가지 근본 관념으로 구성된다. 어떤 실재를 다른 모든 것과 구분시켜 주는 존재론적 차이와 실재의 동일성identity(정체) 내지, 더 낮게 말하자면 실재의 '퀴디티'quiddity[240]라는 관

는 그렇지 않고(E2p10d), (2) 동일한 본성의 두 실체[신]는 있을 수 없지만(E1p5), 동일한 본성을 지닌 다수의 인간이 실존하며(E2p10ds), (3) 실체가 유한한 실재의 본성에 속한다면 그 본성으로부터 따라 나오는 무한성, 불변성, 분할 불가능성 등의 특성propria(고유성) 또한 유한한 실재의 본성으로부터 따라 나와야 할 터인데 그렇지 않다(E2p10ds). 그래서 만일 신이 피조물의 본질을 구성하지 않는다고 말한다면, 이 또한 문제가 없지 않은데, 이는 결국 창조된 유한한 실재가 신 없이 존재할 수 있고 인식될 수 있다고 말하는 것이나 다름 없기 때문이다. 스피노자가 위 주석에서 '그들은 신의 본성이 피조된 실재의 본질에 속한다거나 아니면 피조된 실재가 신 없이 존재할 수 있고 인식될 수 있다고 믿는 것'(E2p10cs)이라고 한 이유이다. 그래서 스피노자는 실재의 본질에는 "그것 없이는 실재가 존재할 수도 인식될 수도 없는 것이 속한다"라는 전통적이고 데카르트적인 본질 관념을 받아들이지 않는다면서, "독특한 실재는 신 없이 존재할 수도 인식될 수 없지만 그럼에도 신은 독특한 실재의 본질에 속하지 않는다"라고 역설한다. 인간을 포함한 유한한 실재의 본질은 신의 본질을 구성하는 신의 속성들이 아니라 '신의 속성들의 일정한 변양들로'a certis Dei attributorum modificationisbus 구성된다(E2p10c). 앞의 옮긴이 주에서 언급한 유한한 실재의 본질로서의 '운동과 정지의 관계'는 이러한 신의 속성들의 일정한 변양들이 맺는 관계이다. 스피노자 전통적이고 데카르트적인인 본질 정의를 거부하고 자신의 고유한 본질 정의를 제시했던 것은 이러한 이유 때문이다. 참고로 그 이론적 귀결 중 하나는 신의 본성을 인간의 본성을 통해 혹은 인간의 본성을 신의 본성을 통해 이해할 수 없게 된다는 점이다(E1p17c2s, E1app 참고).

239 [옮긴이] 『윤리학』 2부 본질 정의에 의해 "모든 실재에 공통적이고(이 점에 대해서는 위의 보조정리2를 보라), 부분과 전체에 똑같이 있는 것[X]은 어떠한 독특한 실재[B]의 본질도 구성하지 않는다"라는 2부 정리37의 독특한 실재의 본질 관념이 이해된다는 것이다. 이 정리는 실제로 2부 본질 정의에 근거하여 귀류법적으로 다음과 같이 증명된다. "증명 : 만일 이를 부정한다면, (부정이 가능하다면) 이것[X]이 어떤 독특한 실재[B]의 본질을 구성한다고, 말하자면 B의 본질을 구성한다고 생각해 보라. 그러면 (정의2에 의해) 그것[X]은 B 없이는 존재할 수도 없고 인식될 수도 없을 것이다. 그러나 이는 가설에 위배된다. 그러므로 이것[X]은 B의 본질에 속하지 않으며, 다른 어떤 독특한 실재의 본질도 구성하지 않는다. 증명 끝." 요컨대 모든 실재에 공통적인 것[X]이 어떤 독특한 실재의 본질[B]을 구성한다면, '정의2에 의해' X는 존재와 인식에 있어서 B에 의존해야 할 터인데, X가 모든 실재에 공통적인 것(아마도 위 증명에서 '가설'이라고 한 것)인 한 B 없이도 존재하고 인식될 수 있으므로, X가 B의 본질을 구성한다는 것은 불합리하다는 것이다. 이 책의 '실존' 항목도 참고.

240 [옮긴이] 'quiddity'는 'whatness'와 함께 라틴어 'quidditas'(퀴디타스, '무엇'을 뜻하는 'quid'

넘이 그것이다. "본질은 실재를 존재하게 하고 그것을 그것이게 만드는 모든 것이다."[241] 또는 "본질은 모든 특성과 우유을 제거한 각 실재의 단순한 구조이다".[242] 쇼뱅은 데카르트적인 방식으로 본질은 실재의 '속성'인데 그것은 "항상 그리고 오직 동일한 속성을 지닌 모든 것에 속한다"라고 말한다.[243] 왜냐하면 전통적으로 본질은 하나이자 동일한 종species에 속하는 모든 개체에 공통적인 것이기 때문이다. 나아가 엄밀한 의미의 본질은 실재적이지 않으며 현행적으로 실존하지 않는다. 그래서 우리는 본성nature을 "본질을 완성하고 그것을 완전한 실재로 만드는 내적 원리"라고 부른다.[244]

와 특성이나 상태를 나타내는 접미사 '-itas'의 합성어)의 영역으로 쓰이는 말이다. 퀴디타스는 "그것은 무엇인가"What is it(Quid est)라는 질문에 대해 답변으로 제시될 수 있는 것으로, 그것의 정의定義를 통해 지칭되는 모든 본성에 공통적인 어떤 것을 말한다. 곧 그것은 어떤 종을 다른 종과 구별할 수 있게 해 주는 필요충분조건으로서의 특성으로, 예컨대 "그것은 무엇인가"라는 질문에 "그것은 식물이다" 혹은 "그것은 동물이다"라고 할 때의 식물이나 동물이 퀴디타스이다. 과거 '하성'何性이라고 번역되기도 했으나, 요즘은 '통성원리'通性原理나 '무엇임' 정도로 번역되는 것 같다. 요셉 드 프리스, 신창석 옮김, 『스콜라 철학의 기본개념』(분도출판사, 2000), '본질' 항목 47쪽 참고.

241 Chauvin, *Lexicon philosophicum*.

242 Goclenius, *Lexicon philosophicum*. [옮긴이] 고클레니우스의 원문은 다음과 같다. "essentia est cujusque rei simplex et omnibus proprietatibus et accidentibus spoliata constitutio." 원문을 참고하여 옮겼다.

243 Chauvin, 위의 책. [옮긴이] 원문은 다음과 같다. "An essence, Chauvin observed in a Cartesian vein, is 'the attribute' of a thing, which 'always and exclusively belongs to all things identical with it'." 여기에서 'all things identical with it'은 내용상 결국 '동일한 속성을 지닌 모든 것'을 뜻한다고 생각된다.

244 Goclenius, 위의 책. [옮긴이] 요컨대 스콜라철학에서 '에센티아'essenita, essence(본질)는 '하나이자 동일한 종species에 속하는 모든 개체에 공통적인 것'이지만 그 자체는 '실재적이지 않으며 현행적으로 실존하지 않는' 것으로 이러한 '본질을 완성하고 그것을 완전한 실재로 만드는 내적 원리'가 '나투라'natura, nature(본성/자연)라는 것이다. 중세철학에서 나투라 개념은 '종적 본질'specific essence('실재를 정의하는 것, 그것의 본질 또는 형상'), '개별적 성향/성질'individual disposition('어떤 개체의 특징'character), '전체로서의 자연 세계'the natural world

564   스피노자 편람

스피노자는 분명 본질이 실재를 구성한다는 관념을 받아들였지만, 본질과 본성nature을 완전히 동일시함으로써 스콜라적 관념을 제한한다. 스피노자는 실재의 존재론적 본성인 종을 허용하지 않음으로써 개체적 본질 개념을 만들었다. 그러한 개체적 본질의 가능성은 앞서 그것을 하이케이타스haeceitas(이것임)[245]라고 불렀던 둔스 스코투스Duns Scotus가 인정한 것이지만, 이를 인정했다는 점에서 그는 스콜라적 사유의 예외적 인물 중 하나였다.

스피노자는 또한 본질 정의에 인식론적 특징을 도입했다. 데카르트에 따르면 '존재자', '실체', '지속', '진리', '본질'은 기초 관념들primitive notions이다.[246] 규정하기는 어렵지만, 그 관념들은 우리가 지각할 수 있는 모든 것과 관련된다. 『철학의 원리』에서 데카르트는 실체의 주요 특성 곧 속성이 그것의 본성 또는 본질을 **구성한다**고 말한다(PP I. 53). 하지만 그는 개념적 질서를 존재론적 질서와 유비적인 것으로 만듦으로써 이 관념들에 논리적 변화logical twist를 주었다. "모양은 단지 연장 실체에서

---

as a whole라는 의미 중 하나로 사용되었다고 한다(Stephen F. Brown and Juan Carlos Flores, *Historical Dictionary of Medieval Philosophy and Theology*, Lanham·Toronto·Plymouth : The Scarecrow Press, 2007의 'nature' 항목 참고). 스피노자가 본질과 본성을 동일시했다고 지적하는 이하의 내용에서 'nature'는 현행적으로 실존하는 개체의 본성이다.

245 [옮긴이] 하이케이타스는 '개별적 고유성(질적 개별성)'이 아니라 개별적인 것을 '본래적으로 바로 **이것이게끔 하는** 것'으로 '본질적 개별성'을 뜻한다. 본질적 개별성으로서의 하이케이타스는 질적 개별성에 있어서 구분되기 어려운 두 실재(예컨대 일란성 쌍둥이)를 구별할 수 있게 하는 것이자, 질적 개별성이 달라졌을 때에도(예컨대 아이일 때와 노인이 되었을 때에도) 한 인간을 동일한 본질적 개별성을 지닌 인간이라고 지칭할 수 있게 해 주는 것이다(이상 요셉 드 프리스, 위의 책, '개별화' 항목 18~19쪽 참고). 둔스 스코투스가 도입한 개념으로 '이것'을 뜻하는 'haec'와 '-itas'를 결합한 말이다. 영어로는 보통 'haecceity' 또는 'thisness'로 번역되며, 우리말로는 음역하거나 '이것임' 또는 '각개성'各個性 등으로 번역된다.

246 데카르트, '엘리자베스에게 보낸 편지'(AT III. 665, 691) ; '클레슬리에Clerselier에게 보낸 편지'(AT V. 355).

만, 운동은 단지 연장된 공간에서만 생각될 수 있다. 그리고 상상력, 감각 그리고 의지는 단지 사유 실체에서만 생각될 수 있다"(PP I. 53). 밀납 이 야기에 함축된 것처럼, 명료하고 뚜렷한 인식의 대상을 오직 실재의 본성 또는 본질뿐이라고 하는 것은 이러한 이유 때문이다.[247]

스피노자는 초기 저작들에서 데카르트의 이러한 조언을 채택하고 "인식을 형성하는 논리적으로 조직화된 본질의 체계"[248]를 발전시켰다. 『지성교정론』에서 그는 데카르트의 형상적 본질과 표상적 본질 간 구분을 도입한다. 표상적 본질은 명료하고 뚜렷하게 인식되는 한에서의 관념

---

247 데카르트, 「제2성찰」(이현복 I. 51~54). PP I. 46도 참고. [옮긴이] "하지만 그[데카르트]는 개념적 질서를 존재론적 질서와 유비적인 것으로 만듦으로써 이 관념들에 논리적 변화를 주었다"However, he gave these notions a logical twist by creating a conceptual order conceived analogously to the ontological order라는 크롭의 주장에서 데카르트가 '논리적 변화'를 주었다는 '이 관념들'이 무엇을 지칭하는 것인지 모호하다. 먼저 크롭이 이 말을 하기에 앞서 문단 서두에서 데카르트의 '존재자', '실체', '지속', '진리', '본질' 등 그의 '기초 관념들'primitive notions을 언급했던 것을 보면, 그의 주장은 데카르트가 '개념적 질서를 존재론적 질서와 유비적인 것으로 만듦으로써' 이 기초 관념들에 논리적 변화를 주었다는 주장 같기도 하다. 그렇다면 그가 말하는 논리적 변화는 기초 관념들 중 실체는 연장 실체와 사유 실체로, 본질은 연장 속성과 사유 속성으로, 존재자는 연장에 속하는 존재자와 사유에 속하는 존재자로 만들었다는 주장으로 해석될 수 있을 것이다. 그러나 크롭이 위 주장 전후에 『철학의 원리』 1부 53항을 언급하고, 특히 위 주장 다음에 『철학의 원리』 1부 53항에서 인용한 내용을 고려하면, 크롭이 "데카르트가 개념적 질서를 존재론적 질서와 유비적인 것으로 만들었다"라는 것은 존재론적 순서에서 사유와 연장이 각각의 양태(사유의 경우 상상력, 감각, 의지 등이 제시되고, 연장의 경우 운동이나 모양이 제시된다)보다 우선하는 것처럼, 이와 유비적으로 인식론적 순서에서도 사유와 연장의 관념이 각각의 양태에 대한 관념보다 우선하며, 전자는 후자 없이 인식될 수 있지만 후자는 전자 없이 인식될 수 없다는 말인 것 같기도 하다. 문단 말미에서 '밀납'에 관한 논의를 환기시키며 '명료하고 뚜렷한 인식의 대상은 오직 실재의 본성 또는 본질뿐'이라고 한 것을 봐도 그렇다. 그렇다면 크롭이 '개념적 질서를 존재론적 질서와 유비적인 것으로 만듦으로써' 논리적 변화를 주었다고 한 '관념들'은 아마도 두 속성과 그 양태들의 관념일 수도 있다.

248 Balz 1918, p. 35. [옮긴이] 원문은 다음과 같다. "a logically organized system of essences forming knowledge."

이다. 정신 안에 그러한 본질이 있기 때문에 우리는 진리를 확신할 수 있고 진리를 소유한다(TIE 35).[249] 완전한 인식에는 (신의 경우) '실재의 적합한 본질'에 대한 완전한 지각 또는 [유한한 실재의 경우] 그것의 가까운 원인이 요구되며(TIE 92),[250] 우리는 실재에 대한 완전한 정의로 실재의 '내밀한 본질'intima essentia, intimate essence을 설명한다(TIE 95).[251] 본질은 지성을 규정하고 본질에 대한 인식은 상상을 억제한다. 만일 상상이 억제된다면, 오류는 불가능해질 것이다(TIE 58). 하지만 유한한 실재에 대한 완전한 인식은 우리가 본질을 다른 본질들과 관련하여 인식할 것을 요구한다. 우리가 개별 실재들의 특수한 본질들을 더 많이 인식하면 할수록, 우리의 인식은 더 완전해질 것이다(TIE 98).[252, 253] 이러한 본질은 고정되고 영원한 계열series, sequence 안에 실존한다(TIE 100).[254]

249　[옮긴이] "이로부터 확실성이란 표상적 본질 자체라는 것, 즉 우리가 형상적 본질을 느끼는 방식이 곧 확실성이라는 것이 명백해진다. 이로부터 또한 진리의 확실성에는 참된 관념을 갖는 것 이외에 다른 어떤 기호도 필요 없다는 것 역시 명백해진다."

250　[옮긴이] "첫 번째[명료하고 뚜렷한 관념을 갖는 것]와 관련해서는, 우리가 이미 다루었듯이, 우리의 궁극 목적을 위해서는 실재가 오직 그 본질만으로 인식되거나 아니면 그것의 가까운 원인을 통해 인식될 것이 요구된다. 즉 만일 실재가 그 자체로 존재한다면, 혹은 흔히 말하듯 자기 원인이라면 그것은 오직 자기 본질만을 통해 이해되어야 할 것이다. 반대로 만일 그것이 그 자체로 존재하지 않고 실존하는 데 어떤 원인이 요구된다면, 그것은 가까운 원인을 통해 이해되어야 한다. 왜냐하면 결과에 대한 인식은 실제로 원인에 대한 더 완전한 인식을 획득하는 것에 다름 아니기 때문이다"(김은주 99).

251　[옮긴이] "어떤 정의가 완전하다고 말해지려면 그것은 실재의 내밀한 본질을 설명해야 할 것이며…"(김은주 101).

252　[옮긴이] "실상 관념은 더 특수할수록specialior 더 뚜렷하며distinctior, 따라서 더 명료하다(clarior). 그러므로 최대한 우리는 특정적인[특수한] 것들에 대한particularium 인식을 추구해야 한다"(김은주 105. 용어는 수정).

253　헤겔의 구체적 인식 대 추상적 인식이라는 관념과 비교하라.

254　[옮긴이] "내가 여기서 말하는 원인들의 계열series 및 실재적 존재자들의 계열이란 가변적인 개별 실재들의 계열을 뜻하는 것이 아니라 오직 고정되고 영원한fixarum aeternarumque 실재들의 계열만을 뜻한다는 점에 주목해야 한다"(김은주 105).

형상적 본질은 그 자체로 하나의 본질이지만 실재와는 독립적으로 실존한다. 형상적 본질은 신과 달리 스스로 실존하지는 않고 신의 지성 안에서 표상적으로 — 그리고 영원하게 — 실존하지만(E1p17s) 피조된 것이 아니다(CM 1.2).[255] 형상적 본질의 계열은 신 안에 있는 본질의 영원한 계열과 상응한다.[256]

분명 스피노자는 『윤리학』에서 좀 더 존재론적인 본질 개념으로 되돌아갔다. 실재의 활동적 또는 현행적 본질은 실재의 역량과 동일한 것이다. 이는 신의 본질(E2p3s)과 인간의 본질(E3p7) 둘 다에 적용된다. 신의 본성은 모든 실재를 산출하고(E1p17s), 인간의 본질은 그의 코나투스와 동일시된다. 실재의 본질은 그것의 모든 활동성의 원인이다. 본질에 대한 이 마지막 의미에 의해 스피노자 존재론의 역동적 성격dynamic nature[257]이 확립된다.

---

255 [옮긴이] "그러나 다시 지성 바깥에 그 존재자가 그 자체로 존재하는지 아니면 신에 의해 창조된 것인지 다시 질문된다. 이에 우리는 형상적 본질은 그 자체로 존재하지도 창조되지도 않았다고 답한다. 왜냐하면 이 두 경우는 모두 그 실재가 현행적으로 실존한다고 전제하기 때문이다. 오히려 그것은 모든 실재가 포함된 신적 본질에만 의존한다"(G I. 238~239 ; C I. 305).

256 [옮긴이] 스피노자의 '형상적 본질'essentia formalis(E2p8. cf. E1p24, p24c, CM II. 10, Ep10 등 참고) 또는 '이상적/관념적 본질'essentia idealis(TP 2.2 ; 공진성. 61) 개념과 '현행적 본질'actualis essentia(E3p7, E2d2, E2p3s2, E2p10s) 개념은 스피노자 철학의 근본 성격과 관련하여 중요한 문제를 제기한다. 이에 대해서는 Mogens Laerke, "Aspects of Spinoza's Theory of Essence : Formal Essence, Non-Existence, and Two Types of Actuality", in Mark Sinclair(ed.), *The Actual and the Possible : Modality and Metaphysics in Modern Philosophy*, Oxford : Oxford Univ. Press, 2017, pp. 11~44 참고.

257 [옮긴이] '동역학적 성격'이라고 번역할 수도 있다. 다음 문헌 참고. Étienne Balibar, "Individualité, Causalité, Substance-Réflexions sur L'ontologie de Spinoza", in Edwin Curley & Pierre-Francois Moreau., eds. *Spinoza : issues and directions : the proceedings of the Chicago Spinoza Conference*, Brill, Leiden, 1990 ; Étienne Balibar, *Spinoza : From Individuality to Transindividuality*, Eburon Delf, 1997 ; 에티엔 발리바르, 진태원 옮김, 『스피노자와 정치』,

· **관련 항목** : 에세, 실존, 속성, 공통 통념, 코나투스, 포텐티아, 기하학적 질서·정의·공리,
구별, 우유, 특징/명명/명칭

원문

Andere ideas wel mogelijk maar niet noodzakelijk datze zijn (⋯) nogtans haar wezen altijd noodzaakelijk is (KV 1.1). Daar is geen zaak in de nature, of daar is een idea van in de denkende zaak voortkomende uijt haar wezen (⋯) idea's die ontstaan uijt de wezentlijkheid der dingen met het wezen zamen in God (KV 2.20). Het waare wezen van een voorwerp is iets het welk dadelijk onderscheiden is van de idea des zelven voorwerps (KV app). *Perceptio, ubi essentia rei ex alia re concluditur, sed non adequate* (TIE 19, G II. 10). Singularis essentia (TIE 26, G II. 12). *Certitudo nihil sit praeter ipsam essentiam objectivam, id est modus quo sentimus essentiam formalem* (TIE 35, G II. 15). *Definitio ut dicatur perfecta debebit intimam essentiam rei explicare* (TIE 95, G II. 34). *Rerum singularium mutabilium essentiae non sunt depromendae ab earum serie sive ordine existendi* (TIE 101, G II. 36). *De omni re cujus essentia non involvit necessariam existentiam* (PPC 1ax10). *Vis sive essentia, qua in meo esse conservo* (PPC 1p7s). *Id quod si auferatur rem tollit ejus essentiam constituit* (PPC 2ax2). *Quaestiones de essentia* (CM 1.2). *Res necessaria respectu suae essentiae, vel respectu causae* (CM 1.3). *Formam mali, erroris, sceleris non in aliquo quod essentiam exprimit consistere* (⋯) *[entia] non solum gradibus, sed et essentia ab invicem differunt* (Ep23). *Cujuscunque rei potentia sola ejus essentia definitur* (Ep64). *Id cujus essentia involvit existentiam* (E1d1). *Veritas et formalis rerum essentia talis est, quia in Dei intellectu existit objective* (E1p17s). *Ad essentiam alicujus rei id pertinere dico, quo dato res necessario ponitur et quo sublato res necessario tollitur, vel id sine quo res et vice verso quod sine re nec esse nec concipi potest* (E2d2). *Res singulares non possunt sine Deo esse nec concipi* (⋯) *tamen Deus ad earum essentiam non pertinet* (E2p10s). *Definitio cujuscunque rei ipius rei essentiam affirmat sed non negat, sive ponit* (E3p4). *Conatus rei actualis essentia* (E3p7).

이제이북스, 서울, 2005 ; 진태원, 「변용과 연관의 인과론 : 스피노자 인과이론에 대한 한 가지 해석」, 『헤겔연구』, 제27호, 한국헤겔학회, 2010 ; 이혁주, 「스피노자의 인과론과 개체화 문제」, 『동서철학연구』, 105집, 동서철학회, 2022.

참고문헌

1차 문헌

Descartes, R., *Meditationes, Epistolae*.

2차 문헌

Balz, A.G., *Idea and Essence in the Philosophies of Hobbes and Spinoza*(New York : Columbia University Press, 1918).

Gueroult, M., *Spinoza II. L'Ame*(*Éthique II*)(Hildesheim : Olms, 1974).

Rivaud, A., *Les notions d'essence et d'existence dans la philosophie de Spinoza*(Paris : Alcan, 1906).

Richter, G.T., *Spinozas philosophische Terminologie, I : Grundbegriffe der Metaphysik*(Leipzig : Barth, 1913).

Robinson, L., *Kommentar zu Spinozas Ethik*(Leipzig : Meiner, 1928).

Rousset, B., *Spinoza, lecteur des objections faites aux Méditations de Descartes et ses réponses*(Paris : Éditions Kimé, 1996).

— 헨리 크롭

【ㅅ】

사고상의 존재자 → 이성의 존재자를 보라.

사도Apostolus(아포스톨루스)

『신학정치론』 11장에 따르면, 사도는 이적으로 뒷받침되는 계시를 통해 집필하고 가르치기보다 이성적 논증을 해 나간다는 점에서 예언자와 구별된다. 예언자는 상상력을 사용하고 계시를 통해 교의를 분명히 말한다. 대조적으로 사도들은 예언자로서 말한 것을 이적으로 뒷받침하는 경우를 제외하면, 자신의 신앙을 옹호하기 위해 논증과 설교를 하며, 또 그렇게 하기 위해 자신의 자연의 빛을 사용한다. 즉 사도들은 교사이다.[258] 홉스도 『리바이어던』 42장에서 사도들을 그리스도 자신이 그들에게 준 성령 때문에 교사이자 설교자라고 생각한다. 그들은 기독교 공동체의 우두머리가 아니다. 그리스도는 심판의 날에야 권좌에 오르기 때문에 그 전까지 기독교 공동체에는 머리가 없다.

스피노자에 따르면 코린트인들에게 보낸 첫째 편지[고린도전서] 7장 6절[259]은 사도들의 메시지에 인간적 성격이 있음을 보여 준다(TTP 11.3). 사도들은 주저하면서 권위 없이 말한다. 사도들의 논변은 자연적인 이성의 빛에 근거한다.[260] 그래서 사도들은 각자 자기 청중에게 가장 적합하다고 생각한 말이나 이미지를 선택한다.[261] 사도들은 전 인류를 상대로 설교했다. 그러나 예언자들은 오직 한 민족에게만 설교했다. 이것이 바로 그들이 신의 특별한 명령에 따라 활동했음을 보여 주는 이유이다.[262] 사도들은 유대인들의 종교의식을 더 이상 실행하지 않았다. 이

---

258 디모테오에게 보낸 둘째 편지[디모데후서] 1장 11절. [옮긴이] "나는 이 복음을 위해서 전도자와 사도와 교사로 임명을 받았습니다."

259 [옮긴이] "이 말은 명령이 아니라 충고입니다."

260 사도행전 15장 36~40절. [옮긴이] "³⁶며칠 뒤에 바울로는 바르나바에게 '우리가 주님의 말씀을 전한 모든 도시를 두루 찾아다니며 교우들이 어떻게 지내고 있는지 살펴봅시다' 하고 제언했다. ³⁷그때 바르나바는 마르코라는 요한도 같이 데려가자고 했다. ³⁸그러나 바울로는 자기들과 함께 가서 일하지 않고 밤필리아에서 떨어져 나갔던 사람을 데리고 갈 수는 없다고 생각했다. ³⁹그래서 그 두 사람은 심한 언쟁 끝에 서로 헤어졌는데 바르나바는 마르코를 데리고 배를 타고 키프로스로 떠나가 버렸다. ⁴⁰한편 바울로는 실라를 택하여 주님의 은총을 비는 교우들의 인사를 받으며 안티오키아를 떠났다."

261 로마인들에게 보낸 편지[로마서] 15장 20절. [옮긴이] "그리고 나는 남이 닦아 놓은 터전에는 집을 짓지 않으려고 그리스도의 이름이 아직 알려지지 않은 곳에서만 복음을 전하려고 애써 왔습니다."

262 [옮긴이] 원문은 다음과 같다. "The prophets addressed only one people, which is why they acted on a special mandate from God." 저자는 "예언자들이 오직 한 민족[이스라엘]에게만 말했다"라는 사실이 "그들이 신의 특별한 명령을 받아 활동했음을 보여 주는 이유"라고 말

는 그 의식들이 히브리 국가의 존속과 긴밀하게 연결된 것이었기 때문이다. 히브리 국가의 종말로 인해 모든 의례와 종교의식이 폐지되면서 종교는 보편적 도덕으로 바뀌었다.[263] 모든 의례와 의식을 무효화하고 종교를 보편적 도덕성으로 바꾸는 것이었다. 그리스도도 사도들도, 어떠한 의식(세례, 만찬, 축일, 기도식)도 도입하지 않았다(TTP 5.32). 사도들은 같은 종교를 고백했지만, 사변적인 문제에 대해서는 일치하지 않았다. 예를 들어 칭의Justification 문제에 대해 바울은 야고보와 달랐다.[264] 기독교 교회의 역사는 교파 분열로 가득 차 있다. 왜냐하면 교의가 상충하는 토대 위에 있기 때문이다. 한쪽은 이교도를 겨냥한 철학적 사조에 기초하고 있었으며(바울), 다른 한쪽은 대조적으로 철학을 경멸했다(베드로).

사도들에 대한 스피노자의 견해는 당대의 종교적 자유주의lati-tudinarian나 합리적 개신교의 견해를 따른 것이다. 소뮈르 신학파the

---

한다. 일견 신의 명령이 선행하고 예언자들의 복종(설교)은 후행해야 할 것 같지만, 저자의 의도는 예언자들이 오직 한 민족에게 설교했다는 사실이 그들의 임무가 신의 특별한 명령에 의한 것임을 방증한다는 말인 듯하다. 요컨대 예언자들의 행위의 범위가 그 행위의 성격을 규정한다는 주장이라고 할 수 있겠다.

263 예레미야 9장 23~24절. [옮긴이] "[22]나 야훼가 이렇게 말한다. 현자는 지혜를 자랑하지 마라. 용사는 힘을 자랑하지 마라. 부자는 돈을 자랑하지 마라. [23]자랑할 것이 있다면, 그것은 나의 뜻을 깨치고 사랑과 법과 정의를 세상에 펴는 일이다. 이것이 내가 기뻐하는 일이다. 야훼의 말이다." 원문에는 9장 23절로 되어 있지만, 24절까지 인용해야 저자의 의도가 드러난다. 참고로 개역개정과 공동번역의 절 번호가 다르다. 공동번역 기준으로는 22~23절이다.

264 로마인들에게 보낸 편지[로마서] 3장 27~28절. [옮긴이] "(…) 우리가 어떻게 해서 하느님과 올바른 관계를 되찾게 되었습니까? 율법을 잘 지켜서 그렇게 된 것입니까? 아닙니다. 그것은 믿음을 통해서 이루어진 것입니다. [28]사람은 율법을 지키는 것과는 관계없이 믿음을 통해서 하느님과 올바른 관계를 맺는다고 우리는 확신합니다." 야고보의 편지[야고보서] 2장 24절. "그러므로 여러분은 사람이 믿음만으로 하느님과 올바른 관계를 가지게 되는 것이 아니라 행동이 뒤따라야 한다는 것을 알아 두십시오."

theological school of Saumur,[265] 특히 아미라우트Moïse Amyraut(1596~1664)는 상상에 의존했던 예언자들과 달리 사도들은 추론과 논증을 사용했다고 주장했다.[266] 신약성서는 구약성서에 감추어진 진리의 알속을 드러내기 때문에 실제로 명확하고 합리적이다. 이러한 확신은 예언자적 영감(황홀경 상태이며 감각에 기초한)과 비예언자적 영감(황홀경 상태가 아니고 이성적인) 사이의 구분에 근거한다. 그러나 보에티우스는 예언자와 사도 간의 구분을 무조건적으로 부정했다. 그는 사도들의 "문자 그대로의, 그리고 음절 그대로의"verbatim ac syllabatim(베르바팀 아크 실라바팀) 영감을 옹호했다.[267] 구약성서는 신약성서와 동일한 방식으로 작성되었다. 곧 성령이 직접적으로 저자들에게 작용했다. 모든 단어와 생각은 신으로부터 직접 나온 것이며 예언자들과 사도들에게는 생각이나 문체의 자유를 전혀 남기지 않았다. 그러나 아르미니우스는 더 신중한데,[268] 그는 장 칼뱅John Calvin(1509~1564)을 언급하면서 사도들의 신적 본성은 충분하다고 지적하지만 그 역시 [소뮈르 학파처럼] 초자연적 영감은 종결되었다고 주장했다.

· **관련 항목** : 예언자, 히브리 국가/히브리 민족, 성서

---

265 [옮긴이] 보통 '소뮈르 아카데미'Académie de Saumur라 불리는, 프랑스 서부 소뮈르에서 1593년부터 1685년까지 운영된 위그노교도Huguenot 대학을 말하는 것이라면, '소뮈르 신학교'라고 번역할 수도 있다.

266 Amyraut, *Six livres de la vocation des pasteurs*, pp. 152~153. [옮긴이] 모세 아미라우트Moïse Amyraut, Moses Amyraldus(1596~1664). 프랑스의 개신교 신학자이자 형이상학자로 1633년부터 1644년까지 소뮈르 아카데미에서 가르쳤다.

267 *Voetius, Disputationes Selectae* I, disp. 3, pp. 44~47 ; IV, disp. 3, pp. 36~37. [옮긴이] 신약성서의 글자 하나하나는 축자적으로 성령의 영감을 받아 작성되었다는, 소위 '축자영감설'을 말하는 것이다.

268 *Arminius, Disputationes de religionis christianae*, pp. 167ff.

원문

Deus per mentem Christi sese Apostolis manifestavit(TTP 1, G III. 21). *Verum si ad stylum attendere volemus, eum a stylo prophetiae alienissimum inveniemus* (···) *Apostoli ubique ratiocinantur*(TTP 11, G III. 151) ; Ep75.

참고문헌

1차 문헌

Amyraut, M., *Six livres de la vocation des pasteurs*(Saumur, 1648).

Arminius, J., *Opera theologica*(Frankfurt, 1635).

Calvin, J., *Institutio christianae religionis*(Geneva, 1559).

Hobbes, Th., *Leviathan*.

Voetius, G., *Selectarum disputationum theologicarum pars prima-quinta*, 5 vols(Utrecht, 1648~1669).

2차 문헌

Tosel, A., *Spinoza ou le crépuscule de la servitude. Essai sur le Traité Théologico-Politique*(Paris : Aubier Montaigne, 1984), pp. 233~245.

Verbeek, Th., *Spinoza's Theologico-Political Treatise. Exploring the Will of God*(Aldershot : Ashgate, 2003).

— 로베르토 보르돌리

사람 → 인간을 보라.

사유Cogitatio(코기타티오)

스피노자는 '코기타티오'('사유' 또는 '사유 과정')를 "우리 안에 있는 그리고 우리가 직접 의식하는 모든 것"omne id, quod in nobis est, & cuius immediate conscii sumus이라고 정의한다(PPC 1d1). 스피노자에게 '사유'와 '사유함'

은 데카르트에게서처럼[269] 정신 안에서 일어나는 모든 것을 나타내는 가장 일반적인 용어이다. 그래서 '사유함'은 실체의 성격을 규정하는 두 개의 속성 중 하나로 등장한다. '사유'와 '사유함'은 여러 가지 방식으로 한정될 수 있다. "지성, 기쁨, 상상"은 "사유의 변용"이다(CM 1.1). "엔티아 라티오니스"Entia rationis(이성의 존재자들)는 "사유의 변양"이다(CM 1.5; cf. 2.7; Ep12).[270] 정념들은 사유의 "모디"modi(양태들)이다(E2a3).

그러나 이중적인 애매함이 있다. 첫 번째로 '사유'cogitatio라는 말은 사유함의 활동일 뿐만 아니라 그것의 내용(이를테면 원을 인식하는 활동뿐만 아니라 사유되는 한에서의 원 자체)이기도 하다. 이렇게 "우리 사유들을 이끌어야 하는 이 토대"(TIE 105 ; 김은주 109)라는 구절에서 '사유'는 사유 과정을 의미하지만, "올바른 발견의 길이란 어떤 주어진 정의로부터 사유들을 형성하는 것"(TIE 94 ; 김은주 101)이라는 구절에서 '사유'는 특수한 관념을 의미한다. 두 번째로 스피노자는 특히 초기 저작에서 '사유함'을 참된 사유를 형성하는 지성의 특수한 활동으로 본다. "참된 사유의 형상은 다른 것들과 관계없이 바로 그 사유 안에 자리할 수밖에 없으며, (…) 지성의 역량 자체와 본성에 달려 있을 수밖에 없다"(TIE 71 ; 김은주 79). "참된 또는 적합한 사유들을 형성하는 일은

---

269 Descartes, 「두 번째 반박에 대한 답변」, AT VII, p. 160. [옮긴이] 데카르트의 사유 정의는 다음과 같다. "'사유'라는 말로써 나는 우리 안에서 우리가 직접 의식하는 모든 것을 의미한다"Cogitationis nomine complector illud omne quod sic in nobis est, ut eius immediate conscii simus(원석영 I-1. 109. 용어만 수정).

270 [옮긴이] 저자는 「형이상학적 사유」 1부 5장에서 '사유의 변양'modifications of thought이라는 표현이 나오는 것처럼 말하는데, 착오라 생각된다. 1부 5장, 2부 7장, 「서신12」에서는 모두 '사유의 양태'cogitandi modi(modi cogitandi)라는 표현이 사용된다.

(…) 사유하는 존재자의 본성에" 속한다(TIE 73 ; 김은주 83. cf. 106). 이 사유 개념의 배경에는 사유함이 신적 지성의 활동이라는 생각이 깔려 있다(E2p5). 신적 지성의 대상은 신 자신이며(E1p30 ; E2p3),[271] 신은 무언가를 사유함과 동시에 그것을 실존하도록 만든다(E1p32c2).[272]

· 관련 항목 : 관념, 적합한, 초월적인 것, 이성의 존재자, 양태, 변용

원문

Oneijndige uijtgebreidheid en denking(KV 1.2). *Quare forma verae cogitationis in eadem ipsa cogitatione sine relatione ad alias debet esse sita ; nec objectum tanquam causam agnoscit, sed ab ipsa intellectus potentia et natura pendere debet*(TIE 71, G II. 26~27). *Quod si de natura entis cogitantis sit, ut prima fronte videtur, cogitationes veras sive adaequatas*

---

271 [옮긴이] "현행적인 유한 지성이든 현행적인 무한 지성이든 간에, 지성은 신의 속성들 및 신의 변용들을 포괄해야 하며 이외의 다른 어떤 것도 아니다"(E1p30) ; "신 안에는 필연적으로 신의 본질 및 그 본질로부터 필연적으로 따라 나오는 모든 것에 대한 관념이 존재한다"(E2p3). 따라서 신 관념의 대상은 신 외부에 있는 어떤 실재가 아니라 신의 본질 및 그 본질에서 따라 나오는 모든 것이다. 따라서 신 관념의 대상은 결국 신 자신이다.

272 [옮긴이] 마지막 출처로 제시된 1부 정리32의 따름정리2는 다음과 같이 시작된다. "의지와 지성은 신의 본성에 대해 운동과 정지가 맺고 있는 것과 동일한 관계를 맺고 있으며, 절대적으로 말하면 (정리29에 의해) 신에 의해 일정한 방식으로 실존하고 작업하도록 규정된 모든 자연 실재가 신의 본성에 대해 맺고 있는 것과 동일한 관계를 맺고 있다." 이 따름정리가 부속된 정리32는 "의지는 자유 원인이라 불릴 수 없으며 단지 필연적 원인이라 불릴 수 있다"라는 것이다. 스피노자는 이 정리를 증명한 후 "신은 의지의 자유에 따라 작업하지 않는다"라는 따름정리1과 앞서 인용한 따름정리2를 도출한다. 따라서 따름정리2는 신의 의지와 지성은 신의 의지의 자유에 기인하는 것이 아니라 신의 본성에서 따라 나오는 필연적 결과이며(위 따름정리2의 전거로 제시된 E1p29 참고), 따라서 신의 본성이 아니라 운동과 정지처럼 신의 본성에서 따라 나오는 '특성'propria에 속한다는 것(즉 능산적 자연이 아니라 소산적 자연에 속한다는 것. E1p31)을 보여 주는 정리라고 할 수 있다. 이 항목 저자가 "신은 무언가를 사유함과 동시에 그것을 실존하도록 만든다"라고 지적한 후 위 따름정리2를 전거로 제시한 것은 아마도 이러한 논점을 고려할 때 신의 지성이 무언가를 사유하는 것과 신의 의지가 그것의 실존을 의지하는 것은 동시적이라고 보았기 때문일 것이다. 2부에서 '의지와 지성은 하나의 동일한 것'(E2p49c)이라고 한 것도 참고하자.

formare(TIE 73, G II. 28). *Quare recta inveniendi via est ex data aliqua definitione cogitationes formare*(TIE 94, G II. 34). *Methodus est ipsa cognitio reflexiva, hoc fundamentum quod nostras cogitationes dirigere debet*(TIE 105, G II. 38). *Cogitationis nomine complector omne id, quod in nobis est et cujus immediate sunt conscii sumus. Ita omnes voluntatis, intellectus, imaginationis, et sensuum operationes sunt cogitationes. Sed addidi immediate ad excludendam ea, quae ex iis consequuntur ut motus voluntarius*(PPC 1def1). *Cogitationis affectationes videlicet intellectus, laetitia, imaginatio*(CM 1.1). *Cogitationes vel determinantur a rebus extra mentem, vel a sola mente*(CM 2.12). *Cogitatio* (⋯) *in suo genere, hoc est in certo genere entis perfectae esse possunt*(Ep36). *Cogitatio alia cogitatione terminatur. At corpus non terminatur cogitatione*(E1d2). *Cogitatio attributum Dei est sive Deus est res cogitans*(E2p1). *Cogitationis conceptus* (⋯) *ne in picturas incidat*(E2p48s). *Qui ad naturam cogitationis attendit, quae extensionis conceptus minime involvit atque in re alicujus imagine, neque in verbis consistere*(E2p49s).

참고문헌

1차 문헌

Descartes, R. *Secundae Responsiones, Principia philosophiae*.

2차 문헌

Verbeek, Th., *Spinoza's Theologico-Political Treatise. Exploring 'the Will of God'*(Aldershot : Ashgate, 2002).

— 테오 페르베이크

사회Societas(소키에타스)

'키비타스'Civitas(국가/정치 공동체)와 비교할 때, 스피노자가 '소키에타스'라는 단어를 사용하는 일은 드물다. 소키에타스가 일반적인 개념임은 분명한데, 스피노자는 아마도 그 근본적 본성 때문에 이 개념을 한 번도 정의하지 않았을 것이다. 스피노자의 정치 용어를 다룬 문헌에서 사회 개념은 거의 다루어지지 않는다.

17세기에 이 단어 자체는 단지 인간이나 사물의 집합을 의미하는 것이었다. 미크라일리우스는 소키에타스를 "몇몇 사물의 조합이나 집합"이며, "그것은 별개로 실존하는 사물과 반대된다"라고 정의했다.[273] 정치적 담론에서 소키에타스는 모든 인간 사회를 나타내는 것으로 '가정[가족]'domestic[family] 사회일 수도 있고 또는 '정치'civil 사회 및 '공적'public 사회일 수도 있다. 스피노자는 '공동 사회'communis societas와 '국가'Civitas를 구분하지만 분리하지는 않는다.[274] (스피노자에게서 아리스토텔레스의 코이노니아 폴리티케koinōnia politikē[정치 공동체]의 통상적 번역인 '정치적 사회'civil society라는 표현이 등장하지 않는 것에 주의해야 한다.) 그도 그럴 것이 당시의 정치철학에서는 아직 국가와 (공동) 사회를 날카롭게 구별하지 않았기 때문이다. 예컨대 홉스는 『시민론』 5장 9절에서 키비타스(커먼웰스 또는 국가)를 소키에타스 키빌리스societas civilis(시민 사회)와 동일시한다.[275]

---

273 Micraëlius, *Lexicon philosophicum*.

274 [옮긴이] 공동 사회가 곧 국가는 아니라는 점에서 공동 사회와 국가는 구분되지만, 국가는 공동 사회에 속하는 여러 사회 중 하나라는 점에서 국가와 공동 사회는 분리되는 않는다는 뜻이라 생각된다. 아래 인용문 참고. "4. 마지막으로 이 학설은 공동 사회에도ad cominunem societateni 적지 않게 기여하는데, 이는 그것이 시민들을 노예들인 것처럼 통치하거나 인도할 것이 아니라, 자유롭게 가장 훌륭한 것을 행하도록 통치하거나 인도해야 한다고 가르치는 한에서 그렇다"(E2p49cs) ; "(…) 인간은 사회적 동물이라는 정의에 대해 사람들은 대부분 크게 마음에 들어 한다. 그리고 실제 보더라도 사람들의 공동 사회로부터ex hominum communi societate 손해보다는 훨씬 더 많은 이익이 생겨난다"(E4p35c2s) ; "법률과 자신을 보존할 수 있는 힘에 기초하여 설립된 이러한 사회Societas가 국가Civitas라고 불리며, 그 법에 의해 보호받는 사람들은 시민들Cives이라 불린다"(E4p37s2). 첫 번째 인용문은 공동 사회를 사실상 국가라는 의미로 쓰고 있고, 두 번째와 세 번째 인용문에서 공동 사회는 국가를 포함하는 넓은 의미의 사회 개념으로 쓰였다고 볼 수 있다.

275 [옮긴이] 아리스토텔레스는 '폴리스'polis([도시]국가)를 '코이노니아 폴리티케'라고 규정한

본래적 의미의 '사회' 개념에는 '국가'와 '사회'를 또는 정치 사회 political society와 시민 사회civil society를 구별하는 관념이 들어 있지 않았다. 시민 사회가 [정치 사회와] 별개의 개념이 된 것은 국가 권력state authority 이 비인격화됨에 따른 필연적 결과였다.[276] 아리스토텔레스의 관념을 최종적으로 무너뜨린 이는 헤겔Hegel이었다.[277] 마키아벨리(1462~1527)

다(『정치학』, 1252a1 ; 김재홍, 『아리스토텔레스 정치학 : 최선의 공동체를 향하여』, 썸앤파커스, 2018, 55쪽 참고). 본문에서 저자는 17세기에 '코이노니아 폴리티케'는 '소키에타스 키빌리스'societas civilis, civil society(정치적 사회 또는 시민 사회)라고 번역되었지만 당시 정치철학에서는 '키비타스'Civitas(국가)와 '(콤뮤니스) 소키에타스'(communis) societas, (공동 사회)를 날카롭게 구분하지 않았기 때문에 '소키에타스 키빌리스'가 아니라 '콤뮤니스 소키에타스'로 국가를 지칭했다고 지적한다. 실제로 스피노자는 '자연 상태'에 대비되는 '스타투스 키빌리스'status civilis(사회 상태 또는 정치적 상태)라는 표현은 쓰지만(E4p37s2), '소키에타스 키빌리스'라는 말은 쓰지 않으며 '콤뮤니스 소키에타스'라는 표현은 여러 번 나온다(E2p49cs ; E4p40 ; E4app14 ; E5p10s).

276   [옮긴이] 이 문단에서 '시민 사회'는 앞 문단에 나온 '코이노니아 폴리티케'의 17세기 번역어인 '정치적 사회'가 아니라, 이와 대비되는 개념으로서의 '시민 사회'를 말하는 것이라고 생각된다. '정치 사회'가 국가나 정부에 의해 직접 통치되는 사회를 뜻한다면, '시민 사회'는 개인이나 그룹의 자발적인 활동으로 만들어지고 유지되는 사회이다. 저자는 본래 '사회' 개념에는 이러한 구분이 없었지만, 국가 권력이 '비인격화'됨에 따라 정치 사회와 구분되는 시민 사회 개념이 등장했다고 지적한다. 국가를 '하나의 인격'으로 본 것은 홉스의 다음과 같은 구절에서 잘 드러난다. "기예에 의해 커먼웰스Commonwealth 혹은 **국가**State, 라틴어로는 키비타스Civitas라고 불리는 저 위대한 **리바이어던**Leviathan이 창조되는데, 이것이 바로 인공 인간artificial man이다", "'나는 스스로를 다스리는 권리를 이 사람 혹은 이 합의체에 완전히 양도할 것을 승인한다. 단 그대로 그대의 권리를 양도하여 그의 활동을 승인한다는 조건 아래' 이것이 달성되어 다수의 사람들이 하나의 인격으로 결합되어 통일되었을 때 그것을 커먼웰스Commonwealth ─ 라틴어로는 **키비타스**Civitas ─ 라고 부른다. 이리하여 바로 저 위대한 **리바이어던**(Leviathan)이 탄생한다"(진석용 II-1. 21~22, 232. 음역은 수정).

277   [옮긴이] 아리스토텔레스 전통에서 모든 공동체(코이노니아)는 궁극적으로 정치적 공동체(코이노니아 폴리티케)로 여겨졌고(김재홍, 『아리스토텔레스 정치학 : 최선의 공동체를 향하여』, 썸앤파커스, 2018, 55쪽 참고), 스피노자 시기에도 국가와 사회, 정치 사회와 시민 사회는 별도로 사고되지 않았다. 그러나 근대 이후 특히 홉스에서 국가(정치적 공동체)와 사회(시민 사회)의 차이가 조금씩 의식되기 시작했고, 헤겔이 아리스토텔레스의 '자연적 공동체로서의 국가' 관념을 해체하고 국가를 자연적 필연성이 아닌 역사적 발전의 산물로 제시하면서 국가(정치적 공동체)와 사회(시민 사회)는 명확히 구분되었다는 것이다.

가 이미 (사회와 국가가 구별되게) 국가를 권력을 행사하고 유지하기 위
한 정치 제도를 가진 임의의 영토의 거주자들에게 행사되는 최고 권력
이라고 말했지만,[278] 스피노자 시대[17세기]에도 여전히 국가와 사회
는 개념적으로 날카롭게 구별되지 않았다. 그래서 스피노자는 국가를
"법률과 자신을 스스로 보존할 수 있는 힘에 기초하여 설립된 (…) 사
회"(E4p37s2)라고 정의했을 것이다. 그러므로 '사회'라는 말은 주로 시
민 사회나 정치적 사회를 뜻하는 것이었지만, 그 문맥에 따라 현대 영어
에서처럼 가족적인 것domestic one 또는 자연적 사회, 종교적 사회 등 모든
사회를 나타낼 수 있었다.

스피노자에 따르면, 인간은 사회 없이 살 수 없다. 인간은 고독한 삶
을 사는 것이 거의 불가능하므로, 인간은 사회적 동물이다. 또한 사회를
조직함으로써 인간은 잃는 것보다 얻는 것이 훨씬 더 많다(E4p35s). 사
회를 이루는 것은 적으로부터 안전한 삶을 위해서뿐만 아니라 경제 체제
따위를 효과적으로 조직하는 데에도 유리하고 심지어 절대적으로 본질
적이기도 하다.

사회 상태civil state에 의해 제공되는 질서와 안전은 개인의 구원이라
는 실질적 목표에도 지극히 중요하다. 인간에게 필요한 것에는 경제 체
제뿐만 아니라 문명도 있다. 스피노자는 공동체 내 노동 분업의 이점을
명시적으로 지적한다. 그 결과 한 사람은 특정한 일을 전문적으로 다룰
수 있고 자신의 필요를 충족시키기 위해 자신이 산출한 것을 다른 사람
과 교환할 수 있다. 이러한 노동 분업으로 시간을 예술과 과학에 쓸 수
있게 되고, "이는 또한 인간 본성의 완전성과 그것의 지복을 위해 불가결

---

278 [옮긴이] 니콜로 마키아벨리, 강정인·문지영 옮김, 『군주론』, 까치, 2003, 7장 참고.

한 것이기도 하다"(TTP 5).

사회는 인간에게 이로울 수 있고 또는 심지어 본질적이기도 하다. 그런데 사회는 어떻게 생겨나는가? 스피노자에게 정치적 사회civil society의 실존은 피할 수 없는 인간의 현실fact of life이지, 홉스가 주장하는 것처럼 인간이 의지적으로 추구한 결과가 아니다. "모든 인간은 그가 야만인이건 문명인이건 간에 어디에서나 서로 관계를 맺고 그 어떤 정치적 상태를statum aliquem civilem 이룬다"(TP 1.7 ; 공진성 57). 모든 인간은 자연적으로 더 강력한 전체를 형성하기 위해 각각의 역량을 결집한다. 사회 형성은 경험적 사실이다. "그리고 모든 사람에게는 고립에 대한 두려움이 있다. 왜냐하면 고립되어 있는 인간은 어느 누구도 자기 자신을 방어할 수 없고 삶에 필수적인 것들을 마련할 수 없기 때문이다. 그러므로 인간은 사회 상태를 본성적으로 욕구하고, 인간이 그 상태를 언제이고 완전히 해소하는 일은 일어날 수 없다"(TP 6.1 ; 공진성 145).

인간의 이성은 이러한 사회를 형성하는 원동력이 아니다. 반대로 사회는 정념에서 비롯되고 정념 안에서 정념을 통해 발전한다. 스피노자는 방금 인용한 구절 바로 앞에서 『정치론』 3장 9절을 언급하면서 자신의 견해를 요약한다. "인간은 이성보다 정서에 의해 더 많이 인도된다. 이로부터 다음과 같은 결론이 도출된다. 곧 다중은 이성의 인도를 따라서가 아니라 그 어떤 공통의 정서를 따라서, 즉 (제3장 제9절에서 우리가 말한 것처럼) 공통의 희망이나 두려움 또는 그 어떤 손해를 되갚으려는 공통의 열망을 따라서 자연적으로 연합하고, 마치 하나의 정신에 의한 것처럼 인도되기를 원한다는 것이다"(TP 6.1 ; 공진성 145).

이처럼 사회는 상상에 기인하는 것이며, 그러한 집단적 삶은 자기 보존을 증진하므로 사람들은 각자 개별적으로 가지고 있는 자연권 행사를 적절하게 억제하는 것에 동의하게 된다. 따라서 코나투스에 의해 추동되는 상상의 사회적 차원은 결정적이다. 상상과 정념의 상호작용으로 인간을 사회로in society 결속하는 협동과 적대의 변증법적 관계가 일어난다. 상상에 내재적인 사회적 차원을 통해 모든 인간의 노력이 필연적으로 집단적 행위라는 형식을 띤다는 점이 설명된다. 그러나 사회와 국가는 인간의 자기 보존에 불가결하므로, 이러한 집단적 의지라는 형식은 인간을 마치 이성에 의해 인도되는 것처럼 행동하게 만드는데, 이는 어느 정도 유효한 시민법effective civil laws의 산물이다. 이러한 일은 이성에 근거하고 이성에 의해 인도되는 국가에 의해 가장 잘 수행된다. 그러한 국가는 "가장 유능하며 가장 자신의 권리 아래" 있기 때문이다(TP 3.7 ; 공진성 101). 그러므로 국가는 정념에 이끌리는 인간에게 가장 유용한데, 왜냐하면 국가는 그러한 인간을 이성의 필요에 부합하는 삶을 살도록 강제하기 때문이다. 또한 이성에 의해 인도되는 사람은 "오직 자기 자신에게만 복종하는 고립 상태보다는 공동의 법령decreto에 따라 살아가는 국가 안에서 더 자유롭다"(E4p73).

잘 조직된 국가 사회A well-ordered society being a state는 사람들이 직접 복수하고 좋은 것과 나쁜 것을 결정할 권리를 그 사회 혼자 가지고 있을 것임이 틀림없다. 또한 사회는 행위의 공통 규칙을 정하고 그 규칙을 강제하기 위한 법을 통과시킬 역량을 가지고 있음이 분명하다. [이렇게 지적한 후] 스피노자는 곧바로 국가 개념으로 넘어간다. 왜냐하면 "법률과 자신을 스스로 보존할 수 있는 힘potestas에 기초하여 설립된 이러한 사회"가 바로 '국가'Civitas이기 때문이다(E4p37s2). 분명 국가는 법적 구조에 의해 지탱되는 사회로, 이러한 구조에 의해 국가는 자기 자신을 보존할 수 있게 된다. 따라서 사회는 법에 의해 지배되며, 각 사람은 법을 따를 것이다. 왜냐하면 그들은 국가의 실제적 권력[역량]에 의해 강제되기 때문이다. 시민들은 국가의 권력에 자신을 종속시킨다. 국가의 법적 기초는 시민들을 보호한다. 법은 시민들의 원리를 규정하는데, "어떤 사람이 정치적 권리에 근거해 정치 공동체의 모든 혜택을 누릴 때, 그 사람을 우리는 시민이라고 부른다"(TP 3.1 ; 공진성 93). 구조가 잘 갖추어진 그러한 사회는 그 체계를 계획했거나 그 안에서 활동하는 이들의 기대를 넘어서는 수준의 역량을 달성할 것이다. 말이 나온 김에 스피노자는 국가들이 서로 다른 것은 정확히 시민들이 그 아래에서 살아가고 통치하에 있는 사회 및 법의 유형과 관련이 있다고 언급한다(TTP 3).[279]

스피노자의 사회 개념은 한편으로는 아리스토텔레스의 모델과 다르다. 아리스토텔레스에게 사회는 여전히 가족 수준의 자연적[본성적] 사회인데 그것이 인간의 사회적 본성과 완전히 일치한다는 의미에서 그렇다. 스피노자도 인간을 사회적 동물이라고 생각하지만, 이는 인간의 진정한 (정신적) 운명true (moral) destiny을 정치적 사회에서 발견하는 문제가 아니라 오히려 인간은 사회 없이는 거의 생존할 수 없기 때문이다. 다른 한편, 사회성 및 이기주의와 결합되어 있는 스피노자의 자연주의는 사회성이 전혀 없는 이기주의에 기초한 홉스의 모델과 다른데, 홉스의 모델에서 정치적 사회는 제정된 또는 인위적인 사회이다.

---

279 [옮긴이] "그러므로 국가들은 오직 그들이 살아가고 다스림을 받는 **사회 체제와 법률에 의해 서로 구별된다**"Per hoc igitur tantum nationes ab invicem distinguuntur, nempe *ratione societatis, & legum*, sub quibus vivunt, & diriguntur(TTP 3.16 ; G III. 47. 강조는 인용자). 강조된 부분의 'ratione'를 영역자 컬리, 셜리, 실버손·이스라엘은 각각 'order', 'kind', 'form'으로 번역했으며(Curley II. 114 ; Shirley 418 ; Silverthorne & Israel, 46), 불역자 아픵은 'au égard au régime social et aux lois'(Appuhn II. 72)로 옮겼고, 라그레·모로는 번역하지 않았다(Moreau III. 157).

이처럼 스피노자의 자연주의적 사회화socialization 이론은 사회(와 국가)를 자연법칙의 효과로 설명한다. 그는 인간 본성을 그 출발점으로 받아들인다. 그러므로 신적 목적론divine teleology은 인간의 연합을 설명하지 못한다. 스피노자는 신 자신이 모든 인간에게 어떤 목적을 향하도록 했다는 견해를 거부한다. 아퀴나스 같은 스콜라철학자들과 달리, 스피노자는 인간이 사회적 동물이라는 그들의 견해에 동의한다고 할지라도 사회 형성이 신의 의지에 의한 것이라고 주장하지는 않는다.

· **관련 항목** : 레스푸블리카, 임페리움, 자연 상태, 파시오, 상상, 코나투스

원문

Hic finis ad quem tendo, talem scilicet naturam acquirere (…) *hoc est de mea felicitate operam dare* (…) *necesse est talem societatem formare, ut quamplurimi quam facillime et secure eo perveniant*(TIE 14~15, G II. 8~9). *Ad secure vivendum et injurias aliorum hominum et etiam brutorum evitandum nullum certius medium est et experientia docuit, quam societatem certis legibus formare*(TTP 3, G III. 47). *Societas non tantum ad secure ab hostibus vivendum, sed etiam ad multarum rerum compendium faciendum perutilis est, et maxime etiam necessaria ; nam nisi hominis invicem operam mutuam dare velint, ipsis et ars et tempus deficeret ad se, quoad ejus fieri potest, sustentandum et conservandum* (…) *Hinc fit, ut nulla societas possit subsistere absque imperio et vi et consequenter legibus*(TTP 5, G III. 73). *Sine ulla naturalis juris repugnantia societas formari potest* (…) *Talis societatis jus democratia vocatur*(TTP 16, G III. 193). *Denique confert etiam haec doctrina non parum ad communem societatem*(E2p49s). *At nihilominus vitam solitariam vix transigere queunt, ita ut plerisque illa definitio, quod homo sit animal sociale, valde arriserit ; et revera res ita habet, ut ex hominum communi societate multo plura commoda oriantur quam damna*(E4p35s). *Hac igitur lege societas firmari poterit, si modo ipsa sibi vendicet jus, quod unusquisque habet, sese vindicandi, et de bono, et malo judicandi ; quaeque adeo potestatem habeat communem vivendi rationem praescribendi, legesque ferendi, easque non ratione, quae affectus coercere nequit ; sed minis firmandi. Haec societas, legibus, et potestate sese conservandi, civitas appellatur*(E4p37s2). *Quae ad hominum communem societatem conducunt* (…) *utilia sint et illa contra mala, quae discordiam in civitatem inducunt*(E4p40). *Rationem veri utilis, quod ex mutua amicitia et communi societate sequitur*(E5p10s). *Vix credibile est nos aliquid quod communi societati ex usu esse queat posse concipere, quod occasio seu casus non obtulerit*(TP 1.3). *Ex discordiis igitur* (⋯) *numquam fit ut cives civitatem dissolvant,* (ut in reliquis societatibus saepe evenit)(TP 6.2). *Quia controversiae et dissensiones ex societate praecipue, quae ex matrimonio fit oriuntur* (⋯) *imperio exitiale esse arctam societatem cum alio inire*(TP 7.24).

참고문헌

1차 문헌

Hobbes, Th., *De Cive, Leviathan*.

Machiavelli, N., *Il Principe*.

2차 문헌

Akkerman, F., 'Mots techniques-mots classiques dans le *Tractatus Theologico-Politicus* de Spinoza', in P. Totaro(ed.), Spinoziana. Ricerche di terminologia filosofica e critica testuale(Florence : Olschki, 1997), pp. 1~22.

Balibar, E., *Spinoza and Politics*(London : Verso, 1998 ; original French edn 1985).

Blom, H.W., 'The Moral and Political Philosophy of Spinoza', in G.H.R. Parkinson(ed.), *The Renaissance and 17th Century Rationalism*(London and New York : Routledge, 1993), pp. 313~348.

Curley, E., 'Troublesome Terms for Translators in the *Tractatus Theologico-Politicus*, in P. Totaro(ed.), *Spinoziana. Ricerche di terminologia filosofica e critica testuale*(Florence : Olschki, 1997), pp. 39~62.

Gaetens, M. and G. Lloyd, *Collective Imaginings. Spinoza, Past and Present*(London : Routledge, 1999).

Matheron, A., *Individu et communauté chez Spinoza*(Paris : Editions de Minuit, 1969).

__________, 'Ethik und Politik bei Spinoza(Bemerkungen zur Funktion von E4LS37A2)', in K. Hammacher et al.(eds.), *Zur Aktualität der Ethik Spinozas*(Würzburg : Königshausen and Neumann, 2000), pp. 317~327.

McShea, R.J., *The Political Philosophy of Spinoza*(New York and London : Columbia University Press, 1968).

Miller, F.D., 'Naturalism', in C. Rowe and M. Schofeld(eds.), *The Cambridge History of Greek and Roman Political Thought*(Cambridge : Cambridge University Press, 2000), pp. 321~343.

Uyl, D. den, 'Sociality and Social Contract : A Spinozistic Perspective', *Studia Spinozana*,
　　no. 1(1985), pp. 19~52.

Zac, S., 'Société et communion chez Spinoza', in *Philosophie, théologie, politique dans
　　l'oeuvre de Spinoza*(Paris, Vrin, 1979), pp. 97~116.

　　______, 'État et nature chez Spinoza', in *Philosophie, théologie, politique dans l'oeuvre de
　　Spinoza*(Paris : Vrin, 1979), pp. 117~143.

— 한스 흐리브나우

상상Imaginatio(이마기나티오)

스피노자는 『윤리학』에서 '이마기나티오'imaginatio(상상)와 '이마고'imago
(이미지)라는 명사, 그리고 상응하는 동사인 '이마기나리'imaginari(상상하
다)라는 동사를 자주 사용한다. 특히 『윤리학』 2부에서 자신의 인식 이론
을 설명할 때와 3~4부에서 정서 이론을 설명할 때 그렇다. 데카르트에게
서처럼 (그리고 스콜라 전통과는 대조적으로) 상상은 정신과 관련되고 첫
번째 (가장 낮은) 종류의 인식[1종의 인식]과 동일시된다. 2부 정리17의
주석에서 상상은 '이미지'와의 관련 속에서 다루어지는데, 이미지는 신
체의 변용으로 이 변용에 대한 관념은 외부 물체를 마치 우리에게 현존하
는 것처럼 나타낸다. 초기 저작에서 상상은 데카르트 『성찰』의 「제6성찰」
에서 그러한 것처럼 (순수) 지성과 단지 부정적인 방식으로 대비될 뿐이
다.[280] 그러나 후기 사상에서 상상은 인간의 심리와 행위를 이해하기 위한

280　[옮긴이] "원한다면, 여기서 상상을 당신이 원하는 그 어떤 것으로 여겨도 괜찮은데, 다만 그
　　것이 지성과는 상이한 무엇이며 영혼이 수동적 성격을 띠게 하는 것이기만 하면 된다"(TIE
　　84 ; 김은주93).

강력한 도구로 발전한다. 전환점은『신학정치론』인 것으로 보이는데, 이 저작에서 스피노자는 예언을 상상이라는 측면에서 분석한다.[281] 이처럼 스피노자는 종교가 사회에서 작동하는 방식을 설명하기 위해 상상 관념을 도입한다.

스피노자의 상상 이론은 상상을 신체와의 관련 속에서 정신의 복잡하고 합성적인 성격에 근거하여 다룬다는 점에서 독창적이다. 신체가 직접 지각하는 것은 외부 실재 자체가 아니라 인간 신체가 그것에 의해 변용된 방식이다. 지각이 외부 실재의 본성보다 신체 자신의 구조를 나타내는 것은 이러한 이유 때문이다(E2p16c2). 이와 같은 방식으로 상상은 기억이라는 정신적 기능을 설명할 수 있다(E2p18s).[282] 자연의 공통 질서(E2p29c) 속에서 상상은 인간 존재와 그 환경이 상호작용할 때 인간이 처한 기본적 상태이다(E2p29c).[283]

스피노자는 세 가지 종류의 인식, 즉 상상(억견이라도 불린다), 이성, 직관적 지식을 구분한다(E2p40s2). 관념은 부적합한 한에서 필연적으로 1종의 인식에 속하는 것임이 틀림없다. 스피노자가 "무작위적 경험"experientia vaga에 대해 말하는 것은(E2p40s2) 그것이 외부 실재와의 "우발적 마주침"fortuíto occursus에 기인하는 것이기 때문이다(E2p29s).[284]

---

281 이는 아마도 마이모니데스의 영향인 것으로 보인다. Ravven 2001을 보라.

282 [옮긴이] "이로부터 우리는 기억memoria이 무엇인지 명료하게 이해하게 된다. 왜냐하면 기억은 인간 신체 바깥에 존재하는 실재들의 본성을 함축하는 어떤 관념들의 연관과 다르지 않기 때문인데, 이러한 연관은 인간 신체의 변용들의 질서와 연관을 따라secundum ordinem & concatenationem affectionum corporis humani 정신 안에 존재하는 것이다."

283 [옮긴이] "이로부터 인간 정신은 그것이 자연의 공통의 질서로부터 실재들을 지각할 때마다 자기 자신과 자신의 신체에 대해, 그리고 외부 물체들에 대해서도 적합한 인식을 갖지 못하고 단지 혼란스럽고 단편적인 인식만을 가진다는 점이 따라 나온다."

284 [옮긴이] "나는 분명히 정신은 자기 자신에 대해서도, 자신의 신체에 대해서도, 외부 물체에

상상은 부적합한 관념과 오류의 유일한 근원이지만, 이성과 직관적 인식은 적합한 관념을 산출한다.

그럼에도 상상은 또한 그 자체로는 하나의 역량(그러므로 덕)이다. 왜냐하면 상상은 신의 역량의 표현이기 때문이다. 상상이 없다면, 정신은 자신의 신체와 외부 실재를 조금도 인식할 수 없을 것이다. 부적합할지라도 이 인식은 우리가 우리를 둘러싼 세계와 상호작용하기 위해 필수적이며, 따라서 우리의 코나투스 곧 우리의 실존을 유지하기 위한 우리의 본질적 노력의 부분을 형성한다. 상상으로 인해 우리는 단어와 이미지를 사용할 수 있으며 그럼으로써 기하학과 과학을 할 수 있게 된다.[285] 상상하는 역량은 개별 신체의 복잡성 정도에 비례한다. 일반적으로 인간 정신의 우월성(그리고 인류 내에서는 특정 개인의 우월성)은 더 큰 물리적 복잡성과 그것에 상응하는 더 큰 상상의 역량에 의해 규정된다. 그러므로 이성적 삶을 위한 규범 중 하나는 신체가 보다 많은 외부 물체에 의해 변용될 수 있게 만드는 것이다(E4p38).

정념의 형성 과정에서 부적합한 관념이 강조되는 것은 스피노자의 정서적 삶에 관한 이론에서 상상이 왜 중추적 역할을 하는지 설명해 준다. 정서는 항상 상상이라는 매개를 통해 작동한다. 이는 자연법칙으로

대해서도, 적합한 인식이 아니라 단지 혼란스럽고 단편적인 인식만을 갖는다고 말하는데, 정신은 자연의 공통 질서로부터 실재들을 인식할 때마다, 곧 실재들과의 **우발적인 마주침**에 따라 이것 또는 저것을 바라보도록contemplandum 외적으로 규정되고, 다수의 실재를 동시에 바라봄으로써 실재들 사이의 합치, 차이 및 대립을 이해하도록 내적으로 규정되지 않을 때마다 이러한 인식을 갖게 된다"(E2p29cs). "[보편 통념들은] (I) 감각들을 통해 우리에게 단편적이고 혼란스러운 방식으로, 그리고 지성의 방향으로 진행되는 질서 없이 표상되는 독특한 실재들로부터 [형성된다](2부 정리29의 따름정리를 보라). 이 때문에 나는 보통 이러한 지각들을 **무작위적 경험**에 의한 인식이라 부른다"(E3p40s2).

285　Gueroult 1974, pp. 217~218.

부터 필연적으로 흘러나오는 현행적 과정이며 참된 사태에 대한 통찰로 간단히 없앨 수 있는 것이 아니므로, 그것을 무시하거나 부정하는 것은 무의미하다. 정념에 대한 정신의 역량은 오직 인식에 의해서만 규정된다(E5p20s). 그러나 인식 자체로 오류가 제거될지라도 그로 인해 자연적 원인들로부터 필연적으로 따라 나오는 상상이라는 물리적 현상이 소멸되지는 않는다(E4p1s).[286] 정신이 종속되는 상상은 진리와 상충하지 않으며, 진리가 나타난다고 해서 사라지지도 않는다. 우리를 고통스럽게 하는 것들은 단순히 실제 사태를 직시하는 것만으로는 치유될 수 없다. 그러기 위해서는 정신 안에 그것들의 현존을 배제하는 무언가가 필요하다. 이는 또 다른 상상일 수 있다. 코나투스는 정신이 자신의 행위 역량을 정립하는 것들을 상상하고자 노력하는 방식으로 작동한다(E3p54).[287] 그러므로 스피노자는 정서의 역학과 정서 간 상호작용 및 정서들의 상대적 힘에 집중한다. 좋은 정서는 결합함으로써 강화해야 하며, 나쁜 정서는 좋은 정서로 구축驅逐해야 한다. 이는 오직 훈련을 통해서만 달성될 수 있으며, 여기에서 상상은 중요한 역할을 한다.

신인동형론적anthropomorphic 신 관념을 약화하기 위한 스피노자의 전략 중 하나는 그것이 '상상의 방식'imaginandi modi임을, 곧 우리의 상상이 변용되는 다양한 방식에 불과하다는 것을 보여 주는 것이다. 이 방식은 개개인의 두뇌 상태 또는 배치에 따라 다양하므로, 끝없는 혼란과 불일치를 낳는다. 하지만 일단 그러한 관념이 출현하면, 사람들은 그것에 이름을 붙

---

286   [옮긴이] "거짓 관념이 갖고 있는 어떤 실정적인 것도 참인 한에서의 참된 것의 현존에 의해 제거되지 않는다"(E4p1s).

287   [옮긴이] "정신은 자신의 행위 역량을 정립하는 것은 어떤 것이든 상상하려고 노력한다"(E3p54).

이고 그때부터 그것을 실재적인 존재처럼 여긴다. 스피노자는 그렇게 구체화되고 현실적인 것으로 상정된 상상적 관념을 "상상의 존재자들"entia imaginationis이라고 부른다(E1app ; G II. 81~83).

상상과 기억은 신체적 경험에 단단히 뿌리내린 것이고, 신체가 실존하는 동안에만 신체의 아펙투스affectus(정서)를 현실적인 것으로 표현할 수 있다. 상상과 기억은 신체가 더 이상 존재하지 않게 될 때 끝날 것이다. 상상은 존속할 정신의 부분에 대한 스피노자의 마지막 논의에서 아무런 역할도 하지 않는다(E5p20s~40s).

· **관련 항목** : 오류, 정신, 인식, 변용, 파시오, 정서, 코나투스

원문

Hic per imaginationem, quicquid velis, cape, modo sit quid diversum ab intellectu, et unde anima habeat rationem patientis(TIE 84, G II. 32). *Ad prophetizandum non esse opus perfectiore mente, sed vividiore imaginatione*(TTP 1, G III. 21). *Prophetas non fuisse perfectiore mente praeditos, sed quidem potentia vividius imaginandi*(TTP 2, G III. 29). *Quantitatem attendimus, prout in imaginatione est,* (…) *prout in intellectu est*(E1p15s). *Porro, ut verba usitata retineamus, corporis humani affectiones, quarum ideae corpora externa, velut nobis praesentia repraesentant, rerum imagines vocabimus, tametsi rerum figuras non referunt. Et cum mens hac ratione contemplatur corpora, eandem imaginari dicemus* (…) *Mentis imaginationes in se spectatas nihil erroris continere*(E2p17s). *[Memoria] est enim nihil aliud, quam quaedam concatenatio idearum, naturam rerum, quae extra corpus humanum sunt, involventium, quae in Mente fit secundum ordinem et concatenationem affectionum corporis humani*(E2p18s). *Utrumque hunc res contemplandi modum cognitionem primi generis, opinionem, vel imaginationem in posterum vocabo*(E2p40s2). *Hinc sequitur, a sola imaginatione pendere, quod res tam respectu praeteriti, quam futuri, ut contingentes contemplemur*(E2p44c1). *Mentis imaginationes magis nostri Corporis affectus, quam corporum externorum naturam indicant*(E3p14). *Nam imaginatio idea est, quae magis Corporis humani praesentem constitutionem, quam corporis externi naturam indicat* (…) *sic reliquae imaginationes, quibus Mens fallitur, sive eae naturalem Corporis constitutionem sive quod ejusdem agendi potentiam augeri vel minui indicant, vero non sunt contrariae, nec ejusdem praesentia evanescunt*(E4p1s). *Mens nihil imaginari potest, neque rerum praeteritarum recordari, nisi durante Corpore*(E5p21). *Illa [pars mentis], quam perire ostendimus, est ipsa imaginatio*(E5p40c).

참고문헌

1차 문헌

Descartes, R., *Meditationes*.

2차 문헌

Bostrenghi, D., *Forme e virtù della immaginazione in Spinoza*(Naples : Bibliopolis, 1996).

Deugd, C. de, *The Significance of Spinoza's First Kind of Knowledge*(Assen : Van Gorcum, 1966).

Gueroult, M., *Spinoza, II : l'âme : Ethique, II*(Paris : Aubier-Montaigne, 1974), ch. VI~VIII, appendix 10.

Mignini, F., *Ars imaginandi : apparenza erappresentazione in Spinoza*(Naples : Edizioni Scientifiche Italiane, 1981).

Moreau, P.-F., *Spinoza : l'expérience et l'éternite*(Paris : Presses Universitaires de France, 1994).

Ravven, H. M., 'Some Thoughts on What Spinoza Learned from Maimonides about the Prophetic Imagination : Part 1. Maimonides on Prophecy and the Imagination', *Journal of the History of Philosophy*, no. 39(2001), pp. 193~214.

Steenbakkers, P. 'Spinoza on the Imagination', in L. Nauta and D. Patzold(eds.), *The Scope of the Imagination : 'Imaginatio' Between Medieval and Modern Times*(Leuven : Peeters, 2004 ; Groningen Studies in Cultural Change, vol. xii), pp. 175~193.

Zac, S., 'Le Spinoza de Martial Gueroult : le theorie de l'imagination dans le livre II de l'Ethique', *Revue de synthese* no 96(1975), pp. 245~282.

— 피트 스테인바이커스

선/좋음Bonum(보눔)

스피노자는 '선/좋음'이라는 용어를 다양한 문맥에서 사용한다. '최고선'과 '참된 선' 같은 표현의 일부로, 이 용어는『지성교정론』첫 단락의 최고선에 대한 스피노자의 탐구 이야기나『신학정치론』(4장)의 신의 인식과 사랑에 관한 논의, 그리고『윤리학』4부의 "덕을 따르는 이들의 최고선"에 대한 설명(E4p36)에서 발견된다. 하지만 스피노자가 선(명사형과 형용사형으로)에 대해 논할 때는, 이 관념이 어디서 유래하는지 설명하고, 그 자체로 선한 것은 없으며 단지 어떤 존재와의 관계 속에서 그것의 안녕을 증진하거나 저해하는 것으로 추정되는 것만 선한 것이라고 주장하기 위한 경우가 더 많다. 이러한 논의는「형이상학적 사유」1부 6장,『윤리학』1부 부록,『윤리학』4부 서문에서 발견되고,『지성교정론』의 첫 번째 문장과 12번째 문단에서 논급된다.[288] 마지막으로『윤리학』4부에는 선과 악에 대한 참된 인식이 반복적으로 언급된다.

『지성교정론』을 여는 참된 선과 최고선에 관한 반성은 플라톤, 아리스토텔레스, 스토아학파, 보에티우스 및 반성적 지혜 전통the reflective wisdom tradition에 속하는 다른 인물들의 유사한 성찰을 상기시킨다. 스피노자는 최고선과 "정신이 자연 전체와 이루는 합일에 대한 인식"에 (가능한 한 다른 이들과 함께) 도달하는 것을 동일시한다(TIE 13 ; 김은주 29). 그러나 이 앎을 숨뭄 보눔summum bonum[최고선]과 동일시하면서도, 그는 이 판단이 자신의 것보다 더 강하고 더 지속적인 본성을 향유하는 데 도움이 될 것이라는 자신의 예상에 기반한 것임을 분명히 한다(TIE 13). 이는 선이나 악과 같은 관념의 기원에 대한 그의 일반적 분석(E4praef)과 조화를

---

288   [옮긴이]『지성교정론』1절과 12절을 말한다. 김은주 21과 27~29.

이룬다.

「형이상학적 사유」에서 스피노자는 내재적인 또는 "형이상학적인 선" —— 즉 쇼뱅에 따르면 보눔 인 세bonum in se(그 자체로 선한 것) —— 은 없으며, 실재는 오직 다른 것과 관련하여 선하다고 이야기될 수 있다고 주장한다(G I. 247 ; C I. 313).[289] 『윤리학』 1부 부록에서 우리는 '선'이 단지 우리 안에 있는 상상의 방식에 불과한데 종종 실재의 객관적 특성으로 오인된다는 것을 알게 된다. 실제로 스피노자는 사람들이 **선**을 "건강과 신의 숭배에 도움이 되는 모든 것"이라고 불렀다고 말한다(G II. 81). 『윤리학』 4부 서문에는 어떤 것을 선이라고 말할 때 무엇을 의미하는지에 대한 그의 이해가 가장 명확하게 정식화되어 있다. 비록 '선'과 '악'이라는 용어는 실재의 어떠한 내재적 특성도 나타내지 않고, 단지 사고방식에 불과한 것이지만, 그럼에도 우리는 이 단어를 보유해야 한다. 우리는 인간 본성의 모형으로서의 인간에 대한 관념을 형성한 후, 우리가 이러한 인간 본성의 모형에 접근할 수 있는 수단이라고 확실히 아는 모든 것을 '선'이라고 부를 수 있다.

물론 스피노자가 말한 인간 본성의 모형은 최대한의 이해maximal understanding라는 모델이다. 따라서 참된 선은 이해로 이끌 수 있는 것이다. 이것이 참된 선인 이유는 우리가 이해(신 또는 자연에 대한 적합한 관념을 갖는 것)에서 발견되는 힘과 안정성, 역량, 능동성을 욕망하기 때문이다. 이는 우리가 어떤 것이 선이기 때문에 원하는 것이 아니라 오히려 우리가 그것을 원하기 때문에 선이라고 부른다는 스피노자의 앞선 주장(E3p39s)을 예증한다. 홉스는 이러한 선에 대한 이해를 공유하고 있지

289　Chauvin, *Lexicon philosophicum*.

만,[290] 데카르트의 이해는 이와 다르다.

· **관련 항목** : 상상, 인식, 덕, 지복

원문

Goet en kwaat, of zonden, en zijn niets anders als wyzen van denken(KV 1.6). Dat Goet en kwaad niets anders is als betrekkinge (⋯) onder de entia rationis moeten geplaatst worden(KV 1.10). *Nam quae (⋯) apud homines bonum aestimantur ad haec tria rediguntur, divitias, scilicet, honorem, atque libidinem*(TIE 4, G I. 5~6). *Per verum bonum intelligam et simul quod sit summum bonum. Notandum est quod bonum et malum non nisi respective dicantur* (⋯) *perfectionem et omne quod potest medium vocatur verum bonum, summum bonum est eo pervenire, ut ille cum aliis individuis, si fieri potest, tali natura fruatur. Esse cognitionem unionis quam mens cum tota natura habet*(TIE 13, G I. 8). *Res* (⋯) *bona dicitur,* (⋯) *tantum respective ad aliam, cui conducit ad id, quod amat,* (⋯). *sic salus bona est hominibus, non vero neque bona, neque mala brutis aut plantis.* (⋯) *Qui autem bonum aliquod metaphysicum quaeritant, quod omni careat respectu, falso aliquo praejudicio laborant*(CM 1.6). *Per bonum hic intelligo omne genus laetitiae et praecipue id quod desiderio satisfacit*(E3p39s). *Unusquisque ex ingenio suo affectu judicat, quid bonum sit*(E3p51s). *Bonum et malum nihil positivum in rebus indicant*(E4praef). *Per bonum id intelligam, quod certo scimus nobis esse utile*(E4d1). *Summum bonum est cognitio Dei*(E5p28).

참고문헌

1차 문헌

Hobbes, Th., *De homine* ; *Leviathan*, ch. 6.

— **토마스 쿡**

선민/택함 → 엘렉티오를 보라.

---

290 Hobbes, *De Homine* 11, 4. [옮긴이] "우리가 욕망하는 모든 사물 공통의 이름은, 우리가 그것을 욕망하는 한 선이다"(이준호 II. 42).

선지자 → 예언자를 보라.

선출/선택 → 엘렉티오를 보라.

성서Scriptura sacra(스크립투라 사크라)

성서는 『신학정치론』 신학 부분의 주요 주제이며, 올덴부르크와 나누었던 마지막 서신 교환과 반 블리엔베르흐와 나누었던 초기 서신 교환의 중요한 화제이기도 하다.

스피노자에 따르면, 구약성서는 오래전에 고대 언어로 쓰인 역사 이야기와 자연 지성의 한계를 넘어서는 예언이나 계시로 구성되어 있다. 본질적으로 예언자가 아니라 교사들이었던 신약성서 사도들의 가르침조차 때때로 이성의 범위를 벗어난다. 그러므로 성경은 스피노자가 『신학정치론』 7장에서 설명한 것처럼 해석을 필요로 한다. 그는 성경의 본문이 본질적으로 명료하다는 개신교의 주장(스피노자가 알팍하르[291]에게 귀속시켰던 견해)을 받아들이지 않는다. 그럼에도 스피노자는 우리가 이성이나 철학의 도움으로는 성경을 설명할 수 없고 오직 성서 자체

---

291 [옮긴이] 스피노자는 『신학정치론』 15장(제목 : 신학은 이성의 이성은 신학의 시녀일 수 없다는 것과 이성은 우리에게 성서의 권위를 설득함을 보여 준다)에서 톨레도Toledo 유대인 공동체의 지도자 중 한 명이었던 유다 알팍하르Judah Alfakhar(1235년 사망)가 성서 해석에 그리스 철학을 이용한 마이모니데스를 비판했던 것을 소개하며 "알팍하르는 이성이 성서의 시녀가 되어야 하며 성서에 완전히 종속되어야 한다고 주장했다"(TTP 15.5 ; G III. 181 ; C II. 273)라고 지적한다. 본문 내용이 시사하는 것처럼 스피노자가 성경 본문의 본질적 명확성을 주장한 개신교계의 성서 해석을 비판하면서 정통 칼뱅주의자를 비판하지 않고 유대인 알팍하르를 끌어들인 것은 컬리가 공감을 표한 프리우스의 주장처럼 당시 정세상 그편이 안전하다고 생각했기 때문일 것이다. 이에 대해서는 Samuel Preus, "A Hidden Opponent in Spinoza's *Tractatus*," in *Harvard Theological Review*, 88(1995) : 361~388 ; C II. 272. n. 2 참고.

를 통해서만 성경을 설명할 수 있다는 개신교의 원리를 공유하고 있었다
(Ep76 ; 이근세 399 ; TTP 7). 그러나 성서의 근본적인 불명료함은 독자
들에게 큰 문제를 일으키지 않는다. 왜냐하면 성경의 메시지는 상당 부
분 실천적인 내용이기 때문이다.

성서는 이야기를 통해 유대인에게는 계율을, 기독교인에게는 덕을,
모든 사람에게는 (약간의) 사변적 진리를 (예컨대 신이 실존하며 선행을
보상한다는 것과 같은) 가르쳐 준다(TTP 5). 성경의 이야기를 거부하는
이들은 불경하다. 그러나 성경의 이야기를 모른다고 하더라도 이성의 빛
에 의해 살아가는 이들은 현명하다. 하지만 성경의 이야기도 모르고 [자
연의 빛에 의해서도 아무것도 모른 채] 짐승처럼 살아가는 이들은 금수(禽
獸)brutes에 가깝다(TTP 5.40~41). 성서의 이야기들은 인간을 선하게 만
들려는 목적과 관련해서는 내용이 명료하다. 그 목적은 진리를 알게 하
는 데 있지 않다(TTP 6). 코케이우스 같은 개신교 신학자들과 스피노자
는 성경이 근본적으로 도덕적 본성을 지닌 것이라는 견해를 공유하고 있
었다.[292]

신의 말씀은 인간의 마음과 정신에 새겨져 있으나 유대인들의 미성
숙함 때문에 글로 전달되었다. 성서가 신성한 이유는 인간으로 하여금
신에게 헌신하고 복종하도록 이끌며, 그래서 궁극적으로 구원에 이르도
록 인도하기 때문이다. 그렇지 않다면 성서는 종이와 잉크에 불과할 것
이다(TTP 12). "서로 사랑하여라"(「요한복음」 13장 34절)라는 성경의
교의는 명확하지만, 성경의 본문은 모호하고 빈틈투성이이다. 대조적으

292　J. Coccejus, "De ecclesia et Babylone disquisitio" in *Opera* VII, §117, p. 43.

로 보에티우스는 전통적인 축자영감설verbal inspiration을 옹호한다.[293] 반면 마이어는 『해석자』Interpres 후기에서 성서가 진리를 찾는 독자에게 자극제가 되고 행복에 대해 생각할 기회와 토대를 제공한다고 주장한다는 점에서 스피노자와 의견 일치를 보인다. 성서는 인간 정신에 맞추기 위해 신을 인간으로 표상한다(TTP 1). 이러한 점에서 성서는 모호해 보일 수 있다. 하지만 성서는 진리와 충돌하지 않는데, 왜냐하면 성서와 진리 모두 신에게서 유래하기 때문이다.[294] 스피노자는 구약성서와 신약성서가 정경이 된 것은 인간이 결정한 산물이라고 주장한다(TTP 8~10). 홉스[295]와 함께, 스피노자는 모세가 모세오경의 저자임을 부정하며 성서의 다른 책들의 저자들도 직접 그 책을 쓴 것은 아니라고 주장한다.[296]

· **관련 항목** : 히브리 국가/히브리 민족, 신학, 종교, 예언자,
사도, 해석, 계시, 기적, 그리스도, 모세

원문

Nam veritas veritati non repugnat, nec Scriptura nugas, quales vulgo fingunt docere potest (⋯)
Si enim in ipsa invenerimus aliquod, quod lumini naturali esset contrarium eadem libertate,

---

293   G. Voetius, *Disputationes selectae* I, p.31.

294   [옮긴이] 이상 세 문장의 원문은 다음과 같다. "In order to adapt to the human mind, Scripture represents God as a man(TTP 1). In this sense, Scripture may come across as abstruse. However, it does not conflict with truth since both derive from God." 맥락상 두 번째 문장에는 부정어 'not'이 빠져 있는 것 같기도 하다. 그러나 원문을 유지하자면 'abstruse'는 '모호하다'라는 뜻으로 새겨야 할 것 같다. 스피노자는 성서가 대중의 이해력에 맞추어진 책이지만 신의 정신에 관해 '부적절하고 모호하게'improprie & obscure 말한다고 지적하기도 한다(TTP 1.46).

295   Hobbes, *Leviathan*, ch.33. [옮긴이] 진석용 II-1. 제33장 「『성경』의 권수, 저작 시기, 의도, 권위 및 해석자들에 대하여」.

296   [옮긴이] 이를테면 구약의 사무엘서는 사무엘이 쓴 것이 아니라는 것이다.

qua Alcoranum et Thalmud refellimus illam refellere possemus(CM 2.8) ; Ep21. *Compono tractatum de meo circa scripturam sensu*(Ep30). *Scriptura per solam Scripturam debet exponi*(Ep76) ; TTP praef. *Scriptura Deum instar hominis depingere, Deoque, mentem, animum, animique affectus ut et etiam corpus et halitum tribuere, propter vulgi imbecillitatem solet*(TTP 1, G III. 25). *Cum itaque tota Scriptura in usum integrae nationis prius et tandem universi humani generis revelata fuerit, necessario ea, quae in ipsa continentur ad captum plebis maxime accommodari debuerunt et sola experientia comprobari*(TTP 5, G III. 77). *Methodus interpretandi Scripturam*(TTP 7). *Perspicuitatem Scripturae plane obscurare*(TTP 10, G III. 147) ; TTP 12. *Scripturae doctrinam non sublimes speculationes, neque res philosophicas continere, sed res simplicissimas*(TTP 13, G III. 167). *Scripturam solam pietatem docere*(TTP 15, G III. 180).

참고문헌

1차 문헌

Coccejus, J., *De ecclesia et Babylone disquisitio,* in *Opera omnia* VII(Amsterdam, 1675).
Hobbes, Th., *Leviathan.*
[Meyer, L.], *Philosophia S. Scripturae interpres*([Amsterdam], 1666).
Voetius, G., *Selectae disputationes theologicae*, 5 vols(Utrecht, 1648~1669).

2차 문헌

Bordoli, R., *Ragione e Scrittura tra Descartes e Spinoza. Saggio sulla* Philosophia S. Scripturae Interpres *di Lodewijk Meyer e sulla sua recezione*(Milan : Franco Angeli, 1997).
Martinech, A.P. *The Two Gods of Leviathan*(Cambridge : Cambridge University Press, 1992).
Nadler, S., 'Scripture and Truth : A Problem in Spinoza's Tractatus Theologico-Politicus', *Journal of the History of Ideas* 74(2013), pp. 623~642.
Verbeek, Th., *Spinoza's Theologico-Political Treatise. Exploring 'the Will of God'*(Aldershot : Ashgate, 2003).

— 로베르토 보르돌리

소산적 자연 → 능산적 자연, 나투라를 보라.

속성Attributum(아트리부툼)

'속성' 개념은『소론』[297]과『데카르트의『철학의 원리』둘 다에서 중요한 역할을 하지만, 스피노자가『윤리학』에서 속성을 논하는 방식만이 그의 원숙한 판단이 무엇인지 시사하는 것처럼 보인다. 그는『윤리학』에 와서 야 마침내 실체와 그것의 고유한unique 속성을 동일시하는 데카르트적 속 성 개념을 폐기하기 때문이다. 하지만 스피노자는 또한 전통적인 스콜라 적 의미에서의 '속성' 개념을 계속 사용했는데, 이는 실재적으로 구별되 지는 않지만 단지 인간 지성에는 그렇게 보이는 신의 완전성을 나타내는 것이었다.[298]

스피노자는『윤리학』1부 정의4에서 "나는 실체의 본질을 구성한다 고 지성이 지각하는 것을 속성으로 이해한다"라고 말한다. 이 정의로 인 해 속성에 대한 주관적 해석[299]과 객관적 또는 실재적 해석이 제기되었 다.[300] 전자에 따르면 '속성'은 실체의 변용인 인간이 실체를 지각하는 방 식을 나타낸다. 후자에 따르면 속성들은 실체를 바로 그러한 것으로 만 드는 구성 요소이다. 왜냐하면『윤리학』2부 정의는 "어떤 실재의 본질 에 그 본질이 주어지면 그 실재가 필연적으로 정립되고 그 본질이 제거 되면 그 실재도 필연적으로 제거되는 것이 속한다고, 또는 그 본질 없이 는 그 실재가 역으로 그 실재가 없으면 그 본질이 존재할 수도 인식될 수 도 없는 것이 속한다"(E2d2)라고 하기 때문이다.

속성이 실재reality 그 자체의 부분인지 아닌지와 무관하게, 그것이 실

---

297 『소론』에서는 '에이헨스합'eigenschap.
298 데카르트의「두 번째 반박에 대한 답변」과 비교하라(AT VII. 138 ; 원석영 I-1. 83).
299 Wolfson 1934, vol. I, pp. 142ff.
300 Curley 1991 ; Donagan 1973 ; Gueroult 1968, pp. 428~461.

체에 속하고 특히 스피노자가 '신'이라고 부르는 하나의 실체에 더 많이 속한다는 것은 분명하다. "나는 신을 절대적으로 무한한 존재자라고, 즉 그 각각의 속성이 [신의] 영원하고 무한한 하나의 본질을 표현하는 무한한 속성으로 구성된 실체라고 이해한다"(E1d6). 『윤리학』 1부에서 스피노자는 신 외에 다른 실체의 불가능성을 도출하고자 속성 개념을 활용한다. 정리9는 실재론적 독해를 강하게 시사하는데, 그것에 따르면 "각각의 실재가 더 많은 실재성이나 존재를 가지면 가질수록, 그것에는 더 많은 속성들이 속한다". 게다가 정리10의 주석은 각각의 속성이 "영원하고 무한한 특정한 본질을aeternam et infinitam certam essentiam 표현한다"라고 덧붙인다. 이후 정리11은 신의 필연적 실존이 증명되는 곳으로 "신 또는 그 속성들 각각이 영원하고 무한한 본질을 표현하는 무한한 속성으로 구성된 실체는 필연적으로 실존한다"라고 언급한다.

신과 실존하는 모든 속성의 동일성은 신의 영원성이 신의 속성들의 영원성과 동일시되는 정리19 및 "신 또는 신의 모든 속성은 불변한다는 것이 따라 나온다"라는 정리20의 따름정리1에 의해 보강된다. 같은 주장이 잠시 나투라 나투란스(능산적 자연)와 나투라 나투라타(소산적 자연) 문제로 벗어난 유명한 구절에서도 주장된다. "우리는 능산적 자연을 자기 자신 안에 있고 자기 자신을 통해 인식되는 것, 또는 영원하고 무한한 본질을 표현하는 실체의 속성(…)으로 이해해야 한다." 그리고 "나는 소산적 자연을 신의 본성의 필연성으로부터 또는 신의 속성들 각각으로부터 따라 나오는 모든 것, 즉 (…) 신의 속성의 모든 양태라고 이해한다"(E1p29s).

신의 필연적인 실존을 주장한 후, 스피노자는 이어서 각각이 자신의 유 안에서 무한한, 무한하게 많은 속성으로 구성된 존재[신]는 나누어질 수 없으며(E1p12~13), 실존하는 유일한 실체로 간주되어야 한다(E1p14~15)라고 주장한다. 그리고 이 실체는 "무한하게 많은 것을 무한하게 많은 방식으로" 산출하는데(E1p16), 이는 신이 각각의 속성이 자신의 유 안에서 무한한 어떤 본질을 표현하는 무한한 속성들로 이루어져 있기 때문이다(E1p16d). 따라서 양태들은 항상 신의 어떤 속성에 의해 산출된다. 정신과 신체로 이루어진 인간이 실존하는 무한하게 많은 속성 중 두 속성, 곧 사유 속성과 연장 속성에만 접근할 수 있음이 명확해지는 것은 스피노자가 사유 속성의 유한한 양태인 정신에 집중하는 『윤리학』 2부에 와서이다(E2p1~2).

속성들 간 관계는 정리7에서 다루어진다. "관념들의 질서와 연관은 실재들의 질서와 연관과 같은 것이다." 이는 보통 신의 속성에 의해 산출된 양태와 관련되는 것으로 여겨진다. 각 속성은 그 자신의 양태를 산출하지만(E2p6), 동일한 인과 질서 안에서 그렇게 한다. 이는 종종 스피노자의 '평행론'이라 여겨지는 것과 동일시되어 왔다. 비록 일부 학자들이 선호하는 관점은, 예를 들어 스피노자가 인간 유기체를 두 가지 구분되는 양태들의 합성물로서가 아니라 상이한 두 가지 속성의 관점에서 인식될 수 있는 하나의 단일한 양태로 생각했다는 것이지만 말이다.[301] 그러나 스피노자의 형이상학이 별개의 속성에 의해 산출된 양태들 사이에 어떠한 인과적 상호작용도 배제한다는 것만은 분명하다. 이런 식으로 그는 데카르트적 이원론에 대한 대안을 내놓을 수 있었다.

하지만 스피노자가 친구 드 프리스와 나눈 서신(Ep8~10)에 비추어 볼 때, 『윤리학』의 초기 수고본으로 공부하던 스피노자 친우회 구성원들

---

301   Della Rocca 2008, pp. 99~104.

이 실재적으로 구분되는 속성으로 구성된 단일한 실체 개념을 이해하는 데 상당히 애를 먹었음은 분명하다.[302] 분명 그들은 데카르트가 『철학의 원리』 1부 53항에서 각각의 실체에는 필연적으로 "실재적으로 구별되는" 단일한 속성이 있다고 한 것[303]을 스피노자가 어떻게 무한하게 많은 속성들로 이루어진 분할 불가능하고 일원적인unitary 실체 개념을 도출하는 방식으로 취급할 수 있는지 이해하지 못했다.[304] 실제로 이 문제는 스피노자주의에 대한 많은 초기 데카르트주의자들의 '반박'에 큰 영향을 끼쳤고, 계속해서 많은 전문가들을 괴롭혀 왔다. 예를 들어 피에르 마슈레Pierre Macherey(1938~)는 최근 스피노자가 제시한 실체의 통일성unity을 실재reality의 통일성이라고 생각해야 한다고 제안했는데, 이 통일성은 절대적으로 무한하므로 수를 지니고 있지 않다. 때문에 데카르트의 이원론에 대한 스피노자의 대안은 더 이상 형이상학적 '일원론'의 한 종류로 간주되어서는 안 된다.[305]

---

302   Ep8. 이근세 57 참고.

303   [옮긴이] "실체는 당연히 임의의 속성으로부터 인식된다. 그럼에도 불구하고 실체는 저마다 하나의 주된 고유한 성질을 가지고 있는데, 이것은 실체의 본성과 본질naturam essentiamque, natura essentiaque을 이루며 다른 모든 성질들은 그것에 연관되어 있다"(원석영 II. 44). 다음 구절도 참고. "이와 같이 사유의 모든 속성들을 연장의 모든 속성들과 정확하게 구별한다면, 우리는 쉽게 두 개의 명료하고 뚜렷한 개념notiones을 혹은 관념ideas, ideae을, 즉 피조된 사유 실체의 관념과 물체의 관념을 가질 수 있다"(PP I. 54 ; 원석영 II. 45).

304   [옮긴이] G IV. 41 ; 이근세 57 참고.

305   [옮긴이] 스피노자는 신을 "절대적으로 무한한 존재자, 곧 각자 영원하고 무한한 본질을 표현하는 무한하게 많은 속성들로 구성된 실체"라고 정의하며(E1d6), "신은 유일하다"라고, "곧 (정의6에 의해) 자연 안에는 하나의 실체만 존재"한다고 역설한다(E1p14c1). 이러한 그의 주장은 흔히 데카르트의 실체 이원론에 반하여 실체 일원론을 주장한 것으로 평가된다. 그러나 피에르 마슈레는 스피노자 철학에서 신은 다른 실재들처럼 셀 수 있는 '하나의[어떤] 실재'une chose가 아니라고 역설한다. 신은 다른 실재들과 달리 본질이 실존을 함축하는 '절대적 무한한 존재자'ens absolute infinitum로서, 다른 실재들 '옆에'à côté 다른 실재들과 나란히 비교될 수 있는 실재가 아니다. "오히려 신은 비교의 관점 바깥에en dehors 있는 것인 한에

· **관련 항목** : 실체, 질서와 연관, 양태, 능산적 자연, 나투라

원문

Na voorgaande overweginge van de Natuur zoo vinden wij alleen twee eigenschappen
die aan dit alvolmaakte wezen toebehooren(KV 1.1). Oneijndelijke eigenschappen(KV
1.2). Aangaande de eigenschappen van de welke God bestaat, die zijn niet als oneijndige
zelfstandigheden, van de welke een iederdes zelfs oneindig volmaakt moet zijn (⋯)
dat tot nog toe maar twee door haar zelfs wezen ons bekend zijn (⋯) de denking en
de uitgebreidheid(KV 1.7). Wezen van oneijndelijke eigenschappen, waar van ieder
des zelfs oneijndelijk en volmaakt is (⋯) God(KV 1.19). *Proprietas, sive qualitas, sive
attributum*(PPC 1def5). *Per affectiones hic intelligimus id, quod alias per attributa denotavit
Cartesius*(CM 1.3). *Omnes distinctiones quas inter Dei attributa facimus, non alias esse quam
rationis*(CM 2.6). *De Deo* (⋯) *Ens constans infinitis attributis*(Ep2). *Multa attributa quae
ab iis deo tribuuntur, ego tamquam creatura considero*(Ep6). *Per attributum intelligo nisi quod
attributum dicatur respectu intellectus substantiae certam talem naturam tribuentis*(Ep9).
Deo humana attributa (⋯) *non adsigno*(Ep56). *De divinis attributis*(TTP 2, G III. 37).

서의 실재성 그 자체이다." 그러나 이는 다시 신이 다른 실재들 '위에'au-dessus 있는 초월적
실재임을 뜻하지 않는다. 스피노자의 신은 실재들 '저편에'au-delà 있으면서 실재들에게 비
교의 준거를 제공하는 실재가 아니다. 오히려 신은 "'이편에'en-deçà, 곧 실재가 실재로서 절
대적으로 사유되며, 동시에 더 이상 **하나의 실재**une chose로 나타나지 않고 **실재**Chose가 되
는 그 지점"(강조는 인용자)에 있다. 그럼에도 신은 실재로 규정되어야 하는데, 그렇지 않으
면 신은 절대적 실재성을 잃고 '순수한 관계, 즉 추상'으로 전락하고 말 것이기 때문이다. 그
러나 신적 실체는 그의 특성propria이나 고유성proprietas에 불과한 '단일성' 또는 '유일성'에
의해 규정될 수 없는데, 그렇지 않으면 자연의 질서는 전도되고 신의 본질에 목적이나 우연
성이 도입될 것이기 때문이다(이 책 '실존' 항목의 옮긴이 주 참고). 그에 의하면 '신'이라는 이
름은 고유명사이지만 특정한 실재를 가리키는 이름이 아니다. "그 이름은 오직 '실재'의 이
름이고, 그 이상도 그 이하도 아니다"(이상 P. Macherey, "Spinoza Est-Il Moniste?" In *Spinoza :
Puissance et Ontologie*, edited by Rizk and Myriam, Éditions Kimé, 1994, pp. 50~52 참고). 따라
서 스피노자의 신론을 '일원론'으로 규정하는 것은 스피노자의 의도를 반영하지 못한다. "신
은 그 자체로는 하나가 아니고 둘 또는 셋도 아니며 훌륭하거나 추한 것도 아니다. 우리는 집
요한 전통에 반대하여 스피노자는 이원론자가 아닌 것처럼 일원론자도 아니며 (⋯) 그 어떤
몇원론자도 아니라고 말해야 한다"(피에르 마슈레, 진태원 옮김, 『헤겔 또는 스피노자』, 그린비,
2010, 171쪽).

Per attributum intelligo id, quod intellectus de substantia percipit, tanquam ejusdem essentia constituens(E1d4). *Per Deum intelligo ens absolute infinitum, hoc est substantiam constantem infinitis attributis, quorum unumquodque aeternam et infinitam essentiam exprimit*(E1d6). *Quo plus realitatis aut esse unaquaeque res habet eo plura attributa ipsi competunt*(E1p9). *Quamvis duo attributa realiter distincta concipiantur* (⋯) *non possumus tamen inde concludere ipsa duo entia sive duas substantias constituere*(E1p10s). *Natura divina infinita absolute attributa habet*(E1p16). *Deum sive omnia Dei attributa*(E1p20c2). *Substantia quae jam sub hoc jam sub illo attributo comprehenditur*(E2p7s).

참고문헌

1차 문헌

Descartes, R., *Principia philosophiae, Secundae responsiones*.

2차 문헌

Curley, E., 'On Bennett's Interpretation of Spinoza's Metaphysics', in Y. Yovel(ed.), *God and Nature. Spinoza's Metaphysics*(Leiden : Brill, 1991), pp. 35~51.

Della Rocca, M., *Spinoza*(London and New York : Routledge, 2008).

Donagan, A., 'Essence and the Distinction of the Attributes in Spinoza's Metaphysics', in M.G. Grene(ed.), *Spinoza. A Collection of Critical Essays*(New York : Doubleday Anchor, 1973), pp. 164~181.

Gueroult, M., *Spinoza I. Dieu(Éthique I)*(Hildesheim : Olms, 1968).

Macherey, P., 'Spinoza est-il moniste?', in M. Revault D'Allones and H. Rizk(eds.), *Spinoza : puissance et ontologie*(Paris : Éditions Kimé, 1994), pp. 39~53.

Wolfson, H.A., *The Philosophy of Spinoza. Unfolding the Latent Processes of His Reasoning*, 2 vols(Cambridge, MA and London : Harvard University Press, 1934).

— 빕 판 뷩어

수동 → 파시오를 보라.

슬픔(Tristitia) → 정서를 보라.

시민Civis(키비스)

시민 개념은 『정치론』 3장에서 정의된다. 스피노자는 "어떤 사람이 정치적 권리에 근거해 국가/정치 공동체Civitas의 모든 혜택을 누릴 때" 그를 '시민'이라고 부른다(TP 3.1 ; 공진성 93). 『윤리학』 4부 정리37의 주석 2에서 스피노자는 "법률과 스스로를 보존할 수 있는 힘에 기초하여 설립된 이러한 사회는 국가라고 불리며, 그 법에 의해 보호받는 사람은 시민이라 불린다"라고 말한다. 시민은 국가의 법률에 '복종'함으로써 "국가의 편의를 누릴 자격이 있는 것으로 판단"된다.

　시민을 이렇게 정의하는 것은 17세기에는 흔한 일이었다. 이를테면 쇼뱅은 시민을 "권리와 안전을 향유하기 위해 최고 권력 아래에서 사는 자유로운 사람"이라고 말한다.[306] 한편 요하네스 미크라일리우스Johannes Micraelius는 '권리와 편의'라는 표현을 사용하여 시민을 정의한다.[307] 하지만 이 저자는 독자들이 아리스토텔레스 전통에서의 '시민'이라는 단어가 지닌 특수한 의미에 주목하게 만든다. 왜냐하면 아리스토텔레스는 시민을 "선거와 정치적 권력에 참여하는 자유로운 사람"이라고 정의하는데, 미크라일리우스는 '신민'subject인 시민과 '권한을 가지고 있고 집정자들이라고 불리는' 시민을 구분함으로써 부분적으로 이러한 관념을 유지하고 있기 때문이다. 그러나 스피노자는 '또는'seu이라는 단어를 통해 시민과 '국가의 제도나 법에 복종하도록 구속'되는 사람인 '신민'[피치자]을 완전히 동일시한다(TP 3.1 ; 공진성 93).

　나아가 그는 시민이 자기 마음대로 산다면 이는 단지 "국가의 제도

306　Chauvin, *Lexicon philosophicum*.

307　Micraelius, *Lexicon philosophicum*.

를 통해"ex civitatis instituto서만 그럴 수 있다고 말한다(TP 3.3 ; 공진성 95). 시민은 스스로 국가의 법률을 해석해도 되도록 허락되지 않는다. '최고 권력'은 항상 그리고 예외 없이 시민에게 의무를 지울 권리를 갖는다. 이렇게 시민과 신민을 동일시한다는 점에서, 스피노자는 시민을 "최고 권력/최고 통치권supreme authorities에 의해 정해진 법률에 종속된"[308] 사람이라고 부르는 홉스를 따른다. 그러나 스피노자에 따르면 맹목적 종속은 시민을 한낱 노예에 불과한 존재로 탈바꿈시킬 것이다. 시민에게는 자연상태의 자유가 없지만, 법이 공통의 선과 시민의 이익을 달성할 목적으로 만들어졌다면 시민은 노예가 아니다(TTP 16).

시민에 대한 이러한 정의에서 스피노자는 시민에게 자신의 삶을 최대한 좋게 만들 권리와 자유를 부여하는 잘 조직된 국가를 전제하고 있다. 정부가 인간 본성을 진지하게 고려해야 할 이유는 이것이다 (E2p49s). 정치적 질서의 토대는 시민을 보호하고 그들의 권리를 규정하는 법률에 있다. 시민의 권리는 인간의 자연권과 동일한 것이다. 그러나 시민일 때 시민의 권리는 시민 스스로 정치적 권력에 복종한다는 조건 아래에서 정치적 권력에 의해 보장되고 규정된다. 이러한 법률은 보편적 동의general consent에 의해 제정된다. 시민은 가능한 한 동등하게 대우받아야 한다(TP 7.20 ; 공진성 211). 시민은 정치에 관한 정보를 제공받아야 한다. 정치를 비밀스러운 일로 만듦에 따라 정부는 시민들에게 그들이 자유롭지 못하다는 인상을 준다(TP 7.29 ; 공진성 227~229).

시민의 권리와 신민으로서 복종해야 할 의무 사이의 연관은 스피노자가 『신학정치론』 17장에서 기술했던 것처럼 성경 속 히브리 국가에서

---

308   Thomas Hobbes, *De Cive*, ch.5.

가장 명확하게 드러난다. 시민은 법을 어겼을 때 처벌받을 수 있다. 그러나 처벌은 분노(분개)indignatio[인디그나티오]에 의해서가 아니라 도의심 pietas[309]에 의해 추동되어야 한다(E4p51s). 정치적 권력의 의지에 반하여 정치적 권리를 남용하는 시민이나 신민은 처형당할 수 있다(TTP 16). 시민(정치적 권력이 아니라!)에 의한 다른 시민의 권리 침해는 오직 정치적 권력의 결정에 의해 시민의 권리가 보호된 경우에만 부당하다고 불릴 수 있다. 정치적 질서가 파괴되지 않고서는 시민이 자기 사건에 대해 스스로 판결할 권리는 주어질 수 없다(TP 3.3). 시민이 아니라 정치적 권력이 정의로운 것과 부정의한 것을 판단할 원천이다(TP 3.5).

그렇기는 하지만 정치적 권력의 이러한 절대적 권리에도 불구하고 시민은 일종의 유사 권리를 누린다. 시민을 절대적으로 복종시키지 못하는 정치적 권력은 늘 외국의 적보다 시민을 더 두려워한다(TTP 17.8 ; TP 6.6). 인민이 정치적 권력의 정당성을 의심할수록 정치적 권력은 그 의지를 강제할 수 없다. 즉 국가의 권리는 다중의 권력/역량에 의해 규정된다(TP 3.9). 따라서 경험은 정치적 권력이 위태로울 경우 절대적 '권리'를 행사할 수 없음을 가르쳐 준다. 경험은 통치자가 스스로를 제한하고 시민의 '권리'를 약화시키는 일을 삼갈 것을 요구한다(TTP 20). 그러나 엄밀한 의미의 개별 시민은 다중의 권력인 국가의 권력과 비교했을 때 권리가 없다(TP 3.2).

시민권citizenship에는 다양한 적극적 형태가 있을 수 있다. 시민은 합리적인 방식으로 의견을 제시함으로서 정치 질서에 가치 있는 기여를

---

309 [옮긴이] 스피노자 철학에서 'pietas' 개념에는 도의심 외에도 문맥에 따라 도덕, 의무감, 경건 등으로 다양하게 번역될 수 있는 내포가 있다. 이 책의 '피에타스' 항목 참고.

할 수 있다(TTP 20). 시민권은 군의 일원이 되는 것을 요구할 수 있는데
(TP 6.9~11 ; 7.17), 군은 인민의 자유를 보장한다(TP 7.22). 통치자는
대가를 받고 조국의 자유를 위해 싸우지 않는 외국인 사병 부대를 보유
한 경우가 아니라면 [군을 이용하여] 시민을 진압할 수 없다. 시민은 조
국과, 따라서 그 통치자와 애정 어린 관계(사랑을 넘어서는 도의심piety)를
맺고 있으며, 외세의 지배를 몹시 싫어한다. 시민의 충성심은 그의 자유
에 대한 감각을 형성한다(TTP 17). 시민으로 이루어진 군대가 용병으로
이루어진 군대보다 평화를 선호하는 일에 더 부합하는 것은 이러한 이유
때문이다. [그러나] 이러한 군대도 귀족정과는 배치되는 점이 없지 않다
(TP 8.9).[310]

그러나 다양한 정체들에서 시민의 지위를 다룰 때, 스피노자는 '제
한된 시민권'이라는 고전적 개념으로 되돌아간다. 잘 조직된 군주정에
는 시민들로 구성된 회의체council가 있어야 한다(TP 6.15). 귀족정에서
는 시민층이 대개 원주민의 후손으로 이루어진 상층 계급이며, 여기에서
제외되는 사람들은 보통 원주민보다 늦게 그 도시나 영토에 들어온 다수
의 '외국인'이다(TP 8.12). 민주정에서는 누가 시민이고 누가 최고 회의
에 선출될 자격이 있는지를 법이 정한다(TP 11.2). 시민권은 나이, 성별,

---

310 [옮긴이] 원문은 다음과 같다. "Such an army is not compatible with aristocracy"(TP 8.9). 출
처로 제시된 『정치론』 8장 9절에서 스피노자는 "군대가 신민 외에 다른 어떤 사람으로도 구
성되어서는 안 된다는 것이 이 국가의 법률이나 근본적인 법에 속하지 않는다는 것은 확실
하다"(공진성 251)라고 말한다. 다시 말해서 귀족 국가의 군대가 반드시 시민으로 구성되어
야 하는 건 아니라는 것이다. 그에 의하면, '상황이 요구할 때 외국인 병사를 모으는 것'은 '귀
족의 최고 권리'에 속한다(공진성 253). 그러나 "신민을 군대 바깥에 있도록 하는 것[즉 군대
에서 배제하는 것]은 (…) 참으로 무지한 일"(위의 책)로 평가된다. 이러한 점을 고려할 때, 원
문을 단순히 "그러한 군대는 귀족정과 양립할 수 없다"라고 번역하는 것은 문제가 있다고 생
각된다.

재산, 가문, 사회적 지위, 종교 등과 같은 기준에 따라 선별된 특정한 사
람들에게 제한적으로 부여된다.

· **관련 항목** : 레스푸블리카, 임페리움, 포테스타스, 포텐티아, 자연 상태, 자유, 자유로운,
군주정, 귀족정, 민주정

원문

Injuria est, cum civis vel subditus ab alio aliquod damnum contra jus civile sive edictum summae potestatis pati cogitur (···) *in subditis sive civibus* (TTP 16, G III. 196~197). *In hoc imperio singulare fuit, quo cives maxime retineri debuerunt, ne de defectione cogitarent et ne unquam desiderio tenerentur deferendae patriae nimirum ratio utilitatis* (···) *cives nullibi majore jure sua possidebant, quam hujus imperii subditi* (TTP 17, G III. 215~216). *Cives levissimis de causis ad necem ducere, at omnes negabunt haec salvo sanae rationis judicio fieri posse* (TTP 20, G III. 240). *Qui ipsius juris defenduntur cives appellantur* (···) *contra obedientia civi meritum ducitur* (E4p37s2). *Homines, quatenus ex jure civili omnibus civitatis commodis gaudeant, cives appellamus et subditos, quatenus civitatis institutis seu legibus parere tenentur* (TP 3.1). *Unusquisque civis, seu subditus tanto minus juris habet, quanto ipsa civitas ipso potentior est* (TP 3.2). *Nulla ratione posse concipi, quod unicuique civi ex civitatis instituto liceat ex suo ingenio vivere et consequenter hoc jus naturae cessat* (TP 3.3). *Unumquemque civem non sui, sed civitatis juris esse* (TP 3.5).

참고문헌

1차 문헌

Hobbes, Th., *De cive, Leviathan.*

— 마린 테르프스트라

시베 sive(즉/또는)

'시베'sive(그리고 그것의 변이형인 seu [세우])는 영어의 'or'나 우리말의

'즉/곧/또는'에 상응하는 라틴어 접속사 중 하나이다. 같은 뜻의 다른 세 가지 접속사로는 '아우트'aut, '벨'vel, '전접어'enclitic '베'-ve가 있다.

『윤리학』의 용법(그리고 덜 체계적이지만 『지성교정론』과 『정치론』의 용법)에서 '시베/세우'는 보통 다름없음indifference 또는 동의성(同意性)equivalence을 나타낸다. 이를 통해 스피노자의 정의와 증명은 관련된 용어들에 적용될 수 있게 그 범위가 확장된다.[311] '시베/세우' 외에도 스피노자는 '호크 에스트'hoc est(즉/곧), '이드 에스트'id est(즉/곧), '쿠오드 이뎀 에스트'quod idem est(같은/동일한 것이지만, 같은 말이지만) 같은 동의성을 나타내는 다른 전형적 문구도 사용한다.[312] 이 모든 것은 하나의 실체 안에서 파악된 무한하게 많은 양태들의 상호 연관을 표현하기 위한 전략의 일부이다. 그러나 이러한 유형의 동의성으로 관념들이 서로 완전히 대체될 수 있는 것은 아니다. 오히려 그것은 특정한 문맥에서의 용어들의 의미론적 범위를 구체적으로 명시한다.[313]

스피노자가 '시베/세우'를 통해 표현한 동의성 중 가장 유명한 것은 '신 즉 자연'Deus, sive Natura이다. 이 표현은 『윤리학』에 단 네 번밖에 나오지 않고 또 상대적으로 늦게 나오지만(E4praef ; E4p4d),[314] 스피노자 체계의 중심적 신조 중 하나를, 곧 자연 외부에 있거나 자연을 넘어서는 또는 자연에 반하는 것은 아무것도 없음을 시사한다. 동의성을 나타내는

---

311 [옮긴이] 이를테면 아래에서도 언급되는 '신 즉 자연'Deus, sive Natura 같은 표현처럼, 신과 자연이 '시베'로 묶임에 따라 신에 대한 정의와 증명은 자연에도 적용될 수 있게 확장된다는 뜻이다.

312 Naess 1974.

313 Saccaro Del Buffa, 1997, p. 161.

314 『소론』 부록2도 참고하라. [옮긴이] 『윤리학』에서 '신 즉 자연'이라는 표현은 4부 서문과 4부 정리4의 증명에 각각 두 번씩 총 네 번 나온다.

다른 중요한 표현으로는 '이유 또는 원인'이 있다.[315] 이를 통해 스피노자
는 충족이유율Principle of Sufficient Reason을 명확히 표명한다. 이 원리를 스
피노자는 "철학사에서 지금까지 있었던 것보다 아마도 더 체계적으로"
사용했다.[316] 모든 것에 대해 왜 그것이 실존하는지 또는 실존하지 않는
지에 대한 이유가 있음에 틀림없다(E1p11).

· **관련 항목** : 나투라

원문

*Cuiuscumque rei assignari debet causa seu ratio, tam cur existit, quam cur non existit.
Ex. gr. si triangulus existit, ratio seu causa dari debet, cur existit ; si autem non existit,
ratio etiam seu causa dari debet, quae impedit quominus existat, sive quae eius existentiam
tollat. Haec vero ratio seu causa vel in natura rei contineri debet, vel extra ipsam*(E1p11).
Aeternum namque illud & infinitum ens, quod Deum seu naturam appellamus (···) *Ratio
igitur seu causa, cur Deus seu natura agit & cur existit, una eademque est*(E4praef). *Ipsa Dei
sive naturae potentia* (···) *Potentia itaque hominis* (···) *pars est infinitae Dei seu naturae
potentiae*(E4p4dem).

참고문헌

2차 문헌

Carraud, V., *Causa sive ratio. La raison de la cause, de Suarez à Leibniz*(Paris : Presses
　　　Universitaires de France, 2002).
Della Rocca, *M., Spinoza*(London : Routledge, 2008).
Naess, A., *Equivalent Terms and Notions in Spinoza's Ethics*(Oslo : Inquiry, Filosofisk
　　　Institutt, Universitet i Oslo, 1974).
Saccaro Del Buffa, G., 'I connettivi sintattici e le strutture binarie dell'*Ethica di Spinoza*', in

---

315　Carraud 2002, pp. 295~341.
316　Della Rocca, 2008, p. 30.

Pina Totaro(ed.), *Spinoziana. Ricerche di terminologia filosofica e critica testuale*(Rome : Olschki, 1997), pp. 155~183.

— 피트 스테인바이커스

신·신의 지성과 의지Deus, Intellectus et Voluntas Dei
(데우스, 인텔렉투스 에트 볼룬타스 데이)

스피노자의 신은 유일 실체로, 그 본성은 각각이 자신의 유 안에서 완전한 무한한 속성들에 의해 구성된다(E1d6). 스피노자의 신이 전통과 공유하는 것은 단지 완전성 관념뿐이다. 예컨대 쇼뱅은 신을 "지고하고 무한하게 완전한 존재"라고 정의했다.[317] 카우사 수이causa sui(자기 원인)로서의 신은 나투라 나투란스natura naturans(능산적 자연)인데, 나투라 나투라타natura naturata(소산적 자연) 즉 '신의 속성의 모든 양태' 또는 무한하게 많은 실재를 무한하게 많은 방식으로 필연적으로 생산한다(E1p29s ; E1p16). 따라서 실체인 신과 전체로서의 우주('신의 속성의 모든 양태') 사이에는 근본적인 '존재론적 차이'라 부를 수 있는 차이가 있다. 이는 신이 우주(나투라 나투라타)를 산출하지 않을 수 없지만, 우주[전체]도 그것의 부분도 신의 절대적 본성에 속하지 않으며, 오직 속성만 신의 절대적 본성에 속한다는 것을 뜻한다. 양태들 전체에 관해서든 특수한 양태들에 관해서든 그 반대 역시 참이다. 인간은 필연적으로 신에 의해 산출되지만, 그리고 인간은 신 **안에** 있지만, 그리고 인간은 그 본질뿐만 아니라 그 실존도 신에게 의존하지만(E1p25), 그럼에도 신이 '인간의 본질

---

317 Chauvin, *Lexicon philosophicum*.

에 속하지 않는' 이유는 신은 실체이고 본성과 실존에서 그 양태와 다르기 때문이다(E2p10s).

신의 각 속성으로부터 영원하고 무한한 어떤 변양이 따라 나온다(E1p21). 그리고 이로부터 두 번째 변양이 따라 나오는데, 그 변양 또한 필연적으로 실존하고 무한하다(E1p22). 연구자들은 이 변양들을 각각 직접적 무한 양태와 매개적 무한 양태라고 부른다. 『윤리학』에서 스피노자는 첫 번째 양태의 예로 사유 속성 아래에 있는 신 관념을 제시한다(E1p21d ; E2p2). 한 서신 교환자로부터 "신에 의해 직접 생산된 것들과 어떤 무한한 변양의 매개에 의해 생산된 것들의 사례"(Ep63 ; 이근세 346. 번역은 수정)를 제시해 달라는 요청을 받은 스피노자는 "첫 번째 종류[직접적 무한 양태]의 사례들로는 사유의 경우에는 절대적으로 무한한 지성intellectus absolute infinitus이 있고 연장의 경우에는 운동과 정지가 있습니다. 두 번째 종류[매개적 무한 양태]의 사례로는 (물리적) 우주 전체의 모습facies totius universi이 있는데, 이는 무한한 방식으로 변이됨에도 항상 같은 것으로 남아 있습니다"라고 답한다.[318]

(적합한adaequata) **관념**과 지성은 동일한 것을 나타낸다(E2p48과 E2p48s). 따라서 수평 신 관념 또는 무한 지성이 사고cogitation(사유 속성)의 직접적 무한 양태가 된다는 점은 명확하다. 이는 (신의) 무한 지성 또는 신 관념이 나투라 나투란스가 아니라 나투라 나투라타에 속함을 뜻한다. (당연히 **활동적** 지성(E1p31s)인) 무한 지성은 산물 곧 어떤 속성(이 경우에는 사고)을 지닌 것으로서의 실체의 무한 양태이다. 『소론』에도

318 　사고[사유]의 매개적 무한 양태가 무엇일 수 있는지에 대한 논의에 대해서는 Gueroult 1968, pp. 316~319와 Beyssade를 보라.

동일한 생각이 표현되어 있다. 무한 지성은 신이 아니라 단지 "신의 아들"이며 "신의 직접적 피조물"이다(KV 1.9와 2.22. n.1). 지성과 의지는 실재적으로 구별될 수 없으므로(E2p49c), 무한 의지infinite will는 무한 지성infinite intellect과 동일한 것이며, 따라서 무한 의지 역시 신의 절대적 본성에 속한다는 말이 적절치 않은 무한 양태일 뿐이다. 스피노자가 명시적으로 "유한한 것이든 무한한 것이든 간에 현행적 지성은, 의지 (…) 등과 마찬가지로 능산적 자연이 아니라 소산적 자연과 관련되어야 한다"라고 말하는 이유이다(E1p31). 신의 (무한한) 결과로서의 (무한한) 의지는 자유롭다고 불릴 수 없다(E1p32와 E2p32c1). 지성과 의지는 신의 본성과 연관되는데, 이는 '운동과 정지'가, 즉 카우사 수이로서의 신적 실체에 완전히 의존하는 직접적 무한 양태가 신의 본성과 연관되는 것과 마찬가지이다(E1p32c2).

일부 주석가들은 『윤리학』 1부 정리17의 주석에 근거하여 지성과 의지를 계속 신의 고유한 본성에 귀속시킨다. 그러나 이 주석을 주의 깊게 독해해 보면, 여기에서 스피노자는 신의 지성과 (자유)의지에 대한 통상적인 견해, 즉 그가 거짓으로 간주하며 신적 이해와 인간의 이해가 완전히toto coelo 다르다는 불합리한 결과를 수반한다는 견해에 대해 논하고 있음을 알 수 있다. 만일 신적 이해와 인간의 이해가 완전히 다른 것이라면, 인간은 결코 어떠한 적합한 이해에도 도달할 수 없을 것이다.[319]

무한 지성은 무한 양태 또는 인간 지성의 영원한 양태를 포함하여 사고의 유한 양태의 모든 영원한 본질을 부분으로 포함하고 있는 전체이

---

319 1부 정리17의 주석에 대한 올바른 해석에 대해서는 Koyré와 Gueroult 1968, pp. 272~294 및 562~563, De Dijn 1996, p. 209을 보라.

다(E2p8c ; E5p40c ; E5p40s). 무한 지성이 신의 본질(나투라 나투란스)에 속하는 것은 아니지만 카우사 수이의 결과라는 것, 그리고 우리의 지성이 무한 지성에 의해 형성된 전체의 일부라는 것, 이는 인간 안에 적합한 이해가 있을 수 있기 위한 형이상학적 조건이다(E2p11c). 이는 사고로서의 신과 무한 지성 간 관계에 대한 학설이 스피노자의 인식 이론에 결정적임을 뜻한다.

자기의식idea ideae(관념의 관념)과 정서는 사유함(어떤 관념)을 전제하므로(E2p21s ; E2a2), 자기의식이든 사랑이나 자긍심glory 같은 어떠한 감정이든 신의 본질에 속할 수 있다고 말하는 것은 옳지 않다. 그러나 스피노자는 정리35와 36에서 감정이 꼭 신의 본질에 속한다고 말하는 것 같은데, 이는 "신은 (…) 어떠한 기쁨과 슬픔의 정서도 그를 변용하지 않"는다는 『윤리학』5부 정리17의 따름정리에 위배된다. [그러나] 스피노자가 자기 자신과 인간을 사랑하는 신에 대해 말하는 곳(E5p35과 E5p36, 그리고 E5p36c 과 E5p36s)에서조차 항상 신 관념에 대한 언급이 있다는 점이 지적되어야 한다. 인간에 대한 신의 사랑과 신에 대한 인간의 사랑은 하나이자 동일한 것(E5p36c과 E5p36s)으로, 이는 신의 지성과 인간의 지성이 하나이자 동일한 것과 마찬가지이다. 이는 나투라 나투란스와 나투라 나투라타의 존재론적 차이가 갑자기 제거된다는 것을 뜻하지 않는다. 자기의식과 정서 모두 그 필요조건은 그것들이 무한 양태인 신 관념의 산물이라는 것이다. 신은 먼저 자신의 '아들'[신 관념]을 산출하는 한에서만 자기 자신과 인간을 사랑한다. 외견상 나투라 나투란스와 나투라 나투라타의 존재론적 차이를 부정하는 것처럼 보이는 구절들에 대한 적절한 해석은 이러한 차이를 긍정하는 『윤리학』1부의 구절들과 그리고 이를테면 『윤리학』1부 정리21의 증명에서처럼 사유로서의 신이 "관념을 갖는다"라고 하는 구절에 대한 해석과 일관되어야 한다. 신이 "관념을 갖는다"라고 하는 구절은 정확히 말하자면 관념이 신의 본성에 속한다는 의미로 해석될 수 없는데, 왜냐하면 그러한 구절들은 정확히 신적 속성과 본질적으로 다른 무한 양태의 실존을 증명하고자 의도된 것이기 때문이다. 내가 관념을 가질 때, "신이 관념을 갖는다"(E2p11c)라고 할 수 있는데, 왜냐하면 신은 모든 것의 궁극적 원인이기 때문이다. 그러나 이는 도저히 내 정신 또는 어떤 관념을 가지고 있는 것으로서의 내가 나투라 나투란스(E2p10s)에 속한다는 것을 뜻할 수는 없다. 유한하든 무한하든 관념을 지닌 또는 관념을 형성하는 신의 사유는 항상 '선행하는'prior 어떤 무한한 변양, 즉 신 관념 내지 무한 지성의 산출을 함축하는데, 신 관념 내지 무한 지성은 나투라 나투라타로서 나투라 나투란스(사유)와 존재론적으로 다르다.

그래서 "신이 어떤 관념을 갖는다[또는 형성한다]"라는 표현은 "인간 정신이 어떤 관념을 갖는다" 또는 "신의 지성이 어떤 관념을 포함하거나 갖는다"라는 것과 같은 의미일 수 없다. 신의 경우[실체의 경우], 어떤 관념을 갖는다는 것은 어떤 대상이 (재)현(re)presented(표상)될 수 있는 '존재론적으로 다른' 결과를 곧 사유의 양태 ─ 물론 그 안에서 신이 자신을 표현하는 ─ 를 산출함을 뜻한다. 내 정신 또는 무한 지성의 경우[양태의 경우], 어떤 관념을 갖는다는 것은 [그 관념이] 부분-전체의 관계 곧 사유의 양태들 간의 관계에 있음을 나타낸다.

나투라 나투란스(사유)로서의 신은 지성에 의해서도 의지에 의해서도 규정되지 않는다. 공통적인(유대-기독교의) 사유에 따르면, 이러한 특징들은 신의 고유한 본성을 나타내고, 신을 인격체로 부르기 위한 근거가 된다. 스피노자가 인격 신 관념을 완전히 거부한다는 것에는 의심의 여지가 없다(E1p17s과 E1app).

사유의 직접적 무한 양태와 다른 속성의 직접적 무한 양태 간에는 어떤 불일치가 있다. '운동과 정지' 같은 [연장의] 직접적 무한 양태는 단지 실존하는 모든 물체 전체(「서신64」에 따르면 이러한 전체는 '우주 전체의 모습'이라 불린다)의 원리를 포함할 뿐이지만, 사유의 직접적 무한 양태는 사유의 모든 영원한 양태 전체와 물체들에 대한 관념뿐만 아니라 다른 모든 속성들의 모든 양태에 대한 관념도 포함한다. 반면 신적 실체의 포텐티아 아겐디potentia agendi(행위 역량)는 모든 속성을 통해 자신을 산출하는 반면, 신이 모든 실재를 또는 무한하게 많은 실재를 무한하게 많은 방식으로 사유하는 포텐티아 코기탄디potentia cogitandi(사유 역량)는 단지 하나의 속성, 즉 사유를 통해 자신을 산출한다(E2p7c ; E1p16과 E1p16d 또한 보라). 이러한 불일치는 '평행론'의 결함이 아니다. 오히려 평행론은 모든 것의 가지성과 결합된 사유의 특별한 본성을 요구하는 것이다.[320]

· **관련 항목** : 지성, 의지, 운동, 사유, 관념, 무한, 피니스, 능산적 자연, 변양, 실체, 속성, 신에 대한 지적 사랑

원문

God is een wezen van de welke alles ofte oneijndelijke eigenschappen gezeijd worden, van welke eijgenschappen een ijder des zelfs in sijn geslagte oneijndelijk volmaakt is (⋯) eijgenschap van God denking en uijtgebreidheid(KV 1.2). *Deniqe exempla, quae petis, primi generis sunt in cogitatione, intellectus absolute infinitus ; in extensione autem motus*

---

320   Gueroult 1974, pp. 72~84. [옮긴이] 이른바 '두 평행론' 문제를 말한다. 이에 대해서는 다음을 참조하라. 이혁주, 「스피노자의 두 평행론 문제에 대한 연구」, 『철학연구』, 112, 2016.04, pp. 31~54.

et quies ; secundi autem. Facies totius universi, quae quamvis infinitis modis variet, manet semper eadem(Ep64). *Per Deum intelligo ens absolute infinitum, hoc est substantiam constantem infinitis attributis, quorum unumquodque aeternum, et infin itam essentiam exprimit*(E1d6). *Quicquid est, in Deo est, et nihil sine Deo esse, neque concipi postest*(E1p15). *Ad Dei naturam neque intellectum neque voluntatem pertinere*(E1p17c2) ; E1p29s. *His Dei naturam, ejusque proprietates explicui, ut quod necessario existit, quod sit aeternus, quod ex sola naturae necessitate sit et agat, quod sit omnium rerum causa libera et quomodo ; quod omnia in Deo sint, ab ipso ita pendeant ut sine ipso nec esse, nec concipi possint et denique quod omnia a Deo fuerint praedeterminata non quidem ex libertate voluntatis, sed ex absoluta Dei natura, sive infinita potentia*(E1app). *Mentem humanam partem esse infiniti intellectus Dei*(E2p11c). *Deum seu naturam*(E4praef). *Deus proprie loquendo neminem amat neque odio habet*(E5p17c). *Deus se ipsum Amore intellectuali infinito amat*(E5p35). E5p36.

참고문헌

2차 문헌

Beyssade, J.-M., 'Sur le mode infini médiat dans l'attribut de la Pensée. Du problème (lettre 64) à une solution(Ethique V, 36)', *Revue Philosophique de la France et de l'Etranger*, no. 130(1994), pp. 23~26.

De Dijn, H., *Spinoza. The Way to Wisdom*(West Lafayette, IN : Purdue University Press, 1996).

Gueroult, M., *Spinoza I. Dieu(Ethique, I)*(Paris : Aubier-Montaigne, 1968).

Gueroult, M., *Spinoza II. L'Âme(Ethique, II)*(Paris : Aubier-Montaigne, 1974).

Koyré, A., 'Le Chien, constellation celeste, et le chien, animal aboyant', *Revue de métaphysique et de morale*, no. 55(1950), pp. 50~59.

— 헤르만 드 뎅

신앙 → 믿음을 보라.

신에 대한 지적 사랑Amor intellectualis Dei(아모르 인텔렉투알리스 데이)

'신에 대한 사랑'이라는 개념은 인간의 비르투스virtus(덕)와 베아티투도beatitudo(지복)[321]라는 표현과 마찬가지로 거의 모든 스피노자 저작에 등장한다. 그러나 보다 전문적 의미를 지닌 것으로 발전한 아모르 데이amor Dei(신에 대한 사랑), 아모르 에르가 데움amor erga Deum(신을 향한 사랑), 아모르 인텔렉투알리스 데이amor intellectualis Dei(신에 대한 지적 사랑), 리프더 호츠liefde Gods 또는 리브더 호츠lievde Gods와 리브더 톳호트 lievde tot God(신을 향한 사랑)라는 관념은 먼저 『소론』에 제시되고 나중에 『윤리학』에서 발전된다. 아모르 데이에 대한 스피노자의 언급 중 절반 이상은 『윤리학』에 나온다. 『소론』은 '신에 대한 사랑'과 '신을 향한 사랑'을 인간이 신에게 완전히 의존한다는 사실에 대한 참된 인식에서 비롯되는 사랑의 형태라고 설명한다. 왜냐하면 신은 "그가 없이는 신체도 관념도 실존할 수 없고 인식될 수도 없는 것"이기 때문이다(cf. KV 2.19). 여기에서 스피노자는 '그'(신)와 '우리'를 언급하면서 아모르 데이에 대한 견해를 '거듭남', '두 번째' 또는 '영적' 탄생 같은 영적 용어로 정식화한다. 이는 우리 삶이 처음 시작되는 '육체적' 출생과 대비된다. 다소 신비적인 용어로, 신은 '숭고'하고 '완전한 선'이라고 묘사되며, 이러한 이유로 신은 우리의 사랑이 '머물러야' 할 유일한 대상이 된다. 『소론』에 따르면, 우리는 우리 자신의 신체보다 훨씬 더 긴밀하게 신과 연결되어 있다.

신은 인간이 사랑할 수 있는 지고의 대상이기 때문에 인간의 진복眞福은 신에게 의존한다. 이러한 관념은 스피노자의 신에 대한 사

---

321 [옮긴이] 이 항목은 물론 다른 곳에서도 '최고의 행복'highest happiness을 나타내는 다양한 용어가 사용된다. 'beatitudo'(blessedness)는 '지복'至福, 'felicitas'(felicity)는 '진복'眞福, 'bliss'은 '천복'天福이라고 옮겼다.

랑이라는 관념이 15세기 포르투칼계 유대인 제설통합주의syncretist 작가인 예우다 레온 아브라바넬Yehuda Leon Abravanel 또는 아바르바넬 Abarbanel(1465~1521 이후)[322]의 『사랑의 대화』*Dialoghi d'amore*에서 나타난 플라톤적 사랑 관념과 유사하다는 견해를 뒷받침하는 논거로 제시되어 왔다.[323] 스피노자의 개인 서재의 도서 목록에 따르면 그는 에브레오의 책을 한 권 소장하고 있었는데, 『소론』이 아모르 데이라는 주제를 다루는 방식은 청년 스피노자가 르네상스 시대의 이러한 플라톤적 영성주의spiritualism에 영감을 받았음을 시사한다. 만일 그렇다면, 이는 단지 청년기 스피노자에게만 해당하는 것이 아니라 그의 생애 전체에 유효한 사실이라고 볼 수 있다. 왜냐하면 그의 저작에서 몰아적 사랑ecstatic love에 대한 초기 관념과 후기 관념을 구별하기는 어렵기 때문이다.

사실, 『윤리학』 텍스트는 『소론』의 이전 사유 방식을 면밀하게 따른다. 『윤리학』에서 스피노자는 "영원의 스페키에스에서"sub specie aeternitatis 알려진 모든 관념이 "영원하고 무한한 신의 본질"(E2p45 ; E5p29s)을 포함한다고 주장한다. 또한 3종의 인식에서 생겨나는 신에 대한 지적 사랑은 영원한 것으로서의 신에 대한 이해를 함축한다(E5p32c). 그리고 신의 무한성과 무한한 완전성은 신이 자신을 사랑하는 방식을 규정한다(E5p35). 마지막으로 신과 정신이 공유하는 지적 사랑(이것이 우리의 지복으로 여겨진다)은 원인으로서의 신 관념을 수반하며, 그럼으로써 "어

---

322 레오 헤브라이우스Leo Hebraeus 또는 레온 에브레오Leone Ebreo로 더 잘 알려져 있는 인물이다. [옮긴이] 히브리어 이름은 예후다 벤 이츠학 아브라바넬Yehuda ben Yitzhak Abravanel(יְהוּדָה בֶּן יִצְחָק לְאַבְּרַבַנְאֵל)이며 레오 헤브라이우스 또는 레온 에브레오는 그의 필명으로 각각 라틴어식 이름과 이탈리아어식 이름이다. '유다 아브라바넬'Judah Abravanel이라도 한다. 이 인물에 대해서는 이 책 2부 「영향」 '유다 아브라바넬' 항목 참고.
323 Calvetti 1982.

떻게 우리의 정신이 신의 본성으로부터 따라 나오고 지속적으로 신에게 의존하는지"에 대한 인식을 수반한다(E5p36s). 다시 말해서 장년기 스피노자는 인간 최고의 행복에 대한 정의에서 '사랑' 개념에 여전히 중점을 두면서도 에브레오의 『사랑의 대화』에 따라 이 사랑의 근거가 우리가 신에게 의존함을 깨닫는 데 있다고 계속 강조한다. 나아가 스피노자는 이제 '지적'이라는 형용사를 자주 사용함으로써 자신의 신에 대한 사랑이라는 관념이 지닌 인식론적인 측면을 강조하지만, 그의 사랑 개념은 여전히 신과의 합일이라는 관념을 표현하고 있다.

한편 스피노자의 신에 대한 지적 사랑이라는 개념에는 에브레오에서 찾을 수 있는 것보다 훨씬 더 많은 요소가 담겨 있다. 첫째, 스피노자의 아모르 인텔렉투알리스 데이 개념은 근대 초 인본주의가 철학적 행복 개념을 유대-기독교적인 구원 개념과 연결하려고 했던 훨씬 광범위한 흐름과 맞닿아 있다. 이미 에라스무스는 오래전부터 성 베르나르St. Bernard of Clairvau(1090~1153)와 다른 이들의 중세적인 관점에 의지하여 경건한 기독교인의 정신적 쾌락을 덕을 향한 인간의 여정에 수반되는 기쁨과 연관시켰다. 그러므로 세속적인 지복 관념은 정념의 노예가 되는 것에서 영혼을 해방하는 실천적인 경건의 형식practical forms of piety과 연관된다. 신약성서에서 이러한 정신적 발전에서 비롯되는 심적 효과는 영적 상호 교류spiritual two-way traffic로 설명된다. 성 바울에 따르면, 신은 그를 사랑하는 사람들을 위해 '위로가 되는 것'comforts을 준비했다(고린도전서 2장 9절[324]). 이 점에서 스피노자는 철학과 종교의 근본적인 유사성을

---

324 [옮긴이] "그러나 성서에는, '눈으로 본 적이 없고 귀로 들은 적이 없으며 아무도 상상조차 하지 못한 일을 하느님께서는 당신을 사랑하는 사람들을 위하여 마련해 주셨다.'[이사야 64:3,

인정하며, 『윤리학』 5부 정리36의 주석에서 "신에 대한 지속적이고 영원한 사랑 또는 인간에 대한 신의 사랑"에서 발견되는 "구원, 지복, 자유"가 "성경에서 영광이라고 불리는" 것과 동일한 영적 지복의 형식이라고 설명한다.[325]

둘째로, 스피노자가 당대의 여러 사람들과 함께 도덕적 경건으로의 회심이 스토아학파가 기쁨gaudium이나 정신적 평온으로 제시하고, 에피쿠로스학파가 정신적 쾌락voluptas이나 아타락시아ataraxia(평정)로 제시했던 종류의 기쁨, 진복, 혹은 신에 대한 사랑과 함께 간다는 견해를 공유했다면, 그의 입장을 아리스토텔레스의 『니코마코스 윤리학』 제10권에 제시된 관조적 행복의 원형적 표현과 더 특별하게 연결해 주는 것은 바로 신에 대한 사랑의 지적 측면에 대한 그의 강조이다.[326] 실제로 『윤리학』 4부와 5부에 나오는 스피노자의 독특한 '정신의 덕'에는 아리스토텔레스적 관점에서 핵심적인 모든 지적 요소를 결합한다. 이를테면 최고의

52:15]라는 말씀이 기록되어 있지 않습니까?"

325 [옮긴이] "이로써 우리는 우리의 구원 또는 지복 또는 자유salus, seu beatitudo, seu Libertas가 어디에 있는지 명료하게 이해하게 된다. 곧 그것은 신을 향한 굳건하고 영원한 사랑에 또는 인간들을 향한 신의 사랑에 있다. 그리고 이 사랑 또는 지복은 성경에서 영광Gloria이라고 불리는 것인데, 여기에는 그 나름의 근거가 있다. 왜냐하면 이 사랑은 신과 관련되든 정신과 관련되든 간에 올바르게 마음의 만족이라고 불릴 수 있는데, 이것은 사실 영광과 구별되지 않기 때문이다(정서들에 대한 25번째, 30번째 정의에 의해)"(E5p36s).

326 [옮긴이] 원문은 다음과 같다. "Secondly, if Spinoza shared with many of his contemporaries the view that conversions to moral piety went hand in hand with the kind of joy, felicity or love of God that the Stoics had presented in terms of a cheerfulnes (gaudium) or mental tranquillity and the Epicureans in terms of amental pleasure (voluptas) or ataraxy, it is his emphasis on the intellectual aspects of love of God that links his position more particularly to the archetypical expression of contemplative happiness found in book 10 of Aristotle's *Nicomachean Ethics*." 아리스토텔레스의 관조적 행복에 대해서는 아리스토텔레스, 김재홍·강상진·이창우 옮김, 『니코마코스 윤리학』(도서출판 길), 2006, 제10권, 제7장 370~373쪽 참고.

행복은 오직 인간의 가장 탁월한 부분, 즉 지성을 통해서 달성된다는 점, 관조에서 인간은 신의 활동과 가장 유사한 행위를 수행한다는 점, 관조적 삶을 통해서 우리는 신적 능력faculty 고유의 기쁨delights을 누린다는 점, 관조의 대상 자체가 신적이라는 점, 인간이 추구하는 지고한 목표는 신 자신의 활동을 나타내는 것으로 신의 본질에 대한 관조라는 점, 마지막으로 이러한 활동을 수행함으로써 우리는 불멸성에 참여하게 된다는 점이 그렇다. 이러한 모든 관념은 광범위한 기독교적·유대교적 신新아리스토텔레스주의적 원천을 통해서뿐만 아니라 아리스토텔레스 자신의 『형이상학』, 『영혼론』, 『니코마코스 윤리학』으로부터 직접적으로 스피노자에게 들어왔을 것이다.

세 번째로, 신에 대한 지적 사랑이라는 관념[327]은 본래 영혼의 기능을 식물적, 감각적, 지성적인 것으로 나누는 아리스토텔레스의 견해를 반영한 것이지만, 스피노자가 지성과 상상을 대조시키는 방식은 (하비가 주장한 것과 달리)[328] 아리스토텔레스나 마이모니데스보다는 특히 데카르트를 암시하고 있다. 데카르트는 아리스토텔레스의 삼분적 인간학을 받아들여 그것을 상상적/감각적imaginative/sensitive 인식과 지성적 인식이라는 인식론적 이분법으로 변형시켰다. 그뿐만 아니라 스피노자의 신에 대한 지적 사랑이라는 관념이 발전하는 과정에서 발견되는 추가적인 데카르트적 요소에는 스피노자가가 『소론』에서 글자 그대로 옮긴 데카르트의 사랑에 대한 정의[329]와 지적 기쁨gaudium intellectuale이라는 관념,[330]

327 　이는 아퀴나스에게도 나타난다. Wolfson 1934, pp. 304~305.

328 　Harvey 1981.

329 　Wolfson 1934, p. 303.

330 　[옮긴이] 이는 데카르트의 『철학의 원리』 4부 190항에서 '가우디움 인텔렉투알레'gaudium

"신의 섭리에 의해서 모든 영원성이 결정되었다는 것 외의 다른 방식으로는 어떤 것도 발생할 수 없다"라는 것을 '자주 반성'하는 것이 욕망을 동요시키는 것에 대한 주요 치료제 중 하나이기 때문에 도덕적으로 관련이 있다는 관념(PA II. 145 ; 김선영 134),[331] 마지막으로 자족감 관념[332]이 포함된다.

스피노자의 신에 대한 지적 사랑이라는 관념이 이러한 이전의 철학적 관념들의 스펙트럼과 어떻게 관련되는지 밝히려면, 스피노자가 신적 사랑이 일자一者로부터 흘러나와 결국 일자에게 되돌아간다는 신플라톤주의적 순환 관념을 의미 있게 받아들이지 않았다는 점에 유의할 필요가 있다.[333] 반면에 이전 체계의 중요성을 전면적으로 부정하지 않도록 똑같이 주의해야 한다. 스피노자는 신과 세계를 동일시하고 창조론적 관점과 인격신 관념을 거부했기 때문에, 아모르 인텔렉투알리스 데이 관념과 관련하여 스피노자와 중세 및 르네상스 시기의 원천일 법한 것 간의 유사점보다는 차이점이 더 중요하다는 주장이 제기되어 왔다[334] 그러나 스피노자의 '자연주의'를 강조하는 이런 시각은 스피노자가 살았던 시대를 간과하는 해석으로 이어질 소지가 있다.

1665년 1월 28일 빌럼 반 블리엔베르흐에게 보낸 두 번째 서신(Ep

---

intellectuale(지적 기쁨)으로 등장한다. "그런 지적 기쁨이란 어떠한 육체적인 감정 없이도 가능하며, 그 때문에 스토아학파 사람들은 그런 기쁨이 현자에게 어울릴 수 있는 기쁨이라고 주장했다"(AT VIIIa. 317 ; 원석영 II. 432. 용어는 수정).

331 [옮긴이] PA II. 145(김선영 134). 원문에는 'ibid. art. 155'라고 되어 있으나 『철학의 원리』가 아니라 『정념론』이며 2부 145항에 나오는 구절이다.

332 [옮긴이] PA II. 63 ; PA III. 153 ; 김선영 73~74, 169~190 참고.

333 Dethier 2006, pp. 375ff.

334 Wolfson 1934 ; Rice 2002.

21)에서, 스피노자는 "우리의 지고한 지복은 신을 향한 사랑에서"summa nostra beatitudo in amore erga Deum 발견되며 그러한 사랑은 필연적으로 "신에 대한 인식"에서 생겨난다고 주장한다.[335] 그러면서 이는 자신이 「형이상학적 사유」에서 말한 '신의 법령'(아마도 CM 1.3과 2.9)과 관련하여 해석되어야지 '신과 인간 본성을 혼동'하는 이들의 견해에 따라 해석되어서는 안 된다고 강조한다. 만일 우리가 신을 자의적으로 성화(聖化)sanctity를 베푸는 '판관'으로 이해한다면, 우리는 의로운 사람의 지적 통찰과 그 결과로 주어지는 천복天福 간의 필연적 연관을 이해하지 못할 것이다. 따라서 인격신 관념에 집착했던 개신교도 서신 교환자[반 블리엔베르흐]의 견해와 필연주의자인 스피노자 자신의 관점 사이에 날카로운 구분선이 그어진다. 하지만 이러한 차이에도 불구하고 스피노자와 반 블리엔베르흐는 인간이 자신의 영적 천복spiritual bliss(Sociniaensche Ziel)[336]에 이바지할 수 없다는 유사한 입장을 공유했다. 사실 스피노자의 형이상학에는 인간이 지복 획득에 어떤 식으로든 이바지할 여지가 전혀 없으므로, 그의 구원 관념은 은총에 대한 개혁교회의 관점만큼이나 필연성inevitability 관념으로 특징지어진다. 직관적 인식의 수준에 도달할 수 있는 이들이 우대되는 이유를 설명하기 위해, 스티븐 내들러Steven Nadler(1958~)는 이를 '특별 섭리'의 필연주의적 형태라고까지 말한 바 있다.[337] 스피노자에게 지복beatitude은 칼뱅주의에서 그런 것처럼 오직 선택된 자들을 위한 것이

---

335 [옮긴이] Ep21 ; G IV, p. 127 ; 이근세 159. 번역은 수정.

336 [옮긴이] '소시니안스허 질'Sociniaensche Ziel은 네덜란드어로 '소치니파의 영혼'이라는 뜻이다. 저자는 이를 '영적 천복'이라는 말 뒤에 덧붙임으로써 인간이 자신의 영적 행복을 스스로 획득할 수 없다는 관념이 소치니파의 영혼 개념에 해당한다고 부연한 것으로 보인다. 소치니파에 대해서는 이 책 246쪽 옮긴이 주 25번 참고.

337 Nadler 2005, pp. 19~21.

었다.

그 외에도 자연주의적 입장은 스피노자에게 영감을 준 요인뿐 아니라 그가 구체적으로 이바지한 부분 역시 모호하게 만든다. 아모르 데이 관념의 진화와 관련하여 스피노자가 이전 정식화와 달리 새로운 발전을 보여 준 부분이 있다면, 이는 그가 도덕적 황홀경moral ecstasy 관념을 자연주의적 맥락에서 설명했다는 점에 있다기보다는 그가 기계론적 인과성에 대해 새롭게 주목하고 그것에 수반되는 필연주의에 천착했다는 사실에 의해 특징지어진다. 이를 통해 스피노자는 새로운 형이상학 용어로 신적 사랑에 대한 전통적 관념을 해석할 수 있었다. 자연주의라는 점만 놓고 보면, 데카르트주의자들도 똑같이 실재의 자연적 진행에 대해 합리적 근거에서 순응하는 이들에게 행복이 주어지는 것을 신의 불변적인 선물로 어렵지 않게 간주할 수 있을 것이다. 아르놀트 횔링크스가 주장한 바에 따르면, 재난이나 재앙을 자연적 필연성 자체로 보고, 그래서 이러한 현상에 대해 정신적 '거부감과 저항'을 억누를 수 있는 이들에게 행복이 찾아온다.[338] 다시 말해서 데카르트의 정신적 자유는 스토아학파의 인종(忍從)resignation과 잘 어울린다. 신학적인 이유로 인식론적 천복의 상태는 단순히 신에 대한 인간의 사랑이 만들어 낸 인과적 결과로 간주할 수 없고 오직 그 사랑의 본질적이고 내재적인 대응물로 보아야 하기 때문에, 횔링크스 역시 스피노자와 매우 유사하게 신의 상호적인 사랑은 임의로 주어지는 성화의 형식이 아니라 이성적 태도의 발전에 내재된 것이라고 주장한 것일지도 모른다

그러나 스피노자 철학에 있는 이러한 데카르트-아리스토텔레스적

338　Geulincx, *Ethics* 5.2, p.131.

혹은 데카르트-스토아적 관점은 그 형이상학적 의미에서 뚜렷한 신플라톤주의적 신념이 있다는 특징이 있다. 스피노자의 견해는 분명 인간 지성이 가장 높은 상태에서 신과의 합일에 이른다고 해석하는, 신플라톤주의적인 아리스토텔레스 심리학 해석과 일치한다. 이는 에브레오 텍스트의 독자라면 신과의 합일에 수반되는 지적 사랑이라는 관념과 함께 쉽게 포착할 수 있을 만한 관념이다. 스피노자는 신의 정신이 모든 사고 작용이 일어나는 (그리고 모든 사고 작용이 참여하는) 우주의 '관념'이라고 주장하면서, 자신의 인식론적 설명에 형이상학적 부담surcharge을 지운다. 즉 개별 정신이 직관적 인식이라는 이례적 사례에 이른 경우 자신이 신적 본질을 형성하는 부분임을 이해하게 될 수 있다는 것이다. 나아가 스피노자에 따르면 자연적 인과성은 인간 경험의 영역을 지배하는 것만큼이나 물질세계 내에서 같은 방식으로 진행되는 과정을 지배하기 때문에, 그러한 직관적 통찰은 그것을 결코 피할 수 없다는 사실에 대한 강렬한 동시적 자각을 동반한다.[339]

스피노자에 따르면, 정신은 신과 정신의 본질이 동시에 함축된 이러한 직관적 인식에 의해 비범하게 변용된다. 이론적 차원에서 볼 때, 이는 개별 정신의 신에 대한 지적 사랑이 신의 자기 자신에 대한 영원한 사랑

---

[339] [옮긴이] 원문은 다음과 같다. "Moreover, since, according to Spinoza, a natural causality governs the sphere of human experience as much as it governs parallel processes within the material world, such intuitive insights bring with them an overpowering simultaneous awareness of their inescapability." 이 문장에서 'parallel processes'가 인간 경험 영역과 물질세계의 과정이 '같다'parallel는 의미인지, 인간 경험 영역과 마찬가지로 물질세계 내의 과정도 자연적 인과성이 지배하는 심신평행론적 과정이라는 것인지 모호하다. 어쨌든 대비되고 있는 두 항이 자연적 인과성이 지배하는 같은 과정이라는 것은 분명하므로, '같은 방식으로 진행되는 과정'이라고 번역했다.

의 일부를 형성한다는 가정으로 설명될 수 있을 것이다. 이러한 의미에서 정신과 신의 연합이라는 관념은 이미 『윤리학』 1부 형이상학에 암시된 것이었다. 그러나 스피노자 자신이 『윤리학』 5부 정리36의 주석에서 주장하듯, 정신이 실제로 아모르 인텔렉투알리스 데이라 불리는 인식론적 천복을 경험하게 되는 것은 관련된 형이상학의 냉철한 설명을 통해서가 아니라 오직 자신의 본질에 대한 직관적 포착을 통해서만 가능하다.

· **관련 항목** : 지복, 인식, 영원의 스페키에스에서, 피에타스, 종교

원문

Ende lievde komt altijd uijt de kennisse voort van dat de zaak heerlijk is. Nu wie isser heerlijker als God ergo(KV 2.5). Indien wij eens God komen te kenen (···) wij als dan ook nauwer met hem als met ons lichaam moeten verenigt worden (···) want dat wij zonder hem noch bestaan noch verstaan konnen worden(KV 2.19). Zo worden dan alle door de Natuur verenigt en tot een verenigt, namelyk God (···) zoo word zij dan ook dan met dat na voorgaande kennisse door liefde terstond vereenigt (···) En dit mag daarom te meer met recht en waarheid de Wedergeboorte werde genoemt, om dat uijt deze Liefde en Vereenige eerst komt te volgen een Eeuwige en onveranderlijke bestandigheid(KV 2.22). *Ex tertio cognitionis genere oritur necessario Amor Dei intellectualis* (···) *Amor Dei quatenus Deum ut aeternum intelligimus et hoc est quod amorem Dei intellectualem voco* (···) *nullum amorem praeter amorem intellectualem esse aeternum*(E5p32c~34c). *Deus se ipsum amore intellectuali infinito amat*(E5p35). *Mentis amor intellectualis erga Deum est ipse Dei amor* (···) *Ex his clare intelligimus, qua re in nostra salus, seu beatitudo, seu libertas consistit nempe in constanti et aeterno erga Deum amore, sive in amore Dei erga homines. Atque hic amor seu beatitudo in sacris codicibus gloria appellatur*(E5p36). *Hic intellectualis amor ex mentis natura necessario sequitur*(E5p37).

참고문헌

1차 문헌

Blijenbergh, W. van, *Sociniaensche Ziel Onder een Mennonitisch Kleedt*(Utrecht, 1666).

Geulincx, A., *Ethics : With Samuel Beckett's Notes*, eds. H. van Ruler, A. Uhlmann and M. Wilson (Leiden and Boston : Brill, 2006).

2차 문헌

Calvetti, C. G., *Benedetto Spinoza di fronte a Leone Ebreo(Jehudah Abarbanel) : Problemi etico-religiosi e 'amor Dei intellectualis'*(Milano : CUSL, 1982).

Dethier, H., 'Love and Intellect in Leone Ebreo : The Joys and Pains of Human Passion', in L.E. Goodman(ed.), *Neoplatonism and Jewish Thought*, vol. 7(Albany : State University of New York Press, 1992), pp. 353~386.

Harvey, W. Z., 'A Portrait of Spinoza as a Maimonidean', *Journal of the History of Philosophy*, no. 19(1981), pp. 151~172.

Nadler, S., *Spinoza's Theory of Divine Providence. Rationalist solutions, Jewish Sources*, Mededelingen vanwege het Spinozahuis, vol. 87(Budel : Damon, 2005).

Rice, Lee C., 'Love of God in Spinoza', in H. M. Ravven and L. E. Goodman(eds.), *Jewish Themes in Spinoza's Philosophy*(Albany : State University of New York Press, 2002), pp. 93~106.

Wolfson, H. A., *The Philosophy of Spinoza : Unfolding the Latent Processes of His Reasoning*(Cambridge, MA and London : Harvard University Press, 1934).

— 한 판 룰러

신정Theocratia(테오크라티아)

휴고 그로티우스의 『보편 신앙 변증』*Defensio fidei catholica*(1617)과 페테루스 쿠나이우스Petrus Cunaeus(1586~1638)의 『히브리 국가에 관하여』*De republica Hebraeorum*(1617)를 따라 스피노자는 히브리 국가를 신정神政이라고 불렀다. 이 용어는 플라비우스 요세푸스Flavius Josephus(37~100경)가 만든 것인데,[340] 이 유대교 역사가는 고대의 세 가

340　Flavius Josephus, *Contra Apion*, 2.17.

지 [통치] 유형에 네 번째 정체政體로 신정을 추가했다. 그러나 요세푸스와 달리 스피노자는 이 개념을 일차적으로는 실질적인 제사장 통치를 지칭하는 것이라기보다 참으로 신이 통치하는 정체를 지칭하는 것으로 사용한다. 스피노자는 성서의 신정 관념을 의도적으로 민주정 방식으로 해석하면서 주석학적 근거에서 그것에 대한 성직자 정치적 독해hierocratic reading를 거부한다. 그의 비판 대상은 바로 제사장 통치라는 해석이다(TTP 18~19).

모세오경에 따르면 신정 체제는 모세가 신과 백성들의 중재자로 선택되기 전과 모세가 죽은 후 일정 기간 동안 지배적이었다. 히브리인들이 이집트에서 탈출하여 자유로운 백성이 된 후에, 그들은 신을 자신들의 통치자로 선택하기로 결심했다(TTP 17).[341] 종교와 국가는 하나였다. 그러나 스피노자는 여기에 신의 통치는 단지 하나의 의견일 뿐이었다는 점을 덧붙인다(TTP 17.32). 실제로는 모세가 절대군주로서 통치했다. 그러나 그는 후계자를 지명하지 않았다. 그래서 그의 사후에 권력은 분

---

341 [옮긴이] "그들은 이 자연 상태에 놓이게 되었을 때, (…) 그들의 권리를 사멸하는 보잘것없는 사람이 아니라 오직 신에게만 양도하기로 결정했다"(TTP 17. 27 ; G III. 205 ; C II. 301).

342 『신학정치론』 17장의 제목에 나오는 프라이스탄티아praestantia(탁월)라는 단어 참고.

343 [옮긴이] "그러므로 이 국가에서 시민법과 (우리가 보여 준 것처럼 오직 신에 대한 순종으로 이루어진) 종교jus civile & Religio는 하나이자 동일한 것이었다. (…) 시민법과 종교 사이에는 단적으로 어떠한 구별도 없었다. 그런 이유로 이 국가는 신정Theocratia이라고 불릴 수 있었다. 시민들은 신이 계시한 법 외에는 어떤 법에도 구속되지 않았다"(TTP 17. 31 ; G III. 206 ; C II. 302). "이로부터 가장 명확하게 따라 나오는 것은 모세 사후에 이 국가가 군주정도 귀족정도 민주정도populare 아닌 우리가 말한 것처럼 신정으로 남아 있었다는 점이다. 왜냐하면 (1) 신전templum은 국가의 왕궁이었고, 우리가 보여 준 것처럼 그것이 모든 지파가 동료 시민이 된 유일한 이유였기 때문이다. (2) 모든 시민이 최고 재판관으로서 신에게 충성을 맹세해야 했기 때문이다. 신은 그들이 모든 일에서 절대적으로 순종하겠다고 약속한 유일한 존재였다. 마지막으로 모두에 대한 최고 사령관summus imperator을 임명해야 할 때 오직 신에게 택함을 받았기 때문이다"(TTP 17. 60 ; G III. 211 ; C II. 310).

할되었다. [그럼에도] 이 탁월한 정체[342]는 신정이라 불릴 수 있는데, 왜냐하면 신전(神殿)temple은 법정으로 쓰였고 백성들은 자신들의 재판관이자 입법자인 신에게 충성했으며 지도자는 오직 신 자신에 의해서만 선택되었기 때문이다.[343,344]

정체에 관한 이론에 신정을 추가한 것에는 두 가지 이유가 있을 수 있다. 첫 번째 이유는 모든 정체가 인민으로부터 최고 권력으로의 권력 이양에 의해 구성되기 때문이다(TTP 19). 스피노자는 심지어 민주정과 신정에 유사성이 있다고 보았는데, 왜냐하면 두 정체 모두에서 권력은

---

344 [옮긴이] 다양한 층위의 '신정' 개념이 언급되고 있어 부연 설명이 필요해 보인다. 먼저 첫 번째 단락에서 "스피노자는 이 개념을 일차적으로는 실질적인 제사장 통치를 지칭하는 것이라기보다 참으로 신이 통치하는 정체를 지칭하는 것으로not primarily as a reference to what is effectively a rule of priests, but indeed to a regime in which God rules 사용한다"라는 말은 '권리상의 신정'이라는 개념을 함축하고 있다. 즉 히브리인들이 신에게 자연권을 양도하기로 한 신과의 '첫 번째 계약'에 의해 히브리 국가는 권리상 그 왕이 신인 국가라는 것이다(TTP 17.27). 둘째, 두 번째 단락에서 '신의 통치는 단지 하나의 의견'이라고 말은 히브리 국가는 '권리상' 신이 통치하는 국가지만 신이 직접 명령을 내리거나 법을 집행하는 등의 통치 행위는 현실에서 구현될 수 없으므로 결국 '사실상' 누군가 그 역할을 대신한 군주정이었음을 함축한다. 그래서 신의 통치는 사실에 근거한다기보다 '의견'opinio(억견, 기대, 상상)이라는 것이다("그러나 그렇긴 해도 이 모든 것은 사실에 있다기보다 의견에 있다"Verum enimvero haec omnia opinione magis, quam re constabant. TTP 17.32 ; G III. 206 ; C II. 302). 이는 히브리인들이 신의 목소리를 직접 듣는 것을 두려워한 나머지 두 번째 계약을 통해 신과 소통하고 법을 해석할 권리를 모세에게 전적으로 양도한 것에서 나타난다(TTP 17.36~37). 이로써 모세는 신의 유일한 대리인이자 '사실상의' 절대군주가 된다. 요컨대 이상의 두 주장은 히브리 국가의 법적-권리적 기반은 '의견'으로 규정된 신과의 계약이라는 '믿음'에 있지만, 실제 통치는 절대군주인 모세에 의해 이루어졌다는 의미이다. 마지막으로 '이 탁월한 정체는 신정이라고 불릴 수 있다'라고 할 때의 '신정'은 모세 사후의 정체도 앞선 두 의미에서가 아니라 본문에 상술된 이유에 근거하여 신정으로 불릴 수 있다는 규정이다(TTP 17.41 이하 참고). 결론적으로 스피노자는 '신정'을 (1) 권리상의 원리principle로서의 신정(신과의 직접 계약), (2) 사실상의 작동 방식practice으로서의 신정(모세의 절대군주정), 그리고 (3) 권력 분립 모델model로서의 신정이라는 다층적 의미로 사용한다. 그는 이를 통해 '신의 통치'라는 종교적 이념이 어떻게 현실 정치 구조 속에서 작동하고 변형되는지를 분석하고 있는 것이다.

매개자mediator 없이 이양되기 때문이다(TTP 17.33. 27절도 참고). 두 번째 이유는 이 최고 권력에 절대적 통치권과 대리인 선출권이 있기 때문이다. 그러나 어떤 이유로 신정이 하나의 정체로 추가되든, 신정이 실효성 있는 정치 질서가 될 수 있는 것은 오직 대중들의 상상을 통해서만 가능하다는 것을 스피노자는 잘 알고 있었다.

· **관련 항목** : 모세, 히브리 국가, 임페리움, 성서, 해석, 히스토리아

원문

Videlicet Religionis dogmata non documenta, sed jura et mandata erant (…) *Qui a Religione deficiebat, civis esse desinebat et absolute jus civile et religio nullo prorsus discrimine habebantur* (…) *Et hac de causa hoc imperium theocratia vocari potuit*(TTP 17, G III. 206). *Imperium ab obitu Mosis* (…) *uti diximus theocraticum, I. quia imperii domus regia templum erat et sola ejus ratione omnes tribus concives erant, II. quia omnes cives in fidem Dei supremi sui judicis jurare debebant.* (…) *Et denique quia summus omnium imperator a nemine nisi a solo Deo eligebatur*(TTP 17, G III. 211). *Vel in theocratia, qualis Hebraeorum civitas olim fuit*(TP 7.25).

참고문헌

1차 문헌

Cunaeus, P., *De republica Hebraeorum*(Leiden, 1617).
Flavius Josephus, *Contra Apion*.
Grotius, H., *Defensio fidei catholica*(1617).

2차 문헌

Balibar, É., *Spinoza et la politique*(Paris : Presses Universitaires de France, 1985), pp. 55~63.
Taubes, J.(ed), *Religionstheorie und politische Theologie. Bd. 3: Theokratie*(Munich : Fink, 1987).
Terpstra, M., ʿDe betekenis van de oudtestamentische theocratie voor de politieke filosofie van Spinoza. Een hoofdstuk uit de geschiedenis van de politieke theologieʾ,

Tijdschrift voor filosofie, no. 60(1998), pp. 292~320.

— 마린 테르프스트라

신체 → 물체를 보라.

신학Theologia(테올로기아)

1663년에 첫 번째로 출간한 저작[345] 이래로, 스피노자는 계시에 기반한 일종의 (유사)인식(pseudo-)knowledge인 신학을 철학과 혼동해서는 안 된다고 경고한다. 「서신23」에서도 신학과 철학의 분리를 옹호하는데(이근세 183 참고), 이는 스피노자가 『신학정치론』의 주요 대상이라고 밝힌 것 중 하나이다(TTP 2.58). 나아가 스피노자는 이성과 철학을 신학의 하녀로 변질시키는 경향이 있던, 성경과 신앙, 종교의 본질에 관한 지배적인 신학적 편견을 제거하고자 시도했다.

기독교 전통에 따라 스피노자는 신학을 신의 말씀 및 성서와 동일시한다. 그러나 신의 말씀과 성서의 유일한 원리는 단지 복종일 뿐이라고 주장한다. 그래서 신학자가 획득한 신에 대한 뚜렷한 인식과 잘 알려진 교육받지 못한 과부의 신에 대한 단순하고 분명치 않은 인식을 구별하는 전통[346]에 반하여, 스피노자는 신학을 단순한 믿음 및 순전히 도덕적인 교리와 동일시한다.

---

345 [옮긴이] 『데카르트의 『철학의 원리』』를 말한다. 이 책 5장 3절 참고.

346 Voetius, *Selectae disputationes* II, p.516과 523. [옮긴이] 성서의 어떤 곳에 나오는 과부 이야기인지 확실하지 않지만, 요한복음 4장과 열왕기상 17장에 나오는 과부 이야기를 생각해 볼 수 있다.

신학과 철학이 근본적으로 구별된다는 주제는『신학정치론』15장에서 본격적으로 다루어진다. 그곳에서 스피노자는 이성이 신학에 종속되는ancillari 것도 아니고 신학이 이성에 종속되는 것도 아니라고 주장한다. 이는, 적어도 어떤 경우에는 성서가 이성에 맞게 조정되어야 한다고 주장하는 마이모니데스나 성서에 대한 이성의 복종을 추구했던 알팍하르, 둘 다에 반대하는 것이었다. 이성이 성서에 복종해야 한다는 견해는 이를테면 마레시우스 같은 적어도 일부 정통 개혁교회 신학자들에 의해 개진되었던 것이다.[347] 마레시우스는 데카르트주의 신학자들이 철학에는 자연을, 신학에는 구원을 할당하는 식으로 각각에 상이한 대상과 상이한 방법을 부여하여 신학에 대한 철학의 완전한 복종을 받아들이기를 거부했다고 비난한다.[348] 그러나 건전한 기독교 신학은 철학의 종속을 요구하는데, 이는 "예부터" 대학에서 지키온 것으로 대학에서 철학 공부는 학생들의 법학, 의학, 신학 연구를 위한 예비 교육 과정이었다. "모든 철학은 **정치적**이고 **전제적인** 예속 상태political and despotic servitude로 신학에 종속되어 있다."

나아가 신학은 오직 성서에 근거하지만, '정통' 신학자들은 신학의 인식적 본성을 강조했다. 예컨대 마레시우스는 보에티우스와 마찬가지로 신학의 실천적 차원과 함께 이론적 차원을 인정한다.[349] 보에티우스는 "신앙과 우리의 신학 전체를 이성적이라고 부를 수 있다"라고 말한다. "왜냐하면 그것은 신적으로 계시된 진리의 일부를 인정하는 사람들

---

347   Maresius, *Systema* 1.16~19과 ancillari에 대한 주석.

348   예컨대 비티흐 C. Wittich가 *Dissertatio* I에서 그랬다.

349   Maresius, *Systema* 1.16~19.

사이에서 성서적 권위와 성서에서 도출한 주장으로 결론[대속과 구원]을 입증하기 때문이다."[350] 페르베이크에 따르면,[351] 마이모니데스의 견해는 주류 기독교 전통의 견해였으며, 근대 시기에는 데카르트와 홉스의 견해였다. 그러나 최근 프랑스의 한 연구는 마이모니데스의 견해와 로데베이크 마이어의 견해를 동일시한 바 있다.[352]

스피노자는 마이모니데스와 알팍하르의 견해를 거부하고 철학의 대상은 진리인 반면 신학은 오직 '피에타스'pietas(도의심/도덕/경건) 및 순종과만 관련이 있다고 주장한다. 신학의 제1원리(순종이 인간의 구원이다)는 이성적으로 증명될 수 없다. 그럼에도 이 원리가 도덕적 확실성을 지닌 대상이라는 점은 변함없는데, 이는 결국 성서적 도덕성이 이성에 의존하지 않으면서도 이성과 부합한다는 것을 의미한다.

따라서 스피노자는 얼마간 신학에 대한 비정통적 견해를 급진화했다. 마이어에 따르면, 철학적 진리와 신학적 진리는 모두 신에게서 비롯된 것이기 때문에 상충하지 않는다.[353] 또한 아르미니우스[354]와 다른 항변파들, 예컨대 에피스코피우스 역시 신학에는 근본적으로 실천적 본성이 있다고 강조한다.[355]

· **관련 항목** : 철학, 성서, 믿음/신앙, 피에타스, 종교

---

350 Voetius, *Disputationes selectae* I, disp. 3.

351 Verbeek 2003, p.108.

352 [옮긴이] 이 항목의 2차 문헌에 소개된 라그레(Jacqueline Lagrée)의 연구를 말한다.

353 Meyer, *Interpres* 8, p.58.

354 Arminius, *Opera*, p.26.

355 Episcopius, *Institutiones theologiae* 1.2.

원문

CM 2.11~12. *Velim notari, nos, dum philosophice loquimur, non debere phrasibus theologiae uti*(Ep23). *Vulgus* (⋯) *putant rationem theologiae ancillari*(TTP praef). *Ad separandam philosophiam a theologia*(TTP 2, G III. 44). *Communia theologiae praejudicia tollere*(TTP 8, G III. 118). *Inter fidem sive theologiam et philosophiam nullum esse commercium*(TTP 14, G III. 179). *Qui philosophiam a theologia separare nesciunt, disputant an num Scriptura rationi, an contra rationem Scripturae debet ancillari* (⋯) *theologiam sive verbum Dei* (⋯) *theologiae fundamentale dogma* (⋯) *hoc totius theologiae et Scripturam fundamentum*(TTP 15, G III. 180~188).

참고문헌

1차 문헌

Arminius, J., *Opera theologica*(Frankfurt, 1635).

Episcopius, S., *Institutiones theologiae,* in *Opera theologica* I(Amsterdam, 1650).

Maresius, S., *Systema theologicum*(Groningen, 1673).

[Meyer, L.], *Philosophia S. Scripturae interpres*([Amsterdam], 1666).

Voetius, G., *Selectae disputationes theologicae*, 5 vols(Utrecht, 1648~1669).

Wittich, C., *Dissertationes duae*(Amsterdam, 1653).

2차 문헌

Adler, J., 'Letters of Judah Alfakhar and David Kimhi', *Studia Spinozana*, no. 12(1996), pp. 141~167.

Lagrée, J., 'Déraisonner avec ou sans la raison. Analyse du ch. XV du *Traité théologico-politique*', in *Nature, Croyance, Raison. Mélanges offerts à Sylvain Zac*(Fontenay : Publications de l'ENS, 1992), pp. 81~100.

Verbeek, Th., *Spinoza's Theologico-Political Treatise. Exploring 'the Will of God'*(Aldershot : Ashgate, 2003).

— 로베르토 보르돌리

실력 → 덕을 보라.

실재성realitas(레알리타스)

스피노자의 라틴어 저작에서 '실재성'이라는 단어가 자주 등장하는 것은 아니다. 「서신」에 2번 ——「서신19」의 네덜란드어 원본에서는 '베이서'weese라는 단어로—— ,『데카르트의『철학의 원리』』에서 여덟 번,『윤리학』에서 열 번이 전부이다. 정치 관련 저작에서 '실재성'이라는 단어는 나오지 않으며, 특히『신, 인간, 그리고 행복에 관한 소론』에서 스피노자는 '실재성'에 대응되는 네덜란드어도 사용하지 않는다. 사용 빈도는 비교적 낮지만, '실재성'이라는 단어는 다른 많은 관념과 마찬가지로 데카르트의 관념을 급진화한 것으로 읽을 수 있는 스피노자 철학의 핵심 관념 중 하나를 나타낸다.

이는 데카르트의『철학의 원리』에 대한 스피노자의 주석서를 볼 때 분명하다. 첫째, 스피노자는 정리3 이후 제시된 "데카르트로부터 가져온" 두 번째 공리군에서[356] 먼저 존재의 등급이 있는 것처럼 실재성의 등급이 있다고 가정한다. 왜냐하면 "실체는 우유보다 더 많은 실재성을 함축"하고 있기 때문이다. 이 전제는 데카르트의 「제3성찰」의 논증에서 중요한 역할을 하는, 관념에 함축된 또는 포함된 상이한 '표상적 실재성'objective reality이라는 견해로부터 나온 것이다. 스피노자는『윤리학』에 데카르트의 이 이론을 적용한다. 그는 긍정적 정서positive affects가 정신에 더 큰 사유 역량을 부여함으로써 정신을 더 완전하게 만든다고 말한다. 동시에 정신은 필연적으로 신체에 더 큰 실재성을 귀속시킨다.[357] 그래

---

356 [옮긴이] 1부는 서문, 10개의 정의, 3개의 공리를 제시한 후 4개의 정리를 증명하고, 이후 다시 '데카르트에게서 가져온 공리'AXIOMATA Ex Cartesio deprompta라는 이름으로 공리 4~11을 제시한다(G I. 154~158 ; C I. 243~246). 이 책에 대해서는 이 책의 5부 3장 참고.

357 [옮긴이] 'positive affect'는 '기쁨'의 정서를 나타내는 표현일 것이다. "기쁨은 직접적으로는

서 스피노자는 『윤리학』 말미에서 어떤 실재가 더 많은 실재성을 가지면 가질수록(그러한 '실재'로 스피노자는 특히 정신을 언급한다) 그것은 더 능동적이고 덜 수동적이 된다고 결론 내린다.[358]

두 번째로, 『데카르트의 『철학의 원리』』의 1부 공리들에서 스피노자는 '실재성'을 '페르펙티오'perfectio(완전성) 및 존재성entitas과 동일시하는데(PPC1a4와 a8), 이는 '수페르스티티오'superstitio(미신) 또는 무지 때문에 유감스럽게도 일부 사람들이 부정하는 전제이다.[359]

실재성 관념의 세 번째 측면은 1663년 봄 스피노자가 시몬 드 프리스에게 쓴 「서신9」에 처음 등장하는데, 이 서신은 스피노자가 보낸 『윤

나쁘지 않고 좋다. 반대로 슬픔은 직접적으로는 나쁘다"(E4p41). 위 표현 이후에 나오는 저자의 주장에 대한 전거는 다음 구절 참고. "정서의 형태를 구성하는 것은 필연적으로 신체의 상태나 그 부분들 중 하나의 상태를 가리키거나 표현해야 하는데, 신체 자체나 그 부분들 중 하나는 그 행위 역량 또는 그 실존의 힘이 증대되거나 감소하고 촉진되거나 저해되기 때문에 이러한 상태를 갖게 된다. 하지만 내가 실존의 힘이 이전보다 더 크거나 작다고 말할 때, 내가 말하려는 것은 정신이 신체의 현재 상태를 그 과거의 상태와 비교한다는 점이 아니라 정서의 형태를 구성하는 관념이 신체에 대하여 이전보다 실제로 더 크거나 더 작은 실재성을 함축하는 어떤 것을 긍정한다는 점이라는 데 주목해야 한다. 그리고 정신의 본질은 (2부 정리11 및 13에 의해) 그 신체의 현행적인 실존을 긍정하는 데 있고 우리는 완전성을 실재의 본질 자체로 이해하기 때문에, 정신이 그 신체나 그 신체의 부분들 중 하나에 대해 이전보다 더 크거나 작은 실재성을 함축하는 어떤 것을 긍정하게 될 때[즉 기쁨으로 변용될 때], 정신은 더 커다란 완전성이나 더 작은 완전성으로 이행하게 된다는 점이 따라 나온다"(E3adgexp. 대괄호는 인용자).

358 [옮긴이] "각각의 실재는 더 많은 완전성을 지닐수록 더 많이 [능동적으로] 행위하고 더 적게 [수동적으로] 겪으며, 역으로 더 많이 [능동적으로] 행위할수록 더욱 완전하다"(E5p40).

359 [옮긴이] 『데카르트의 『철학의 원리』』 1부 보조정리1의 주2(Nota II)에 스피노자는 다음과 같이 말한다. "우리는 여기에서 사람들이 미신과 무지 속에서 완전성이라고 부르고자 한 아름다움 및 다른 '완전성'에 대해 말하는 것이 아니다. 나는 완전성을 단지 실재성 또는 존재realitatem, sive esse라고 이해한다. 예컨대 나는 실체 안에 양태 또는 우유보다 더 많은 실재성이 포함된다고 파악한다. 그러므로 나는 공리4와 6으로부터 충분히 분명한 것처럼 실체가 우유보다 더 필연적이고 완전한 실존magis necessariam, & perfectiorem existentiam을 포함한다고 명료하게 이해한다"(G I. 165 ; C I. 251~252).

리학』 초고proto-Ethics의 정의와 정리에 대해 스피노자 친우회Spinoza's circle 가 제기한(Ep8) 몇 가지 문제를 해명하기 위한 것이었다. 여기에서 스피 노자는 실재의 실재성 등급이 실재의 속성들의 개수the number of a thing's attributes와 관련된다는 이론을 처음으로 개진하고,[360] 이후 현재 우리가 가진 『윤리학』 판본에서 이를 발전시킨다. 실체의 모든 속성은 하나의 실재성 또는 실체적 존재자의 형상form을 표현한다.[361] 그러므로 명백 히 데카르트에게 반하여, 스피노자는 실체가 더 많은 속성을 가질수록 더 많은 실재성을 갖는다고 말한다(E1p10s). 스피노자가 속성과 실재 성을 동일시한 것의 직접적 출처는 데카르트주의이지만 간접적 출처는 스코투스주의이다. 쇼뱅은 "실재성은 실재의 지소어"(指小語)diminutive라 고 언급한다.[362] 스코투스주의자들은 실재와 그것의 실재성 또는 형상성

---

360   [옮긴이] "선생님께서는 제가 실체(또는 존재자)는 여러 속성을 가질 수 있다는 점을 증명하
      지 않았다고 할 때, 아마도 제 증명에 주의를 기울이지 않으신 것 같습니다. 사실 저는 두 개
      의 증명을 제시했습니다. 첫 번째 증명은 우리에게 다음의 사실보다 더 자명한 것은 없다는
      점입니다 : 〈각각의 존재자는 어떤 속성 아래에서 인식되며, 어떤 존재자가 더 많은 실재성이
      나 존재(esse)를 가질수록 더 많은 속성을 존재자에게 귀속시켜야 한다〉. 이로부터 절대적으
      로 무한한 존재자가 그런 식으로 정의되어야 한다는 사실이 도출됩니다. 두 번째 증명이 저
      는 더 낫다고 생각하는데 그것은 다음과 같습니다. 한 존재자에 많은 속성들을 귀속시킬수
      록, 나는 그 존재자에 실존을 귀속시켜야 하며 이런 식으로 나는 그 존재자를 더욱더 참으로
      서 파악하게 됩니다. 키메라나 그와 같은 종류의 것을 상상한다면 완전히 반대의 경우가 될
      것입니다"(Ep9 ; G IV. 44~45 ; C I. 195 ; 이근세 63. 번역은 수정). 이 서신은 스피노자가『지
      성교정론』과『소론』을 쓰고 나서『윤리학』 초고를 작성하던 시기에 보낸 1663년 2월 24일자
      서신이다.
361   [옮긴이] 스피노자는 형상 개념을 본질과 동의어로 사용하기도 한다. '본질이나 형상'essentia,
      seu forma(E4praef ; G II. 208).
362   [옮긴이] Chauvin, *Lexicon philosophicum*. 쇼뱅의 원문은 "REALITAS est diminutivum
      dictum a *re*."이며, 이 '실재성' 항목 저자는 이를 "a reality is a diminutive of a thing"라고
      영역했다. 지소어 또는 지소사/지소적 접미사는 어떤 단어가 지칭하는 것보다 작고 귀여
      운 것을 나타내는 단어 또는 그러한 단어를 만드는 어미를 말한다. 예컨대 doggy(멍멍이)나
      piggy(꿀꿀이), duckling(오리새끼), booklet(소책자) 같은 단어가 지소어이며 이 단어의 어미

formalities을 구분함으로써 실재성 개념을 도입한다. 예를 들어 인간의 존재는 그의 실체임, 살아 있음, 동물임, 이성을 지님 등으로 구성된다. 또는 보다 직접적으로 말하자면, "실재성은 실재 안에 있는 어떤 것이다. 그러므로 실재 안에서 많은 실재성이 가정될 수 있을 것이다".[363]

· **관련 항목** : 에세, 엔스, 완전성, 속성, 본질

원문

Per realitatem objectivam ideae intelligo entitatem rei repraesentatis per ideam(PPC 1def3). *Sunt diversi gradus realitatis, sive entitatis* (⋯) *Quicquid est realitatis sive perfectionis*(PPC 1ax4, ax8). *Quo plus realitatis aut esse unaquaeque res habet eo plura attributa ipsi competunt*(E1p9). *Plus realitatis rei definitio exprimit*(E1p16). *Per realitatem et perfectionem idem intelligo*(E2d6). *Mens ad majorem minoremve perfectionem quando ei aliquid de suo corpore vel aliqua ejus parte affirmare contingit, quod plus, minusve realitatis involvit quam antea*(E3agd). *Quo unaquaeque res perfectior est, eo plus realitatis habet, et consequenter eo magis agit*(E5p40).

참고문헌

1차 문헌

Descartes, R., *Meditationes de prima philosophia*.

2차 문헌

Robinson, L., *Kommentar zu Spinozas Ethik*(Leipzig : Meiner, 1928), pp. 255~256.
Totaro, G., 'Perfectio e realitas nell'opera di Spinoza', *Lexicon philosophicum*, no. 3(1988), pp. 71~113.

— 헨리 크롭

-y, -ling, -let 같은 것이 지소사이다. 반대는 '확대사'augmentative라고 한다. 쇼뱅의 말은 실재가 실재성을 포함한다는 점에서 실재성은 실재보다 '작은'diminutivum 말(즉 지소어)이라는 뜻이리라 생각된다.

363 Micraelius, *Lexicon philosophicum*.

실존Existentia(엑스시스텐티아)

스피노자가 엑시스텐티아 개념이나 상응하는 네덜란드어 베젠틀레이크
헤이트wezentlijkheid 개념을 직접 다룬 적은 없지만, 그가 스콜라철학이 실
존을 정의하면서 그것에 귀속시킨 일의성(一意性)univocity[364]을 거부했음은
분명하다.

스피노자가 인정한 실존의 기본적 구분은 필연적인 것과 가능한 것
의 구분이다. 첫 번째 종류의 실존은 완전한 존재자의 영원하고 필연적
인 실존이다. 여기에서 실존은 "본질에 속한다". 또는 본질 안에 포함된
다. 그러므로 신 안에서 본질과 실존은 별개의 실재성을 나타내지 않는
다. 신 안에서 실존은 본질 없이 인식될 수 없고 그 반대도 마찬가지이기
때문이다(CM 1.2).[365] 필연적 실존은 무한하고 그러므로 영원하다. 두
번째 종류의 실존은 가능한 존재자들의 실존인데, 그러한 실존은 가능한
존재의 본질에 포함되지 않는다. 그것은 유한하며 지속을 갖는다.

스피노자는 또한 실존을 본질들의 질서에 상응하는 위계에 따라 구
분할 수 있다고 보았다(TIE 55).[366] [그런데] 그는 실존은 본래 개별 실재
들의 실존이므로 개별 실재들의 차이에 따라 구별된다고 말한다. 실존을
추상적이고 일반적인 용어로 생각할수록 우리는 실존을 명료하고 뚜렷

---

364 Goclenius, *Lexicon philosophicum*, "자연 세계 안에서 활동 중임"to be in act in the natural world
   이라는 정의.

365 [옮긴이] "신 안에서 본질은 실존과 구별되지 않는다. 그의 본질은 실존 없이 인식될 수 없기
   때문이다"(G I. 238 ; C I. 304).

366 [옮긴이] "한 실재의 현행성actualitas 또는 실존과 다른 실재의 현행성 또는 실존 사이에 있는
   차이는 그 실재의 본질과 다른 실재의 본질 사이에 있는 바로 그 차이와 동일하다"(TIE 55 ;
   김은주61. 번역은 일부 수정).

하게 고려하지 못하게 된다.[367] 추상적인 것으로 간주된 실존은 측정할 수 있는 양을 지닌 지속이다. 게다가 신의 본성 안에 존재함에 기인하는 실재의 실존은 다른 개별 실재들에 의해 생겨난 존재함에 의해 획득된 실존과 구별된다(E2p45s).[368]

'실존'은 비록 가족 유사성만을 지닌 개념들을 가리키는 표현이지만, 스피노자는 아마도 스콜라철학의 실존과 어떤 본질의 현실적 있음의 동일시를 실존의 명목적 정의로 받아들였을 것이다.[369] 신의 악투오사

---

367 [옮긴이] "그러므로 실존은 더 일반적인 방식으로 생각될수록 더 혼란스러운 방식으로 생각되며, 더 쉽게 아무것에나 허구적으로 부여될 수 있다"(TIE 55 ; 김은주 61~63).

368 [옮긴이] "여기서 나는 실존을 지속, 곧 모종의 양으로서 추상적으로 인식되는 한에서의 실존으로 이해하지 않는다. (…) 나는 신 안에 존재하는 한에서의 독특한 실재들의 실존 자체에 대해 말하고 있다. 왜냐하면 독특한 실재들 각자가 다른 독특한 실재에 의해 일정한 방식으로 실존하도록 규정된다고 해도, 각각의 실재가 실존함 속에서 존속하게 하는 힘은 신의 본성의 영원한 필연성으로부터 따라 나오기 때문이다"(E2p45s).

369 [옮긴이] 필연적 실존, 가능한 실존, 신 안에서의 실존, 개별 실재들의 실존 등 앞서 제시된 여러 사례에서 드러나는 것처럼, 실존 개념에는 공통적이고 유사한 특징이 있지만 단일하고 명확한 정의로 환원되지는 않는 개념이라는 말이다. '가족 유사성'family resemblance은 비트겐슈타인의 개념일 것이다. 그렇지만 저자는 실존 개념의 이러한 다양성에도 불구하고 스피노자가 스콜라철학에서 '실존'과 '본질의 현실적[현행적] 있음[존재함]'the actual being of an essence이 동일시되는 것을 실존의 '명목적 정의'로 받아들였다고 지적한다. '명목적 정의'nominal definition는 피정의항을 정의 대상을 지칭하는 데 사용되는 실제 사물을 제시함으로써 정의하는 방식을 말한다. 이를테면 '물은 자연계에 강, 호수, 바다, 지하수 따위의 형태로 널리 분포하는 액체'라는 식의 정의가 물의 명목적 정의이다. 명목적 정의는 정의 대상을 설명하기 위한 실용적 목적으로 제시하는 작업적 정의의 성격이 강하며, 정의항에 제시된 실재는 피정의항과 본질적으로 동일시될 수 없다. 반면 '실재적 정의'real definition는 정의 대상이 바로 그것이기 위한 필요충분조건으로서의 본질을 제시하는 정의이다. 예컨대 '물은 두 개의 수소 원자와 한 개의 산소 원자로 이루어진 화학적 결합물(H2O)로 온도와 압력에 따라 특성과 상태(예 : 액체, 고체, 기체)가 달라지는 물질'이라는 식의 정의가 물의 실재적 정의이다. 이때 물과 물의 실재적 정의항으로 제시된 물의 본질은 동일시된다. 주지된 바와 같이 이러한 구분은 아리스토텔레스가 처음 제시한 것이다. 이를 토대로 본문의 저 구절은 호수나 바다를 물의 명목적 정의로 제시할 수 있는 것처럼, 스피노자는 '어떤 본질의 현실적 있음'을 '실존'의 명목적 정의로 받아들였다는 것으로 이해된다. 따라서 어떤 본질의 현실태인 특정한 현행적 있음이 실존 자체와 동일시될 수는 없지만 실존의 명목적 정의로 볼 수는 있

에센시아actuosa essentia(활동적 본질)가 신의 필연적 실존을 의미하는 것은 이러한 이유 때문이다(CM 2.11 ; E2p3s).[370] 스피노자의 역동적 형이

다는 것이다. 아마도 저자는 스피노자가 실존을 설명하기 위해 이러한 동일시를 인정했다고 시사하는 듯하다(스피노자의 '정의' 개념은 이 책 4부 용어 해설 '기하학적 질서' 항목과 『에티카를 읽는다』 86~92쪽 참고).

370 [옮긴이] 원문은 다음과 같다. "Hence, the actuosa essentia of God means his necessary existence"(CM 2.11, E2p3s). 전거로 제시된 두 구절은 이렇다. "신의 활동적 본질을actuosam eius essentiam 설명하는 신의 어떤 속성들이 있고, 그의 활동에 대해서는actionis 아무것도 설명하지 않고 단지 그의 실존 방식만eius modum existendi 설명하는 속성들이 있다. 단일성unitas, 영원성, 필연성 등은 후자의 종류에 속하지만 지성, 의지, 생명vita, 전능은 전자에 속한다. 이 구분은 충분히 명료하고 뚜렷하며 신의 속성들 전부를 포함한다"(CM 2.11 ; G I. 275) ; "그 다음 우리는 1부 정리34에서 신의 역량이 신의 활동적 본질actuosam essentiam과 다르지 않다는 점을 보여 주었으며, 따라서 우리에게는 신이 행위하지 않는다고 인식하는 것은 신이 존재하지 않는다고 인식하는 것만큼이나 불가능하다"adeoque tam nobis impossibile est concipere, Deum non agere, quam Deum non esse(E2p3s ; G II. 43). 엄밀하게 보자면, 두 전거 모두 "신의 활동적 본질이 신의 필연적 실존을 의미한다"라는 주장을 직접적으로 뒷받침하는 것은 아니다. 아마도 저자는 첫 번째 구절의 경우 신의 활동적 본질을 설명하는 속성이 더 근본적이며 실존 방식을 설명하는 속성은 활동적 본질에서 따라 나오는 속성이므로 그러한 한에서 두 속성에는 필연적 연관이 있다고 이해한 듯하다. 2부 정리3의 주석 역시 신이 활동하지 않는 것과 실존하지 않는 것을 똑같이 인식 불가능한 사태로 제시한다는 점에서, 신의 (활동적) 본질과 필연적 실존 사이의 불가분성을 고려할 때 "신의 활동적 본질이 신의 필연적 실존을 의미한다"라고 간주한 것이 아닌가 생각된다. 나아가 저자가 앞서 "스피노자는 아마도 스콜라철학에서 실존과 어떤 본질의 현실적 존재를 동일시한 것을 [실존의] 명목적 정의로 받아들였을 것이다"라고 한 것을 보면, 그가 '신의 활동적 본질이 신의 필연적 실존을 의미'한다고 한 것 역시, '신의 활동적 본질'이 곧 '실존'은 아니지만 명목적으로나마 신의 활동적 본질은 신의 필연적 실존을 의미한다는 식으로 말한 것이라고 새길 수도 있겠다(위 옮긴이 주 참고). 가능한 해석이지만, 스피노자가 1부 정리34에서 신의 본성에서 신의 자기 원인적 실존 역량과 무한한 산출(행위) 역량이 따라 나오므로 '신의 역량은 신의 본질 자체'라고 논증한 것에 유의할 필요는 있다. 2부 정리3의 주석에서 말하는 '신의 활동적 본질'은 1부 정리34에서 신의 필연적 실존과 무한한 산출이 따라 나오는 것으로 제시된 '신의 본질'이다. 신의 산출 및 실존 역량의 무한성과 필연성은 모두 신의 (활동적) 본질 자체가 아니라 신의 본질에서 따라 나오는 '특성' 또는 '고유성'propria이다. 신의 본질이 그러한 한, 신의 실존과 산출은 필연적이며 그의 본질로부터 그러한 특성들은 따라 나오지 않을 수 없다. "신의 활동적 본질은 신의 필연적 실존을 의미한다"라는 저자의 말은 그러한 한에서 성립한다고 이해해야 할 것이다. 그러나 그러한 특성이 곧 신의 본질은 아니다. 신은 역량은 그의 본질에서 필연적으로 따라 나오는 특성일 뿐 신의 본질 자체는 아니기 때문이다. 2부 정리3의 주석에

상학은 실존과 존재의 현실성actuality(현행성)을 동일시하는 스콜라적 견해를 최대한 활용한다.[371] 코나투스 정의에서 그는 '존재자'를 '실존 안에 존속'하는 것과 동일시한다.[372] 실재들이 실존 안에 존속하는 것은 그것

언급되는 것처럼, 이는 이미 1부 정리16의 증명에서 간취할 수 있는 논점이다. 그래서 스피노자는 1부 정리35에서 곧바로 "신의 권능potestas 안에 존재하는 모든 것은 (앞의 정리에 의해) 신의 본질로부터 필연적으로 따라 나오도록 신의 본질 속에 포함되어 있으며, 따라서 필연적으로 존재"한다고 역설한다. 스피노자의 신은 유대 기독교의 신처럼 자신의 역량을 임의적으로 행사하지 않는다. 산출 역량이든 실존 역량이든 신의 역량은 그의 본질에 의해 필연적으로 규정된다. 따라서 신의 역량에는 임의적 자유가 없다. 데카르트와 달리 스피노자 철학에서는 신의 본질의 원리적 파악가능성이 열리는 것도 같은 이유이다. 신의 역량은 신의 본질로 환원되고 설명되어야 하며 그 반대는 성립하지 않는다. 따라서 스피노자가 '신의 역량은 신의 본질 자체'라고 한 것을 두 항의 '순수한 동일성'을 진술한 것으로 오해해서는 안 된다. "여기서 문제는 신이 곧 역량이라고 단언하거나 그의 존재를 그의 역량으로 정의하는 것이 아니다. 오히려 신은 그의 본질로부터 역량을 가지므로 이 무한한 역량이 이 본질 자체의 내적 필연성 외에 다른 어떤 것일 수 없음을 보여 줌으로써 이 무한한 역량이 무엇인지를 밝히는 것이다"(Gueroult I. 379. 강조는 저자). 앞서 말했듯이 신의 본질에서는 자기 원인과 전능함 같은 신의 특성 또는 고유성이 필연적으로 따라 나온다. 따라서 신이 실존하지 않는다거나 그 본성에 포함된 것을 산출하지 않는다는 것은 불가능하다. "그렇다 해도 이런 구별들을 무시하고 정리34의 진술을 그 맥락에서 분리하여, 신의 역량이 그의 본질을 구성한다고 이해한다면, 이는 그 학설을 전복시키는 것이 된다. (…) 이 경우에, 더 이상 본질에 의해 정의되지 않는 역량은 본질이 그것에 부과하는 필연성으로부터 풀려나며, 이로 인해 임의적 자유libre arbitre와 신의 파악불가능성incompréhensibilité과 신의 역량을 '왕의 역량[힘]'과 혼동하는 길이 열리게 된다"(Gueroult I. 380).

371 [옮긴이] 스피노자가 '본질의 현실적 있음[존재함]'을 '실존'의 명목적 정의로 수용한 것에 그치지 않고 이를 활용하여 실존을 정적인 상태가 아닌 지속적인 힘과 운동의 역동적 과정으로 본 '역동적 형이상학'dynamic metaphysics을 구축했다는 것이다.

372 [옮긴이] 원문은 다음과 같다. "In the definition of the conatus he equates 'being' with 'persevere in existing'." 저자가 코나투스의 '정의'라고 한 것은 다음 정리일 것이다. "각각의 실재가 자신의 존재 안에서 존속하려고 하는 코나투스는 실재의 현행적 본질 자체와 다른 어떤 것이 아니다"Conatus, quo unaquaeque res in suo esse perseverare conatur, nihil est praeter ipsius rei actualem essentiam(E3p7). 그렇다면 저자의 주장은 엄밀하게 볼 때 두 가지 문제가 있다. 첫째, 코나투스 정리에서 스피노자가 동일시하는 것은 '각각의 실재가 자신의 존재 안에 존속하려고 하는 노력'과 '실재의 현행적 본질'이지, '존재자'ens, being와 '실존 안에 존속함'persevere in existing이 아니기 때문이다. '각각의 실재'는 스콜라철학의 '존재자'에 해당하고(이 책 용어 해설 관련 항목 참고), '각각의 실재'는 스콜라철학의 '존재자'에 해당하고 신

들의 역량 또는 힘에 기인한다(E3p7 ; E4p26 ; TP 2.2).

· **관련 항목** : 가능한 것, 본질, 나투라, 코나투스, 에세, 엔스, 지속

원문

Niet noodzaakelijke wezentlijkheid(KV 1.1). Wezentlijkheid niet aan wezentheid behorende(KV 2.16). *Singularis existentia alicujus rei non noscitur nisi cognita essentia*(TIE, G II. 12). *Notandum est, quod illa differentia, quae est inter essentiam unius rei et essentiam alterius, ea ipsa sit inter actualitatem et existentiam ejusdem rei*(TIE 55, G II. 20). *In omni rei idea sive conceptu continetur existentia vel possibilis vel necessaria*(PPC 1ax6). *Quo res sua natura perfectior est eo majorem existentiam et magis necessariam involvit*(PPC 1p7lem1). *Ens dividendum est in ens quod sua natura necessario existit, sive cujus essentia involvit essentiam et in ens cujus essentia non involvit existentiam*(CM 1.1) *Necessitas in rebus creatis dicitur vel respectu essentiae vel respectu essentiae*(CM 1.3). *Duratio tantum est attributum existentiae* (⋯) *non nisi ratione distingui*(CM 1.4). *Non ex definitione cujuscunque rei sequitur existentia rei definitae*(E1d7ex). *Perfectio rei existentiam non tollit, sed contra ponit*(E1p11s). *Infinitam et necessariam existentiam*(E1p23). *Per res singulares intelligo res, quae finitae sunt et determinatam habent existentiam*(E2d7). *Hic per existentiam non intelligo durationem hoc est existentiam quatenus abstracte concipitur*(E2p44s). *Rerum in existendo perseverantia*(TP 2.2).

참고문헌

2차 문헌

Balz, A.G., *Idea and Essence in the Philosophies of Hobbes and Spinoza*(New York : Columbia

---

과 신의 본질을 구성하는 속성처럼 어떤 실재와 그 본질(실재적 정의)은 동일시되므로, 저자는 코나투스 정리에서 동일시되는 두 항은 결국 존재자와 그것이 자신의 존재 안에 존속함의 동일시로 치환될 수 있다고 생각한 것인지도 모르겠다. 둘째, 코나투스 정리에 나오는 표현은 "실존 안에 존속한다"라는 것이 아니라 "존재 안에 존속한다"in suo esse perseverare라는 것이기 때문이다. 따라서 이 또한 스피노자가 4부 정리26에서는 역시 "존재 안에 존속한다"라는 표현이 나오는 3부 정리6에 근거하여 "존재 안에 존속한다"라는 표현 대신 "실존 안에 존속한다"perseverare in existendo라는 표현을 쓴다는 점을 참작하여 읽어야 할 것이다.

University Press, 1918).

Rivaud, A., *Les notions d'essence et d'existence dans la philosophie de Spinoza* (Paris : Alcan, 1906).

Robinson, L., *Kommentar zu Spinozas Ethik* (Leipzig : Meiner, 1928).

— 헨리 크롭

실체Substantia(숩스탄티아)

라틴어 명사 '숩스탄티아'와 그것에 대응되는 네덜란드어 '젤프스탄더헤이트'zelfstandigheid는 스피노자의 후기 저작에 와서야 완전한 스피노자적 의미를 획득한다. 『소론』과 『데카르트의 『철학의 원리』』에서 그의 실체 개념은 여전히 핵심적 측면에서 데카르트의 그것과 유사했다. 데카르트는 실체와 속성을 실체가 각각의 독특하고 고유한 속성에 의해 식별되고 실재적으로 구별되는 한에서 연결한다. 따라서 데카르트의 물질 실체는 그 속성이 연장이며 사유가 아니라는 점에서 본질적으로 정신 실체와 다른 것으로 식별된다(PP I. 8 ; 원석영 II. 12~13). 그러나 스피노자는 처음부터 데카르트적 합리주의를 받아들이면서도 현상계에 속한 구체적 실재로부터 출발하는 아리스토텔레스적 [실체] 개념을 해체하는 방향으로 나아갔다. 따라서 스피노자의 실체 이해가 '데카르트의 실체에 대한 원칙에 입각한 변형이자 비판'이라는 점은 거의 논란의 여지가 없는 사실이다.[373]

많은 논쟁을 불러일으킨 스피노자의 실체 개념은 『윤리학』 1부 세 번째 정의에서야 등장하지만, 『윤리학』 1부 정리1 에서 15까지 실체 관념

---

373 Rocca 2008, p.33.

에 초점을 맞추고 있다는 주장은 크게 틀린 말이 아니다. 실체 개념은 아리스토텔레스 이래로 중세 스콜라철학적 시기 동안 모든 형이상학적 사변의 기초였다. 흥미로운 점은『소론』에서는 '실체' 자체를 거의 다루지 않는다는 것이다.『소론』에서 스피노자는『윤리학』의 잘 정돈된 논증과 달리, 신 관념을 명확히 하기 위해 곧바로 실체에 관한 네 개의 예비적인 논제를 제시한다(KV 1.2). 그러나 주목할 점은『윤리학』1부 정리15 이후 실체 개념이 배경으로 물러난다는 것이다.『윤리학』1부 정리16 이전 실체 개념은 104회 등장하는 반면, 나머지 부분에서는 단 27회에 그친다. 그리고『윤리학』2부「자연학 소론」의 보조정리들에서 마지막으로 언급된 후, '신' 개념과는 달리『윤리학』에 다시 등장하지 않는다. 이러한 전반적인 무관심에 대한 예외는『윤리학』2부 정리7의 주석이다. 여기에서 그의 정신적 질서와 신체적인 질서 간 평행론은 상이한 속성으로 파악된 하나의 실체라는 관념을 통해 주장되기 때문이다. "사유하는 실체와 연장된 실체는 하나의 동일한 실체로, 때로는 이 속성 아래에서 때로는 저 속성 아래에서 파악된다." 스피노자는 데카르트주의를 비판하기 위해 데카르트적 표현 방식을 사용했지만, 평행론은『윤리학』의 새로운 발견인 것으로 보인다.[374]

익숙하지만 그 자체만 놓고 보면 다소 복잡한 스피노자의『윤리학』1부 정의3은 다음과 같다. "나는 실체를 (a) 자신 안에 있고 (b) 자신에 의해 인식되는 것, (c) 곧 그 개념을 형성하기 위해 다른 실재의 개념을 필요로 하지 않는 것이라고 이해한다." 뒷부분의 여섯 단어를 제외한(라틴어 원문으로는 네 단어) 같은 정의가 1663년 3월로 거슬러 올라가는

374　Nyden-Bullock 2007, pp. 107~110.

「서신9」에 있다. "나는 실체를 자신 안에 있고 자신에 의해 인식되는 것, 곧 그 개념이 다른 실재의 개념을 함축하지 않는 것이라고 이해한다"(G IV. 46 ; 이근세 64. 번역은 수정). 이는 스피노자가 철학적 발전 단계의 상당히 이른 시기에 이미 자신의 실체 개념에 도달했을 가능성을 보여준다. 두 해 전인 1661년 10월의 「서신4」에서는 올덴부르크에게 세 가지 핵심적인 특징 중 적어도 두 가지가 포함된 다른 형태의 정의를 제시하기도 했다. "저는 실체를 (a) 자신에 의해서 그리고 (b) 자신 안에서 인식되는 것, (c) 곧 그 개념이 다른 실재의 개념을 함축하지 않는 것이라고 이해하며…"(G IV. 13 ; 이근세 26. 번역은 수정). 이는 『윤리학』의 'est' 대신 'concipitur'를 사용함으로써 더 인식론적인 방식으로 정식화한 정의이다.[375] 그러나 이 정의는 「서신2」에 등장하는 속성 정의와 동일하다는 점에 주목할 필요가 있다.[376] 다른 서신들과 「형이상학적 사유」, 『데카

---

375 [옮긴이] 지금까지 언급된 세 가지 실체 정의, 『윤리학』 1부 정의3, 「서신9」, 「서신4」 정의의 원문은 각각 다음과 같다. "Per substantiam intelligo id, quod **in se est, & per se concipitur** : hoc est <u>id</u>, cuius conceptus non <u>indiget</u> conceptu alterius rei, <u>a quo formari debeat</u>." ; "Per substantiam intelligo id, quod **in se est, & per se concipitur**, hoc est, cuius conceptus non involvit conceptum alterius rei." ; "per Substantiam intelligam id, quod **per se, & in se concipitur**, hoc est, cuius conceptus non involvit conceptum alterius rei"(강조, 밑줄, 모두 인용자). 앞서 『윤리학』의 실체 정의와 「서신9」의 그것은 '뒷부분의 여섯 단어를 제외한 같은 정의'라고 할 때, 뒷부분은 'hoc est'(곧) 이하를 말하고, 여섯 단어는 영역 기준일 것이다. 저자는 '라틴어 원문으로는 네 단어'가 다르다고 덧붙이는데, 주요 단어는 그렇지만 엄밀히 말하자면 라틴어도 여섯 단어(밑줄 부분)가 다르다. '함축한다'involvit라는 용어의 의미(E2p49d)를 고려할 때, 의미 차이는 크지 않다고 생각된다. 마지막으로 「서신4」의 정의가 "『윤리학』의 'est' 대신 'concipitur'를 사용했다"라는 말은 『윤리학』을 비롯한 앞의 두 정의는 '자신 안에 있고 자신에 의해 인식되는 것'id, quod in se est, & per se concipitur이라고 했지만, 「서신4」는 '있다'는 뜻의 'est' 없이 '자신에 의해서 그리고 (b) 자신 안에서 인식되는 것'id, quod per se, & in se concipitur이라고 했다는 의미이다.

376 [옮긴이] 「서신2」의 실체 정의에 'est'가 없는 것은 속성과 동일한 방식으로 실체를 정의하기 위한 것일 수도 있다는 추측을 내비치는 것 같기도 하다. 「서신2」의 속성 정의는 다음과 같

르트의 『철학의 원리』에서는 주저하지 않고 '피조된 실체', '연장된 실체', '물질적 실체' 또는 '사유하는 실체' 같은 표현을 쓰면서 '실체' 개념을 보다 데카르트적인 방식으로 사용한다. 마지막으로 스피노자는 (드문 경우이기는 하지만) 비철학적이거나 논쟁적인 의미의 실체 개념을 사용하기도 한다. 이를테면 『신학정치론』 2장에서 스피노자는 "그러므로 우리는 계시의 목적 및 그 실체 외에 다른 것과 관련해서는 예언자들을 믿을 의무가 없다고 결론 내린다"라고 말한다(TTP 2.53 ; G III. 42 ; C II. 109). 「서신56」(그리고 「형이상학적 사유」 2부 1장)에서는 실체적 형상을 거부한다. "플라톤, 아리스토텔레스, 소크라테스 등의 권위는 제게 큰 무게가 없습니다. (⋯) 신비한 성질, 지향적 종Species intentionales,[377] 실체적 형상, 그리고 수많은 어리석은 것들을 믿은 사람들이 유령과 혼령을 상상하고 데모크리토스의 권위를 약화하려고 노파를 믿었다는 점은 전혀 놀라운 일이 아닙니다"(Ep56 ; G IV. 261~262 ; 이근세 324. 용어는 수정).[378]

다. "저는 속성을 **자신에 의해 그리고 자신 안에서 생각되는 것**id, quod concipitur per se, & in se으로 이해합니다"(G IV. 7 ; 이근세 13. 강조는 인용자. 번역은 수정). 그렇다면 「서신2」의 실체 정의는 실체와 속성과의 동일성을 더 염두에 둔 정의라고 할 수 있을 것이다. 『윤리학』에서 속성은 다음과 같이 정의된다. "나는 실체의 본질을 구성한다고 지성이 지각하는 것을 속성으로 이해한다"(E1d5).

377 [옮긴이] 아리스토텔레스 철학에서 어떻게 외부 세계와 그 특성에 대한 감각이 일어나고 어떻게 감각 경험이 지성 작용intellection으로 이어지는지에 대한 문제를 해결하기 위해 스콜라철학이 도입한 '심리물리학적 실재'psychophysical reality를 나타내는 용어이다. Lawrence Nolan, ed., *The Cambridge Descartes Lexicon*, Cambridge University Press, 2016, pp. 690~692의 'Species, intentional' 항목 참고.

378 [옮긴이] 저자가 이 문단에서 실체 개념과 관련하여 언급한 것들은 다음과 같이 요약될 수 있다. (1) 상당히 이른 시기에 고유한 실체 개념을 발전시켰다. (2) 속성 정의와 동일하게 제시되기도 한다. (3) 데카르트적인 방식으로 사용하기도 한다. (4) 비철학적이거나 논쟁적인 의미로 실체 개념을 쓰기도 한다. 본문에는 (4)가 "마지막"이라고 언급되어 있지만, (5) 실체적

- **[실체의 존재론적 본성]**

실체 정의의 첫 번째 특징(a)은 먼저 전통적인 '독립성' 관념 또는 '그 자체로 실존함'이라는 관념을 강조한다는 점이다. 리히터에 따르면 이러한 관념은 관습적으로 '인 세'in se(자신 안에) 또는 그것과 동의어인 '페르 세'per se(자신을 통해)라는 구句로 표현된다. 리히터와 로빈슨에 따르면 독립성이라는 특징은 자존성aseity, 실존의 연속, 그리고 비-내속성non-inherence이라는 세 가지 관념을 포함한다. 이는 스피노자가 『지성교정론』에서 '인 세'와 '카우사 수이'causa sui(자기 원인)를 동일시한 이유를 보여준다. "만일 실재가 자신 안에 있다면 혹은 흔히 말하듯이 자기 원인이라면, 그것은 오직 자기 본질만을 통해 이해되어야 할 것이다"(TIE 91 ; 김은주 99. 용어는 수정). 「형이상학적 사유」에서는 "각각[실체]은 자기 자신을 통해 실존할 수 있기 때문에, 그것은 자신으로부터a se 실존함에 틀림없다"라고 말한다(CM 2.5). 이 점에서 숩스탄티아는 어원적으로 볼 때 "실재가 자기 자신에 의해 실존함"을 의미하는 '숩시스텐도'subsistendo에서 파생된 것이다.[379] 스피노자는 이러한 실체와 대조적으로 '다른 것' 안에 있는 양태 또는 변용(E1d5)을 대립시킴으로써, 그리고 자신 안에 있는 실재와 다른 것 안에 있는 실재(E1a1)의 전통적인 존재의 분할을 언급함으로써, 외견상으로는 두 번째 관습적 실체 관념, 즉 양태의 기체임its being the subject of modes이라는 관념도 어떻게든 유지하는 것으로 보인다. 공리1에 근거하여 스피노자는 실체와 양태가 우주 안에 있는 단 두 개의 실재적인 존재자 범주라고 몇 번이고 말한다(E1p15 ; E1p29 ;

형상을 거부한다는 것도 추가할 수 있겠다.

379   Chauvin, *Lexicon philosophicum*.

Ep3). 이 관념[두 번째 관습적인 관념-기체 관념]은 어원적으로 숩스탄티아가 '그 완전성을 지탱하는 실재'라는 의미를 지닌 '숩스탄도'substando에서 파생되었다는 것으로 설명된다.[380] 언급된 두 관념[두 가지 전통적인 실체 관념-독립성 관념과 기체 관념]은 실체의 존재론적 본성을 나타낸다.

- **[실체의 인식론적 특징]**

실체의 특징 (b)와 (c)는 자기 함축적인self-contained 숩스탄티아 개념과, 상관적인 모두스modus(양태) 개념[다른 것을 통해서 인식됨] 간의 인식론적 관계를 나타낸다. 분명 이러한 인식론적 특징은 스피노자에게 특징적이다. 리히터도 실제 선례를 추적하는 데 성공하지 못했다. 하지만 『프로그램에 대한 주석』에서 데카르트는 "실재의 본성을 형성하는 속성 중 어떤 것도 다른 속성의 개념에 포함되지 않는다면 그 속성들은 서로 다르며, 만약 하나가 다른 것 없이 이해될 수 있다면, 속성에는 이원성 또는 다수성이 있다"[381]라고 말하면서 속성들의 실재적 차이를 주장한다.

380　[옮긴이] 스콜라철학에서 실재성realitas과 완전성perfectio은 거의 같은 의미라고 할 수 있고 스피노자도 이를 받아들인다(E2d6. 이 책 '완전성'과 '실재성' 개념 참고). 저자는 스피노자 철학에서 실체에 대한 양태의 의존성과 전통적인(아리스토텔레스적인) 실체에 대한 완전성 또는 우유의 내속을 견주고 있다. 그래서 스피노자 철학에서 양태가 실체 없이 실존할 수 없음을 고려해 볼 때, 이는 '완전성을 뒷받침하는 실재'라는 전통적인 실체 관념이 반영된 것 같다는 것이다. 스피노자는 「서신4」에서 변양[양태]을 우유와 동일시하기도 한다. '변양 또는 우유를 통해'per modificationem (…) sive per Accidens(G IV. 13 ; 이근세 26. 번역은 수정).

381　[옮긴이] 출처를 제시하지 않아 정확히 알 수는 없으나 『프로그램에 대한 주석』이 맞다면 속성들의 실재적 차이 논제를 내포한 구절은 다음과 같다. "사물의 본성을 구성하는 다른 속성들이 문제가 되는 경우, 상이한 것들, 그리고 양자 중 하나가 다른 하나의 개념에 포함되지 않는 것들이 하나의 동일한 주체에 어울린다고 말할 수는 없다. 왜냐하면 이는 하나의 동일한 주체가 두 가지 상이한 본성을 가진다고 말하는 경우와 같기 때문이다"(AT VIIIb. 349~350

스피노자 이후에는 데카르트주의자인 말브랑슈가 (b)를 언급한다. "실존하는 것은 무엇이든 자신에 의해 인식될 수 있거나 자신에 의해 인식될 수 없다. 중간은 없다. 두 명제는 모순되기 때문이다. 그런데 만일 어떤 것이 다른 어떤 것에 의존하지 않고 완전히 자신에 의해 실존하는 것으로 인식될 수 있다면(어떤 다른 것을 표상하는 그것에 대한 우리의 관념 없이도 인식될 수 있다면), 그것은 분명 존재자 또는 실체이다."[382]

실체 정의에서 스피노자는 다음과 같은 관념을 도출한다. 스콜라 철학의 담론에서 실체 정의로부터 따라 나오는 이러한 관념들은 '특성'properties 또는 '노타'nota(특징)라고 불린다.

(1) 실체는 그 양태에 앞선다. 스피노자는 정의3과 5에 호소하여 실체와 양태 개념 간 개념적 우선 관계를 통해 『윤리학』 1부의 첫 번째 정리를 증명한다(Ep4 참고).

(2) 동일한 것[실체의 우선성]이 두 번째 관념, 곧 실체의 존재론적이고 개념적인 유일성uniqueness에도 적용된다. 이 유일성으로 인해 두 실체는 공통적인 것을 전혀 갖지 않는다. 실체 정의에 의해, 만일 두 실재가 개념적으로 관련된다면, 둘 다 실체일 수 없다(E1p2, p4, p5. Ep2의 p1[383]

: CSM I. 298 ; 이현복 I. 197). "둘째, 여기서 유의해 주기를 바라는 것은, 단순 존재자와 합성 존재자 간의 차이점이다. 합성 존재자compositum는 둘 혹은 그 이상의 속성들 ── 그 각자가 다른 것 없이 뚜렷하게 이해될 수 있는 ── 안에서 발견되는 것이니 말이다. 왜냐하면 하나가 다른 것 없이 그렇게 이해된다는 사실로부터, 하나가 다른 것의 양태가 아니라, 이것과 별개로 존립할 수 있는 실재이거나 실재의 속성이라는 것이 인식되기 때문이다. 반면, 단순 존재자는 그 안에 이러한 속성들이 발견되지 않는 것이다"(AT VIIIb. 350 ; CSM I. 299 ; 이현복 I. 198. 용어는 수정).

382 Malebranche, *Entretiens métaphysiques*, 1.2.

383 [옮긴이] 다음 구절을 말하는 것이다. "첫째, 두 개의 실체가 서로 본질이 완전히 다르지 않고서는 자연에 두 개의 실체가 실존할 수 없습니다"(G IV. 8 ; 이근세 13). 「서신2」에서 스피노자는 신과 속성에 대한 정의를 제시한 후 이 정의로부터 몇 가지 정리를 증명한다(G IV. 7~8

참고).

(3) 따라서 실체는 인과적으로 독립적이다(E1p3, p6. Ep2의 p1과 Ep4의 p4[384] 참고).

(4) 실체는 필연적으로 실존한다(E1p11). 실체가 다른 실체의 결과가 되는 것은 불가능하기 때문이다.

(5) 실체는 무한하다(E1p7, p8).

(6) 실체는 영원하다(E1p19).[385] 「서신2」는 자신의 유 안에서in suo genere(인 수오 게네레) 무한하다는 조건을 덧붙이는데, 이는 데카르트의 연장된 실체와 사유하는 실체 학설을 전제한 것이다.

(7) 실체는 분할 불가능하며, 여기에는 물체적 실체도 포함된다(E1p13 ; Ep12 참고).

(8) 무한하고 필연적으로 실존하는 실체, 곧 그 실존이 그것의 본질에 포함되는 실체는 신(E1p14)이며, 따라서 유일하다.

신과 실체가 분명히 동일시됨에 따라, 실체 개념은 불필요해지고, 『윤리학』에서 1부 정리15 이후에는 드물게 사용된다. 1663년 4월 「서신12」는 실체 개념이 불필요함을 보여 주는 좋은 예이다. 이 서신에는 실체 정의가 제시되지 않고 대신 다음과 같은 세 가지 특수한 스피노자적인 실체 관념만 나열된다. "첫째, 실체의 본질에는 실존이 속합니다. 즉 실체의 본질과 정의로부터 실체가 실존한다는 결론이 나옵니다. (…) 둘

: 이근세 13~14 참고). 아래 「서신4」도 마찬가지이다(G IV. 13~14 ; 이근세 26~27).

384 [옮긴이] "끝으로 넷째, 서로 간에 아무 공통점도 없는 두 사물 중 하나는 다른 것의 원인이 될 수 없습니다"(G IV. 14 ; 이근세 26).

385 [옮긴이] "모든 실체는 무한합니다. 즉 자신의 유 안에서 최상으로 완전합니다"(G IV. 8 ; 이근세 14. 용어는 수정).

째, 첫 번째 사항으로부터 다음의 사실이 도출됩니다. 즉 실체는 그것이 동일한 본성을 갖는 한에서 여럿이 아니라 유일합니다. 마지막 셋째, 모든 실체는 무한한 것으로밖에 생각될 수 없습니다"(G IV. 53~54 ; 이근세 76).

분명 스피노자는 비트겐슈타인적인 방식으로 실체 개념을 사용했다. 그것을 필요 이상의superfluous 것으로 만들기 위해서 말이다.[386]

· **관련 항목** : 양태, 변용, 변양, 엔스, 실재성, 완전성, 우유

원문

Geen zelfstandigheid die als deze door zig zelfs is, hangt van iets buyten hem af(KV 1.1). Zoo moet dan alle zelfstandigheid onbepaald aan 't goddelyk wezen behooren(KV 1.2). De ene zelfstandigheid de ander niet kan voortbrengen(KV 1.3). Oneijndige zelfstandig heden van de welke een ieder des zelfs oneyndig volmaakt moet zijn(KV 1.7). *Omnis res* (⋯) *cujus realis idea in nobis est vocatur 'substantia'*(PPC d5~8, 10). *Substantia plus realitatis habet quam accidens vel modus*(PPC 1a4). *'Substantiam'* (⋯) *id quod ad existendum solo Dei concursu indigent*(PPC 2d2) ; CM 1.2, CM 1.3, CM 2.1. *Substantia ipsa generari non potest, sed tantum a solo Omnipotente creari*(CM 2.12). *Primo, quod in rerum natura non possunt existere duae substantia, quin tota essentia different. Secundo substantia non posse produci ; sed quod sit de ipsius essentia existere. Tertio quid omnis substantia debeat esse infinita, sive summe perfecta in suo genere*(Ep2). *Per substantiam intelligo id, quod per se concipitur, hoc est cujus conceptus non involvit conceptum alterius rei* (⋯) *Hinc clare constat primo quod substantia sit prior natura suis accidentibus. Secundo quod praeter substantias*

---

386 [옮긴이] 스피노자가 『윤리학』 2부 정리13의 주석 뒤에 있는 보조정리4를 끝으로 실체 개념을 더 이상 사용하지 않은 것은 비트겐슈타인이 자신의 명제에 대해 다음과 같이 말한 것처럼 이해될 수 있다는 의미라고 생각된다. "6.54 : (⋯) 나를 이해하는 사람은, 만일 그가 나의 명제들을 통해 — 나의 명제들을 딛고서 — 나의 명제들을 넘어 올라간다면, 그는 결국 나의 명제들을 무의미한 것으로 인식한다(그는 말하자면 사다리를 딛고 올라간 후에는 그 사다리를 던져 버려야 한다)⋯." 비트겐슈타인, 이영철 옮김, 『논리-철학 논고』(책세상, 2006) 117쪽.

et accidentia nihil detur realiter, sive extra intellectum(Ep4)；Ep6. *Me non demonstrare substantiam* (sive ens) *plura habere posse attributa* (⋯) *Ipsa enim definitio sic sonat : per substantiam intelligo id, quod in se est, et per se concipitur, hoc est, cujus conceptus non involvit conceptum alterius rei*(Ep9). *Primo quod ad ejus essentiam pertinet existentia, hoc est, quod ex sola ejus essentia et definitione sequatur eam existere. Secundum quod substantia non multiplex, sed unica* (⋯) *Tertium quod omnis substantia non nisi infinita posit intelligi*(Ep12). *Finis et substantia revelationis*(TTP 2, G III. 42). *Per substantiam intelligo id quod a se est et per se concipitur hoc est cujus conceptus non indigent conceptu alterius rei a quo formari debet*(E1d3). *Substantia prior est natura affectionibus*(E1p1). *Ad naturam substantiae pertinet existere*(E1p7). *Omnis substantia est necessario infinita*(E1p8). *Quamvis duo attributa realiter distincta concipiantur* (⋯) *non possumus tamen inde non concludere ipsa dua entia sive duas diversas substantias constituere*(E1p10s). *Corpora ratione motus* (⋯) *et non ratione substantiae ab invicem distinguuntur*(E2p13lemI).

참고문헌

1차 문헌

Descartes, R., *Principia philosophiae*.

2차 문헌

Della Rocca, M., *Spinoza*(London : Routledge, 2008).

Gueroult, M., *Spinoza I. Dieu*(*Ethique I*)(Hildesheim : Olms, 1968).

Melamed, Y. 'Spinoza's Metaphysics of Substance : the Substance-Mode Relation as a Relation of Inherence and Predication', *Philosophy and Phenomenical Research*, no. 78(2009), pp. 17~82.

Noorloos, R., '"Except God, No Substance Can Be Conceived". Spinoza on Other Substances', *Analysis*(2021), pp. 656~665.

Nyden-Bullock, T., *Spinoza's Radical Cartesian Mind*(London : Continuum, 2007).

Robinson, L., *Kommentar zu Spinozas Ethik*(Leipzig : Meiner, 1928).

Richter, G.T., *Spinozas philosophische Terminologie I : Grundbegriffe der Metaphysik*(Leipzig : Barth, 1913).

— 헨리 크롭

【ㅇ】

악/나쁨Malum(말룸) → 선/좋음을 보라.

악티오Actio (능동/작용)

스피노자 저작에서 '악티오' —— 상응하는 네덜란드어 단어로는 '두
닝'doening, '베르크'werk, '베르킹'werking 등이 있다 —— 라는 단어는 일반적
으로 하나의 전체로서의 인간 또는 인간의 정신과 관련된다. 하지만 인
간은 자연의 일부이기 때문에, 인간 행동은 모든 자연현상과 마찬가지로
"마치 선과 면, 물체들의 문제인 것처럼" 연구되어야 한다(E3praef).

　　스피노자 철학에서 악티오에는 두 가지 의미가 있다. 첫째, 데카르
트를 따르는 일반적 의미에서 스피노자의 악티오 개념은 역량의 발휘
activity of a power와 관련되는데, 이는 아리스토텔레스적 전통과 달리 수동
적 질료에 대한 어떤 작인의 작용/활동action으로 간주되지 않는다.[387] 쇼
뱅은 데카르트의 이러한 관념을 다음과 같이 정의했다. "악티오는 실
체들의 활력의 현시vigoris substantiarum manifestatio이다."[388] 나아가 데카르
트는 홉스가 『물체론』에서 그랬던 것처럼[389] 악티오와 파시오를 상관적
인 용어로 만들었는데, 그 의미가 엄격하게 반대되는 것은 아니다. 물질
적 실체의 세계에서 악티오는 장소 운동과 동일시되거나 적어도 운동하

387　고클레니우스의 정의와 비교하라. "악티오는 이러한 수동적 원리에 변화를 일으키는 수동
　　체에 대한 어떤 능동체의 영향이다." 그러므로 "악티오는 그러한 능동체의 완전성이다".
　　Goclenius, *Lexicon philosophicum*.

388　Chauvin, *Lexicon philosophicum*.

389　[옮긴이] Thomas Hobbes, *The English Works of Thomas Hobbes*, Vol.1., edited by Sir
　　William Molesworth, London : John Bohm 1839, pp. 127~132(2부 10장).

게 하는 힘과 동일시된다. 데카르트는「1641년 겨울 레기우스에게 보낸 편지」에서 움직임을 일으키는 물체와 관련 있는 것으로 간주된 운동은 '악티오'[작용/활동/능동]라 불리고 움직여진 물체와 관련해서는 '파시오'passio(작용받음/활동을 겪음/수동/정념)라 불린다고 말한다.[390]

유비적으로 이 용어들은 비물질적 세계와 관련해서도 사용된다. 정신 안에서 움직임을 일으키는 힘인 의지를 우리는 악티오라 부르고, 반면에 동일한 정신에서 정신적 지각은 파시오이다. 악티오와 파시오 간에 성립하는 동일한 상호 관련성이『정념론』1~2항에도 적시되어 있는데, 그곳에서 데카르트는 하나이자 동일한 사건이 그 사건을 일으킨 하나의 기체(신체)와 관련하여 악티오라 불릴 수도 있고 그 사건이 일어난 기체(정신)와 관련하여 파시오라 불릴 수도 있다고 말한다.[391]

악티오의 원인은 실체 자체인 것으로 보인다. 하지만『형이상학 논고』8절에서 라이프니츠는 "어떤 사람들은 신이 모든 것을 창조한다

---

390 AT III. 454~455 ; CSMK III. 199. [옮긴이] "물질적 실재 안에서 파시오와 악티오는 모두 단 하나의 장소 이동motu locali에 있습니다. 그런데 이러한 운동이 운동하게 하는 것[기동체] 안에서in movente 고려될 때 우리는 그것을 악티오라 부르고, 운동하게 되는 것[운동체] 안에서in moto 고려될 때는 파시오라 부릅니다. 이로부터 이러한 명칭들이 비물질적 실재들에 적용될 때 이러한 실재들 안에서 운동과 유비적인 어떤 것을 파악해야 한다는 점이 따라 나옵니다. 그래서 정신 안의 의지 작용volitio처럼 운동하게 하는 것 편에 있는 것은 악티오라 불러야 하며, 동일한 영혼 안에 있는 지적 작용intellectio과 시각처럼 운동하게 되는 것 편에 있는 것은 파시오라 불러야 합니다."

391 [옮긴이] "우선 나는 일반적으로 철학자들이 새롭게 만들어지거나(이루어지거나) 발생하는 모든 것을, 그것이 발생하여 [영향을 미치는] 기체sujet에 비추어 보아 파시옹passion(수동/정념)이라고, 그리고 그것을 발생하게 만드는 [또다른] 기체의 관점에서는 악시옹action(능동)이라고 부른다는 것을 주시한다. 그래서 능동체l'agent와 수동체le patient는 대체로 아주 다름에도, 악시옹과 파시옹은, 그것들이 연관될 서로 다른 두 개의 주체로 인해 두 이름을 지녀도, 항상 동일한 하나이어야만 한다"(PA I. 1 ; 김선영 18. 용어는 수정).

고 믿고 있"다고 말한다.[392] 때문에 피조물은 엄밀한 의미에서는 작용자actors라고 불릴 수 없을 것이다. 악티오의 이러한 일반적 의미에 입각하여 스피노자는 데카르트와 똑같이 파시오를 악티오와 엄격하게 대립시키지 않는다. 왜냐하면 [스피노자 철학에서] 인간의 악티오는 종종 수동적 정서passio[즉 정념]에 의해 야기되기 때문이다. 또한 모든 악티오는 스피노자에 따르면 일종의 완전성 또는 덕이다(PPC 1p15s[393]와 E5p4s[394]).

스피노자에게 고유한 특별한 의미에서의 악티오는 파시오와 구별된다. 이 개념은 『윤리학』 3부 정의2에서 정의되고 3부 정리59의 주석에서 부연되는 그의 전문 개념이다. 악티오는 적합한 또는 전체적인 원인으로부터, 다시 말해서 오직 우리의 본성을 참조하는 것만으로 설명할 수 있는 원인으로부터 생겨나는 일종의 정서affect이다. 반면에 파시오[수동]는 부적합한 또는 부분적인 원인, 다시 말해서 그 결과에 대해 우리의 본성을 참조하는 것만으로는 설명할 수 없고 다른 실재의 본성 또한 참조함으로써만 설명할 수 있는 원인으로부터 생겨나는 정서이다. '악티오'라 불리는 정서[능동 정서]는 인간 신체가 그 행위 역량을 증진시키는 변용과 이러한 변용에 대한 관념을 동시에 함축한다. 악티오는

392　[옮긴이] 빌헬름 라이프니츠, 『형이상학 논고』, 윤선구 옮김, (아카넷, 2010), 46쪽.

393　[옮긴이] "다음으로 실재들에 동의함은 심지어 혼란스러운 실재에 동의함조차 일종의 악티오이며, 그러한 한에서 그것은 완전성이다"(G I. 175 ; C I. 258).

394　[옮긴이] "같은 방식으로 모든 욕구 또는 욕망은 부적합한 관념들에서 생겨나는 한에서 파시오일 뿐이다. 그리고 이 동일한 욕망들이 적합한 관념들에 의해 촉발되거나 산출될 경우에는 덕들로(virtuti) 간주된다. 왜냐하면 우리가 어떤 행위를 하도록ad aliquid agendum 규정하는 모든 욕망은 적합한 관념에서 생겨날 수도 있고 부적합한 관념에서 생겨날 수도 있기 때문이다(4부 정리59를 보라)"(E5p4s ; G II. 283).

기쁨의 정서이다. 스피노자는 악티오에 속하는 모든 정서를 포르티투도 fortitudo(강인함)라는 용어 아래 포함시키고, 그것을 우리가 [이성의 인도에 따라] 우리의 존재를 보존하기 위해 하는 모든 행위를 나타내는 굳건함과, 우리가 다른 사람들을 보존하기 위해 그리고 그들과 동무가 되기 위해 하는 모든 행위를 포함하는 관대함으로 나눈다.

악티오의 일반적 의미와 특수한 의미가 반대되는 것은 아니다. 파시오는 악티오의 반대가 아니라 보다 낮은 상태의 악티오이기 때문이다. 우리가 파시오를 느낄 때에도, 우리는 부분적으로 악티오인데, 왜냐하면 우리는 부분적으로 발생하는 것의 원인이기 때문이다. 정신이 혼란된 방식으로 사유하는 것을 멈추고 적합한 관념을 형성하기 시작할 때, 파시오는 악티오로 바뀔 수 있다(E3p3 ; E3p59 ; E5p3).

· **관련 항목** : 파시오, 변용, 본질, 원인, 적합한, 포텐티아,
완전성, 덕, 정서, 자연 상태, 관대함

원문

De werkingen die de ziel heeft in het lighaam(KV 2.19). Voor zoo veel te meer als een zaake wezen heeft, voor zoo veel te meer heeft zij ook van de doening en te min van de lijding(KV 2.26). *Vis vel actio quae transfert*(PPC 2def8ex). *Finis omnium humanarum actionum est amor Dei*(TTP 4, G III. 62). *Conceptus actionem mentis exprimit*(E2d3ex). *Quo unius corporis actiones magis ab ipso solo pendent eo ejus mens aptior est ad distincte intelligendum*(E2p13s). *Humanas actiones considerabo ac si questio de lineis, planis, aut de corporibus esset*(E3praef). *Si alicujus affectionum adaequata possimus esse causa, tum per affectum actionem intelligo*(E3d3). *Ordo actionum et passionum corporis nostri simul sit natura cum ordine actionum et passionum mentis*(E3p2s). *Mentis actiones ex solis ideis adaequatis oriuntur*(E3p3). *Omnes actiones, quae sequuntur ex affectibus, qui ad mentem referuntur, quatenus intelligit, ad fortitudinem refero*(E3p59s). *Ad omnes actiones, ad quas ex affectu, qui passio est determinamur, possumus absque eo a ratione determinari* (…) *nulla actio in se sola considerata bona aut mala*(E4p59). *Actio seu virtus*(E5p4s). *Quae cupiditates non tam actiones, quam passionessint*(TP 2.18).

참고문헌

1차 문헌

Descartes, R., *Epistolae, Dioptrique, Passions de l'âme.*
Hobbes, Th., *De Corpore.*
Leibniz, G.W., *Discours de métaphysique.*

2차 문헌

Daniel, S.H., 'The Nature of Light in Descartes's Physics', in G. J. D. Moyal(ed.), *René Descartes, Critical Assessments* 4(London : Routledge, 1991), pp. 175~193(previously in *The Philosophical Forum*, no. 7(1976), pp. 325~344).

James, S., *Passion and Action. The Emotions in 17th-century philosophy*(Oxford : Clarendon Press, 1997).

Macherey, P., *Introduction à l'Éthique de Spinoza. La troisième partie : la vie affective*(Paris : Presses Universitaires de France, 1995).

Prendergast, Th.L., 'Motion, Action and Tendency', in G. J. D. Moyal(ed.), *René Descartes, Critical Assessments* 4(London : Routledge, 1991), pp. 89~100(previously in *Journal of the History of Philosophy*, no. 13(1979), pp. 453~462).

── 샹탈 자케

양심 → 콘스키엔티아를 보라.

양태Modus(모두스)

라틴어 모두스와 그것에 상응하는 네덜란드어 베이서wijse는 스피노자의 후기 저작인 『윤리학』에서야 숩스탄티아substantia(실체)와 대비되는 전통적인 아키덴스accidens(우유) 개념을 대신하면서 완전한 스피노자적 의미를 갖게 된다. 하지만 이러한 대체 과정은 이미 초기 저작들에서도 상당히 진행 중이었다. 『윤리학』 1부 정의5에서 스피노자는 '양태'를 실체의 아펙티오affectio(변용), 곧 "다른 것 안에 있고 다른 것을 통해 인식되는" 것과 동일시한다. 이 정의에 따르면, 양태는 존재론적으로나 논리적으로나 실체에 의존한다.

실체와 양태 개념의 상관관계는 실체와 마찬가지로 양태도『윤리학』 2부 이후 무대에서 사라진다는 사실에서 드러난다. 그러나『윤리학』 5부에서 실체는 다시 수면 위로 부상하지만 양태는 그렇지 않다.[395] 『소론』 1부는 신에 초점을 맞추기 때문에 그곳에서도 베이서는 상대적으로 덜 중요한 역할을 할 뿐이다. 『데카르트의『철학의 원리』』에서 이따금 양태를 우유와 동일시하지만,[396] 「형이상학적 사유」 1장에서는 양태와 우유를 명확하게 구분한다. 왜냐하면 '양태'는 실재적 존재자를 가리키지만, '우유'는 단순히 사유의 양태를 지시하고 '이것[사유]과 관련해서만 실존'하기 때문이다. 서간문 중에서는「서신12」에서 양태에 대한 두 번째 정의를 제시한다. "실체의 변용들에 관해 말하자면 저는 그것들을 양태라고 명명합니다." 그러므로 "변용들의 정의는 (⋯) 결코 실존을 함축할 수 없습니다. 그렇기 때문에 양태들이 실존한다고 해도 우리는 그것들을 실존하지 않는 것으로 생각할 수 있습니다. (⋯) 따라서 실체의 실존은 양태들

---

395 [옮긴이] 엄밀하게 말하자면 '실체' 개념은 2부 정리13 이후 「자연학 소론」의 보조정리4에 마지막으로 등장한 후『윤리학』에서 사리지고, 5부에서도 등장하지 않는다. 5부에서는 '실체'와 동일시되는 절대적으로 무한한 존재자인 '신'만 등장한다. 이 책 '실체' 항목 참고.

396 [옮긴이] 예컨대 다음과 같은 구절이 그렇다. "왜냐하면 실체는 우유 또는 양태보다 그리고 무한한 실체는 유한한 실체보다 더 많은 실재성을 갖고 있기 때문이다"nam substantia plus habet realitatis, quam accidens, vel modus ; & substantia infinita, quam finita(PPCIa4 ; G I. 155 ; C I. 243). "예를 들어 나는 양태 곧 우유보다 실체에 더 많은 실재성이 포함된다고 파악한다"Ut ex. gr. in substantia plus realitatis contineri percipio, quam in modis, sive accendentibus, PPC1L1dn.2 ; G I. 165 ; C I. 252).

의 실존과 완전히 다른 방식으로 생각된다는 점이 명확히 드러납니다. 이로부터 영원과 지속의 차이가 나옵니다. 지속을 통해서 우리는 양태들의 실존만을 설명할 수 있지만, 실체의 실존은 영원에 의해서 (…) 설명됩니다"(Ep12 ; 이근세 76~77. 용어만 수정). 그래서 양태가 실존하는지 알기 위해서는 경험이 필요하다(Ep10).

모두스는 전문적인 철학 용어이지만, 스피노자는 종종 비전문적 의미로 이 라틴어를 쓴다. 이 경우 '방법'이나 '방식'이 좋은 번역일 것이다. 종종 전문적 의미로 사용하려고 한 것인지 비전문적 의미로 사용하려고 한 것인지 불분명한 경우도 있다. 예를 들어 1부 정리16이 그러하다. 번역의 차이도 보라.[397]

양태 정의에서 스피노자는 존재론적인 '양태의 표식'mark of mode 곧 '다른 것 안에 있음'으로 지시되는 식별 특성distinguishing feature과[398] 또한 '다른 것을 통해 인식됨'과 '실존을 함축하지 않는 정의를 가짐'이라는 표현으로 기술되는 논리적인 식별 특성을 제시한다. 양태의 이러한 존재론적 표식은 우유가 실체 안에 내속한다는 전통적인 이론을 나타낸 것으로, 이는 아리스토텔레스가 『범주론』 2장에서 정식화한 것이다. "나는 주어/주체 안에 있음을 부분으로 있음이 전체 안에 있음이라는 의미

---

397 [옮긴이] 『윤리학』 1부 정리16의 원문은 다음과 같다. "Ex necessitate divinae naturae, infinita infinitis **modis** (hoc est, omnia, quae sub intellectum infinitum cadere possunt) sequi debent"(강조는 인용자). 이 정리에서 'modis'를 '양태들로'라는 전문적 의미로 옮겨야 할지 아니면 '방식으로'라는 비전문적 의미로 옮겨야 할지 애매하다는 것이다. 표준 영역본으로 사용되는 컬리본은 'modes'라 옮겼고, 그외 셜리, 파킨슨, 실버손(M. Silverthorne과 키즈너(M. Kisner)는 'ways'로 번역했다. 불역본에서 미스라이R. Misrahi, 아풍C. Appuhn, 모로P-F. Moreau, 로베르Maxime Rovere는 'modes'로, 포트라Bernard Pautrat는 'manières'로 옮겼다.
398 '양태의 표식'은 헤이레보르트가 실체와 관련하여 도입한 표현이다.

로 쓰는 것이 아니라 주어/주체에 대해 이야기되는 것 외에는 실존을 가질 수 없음이라는 의미로 쓴다.”[399] 스피노자는 전통적인 ‘존재의 분배’— 스피노자는 이를 공리1에서 다음과 같은 말로 정식화한다. “존재하는 모든 것은 자신 안에 있거나 다른 것 안에 있다”(CM 1/1과 비교하라)— 를 해석할 때 이러한 내속 관념을 사용했다. 이러한 분할은 절대적이다. 헤이레보르트에 따르면, 우유가 실체 안에 내속하는 것은 엄밀한 의미에서 우유(소위 스콜라 전통의 아키덴스 프라이디카멘탈레accidens praedicamentale)[400]는 실체가 될 가능성이 전혀 없기 때문이다.[401] 「서신12」에서 스피노자는 실체가 영원한 방식으로 실존하며, 따라서 무한하든 유한하든 양태의 존재 방식인 지속과 근본적으로 반대된다고 주장한다.

내속 관념으로부터 스피노자는 『윤리학』 1부 정리15에서 양태의 두 번째 존재론적 ‘표식’을 추론해 낸다. 양태가 실체에 의존한다는 것이 그것이다. “그런데 (1부 정의5에 의해) 실체 없이 양태들은 존재할 수 (…) 없다.” 그러나 신은 유일한 실체이기 때문에 모든 실재가 신 안에 내재한다는 것은 명백하다. “존재하는 모든 것은 신 안에 있으며, 신 없이는 어떤 것도 존재할 수 (…) 없다”(E1p15). 쇼뱅에 따르면, 실체에 대한 양태의 의존은 존재론적 의미와 인과적인 의미로 구분되어야 한다.

399　Burgersdijk, *Institutiones metaphysicae* II, ch.17에 나오는 뷔르헤르스데이크 판본을 토대로 번역한 것이다.

400　[옮긴이] ‘accidens praedicamentale’는 ‘accidens praedicabile’(아키덴스 프라이디카빌레)와 대비되는 스콜라철학의 개념이다. 후자는 본질과 달리 실재에 우연적으로 귀속되는 술어로서 도시의 모양 같은 것이 그것에 속한다. 전자는 실재적 실재로서 실존을 함축하는 것으로 예컨대 물체의 무게 같은 것이 그것에 속한다. 이상 Julian Wuerth, ed., *The Cambridge Kant Lexicon*(Cambridge Univ. Press, 2021)의 ‘Accident’ 항목 참고.

401　Heereboord, *Hermeneneia logica* I, ch. 13.

곧 양태는 **존재**에서in esse(인 에세), **생성**에서in fieri(인 피에리), **활동**에서in agendo(인 아겐도) 실체에 의존한다.[402] 하지만 이 요소 중 양태의 활동에 대한 실체의 규정적 역량은 단지 1부 정리26에서만 언급된다.[403]

『윤리학』 1부 후반부[정리16~36]에서 스피노자는 실체와 양태 간 인과 관계에 주목한다. 모든 양태는 하나이자 유일한 실체, 곧 양태의 절대적으로 일차적인 작용인인 신에게 인과적으로 의존한다(E1p16). 그러므로 신은 필연적인 방식으로 양태를 산출하는 양태의 존재 원인이다(E1p24c). 1부 정리29는 다음과 같이 말한다. "신은 우연적 실재라고 말할 수 없다. 왜냐하면 (정리11에 의해) 신은 우연적으로가 아니라 필연적으로 실존하기 때문이다. 그다음 신의 본성의 양태들 역시 우연적으로가 아니라 필연적으로 신의 본성으로부터 따라 나왔으며(정리16에 의해)…."

---

402 Chauvin, *Lexicon Philosophicum*, '우유'accidens 항목을 보라. [옮긴이] 정확히 하자면, 위 용어들에 대한 설명은 'accidens praedicamentale'[범주적 우유] 항목에 나오며(Chauvin, *Lexicon Philosophicum*, 2nd edition, 1713, p. 10), 쇼뱅은 'in agendo'가 아니라 'in operari'라고 한다. 원인이 결과의 작업에 관여할 때 그 원인을 결과의 '작업 원인'이라 하며 결과는 작업에서(in fieri) 원인에 의존한다고 한다. 결과의 생성뿐만 아니라 지속에도 관여할 때, 그 원인을 결과의 '존재 원인'causa secundum esse이라 하며 결과는 존재에서in esse 원인에 의존한다고 한다. 이를테면 태양은 빛과 열의 존재 원인이다. 빛과 열은 태양에 의해 생성될 뿐만 아니라 태양이 없으면 지속할 수 없기 때문이다. 반면 원인이 그 결과의 생성에만 관여하고 지속에는 관여하지 않을 때, 그 원인을 결과의 '생성 원인'causa secundum fieri이라 하며 결과는 생성에서 in fieri 원인에 의존한다고 한다. 이를테면 건축가는 집의 생성 원인이지만 존재 원인은 아니다. 건축가가 사라져도 집은 계속 지속될 수 있기 때문이다(토마스 아퀴나스, 『신학대전』 1부, 104문, 1절 참고 ; G. 달 사쏘·R. 꼬지 1995, 121). 첫 번째 관념은 본문에 언급된 것처럼 『윤리학』 1부 정리26에 나오며, 두 번째와 세 번째 개념은 『윤리학』 2부 정리10의 따름정리의 주석에 나온다.

403 [옮긴이] "어떤 작업을 하도록 규정된 실재는 필연적으로 신에 의해 그렇게 하도록 규정되었다. 그리고 신에 의해 규정되지 않은 실재는 자기 스스로 작업을 하도록 규정할 수 없다(E1p26).

스피노자에 따르면 양태가 단지 간접적으로만 실체에 기인한다는 점에 주의해야 한다. 양태는 신적 속성에 기인하는 것이며, 자신의 본성을 표현하는 신의 본질적 역량의 결과이다. 2부 정의1은 다음과 같이 말한다. "나는 물체를 연장되는 실재로 간주된 한에서의 신의 본질을 일정하게 규정된 방식으로 표현하는 양태로 이해한다." 동일한 것이 사유의 양태인 관념에도 적용된다. 우리가 지각하는 양태들은 단지 물체와 관념과 정서뿐이다.

양태의 세 번째 표식은 그것의 특수성particularity이다. 『윤리학』 1부 정리25의 따름정리에 따르면 모든 양태는 개별 실재들individual things이다.[404] 예컨대 관념 또는 신체의 부분에 가해진 자극stimuli 같은 것들도 개별 실재이다(E2p8과 E2p28 참고).[405] 양태들이 모여 나투라 나투라타natura naturata(소산적 자연)가 된다. 『윤리학』 1부 정리29의 주석은 다음과 같이 말한다. "나는 소산적 자연을 신의 본성의 필연성으로부터 또는 신의 속성들 중 하나로부터 따라 나오는 모든 것, 곧 신 안에 있으며, 신이 없이는 존재할 수도 인식될 수도 없는 실재들로 간주되는 한에서 신의 속성들의 모든 양태로 이해한다." 이런 식의 주장을 볼 때, 스피노자

---

404 [옮긴이] "특수한 실재들은 신의 속성의 변용들과 다르지 않다. 곧 신의 속성이 일정하게 규정된 방식으로 표현되는 양태들과 다르지 않다. 이 점에 대한 증명은 정리15 및 정의5로부터 명백하다"(E1p25c).

405 [옮긴이] '신체의 부분에 가해진 자극들'의 원문은 다음과 같다. "stimuli on parts of the body" 원문의 'stimuli'는 우리 신체를 변용시킨 자극물로 번역될 수 있고 그 자극물 또한 양태지만, 저자가 말하려는 것은 그것이라기보다 그 자극물에 의한 우리 신체의 변용들이라 생각된다. 주지된 바와 같이 정신은 사유 속성의 양태 곧 '신체에 대한 관념'이므로 정신의 변용들인 관념들은 양태의 양태들(관념의 관념들)이라고 할 수 있다. 마찬가지로 신체는 연장의 양태이며 외부 사물에 의해 신체 일부가 변화한 '신체의 변용들' 또한 '양태의 양태들'(변용의 변용들)이라고 할 수 있다. 그런데 양태는 모두 개별 실재이므로, 정신의 관념들이나 신체의 변용들은 모두 '특수한 실재'이다.

는 유명론적인 방식으로 아리스토텔레스의 반플라톤주의를 채택했으며, 첫 번째 의미의 실체였던 개별 실재를 실체와 대비되는 양태로 변형시켰다.[406]

양태의 마지막 표식은 논리적인 것이다. 「서신10」에서 스피노자는 양태의 실존은 실체의 정의에서 따라 나오지 않기 때문에 양태의 실존이 확인되기 위해서는 경험이 요구된다고 말한다. 스콜라철학 전통에 따르면, 이러한 관념은 우유라는 단어의 어원과 관련 있는 것이었다. "이 단어로 보통 실체에 귀속될 수 있지만 실체의 본질이나 정의에 포함되는 것은 아닌 모든 실재가 지시된다." 우유가 모순을 일으키지 않고 실체의 술어가 될 수도 있고 실체에 대해 부정될 수도 있는 것은 이러한 이유 때문이다.[407] 『윤리학』에서 스피노자는 데카르트를 따라 결과에 대한 인식은 원인에 대한 인식에 의존한다고 말하면서(E1a4) 양태적 의존이라는 존재론적 관념을 개념적인 것으로 변형시켰다. 『윤리학』 1부 정리8의 주석2에서 그는 다음과 같이 말한다. "왜냐하면 그들은 실체를 자기 자신 안에 있고 자기 자신을 통해 인식되는 것, 즉 그것에 대한 인식은 어떤 다

406　[옮긴이] 아리스토텔레스가 말하는 '첫 번째 의미의 실체', 곧 '제1실체'prōtē ousia는 '이 사람'이나 '이 말'처럼 구체적으로 지시할 수 있는 개별 사물들을 나타낸다. "바탕이 되는 것(기체基體)에 대해서 말해지지도[술어가 되지도] 않고, 바탕이 되는 것 안에 들어 있지도 않은 실체가, 예를 들어 여기 이 사람 또는 여기 이 말馬이 가장 본래적인 뜻에서, 첫 번째로 그리고 가장 많이 실체라 말해진다"(「범주론」 5. 2a 11~14 ; 김진성 38, 용어만 수정). 반면 실체가 아닌 "다른 모든 것들은 바탕이 되는 제1실체에 대해 말해지거나[술어가 되거나] 아니면 바탕이 되는 제1실체 안에 들어 있다"(「범주론」 5. 2b 4~7 ; 김진성 40, 용어만 수정). 실체는 다른 것에 의존하지 않는다는 점에서 존재론적으로 독립적이다. 반면 실체가 아닌 다른 모든 것들(이를테면 색깔 같은 것들)은 제1실체에 내속함으로써만 존재할 수 있다는 점에서 존재론적으로 의존적이다. 그런데 스피노자는 아리스토텔레스가 말한 첫 번째 의미의 실체, 곧 "개별 실재를 실체와 대비되는 양태로 변형시켰다"라는 것이다.

407　Burgersdijk, *Institutiones metaphysicae* II, ch. 17.

른 실재에 대한 인식을 필요로 하지 않는 것이라고 이해할 것이기 때문이다. 그러나 그들은 변양을 다른 것 안에 있는 것, 그 개념이 그것들이 있는[속한] 실재의 개념으로부터 형성되는 것이라고 이해할 것이다."

모두스 자체는 전통적인 스콜라적 담론의 일부인데, 종종 그렇듯이 근본적으로 달라진 형태로 데카르트에 의해 스피노자에게 이르렀다. 17세기 스콜라주의는 모두스를 존재 일반과 그것의 '원리' 및 '변용'을 논하는 형이상학의 첫 번째 부분[일반 형이상학]에서 다루었다. 그러나 우유와 실체에 대한 분석은 특수한 존재들을 다루는 메타피시카 스페키알리스*metaphysica specialis*(특수 형이상학)에 속한다. 그러므로 뷔르헤르스데이크에 따르면 [1] 모두스는 우유와 달리 실재적인 존재자가 아니라 "실재를 존재의 면에서나 생성의 면에서 변용시킨 실재의 작은 부가물appendicle"을 나타낸다. 예컨대 '그 자체로 존속하는 것'은 그것을 우유와 구별시켜 주는 양태-구성적 실체mode-constituting substance이지만, 양태는 어떤 식으로든 '실체와 우유 사이에서' [실체나 우유 둘 중 하나로] 생각되어야 하는 실재적인 존재자가 아니다. 왜냐하면 양태는 실체를 변용시켰기 때문이다.[408] 마코비우스의 형이상학 편람[409]에 따르면, [2] 양태는 실재적일 수도 있다. "양태는 우유처럼 생각될 수 있다. 하지만 [우유와] 같은 것은 아니다." 이를테면 초월적인 용어인 단일성, 진리, 선처럼 말이다. [3] 양태는 관념적일 수 있다. 라틴어로 말하자면 양태는 모디 콘시데란디modi considerandi(사유 방식들)일 수 있다. 이 '상이한 방식들'에 의해 우리는 실재를 인식하고 이해한다. 또는 [4] 양태는 언어적 본성

---

408   Burgersdijk, Institutiones metaphysicae I, ch. 7.
409   헤이레보르트가 방대한 주석을 덧붙여 1650년대에 개정한 편람.

을 지닌다. 양태는 모디 프라이디칸디modi praedicandi(서술 방식들), 곧 그
것에 의해 알려진 실재가 이야기되는 방식이다. 뷔르헤르스데이크처럼
마코비우스도 양태 그 자체는 하나의 존재자가 아니라는 사실을 강조한
다. 양태는 "그것이 양태가 되는 존재자와 분리된 독립적인 존재"를 갖
지 않기 때문이다. 그는 양태를 "존재자의 내적 배치 곧 관계 또는 관계
의 부정"이라고 정의한다. 헤이레보르트는 이 정의를 주석하면서, 이 정
의는 양태가 우유가 아님을 보여 준다고 덧붙인다. 왜냐하면 우유는 실
체의 존재일 뿐만 아니라 그 자신의 존재자를 지니고 있기 때문이다. 그
러므로 양태 이론이 삼위일체라는 신학설을 다룰 때 그 유용성을 보여
주는 것은 이러한 이유 때문이다.[410]

데카르트는 세 가지 점에서 스피노자의 길을 열었다. (1) 양태와
우유 사이의 스콜라적 구분을 제거하고 첫 번째 관념을 선호함으로써,
(2) 양태를 속성에 연결시킴으로써, (3) 유한한 실체들을 한낱 양태의 지
위로 격하하는 경향을 보여 줌으로써 말이다. 몇 가지 기본적인 데카르

---

410 Heereboord, *Metaphysica* I, ch. 4 [옮긴이] 본문 내용에 따르면, 헤이레보르트는 마코비우스
가 양태를 '우유처럼 생각될 수 있지만 [우유와] 같은 것은 아니'라고 보고 양태를 '존재자의
내적 배치 곧 관계 또는 관계의 부정'이라고 정의한 것은 양태가 우유가 아님을 보여 주는 것
이라고 지적한다. 왜냐하면 양태는 그것이 양태가 되는 존재자와 분리된 독립적인 존재자
가 아니지만 '우유는 실체의 존재일 뿐만 아니라 그 자신의 존재를 지니고 있기 때문'because
an accident, besides the being of the substance, possesses a being of its own이라는 것이다. 그런
데 본문에 의하면, '양태 이론은 삼위[성부, 성자, 성령]일체라는 신학설을 다룰 때 그 유용성
을 보여 주는 것은 이러한 이유 때문'Hence the theory of modes proves its use in dealing with the
theological doctrine of the Trinity이라고 말한다. 아마도 이는 전통적으로 이른바 '단일신론적
양태론'이 이단 사상으로 취급되던 것을 고려한 지적이라고 생각된다. 다시 말해서 성부, 성
자, 성령을 각각 그 자체의 존재자성을 지니지 않는 한 실체의 양태처럼 이해해서는 안 된다
는 것을 보여 준다는 의미에서 양태 이론이 유용하다는 것이지 삼위일체론을 잘 설명한다는
의미에서 유용하다는 것은 아니라는 것이다.

트 텍스트가 처음 두 가지 판단을 입증하기 위해 인용될 수 있겠다. 첫째로,「제3성찰」에서 데카르트는 양태와 우유를 명백하게 동일시한다. 또한『철학의 원리』I부 56항에서 그는 다음과 같이 말한다. "내가 여기에서 양태로 의미하는 것은 다른 곳에서 속성이나 성질로 이해되는 것들이다. 실체가 속성들이나 성질들에 의해 자극되거나 변화된다는 점을 고려할 때, 나는 그것들을 양태라고 부른다"(원석영 II. 46). 따라서 데카르트에 따르면 변이나 변화의 허가admittance는 양태의 기본 특징이다. 분명 이 특징은 스콜라주의에서도 인정된다. 예컨대 고콜레니우스는 다음과 같이 말한다. "일반적으로in universo 그것은 완전성이기 때문에, 신에 의해 실재들에 귀속된 실재들의 상이한 등급 또는 양태들이 있다." 그러므로 "양태는 실재에 대한 특수한 규정이다". 둘째로,『철학의 원리』I부 53항에서 그는 속성과 관련된 양태의 두 번째 특징을 강조한다. "물체에 속할 수 있는 다른 모든 것은 연장을 전제로 하며, 연장 실체의 양태에 불과하다. 이는 정신에서 발견되는 모든 것들이 사고의 양태에 불과한 것과 마찬가지이다. 그래서 예를 들자면 모양은 단지 연장 실체에서만, 운동은 단지 연장된 공간에서만 생각될 수 있다. (…) 그러나 반대로 연장은 모양이나 운동 없이도 생각될 수 있고, 생각은 상상력이나 감각 없이 생각될 수 있다"(원석영 II. 44).

· 관련 항목 : 실체, 변용, 변양, 초월적인 것

원문

Ik zegge van eenige wijzen, omdat ik geenszins versta dat de mensch, voor zo veel hij uit geest, ziel of lichaam bestaat een selfstandigheid is(KV 2.1). *Ex. gr. existentia modorum : haec enim a rei definitione non potest concludi*(Ep10). *Substantiae vero affectiones modos voco, quorum definitio, quatenus non est ipsa substantiae definitio, nullam existentiam involvere potest* (⋯) *ubi ad solam modorum essentiam ; non vero ad ordinem totius naturae attendimus, non posse concludere ex eo, quod iam existent, ipsos postea exstituros, vel antea exstitisse*(Ep12). *Substantia plus realitatis habet quam accidens vel modus*(PPC 1ax4). *In substantia plus realitatis contineri percipio, quam in modis, sive accendentibus*(PPC 2ax19). *Ens, cujus essentia non involvit existentiam, nisi possibilem* (⋯) *divitur in substantiam et modum* (⋯) *expresse dicimus ens dividi in substantiam et modum, non vero in substantiam et accidens, nam accidens nihil est praeter modum cogitandi*(CM 1.1,CM 2.1). *Accidentium et modorum nullam dari creationem, praesupponunt enim praeter Deum substantiam creatam*(CM 2.12). *Per modum intelligo substantiae affectiones, sive id quod in alio est, per quod etiam concipitur*(E1d5). *Modi sine substantia nec esse, nec concipi possunt, quare hi in sola divina natura esse et per ipsam solam concipi possunt. Atqui praeter substantias et modos nil datur*(E1p15, E1p23, E1p25c). *Modi nihil sunt nisi Dei attributorum affectiones*(E1p28). *Horum modorum Deus non tantum est causa quatenus existunt* (⋯) *sed etiam quatenus ad aliquid operandum determinati considerantur*(E1p29). *Corpus* (⋯) *modum, qui Dei essentiam, quatenus ut res extensa consideratur, certo et determinato modo exprimit*(E2d1). *Ideae rerum singularium sive modorum*(E2p8). *Affectiones, namque modi sunt, quibus partes corporis humani et consequenter totum corpus afficitur*(E2p32).

참고문헌

1차 문헌

Burgersdijk, F., *Institutiones metaphysicae*(Leiden, 1642).

Heereboord, A., *Hermeneia logica, sive synopseos logicae Burgersdicianae explicatio*(Leiden, 1640).

Maccovius, J., *Metaphysica ad usum questionum in philosophia ac theologia adornata et applicata per A. Heereboord*(Leiden, 1658).

2차 문헌

Curley, E., *Behind the Geometrical Method*(Princeton : Princeton University Press, 1984).

Hartbecke, K., 'Zur Geschichte des Modusbegriffes. Suárez-Descartes-Spinoza-Holbacht', *Studia Spinozana*, no. 16(2008), pp. 19~40.

Koistinen, O.V., *On the Metaphysics of Spinoza's Ethics*(Turku : Turku University Press, 1991).

Gueroult, M., *Spinoza I : Dieu*(Hildesheim : Olms, 1968).

Robinson, L., *Kommentar zu Spinozas Ethik*(Leipzig : Meiner, 1928).

Rocca, M. della, *Spinoza*(London and New York : Routledge, 2008).

Richter, G.T., *Spinozas philosophische Terminologie. I : Grundbegriffe der Metaphysik*(Leipzig : Barth, 1913).

— 헨리 크롭

에세Esse(있음/존재함)

스피노자가 '에세' 개념 자체를 다룬 적은 없지만, '아마도' 그는 에세 개념이 '실존함의 활동'the act of existing이라는 전통적 정의를 받아들였을 것이다.[411] 두 관념의 동일시는 스콜라철학에서 유래하며 17세기 사전에 큰 영향을 주었다.

예컨대 쇼뱅과 고클레니우스는 에세를 "현행적 본질 또는 현행적으로 실존하는 본질과 동일한 것"이라고 정의하고, "에세는 보통 궁극적인, 더 정확히 말하자면 실재의 첫 번째 현실태라고 불린다"라는 수아레즈의 정의를 인용한다.[412] 헤이레보르트는 '엔스'(존재자)가 '에세'(존재함, 있음)보다 더 큰 개념이라고 말한다. 왜냐하면 명사 '엔스'는 실재의 '있음' 또는 '존재함'을 함축하지 않기 때문이다. 이 명사는 실존할 수 있는 실재나 허구의 대상인 실재 등을 가리키기도 한다. 단지 '사각의 원'처럼 정의상 자기모순적인 전혀 아무것도 아닌 것들만 배제될 뿐이다. 반면

---

411 Di Vona 1960, p.178.

412 Chauvin, *Lexicon philosophicum*. "esse idem est, quod essentia, potissimum actualis seu actu existens : hinc dicitur vulgo ultima, vel potius prima rei actualitas."

'에세'(있음, 존재함)는 실재적 존재자a real being, 곧 정신 바깥에 실제로 실존하는 존재자를 나타낸다.[413] 에세는 실재적 존재자의 고유한 활동이다Being is the act proper to it. 이러한 관념은 스피노자 철학에도 등장하며, 그는 '에세' 또는 '엔티타스'entitas, entity(존재)가 한편으로는 '실재성'realitas 또는 '완전성'perfectio과 동일한 것이라고 자주 지적한다. 나아가 스피노자는 데카르트처럼 에세, 실재성, 완전성에 상이한 등급이 있고 신이 그것들의 궁극적 원천이자 원인이라는 전통적 관념을 받아들인다.[414]

헤이레보르트는 앞선 논의에 이어 '에세'는 '본질의 에세'와 '실존의 에세'로 나뉘어야 한다고 말한다. 첫 번째 종류의 에세는 실재석 존재자에 고유한 에세의 활동인데, 이는 실재적 존재자는 실존의 에세 없이도 생각될 수 있지만 본질의 에세 없이는 생각될 수 없기 때문이다. 예컨대 그리스 시인 호머Homer는 지금은 실존하지 않으므로 실존의 에세는 결여하고 있지만 실재적 존재자이다. 겨울철 장미도 마찬가지이다. 헤이레보르트는 실재적 존재자에는 있었거나 있을 수 있는 실재가 포함되어

---

413 Heereboord, *Meletemata philosophica*.

414 [옮긴이] 다음과 같은 구절을 보라. "나는 관념의 표상적 실재성을per realitatem objectivam ideae 그 관념에 의해 표상된, 그 관념 안에 있는 한에서의 실재의 엔티타스라고entitatem 이해한다"(PPC1d3. cf. AT VII. 161) ; "상이한 정도의 실재성 또는 엔티타스가realitatis, sive entitatis 있다…"(PPC1a4) ; "따라서 우리가 자연의 개체들을 이유와 관련시키고 이것들을 서로 비교하여 그것들 일부가 다른 것들에 비해 더 많은 엔티타스 또는 실재성을entitatis, seu realitatis 지닌다는 것을 발견하게 되는 한에서, 우리는 어떤 것들이 다른 것들보다 더 완전하다고 말하는 것이다"(E4praef ; G II. 207). "실재성 혹은 존재성entitatis, entitas에는 상이한 등급이 있다 (…)."(AT VII. 165 ; 원석영 I-1. 115). "각각의 속성은 실체의 실재성 또는 존재를 realitatem, sive esse 표현하기 때문이다. 따라서 하나의 실체에 다수의 속성을 귀속시키는 것은 결코 부조리하지 않다. 오히려 각각의 존재자는 어떤 속성 아래에서 인식되어야 한다는 점, 그리고 그것이 더 많은 실재성 또는 존재를 가질수록 그것은 필연성 또는 영원성과 무한성을 표현하는 속성들을 더 많이 지닌다는 점보다 더 분명한 것은 자연 안에 존재하지 않는다"(E1p10s).

야 한다고 결론 내린다.[415] 그러한 '가설적 존재자'hypothetical beings는 신적 정신 안에 있는 관념으로 영원히 실존하기 때문에 실재적 존재자이다. 그러므로 "신 안에 있는 실재의 본질들은 잠재적 에세, 가능한 에세, 관념적 에세 및 의지된 에세를 모두 지니고 있다". 이 본질들은 신의 지성, 역량, 의지의 대상이다. 신 안에 있는 이러한 본질에 '표상적 에세'가 귀속되어야 한다.[416] 또한 우리의 감각이나 정신 안에서도 실재는 감각되거나 인식됨으로써 '지향적 또는 표상적 에세'를 획득하게 된다.[417]

스피노자는 「형이상학적 사유」에서 이러한 스콜라철학 개념을 다시 보여 준 것에 불과하다(CM 1. 2).[418] 그리고 『윤리학』 2부 첫 부분에서 이러한 구분을 신의 관념들에 적용하면서 데카르트가 「제3성찰」에서 개진한 관념의 형상적 에세라는 개념과 결합한다. 데카르트의 「네 번째 반박에 대한 답변」에 따르면, 우리는 관념을 형상적으로 곧 외부 세계에 있는 실재를 표상하는 것으로 볼 수도 있고, 질료적으로 곧 지성의 작용에 의해 생산된 것으로 볼 수도 있다.[419] 2부 정리5~8에서 스피노자는 헤이

---

415   Heereboord, *Meletemata* I, §48~49.

416   Heereboord, *Meletemata* II, §37.

417   Chauvin, *Lexicon philosophicum*.

418   [옮긴이] "첫째, 본질의 에세는 신의 속성 안에 피조물들이 포괄되는 방식 외에 다른 것이 아니기 때문이다. 다음으로 관념의 에세는 모든 실재가 신의 관념 속에 표상적으로objective 포함되는 한에서 말해진다. 계속해서 역량의 에세는 의지의 절대적 자유로부터 아직 실존하지 않는 모든 실재를 창조할 수 있는 신의 역량과 관련하여 말해진다. 마지막으로 실존의 에세는 신 바깥에 있는 그 자체로 고려된 실재들의 본질 자체이며, 신이 실재를 창조한 후 그 실재들에 귀속된다. 이로부터 이 네 가지는 오직 피조물 안에서만 서로 구분된다는 것이 명백해진다"(CM 1.2 ; G I. 238 ; C I. 304).

419   [옮긴이] "관념들이 **어떤 것을 표상하는 한에서** 고찰될 때, 그것들은 질료적으로가 아니라 **형상적으로**non materialiter, sed formaliter 취해지는 것이다. 그런데 그 관념들이 이것이나 저것을 표상하는 것으로서가 아니라 오로지 **지성의 작용으로서만** 고찰된다면, 그것들은 **질료적으로**(materialiter) 취해지는 것이라고 할 수 있을 것이다. 이 경우 그 관념들은 결코 대상들

레보르트가 고민했던 형이상학적 문제, 곧 어떻게 실제로 실존하지 않는 실재적 존재자가 가능한지how the factual non-existence of real being is possible 하는 문제를 해결하고자 시도한다.[420] 『윤리학』에서 새로운 것은 스피노자가 코나투스 개념(E3p7)과 에세를 연결시키고 그의 존재론을 동역학적인 것으로 변형시킨 방식이다.[421]

의 참과 거짓에 관여할 수 없게 될 것이다"(AT VII. 232 ; 원석영 I-1, 201. 강조는 인용자). 『편람』 원문의 전거가 위 구절이라면, 반대로 서술된 셈이다. 단순 오기로 보고 수정했다. 아무튼 이 항목의 저자가 말하고 싶었던 것은, 데카르트의 '관념의 형상적 에세' 관념을 스피노자가 『윤리학』 2부 초반부에서 신 관념과 연결시켰다는 것이다. 이는 다음 구절에 나타난다. "관념들의 형상적 존재Esse formale idearum는 [사유 이외의] 다른 속성에 의해 설명되는 한에서의 신이 아니라 단지 사유하는 실재로 고려되는 한에서의 신을 원인으로 인정한다"(E2p5) ; "관념들의 형상적 존재는 사유의 양태이다(자명한 것처럼). 곧 (1부 정리25의 따름정리에 의해) 사유하는 실재인 한에서의 신의 본성을 일정하게 규정된 방식으로 표현하며, 따라서 (1부 정리10에 의해) 다른 어떤 신의 속성의 개념도 함축하지 않는다"(E2p5d).

420 [옮긴이] "저자는 스피노자가 앞서 논의된 에세의 여러 구별을 신 관념 이론에 적용했다고 주장한다. 그렇다면 이는 스피노자 철학에서 신의 관념들이 본질의 에세, 실존의 에세, 표상적 에세, 형상적 에세 같은 다양한 에세를 갖는다는 뜻으로 새길 수 있을 것이다. 예컨대 지금은 실존하지 않는 그리스인 호머에 대한 관념에는 실존의 에세가 없다. 그러나 호머는 실재적 존재자이며 그것을 정립하는 본질의 에세가 있으므로 그것에 상응하는 호머에 대한 관념 역시 본질의 에세가 있다. 호머에 대한 관념에는 호머가 지닌 형상적 에세를 표상하는 것인 표상적 에세가 있으며, 호머에 대한 관념은 사유하는 실재로 고려된 한에서의 신에 의해 산출된 하나의 실재이므로 그 자체에 형상적 에세가 있다. 스피노자는 『윤리학』 2부 정리5에서 '관념들의 형상적 에세'Esse formale idearum의 원인을 사유하는 실재로서의 신으로 제시하고, 정리6~7의 평행론을 경유하여 정리8에서 "실존하지 않는 독특한 실재들 또는 양태들에 대한 관념들이 신의 무한한 관념 속에 포괄되어comprehendi 있어야 하는 것처럼 그 독특한 실재들 또는 양태들의 형상적 본질들은 신의 속성 속에 포함되어continentur 있다"(E2p8)라고 역설한다. 저자는 스피노자의 이러한 주장이 '헤이레보르트가 고민했던 형이상학적 문제', 곧 실재적 존재자이지만 현행적으로 실존하지는 않는 존재자에 대한 관념의 문제를 해결하려는 시도라고 지적하는 것이다.

421 [옮긴이] 모두에서 지적된 것처럼 스피노자는 '실존함의 활동' 내지 '현행적 본질'로서의 에세 개념을 받아들이고 이를 실재의 코나투스 개념과 연결시켰다는 것이다. "각각의 실재가 자신의 존재 안에서 존속하려고 하는 노력conatus은 실재의 현행적 본질 자체reiactualem essentiam와 다른 어떤 것이 아니다"(E3p7). 실재의 현행적 본질이 자신의 존재 안에서 존속하려는 코나투스로 규정됨에 따라, 실재의 운동 변화는 그것의 힘과 그것과 관계한 다른 실

· **관련 항목** : 엔스, 이성의 존재자, 실재성, 완전성, 본질, 관념, 실존, 코나투스

원문

Zo moet God formelijk zijn (…) (on)eindelijk zijn (…) uijtstekentlijk zijn(KV 1.1). Voorwerpelijk zijn (…) voorwerpelijk, formelijk wezen(KV app). *Infinitum, hoc est, est omne esse praeter quod nullum datur esse*(TIE 76, G II. 29). *Eadem dicuntur esse formaliter in idearum objectis quando talia sunt in ipsis qualia percipimus. Et eminenter quando non quidem talia sunt, sed tanta, ut talium vicem supplere possint*(PPC 1def4). *Nempe dantur diversi gradus realitatis sive entitatis : nam substantia plus habet realitatis, quam accidens vel modus*(PPC 1ax4). *Idea, quae object ive continet esse*(PPC 1p4s). *Per perfectionem intelligo tantum realitem sive esse*(PPC 1p7lem). *Primum esse essentiae nihil aliud est quam modus ille quo res creatae in attributis Dei comprehenduntur : esse deinde ideae dicitur prout omnia objective in idea Dei continentur ; esse porro potentiae dicitur tantum repectu potentiae Dei qua omnia nondum adhuc existentiae ex absoluta libertate voluntatis creare potuerat : esse denique existentiae est ipsa rerum essentia extra Deum et in se considerata tribuiturque rebus postquam a Deo creatae sunt. Ex quibus dare apparet haec quattuor non distingui inter se, nisi in rebus creatis*(CM 1.2). *Infinita perfectio, hoc est infinita essentia, seu infinitum esse*(CM 1.6). *Vis, per quam res in suo esse perseverat*(CM 2.6). *Quomodo res coeperint esse et quo nexu a prima causa dependeant*(Ep6). *Perfectionem in toi esse et imperfectionem in privatione tou esse consistit*(Ep36). *Quo plus realitatis aut esse unaquaeque res habet*(E1p9). *Quicquid est, in Deo est et nihil sine Deo esse neque concipi potest*(E1p15). *Causa essendi rerum*(E1p24c). *Esse formale idearum Deum quatenus tantum ut res cogitans consideratur pro causa agnoscit*(E2p5). *Esse formale rerum*(E2p6c). *Esse objective rerum sive ideae*(E2p8c). *Deum non tantum est causa rerum secundum fieri, ut ajunt, sed etiam secundum esse*(E2p10cs). *Unaquaeque res, quantum in se est, in suo esse perseverare conatur*(E3p6). *Alia plus realitatis,*

재의 힘의 차이로 설명되는 동역학적 성격을 띠게 된다. 따라서 "한 물체가 다른 물체에 의해 변용되는 모든 방식은 변용된 물체의 본성과 동시에 변용하는 물체의 본성으로부터 따라 나온다.(E2p13sA'1 ; E2p16 참고). 알다시피 데카르트는 물체의 운동을 '이동'으로 규정한다 (PP II. 25). 운동을 물체의 본성과 무관한 것으로 보고 외부 물체에 의해 갖게 된 물체의 양태에 불과하다고 생각했기 때문이다(위의 책). 따라서 데카르트의 운동 이론은 물체의 운동 변화에 물체가 지닌 힘은 고려되지 않는 정역학적 성격을 띠게 된다. 이에 대해서는 에티엔 발리바르, 진태원 옮김, 『스피노자와 정치』(그린비, 2014), 2부 2장 참고.

sive entitatis, quam alia habere comperimus(E4praef).

참고문헌

1차 문헌

Descartes, R., *Meditationes, Responsiones quartae*.
Heereboord, A., *Meletemata*.

2차 문헌

Di Vona, P., *Studi sull'ontologia di Spinoza parte 1*(Florence : La nuova Italia editrice, 1960).
Rivaud, A., *Les notions d'essence et d'existence dans la philosophie de Spinoza*(Paris : Alcan, 1906).
Robinson, L., *Kommentar zu Spinozas Ethik*(Leipzig : Meiner, 1928).
Rousset, B., *Spinoza, lecteur des objections faites aux Méditations de Descartes et ses réponses*(Paris : Éditions Kimé, 1996).

— 헨리 크롭

엔스ens(존재자)

「형이상학적 사유」에서 스피노자는 형이상학을 '엔스' 정의로 시작하지만, 그가 결코 둔스 스코투스와 수아레즈의 전통[422]을 계승하고 있는 것이 아님은 분명하다. 스피노자 후기 저작에서 엔스 개념은 아주 부차적인 역할을 할 뿐이다.[423]

「형이상학적 사유」 1부 1장은 엔스를 "필연적으로 실존하거나 적어

---

[422] 존재의 일의성을 당연시하고 아리스토텔레스-토마스주의의 유비의 형이상학을 존재론으로 변형시킨 전통으로, 이후 볼프로 이어진다.
[423] [옮긴이] 이 항목의 마지막 부분 저자의 주장 참고.

도 실존할 수 있다고 인식하는 모든 것"이라고 정의함으로써 엔스를 스콜라철학의 '실재적 존재자'ens reale로 제한한다.[424] 여기에서 스피노자는, 같은 주장을 하는 데카르트를 따르는데, 그는 엔스를 '존재하다'to be 또는 '실존하다'to exist라는 동사에서 끌어내고 이로부터 엔스를 정신의 외부 세계 안에 있는 존재자a being와 동일시한다.[425]

두 철학자 모두 이를테면 헤이레보르트의 명사 엔스와 에세esse의 분사인 엔스 간 구별을 무시했는데, 그에 의하면 명사 엔스는 '넓은 의미의 존재자'ens를 의미하며 사유나 상상의 대상처럼 완전히 무는 아닌 모든 것을 나타내는 반면, 에세의 분사인 엔스는 좀 더 제한된 의미를 지닌 것으로 실존했거나 실존하거나 실존할 실재를 의미한다.[426]

스피노자는 엔스 정의에서 '명료하고 뚜렷한' 지각에 의존하도록 만듦으로써 엔스 정의에 데카르트적인 요소를 도입한다. 더욱이 엔스를 '엄밀한 의미의 존재자'와 동일시함으로써, 스피노자는 '이성의 존재자'entia rationis를 단순한 사유의 양태, 곧 '비존재'non-ens로 바꾸어 놓았다(CM 1.1 ; G I. 235. E2p43s 참고). 그러한 것들에는 외부 세계에 있는 어떠한 실재성도 없기 때문이다. 결과적으로 그는 초월적인 것the transcendentals에 대한 학설도 거부한다.[427]

---

424 [옮긴이] "존재자ens란 우리가 명료하고 뚜렷하게 지각할 때 필연적으로 실존하거나 적어도 실존할 수 있다고 인식하는 모든 것이다. 키메라, 허구적 존재자, 이성의 존재자는 존재자가 아니다"(CM 1.1 ; G I. 233 ; C I. 299 ; 양진호 233. 용어는 수정).

425 Descartes, *Epistola ad Voetium*「보에티우스에게 보내는 서신(1643년 5월)」](AT VIII2a. 60).

426 Heereboord, *Meletemata*. [옮긴이] ens는 esse 동사에서 나온 명사이자 esse의 현재분사이기도 하다. 우리말로는 각각 '존재자'와 '(지금) 존재하는 것'으로 번역할 수 있다.

427 다음 구절 참고. "나는 존재자ens, 실재res, 어떤 것aliquid과 같이 초월적이라고 불리는 용어들(termini, transcendentales dicti)이 자신들의 기원을 이끌어 내는 원인들에 대해 간략하게 덧붙여 보겠다. 이 용어들은 인간 신체가 제한적이기 때문에 단지 몇 가지의 이미지들(나는 이

「형이상학적 사유」 1부 1장 정의의 두 번째 귀결은 존재자가 '실체적인 존재자와 양태적인 존재자'로 분할된다는 것이다. 첫 번째 종류의 존재자는 그것의 본질이 그것의 실존을 포함하기 때문에 필연적이며, 두 번째 종류의 존재자는 단지 가능한 것일 뿐이다. 『윤리학』에서 엔스는 거의 항상 완전한 존재자인 실체(무한한 존재인 신)와 동일시된다.[428] 전통적으로 이러한 의미의 존재자는 '엄밀한 의미의 엔스'라고 불렸다.[429] 『윤리학』에 양태적 존재자라는 의미의 엔스가 나오는 일은 드물고, 겨우 네 번 등장할 뿐이다(E1p10s ; E2p43s, 48s, 49s). 등장 횟수만 놓고 보면 엔스는 주로 '무한한 존재자'를 나타낸다.[430] 외견상 스피노자는 유비의 형이상학으로 돌아간 것 같은데, 거기에서 실재적 존재자는 실체이며 다른 실재들은 단지 유비적 의미에서 존재자일 뿐이다.

미지가 무엇인지 2부 정리17의 주석에서 설명한 바 있다)만을 뚜렷하게 구별되도록 형성할 수 있다는 사실에서 생겨난다. 만약 이 숫자가 초과되면, 이미지들은 혼동되기 시작할 것이고, 만약 신체가 스스로 뚜렷하게 형성할 수 있는 이미지들의 숫자가 훨씬 더 초과되면 이것들은 서로 완전히 혼동되어 버릴 것이다. (⋯) 우리의 목적을 위해서는 오직 한 가지만 고려하는 것으로 충분하다. 왜냐하면 이 모든 원인은 다음과 같은 점, 곧 이 용어들이 최고로 혼동된[혼란스러운] 관념들을 의미한다는 사실로 환원되기 때문이다"(E2p40s1 ; CM 1.6 참고).

428   [옮긴이] "나는 신을 절대적으로 무한한 존재자ens absolute infinitum, 곧 각자 영원하고 무한한 본질을 표현하는, 무한하게 많은 속성들로 구성된 실체를 신으로 이해한다"(E1d6).

429   Chauvin, *Lexicon philosophicum*.

430   [옮긴이] 원문은 다음과 같다. "By number alone 'being' primarily refers to 'infinite Being'." 'By number alone'이라는 표현에 대한 옮긴이의 질문에 저자는 "given the existence of only one Ens and not numerically more beings, than etc"(수적으로 다수의 존재자가 아닌 단 하나의 엔스만 실존한다는 점을 고려할 때)라는 부연 설명을 보내왔다. 이는 '엔스'가 무한한 존재자를 가리킨다고 보아야 할 이유가 단순히 빈도상 그렇기 때문이라는 수준을 넘어, 스피노자의 존재론에서 실재적 존재자는 단일한 실체이기 때문이라는 주장을 담고 있다. 스피노자 철학에 따르면, 실재적 존재자는 무한한 존재자(곧, 신)뿐이므로, '복수의 엔스'라는 개념은 성립할 수 없고 '엔스' 개념이 가리킬 수 있는 대상은 단일한 실체에 국한될 수밖에 없다는 것이다. 이는 저자가 뒤이어 스피노자 철학이 "외견상 유비의 형이상학으로 돌아간 것 같다"라고 하는 이유를 좀 더 분명하게 설명해 준다.

원문

Aan de natuur van een wezen dat oneijndige eigenschappen heeft, behoort een eigenschap, de welke is zijn (⋯) alvolmaakt wezen(KV 1.1). Wezen uijt of van zich zelfs bestaande (⋯) door zig zelfs zijnde(KV 1.7). Wezen van reeden (⋯) waar of dadelijk wezen(KV 2.1). *Cum existentia generaliter ac ens concipitur, tum facile applicatur omnibus quae simul in memoria occurrunt*(TIE x, G II. 21). *A rebus physicis, sive ab entibus realibus omnes nostra ideas deducamus*(TIE G II. 36). *Deus sive ens summe perfectum*(PPC 1ax6). *Incipiamus igitur ab ente per quod intelligo 'id omne quod cum clare et distincte percipitur, necessario existere, vel ad minimum posse existere reperimus'. Ex hoc definitione* (⋯) *sequitur quod 'chimaera', 'ens fictum', vel 'ens rationis' nullo modo ad entia revocari possint.* (⋯) *Ex entis definitione facile videre est, quod ens dividendum sit in ens, quod sua natura necessario existit, sive cujus essentia involvit existentia et in ens cujus essentia non involvit existentiam nisi possibilem. Hoc ultimum dividitur in substantiam et modum*(CM 1.1). *Ens verbale*(CM 1.3). *Hi termini ab omne fere metaphysicis pro generalissimis entis affectionibus habentur ; dicunt enim omne ens esse unum, verum et bonum, quamvis nemo de iis cogitet*(CM 1.6). *Ens constans infinitis attributis*(Ep2). *Quo plura attributa alicui enti tribuo, eo magis cogor, ipsi existentiam tribuere, hoc est magis sub ratione veri ipsum concipio*(Ep9). *Ens rationis seu imaginationis*(Ep12) *Breviter ostendam, quas proprietates ens necessariam includens existentiam habere debet*(Ep35). *In suo genere, hoc est in certo genere entis*(Ep36). *Ens quod semper extitit, existit et semper existet*(TTP 2, G III. 38). *Ens absolute infinitum*(E1d6). *Termini 'transcendentales' dicti suam duxerunt originem, ut ens, res, aliquid*(E2p40s1). *Entia metaphysica*(E2p48s). *Individua ad unum genus, quod generalisimum appellatur revocare, nempe ad notionem entis*(E4praef).

참고문헌

1차 문헌

Descartes, R., *Epistola ad Voetium*.
Heereboord, A., *Meletemata*.

2차 문헌

Di Vona, P., *Studi sull'ontologia di Spinoza parte 1*(Florence : La nuova Italia editrice, 1960).

Gueroult, M., *Spinoza II. L'Ame*(*Éthique II*)(Hildesheim : Georg Olms, 1974).

Rivaud, A., *Les notions d'essence et d'existence dans la philosophie de Spinoza*(Paris : Felix Alcan, 1906).

Robinson, L., *Kommentar zu Spinozas Ethik*(Leipzig : Meiner, 1928).

Schnepf, R., *Metaphysik im ersten Teil der Ethik Spinozas*(Wurzburg : Konigshausen and Neumann, 1996).

— 헨리 크롭

엘렉티오Electio(선출/선택/선민/택함)

엘렉티오라는 용어에는 신학적 의미뿐만 아니라 정치적 의미도 있다. 『정치론』에서 이 말은 정치적 의미로 사용되고, 왕, 대중 또는 의회의 행정관이나 군관 및 왕립의회 구성원의 선출을 의미한다. 『신학정치론』에서 엘렉티오는 유대인이나 비유대인의 소명이라는 신학적 의미로 사용되며 보카티오vocatio(소명)와 동의어이다.[431] 스피노자는 또한 사도와 예언자의 소명을 다룰 때도 보카티오라는 단어를 사용하고(TTP 11.11 ; G III. 154), 로마서 9장 10절 이하를 언급하면서 보카티오를 은총과 같은 뜻으로 사용하기도 한다(TTP 3 ; G III. 44~45, 54 ; TTP 4 ; G III. 65).[432]

---

431 예컨대 비유대인의 소명에 대한 보에티우스(Gisbertus Voetius, Gijsbert Voet, 1589~1676)의 *Selectarum Disputationum theologicarum* II, pp. 621~643와 에피스코피우스(Simon Episcopius, 1583~1643)의 「요한의 첫 번째 편지에서」(In primam epistolam ad Joannis)(*Opera theologica altera* I, pp. 193~194)를 보라.

432 스피노자에 따르면 로마서 9장 10절 이하에서 바울은 스스로를 다중의 제한된 이해 수준에 맞춘다(TTP 2.51 ; G III. 42).

스피노자는 주로 구약성서에서 신이 히브리인을 택한 것과 관련하여 엘렉티오라는 말을 사용한다. 스피노자에 따르면 신의 택함은 정치적 사건이지 종교적 사건이 아니다. 신이 유대인을 택한 것은 유대인의 덕이나 진리[의 소유] 때문이 아니라 여러 해 동안 안전과 안정을 보장해 준 그들의 사회질서 때문이었다.[433] 진리와 선의 계시는 모든 민족을 위한 것이다.[434] 그러므로 신의 택함은 정치적 번영이라는 일시적 현상을 가리키고 이 번영이 끝나면 중단될 운명이었다. 홉스도 『리바이어던』에서 이러한 관점을 보여 주며, 신의 왕국이 유대인에게 시민적 통치civil rule를 행사했으며 신이 절대적 주권자였으나[435] 사울이 왕으로 선출되면서 이러한 상태는 끝났다고 주장한다.

그러나 라 페레르Isaac La Peyrère(1596~1676)의 『체계』에 따르면, 신

433　[옮긴이] "국가들은 오직 그들이 살아가고 다스림을 받는 사회 체제[질서, 유형]와 법률에 의해ratione societatis, & legum 서로 구별된다. 따라서 히브리 민족은 지성이나 마음의 평온함 때문에 신에 의해 다른 민족들 대신[다른 민족들에 앞서]prae caeteris 선택된 것이 아니라 그들이 국가를 획득하고 여러 해 동안 유지할 수 있었던 사회 체제와 행운fortunae 때문에 선택된 것이다"(TTP 3.16 ; G III. 47 ; C II. 114).

434　로마인들에게 보낸 편지 3장 9절, 3장 29절, 4장 15절. [옮긴이] 해당 구절은 각각 다음과 같다. "그러면 우리 유다인[유대인]이 나은 점이 무엇입니까? 아무것도 없습니다. 이미 내가 지적했듯이 유다인들이나 이방인들이나 다같이 죄에 사로잡혀 있는 사람들입니다", "하느님은 유다인만의 하느님이신 줄 압니까? 이방인의 하느님이시기도 하지 않습니까? 과연 이방인의 하느님도 되십니다", "법이 없으면 법을 어기는 일도 없게 됩니다. 법이 있으면 법을 어기게 되어 하느님의 진노를 사게 마련입니다". 마지막 4장 15절은 전후 내용을 참고해야 전거로서의 적절함이 드러난다.

435　Hobbes, *Leviathan*, ch. 35, 44. [옮긴이] 진석용 II-2, 75, 312. "하느님의 나라는 최초에 모세를 대행자로 하여 설립되었으며, 유대인들로만 구성된 나라였다. 그러기에 하느님은 유대인들을 그의 특별한 백성이라고 했다. 그 후 사울 왕이 들어서면서 그 나라는 없어졌다. 백성들이 하느님의 통치를 거부하고, 다른 나라들처럼 왕을 세워 달라고 요구하자 하느님이 이를 받아들인 것이었다. 이 문제에 대해서는 제35장에서 자세히 논의한 바 있다"(『리바이어던』, "제44장 『성경』의 그릇된 해석에서 오는 영적 어둠에 대하여." 진석용 II-2, 312).

께서 먼저 유대인을 택하신 것은 그의 선하심에 의한 것이지 유대인의 덕 때문이 아니다.[436] 유대인이 택함받은 것은 잠시 지속된 것이 아니라 영원히 지속될 것이었다. [그러나] 이스라엘 민족 다음에, 그리고 그들로 인해 다른 이방 민족도 택함을 받았다. 이스라엘 민족과 이방 민족의 택함 모두 정치적이라기보다는 신비적인 것이다. 모르테Saul Levi Mortera(또는 Morteira, 1596경~1660경)라는 『논고』에서 히브리인이 택함받은 것은 영원하다고em todos os tempos 주장한다.[437] 에피스코피우스의 『변증』에 따르면, 성서는 히브리인의 택함을 시간 안에서in tempore 일어난 일로 간주하지 영원으로부터ab aeterno 일어난 일이라고 간주하지 않는다.[438]

· **관련 항목** : 히브리 국가/히브리 민족, 바울/바울로

원문

Quaesivi propter quod Hebraei Dei electi fuerint(TTP praef, G III. 9). *Cum igitur Scriptura, ut Hebraeos ad obedientiam legis hortetur, dicit Deos eos pro caeteris nationibus sibi elegisse* (···) *ad captum eorum tantum loquitur* (···) *nam sane ipsi non minus beati fuissent, si Deus omnes aeque ad salutem vocavisset* (···) *Pauli sententia de Judaeorum electione refertur*(TTP 3, G III. 44~45 and 54, TTP 4, G III. 65). *Differentiam inter vocationis Apostolorum et Prophetarum*(TTP 11, G III. 154). *Electio consiliariorum*(TP 6.15~16). *Regis electio*(TP 7.25, TP 8.1, TP 11.1).

---

436 La Peyrère, *Systema*, 2.1.
437 Saul Levi Mortera, *Tratado*, p. XII. [옮긴이] "em todos os tempos"(잉 토두스 우스 템푸스)는 포르투갈어로 '모든 시기에'in all times, throughout all times 정도의 뜻이다.
438 Simon Episcopius, *Apologia* II, pp. 205~206.

참고문헌

1차 문헌

Ben-Israel, Menasseh, *De resurrectione mortuorum libri III*(Amsterdam, 1636).

Episcopius, S., *Apologia and Lectiones sacrae in I Epistolam catholica Joannis, in Opera theologica altera I*(Amsterdam, 1665).

Hobbes, Th., *Leviathan*.

Mortera, S. L., *Tratado da verdade da lei de Moises⋯ ed. H. P. Salomon*(Coimbra : Por ordem da universidade, 1988).

[Peyrère, I. La], *Systema theologicum, ex praeadamitarum hypothesi, in Praeadamitae* [⋯] ([Amsterdam], 1655).

Voetius, G., *Selectarum Disputationum theologicarum. pars prima-quinta*, 5 vols(Utrecht 1648~1669).

2차 문헌

Geller, J., 'Spinoza's Election of the Jews : The Problem of the Jewish Persistence', *Jewish Social and Studies*, no 12(2005), pp. 39~63.

Verbeek, Th., *Spinoza's Theologico-Political Treatise. Exploring the 'Will of God'*(Aldershot : Ashgate, 2003).

— 로베르토 보르돌리

여성Femina/Mulier

스피노자가 '여성/여자' — 라틴어 '페미나'femina 또는 동의어 '물리에르'mulier — 라는 단어를 사용하는 일은 드물고 그 의미는 논란의 여지가 없다. 하지만 그의 정치 이론에서 여성의 지위 및 여성에 대한 그의 전반적인 인식은 최근 (페미니스트) 문헌에서 다루어지는 주제 중 하나이다.

이 단어들은 역사적 또는 정치적 관습이나 규범과 관련된 맥락에서 여성을 다루는 글에 등장한다. 예컨대 『신학정치론』 2장에서 [솔로몬 같은] 현인은 아무도 예언자가 되지 못했고 오직 교육받지 못한 남자와 여자만 예언자가 되었다고 말하며(TTP 2.1), 13장에서 여자와 남자는 동등하게 [명령에] 복종할 수 있지만 지혜에서는 불평등하다고 말한다(TTP 13.16). 그러나 『신학정치론』의 마지막 20장에서 스피노자는 분명 남자와 여자를 구별하지 않고 인간 존재 일반에 관해 말한다.

더욱이 왕과 귀족에게 외국인 부인과 혼인하지 말라고 권장하는 『정치론』6~7장의 권고를 여성을 비하하는 것으로 읽어서는 안 된다.[439] 마찬가지로 스피노자가 『윤리학』5부 정리10의 주석에서 여성의 변덕을 언급한 것은 일반적인 인간 정신의 무능에 대한 하나의 예이고,[440] 『윤리학』3부 정리35의 주석에서는 단지 질투의 기원을 설명하고 있을 뿐이다.[441] 『윤리학』4부 부록 20항에서 스피노자는 신체의 외양에 의해 생겨

439　[옮긴이] "왕이 혼인을 통해 외국 여자와 결합하는 것은 결코 허용되어서는 안 된다"(TP 6.36 ; 공진성, 179) ; "왕이 외국인을 아내로 들여서는 안 된다는 것은 쉽게 증명된다. 두 정치 공동체는 설령 계약을 통해 서로 연합해 있더라도 (제3장 14절에 따라) 여전히 적대적 상태에 있으므로 왕실의 일 때문에 전쟁이 일어나지 않도록 특별히 주의해야 한다. 그리고 논쟁과 분쟁은 혼인을 통해 맺어진 연합에서 먼저 일어나고 두 정치 공동체 사이의 다툼은 대부분의 경우 전쟁의 권리에 의해 중지되므로 다른 국가와 긴밀한 연합을 맺는 것은 국가에 위험하다"(TP 7.24 ; 공진성 217).

440　[옮긴이] "또한 연인에게 환대받지 못한 사람은 여자의 변덕mulierum inconstantia과 기만적인 마음 및 널리 회자되는 악덕만 생각하게 되지만, 연인이 다시 받아들여 주게 되면 이 모든 것을 곧바로 잊어버린다"(E5p10s). 저자는 이 구절의 '여자의 변덕'이라는 표현이 딱히 여성에게만 해당되는 것이 아니라 '연인에게 환대받지 못한 사람'이 흔히 보이는 특성이라는 점에서 단순히 여성 비하로 볼 것은 아니라고 말하는 것이다. 물론 그러한 변덕을 왜 굳이 '여자의' 변덕이라고 했는지, 여전히 문제가 될 수 있다는 점은 저자도 인정할 것이다.

441　[옮긴이] "질투는, 시기의 대상인 다른 이에 대한 관념을 수반하는 사랑과 미움에서 함께 simul 생겨나는 마음의 동요와 다른 것이 아니다. (…) 또한 (3부 정리15의 따름정리에 의해) 그가 자신이 사랑하는 실재의 이미지를 그가 미워하는 이의 이미지와 결합하지 않을 수 없기 때문이다. 이러한 이유는 대부분 여인에 대한 사랑에서 나타난다. 왜냐하면 자신이 사랑하는 여인이 다른 이에게 몸을 맡긴다고 상상하는 이는 단지 자기 자신의 욕구가 저해됨으로 인해 슬퍼지게 될 뿐만 아니라, 또한 자신이 사랑하는 여인의 이미지를 그가 싫어하

난 감각적 사랑에 대해 경고하고 있을 뿐만 아니라 여성에게서도 정신적 자유의 가능성을 인정한다.[442]

그러나 『신학정치론』 2장과 13장, 그리고 『윤리학』 2부에서 한 번, 스피노자는 부정적인 의미의 형용사로 '여성적인'이라는 표현을 사용하는데(E2p49s),[443] 동정심이나 눈물에 대한 언급과 결합된 이 표현은 남성적 합리주의manly rationalism에 반대되는 여성적 감상벽(感傷癖)effeminate sentimentality을 가리킨다. 이는 인간이 두려움과 경신(輕信)credulity에 사로잡혀 광기로 내몰린 사람의 태도이다. 그러나 이 형용사가 사용된 것은 스피노자 철학에 깊이 뿌리내린 것이라기보다 그저 일반 통념을 반영하는 것일 수 있다.

여성의 본성을 철학적인 방식으로 다룬 곳은 마무리 짓지 못한 『정치론』 11장의 마지막 절에 가서이다. 이 장은 민주적 국가를 다루는데,

---

는 다른 이의 은밀한pudendis 부분 및 분비물과 결합하지 않을 수 없기 때문이다. 마지막으로 여기에 더하여, 사랑의 대상이 되는 여인은 질투심에 사로잡힌 남자를 예전에 보통 대하던 모습으로 맞이하지 않는데, 내가 보여 줄 것처럼, 이 또한 그를 슬프게 만드는 이유가 된다"(E3p35s).

442 [옮긴이] "결혼과 관련된 것은 확실히 이성과 합치된다. 만약 신체 결합의 욕망이 단지 겉모양에서만 생겨나지 않고 아이들을 낳고 현명하게 교육하려는 욕망에서도 생겨난다면, 게다가 만약 서로 간의, 곧 남자와 여자 간의 사랑이 단지 겉모양만이 아니라 특히 마음의 자유를 원인으로 삼고 있다면 말이다"(E4app40).

443 [옮긴이] 2부 정리49의 주석 말미에서 스피노자는 자신의 학설이 네 가지 점에서 '삶의 용도'에 도움이 된다고 주장한다. 문제의 표현은 세 번째 점에서 나온다. "3. 이 학설은 사회 생활에 유익한데, 이는 그것이 누구도 미워하지 말고 업신여기지 말고 조롱하지 말고 성내지 말고 시기하지 말라고 가르치는 한에서 그렇다. 더욱이 이 학설이 각자에게 자신이 가진 것에 만족하고, 그의 이웃을 도와주되, 여성의 동정심muliebri misericordia이나 편애 또는 미신에 의해서 그렇게 할 것이 아니라, 내가 4부에서 보여 줄 것처럼 때와 형편에 맞추어 오직 이성의 인도 아래 그렇게 하라고 가르치는 한에서도 그렇다." 표준 영역본인 컬리의 역본은 "unmanly compassion"라고 번역했고, 『편람』 원문에는 "womanish"라고 되어 있었는데 이는 셜리의 번역을 따른 것이다.

군주정과 귀족정을 다룰 때처럼 민주정의 구조, 제도, 협의회에 관해 상세히 다룬다. 어떤 정치체에 만일 아무에게도 국가의 관직에 투표하거나 참여할 세습 권리가 없다면, 그 정치체는 민주정이다. 정치 참여는 모든 시민에게 인정된다. 그러나 스피노자는 이 정치적 권리를 독립적인(자신의 권리 아래에 있는)sui iuris[수이 유리스] 이들에게 제한한다. 이러한 제한에 따라 정치적 사회에서 (어린아이, 범죄자, 외국인 외에도) "남편과 주인의 권력 아래 있는" 여성과 노예는 배제된다(TP 11.3 ; 공진성 369). 왜냐하면 경험은 여성이 약한 본성 때문에 남성에게 의존한다는 점과 이런 이유로 여성이 민주적 정체에 참여하는 것은 부적합하다는 점을 보여주기 때문이다. 아마조나Amazona의 사례는 홉스가 생각했던 것과 달리 반대 논거가 될 수 없다. 왜냐하면 아마조나의 여성 지배는 단지 그들이 낳은 사내아이를 죽임으로써 가능한 일이었기 때문이다. 그들의 힘에 기인하는 그러한 '잔인함' 없이 여성의 지배는 불가능하다.

아마도 스피노자가 권력으로부터 여성을 배제한 것은 그의 정치철학의 전제인 자연주의적 논증에 근거하는 것처럼 보인다. 왜냐하면 시민의 정치적 권리는 그들의 역량과 동연적이기 때문이다. 정신과 신체의 근본적 통일성 때문에, 신체의 역량이 작다면(단순히 근육량이 적다는 것이 아니라 훨씬 복잡하고 정교한 방식으로) 정신의 역량도 작다는 의미가 된다. 게다가 성性에 관한 정서의 법칙들로 인해, 남자와 여자의 동등한 정치 참여는 질투를 일으키고 사회적 평화를 방해할 것이다.[444]

---

444 [옮긴이] 원문은 다음과 같다. "Moreover, due to the affective laws of sexuality, equal participation of men and women in politics would cause jealousy and disturb social peace." 정서 발생의 보편적 법칙으로 인해 남자와 여자가 모두 동등하게 정치에 참여하는 상황에서는 '질투'(E3p35s) 같은 문제가 발생하면서 사회적 평화를 위협하는 결과가 산출될 수 있다

앤 콘웨이Anne Conway(1631~1679)와 아나 마리아 반 슈르만Anna
Maria van Schurman(1607~1678) 같은 17세기 여성 철학자조차 남자와 여
자는 본성적으로 불평등하다는, 스피노자가 지녔던 확신을 공유하고 있
었다.

· **관련 항목** : 민주정, 자연 상태, 포테스타스

원문

Votis et lacrimis muliebribus divina auxilia implorare(TTP praef). *Contra homines rustici et
extra omnem disciplinam, imo mulierculae etiam dono prophetico fuerunt praeditae*(TTP 2,
G III. 29). *Viri, mulieres, pueri et omnes ex mandato obtemperare quidem aeque possunt, non
autem sapere*(TTP 13, G III. 146). *Muliebri misericorda*(E2p49s), E3p35s, E4p37s, E4p68s.
Viri et foeminae amor non solam formam sed animi libertatem pro causa habeat(E4app20),

는 주장이다. 다음 구절을 염두에 둔 말일 것이다. "만약 우리가 **인간적인 정서들**을 고려한
다면, 즉 남자들이 대부분 오직 욕망이라는 정서를 따라 여자들을 사랑한다는 것과 여자들
의 재능과 지혜를 바로 그 여자들이 아름다움 면에서 뛰어난 만큼만 제대로 평가한다는 것,
그 밖에도 남자들이 자신이 사랑하는 여자가 다른 남자에게 그 어떤 방식으로든지 호의를
베푸는 것을 매우 고통스러워서 견디지 못한다는 것, 그리고 이런 비슷한 다른 것들을 고려
한다면, 평화를 크게 해치지 않고서는 **남자와 여자가 함께 다스리는 일이 이루어질 수 없다**
는 것을 큰 수고 없이도 알 수 있을 것이다"(TP 11.4 ; G III. 360 ; 공진성 371~373. 강조는 인
용자). 남녀의 동등한 정치 참여가 부적절하다는 스피노자의 주장은 '규범적 판단'이라기보
다 인간에게서 왜 그러한 현상이 발생하는지를 설명하려는 '인과적 설명'에 가깝다. 즉 특정
조건이 주어지면 특정 결과가 산출될 것이라고 예측하는 일종의 '정치물리학적 분석'이라는
말이다. 위 구절은 시사적이다. '인간의 정서'와 관련하여 "남자와 여자가 함께 다스리는 일
이 이루어질 수 없다"라고 한 이유를 남자의 문제로 돌리기 때문이다. 내가 알기로 스피노자
는 '섹슈얼리티'에 해당하는 라틴어나 네덜란드어를 쓰지 않았지만, 『윤리학』 3부 전체는 정
념적 사랑, 정서 모방(E3p27), 암비티오ambitio(잘 보이려는 욕망과 지배에 대한 욕망, E3p29s
; E3p31c), 시기심과 질투(E3p35) 등의 발생 메커니즘과 '성욕/색욕/욕정'libido(E3ad48),
성적 사랑(Amor merretricius, E4app19)에 대한 고찰을 통해 섹슈얼리티와 정치 문제에 적
용할 수 있는 흥미로운 통찰을 제공한다. 관련하여 Alexandre Matheron, *Études sur Spinoza
et les philosophies de l'âge classique*(Lyon : ENS Éditions, 2011), pp. 303~324. 'Spinoza et la
sexualité' 장 참고.

E5p10s. TP 6.36 ; TP 7.24 ; TP 11.4.

참고문헌

1차 문헌

Conway, A., *The Principles of the Most Ancient and Modern Philosophy*(London, 1692 ; Latin
    original Amsterdam, 1690).

Schurman, A.M. van, *Dissertatio de ingenii muliebris ad doctrinam*(Leiden, 1641).

2차 문헌

Gullan-Whur, M., 'Spinoza and the Equality of Women', *Theoria*, no. 68(2002), pp.
    91~111.

Gatens, M., *Feminist Interpretations of Spinoza*(Pennsylvania : State University Press, 2009).

Klever, W., 'Een zwarte bladzijde? Spinoza over de vrouw', *Algemeen Nederlands tijdschrift
    voor wijsbegeerte*, no. 84(1982), pp. 38~51.

Matheron, A., 'Femmes et serviteurs dan la democratie spinoziste', in S. Hessing(ed.),
    Speculum Spinozanum(1677-1977)(London : Routledge, 1978), pp. 91~111.

— 헨리 크롭

역량 → 포텐티아를 보라.

역사 → 히스토리아를 보라.

영원/영원성Aeternitas(아이테르니타스)

스피노자의 저작에서 '아이테르니타스'와 상응하는 네덜란드어 '에이우
어헤이트'eeuwigheid는 주로 신과 관련이 있다. 영원성은 「서신12」와 「형이
상학적 사유」 1부 4장과 2부 1장[445] 및 『윤리학』 1부에서 논의된다.

---

445   [옮긴이] "우리가 이전에 존재자를 그것의 본질이 실존을 함축하는 존재자와 그것의 본질이

첫째, 영원성 개념은 실체와 그 속성을 한정하는 데 사용된다. 『윤리학』 1부의 정의8은 다음과 같다. "나는 영원성을 오직 영원한 실재의 정의로부터 필연적으로 따라 나오는 것으로 인식되는 한에서의 실존 그 자체라고 파악한다." 이 정의는 다소 수수께끼 같다. 한편으로는 영원성을 실존과 동일시하는 것처럼 보여 지나치게 일반적으로 느껴지는 반면, 다른 한편으로는 '영원한 실재'를 언급함으로써 정의가 순환되기 때문이다. 그래서 이 정의는 영원성을 구체적으로 설명하는 뒤따르는 해명과 함께 읽어야 한다. "해명 : 왜냐하면 이러한 실존은 실재의 본질과 마찬가지로 영원 진리로 인식되며 따라서 지속이나 시간으로는 설명될 수 없기 때문이다. 지속이 시작과 끝이 없는 것으로 인식된다 하더라도 그렇다."

스피노자는 여기 『윤리학』에서는 암묵적으로, 그리고 「형이상학적 사유」 1부 4장[446]에서는 보다 명시적으로 [영원성에 대한] 전통적인 주요 정의들을 맹렬히 비난한다. 첫 번째는 영원성을 무제한적이거나 무한한

오직 가능적 실존만을 함축하는 존재자로 구분한 것에서 영원성과 지속의 구별이 생겨난다. 영원성에 관해서는 나중에 더 자세히 논할 것이다. 여기서는 단지 영원성이 우리가 신의 무한한 실존을 인식하는 속성이라는 것만 말한다. 반면에 지속은 피조물이 그 현실성 속에 존속하는 한에서 피조물의 실존을 인식하는 속성이다"(CM 1. 4 ; G I. 244 ; C I. 309) ; 그러나 우리는 신에게 미래의 실존을 귀속시킬ascribe 수 없다. 실존은 신의 본질에 속하기 때문이다. 즉, 신이 앞으로 지닐 실존은 이미 지금도 그에게 현행적으로 귀속되어야 하며, 더 정확히 말하자면 무한한 현행적 실존이 신에게 귀속되는 방식은 무한한 실제 지성이 신에게 귀속되는 방식과 동일하기 때문이다. 나는 이 무한한 실존을 영원성이라 부르는데, 이는 오직 신에게만 귀속되어야 하며, 어떠한 창조된 것에도 귀속되어서는 안 된다. 그것의 지속이 시작도 끝도 없더라도 말이다(CM 2. 1 ; G I, p. 252 ; C I, p. 318).

446 [옮긴이] 원문에는 「형이상학적 사유」 1부 3장이라고 되어 있고, 이 항목 아래 '원문' 부분에는 다음 구절이 인용되어 있다. "왜냐하면 영원에는 '언제'라는 개념도, '이전'도, '이후'도, 그리고 시간의 다른 어떠한 변용도 존재하지 않으므로…"(CM 1. 3 ; G I. 243 ; C I. 309). 그러나 본문 아래에서 언급된, 영원성을 지속이나 시간과 구별하는 논의는 1부 4장에 나온다. 아마도 오식일 것이다.

지속과 동일시하는 정의이다(이 정의는 예컨대 홉스가 지지한, 또는 영원성을 끝없는 삶의 완전하고 동시에 전체적인 소유라고 보았던 보에티우스의 영원성 관념을 공유한 데카르트 같은 이들이 받아들인 정의이다). 두 번째는 영원성을 모든 시간과 지속이 배제된 것이라고 정의하는 부정적 정의이다. 영원성과 달리 시간의 뚜렷한 특징은 그것의 측정 가능성이다. 지속과의 구별은 더 복잡하다. 종종 주석가들은 일시적이고 우연적인 세계와 대비되는 지속적이고 필연적인 세계를 정초하고 싶은 유혹에 빠지는데, 이는 스피노자주의를 플라톤화하는 경향이 있다. 그러나 스피노자는 단 하나의 우주만 인정하며, 그가 지속에 대해 말할 때는 언제나 특수한 실재의 지속을 의미한다. 사실 모든 실재를 필연적인 것이라고 생각하는 스피노자는 종종 필연성과 영원성을 동일시하는 경향이 있다.[447] 그러나 더 자주 자연법칙에 따른 필연성을 인정하면서 영원성은 내적 이유나 원인에 의한 필연성의 한 종류가 된다. 이는 그 외의 것은 일종의 영속성perpetuity임을 시사한다.

둘째, 영원성은 인간과 관련된다. 물론 인간은 영원하지 않지만, 실재에 대한 인간의 관점view(견해)은 영원성에 의해 특징지어질 수 있다. 이는 이성의 특징으로, 이성은 실재를 "어떤 영원의 스페키에스에서"sub quadam aeternitatis species 지각할 수 있다(E2p44c2).[448] 일부 주석가들은 '스페키에스'species를 논리학의 종logical species으로 해석한다. 이는 여러 종류의 영원성이 실존한다는, 즉 고유하고 절대적인 의미의 영원성과 그것의

447　예컨대 『윤리학』 1부 정리10의 주석이 그렇다. [옮긴이] '필연성 또는sive 영원성'(E1p10s). 이 외에도 『윤리학』 4부 정리62의 증명에 영원성의 관점과 필연성의 관점을 동일시하는 표현이 나온다.

448　'수브 스페키에 아이테르니타티스'sub specie aeternitatis(영원의 관점에서) 항목과 비교하라.

취약한 소산인 덜 완전하고 인간적인 영원성이 실존한다는 것을 암시할 터인데, 이러한 해석은 스피노자에 대한 기독교적 독해에 기인하는 것으로 보인다. 다른 주석가들은 '스페키에스'를 '관점' 또는 정신이 인식한 형상form(형식)으로 해석하는 경향을 보인다. 그러나 이 영원성은 인간 정신에 따라 상대적이거나 실재들 간의 필연적 관계를 지각하는 인간의 능력으로 제한되지 않는다. [오히려] 이 영원성 자체가 인간이 이 필연성을 받아들일 수 있는 한에서 인간 혹은 그 일부를 바꾸어 놓는다.[449] 그러므로 "우리는 우리가 영원하다는 것을 느끼고 경험한다"(E5p23s). 우리가 영원성을 정신의 지속에 적용한다면, 우리는 이러한 영원성을 불멸성으로 오해하게 된다.[450]

셋째, 『정치론』에는 '영원한'이라는 형용사가 등장하는데,[451] 이는 국가와 그 역량의 영원성 그리고 국가의 존속을 보장하기 위해 취해야 할 조치measure를 나타낸다. 그 구절은 퀸투스 쿠르티우스Quintus Curtius[452] 가 알렉산더 대왕의 것이라고 간주하는 연설을 차용한 것이지만, 스피노자의 체계와 양립할 수 없는 것은 아니다. 영원한 국가는 내적 필연성에

---

449   『윤리학』 5부 정리22와 그 이하를 보라.

450   [옮긴이] 이상 '다른 주석가들' 운운하는 부분의 원문은 다음과 같다. "Other commentators tend to read species as meaning 'view', or a form known by the mind. But such an eternity is not relative to man's mind or limited by man's capacity to perceive the necessary relations between things. It is eternity itself which transforms man or a part of him in as far as he is capable of assuming this necessity(E5p22ff). 'We', therefore, 'feel and know that we are eternal'. We mistake this eternity for immortality if we apply it to the duration of the mind."

451   [옮긴이] "국가의 영원한 힘"(TP 7.25 ; 공진성 221. 번역은 수정) ; "만일 영원한 국가가 있을 수 있다면"(TP 10.9 ; 공진성 359).

452   [옮긴이] 기원전 1세기 로마의 역사가. 『알렉산더 대왕의 역사』 *Historiae Alexandri Magni*라 는 책이 남아 있다.

의해 굴복되지 않는 국가이지만, 대부분 국가의 실존은 외국보다 그 국
가의 시민에 의해 더 위협을 받는다.[453]

· **관련 항목** : 영원의 스페키에스에서, 지속, 본질, 실존

원문

In alle eeuwigheid onveranderlijk blijven(KV 1.1). God (…) en dat deze voorbepaaldheid van hem van eeuwigheid moet zijn in welke eeuwigheid geen voor of na is(KV 1.4). *Cum in aeternitate non detur quando, nec ante, nec post, neque ulla affectio temporis*(CM 1.3). *Ex eo quod divisimus ens in ens, cujus essentia involvit existentiam et in ens cujus essentiam non involvit nisi possibilem existentiam, oritur distinctio inter aeternitatem et durationem. De aeternitate* (…) *hic dicimus eam esse 'attributum sub quo infinitam Dei existentiam concipimus'*(CM 1.4). *Authores errarunt* (…) *aeternitas sine essentia divina non potest concipi* (…) *Hanc infinitam existentiam aeternitam voco*(CM 2.1). *Falsissimum Deum suam aeternitatem creaturis communicare posse*(CM 2.10). *Oritur differentia inter aeternitatem et durationem* (…) *substantiae vero per aeternitatem hoc est infinitam existendi, sive invita lat inate essendi fruitionem* (…) *solo intellectu assequi possumus*(Ep12). *Vulgus superstitioni addictum temporis reliquias supra aeternitatem amat*(TTP praef, G III. p. 10). *Per aeternitatem intelligo ipsam existentiam quatenus ex sola rei aeternae definitione necessario sequi concipitur. Talis existentia* (…) *sicut rei essentia concipitur*(E1d8). *Necessitatem sive aeternitatem*(E1p11s). *Ad naturam substantiae pertinet aeternitas*(E1p19). *Aeternitas est ipsa Dei essentia, quatenus haec necessariam involvit existentiam*(E5p30). *Civitatis potentia, quae aeterna est*(TP 7.25). *si quod imperium aeternum esse possit*(TP 10.9).

참고문헌

2차 문헌

Hallet, H.F., *Aeternitas, a Spinozistic Study*(Oxford : Clarendon Press, 1930).
Gueroult, M., *Spinoza I. Dieu*(*Ethique I*)(Hildesheim : Olms, 1968).

---

453 [옮긴이] "또한 확실히 정치 공동체civitas는 언제나 적들보다 시민들 때문에 더 많이 위험에
처하게 된다. 왜냐하면 좋은 시민이 드물기 때문이다"(TP 6.6 ; 공진성 151).

Moreau, P.-F., *Spinoza, l'experience et l'eternite*(Paris : Presses Universitaires de France, 1994).

Prelorentzos, I., *Temps duree et eternite dans les Principes de la philosophie de Descartes de Spinoza*(Paris : Presses de l'Université Paris-Sorbonne, 1996).

Robinson, L., *Kommentar zu Spinozas Ethik*(Leipzig : Meiner, 1928).

— **피에르-프랑수아 모로**

영원의 스페키에스에서Sub specie aeternitatis (수브 스페키에 아이테르니타티스)

『윤리학』 5부에서 '수브 스페키에 아이테르니타티스'sub specie aeternitatis는 자그마치 스물세 번이나 등장하지만, 『윤리학』의 나머지 부에는 두 번밖에 나오지 않으며, 『지성교정론』과 『신학정치론』에서는 각각 한 번씩 나올 뿐이다. 『윤리학』 5부 외에 다른 곳에 네 번 등장할 때, 세 번은 영원 앞에 '어떤'이라는 표현이 첨가된다.[454] 독일 관념론 이래 친숙한 이 특유의 표현은 스피노자에서 비롯된 듯하다.

[1] 두말할 나위 없이 '스페키에스'는 아리스토텔레스 논리학의 기본 용어였다. [2] 다른 출처로는 키케로의 『티마이오스』*Timaeus*를 들 수 있는데, 이 저작에서 플라톤적 이데아는 '스페키엠 아이테르니타티스'*speciem aeternitatis*로 지칭되며 이는 신성한 제작자가 가시적 세계의 질서를 세울 때 모방한 것이다.[455] [3] 이 표현의 세 번째 출처일 수 있

---

454 [옮긴이] 『윤리학』 5부 외에 위 표현이 등장하는 네 곳은 E2p44c2, E2p44c2d, TIE 108, TTP 6이며, 이 중 E2p44c2d 외에 다른 세 곳에 '어떤'이라는 표현이 첨가되어 있다.

455 [옮긴이] 키케로가 라틴어로 옮긴 플라톤의 『티마이오스』를 말한다. 해당 구절은 29a에 나온다. "만일 이 세계가 아름답고 또 그 제작자도 훌륭하다면, 그는 **영원한 것**을 보았을 것임이

는 것은 스콜라철학의 '수브 라티오네'sub ratione(E1p33s2)로, 『소론』에서는 '온더르스헤인 판'onder scheijn van이라고 번역되었다. 이를 다시 일상어vulgar에서 라틴어로 번역한 말이 '수브 스페키에'일 것이다.[456]

'수브 스페키에 아이테르니타티스'는 흔히 '인식하다'라는 동사와 연결되나 '지각하다', '이해하다', '관조하다', '고려하다' 같은 동사도 등장한다. 관련 동사의 주어로는 거의 항상 정신 또는 정신의 능력 — 지성이나 이성 — 이 나온다. 딱 두 번 신 안에 있는 관념이 주어로 나온다. 그 관념은 인간 신체의 본질을 표현하는 관념이다(E5p22 ; E5p23s).[457] '수브 스페키에 아이테르니타티스'의 대상이 되는 말은 훨씬 다양하다. 인간 신체, 인간 신체의 본질, 인간 정신의 본질, 자연법 등이 그것이다. 가장 자주 등장하는 대상은 실재[사물]이다. '수브 스페키에 아이테르니타티스'에서 '아이테르니타스'aeternitas(영원)의 동의어는 '필연성'으로, 이는 스피노자가 양자를 동일시하는 것에서 확인된다(E1p10s ; E4p62d).[458] 반대되는 표현은 '지속 아래에서'under duration이다.

분명합니다"(플라톤, 김유석 옮김, 『티마이오스』, 아카넷, 2019, 49쪽. 강조는 인용자). 국역자가 '영원한 것을'이라고 번역한 부분을 키케로는 라틴어로 'speciem aeternitatis'라고 옮겼다. 그리고 알다시피 신성한 제작자는 '데미우르고스'를 말한다.

456 [옮긴이] "모든 것을 신의 어떤 무관심한 의지에indifferenti cuidam Dei voluntati 종속시키고 모든 것을 신의 기분에 의존하게 만드는 이러한 의견이, 신은 모든 것을 선善을 고려하여sub ratione boni 실행한다고 주장하는 사람들의 의견보다는 진리에서 덜 멀어진 것 같다는 점을 나는 인정한다"(E1p33s2).

457 [옮긴이] "하지만 신 안에는 영원의 관점sub aeternitatis specie에서 이 또는 저 인간 신체의 본질을 표현하는 관념이 필연적으로 존재한다"(E5p22). "우리가 말했듯이 영원의 관점에서 신체의 본질을 표현하는 이 관념[신 안에 있는 관념 — 인용자]은 어떤 사유의 양태이며, 정신의 본질에 속하고 필연적으로 영원한 것이다"(E5p23s).

458 [옮긴이] '필연성 또는sive 영원성'(E1p10s) ; "정신이 이성의 인도 아래 인식하는 모든 것을 정신은 동일한 영원성의 관점에 따라 또는seu 필연성의 관점에 따라 인식하며…"(E4p62d). 이 책 '영원/영원성' 항목 참고.

앞서 제시된 세 가지 출처는 세 가지 서로 다른 해석으로 귀결된다. [1] 예컨대 로빈슨은 스페키에스의 논리적 함축을 해석의 출발점으로 삼아 이 구절은 '영원의 일종'a kind of eternity으로 번역해야 한다고 보았다.[459] 또한 핼릿Hallet은 우리의 이성적 인식으로는 단지 신의 영원한 본성에 다가갈 수만 있으며, 이는 왜 스피노자가 '어떤 영원의 스페키에스 아래에서'under a certain kind of eternity, subquadam aeternitatis specie라는 표현을 세 번 사용(TIE 108 ; E2p44c2 ; E2p44c2d)하고 영원성에 대한 완전한 이해를 직관적 인식으로 남겨 두었는지 설명해 준다고 주장한다. [2] 그러나 게루는 스피노자가 영원성을 상이한 종으로 구분하지 않았다고 말한다. 오직 신의 영원성이 있을 뿐이다. 이 표현에서 '스페키에스'는 시각이나 관점을 의미하므로, 우리는 '수브 스페키에'를 마치 스피노자가 '수브 라티오네'라고 쓴 것처럼 읽어야 한다. 이러한 해석에서 '수브 스페키에'는 첫 번째 해석보다 좀 더 주관적인 함축을 지니게 된다. [3] 마지막으로 휘베르투스 휘벨링 Hubertus Hubbeling과 디 보나Di Vona는 '스페키에스'를 플라톤-아우구스티누스적 전통에 비추어 해석하는 경향을 보인다. 그들은『윤리학』5부 '수브 스페키에 아이테르니타티스'의 대상이 처음에는 '인간 신체'(E5p22 ; E5p23s ; E5p30 ; E5p31)였다가 나중에는 '실재들'(E5p29 ; E5p30 ; E5p31s)로 바뀐다는 사실을 강조한다. 실재들은 더 이상 신앙의 빛 아래에서 지각되지 않고 영원, 즉 지복직관(至福直觀)

---

[459] 그런데 이러한 의미의 스페키에스는 두 종류로under both kind, sub utraque specie 고려된 로마 가톨릭의 영성체 학설에서 중요하다. [옮긴이] '두 종류로 고려된 (…) 영성체'는 예수의 성체(살)와 성혈(피)을 뜻한다. 가톨릭에서는 보통 '양형 영성체'communio sub utraque specie라고 옮긴다. 가톨릭 성체성사에서, 보통은 성혈을 포함한 양형 영성체를 받지 않고 성체만 받는다.

beatific vision[460]의 참된 빛 아래에서 지각된다. 그 빛 아래에서 우리는 실재들을 있는 그대로, 곧 필연적인 것으로 본다(E2p44c2).[461]

원문

Res non tam sub duratione, quam sub quadam specie aeternitatis percipit et numero infinito(TIE 108, G III. 39). *Naturae leges ad infinita se extendunt et sub quadam specie aeternitatis a nobis concipiuntur*(TTP 6, G III. 86). *De natura rationis est res sub quadam aeterni tatis specie percipere*(E2p44c2). *Quicquid mens ducente ratione concipit, id omne sub eadem aeternitatis seu necessitatis specie concipit*(E4p62). *Corporis humani essentiam sub aeternitatis specie exprimit*(E5p22). *Mens nostra quatenus se et corpus sub aeterni tatis specie cognoscit, eatenus Dei cognitionem necessario habet* (⋯) *Res sub specie aeternitatis concipere est res concipere quatenus per Dei essentiam ut entia realia, concipiuntur, sive quatenus per Dei essentiam involvunt existentiam*(E5p30). *Mens nihil sub aeternitatis specie concipit, nisi quatenus aeterna est*(E5p31). *Mentis amor intellectualis erga Deum et ipse Dei amor. Quo Deus se ipsum amat* (⋯) *quatenus per essentiam humanae mentis, sub specie aeternitatis consideratam explicari potest*(E5p36).

460　[옮긴이] 기독교 신앙의 궁극적 목표로 제시되는 것으로, 라틴어로는 'visio beatifica'라고 하며 글자 그대로 하느님의 얼굴을 직접 보는 지극한 행복을 뜻한다. 성서의 다음과 같은 구절과 관련된다. "마음이 깨끗한 사람은 행복하다. 그들은 하느님을 뵙게 될 것이다"(마태복음 5:8). "우리가 지금은 거울에 비추어 보듯이 희미하게 보지만 그 때에 가서는 얼굴을 맞대고 볼 것입니다. 지금은 내가 불완전하게 알 뿐이지만 그때에 가서는 하느님께서 나를 아시듯이 나도 완전하게 알게 될 것입니다"(고린도전서 13:12). 아퀴나스는 『신학대전』, 제1부, 제12문(우리는 어떻게 신을 인식할 수 있는가?)에서 이 문제를 다룬다. 토마스 아퀴나스, G. 달사쏘·R. 꼬지 편, 이재룡 외 옮김, 『성 토마스 아퀴나스의 신학대전 요약(개정판)』, 가톨릭대학교출판부, 1995 ; 한스 부어스마, 김광남 옮김, 『지복직관-기독교 전통에서 나타난 하나님에 대한 관조』, 새물결플러스, 2023 참고.

461　[옮긴이] "실재들을 어떤 영원의 관점sub quadam aeternitatis specie에서 지각하는 것이 이성의 본성에 속한다"(E2p44c2).

참고문헌

2차 문헌

Di Vona, P., *La conoscenza 'sub specie aeternitatis' nell' opera di Spinoza*(Naples : Loffredo, 1995).

Gueroult, M., *Spinoza I. Dieu(Éthique I)*(Hildesheim : Olms, 1968).

Hallet, H.F., *Aeternitas, a Spinozistic Study*(Oxford : Clarendon Press, 1930).

Hubbeling, H.G., *Spinoza's Methodology*(Assen : Van Gorcum, 1964).

Jaquet, C., *Sub specie aeternitatis, études des concepts de temps, durée et éternité chez Spinoza*(Paris : Editions Kimé, 1997).

Mignini, F., *'Sub specie aeternitatis, notes sur Éthique', Revue philosophique de la France et de l'étranger*, no. 1(1994), pp. 41~54.

Robinson, L., *Kommentar zu Spinozas Ethik*(Leipzig : Meiner, 1928).

— 헨리 크롭

예속(Servitudo, 세르비투도)

『소론』에 따르면, 슬라베르니slaverny(예속됨)은 외부 원인에 종속됨에 있고 자유는 외부 원인에서 벗어나는 것에 있다(KV 2.26. n.1 ; G I. 112). 하지만 예속이 반드시 자유와 반대되는 것은 아니다. 신에게 절대적으로 의존하며 신 없이 존속할 수 있는 진정한 힘이 없는 한, 우리는 신의 노예이기 때문이다. 참된 자유는 신과 결속되어 있고 그를 사랑함을 의미한다.[462]

『윤리학』에서 이러한 『소론』의 사유는 더 이상 유지되지 않는다. 왜냐하면 실재들에는 행위 역량이 있으며 세르비투도 개념은 더 이상 이러한 의미가 아니라 4부 서문에서 무능력 곧 정념을 지배하고 억제하는

---

462   [옮긴이] 이책의 '자유' 항목 참고.

인간의 무능력으로 정의되기 때문이다.[463] 실제로 다른 용어를 선호하는 스피노자는 세르비투도라는 단어를 거의 사용하지 않는다.

『신학정치론』 16장과 『정치론』에서 세르비투도는 정치적 의미를 갖는다. 후자의 경우 세르비투도는 전제적인 국가에 대한 복종과 관련되는데, 그러한 국가에서 통치자는 이성의 명령에 반하는 행동을 하고 국민을 속이며 자신의 이익과 정념을 따른다.

어떤 의미이든 간에, 예속 개념은 정서가 이성이 대항할 수 없는 힘을 지니고 있음을 시사한다. 스피노자가 『윤리학』 4부에 "인간의 예속 또는 정서의 힘에 대하여"라는 제목을 붙인 것도 이러한 이유 때문이다. [그러나] 모든 정서가 예속의 기호인 것은 아니다. 이성으로부터 나온 정서와 '행위'라 불리는 정서는 자유를 표현하며, 나쁘고 슬픈 정념을 상쇄한다. 어떤 즐거운 정념 역시 파괴적인 감정에 기인하는 무력감으로부터 우리를 자유롭게 해 준다. 예속은 슬픈 정념, 특히 증오, 우울, 욕정, 그리고 미신적인 두려움과 관련된 무능력이다.

이러한 예속이나 무능력이 인간 본성의 악덕으로 간주될 수는 없다. 예속이 발생하는 것은 인간이 자연의 일부이자 '운', 말하자면 인간 자신보다 더 강한 외부의 변덕스러운 원인에 종속되기 때문이다. 그래서 인간은 항상 자신의 본성 및 자신의 욕망과 반대되는 변화를 피할 수 없는 것이다. 사실 예속은 주로 인간의 무지에 기인한다. 이성의 인도 아래 사는 자유인과 달리, 노예는 자신의 억견이나 정서를 따르는 사람이자

---

463 [옮긴이] "나는 정서들을 제어하고 억제하지 못하는 인간의 무능력을 예속Sevitudo이라고 부른다. 왜냐하면 정서들에 종속되어 있는 사람은 자기 자신의 권리 아래 있지 못하고 우연의 권리 아래 있으며sui juris non est, sed fortuna, 그는 자주 스스로 더 좋은 것을 보면서도 더 나쁜 것을 행하도록 강제될 만큼 우연의 힘에cujus potestate 붙들려 있기 때문이다"(E4praef).

자신이 아무것도 알지 못하는 것을 기꺼이 혹은 마지못해 하는 사람이다
(E4p66s). 최악의 예속은 자신에게 정말 이익이 되는 것이 어디에 있는
지 볼 수 없는 맹목적인 사람처럼 자신의 욕정을 따르는 상태이다. 사람
들은 예속이 어디에 있는지 알지 못하고, 마치 예속이 자신들의 구원이
라도 되는 양 그것을 위해 싸운다(TTP praef).

우리는 진짜 예속과 인간이 예속이라고 상상하는 것을 구별해야 한
다. 사람들은 도덕적이거나 정치적인 법령에 복종하는 것을 짐스럽다고
생각하고 그것을 속박과 혼동하기 때문이다(E5p41s).[464] 『신학정치론』
16장에서 스피노자는 조심스럽게 세 가지 유형의 복종을 나누고 '노예',
'아들', '신민'을 구별한다. 노예는 자신의 주인에게만 유용한 명령에 복종
한다. 아들은 자기 자신에게 유용한 명령을 하는 자신의 부모에게 복종한
다. 신민은 공동체에, 그러므로 자기 자신에게 유용한 명령을 내리는 군주
에게 복종한다(TTP 16.33~35 ; G III. 194~195 ; C II. 288~289 참고).

· **관련 항목** : 자유, 자유로운, 정서, 파시오

원문

De slaverny van een zaake bestaat in onderworpen aan uyterlyke oorzaaken (…) te
zyn(KV 2.26 n.1). *Circa religionis praejudicia, hoc est antiquae servitutis vestigia*(TTP
praef, G III. 7). *Pro virtute et optimis actionibus, tanquam pro summa servitute summis
praemiis expectant*(E2p49s). *Humanam impotentiam in moderandis and coercendis affectibus*

---

464 [옮긴이] "우중은 보통 다른 것에 설득되는 것으로 보인다. 왜냐하면 대다수의 사람들은 자
  신들의 탐욕ibidini을 좇도록 허락받은 한에서 자유롭다고 믿으며, 신법의 명령에 따라 살도
  록 구속되는tenetur 한에서는 자신들의 권리를 포기하게 된다고 믿는 것으로 보이기 때문이
  다. 따라서 그들은 도덕, 종교, 그리고 절대적으로 말하면 강인함과 관련된 모든 것을 짐이라
  고 여기며…"(E5p41s).

Servitudinem voco (E4praef). *Pretium servitutis, nempe Pietatis ac Religionis accipere sperant* (E5p41s). *Si servitus in imperio rationis consisteret* (TP 2.20). *Servos potius quam subditos habere* (TP 5.6). *Servitutis igitur, non pacis, interest, omnem potestatem ad unum transferre* (TP 6.4).

참고문헌

2차 문헌

Matheron, A., *Individu et communauté chez Spinoza* (Paris : Éditions de Minuit, 1969), part II.

Macherey, P., *Introduction à l'Éthique. IV. La condition humaine* (Paris : Presses Universitaires de France, 1997).

— 샹탈 자케

예언자Propheta(프로페타)

스피노자는 예언 문제를『신학정치론』의 처음 세 장에서 다룬다. 예언은 1장에서 "신에 의해 인간에게 계시된 어떤 것에 관한 확실한 인식"certa cognitio이라고 정의되며, 여기에서 예언은 계시와 동일시된다. 스피노자는 이어서 이 정의 때문에 '예언'이라는 말은 자연적 인식에 적용될 수도 있지만, 자연적 인식에 종사하는 이 practioners를 예언자라고 부를 수는 없다고 말한다.『신학정치론』3장에 따르면 예언이 유대인에게 한정된 것은 아니지만, 성서의 예언자는 신의 '레벨라티오'revelatio(계시)를 해석한다(TTP 1). 이런 이유로 스피노자에 따르면 예언자에 해당하는 히브리어는 '해석자'를 뜻한다.[465] 예언적 해석의 참됨은 논증이 아니라 이적

---

465 [옮긴이] 예언자는 히브리어로 "נביא"(나비nabi)이다. 스피노자는 이 용어에 '해석자'interpres

(異蹟)signs에 근거하는데, 예언자는 이적에 의해 권위를 획득하고 계시의 유효성에 대한 확신도 갖게 된다.

마이모니데스[466]와 달리, 홉스[467]나 요하네스 크렐리우스 Johannes Crellius(1590~1633)[468]와 의견을 같이하는 스피노자는 예언자가 더 이상 존재하지 않는다고 믿는다. 이러한 믿음은 [당대의] 개신교 신학자들이 일반적으로 공유하는 것이었다.[469] 계시는 말씀이나 이미지를 통해 주어진다. 예언자에게는 완전한 지성보다는 극히 생생한 상상력이 있어야 한다. 그들은 실제로 지성과 우리의 이해력의 한계를 훨씬 초과하는 많은 것을 지각하고 가르치며, 영적 관념에 물질적 형태를 부여하면서 비유적이고 불가사의한 방식으로 가르친다. 예언자들은 계시 자체를 통해서가 아니라 어떤 이적이나 다른 것을 통해서 계시에 대해 확신했다. 그러나 예언의 확실성은 수학적인 것이 아니라 도덕적인 것이며(TTP 2.12), [예언자들이] 선을 행하려는 성향을 지녔다는 사실(TTP 2.10)에 있다. 새로운 예언을 하는 이들에게만 시그나 signa(이적들)가 필요했는데, 시그나는 예언자들의 '오피니오네스'opiniones(의견)와 '카파키타스'capacitas(능력)에 달린 것이었다. 오피니오네스와 카파키타스는 예언자들마다 서로 달랐고, 그래서 계시도 다양했다. 이는 예언자들의 견해가 상충하는 이유를 설명해 준다.[470]

외에 '대변인'이나 '웅변가'orator라는 뜻도 있지만, "성서는 이 용어를 언제나 신의 해석자라는 의미로 사용한다"라고 지적한다(TTP 1.1).

466 Maimonides, *Guide of the Perplexed* 2.36.

467 Hobbes, *Leviathan,* ch. 32(진석용 II-2. 23~30).

468 Crellius, *Opera exegetica* II. p.70.

469 Martinech 1992, p.229.

470 [옮긴이] "예언자들이 이적을 통해 갖게 된 확신은 수학적인 확신(곧 지각된 또는 보여진

예언은 예언자를 더 현명하게 만드는 것이 아니라 도리어 그의 편견을 강화한다. 즉 예언에는 마이모니데스의 견해[471]와 반대로 이론적 가치가 없다. 인간은 계시의 목적 및 내용과 관련해서만 예언자를 믿어야 한다. 중요한 것은 예언자들이 보고 들었던 것이지 예언에 있을 수 있는 의미가 아니다(TTP 7).[472] 예언자들에게 말할 때, 신은 사도들에게 그랬던 것처럼 예언자들의 이해력에 자신을 맞추었다.[473]

· **관련 항목** : 성서, 계시, 기적, 해석, 히스토리아, 사도

원문

Firmiter credo Prophetas Dei intimos consiliarios et legatos fuisse fidos(Ep21). *Propheta autem is est, qui Dei revelata iis interpretatur, qui rerum a Dei revelatarum certam cognitionem habere nequeunt* (⋯) *Propheta apud Hebraeos vocatur nabi, id est orator et interpres, at in Scriptura semper usurpatur pro Dei interprete* (⋯) *Prophetas extra intellectus limites percipere potuisse.* (⋯) *Patet cur Prophetae omnia fere parabolice et aenigmatice perceperint*(TTP 1, G III. 15 and 28). *Sequitur prophetas non fuisse perfectiore mente praeditos, sed quidem potentia vividius imaginandi* (⋯) *Cum certitudo quae ex signis in Prophetis oriebatur, non*

---

perceptae, aut visae 실재에 대한 지각적 필연성으로부터 따라 나오는 확신)이 아니라 단지 도덕적인 확신이었고 또 이적은 단지 예언자를 설득하기 위해 주어진 것이기 때문에, 이적은 예언자의 견해와 능력에 따라pro opinionibus & capacitate 주어졌다는 점이 따라 나온다. 그러므로 한 예언자가 자신의 예언에 대해 확신하게 만든 이적은 전혀 다른 견해로 가득 차 있던 예언자를 확신하게 만들 수 없었다. 이것이 각각의 예언자에게 이적들이 다양했던 이유이다"(TTP 2.12 ; G III. 32; C II. 97).

471 Maimonides, *Guide of the Perplexed* 2.36.

472 [옮긴이] "계시의 의미에 관해 우리가 반드시 짚고 넘어가야 할 한 가지 점이 있다. 즉 이 방법은 예언자들이 실제로 보거나 들은 것을 탐구하는 법만을 우리에게 가르칠 뿐, 그들이 그러한 상징들을 통해 무엇을 의미하거나 제시하고자 했는지를 가르치지는 않는다. 왜냐하면 우리는 후자를 추측할 수는 있지만 성서의 토대로부터 그것을 확실하게 추론할 수는 없기 때문이다"(TTP 7.37 ; G III. 105 ; C II. 178). "이 방법"은 성서 해석 방법을 말하는 것이다. 이에 대해서는 『신학정치론』7장 6~7절과 14절 참고.

473 Coccejus, *Summa theologiae*, in *Opera* VI, 1.5을 보라.

mathematica, sed tantum moralis erat (⋯) *sequitur signa pro opinionibus et capacitate prophetica datur fuisse* (⋯) *Tota certitudo prophetica his tribus fundabatur : 1. Quod res revelatas vividissime, ut nos vigilando ab objectis affecti solemus, imaginabantur. 2 Signo. 3. Denique, et praecipuo, quod animum ad solum bonum et aequum inclinatum habebant* (⋯) *Prophetia igitur in ha re naturali cedit cognitione, quae nulla indiget signo* (TTP 2, G III. 29, 31~32). *Donum propheticum Judaeis non peculiare fuerit* (TTP 3, G III. 50). *In rebus speculativis Prophetis inter se dissentiebant* (⋯) *mens Prophetarum ex historia Scripturae eruenda* (⋯) *haec methodus tantum investigare docet id, quod revera Prophetae viderint aut audiverint* (TTP 7, G III. 104~105). *Prophaetae non vocati sunt ut omnibus nationibus praedicaverent* (TTP 11, G III. 154) ; TTP 12 ; TTP 15. *Rationis dictamina prophetis veluti jura revelata* (TP 2.22).

참고문헌

1차 문헌

Coccejus, J., *Summa theologiae*, in *Opera omnia* VI (Amsterdam, 1675).

Crellius, J., *Opera omnia exegetica*, 3 vols ([Amsterdam], 1656 [1665]).

Hobbes, Th., *Leviathan*.

Maimonides, M., *The Guide of the Perplexed*, transl. with an introduction and notes by S. Pines (Chicago and London : University of Chicago Press, 1969).

2차 문헌

Martinech, A.P., *The Two Gods of Leviathan* (Cambridge : Cambridge University Press, 1992).

Verbeek, Th., *Spinoza's Theologico-Political Treatise. Exploring 'the Will of God'* (Aldershot : Ashgate, 2003).

— **로베르토 보르돌리**

오류Error(에로르)

'오류'error라는 용어는 '허위'falsity나 '거짓'false이라는 용어와 밀접한 관련이 있다. 이 항목은 오류의 원인이나 기원에 관한 이론을 중심으로 논의할 것이다. 허위나 거짓이라는 의미의 오류 개념은 스피노자의 저작에 여러 번 등장하지만, 그가 자신의 오류 이론을 [본격적으로] 다룬 곳은 『윤리학』 2부뿐이다.

철학자들은 플라톤 이래로 오류 문제에 직면해 왔다. 대략 오류를 범하는 것이 전통적으로 문제가 되었던 이유는 오류를 범한 판단erroneous judgement이 성립하지 않는 사태를 가리키기 때문인데, 따라서 그것은 아무것도 아니며 그것에 관해 아무런 말도 할 수 없거나 사유할 수 없는 것이다. 결과적으로 오류는 불가능한 것처럼 보인다. 그래서 스피노자는 이와 관련하여 제기된 오류 문제에는 체계적인 관심을 갖고 있지 않았다. 그가 오류 문제를 다루지 않을 수 없었던 이유는 오류에 대한 데카르트의 설명이 그의 철학에 어긋나 대안적 설명이 필요하기도 했고, 또한 그의 자연주의적 철학 자체가 다른 방식으로 오류 문제를 야기했기 때문일 가능성이 높다.

오류에 관한 스피노자의 설명은『윤리학』 2부 정리17에서 시작된다. 이 정리에서 스피노자는 이마기나티오imaginatio(상상) 개념을 다룬다. 정신이 신체의 이미지에 대한 관념을 통해 물체/신체를 바라볼 때 정신은 상상한다. 정신이 그렇게 상상하는 동안, 정신은 외부 물체를 현존하는 것으로, 따라서 실존하는 것으로 고려하는데, 그러한 대상이 현행적으로 실존하지 않을지라도 그렇다. 다른 관념이 그러한 실재의 실존을 배제하는 경우에만 저 대상이 실존한다는 판단은 제거될 것이다. 따라서 오류는 부적합한 관념의 원천인 상상과 밀접하게 연관된다(E2p41). 스피노자는 언어를 상상에 귀속시키므로 가능한 오류의 범위는 끝이 없다(TIE 88 ; E2p47s). 그러나 그는 상상 자체는 오류가 아니며 대상의 실존을 배제하는 적합한 관념을 수반하지 않는 상상만 오류에 해당한다고 주장한다. 그렇기 때문에 오류는 (적합한) 관념의 결여에 있으며, 실정적인 것 곧 어떤 종류의 존재자가 아닌 존재자의 결여이다. 그래서 스피노자는 2부 정리35에서 오류를 인식의 결여 및 부적합한 관념, 곧 단편적이고 혼란스러운 관념과 연관시킨다. 결과적으로 오류의 실재적 원인이랄 것은 없고, 따라서 신은 오류의 가능한 원인이 되지 않는다. 오류를 교정하는 유일한 방법은 이성을 통해 적합한 관념을 형성하는 것이다.

스피노자의 오류 이론은 주로 데카르트에 대한 응답이다. 이는 스피노자의 초기 서신뿐만 아니라 마이어가 스피노자의 『데카르트의 『철학의 원리』』에 쓴 서문을 볼 때 분명하다. 데카르트는 「제4성찰」에서 오류는 단지 의지가 명료하고 뚜렷하지 않은 관념을 긍정하거나 부정할 때 발생한다고 말한다. 그렇게 함으로써 판단은 의지에 귀속되지만, 데카르트는 의지가 본질적으로 자유로우며, 그러한 특징으로 인해 인간은 자신의 오류에 책임이 있게 된다고 말한다. 혼란스러운 관념일 경우 판단을 삼갈 수 있었고 삼가야 했다는 이유만으로 말이다. 이는 스피노자의 형이상학과 결이 다른데, 그의 형이상학에는 이러한 유형의 자유가 있을 여지가 없기 때문이다. 인간의 의지는 자유로울 수 없고 돌멩이가 그러한 것처럼 활동하거나 활동하지 않도록 규정되어 있다(E2p48~49). 그러나 이는 또한 스피노자가 다른 오류 이론을 고안해야 했음을 시사한다.

· 관련 항목 : 상상, 변용, 인식, 지성, 적합한 관념, 자유

원문

Het eerste [geloof] is gemeenlyk dooling onderworpen (KV 2.1). *Nos licet ad libitum sine ullo erroris scrupulo ideas simplices formare* (TIE 72, G I. 31), TIE 88. *Si error quid positivum esset, solum Deum pro causa haberet* (PPC 1p15). *Veram causam erroris numquam assecuti sunt, Baco et Cartesius* (Ep2). *Ostendisse id, quod formam mali, erroris, sceleris ponit, non in aliquo, quod essentiam exprimit, consistere, ideoque non dici posse, Deum ejus esse causam* (Ep23). *Quid sit error indicare incipiam* (⋯) *mentis imaginationes in se spectatas nihil erroris continere* (E2p17s). *Error in cognitionis privatione consistit* (E2p35s). *Errores in hoc solo consistunt, quod nomina rebus non recte applicamus* (E2p47s).

참고문헌

1차 문헌

Descartes, R., *Meditationes* Ⅳ ; *Principia* Ⅰ, art. 29~44.

2차 문헌

Bennett, J., 'Spinoza sur l'erreur', *Studia Spinozana*, no. 2(1986), pp. 197~217.
Brochard, V., *De l'erreur* (Paris : Vrin, 1926).

— 마르크 알데링크

완전성Perfectio(페르펙티오)

스피노자의 라틴어 저작에는 '완전성'과 '불완전성'이라는 용어뿐 아니라 관련 형용사[완전한, 불완전한]와 부사[완전하게, 불완전하게]도 수없이 등장한다. 『소론』에서는 이 단어에 대응되는 네덜란드어 폴마크트헤이트volmaaktheid와 온볼마크트헤이트onvolmaaktheid가 자주 사용된다(다양한 철자법이 있다). 물론 완전성이라는 철학 개념에는 오랜 역사가 있다. 일반적으로 철학자들은 도덕적 의미의 완전성과 존재론적 의미의 완전성(페르펙티오 메타퍼지카perfectio metaphysica, 즉 형이상학적 완전성 또는 페르펙티오 트란센덴탈리스perfectio transcendentalis, 즉 초월적 완전성)을 구

분한다. 둘 다 종종 존재론적 의미가 있다고 생각되지만 말이다.[474]

스피노자는 '완전성'을 두 가지 의미로 사용한다(특히 4부 서문을 보라). 첫째, 실재성 또는 존재esse와 같은 의미로 사용된다. 2부 정리6에서 스피노자는 실재성과 완전성을 같은 것이라고 말하면서 동일시한다. 나아가 그는 이러한 의미의 완전성은 정도 차가 있다고도 주장한다. 신은 절대적으로 무한한 완전성 또는 실재성을 지니고 있다. 반면 신에 기인하는 모든 실재는 신보다 낮은 완전성 또는 실재성을 지닌다. 따라서 산출된 실재의 실재성의 정도는 '매개 원인의 수'the number of intermediary causes에 달려 있다(E1app). 다시 말해서 어떤 실재가 제일 원인, 즉 신에 더 가까우면 가까울수록 그것은 더 완전하다. 실재의 완전성이 어떻게 측정되어야 하는지에 대해 스피노자는 명확하게 설명하지 않는다. 하지만 분명한 것은 그의 체계 전반에서 실재성 관념이 다양하게 사용된다는 점이다. 『윤리학』 1부 정리11의 주석에서 스피노자의 세 번째 신 존재증명은 실재성 관념에 근거하고 있다. 이 외에도 완전성의 양the amount of perfection은 또한 거짓 관념에 대한 참된 관념의 역량(E2p43s) 및 주요 감정인 기쁨과 슬픔의 기원도 설명한다(E3p11s). 모든 실재에 정확히 그것에 고유한 양의 완전성이 있다는 점은 아주 의미심장하다. 그래서 '임페르펙티오'imperfectio(불완전성)는 어떤 실재가 그것에 있어야 할 것을 결여하고 있음을 뜻하지 않는다. 그럼에도 인간은 실재를 그런 식으로[있어야 할 것이 없다고] 생각한다. 완전성의 두 번째 의미에서 그것은 사실상 선good과 동의어이다. 이러한 의미의 페르펙티오는 실재성과 어떤 실재가 모범과 더 닮았을수록, 그것은 더 완전하다고 판단된다. 끝으로 페

---

474 Chauvin, *Lexicon philosophicum*.

르펙티오가 어떤 의미로 사용되는지 항상 명확한 것은 아님은 유의할 가치가 있다.

스피노자가 페르펙티오를 실재성 또는 존재와 동의어로 사용하는 특이한 용법이 데카르트에서 유래한다는 점은 의심의 여지가 없다. 「제3성찰」에서 데카르트는 분명 신의 실존에 대한 후험적 증명의 기초로 관념의 표상적 완전성objective perfection 또는 실재성이라는 관념을 사용하고 있다. 그 외에도 이 완전성 관념은 「제4성찰」의 오류 이론에서도 중요하다. 데카르트가 보기에 인간 지성의 완전성 결여는 부분적으로 오류 가능성 때문이다. 스피노자가 데카르트로부터 이러한 완전성 관념을 채택했음은 『데카르트의 『철학의 원리』』에서 확실히 알 수 있다. 스피노자가 나중에 『윤리학』에서 사용한 표현은 이미 데카르트 텍스트에 근거한 『데카르트의 『철학의 원리』』에서 찾아볼 수 있다. 그러나 스피노자의 완전성 관념이 데카르트의 그것과 얼마나 일치하는지는 논쟁의 여지가 있다.[475]

· **관련 항목** : 실재성, 에세, 선/좋음

원문

Daarom alles wat ons tot die volmaaktheid voorderd, dat zullen wy goet noemen (KV 2.4). Als een Timmerman in het maaken van eenig stuk werk zigh van synen Byl op het beste gediend vind, zoo is dien Byl daar door gekomen tot syn eind en volmaaktheid (KV 2.18). *Modus medendi intellectus, ut res feliciter absque omni errore intelligit* (TIE 16, G III. 9). *Per realitatem objectivam* (⋯) *perfectio objectiva* (PPC 1def3). *Quantum realitatis, sive perfectionis idea* (PPC 1ax4). *Quo res sua natura perfectior est, eo majorem existentiam involvit* (PPC 1lem1). *Quicquid est in se consideratum sine respectu ad aliud quid perfectionem includere* (⋯) *tantum perfectionem includit, quantum realitas exprimit* (⋯) *res plus perfectionis habet eo*

---

475   C. Ramond 1988.

magis de Deo participat(Ep19). *Perfectionem in toi esse et imperfectionem in privatione tou esse consistere*(Ep36). *Quicquid substantia perfectionis habet, nulli causae externae debet*(E1p11s). *Ille effectus perfectissimus est, qui a Deo immediate producitur* (⋯) *rerum perfectio ex sola earum natura et potentia est aestimanda*(E1app). *Per realitatem et perfectionem idem intelligo*(E2d6). *Laetitiam passionem qua mens ad majorem transit perfectionem*(E3p11s). *Per perfectionem ipsam rei essentiam intelligimus*(E3ad3exp). *Perfectio et imperfectio modi solummodo cogitandi sunt* (⋯) *individua plus entitatis seu realitatis perfectiora esse dicimus*(E4praef). *Ratio id omne quod ad majorem perfectionem ducit, appetat*(E4p18s). *Is ad summum humanam perfectionem transit*(E5p27). *Unusquisque perfectior et beatior*(E5p31s). *Res plus perfectionis habet, eo magis agit*(E5p40).

참고문헌

1차 문헌

Descartes, R., *Meditationes* III-IV ; *Responsiones secundae* ; *Principia* I art. 17~20.

2차 문헌

Ramond, C., '*Degrés de réalité et degrés de perfection* dans les *Principes de la philosophie de Descartes* de Spinoza', *Studia Spinozana*, no. 4(1988), pp. 121~146.

— 마르크 알데링크

욕구Appetitus(아페티투스)

라틴어 명사 아페티투스와 상응하는 동사 아페테레appetere는 보통 '원하는 것[결핍, 부족, 필요]/~을 원하다' 또는 '욕구/~을 욕구하다'라는 비전문적 의미로 사용된다. 스피노자는 이 단어들을 이러한 의미로 『윤리학』과 『신학정치론』에서 여러 번 사용한다(『신학정치론』에서는 사용 빈도가 조금 낮다). 『신학정치론』에서 이 용어는 그가 라티오ratio(이성)와 욕구를 비교할 때, 예를 들어 '건전한 이성'과 '과도한 욕구'를 또는 '이성의 법칙'과 '욕구의 법칙'을 비교할 때 가장 자주 나타난다(TTP 5.21 ;

G III. 73 ; TTP 16.6 ; G III. 190). 그는 '육신의 욕구'를 이겨 내기 위해 신의 도움을 간청하는 시편기자에 대해 말한다(TTP 1.34 ; G III. 25). 그는 시편기자가 '육신의 욕구'에 맞서 신의 도움을 간구한다고 말한다 (TTP 1.34 ; G III. 25). 여기에는 분명 평가적 요소(욕구보다 이성에 호의적인)가 존재한다. 하지만 스피노자는 욕망에도 그에 상응하는 가치를 부여하는 데 신중을 기한다. 그는 이성 또는 유덕한 기질이 없을 때 사람들은 "최고의 자연권을 가진 욕구의 법칙" 아래 살아가게 된다고 강조한다(TTP 16.6~7).

그러나 『윤리학』 3부 정리9의 주석[476]에서 그는 아페티투스라는 명사에 보다 전문적 의미를 부여한다. 이후 그 주석은 인간 의지와 욕망이 결코 단순히 정신적인 것이 아니라 항상 신체를 함축하고 개인의 본질적인 코나투스적 노력을 반영한다는 것을 독자들에게 상기시키는 데 쓰인다. 각각의 개별적 실재는 자신의 존재 안에서 존속하기 위해 노력하며, 이 노력(코나투스)이 실재의 현행적 본질이다(E3p6~7).[477] 이러한 노력

---

476 [옮긴이] "이러한 노력이 정신에게만 관련될 때에는 의지라 불린다. 하지만 이것이 정신과 신체에 동시에 관련될 때에는 욕구appetitus라고 한다. 따라서 이것은 인간의 본질 자체와 다르지 않으며, 그 본성으로부터 필연적으로 인간의 보존을 증진할 수 있는 것들이 따라 나온다. 이에 따라 인간은 이것들을 하도록 규정된다. 그다음 욕구와 욕망cupiditas 사이에는 일반적으로 욕망이 자신들의 욕구를 의식하는 한에서의 인간들과 관련된다는 점을 제외한다면 아무런 차이도 존재하지 않는다. 그리고 이 때문에 욕망은 욕구에 대한 의식과 결합된 욕구라고 정의될 수 있다. 그리하여 이 모든 것으로부터 다음과 같은 점이 따라 나온다. 곧 우리는 어떤 것이 좋다고 판단하기 때문에 그것을 추구하려고 노력하고 의지하고 원하고 욕망하는 것이 아니며, 반대로 만약 우리가 어떤 것이 좋다고 판단한다면, 이는 우리가 그것을 추구하려고 노력하고 의지하고 원하고 욕망하기 때문이다"(E3p9s).

477 [옮긴이] "각각의 실재는 자기 자신 안에 있는 한에서quantum in se est 자신의 존재 안에서 존속하려고 노력한다conatur"(E3p6). "각각의 실재가 자신의 존재 안에서 존속하려고 하는 노력conatus은 실재의 현행적 본질 자체와 다른 어떤 것이 아니다"(E3p7).

은 지속적인 존재함과 존재 안에 존속하는 데 도움이 되는 것을 욕망하는 것으로 나타난다. 코나투스가 단지 정신과만 관련될 때는 의지라 불린다. 그것이 정신과 신체 둘 다에 연관될 때는 욕구라 불린다. 개체가 욕구를 의식하는 한 욕구는 욕망cupiditas이라 불린다(E3p9s). 의지, 욕구, 욕망은 세 가지 상이한 것들이 아니라, 존재 안에 존속하기 위한 개체의 근본적 욕구가 나타나고 분류되는 세 가지 상이한 방식이다.

울프슨은 자기 보존을 위한 유기체의 욕망과 관련하여 아페티투스라는 용어가 사용된 것은 오랜 역사를 지니고 있음을 상기시키고자 많은 문헌을 제시한다. 그는 키케로, 아퀴나스, 둔스 스코투스, 단테Dante, 베르나르디노 텔레시오Bernardino Telesio 등의 구절을 인용하는데, 이들 모두는 명시적으로 자연의 모든 존재가 자기 보존을 욕망한다고 말한다. 울프슨은 이러한 용법이 '호르메'horme[478]라는 그리스어 용어 — 종종 코나투스로 번역되기도 하는 단어 — 로 거슬러 올라갈 수 있다고 언급한다. "키케로 자신이 코나투스와 아페티티오appetitio(욕구, 욕망, 자연적 경향)를 동의어인 것처럼 쓰고, 두 단어 모두 그리스어 호르메의 라틴어 동의어라고 생각한다."[479] 스피노자 시대의 스콜라철학 전통에서 스토아학파의 아페티투스 나투랄리스appetitus naturalis(자연적 욕구)와 소요학파의 아페티투스 관념은 구별된다. 전자는 자기 보존을 위한 본유적 충동이며, 후자는 좋아 보이거나 기쁨을 주는 대상이라고 지각된 실재를 욕망하는 영혼의 능력으로 정의된다.[480] 쇼뱅은 '최근' 철학자들에 따르면 영혼이 없

---

478   [옮긴이] '호르메'(ormè 또는 horme[ὁρμή])는 내적 충동이나 욕구, 경향을 뜻하는 고대 그리스어로, 스토아학파가 인간 행동을 설명하기 위해 사용했던 개념이다.

479   Wolfson 1934, vol. 2, p. 196.

480   Micraelius, *Lexicon philosophicum*.

는 동물은 엄밀한 의미에서 욕구를 가질 수 없다고 덧붙인다.[481]

스피노자는 모든 인간의 욕망을 근본적인 코나투스가 드러나는 것으로 보고, 그에 따라 자신의 체계적인 심리학을 전개한다. 그래서 아페티투스는 목적을 달성하기 위한 인간의 행동을 설명하는 데 사용될 수 있다. 스피노자는 목적(목적인으로서의)이 아니라 목적을 이루려는 욕망(작용인으로 기능할 수 있는)에 집중함으로써 목적론적 설명의 문제점을 피한다. 4부 정의7은 이 점을 단도직입적으로 말하고 있다. "나는 우리가 그것을 위해 어떤 것을 하는 목적을 욕구로 이해한다."

· 관련 항목 : 코나투스, 의지, 이성

원문

Appetitus non confundendus est cum voluntate(CM 2.12). *Experientia satis superque doceat quod homines nihil minus posse, quam appetitus moderari suos*(Ep58). *Cor purum in me crea Deus, et Spiritum* (id est appetitum) *decentem* (sive moderatum)(TTP 1, G III. 25). *Omnes suum utile quaerunt, at minime ex sanae rationis dictamine, sed plurimum ex sola libidine et animi affectionibus abrepti res appetunt*(TTP 5, G III. 73). *Ex legibus rationis vivendi, ex legibus appetitus*(TTP 16, G III. 190). *Humanas actiones atque appe titus considerabo perinde ac si questio de lineis, planis, aut de corporibus esset*(E3praef). *Hic conatus cum ad mentem solam refertur, voluntas appellatur ; sed cum ad mentem et corpus simul refertur, vocatur appetitus, qui proinde nihil aliud est, quam ipsa hominis essentia, ex cuius natura ea, quae ipsius conservationi inserviunt, necessario sequuntur ; atque adeo homo ad eadem agendum determinatus est*(E3p9s). *Per finem, cuius causa aliquid facimus, appetitum intelligo*(E4d7). *Unum et eundemque esse appetitum per quem homo tam agere quam pati dicitur*(E5p4s). *Hominum naturalis potentia, sive jus, non ratione sed quocunque appetitu definiri debet*(TP 2.5). *Humana libertas eo major est, quo homo appetitus moderari potest*(TP 2.20).

481　Chauvin, *Lexicon philosophicum*.

참고문헌

2차 문헌

Wolfson, H. A., *The Philosophy of Spinoza : Unfolding the Latent Processes of His Reasoning* (Cambridge : Harvard University Press, 1934 ; reprinted in 2 vols, New York : Schocken, 1969).

— **토마스 쿡**

욕망Cupiditas(쿠피디타스) → 욕구를 보라.

우유Accidens(아키덴스)

라틴어 명사 아키덴스와 그에 상응하는 네덜란드어 투발toeval은 스피노자의 초기 저작에서만 사용되고, 『윤리학』에서는 단 한 번, 그리고 '엑스 아키덴스'ex accidens(우유에서)라는 관례적 표현으로 등장한다 (E4p36s).[482] 『지성교정론』에서 스피노자는 우유에 대한 본질의 논리적 우선성을 언급한다. "우유는 본질들이 먼저 인식되지 않고서는 결코 명료하게 이해되지 않는다"(TIE 27 ; 김은주 41. 용어는 수정). 실체와 관련하여 우유가 존재론적으로 후행한다는 것과 존재가 실체와 우유로 분할된다는 것은 「서신4」에서 언급된다.[483] [실체에 대한 우유의] 존재론적이고 논리적인 의존은 스콜라철학의 기본 관념이지만 스피노자가 직접적으로 참고한 자료는 데카르트였다.

482　[옮긴이] 원문에는 "per accidens"라고 인용되어 있으나 "ex accidens"의 오기일 것이다 (E4p36s ; G II. 235 참고).

483　[옮긴이] "첫째, 실체는 본성상 자신의 우유에 앞섭니다. (…) 둘째, 실재 안에서, 즉지성밖에는 실체들과 우유들 외에 아무것도 주어진 것이 없습니다"(이근세 26. 용어는 수정).

실체의 우선성으로부터 데카르트는 다음 두 가지 주장, 곧 물체가 연장을 전제하는 모양, 위치, 장소 운동과 같은 우유의 직접적 주어/기체subject라는 것과 실체가 우유보다 더 많은 실재성을 지닌다는 것을 도출한다. 나아가 데카르트가 그런 것처럼 스피노자는 실체의 표상적 실재성objective reality이 우유의 표상적 실재성보다 크다고 말한다. 스피노자는 또한 데카르트가 『여섯 번째 반박에 대한 답변』에서 스콜라철학의 실재적 우유real accidents 학설을 논박한 것도 받아들인다. 스콜라철학의 학설에 따르면 그러한 우유들은 "실재적"이라고 불려야 하는데, 왜냐하면 그것들은 상응하는 실체 없이도 실존할 수 있기 때문이다. 그러한 실재적 우유들이 성체 성사 동안 변형된 와인의 붉음과 빵의 힘이다. 하지만 데카르트에 따르면 독립적으로separatim 실존할 수도 있는 모든 것은 실체이지 결코 우유가 아니다.[484] 스피노자는 데카르트가 우유와 양태를 동일시한 것 또한 받아들인다. 「형이상학적 사유」에서만 두 개념을 명시적으로 구별한다. 스피노자는 존재자의 전통적 구분을 '실체' 및 '우유'와 관련해서가 아니라 '실체' 및 '양태'와 관련하여 기술하고 우유는 단지 '실재의

---

484 [옮긴이] "실재적 우유가 존재한다는 것은 전적으로 모순입니다. 왜냐하면 실재적인 것은 다른 모든 대상과 분리되어 존재할 수 있기 때문입니다. 그러나 그렇게 분리되어 존재할 수 있는 것은 실체이지 우유가 아닙니다"(AT VII. 434 ; 원석영 I-1. 430. 용어는 수정). 데카르트는 성체성사의 실체 전환 문제를 "처음으로 철학적 방식으로 설명하고자 시도한 철학자들은 감각을 자극하는 우유들이 실체와 다른 어떤 실재적인 것이라고 확신한 것 같다"라고 주장하면서, "빵의 형상을 이루는 성질들이species panis 그와 같은 실재적 우유들이라고 가정"하고 "그것들[실재적 우유들]이 주체 없이[sine subjecto] 존재할 수 있는지를 설명"하고자 했지만, 여기에는 많은 난점이 있다고 주장한다. 그는 사실 "적어도 내가 아는 한, 교회가 최후의 성찬의 비밀과 관련해서in Sacramento Eucharistitiae 빵과 포도주에 남아 있는 형상들이 실체들이 제거된 후에도 신비하게 홀로 존재하는subsistant 실재적 우유accidentia quaedam realia라고 가르친 적이 결코 없다"라고 역설한다(AT VII. 253 ; 원석영 I-1. 225 전후 내용 참고). 『편람』 3부 1장 피에르 베일의 『역사비평사전』에서도 이 문제가 여러 번 거론된다.

양태'를 나타낸다고 말함으로써, 스콜라주의의 개념적 질서를 재편했다.

· **관련 항목 : 양태, 변양, 변용**

원문

accidentia, quae nunquam clare intelliguntur, nisi praecognitis essentiis(TIE 27). Dan waren de toevallen door haar natuur eer als de zelfstandigheid(KVap). *Substantia est subjectum immediatum extensionis et accidentium quae extensionem praesupponunt, ut figurae, situs, motus localis*(PPC1def7). *Substantia plus realitatis habet quam accidens vel modus*(PPC1ax4). *Expresse dicimus ens dividi in substantiam et modum, non vero in substantiam et accidens, nam accidens nihil est praeter modum cogitandi*(CM1.1). *Aliquid de formis substantialibus et realibus accidentibus dicamus, sunt enim haec et hujus farinae alia plane inepte*(CM2.1). *Accidentium et modorum nullam dari creationem, praesupponunt enim praeter Deum substantiam creatam*(CM2.12). *Per modificationem sive per accidens.* (⋯) *Substantia sit prior natura suis accidentibus*(Ep4). *Non ex accidenti, sed ex ipsa natura rationis oriri*(E5p36s).

참고문헌

1차 문헌

Burgersdijk, F., *Institutiones metaphysicae*(Leiden, 1642).

Descartes, R., *Principia Philosophiae, Responsiones Sextae*.

Heereboord, A., *Hermeneia logica, sive synopseos logicae Burgersdicianae explicatio*(Leiden, 1640).

Maccovius, J., *Metaphysica ad usum questionum in philosophia ac theologia adornata et applicata per A.* Heereboord(Leiden, 1658).

2차 문헌

Richter, G.T., *Spinozas philosophische Terminologie. I : Grundbegriffe der Metaphysik*(Leipzig : Barth, 1913).

— **헨리 크롭**

우정Amicitia(아미키티아)

스피노자 서신의 인사말이나 결구에서 수신자는 종종 '친구'— 네덜란드어 서신에서는 '바르더 프리엔트'waarde vrient[485] —라 불린다. 스피노자와 보우미스터, 옐러스, 마이어, 오스턴스, 더 브리스, 발링, 반 블리엔베르흐는 서로 친구라고 부르는 인사말을 쓰며, 슐러에게는 마지막 서신에서 친구라 칭하는 결구를 쓴다.[486] 옐러스에게 보낸 서신들에서는 본래 네덜란드어로 작성된 서신만 '바르더 프리엔트'라는 인사말이 사용되는데, 왜냐하면 『유고』Opera posthuma 편집자들이 본래 '바르더 프리엔트'라고 되어 있는 네덜란드어 인사말을 '후마니시메 비르'humanissime vir(가장 정중한 선생님)라고 바꾸어 놓았기 때문이다.[487]

휘더Hudde, 라이프니츠, 뷔르흐Burgh, 스텐센Stensen에게 서신을 보낼

---

485 [옮긴이] '친애하는/소중한 친구에게' 정도로 번역될 수 있는 네덜란드어이다. '프리엔트'vrient는 '프린트'vriend(친구, 동무, 벗)의 옛말이다.

486 [옮긴이] 이 서신의 결구에서도 그렇다. '가장 탁월한 선생님께. 당신의 아주 좋은 친구이자 가장 순종적인 종, 베네딕투스 데 스피노자로부터'Vir praestantissime Tibi amicissimum et Servum Paratissimum B. deSpinoza. 국역본에는 결구가 생략되어 있다.

487 [옮긴이] 스피노자 사후 그의 친구들은 유고를 묶어 라틴어 『유고』Opera Posthuma(이하 OP)와 네덜란드어 『유고』De Nagelate Schriften(이하 NS)를 1677년에 출간했다. 이 두 유고집에 수록된 스피노자의 저작은 대부분은 라틴어로 작성된 것이지만, 일부 서신은 네덜란드어로 작성되었다. 네덜란드어로 쓴 서신은 당연히 네덜란드어가 출발어이고, OP에 있는 서신은 그 번역일 것이다. 그런데 NS에 수록된 스피노자가 애초 네덜란드어로 써서 옐러스에게 보낸 서신들(1667년 3월 3일자 「서신39」와 1667년 3월 25일자 「서신40」)에는 인사말이 '바르더 프리엔트'라고 되어 있지만, OP 편찬자와 번역자들은 이를 라틴어로 번역하면서 '후마니시메 비르'humanissime vir(가장 훌륭한 선생님)라는 보다 정중한 표현으로 바꾸어 놓았다(NS 584, 585와 OP 531, 533 참고). 그래서 이 항목의 저자는 스피노자와 옐러스가 서로 친구라고 부르는 인사말을 썼지만 OP는 이를 바꿨으니, 옐러스에게 보낸 서신 중 네덜란드어로 작성된 것만 인사말이 "바르더 프리엔트"라고 되어 있다는 것이다. 참고로 「서신39」와 「서신40」은 겝하르트 비평본에 따른 현재 통용되는 서신 번호이며, OP와 NS의 서신 번호로는 각각 44번과 45번이다.

때 스피노자는 위와 같은 인사말을 전혀 사용하지 않았고, 올덴부르크에게는 딱 한 번 위와 같은 친구라 부르는 인사말을 쓴다(Ep26). 반면 올덴부르크는 스피노자와의 첫 번째 서신 교환 시기부터 1665년까지 예외 없이 친구라는 말이 들어간 인사말을 사용했다. 1675년에 시작된 두 번째 서신 교환 시기에 올덴부르크는 「서신62」의 첫 번째 문장에서 딱 한 번 [위 인사말은 아니지만] 우정의 의무를 언급한다.[488] 이러한 '친구'라는 단어 사용을 어떻게 해석해야 하는지는 그다지 분명치 않다. 서신 교환을 한 17세기의 다른 학자들과 비교해 볼 때, 친한 사이라는 것이 이런 식의 인사말을 완벽하게 설명하는 것은 아님을 알 수 있다. 예컨대 이런 인사말은 결코 개인적으로 만난 적이 없는 학자들 사이에서도 또는 어떤 나이 든 공무원과 그보다 훨씬 어린 후배protégé가 주고받은 서신들에서도 발견되기 때문이다. 반 블리엔베르흐 또한 스피노자에게 보낸 자신의 첫 번째 서신을 '미지의 친구'라는 말로 시작한다(Ep18).[489]

그러나 서신을 주고받은 이들 간 우정의 도덕적 본성은 의심

---

488 [옮긴이] "저희 서신 교환이 다시 이루어지게 된바, 저는 선생님께 글을 쓰지 않음으로써 우정의 의무amici officio를 저버리지 않도록 할 것입니다"(Ep62 ; 이근세 341. 국역본에서 이 서신 번호는 62번이 아니라 61번이다. 역자가 번호를 바꾼 이유에 대해서는 이근세 341 역주 229번 참고). 올덴부르크(1619~1677)와 나눈 서신은 1661년에 시작되어 1665년까지 주고받은 서신 1~7, 11, 13, 14, 16, 25~26, 29~33번과 1675년에서 재개되어 1676년까지 교환한 서신 61~62, 68, 71, 73~75, 77~79번이 있다. 1666년부터 1674년에는 중단되었으니, 이 시기 전후를 첫 번째 시기와 두 번째 시기라고 하는 것이다.

489 [옮긴이] 빌럼 반 블리엔베르흐Willem van Blijenbergh(1632~1696)는 특히 종교적 문제와 관련하여 스피노자에게 적대적이었던 서신 교환자이다. 「서신」 18~24, 27이 그와 나누었던 서신이다. 블리엔베르흐에 대해서는 이 책 이근세 459~460, C I. 349~351 참고. 스피노자의 답신(Ep19) 인사말에도 '친구'라는 표현이 들어간다. OP에는 '미지의 친구'Amice Ignote라 되어 있지만, NS에는 "선생님이자 아주 반가운 친구분께"Myn Heer, en Jeer aangename vrient라고 되어 있다.

의 여지가 없다. 「서신2」, 「서신13」, 「서신19」에서 스피노자는 그러한 우정에 대해 다룬다. 스피노자는 그리스인의 '프로인트샤프체티크'Freundschaftsethik(우정의 윤리)를 요약한 경구를 언급하면서, 친구는 모든 것을 특히 정신적인 것을 공동으로 나누어야 한다고 말한다(Ep2). 이 정신적 공동체에는 정직, 진리에 대한 사랑, 개방성, 진실함, 속 보이는 아첨을 자제함이 요구된다. 이러한 생각은 스피노자 특유의 것이 아니다. 쇼뱅은 '친구'가 "의지, 공부, 견해를 지속적으로 나눔으로써 유사한 다른 사람과 연결된 좋은 사람"에 적용되는 말일 수 있다고 한다.[490] 이 연결은 이익의 결과가 아니라 도덕적 온전함, 동등함, 덕의 결과이다. '자연적 우정' 곧 연민sympathy 외에도, 미크라일리우스에 따르면, 세 가지 종류의 우정이 각각의 상이한 목표, 즉 유용성, 정직, 기쁨에 따라 구별되어야 한다.[491]

정치 관련 저작에서 친구와 우정 관념이 사용되는 일은 드물다. 『정치론』에는 정치적 우정에 대한 말이 이따금 나올 뿐이다. "귀족들에게는 부유한 사람이나 혈연적으로 그들과 가까운 사람 또는 우정으로 연결된 사람이 언제나 최선자처럼 보일 것"(TP 11.2 ; 공진성 367)이라거나 "다중이 왕으로 선택한 사람들이 자기를 위해서도 자기의 안녕과 모든 사람의 안녕을 맡길 군사령관이나 행정 자문관, 그리고 친구를 구하는 것"(TP 6.5 ; 공진성 151)이라는 구절이 그렇다. 그러나 우정이라는 '정서'는 귀족정이나 군주정에 해롭다. 왜냐하면 우정은 "경험이 충분한 정도 이상으로 가르쳐"(TP 2.6 ; 공진성 67) 주는 것처럼 공동의 선을 따르

490　Chauvin, *Lexicon philosophicum*.

491　Micraelius, *Lexicon philosophicum*.

려는 노력을 방해하고, 집정자執政者가 법에 따라 직무를 수행하지 못하게 만들기 때문이다.

스피노자 우정 철학의 근간은 무지한 사람들의 통상적 우정과 이성의 인도에 따라 사는 사람들의 진정한 우정 간 차이에 있다. 두 우정 모두 사랑, 관계, 결속, 연관(모두 '아미키티아'를 배경으로 나타나는 단어들이다)으로 인식될 수 있다. 두 유형의 사람 모두 그들이 생각하고 행동하는 방식과 똑같이 다른 사람도 생각하고 행동하기를 원하고 그렇게 만들기 위해 노력한다. 그러나 첫 번째 유형의 우정은 다른 사람에게 의존하게 만들고 그들과 충돌하고 갈등하는 것으로 이어지며, 미움, 질투, 슬픔과 같은 다른 정념과 연관되는 정념이다. 두 번째 유형의 우정은 능동적이며 자유롭고 덕이 있으며 다른 사람에게 더 큰 행위 역량과 기쁨을 주면서 사람들을 화합하게 만든다.[492] 스피노자는 오직 자유로운 사람들만 서로에게 유용하다고 말한다(E4p71d).

그러므로 자유로운 사람들만이 우정을 즐거워하고 똑같이 사랑을 열망한다.[493] 『윤리학』에서 우정은 정서 항목에 포함되지 않지만, 3부 정리59의 주석에서 스피노자는 게네로시타스generositas[고결함/관대함][494]

---

492 [옮긴이] "자유인은 다른 사람들과 우정을 맺으려고 애쓰며(4부 정리37에 의해), 사람들에게 그들의 정서에 비추어 동등한 호의를 돌려주려고 애쓰는 것이 아니라 그 자신과 다른 사람들을 이성의 자유로운 판단에 따라 인도하고, 그 자신이 아는바, 최선인 행동만을 하려고 애쓴다"(E4p17d). "사람들에게 각별히 유용한 것은 서로 교제를 맺어 이러한 끈을 통해 그들 모두가 더 능력이 있는 한 사람을 형성하고 절대적으로 말하면 우정을 강화할 수 있는 것을 할 수 있도록 하는 일이다"(E4app12).

493 "오직 자유로운 사람들만이 서로에게 가장 유용하며, 가장 커다란 우정의 필요성에 따라 연결되어 있고(4부 정리35 및 그 따름정리1에 의해), 똑같은 사랑의 열정studio으로 서로에게 좋은 일을 하려고 노력한다(4부 정리37에 의해)"(E4p71d).

494 [옮긴이] 스피노자는 게네로시타스를 '각자가 오직 이성의 인도에 따라 다른 사람들을 돕고 그들과 우정으로 연결되려고 노력하는 욕망'으로 정의한다(E3p59s).

라는 관념généroité(데카르트의 제네로지테)과 호네스타스honestas[신의]를
동의어처럼 쓴다.[495]

우정에 대한 스피노자의 견해는 전통적인 것이다. 그의 우정 관념은
특히 스토아학파에서 중요했던 고전적 우정 관념이다. 우정을 사랑과 구
별하는 동등성과 상호성 관념 역시 평범한 것이었다.[496]

---

495 [옮긴이] 3부 정리59의 주석에서 스피노자는 '각자가 오직 이성의 인도에 따라 다른 사람들
을 돕고 그들과 우정으로 연결되려고 노력하는 욕망'으로 정의하는데, 4부 정리37의 주석
1에서 '호네스타스'가 "이성의 인도에 따라 살아가는 어떤 사람이 다른 사람들과 우정을 맺
을 수밖에 없게 만드는 욕망"이라고 유사하게 정의되고 있으니, 3부 정리59에서 게네로시
타스를 호네스타스와 동의어처럼 쓴다고 한 것이다(참고로 영역자 컬리, 셜리, 파킨슨은 게네
로시타스를 "nobility"라고 번역했고, 실버스톤과 키즈너는 "generosity"로 옮겼다. 호네스타스는
컬리는 "Being Honorable", 셜리는 "Sense of Honor", 파킨슨은 "probity", 실버스톤과 키즈너는
"honor"라고 옮겼다). 두 개념의 정의에서 알 수 있듯이 스피노자는 이 말들을 모두 우정과 연
관시킨다. 그래서 저자는 앞서 "우정이라는 '정서'" 같은 표현을 쓰면서 우정이 『윤리학』의
정서 목록에는 없지만 정서처럼 볼 수 있다고 생각하는 것 같다. 참고로 '피에타스'pietas(경
건/도의심/도덕)도 유사한 방식으로 정의된다(E4p37s1. '피에타스' 항목 참고).

496 [옮긴이] 원문은 다음과 같다. "Spinoza's view of friendship is traditional. It is the classical
idea of friendship, important in Stoic philosophy in particular. The notion of equality and
mutuality that distinguishes friendship from love is also conventional." '우정을 사랑과 구별
하는 동등성과 상호성 관념'이 스피노자의 견해이고 이러한 관념 역시 관습적인 것이었다
는 말인지, 아니면 스피노자와 무관하게 그러한 관념이 있는데 그 역시 전통적인 관념이라는
주장인지 모호하다. 문맥을 보면 전자일 것 같은데, 맞다면 전거를 찾기 어려운 점은 차치하
더라도 역시 문제가 될 듯하다. 스피노자는 '동등성과 상호성 관념'을 내포한 사랑의 가능성
도 말하는 것 같기 때문이다. 알다시피 스피노자는 '자유인'을 '이성의 명령에 따라 살아가는
사람'으로 규정한다(E4p67d, 68d). 이런 사람은 다른 사람도 '이성의 인도에 따라 살아가게
하려고 노력'(E4p37d)하고 "다른 사람들과 우정을 맺으려고 애쓴다"reliquos homines amicitia
sibi jungere (…) studet(E4p70d). 그런데 스피노자는 이들을 다른 사람도 '함께 지고한 좋음
을 향유할 수 있게 하려고 욕망하는 사람'이라고 표현하기도 하며, 그들은 '무엇보다도 그들
이 자신과 사랑으로 결합되게 하려고 애쓸 것이며studebit, eorum sibi Amorem conciliare (…)
사람들이 (…) 할 수 있는 한 이성의 규정에 의해 살아가도록 노력하게 할 것'(E4app25)이라
고 말한다. 저자가 말했듯이 우정은 스피노자의 정서 목록에 없고 정의되지도 않는다. 따라
서 "다른 사람과 우정을 맺으려고 애쓴다"라는 말을 적어도 스피노자의 정의에 비추어 해명
할 수는 없다. 그러나 "다른 이들이 자신과 사랑으로 결합되게 하려고 애쓴다"라는 것의 의

원문

Waarde vrient(Ep39, 40, 50). *Amice colende*(Ep1, 9, 10, 31). *Praesertim amicorum omnia communia, nempe spiritualia, habere debuere.* (…) *quod a me jure amicitiae peteris*(Ep2). *Vir amicissime*(Ep3, 25). *Amice plurimum colende*(Ep5, 14, 33). *Amice charissime*(Ep6, 20). *Amice colendissime*(Ep6). *Amice integerrime*(Ep8, 26). *Nolim officio amici deesse*(Ep62). *Amice singularis*(Ep12, 37). *Dilecte amice*(Ep17). *Amice ignote*(Ep18, 19). *Amice*(Ep21, 23, 24, 27). *Chare amice*(Ep22). *Amicos in re indifferenti salva amicitia dissentire posse*(Ep54). *Rem amatam eodem, vel arctiore vinculo amicitiae*(E3p35). *Per generositatem cupiditatem intelligo, qua unusquisque ex solo rationis dictamine conatur reliquos homines juvare et sibi amicitia jungere*(E3p59s). *Cupiditatem, qua homo qui ex ductu rationis vivit, tenetur, ut reliquos sibi amicitia jungat honestatem voco*(E4p37s1). E4p70 ; E4p71. *Homines apprime utile est ea agere quae firmandis amicitiis inserviunt*(E4app12, 14, 17, 26). *Rationem boni,*

미는 분명하다. '사랑은 외부 원인의 관념을 수반하는 기쁨'(E3ad6)이므로 저 말은 자신이 그러한 것처럼 다른 이들도 자신에 대한 관념을 수반하는 기쁨으로 변용되게 만들려고 애쓴다는 말인 것이다. 서로가 서로에 대한 관념을 수반하는 기쁨으로 변용될 때 그들은 '사랑으로 결합'되어 있다고 할 수 있다. 이때 그들의 사랑은 상호적이며 동등할 것이다. 다음 구절의 '똑같은'par이라는 말은 이를 나타낸다. "오직 자유로운 사람들만이 서로에게 가장 유용하며 가장 커다란 우정의 필요성에 따라maxima amicitiae necessitudine 연결되어 있고(4부 정리35 및 그 따름정리1에 의해), 똑같은 사랑의 열정으로parique amoris studio 서로에게 좋은 일을 하려고 노력한다(4부 정리37에 의해)"(E4p71). 스피노자가 자유인의 특징으로 제시한 것(E4p67~73, 특히 E4p71 참고)을 종합해 볼 때, 자유인들 간의 사랑의 결합은 상호성과 동등성을 지니고 있고 할 만하다. 사실 진정한 상호성과 동등성을 내포한 사랑은 자유인들 간의 사랑밖에 없을 것이다. 정념적 사랑도 상호성을 바라지만(E3p33) 우연히 가능한 일일뿐더러 오히려 미움으로 전화되기 쉬운 유약한 것이기 때문이다(E3p35, p38). 나는 사랑의 원인이 '마음의 자유'라면 "결혼과 관련된 것은 확실히 이성과 합치된다"라는 흥미로운 주장(E4app20)도 이를 배경으로 한다고 생각한다(니체, 『차라투스트라는 이렇게 말했다』의 1부 "아이와 혼인에 대하여"와 비교해 보라). 요컨대 사랑의 대상과 그 대상에 대한 관념의 적합성에 따라 사랑은 '마음의 병과 불운'의 원인인 사랑일 수도 있지만, '우리가 진정으로 소유할 수 있는 것에 대한 사랑'(E5p20s)이 될 수도 있다. 이런 의미에서 사랑 그 자체는 좋은 것도 나쁜 것도 아니다. 물론 저자의 주장이 스피노자에 대한 것이 아니라면 이 옮긴이가 주는 빗나간 것이 된다.

quod ex mutua amicitia et communi societate sequitur(E5p10s).

참고문헌

2차 문헌

Laufhütte, H., 'Freundschafte. Ihre Spuren im Briefarchiv Sigmund Birkens', in *Ars et Amicitia, Chloe*, Beiheft zum Daphnis, no. 28(Amsterdam, 1998), pp. 309~330.

— 미리암 판 렌

운동Motus(모투스)

운동(네덜란드어로 베베힝beweging) 개념은 스피노자의 철학 체계에서 중요한 역할을 한다. 운동에 대한 스콜라철학적 정의('가능태로 있는 것의, 그러한 것인 한에서의 완성태[현실태]가 운동'이라는 아리스토텔레스『자연학』의 운동 정의[497]에서 유래한 정의) 대신 스피노자는 데카르트『철학의 원리』 요약에서 다음과 같은 운동 정의를 제시한다. "장소 운동Motus localis은 물질의 한 부분 또는sive 한 물체가 그것에 직접 접촉해 있고 정지해 있는 것으로 간주된 물체들 근처로부터 다른 물체들 근처로 이동하는 것translatio이다"(PPC2d8 ; G I. 181 ; C I. 263). 스피노자는 물질세계의 운동을 장소 이동으로 제한한다는 점에서 데카르트를 따르고, 또한 그러한 운동이 물체적 실체의 주요 속성, 즉 연장의 양태라고 주장한다. 하지만『윤리학』뿐만 아니라 그의 서신에서 볼 수 있는, 운동에 대한 후기의 설명은 데카르트에게서 발견할 수 있는 것을 훨씬 넘어서는 특징을 가지고 있다.

예컨대『윤리학』 2부 정리13 이하에 나오는 「자연학 소론」에서 스피노자는 보조정리1로 물체가 "실체의 관계에 따라"서가 아니라 "운동과 정지, 빠름과 느림의 관계에 따라" 서로 구별된다는 주장을 도출한다. 이 주장을 뒷받침하기 위해 그는, 물체적 실체가 본성상 실재적으로 구분되는 부분들로 분할될 수 있다는 데카르트 자신의 공식적인 입장과는 대조적으로, 물체적 실체는 실체로서는 분할될 수 없다는『윤리학』1부 정리15 주석의 논의 결과를 제시한다(E2p13sL1d). 스피노자에게 물질이 부분들로 분할되는 것은 오직 양태 수준에서만 일어날 수 있으며, 이 구별은 운동과 정지의 차이에서 도출되기 때문이다.

스피노자는 운동과 정지가 양태인 상이한 물체를 구별할 수 있게 할 뿐만 아니라 운동과 정지의 특수한 사례들 자체가 연장의 '직접적 무한 양태'인 모투스와 퀴에스quies(정지)의 변양이라고 주장한다. 혹자는 운동과 정지를 지배하는 법칙이 이 무한 양태를 구성한다고 주장하지만, 스피노자는 무한 양태가 하나의 구체적인 양quantity, 즉 자연 안에 있는 운동과 정지의 총량임을 시사하기도 한다. 그러한 시사는 스피노자가「서신64」에서 연장의 직접 무한 양태의 무한한 변양, 즉 연장 속성의 '매개적 무한 양태'의 사례로 하나의 '개체'로서 '자연 전체'를 제시했다는 사실을 이해하는 데 도움을 준다. 이 개체는 자연 안에 자연을 구성하는 모든 유한한 양태들 사이에서 성립하는 고유의 '운동과 정지의 관계[비율]'을 갖는다.

생애 마지막을 향하던 시기에 스피노자는 치른하우스와의 서신 교환[498]에서 그가 운동 개념 및 운동과 연장의 관계에 대한 이해에서 데카

---

497   *Physica* III 1, 201a 10-11. [옮긴이] 아리스토텔레스, 김재홍·김헌·유재민·임성진·조대호 옮김,『아리스토텔레스 선집』(길, 2023), 200.

498   [옮긴이] 스피노자가 사망하기 1년여 전, 1676년 5월 2일 치른하우스의 편지(「서신80」)에서 시작되어 1676년 7월 15일 스피노자의 답변(「서신83」)으로 일단락된 운동 문제에 관한 일

르트와 다름을 보여 주었다. 치른하우스가 운동은 연장 내부로부터 도출될 수 없고 반드시 신에 의해 연장에 주입되어야 한다는 데카르트의 견해를 언급했을 때, 스피노자는 「서신83」에서 데카르트는 잘못 판단했으며 그보다는 운동을 "영원하고 무한한 본질을 표현하는 속성을 통해" 정의했어야 했다고 답변한다. 이 서신에서 그가 시사하는 것은 연장은 영원하고 무한한 본질을 표현하는 하나의 속성인 한에서 내부적인 역동적 특성을 포함하고 있으며, 이는 연장으로부터 무한 양태로서의 운동과 정지가 직접 파생됨을 설명해 준다는 점이다. 나아가 운동 중에 있거나 정지해 있는 특수한 물체들은 트란슬라티오translatio(이동)의 현존이나 부재뿐 아니라 『윤리학』 3부 정리6이 분명히 보여 주는 것처럼 내부적 코나투스를 소유하는데, 이는 특수한 물체가 지니는 상태가 존재하는 이유를 설명하는 데 도움을 준다.

· **관련 항목** : 양태, 물체/신체, 무한, 코나투스, 신·신의 지성과 의지

원문

KV 2.9 ; Uijt deze proportie dan van beweginge en stilte komt ook wezentlijk te zijn dit ons licham (KV 2voorr). Zoo wanneer wij dan aanschouwen de uijtgebreidheid alleen, zoo is 't dat wij in de zelve niets anders gewaarworden als beweging en ruste, uijt de welke wij alle de uijtwerkingen, die daar af herkomen, vinden (KV 2.19) ; KV 2. 20. *Corpus humanum non absolute, sed tantum secundum leges naturae extensae per modum motum et quietatem determinata extensio* (PPC 1praef). *'Motus localis' est translatio unius partis materiae, sive unius corporis, ex vicinia eorum corporum, quae illud immediate contingunt, et tanquam quiescentia spectantur, in viciniam aliorum* (PPC 2def8) ; PPC 2p6s ; PPC 2p8c ; PPC 2p11s. *Extensio per se, et in se concipitur ; ac motus non item. Nam concipitur in alio,*

련의 편지를 말한다.

et ipsius conceptus involvit extensionem(Ep2). *Exempla, quae petis, primi generis [eorum, quae immediate a Deo producta sunt] sunt in cogitatione, intellectus absolute infinitus ; in extensione autem motus et quies*(Ep64). Ep81; Ep83. *Mens corpus ad motum, neque ad quietum determinare potest*(E3p2). *Corpora ratione motus et quietis, celeritatis et tarditatis, et non ratione substantiae ab invicem distinguuntur*(E2lem1) ; E5praef.

참고문헌

1차 문헌

Descartes, R., *Principia philosophiae.*

2차 문헌

Gabbey, A., 'Spinoza's Natural Science and Methodology', in S. Nadler(ed.), *The Cambridge Companion to Spinoza*(Cambridge : Cambridge University Press, 1996), pp. 142~191.

Garrett, D., 'Spinoza's Theory of Metaphysical Individuation', in K. Barber and J. Gracia (eds.), *Individuation in Early Modern Philosophy*(Albany : State University Press, 1994), pp. 73~101.

Gueroult, M., *Spinoza II : De l'âme*(Hildesheim : Olms, 1974), app. 5, 8.

Lachterman, D.R., 'The Physics of Spinoza's Ethics', in R. Shahan and J. Biro(eds.), Spinoza : New Perspectives(Norman : University of Oklahoma, 1978), pp. 77~111.

Matheron, A., *Individu et Communaute chez Spinoza*(Paris : Éditions de Minuit, 1969).

— 테드 슈말츠

원인Causa(카우사)

'원인'이라는 용어와 그에 상응하는 네덜란드어 '오르자크'oorzaak와 '레던'reden은 스피노자의 모든 저작에서 풍부하게 나타나지만, 그는 단지 데카르트의『철학의 원리』에 관한 자신의 주석과『윤리학』1부에서 이 개념을 다룰 뿐이다. 『데카르트의『철학의 원리』』의 1부 공리에서 스피노자는 데카르트의 일부 관념을, 이를테면 신을 포함한 모든 실재의 인과적 의존과(PPC1 a7과 11) 원인에 대한 결과의 존재론적 의존 관념을 아무런 논평 없이 그대로 수용한다. 그러므로 결과는 그것의 모든 실재성을 그 원인으로부터 얻으며(PPC1 a8), 원인은 그렇기 위해 결과에 존재론적으로 선행해야 한다. 나아가 그는 인과적 산출과 보존causal generation and preservation이 병행된다고 말한다(PPC1 a10).[499] 고클레니우스와 미크라일리우스는 원인이 '존재의 생성 원리'이자 '존재의 콘디시오 시네 쿠아 논'conditio sine qua non(필요조건)이라고 말함으로써 이러한 전통적 관념을 재정리한다.[500] 이와 같이 17세기 철학적 담론에서 인과관계는 단순한 시간적 계기보다 훨씬 더 많은 것을 함축하고 있었다.

『윤리학』 1부에서 스피노자는 인과 관계에 관한 두 개의 공리를 제시한다. 공리3에서 그는 결과는 그 원인으로부터 필연적으로 따라 나온다고 단언한다. 이 정의는 관습적인 것으로 오컴 이래 스콜라철학에서 인과 작용이 정의되던 방식과 일치한다. 하지만 스피노자의 유명한 인과 공리인 공리4는 새로우며 훨씬 흥미롭다. 이 공리는 결과에 대한 인식은 원인에 대한 인식에 의존하고 그것을 함축한다고 말한다. 「서신72」에서

499　[옮긴이] 이상 본문에 언급된 공리는 다음과 같다. "공리7. 현행적으로 실존하는actu existens 어떠한 실재도, 그리고 실재의 어떠한 완전성도 그것의 실존 원인으로 무 또는 실존하지 않는 실재를 가질 수 없다", "공리8. 어떤 실재 안에 있는 실재성 또는sive 완전성은 그것이 무엇이든 간에 그것의 제1원인이자 적합한 원인 안에 형상적으로 또는 탁월하게formaliter, vel eminenter 실존한다", "공리10. 실재를 처음 산출하는 것만큼의 원인이 실재를 보존하는 것에도 요구된다", "공리11. 원인(또는 이유)이 무엇인지, 왜 실존하는지 물을 수 없는 실재는 아무것도 실존하지 않는다. 데카르트의 공리1을 보라"(이상 G I. 155~157 ; C I. 244~245). 데카르트의 공리1은 다음과 같다. "우리는 인식과 확실성에서 앞서 있는 다른 실재에 대한 인식과 확실성에 의해서가 아니라면 알려지지 않은 실재에 대한 인식과 확실성에 도달하지 못한다"(G I. 151 ; C I. 240).

500　Goclenius, *Lexicon philosophicum* ; Micraelius, *Lexicon philosophicum*.

는 "결과의 인식이나 관념은 원인의 인식이나 관념에 의존된다"라는 형식으로 되어 있었다(이근세 380). 이를 주의 깊게 읽어 보면, 그것은 우리가 실재의 원인을 인식하게 되면 그 실재를 더 잘 알게 된다고 말하는 것 같다. 만일 내가 내 어깨에 통증을 일으키는 것이 무엇인지 인식한다면, 나는 그 통증 자체에 대해 더 잘 인식한다. 그러나 이 공리4에 담겨 있는 것처럼 보이는 것은 자연이 근본적으로 가지적이라는 그의 믿음이다. 실재는 그 원인을 통해 **이해**될 수 있다. 사소해 보일지 모르나 전혀 그렇지 않다. a가 b의 원인이라고 가정해 보자. b가 실존하고 b가 인과 규칙성 이론 측면에서[501] a의 결과임을 인식한다고 해서, 그러한 인식 자체로 a와 b의 인과 관계가 가지적이 되는 것은 아니다. 우리는 여전히 **어떻게** a가 b를 야기하는지 완전히 무지한 상태에 있다. 스피노자에게 인과 작용의 전형적 사례는 기하학적인 것으로 보인다. 예컨대 우리가 구를 이해하게 되는 것은 우리가 그것을 반원이 그 축 주위를 회전할 때 만들어지는 것이라고 생각할 때이다(T1E 72). 구를 이런 식으로 생각함으로써, 첫째 우리는 어떻게 그 결과[구]가 그것의 원인[반원의 회전]으로부터 생겨나는지 완전히 이해할 수 있으며, 둘째 구의 특성 또한 연역할 수 있게 되고, 그리하여 그 결과[구]에 대한 인식을 갖게 된다. 이 기하학적 사례에서 구의 산출은 지성의 질서와 일치한다. 따라서 만일 스피노

501　[옮긴이] 인과 규칙성 이론the regularity theory of causation은 "원인이 규칙적으로 그 결과에 의해 따라 나온다"라는 이론이다(Andreas, Holger and Mario Guenther, "Regularity and Inferential Theories of Causation", *The Stanford Encyclopedia of Philosophy*, Fall 2021 Edition, Edward N. Zalta ed., URL=⟨https://plato.stanford.edu/archives/fall2021/entries/causation-regularity/⟩). 주지된 바와 같이 흄이 주장한 이론으로 그에 의하면 인과는 원인과 결과의 인접성contiguity, 반대칭성asymmetry, 항상성constancy, 개연성probability에 대한 반복된 경험을 통해 형성된 일종의 주관적 신념이나 습관 같은 것이다.

자가, 세계가 기하하적 인과 이론이 제시하는 모형에 부합한다는 것을 어떤 식으로든 증명할 수 있다면, 세계를 완전히 이해하고 있는 무한한 사유 실재를 위한 여지가 생긴다. 『지성교정론』 72절에서 스피노자는 심지어 인과 역사를 함축하지 않는 관념은 전혀 참이 아니라고 주장하기까지 한다.[502] 이상하게 들릴지 모르나, 그 이면에 있는 요지는 인과 역사가 없는 관념은 어떤 면에서 의미가 결여되어 있다는 것이다. 반원의 운동에 대한 관념은 무언가를 산출하는 것과 관련되지 않는다면 파편적인 [그 운동이 산출하는 것과 분리되었다는 의미에서] 무의미한 생각에 지나지 않는다. 그러나 반원의 운동이 구의 발생과 관련이 있을 때, 그 결과 곧 그 운동이 구를 산출**하기 위해** 일어난다는 것뿐만 아니라 그 관계가 가지적이 된다는 것 또한 이해할 수 있게 된다. 그래서 스피노자는 목적인에 의한 모든 설명을 폐기하고자 했지만 그가 목적인 대신 택했던 것이 맹목적인 원인들의 우주universe of blind causes는 아니다. 스피노자에게 인과작용은 우주의 접합체cement로서 세계가 지성의 질서를 따르게 만드는 것이기도 하다.

자연의 인과를 완전히 이해하려면 신의 인과적 작업에 대한 인식이 필요하다. 스피노자는 신이 존재하는 모든 것의 작용인이자 첫 번째 원인이라고 주장한다(E1p16). 나아가 정리16~18에서 그는 뷔르헤르스데이크의 『논리학 체계』를 거의 글자 그대로 인용하면서 스콜라철학의 원인 분류법을 사용한다. 신은 내재적 원인이다. 다시 말해서 만물은

---

502   [옮긴이] "이제 이 지각이 반원의 회전을 긍정한다는 점에 주목해야 하는데, 만일 이 긍정이
       구의 개념이나 그런 운동을 규정하는 원인에 결부되지 않는다면, 혹은 절대적으로 말해 이
       긍정이 고립되어 있다면 거짓일 것이다"(TIE 72 : 김은주 81).

신 안에 있기 때문에 원인과 결과 — 우주 — 는 두 개의 구별되는 존재로 실존하지 않는다. 신을 제외한 어떠한 실체도 존재하거나 인식될 수 없기 때문에, 신은 모든 것의 타동적 원인transient cause일 수 없다.[503] 나아가 신의 본질을 제외한 어떠한 것도 그가 행위하도록 할 수 없기 때문에(E1p17c1), 신은 자기 자신을 통한 원인일 수 있을 뿐 우연적 원인일 수 없다(E1p16c2). 그러므로 1부 정의7에 의해 그는 유일하게 실제적으로 자유로운 원인이다(E1p17c2). 신의 본성에 의한 그의 인과적 활동은 우리가 숙고적 지성과 선택적 의지 간 (아리스토텔레스적인) 구별을 가정하면서 그의 행위를 인간과 유비적으로 생각해서는 안 된다는 것을 함축한다. 의지와 지성은 그의 본질과 구별되어야 하는 원리가 아니다(E1p17s). 스피노자가 신은 만물의 첫 번째 원인이자 작용인이라고 강조한 것은 목적인이 없다는 그의 입장을 분명히 보여 준다.

스피노자는 "e가 신으로부터 따라 나온다"와 "신은 e의 원인이다"를 동의어로 사용하는 것처럼 보인다. 이는 신의 결과가 어떤 식으로든 신의 본성으로부터 흘러나오거나 유출된다flow or emanate는 것을 시사한다(E1p17s). 신의 인과 작용을 이렇게 제시하는 것은 곧장 스피노자에게 필연론의 입장을 부여하는 것으로 이어진다. 신은 필연적으로 실존하며 모든 실재들은 필연적으로 그의 본질로부터 흘러나온다. 이 주석에서

503　[옮긴이] "신은 모든 것의 내재적 원인이지 타동적 원인이 아니다"Deus est omnium rerum causa immanens, non vero transiens(E1p18). 참고로 『윤리학』 국역본 3종(강영계, 황태연, 추영현 역본)은 『윤리학』 1부 정리16의 'causa transiens'를 공히 '초월적 원인'이라고 번역했지만, '초월적'이라는 도착어는 "transiens"라는 출발어와 문자적 의미도 다르고 함축도 다르다. '카우사 트란시엔스'는 결과가 그 원인 밖에 있는 원인을 뜻하며, '카우사 임마넨스'는 결과가 원인 안에 있는 것을 말한다. 스티븐 내들러, 이혁주 옮김, 『에티카를 읽는다』(그린비, 2013), 140쪽 참고).

스피노자는 신의 본질을 이를테면 내각의 합이 두 직각과 같다는 특성이 필연적으로 따라 나오는 삼각형의 본질과 비교한다.

앞서 기술한 우주에 대한 기하학적 [설명] 모델과 인과는 **변화의 현실**the fact of change이라 불릴 수 있는 것에 의해 위협받는다. 실존했다가 사라지는 유한한 실재들이 있다. 그러나 그러한 실재들이 신의 영원하고 불변하는 본질로부터 따라 나왔다면, 그것들은 영원해야 할 것이다.[504] 그래서 정리28에서 스피노자는 유한한 실재는 신의 절대적 본성으로부터 기하학적 필연성에 의해 따라 나온다는 것을 부정하고 유한한 실재는 다른 유한한 실재들에 의해 규정되어야 한다고 주장한다.

그렇다면 명백히 문제가 되는 것이 있다. 어떻게 신의 인과에 대한 기하학적 모델이 유한한 인과 작용과 양립할 수 있는가? 이 문제를 해결할 수 있는 몇 가지 방법이 있다. 한 가지 가능성은 컬리에게서 나온 것으로, 신이 자신의 영원한 본질로부터 따라 나오는 자연법칙을 통해 유한한 인과 작용에 참여한다고 제의하는 것이다.[505] 이 해결은 훌륭한 것이지만, 혹자는 모든 실재가 신의 본질로부터 흘러나온다는 스피노자의 기본 관념을 몰이해한 것이라고 불평할지도 모르겠다. 다른 가능성은 모든 유한한 실재가 영원성의 관점에서 파악될 수 있다는 스피노자의 견해를 강조하는 것이다. 요컨대 엄밀한 의미의 유한한 실재는 신의 영원하고 무한한 본질로부터 흘러나오지 않지만, 영원성의 관점에서 파악된 것

---

504 [옮긴이] 신과 세계의 인과 관계가 삼각형의 정의와 그것으로부터 도출되는 삼각형의 특성과 같은 관계라면, 그리고 신의 본성이 영원하다면, 원인으로서의 신의 본성에서 따라 나오는 결과로서의 세계 또한 영원해야 할 것이다. 삼각형의 영원한 본성에서 따라 나오는 특성이 영원한 것처럼 말이다.

505 E. Curley 1969.

으로서의 유한한 실재는 신의 본질로부터 따라 나온다. 말하자면 기하학적 모델과 일치하며 유한한 실재들의 활동을 통해 지속하는 방식으로 실현되는, 영원한 4차원의 정적 우주an eternal four dimensional static universe가 있다.[506]

스피노자의 인과 공리는 흥미로운 귀결에 이른다. 그에게 사유와 연장은 인간이 우주를 생각하는 기본적인 방식이고, 사유와 연장은 또한 우주의 속성 또는 무한한 본질이다. 속성은 그 자체를 통해 인식되는 것이며, 특수한 실재는 사유의 양태들이거나 연장의 양태들인 것으로 보인다. 그러므로 물체와 정신적 항목 간에는 개념적 장벽conceptual barrier이 있다. 이러한 개념적 장벽 때문에 관념에 대한 인식은 어떠한 물체에 대한 인식도 포함할 수 없고, 물체에 대한 인식 또한 어떠한 관념에 대한 인식도 포함할 수 없다. 따라서 인과 공리에 따라 정신적인 것과 물체적인 항목 간에 어떠한 인과적 상호작용도 있을 수 없다고 결론 내릴 수 있다. 그래서 데카르트의 심신 상호작용 문제는 그러한 상호작용이 없기 때문에 그야말로 사라진다.

그렇다면 스피노자에게 정신적 항목과 물리적 항목은 인과적으로 독립적이지만 평행한 두 개의 계열을 형성하는 것이라고 보일 수도 있겠다.[507] 이는 스피노자가 라이프니츠의 예정조화설을 예기했다는 것을 의

---

506 [옮긴이] 여기에서 이 항목의 저자가 '4차원 우주' 운운한 것이 우주에 대한 현재 우리의 이해를 반영한 것이라면, 이는 우리가 알고 있는 이 4차원의 우주가 영원히 '기하학적 모델과 일치하고 유한한 실재들의 활동을 통해 지속하는 방식으로 실현되는 우주'라는 정적인 방식으로 이해될 수 있다는 주장일 것이다.

507 [옮긴이] 스피노자 철학에서 개념적 연관은 인과적 연관과 동연적이며, 따라서 개념적 독립성이 성립하면 인과적 독립성도 성립한다(E1a4 ; E1p10 ; E1p25d). 이에 따라 정신과 신체는 개념적 독립성과 인과적 독립성 둘 다 지닌 것으로 제시된다(E2p6과 E3p11s 참고). 한편 델

미할 수도 있다. 그러나 아마도 동시대의 그 누구보다 인간이 자신의 신체와 밀접한 관계를 맺고 있다는 것을 강조한 이가 스피노자라는 점에 주의해야 할 것이다. 실제로 그는 "우리는 어떤 신체가 여러 가지 방식으로 변용되는 것을 느낀다"라는 것을 공리로 포함시킨다(E2a4). 그러나 심신 상호작용의 여지가 없는데 어떻게 이것이 가능할 수 있는가? 스피노자가 심신 상호작용을 부정한 것처럼 보이는 부분에서 그가 주장한 것은 단지 심적 상태mentality가 신체 상태physicality를 통해 설명될 수 없고 그 반대도 마찬가지라는 해석이 있었다. 이러한 해석은 스피노자에게 인과 작용causation이 인과적 설명causal explination임을 뜻한다. 인과 작용과 인과적 설명의 구분을 도출하는 데 도움이 되는 훌륭한 일반적인 철학적 논거가 있기는 하지만, 그러한 구분이 스피노자의 것이라고 볼 충분한 문헌 증거는 없는 것처럼 보인다. 아마도 이 문제에 대한 보다 그럴듯한 해법은 인간 정신에 대한 스피노자의 독창적인 이론에서 발견될 수도 있겠다. 그에게 인간 정신은 실존하는 인간 신체에 대한 관념이다. 그러므로 신체에서 일어나는 것은 인과적 과정을 통해서가 아니라 인간 정신의 본성을 통해서 정신에 의해 지각된다.[508]

라 로카가 지적하는 것처럼, 스피노자가 개념적 연관에 근거하여 인과적 연관 여부를 추론하는 것을 볼 때(E1p6c ; E2p6), 스피노자는 개념적 연관을 인과적 연관보다 더 근본적이라고 보았는지도 모른다. Michael Della Rocca, *Spinoza*(New York : Routledge, 2008), p.44 참고.

508 [옮긴이] 스피노자가 물체와 정신 간의 인과 작용을 부정한다는 점에서 "우리는 어떤 신체가 여러 가지 방식으로 변용되는 것을 느낀다"라는 공리(E2a4)는 문제적인 것으로 보일 수 있다. 정신이 신체의 변용을 느끼기 위해서는 정신과 신체 간 인과적 상호작용이 필요한 것처럼 생각될 수 있기 때문이다. 이에 대해 저자는 스피노자가 정신과 신체 간 인과적 상호작용을 부정한 것처럼 보이는 것은 사실 정신과 신체가 서로에 의해 설명될 수 없다는 것(이를테면 C-신경 섬유의 활성화와 고통은 서로에 의해 설명될 수 없다는 것)을 뜻한다는 식으로 비켜가는 해석이 있음을 언급한다. 그러나 이러한 해석은 문헌 증거가 부족하다고 지적하면서, 문제에 대한 해법을 스피노자가 정신을 '신체에 대한 관념'idea corporis(E2p13)으로 규

원문

Oorzaak sijns zelfs (···) van zig zelfs (···) Eerste oorzaak(KV 1.1). Inblijvende (···) uijtvloejende, daarstellende oorzaak(KV 1.2). Oorzaak door een toeval (···) algemeene oorzaak(KV 1.3). Datter in de natuur geen zaak en is van de welke men niet kan vraagen, waarom datze is (···) door welke oorzaak iets wezentlijk is (···) Deze oorzaak dan moeten wij of in of buijten de zaak zoeken(KV 1.6). Onverbrekelijke ordre en gevolg van oorzaaken(KV 2.9). *Ab aliquo effectu causam colligere*(TIE f, G II. 10). *Res per primas suas causas cognoscere* (···) *cogitatio vera quod causam non habet et per se et in se cognoscitur*(TIE 70, G II. 26). *Causa sui*(TIE 92, G II. 34). *Causa perfectiones effectus exellentius continere*(PPC 1ax7). *Formaliter vel eminenter in causa esse*(PPC 1ax8). *Non minor causa requiritur ad rem conservandum quam ad ipsum primum producendam*(PPC 1ax10). *Causam positivam sive rationem cur existat assignare debemus, eamque ext ernam vel internam hoc est quam in natura et de defin itione rei ipsius existentis com prehenditur*(PPC 1ax11). *Causa primaria sive generalis* (···) *particularis*(PPC 2p11s). *Causa immanens* (···) *transiens*(Ep73). *Naturae cujusque rei nihil aliud competit, quam id quod ex data ipsius causa necessario sequitur*(Ep78). *Causa sui* (···) *cujus essentia involvit existentiam*(E1d1). *Ex data causa determinata necessario sequitur effectus*(E1ax3). *Effectus cognitio a cognitione causae dependet*(E1ax4). *Quae res nihil inter se commune habent, earum una alterius causa esse non potest*(E1p3). *Qui veras rerum causas ignor ant omnia confundunt*(E1p8s2). *Causa per se* (···) *per accidens*(E1p16c2). *Causa prima*(E1p16c3). *Causa libera* (···) *Causatum differt a sua causa praecise in eo quod a causa habet*(E1p17c2 and s). *Causa immanens* (···) *transiens*(E1p18). *Causa proxima* (···) *remota*(E1p28s). *Dei potentia omnium rerum causa*(E1p36). *Causas finales humana figmenta* (E1app). *Connexio et ordo causarum*(E2p7).

정한 것에서 찾는다. 신체에 대한 정신의 지각은 정신이 신체에 대한 관념이라는 사실을 통해 설명되어야 한다는 것이다. 관련하여 스피노자 철학에서 정신과 신체가 '하나이자 동일한 실재'로 규정되는 동시에 양자 간의 인과적·개념적 장벽과 정신과 신체 간 표현적 관계가 주장되는 것(E2p7s)은 물체에 대한 자연학적 기술과 정신에 대한 현상학적 기술이 환원 가능하지 않다는 인식에서 비롯된 것이라는 해석도 눈여겨볼 필요가 있다. 이와 관련하여 샹탈 자케 지음, 정지은·김종갑 옮김, 『몸 : 하나이고 여럿인 세계에 관하여』, 그린비, 2021, 257~289쪽 참고.

Causam adaequatam (E3d1). *Causa finalis* (···) *humanum appetitum* (E4praef). *Effectus potentia definitur potentia ipsius causae* (E5ax2).

참고문헌

1차 문헌

Descartes, R., *Principia philosophiae, Meditationes*.
Burgersdijk, F., *Institutiones logicae*.

2차 문헌

Bennett, J., *A Study of Spinoza's Ethics* (Cambridge : Cambridge University Press, 1984).
Curley, E., *Spinoza's Metaphysics, an Essay in Interpretation* (Cambridge, MA : Harvard University Press, 1969).
Gueroult, M., *Spinoza I. Dieu* (*Éthique I*) (Hildesheim : Olms, 1968).

— 올리 코이스티넨

유용한/유용한 것Utile/Utilitas(우틸레/우틸리타스)

스콜라 전통에 따르면 유용한 것은 이차적인 선을 나타낸다. 쇼뱅은 유용한 것, 즉 필수품commodity을 외생적인 선 또는 어떤 일차적인 궁극적 선에 대한 수단이라고 말했다. 그는 수단과 목적 간의 관계는 '본성상' 실존하는 객관적인 것이라고 덧붙인다.[509] 다른 것을 필요로 하는 존재자에게만 유용한 것이 있을 수 있는 것은 이러한 이유 때문이다. 가장 완전한 존재자에게는 유용할 수 있는 것이 아무것도 없다.

인간은 유한한 존재자로서 자신을 보존할 제한된 역량을 가지고 있으며, 따라서 그에게는 유용한 많은 것이 있다. 스피노자가 이 용어를 특

509　Chauvin, *Lexicon philosophicum*.

히 인간과 관련하여 사용한다는 것을 이러한 존재론은 함축하고 있다. 자기 보존의 욕망이 인간의 본질이므로, 인간에게 가장 근본적으로 필요한 것은 이 목적의 실현에 도움이 되는 것들이다. 그러나 모든 개인은 서로 다르다. 그러므로 그들의 자기 보존의 노력 또한 다르다. 각각의 개체는 "자신의 본성의 법칙"(E4p19)에 따라 자신의 존재 안에서 존속하기 위해 애쓴다.

또한 인간이 자신에게 진정으로 유용한 것과 단지 겉보기에만 유용한 것을 구분할 수 있는 것은 이성에 의해서이다. 스피노자에 따르면, 이성은 '본성에 반대되는' 어떤 것도 요구하지 않으므로, 자신의 이익을 추구하고 그에게 진정으로 유용한 것을 위해 노력하는 것은 이성적이다(E4p18s). 이러한 자연주의는 스피노자가 유용한 것을 유덕한 것과 선한/좋은 것 둘 다와 동일시할 수 있음을 시사한다. 왜냐하면 유용한 것과 마찬가지로 선한/좋은 것은 자기 보존을 위한 노력에 도움이 되는 것이기 때문이다(E4p19).

유용한 것은 스피노자의 도덕 이론과 그의 사회철학 사이의 간극을 메운다. 개인들은 예컨대 성격, 욕망, 정서에서 서로 상이하지만 유사점이 더 중요하다. 한 인간의 본성이 이를테면 개나 말의 본성보다 다른 인간의 본성과 더 유사하다는 점은 명백하다. 각자의 본성에 있는 무언가를 공유하는 인간들이 서로 결합함으로써 각자의 역량을 증진시킬 수 있는 것은 이러한 이유 때문이다. 역량은 우리에게 가장 유용한 것이므로, "인간에게 인간보다 더 유익한 것은 없다"(E4p18s)라는 결론이 따라 나온다.[510] 인간이 서로 합치할 가능성이 가장 높기 때문이다. 그러나 인간

---

[510]　[옮긴이] "이것들 중에서 우리의 본성과 완전히 합치하는 것들보다 더 가치 있는 것을 우리

은 이성적인 한에서만 서로 일치한다(E4p35).[511] 인간의 정서적 삶으로 인해 그들은 아주 다른 존재가 될 수 있고, 그 결과 서로에게 위험할 수 있다. 따라서 자유롭고 이성적인 사람은 이성적이지 않은 사람의 위험을 피하려고 노력하며, 심지어 자신에게 유용할 가능성이 가장 낮은 그들의 호의는 피할 것이다(E4p70).

· **관련 항목** : 파시오, 선/좋음, 코나투스, 인간, 사회

원문

Quae mihi cum ratione convenire videntur, eadem ad virtutem maxime esse utilia credo(Ep68). *Cum melior pars nostri sit intellectus, verum est, si nostrum utile quaerere velimus, nos supra omnia debere conari ut eum perficiamus*(TTP 4, G III. 59). *Humana natura constitutum est, omnes suum utile quaerunt*(TTP 5, 73). *Unusquisque sibi utile vel ductu sanae rationis, vel ex affectuum impetu judicat*(TTP 16, 190). *[Leges] humanae rationis non nisi hominum verum utile et conservationem intendunt*(TP 2.8), E1app. *Unusquisque ex suo affectu rem aliquam bonam, aut malam, utilem, aut inutilem esse judicat*(E3p39s). *Actiones quae solum agentis utile intendunt ad animositatem refero*(E3p59s). *Per bonum id intelligam, quod certo scimus nobis esse utile*(E4d1). *Homini nihil homine utilius*(E4p18s). *Quo magis unusquisque suum utile quaerere, hoc est suum esse conservare conatur, et potest eo magis virtute praeditus*(E4p20). *Ex virtute agere nihil aliud est, (⋯) idque quam ex fundamento proprium utile quaerendi*(E4p24). *Homini liberi sibi invicem utilissimi*(E4p71). E4app4, 9, 12.

는 생각해 낼 수 없다. 왜냐하면 가령 정확히 같은 본성을 가진 두 명의 개인이 서로 결합한다면, 그들은 개인 혼자보다 두 배나 더 강한 개체를 합성할 것이기 때문이다"(E4p18s).

511 [옮긴이] 따라서 지성을 완전하게 하는 것이 중요한 과제가 된다. "우리의 더 나은 부분은 지성이므로, 만일 우리가 진실로 우리에게 유용한 것utile을 추구하고자 한다면, 우리는 무엇보다도 가능한 한 지성을 완전하게 하도록 노력해야 한다는 것은 확실하다. 왜냐하면 우리의 최고의 선은 지성의 완전성 안에 성립해야만 하기 때문이다"(TTP 4.10 ; G III. 59 ; C II. 127~128).

참고문헌

2차 문헌

De Dijn, Herman, 'Theory and Practice and the Practices of Theory', in Marcel Senn and Manfred Walther(eds.), *Ethik, Recht und Politik bei Spinoza. Vorträge des 6. Internationalen Kongresses der Spinoza Gesellschaft*(Zürich : Schultess, 2001), pp. 47~58.

Jarrett, Ch., 'Spinoza on the Relativity of Good and Evil', in O. Koistinen and J. Biro(eds.), *Spinoza : Metaphysical Themes*(Oxford : Oxford University Press, 2002), pp. 159~181.

Wolf, J.C., 'Menschliche Unfreiheit und Desillusionierung(4praef~4p18)', in M. Hampe and R. Schnepf(eds.), *Baruch de Spinoza. Ethik*(Berlin : Akademie Verlag, 2006), pp. 197~214.

── 미하엘 함페

유한 → 피니스를 보라.

의식 → 콘스키엔티아를 보라.

의지 Voluntas(볼룬타스)

스피노자의 독특한 형이상학 용어법으로 표현된 그의 의지 학설은 철학사에서 새로운 것이었다.

첫째, 그 이론에 따르면 신의 무한한 의지든 인간의 유한한 의지든 정신의 불변하는 본질의 일부가 아니다. 신의 의지조차 '소산적 자연'에 속한다. 스피노자의 관점에서 신의 의지와 인간의 의지는 모두 단지 사유 속성의 변양일 뿐이다(E1p31s). 사유의 양태인 의지 행위는 항상 다른 원인에 의해 산출되며, 이 원인이 의지가 행위하도록 자극한다. 의지가 자유로운 원인이 아니라 필연적인 원인인 것은 이러한 이유 때문이다

(E1p32). 우리의 의지가 자유롭다는 허구는 자연의 인과 질서에 대한 통찰이 결여되어 있다는 것에서 비롯된다(E1app).

둘째, 더욱이 의지는 특정한 의지 행위에 의해 구성된다. 그래서 아리스토텔레스적인 의지 능력은 허구인데, 왜냐하면 그러한 의지는 보편자처럼 단순히 형이상학적인 '추상적' 존재자에 불과하기 때문이다. 그것은 이성적 존재자로, 특수한 의지 활동과 시간의 특정 순간에 인간 정신 안에 포함된 관념 이상의 어떠한 실재성도 지니지 않는다. 의지는 자연 안에 실재적인 어떤 것으로 실존하지 않는다. 실재적 존재자처럼 단지 개별적 의지 작용만 실존할 뿐이다. 이 개별적 의지 작용에 대해 '의지'라는 용어가 일반적인 이름으로 쓰이는 것이다(KV 2.16 ; E2p48 ; Ep2).

셋째, 스피노자 특유의 용법은 의지가 본질적으로 이해와 다르지 않다는 관념이다(E2p49c). 의지 작용은 관념에 수반되는 부정 또는 긍정이다. 다시 말해서 사유함은 관념을 형성하는 동시에 판단을 내리는 것이다. 스피노자는 이러한 판단을 내리는 능력을 욕망과 구별한다(E2p48s). 그러나 판단 내림은 순수한 지적 활동이 아니라 모든 작업에서 자기 보존을 추구하는 인간 본질로부터 직접 따라 나오는 것이다. 그러므로 판단함 또한 코나투스에 영향을 끼치는 실존적 활동이다. 스피노자가 코나투스를 우리가 그것을 의식하는 한에서의 '의지'라고 부를 때,[512] 그는 전통적인 의지 관념을 '욕구하거나 혐오하는 능력'으로 다시

---

512 [옮긴이] 엄밀하게 말하면, 스피노자는 '의지'가 아니라 '욕망'을 그렇게 정의한다. "본질, 노력, 욕구, 욕망, 의지는 외재적 관계에 근거하여 단지 명목상으로만 구별되고 구분"(이 책 '인간' 항목에서 인용)된다는 점을 감안하고 읽어야 할 것이다. 다음 구절 참고. "이러한 노력 conatus이 정신에게만 관련될 때에는 의지Voluntas라고 불린다. 하지만 이것이 정신과 신체

공식화한 것이다. 의지는 정신에 유쾌한 관념을 유지하고 불쾌한 관념을 거부하려고 하는 정신의 경향에 지나지 않는다.

의지와 지성을 동일시하는 경향은 근대 철학에 내재해 있었던 것으로 보인다. 쇼뱅은 다음과 같이 말한다. "현대 철학자들에 따르면, 지성은 인식하는 영혼anima cognoscens과 동일하고, 의지도 의지하는 영혼anima volens과 동일하다. 그러므로 지성과 의지에는 양태적 구별 이상의 차이가 없다."[513] 이러한 측면에서 뚜렷하게 구별되는 두 능력 및 정신의 활동에 속하는 두 범주를 가정한 데카르트는 예외적으로 보인다(PP 1.32).[514] 스피노자는, 긍정을 믿음으로 바꾸기 위해 비지성적 의지 활동에 의지할 수밖에 없었던 데카르트 학설을 거부한다(Ep21). 사유에는 관념을 형성하고 유지하는 것 외에 다른 어떤 형식도 없다. 스피노자에 따르면, 오류의 기원은 데카르트와 달리 의지가 아니라 모호하고 부적합한 인식이다(E2p49 ; cf. PPC praef).

에 동시에 관련될 때에는 욕구appetitus라고 한다. 따라서 이것은 인간의 본질 자체와 다르지 않으며, 그 본성으로부터 필연적으로 인간의 보존을 증진할 수 있는 것들이 따라 나온다. 이에 따라 인간은 이것들을 하도록 규정된다. 그다음 욕구와 욕망cupiditas 사이에는, 일반적으로 욕망이 자신들의 욕구를 의식하는 한에서의 인간들과 관련된다는 점을 제외한다면 아무런 차이도 존재하지 않는다. 그리고 이 때문에 욕망은 욕구에 대한 의식과 결합된 욕구라고 정의될 수 있다. 그리하여 이 모든 것으로부터 다음과 같은 점이 따라 나온다. 곧 우리는 어떤 것이 좋다고 판단하기 때문에 그것을 추구하려고 노력하고 의지하고 원하고 욕망하는 것이 아니며, 반대로 만약 우리가 어떤 것이 좋다고 판단한다면, 이는 우리가 그것을 추구하려고 노력하고 의지하고 원하고 욕망하기 때문이다"(E3p9s).

513 Etienne Chauvin, *Lexicon philosophicum*.

514 [옮긴이] "우리가 우리 속에서 경험하는 사고의 양태는 모두 두 종류로 환원될 수 있다. 그중 하나는 이성의 지각, 즉 이성의 작용perceptio, sive operatio intellectus이며 , 다른 하나는 원함, 즉 의지의 작용volitio, sive operatio voluntatis이다. 감각, 상상, 그리고 순수 이해(인식)는 단지 지각의 상이한 양태들diversi modi percipeindi이고, 욕구cupere, 거부aversari, 긍정affirmare, 부정 negare, 의심dubitare은 원함의 상이한 양태들diversi modi volendi이다"(원석영 II. 31).

의지와 지성이 하나이자 동일한 것인 것처럼, 하나의 전개는 다른 것의 전개와 평행하게 진행된다. 우리의 인상에 따라 실재를 표상하는 상상에, 실천 영역의 정념, 즉 대상을 향하도록 만들거나 대상을 꺼리도록 만드는 본능적 움직임이 상응한다. 상상이 우리에게 보여 주는 것이 우리의 물질적이고 도덕적인 삶의 강도를 더 강하게 하는 본성을 지니고 있을 때, 다시 말해서 실재가 기분 좋은 것이어서 우리가 그것을 추구할 때, 이러한 완전히 기초적인 의지 작용의 형식은 욕망, 사랑, 기쁨 또는 쾌락이라 불린다. 반대인 경우 그것은 혐오나 미움, 두려움, 슬픔이라고 불린다.

보다 높은 이해에는 이성에 의해 계몽되고 무엇이 유쾌한지가 아니라 무엇이 참된 것인지에 의해 결정되는 의지가 상응한다. 인간은 자신이 적합한 원인인 어떤 것이 자기 안에서나 자기 바깥에서 일어날 때 활동한다[능동이다]. 반면에 인간은 어떤 것이 자신 안에서 일어나거나 그의 본성으로부터 따라 나오는데, 그것에 대해 그가 단지 부분적 원인일 때 활동을 겪는다[수동이다](E3d2).[515] 인간이 아무리 능동적일지라도 수동/정념 속에 있는 것으로 보일 수 있다. 실제로 그러한 사람도 수동이라는 용어의 고유한 의미, 즉 제한된, 무능한, 또는 실재의 노예라는 의미에서 수동적이다. 인간은 오직 이해를 통해서만 자유롭고 능동적이 될 수 있다. 우주를 이해한다는 것은 그로부터 해방되는 것이다. 모든 것을 이해한다는 것은 절대적으로 자유로워진다는 것이다. 정념은 그것에 대한 명료한 관념을 형성하는 순간 정념이기를 그친다(E3p59 ; E5p3). 그러므로 자유는 사유 안에서 발견되며, 따라서 실재에 대한 우리의 인식이 곧 우리의 도덕성

515　[옮긴이] 이 책 '악티오'와 '파티오' 항목 참고.

의 척도이다. 이해로 인도하는 것이 도덕적으로 좋은 것/선이다. 이해하
는 것을 막고 약화시키는 것이 나쁜 것/악이다(E4p26과 27).

> **· 관련 항목** : 지성, 인식, 이해, 판단, 사유, 상상, 인간, 자유, 악티오, 파시오,
> 선/좋은 것, 신·신의 지성과 의지

원문

Te onderzoeken, wat bij die geene die de wille stellen, de wille is en waar (⋯) dog aangezien de wil een idee is van dit of dat te willen (⋯) de algemeene wille een wijze van denken(KV 2.16). Na Aristotelis beschrijving scheijnt de wille te zijn die lust of trek die men heeft onder scheijn van goet(KV 2.17). *Voluntatem distinctam ab intellectu, multo minus tali praeditam esse libertate*(PPC praef). *Voluntas differt ab hac et illa volitione, eodem modo ac albedo ab hoc et illo albo* (⋯) *Cum igitur voluntas non sit, nisi ens rationis*(Ep2). *Cum Cartesio dico si voluntatem nostram extra limites intellectus nostri valde limitati non possumus nos miserrimos futuros*(Ep21). *Voluntas non potest vocari causa libera, sed tantum necessaria* (⋯) *Voluntas certus tantum cogitandi modus est sicuti intellectus* (⋯) *adeoque unaquaeque volitio non potest existere neque ad operandum determinari, nisi ab alia causa determinetur*(E1p32). *In mente nulla absoluta sive libera voluntas*(E2p48). *Eodem hoc modo demonstratur in Mente nullam dari facultatem absolutam intelligendi, cupiendi, amandi, etc. Unde sequitur, has, et similes facultates, vel prorsus fictitias, vel nihil esse praeter entia metaphysica, sive universalia*(E2p48s). *Voluntas et intellectus unum et idem sunt*(E2p49c). *Voluntatem ens esse universale, sive ideam, qua omnes singulares volitiones, hoc est id quod iis omnibus commune est explicamus*(Ep49s). *Hic conatus* (⋯) *cum ad mentem solam refertur voluntas appellatur*(E3p9s). *Unius hominis voluntas varia et inconstans est*(TP 7.3).

참고문헌

1차 문헌

Descartes, R., *Principia philosophiae, Meditationes*.

2차 문헌

Gueroult, M., *Spinoza II - L'âme*(Paris : Aubier-Montaigne, 1974).

— 린 스프라위트

이름 → 명사를 보라.

이성ratio → 인식을 보라.

이성의 존재자/사고상의 존재자Ens rationis(엔스 라티오니스)

스피노자는 존재자를 '실재적 존재자'(나뭇가지와 돌)와 '이성의 존재자'(즉 결핍, 관계, 허구적 존재자, 가능한 세계 등)로 나누는 전통적인('아리스토텔레스적인') 분할 방식을 거부한다. 스피노자 — 그리고 쇼뱅이 언급한 다른 "유명한 철학자들"[516] — 에 따르면, 모든 **이성의 존재자**는 "결코 존재자로 분류될 수 없다"(CM 1.1 ; G I. 233 ; C I. 299 ; 양진호 73). 이성의 존재자는 관념도 아니며, '이데아툼'ideatum(관념 대상)이 없고, 참일 수도 거짓일 수도 없다(CM 1.1 ; cf. 1.6 ; KV 2.16). 따라서 이성의 존재자는 인간 정신이 그것을 생각해 낸 한에서가 아니라면 신에게조차 인식될 수 없다(CM 2.7).[517]

결국 엔스 라티오니스는 추론과 토론을 용이하게 하기 위해 고안된 '사유의 양태modus cogitandi에 지나지 않는 것'이다. 전형적인 예로 **시간**(CM 1.4 ; cf. 1.10 ; E1p21d ; Ep12), **유와 종**(CM 1.1), **부분**과 **전체**(KV 1.2)가 있으며, 보편자들과 분류classis 개념 또한 아마도 여기에 속할 것이다. 따라서 과학적 사고에는 필수적이라고 할 수 있다. 그러나 선과 악, 질서와 무질서 등 우리가 규범적 개념이라고 부르는 특정 범주의 엔티

516　Chauvin, *Lexicon philosophicum*.

517　[옮긴이] "우리는 이성의 존재자가 사유의 양태라고, 그리고 이런 식으로 신에 의해 인식됨에 틀림없다고 말했다. 곧 우리가 신이 인간 정신을 보존하고 산출 — 어떤 식으로 만들어졌든 — 한다고 지각하는 한에서 말이다"(G I. 262 ; C I. 328 ; 양진호 88).

라티오니스entia rationis[이성의 존재자들](KV 1.6 ; 1.10)는 거의 과학이라고 볼 수 없기 때문에 스피노자는 이를 '엔티아 이마기나티오니스'entia imaginationis, 즉 상상의 존재자라고 부른다(E1app ; cf. E4p37s2 ; Ep12).

· **관련 항목 : 엔스, 에세, 사유, 상상**

원문

Dat hij de dadelijke wezens niet genoeg van de wezens van reden en onderscheid (⋯) een wijze van denken (⋯) zo en kan dan van haar niets veroorzaakt worden(KV 2.16). *Ens fictum et ens rationis nullo modo ad entia revocari possint. Ens denique rationis nihil est praeter modum cogitandi, qui inservit ad res intellectas facilius retinendas, explicandas atque imaginandas. Multi confundunt ens rationis cum ente ficto. Ens rationis nec a sola voluntate dependet*(CM 1.1). *Modus cogitandi sive ens rationis*(CM 1.4) ; CM 2.6. *Ens rationis seu imaginationis*(Ep12). *Entibus rationis at non in realibus*(Ep73). E1app ; E2p49s.

참고문헌

2차 문헌

Verbeek, Th., *Spinoza's Theologico-Political Treatise. Exploring 'the Will of God'*(Aldershot : Ashgate, 2002).

— 테오 페르베이크

인간Homo(호모)

『윤리학』 2부의 처음 두 공리는 인간의 본질은 실존을 함축하지 않으며 인간은 사유한다고 말한다. 스피노자는 코기타티오cogitatio(사유)를 단지 정신의 능력이 아닌 전체로서의 인간의 능력으로 기술 — 데카르트의 코기토cogito(나는 사유한다)가 아니라 스피노자적 호모 코기타트homo cogitat(인간은 사유한다) ―― 하는데, 이는 (인간을 사유하는 자아인 동시에 [이러한 자아와] 본질적으로 다른 인간 신체라고 본 데카르트의 인간 개념)에 대한 스피노자의 반응으로 읽힐 수 있다. 다만 스피노자는 「형이상학적 사유」1부 1장에서 언급된 것과 같은 인간에 대한 스콜라철학적 정의[518]에 대해서는 신경 쓰지 않는다. 스피노자의 인간 이론은 네 개의 중요한 요소를 포함하고 있다. (1) 본성, (2) 욕망, (3) 심리-물리학적 평행론, (4) 자유로운 인간이라는 삶의 궁극적 목표로서의 이해 활동이 그것이다.

1. 본성. 『윤리학』4부 정리4에 따르면, 인간은 자연의 일부이다. 다시 말해서 인간이 단지 "그의 본성만으로 이해될 수 있으며 인간이 적합한 원인이 되는" 변화만 겪는다는 것은 있을 수 없다.[519] 스피노자 인간학의 **내용**과 관련된 이 자연주의는, 그가 『윤리학』3부 서문에서 아주 간결하게 정식화한 **방법론적** 자연주의와 맞닿아 있다. 3부 서문에서 스피노자는 "인간의 행위 및 욕구를 마치 선과 면, 물체들의 문제인 것처럼 간주"할 것이라고 말한다.

2. 스피노자는 인간이 사유한다는 것을 공리로 제시하지만, 인간은 본질적으로 사유하는 존재가 아니라 욕망하는 실재이다. 『윤리학』3부 말미의 「정서들에 대한 정의」에 따르면, 인간은 그러한 노력하는 본질striving essence[코나투스]을 가진 유일한 존재가 아니다. 『윤리학』3부 정리7이 말하는 것처럼, 자기 보존을 위한 노력(코나투스)은 모든 실재의 현

---

518 [옮긴이] '인간은 이성적 동물'이라는 아리스토텔레스의 정의를 말한다(G I. 235 ; C I. 301 참고).

519 [옮긴이] 원문은 부정어 없이 '[⋯] 변화만 겪는다undergoes only changes'라고 되어 있는데, 이는 『윤리학』4부 정리4를 잘못 인용한 것이므로 바로잡는다.

행적 본질이기 때문이다.[520] 본질, 노력, 욕구, 욕망, 의지는 외재적 관계에 근거하여 단지 명목상으로만 구별되고 구분될 뿐이다.[521]

3. 스피노자가 인간의 노력을 순수하게 정신적인 것voluntas[볼룬타스, 의지]으로 간주할 수도 있고 신체와도 관계하는 것appetitus[아페티투스, 욕구]으로 간주할 수 있다고 하는 것은 그에게 인간을 포함한 모든 실재에 적용되는 정신-물질 평행론이 있음을 보여 준다.[522] 이 평행론이 인간에게 적용된다는 것은 인간 신체 ─ 인간 정신을 구성하는 관념의 대상 ─ 에서 일어나는 모든 사건이 정신에 의해 지각되어야 한다는 것을 뜻한다(E2p12).[523] 이러한 지각이 명료하고 뚜렷해야 하는 것은 아니므로, 인간 정신 안에는 신체 안에서 일어나는 것에 대한 무의식적 지각이

---

520 [옮긴이] "각각의 실재가 자신의 존재 안에서 존속하려고 하는 노력conatus은 실재의 현행적 본질 자체와 다른 어떤 것이 아니다"(E3p7).

521 [옮긴이] "이러한 노력conatus이 **정신에게만 관련될 때에는 의지**Voluntas라고 불린다. 하지만 이것이 **정신과 신체에 동시에 관련될 때에는 욕구**appetitus라고 한다. 따라서 **이것은 인간의 본질 자체**와 다르지 않으며, 그 본성으로부터 필연적으로 인간의 보존을 증진할 수 있는 것들이 따라 나온다. 이에 따라 인간은 이것들을 하도록 규정된다. 그다음 욕구와 욕망cupiditas 사이에는, 일반적으로 **욕망이 자신들의 욕구를 의식하는 한에서의 인간들과 관련**된다는 점을 제외한다면 아무런 차이도 존재하지 않는다. 그리고 이 때문에 **욕망**은 **욕구에 대한 의식과 결합된 욕구**라고 정의될 수 있다. 그리하여 이 모든 것으로부터 다음과 같은 점이 따라 나온다. 곧 우리는 어떤 것이 좋다고 판단하기 때문에 그것을 추구하려고 노력하고 의지하고 원하고 욕망하는 것이 아니며, 반대로 만약 우리가 어떤 것이 좋다고 판단한다면, 이는 우리가 그것을 추구하려고 노력하고 의지하고 원하고 욕망하기 때문이다"(E3p9s, 강조는 인용자).

522 [옮긴이] "관념들의 질서와 연관ordo et connexio은 실재들의 질서와 연관과 같은 것이다"(E2p7). "이로부터 신의 사유 역량은 신의 현행적인 행위 역량과 동등하다aequalis라는 점이 따라 나온다. 곧 신의 무한한 본성으로부터 형상적으로 따라 나오는 모든 것은 동일한 질서, 동일한 연관에 따라 신 안에 있는 신의 관념으로부터 표상적으로 따라 나온다"(E2p7c).

523 [옮긴이] "인간 정신을 구성하는 관념의 대상에서 일어나는 모든 것은 인간 정신에 의해 지각되어야 한다. 또는 정신 속에는 이것[관념의 대상에서 일어나는 것]에 대한 관념이 필연적으로 존재하게 될 것이다. 곧 만약 인간 정신을 구성하는 관념의 대상이 신체라면, 이 신체 안에서 정신에 의해 지각되지 않는 것은 어떤 것도 일어나지 못할 것이다"(E2p12).

충분히 있을 수 있다.

4. 스피노자에게 이해는 능동/활동activity이며 능동적임은 기쁨으로 이어지기 때문에, 행복을 위한 노력은 이해를 위한 노력이다. 가장 만족스러운 행복으로 이끄는 정신의 가장 큰 노력은 신에 대한 직관적 이해이다(E5p25). "그러므로 (…) 그[인간]의 지고한 욕망인 이성이 인도하는 인간의 궁극적 목적은 인간이 자기 자신 및 자신의 지적 능력 아래 들어올 수 있는 모든 것을 적합하게 인식하도록 이끄는 것이다"(E4app4).

· **관련 항목** : 나투라, 욕구, 코나투스, 악티오, 자유

원문

Hominis essentia non involvit necessariam existentiam(E2ax1). *Homo cogitat*(E2ax2). *Essentiam hominis constitui a certis Dei attributorum modificationibus*(E2p10c). *Hominem in natura velut imperium in imperio concipere videntur*(E3praef). *Hominem mente et corpore constare*(E2p13c). *Hic conatus cum ad mentem solam refertur, voluntas appellatur ; sed cum ad mentem et corpus simul refertur vocatur appetitus, qui proinde nihil aliud est quam ipsa hominis essentia*(E3p9s). *Fieri non postest, ut homo non sit naturae pars et ut nullas possit pati mutationes, nisi, quae per solam naturam possint intelligi, quarumque adaequata sit causa*(E4p4). *Cupiditas est ipsa hominis essentia, hoc est conatus*(E4p18). *Homini nihil homine utilius*(E4p18s). *Longe majus homines in bruta, quam haec in homines jus habent*(E4p37s1).

참고문헌

2차 문헌

Bartuschat, W., *Spinozas Theorie des Menschen*(Hamburg : Meiner, 1995).

Machery, P., *Introduction à l'Éthique de Spinoza. La quatrieme partie. La condition humaine*(Paris : Presses Universitaires de France, 1998).

Matheron, A., *Anthropologie et politique au XVII siècle. Études sur Spinoza*(Paris : Editions de Minuit, 1986).

Nadler, S., *Spinoza's Ethics. An Introduction*(Cambridge : Cambridge University Press, 2006). 특히 5장.

— 미하엘 함페

인식Cognitio(코그니티오)

데카르트처럼 스피노자도 인식을 직접 정의한 적은 없지만, 초기 저작부터 발견되는 잘 알려진 인식의 분류를 통해 그 의미에 대한 단서를 제공한다. 그러나 그는 체계적인 의심을 통해 절대적으로 확실한 원리를 확인하려고 한 데카르트적 접근을 채택하지 않았다. 나아가 스피노자는 관념이 정신 자체에 있든 외부 세계에 있든 관념을 그 기원에 따라 분류하지 않으며, 그의 저작에는 데카르트의 본유 관념 학설에 상응하는 것도 없다.

『지성교정론』과 『소론』에서 스피노자는 인식의 종류를 각각 네 가지와 세 가지로 구분한다. 『지성교정론』에서는 (풍문에 의한) 간접적 지각, 모호한 경험, 실재의 본질에 대한 부적합한 인식, 대상을 그 본질을 통해서만 적합하게 인식하는 것으로 구분되며(TIE 19), 『소론』에서는 억견(臆見)waan, 믿음geloof, 명료한 지식klare kennisse으로 구분된다(KV 1.2 ; G I. 55). 『윤리학』에서 스피노자는 인간 인식에 대한 분석을 유일 실체의 유한한 양태들 간의 관계라는 맥락 속에 배치한다. 정신의 인식은 신이 인간 정신의 본질을 구성하는 한에서뿐만 아니라 동시에 다른 실재들의 관념을 가질 때 부적합하거나 1종의 인식에 속한다(경험적 인식). 정신의 인식은 신이 정신의 본질을 구성하는 한에서 관념을 가질 때 적합한 인식 또는 2종과 3종의 인식(이성적 인식과 직관적 지식)이다(E2p11c1 ;

E5p29 ; E5p40c).

　스피노자가 이 세 텍스트에서 사용하는 용어나 인식을 분할하는 방식은 다르다. 하지만 '모호한 경험'이라는 관념은 베이컨의 『신기관』 1권 아포리즘 70번과 82번에서 차용한 것으로 보인다. 아포리즘 70번에서 베이컨은 방법 없이 세계를 경험하는 인간에 대해 다룬다. 그러한 인간은 "길을 잃고vagantur 방황한다". 아포리즘 82번에서 그는 다음과 같이 말한다. "그 밖에 단순한 경험을 생각해 볼 수도 있겠는데, 이것이 저절로 생겼을 경우에는 우연chance이라 하고, 추구하여 얻었을 경우에는 실험experiment이라 한다. 그러나 이러한 종류의 경험은 (말하자면) 끈 풀어진 싸리빗자루 같은 것이고, 어둠 속을 헤매는 것과 같은 것이다"(진석용 I. 91). 라티오ratio(이성)와 "스키엔티아 인투이티바"scientia intuitiva(직관적 지식)라는 용어의 기원으로 유력한 후보는 데카르트의 『정신지도규칙』 제3규칙에 나오는 연역과 직관의 구별이다.[524] 데카르트는 직관을 "변동하는 감각의 믿음이나 그릇되게 엮어 내는 상상력의 기만적 판단이 아니라 순수하고 주의 깊은 정신의 쉽고 뚜렷한 파악이고, (…) 연역보다 더 단순하기 때문에 더 확실"한 것이라고 정의한다(AT X. 368 ; 이현복 II. 123). 옛 문헌은 스피노자의 인식 유형학을 추적하기 위해 플라톤까지 거슬러 올라간다.[525]

　스피노자는 세계에 대한 인간의 경험적 인식이 감각 기관을 자극하

524　스피노자는 이 텍스트를 1659년에 네덜란드 흘라제마커르(1619/20~1682)의 네덜란드어 번역본으로 접했을 것이다. [옮긴이] 흘라제마커르의 번역본은 그의 사후 1684년에 출간되었다. 스피노자는 그의 번역 원고를 본 것으로 추정된다. 이 책 2부 2장 「르네 데카르트」 항목 참고.

525　예컨대 로빈슨이 그렇다. [옮긴이] L. Robinson, *Kommentar zu Spinozas Ethik*, Leipzig : Meiner, 1928이라 생각된다.

는 물체에 의존한다는 소요학파의 심리학에 동의한다. 지각적 인식은 인간을 서로 끊임없이 변용하는 무한한 실재들의 그물망에 연루된, 유한한 신체의 유한한 정신으로 특징짓는다. 그러나 이 인식은 혼란스럽고 부적합한데, 왜냐하면 우리가 이렇게 해서 형성하는 물체에 대한 관념에서는 그 물체들의 참된 본성과 [우리의] 감각 기관의 참된 본성 사이에 어떠한 구별도 성립될 수 없기 때문이다. 인간 신체가 외부 물체에 의해 변용되는 모든 방식에 대한 관념은 인간 신체의 본성을 함축하는 동시에 외부 물체의 본성 또한 함축한다(E2p16).[526] 외부 사물이 우리 신체를 변용하는 한에서만 정신이 외부 사물을 지각한다는 의미에서 경험적 인식은 근본적으로 매개적이다. 모든 지각적 인식은 정신이 이러한 변용에 대해 형성하는 관념에 근거한다(E2p22 ; E2p26). 이러한 관념에 의해 외부 물체가 우리에게 알려지는데, 왜냐하면 신체의 변용은 외부 물체에 의해 야기되므로 외부 물체의 본성 역시 함축하고 있기 때문이다. 스피노자는 먼저 원인에 있지 않은 것이 결과에 있는 경우는 없다는 원리에 동의한다. 따라서 결과에 대한 인식은 원인에 대한 인식을 함축한다(E1a4).

부적합한 인식이나 지각적인 인식의 경우, 정신은 일종의 모니터 monitoring device로 볼 수 있다. 이때 정신적 과정은 신체적 과정의 반영에 지나지 않으며, 이 과정은 속성들 내에서 표현되는 자연법칙the laws of nature as expressed in the attributes에 의해 지배된다. 따라서 이렇게 생성된 변용에 대한 관념은 단지 우리를 둘러싼 물질적 세계에 대한 부적합한 인식을 제공할 뿐이다. 감각은 신체적 현상bodily phenomenon이다. 그것은 동물과 인간 신체의 특권이며 이들 신체의 우수한 조직화에 기인한다.

526 　이 견해의 신경생리학적 전제에 대한 논의는 Gueroult 1974, pp. 204~207을 보라.

한편 지각은 정신적 사건mental fact이다. 즉 신체가 자극에 의해 변용됨과 동시에 정신은 이러한 자극에 대한 심상이나 관념을 만들어 낸다. 이러한 두 상태의 동시성은 정신적 실체와 신체적 실체의 동일성에 의해 설명된다. 정신은 항상 신체가 존재하는 대로 존재하며The mind is always what the body is, 잘 형성된 영혼은 필연적으로 잘 조직된 두뇌에 상응한다(E3p2s).[527] 신체적 감각은 처음에는 혼란스럽고 불확실하다. 불완전한 유기체의 이러한 혼란스러운 변양들에는 편견, 환상, 오류의 원천인 상상의 혼란스럽고 부적합한 관념이 상응한다. 이로 인해 우리는 개별자와 독립적으로 실존하는 일반 관념, 사물의 창조를 주재하는 목적인 비신체적 영혼, 인간의 형상과 인간의 정념을 지닌 신성, 자유의지와 그 밖의 다른 우상들을 믿게 된다(E2p36 ; E2p40s ; E2p48 ; E3p2s).

기능적으로 묘사된 정신의 상태와 생리학적으로 묘사된 신체의 상태 간에 동형성isomorphism이 성립한다는 문제는 해결되지 않았지만,[528] 경험적 인식에 대한 스피노자의 형이상학적 접근은 소요학파나 데카르트를 똑같이 애타게 했던 정신과 신체의 고전적 난제 중 일부를 피해 간다. 정신적인 것과 물리적인 것은 동일한 근원적 실재same underlying reality, 즉 실체의 성질들properties로, 실체 자체는 정신적인 것도 물리적인 것도 아니다. 지각적 관념은 정신과 감각적 표상들 간 상호작용에서 비롯되는 것도 아니고, 본유적 소질에 근거하여 생성되는 것도 아니다. 정확히 말

---

527 [옮긴이] "이 점은 2부 정리7의 주석에서 말한 것, 곧 정신과 신체는 하나의 동일한 것으로 때로는 사유 속성 아래에서 인식되고, 때로는 연장 속성 아래에서 인식된다는 점으로부터 좀더 명료하게 이해된다. (…) 결과적으로 우리 신체의 능동과 수동의 질서는 본성상 정신의 능동과 수동의 질서와 하나를 이루고 있다"(E3p2s).

528 Cook 1990, pp. 81~97.

하자면 지각적 관념은 연장 속성에서 발생하는 사건에 대한 부분적이거나 단편적인 또는 사적인 표상personal representation을 제공하는 사고의 양태modes of cogitation이다.

정신은 우리가 외부 물체와 공유하는 특징에 의해 변용될 때 생기는 공통 통념을 인식하는 경우 두 번째 종류의 인식을 생성하기 시작한다(E2p39). 감각이나 상상은 실재를 우리와 관계되어 있는 대로 표상한다(E2p18. 군인과 농부는 모래 위의 발굽 자국을 다르게 해석한다). 이성은 실재를 그것이 산출된 전체의 관점에서 그리고 우주와의 관계 속에서 파악한다. 상상에 의해 인간은 세계의 중심이 되고, 인간적인 것은 모든 실재의 척도가 된다. 대조적으로 이성은 자아를 넘어선다. 이성은 보편적이고 영원한 것을 관조하며 모든 실재를 신과 관련시킨다(E2p32. "모든 관념은 그것들이 신과 관련되는 한에서는 참되다"). 나아가 이성은 우연성이라는 통념을 거부하고 실재의 연쇄를 필연적인 것으로 파악한다. 우연성 관념은 다른 많은 부적합한 관념과 마찬가지로 상상의 산물이며, 실재적 원인과 사실들의 필연적 연관을 알지 못하는 이들이 갖고 있는 관념이다. 상상은 현상의 세부 사항 속에서 길을 잃지만, 이성은 그것의 통일성을 포착한다. 마지막으로 이성은 상상의 산물인 목적인과 실재라고 간주되는 보편자를 거부한다. 공통 통념은 정신이 개별 존재들을 일반 원리 아래 포섭할 때 발생한다(E2p44c2d ; TTP 14장 마지막 부분 참고).[529] 이성은 세계를 공통 통념과 실재들의 특성의 체계로 조직화하지만, 각각의 개별자와 자연이 본질적으로 무엇인지 완전히 파악하지 못한다.

---

529 [옮긴이] "더구나 철학의 기초는 공통 통념이며, [그 진리는] 오직 자연에서 찾아야 한다"(TTP 14.37 ; G III. 179 ; C II. 271).

다음 단계에는 공통 통념이 속성에 기인함을 정신이 깨달을 수 있을
때 도달하게 된다. 직관적 지식 또는 3종의 인식에서 정신은 실재를 '지
각된' 특징을 통해서가 아니라 속성을 통해서 설명한다. 그런데 인간의
인식은 신의 영원하고 무한한 본질에 대한 인식에 근거한다(E2p40s2).
인간이 직관적 지식에 도달할 수 있는 것은 신이 사고cogitation 속성 안에
서 자신의 관념뿐만 아니라 이 관념을 그 자체로 표현할 수 있는 능력들
을 포함하는 본질들을 생성하기 때문이다. 인간 정신은 영원한 본질인
한에서 곧 신체의 영원한 본질에 대한 관념인 한에서, 신의 무한한 지성
의 일부이다. 신이 인간 정신의 본질을 구성하는 한에서, 신이 어떤 관념
을 가질 때마다 인간 정신은 그것을 지각하거나 인식한다. 직관적 관념
은 정신의 불멸성을 구성하고(E5p33)[530], 신에 대한 지적 사랑의 기반이
된다(E5p36).

· **관련 항목** : 감각, 상상, 지성, 경험, 원인, 질서와 연관, ~하는 한에서,
신에 대한 지적 사랑

원문

Waan, geloof en klaare kennisse. (…) Waan dan noemen wij die omdat ze de dooling
onderwurpen is en nooijt plaats heeft in iets daar wij zeker van sijn, maar daar van gissen
en meijnen gesprooken word. Geloof dan noemen wij de tweede, om dat die dingen die
wij alleen door de rede vatten, van ons niet en worden gezien, maar ⟨sijn⟩ alleen aan ons
bekend door overtuijginge in 't verstand dat het soo en niet anders moet zijn. Maar klaare
kennisse noemen wij dat 't welk niet en is door overtuijginge van reden maar door een

---

530　[옮긴이] 『윤리학』 5부 정리33은 "3종의 인식에서 생겨나는 신의 지적 사랑은 영원하다"라
　　　는 것이다. 무관하지는 않더라도, 정리23이 더 적절한 출처라고 생각된다. "인간 정신은 신
　　　체와 함께 절대적으로 파괴될 수 없으며, 그중에서 영원한 어떤 것이 남는다"(E5p23).

gevoelen en genieten van de zaak zelve, en gaat de andere verre te boven(KV 2.2). *Possunt omnes ad quatuor reduci. I. Est perceptio, quam ex auditu, aut ex aliquo signo quod vocant ad placitum habemus. II. Est perceptio, quam habemus ex experientia vaga, hoc est ab experientia, quae non determinatur ab intellectu, sed tantum ita dicitur, quia casu sic occurrit* (⋯) *III. Est perceptio ubi essentia rei ex aliqua re concluditur, sed non adaequate ; quod fit cum vel ab aliquo effectu causam colligimus, vel cum concluditur ab aliquo universali quod semper aliqua proprietas concomitatur. IV. Denique perceptio est ubi res percipitur per solam suam essentiam vel per cognitionem suae proximae causae*(TIE 19, G II. 10). *Nos multa percipere et notiones universales formare 1. ex singularibus, nobis per sensus mutilate, confuse et sine ordine ad intellectum repraesentatis et ideo talem perceptionem cognitionem ab experientia vaga vocare consuevi. II. Ex signis ex. gr. ex eo quod auditis, aut lectis quibusdam verbis rerum recordemur et earum quasdam ideas formemus similes iis, per quas res imaginamur. Utrumque hunc res contemplandi modum cognitionem primi generis vocabo. III. Denique ex eo, quod notiones communes, rerumque proprietatum ideas, adaequatas habemus atque hanc rationem et secundi generis cognitionem vocabo. Praeter haec duo cognitionis genera datur aliud tertium quod scientiam intituitivam vocabimus. Atque hoc cognoscendi genus procedit ab adequata idea essentiae formalis quorumdam Dei attributorum ad adaequatam cognitionem essentiae rerum*(E2p40s2).

참고문헌

1차 문헌

Descartes, R., *Regulae ad directionem ingenii*.
Bacon, F., *Novum Organum*.

2차 문헌

Cook, J. Th., 'Spinoza's Science of the Idea of the Body', in J.-C. Smith(ed.), *Historical Foundations of Cognitive Science*(Dordrecht : Kluwer, 1990), pp. 81~97.

Ellsipen, Ch., 'Die Erkenntnisarten', in M. Hampe and R. Schnepf(eds.), *Baruch de Spinoza. Ethik*(Berlin : Akademie-Verlag, 2006), pp. 133~150.

Giancotti-Boscherini, E., 'Sul concetto spinoziano di mens', in G. Crapulli et al.(eds.), *Ricerche lessicali su opere di Descartes e Spinoza*(Rome : Ateneo, 1969), pp. 119~184.

Gueroult, M., *Spinoza. II. L'âme(Éthique II)*(Hildesheim : Olms, 1974).

Robinson, L., *Kommentar zu Spinozas Ethik*(Leipzig : Meiner, 1928).

Steinberg, D., 'Knowledge in Spinoza's Ethics', in O. Koistinen(ed.), *The Cambridge Companion to Spinoza's Ethics*(Cambridge : Cambridge University Press, 2009), pp. 140~166.

Wilson, M.D., 'Spinoza's Theory of Knowledge', in Don Garrett(ed.), *The Cambridge Companion to Spinoza*(Cambridge : Cambridge University Press, 1996), pp. 89~141.

— 린 스프라위트

임페리움Imperium(주권/통치권/국가)

『정치론』에 따르면, "대개" '임페리움'dominion 또는는 '숨마 포테스타스'summa potestas(최고 권력)라고 불리는 것은 국사를 처리할 권리, 즉 특히 법을 제정하고 도시를 건설하며 전쟁과 평화를 결정할 "다중의 힘에 의해 정의되는 (…) 권리"이다(TP 2.17과 3.1~2).[531] 여기에서 스피노자는 기본적으로 '임페리움'을 통치 권력authority to rule으로 보는 전통적 견해를 반복하고 있는데, 이는 "누군가가 다른 사람을 다스리고 그의 행위를 지도할 권리와 권력"이라는 미크라일리우스의 임페리움 정의에 의해 알려진 것이다.[532] 스피노자가 주권자sovereign를 가리키는 신고전주의 용어 숨마 포테스타스를 임페리움과 동일시할 수 있었던 것은 이러한 이유 때문이다. "임페리움 **또는** 숨마 포테스타스들의 권리"imperii *seu* summarum potestatum jus(TP 3.2)라는 구절이 이를 보여 주는데, 여기에서 '숨마 포테

---

531   [옮긴이] "다중의 힘에 의해 정의되는 이 권리는jus 대개 임페리움[주권]이라고 불린다"(TP 2.17 ; 공진성 83. 용어만 음역으로 수정). ; "임페리움 또는seu 숨마 포테스타스의 권리는 자연의 권리 외에 다른 것이 아니며, 그 권리를 결정하는 것은 각 사람의 힘이 아니라 마치 하나의 정신에 의한 것처럼 인도되는 다중의 힘이다"(TP 3.2 ; 공진성 93).

532   Micraelius, *Lexicon philosophicum*.

스타스들'이라는 복수 표현이 사용된 것은 네덜란드 공화국에서 통치권sovereignty을 지닌 복수의 정체, 즉 주 의회들the States을 나타낸다.

그러나 전통과 달리 임페리움이 가리키는 지배 권력은 자연권과 동일시된다. 『정치론』의 첫 장에서 스피노자는 국가와 그것의 자연적 원리의 토대를 이성적 학설이 아니라 인간의 공통 본성에서 찾는다(공진성 46~49). 나아가 스피노자는 『정치론』과 『신학정치론』 16장에서 아리스토텔레스 이래 목적의 차이(예컨대 노예 소유자인 경우 지배자dominus의 선 또는 시민과 자녀들의 선)에 따라 규정되어 온 '전제적' 임페리움과 '부권적' 혹은 '시민적' 임페리움 사이의 전통적 구분을 암묵적으로 기각한다.[533]

---

533   [옮긴이] 아리스토텔레스는 "지배의 다양한 형태"를 "목적"에 따라 구분한다. 이를테면 "노예에 대한 주인의 지배[본문의 '전제적despotic 임페리움'에 해당]는 주인의 유익함[본문의 '선'the good]'을 목적으로 하는 지배"이며, "자식, 아내, 가족 전체에 대한 (⋯) '가장 경영'(가장적 지배)[본문의 '부권적paternal 임페리움']이라고 부르는 것은 지배받는 자들의 이익이거나 또는 지배하는 자들과 지배를 받는 자들 양자에게 공통의 유익함을 목적으로 하는 것"이다. 신민에 대한 "'통치자 집단'(정부)"의 지배[본문의 '시민적 임페리움']는 "공통의 유익함을 목적"으로 (해야)하는 지배이다(아리스토텔레스, 김재홍 옮김, 『정치학』 그린비, 2023, 제3권 제6~7장, 255~262쪽 참고. 대괄호는 인용자). 그러나 스피노자는 『신학정치론』과 『정치론』에서 모든 개체의 '권리'jus와 '역량'potentia을 동일시하고, 개체의 '권리'는 개체의 '목적'과 무관하게 오직 현존하는 '역량'에 의해 결정된다고 주장한다. "나는 자연의 권리[자연권] 및 제도를Per jus & institutum naturae 각 개체의 본성의 법칙 외에 다른 것이 아니라고 이해한다. 그 법칙에 따라 우리는 각 실재가 자연적/본성적으로 실존하고, 특정한 방식으로 결과를 갖도록 규정된다고 인식한다. 예컨대 (⋯) 큰 물고기가 작은 물고기를 잡아먹는 것은 최고의 자연적 권리에 의한summo naturali jure 것이다. 이는 절대적으로 고려된 자연이 할 수 있는 모든 것을 할 최고의 권리를 가지고 있다는 것, 즉 자연의 권리는 그것의 역량이 미치는 만큼 확장된다는 것이 확실하기 때문이다. 그러나 자연 전체의 보편적 역량은universalis potentia totius naturae 모든 개체의 역량을 합한 것에 지나지 않는다. 이로부터 각각의 개체는 자신이 할 수 있는 모든 것을 할 최고의 권리를 가진다는 것, 또는 각각의 실재의 권리는 그것의 규정된 역량이 미치는 데까지 미친다는 것이 따라 나온다"(TTP 16,2~4 ; G III, 189 ; C II, 282~283). "나는 자연의 권리를 모든 일이 일어날 때 따르는 자연의 법칙 또는seu 규칙 자체, 즉 자연의 역량 자체라고 이해한다. 그러므로 자연 전체의, 결과적으로 각 개체의 자연적 권리는naturale

때때로 임페리움은 국가 자체와 동일시된다(TP 3.1, 4.1).[534] 아케르만에 따르면 스피노자는 사실상 임페리움의 고전 라틴어 용법, 즉 임페리움을 국가와(군사적 권력이나 사법적 권한을 가진 사람들의 집단으로 간주된) 국가 권력 및 권한과 동의어로 이해하는 용법을 모방한 것이다. 그는 프리슬란트[535]의 법률가 윌릭 휘버르를 인용하여 임페리움을 키비타스civitas(국가) 곧 정치체political body를 형성하기 위한 의지로 정의했다.[536]

흔하지는 않지만, 스피노자의 저작에서 임페리움은 의지나 이성이 사지四肢의 운동이나 인간 신체 전체 또는 정서에 행사하는 힘power을 가리키기도 한다.[537]

Jus 그 힘이 미치는 데까지 확장된다"(TP 2.4 ; 공진성 63. 번역은 일부 수정). 따라서 목적에 따라 임페리움을 구분하는 전통적인 방식은 암묵적이지만 근본적으로 무효가 된다. 그러한 임페리움들은 단일한 자연권의 상이한 표현일 뿐이다. 『신학정치론』에서 스피노자는 아래와 같이 노예, 아들, 신민을 각각의 복종이 누구의 이익과 관련되는지 보여 주는 방식으로 정의하지만, 이들에 대한 주인, 부모, 통치 권력의 임페리움은 모두 그들의 역량과 동일시되는 단일한 자연권에 근거한다. "그러므로 우리는 노예, 아들, 신민 사이에 큰 차이가 있음을 인식한다. 이들은 다음과 같이 정의된다. 즉 노예란 주인의 명령에 복종하도록 구속된 자로, 이 명령은 오직 명령하는 자의 이익과만 관련된다. 아들이란 부모의 명령에 따라 자기 자신에게 유익한 것을 행하는 자이다. 끝으로 신민이란 최고 권력의 명령에 따라ex mandato summae potestatis 공동체, 따라서 자기 자신에게 유익한 것을 행하는 자이다"(TTP 16.35 ; G III. 195 ; C II. 289). 본문의 "시민과 자녀들의 선"으로 옮긴 부분은 원문이 "the good of the children of the citizens"였지만, 'of'는 'and'의 오기로 보여 수정했다.

534   [옮긴이] 원문에는 출처가 "TP 2.2, 3.3, 4.1"로 되어있으나 정확하지 않으므로, 2.2는 삭제하고 3.3은 3.1로 수정했다.

535   [옮긴이] 네덜란드 최북부 주州.

536   Akkerman 1997, pp. 12~13.

537   [옮긴이] "정신이 자신의 정서들에 대하여 절대적 임페리움(지배력, 지배권)을 가질 수 있는 길"(E3praef) ; "사람들이 신체의 이런저런 행동은 신체에 대한 임페리움을 갖고 있는 정신에서 생겨난다고 말할 때, 그들은 자신들이 무슨 말을 하는 것인지 알지 못하며"(E3p2s) ; "정서들을 억제하고 조절하는 데서 이성이 지닌 임페리움의 크기 및 성질quantum et quale"(E5praef) 등 참고.

임페리움[주권] 없는 사회 상태civil state, status civilis는 존재하지 않는다. 사회 상태 또는 임페리움은 세 가지 형태를 띨 수 있다. 『정치론』 3장에서 스피노자는 정치체제(政體)regimes에 대한 고전적 구분 ─ 군주정(일인에 의한 통치), 귀족정(소수에 의한 통치), 민주정(모두에 의한 통치) ─ 을 언급하며 때때로 신정神政을 덧붙인다. 이 구분은 정치철학만큼이나 오래된 것으로, 홉스는 『시민론』에서 '스페키에스 키비타티움'species civitatium(국가의 종種)이라는 표현을 사용하면서 이 구분을 다룬다.[538]

스피노자는 전통적 학설과 네 가지 점에서 의견을 달리한다. 첫째, 위 세 체제의 반대 형태를 명시적으로 다루지 않는다. 보통 공공의 이익에 의해 인도되는 정체와 자신의 이익에 의해 인도되는 정체(참주정, 금권정, 폭민정)를 구분하지만,[539] 스피노자는 인간은 언제나 자신의 이익에 이끌린다고 보는 데서 출발한다. 따라서 [어떤 정체인지보다] 이러한 인간 성향에도 불구하고 궁극적으로 공공의 이익이 산출되도록 국가를 구성하는 것이 중요하다. 둘째, 스피노자는 플라비우스 요세푸스Flavius

---

538 Hobbes, *De Cive*, Ch.7. [옮긴이] 이준호 I. 제7장 민주제, 귀족제, 군주제 등 정부의 세 종류 (152~173) 참고.

539 [옮긴이] 참주정, 금권정, 폭민정은 각각 tyranny, plutocracy, rule by the mob을 옮긴 것이다. 금권정은 과두정oligarchia을, 폭민정은 무정부 상태anarchia를 염두에 둔 표현일 것이다. 본문에 언급된 추구하는 이익에 따른 정체 구분에 대해서는 다음 인용문 참고. "앞서 말해진 정치체제들에서 벗어난 정치체제들은 왕정으로부터는 참주정이고, 귀족정으로부터는 과두정이며, 혼합정(입헌 공화정)으로부터는 민주정이 있다(왜냐하면 참주정은 지배하는 자 1인의 유익함을 목적으로 하는 1인 지배정이지만, 과두정은 부유한 자들의 유익함을 위한 것이고, 민주정은 가난한 자들의 유익함을 목적으로 하는 정치체제이기 때문이다)." 아리스토텔레스, 앞의 책, p. 262 ; "고대의 정치학자는 이와 상반되는 정치제도의 세 종류를 제시했다. 말하자면 무정부 상태anarchy 또는 민주정의 혼탁, 과두정oligarchy 즉 몇 사람의 지배 또는 귀족정의 혼탁, 참주정tyranny 또는 군주정의 혼탁 등이다"(이준호 I. 138. 용어는 수정).

Josephus[540]의『아피온 반박문』에 따라 고대의 세 가지 체제에 신정을 덧붙인다. 셋째, 각 정체는 소멸되고 다음 정체로 이행한다는 고대의 순환론을 폐기한다. 마키아벨리는 자신의『로마사 논고』도입부에서 혼합 체제를 수립함으로써 이 치명적인 체제의 순환을 벗어날 방법을 제안하지만,[541] 스피노자는 각 체제가 어떻게 안정될 수 있는지 설명한다. 그럼에도 그는 체제 변화의 가능성이 있으며 그것이 각 체제를 위협하는 요소임을 인식하고 있었고(TP 7.25), 또한 체제의 일정한 진화도 가능하다고 보았다(TP 8.12). 이 학설은 부분적으로 인민이 자기 체제를 고수해야 한다는 관념을 담고 있다. 때때로 원래 구조로 돌아갈 필요가 있다(TP 10.1).[542] 스피노자 정치 사상에서 모든 체제의 일반 원리는 체제의 구조가 영구히 보전되도록 구성되어야 한다는 점이다. 그러므로 법은 이성뿐만 아니라 인간의 정서와도 조화를 이루어야 한다(TP 10.9). 넷째로, 귀족정과 민주정의 차이는 소수가 다스리느냐 다수가 다스리느냐에 있는 것이 아니라 최고 회의의 구성원을 선출하는 방식의 차이, 즉 최고 회의가 자기 충원으로 구성되느냐 아니면 피선거권이 법적으로 보장되느냐에 있다(TP 8.1, 11.1).[543] 이는 사회계약을 정의하면서 한 사람 또는 의

---

540   Flavius Josephus, *Contra Apion*, Ch.2, Sec.17. [옮긴이] 플라비우스 요세푸스, 김지찬 옮김,『요세푸스4: 요세푸스 자서전과 아피온 반박문』생명의 말씀사, 2007. 37년에 예루살렘에서 태어나 100년 즈음 로마에서 사망한 유대교 사제이자 학자. 본래 이름은 Joseph Ben Matthias. 66~70년 유대인 반란, 초기 유대 역사에 관한 귀중한 작품을 썼다.

541   Machiavelli, *Discorsi sopra la prima deca di Tito Livio*. [옮긴이] 니콜로 마키아벨리, 강정인·안선재 옮김,『로마사 논고』, 한길사, 2003, 제1권 2장, 79~84쪽 참고.

542   [옮긴이] 스피노자는 마키아벨리의『로마사 논고』를 인용하면서 이러한 주장을 펼친다(공진성 343~345 참고).

543   [옮긴이] "확실히 귀족 국가에서는 통치할 권리가 오직 선출에 달려 있지만, 민주국가에서는 통치할 권리가 일종의 타고난 권리 또는 운에 의해 취득된 권리에 대부분 달려 있다"(TP 8.1 : 공진성 239~241) ; "귀족 국가에서는 이 사람이나 저 사람이 귀족으로 선출되어야 하는지

회가 국가 통치를 위임받을 수 있다고 한 홉스의 구별과 일치한다.[544] 스피노자는 또한 어떤 체제의 기반이든 인민으로부터 최고 권력 ― 그것이 한 개인이든, 선출된 자들의 의회이든, 전체 인민이든, 혹은 신이든 간에 ― 으로 권력이 양도됨에 있다고 본다는 점에서 홉스를 따른다(TTP 16, 19).

· 관련 항목 : 자연 상태, 레스푸블리카, 포테스타스,
시민, 민주정, 귀족정, 신정, 동등함/평등함

원문

Ostendo eos qui summum imperium tenent, jus ad omnia, quae possunt habere (···) *non tantum juris civilis, sed etiam sacri vindices, et interpres esse*(TTP praef, G III. 6~7). *Hinc fit, quod societas non potest subsistere absque imperio et vi et consequenter legibus* (···) *Tota societas collegialiter imperium tenere debet, vel si pauci, aut unus solus*(TTP 5, G III. 74). *Sub imperio naturae* (···) *imperii democratici fundamenta* (···) *Ut subditus imperium civitatis agnoscit*(TTP 16, G III. 190, 195, 197). *Imperium ita administrandum successoribus reliquit* (···) *imperii domus regia templum erat*(TTP 17, G III. 208, 211). *imperii Jura*(TTP 19, G III. 231). *Hominem in natura, veluti imperium in imperio concipere videntur* (···) *in affectus imperium*(E3praef). *Imperium mentis in corpore*(E3p2s). *Ex rationis imperio vivere*(E4app9). *Quantum et quale imperium in affectus* (E5praef). *Quia omnes homines* (···) *statum aliquem civilem formant, ideo imperii causas et fundamenta naturalia, non ex rationis documentis petenda, sed ex hominum communi natura*(TP 1.7). *Hoc jus, quod multitudinis potentia definitur, imperium appellari solet. Atque hoc is absolute tenet, qui curam reipublicae ex communi consensu habet, nempe jura*(TP 2.17). *Peccatum non nisi in imperio concipi potest* (···) *ex communi totius imperii jure decernitur*(TP 2.19). *Imperii cujuscunque status dicitur civilis ; imperium autem integrum corpus civitas appellatur, et communia imperii negotia. Denique status civilis tria dari genera* (···) *imperii seu summarum potestatum jus* (···) *imperii corpus et mens tantum juris habet quantum potentia valet*(TP 3.1-2). *Jus summarum*

<hr>

여부가 오직 최고 회의의 의지와 자유로운 선출에만 의존한다"(TP 11.1 ; 공진성 365).

544　Hobbes, *Leviathan*, ch.17, (진석용 II-1. 232).

potestatum (⋯) *imperii veluti mens sit*(TP 4.1). *De optimo cujusque imperii statu* (TP 5.1). *Mediis princeps uti debet ut imperium stabilire et conservare possit*(TP 5.7). *Imperium indivisibile esse debet*(TP 6.37). *Officium ejus, qui imperium tenet*(TP 7.3). *Ne paulatim ad pauciores deveniat imperium, sed contra ut pro ratione incrementi ipsius imperii eorum augeat numerus*(TP 8.11).

참고문헌

1차 문헌

Machiavelli, N., *Discorsi sopra la prima deca di Tito Livio*(Florence, 1519).
Hobbes, Th., *Leviathan*.

2차 문헌

Akkerman, F., ‛Mots techniques, Mots classiques’, in P. Totaro(ed.), *Spinoziana*(Florence : Olschki, 1997), pp. 1~22.
Curley, E., ‛Troublesome Terms for Translators in the TTP’, in P. Totaro(ed.), *Spinoziana*(Florence : Olschki, 1997), pp. 39~62.
Moreau, P.F., ‛La notion d'imperium dans le Traite politique’, in E. Grancotti(ed.), *Spinoza nel 350 anniversario della nascita, Atti del congresso/Proceedings of the First Italian International Congress on Spinoza*(Naples : Bibliopolis, 1985), pp. 355~366.

— 마린 테르프스트라

있음 → 에세를 보라.

【ㅈ】

자기 원인 → 실체, 신·신 의 지성과 의지, 본질, 자신 안에 있음을 보라.

자신 안에 있음/그 자체로 존재함In se esse(인 세 에세)

스피노자 저작에서 "인 세 에세"in se esse, to be in itself라는 표현은 한편으로는 다른 존재자와의 관계를 고려하지 않고 또는 다른 실재와 비교하지 않고 [그 자체로] 인식되거나 생각된 실재를 나타낸다(Ep8과 E4praef).[545] 이러한 지시적 의미denotation는 스콜라철학자들과 근대 철학자들이 관습적으로 널리 사용하던 용법으로, 이는 데카르트 「제3성찰」의 다음과 같은 구절에서도 알 수 있다. "이제 관념들에 대해 말하자면, 만일 그것들이, 내가 그것들을 다른 어떤 것과 관련짓지 않고, 오직 그 자체 안에서in se 고찰한다면, 그것들은 본래 거짓일 수 없다"(AT VII. 38 ; 이현복 I. 61. 용어는 수정).[546] 이러한 전통적 의미와 같은 뜻을 지닌 말로는 "절대적으로 인식하다"to conceive absolutely라는 표현이 있다. "자신 안에"in se 있는 실재는 있는 그대로의 실재이다. "자신 안에"가 실재의 본질 및 실재적 인식real knowledge 대상을 나타내는 것은 이러한 이유 때문이다(Ep34 ; CM 1.6).[547] 이러한 함축적 의미connotation를 지닌 "자신 안에"라는 표현은 코나투스의 정의에도 나타난다(E3p6 ; TP 2.6).[548]

---

545   [옮긴이] "한 실재는 두 방식으로 고찰될 수 있다. 즉 실재는 그 자체로 존재하거나in se est 혹은 다른 사물과의 비교를 통해 존재한다"(Ep8 ; G IV. 40 ; 이근세 56. 용어는 수정) ; "선/좋음과 악/나쁨의 경우, 이것들은 결코 실재들 안에 곧 그 자체로 고려된 것들 안에 존재하는in rebus, in se scilicet consideratis 실정적인 것을 가리키지 않으며, 우리가 실재들을 서로 비교하면서 형성하는 사고방식들 또는 통념들에 불과하다"(E4praef).

546   [옮긴이] 「제3성찰」 ; AT VII. 38 ; 이현복 I. 61. 용어만 수정.

547   [옮긴이] "정의는 오직 실재가 자신 안에 있는 대로 실재의 본성만을 내포하거나 표현합니다"(Ep34 ; 이근세 224. 강조는 인용자. 번역은 수정). "그래서 관념은 그것이 우리에게 실재를 그것이 자신 안에 있는 대로 보여 줄 때 참이라 불립니다"(CM 1.6 ; G I. 246. 강조는 인용자).

548   [옮긴이] 저자는 첫 번째 의미의 "인 세 에세"는 지시적으로는 "그 자체로 고려된 상태로 있다"라는 것을 나타내지만denote, 함축적으로는 "자신의 본질적 상태에 있다"라는 뜻을 내포한다connote라고 주장하며, 함축적 의미의 "인 세 에세"는 다음과 같은 구절에서 사용된다

다른 한편으로, 전통적으로 "인 세"in se, in itself(자신[자체] 안에)라는 표현은 실체의 근본 특성 중 하나를 가리키며 다른 것 안에 실존하지 않음을 나타낸다. 예컨대 스피노자는 『윤리학』 1부 정의3의 실체 정의에서 "인 세"라는 표현을 사용한다. 「서신4」에서 "인 세"는 "존재자"being가 아니라 "인식"conceiving과 연관된다.[549] 이 두 번째 의미의 "인 세"는 "관계적으로"relatively와 반대되는 것이 아니라 "다른 것 안에 있음" 또는 "내속함"inherence과 반대된다. 스콜라철학 담론에서 비-내속non-inherence 관념은 종종 "페르 세"per se(자신을 통해)가 의미하는 것이었다. 그러나 『윤리학』에서 스피노자는 "페르 세 보누스"per se bonus(그 자체로 좋은 것, E4p45c2s)라는 표현을 제외하면, "페르 세"를 단지 "인식하다"나 "이해하다"와 조합해서 사용하는데, 이는 양태보다 실체가 논리적으로 선행함을 나타낸다.[550] 『지성교정론』 92절에서 "자신 안에 있음"being in itself과

고 말하는 것이다. "각각의 실재는 자신 안에 있는 한에서quantum in se est 자신의 존재 안에서 존속하려고in suo esse perseverare 노력한다"(E3p6) ; "각각의 실재는 자신 안에 있는 한에서quantum in se est 자신의 존재를 보존하려고suum esse conservare 노력하므로 (…)"(TP 2.6 ; G III. 278 ; 공진성 67. 번역은 수정). 결국 이 구절들에서 "자신 안에 있는 한에서"는 "자신의 본질적 상태에 있는 한에서"라는 뜻이 내포되어 있다는 주장이다.

549 "나는 실체를 자신 안에 있고in se est 자신에 의해 인식되는per se concipitur 것, 곧 그 개념을 형성하기 위해 다른 실재의 개념을 필요로 하지 않는 것이라고 이해한다"(E1d3) ; "실제로 저는 실체를 자신에 의해per se 그리고 자신 안에서 인식되는in se concipitur 것으로, 즉 그것의 개념이 다른 어떤 것의 개념도 포함하지 않는 것으로 이해하고 (…)"(Ep4 ; G IV. 13 ; 이근세 26. 번역은 수정).

550 [옮긴이] 저자는 첫 번째 의미의 "인 세 에세"는 지시적으로는 "그 자체로 고려된 상태로 있다"라는 것을 나타내지만denote, 함축적으로는 "자신의 본질적 상태에 있다"라는 뜻을 내포한다connote라고 주장하며, 함축적 의미의 "인 세 에세"는 다음과 같은 구절에서 사용된다고 말하는 것이다. "각각의 실재는 자신 안에 있는 한에서quantum in se est 자신의 존재 안에서 존속하려고in suo esse perseverare 노력한다"(E3p6) ; "각각의 실재는 자신 안에 있는 한에서quantum in se est 자신의 존재를 보존하려고suum esse conservare 노력하므로 (…)"(TP 2.6 ; G III. 278 ; 공진성 67. 번역은 수정). 결국 이 구절들에서 "자신 안에 있는 한에서"는 "자신의

"인과적 독립성"causa sui[카우사 수이, 자기 원인] 관념을 직접 연결한 것은[551] 전통적으로나 스피노자 저작에서나 드문 일이었고,『윤리학』에서는 다시 사용되지 않는다.

『윤리학』 1부의 첫 번째 공리에서 스피노자는 "존재하는 모든 것은 자신 안에in se 있거나 다른 것 안에in alio 있다"라고 말한다. 이 표현의 의미를 두고 많은 논의가 있었다.

[1] 먼저 스피노자가 "자신 안에 있음"이라는 표현으로 의미한 것은 전통적인 아리스토텔레스 개념에서 술어의 궁극적 주어로서의 실체라는 제안이 있었다. 특성들properties은 실체의 술어가 될 수 있지만, 실체는 어떤 다른 것의 술어가 될 수 없다. 아리스토텔레스의 견해에서 들창코임snubness은 코의 술어가 될 수 있지만, 코는 다른 어떤 것의 술어가 될 수 없다. 그러나 스피노자가 이해한 "자신 안에 있음"이 아리스토텔레스의 실체성substancehood의 기준이라는 생각에는 문제가 있다. 왜냐하면 스피노자의 일원론에서 코나 다른 유한한 것은 신 안에 있고, 따라서 그것들은 신의 술어가 될 수 있어야 하기 때문이다.

[2] 이러한 문제 때문에 컬리는 스피노자가 "인 세 에세"라는 실체성의 조건을 단지 인과적 독립성이라는 의미로 이해해야 한다고 제안한다. 스피노자의 유일 실체는 그 자신의 원인이자 존재하는 다른 모든 것의 작용인이며, 따라서 그것은 자신 안에 있는 유일한 것이지만 그것의 결과인 다른 모든 것은 그것 안에 있다. 컬리의 이러한 획기적인 해

본질적 상태에 있는 한에서"라는 뜻이 내포되어 있다는 주장이다.

551 [옮긴이] "즉 만일 실재가 자신 안에in se 존재한다면 혹은 흔히 말하듯이 자기 원인causa sui이라면, 그것은 오직 자기 본질만을 통해 이해되어야 할 것이다"(TIE 94 ; G II. 34 ; 김은주 45. 강조는 인용자. 번역은 수정). 원문에는『지성교정론』34절이라고 되어 있어 바로잡는다.

석은 아주 흥미롭지만 명백한 문제가 있다. "자신 안에 있음"은 실체 정의(E1d3)에 포함되어 있음에도, 스피노자는 1부 정리6에서 모든 실체가 인과적으로 독립적이어야 함을 자세히 증명한다. "자신 안에 있음"과 "다른 것 안에 있음" 간 구별이 자기 원인인self-caused 존재와 다른 것이 원인인other caused 존재 간의 차이라면, 이러한 증명은 불필요했을 것이다.[552]

[3] 베넷의 장-형이상학적 해석field-metaphysical interpretation은 전통적 실체에 부합하는 해법을 제시한다. [그에 의하면] 인 세in se(자신 안에)/인 알리오in alio(다른 것 안에) 구분과 밀접한 관련이 있는 것은 "자신을 통해 인식되는 것"과 "다른 것을 통해 인식되는 것" 간의 구분이다.[553] 이

---

552 [옮긴이] 『윤리학』 1부 공리1은 "존재하는 모든 것은 자신 안에in se 있거나 다른 것 안에in alio 있다"라는 것이다. 여기에서 "자신 안에" 있다는 것에 대한 첫 번째 해석으로 제시된 것은 아리스토텔레스의 실체성 기준처럼 다른 것의 술어가 될 수 없다는 것이었다. 그러나 이렇게 해석할 때 스피노자 철학에서 모든 것은 신 안에 있으므로 공히 신의 술어가 된다는 문제가 발생한다(이는 이를테면 베일이 스피노자를 그토록 받아들일 수 없었던 이유이다. 이 책 3부 '피에르 베일' 항목 참고). 이에 두 번째 해석으로 제시된 컬리의 견해는 "자신 안에 있음"을 실체의 "인과적 독립성"(즉 자기 원인임)을 뜻하는 것이라고 받아들이자는 주장이다. 그렇다면 "다른 것 안에 있음"은 "인과적 의존성"(즉 자기 원인이 아님)을 뜻하며, 결국 신을 제외한 모든 실재는 신에게 의존한다는 의미가 될 것이다. 그러나 이러한 해석은 스피노자가 1부 정의3에서 실체는 자기 안에 있다고 했음에도 정리6에서 별도로 실체의 인과적 독립성을 증명한 이유가 무엇인지 설명되지 않는다는 문제가 있다. 다시 말해서 실체가 자기 안에 있다는 것이 인과적 독립성을 뜻하는 것이라면, 정의는 증명 대상이 아니므로 정리6에서 실체의 인과적 독립성을 증명할 이유가 없지 않으냐는 것이다. 이는 실체는 자기 원인이지만 정의3의 "자기 안에 있음"이라는 규정을 통해 확정되는 것이 아니라 증명을 필요로 하는 실체의 특성이라는 주장으로 읽을 수 있다. 즉 정의3에서 "자기 안에 있음"은 실체의 "본질"essentia을 나타내는 것이지만, "자기 원인임"은 실체의 본질에서 따라 나오는 "특성"propria 또는 "고유성"proprietas이라는 것이다. 정의에 대해서는 '기하학적 질서·정의·공리' 항목 참고. 자기 원인이 실체의 본질이 아닌 특성이라는 것은 이 책 '실존' 항목의 옮긴이 주 참고. 실체에 대한 양태의 내속 문제와 양태의 실재성 문제는 김은주, 『스피노자의 형이상학 : 역량과 합리성』(민음사, 2024), 4장 「내속의 문제와 양태의 실재성」 참고.

553 Bennett 1984, "4. Extended Substance" 참고. [옮긴이] 마지막으로 베넷의 주장은 "인 세"를

구분은 [실제로] 동일한 존재를 지칭하는 것으로 보인다. 하지만 스피노 자는 이에 대한 어떠한 논변도 제시하지 않는다.

· **관련 항목** : 실체, 속성, 양태

원문

Si res sit in se sive ut vulgo dicitur causa sui, tum per solam suam essentiam debebit intelligi ; si vero res non sit in se, sed requirat causam ut existat, tum per proximam suam causam debebit intelligi(TIE 92, G II. 34). *Idea vera dicitur illa, quae nobis ostendit rem ut in se est*(CM 1.6). *Notiones quae naturam explicant non ut in se est, sed prout ad sensum humanum refertur*(Ep6). *Res duobus potest considerari : vel prout in se est, vel prout respectum habet ad aliud*(Ep8). *In se esse et per se concipi*(Ep9). *Res ut in se est, percipere difficillime est*(Ep12). *Definitio rei naturam, prout in se est involvit et exprimit*(Ep34). *Intellectualis cognitio ejus naturam, prout in se est considerat*(TTP 13, G III. 171). *In se esse et per se concipi*(E1d3). *Omnia quae sunt, vel in se vel in alio sunt*(E1ax1). *Id quod in se est et per se concipitur, sive talia substantiae attributa* (⋯) *hoc est Deus quatenus ut causa libera consideratur*(E1p19s). *Rerum ut in se sunt Deus revera est causa, quatenus infinitis constat attributis*(E2p7s). *De natura rationis est res vere pericipere, nempe ut in se sunt*(E2p44). *Unaquaeque res quantum in se est in suo esse perseverare conatur*(E3p6). *Bonum et malum* (⋯) *in se consideratis* (⋯) *ex eo quod res ad invicem comparamus*(E4praef).

참고문헌

1차 문헌

Descartes, R., *Meditationes.*

"자신을 통해 인식되는 것"이라는 의미로 이해하자는 것이다. 이 항목의 저자 코이스티넨은 "자신 안에 있는 것"과 "자신을 통해 인식되는 것"은 실제로 동일한 것이라고 생각되지만, 스 피노자가 이에 대해 말한 바 없어 문헌적으로 뒷받침되지 않는다는 문제가 있다고 지적하는 것으로 보인다.

2차 문헌

Bennett, J., *A Study of Spinoza's Ethics*(Cambridge : Cambridge University Press, 1984).

Curley, E., 'On Bennett's Interpretation of Spinoza's Metaphysics', in Y. Yovel(ed.), *God and Nature. Spinoza's Metaphysics*(Leiden : Brill, 1991), pp. 35~51.

Gueroult, M., *Spinoza I. Dieu*(Hildesheim : Olms, 1968).

Koistinen, O., *On the Metaphysics of Spinoza's Ethics*(Turku : Turku University Press, 1991).

Richter, G.Th., *Spinozas philosophische Terminologie. I. Grundbegriffe der Metaphysik*(Leipzig : Barth, 1913).

Robinson, L., *Kommentar zu Spinozas Ethik*(Leipzig : Meiner, 1928).

—— 올리 코이스티넨

자신의 유 안에서In suo genere(인 수오 게네레)

"인 수오 게네레"(자신의 유 안에서)라는 표현은 스피노자의 라틴어 저작들에 여섯 번 등장한다(그중 네 번은 이 표현과 반대되는 "압솔루테"absolute[절대적으로]라는 표현과 함께 나온다).[554] 상응하는 네덜란드어 표현 "인 신/하르 헤슬라흐트"in syn[sijn]/haar geslagt는 [『소론』에서] 무려 열두 번이나 사용된다. 라틴어 단어 "게네레"genere(유類)나 상응하는 네덜란드어 표현 "헤슬라흐트"(말 그대로 유[genus]나 속屬[gender]이라는 뜻)는 스콜라의 논리학의 언어에 속한다. 이 맥락에서 게네레는 "스페키에스"species(종)에 반대되는 것이 아니라 오히려 "수뭄 게누스"summum genus(최고 유), 즉 존재 범주를 나타낸다.[555]

---

554   [옮긴이] 「서신2」에 두 번, 「서신4」에 두 번, 「서신36」에 두 번, 『윤리학』 1부 정의2에 한 번, 1부 정의6의 해명에 두 번, 2부 정리16의 증명에 한 번 나온다. 동일한 곳에 여러 번 나오는 경우 한 번으로 셈하면, 저자가 말한 것처럼 여섯 번이 된다.

555   [옮긴이] 스콜라 논리학에서 게누스(유)는 스페키에스(종)와 짝을 이루는 상대적 관계 개념

「형이상학적 사유」에서 스피노자는 데카르트 철학에 있는 존재자의 두 최고 유two supreme genera of being 즉 사유와 연장을 언급하고(CM 2.1), 서신에서는 인 수오 게네레와 동의어인 "인 케르토 게네레 엔티스"in certo genere entis(특정한 존재자의 유 안에서)[556]라는 표현도 사용한다(Ep36 ; 이근세 233).[557] 『윤리학』에서 이 '존재 범주'와 자연 또는 실체인 신의 속성을 동일시한다. 그는 1부 정리16의 증명에서 "신의 본성은 절대적으로 무한한 속성들을 가지고 있는데, 그 각각은 또한 **자신의 유 안에서** 무한한 어떤 본질을 표현한다"라고 말한다. 이 구절은 그 자체로 한정된 무한성finite infinity과 실체의 절대적 무한성을 구분한다는 점에서 그의 신 정의에 극히 중요하다. 『윤리학』 1부 "신에 관하여"에서만 이 표현을 찾아볼 수 있는 것은 이러한 이유 때문이다.[558] 나아가 『소론』에 비해 『윤리학』에서 이 표현의 사용 빈도가 적다는 것은 스피노자 사유의 초점 변화를 시사하는 것으로 보인다.

"인 수오 게네레"는 당대 네덜란드의 신-스콜라철학의 논리학 안내서에서 유래한 표현이다. 예컨대 뷔르헤르스데이크는 '제일 원인' 개념을 다룰 때 이 표현을 사용하면서, '제일 원인'이라는 표현은 두 가지 방

(유·종 관계)이 아니라 최고 유summum genus ─ 곧 '존재 범주'category of being ─ 를 가리키므로 '종과 반대되지 않는다'라는 것이다.

556 [옮긴이] 이근세 233 참고. 참고로 컬리는 "in a definite kind of being"이라고 옮겼다.

557 범주라는 의미의 게누스에 대해서는 쇼뱅의 다음과 같은 말을 참고하라. "두 종류의 게누스가 있다. 최고 유와 하위/종속 유가 그것이다. 최고의 유는 계층class과 범주에서 최고의 지위를 차지한다." Chauvin, *Lexicon philosophicum.*

558 [옮긴이] 『소론』 1부 제목은 "신과 신에게 속하는 것에 관하여"이며, 2부 제목은 "인간과 인간에게 속하는 것에 관하여"이다. 『윤리학』의 "인 수오 게네레"에 해당하는 "인 신/하르 헤슬라흐트"in syn[sijn]/haar geslagt『소론』의 1부에만 등장한다.

식으로 사용된다고 말한다.[559] 한편으로는 "모든 실재는 그 기원, 존재, 활동에서 의존하는 원인"이 있다.[560] 그러한 원인은 "절대적으로 첫 번째이자 유일무이한 원인 즉 신이다". 다른 한편으로 **자신의 유 안에서 첫 번째인 원인**"이 있다. 이러한 원인에는 오직 같은 범주의eiusdem generis 다른 원인들만 의존한다. 뷔르헤르스데이크는 후자의 예로 첫 번째 인간인 아담을 들어 그가 후속하는 모든 인류 세대의 원인임을 보이고, 또한 영혼을 들어 영혼이 모든 생명 작용의 기초이자 기원이라고 설명한다. 헤이레보르트의 논의도 뷔르헤르스데이크와 아주 유사하다.[561] 그는 절대적으로 첫 번째인 원인("우주 안에 그것보다 선행하는 것은 아무것도 없는")과 **자신의 유 안에서** 첫 번째인 원인, 즉 창조에 있어 첫 번째인 원인을 대비시킨다.

이는 스피노자가 『윤리학』 1부 정리 28의 주석에서 다음과 같이 말하는 배경이 된다. "신은 그것 자신에 의해 생산된 직접적인 실재들의 절대적으로 가까운 원인이지, 사람들이 말하듯 **자신의 유 안에서** 가까운 원인이 아니다."

· **관련 항목** : 신, 실체, 속성, 나투라, 원인

원문

In sijn geslagte oneijndelijk volmaakt (KV 1.2). Beweginge (⋯) oneijndig in haar

---

559 Burgersdijck, *Institutiones logicae* I, ch. 17, sect 29.
560 사도행전 17장 28절 참조. [옮긴이] "'우리는 그분 안에서 숨 쉬고 움직이며 살아간다' 하는 말도 있지 않습니까? 또 여러분의 어떤 시인은 '우리도 그의 자녀이다' 하고 말하지 않았습니까?"
561 Heereboord, *Hermeneia logica* I, ch. 17, q. 26.

geslagt(KV 1.9). Uijtgebreijdheid een eigenschap is die wij oneijndelijk in haar geslagt betoond hebben te sijn(KV 2,19). Oneijndige eigenschappen (…) volmaakt in sijn geslagt(KVapp p4). *Attributa* (…) *summe perfecta in suo genere*(Ep2). *Extensio non absolute infinita sed in suo genere*(Ep4). *Extensio et cogitatio in suo genere, hoc est in certo genere entis perfectae esse queunt*(Ep36). *Res in suo genere finita* (E1d2). *Absolute infinitum, non autem in suo genere*(E1d6ex). *Natura divina infinita absolute attributa habeat, quorum etiam unumquodque infinitam essentiam in suo genere exprimit*(E1p16). *Deus sit rerum immediate ab ipso productarum causa absolute proxima, non vero in suo genere*(E1p28s).

참고문헌

1차 문헌

Burgersdijk, F., *Institutiones metaphysicae*(Leiden, 1642).
Heereboord, A., *Hermeneia logica, sive synopseos logicae Burgerdicianae explicatio*(Leiden, 1640).

2차 문헌

Gueroult, M., *Spinoza I : Dieu*(Hildesheim : Olms, 1968).

— 헨리 크롭

자신의 권리 아래 → 자연 상태를 보라.

자연 → 나투라를 보라.

자연 상태Status naturae(스타투스 나투라이)

자연 상태 개념은『신학정치론』16장에서 소개되며,『윤리학』4부 정리 37의 유명한 주석2에서도 다루어진다. 또한 이 말은 미완의『정치론』에도 자주 등장한다. 스피노자는 이 개념을 3중의 방식으로 사용한다. 첫째, '자연 상태'는 사회 바깥에서 살아가는 인간의 상태, 즉 도덕 관념 없이 불안하고 안전하지 않은 삶을 사는 상태를 가리킨다. 사회 상태civil state는 그 반대이다. 둘째, 스피노자에게 이 관념은 정념에 끌려다니는 인간의 상태를 의미한다. 셋째, 스피노자는 자연 상태 개념을 국가(와 그 조직)의 특성을 평가하는 잣대로 사용한다.

스피노자는 자연 상태가 인간의 생존과 양립할 수 없다는 의미에서 불가능하다고 주장하는 동시에, 인간은 항상 자연 상태에서 살아가며 결코 그러한 상태에서 벗어날 수 없다고 주장하기도 한다. 인간은 한편으로는 혼자 힘으로 살아가기에는 너무 약하다. 다른 한편으로 인간은 자연 상태에서 정념에 의해 움직이며 이는 사회가 수립되었다고 해서 달라지지 않는다(비록 소수의 사람이 이성에 따라 살 수 있게 되었다고 하더라도 말이다. TP 3.3). 스피노자의 자연주의는 정치적 사회의 문턱에 멈춰 있지 않다. 그러므로 그 누구도 결코 선-정치적인 것the pre-civil 즉 자연 상태에서 완전히 벗어날 수 없으며, 모든 사람은 항상 자연 상태와 사회 상태 두 상태 안에서 살아간다.[562]

---

562 [옮긴이] '자연주의'naturalism는 이 세계가 자연적 존재natural entities로 구성되어 있으며 그 속성을 통해 인간을 포함한 삼라만상을 이해하고 설명하려는 견해를 말한다. 스피노자는 일반적으로 아리스토텔레스, 데모크리토스, 에피쿠로스, 루크레티우스, 홉스 등과 함께 자연주의자로 평가되며, 실제로 인간 본성을 자연주의적으로 이해하고 이를 바탕으로 자연 상태와 사회 상태를 해명한다(본문 이하 내용 참고). 이런 의미에서 '스피노자의 자연주의'라는 말은 틀린 말이 아니다. 그러나 이 문맥에서 저자가 말하는 '자연주의'는 단순히 스피노자가 자연주의적 존재론이나 방법론을 지지한다는 점을 가리키지 않는 것 같다. 그의 강조점은 인간이 사회 상태로 이행하게 되더라도 자연 상태에서의 본성natura, 즉 정념에 의해 움직이는 상태가 사라지지 않고 지속된다는 데 있기 때문이다. 이는 본문에 언급된 것처럼 『정치론』 3장 3절에 의거한 주장이다. "왜냐하면 각 사람의 본성이 가진 권리는 (만약 우리가 사안을 올바르게 조사한다면) 사회 상태에서 사라지지 않기 때문이다. 인간은 자연 상태에서나 사회 상태에서나 공히 자기 본성의 법칙에 따라 행동하고 자기의 유익을 고려하기 때문이다"(TP 3.3 ; 공진성 95~97. 용어는 수정. 강조 인용자). 인간 본성이 사회 상태에서도 유지된다는 주장은 다른 비非자연주의적 방식(예컨대 유대-기독교의 신학적 원죄론)으로도 얼마든지 가능

스피노자는 홉스에게서 자연 상태 관념을 차용했는데, 홉스의 관념은 [에덴 동산에서의] 타락 이전 인간의 상태라는 신학적 [자연 상태] 관념을 근본적으로 변형한 것이었다. 하지만 스피노자는 자연 상태의 역사적 실재성을 보여 주는 일에 관심이 없었다. "모든 인간은 그가 야만인이건 문명인이건 간에 어디에서나 서로 관계를 맺고 그 어떤 사회 상태를 이룬다"(TP 1.7 ; 공진성 57 ; TP 6.1). 자연 상태에서는 온통 만인에 대한 만인의 전쟁 상태에 있다고 애써 주장하지도 않는다. 무정부적 자연 상태에서 인간의 역량과 자유는 다른 사람에게 공격받을 수 있다는 두려움과 필요한 모든 것과 온갖 욕구를 충족할 능력이 없다는 사실에 의해 제한된다. 따라서 [자연 상태에서] 자신의 본성의 법칙에 따라 살아가고 자신에게 이익이 되는 것을 위해 노력하는 인간은 무력하다. 자연 상태에서 자연권 개념은 무의미하다. 인간은 다른 사람들로부터 자신을 지킬 수 없기 때문이다. 서로 간의 도움 없이 인간은 자신을 보존할 수 없다. 인간의 협력으로 집단적 역량이 만들어지며(TP 2.13), 인간이 힘을 합칠수록 공동으로 더 많은 권리를 갖게 된다(TP 2.15).[563]

더욱이 자연 상태에는 도덕성이 존재하지 않고 모든 것이 허용되는

하다. 따라서 저자가 스피노자의 자연 상태와 사회 상태에서 인간 본성의 연속성을 설명하며 '스피노자의 자연주의' 운운한 것은 스피노자가 오직 '자연의 내재적 법칙'(인간 본성의 법칙)을 통해 이를 설명한다는 점을 부각하려는 의도라고 보아야 할 것이다.

563 [옮긴이] "인간의 자연권은 각 사람의 힘에 의해 결정되고 각 사람의 것인 동안에는 아무것도 아니며, 실제로 확립되기보다 생각만으로 구성된다. 그것을 지킬 수 있다는 보장이 전혀 없기 때문이다. (⋯) 그러므로 우리는 다음과 같이 결론을 내린다. 인간 종에게 고유한 자연의 권리는 거주하고 경작할 수 있는 땅을 함께 차지하고, 자기 자신을 방어하며, 온갖 무력을 물리치는 사람들이 공동의 법을 가지고 모든 사람의 공동의 판단을 따라 살 수 있는 곳이 아니면 거의 생각할 수 없다. 왜냐하면 (이 장의 제13절에 따라) 더 많은 사람들이 이렇게 하나로 모일수록 그만큼 더 많은 권리를 모두가 함께 가지기 때문이다"(TP 2.15 ; 공진성 79~81. 용어는 수정).

데, 이는 선/좋은 것과 악/나쁜 것에 대한 공통 관념이 없기 때문이다.[564] 집단적 힘[권력] 없이는 법으로 금지된 것을 규정하는 어떠한 공통의 법령이나 합의도 가능하지 않다. 모든 사람은 그 자신의 판관이다. 결과적으로 자연 상태에서는 모든 것이 허용된다(TP 2.18). 그러나 국가의 특징은 개별 시민들이 그들이 하고 싶은 대로 살 수 있는 권리를 제한하는 공통의 법령이 있다는 것이다. 만일 국가가 모든 사람에게 원하는 대로 살 수 있는 권리를 부여한다면, 국가의 권리와 힘은 사라질 것이다. 집단적 힘은 허물어지고 국가가 더 이상 자신의 권리 아래sui iuris(수이 유리스) 있지 않으면 국가는 붕괴할 것이다. 그러므로 공동의 법령과 합의의 소멸은 국가가 다시 자연 상태로 돌아갔음을 함축한다(TP 3.3).

자연 상태에서 인간의 코나투스는 역량과 자유의 더 작은 손실이라는 더 작은 악을 선택하도록 만든다. 그래서 인간은 당국이 부과한 제약에 복종하는 사회 안에서 협력하게 된다.[565] 여기에서 상상의 사회적 차원이 작동한다. 인간의 상상에 의해 추동되는 자연적 사회 형성natural formation of society driven by human imagination으로, 영속적인 불안과 파괴적인 전쟁 상태에서 벗어나고자 자연적 이성이 인간에게 명령한 사회계약을 통해 사회 상태로 이행한다는 홉스의 관념은 불필요한 것이 된다.

---

564   [옮긴이] "자연 상태에는 죄가 없다. (…) 자연의 법은 어느 누구도 할 수 없는 것 외에는 그 무엇도 절대적으로 금지하지 않기 때문이다"(이 장 제5절과 제8절을 보라. TP 2.18 ; 공진성 83. 용어는 수정).

565   [옮긴이] 원문은 다음과 같다. "In the state of nature, man's conatus makes him choose the lesser evil, i.e. a smaller loss of power and freedom, by co-operating in a society where he submits to the constraints imposed by the authorities." 원문 그대로 번역하면 "사회 안에서 협력함으로써" 자연 상태에서의 인간이 더 작은 악을 선택하게 된다는 식으로 오해될 소지가 있어 수정하여 번역했다.

자연 상태는 또한 참조점, 곧 국가와 그 체제의 특성을 평가하기 위한 잣대이기도 하다. 스피노자에게 민주정에서의 인간은 자신의 자연권을— 간접적으로— 행사하는데, 이는 그가 더 큰 정치적 몸체political body의 구성원이기 때문이다. 따라서 자신의 자연권을 "위임"함으로써 모든 사람은 이전의 자연 상태에서 그랬던 것처럼 계속해서 동등하다(TTP 16).[566] 여기에서 스피노자는 루소의 중심 관념, 곧 모든 이가 전체와 연합함으로써 누구에게도 복종하지 않고 예전처럼 자유롭게 남아 있다는 관념을 선취한다.

그러나 스피노자는 자연 상태에 대해 루소와 다른 개념에서 출발한다. 루소에게 자연 상태는 모든 인간의 양도 불가능한inalienable 자유와 동

---

[566] [옮긴이] 이상 이 문단의 원문은 다음과 같다. "The state of nature is also a point of reference, a measuring-rod for assessing the quality of a state and its regime. For Spinoza, in a democracy man — indirectly — exerts his natural right for he is a member of a greater political body. Thus 'delegating' their natural rights, everyone continues to be as equal as they were in the preceding state of nature"(TTP 16). 첫 번째 문장은 사회 상태로 이행한 후에도 자연 상태의 자연권과 평등이 남아 있는지가 국가와 그 체제의 특성을 평가하는 잣대가 된다는 뜻이다. 이하 내용은 스피노자의 다음 주장을 요약한 것이다. "민주정에서는 누구도 이후에 자신과 어떠한 협의도 없을 정도로 자신의 자연권을 다른 사람에게 양도하지는 않는다. 대신 그는 그것을 전체 사회의 더 큰 부분에 양도하며 그 자신은 그 사회의 한 부분을 이룬다. 이러한 방식으로 모든 사람은 이전의 자연 상태에서 그랬던 것처럼 평등하게 aequales 남는다"(TTP 16.36 ; G II. 195 ; C II. 289). 『편람』본문의 논리가 표면적으로 문제가 있어 보이는 것은 배경이 되는 논의를 생략하고 있기 때문이다. 우선 "민주정에서 인간은 자신의 자연권을— 간접적으로— 행사하는데, 이는 그가 [민주정에서] 더 큰 정치적 몸체의 구성원이기 때문이다"라는 말은 민주정에서 개개인의 자연권은 타인에게 완전히 양도되지 않고 오히려 자신이 그 부분이 되는 '전체 사회의 더 큰 부분[다수]'에게 양도하여 스스로 주권의 일부가 되기 때문에 그렇다는 의미로 이해해야 할 것이다. "자신의 자연권을 '위임' 함으로써 모든 사람은 이전의 자연 상태에서 그랬던 것처럼 계속해서 동등[평등]하다"라는 말 또한 민주정에서 자연권의 양도는 단순한 권리 상실이 아니라 오히려 각자가 주권의 일부가 되는 평등한 권력 구조의 조건이 됨으로써 자연 상태의 평등이 민주정 안에서도 여전히 유지된다는 의미일 것이다.

등성equality을 바탕으로 조화롭게 살아가는 자족적인 원시 공동체라고 여겨졌기 때문이다. 이러한 유기적 공동체는 근대 문명사회에서는 상실된다. 루소에게 국가는 이러한 자유와 동등성이라는 자연권을 보장해 주는 사회 조직의 한 형태이다. 루소 이전에 로크는 자연 상태를 평화와 선의지, 상호 원조와 보존의 상태라고 개념화했다. 인간에게는 자연권이 있지만 불행하게도 자연권을 보장하는 조직은 없다. 이 점에서 국가의 기능은 이미 자연 상태에 실존하는 개인의 양도 불가능한 권리를 보존하고 보호하는 것이다. 스피노자와 달리 로크는 이러한 양도 불가능한 권리를 국가의 실정법보다 상위에 있는 것이자 그것에 의해 바뀔 수 없는 일종의 가치라고 보았다. 또한 로크는 민주정에 관한 이론으로까지는 나아가지 않는다. 홉스의 경우, 인간은 자신의 자연권을 통치자에게 양도함으로써 인공적 사회를 수립하고, 그렇게 함으로써 비로소 자연 상태에서 벗어날 수 있다. 그러나 스피노자는 집합적 몸체collective body에 자연권을 완전히 양도한다는 생각을 지지하지 않는다(Ep50).[567]

[한편] 두 국가는 필연적으로 서로 자연 상태로 남아 있다. 두 개의 국가는 자연 상태에 있는 두 사람과 똑같은 관계에 있다(TP 3.11).[568] 두 국가는 본성상 적이다. 각 국가는 할 수 있는 한 자신의 역량을 확대하려고 하며, 자기 보존을 위해 일시적으로 동맹을 맺는다. 그러나 동맹 조약

---

567 [옮긴이] "선생님께서는 정치학과 관련하여 홉스와 저의 차이점을 물으셨습니다. 차이점은 제가 항상 자연권을 보존한다는 것, 그리고 어떤 국가이든 간에 주권자는 오직 그가 신민을 능가하는 힘을 발휘하는 한에서 신민에 대한 권리를 인정한다는 데 있습니다. 자연 상태의 경우가 바로 이러합니다"(Ep50 ; 이근세 293~294).

568 [옮긴이] "최고 권력의 권리는 (이 장의 제2절에 따라) 바로 자연의 권리 외에 다른 어떤 것이 아니므로, 여기에서 두 개의 국가는 자연 상태에 있는 두 사람처럼 서로 대립한다는 결론이 도출된다"(TP 3.11 ; 공진성 111).

은 피해에 대한 두려움이든 이익에 대한 희망이든 간에 조약을 맺은 이유가 유지되는 동안에만 정해진 채로 유지된다. 만일 이 두려움이나 희망이 사라지면, 동맹은 그 이유와 동기를 잃는다. 결과적으로 동맹을 유지하는 것이 동맹국 중 하나에 더 이상 도움이 되지 않을 때 동맹은 당연히 파기된다(TP 3.14 ; TTP 16). 그때 국가들은 다시 자연 상태로 돌아간다(TP 3.15).

· 관련 항목 : 임페리움, 레스푸블리카, 사회, 렉스, 포텐티아,
코나투스, 파시오, 정서, 상상

원문

Nam in eo nemo jus suum naturale ita in alterum transfert, ut nulla sibi imposterum consultatio sit, sed in majorem totius societatis partem, cujus ille unam facit. Atque hac ratione omnes manent, ut antea in statu naturali, aequales (⋯) status naturalis (⋯) absque religione et lege concipiendus(TTP 16, G III. 195). *In statu naturali non plus juris rationi quam appetitui esse*(TTP 19, G III. 229). *Imperium democraticum maxime ad statum naturale accedit*(TTP 20, G III. 245). *Nihil in statu naturali dari, quod ex omnium consensu bonum, aut malum sit ; quandoquidem unusquisque, qui in statu est naturali, suae tantummodo utilitati consulit et ex suo ingenio* (⋯) *quid bonum, quidve malum sit decernit* (⋯) *atque adeo in statu naturali peccatum concipi nequit.* (⋯) *In statu naturali nemo ex communi consensu alicujus rei est Dominus*(E4p37s2). *Cum in statu naturali tamdiu unusquisque sui juris sit,* (⋯) *et unus solus frustra ab omnibus sibi cavere conetur, hinc sequitur quamdiu jus humanum unius potentia determinatur* (⋯) *nulla ejus obtinendi est securitas*(TP 2.15). *In statu naturali non dari peccatum*(TP 2.18). *In statu naturali nititur unusquisque nihil minus sibi vindicare et sui juris facere potest quam solum*(TP 7.19).

참고문헌

1차 문헌

Hobbes, Th., *De Cive, Leviathan*.

2차 문헌

Friedmann, W., *Legal Theory*(New York : Columbia University Press, 1967, first edition
　　1944), pp. 117~127.

Hampshire, S., *Spinoza*(London : Penguin, 1951).

Hofmann, H., 'Naturzustand', in J. Ritter and K. Gründer(eds.), *Historisches Wörterbuch
　　der Philosophie*, Band 6(Darmstadt : Wissenschaftliche Buchgesellschaft, 1984), coll.
　　653~658.

Israel, J. I., *Radical Enlightenment*(Oxford : Oxford University Press, 2001).

Matheron, A., *Individu et communauté chez Spinoza*(Paris : Éditions de Minuit, 1969).

McShea, R. J., *The Political Philosophy of Spinoza*(New York and London : Columbia
　　University Press, 1968).

Walther, M., 'Die Transformation des Naturrechts in der Rechtsphilosophie Spinozas',
　　Studia Spinozana, no. 1(1985), pp. 73~104.

　　______, 'Grundzüge politischen Philosophie Spinozas', in M. Hampe and R.
　　Schnepf(eds.), *Baruch de Spinoza : Ethik in geometrischer Ordnung dargestellt*(Berlin :
　　Akademie Verlag, 2006).

Uyl, D. den, 'Sociality and Social Contract : A Spinozistic Perspective', *Studia Spinozana*,
　　no. 1(1985), pp. 19~52.

Zagorin, P., *Hobbes and the Law of Nature*(Princeton and Oxford : Princeton University
　　Press, 2009).

— 한스 흐리브나우

자유Libertas(리베르타스)

형용사 리베르liber와 달리 명사 리베르타스는 스피노자『윤리학』의 일련
의 정의에 들어 있지 않다. 그러나 그것은 스피노자 철학의 가장 중요한
관념이자 가장 널리 오해되는 것이기도 하다.『윤리학』의 목표는 사실
인간 정신을 구원 및 지복(E5p36s)과 동일시되는 자유로 이끄는 것이다.
자유는 아무런 원인 없이 행위할 수 있는 역량과는 전혀 관련이 없다. 이
러한 인간의 편견은 행위를 규정하는 원인에 대한 무지에 기인한다.

자유는 어떤 실재가 자신의 본성의 필연성에 의해서만 규정되는 행위 역량이다(Ep58). 이 정의는 관례를 따른 것이다. 쇼뱅에 따르면 자유는 자기 자신의 행위에 대한 힘과 강제의 부재를 요구한다.[569] 만일 인간이 어떤 이유를 가지고 자신의 재량에 따라 행위한다면 그는 자유롭다. 쇼뱅의 '자유' 항목은 이어서 자유를 의지의 무차별성indifference of the will[570]과 동일시 하는 아리스토텔레스주의에 반대하여 세 가지 논변을 개진한다. 분명 스피노자의 의지의 무차별성 학설에 대한 거부는 동시대인

---

569   Chauvin, *Lexicon philosophicum*.

570   [옮긴이] 의지의 무차별성indifference of the will은 동일한 조건하에서 어떤 행위를 하거나 하지 않을 수 있고 다른 행위를 할 수 있는 의지 능력을 가리키는 말로, 이러한 의지 능력에 따른 자유를 '무차별적 자유'libertas indifferentiae라고 한다. 인과 필연성을 인정하지 않으므로 결정론과 양립 불가능한 학설이다. 토마스 아퀴나스는 행위하거나 하지 않을 수 있는 자유를 뜻하는 '실행의 자유'libertas exercitii(두 항은 서로 모순 관계에 있으므로 '모순의 자유'libertas contradictionis라고도 한다)와 셋 이상의 행위 유형 가운데 하나를 선택하는 자유를 의미하는 '종별種別의 자유'libertas specificationis(세 항은 동시에 참일 수 없지만 제3의 가능성으로 인해 동시에 거짓일 수 있는 반대 관계에 있으므로 '반대의 자유'libertas contrarietatis라고도 한다)의 구분을 제시함으로써 무차별적 자유 학설의 스콜라철학의 틀을 마련했다. 예수회 신학자 몰리나Luis de Molina(1535~1600)가 제시한 "행위에 필요한 모든 조건이 갖추어졌을 때 행위하거나 하지 않을 수 있고 여전히 그 반대를 할 수 있는 능력"이라는 자유로운 행위자에 대한 규정은 무차별적 자유의지의 정식으로 여겨진다. 17세기 기계론의 등장과 함께 이 학설은 홉스, 스피노자, 라이프니츠 등 많은 근대 철학자들에 의해 비판받았고 결정론과 자유의 양립 가능성 문제로 발전했다. 데카르트는 「제4성찰」에서 '무차별성'(비결정성, indifferentia)은 가장 낮은 단계의 자유'로 '인식의 결함'에 기인하는 것이라고 주장하고(AT VII. 58 ; 이현복 86. 용어는 수정) 의지가 명료하고 뚜렷한 관념을 따를 때 가장 자유롭다고 역설한다(「여섯 번째 반박에 대한 답변」 AT VII. 433 ; 원석영 I-1. 429). 이는 그가 결정론과 양립 가능한 '자발적 자유'liberty of spontaneity 이론을 주장한 것으로 볼 수 있다. 그러나 그는 우리 안에 있는 자유와 무차별성을 더할 나위 없이 잘 의식하고 있다거나(PP I.41 ; 원석영 II. 36) 몰리나적 의미의 무차별적 의지 능력을 절대적으로 가능하다고 역설하면서(AT IV 173 ; CSMK III. 244~245) 결정론과 양립 불가능한 무차별적 자유를 인정하는 모습도 보인다. 이상 D. Garber, M. Ayers(eds.), *The Cambridge History of Seventeenth-Century Philosophy*, Vol. II(Cambridge: Cambridge University Press, 1998), 33장, Determinism and Human Freedom 참고.

들이 널리 공유하는 것이었다. 그러나 이 학설에 대한 스피노자의 비판은 자신의 고유한 형이상학에 기초한 것이었다.

스피노자가 이 편견을 거칠게 기각한 이유를 이해하려면, 그가 참된 자유라고 부른 것과 사람들이 흔히 자유라는 말로 상상하는 것을 구별할 필요가 있다. 『소론』 1부 4장에서 스피노자는 신은 자유롭기 때문에 그가 하는 것을 하지 않을 수 있다고 잘못된 믿음을 갖고 있는 이들을 비판한다. 『윤리학』 1부에서 그는 자유를 신의 기쁨이나 무차별적 의지와 동일시하는 생각을 거부한다. 신은 자유나 절대적 의지에 의해 작용하지 않으며, 자신의 섭리를 변경할 수 없다. 만일 이러한 일이 있다면, 신에게는 일관성이 없을 것이고, 따라서 신은 불완전할 것이다. 자유는 데카르트의 자유의지와 전혀 관련이 없다. 신에게 참된 자유는 오직 자신의 본성이나 완전성 외에 다른 어떤 것에 의해서도 강제되거나 규정되지 않고 모든 완전성을 산출하는 것에 있다.

인간의 자유는 방종license, 모든 욕구의 충족, 또는 좋거나 나쁜 것을 하거나 하지 않을 수 있는 능력과 혼동되어서는 안 된다. 『소론』 2부 26장에서 인간의 참된 자유는 신에 대한 인식과 사랑에 의해 결속되는 것에 있으며, 그것은 지성이 신과 직접적으로 결합하여 외부 원인으로부터 자유롭게 자기 본성과 일치하는 관념과 결과를 산출함으로써 획득하는 견고한 실재성으로 정의된다.[571] 『윤리학』에서 인간은 보다 능동적인

---

571 [옮긴이] "참된 자유는 신의 사랑의 아름다운 사슬에 묶여 있는 것이고 그 사슬에 묶인 채로 남아 있는 것이다"(KV 2.26 ; G I. 109 ; C I. 147). "인간의 자유는 우리들의 지성이 신과의 직접적 통일을 통해서 획득하는 확고한 실존vaste wezentlykheid, firm existence이고, 따라서 그 것은 자기 자신 안에서는 관념들을, 자기 밖에서는 결과들을 산출하며, 그 관념들과 결과들 은 자유의 본성과 완벽하게 일치한다"(KV 2.26 ; G I. 112 ; C I. 149).

존재로 생각되지만, 자유의 본성이 바뀐 것은 아니다. 『윤리학』 5부 제목이 보여 주는 것처럼 자유는 "지성의 역량"과 동의어이며 구원 또는 지복과 다른 것이 아니다. 이 자유는 신에 대한 변함없는 영원한 사랑에 있고, 항상 이성의 인도와 3종의 인식에 의한 삶과 결합되어 있다. 참된 자유는 포르티투도fortitudo(강인함)에 의존하는 데, 이는 적합한 인식에서 비롯된 능동[행위]을 뜻한다.[572]

그러나 『신학정치론』에서 스피노자는 반드시 적합한 인식에 근거하는 자유는 아니며 단순한 의견에 의존할 수도 있는 사유의 자유라는 관념을 제시한다. 그는 사유의 자유가 신학적·정치적 권위를 위협하지 않으며 반대로 그 권위가 존속하기 위해 필요하다는 것을 보여 준다. 신학은 사변적 권한speculative purview을 가지고 있지 않으며, 다만 정의와 자비의 법칙에 대한 복종만을 요구하고 이웃을 사랑한다는 조건하에 누구나 원하는 대로 생각할 자유를 허용해야 한다. 국가가 아무리 폭압적일지라도 사람들이 원하는 것을 사유하지 못하도록 막을 수 없다. 왜냐하면 사람들이 국가를 이루기 위해 모일 때 비록 자기 스스로 내린 결정에 따라 행동하는 것은 중단하더라도 여전히 판단의 자유는 지니고 있기 때문이다. 국가의 목적은 자유이므로(TTP 20), 국가는 사유와 언론의 자유를 허용할 수밖에 없다(TTP 20.8 참고).

그러나 이는 법이 정의롭든 불의하든 법에 반하여 행동할 자유가 아니다. 사람들은 이성을 사용해 입법자들이 법을 바꾸도록 설득함으로써 법에 맞설 수 있지만, 법에 맞서 반란을 일으켜 그것을 폐지하는 것은 허

572　[옮긴이] "이해하는 한에서의 정신과 관련을 맺고 있는 정서들에서 따라 나오는 모든 능동actiones(능동적인 작용)을 나는 강인함Fortitudo과 관련시키며 (…)"(E3p59s).

용되지 않는다. 사유의 자유에서 주권자의 권리를 침해하고 평화를 위태롭게 하는 행위로 이어지는 선동적인 견해는 제외된다. 그럼에도 참된 자유는 무해할 때조차 단지 의견에만 의존하지 않는다. 『정치론』2장 20절에서 참된 자유는 이성적 삶과 동일시되며, 적합하게 사유하고 정서를 지배하는 역량과 함께 증대된다.[573]

· **관련 항목** : 지복, 규정, 레스푸블리카, 임페리움, 자유로운, 철학함의 자유, 악티오, 상상, 인식, 판단, 신학

원문

Om dat niet regt begreepen wort, waarin de Ware Vryheid bestaat (⋯) de ware vryheid is alleen of niets anders als de eerste oorzaak, de welke geenszins van iets anders gepranght of genoodzaaktt word, en alleen door zijne volmaaktheid oorzaak is van alle volmaaktheid(KV 1.4). De menschelijke vryheid (⋯) is een vaste wezentlykheid, de welke ons verstand door de onmiddelijke vereeninginge met God verkrijgt(KV 2.26). *Nostra libertas nec in contingentia nec in indifferentia sita est, sed in modo affirmandi et negandi*(Ep21). *Vides, igitur me libertatem non in libero decreto ; sed in libera necessitate ponere*(Ep58). *In Republica vivamus, ubi unicuique judicandi libertas*(TTP praef). *Nihil difficilius quam libertatem hominibus semel concessam iterum adimere*(TTP 5, G III. 74). *Libertas sentiendi* (⋯) *Deus res dirigit ex libertate vel necessitate naturae* (⋯) *Fides summum unicuique libertatem ad philosophandum concedit*(TTP 14, G III. 173, 178 and 180). *Libertas philosophandi* (⋯) *libertas sentiendi*(TTP 16, G III. 189). *Imperium violentissimum erit, ubi unicuique libertas docendi et docendi, quae sentit negatur* (⋯) *Finis reipublicae revera est libertas* (⋯) *hujus libertatis fructus in Amstelodami*(TTP 20, G III. 240, 241 and 246). *Deum non operari ex libertate voluntatis*(E1p32c1). *Deo aliam libertatem attribuere longe diversam ab illa quae a nobis*(E1p33s2). *Eorum idea voluntatis*(E2p35s). *Ipsa virtus Deique servitus* (⋯) *felicitas et summa libertas*(E2p49s). *Quae de vera hominis libertate ostendimus, ad fortitudinem referuntur*(E4p73s). *Omnis amor, qui aliam causam praeter animi libertatem*

---

[573] [옮긴이] "사실 인간의 자유는 인간이 이성에 의해 더 많이 인도되고 자신의 욕구를 더 많이 절제할 수 있을수록 더 크므로 (⋯)"(공진성 85).

agnoscit(E4app19). *Mentis libertas, seu beatitudo*(E5praef). *Appetitus ex solo libertatis amore moderari studet*(E5p10s). *Salus, seu beatitudo seu libertas* (E5p36s). *Mentis in affectus potentia* (⋯) *de Mentis libertate*(E5p42s). *Animi libertas seu fortitudo*(TP 1.6). *Libertatem non cum contingentia confundit*(TP 2.7). *Humana libertas eo major est, quo homo magis ratione duci*(TP 2.20).

참고문헌

2차 문헌

Macherey, P., *Introduction à l'Éthique de Spinoza. V : La cinquième partie, les voies de la libération*(Paris : Presses Universitaires de France, 1994), ch. 2.

— 샹탈 자케

자유로운Liber(자유로운)

'원인', '상상', '인간', '다중', '국가'에 적용되는 형용사 리베르liber(자유로운)는 '필연적인'의 반대가 아니라 '강제된'의 반대이다(cf. Ep56). "자신의 본성의 필연성에 의해서만 실존하고, 자기 자신에 의해서만 행위하도록 규정되는 실재는 자유롭다고 한다. 그리고 다른 실재에 의해 일정하게 규정된 방식으로 실존하고 작업하도록 규정되는 실재는 필연적이라고 또는 오히려 제약되어 있다고 한다"(E1d7). 이 점에서 오직 신만이 자유로운 원인이며, 신의 의지는 필연적 원인이다(E1p17c2 ; E1p32).

　스피노자의 이 정의는 전통적인 정의를 본뜬 것이다. 예컨대 쇼뱅은 가장 일반적 의미에서 '자유'는 자유를 빼앗는 속박 또는 장애에서 벗어난 것을 의미한다고 말했다. 이런 의미의 자유는 그가 키케로의 『신들의 본성에 관하여』*De natura deorum*를 언급하면서 주장한 것처럼 별과 같은 무생물에도 귀속될 수 있다.[574] 자유롭다는 것이 규정되지 않았다거나 원인 없이 행위한다는 것이 아닌 것은 이러한 이유 때문이다. 그래서 스피노자는 비결정론적인 자유의지 학설을 거부한다(E2p48 ; E3p2s).

인간은 자신의 욕구는 의식하지만 그 욕구를 결정하는 원인을 알지 못하기 때문에 자유롭다는 환상에 불과한 믿음을 가지고 있다. 데카르트가 믿었던 것과 같은 자유의지는 없다. 모든 행동은 원인에 의해 결정되고 필연적 법칙을 따른다(E2p49s). 심지어 신의 무한한 의지조차 '자유로운 원인'이라고 불릴 수 없고, 오직 '필연적'이라고만 불릴 수 있다. 왜냐하면 그것은 사유 속성에 의해 규정되기 때문이다. [그러나] 자유가 곧 환상이라는 결론이 따라 나오지는 않는다. 왜냐하면 우리 본성의 내적 필연성과 외적 필연성을 구분해야 하기 때문이다. 자유롭다는 것은 하고 싶은 대로 하는 것이 아니라 이성의 인도 아래 [내적 필연성에 따라] 사는 것이다.

『윤리학』 4부 정리67~73에서 스피노자는 자유롭고 이성적인 인간을 묘사하고,[575] 그러한 인간은 혼자 사는 것이 아니라 다른 사람들과 함께 살며 국가의 법령에 복종한다는 것을 보여 준다. 복종하는 것은 자유

574　Chauvin, *Lexicon philosophicum*.

575　[옮긴이] 그 정리들은 다음과 같다. "정리67 : 자유인은 죽음에 대해서는 전혀 생각하지 않으며, 그의 지혜는 죽음에 대한 명상meditatio이 아니라 삶에 대한 명상이다. 정리68 : 만약 사람들이 자유롭게 태어난다면, 사람들은 그들이 자유로운 한에서는 좋음과 나쁨에 대한 어떠한 개념도 형성하지 않을 것이다. 정리69 : 자유인의 덕은 위험을 피하는 데서도 위험을 극복하는 데서만큼 동등하게 나타난다. 정리70 : 무지자들ignaros 사이에서 살아가는 자유인은 할 수 있는 한 무지자들의 호의beneficia를 거절하기 위해 애쓴다. 정리71 : 오직 자유인들만이 서로에 대하여 가장 감사할 줄 안다. 정리72 : 자유인은 결코 기만적으로 행위하지 않으며, 항상 신의에 따라 행위한다. 정리73 : 이성에 의해 인도되는 사람은 오직 자기 자신에게만 복종하는 고립 상태보다는 공동의 법령decreto에 따라 살아가는 국가 안에서 더 자유롭다."

로움의 반대가 아니다. 복종하는 것이 자유인지 여부는 명령의 본성, 곧 그 명령을 수행해야 할 행위자에게 유용한지 해로운지에 달려 있다(TTP 16 참조).[576] 자유로운 공화국에서 명령에 복종하는 것은 노예됨과 전혀 무관하다. 그러한 복종은 이성의 법칙에 복종하는 것을 그래서 자유로운 상태라고 본다.

· **관련 항목** : 의지, 규정/결정/한정, 자유, 예속

원문

Dat de wille geen zaak is in de natuur, maar een verzieringe, men niet en behoeft te vraagen of de wil vrij of niet vrij is(KV 2.16). De waare kennis maakt ons vrij van die passien(KV 2.19). *Rem libere agamus, ejusque causa simus, non obstante, quod eam necessario et ex Dei decreto agamus*(Ep21). *Definitionem libertatis. Vides igitur me libertatem non in libero decreto ponere. Ex. gr. Lapis*(Ep58). *Ex libero animo societati parere* (⋯) *solus ille liber, qui integro animo ex solo ductu rationis vivit*(TTP 16, G III. 181~182). *Ea res libera dicetur, quae ex sola suae naturae existit, et a se sola ad agendum determinatur*(E1d7). *Solum Deum est causam liberam*(E1p17c2). *Voluntas non est causa libera, sed necessaria*(E1p32). *In mente nulla est absoluta, sive libera voluntas*(E2p48) ; E2p49s. *Qui igitur credunt, se ex libero mentis decreto loqui, vel tacere, vel quicquam agere oculis apertis somniant*(E3p2s). *Homo liber ex solo rationis dictamine vivit* (⋯) *nihil minus quam de morte cogitat* (⋯) *adaequatas habet ideas* (⋯) *reliquos homines amicitia jungere studet* (⋯) *semper cum fide agit*(E4p67~73). *Sed quo homo a nobis magis liber conciperetur, eo magis cogeremur statuere, ipsum sese necessario debere conservare et mentis compotem esse*(TP 2.7~8). *Homo magis ratione ducitur, hoc est, quo magis liber est*(TP 3.6).

---

576 [옮긴이] 이 책의 '예속' 항목 참고.

참고문헌

2차 문헌

Gueroult, M., *Spinoza I. Dieu*(Hildesheim : Olms, 1968), pp. 75~77.

— 샹탈 자케

자족감Acquiescentia in se ipso(악퀴에스켄티아 인 세 입소)

"악퀴에스켄티아 인 세 입소"Acquiescentia in se ipso라는 구절은 『윤리학』 3부와 4부에서 열세 번 등장한다. 이와 관련된 표현(정신의 자족감mentis acquiescentia,[577] 마음의 자족감animi acquiescentia[578])은 4부와 5부의 여러 구절들뿐만 아니라 『신학정치론』에도 등장한다. "악퀴에스켄티아"라는 명사는 고전 라틴어나 중세 라틴어에 없는 신조어로, 스피노자는 데카르트 『정념론』 라틴어판(1650)에서 이 용어를 받아들인다.[579] 데카르트와 마찬가지로 스피노자는 "악퀴에스켄티아"를 만족감contentment이나 충족감satisfaction과 연결시킨다. 따라서 악퀴에스켄티아 인 세 입소"는 "자족감"self-contentment으로 풀이된다.

공식적으로 스피노자는 이 정서를 기쁨의 일종이라고 정의한다. 자족감은 사람이 자기 자신 및 자신의 역량을 바라봄으로써 느끼는 기쁨이다"(E3ad25). 이 정서는 자기애(E3ad28exp)와 동일시된다. 사랑은 보통 외부 원인에 대한 관념을 수반하는 기쁨이다(E3ad3). 자족감은 내부

---

577 『윤리학』 5부 정리27의 증명, 정리32의 증명.

578 『윤리학』 4부 부록 4항, 5부 정리36의 따름정리의 주석, 정리42의 주석.

579 [옮긴이] 『정념론』 프랑스어판에서 이 단어는 "satisfaction de soi-meme"[자기만족]로 제시된다. PA III. 190(김선영 169~170) 참고.

원인에 대한 관념을 수반하는 동일한 정서이다(E3p30s). 이 정의의 중요성이 완전히 드러나는 것은 스피노자가 자족감과 관련 정서들 간에 설정한 연관을 통해서이다. 자족감과 가장 직접적으로 대비되는 것은 자괴감Humilitas인데, 이는 "사람이 자신의 무능력이나 무력함을 바라봄으로써 느끼는 슬픔이다"(E3ad26). 그러나 동일한 만족감이 자기 역량의 결과를 자각할 때도 일어나는데, 이 경우에는 후회와 반대된다. "후회Poenitentia는 우리가 정신의 자유로운 결단에 의해 이루어진 것이라고 믿는 행위에 대한 관념을 수반하는 슬픔이다"(E3ad27 ; E3p51s). 다른 사람이 우리의 역량을 인정한 것에 기반한 자족감은 "자긍심"gloria(자부심)으로 분류되며(E3ad30) 과도한 자기애에서는 '자만'pride이 따라 나오는데, 이는 "사랑에 의해 자기 자신을 실제보다 더 높게 여기는 것"이다(E3ad28).

스피노자는 이 정의들과 관련하여 우리의 역량에 대한 관념은 우리가 직접 형성한 것이든 다른 사람의 증언을 통해서 형성한 것이든 거의 항상 상상인 부적합한 관념에 불과하다는 점을 인정한다. 그러므로 이 역량에서 우리가 느끼는 만족은 과장될 수 있거나 심지어 근거 없는 것일 수도 있다(E3p51s, p55s). 그는 다중의 의견만으로 촉진된 자족감은 "공허하다"라고 말한다(E4p58s). 인간 "행위의 참된 역량" 곧 덕은 이성 그 자체이므로, 우리의 이해 역량에 대한 자각으로부터 생겨난 만족만이 확고한 근거를 지닌 것이며 "존재할 수 있는 최고"의 것이다(E4p52). 스피노자는 이러한 자족감을 "우리가 바랄 수 있는 최고의 것"이라고 말한다(E4p52s). 이 주장은 그가 '정신의 만족'이라고 분류한 정서와 연결되는 듯한데, 이는 정신이 3종의 인식을 소유하고 있다는 자각에서 생겨나는 기쁨과 동일시된다(E5p27). 지복처럼, "정신의 참된 만족"은 현자만

누릴 수 있는 것으로, 그는 "어떤 영원한 필연성에 의해 자기 자신과 신,
실재를 의식"한다(E5p42s).

· 관련 항목 : 정서, 파시오, 상상, 지복

원문

Laetitiam concomitante idea causae externae(E3p30s) ; E3p51s. *Philautia vel Acquiescentia
in se ipso*(E3p55s) ; *Acquiescentia in se ipso est Laetitia, orta ex eo, quod homo se ipsum,
suamque agendi potentiam contemplatur*(E3ad25). *Acquiescentia in se ipso Humilitati
opponitur*(E3ad26exp). *Amor sui, sive Acquiescentia in se ipso*(E3ad28exp). *Acquiescentia in
se ipso ex ratione potest oriri* (⋯) *summum quod sperari possumus*(E4p52 and s). *Acquiescentia
in se ipso, quae sola vulgi opinione fovetur*(E4p58s).

참고문헌

1차 문헌

Descartes, R., trans. Henri Desmarets, *Passiones animae*, Amsterdam, 1650.

2차 문헌

Rutherford, D., 'Salvation as a State of Mind : The Place of Acquiescentia in Spinoza's
　　Ethics', *British Journal of the History of Philosophy*, no. 7(1999), pp. 447~473.
Totaro, G., 'Acquiescentia dans la cinquième partie de l'Ethique de Spinoza', *Revue
　　philosophique de la France et de L'étranger*, no. 130(1994), pp. 65~79.
Voss, S., 'How Spinoza Enumerated the Affect', *Archiv für Geschichite der Philosophie*,
　　no.63(1981), pp. 167~179

— 도널드 러더포드

작용 → 악티오를 보라.

적합한Adaequatus(아다이콰투스)

스피노자의 저작에서 "적합함"이라는 명사는 전혀 등장하지 않으며, 단지 그가 "부적합한"과 대비하는 형용사만 등장한다. 스피노자는 이 용어를 관념과 인식의 특징을 나타내기 위해서뿐만 아니라 비례성, 본질(TIE 24절과 29절), 원인(E3d1 ; E4p4 ; E5p31d)의 특징을 나타내기 위해서도 사용한다.

스콜라철학 담론에서 "아다이콰툼"adaequatum은 기본적으로 두 실재가 어떤 의미에서 상호적reciprocal이거나 양이나 구조에서 서로 상응한다는 의미에서 두 실재 간 "동등성"equality을 나타내는 것이었다.[580] 따라서 정신 밖의 존재는 우리 정신 안에 있는 개념과 상응할 수 있거나 대상은 그것에 대한 학문과 상응하는데, 예컨대 형이상학에서의 존재자나 논리학에서의 삼단논법이 그러하다. 더욱이 원인이 그 역량과 종種에 의해 결과를 산출할 때 [원인과 결과가] 상호적인[상호 대응하는] 방식으로 산출한다면, 그 원인은 적합하거나 정확하다. 예컨대 이성[형상적 원인/원리]과 웃을 수 있는 능력[결과로서의 특성]이 그렇다.[581] 하지만 적합하다는 것과 관념의 조합은 스피노자 이전에는 드물었던 것으로 보이며, 데카르트 철학에서만 이따금 등장하는 것으로 보인다.[582] 두 단어의 조합은 인간이 신에 대해 획득할 수 있는 명료하고 뚜렷한 관념과 오직 무한 지성만 소유한 신의 적합한 관념을 구별할 수 있도록 하기 위해 도입된 것으로, 신의 적합한 관념 같은 표현을 대중화시킨 것은 스피노자이다.

---

580 Etienne Chauvin, *Lexicon philosophicum*.

581 Johannes Micraelius, *Lexicon philosophicum*.

582 예컨대 「네 번째 반박에 대한 답변」에서(AT VII, 200 ; 원석영 I-1. 159~160).

『윤리학』의 저자는 2부 정리4에서 적합한 관념을 다음과 같이 정의한다. "나는 적합한 관념을 대상과의 관계없이 고찰되는 한에서 참된 관념의 모든 특성 또는 내적 특징을 지니고 있는 것으로 이해한다." 그는 적합한 관념과 참된 관념의 (작은) 차이를 「서신60」에서도 설명한다(이근세 338~339).

인간 신체(E2p19), 인간 정신(E2p23), 외부 신체(E2p26)에 대한 모든 인식은 신체의 변용과 함께 시작한다. 이러한 변용이 생겨나는 동시에 그 변용 각각에 대한 관념이 있다. 이 관념은 혼란스럽고 단편적이기 때문에(E2p29c) 부적합하다. 신체 변용에 대한 관념이 혼란스러운 것은 그것이 인간 신체를 변용하는 외부 물체보다 인간 신체를 더 많이 표상하기 때문이며(E2p16c2), 단편적인 것은 인간 신체가 이 외부 물체에 의해 변용되는 한 인간 신체의 변용은 외부 물체의 본질을 함축하기 때문이다(E2p35s). 스피노자는 이러한 관념들을 1종의 인식이라고 부르는데, 그것은 필연적으로 부적합하며 거짓의 유일한 원천이다(E2p41). 정신은 "우발적 마주침에 의해" 외적으로 규정될 때 이러한 유형의 관념을 지각한다. 다른 한편, 정신이 "다수의 실재를 동시에 바라봄으로써 실재들 사이의 합치, 차이 및 대립을 이해하도록" 내적으로 규정될 때, 그것은 실재를 명료하고 뚜렷하게 본다(E2p29s).

적합한 관념은 공통 통념이나 기존의 적합한 관념으로부터 연역된다(E2p40s2). 부적합한 관념이 필연적으로 기존의 부적합한 관념으로부터 따라 나오는 것과 마찬가지로(E2p36), 정신 안에서 적합한 관념으로부터 따라 나오는 관념은 무엇이든 또한 적합하기 때문이다(E2p40).

원인은 만일 그 결과가 그 원인을 통해서만 명료하고 뚜렷하게 이해될 수 있다면 적합하고, 그렇지 않을 때 부적합하거나 부분적이다

(E3d1). 우리는 우리 내부나 외부에서 일어나는 것의 적합한 원인일 때에만 참으로 능동적이고, 우리가 부분적으로만 그것의 원인일 때 수동적이다(E3d2). 결과적으로 정신은 적합한 관념을 갖는 한에서 필연적으로 능동적이며, 부적합한 관념을 갖는 한에서 필연적으로 수동적passiones이다(E3p3).

"적합한"이라는 개념의 도입은 정신과 신체 간에 혹은 그 역에 어떠한 인과성도 없는 스피노자 철학 내에서 이해되어야 한다(E3p2). 정신과 신체는 그 자체로 이해되어야 하는 두 개의 다른 속성에 속하는 두 개의 뚜렷하게 구별되는 양태이다(E1p10). 이 개념을 도입한 것은 대상의 세계를 참조하지 않고 [관념의] 표상성objectivity을 이해하려는 독창적 시도이다.

· **관련 항목** : 관념, 변용, 인식, 원인, 악티오, 파시오

원문

Naturae Dei adaequata cognitio(CM 1.2). *Inter ideam veram et adaequatam nullam aliam differentiam agnosco, quam quod nomen veri respeciat tantummodo conventientiam ideae cum suo ideato ; nomen adaequati autem naturam ideae in se ipsa*(Ep60). *Per ideam adaequatam intelligo ideam, quae, quatenus in se sine relatione ad objectum consideratur, omnes verae ideae proprietates, sive denominationes intrinsecas habet*(E2d4). *Causam adaequatam appello eam, cujus effectus potest clare et distincte per eandam percipi*(E3d1). *Homo se ipsum clare et distincte sive adaequate percipit*(E3p52).

참고문헌

1차 문헌

Descartes, R., *Responsiones quartae*.

2차 문헌

Gueroult, M., *Spinoza II- L'âme*(Paris : Aubier-Montaigne, 1974).

Marion, J.L., 'Aporias and the Origins of Spinoza's Theory of Adequate Ideas', in Yirmiyahu Yovel(ed.), *Spinoza on Knowledge and the Human Mind. Papers presented at the Second Jerusalem Conference*(*Ethica II*)(Leiden : Brill, 1994), pp. 129~158.

Parkinson, G.H.R., *Spinoza's Theory of Knowledge*(Oxford : Clarendon Press, 1954).

— 필립 뷔이스

정념 → 파시오를 보라.

정서 Affectus(아펙투스)

『정치론』의 첫 번째 단어가 '정서'라는 점은 중요하다.[583] 스피노자는 효과적인 정치 이론은 사람들이 실제로 어떠한지에 대한 이해에 근거해야지 사람들이 어떠하길 바라는지에 대한 소망에 근거해서는 안 된다고 말한다. 다시 말해서 정치 이론은 인간 정서에 대한 이해에 의존해야 한다는 것이다(TP 1.1과 7.2).

스피노자는 정서 이론에서 정서의 공통 특성과 정서의 기원에 대해 서술하고, 능동 정서와 수동 정서를 구별하며, 어떻게 수동 정서가 개인과 사회 둘 다에 해로운지에 대해 서술한다. 가장 중요한 것은 그가 개인과 국가 모두에서 수동 정서를 완화하고 억제하기 위한 방법을 제시한다는 점이다. 근본적으로 그의 윤리적·정치적 연구 과제는 바로 이것이었다. 따라서 정서가 근본 개념이라는 사실은 놀라운 일이 아니다.

583　[옮긴이] 정치론은 다음과 같은 문장으로 시작된다. "정서에 우리는 시달린다"Affectus, quibus conflictamur(공진성 47).

"아펙티오"affectio(변용)와 "아펙투스"affectus(정서)는 모두 동사 "아피키오"afficio(작용하다, 영향을 주다)에서 파생된 말이며 그리스어 "파토스"pathos의 번역어이다.[584] 그런데 아펙티오는 아주 다양한 함축을 지닌 폭넓은 개념인 반면, 17세기 라틴어에서 아펙투스는 단지 "불안perturbations, 정념, 영혼의 운동"을 가리킬 뿐이었다.[585] 주목할 것은 스피노자의 후기 저작에서 아펙투스가 (아펙티오와 달리) 300회 이상 등장한다는 점이다.

『소론』에서는 사랑, 욕망, 미움 등의 정신생리학적psycho-physiological 현상을 나타내기 위해 [네덜란드어] "파시"passie가 사용되었다. 라틴어 "파시오"가 이러한 의미로 사용되는 일은 드물었다. 그래서『정념론』의 라틴어판 편집자였던 앙리 데마레Henri Desmarets는 파시오라는 단어를 사용한 이유를 해명하면서, 이 단어가 "저자의 원리들"을 보다 명확하게 표현할 것이라고 말한다.[586] 데카르트에 따르면 신체적 과정이 그 사건[사랑, 욕망, 미움 등의 정신생리학적 현상]의 원인 즉 악시옹[능동/작용]이

---

584   Chauvin, *Lexicon philosophicum*.

585   Micraelius, *Lexicon philosophicum*.

586   PA, "Ad lectorem"[독자들게] 참고. [옮긴이] 데마레는 프랑스어 문체의 "우아함"nitor을 라틴어로 살려야 하지만, 데카르트의 사유에 충실하기 위해 이를 포기했다면서 "이 점이 비록 '아펙티오네스'Affectiones(정서들)라는 단어가 어쩌면 더 라틴어답게 사용될 수 있었을지라도 저자[데카르트] 자신의 원칙에 더 충실하고자 제가 그 용어['파시오네스'passiones(수동/정념들)]를 유지하는 것을 선호하게 된 이유입니다"라고 말한다. 데카르트가 프랑스어 '파시옹'passion이라는 말을 사용할 때 의도한 것은 단순히 정서 일반을 지칭하려는 것이 아니라 그것이 신체의 작용에 의해 정신이 수동적으로 영향을 받는 것임을 나타내려는 것이었다. 그래서 데마레는 일반적으로 프랑스어 '파시옹'을 라틴어로 '우아하게' 옮기려면 '아펙투스'라고 해야겠지만, 당시 '아펙투스'는 본문에 언급된 것처럼 단지 "불안, 정념, 영혼의 운동"을 의미하는 데 그쳤기 때문에, 데카르트의 이론적 의도를 더 분명하게 드러내기 위해 라틴어 단어 '파시오'를 도착어로 택했다는 것이다.

며, 그 사건은 정신 곧 [수동적으로 그것을] 겪는 주체 안에서 지각됨으로써 파시옹[수동/정념]이 된다.[587] 그러나 능동과 수동은 하나이자 동일한 것이다.[588]

데카르트와 스피노자 사이의 근본적인 학설상 차이로 인해 스피노자가 전통적인 라틴어 용법으로 돌아갔을 것이라는 추측은 솔깃하게 들린다.[589] 하지만 『정념론』의 과제가 여전히 스피노자의 참조점이었다는 사실에 주목해야 한다. 두 철학자는 단호하게 정서를 과학적인 방식으로 다루고자 했고, 이 주제에 대해 단순히 도덕적이거나 수사적인 태도로 접근하는 것을 비난했다.[590]

---

587 [옮긴이] 원문은 다음과 같다. "According to Descartes the bodily process is the cause, that is the action, of the event, which by its perception in the mind, the subject, which endures is turned into a passion."

588 PA I. 1. [옮긴이] "우선 나는 일반적으로 철학자들이 새롭게 만들어지거나(이루어지거나) 발생하는 모든 것을, 그것이 발생하여 [영향을 미치는] 주체sujet에 비추어 보아 파시옹 passion(수동/정념)이라고, 그리고 그것을 발생하게 만드는 [또 다른] 주체의 관점에서는 악시 옹action(능동)이라고 부른다는 것을 주시한다. 그래서 능동체l'agent와 수동체le patient는 대체로 아주 다름에도, 악시옹과 파시옹은, 그것들이 연관될 서로 다른 두 개의 주체로 인해 두 이름을 지녀도, 항상 동일한 하나여야만 한다"(김녀영 18. 용어는 수정) .

589 [옮긴이] 앞서 본문에 언급되었듯이, 스피노자는 초기 저작인 『소론』에서는 사랑, 욕망, 미움 등의 정신생리학적인 현상을 가리키기 위해 네덜란드어 "파시"passie라는 용어를 쓴다. 이는 스피노자가 아직 이 문제에 관한 한 데카르트의 영향 아래 있었음을 시사한다. 그러나 후기 저작인 『윤리학』에서 스피노자는 인간의 정서 일반을 나타내기 위해 17세기 학문 라틴어에서 일반적으로 사용되던 "아펙투스" 개념을 사용하고, "파시오"는 포괄적인 아펙투스의 하위 범주, 즉 수동적 아펙투스라는 의미로 사용한다. 스피노자의 이러한 변화는 그가 "전통적인[스콜라적인] 라틴어 용법"으로 돌아갔음을 보여 준다(이 책 '파시오' 항목 참고). 이 항목의 저자는 이러한 변화가 데카르트와 스피노자의 근본적인 학설상 차이(심신이원론과 심신일원론)라고 추측하지만, 본문 이하에 나오는 것처럼 이에 대해 부정적 견해를 보인다.

590 E3praef ; PA praef ; Jaquet, 2004. [옮긴이] "따라서 나는 정서들의 본성과 역량, 그리고 정서들에 대한 정신의 역량을 내가 앞의 1, 2부에서 신과 정신을 다루었던 것과 동일한 방법으로 다룰 것이며, 인간의 행위 및 욕구를 마치 선과 면, 물체들의 문제인 것처럼 간주할 것이다"(E3praef) ; "⋯ 제가 정념을 변론가나 도덕철학자로서가 아니라 단지 자연학자로서 설명

스피노자는 아펙투스를 다음과 같이 정의한다. "나는 아펙투스를 신체의 행위 역량을 증대시키거나 감소시키고 촉진하거나 저해하는 신체의 변용affectiones[신체의 아펙투스]이자 동시에 이러한 변용에 대한 관념이라고harum affectionum ideas[정신의 아펙투스] 이해한다"(E3d3. 대괄호 안 내용은 인용자의 것).

스피노자는 신체의 아펙투스에 대해서는 별로 언급하지 않지만, 정신의 아펙투스에 대해서는 『윤리학』 3부와 4부를 할애한다. 베이사드가 지적하듯이, 정신적 아펙투스에 대한 이러한 강조는 스피노자의 초점이 수동 정서에 대한 정신의 예속으로부터 자유를 획득하는 것에 맞추어져 있음을 고려할 때 당연하다.[591]

스피노자에 따르면 아펙투스는 능동적일 수도 있고, 수동적일 수도 있다(E3p58). 수동 정서는 파시오passio(정념)라고 불리며 본성상 혼란스럽고 부분적인 관념이다(E3agd). 인간의 고통은 수동 정서에 기인하고 힘과 기쁨은 활동성을 통해 일어나기 때문에, 정서를 이해하고 어떻게 정서를 완화시킬 것인지 하는 문제는 스피노자 윤리학의 기초이다. 그의 윤리학 이론이 정서를 인간의 악덕으로 여기지 않고 오히려 인간 본성에 속하는 특성으로 여긴다는 점은 주목할 만한 가치가 있다. 정서는 자연적이고 보편적이며, 따라서 기하학적 방법에 의해 연구될 수 있는 주제이다(E3praef). 스피노자는 윤리학에 이렇게 접근하는 것을 자신이 이루어 낸 가장 위대한 혁신이라고 생각한다.

스피노자는 모든 정서를 그것들이 발생하는 세 가지 주요 정서 —

하고자 했다는 것 …"(『정념론』, "두 번째 편지" : 김선영 12).

591   Beyssade 1999, p. 122.

기쁨, 슬픔, 욕망 — 와 관련하여 정의한다(E3ad48exp). 그는 데카르트의 여섯 가지 주요 정념을 이 세 가지 정서로 축소한다. 데카르트에 의하면 정념에는 "경탄, 사랑, 미움, 욕망, 기쁨, 슬픔이 있을 뿐이고, 다른 모든 것들은 이 여섯 가지의 몇몇 조합이나 [종]류"이다. 스피노자 철학에서 기쁨은 정신이 더 큰 완전성으로 이행할 때 일어나며, 슬픔은 정신이 더 적은 완전성으로 이행할 때 일어난다(E3p11s). 욕망은 인간의 본질로서, 의식된 욕구이다(E3p9s ; E4p19d). 욕망과 기쁨은 능동적이거나 수동적일 수 있고, 슬픔은 항상 수동passio이다(E4p34d).

예속은 정서를 완화하는 능력의 결여, 곧 환경에 휘둘리는 상태이다(E4praef). 환경은 다양하고 항상 변화하기 때문에, 정념에 좌우되는 사람들은 서로 다르고 상반된 정념을 갖는다(E3p17s ; E3p57 ; E4p33 ; E4p34). 그러한 반대되는 정념으로 인해 마음의 동요vacillation와 의심이 일어나고, 개인에게는 끊임없는 고통이, 국가에게는 분열이 일어난다(E3p17s).

정서는 더 강하고 반대되는 정서에 의해서가 아니라면 극복될 수 없으며, 우리가 필연적인 것이라고 상상하는 실재로부터 발생하는 정서는 우리가 우연적이라고 여기는 실재로부터 발생하는 정서보다 강하다(E4p7 ; E4p11 ; E4p11d). 정신의 수동적 정서는 한 사람의 특수한 신체가 지닌 구조와 상황을 나타내며, 이 관점에서 볼 때 실재는 우연적인 것으로 보인다(E4p9d). 하지만 수동 정서는 만일 우리가 그것에 대해 명료하고 뚜렷한 관념을 형성한다면, 즉 만일 우리가 2종의 인식인 이성으로

---

592   [옮긴이] 정확히 말하자면 스피노자는 "수동이기를 그친다"라고 말한다. "수동인 정서는 우리가 그것에 대해 명료하고 뚜렷한 관념을 형성하자마자 수동이기를 그친다"(E5p3).

이동하여 그것을 필연적인 것으로 이해할 수 있다면, 능동적인 것이 될 수 있다(E5p3).[592] 그러니까 정신은 2종의 인식을 통해, 그리고 궁극적으로 신체 변용들에 대한 모든 관념을 신 관념과 연관시키는 3종의 인식을 통해, 정서를 필연적인 것으로 이해함으로써 정서를 지배하는 힘을 얻게 된다(E5p6 ; E5p14). 그것이 인간의 지복이자 스피노자 윤리학의 목표이다. 안타깝게도 그러한 지복을 성취할 수 있는 사람은 극소수에 불과하다. 따라서 정부政府는 1종의 인식에 따라 살아가는 사람들을 효과적으로 통치할 수 있는 방법을 반드시 갖추어야 한다.

정부는 인간 상호작용에 통합, 안정, 평화를 제공하기 위해 필요하다. 왜냐하면 대부분의 개개인은 필연적으로 다른 사람과 일치하지 않는 수동 정서에 의해 행동하기 때문이다(TP 1.6, 2.14, 8.6, 10.9 ; TTP 5). 만일 모든 사람이 이성에 의해 행동한다면, 그들은 모든 점에서 일치할 것이고 정부는 불필요할 것이다(E4p35d). 그러나 유감스럽게도 실상은 그렇지 않다(E3p37s2 ; TP 1.5 ; TTP 5). 그러므로 유능한 통치자는 희망이나 두려움 같은 어떤 공통의 정서를 통해 분열을 초래하는 정서를 제압함으로써 사람들의 정서를 교묘하게 통합한다(TP 6.1, 7.10, 10.10). 가장 강력한 정서들에서 미신이 발생하므로, 미신은, 국가의 안녕에 특히 위험하다(TTP praef). 따라서 통치자는 종교 문제에 대한 최종 결정권을 가져야 하며, 국가의 통합을 위해 필요하다면 미신을 활용해야 한다(TTP 16).

· **관련 항목** : 변용, 파시오, 악티오, 마음의 정념, 인식, 상상, 미신, 임페리움, 예속, 종교

원문

Ex hac itaque superstitionis causa clare sequitur, omnes homines natura superstitioni esse (…)

nimirum, quia non ex ratione, sed ex solo affectu, eoque efficacissimo oritur(TTP praef, G III. 6). *Quoniam Scriptura Deo* (⋯) *animi affectus tribure solet*(TTP 1, G III. 26). *Sed perplurimum ex sola libidine, & animi affectibus abrepti*(TTP 5, G III. 73). *Multitudo non ratione sed solis affectibus gubernatur*(TTP 17, G III. 203). *Deo affectus humanos tribure*(E1p8Is2). *Plerique, qui de Affectibus, & hominem vivendi ratione scripserunt videntur non de rebus naturalibus agere* (⋯) *Affectus itaque odii, irae, invidiae &c. in se considerati ex eadem naturae necessitate, & virtute consequunter, ac reliqua singularia* (⋯) *eadem methodo agam* (⋯) *ac si quaestio de lineis, planis aut de corporibus esset*(E3praef). *Per Affectum intelligo Corporis affectiones, quibus ipsius Corporis agendi potentia augetur, vel minuitur, juvatur, vel coercetur, & simul harum affectionum ideas*(E3d3). *Unusquisque ex suo affectu omnia moderatur*(E3p2s). *Porro affectum laetitiae ad mentem et corpus simul relatum titillationem vel hilaritatem voco ; tristitiae autem dolorem vel melancholiam.* (⋯) *deinde cupidatas* (⋯) *praeter hos tres nullum alium agnosco affectum primarium*(E3p11s). *Unum idemque objectum posse esse causam multorum contrariumque affectuum*(E3p17s). *Quilibet uniuscujusque individui affectus ab affectu alterius tantum discrepant, quantum essentia unius ab essentia alterius differt*(E3p57). *Praeter Laetitiam, & Cupiditatem, quae passiones sunt, alii Laetitiae, & Cupiditatis affectus dantur, qui ad nos, quatenus agimus, referuntur*(E3p58). *Affectus, qui animi Pathema dicitur, est confusa idea* (⋯) *Dico primo Affectum, seu passionem animi esse confusam ideam*(E3adg). *Homo enim affectibus obnoxius sui iuris non est*(E4praef). *Affectus nec coerceri, nec tolli potest, nisi per affectum contrarium & fortiorem affectu coercendo*(E4p7). *Est igitur affectus* (⋯) *imaginatio, quatenus corporis constitutionem indicat*(E4p9). *Affectus erga rem, quam ut necessariam imaginamur, ceteris paribus intensior est, quam erga possibilem vel contingentem, sive non necessariam*(E4p11). *Homines natura discrepare possunt, quatenus affectibus, qui passiones sunt, conflictantur, et eatenus etiam unus idemque homo varius est et inconstans*(E4p33). *At affectus tristitiae semper passio est ; ergo homines, quatenus conflictantur affectibus, qui passiones sunt, possunt invicem esse contrarii*(E4p34). *Affectus igitur eo magis in nostra potestate est et mens ab eo minus patitur*(E5p3c). *Quatenus mens res omnes ut necessarias intelligit, eatenus maiorem in affectus potentiam habet, seu minus ab iisdem patitur*(E5p6). *Affectus, quibus conflictamur, concipiunt Philosophi veluti vitia, in quae homines sua culpa labuntur ; quos propterea ridere, flere, carpere, vel* (qui sanctiores videri volunt) *detestari solent*(TP 1.1). *Homines necessario affectibus esse obnoxios* (⋯) *hanc tamen persuasionem in affectus parum posse ostendimus* (⋯) *quando scilicet morbus ipsos affectus vicit* (⋯) *rationem multum quidem posse affectus coercere*(TP 1.5). *Quia homines, uti diximus, magis affectu, quam ratione ducuntur, sequitur multitudinem non ex rationis ductu, sed ex communi aliquo affectu naturaliter convenire, & una veluti mente duci velle*(TP 6.1). *Quod in iaciendis fundamentis maxime humanos affectus observare necesse est*(TP 7.2).

참고문헌

1차 문헌

Descartes, R., *Passiones animae*, trans by. Henri Desmarets(Amsterdam, 1650).

2차 문헌

Beyssade, J.-M., 'Can an Affect in Spinoza be "of the Body"?', in Y. Yovel(ed.), *Desire and Affect : Spinoza as Psychologist*(New York : Little Room Press, 1999), pp. 113~128.

Jaquet, Ch., *L'unité du corps et de l'esprit. Affects, actions et passions chez Spinoza*(Paris : Presses Universitaires de France, 2004).

— 태미 나이든

정신Mens(멘스)

데카르트 전통에서는 [연장 실체와] 뚜렷하게 구분되는 의식적 사유 실체를 나타내는 '멘스'라는 단어가 모든 삶의 원리가 되는 아리스토텔레스의 삼분적 영혼 관념을 대체하는 경향이 있었다. 데카르트는 「다섯 번째 반박에 대한 답변」에서 아니마anima라는 단어가 모호하게 사용된다고 말한다. 아니마는 모든 동물에 공통적인 물질적인 "영양을 섭취하는 원리"와 인간 특유의 비물질적인 '사유의 원리'를 모두 나타내기 때문이다(AT VII. 355~356).[593] 데카르트가 '정신'이라는 용어를 선호하고 이 단

---

[593] [옮긴이] "나는 우리가 영양을 섭취하는 원리가 우리가 생각하는 원리와 질적으로 완전히 toto genere, totum genus 다르다는 것을 인식했습니다. 이 때문에 나는, '영혼'[anima]이라는

어를 단지 정신의 일부가 아니라 인간 정신 전체를 의미하는 것으로 사용한다고 말하는 것은 이러한 이유 때문이다. 스피노자 또한 아니마가 애매하고 물질적 함축을 지닌다고 보았기 때문에 아니마라는 단어의 사용을 비난한다(PPC 1d6과 TIE 58. n.z. ; 김은주 67). '멘스'[정신]라는 용어가 『윤리학』에 553회 등장하고 초기 저작에서는 여전히 빈번하게 사용되던 '아니마'라는 전통적인 용어(『윤리학』에서는 단 6회 등장)를 거의 완전히 대체하는 것은 이러한 이유 때문이다. 그러나 『소론』에서 그리고 네덜란드어 번역본 『유고』*Nagelate Schriften*의 『윤리학』에서는 아니마에 해당되는 네덜란드어인 "질"ziel이 사용되기도 한다.

"영혼"보다 "정신"을 선호한다는 점에서 스피노자는 데카르트적 전통의 일부이지만, 그는 자신의 철학에 따라 이 용어를 해석했다. 정신은 주로 현행적으로 실존하는 신체의 관념인 인간 정신을 나타낸다(E2p13~15). 인간은 사유와 연장이라는 속성의 두 양태인 복합적 통일체이다. 즉 인간은 신체와 그 신체의 관념으로 이루어져 있다(E2p1~13). 스피노자는 이러한 단일한 인간 개념을 초기 심리학, 이를테면 데카르트의 인간 정신이 실체로서 독립적 실존을 갖는다는 학설(『데카르트의 『철학의 원리』』 서문에서 로데베이크 마이어가 강조했던 차이)이나 정신을 영혼의 능력faculty으로 보는 소요학파의 관점(CM 2.6)에 대한 대안으로 발전시켰다. 인간 정신은 양태이며, 따라서 "사유하는 실재"가 아니라 "사유의 양태", 특수한 코기타티오cogitatio(사유), "사유하는

말이 그 두 원리를 지칭하기 위해 사용된다면, 그 이름은 이중적 의미를 가진다고 한 것입니다. (…) 내가 이중적 의미를 피하기 위해 그것을 대부분의 경우 '정신'이라는 말로 불렀듯이 말입니다"(원석영 I-1. 358).

역량"으로 정의되어야 한다.

속성들 간 관계를 지배하는 법칙(E2p3~8)과 인간 신체에 대한 자연학(E2p13s)에 근거하여, 인간 정신의 구조는 많은 개별적 관념으로 이루어진 매우 복합적인 관념으로 정의된다(E2p15).[594] 정신과 신체의 관계는 인과적 관계가 아닌데, 한 속성의 양태가 다른 속성의 양태의 원인이 되거나 다른 속성의 양태를 변용시킬 수 없기 때문이다. 정신과 신체는 두 개의 다른 관점에서 본 동일한 실재이다. 따라서 정신은 수동적으로 신체의 변용을 겪는 것도 아니고 신체를 지배하는 것도 아니다. 정신은 능동적으로 관념을 만들어 내고 산출하며 결합한다.

신체의 영원한 본질에 대한 관념으로서, 즉 영원한 본질 그 자체로서의 정신은 영원한 양태이며, 따라서 신의 무한 지성의 일부이다(E2p11c ; E5p40c). 따라서 "정신이 인식한다"라는 말은 "신이 인간 정신의 본질을 구성하는 한에서 어떤 관념을 갖는다"라는 명제와 같은 의미이다.

활동하고 실존하는 신체의 관념으로서의 정신은 적합하거나 부적합한 관념으로 이루어져 있지만, 신체의 영원한 본질에 대한 관념으로서의 그 본질은 신이 그 원리이자 기초가 되는 인식으로 구성된다(E5p36s). 인간 정신이 신체보다 더 오래 존속하는 것은 아니지만, 어떤 것 곧 **영원의 스페키에스**에서sub specie aeternitatis 신체의 본질을 표현하는 부분은 남는다. 정신의 그러한 부분은 신의 본질을 표현하는 한에서 영원하다(E5p23).

594　[옮긴이] "인간 정신의 형태를 구성하는 관념은 단순하지 않으며, 매우 많은 수의 관념들로 합성되어 있다"(E2p15).

『윤리학』에서 정신을 존재론적이고 심리학적으로 정의한 것은 신학적이고 정치적인 관점 위에서 『신학정치론』에 반영된다. 인간의 영혼이나 정신을 언급하는 성서의 구절을 스피노자는 자신의 심리학과 관련하여 해석한다(TTP 1).[595] 정신을 통해 인간은 신에 참여하고(TTP 12),[596] 이러한 정신은 신의 빛과 신성한 불꽃으로 정의되며, 정신은 신이 인간에게 준 최고의 선물로서 신의 질서와 자연의 법칙을 헤아리는 (합리적) 능력을 의미한다(TTP 15).[597] 결국 『윤리학』에서 논증된 정신과 신체의 조화에는 정치적 가치가 내포되어 있음이 드러나는데, 이는 국가의 신체body(몸체)가 구성원 전체의 합리성rationality을 반영할 수 있음을 시사한다(TTP 20).[598]

---

595 [옮긴이] 스피노자는 신학정치론 37~39절에서 구약의 여러 구절을 해석한 후, 이는 "신의 영Spiritus[히브리어로 루아흐ruach. '숨', '바람'이라는 뜻]이 예언자들에게 있었고, 신은 자신의 영을 인간에게 불어 넣었다는 것을 보여 준다"라면서, 다음과 같이 말한다. "우리는 히브리어에서 영(영혼)이 정신mens과 그 판단sentencia 둘 다를 의미하고, 그렇기 때문에 이러한 율법Lex(법) 자체가 신의 정신을 알려 주었다는 이유로 신의 영 또는 정신Spiritus sive mens Dei이라고 불릴 수 있음을 보여 주었다. 예언자들의 상상력 역시 신의 법령이 그들의 상상력을 통해 계시된 한에서 동등하게 신의 정신이라고 할 수 있으며, 예언자들은 신의 정신을 소유했다고 할 수 있다"(TTP 1.41 ; G III. 27 ; G II. 91).

596 [옮긴이] "(…) 신의 영원한 말씀과 언약, 그리고 참된 종교religio가 신으로부터divinitus 인간의 마음, 즉 인간 정신에 새겨져 있으며 (…)"(TTP 12.2 ; G III. 158 ; C II. 248).

597 [옮긴이] "(…) 신의 최고의 선물이자 신성의 불빛인 이성 (…)"(TTP 15.10 ; G III. 182 ; C II. 275).

598 [옮긴이] 원문은 다음과 같다. "In the end, the harmony of mind and body, argued for in the Ethics, is revealed to contain a political value : the body of the state may reflect the rationality of its members as a whole"(ch 20). 『윤리학』에서 정신과 신체의 조화는 다음과 같은 구절에 잘 드러난다. "27항. 우리가 우리 바깥의 실재들로부터 이끌어 내는 유용성은, 우리가 그것들을 관찰하고 그 형태를 변화시킴으로써 얻게 되는 경험이나 인식은 별개로 하면, 무엇보다 신체의 보존이다. 그리고 이러한 이유 때문에, 신체의 모든 부분이 자신들의 일을 올바르게 수행할 수 있도록 신체에 영양분을 제공하고 신체를 유지시켜 줄 수 있는 것들이 가장 유용하다. 왜냐하면 신체가 더 많은 방식으로 변용될 수 있고aptius est, 외부 물체들을 더 많은 방식으로 변용할 수 있게 될수록, 정신은 더 잘 사고할 수 있게 되기 때문이다est aptior(4부 정

원문

Author noster substantiam cogitantem negat illam constituere substantiam mentis humanae ; ed statuat, eodem modo, quo extensio nullis limitibus determinari cogitationem etiam nullis limitibus determinari (···) *sic etiam mentem sive animam humanum non absolute, sed tantum secundum leges naturae cogitantis per ideas certo modo determinatam cogitationem* (PPC praef). *Loquor autem hic de mente potius quam de anima quoniam animae nomen est aequivocum et saepe pro re corporea usurpatur* (PPC 1def6). *Nos de tempore creationis entis humanae nihil dixisse* (CM 2.12). *Clamant Dei aeternum verbum et pactum, veramque eligionem hominum cordibus hoc est humanae menti divinitus inscriptam esse* (TTP 2; G III. 158). *Primum quod actuale mentis humanae esse constituit, nihil aliud est, quam idea rei alicujus singularis actu existentis* (E2p11). *Hinc sequitur humanam mentem partem esse infiniti intellectus Dei* (E2p11cor). *Ad determinandum quid mens humana reliquis intersit* (···) *necesse nobis est, ejus objecti, hoc est Corporis humani naturam cognoscere* (E2p13s). *Ideae, quae esse formale humanae mentis constituit ex plurimis ideis composita* (E2p15). *Mentem humanam* (···) *sui ipsius sed confusam tantum habere cognitionem* (E2p29cor). *Cartesium licet etiam crediderit, entem in suas actiones potentiam absolutam habere* (E3praef). *Decreta mentis*

리38과 39를 보라). 그런데 자연 안에는 이와 같은 것들이 매우 드물게 존재하는 것으로 보인다. 따라서 필요한 만큼 신체에 영양분을 제공하기 위해서는 상이한 본성을 지닌 다양한 양분을 사용하는 것이 필수적이다. 왜냐하면 인간 신체는 상이한 본성을 지닌 매우 많은 수의 부분들로 이루어져 있으며, 이 부분들은 신체가, 전체가 그의 본성으로부터 따라 나올 수 있는 모든 것을 동등하게 수행할 수 있게aptum sit 하기 위해, 결과적으로 정신 역시 많은 것들을 인식할 수 있게 하기 위해apta sit 지속적으로, 그리고 다양하게 양분들을 필요로 하기 때문이다"(E4app27). 『신학정치론』20장에서 본문의 주장과 관련된 구절로는 다음을 꼽을 수 있겠다. "국가의 목적은 인간을 이성적 존재자에서 짐승이나 자동인형automata으로 변화시키는 것이 아니라 그들의 정신과 신체가 제 기능을 안전하게 수행하도록 하고, 이성을 자유롭게 사용하도록 하며, 서로 증오, 분노, 기만 속에서 충돌하거나 불공정하게 대하지 않도록 하는 것이다. 그러므로 국가의 목적은 실로 자유이다Finis ergo Reipublicae revera libertas est"(TTP 20.12 ; G III. 241 ; C II. 346). 다음 구절도 참고. "국가의 몸은 마치 하나의 정신에 의한 것처럼 인도되어야 하고, 정치 공동체의 의지는 모든 사람의 의지로 여겨져야 하므로, 정치 공동체가 옳고 좋다고 결정한 것은 각 사람에 의해 그렇게 결정된 것으로 여겨져야 한다"(TP 3.5 ; 공진성 35).

nihil aliud unt praeter ipsos appetitus(E3p2s). *Mens humana non potest cum Corpore absolute destrui, sed ejus aliquid remanet, quod aeternum est*(E5p23). *Quia nostrae mentis essentia in sola cognitione constituit, cujus principium et fundamentum Deus est*(E5p36s).

참고문헌

1차 문헌

Descartes, R., *Meditationes de prima philosophia, Responsiones quintae.*

2차 문헌

Della Rocca, M., *Representation and the Mind-Body Problem in Spinoza*(Oxford : Oxford University Press, 1996).

Gueroult, M., *Spinoza. II. L'âme*(*Ethique* II)(Hildesheim : Olms, 1974).

Renz, U., *Die Erklarbarkeit von Erfahrung : Realismus und Subjektivitat in Spinozas Theorie des menschlichen Geistes*(Frankfurt am Main : Klostermann, 2010).

Robinson, L., *Kommentar zu Spinozas Ethik*(Leipzig : Meiner, 1928).

— 린 스프라위트

정의Definitio(데피니티오) → 기하학적 질서를 보라.

존재(함) → 에세를 보라.

존재자 → 엔스를 보라.

종교Religio(렐리기오)

『신학정치론』과 『정치론』 두 저작에서 '렐리기오'라는 단어는 자주 사용되지만, 『윤리학』(아홉 번 사용)과 서신에서는 훨씬 덜 사용된다. 상응하는 네덜란드어 '호츠딘스트'godsdienst는 『소론』에 세 번 등장한다. 문맥에 따라 네 가지 의미가 구별될 수 있다.

① 엄밀한 철학적 의미의 렐리기오

스콜라철학 담론에서 흔히 볼 수 있는 의미로, 이 의미의 렐리기오는 신에 대한 인식에서 기인하는 기본적인 도덕적 덕moral virtue으로 받아들여졌다. 『윤리학』에 나오는 렐리기오의 의미가 이것인데, 그곳에서 이 단어는 긍정적인 의미로 여섯 번 사용된다.[599] 이 의미의 렐리기오는 『윤리학』 4부 정리37의 주석1에서 다음과 같이 정의된다. "나는 우리가 신에 대한 관념을 갖고 있는 한에서 또는 신을 인식하는 한에서 우리 자신이 원인이 되어 생겨나는 모든 욕망과 행동을 렐리기오와 관련시킨다." 『윤리학』의 다른 부에 나오는 몇 가지 핵심 개념이 이 정의에 등장한다. '욕망', '행위 또는 행동'doing and acting, '신에 대한 관념 또는 인식'이 그것이다. 이 철학적 의미의 종교 개념은 『윤리학』의 다른 핵심 개념, 즉 정신의 포르티투도fortitudo(강인함, E3p59s) 및 피에타스pietas(경건함/도의심, E1p37s)와 관련이 있다. 렐리기오는 포르티투도의 일부라고 할 수 있는데, 후자는 2종의 인식과 3종의 인식을 둘 다 전제하지만, 전자는 단지 신에 대한 직관적 인식(3종의 인식)만 전제하기 때문이다. 렐리기오와 피에타스에도 같은 의미 차이가 있음을 볼 수 있다. 즉 후자의 정의에는 '신에 대한 인식'이 아닌 '이성의 인도에 따라 살아간다는 것'이 언급된다.[600] 렐리기오가 『윤리학』의 '윤리적인 부'(4부와 5부)에 나오고 그 의미가 상기한 바와 같기 때문에, 드 뎅De Dijn, 알렉상드르 마테롱Alexandre Matheron

---

599   E4p37s1 ; E4p73s ; E4app15 ; E4app24 ; E5p41 ; E5p41s. [옮긴이] '부정적 의미'는 아래 네 번째 의미 참고.

600   [옮긴이] "나는 우리가 이성의 인도에 따라 살아감으로써 생겨나는, 좋은 일을 하려는 욕망을 도의심Pietas이라고 부른다"(E4p37s1).

(1926~2020) 및 베틀레센Wetlesen 같은 학자들은 스피노자 철학을 일종의 철학적 종교라고 불렀다.

② 순전히 실천적인 의미의 렐리기오

이 의미의 렐리기오는 인식적 토대는 고려하지 않는 단순한 행동 방침 course of action을 가리킨다. 이러한 의미의 렐리기오는 흔히 '보편적인', '참된', '자연적인', '일반적인'catholic 같은 형용사와 결합하여 『신학정치론』에 수없이 등장한다.[601] 이와 밀접한 관련이 있는 용어가 '신의 말씀'과 '신법'神法이다. 예컨대 『신학정치론』 12장을 보라. "'신의 말씀'이 신 자신이 아닌 어떤 주어의 술어가 될 때, 그것은 정확히 우리가 4장에서 다루었던 신법, 즉 모든 인류에게 공통적인 또는 보편적인 렐리기오를 의미한다"(TTP 12.19). 이러한 도덕적·종교적 의미의 렐리기오는 종교적 믿음에 의해 동기 부여된 정의와 자애의 도덕적 실천이나 참된 삶의 방식을 의미한다.

---

601 [옮긴이] 다음 구절 참고. "religionem toti humano generi **universalem**, sive catholicam[the religion common to the whole human race, *or* universal / 모든 인류에게 **공통적인** 또는 보편적인 종교]"(TTP 12.19 ; G III. 162 ; C II. 252) ; "quod Dei verbo sive **verae** Religioni, & fidei repugnet[which is contrary to God's word, *or* to true Religion and faith / 신의 말씀 또는 **참된** 종교와 신앙에 반대되는]"(TTP 12.4 ; G II. 159 ; C II. 249) ; "religio catholica, quae maxime **naturalis** est[the universal religion (…) That religion, which is most natural / 가장 **자연적인** 보편 종교]"(TTP 12.2 ; G III. 163 ; C II. 253) ; "ad fidem **catholicam,** sive universalem[to the catholic, *or* universal, faith / **보편적인** 또는 공통적인 신앙에]"(TTP 14.22 ; G III. 177 ; C II. 268). '참된'vera이 '렐리기오'를 수식하는 사례가 가장 많고, '공통적[보편적]'universalis과 '보편적[우주적]'catholica이 '렐리기오'를 꾸미는 경우도 적지 않다. 그러나 일별한 결과 『신학정치론』에서 '자연적인'naturalis이라는 형용사가 '렐리기오'를 직접 수식하는 경우는 거의 없는 것 같다. 그나마 위에 언급한 구절도 드문 듯하다. 이 저작에서 '자연적인'은 보통 빛lumen, 권리jus, 법lex, 인식cognitio, 상태status, 원인causa 등과 함께 사용된다. 이상 인용문의 모든 강조는 인용자의 것이다.

그것의 도덕적·정치적 유용성에 관한 한, 첫 번째와 두 번째 렐리기오의 의의는 다르지 않다. "나는 우리가 렐리기오를 자연의 빛에 의해 계시된 것으로 이해하든 예언자적 빛에 의해 계시된 것으로 이해하든 중요하지 않다고 말한다"(TTP 19.9). 그러나 의견이나 관념에 관한 한, 두 의미의 렐리기오는 본질적으로 다르다.[602] "이 모든 것으로부터 우리는 신의 본성을 있는 그대로 그 자체로 바라보는 신에 대한 지적 인식은 intellectualem Dei cognitionem 어떤 식으로든 신앙이나 계시 종교에ad fidem, & religionem revelatam에 속하지 않는 것이라고 결론 내린다"(TTP 13.24 ; G

---

602 [옮긴이] 원문은 "But as far as opinions or ideas are concerned, they are essentially different" 이다. 이 구절에서 'opinions'가 아래 구절에서 나오는 '의견'을 나타낸다는 것은 분명해 보인다. "따라서 우리는 그 자체로 그리고 행위와 관련 없이 고려된 의견이opiniones 어떤 경건함이나 불경함을 지니고 있다고aliquid pietatis, aut impietatis habere 결코 믿어서는 안 된다. 오히려 누군가가 어떤 것을 경건하게 믿는다는 것은 그의 의견이 그를 복종으로 이끄는 한에서만 성립하며, 불경하게 믿는다는 것은 오직 그가 의견으로부터 죄를 짓거나 반역할 빌미를licentiam 얻는 한에서만 성립한다고 말해야 한다. 따라서 만일 누군가가 진리를 믿음으로써 오만해진다면contumax, 그는 실제로 불경한 자이다. 반대로 거짓을 믿음으로써 복종하게 된다면, 그는 경건한 신앙을 가진 것이다"(TTP 13.29 ; G III. 172 ; C II. 263). 그러나 'ideas' 가 무엇을 지칭하는지 『신학정치론』에서는 단서를 찾을 수 없었다. 'opinions'와 'ideas' 모두 위 인용문의 '의견'을 재서술한 것일 수도 있겠으나, 내 생각에 저자는 'ideas'를 첫 번째 의미의 종교 부분에 인용된 '신에 대한 관념'(E4p37s1)을 염두에 두고 언급한 것으로 보인다. 그렇다면 문제의 구절은, '실천적 의미의 종교'는 '의견'에 속하며 그것의 의의는 인식적 지위(참거짓 여부)가 아닌 실천적 결과(정의와 자애의 실천에 대한 복종, 불복종 여부)에 있지만, '철학적 의미의 렐리기오'는 '신에 대한 관념' 또는 '인식'에 속하며 '신의 본성을 있는 그대로 그 자체로 고려'하는지 여부가 중요하다는 점에서 서로 다르다는 의미일 것이다. 전자는 '신앙 또는 계시 종교'에 속하지만(본문에 아래 인용된 TTP 13.24 참고), 후자는 앞서 본문에 나온 표현을 빌리자면 '철학적 종교'에 속한다. 우리는 정의와 자애의 실천으로 이끌지 않고 국가의 평화와 안전을 위협하는 불경한 계시 종교가 존재한다는 것을 잘 알고 있다. 한편, 만일 누군가 '진리'로 인해 '오만'해져 복종하지 않는다면, 역시 '불경'하다고 할 수 있을 것이다. 그러나 스피노자는 '신의 본성을 있는 그대로 그 자체로 고려'하는 '신에 대한 지적 인식'과 이를 탐구하는 철학적 자유는 오히려 평화와 안전에 기여한다고 할 것이다. 이에 대해서는 이 책 4부 '철학함의 자유'와 '피에타스' 항목 참고.

III. 171).[603] 그래서 '렐리기오 베라'religio vera(진정한 종교)에서 '베라'(진정한)라는 형용사는 인식적 의미가 아니라 도덕적 의미를 갖는다. 즉 진정한 삶의 방식, 정의와 자애의 실천을 의미한다. 이러한 삶의 방식은 적합한 관념에 의해서뿐만 아니라 스피노자가 경건한 교리라고 부르는 것에 의해서도 동기 부여될 수 있다. 스피노자는 보편 종교 또는 공통 종교를 매우 단순한 도덕적 실천으로 묘사하는데, 이 실천은 계시 종교의 영역에서는 모든 철학적 문제와 사변으로부터 분리되어야 한다(TTP 13).[604]

이 두 번째 렐리기오 개념은 스피노자 특유의 것이다. 홉스는 키케로의 도덕적이고 의례적인ritualistic 렐리기오 개념을 모방하여 렐리기오를 신에게 정말로 예배하는 이들의 의식service of those who honestly worship God이라고 말하지만, 이러한 예배는 신성에 대한 선행하는 인식에서 비롯되며 그것을 요구한다고 가정한다.[605] 뷔르헤르스데이크 또한 신에 대한 인식이

---

603 [옮긴이] 『편람』 원문에는 "신에 대한 지적 사랑"the intellectual love of God이라고 되어 있어 바로잡는다.

604 [옮긴이] "이 점에 우리는 성경이 신에 대한 어떤 정의도 명시적으로 제시하지 않으며, 방금 언급된 것들 외에 신의 다른 어떤 속성을 받아들이라고 규정하지 않으며, 이것들을 칭송하는 것처럼 다른 어떤 속성을 명시적으로 칭송하지 않는다는 점을 덧붙일 수 있다. 이 모든 것으로부터 우리는 신의 본성을 있는 그대로 그 자체로 바라보는 신에 대한 지적 인식은 (…) 어떤 식으로든 신앙이나 계시 종교에 속하지 않는다고 결론 내린다. 따라서 인간은 사악하지 않더라도 이것에 관해 완전히 잘못 생각할 수 있다"(TTP 13.24 ; G III. 171 ; C II. 262). 이 책 4부 '신학' 항목 참고.

605 Hobbes, *De homine*, ch 14. [옮긴이] "종교란 성실히 신을 찬미하는 사람의 외형적인 예배 cultus(제의)이다. 나아가서 신을 성실히 찬미하는 사람은 신이 존재한다는 것을 믿을 뿐만 아니라 신이 전지전능한 창조주이자 만물의 주재자이며, 또한 자신의 고유한 의지에 따라 번영과 재앙을 분배하는 자임을 믿는다. 따라서 그와 같은(즉 자연적) 종교는 두 부분으로 이루어졌다. 한 가지는 신앙(즉 신은 존재하며 만물을 다스린다는 믿음)이고, 다른 것은 예배이다"(이준호 II. 85).

거짓이라면 렐리기오가 미신이나 우상 숭배로 변질된다고 말한다.[606]

③ 미신 또는 '렐리기오 바나, 팔사'religio vana, falsa(공허하고 거짓된 렐리기오)

이러한 의미의 렐리기오는 무지, 우상 숭배 그리고 사회와 국가에 불화를 일으키는 교만, 증오, 질투와 같은 정념에 기반한 일종의 망상적 illusionary 렐리기오로, 주로 부정적 의미를 갖는다는 점에서 앞의 의미들과 반대된다. 『신학정치론』의 서문에 따르면, 이런 렐리기오는 기적과 헛된 사변에 대한 믿음인 "터무니없는 신비"로 이루어져 있다(TTP 19 ; Ep73 ; Ep75 참고).[607] 이러한 부정적 의미의 렐리기오는 스피노자의 저작에서 비교적 드물다고 생각된다.

④ 관습적 의미의 렐리기오

이러한 의미의 렐리기오는 계시 종교, 실정적이고 역사적인 종교, 특히 유대교와 기독교와 관련되는 것으로, 이를테면 기독교인의 종교, 히브리인의 종교, 고대 종교 등이 그러한 것이다. 유대교와 기독교 같은 실정적이고 역사적인 종교는 미신으로부터 정화되고 오직 정의와 자애의 도덕적 실천에 근거하는 한에서, 두 번째 의미의 렐리기오에서 서술한 진정한 또는 보편적인 종교의 일부가 된다. 이럴 경우, 종교는 사회의 평화와 국가의 정치적 안정을 강화하는 데 매우 유용하다. 이렇게 하여 우리는

---

606 Burgersdijk, *Idea Philososophiae Moralis*, ch. 13.

607 [옮긴이] "경건 ── 오, 불멸의 신이시여! ── 과 종교는 불합리한 신비들로in absurdis arcanis 이루어져 있으며, 이성을 완전히 멸시하고 본성상 타락했다며 지성을 거부하고 피하는(이것이야말로 가장 부당한 일이다) 자들이 신성한 빛을 가졌다고 여겨진다"(TTP Praef ; G III. 8 ; C II. 70~71).

『신학정치론』 11장 마지막에 나오는 스피노자의 외침을 이해할 수 있다. "종교가 온갖 미신에서 다시 해방되는 것을 보게 된다면, 우리 시대는 정말 얼마나 행복할까!"

· 관련 항목 : 강인함, 피에타스, 인식, 계시, 신학

원문

Hoc addo, me inter Religionem, & Superstitionem hanc praecipuam agnoscere differentiam, quod haec ignorantiam, illa autem sapientiam pro fundamento habeat(Ep73). *Jam autem foelix profecto nostra esset aetas, si ipsam etiam ab omni superstitione liberam videremus*(TTP 11, G III. 158). *Nempe, quod Verbum Dei, quando de subjecto aliquando praedicatur, quod non sit ipse Deus, proprie significat legem illam Divinam, de qua in IV. Cap. egimus : hoc est religionem toti humano generi universalem, sive catholicam*(TTP 12, G III. 162). *Ex quibus omnibus concludimus, intellectualem Dei cognitionem, quae ejus naturam, prout in se est, considerat ad fidem, & religionem revelatam nullo modo pertineret*(TTP 13, G III. 171). *Perinde, inquam, est, sive Religionem lumine naturali, sive Prophetico revelatam concipiamus*(TTP 19, G III. 230). *Porro quicquid cupimus, & agimus, cujus causa sumus, quatenus Deus habemus ideam, sive quatenus Deum cognoscimus, ad Religionem refero*(E4p37s1).

참고문헌

1차 문헌

Burgersdijk, F., *Idea philosophiae moralis*(Leiden, 1624).
Hobbes, Th., *De homine*.

2차 문헌

Dijn, H. de, *The Way to Wisdom*(West Lafayette, IN : Purdue University Press, 1996).
Frankel, S.H., *The Problem of Religion in Spinoza's Tractatus Theologico-Politicus*(Ann Arbor, 1999).
Juffermans, P. C. *Drie perspectieven op religie in het denken van Spinoza : een onderzoek naar de verschillende betekenissen van religie in het oeuvre van Spinoza*(Budel: Damon,

2003).

Matheron A., 'Philosophie et religion chez Spinoza', *Revue des sciences philosophiques et theoriques*, no. 76(1992), pp. 56~72.

Wetlesen, J., *The Sage and the Way. Spinoza's Ethics of Freedom*(Assen : Van Gorcum, 1979).

— 파울 유페르만스

종교의식宗敎儀式, Caeremonia(카이레모니아)

『신학정치론』 5장에 따르면, 자연의 신성한 법natural divine law은 종교의식에 기입되어 있지 않다. 왜냐하면 "[히브리인의] 종교의식은 히브리인만을 위해 제정"된 것이고 "히브리 국가에 딱 맞춘" 것이기 때문이다. 히브리인의 종교의식은 단지 히브리인에게만 의미가 있는 것이고, 그래서 히브리 국가의 몰락 이후 모든 중요성은 사라진다. 의례는 도덕과 무관하고 단지 제도적[관습적]으로만 유효한 것일 뿐이다. 즉 의례는 그 자체로 선한 것이 아니라, 소치니파 신학자 크렐리우스가 말한 것처럼 단지 선한 것의 재현일 뿐이다. "진리는 무엇보다 종교의식과 반대된다. 종교의식은 그림자 같은 것이다."[608]

신의 유대인 선민選民과 마찬가지로, 특정한 종교의식 실행은 정치적 계기에 따라 달라지는 문제이다. 예컨대 유대인들(과 다른 민족들)은 의례와 의식을 국가를 지키기 위해 사용했다. 정치적 상황이 달라지면, 종교의식은 그것과의 관련성을 상실한다. 예언자들은 영적 의미와 물질적 이미지를 혼동하는 사람들에게 영향을 주고자 종교의식 문제를 다루었다. 이사야와 신약성서가 우리에게 가르쳐 준 것처럼, 구원은 단

---

608   Crellius, *Opera exegetica* I, p. 434.

지 보편적인 신법을 준수함으로써만 보장된다. 기독교인의 종교의식(세례, 만찬, 축일, 기도)도 마찬가지이다. 이 의식들은 그리스도가 도입한 것도, 사도들이 도입한 것도 아니다. 종교의식은 보편 교회의 '외적 기호'external signs라 불린다. 종교의식은 사회적 관습에 불과하다. 『신학정치론』의 첫 번째 프랑스어판 제목은 『고대와 현대 유대인의 미신적 의식에 관한 논고』*Traitté des ceremonies superstitieuses des juifs tant anciens que modernes*(1678)였다.

---

609 Episcopius, *Disputationes in Opera* II, p. 437.

610 Bellarmine, *Disputationes*, III 1, p. 335.

611 [Maresius, Systema theologicum, 7.63ff. [옮긴이] 『편람』 원문은 다음과 같다. "Thus they possess a natural equity, but they are specified according to the circumstances of the persons, time and place"(출처로 제시한 부분에 관련 내용은 있지만 이 영역에 해당하는 구절은 보이지 않는다. 'natural equity'에 해당하는 'naturalis aequitas'(나투랄리스 아이퀴타스, 자연적 형평[정의])라는 표현도 7부의 앞 부분 10장 3절에 나온다. Maresius, 같은 책, p. 285. 아마도 원문을 요약하는 방식으로 번역·인용한 것 같다). 마레시우스의 위 말은 구약성서의 종교의식들이 본래 자연법natural law의 자연적 형평[정의]에 부합하는 것이지만 그 자체는 영원불변한 자연법 같은 것이 아니라 히브리 국가라는 특정한 역사적 상황에서 제정된 시민법civil law 같은 것이었다는 주장이라고 생각된다. 그는 이러한 법적 용어를 빌어, 구약의 종교의식들은 절대적인 것이 아니라 폐기할 수 있는 법적 지위를 지닌 것이며, 그래서 그리스도의 도래와 함께 실질적으로 폐지될 수 있었다고 피력한다. '나투랄리스 아이퀴타스'는 아리스토텔레스의 "에피에이케이아"epieikeia(근원적 공정성. 『니코마코스 윤리학』 제5권 제10장, 1137a31~1138a3)과 키케로의 '최상의 법'lex summa(그는 이 법의 근거가 '자연에 내재한 최고의 이성'ratio summa insita in natura에 있다고 보았다. 『법률론』*De Legibus* 6.18~19. 성염 국역본 70~71쪽) 사상에 뿌리를 둔 로마 법률가들의 개념으로, 보편적인 자연법 원리가 특정 공동체의 구체적인 시민법 안에서 구현될 때 나타나는 도덕적 정당성을 가리킨다. 물론 'equity'는 영국법에서는 관습법common law의 문제점을 자연법적 도덕률에 의해 보완한 '형평법'衡平法을 지칭하기도 한다. 17세기 신학자들은 종종 법적 용어를 빌려와 신학적 논의를 전개했고, 마레시우스가 구약의 종교의식을 시민법에 견준 것을 볼 때, 그의 주장이 형평법적 발상과 관련이 있을 가능성도 없진 않다. 그렇다면 위 구절은 구약의 종교의식 자체가 관습법common law의 한계를 보완하기 위해 상황에 맞게 만든 별도의 '형평법적equitable 판단'의 사례라는 뜻이 될 것이다. 그러나 이러한 해석은 이어지는 시민법적 특수성을 강조하는 부분과 자연스럽게 연결되지 않고 마레시우스가 대륙법 전통에 속하는 프랑스와 네덜란드에서 활동한 신학자였다는 점을 고려할 때 무리가 있다고 판단했다. 정리하자면, 구약

이러한 측면에서 스피노자는 정통 개신교와 자유주의적 개신교 관점에 모두 동의한다. 예컨대 아르미니우스 신학자 에피스코피우스는 "우리가 보기에 의례[또는 의식 또는 성사sacraments]는 상징, 기호, 표지(標識)markings일 뿐"이라고 말한다.[609] 히브리인의 종교의식은 국법laws of the state이지만, 기독교인의 종교의식은 사회 규범social norms이다. 종교의식에 대한 로마 가톨릭의 관점이 개신교의 관점과 반대된다는 것은 분명하다. 예컨대 저명한 로마 가톨릭의 논객 벨라르미노Robert Bellarmine(1542~1621)는 종교의식을 기독교인과 이교도를 구분시켜 주는 것이며 "악투스 렐리기오니스"actus religionis(종교의 실제)라고 말했다.[610] 하지만 정통 개신교 신학자인 마레시우스는 구약성서의 종교의식을 시민법civil laws과 동일시한다. 그는 "따라서 구약성서의 종교의식들은 자연적 형평衡平을 지니고 있지만, 사람, 시간, 장소의 상황에 따라 특정화된 것"[611]이며, 그리스도에 의해 실제로 폐지되었다고 주장한다.

마찬가지로 종교의식의 전면 폐지를 주장한 인물로는 에피스코피우스가 있다. 그는 다음과 같이 말한다. "성경에는 (…) 구원받기 위해 영원토록 알아야 하고, 믿고 희망하고 실천해야 할 모든 것이 담겨 있다. 이는 의심의 여지 없이 성경에는 [구원받기 위해] 절대적으로 필요한 것은 아닌 (…) 많은 것도 담겨 있기 때문인데, 그중 일부는 사변적 성격을 띠며 (…) 또 다른 일부는 의례, 의식, 관습과 관련된 실천적 사항들이

성서의 종교의식들은 자연적 정의에 부합하는 것이지만 절대적이거나 영원불변한 것이 아니라 특정한 역사적 상황에 따라 제정되거나 폐기될 수 있는 시민법과 유사한 법적 지위를 가진다는 것이다. Manfred Landfester, Hubert Cancik and Helmuth Schneider, eds., Brill's New Pauly : Encyclopaedia of the Ancient World, Vol. 1(Leiden: Brill, 2006), 'Aequitas' 항목(pp.47~51) 참고. 스피노자의 법lex 개념에 관해서는 이 책 '렉스' 개념 참고.

다. "[612] 레이든의 신학자 코케이우스는 다음과 같이 말한다. "[의식법을 수양하는 일the cultivation of the law of ceremonies은] 참된 종교의 실천이 아니다."[613] 그로티우스[614]와 홉스[615] 또한 의식은 참된 종교에 비해 본질적으로 중요하지 않다고 주장한다.

· **관련 항목** : 피에타스, 종교

원문

Videamus hanc legem divinam naturalem non exigere caeremonias, hoc est actiones in se indifferentes(TTP 4, G III. 62). *Caeremoniae* (⋯) *quae habentur in Vetero Testamento, Hebraeis tantum institutae et eorum imperio accommodatae fuerint* (⋯) *certum eas ad legem divinum non pertinere, adeoque nec etiam ad beatitudinem et virtutem aliquid facere* (⋯) *imo qui in imperio ubi Christiana religio interdicta est, vivit, is ab his caeremonias abstinere tenetur et nihilominus poterit beate vivere*(TTP 5, G III. 69, 76).

참고문헌

1차 문헌

Bellarminus, R., *Disputationes de controversiis christianae fidei adversus hujus temporis haereticos*, 4 vols(Ingolstadt, 1605). 『이 시대 이단에 맞선 기독교 신앙의 투쟁에 대한 강론』.

Coccejus, J., *Ad ultima Mosis* in *Opera omnia I*(Amsterdam, 1675). 『전집』 중 『모세의 목적에 대해』.

Crellius, J., *Opera omnia exegetica*, 3 vols([Amsterdam], 1656 [1665]). 『주석 전집』.

---

612 Episcopius, *Institutiones theologicae* I, p. 243.

613 Coccejus, *Ad ultima Mosis* 30, I, p. 227.

614 Grotius, *Meretius* §67.

615 Hobbes, *Leviathan* ch.12. (진석용 II-1. 148~167) 이 장은 스피노자와 허버트 체베리Herbert of Cherbury(1583~1648)가 주장한 것과 같은 방식으로(Cherbury, *De Veritate*, pp. 222, 286~287) 종교적 의식의 기원을 설명한다.

Episcopius, S., *Opera theologica*(Amsterdam, 1650). 『신학전집』.

__________, *Operum theologicorum pars altera*(Amsterdam, 1665). 『신학전집 제2부』.

Grotius, H., *Meletius*[1611], ed. G. H. M Posthumus Meyes(Leiden : Brill, 1988). 『멜레티우스』.

Herbert of Cherbury, *De veritate*[1645], facsimile ed. G. Gawlick(Stuttgart-Bad Cannstatt : Frommann, 1966). 『진리에 관하여』.

Hobbes, Th., *Leviathan*.

Maresius, S., *Systema theologicum*(Groningen, 1673). 『신학체계』.

2차 문헌

Lagree, J., *La raison ardente. Religion naturelle et raison au XVIIe siècle*(Paris : Vrin, 1991), pp. 247~253.

— 로베르토 보르돌리

좋음 → 선을 보라.

주권 → 임페리움을 보라.

즉 → 시베를 보라.

지각하다Percipio(페르키피오)

데카르트의 『정념론』 19항에서처럼, 스피노자 저작에서 '페르키페레'percipere와 그 파생어 '페르켑티오'perceptio는 보통 정신에서 일어나는 모든 것에 대한 가장 일반적인 용어로 통한다. 『소론』에서 이 용어들은 보통 '헤바르보르던'gewaarworden과 '헤바르보르딩'gewaarwording, 즉 감각sensation 또는 인식cognition에 상응한다.

어떤 것을 '지각한다'perceive는 것은 우리의 정신에 어떤 것을 등록하는register 것이다. 쇼뱅은 이러한 데카르트적 전통을 요약하여 지각을 '인간 정신의 첫 번째 작용 또는 인식'이라고 불렀다. 이 작용은 세 가지로

나뉜다. 순수한 지적 지각, 감각 지각, 상상이 그것이다.[616]

스피노자는 또한 '무언가를 의심 없이 긍정하거나 부정'하는 데 사용되는 상이한 모디 페르키피엔디modi percipiendi(지각 방식), 즉 특정한 판단에 도달하는 데 사용되는 인식적 재료에 관해서도 말한다. 그는 또한 지성적 직관에서 '실재가 오직 그것의 본질만으로 지각'된다고 주장한다(TIE 18~19).[617] 지성은 어떤 것을 단지 시간 속에 있는 그대로도, 뿐만 아니라 '영원의 스페키에스 아래에서'도 '지각한다'.[618] 반면 상상은 그 동일한 것을 시간 속에 있고 셀 수 있는 한에서 '지각한다'. 『윤리학』에서 속성은 "실체의 본질을 구성한다고 지성이 지각하는 것"이다(E1d4). 이러한 인용문들이 지성과 관련되는 한, '지각'이라는 용어는 관념을 기술하는 데 적합하지 않다고 거부하는 스피노자의 '관념' 정의(E2d3)와 모순된다고 할 수 있다.[619] 이 정의는 우리가 단순히 속성(연장, 사유)을 '지각하는' 한에서는 그것에 대한 관념을 갖는 것이 아니라, 이 속성이 실체의 필연적 부분임을 어떤 식으로든 이해할 때에만 속성에 대한 관념을

---

616 Chauvin, *Lexicon philosophicum*.

617 [옮긴이] "4. 마지막으로 사물이 오직 그것의 본질만으로 지각되거나, 아니면 그것의 가까운 원인에 대한 인식을 통해 지각될 때의 지각이 있다"(TIE 19 ; 김은주 33).

618 [옮긴이] "실재들을 어떤 영원의 관점에서sub quadam aeternitatis specie 지각하는 것은 이성의 본성에 속한다"(E2p44c2). 보통 "영원의 스페키에스"와 함께 많이 사용되는 용어는 "지각하다"보다는 "인식하다"intelligi이기는 하다(E5p29~32 참고).

619 [옮긴이] "나는 관념을 정신이 생각하는 실재이기 때문에 형성하는 정신의 개념으로 이해한다. 해명 : 나는 지각이 아니라 오히려 개념이라고potius conceptum, quam perceptionem 말하는데, 왜냐하면 지각이라는 명칭은 정신이 대상에 의해 작용을 수동적으로 겪는다고 지시하는 것처럼 보이기 때문이다. 반면 개념은 정신의 작용을actionem 표현하는 것으로 보인다"(E2d3). 이 정의의 해명에 따르면, 스피노자가 지성이 실재를 어떤 영원의 스페키에스에서 '지각한다'라거나(E2p44c2) 지성이 속성을 실체의 본질을 구성하는 것이라고 '지각한다'(E1d5)라고 말한 것은 정신의 작용을 표현하는 것이 아니라 정신의 수동성을 지시하는 것처럼 보이지만, 사실 그 반대가 아니냐는 것이다.

갖게 될 것임을 시사한다.

· **관련 항목** : 관념, 인식, 지성, 상상

원문

Omnes modos percipiendi(TIE 18, G II 9). *Est perceptio, quam ex auditu* (…) *Perceptio est ubi res percipitur per solam essentiam*(TIE 19, G II 10). *Quae perceptiones non inserviunt ad intelligendam, sed tantum ad determinandam quantitatem*(TIE 108, G II. 39). *Per attributum intelligo id, quod intellectus de substantia percipit*(E1d4). *Ut demonstratio facilius perciperetur*(E1p11s). *Dico potius conceptum, quam perceptionem, quia perceptionis nomen indicare videtur, mentem ab objecto pati*(E2d3). *Nullas res singulares praeter corpora, et cogitandi modos, sentimus, nec percipimus*(E2ax5). *Eadem facultate possumus sentire, sive percipere*(E2p49s).

참고문헌

1차 문헌

Descartes, R., *Passions de l'âme*.

— 테오 페르베이크

지복Beatitudo(베아티투도)

베아티투도[beatitudo]라는 용어는, 영어로는 보통 "blessedness"[축복/지복] 또는 "beatitude"[지복]으로 옮기며,『윤리학』보다는『신학정치론』에 더 자주 등장한다. 이 말에 대응되는 네덜란드어 "잘러헤이트"zaligheid는 단 한 번 사용된다.

『신학정치론』 5장에 따르면 지복은 종교의식을 통해 획득되는 것이 아니다. 시편 15편과 24편은 "신의 산", "그의 장막", "거기에 머무를

자"에 대해 언급하지만, 스피노자에 따르면 이는 예루살렘에 있는 산을
가리키는 것도 성막Tabernacle[620]을 가리키는 것도 아니며, 오히려 "정신의
지복과 평안"을 **비유적으로**parabolice 가리킨다. 그러므로 지복과 "인간의
진정한 행복"은 스피노자가 후에『윤리학』2, 4, 5부에서 주장하는 것처
럼 "지혜에서만 그리고 참된 인식에서" 발견되는 것으로 정의되며, 인간
의 최고선summum bonum과 궁극적 목적finis ultimus은 신에 대한 인식과 사
랑에서 발견된다고 이야기된다(신에 대한 지적 사랑[amor intellectualis Dei,
아모르 인텔렉투알리스 데이]).[621]

스피노자의 구원, 지복, 또는 자유 관념은 "신을 향한 굳건하고 영원
한 사랑에 또는 인간들을 향한 신의 사랑"(E5p36s)에 있다. 하지만 그의
저 관념들은 근대 이전의 서양 도덕철학의 주류 전통과 함께 지고한 행
복은 관조contemplation에서 찾을 수 있다는 아리스토텔레스적 관념을 공
유하고 있기도 하다. 아리스토텔레스 자신이『니코마코스 윤리학』10권
에서 표명한 것처럼, "철학은 그 순수성이나 견실성에서 놀랄 만한 즐
거움을 가지고 있는 것 같다".[622] 관조적 행복과 지고한 선의 관련성은
17세기에 널리 수용되었고, 이는 덕과 쾌락의 관계에 대해 논한 상세한
참고서들에 반영되어 있다.[623] 따라서 17세기인들은 아주 많은 저작들에
서 영속적인 "정신적 평안", "내적 기쁨", "정신적 쾌락" 또는 베아티투도
의 관조적 본질에 대한 언급과 도덕적 유형의 행복, 라이티티아laetitia(기

---

620   [옮긴이] 옛 유대인의 이동식 임시 신전을 말한다.

621   '신에 대한 지적 사랑' 항목 참고

622   [옮긴이] 아리스토텔레스,『니코마코스 윤리학』, 이창우·김재홍·강상진 옮김, 이제이북스,
       2006, 370쪽(1177a 25).

623   예컨대 다음 문헌 참고. Walaeus, *Compendium Ethicae* ; De Courcelles, *Synopsis Ethices*.

쁨), 진복(眞福)felicity 관념에 대한 언급을 찾을 수 있었을 것이다.

그러나 스피노자가 본보기로 삼았던 것은 데카르트 문헌이었을 것이다. 일찍이 『정신지도규칙』 제1규칙에서 데카르트는 "진리 관조에서 발견되고, 또 현세에서 거의 유일하게 온전하고 어떤 고통에 의해서도 교환되지 않는 행복"을 "진복"felicitas[624]이라고 주장했다. 『철학의 원리』 4부 190항에서 데카르트는 다시 [신체적] 방해가 없는 가우디움 인텔렉투알레gaudium intellectuale(지적인 즐거움)라는 관념을 언급하고 이번에는 이 관념을 스토아철학과 연관시킨다.[625] 인간 지복에 대한 스피노자의 언급은 그가 첫 번째로 출판한 『데카르트의 『철학의 원리』』 1부 정리5의 주석에서 신의 실존에 대한 데카르트의 존재론적 논증을 긍정적으로 논의하는 가운데 등장한다. 또한 그곳에서 그는 데카르트의 「제5성찰」과 「첫 번째 반박」에 대한 답변을 언급하는데, 이는 "인간 행복의 첫 번째 기초"로서 기능하는 신 관념에 대한 자료이다.

스피노자가 지복을 정의하는 방식에 데카르트적 배경이 있음은 그가 아퀴에스켄티아acquiescentia(만족)라는 특색 없는 용어를 사용하는 것을 볼 때도 분명히 드러난다(E5p27). 이 용어의 라디노어적[626] 문법 형태 때문에 스피노자의 지복 관념에 유대적 배경이 있다는 주장이 있었지만,[627] 아퀴에스켄티아는 데카르트 『정념론』(1649)의 라틴어 번역

---

624 [옮긴이] AT X. 361 ; 이현복 II. 113(용어만 수정. 국역자는 '쾌락'이라고 번역했다).

625 [옮긴이] "그런 지적인 즐거움이란 어떠한 육체적인 감정 없이도 가능하며, 그 때문에 스토아학파 사람들은 그런 즐거움이 현자에게 어울릴 수 있는 즐거움이라고 주장했다"(PP IV. 190 ; 원석영 II. 432).

626 [옮긴이] 세파르디계 유대인들이 쓰던 언어. 유대 스페인어Judeo-Spanish라고도 한다.

627 Agamben 1999, pp. 137~138.

(1650)[628] 190항에 실제로 등장한다. 스피노자는 데카르트를 좇아 거짓되고 부정적인 방식의 자기만족도 있을 수 있다고 주장한다. 예컨대 사람들이 스스로를 지나치게 높이 평가할 때나 자기만족이 단지 인기를 추구함으로써만 만족될 때가 그런 경우이다(E3ad28exp ; E4p58s). 그러나 긍정적 형식의 만족은 지복의 절정이자 철학의 지고한 목표이다.

데카르트의 '에모시옹 엥테리외르'émotion intérieure(내적 감정)라는 관념에 기초하여 인간의 자유를 정교화한 스피노자와 유사하게,[629] 데카르트를 사숙했던 다른 이들 또한 만족 관념을 받아들였다. 예를 들어 코르넬리스 본테쿠Cornelis Bontekoe(1644경~1685경)는 지적 기쁨을 그 자체로 고려된 정신에 속하는 것인 한에서의 좋은 것에 대한 만족이라고 정의했다.[630] 본테쿠는 지복을 정신 자체separate mind가 이룩한 특별한 형태의 이해로 제한하면서 스피노자와 유사한 만족 관념을 발전시켰는데, 이는 스피노자의 "정신의 덕"이라는 관념과 "신체의 실존과 관계없는"(E5p20s) 지복에 대한 설명과 흡사하다.

마지막으로 스피노자는 지복을 신에 대한 직관적 인식에 근거하는 자유와 지복의 상태로 해석하는데, 이는 정신의 만족이 "신의 섭리에 대해서 자주 반성"(PA III. 155 ; 김선영 134)하는 것에 의해 증대된다는 데카르트의 견해에 그 선례가 있다. 데카르트에 따르면 이러한 반성에 의해 "영혼이 자기 내부에 만족을 주는 것을 항상 지니고"(PA II. 148 ; 김선영 138) 있는 정신의 성향disposition이 형성될 수 있다. 다시 우리는 본

628　『정념론』의 라틴어 번역은 여러 데카르트 선집 판본에서 번각飜刻되었다. Van Ruler 2004, p. 25, 35, n. 12.

629　Beyssade ; Wilson.

630　Bontekoe, *Tractatus Ethico-Physicus*, p. 14.

테쿠와 스피노자가 발전시킨 데카르트적 주제를 발견한다. "항상 행복하기 위해" 우리는 먼저 "신에 대한 충분한 인식"을 획득하고 "모든 실재에 대한 신의 섭리와 인도bestel를 확신해야" 한다고 본테쿠는 주장한다. 이를 토대로 "좋은 철학자"와 "계몽된 기독교인"은 이성을 사용함으로써 일어나는 모든 일들로부터 "행복과 즐거움을 벼릴" 수 있다.[631] 본테쿠는 그러한 영속적 행복을 발견하는 것이 "대부분의 사람들이 믿는 것보다 쉽고 큰 어려움이 (…) 없다"[632]라고 생각한 반면, 스피노자는 "고귀한 모든 것은 어려울 뿐만 아니라 드물다"(E5p42s)라는 플라톤적 격언을 반복한다.

스피노자는 지복을 제3종의 인식cognitio에서 생겨나는 '신에 대한 사랑'과 동일시함으로써, 지복을 특정한 종류의 지적 파악[3종의 인식]으로 제한했는데, 그는 이를 통해 인식하는 정신의 지적 역량 또는 비르투스virtus(덕)를 정서 억제에 필요한 것이라고 설명할 수 있었다.[633] 스피노자가 지복을 '덕의 대가'가 아니라 오히려 '덕 그 자체'라고 주장한 것은 이러한 이유 때문이다(E5p42d).[634] 그럼으로써 『윤리학』은 옛 스토아학파의 학설을 새롭게 해석하면서도, 감정의 외피emotional shell를 지닌 것으로 기능하는, 도덕적 견지에서 나온 진복의 한 유형a morally-induced type of felicity에 대한 고전적 관념에 충실했다. 이러한 입장은 홉스의 입장과

---

631   Bontekoe, *Alle de Werken* 3.2, p. 231.

632   *ibid.*

633   [옮긴이] E4app4 ; E5p32c ; E5p36cs 등 참고.

634   [옮긴이] 스피노자는 5부 정리42의 증명에서, 지복은 3종의 인식에서 생겨나는 "신을 향한 사랑"이며(E5p32c, E5p36, E5p36s), 이 사랑은 "능동적인 한에서의 정신과 관련"되는데(E3p59, E3p3), 정신의 능동은 곧 덕이므로(E3d8), 지복은 덕의 결과일 수 없고 지복이 곧 덕이라는 정리를 도출한다.

날카롭게 대비되는데, 그는 『리바이어던』 1권 11장에서 "옛날 도덕철학자들의 책에 나오는 피니스 울티무스Finis ultimus(궁극 목적)나 숨뭄 보눔Summum Bonum(최고선) 따위는 없"다고 주장했다(진석용 II-1. 136). 스피노자는 대조적으로 지복을 심리적인 것뿐 아니라 사회적 안녕과도 연결시킨다(E2p29s). 그럼으로써 스피노자는 홉스의 이기주의 관념을 보다 넓은 자기 보존 — 이미 반 벨트하위선, 요한 드 라 쿠르와 피터 르 드 라 쿠르의 저작에서 분명했던 전략이다 — 에 대한 설명으로 보충한다.[635] 그럼에도 스피노자는 숨뭄 보눔에 대한 설명에서 정신적이고 영적인 결과들에 특별히 더 주목한다. 스피노자는 행동 교정 심리학psychology of behavioural change에 도달하려는 데카르트의 이원론적 시도를 무시하면서 심지어 데카르트 자신보다 더 명료하게 진정한 행복은 정신의 지적 전향redirection에서 발견된다는 고전적 믿음으로 되돌아간다. 따라서 그의 지복 이론은 홉스적 정치학과 데카르트적 생물학이 세워 놓은 자연주의적 표준에도 불구하고, 고전적 도덕성과 종교적 은총 관념에서 구제할 수 있는 것은 구제한다.

· **관련 항목** : 선/좋음, 신에 대한 지적 사랑, 자유, 인식, 덕

원문

Als wij op deze manier God komen te kennen, wij dan noodzakelijk (…) met hem moeten vereenigen. In het welk alleen (…) onze zaligheid bestaat(KV 2.22). *Per cognitionem Dei, in illius amorem, sive summam beatitudinem ducimur*(PPC 1p5s) ; Ep21, Ep73. *In vita itaque apprime utile est intellectum seu rationem (…) perficere et in hoc solo summa hominis felicitas seu beatitudo consistit*(E4c4). *Mentis libertas seu beatitudo*(E5praef). *Beatitudo sane in eo*

---

635   T. Nyden-Bullock 2007.

consistere debet, quod mens ipsa perfectione sit praedita(E5p33s). *Nostra salus, seu beatitudo, seu libertas consistit, nempe in constanti et aeterno erga Dei amore*(E5p36). *Beatitudo non est virtutis praemium, sed ipsa virtus*(E5p42). *Vera foelicitas, et beatitudo uniuscujusque in sola boni fruitione consistit* (···) *vera beatitudo in sola sapientia et veri cognitione consistit*(TTP 3, G III. 44). *Amor Dei summa hominis foelicitatis est et beatitudo et finis ultimus*(TTP 4, G III. 60), TTP 5, G III. 69~72.

참고문헌

1차 문헌

Bontekoe, C., *Tractatus Ethico-Physicus de Animi & Corporis Passionibus, Earundemque Certissimis Remediis*, ed. Johannes Flenderus(Amsterdam, 1696).

__________, *Alle de Philosophische, Medicinale en Chymische Werken*(Amsterdam, 1689).

Curcellaeus, S. [= Etienne de Courcelles], *Synopsis Ethices*, in *Opera Theologica*, ed. P. van Limborch(Amsterdam, 1675).

Descartes, R., *Passiones animae*(1650), in *Opera philosophica* III(Amsterdam, 1656).

Walaeus, Ant., *Compendium Ethicae Aristotelicae ad normam veritatis Christianae revocatum*(Leiden, 1620).

2차 문헌

Agamben, G., *Potentialities : Collected Essays in Philosophy*(Stanford, CA. : Stanford University Press, 1999).

Beyssade, J.-M., 'De l'emotion interieure chez Descartes a l'affect actif spinoziste', in Edwin Curley and Pierre-Francois Moreau(eds.), *Spinoza : Issues and Directions. The Proceedings of the Chicago Spinoza Conference*(Leiden : Brill, 1990), pp. 176~190.

Nyden-Bullock, T., *Spinoza's Radical Cartesian Mind*(London and New York : Continuum, 2007).

Ruler, H. van, 'Calvinisme, cartesianisme, spinozisme', in Gunther Coppens(ed.), *Spinoza en het Nederlands cartesianisme*(Louvain and Voorburg : Acco, 2004), pp. 23~37.

Wilson, M.D., 'Comments on J.-M. Beyssade, "De l'emotion interieure chez Descartes a l'affect actif spinoziste" ', in E. Curley and P.-F. Moreau(eds.), *Spinoza : Issues and Directions. The Proceedings of the Chicago Spinoza Conference*(Leiden : Brill, 1990), pp. 191~195.

— 한 판 룰러

지성Intellectus(인텔렉투스)

스피노자 특유의 형이상학 용어법으로 표현된 그의 지성에 대한 학설은 당시로서는 전례가 없는 것이었다. 신의 무한 지성이든 인간의 유한 지성이든 본질의 일부가 아니라 '소산적 자연'에 속한다(E1p31). 스피노자에 따르면 지성은 사유 속성의 양태이다. 특정하고 개별적인 활동들로 구성된 지성은 언제나 현행적이다. 그래서 스피노자는 잠재적인 지성과 현행적인 지성을 구별하는 지성에 대한 아리스토텔레스의 학설을 거부한다(E1p31s). 둘째, 더욱이 스피노자는 능력으로서의 지성이라는 아리스토텔레스적 관념을 허구적인 것이라고 거부하는데, 왜냐하면 능력으로서의 지성은 보편자처럼 단지 형이상학적 존재entity에 불과하기 때문이다. 지성은 개별적 인식 행위나 특정 순간 인간 정신에 포함된 관념 이상의 실재성을 갖지 않는 이성적 존재자이다(E2p48s). 그러므로 지성은 단지 그 특성에 의해서만 정의될 수 있을 뿐이다(TIE 107). 셋째, 스피노자 특유의 용법은 의지가 이해와 본질적으로 다르지 않다는 관념이다(E2p49c). 스피노자는 거듭 의지가 지성보다 더 확장되어 정신에 명료하고 뚜렷한 인식이 결여되어 있을지라도 인간을 행위하도록 강제할 수 있다는 관념을 맹렬히 비난한다(Ep2 ; Ep21 ; E2p49).

의지와 지성을 동일시하는 경향은 근대 철학에 내재해 있었던 것으로 보인다. 쇼뱅은 '볼룬타스'volustas(의지) 항목에서 다음과 같이 말한다. "현대 철학자들에 따르면, 지성은 인식하는 영혼anima cognoscens과 동일하고, 의지도 의지하는 영혼anima volens과 동일하다. 그러므로 지성과 의지에는 양태적 구별 이상의 차이가 없다." 이러한 측면에서 두 개의 뚜렷하게 구별되는 두 가지 능력 및 정신의 활동에 속하는 상응하는 두 범

주를 가정한 데카르트는 예외적으로 보인다(PP 1.32).[636]

지성은 정신의 일부분이 아니라 적합하게 인식하는 한에서의 정신이며, 상상과 반대된다. 그러므로 실체와 영원성을 인식하는 것은 오직 지성뿐이다. 정신이 **인식**할 때, 그것은 지성이라 불린다. 하지만 정신이 상상할 때, 정신은 수동적이다. 정신이 명료하고 뚜렷한 관념을 형성할 때, 정신은 능동적이다(TIE 108).[637] 이러한 능동성 덕택에, 곧 신과 그의 속성들에 대한 인식을 획득함으로써, 정신은 보다 완전해지고 우리는 우리의 지복을 획득한다. 지성이 정신의 영원한 부분인 것은 이러한 이유 때문이다(E5p40c).[638]

· **관련 항목** : 사유, 관념, 의지, 인식, 신·신의 지성과 의지

---

636 Chauvin, *Lexicon philosophicum*. [옮긴이] "우리가 우리 속에서 경험하는 사고의 양태는 모두 두 종류로 환원될 수 있다. 그중 하나는 이성의 지각, 즉 이성의 작용perceptio, sive operatio intellectus이며, 다른 하나는 원함, 즉 의지의 작용volitio, sive operatio voluntatis이다. 감각, 상상, 그리고 순수 이해(인식)는 단지 지각의 상이한 양태들diversi modi percipeindi이고, 욕구cupere, 거부aversari, 긍정affirmare, 부정negare, 의심dubitare은 원함의 상이한 양태들diversi modi volendi이다"(원석영 II. 31).

637 [옮긴이] 이상 이 단락의 네 문장에 해당하는 원문에는 첫 번째 문장에 TIE 66, 세 번째 문장에 TIE 64가 출처로 제시되어 있다. 그러나 앞의 두 출처는 오기라고 판단되어 본문에 넣지 않았다. 지성이 적합하게 인식하는 한에서의 정신이라는 주장은『윤리학』의 다음 구절을 출처로 제시할 수 있겠다. "이성의 본질은 명료하고 뚜렷하게 인식하는 한에서의 우리의 정신과 다르지 않다"(E4p26d). 지성이 상상과 반대된다는 주장은 아래 구절을 참고할 수 있다. "왜냐하면 우리는 상상들을 산출하는 작용이 지성의 법칙과는 전적으로 다른 법칙에 따라 이루어진다는 것을, 그리고 상상과 관련하여 영혼은 오직 수동적 성격만을 띤다는 것을 인지했기 때문이다"(TIE 86 ; 김은주 95). 정신이 상상할 때는 수동적이며, 명료하고 뚜렷한 관념을 형성할 때는 능동적이라는 주장은『지성교정론』108절에서 확인된다. "6. 우리가 명료하고 뚜렷하게 형성하는 관념들은 오직 우리 본성의 필연성으로부터 따라 나오는 듯 보이며, 그래서 오직 우리 역량에만 절대적으로 의존하는 듯 보인다. 그러나 혼란스러운 관념들은 그 반대이다. 사실 혼란스러운 관념들은 종종 우리 뜻과 무관하게 형성된다"(TIE 108 ; 김은주 113. 용어는 수정. E3d1~2 ; E4p38d 참고).

638 [옮긴이] "(…) 정신의 영원한 부분은 (5부 정리23과 29에 의해) 지성이며, 오직 이것에 의해 우리는 [능동적으로] 행위한다 (…)."

원문

Gelijk als daar is het verstand, het welke zoo ook de Philosoophen zeggen een oorzaak is van sijn begrippen, maar aangezien het een inblijvende oorzaak is(KV 1.2). *Voluntatem distinctam ab intellectu, multo minus tali praeditam esse libertate*(PPC praef). *Intellectus vi sua nativa facit sibi instrumenta intellectualia*(TIE 31, G II. 14). *Definitio intellectus per se innotescet, si ad ejus proprietates, quas clare et distincte intelligimus, attendamus*(TIE 107, G II. 38). *Intellectum, quamvis infinitum ad Naturam naturatam pertinere*(Ep9). *Multa nequaquam imaginatione, sed solo intellectu assequi possumus, talia sunt substantia et aeternitas et alia*(Ep12). *Intellectus, actu finitus aut actu infinitus Dei attributa, Deique affectiones comprehendere debet*(E1p30). *Intellectus actu sive is finitus sive infinitus ad naturam naturatem referri debent*(E1p31). *Non concedo ullum dari intellectum potentia*(E1p31c). *Concetenatio idearum quae fit secumdum ordinem intellectus quo res per primas causas mens pericpit et qui in omnibus hominibus idem est*(E2p18s). *Eodem hoc modo demonstratur in mente nullam dari facultatem absolutam intelligendi, cupiendi, amandi, etc. Unde sequitur, has, et similes facultates, vel prorsus fictitias, vel nihil esse praeter entia metaphysica, sive universalia*(E2p48s). *Voluntas et intellectus unum et idem sunt*(E2p49c). *In vita itaque apprime utile est intellectum seu rationem quantum possumus perfice et in hoc uno summa hominis felicitas seu beatitudo consistit* (⋯) *intellectum perficere nihil etiam, est quam Deum, Deique attributa intelligere*(E4app4). *Pars mentis aeterna est intellectus per quem solum nos agere dicimur*(E5p40c). *Humana potentia ad coercendos affectus in solo intellectu consistit*(E5p42).

참고문헌

1차 문헌

Descartes, R., *Principia philosophiae, Meditationes*.

2차 문헌

Gueroult, M., *Spinoza I. Dieu(Éthique I)*(Hildesheim : Olms, 1968).

________, *Spinoza II. L'âme*(Hildesheim : Olms, 1974).

Verbeek, Th., *Spinoza's Theologico-Political Treatise. Exploring 'the Will of God'*(Aldershot : Ashgate, 2003).

— 린 스프라위트

지속Duratio(두라티오)

정치 관련 저작을 제외하면, '지속'과 그것에 상응하는 네덜란드어 '뒤링'during은 스피노자의 모든 저작에서 사용된다. 해당 라틴어 단어는 특히 「형이상학적 사유」와 「서신12」, 『윤리학』 1부에 등장한다. 스피노자는 보통 지속을 영원성과 대비시키고, 시간, 변화, 양, 상상적 존재와 연결시킨다.

초기 저작에서 스피노자는 단지 (후기) 스콜라적 관념에서 벗어난 데카르트를 따르고 데카르트가 애매하게 남겨 놓은 부분을 명료하게 했을 뿐이다. 아퀴나스부터 뷔르헤르스데이크까지 스콜라주의에서 지속은 영원(성), 끝없는 시간aevum(데카르트는 이 단어를 사용하지 않았다), 그리고 시간을 포함하는 포괄적인 관념으로 쓰였다. 예컨대 뷔르헤르스데이크는 지속 개념을 엄밀한 의미에서 분할 불가능한 "실존의 연속"이라고 정의했다.[639] 지속은 무한하거나 유한하다. 만일 지속이 무한하다면, 지속은 영원하다고 불릴 것이다. 만일 지속이 유한하다면, 지속은 영속적으로 존속한다거나permanently enduring 끝이 없다고endless[640] 불릴 것이고, 만일 실재의 지속에 시작과 끝이 있다면, 지속은 일시적이라고temporal 불릴 것이다.

데카르트는 『철학의 원리』 1부에서 명시적으로 지속을 시간,[641] 가

639　Burgersdijk, *Institutiones metaphysicae* 1. 21.
640　예컨대 천상계가 그러하다. 아리스토텔레스에 따르면 천상계는 영원히eternally 움직인다.
641　"시간의 본성이나 실재의 지속의 본성"(PP I. 21 ; 원석영 II. 23).

분성,[642] 그리고 계기succession[643]와 연결하면서 지속을 유한 실체의 속성으로 만들었다. 지속, 수, 순서는 우리가 존속하는 것들, 수가 매겨진 것들, 순서가 있는 것들을 고려하는 방식을 가리킬 뿐이다(PP I. 55). 지속은 단지 실재의 실존이 연속되는 것으로 생각될 수 있기 때문에, 실재 자체와 개념적으로만 구별된다. 그러나 시간이나 수와 반대로, 지속과 실존은 모두 실존하고 존속하는 실재 안에서 변양되지 않은 채로 남아 있다. 데카르트에 따르면 우리가 지속을 속성이라고 불러야 하는 것은 이러한 이유 때문이다(PP I. 55~57).[644] 그러나 지속을 신과 사유에 귀속시키려는 데카르트의 시도는 또한 지속의 현실적 본성realist nature을 제한하는 경향도 있었다.

「형이상학적 사유」에서 스피노자는 본질이 실존을 포함하는, 그래서 영원한 존재자를 그러한 본질을 가지고 있지 않은 존재자와 대립시키면서 이러한 데카르트적 관념을 차용한다.[645] 이런 식으로 스피노자는

---

642   지속은 신에게 귀속될 수도 있다. 신의 지속조차 무한한 부분들로 분할될 수 있기 때문이다. 그러나 신이나 사유 둘 다 그 본성은 그 자체로는 분할 불가능하다(「뷔르망과의 대화」를 보라. AT V. 148). 아무래도 신이나 사유와 관련된 '지속'은 어떤 의미에서는 비유적으로 사용되었을 것이다.

643   "우리가 우리의 사고 안에서 계기를 지각한다는 것은 분명"하기 때문이다(letter 68 ; AT V. 193).

644   [옮긴이] "끝으로 더 일반적으로, 단지 그 성질들이 실체에 내재해 있다는 점만을 고려할 때, 나는 그것들을 속성이라고 부른다. 그 때문에 신이 양태나 성질을 가지고 있다고 하는 것은 적합하지 않으며, 단지 속성만 가지고 있다고 하는 것이 적합하다. 왜냐하면 신이 변화한다고 생각하면 안 되기 때문이다. 피조물들에 있어서도 결코 다른 방식으로 존재하지 않는 것은 모두 성질도 양태도 아닌 속성으로 불리어야 한다. 예를 들자면 존재하는 것과 지속하는 것에 있어서 존재와 지속이 그러하다"(원석영 II. 46).

645   [옮긴이] "자신의 본성에 의해 필연적으로 실존하는 또는sive 그것의 본질이 실존을 함축하는 존재자와 그것의 본질이 단지 가능적 실존을 함축하는 존재자"(CM I. 1 ; G I. 236 ; C I. 302). 「형이상학적 사유」1부 4장(G I. 244 ; C I. 310)도 참고.

신에 대한 데카르트의 정의를 영원성에 적용한다. 데카르트처럼 스피노자는 지속을 두 번째 존재자[본질이 실존을 포함하지 않는 존재자]의 속성이라고 불렀는데, 이는 지속과 실존의 차이가 단지 개념적인 것에 불과한 현행적 실존의 존속을 의미한다.[646] 하지만 스피노자는 「형이상학적 사유」 2장 1절에서 지속과 시간의 차이를 지워 버리고 지속을 '실존의 변용', 즉sive 양태라고 부른다.[647] 이는 영원성을 실체와 동일시하고 지속을 창조된 존재와 동일시하기 위한 길을 예비한 것이었다. 「서신12」에서 스피노자는 또한 양태의 실존은 단지 지속에 의해서만 설명된다고 말한다(G IV.55 ; 이근세 77). '자연의 질서'에 주목하지 않을 때, 우리는 실체의 양태[648]를 실체 및 속성으로부터 추상하여 인식할 수 있고 양태들에 가분성과 지속을 귀속시킬 수 있다. 그래서 지속은 단지 이성적 존재자 또는 더 정확히 말하자면 상상적 존재자라는 느낌이 있다. 그러나 「서신12」 끝부분에서 스피노자는 시간과 지속을 다시 한번 구별하면서 지속이 일련의 순간들의 연속임을 부정하며,[649] 연장이 서로 구별되는 일련

---

646 [옮긴이] "그러나 지속은 어떤 속성 곧 우리가 그 아래에서 현실태로 존속하는 한에서의prout in sua actualitate perseverant 피조된 실재의 실존을 인식하는 어떤 속성이다. 이로부터 지속은 단지 실재의 모든 실존과 이성에 의해서만 구별된다는 것이 명확하게 따라 나온다. 왜냐하면 실재에서 지속을 제거하면, 그것의 실존을 제거하는 것과 똑같기 때문이다"(CM I. 4 ; G I. 244 ; C I. 310).

647 [옮긴이] 원문은 "he (…) called duration 'an affect of being', or(sive) a mode"이다. affect는 affection의 오기임이 분명하며, being은 existence의 오기일 것이다. 'affection of being'은 'affectio existentiae'의 번역으로 보인다. 다음 원문을 고려하여 번역했다. "1부에서 언급했던 것처럼 지속은 실존의 변용이며 실재의 본질의 변용이 아니기 때문이다duratio est affectio existentiae, non vero essentiae rerum"(CM II. 1 ; G I. 250 ; C I. 316). '존재자의 변용'entis affectio 이라는 표현은 「형이상학적 사유」 1부 3장과 6장에 나온다.

648 [옮긴이] 원문은 "the modes of things"(실재의 양태)이나 내용을 고려하여 수정했다.

649 왜냐하면 "지속을 순간들로 조합하려는 것은 수를 0들만으로ex sola nullitatum 조합하려는 것"이기 때문이다(G IV. 58 ; 이근세 81. 번역은 일부 수정).

의 물체들이라는 점도 부정한다.[650] 데카르트와 달리 스피노자는, 신에게
는 지속이 귀속되지 않는다고 말한다(CM 2.10).

『윤리학』에서 스피노자는 계속 지속을 영원성과 대립시키지만, 뷔
르헤르스데이크처럼 시작도 끝도 없는 지속의 가능성을 인정한다. 이렇
게 생각이 바뀐 것은 "지속은 무한정한 실존의 연속"(E2d5)이라는『윤
리학』2부의 지속에 대한 정의에 반영된다. 이 정의는 사실상 뷔르헤르
스데이크의 정의와 동일하다. 스피노자가 지속이 무한정하다고 설명하
는 것은 실재의 본성이나 작용인 둘 중 어떤 것도 지속을 규정하는 것이
아니기 때문이다. 오직 신만이 모든 지속을 규정한다(E1p24c). 엄밀한
의미에서 실재의 본성은 내적 한계도 결함도 가지고 있지 않으며,[651] 그
러므로 존재의 지속은 사실상 코나투스이다.[652] 이 점에 대해 쇼뱅은 다
음과 같이 말한다. "지속은 실존의 연속이다. 또는 더 정확히 말하자면
실재의 실존의 존속perseverance이다."[653]

· **관련 항목** : 영원/영원성, 실존, 본질, 코나투스, 무한, 피니스, 영원의 스페키에스에서,
지성, 상상

---

650   [옮긴이] "현 순간까지 존재했던 물질의 모든 운동과 이 운동들의 지속을 특정한 수와 시간
으로 환원시키고자 한다면, 이는 실존하는 것으로밖에는 생각될 수 없는 물체적 실체로부터
그 변용들을 제거하는 일이 될 것이고, 물체적 실체로 하여금 그것이 지닌 본성을 지니지 않
도록 하는 일이 될 것입니다"(G IV. 60 ; 이근세 83. 용어는 수정).

651   Jaquet 1997.

652   [옮긴이] 개체의 코나투스는 외부 실재에 의해 방해되지 않는 한 무한정하게 계속된다. 실재
의 내부에는 그것을 긍정하고 정립하는 것 외에 아무것도 없기 때문이다(E3p4d). "외부 원
인이 아니라 실재 자체에만 주의를 기울이는 한, 우리는 이 실재 안에서 이 실재를 파괴할 수
있는 어떤 것도 발견할 수 없을 것이다"(E3p4). 따라서 이 노력은 그 자체로는 "무한정한 시
간"tempus indefiniti을 함축한다(E3p8).

653   Chauvin, *Lexicon philosophicum*.

원문

Wat de ziele is en waar uijt hare verandering en geduuringe ontstaan (…) na de duuringe en verandering van de zaake is, daar na dan ook de duringe en veranderinge van de ziele moet zijn(KV 2.23). Onse liefde tot God is (…) onse eeuwigduurentheid(KV 2.24). *Assueti sumus durationem determinare ope alicujus mensurae motus*(TIE d, G II. 31). *Res non tam sub duratione, quam sub quadam specie aeternitatis percipit*(TIE 108, G II. 39). *Tempus inservit durationi explicandae*(CM 1.1). *Ex eo quod divisimus ens in ens, cujus essentia involvit existentiam et in ens cujus essentia non involvit nisi possibilem existentiam, oritur distinctio inter aeternitatem et durationem. (…) Duratio vero est attributum sub quo rerum creatarum existentiam prout in sua actualitate perseverant concipimus. Ex quibus clare sequitur durationem a tota alicujus rei existentia non nisi ratione distingui*(CM 1.4). *Ante creationem nullum nos posse imaginari tempus neque durationem, sed haec cum rebus incepisse. (…) Talis est natura durationis, ut semper major et minor data possit concipi*(CM 2.10). *Per durationem modorum existentiam explicare possumus (…) clare constat nos modorum existentiam et durationem (…) ad libitum concipere et in partes dividere posse ; aeternitam et substantiam ; quandoquidem non nisi infinitae concipi possunt, nihil eorum pati possunt, nisi simul eorum conceptum destruamus*(Ep12). *Enti aeterno determinata duratio attribui nequit*(Ep35). *Talis existentia, ut aeterna veritas, sicut rei essentia, concipitur, proptereaque per durationem aut tempus explicari non potest tametsi duratio principio et fine carere concipiatur*(E1d8exp) *Existentia sive duratio*(E1p21). *Duratio est indefinita existendi continuatio*(E2d5). *Nos de duratione rerum singularium nullum nisi admodum indaequatum cognitionem habere possumus*(E2p31). *Durationem hoc est existentiam quatenus abstracte concipitur et tanquam quaedam quantitatis species*(E2p45s). *In suo esse perseverare indefinita quaedam duratione*(E3p9).

참고문헌

1차 문헌

Burgersdijk, F., *Institutiones metaphysicae*.
Descartes, R., *Principia philosophiae*.

2차 문헌

Gueroult, M., *Spinoza I : Dieu*(Hildesheim : Olms, 1968). An English version of appendix 9 in M. Greene(ed.), *Spinoza. A Collection of Critical Essays*(Notre Dame : University of Notre Dame Press, 1973), pp. 182~212.

Jaquet, Ch., 'La perfection de la durée', in *Durée, temps, éternité chez Spinoza, Études philosophiques*, no. 2(1997), pp. 147~156.

Kopper, J., 'Einige Bemerkungen zur Ewigkeit und Dauer in Spinoza's Ethik', *Zeitschrift für philosophische Forschung*, no. 43(1989), pp. 432~448.

Prelorentzos, Y., 'Le temps chez Descartes et chez Spinoza, du Discours aux *Pensées métaphysiques*' and 'Bibliographie', in *Durée, temps, éternité chez Spinoza, Études philosophiques* no. 2(1997), pp. 157~170 and 249~261.

Robinson, L., *Kommentar zu Spinozas Ethik*(Leipzig : Meiner, 1928).

— 헨리 크롭

직관적 인식 → 인식을 보라.

진공Vacuum(바쿠움)

스피노자는 바쿠움(네덜란드어는 에이덜ijdel)을 "물체적 실체가 없는 연장"이라고 정의한다(PPC 2d5). 그가 바쿠움 관해 논하는 두 개의 주요 텍스트가 있다.

첫 번째는 데카르트 『철학의 원리』 요약[PPC]이다. 이 텍스트에는 진공의 불가능성에 대한 논증이 포함되어 있는데, 이는 물체적 실체의 본성이 연장으로 이루어져 있고, 물체[654]는 공간과 '실재에 있어서'in re 다르지 않다는 전제로부터 출발하여(PPC2p2c), 물체적 실체 없는 공간 곧 진공은 있을 수 없다는 결론으로 나아간다(PPC2p3).[655] 스피노자가 『윤

---

654   [옮긴이] 원문은 "space"(공간)이지만, '물체'의 오기임이 분명하다. PPC2p2c 참고.

655   [옮긴이] "정리3 : 진공이 있어야 한다는 것에는 모순이 포함되어 있다. 증명 : 진공이란 물체적 실체 없는 연장(정의5에 의해) 곧 물체 없는 물체로 이해되는데(정리2에 의해), 이는 불합리하다. [설명] 더 자세한 설명에 대해서는, 그리고 진공에 관한 편견을 바로잡으려면 『철

리학』1부 정리15의 주석에서 진공에 대해 "다른 곳"의 논의에 호소했을 때(출간되지 않은 초기 저작인 『소론』에도 진공에 대한 언급이 있기는 하지만),[656] 아마도 그가 염두에 두었던 논변은 이것이었을 것이다. 이 초기 논변에서 스피노자는 공간으로 가득 찬 물체적 실체의 연장이 끝없이 without limit 분할 가능하다는 데카르트의 주장을 반복한다.

하지만 두 번째 텍스트인 『윤리학』에서는 물체적 실체가 분할 불가능함을 보여 주기 위해 진공의 불가능성을 받아들인다. 『윤리학』의 논증은 진공의 불가능성을 고려할 때, 연장의 한 부분은 다른 모든 부분이 그대로 남아 있는 상태에서 소멸될 수 없다는 것이다(E1p15s ; G II. 59). 그렇다면 연장의 부분들은 "실재적으로 구별"될 수 없는데 여기에서 '실재적 구별'이란 정확히 데카르트적 의미로 다른 것 없이 실존할 수 있음을 뜻한다. 오히려 물체적 실체의 연장 안에는 빈 공간이 없는 방식으로 "모든 것이 함께 일어나야 한다". 물질의 부분들은 "우리가 물질을 다른 방식으로 변용되는 것으로 인식하는 한에서" 구별될 수 있지만, 이러한 구별은 양태적일 뿐 실재적인 것이 아니다. 연장 그 자체는 "그것이 실체인 한" 절대적으로 분할 불가능한 것으로 남는다.

· 관련 항목 : 속성, 물체/신체, 무, 구별

원문

KV 1.2 ; *Repugnat ut detur vacuum* (PPC 2p3). *Vacuum est extensio sine substantia*

학의 원리』2부 17~18항을 읽어 보길 바란다. 그곳의 요점은 그 사이에 아무것도 놓여 있지 않은 물체들은 서로 접촉해야 하며, 또한 무에는 어떠한 특성도 없다는 것이다"(PPC2p3 ; G IV. 188 ; C I. 268).

656 [옮긴이] KV 1. 2. n. 7 ; G I. 24~25. n. 7 ; C I. 71~73. n. g.

corporea(PPC 2d5) ; PPC 2p8s. *Cum igitur vacuum in natura non detur* (de quo alias), *sed omnes partes ita concurrere debent, ne detur vacuum, sequitur hinc etiam, easdem non posse realiter distingui, hoc est substantiam corpoream, quatenus substantia est, non posse dividi*(E1p15s).

참고문헌

1차 문헌

Descartes, R., *Principia philosophiae*.
Bayle, P., *Dictionnaire historique et critique*, art. 'Spinoza'.

2차 문헌

Bennett, J., 'Spinoza's Vacuum Argument', *Midwest Studies in Philosophy*, no. 5(1980), pp. 381~389.
Grant, E., *Much Ado about Nothing : Theories of Space and the Vacuum from the Middle Ages to the Scientific Revolution*(Cambridge : Cambridge University Press, 1981).
Gueroult, M., *Spinoza I: Dieu*(Hildesheim : Olms, 1968), app. 10.
Schmaltz, T. M., 'Spinoza on the Vacuum', *Archiv fur Geschichte der Philosophie*, no. 81(1999), pp. 174~205.

— 테드 슈말츠

진리 Veritas(베리타스)

데카르트와 똑같이 스피노자도 적어도 명목상으로는 전통적인 진리대응설에 동의한다. 『윤리학』1부 공리6에서 그는 "참된 관념은 그 대상과 일치해야 한다"라고 정의한다. 이 공리에서 그는 암묵적으로 '진리'라는 추상 개념과 '참된 관념'을 동일시한다. 왜냐하면 "만일 참된 관념 외에 진리가 무엇인지 묻는다면, 하얀색 사물을 넘어서는 흼이 무엇인지 묻는 것과 마찬가지"이기 때문이다(CM 1.6 ; G I. 247).

이 인용문이 있는 「형이상학적 사유」 1부 6장에 따르면, 그러한 정의 또는 일치는 그 기원이 일상 언어에 있다. 전통 철학의 진리 개념에 대한 설명에서 스피노자는 진리의 '일차적 의미'가 무엇인지 물으면서 계보학적으로 접근한다. 그는 아마도 '진리'가 우선 이야기에 귀속되는 것 같다고 말한다.[657] "이야기는 실제로 일어난 행위를 포함할 때 참이라 불렸으며, 그것이 일어난 적이 없는 행위를 포함할 때 거짓이라 불렸다." '철학자들'이 '진리'라는 말을 관념과 그것이 표상하는 실재 간 일치를 나타내기 위해 전용한 것은 나중에 일어난 일이다. "관념은 우리에게 실재를 있는 그대로 보여 줄 때 참이라 불린다. (…) 왜냐하면 관념은 이야기 또는 자연에 대한 정신의 히스토리아나 다름없기 때문이다." 마지막으로 진리는 단지 은유적으로만 외부 세계의 실재에 귀속될 뿐이다. "이러한 용법은 나중에 은유적으로 무언의 실재로ad res mutas 옮겨 갔다. 마치 우리 앞에 놓인 금이 그것에 있었던 것이든 아니든 그 자신에 대한 어떤 것을 말해 주기라도 하듯이, 우리가 금을 진짜라거나 가짜라고 부를 때처럼 말이다"(CM I. 6 ; G I. 246 ; C I. 312). 그런 이유로 이러한 존재론적 또는 '초월적' 의미에서의 진리는 단순히 수사적 장치에 불과하다.

분명 스피노자는 철학자로서의 삶을 시작한 이래 전통적인 진리 이론을 거부했거나 전통적인 진리 이론을 중요치 않은 문제로 간주했다. 관념과 그 대상의 일치는 단지 외재적 특징이나 우연적 속성일 뿐이라고 보았기 때문이다(E2d4). 『지성교정론』에서 그는 관념이 세계 안에 그것과 실제로 일치하는 것이 없을지라도 참일 수 있고, 대상이 그 관념과

---

657   [옮긴이] "참과 거짓의 첫 번째 의미는 그 기원이 이야기a narrationibus에 있었던 것으로 보인다"(CM I. 6 ; G I. 246 ; C I. 312).

일치할지라도 거짓일 수 있다고 주장한다. "왜냐하면 어떤 제작자가 어떤 제작물을 순서대로 구상한다면, 설령 그런 제작물이 실존한 적도 없고 심지어 앞으로도 결코 실존하지 않을 것이라 하더라도, 그럼에도 그것에 대한 사유는 참되며, 제작물이 실존하든 실존하지 않든 그 사유는 동일할 것이기 때문이다. 또한 반대로 누군가가 가령 베드로가 실존한다고 말하기는 하지만, 그럼에도 베드로가 실존한다는 것을 알지 못한다면, 이 사람에게는 이 사유가 거짓이기 때문이다. 더 정확히 말해 참되지 않기 때문이다. 베드로가 정말로 실존한다고 해도 말이다"(TIE 69 ; 김은주 77~79). 진리가 관념의 내생적 성질 ── 완전하고 적합하다는 곧 명료하고 뚜렷하다는 성질 ── 을 나타내는 것은 이러한 이유 때문이다(E1p17s). 관념의 진리는 관념이 표상적으로 실존하는 신의 지성에 기인한다(E1p17c2s).

　『윤리학』에서 적합한 관념(E2d4)과 참된 관념(E1a6)의 차이는 사소한 것이다. 스피노자는 「서신60」에서 다음과 같이 설명한다. "저는 참된 관념과 적합한 관념 간의 차이로서 다음과 같은 것만을 인정합니다. 즉 '참'이라는 단어는 관념과 관념 대상의 일치와 관련될 뿐이고, '적합'이라는 단어는 관념 그 자체의 본성과 관련됩니다"(G IV. 270 ; 이근세 338~339). 스피노자는 이러한 관념의 완전성이 그것의 진리와 동등한 것이므로 관념의 완전성은 관념과 정신이 생각한 대상의 일치를 보장해 준다고 말한다. 이러한 의미에서 진리는 그 자체의 기준이다(E2p43s).

　『윤리학』의 저자는 진리와 인식의 프리바티오[결핍]에 있는 허위falsehood를 대립시키는 것에 반대한다. 왜냐하면 관념 안에는 그 관념이 거짓false이라고 말할 수 있는 실정적인 것이 아무것도 없기 때문이다(E2p33). 거짓 관념은 단편적인[잘려 나간] 관념으로, 그것은 혼란스럽고 불완전한 관념이다(E2p35).

인간 신체(E2p19), 인간 정신(E2p23), 그리고 외부 물체에 대한 모든 인식은 스피노자에게는 모두 신체의 변용과 함께 시작된다. 이 변용과 동시에 정신은 변용하는[변용을 일으키는] 물체에 대한 부적합한 관념을 갖게 된다. 반면에 모든 물체/신체에 공통적이고, 전체에서와 마찬가지로 모든 물체의 부분에 균등하게 있는 물체에 대한 관념[공통 통념]은 필연적으로 적합하다(E2p38). 이러한 관념은 참이기도 한데, 왜냐하면 이 관념은 모두 그 대상과 완전하게 일치하는 신 안에 있는 관념과 일치하기 때문이다(E2p32).

· **관련 항목** : 관념, 특징/명명/명칭, 적합한, 인식, 오류, 공통 통념, 히스토리아

원문

Patet quod ad certitudinem veritatis nullo alio signo sit opus quam veram habere ideam(TIE 35, G II. 15). *Veritas se ipsam patefacit*(TIE 44, G II. 17). *Quod formam veri constituit, certum est cogitationem veram a falsa non tantum per denominationem extrinsecam, sed maxime per intrinsecam distingui. Nam si quis faber ordine concepit fabricam aliquam, quamvis talis fabrica numquam existerit, nec etiam unquam existura sit, ejus nihilominus cogitatio vera est et cogitatio eadem est, sive fabrica exstat sive minus, et contra si aliquis dicit Petrum ex. gr. existere, nec tamen scit, Petrum existere, illa cogitatio respectu illius falsa est*(TIE 69, G II. 26). *Philosophi postea usurparunt ad denotandum convenientiam ideae cum suo ideato : quare idea vera dicitur illa quae nobis ostendit rem ut in se est.* (…) *Atque postea metaphorice translata est ad res mutas, ut cum dicimus verum aurum, quasi aurum nobis repraesentatum aliquid de sei ipsum narret, quod in se est. Proprietates veritatis aut ideae verae sunt : 1. quod sit clara et distincta. 2. quod omne dubium tollat, sive quod sit certa*(CM 1.6). *Inter ideam veram et adaequatam nullam aliam differentiam agnosco, quam quid nomen veri respiciat tantummodo convenientiam ideae cum suo ideato ; nomen adaequati autem naturam ideae in se ipsae ; ita ut revera nulla detur differentia inter ideam veram et adaequatam praeter illam relationem extrinsecam*(Ep60). *Veritas et formalis essentia*(E1p17s). *Qui veram habet ideam, simul scit se veram habere ideam*(E2p43).

참고문헌

1차 문헌

Descartes, R., *Meditationes de prima philosophia*.

2차 문헌

Ellsipen, Ch., 'Die Erkenntnisarten', in M. Hampe and R. Schnepf(eds.), *Baruch de Spinoza, Ethik*(Berlin : Akademie-Verlag, 2006), pp. 133~150.
Verbeek, Th., *Spinoza's Theologico-Political Treatise. Exploring 'the Will of God'*(Aldershot : Ashgate, 2003).

— 필립 뷔이스

질서와 연관Ordo et connexio(오르도 에트 콘넥시오)

'오르도 에트 콘넥시오'라는 표현은 『신학정치론』에 처음 등장하며(TTP 9 ; G III. 130), 근본적인 방식으로 사용된 것은 『윤리학』에서 특히 『윤리학』 2부 정리7에서이다. 이 정리에서 스피노자는 관념들의 질서 및 연관은 실재들의 질서 및 연관과 같은 것이라고 본다.

관념들과 실재들 간에 상응하는 질서가 있다는 관념은 이후 스피노자가 이 정리를 열아홉 번 언급하는 만큼 이후 논의의 기초가 된다. '평행론' —— 이 용어보다 스피노자 자신의 '동등성'equalities, equality이라는 용어가 더 낫다 —— 이라고 불리는 이 논제는 자신을 무한한 속성들로 표현하는 실체 단일성의 귀결이다. 스피노자에 따르면, 데카르트의 사유하는 실체와 연장된 실체는 하나이자 동일한 실체이며, 그것이 어떤 때는 이 속성으로 어떤 때는 저 속성으로 파악된다. 따라서 연장의 양태와 이 양태의 관념 또한 두 가지 다른 방식으로 표현된 동일한 실재이다(E2p7s). 속성들 및 속성들의 양태들은 단지 하나이자 동일한 실재의 표현들이기 때문에, 그것들은 서로 상호작용하지 않는 상관적이고 동등한 계열을 나타낸다. 다시 말해서 관념을 산출하는 방식과 실재를 산출하는 방식 사이에는 상응성과 동일성이 있다.[658]

스피노자는 가끔 콘넥시오 대신 '콘카테나티오'concatenatio(연쇄)라는 단어를 사용하지만, '오르도 에트 콘넥시오'와 '오르도 에트 콘카테나티오'라는 표현은 모두 같은 의미이다. 두 표현 모두, 실재들 간의 인과적 결합이나 관념들 간의 인과적 결합을 나타내며, 결과가 그 원인에 의존하는 필연적 방식을 나타낸다. 사실 질서는 연관과 다름없다. 왜냐하면 스피노자는 『윤리학』 2부 정리7의 주석에서 양자를 "오르도 시베 콘넥시오"ordo sive connexio(질서 즉 연관)라고 말하면서 동일시하기 때문이다.[659] '콘넥시오'라는 단어는 질서order, ordo의 본성을 규정하는데, 이는 사람들이 실재들 사이에 있다고 가정하는 혼란스러운 상상적 질서와 구분되어야 하는 실재적이고 필연적인 질서이다.

· **관련 항목** : 원인, 속성

---

658   [옮긴이] 이를테면 실재a와 그것에 대한 관념a는 하나이자 동일한 실재이며, 실재b와 그것에 대한 관념b 역시 하나이자 동일한 실재이다. 실재a에서 실재b가 산출되었다면, 각각에 상응하는 관념a에서 관념b가 동일하게 산출된다. 요컨대 실재들 각각과 그것에 대한 관념 사이에 상응성과 동일성이 성립하는 것처럼, 실재들의 산출 방식과 관념들의 산출 방식에도 상응성과 동일성이 성립한다. 샹탈 자케, 정지은·김종갑 옮김, 『몸 : 하나이고 여럿인 세계에 관하여』, 그린비, 2021, 3장 5절 참고.

659   [옮긴이] "우리가 자연을 연장 속성 아래에서 인식하든 사유 속성 아래에서 인식하든 아니면 다른 어떤 속성 아래에서 인식하든 간에, 우리는 하나의 동일한 질서 또는 하나의 동일한 인과 연관을unum, eundemque ordinem, sive unam, eandemque causarum connexionem 발견하게 될 것이다. 곧 동일한 실재들이 서로 따라 나오게 될 것이다"(E2p7s).

Ipsas historias examinemus, nempe earum ordinem et connexionem (TTP 9, G III. 130).
Ordo, et connexio idearum est, ac ordo et connexio rerum (E2p7). (…) *sive naturam sub attributo extensionis, sive sub attributo cognitionis sive sub alio quocunque concipiamus, unum eundemque ordinem sive unam eandemque causarum connexionem hoc est easdem res invicem sequi reperiemus* (E2p7s).

참고문헌

2차 문헌

Gueroult, M., *Spinoza II. L'Âme* (Hildesheim : Olms, 1972), ch. 4.
Jaquet, Ch., *L'unité du corps et de l'esprit, affects, actions et passions chez Spinoza* (Paris : Presses Universitaires de France, 2004), pp. 9~16.

— 샹탈 자케

【ㅊ】

철학 Philosophia(필로소피아)

스피노자는 '철학'이라는 말을, 그리고 어원이 같은 '철학자', '철학하다', '철학적인'이라는 말을 거의 쓰지 않는다. '철학'이라는 말은 『윤리학』에는 아예 나오지도 않고, '철학자'philosophus는 몇 차례 등장하지만,[660] 그중

660　[옮긴이] 원문에는 『윤리학』에 '철학자'philosophus라는 단어가 단 두 번 나온다고 되어 있지만, 이는 오기이다. 실제로는 총 여섯 번 등장한다(『윤리학』 1부 부록에 두 번, 2부 정리40의 주석1에서 한 번, 3부 정리57의 주석에서 한 번, 3부 정서들에 대한 정의44의 해명에서 한 번, 5부 서문에서 한 번).

에는 세네카『서간집』(스피노자는 홀라제마커르[661]의 네덜란드어 번역본을 소장하고 있었다)에 나오는 '사피엔스'sapiens라는 표현을 스피노자가 다시 '철학자'라고 번역한 것으로 보이는 사례도 포함된다.[662] 게다가 스피노자는 '제일철학', '자연철학', 또는 '이성적 철학'rational philosophy 같은 철학과 결합된 복합어를 전혀 쓰지 않고, 예외적으로 '도덕철학'(TIE 14)이라는 표현만 딱 한 번 쓴다. 이따금 '철학자'philosophus라는 표현에는 심지어 명백하게 경멸적인 함축이 들어 있다.「형이상학적 사유」에서 스피노자는 종종 철학자들을 장황하고 공허한 스콜라철학자들과 동일시한다. 예컨대 스피노자는「형이상학적 사유」1부 1장에서 다음과 같이 말한다. "나는 말 또는sive 문법에 사로잡힌 철학자들이 그러한 오류에 빠질 것이라는 데 놀라지 않는다. 왜냐하면 그들은 단어로부터 실재를 판단하지 실재로부터 단어를 판단하지 않기 때문이다"(G I. 235 ; C I. 301). 그리고 그는 자신이 그들의 언어적 관행verbal practices 및 특징과 관련이 없음을 분명히 한다. 예컨대 2부 9장이 그렇다. "우리가 그 철학자들이 보통 가르치는 신의 역량에 관한 동일한 구별을 유지하고자 할지라도, 우리는 그것을 다르게 설명하지 않을 수 없다"(G I. 267 ; C I. 333). 또한『정치론』에서는 '철학자들'이 실천 철학에서 엄밀한 의미의 정념을 악이라고 전제하는 것에 반대하면서 똑같이 그들과 거리를 두는 어조

661　[옮긴이] 홀라제마커르Jan Hendriksz Glazemaker(1619/20~1682). 17세기 암스테르담에서 활동했던 저명한 번역가로, 최초의 전업 번역가로 여겨진다. 주로 라틴어나 프랑스어 저술을 네덜란드어로 옮겼고, 본문에 언급된 세네카의『서간집』을 비롯해 데카르트의 저작과 스피노자의『신학정치론』번역으로 유명하다.

662　Akkerman 1980, p. 15. [옮긴이]『윤리학』3부 정리57의 주석에서 스피노자가 "술 취한 사람이 얻는 만족과 철학자가 소유하는 만족의 차이는 적지 않다"라고 했던 부분을 말한다. 아케르만은 이 구절이 세네카『서간집』의 한 구절을 언급한 것이라고 지적한다.

로 말한다(TP 1.1).[663] 그가 곧이어 정치철학에서 정치가의 글이 철학자의 저작보다 선호되어야 한다고 말하는 것도 이러한 이유 때문이다(TP 1.2).[664]

이러한 무시가 스피노자에게 철학이 대수롭지 않은 관념임을 함축하는 것은 아니다. 그는 분명 철학을 고유의 원리(Ep13. '철학의 기계론적 원리'. PPC 1p4s 참고)와 고유의 방법 및 순서를 가진(Ep6와 E2p10cs) 첫 번째이자 가장 중요한 학문 분야academic discipline라고 간주한다. 철학의 목표는 수학의 확실성과 똑같은 확실한 인식이다(TTP 14. '신의 실존에 관한 철학적인 곧 수학적인 확실성'). 하니의 학문 분야로서 철학은 신학과 공통적인 주제(신)를 갖고 있지만, 신학과 근본적으로 다르다. 왜냐하면 초보적인 진리elementary truths를 가르치는 성경이나 신학과 달리, 철학적 인식의 실질적 내용은 전문가들만 접근할 수 있는 것이기 때문이다. 그러나 철학의 기초는 공통 관념으로, 이는 자연적 지성을 사용하는 이들이라면 쉽게 이해할 수 있는 것이다.

'철학'이라는 표현에는 주관적 함축도 들어 있어서 예컨대 데카르트나 베이컨의 철학적 관념 전체를 가리키거나(Ep2), 데카르트처럼 "나의 철학" 또는 "우리의 철학" 같은 구절을 사용하여 자신의 철학적 저작을 나타낼 수도 있다(예컨대 서신 290, 293, 297 등에서처럼). 그러나 이는 여기에 곧 현대적 의미의 주관주의modern subjectivism가 내포되어 있다

---

663 [옮긴이] "정서에 우리는 시달린다. 그런데 철학자들은 이 정서를 마치 인간이 자기 잘못 때문에 빠지게 되는 악덕처럼 간주한다"(TP 1.1 ; 공진성 47).

664 [옮긴이] "그러나 바로 그 정치가들이 철학자들보다 정치적 사안에 대해 훨씬 더 적절하게 썼다는 것은 의심할 수 없다. 그들은 경험을 스승으로 삼았기 때문에 실제로부터 동떨어진 어떤 것도 가르치지 않았다"(TP 1.3 ; 공진성 51).

는 것을 의미하지는 않는다. 스피노자에 따르면, 철학은 참된 것이거나 그렇지 않으면 아예 철학이 아니기 때문이다.[665]

다른 모든 17세기 저술가들처럼 스피노자는 철학이 실재의 원인에 초점을 맞추는 거의 완전한 인식이라고 간주한다. 예컨대 홉스는 철학을 "원인이나 발생을 통찰하는 힘으로 결과나 현상을 인식하는 것"이라고 정의한다.[666] 17세기 저자들은 그러한 철학적 인식의 추구를 베르길리우스의 저 유명한 "실재의 원인을 인식할 수 있는 이는 행복하다"라는 말을 인용하면서 즐겨 극찬했다. 이러한 철학에 대한 감상은 궁극적으로 『분석론 후서』에 나오는 학문에 대한 아리스토텔레스의 정의에서 유래한다.[667] 그러한 완전한 인식은 철학과 '학문'science 둘 다로 불릴 수 있다. 또한 철학은 전-포괄적인 것이어서 그 대상은 "신적이고 인간적인 모든 실재들"이다. 쇼뱅은 그러한 인식에 의해 인간은 가능한 최선의 방식으로 살 수 있게 된다고 말한다.[668] 스피노자가 자신의 철학을 '윤리학'이라고 부른 것을 볼 때, 쇼뱅이 넌지시 비친 이론과 실천의 전통적 연관은 스

---

665 [옮긴이] "저는 최선의 철학을 찾았다고 주장하지 않습니다. 다만 저는 제가 이해하고 있는 철학이 참되다는 것을 알 따름입니다. 그것을 제가 어떻게 아느냐고 선생님께서는 물으십니다. 같은 방식으로 저는 선생님께 답하겠습니다. (…) 참은 그 자체로 참과 거짓의 증거이기 때문입니다"(Ep76).

666 [옮긴이] Hobbes, *Computatio* I. [옮긴이] 정확한 출처는 『물체론』*De Corpore* 1부 1장 "계산과 논리"Computation and Logic일 것이다. "철학은 먼저 원인이나 생성에 관해 인식하고 이로부터 참된 추론을 통해 획득하는 결과나 현상에 대한 인식이다"(Thomas Hobbes, *The English Wokrs of Thomas Hobbes of Malmesbury*, Vol. 1., edited by Sir William Molesworth, London : John Bohm, 1839, p. 3).

667 Aristoteles, *Analytica Posteriora* 1.2. 김재홍 옮김, 『분석론 후서』(서광사, 2024), 54~63 ; Burgersdijk, *Idea philosophiae moralis*의 서문 및 『지성교정론』70절 참고.

668 Chauvin, *Lexicon philosophicum*. 『물체론』 1부 '계산과 논리학'에서 철학의 도덕적 목표를 언급하지 않는 홉스는 이러한 사상적 경향에 예외적인 인물로 유명하다.

피노자의 근본 관심사였음이 분명하다. 『지성교정론』에서 그는 철학의 최종 목표가 참되고 지고한 선의 획득이라고 말한다(TIE 14-16). 궁극적 선을 획득하기 위해 우리는 물리학, 의학, 역학 같은 이론적 학문을 필요로 하는데, 이 분야들은 데카르트가 『철학의 원리』 프랑스어 번역본 서문에서 열거했던 것과 동일하다. 이론과 실천의 연관을 강화하기 위해 스피노자는 기하학적 방법의 보편적 응용가능성universal applicability을 강조함으로써 『철학의 원리』에서 개진된 데카르트의 철학 개념을 급진화하는 것 같다. 데카르트는 철학을 나무에 견줌으로써(철학의 뿌리는 형이상학, 줄기는 물리학에 해당하는데, 이 줄기로부터 나온 세 가지 중요한 가지는 의학, 역학, 윤리학이다),[669] 분명 이론 철학과 실천 철학에 대한 아리스토텔레스의 구분을 시사한다. 스피노자는 이러한 구분을 강화하려는 몇몇 네덜란드 데카르트주의자들의 모든 시도를 무시하면서, 전통적으로 종교와 연관된 것들을 포함하는 인간에 관한 모든 실천적인[실질적인] 일들을 해결하는 데 있어서 철학이 지닌 최대한의 능력full competence을 강조한다. 이러한 급진성으로 인해 신학은 불필요한 학문이 된다.[670]

· 관련 항목 : 히스토리아, 원인, 신학

원문

In mea philosophia explicabimus(TIE k). *Videbimus in philosophia*(TIE 81, G II. 31). *Studium philosophiae*(PPC praef). *'Cogito' fundamentum totius philosophiae*(PPC 1p4s). *Ne philosophia cum theologia confundatur*(PPC 2p13s). *Argumenta quae ex philosophia peti possunt*(CM 2.11). *Scripturam nihil cum philosophia commune habere*(TTP praef, G

---

669   [옮긴이] AT IXb. 14 ; 원석영 II. 537.

670   Verbeek 2003, pp. 151~154.

III. 10). *Separandam philosophia a theologia*(TTP 2, G III. 44). *Arcana philosophiae*(TTP 13, G III. 167). *Theo logiam et philosophiam nullum commercium*(TTP 14, G III. 179). *Qui philosophia a theologia separare nesciunt*(TTP 15, G III. 180). *Cartesii et Baconis philosophia*(Ep2). *Ordinariam philosophiae professionem*(Ep48). *Non praesumo me optimam invenisse philo sophiam ; sed veram me intelligere scio*(Ep76).

참고문헌

1차 문헌

Descartes, R., *Epistolae, Principia philosophiae*.

Hobbes, Th., *Computatio sive logica, in Elementorum philosophiae sectio prima De Corpore*(London, 1655).

2차 문헌

Akkerman, F., *Studies in the Posthumous Works of Spinoza. On Style, Earliest Translation and Reception, Earliest and Modern Edition of Some Texts*(Meppel : Krips Repro, 1980).

Verbeek, Th., *Spinoza's Theologico-Political Treatise. Exploring 'the Will of God'*(Aldershot : Ashgate, 2003).

— 헨리 크롭

철학함의 자유Libertas philosophandi(리베르타스 필로소판디)

17세기에 '철학함의 자유'는 보통 철학자들의 직업적 자유, 즉 '보다 상위의 분과들'(의학, 법학, 특히 신학)의 개입 없이 자신의 계획을 마음껏 추구할 수 있는 자유와 관련이 있는 것이었다. 따라서 철학함의 자유는 우리가 '학문'의 자유라고 부르는 것에 가깝다. 어쨌든 철학함의 자유는 하이델베르그 대학의 교수직을 제안받은(1673년) 스피노자가 "철학의 가장 광범위한 자유"(Ep47 ; 이근세 289)를 약속—스피노자는 이 약속을 전혀 믿지 않았다(Ep48)—받았을 때의 자유를 의미한다. 다른 한편 『신학정치론』 집필 계획을 알린 1665년 올덴부르크에게 보낸 서신에서 스피노자는 그에게 자신이 "철학을 하고 우리의 의견을 말할 자유"(Ep30 ; 이근세 207)에 대해 논할 것이라고 말하면서 철학함의 자유를 보다 포괄적인 자유 관념과 연관시킨다.

17세기 관념에서 이 두 자유 또는 권리는 부분적으로 중첩되지만 분명히 구별된다고 여겨졌을 것이다. 현대적 용법에서 하나는 단지 철학자들이나 교수들에게 부여되는 **직업적** 권리(변호사나 의사의 직업적 권리와 유사한)인 반면, 다른 하나는 모든 성인 시민에게 속하는 **시민의 권리**이다. 이들 권리 중 첫 번째 권리만 『신학정치론』의 확정된 제목에 남아 있는데, 그것은 『신학정치론』이 "국가는 그것의 평화나 경건을 손상시키지 않고 철학함의 자유를 승인할 수 있으며, 국가의 평화와 경건을 파괴하지 않고서는 철학함의 자유를 부정하는 것이 가능하지 않음을 보여 주는 몇 가지 논문들"임을 알린다.[671] 반면 서문에서 스피노자는 이러한 직업적 권리를 "완전한 판단의 자유judicandi libertas integra와 자신의 기질에 따라ex suo ingenio 신을 예배하도록 허용"된 보다 일반적인 자유에서 따라 나오는 권리로 제시한다(스피노자는 이 권리가 네덜란드의 모든 시민에게 이미 승인된 것이라고 말한다. TTP praef.12 ; G III 7. 12 ; C II. 69 참고). 그러므로 이 책의 주요 목적은 공화국의 질서를 약화시키기는커녕 이 근본적인 권리를 철학자들에게 확장하는 것이 평화와 경건의 보존에 필수적임을 보여 주려는 것이다. 결과적으로 군주는 해야 할 것을 하기 위해 참된 철학(곧 스피노자 자신의 철학)에 의해 증명된 것들(자신의

671　[옮긴이] 『신학정치론』의 본래 제목에는 당시의 여느 책들처럼 본문에 인용된 부제 격의 긴 제목이 붙어 있다. 이 책 5부 4장 참고.

의지를 쓰여진 문서로 계시한 신-입법자God-Lawgiver는 존재하지 않는다는 것과 같은)을 알아야 한다는 것, 모든 종교는 똑같이 상상이라는 거짓 관념에 근거하고 있다는 것, 그리고 어떤 종교든 시민법civil law에 종속되어야 하고 어떠한 시민도 종교에서 이 법에 복종하지 않을 구실을 끄집어낼 수 없다는 것을 논증하려는 것이었다.

그러므로 제목만 놓고 본다면 『신학정치론』은 어떤 이론을 담고 있는 책이라기보다는 그러한 이론을 설명하는 내용을 담고 있는 책이고, 말할 일반적 자유를 옹호하는 논변을 제출하는 것이 아니라 철학을 신학적이고 정치적인 문제에 적용하는 책이며, 특수한 철학을 제시하는 것이 아니라 어떠한 참된 철학도 공공의 질서를 위협할 수 없음을 보여 주는 책이라고 하겠다. 그렇긴 해도 스피노자가 자유에 대한 보다 포괄적인 관념(자신의 생각을 말할 수 있는 관념)을 간과하지 않았음은 명확하다. 실제로 이러한 자유는 『신학정치론』 19장과 20장에서 논의된다.

· **관련 항목** : 철학, 자유, 자유로운, 레스푸블리카, 시민

원문

Pro libertate philosophandi cuivis concessa(Ep13). *Libertas philosophandi dicendique quae sentimus ; quam asserere omnibus modis cupio*(Ep30). *Ut in Republica vivamus, ubi unicuique judicandi libertas integra et Deum ex suo ingenio colere conceditur*(TTP praef, G III. 7). *Hucusque* (⋯) *curavimus et libertatem philosophandi ostendere, quam haec unicuique concedit. Quare tempus est, ut inquiramus, quo usque hae libertas sentiendi et quae unusquisque sentit, dicendi*(TTP 16, G III. 189). *Imperium violentissimum erit, ubi unicuique libertas dicendi et docendi, quae sentit, negatur* (⋯) *optima respublica unicuique eadem libertatem philosophandi concedit*(TTP 20, G III. 240).

참고문헌

1차 문헌

Bornius, H., *Oratio de vera philosophandi libertate*(Leiden, 1654).

2차 문헌

Mowbray, M. de, '*Libertas philosophandi*, wijsbegeerte in Groningen rond 1650', in H. A. Krop, J. A. van Ruler and A. J. Vanderjagt(eds.), *Zeer kundige geleerden, beoefening van de filosofie in Groningen van 1614 tot 1996*(Hilversum : Verloren, 1997), pp. 33~46.

Sutton, R. B., 'The Phrase Libertas Philosophandi', *Journal of the History of Ideas*, no. 14(1953), pp. 310~316.

Verbeek, Th., *De vrijheid van de filosofie, reflecties over een cartesiaans thema*(Utrecht : Universitaire Pers, 1994).

── 테오 페르베이크

초월적인 것Transcendentale(트란스켄덴탈레)

스피노자는 간혹 '하나'unum, one, '참'verum, true, '선'bonum, good과 같은 스콜라철학의 초월적 용어 학설을 언급한다. 그는 "형이상학자들"이 이 초월적 용어를 "존재자의 가장 일반적인 변용들"generalissimis Entis Affectionibus이라고 부른다고 말한다(CM 1.6 ; G I. 245 ; C I. 311). 그러나 초월적 용어에 대한 정의를 제시하지는 않는다. 그리고 통상적인 방식과 달리 초월적 용어를 '말'horse, '하양', '큼'과 같은 범주적 용어와 비교하지 않는다. 「형이상학적 사유」 1부 6장에서 그는 그 기원에 관해 하나하나 논하면서 나열할 뿐이다.

스피노자는 말하길, '형이상학자들'은 '하나'를 지성 바깥에 있는 실재적인 것을 나타낸다고 잘못 생각하고 있다. 형이상학자들은 '하나'가 실재적인 것에 어떤 것을 **더한다**는 양 주장하지만, 스피노자는 이러한 견해를 거부한다. 이는 실재적인 것과 이성의 존재자에 불과한 것을 혼동한 결과이다. 초월적 '단일성'unitas은 단지 '사유의 양태'modus cogitandi를 가리킬 뿐인데, "그것에 의해 우리는 실재를 그것과 유사하거나 그것과 어떤 식으로든 일치하는 다른 실재들과 분리한다"(CM I. 6 ; G I. 245~6 ; C I. 311).

'참' 또한 "실재의 외생적 데노미나티오denominatio(특징)이며 은유적으로가 아니라면 실재에 귀속되지 않는다"(G I. 246 ; C I. 312). '참'의 첫 번째 의미는 일상 언어의 용법에서 파생된 것이다. 철학자들은 이 용어를 참된 관념을 나타내고 은유적으로는 실재의 성질을 나타내기 위해 썼다. 이러한 이유로 "참을 초월적 용어 또는sive 존재의 변용이라고 entis affectionem 판단하는 이들은 철저히 현혹된 것이다"(G I. 247 ; C I. 312~313).

같은 견해가 스피노자가 다룬 세 가지 초월적 용어 중 마지막 것인 '선/좋음'에도 적용된다. 선/좋음은 엄밀한 의미의 실재에 적용될 수 없다. 그러나 우리가 실재를 '선하다/좋다'라고 부르는 것은 그것이 우리에게 유용하기 때문이다(E4praef). 선/좋음은 관계를 표현한다. 그래서 세계를 창조하기 이전의 신은 "선하다"라고 불릴 수 없다(G I. 248~249 ; C I. 314~315). 스피노자가 초월적 용어 이론을 언급한 것은 자신이 그것을 거부하고, 자신이 총체적인 "유명론적" 입장에 있음을 강조하기 위함이었던 것으로 보인다.

이와 견줄 만한 초월적인 것에 대한 '고고학적'archeological 이론이 『윤리학』 2부 정리40의 주석1에서 약술된다. 이 주석에서 스피노자는 우리의 추론의 기초인 '공통 통념'과 '이차적 통념' 및 보편자의 기원에 대해서도 논한다. 여기에서 그는 초월적인 것으로 존재자ens, 실재res, 어떤 것aliquid을 열거하고, 초월적인 것과 이차적 통념 및 보편자는 인간 신체의 제한된 역량에는 너무 큰 다수의 이미지와 관계되기 때문에 "혼란스러운" 것이며, 적합한 공통 통념과 대비되는 "부적합한"(이는 실재의 본성과 그것들 간의 문제적 관계를 나타낸다) 것이라고 말한다. 모든 공통 통념은 유용하다(E4praef 참고). 초월적인 것과 이차적 통념 및 보편자는 상상에서 시작되는 반면, 공통 통념은 이성에 의해 산출된다.

17세기 사전에서 트란스켄덴탈레는 큰 부분을 차지하지 않았다. 예컨대 고클레니우스는 이 용어를 전혀 다루지 않는다. 요한 하인리히 알슈테트Johann Heinrich Alsted(1588~1638)는 이 용어를 다음과 같이 정의했다. "초월적인 것은 그것의 큰 일반성으로 인해 또는 그것의 위엄dignity 때문에 범주들을 초월하는 용어이다." 쇼뱅은 그러한 일반적 존재자는 단지 형이상학에서만 다루어진다고 덧붙이고, 일견 트집을 잡듯 알슈테트의 정의와 유사한 정의는 누군가에게는 신성모독적인 것으로 보일 수 있다고 말한다.[672] 왜냐하면 형이상학의 가장 탁월한 부분의 대상인 신이 가장 추상적인 존재자들에게 흡수되기 때문이라는 것이다. 또한 가장 일반적인 존재자는 가장 추상적인 것으로, 가장 혼란스럽고 불완전한 개념에 의해 인식된다. 스피노자는 당대에 이미 평판이 좋지 않았던 이론을 비판한 것으로 보이며, 이러한 평판은 스콜라 학자들을 제외하면 거의 예외가 없었을 것이다.

초월적 용어 학설은 중세 시대에 시작되었다. 필립Philip the Chancellor(1160경~1236)이 하나의 이론을 발전시킨 최초의 인물이었다. 그가

---

672   Chauvin, *Lexicon philosophicum*.

1225년에서 1228년 사이에 집필한 『선에 관한 총론』[673]에서 초월적 용어는 "가장 일반적인 실재", 즉 존재자being, 하나one, 참, 선을 가리킨다. 하나는 주로 그리고 부정적으로 "부분을 결여한 것"lacking division으로 정의된다.

일찍이 토마스 아퀴나스(1224/26~1274)의 형이상학이 부분적으로나마 이 학설에 주목했다. 우리는 그의 개념을 주로 『진리론』[674] 질문1의 1항에서 볼 수 있다. 토마스는 어떤 것이 무엇인지 물을 때 우리는 무한히 나아갈 수 없다고 말한다. 우리는 첫 번째인 어떤 것, 즉 우리의 지적 환원의 최종적인 것인 존재자에 도달해야 한다. 다른 모든 개념은 외생적인 것은 아닐지라도 '존재자'에 포함되지 않는 양태를 표현하는 한에서 존재자에 부가된 것이다. 이 양태들은 특별한 것(열 개의 범주)일 수도 있고, 또한 일반적인 것('실재', '하나', '어떤 것', '참')일 수도 있다. 아퀴나스는 초월적인 것이 관계를 함축할 수 있다고 강조했다. 예컨대 '참'은 어떤 실재와 지성 간의 관계를 함축한다.

초월적인 것에 대한 이론의 역사에서 하나의 새로운 장을 쓴 이는 둔스 스코투스(1265~1308/09)였다. 그에 따르면, 초월적 용어가 모든 범주에 적용될 필요가 있는 것은 아니다. 스코투스는 필립과 아퀴나스가 작성한 초월적 용어 목록을 수용하면서도, '무한 또는 유한', '일으킬 수 있는 또는 일으켜질 수 있는', '필연적 또는 우연적' 같은 '존재자의 선언

673　[옮긴이] 맥클러스키McCluskey에 따르면 『선에 관한 총론』Summa de bono은 1220년대에서 1230년대 사이에 작성되었다고 한다. McCluskey, Colleen, 'Philip the Chancellor', The Stanford Encyclopedia of Philosophy(Summer 2019 Edition), Edward N. Zalta(ed.), URL = ⟨https://plato.stanford.edu/archives/sum2019/entries/philip-chancellor/⟩.

674　[옮긴이] "질문16 양심에 관하여"와 "질문17 의식에 관하여"를 옮긴 번역서가 있다. 토마스 아퀴나스 지음, 이명곤 옮김, 『진리론』, 책세상, 2019.

적 속성'disjunctive attributes of being을 포함하도록 이 목록을 확장했다.

중세 이후 수아레즈Francisco Suárez는 『형이상학 강론』 제3권에서 스코투스 학설에 의문을 제기하고, 초월적 용어는 단지 지성에 의해 만들어진 것일 뿐 "진정으로 그리고 실재적으로 존재자와 합치"하는 것은 아니라고 주장했다. 그는 다음과 같이 말한다. "존재자로서의 존재자는 그 자체와 본성상 구별되는, 참되고 전적으로 실재적이며 실정적인 수동들을 가질 수 없다."[675] 그가 초월적 용어는 어떤 실재에 부가된 존재entity를 가리킨다는 전통적 전제에 대해 반박한 것은 이러한 이유 때문이다. 더욱이 수아레즈와 폰세카Pedro da Fonseca(1528~1599)는 아퀴나스의 다섯 가지 초월적 용어를 스피노자가 「형이상학적 사유」에서 언급한 세 가지로 축소했다. **알리퀴드**aliquid(어떤 것)와 **레스**res(실재)는 존재자와 동의어라고 보았기 때문이다. 수아레즈의 이론은 뷔르헤르스데이크의 『논리학 체계』 1권 10장에 다시 소개되었고, 뷔르헤르스데이크는 그것들을 단일성과 다수성

---

675   [옮긴이] "'진정으로 그리고 실재적으로 존재자와 합치'하지 않는다"라는 부분의 『편람』 원문은 "do not 'truly and really convene with being'"이었다. 수아레즈의 원문(Suárez 2023, pp. 6~8)을 볼 때, 'convene'는 'conveniunt'agree with(일치/합치하다)의 번역어로 보이며 오기라고 생각된다. 두 번째 인용구 또한 『편람』 원문이 아니라 수아레즈의 다음 원문을 참고하여 번역했다. "ens ut ens non posse habere veras, & omnino reales passiones positivas ex natura rei ab ipso distinctas." Francisco Suárez, Translated and annotated, with corrected Latin text, by Shane Duarte, *Metaphysical Disputations III and IV: On Being's Passions in General, and Its Principles and On Transcendental Unity in General*(The Catholic University of America Press, 2023), pp. 16~17. '파생 속성'이라고 번역한 '파시오네스'에 대해서는 위 책 옮긴이의 아래 설명 참고. "어떤 학문을 구성하는 모든 증명은 그 결론으로 그 학문의 어떤 주어subject에 대해 어떤 특성이나 특징이 필연적이고 보편적으로 그 술어가 되는 명제를 포함한다. 이러한 특징들 ― 이것들은 '본질적 우유성'per se accidentia(καθ' αὐτὰ συμβεβηκότα), '특성'propria(ἴδια), '수동들'passiones(πάθη), '본질적 변용'per se affectiones(καθ' αὐτὰ παθήματα) 등 다양하게 불린다 ― 은 그것들이 술어가 되는 주어의 본질 일부를 형성하지는 않지만, 일반적으로 그 주어의 본질에서 유래하거나 그 본질의 필연적 결과들이자 표현들로 이해된다." 위의 책, Introduction, xii 참고.

(11장), 참과 거짓(17장), 좋음과 나쁨good and bad(19장)으로 둘씩 짝지어 다루었지만, 스피노자처럼 그는 스코투스의 '선언적 속성'이라는 관념을 사용하지는 않는다.

'새로운 철학자들'은 데카르트처럼 이 학설을 완전히 무시하거나 베이컨처럼 비-스콜라적 이론으로 해석하려고 시도했다. 베이컨의『학문의 존엄과 진보에 대하여』3권 1장에 따르면,[676] 초월적인 것에 대한 연구는, 명칭은 아주 오래된 것이지만 실질적으로는 새로운 제일철학의 부분이다. 제일철학은 모든 과학의 어머니이며, 모든 과학의 공통 공리를 다룬다. 또한 그것은 이를테면 '가능한 것과 불가능한 것'possible and impossible, '더 많은 것 또는 더 적은 것'more or less, '많은 것과 적은 것'much and little, '선행하는 것과 후행하는 것'prior and posterior, '같은 것과 다른 것'same and diverse과 같은 초월적 용어를 연구하는데, 이 용어들은 존재자에 수반되는 상태를 나타낸다. 이 제일철학의 부분은 우리의 추론 능력을 증가시키지만, '실재들의 실존'을 가르쳐 주지는 않는다. 예컨대 자연 안에 있는 금과 철의 양이 왜 다른지 설명하지 않는다. 스피노자처럼 후기 베이컨은 초월적 용어의 의의가 단지 인식론적 본성에 있을 뿐이라고 주장한다.

홉스는 이 학설이 아무런 쓸모가 없다고 부정한다. 「형이상학적 사유」에서 스피노자가 그랬던 것처럼, 홉스도 그의『물체론』에서 "참과 진실verity은 실재의 어떤 변용이 아니라 그것과 관련된 명제의 변용"이며, "형이상학 저자들이 어떤 실재a thing, 하나의 실재one thing, 그리고 실재

---

676   [옮긴이] 이 책은 총 9권으로 되어 있으며, 그중 1권과 2권을 번역한 국역본이 있다. 프란시스 베이컨, 이종흡 옮김,『학문의 진보』, 아카넷, 2004.

자체a very thing가 서로 같은 것이라고 말하는 것에 대해 논하자면, 그것은 단지 하찮고 유치한 것"이라고 말했다.[677]

중세 논리학에 대한 이러한 비난은 많은 데카르트주의자들이 공유하는 것이었다. 요하네스 드 레이Johannes de Raey(1622~1702)는 보편 개념이 "본성상 많은 실재들의 술어가 될 수 있는 실재"를 가리킨다는 전통적 학설을 거부하고 "존재자 안에는 보편자가 없다"라고 주장한다.[678] 그러므로 보편자 ― 그리고 트란스켄덴탈레 ― 는 고찰 방식a mode of considering에 지나지 않는다.[679]

· **관련 항목** : 공통 통념, 선/좋음, 양태, 엔스, 오류, 이성의 존재자, 특징/명명/명칭

원문

Ad vulgo dictos terminos transcendentales transeo (…) *Hi termini ab omne fere metaphysicis pro generalissimis entis affectionibus habentur ; dicunt enim omne ens esse unum, verum et bonum, quamvis nemo de iis cogitet*(CM 1.5-6). *Ne quid horum omittam quod scitu necessarium sit causis breviter addam, ex quibus termini 'transcendentales' dicti suam duxerunt originem, ut ens, res, aliquid. Hi termini ex hoc oriuntur, quod scilicet humanum corpus, quandoquidem limitatum est, tantum est capax certi imaginum numeri* (…) *in se distincte*

---

677   Hobbes, De Corpore, I.3.7. [옮긴이] Thomas Hobbes, *The English Works of Thomas Hobbes*, Vol.1, pp. 35~36.

678   Johannes de Raey, *Cogitata de interpretatione* VII, p. 550.

679   [옮긴이] 원문은 다음과 같다. "In his *Cogitata de interpretatione* Johannes de Raey rejected the traditional doctrine that [1]a universal concept denotes 'a thing which by its nature is capable of being predicated of many things' and [2]'there is no universal in being'(VII, p. 550). [3]Hence the universal ― and the transcendentale ― is merely a mode of considering."『편람』원문 [2]에서 부정어 'no'는 오기일 것이다. 그가 [2]를 거부했다면, [3]이라고 볼 이유가 없기 때문이다. 실제로 드 레이는 위 문헌에서 보편실재론을 비판하고, 실존하는 모든 것은 "독특한 것들"singulares이라고 주장한다(Johannes de Raey, *Cogitata de interpretatione*, 'VI. Quid est Universale' 항목 참고.『편람』원문에 제시된 출처 'VII'도 'VI'의 오기이다).

simul formandi(E2p40s1). *Termino aliquo transcendentali formam alicujus rei singularis explicare*(TTP 1, G III. 28).

참고문헌

1차 문헌

Bacon, F., *De dignitate et augmentis scientiarum*(London, 1623).

Burgersdijk, F., *Institutiones metaphysicae*(Leiden, 1642).

Hobbes, Th., *Computatio sive logica, in Elementorum philosophiae sectio prima De Corpore*(London, 1655).

Raey, J. de, *Cogitata de interpretatione*(Amsterdam, 1692).

Suarez, F., *Disputationes metaphysicae*(Mainz, 1597).

Philip the Chancellor, N. Wicki(ed.), *Philippi Cancellarii Summa de bono*(Berne : Francke, 1985).

2차 문헌

Aertsen, J.A. 'The Medieval Doctrine of the Transcendentals. The Current State of Research', *Bulletin de philosophie médiévale*, no. 33(1991), pp. 130~147.

Hubbeling, H.G., *Spinoza's Methodology*(Assen : Van Gorcum, 1964).

Knittermeyer, H., *Der Terminus transszendental in seiner historischen Entwicklung bis zu Kant*(Marburg : Hamel, 1920).

Pickavé, M.(ed.), *Die Logik des Transcendentalen. Festschrift für Jan A. Aertsen zum 65. Geburtstag*(Berlin and New York : Springer Verlag, 2003).

Verbeek, Th., 'Zijn en niet-zijn in Spinoza's *Cogitata metaphysica*', in G. Coppens(ed.), *Spinoza en de scholastiek*(Leuven : Acco, 2003), pp. 91~103.

Vona, P. de, *Spinoza e i Trascendentali*(Naples : Morano, 1974).

— 베르트 보스

최고 권력 → 임페리움을 보라.

【ㅋ】

코나투스Conatus(노력/추구)

코나투스[680]는『윤리학』3부에 갑자기 처음 등장한 새로운 이론적 개념이 아니다. 코나투스 개념 — 본래 아페티투스appetitus(욕구)와 함께 스토아학파의 개념 오르메orme[681]의 번역어로 사용되었던 개념이다 — 은 특히 전쟁 관련 문맥에서는 두 세력 간 충돌을 묘사하는 데 사용되던 것이다(Caesar, Livy, Cicero). 마키아벨리의 비르투virtù[682]와 후기 스피노자의 포르티투도fortitudo(강인함) 개념은 이러한 전쟁학적 유산polemological heritage에 속한다.

스피노자는 홉스의 (자연학) 저작을 읽고 나서 1671년과 1675년 사이 언젠가 이 관념을 도입한다. 그러나『윤리학』과『정치론』에서 스피노자의 코나투스 관념이 독창적 의미를 갖게 된 것은 [홉스의 영향이 아니라] 단지 역량의 존재론에 기초한 것이었다. "각각의 실재는 할 수 있는 한 자신의 존재 안에서 존속을 추구한다"(E3p6). 그래서 어떤 실재와 그것이 자신을 보존하려는 경향(코나투스) 간에는 실재적 구별이 성립

680　[옮긴이] 'conatus'는 우리말로는 보통 '코나투스'로 음역하거나 '노력', '추구', '경향' 등으로 번역된다. 영역도 사정이 비슷하다. 음역하거나 'striving', 'effort', 'endeavor', 'tendency' 등으로 번역된다. 이 책에서는 저자가 번역하지 않았으면 음역했고, 위 영역이 사용되었을 때는 '노력' 또는 '추구'라고 번역했다. 아울러 동사 'conor, conari'도 명사 'conatus'와의 관련성을 고려하여 '노력하다' 또는 '추구하다'라고 번역했다.

681　[옮긴이] 'orme' 또는 'horme'(ὁρμή)는 내적 충동이나 욕구, 경향을 뜻하는 고대 그리스어로, 스토아학파가 인간 행동을 설명하기 위해 사용했던 개념이다.

682　[옮긴이] '비르투스'virtus(이 책의 '덕' 항목 참고)에서 유래한 이탈리아어로 능력, 힘, 덕, 용기 등으로 번역될 수 있다. 마키아벨리의 비루투 개념에 관해서는 마키아벨리, 강정인·문지영 옮김,『군주론』(개역판, 까치, 2003), '부록2『군주론』에 나오는 용어들에 대한 해설' 중 'virtù'(virtuoso) 항목 참고(200~202).

하지 않는다. '실재'는 다수의 개체로 구성된 복합적이면서 규정된 독특한 것singularity으로, 구성하는 다수의 개체는 "하나의 작용에 협력하여 그 개체 모두가 함께 하나의 결과에 대한 **원인**"(E2d7)이 된다. 코나투스 개념를 통해 그 **규정** 과정의 **지속**을 존재론적 관점에서 고찰하는 것이 가능하다. 이러한 의미에서 각각의 실재는, '콴툼 인 세 에스트'quantum in se est(자기 자신 안에 있는 한에서), 자신의 노력이나 추구의 원인 또는 내재적 근거를 갖는다. 코나투스는 신적 역량potentia이 정확하고 규정된 방식으로 표현된 것으로, 존재 양태 곧 '어떤' 존재자의 존재 양태'a' mode of being 또는 '자신의 존재 안에' 존속하려는 존재자의 경향이다.

데카르트의 『철학의 원리』 2부 37항[683]에서 이미 발견할 수 있는 존속perseverance과 콴툼 인 세 에스트라는 관념을 우리는 코나투스 이론에서 다시 한번 발견한다. 실제로 「형이상학적 사유」 1부 6장에서 코나투스의 모델 역할을 했던 것은 관성 원리였다. 따라서 『윤리학』 3부의 코나투스 이론은 개별 물체에 대한 『윤리학』 2부의 자연학과 『윤리학』 1부의 역량의 형이상학이 만나는 지점이다. 그러므로 존속의 노력은 일관되고 계속되며 저항력 있는 역동적 긍정으로 생각되어야 한다. **실존하는** 실재는 원인 작용 중에 있는 역량이다. 두 개의 상반된 실재가 같은 곳에서 동시에 일어나지 못하게 막는 것이 첫 번째이자 가장 중요한 원인인데, 왜냐하면 상반된 것이 동시에 존재한다면, 실재는 파괴될 것이기 때문이다(E3p5). 모든 것은 자연권(코나투스의 다른 이름)에 의해 "자기의 적

---

683   [옮긴이] "자연의 제1법칙. 각각의 것은 자기 자신 안에 있는 한에서quantum in se est 항상 동일한 상태를 존속하고자 한다perseveret. 따라서 일단 움직여진 것은 항상 운동을 유지하고자 한다"(PP II. 37 ; 원석영 II. 98. 용어는 수정).

이 되지 않기 위해 자기 자신을 죽이지 않도록" 되어 있다(TP 4.5 ; 공진성 129). 이는 각각의 실재에 고유하고 자신의 '노력'에 내속하는 '신중함'prudence, sane cautio으로, 자신 안에서 그리고 지속적 규정으로 대상이나 목적 없이 존재한다.

이러한 노력은 어떤 목적도 지향하거나 의도하지 않으며 어떠한 수단도 사용하지 않는다. 하지만 그 노력은 [그것이] 작용하는 가운데 그 결과 안에서 그리고 그 결과를 통해 실재가 자신의 무한정한 존속을 방해할 수 있는 모든 것에 저항하고 [동시에 자신의 존재를] 긍정하는 적극적인 전략적 역량이다. 이는 그것의 **수학적**이고(따라서 비목적론적인) **실효적인**effective 진리이다. 이 두 번째 측면은 (마키아벨리의 베리타 에페투알레verità effettuale[실효적 진리]를 참조할 때) 힘의 관계들에 내재하는 아페티투스affetitus(욕구), 곧 긍정과 저항의 실행에 의해 그리고 그것을 통해 정당화된다. 이렇게 해서 존속의 노력(실재의 코나투스, 실재의 실존

<hr>

684 [옮긴이] 원문은 다음과 같다. "In this way, the striving of perseverance (a thing's conatus, its regime of existence, of causality and/or its strategy) is always as perfect as it can be with regard to the affections it is capable of, in and through the affirmation of the determination that constitutes it." 자신의 존재 안에 존속하려는 노력이 곧 실재의 코나투스이다. 이는 그 실재가 처한 실존적·인과적 상황regime(체제) 자체라고 할 수 있으며, 또한 그것이 자신의 존재 안에 존속하기 위해 어떠한 전략을 취할지 보여 준다(저자가 위 문장 주어부를 통해 말하고자 한 것은 이러한 내용일 것이다). 각각의 코나투스에 따라 상이한 실재들은 동일한 물체에 대해서도 상이한 변용을 겪는다. A와 B가 C에 대해 각각 a'와 b'라는 변용을 겪는다면, 이는 A와 B의 코나투스가 각각 지금 그러한 것인 한에서 그것이 할 수 있는 변용을 갖는 것이라고 말할 수 있다. 동일한 실재도 상이한 시점에 상이한 코나투스를 가질 수 있으므로 동일한 실재에 대해 기쁨으로 변용될 수도 있고 슬픔으로 변용될 수도 있다(E3p51. 이것이 "the affections it is capable of"라는 구절이 의미하는 바일 것이다). 변용이 이러한 것임을 고려할 때, '존속의 노력' 자체는 그것이 할 수 있는 것을 한 것이라는 의미에서 '가능한 한 완전한' 것이다. 코나투스의 이러한 활동은 그것을 구성하는 규정을 긍정하는 것이고 이를 통해 이루지는 것이다. "in and through the affirmation of the determination that constitutes it"는 이러한 의미일 것이다.

과 인과관계의 체제, 그리고/또는 그 전략)은 그것을 구성하는 규정에 대한 긍정 안에서 그리고 그 긍정을 통해 그것이 수용할 수 있는 변용과 관련하여 항상 가능한 한 완전하다.[684] 따라서 윤리적이면서 동시에 정치적인 과제는 개체의 코나투스인 독특한 권리-역량에 대한 전적으로 절대적인omnino absolutum(옴니오 압솔루툼) 긍정에 도달하는 것이다.[685]

· **관련 항목** : 포텐티아, 악티오, 파시오, 덕/실력, 원인, 강인함

원문

Per conatum ad motum non intelligimus aliquam cogitationem, sed tantum, quod pars materiae ita est sita, et ad motum incitata, ut revera esset aliquo itura, si a nulla causa impeditur(PPC 3def3). *Illi conatum rei a re ipsa distinguunt*(CM 1.6). *Conatus, quo unaquaeque res in suo esse perseverare conatur, nihil est praeter ipsius rei actualem essentiam*(E3p7). *Hic conatus cum ad mentem solam refertur, voluntas appellatur ; sed cum ad mentem et corpus simul refertur, vocatur appetitus, qui proinde nihil aliud est, quam ipsa hominis essentia, ex cuius natura ea, quae ipsius conservationi inserviunt, necessario sequuntur ; atque adeo homo ad eadem agendum determinatus est*(E3p9s). *Mentis conatus seu potentia ad agendum*(E3p28). *Hominis agendi potentia vel conatus, quo homo in suo esse perseverare conatur*(E3p37). *Conatus sese conservandi primum et unicum virtutis est fundamentum* (E4p22c). *Omnes nostri conatus, seu cupiditates ex necessitate nostrae naturae ita sequuntur, ut vel per ipsam naturam, tanquam per proximam suam causam possint intelligi*(E4app1). *Summus mentis conatus, summaque virtus est res intelligere tertio cognitionis genere*(E5p25). *Conatus omnibus hominibus inest, sive ignari sive sapientes sint*(TP 3.18).

---

685 [옮긴이] 원문은 다음과 같다. "The problem, both ethical and political, is thus to arrive at the affirmation omnino absolutum of the singular right-power (potentia) that is the individual conatus." 즉 스피노자 철학에서 코나투스가 상술한 의미에서 완전한 것인 한, 모든 개체의 각각의 코나투스가 바로 그 개체의 독특한 권리이자 그것의 역량임을 절대적으로 긍정하는 것이 우리의 윤리적 과제인 동시에 정치적 과제이기도 하다는 주장이다.

참고문헌

1차 문헌

Descartes, R., *Principia philosophiae*.

Hobbes, Th., *De motu, De corpore, Leviathan*(Latinus).

2차 문헌

Bove, L., 'De la prudence des corps. Du physique au politique', in Spinoza, *Traité politique*(Paris : Le Livre de Poche, 2002), pp. 9~101.

__________ , 'Éthique III', in P. Moreau and Ch. Ramond(eds.), *Lectures de Spinoza*(Paris : Ellipses, 2007), pp. 109~131.

— 로랑 보브

콘스키엔티아Conscientia(후회, 의식)

콘스키엔티아라는 말은 스피노자의 라틴어 저작에 총 열다섯 번 등장한다. 이 말에 상응하는 네덜란드어는 '콘시엔시'conscientie와 '메데헤베턴'medegeweten으로, 각각 『소론』 2부 6장과 2부 1장에서 사용된다.

이 중에서 두 가지 용례는 데카르트의 '콘스키엔티아이 모르수스'conscientiae morsus라는 표현으로 등장하며 '후회/가책'remorse이라는 뜻이다.[686] 나머지 [의식이라는 의미의] 용례는 두 가지 범주로 나눌 수 있

---

686 E3p18s2 ; E4p47s. cf. PA 3.177. [옮긴이] "방금 우리가 말한 것으로부터 희망, 공포, 안도, 낙담, 만족, 콘스키엔티아이 모르수스[후회]가 무엇인지 이해하게 된다. (…) 후회는 만족과 대립하는 슬픔이다"(E3p18s2) ; "안도감, 낙담, 만족, 콘스키엔티아이 모르수스[후회] 역시 정신의 무능력의 징표들이다"(E4p47s) ; "콘스키엔티아 모르수스Conscientiae morsus(후회)는 희망했던 것보다 더 나쁘게praeter Spem 일어난 과거의 것에 대한 관념을 수반하는 슬픔이다"(E3ad17. 이 정의까지 셈하면 총 3번이다) ; "양심의 가책[Morsus Conscientiae, Le Remors de conscience]은 지금 하거나 했던 어떤 일이 좋지 않은 것이라는 의심에서 오는 슬픔의 일종"

다(동사 '콘스키레'conscire[의식하다]와 형용사 '콘스키우스'conscius[의식하는]도 마찬가지이다). (1)정신 자체에 대한 콘스키엔티아[의식][687]와 (2)정신 **안에 있는** 특수한 관념 및 그 관념이 수반하는 정서에 대한 콘스키엔티아[688]가 그것이다. 두 번째 범주에서 활동이나 욕구에 대한 내적 관념인 콘스키엔티아[의식]는 종종 그 내적 원인에 대한 무지와 대조된다.[689]

이다(PA III. 177 ; 김선영 161).

687 TIE 47, TTP 1, Ep58. [옮긴이] "만일 이후에 어떤 회의주의자가 혹여 최초의 진리에 대해, 그리고 최초의 진리 규준에 따라 우리가 연역해 낸 모든 것에 대해 여전히 의심스러워한다면, 분명 이 자기 의식에 반反하여contra conscientiam 말하는 셈이거나 (…)"(TIE 47 ; 김은주 55) ; "혹 누군가가 예언자들이 실제로 인간의 몸은 가졌지만 인간의 마음은 없었고, 따라서 그들의 감각과 의식이 우리와 완전히 다른 본성을 가졌다고 이해하기를(또는 오히려 그렇게 꿈꾸기를) 원하는 것이 아니라면 (…)"(TTP 1 ; G III. 16 ; C II. 77) ; "제가 저의 의식 즉 이성과 경험에 모순되지 않는 한ne meae conscientire, hoc est, ne rationi, & experientire contradicam, 제가 편견과 무지를 조장하지 않는 한, 저는 어떤 절대적인 사유의 힘으로 글을 쓰고자 하는 의지와 쓰지 않으려는 의지가 있다는 것을 부정합니다"(Ep58 ; G IV 267 ; 이근세 333. 번역은 수정).

688 E3p9s ; E3p30 ; E3ad1exp. [옮긴이] 저자가 출처로 제시한 구절들은 다음과 같다. "그다음 욕구와 욕망cupiditas 사이에는, 일반적으로 욕망이 자신들의 욕구를 의식하는conscii 한에서의 인간들과 관련된다는 점을 제외한다면 아무런 차이도 존재하지 않는다. 그리고 이 때문에 욕망은 욕구에 대한 의식과cum eiusdem conscientia 결합된 욕구라고 정의될 수 있다"(E3p9s) ; "사람은 (2부 정리19와 23에 의해) 그가 행위하도록 규정하는 변용들에 의해 자기 자신을 의식하기conscius 때문에, 다른 사람들을 기쁨으로 변용시킬 것이라고 상상하면서 어떤 일을 한 사람은 자기 자신을 원인으로 보는 관념을 수반하는 기쁨에 의해 변용될 것이다"(E3p30d) ; "나는 또한, 나 자신으로서는 인간의 욕구와 욕망 사이에서 사실 아무런 차이도 인지할agnoscere 수 없다고 지적한 바 있다. 왜냐하면 인간이 자신의 욕구를 의식하든conscius 못하든 간에 욕구는 하나의 동일한 것으로 남기 때문이다"(E3ad1exp. 이곳에서 콘스키엔티아와 콘스키우스가 각각 2번씩 등장한다). 첫 번째와 마지막 출처로 3부 정리9의 주석과 「정서들에 대한 정의」 1의 해명에 언급된 욕망은 기쁨 및 슬픔과 함께 일차 정서 중 하나이다(E3p11s 및 이 책 '정서' 항목 참고).

689 E1app ; E2p35s ; E3p2s ; E3ad. [옮긴이] "그들이 인간 신체의 구조를 보고 놀라 얼이 빠지게 되는 경우에도 마찬가지인데, 그들이 이처럼 대단한 기예의 원인에 대해 무지하기ignorant 때문에 …"(E1app ; G II. 81) ; "사람들은 그들이 자유롭다고 생각할 때 속게 되는데, 이런

「서신58」에서 스피노자는 콘스키엔티아[의식]를 이성 및 경험과 동일시하는데, 특수한 정신의 콘스키엔티아는 그 신체의 기능적 복잡성에 대한 반영일 것이다(E5p39s).[690] 내들러는 스피노자가 인간과 예컨대 돌에게 귀속시킨 의식 간 차이는 이러한 높은 복잡성으로 설명된다고 말하며, 이러한 학설은 스피노자의 의식 이론을 단지 반성적 관념reflexive ideas 측면에서 설명하는 것보다 문제가 적다고 말한 것은 옳다.[691]

데카르트는 17세기 사전에는 등재되지 않았던 콘스키엔티아의 두 번째 의미를 도입하여 「세 번째 반박에 대한 답변」에서 이를 생각 및 지각과 동일시했다. "이해, 의지, 상상, 감각 등과 같이 우리가 생각cogitativos, cogitativi이라고 부르는 행위들이 있다. 이것들은 모두 생각 또는 지각 또는 의식이라는conscientiae 공통된 근거에 속하는 것이다"(AT VII. 176 ;

억견opinio은 오직 다음과 같은 점, 곧 그들이 자신들의 행위는 의식하면서도conscii 자신들의 행위를 규정하는 원인들에는 무지하다는ignari 데서 성립한다. 따라서 그들이 자신들의 자유에 대해 지니고 있는 이러한 관념은 그들이 자신들의 행위에 대한 어떤 원인도 인식하지 못하는 데서 생겨난다"(E2p35s) ; "경험 그 자체는 인간들이 스스로 자유롭다고 믿는 것은 그들이 자신들의 행동은 의식하는conscii 반면, 그 행동을 규정하는 원인들에 대해서는 무지하다는ignari 오직 한 가지 이유 때문이라는 점을 (…) 이성 못지않게 명백하게 가르쳐 준다"(E3p2s).

690 [옮긴이] 「서신58」 관련 인용문은 위쪽 옮긴이 주 참고. "인간 신체는 아주 많은 것을 할 수 있기 때문에Quia corpora humana ad plurima apta sunt, 인간 신체가 정신 ── 곧 자기 자신 및 신에 대한 커다란 인식을 가지고 있으며 그 최대의 또는 주요한 부분이 영원하며 따라서 죽음을 거의 두려워하지 않는 그러한 정신 ── 과 관련되는 본성에 속할 수 있다는 것은 의심의 여지가 없다"(E5p39s).

691 Nadler 2008. [옮긴이] 내들러는 이 논문에서 스피노자의 '의식'을 본문에 언급된 '반성적 관념'reflexive ideas 곧 '관념의 관념'ideas of ideas으로 해석하는 학설의 문제점을 제시하고 스피노자는 이를 "신체 복잡성의 상관자the correlate인 사유의 특정한 복잡성"으로 설명하는 "상당히 정교한 자연주의적 의식 설명의 가능성을 제시"했다고 주장한다. 내들러에 따르면, "인간의 의식은 연장 속성 내 인간 신체의 특별히 높은 복잡성의 사유 속성 내 상관자"이다. 핵심 전거는 무엇보다 『윤리학』 2부 정리13의 주석과 이하의 「자연학 소론」 및 5부 정리39의 주석이다.

원석영 I-1. 130). 나아가 그는 "'생각'cogitationes(사유, 사고)이라는 말로 써 나는 우리 안에서 우리가 직접immediate 의식하는conscii 모든 것을 의 미한다"라고 말한다.[692] 그러나 데카르트에게는 아직 의식의 반성성the reflexivity of consciousness(반성적 의식)에 대한 명료한 개념이 부재했다. [그 러나] 의식의 반성성은 [후대의] 여러 데카르트주의 인식론에 속하는 근 본적인 특징이었다. 예컨대 반 벨트하위선은 그것을 모든 사고와 감각의 필수 요건이라고 부른다.[693]

· **관련 항목** : 정신, 관념, 정서, 경험, 사유, 물체/신체, 질서와 연관, 원인

원문

Medegeweten van de kennisse onzes zelfs(KV 2.1). *Van onse goede conscientia zelve gestadig geleerd en vermaand worden*(KV 2.6). *Ille profecto aut contra conscientiam loquetur*(TIE 47, G II 18). *Quis enim, ait, nisi propriae contradicendo conscientiae, negaret* (⋯) *Ego sane, ne meae conscientiae, hoc est, ne rationi, & experientiae contradicam, & ne praejudicia, & ignorantiam foveam, nego, me ulla absoluta cogitandi potentia cogitare posse, quod vellem, & quod non vellem scribere. Sed ipsius conscientiam appello, qui sine dubio expertus est, se in somnis non habere potestatem cogitandi, quod vellet & quod non vellet scribere ; nec cum somniat se velle scribere*(Ep58). *Nisi forte aliquis intelligere, vel potius somniare velit, Prophetas corpus* (⋯) *adeoque eorum sensationes, & conscientiam alterius prorsus naturae, quam nostrae sunt, fuisse*(TTP 1, G III. 16). *Cupiditas ad homines plerumque referatur, quatenus*

---

692   데카르트, 「두 번째 반박에 대한 답변」(AT VII. 160 ; 원석영 I-1. 109).

693   [옮긴이] Van Velthuijsen, *De initiis primae philosophiae* 1. [옮긴이] 이상 세 문장의 원문은 다음과 같다. "However, in Descartes a clear notion of the reflexivity of consciousness is still absent. Is is a basic feature of several Cartesian epistemologies. Van Velthuijsen, for example, in De initiis primae philosophiae 1, called it a requirement of all cognition and sensing." 데 카르트에게는 의식의 반성성(반성적 의식, 자기 자신을 대상으로 하는 의식) 개념이 부재했지 만, 후대의 데카르트주의 인식론에서는 이 반성적 의식 개념이 근본적 특징이었다는 주장이 라고 생각된다. 반 벨트하위선은 이를 뒷받침하는 사례로 제시된 것으로 보인다.

sui appetitus sunt conscii, & propterea sic definiri potest, nempe, Cupiditas est appetitus cum eiusdem conscientia (E3p9s). *Ex modo dictis intelligimus, quid sit spes, metus, securitas, desperatio, gaudium, & conscientiae morsus* (E3p18s2). *Cum autem homo sui sit conscius per affectiones* (⋯) *Laetitia cum conscientia sui* (E3p30d) ; E3ad. *Conscientiae morsus est Tristitia, concomitante idea rei praeteritae, quae praeter Spem evenit* (E3ad17). *Conscientiae morsus animi impotentis sunt signa* (E4p47s).

참고문헌

1차 문헌

Descartes, R., *Responsiones secundae et tertiae*.

Velthuijsen, L. van, *De initiis primae philosophiae*, in *Opera omnia* (Rotterdam, 1680), pp. 851~954.

2차 문헌

Nadler, S., 'Spinoza and Consciousness', *Mind*, no. 117 (2008), pp. 575~601.

— 태미 나이든

【ㅌ】

타동적 원인causa transiens → 원인을 보라.

통치권 → 임페리움을 보라.

특성Proprium[프로프리움], Proprietas[프로프리에타스] → 나투라, 본질, 원인, 기하학적 질서를 보라.

특징/명명/명칭Denominatio(데노미나티오)

데노미나티오라는 말과 상응하는 네덜란드어 ‘베나밍’benaming은 발화된 것인지 기록된 것인지 사유된 것인지와 무관하게 말과 그것이 가리키는 대상 간의 의미론적 관계를 표시하는 스콜라철학 용어이다. 스피노자가 정치 관련 저작이 아닌 다른 저작에서 이 용어를 사용하는 일은 드물다. 스피노자는 중세 전통에 따라 내생적intrinsic 데노미나티오와 외생적extrinsic 데노미나티오를 구분하는데, 각각 “절대적” 데노미나티오와 “상대적” 데노미나티오라고 불리기도 한다.[694] 스피노자는 후자의 데노미나티오는 “수사적으로” 사용되고(CM 1.6) 이에 기반한 논증을 무효로 만든다고 말한다(CM 2.2). 외생적 데노미나티오는 사물의 상황이나 그것들 간의 관계를 가리키는 반면, 내생적 데노미나티오는 “실재의 내밀한 본질”과 관련된다(TIE 101). 관찰자와 관련된 ‘선/좋음’, ‘완전함’, ‘아름다움’ 같은 사유의 양태는 실재의 외적external 특징이다(Ep54).[695]

694　[옮긴이] 토마스 아퀴나스는 “어떤 것이 파생적으로 서술되는 두 가지 방식”, 곧 “자기 밖에 있는 것으로부터 파생되어 명명”되는 방식과 “내재하는 것에 의해서 파생적으로 명명”되는 방식을 구분한다(토마스 아퀴나스, 신창석·박승찬·김율 역주, 『대이교도대전』, 제2권, 분도출판사, 2015, 165~167쪽). 전자가 어떤 것이 다른 것과의 관계에서 갖게 된 외생적 특징과 관련된다면, 후자는 그것에 내재하는 내생적 특징과 관련된다. 주지된 바와 같이 스피노자는 이러한 두 특징을 관념에 적용한다(E2d4 및 이 책의 ‘관념’ 항목 참고).

695　[옮긴이] “실상 이 가변적인 개별 실재의 계열을 이해할 필요가 있는 것도 아니다. 가변적인 개별 실재의 본질이 그 계열로부터, 혹은 실존의 질서로부터 도출될 것도 아닌 이상 말이다. 이 실존의 질서는 우리에게 외적 근거에 따른 데노미나티오, 관계 혹은 기껏해야 정황밖에 제공하지 않고, 이것들 모두는 실재의 내밀한 본질과는 거리가 멀기 때문이다. 반대로 이 내밀한 본질은 오직 부동의 영원한 실재들에서 구해야 하며, 동시에 진짜 법령집 안에 기입되듯이 이 실재들 안에 기입되어 있는 법칙들에서, 모든 개별적인 것이 어떻게 만들어지고 질서 지어지는지를 지배하는 법칙들에서 구해야 한다”(TIE 101 ; 김은주 107. 용어는 수정) ; “친애하는 선생님, 미는 해당 대상의 성질이라기보다는 그 대상을 바라보는 사람에게 발생하는 결과입니다. (⋯) 따라서 그 자체로 또는 신의 관점으로 고찰된 실재들은 아름답지도 않고 추하지도 않습니다. (⋯) 완전성과 불완전성은 미추와 그리 다르지 않은 데노미나티오

스피노자는 데노미나티오 개념을 정의한 바 없지만, 그의 용법은 실재에 귀속되는 내생적 형식intrinsic form과 외생적 형식extrinsic form, forma adjacens[포르마 아드야켄스, 인접 형식] 간 존재론적 차이를 전제하는 전통과 일치한다. 의미론적 차이는 이러한 형식들의 차이에 근거한다. 내생적 형식에는 실재의 본질과 내생적인 곧 내속하는inherent 우유성이 포함된다. 예컨대 눈을 하얗다고 인간을 검다고 불을 뜨겁다고 부르거나 스피노자를 그의 학식 때문에 "박학하다"라고 명명하는denominate 경우가 이에 해당한다.[696] 외생적 형식에는 상황, 활동, 정념이 포함된다. 예컨대 탁자가 '보인다', 음식이 '맛이 난다', 종소리가 '들린다', 손이 '왼쪽에 있다'거나 스피노자가 '존경받는다'라고 부르는 경우가 이에 해당한다.

어떤 실재가 '보인다', '어떤 맛이 난다', '들린다', ['왼쪽에 있다',] '존경받는다'라는 표현은 모두 보는 사람, 맛보는 사람, 듣는 사람, [어떤 위치에 있는 사람,] 존경하는 사람이라는 외적인 어떤 것 때문에 그렇게 명명된다. 스콜라철학의 저자들은 이러한 외적 형식의 존재론적 본성을 다루었는데, 일부 학자들에 따르면 이러한 외적 형식은 실재적 존재자이지만, 다른 학자들에 따르면 그것은 순전히 개념적 존재일 뿐이다. 「제6성찰」에서 외생적 특징은 사유에 의해 만들어진다는 사실을 강조했던 데카르트처럼(AT VII. 85 ; 이현복 I. 118), 스피노자는 후자의 그룹에 속한다.

· **관련 항목** : 본질, 우유, 진리

입니다"(Ep54 ; G IV. 252 ; 이근세 308. 용어는 수정).

696   Micraelius, *Lexicon philosophicum*.

원문

Al wat de menschen aan God buijten deze twee eijgenschappen meer toeschrijven dat zal moeten zijn oft'een uijtwendige bena ming(KV 1.2). *Cognitionem veram a falsa non tantum per denominationem extrinsecam, sed maxime per intrinsecam distingui*(TIE 69, G II. 26). *Nihil aliud praeter denominationes extrinsecas, relationes, aut ad summum circumstantias, quae omnia longe absunt ab intime essentia rerum*(TIE 101, G II. 36). *De his [affectionibus] quasdam hic explicare, et a denominationibus quae nullius entis sunt affectionibus separare conabur*(CM 1.3). *Verum et falsum* (⋯) *non nisi rerum denominationes extrinsecas esse*(CM 1.6). *Argumenta a relationibus aut denominationibus extrinsecis petita*(CM 2.2). *Perfectio atque imperfectio sunt denominationes, quae non multum a denominationibus pulchritudinis et deformitatis differunt*(Ep54). *Per ideam adaequatam intelligo ideam, quae quatenus in se sine relatione ad objectum consideratur, omnes verae ideae proprietates sive denominationes intrinsecas habet*(E2d4). *Idea* (⋯) *quandoquidem per solam denominationem extrinsecam distinguuntur*(E2p48s). *Affectuum unusquisque variis nominibus appellari solet propter varias eorum relationes et denominationes extrinsecas*(E3ad48exp).

참고문헌

1차 문헌

Descartes, R., *Meditationes*.

— 헨리 크롭

【ㅍ】

파시오Passio(수동/정념)

'파시오'라는 말은 『윤리학』 3~5부에 여러 차례 등장하며, 스피노자 철학 특유의 특정한 의미를 지닌 전문 용어이다. 유감스럽게도 거의 모든 번역본이 이 관념을 '감정'emotion, emotio, '정서'affect, affectus, '변용'affection, affectio과 혼동하는데, 주요 저작에서 스피노자는 이 관념들을 명확하게 구분한다. 『소론』 같은 초기 저작에서 [네덜란드어] '리딩어'lydinge나 '파신'passien이라는 말을 사용하는데, 이는 '토흐턴'tochten — 즉 네덜란드어 '하르츠토흐턴'hartstochten(열정, 격정)이나 영어의 '패션'passions(열정, 정념) —과 동의어이다.[697]

정념은 '반'waan, delusion[망상] 곧 1종의 인식에 의해 발생한다. 스피노자에 따르면 정념에서 해방되는 것은 우리의 지성을 잘 사용함으로써 가능하다. 『신학정치론』에서도 스피노자는 '파시오'를 '아펙투스'affectus(정서)라는 의미로 한두 차례 사용한다.

『윤리학』에서 스피노자는 원칙적으로 엄밀한 의미의 정서와 파시오를 구별하는데, 파시오는 정신의 정서에 속하는 하위범주이자 부적합하거나 혼란스러운 관념으로 정의된다(E3adg). (『정치론』에서도 한 번 그렇게 구별한다. TP 2.5).[698] 신체에서 파시오는 우리가 부적합한 원인인

---

697 『소론』 2부 9장의 난외에 있는 언급과 비교하라. [옮긴이] 『소론』 2부 9장에는 "Uyt deze begrippen dan komen hervoort aile deze togten[tochten] aldus"(이 개념들로부터 다음과 같은 이러한 모든 'togten'이 나온다. G I. 70 ; C I. 113)라는 구절이 나오는데, 이 구절의 난외 주에서 스피노자는 'togten' 대신 'passien'을 쓴다. "Hoe nu alle dese passien uyt de begrippen voortkomen"(이제 어떻게 이 모든 passien들이 그 개념들부터 나오는지. G I. 489. 이 주는 컬리 영역본에는 누락된 것 같다). 이 항목의 저자는 이러한 사례가 스피노자의 주요 저작과 달리 엄밀하게 개념을 구분하고 있지 않음을 보여 준다고 지적하는 것이다.

698 [옮긴이] "마음의 정념animi Pathema이라고 불리는 정서는 혼란스러운 관념으로 …"(E3adg ; G II. 203). "이성에서 비롯하지 않는 저 욕망들이 인간의 악티오가 아니라 파시오라는 것을 나는 당연히 인정한다"(TP 2.5 ; G III. 277 ; 공진성 63~64. 번역은 수정). 능동 정서는 적합한 관념에 기초한 이성적 인식에서 나오는 것이기 때문에, "이성에서 비롯하지 않는" 욕망들은 파시오[정념]가 된다. 따라서 『정치론』의 이 구절도 정서와 정념을 구분한 것이라 할 수 있다.

물리적 변용을 의미한다(E3d3ex ; E3p1 ; E3p58~9 ; E4p32~5 ; E5p3). 정신의 파시오는 부적합한 관념이자 활동을 겪음suffering[작용 받음]인 반면(E3adg), 적합한 관념에 의해 생기는 능동 정서에는 활동함acting(작용함)이다. 부적합한 원인과 활동을 겪음 간의 이러한 관계는『윤리학』 3부의 적합한 원인과 활동함에 대한 정의로 명확히 설명된다.[699]

파시오의 기원은 부적합성에 있는데, 스피노자에 따르면 이는 파시오가 인간 무능력의 징표라는 사실을 설명해 준다(E4app2 ; E5p20s). 파시오[정념]와 능동 정서가 상이한 기원을 갖는다는 이러한 사실에는, 기본 정서 중 기쁨과 욕망 정서만 파시오[수동/정념]와 악티오[능동] 둘 다일 수 있다는 사실이 함축되어 있다(E3p58). 반면 스피노자는『윤리학』 3부 정리59에서 슬픔과 그것의 파생 정서가 오직 파시오로만 존재한다는 것을 증명한다.[700]

699　[옮긴이] 저자의 'suffering'과 'acting'은 각각 스피노자의 아래 정의에서 사용된 라틴어 동사 '파티'pati, '아게레'agere에 해당하는 영어 표현일 것이다. 전자는 '활동을 겪다, 작용을 받다, 수동적이다'be acted on라는 뜻이며, 후자는 '활동하다, 작용하다, 능동적이다'act라는 의미이다. "우리가 그것의 적합한 원인인 어떤 것이 우리 안에서나 우리 밖에서 생겨날 때, 곧 (앞의 정의1에 따라) 우리의 본성으로부터, 우리 안에서나 우리 밖에서 우리의 본성만으로 명료하고 뚜렷하게 인식될 수 있는 어떤 것이 따라 나올 때, 나는 우리가 **능동적이다**nos agere(**활동한다**)라고 말한다. 그리고 반대로 우리 안에서 어떤 것이 생겨날 때, 또는 우리의 본성으로부터, 우리가 그것의 부분적인 원인에 불과한 어떤 것이 따라 나올 때, 나는 우리가 **수동적이다** **nos pati(활동을 겪는다)**라고 말한다"(E3d2. 강조는 인용자).

700　[옮긴이] 데카르트와 달리 스피노자는 기쁨, 슬픔, 욕망 세 가지 기초 정서에서 다른 모든 정념을 연역한다(E3p11s ; E3p59s ; E3ad48exp). 그래서 "모든 정서는 욕망이나 기쁨 또는 슬픔과 관련된다". 그런데 "정신이 슬픔을 느끼는 한에서 정신의 이해 역량, 곧(3부 정리1에 의해) 행위 역량은 감소되거나 저해된다". 이는 그만큼 정신이 작용을 겪고 있음을 의미한다. 반면 정신이 욕망과 기쁨을 느낀다는 것은 역량이 증대되고 그만큼 작용한다는 것을 뜻한다. 따라서 정신이 능동적 상태에 있을 때 그러한 정신과 관련되는 정서들은 슬픔의 정서일 수 없고, 오직 기쁨과 욕망의 정서들만 능동적인 한에서의 정신과 관련을 맺을 수 있다(이상 E3p59d 및 이 책 '정서' 항목 참고).

파시오[정념]의 가짓수는 능동 정서의 그것을 훨씬 초과한다. 스피노자는 『윤리학』 3부에서 마흔여덟 가지가 넘는 수동 정서에 관해 기술하고, 정리59에서 불과 다섯 가지의 능동 정서만 말한다. '절제', '절도', '위험에 직면하여 마음을 다잡는 것', '겸손함', '너그러움'이 그것이다. 게다가 다섯 가지 능동 정서는 모두 '굳건함'(一以貫之)Animositas과 관대함Generositas의 종이며, 굳건함과 관대함은 다시 강인함Fortitudo의 두 현시이므로, 결국 능동 정서는 '강인함'이라는 단 하나만 남게 된다. 이러한 불균형은 의학적 분석으로 설명될 수 있을 것이다. 의사에게는 건강을 회복시키기 위해 있을 수 있는 수많은 질병을 기록한 전문 사전이 필요하다. 그러나 건강 자체는 질병이 전혀 없는 상태로 단 한 가지이다.

"인간의 예속 또는 정서의 힘에 관하여" 다루는 『윤리학』 4부에서 파시오와 악티오 간의 명료한 구분이 『윤리학』 4부에 다시 등장하는 것은 이러한 이유 때문이다. 이곳에서 "정념[passio]의 노예"인 사람은 "이성의 인도에 따라" 살아가는 사람과 대비된다. 정념을 통제하기 위해서는 스피노자가 『윤리학』 4부 정리7에서 언급하는 것처럼 더 강한 다른 정서가 필요하다. 그러한 변화는 정의상 수동 정서와 연결되어 있는 혼동된 관념을 명료하고 뚜렷한 인식으로 대체할 때 가능하다(E5p3). 이러한 이유로 이성은 정념이 일으킬 수 있는 자기 보존 활동을 훨씬 더 효과적으로 산출한다. 『윤리학』 5부 서문에서 스피노자는 데카르트적 의미의 정념으로 돌아가 그의 『정념론』을 논평하면서 "정념들의 운동"과 "절대적 지배력"의 가능성에 관해 서술한다.[701] 신체와 정신의 통일을 전

---

701 [옮긴이] "(…) 따라서 만약 우리가 확실하고 굳건한 의지 —— 우리의 삶의 활동을 그에 따라 지도하고 싶어 하는 —— 에 의해 우리의 의지를 규정한다면, 그리고 만약 우리가 갖고 싶어

제하는 스피노자는, 의지의 자유와 그것이 정념을 능가하는 힘을 획득할 수 있음을 당연시한 스토아학파와 데카르트를 비판하며, 우리 자신의 신체와 정신 내부에서 이루어지는 변형을 통해 우리의 정념을 능동 정서로 바꾸는 방법을 알려 주고자 한다.

『정치론』에서 전개되는 스피노자의 정치철학은 『윤리학』에서 "참이라는 것을 (…) 증명"했던 것처럼 인간이 필연적으로 그들의 정서에 종속되어 있다는 사실에 근거한다(TP 1.4~5).[702] 사회와 국가는 불가피하게 정서, 특히 두려움과 "눈먼 욕망"에 근거하는데, 이는 이성에서 비롯된 것이 아니므로 파시오이지 악티오가 아니다(TP 2.5).[703] 철학자들은 정념의 변화transformation 문제를 숙고할 수 있지만, 정치인들은 정념을 처리해야 한다. 국가를 통치할 때 그들은 정념과 능동 정서 간 차이를 무시할 것이다.[704]

하는 **정념들의 운동**motus passionum을 이러한 판단과 결합시킨다면, 우리는 우리의 정념들에 대한 **절대적 지배력**imperium absolutum을 획득하게 될 것이다. 이것이 바로 (내가 그의 말로부터 추론해 보건대) 그토록 저명한 이 사람의 견해인데, 나는 이러한 견해가 아주 미묘하지 않았더라면si minus acuta, 이것이 그처럼 위대한 사람[데카르트 — 인용자]이 주장한 것이라고는 믿지 않았을 것이다"(G Ⅱ. 279).

702   [옮긴이] "이 정서들은 더움, 차가움, 폭풍, 천둥 같은 것들이 공기의 본성에 속하는 것처럼 인간의 본성에 속한다. (…) 이것이 확실하며 참이라는 것을 우리는 『윤리학』에서 증명했다. 즉 인간이 필연적으로 정서에 예속되어 있다는 것, (…)"(TP 1.4~5 ; 공진성 53) ; "이로부터, 인간은 항상 필연적으로 수동들passionibus(정념들)에 종속되며, 자연의 통상적 질서를 따르고 실재들의 본성rerum natura이 요구하는 한에서 그것에 자신을 맞춘다는 점이 따라 나온다"(E4p4c).

703   [옮긴이] "이성에서 비롯하지 않은 저 욕망들이 인간의 악티오가 아니라 파시오라는 것을 나는 당연히 인정한다"(공진성 62~65).

704   [옮긴이] "국가가 지속될 수 있기 위해서는 그것의 공정인 일들이, 그 일을 담당하는 사람들이 **이성에 의해 인도되거나 정서에 의해 인도되거나 간에**, 충성스럽지 않게 되거나 나쁘게 행동할 수 없도록 잘 조직되어 있어야 한다. (…) 영혼의 자유나 강인함은 사인私人의 덕이고, 국가의 덕은 안전이기 때문이다"(TP 1.6 ; 공진성 57. 강조는 인용자).

17세기 학문 라틴어에서 인간 정서 일반을 나타내기 위해 파시오가 사용되는 일은 드물었다. 그래서 앙리 데마레는 데카르트의『정념론』라틴어판 서문에서 아펙투스라는 더 좋은 라틴어 말보다 '저자의 원리들'과 의견이 일치하는 파시오라는 말을 쓰는 것에 대해 양해를 구한다.[705] 스피노자는 '파시오'를 인간 정서의 하위 범주로 사용함으로써, 데카르트를 무시하고 스콜라철학의 담론으로 돌아가 '아게레'agere와 '파티'pati라는 라틴어 동사와 연관된 두 종류의 정서[능동 정서와 수동 정서]를 구별하고, '정서'를 보다 일반적인 관념으로 삼는다. 17세기 말에도 여전히 이런 식으로 개념들을 연결하는 것은 자연스러운idiomatic 일이었다. 예컨대 쇼뱅은 "파시오는 (…) 어떠한 형상forma이든 받아들임receptio이며, 엄밀히는 (…) 고통을 일으키는 형상을 받아들임"이라고 말하며, 미크라일리우스는 "행위를 받아들이는 소질[능력]"이라는 일반 관념을 강조한다.[706]

· **관련 항목** : 악티오, 정서, 변용, 마음의 정념, 예속, 강인함, 욕구, 의지

원문

Alle de lydinge (passien), die daar streydig zyn tegen de goede reden (KV 2.2). Ons aanwyst alle passien die te vernietigen zyn (KV 2.4). Onse werken van ons of met of zonder passien gedaan worden (KV 2.6). Uit deze begrippen dan komen hervoort alle deze tochten*(KV 2.9. G I. 70)-*Hoe nu alle deze passien uijt de begrippen voortkomen (KV 2.9, G I. 489). Van die passien, die wy kwaad hebben geoordeeld, vry konnen worden (KV 2.19).

---

705   [옮긴이] 원문에는 "Desmarets"가 아니라 "Courcelles"라고 되어 있어 바로잡는다. 에티엔 드 쿠르셀레스는『방법서설』*Discours de la méthode*과『유성』*Les Météores*의 라틴어 역자이며,『정념론』은 Desmarets가 번역했다. 이 책의 '정서' 항목에도 같은 이야기가 나온다.

706   Chauvin, *Lexicon philosophicum* ; Micraelius, *Lexicon philosophicum*.

Haec vox ruagh servit ad exprimendum omnes animi passiones(TTP 2, G III. 22) *Passiones dominare*(TTP 3, G III. 46). *Si harum affectionum adaequata possimus esse causa, tum per affectum actionem intelligo, alias passionem*(E3d3ex). *Mentis actiones ex solis ideis adaequatis oriuntur ; passiones autem a solis inadaequatis pendent*(E3p3). *Ut ordo actionum et passionum corporis nostri*(E3p2s). *Omnes actiones quae sequuntur ex affectibus, qui ad mentem referuntur, quatenus intelligit, ad fortitudinem refero*(E3p59s). *Homines natura discrepare possunt quatenus affectibus, qui passiones sunt, conflictantur*(E4p32). *Imperium acquiremus absolutum in nostras passiones*(E5praef). *Affectus, qui passio est, desinet esse passio*(E5p3). *Deus expers est passionum*(E5p17). *Cupiditates, quae ex ratione non oriuntur, non tam actiones quam passiones esse humanas*(TP 2.5).

참고문헌

1차 문헌

Descartes, R., *Passiones animae*, trans by. Henri Desmarets(Amsterdam, 1650).

2차 문헌

Steenbakkers, P., *Spinoza's Ethica from Manuscript to Print. Studies on Text, Form and Related Topics*(Assen : Van Gorcum, 1994).

Talon-Hugon, C., *Les passions revees par la raison. Essai sur la theorie des passions de Descartes et de quelques-uns de ses contemporains*(Paris : Vrin, 2002).

— **미리암 판 렌**

판단 Iudicium(이우디키움)

『데카르트의 『철학의 원리』』 서문에서 로데베이크 마이어는 판단 이론이 데카르트와 스피노자 철학의 근본적 차이 중 하나라고 말한다. 데카르트의 『철학의 원리』 1부 32항에 따르면 정신 안에서 두 종류의 사유 양태가 구별될 수 있다. 첫 번째 종류에는 모든 지각들 또는 지성의 작용들이 속하고, 두 번째 종류에는 모든 의지들 또는 의지 작용이 속한다. 수동적인 코기타티오네스 cogitationes(인식들), 이를테면 감각하거나 상상하거나 순수하게 지성적인 실재를 인식하는 것은 지성에 속해야 한다. 그러나 능동적인 코기타티오네스, 이를테면 욕망하거나, 싫어하거나, 긍정하거나, 부정하거나, 의심하는 것은 의지의 상이한 양태들이다. 지각하고 상상하는 것과 같은 코기타티오네스에서 정신은 수동적인데, 데카르트의 이론을 자세히 설명한 쇼뱅에 따르면, 그러한 정신은 관념에 의해 수동적으로 형성되기 때문이다.[707] 그러나 판단은 정신의 작용인데, "정신은 관념을 조합하거나 분리함으로써 (…) 스스로 움직이고 결정하기 때문이다". 그러므로 판단은 정신에 의해 긍정하거나 부정하는 자유로운 행위인 반면, 관념의 형성은 수동적 인식이다. 관념은 지성에 의해 공급되는 재료이다. 그러나 관념은 스스로를 결정하는 정신, 곧 의지에 의해 서로 분리되거나 결합된다. 게다가 데카르트에 따르면 판단은 의지의 활동이다. 왜냐하면 정신은 진리 또는 그럴듯한 어떤 것에 동의할 때마다 판단을 내리고 있기 때문이다. 정신 안에 있는 자유롭고 능동적인 의지와 수동적인 지성의 차이는 데카르트의 판단 이론에 근본적이다.

자유로운 의지 및 지성과 의지의 실재적 구별에 대한 데카르트의 학설을 비난하면서, 스피노자는 데카르트의 판단 이론 또한 비난한다. 스피노자는 욕망이 아니라 의지를 관념을 긍정하거나 부정하는 능력으로 정의한다(E2p48s). 왜냐하면 지성과 구별되는 절대적 의지는 없고(E2p49c), 모든 관념은 필연적으로 원인에 의해 규정되며, 그 원인 또한 다른 원인에 의해 규정되고 그렇게 무한히 나아가기 때문이다(E2p48). 의심이나 불확실성은 허위untruth이다. 의지가 실제로 지성과 동일할 뿐만 아니라(E2p49c) 의지 작용 곧 긍정과 관념을 갖는 활동에 차이가 없

707　Chauvin, *Lexicon philosophicum*.

다(E2p49)라고 하는 것은 이러한 이유 때문이다. 스피노자는 「형이상학적 사유」 2부 12장에서 생각하는 것은 판단하는 것이라고 말한다. 스피노자의 판단 이론은 관념을 갖는 것에 대한 그의 정의에서 따라 나온다. 데카르트와 달리 그는 관념을 정신의 개념이라고 말하는데, 이 개념이라는 용어는 정신의 능동성을 표현한다(E2d3).[708] 스피노자에게는 판단에 대한 데카르트의 설명이 『윤리학』 1부 부록에서 그가 논의하는 편견의 중요한 원인이다.

· 관련 항목 : 정신, 관념, 지성, 의지, 지각, 편견

원문

Ad secundam objectionem respondeo negando nos liberam habere potestatem judicium suspendendi. Nam cum dicimus aliquem judicium suspendere, nihil aliud dicimus quam quod videt se rem non adæquate percipere. Est igitur judicii suspensio revera perceptio et non libera voluntas (E2p49s).

참고문헌

1차 문헌

Descartes, R., *Meditationes de prima philosophia, Principia philosophiae*.

2차 문헌

Gueroult, M., *Spinoza II- L'âme* (Paris : Éditions Aubier-Montaigne, 1974).
Parkinson, G.H.R., *Spinoza's Theory of Knowledge* (Oxford : Clarendon Press, 1954).
Verbeek, Th., *Spinoza's Theologico-Political Treatise. Exploring 'the Will of God'* (Aldershot :

---

708 "나는 관념을 정신이 사유하는 실재이기 때문에 형성하는 정신의 개념Mentis conceptum이라고 이해한다. 해명 : 나는 지각이 아니라 개념이라고 말한다. 왜냐하면 지각이라는 단어는 정신이 대상에 의해 작용받는다는 것을 암시하는 것처럼 보이기 때문이다. 그러나 개념은 정신의 능동을actionem 표현하는 것처럼 보인다"(E2d3).

Ashgate, 2003).

Wilson, M.D., 'Spinoza's theory of knowledge', in Don Garret(ed.), *The Cambridge Companion to Spinoza*(Cambridge : Cambridge University Press, 1996), pp. 89~141.

— **필립 뷔이스**

포테스타스Potestas(권력, 권능)

스피노자 저작에서 포테스타스의 의미는 포텐티아potentia, 비스vis(힘), 비르투스virtus, 파쿨타스facultas(능력, 직능) 같은 관련 용어의 의미와 상당 부분 중첩된다. 이 용어들이 종종 서로 대신해서 사용되는 것은 이러한 이유 때문이다. 예컨대 '포테스타스 아피르만디 에트 네간디'potestas affirmandi & negandi(긍정하거나 부정하는 포테스타스)와 '포텐티아 아드 아피르만둠 에트 아드 네간둠'potentia ad affirmandum, et ad negandum(긍정하거나 부정하기 위한 포텐티아, CM 2.12), 또는 포테스타스와 임페리움imperium은 모두 의지와 지성의 힘, 이를테면 판단을 정지하거나(E2p49s) 정념을 통제하는(E5praef) 힘을 가리킨다.

이처럼 이 말들을 동일시했던 것은 (적어도 부분적으로는) 17세기 스콜라철학 담론에서는 통상적인 일이었다. 예컨대 미크라일리우스는 다음과 같이 말한다. "종종 포텐티아는 포테스타스와 동의어로 간주된다. 그러므로 포테스타스 안에 있음은 포텐티아 안에 있음과 동일한 것이다."[709] 고클레니우스는 다음과 같이 말한다. "포테스타스는 절대적으로만absolute modo 포텐티아로 받아들여지며, 그리스어로 뒤나미스

---

709   Micraelius, *Lexicon philosophicum*.

δύναμις(힘, 역량)라고 하고 (…) 포테스타스는 상대적으로Modo Relative 사용되며, 그리스어로 엑소우시아ἐξουσία(권리, 권세, 능력)라고 하며 (…) 앞의 포테스타스는 능동적이고 수동적이지 않다."[710] 더욱이 전통적으로 (최고) 권력은 (최고) 통치권[imperium]과 동일시된다. 예컨대 홉스는『시민론』에서 다음과 같이 기술한다. "어느 국가에서나, 지금까지 언급한 방식으로 각 개인의 의지를 지배하는 의지를 갖는 인간이나 평의회는 최고 권력supreme power, 최고 통치권imperium, 지배권dominion을 갖는다고 한다. 이와 같이 명령하는 권력이나 권리는 각 시민이 자신의 모든 힘과 능력을 명령하는 인간이나 평의회에 양도했다는 것이다."[711]

포테스타스는「형이상학적 사유」에는 딱 한 번 등장하고『지성교정론』에는 단 두 번 사용되지만, 그 외의 스피노자 저작에서는 자주 사용된다. 우리는 네 가지 다른 의미를 구별할 수 있다.

첫째, 우리는 우리의 신체 또는 정신이 무엇을 하거나 생각하는 능력capability이라는 의미의 포테스타스 개념을 접하게 된다. 예컨대 "자기에게서 빼앗아 가지 못하도록 지킬 포테스타스"(TP 2.23 ; 공진성 91), 의지하거나 부정하는 등의 포테스타스(CM 2.12)라는 표현이 그렇다. 또한 스피노자는 사회의 "스스로를 보존할 수 있는 포테스타스"(E4p37s2)[712]라는 구절에서처럼 공동체community와 관련하여 이 표현을 사용하기도 한다. 포테스타스의 이러한 용법은 어떤 것은 우리의 능

---

710 Goclenius, *Lexicon philosophicum*.

711 Hobbes, *De Cive* 5.11. [옮긴이] 이준호 I. 113. 용어는 수정.

712 [옮긴이] "법률들과 스스로를 보존할 수 있는 포테스타스에 기초하여 설립된 이러한 사회가 국가라고 불리며"Haec autern Societas, legibus, & potestate sese conservandi firmata, Civitas appellatur.

력power 안에 있으며 어떤 것은 그렇지 않다는 것을 시사한다. 『소론』에서 "인 온서 마흐트 진"in onse machtzyn(우리의 능력 안에 있는)과 "바위 턴 온서 마흐트 진"buyten onse macht zyn(우리의 능력 밖에 있는)의 차이는 중요한 역할을 한다(KV 2.5). 스피노자는 1674년 치른하우스와 슐러에게 보낸 「서신57」과 「서신58」에서 이 구분을 강조한다. 어떤 것은 현행적으로 또는 본질적으로 나의 포테스타스 안에 (또는 밖에) 있을 수 있다. 우리의 능력 안에 있는 것은 본질적으로 우리의 본성이 허락하는 것에 달려 있다(E2p49s).

두 번째로, "인 포테스타스 에세"in potestate esse(포테스타스 안에 있음)라는 구절에는 두 가지 내포가 있다. 먼저 그것은 힘force을 의미한다. 예컨대 어떤 것이 신의 포테스타스 안에 있다거나(E1p17s과 p35) 또는 정신의 포테스타스 안에 있다고(E3p2s) 할 때가 그렇다. "숩 포테스타테 하베레"Sub potestate habere(포테스타스 아래 지님)도 이러한 의미로 사용되었을 것이다. 다른 하나는 인간이 환경이나 운에 종속된다는 것을 뜻하는 것일 수도 있다. 이때 포테스타스는 예컨대 정서와 무관하게 이성을 사용하거나 [무엇을] 의지하는 인간 역량power의 한계를 나타낸다(E4praef ; TP 2.8). 따라서 "어떤 것의 포테스테스 안에 있음"은 특정한 약함과 무능력을 나타낸다.

셋째로, 포테스타스는 결과를 산출하는 곧 실존하거나 활동하는 역량power을 나타낼 수 있다. 스피노자에 따르면, 인간의 역량potentia — 그리고 그의 덕virtue — 은 자신의 본성에 따라 무엇이든 결과를 산출할 수 있는 포테스타스에 의해 정의되며, 따라서 오직 자신의 본성의 법칙에 의해서만 파악될 수 있다(E4d8 ; TP 2.7).[713] 인간이 처한 [실질적] 상황으로 절대적 역량의 획득 가능성이 배제되는 것은 이러한 이유 때문이다.[714] 스피노자는 특히 자유의지 관념과 연관된 절대적 역량 관념을 거부한다. 우리의 정념에 대한 완전한 통제는 불가능하다(E5praef). 즉 이러한 통제는 우리의 역량에 달려 있지 않다(여기에서 스피노자는 임페리움 또는 포텐티아라는 용어를 사용한다). 상황에는 우리가 그것을 통제할 수 있는 힘보다 더 큰 힘이 있는 경우가 많다(E4app32 ; cf. TP 2.6). 오직 신에게만 절대적 역량이 있다. 모든 것은 그의 역량에 의존하기 때문이다(E1p33s2). 인간이 강함과 약함 사이를 오갈 수 있기 때문에, 역량은 사회적 위계를 구성하는 기본 요소이다. 이는 타인의 역량 안에 있음being in the power of another과 권리상 독립적임being rightfully independent, sui juris[수이 유리스, 자신의 권리 아래]을 구별하는 것에서 가장 명확하게 드러난다(TP 2.9). 이러한 전통적인 정치적 구별은 어떤 부류의 인간이 다른 인간을 통제할 수 있다는 (자연적) 능력ability을 전제로 한다(TP 2.10,

---

713   [옮긴이] "나는 덕virtus(실력)과 역량potentia을 같은 것으로 이해한다. 곧 (3부 정리7에 의해) 덕[실력]은 인간과 관련되는 한에서 인간의 본질 자체 또는 본성인데, 이는 인간이 그의 본성의 법칙들만으로 이해될 수 있는 어떤 결과들을 생산할 수 있는 능력potestas을 갖고 있는 한에서 그렇다"(E4d8) ; "그러므로 인간은 실존하지 않을 수 있다거나 이성을 사용하지 않을 수 있다는 이유에서 자유롭다고 일컬어질 수 없고, 인간 본성의 법칙을 따라 실존하고 작업할 포테스타스를 가지는 한에서만 그만큼 자유롭다고 일컬어질 수 있다"(TP 2.7 ; 공진성 69).

714   [옮긴이] 인간의 역량이 그가 적합한 원인인 결과를 산출할 수 있는 그의 포테스타스에 의해 정의되는 한, 인간이 절대적 역량을 획득할 가능성은 없다. 왜냐하면 인간은 근본적으로 '자연의 일부'이며, 다른 실새들과의 변용 관계 속에서 자신이 겪는 변화의 '적합한 원인'일 수 없기 때문이다. 다음 정리 참고. "인간이 자연의 일부가 아니게 되는 것은 있을 수 없으며, 그의 본성만으로 이해될 수 있으며 인간이 적합한 원인이 되는 그러한 변화들만을 겪는다는 것도 있을 수 없다"(E4p4).

11.3). 우리는 주인과 노예, 남자와 아내, 부모와 자식, 선생과 학생 간의 관계를 생각해 볼 수 있다. 포테스타스가 주로 법적 함의를 갖는 것은 이러한 이유 때문이다. 그래서 포테스타스는 어떤 것에 대한 법적 권리(복종 받을 권리, 전쟁을 시작할 권리, 또는 자신의 재산을 사용할 권리)를 의미할 수 있다. 그로티우스는 자율적임과 어떤 것이나 어떤 이의 주인됨을 구별한다.[715]

넷째로, 포테스타스는 스피노자의 사회·정치철학에서 다른 사람으로 하여금 원하는 것을 하게 만드는 권한competence과 실제 능력actual capability을 의미하기도 한다. 권한이라는 의미의 힘power은 이미 로마법에서 찾을 수 있다. 이는 (권위authority를 가지고 있던 원로원과 대조적으로) 집정자들magistrates이나 아버지에게 귀속된다. 스피노자는 포테스타스를 국가의 최고 권력인 정부를 나타내기 위해 포괄적 권한overall competence이라는 의미로 사용한다. 이 최고 권력은 인민으로부터 의회나 왕에게 권력이 이전됨으로써 확립되었을 것이다. 이러한 이전은 권한, 즉 자신의 삶을 지배할 자연권(TP 3.3, 8.17)의 이전이다. 최고 권력은 그 자체로 일종의 권리이다(TP 3.2, 3.11).[716] 이러한 권리에 대해서는 『정치론』 3, 4장에 기술되어 있다. 스피노자는 또한 국가의 구조constitution를 재건하기 위해 한시적으로 부여되는 특별 권한인 독재적 권

---

715   Grotius, *De jure belli ac pacis*, 1.1.5.

716   [옮긴이] "국가 또는 최고 권력의 권리는 자연의 권리 외에 다른 것이 아니며, 그 권리를 결정하는 것은 각 사람의 힘이 아니라 마치 하나의 정신에 의해 인도되는 다중의 힘이다"(TP 3.2 ; 공진성 93). "최고 권력의 권리는 (이 장의 제2절에 따라) 바로 자연의 권리 외에 다른 어떤 것이 아니므로, 여기에서 두 개의 국가는 자연 상태에 있는 두 사람처럼 서로 대립한다는 결론이 도출된다"(TP 3.11 ; 공진성 111). 원문에는 출처가 TP 3.8이라고 되어 있으나 오기로 생각된다.

력dictatorial power을 언급하기도 한다(TP 10.1). 권력의 또 다른 예는 도시나 국가를 실제로 통치하는 이들을 관리 감독하도록 검찰관syndicus[717]에게 이양한 권한이다(TP 8.20).

스피노자 정치철학의 주요 특징은 주권/지배권authority[718]이라는 전통적인 법적 개념을 힘의 경제로 뒷받침한다는 점이다. 힘은 단지 행위자actor의 불변적 능력capability과 물리력force만이 아니다. 그것은 '수동자'patient의 힘과도 관련된다(TP 4.4). 이는 다른 사람에 대한 권력이 확립될 수 있는 방식을 설명한 후 스피노자가 정신적 힘을 가진 이들은 (두려움과 희망과 같은 정념을 이용함으로써 일어날 수 있는) 정서적 조작에서 벗어날 수 있다고 일찌감치 언급한 것(TP 2.11)에서 분명해진다. 사람들이 자신의 이성을 더 많이 사용할 수 있으면 있을수록, 이러한 유형의 권력이 가하는 힘의 크기는 더 적어진다. 이러한 유형의 힘은 약함의 징표이므로,[719] 다중은 특정 문제를 스스로 해결할 수 없는 경우를 제외하고는 자신들의 힘/권력을 왕에게 이전하지 않을 것이다(TP 7.5).

스피노자에 따르면 사람들을 통치할 법적 권리legal right와 정부가 행사하는 실제 권력real power은 같은 것이 아니다(TTP 16). 이 구분은 사

---

717 [옮긴이] 이 항목의 저자는 '쉰디쿠스'syndicus를 'special regents'라고 번역했다. 우리는 국역자의 번역을 따랐다. 공진성 269, 각주 33번 참고.

718 [옮긴이] 임페리움imperium의 번역어라 생각된다. 이 용어에 대해서는 이 책의 '임페리움' 항목 참고.

719 [옮긴이] 권한으로서의 힘은 권한을 지닌 이(능동자)와 그 권한에 영향을 받는 이들(수동자) 간의 힘의 양적 차이에 의해 그 크기가 결정된다. 아마도 본문에서 '힘의 경제'an economy of power(여기에서 economy는 질서나 이법理法으로도 번역 가능해 보인다)라는 말이 함축하는 바는 이 점일 것이다. 따라서 정신적 힘을 지닌 사람과 그렇지 못한 사람에게 권한으로서의 힘이 가해질 때, 더 큰 영향을 받는 쪽은 후자이고 상대적으로 전자는 덜 영향을 받을 것이다. 그러한 의미에서 저자는 이러한 유형의 힘은 약점을 지닌다고 말하는 것 같다.

람들은 원하는 대로 생각하고 생각하는 것을 말할 수 있도록 자유로워야 한다는(비록 이 자유에도 한계가 있지만) 스피노자 논증의 전제이다(TTP 20). 「서신50」에서 스피노자는 이것이 자신의 정치철학과 홉스의 정치철학 간에 있는 주요 차이점이라고 주장한다.

프랑스 학자들과 안토니오 네그리Antonio Negri 같은 이탈리아 학자들은 스피노자 철학의 상이한 두 힘 개념 —— 아마도 포테스타스와 포텐티아 간의 명백한 구별에 상응하는 —— 에 중요한 차이가 있다고 강조한다. "포텐티아는 그것의 현행적·물질적 현실화와 동연적인 힘/권력 또는 권리이다(예컨대 『신학정치론』 16장을 보라). 반면 포테스타스는 정치적 권한과 법령의 형식으로 매개된 포텐티아를 표현한 것이다. 이러한 구별은 이탈리어의 포텐차potenza와 포테레potere 또는 프랑스어의 푸이쌍쓰puiisance와 푸브와흐pouvoir에는 상응하겠지만, 영어에는 상응하는 구별이 없다."[720] 하지만 네그리의 주장은 제한된 본문에 근거한 것이어서, 스피노자의 용어법이 그러한 결론을 보증하는지는 의문의 여지가 있다. 더욱이 스피노는 독자에게 두 개념이 긴장 관계에 있다거나 심지어 명확한 대립 관계에 있다는 느낌을 전달하려고 시도하지 않는 것으로 보인다.[721]

720　Del Lucchese 2009, p. 186, n. 52. [옮긴이] 저자가 인용한 델 루케세의 원문은 다음과 같다. "*Potentia* is power or right that is coextensive with its actual, material realization(see *Theological-Political Treatise* XVI, for example), whereas *potestas*, is the mediated articulation of *potentia* in the form of political authority and institutions. The distinction between enacted power (*potentia*) and formal power (*potestas*) corresponds respectively to the Italian terms *potenza* and *potere*, but have no corresponding distinction in English." articulation을 articulrisation으로 잘못 인용했으므로 바로잡았다. 아울러 원문은 이탈리아어와 영어의 사정을 비교했는데, 인용자는 이를 프랑스어와 영어를 비교하는 것으로 바꾸어 놓았다. 이를 고려하여 이탈리아어와 프랑스어를 영어와 비교하는 것으로 번역했다.

721　Terpstra 1990, pp. 4~5.

그럼에도 포테스타스는 종종 포텐티아와 다른 함의를 전달하는데, 17세기 담론에서 이 단어들에 그러한 차이가 있음은 당대의 사전에서도 지적되었다. 예컨대 미크라일리우스는, 포텐티아는 기본적으로 "행위 능력이나 힘"을, 포테스타스는 "어떤 것을 할 권리나 권한Jurisdictio"을 나타낸다고 기술한다.[722] "따라서 나는 항상 부당한 침해에 맞서 나를 방어할 포테스타스를 가질 수 있지만, 항상 [그렇게 할] 포텐티아를 가지고 있는 것은 아니다."[723]

포텐티아(실존하는 모든 것의 내부에 있고 궁극적으로 신적인 힘이나 역량)와 대조적으로 포테스타스라는 용어는 스피노자 철학에서 항상 관계를 나타낸다. 포테스타스는 다른 사물이나 사람에게 영향을 준 활동 ― 사고든 운동이든 ― 을 일으키는 역량을 의미한다. 그래서 포테스타스는, 한편으로는 의존이나 종속과 관련되고 한편으로는 자유나 처분(권)disposition과 관련된다. 스피노자가 『신학정치론』 2부와 그의 『정치론』에서 설명하는 것처럼, 포테스타스는 특히 국가나 정부의 권력power을 지시하는 것으로 나타난다. 분명 포테스타스라는 개념 사용은 스피노자의 정치적 전회를 보여 주는 흔적이다.[724]

· **관련 항목** : 포텐티아, 덕/실력, 임페리움, 자유, 자유로운, 자연 상태

---

722 Micraelius, *Lexicon philosophicum*.

723 *ibid.* [옮긴이] 미크라일리우스의 'Potentia' 항목에 나오는 구절이다. 원문을 참고하여 번역했다. 권리상de jure 자기 방어 힘을 지니고 있을지라도 사실상defacto 그러한 힘이 없을 수도 있다는 의미이다. 이러한 권리상의 힘을 스피노자는 "포테스타스 세 데펜디"potestas se defendi(자기 보호의 권리, TTP Praef., 30~31)라고 부른다. 반대로 국가는 권리상의 절대적 힘을 지닌다고 할 수 있지만, 모든 것을 할 수 있는 사실상의 힘을 지닌 것은 아니다(TTP 17.11 참고).

724 Terpstra 1990, pp. 4~5.

원문

Wy zeggen dat eenige dingen in, andere byten onse macht zyn (…) in onse macht zyn zulke die wy uytwerken door orde of te zamen met de Natuur waar van wy een deel zyn(KV 2.5). *Homines nullam habere potestatem ferrum cudendi* (…) *instrumenta seu potestatem*(TIE 30, G II. 13~14). *Res in sua potestate*(PPC ax5). *Aequalem potestatem habere affirmandi et negandi*(CM 2.12). *Quisque summam habet potestatem* (…) *ei summum jus, quicquid velit, imperandi, competere* (…) *potestatem se defendendi*(TTP 16). *Summae potestates jus ad omnia habere*(TTP 20, G III. 240). *Omnia a Dei potestate pendent*(E1p33s2). *Per virtutem, & potentiam idem intelligo, hoc est virtus, quatenus ad hominem refertur, est ipsa hominis essentia, seu natura, quatenus potestatem habet, quaedam efficiendi, quae per solas ipsius naturae leges possunt intelligi*(E4d8). *Humana potentia infinite superatur, adeo potestatem absolutam non habemus*(E4app32). *Hac potestate recte ordinandi corporis affectiones*(E5p10s). *Potestas existendi et operandi*(TP 2.7). *Tamdiu alterius juris, quamdiu sub alterius potestate*(TP 2.9). *Is alterum sub potestate habet, cui metum injecit vel quem sibi beneficioita devinxit ut ei potius ex ipsius quam ex sui animi sententia vivere velit*(TP 2.10). *Si civitas alicui concedat jus et consequenter potestas vivendi ex suo ingenio*(TP 3.3). *Summa potestas legibus adstricta sit* (…) *haec potestas non sola agentis potentia, sed etiam ipsius patientis aptitudine definiri debet*(TP 4.4).

참고문헌

2차 문헌

Curley, E., 'Troublesome Terms for Translators in the TTP', in P. Totaro(ed), *Spinoziana*(Florence : Olschki, 1997), pp. 39~62.

Lucchese, F. del, *Conflict. Power and Multitude in Machiavelli and Spinoza*(London : Continuum, 2009).

Lübtow, U. von, 'Potestas', in *Paulys Real-Encyclopädie der classischen Altertumswissenschaften* 43(Stuttgart : Metzler, 1953).

Negri, A., *The Savage Anomaly : the Power of Spinoza's Metaphysics and Politics*, translated [from the Italian] by Michael Hardt(Minneapolis : University Press, 1991 ; original ed. 1981)[윤수종 옮김, 『야만적 별종 : 스피노자에 있어서 권력과 역능에 관한 연구』, 푸른 숲, 1997].

Terpstra, M., *De wending naar de politiek, een studie over de begrippen 'potentia' en potestas' bij Spinoza*(Nijmegen, 1990).

______ , 'An Analysis of Power Relations and Class Relations in Spinoza's *Tractatus Politicus*', *Studia Spinozana* no. 9(1995), pp. 79~105.

— **마린 테르프스트라**

포텐티아Potentia(역량, 힘)

지난 수십 년 새 '포텐티아' 개념은 스피노자 저작에서 점점 더 중요해졌지만, 명시적으로 정의된 적은 없다. 『소론』에서는 상응하는 네덜란드어 마흐트magt, 크라흐트kragt, 모헨트헤이트mogentheid가 사용된다. 그는 마흐트[힘]를 오직 신에게만 귀속시키며, 반면 모든 양태는 약하다고 부른다. 왜냐하면 양태는 스스로 존속할 힘이 없어 살아 있는 상태를 유지하고, 생존하기 위해서는 반드시 사랑하는 대상a loved object과 연합해야 하기 때문이다. 코나투스 개념이 중요한 역할을 하는 『윤리학』에서는 더 이상 그렇지 않으며 스피노자의 철학은 역량의 존재론이라고 말할 수 있게 된다.

스피노자의 후기 저작에서 '포텐티아'는 스콜라철학의 능동적 힘active power이며, 지성, 정신, 이성, 신체 등 모든 종류의 (인간) 능력faculties에 귀속된다. [스피노자의] 포텐티아 개념에서 아리스토텔레스 철학의 활동/작용act과 반대되는 잠재력potency이라는 수동적 의미는 사라진다. 실재의 포텐티아는 실재가 그 본성 안에 포함된 결과를 산출하는 실재의 능동적 본질과 다름없다. 홉스는 『리바이어던』에서 이러한 관념을 공유하고 "'인간의' 힘power(역량)은 미래에 분명히 선善이 될 것으로 보이는 것을 획득하기 위하여 그가 현재 가지고 있는 수단", 곧 "모든 사람이 그 자신의 본성, 즉 자신의 생명을 보존하기 위해 자기 뜻대로 힘을 사용할 수 있는 자유"라고 정의한다.[725] 홉스가 힘을 자연권과 동일시한 것은 이러한 이유 때문이다.

포텐티아[이하 역량]와 활동성activity의 동일시는 특히 신에게 적용된다. 실체인 신은 그가 할 수 있고 무한 지성에 의해 인식될 수 있는 모든 것을 산출한다. 신의 역량과 그의 활동 사이에는 어떠한 차이도 없다. 역량은 잠재성이나 가능성으로 이해되어서는 안 되며, 단지 활동성의 한 형식으로 이해되어야 한다. 신의 역량은 그의 본질과 동일시되며(E1p34), 무한하게 많은 실재가 무한하게 많은 방식으로 필연적으로 따라 나오는 그의 무한한 본성을 표현한다. 본질과 역량의 동일시는 또한 실체의 양태에도 적용된다(E3p7d).[726]

종종 스피노자는 임의적이고 자유로운 의지 또는 데카르트가 가정하는 영혼의 절대적 힘power과 어떤 것을 하는 필연적 능력ability을 구분하고자 할 때 포텐티아를 포테스타스와 대비시킨다(E1p33s2 ; E2p3s, E2p49s, E5praef). 하지만 이 두 단어는 이따금 동의어로 사용되므로(E4d8, E5p42d) 이러한 대립은 절대적인 것이 아니다.

양태의 역량은 신의 본질을 규정된prescribed 방식으로 표현하는 신의 무한한 역량의 일부다. 그러므로 모든 것은 실존 안에 머무르고자 노력하고, 그 역량과 비례하는 그 본질 안에 포함된 모든 결과를 행사하고자 노력한다. 유한 양태의 역량은 외부 원인들에 저항해야 하기 때문에

725　Hobbes, *Leviathan*, ch.10, 14 ; 진석용 II-1. 121, 176.

726　[옮긴이] "각각의 실재의 역량potentia 또는 그 실재가 자기 혼자서나 다른 것들과 함께 어떤 것을 행하거나 행하려고 하는 노력conatus, 곧 (3부 정리6에 의해) 각각의 실재가 자신의 존재 안에서 존속하려고 하는 역량 또는 노력potentia, sive conatus은 실재의 주어진 본질 또는 현행적 본질과 다른 어떤 것이 아니다. Q.E.D."

힘strength이나 노력(코나투스)의 형태를 띠는데, 그것들은 때로 유한 양태에 반하고 심지어 그것들의 역량이 더 강할 때는 유한 양태를 파괴할 수도 있다. 외부 원인이 인간의 역량을 증진시키거나 도울 수 있을 때는 그 원인이 그와 공통 본성을 가지고 있을 때이다. 인간이 서로 결합하고 국가 상태와 같은 단일한 개체를 이룰 때 더 강한 것은 이러한 이유 때문이다. 진정한 역량은 이성의 인도 아래 사는 것이며, 그러한 역량은 덕(E4d8)과 그리고 자유와 동일시된다. 인간의 자유는 지성의 역량 아래에 있다. 그러나 이는 진정한 역량이 단지 정신적인 것임을 의미하지 않는다. 정신은 신체가 할 수 있는 것만 할 수 있으며 정신의 사유 역량은 행위 역량과 연결되어 있다.

개별 인간과 마찬가지로 국가의 역량은 이성의 인도 아래 있을 때 더 강하다(TP 5.1).[727] 실재의 역량이 그것의 자연권을 규정하기 때문에 [이성의 인도 아래 있는] 국가는 더 많은 권리가 있다. 신에게는 실제로 그가 할 수 있는 모든 것을 할 권리가 있으며 그의 권리는 그의 역량과 다름없다. 자연 안에 있는 실재의 행위 역량은 신의 역량의 일부이기 때문에, 모든 것에는 그것이 할 수 있는 것을 할 권리가 있다(TTP 16, TP 2.3~4). 따라서 통치권sovereignty은 다중의 역량에 의해 정의되는 권리이며(TP 2.17),[728] 국가의 권리는 그 역량에 달려 있다. 국가가 더 이성적이

---

727 [옮긴이] "우리는 제2장 제11절에서 인간이 이성에 의해 가장 많이 인도될 때 가장 많이 자기 권리 아래 있으며, 그러므로 (제3장 제7절을 보라) 이성에 기초하고 이성에 의해 지휘되는 정치 공동체가 가장 유능하고 가장 자기 권리 아래 있음을 보였다(TP 5.1 ; 공진성 133). 『편람』 원문에는 "Unlike the human individual"이라고 되어 있으나 오식일 것이다.

728 [옮긴이] 『정치론』 2장 17절 원문과 번역문은 다음과 같다. "Hoc jus, quod multitudinis potentia definitur, imperium appellari solet"(G III. 282) ; "다중의 힘에 의해 정의되는 이 권리Jus는 대개 통치권/주권imperium이라 불린다"(공진성 83). 『편람』 원서의 본문 "Thus

면 이성적일수록 국가는 더 큰 역량을 갖는다.

· **관련 항목** : 본질, 코나투스, 포테스타스, 임페리움, 자연 상태

원문

Kragt om zig te behouden(KV 2.16). *Zoo blijkt* (⋯) *welke daar zijn de dingen die in onse magt en geen uytterlyke oorzaaken onderworpen zijn*(KV 2.26). *Metus diminutam potentiam supponi*(PPC 1p13). *Potentia ad affirmandum et ad negandum*(CM 1.1). *Cujuscunque rei potentia sola ejus essentia definitur*(Ep64). *Postquam unusquisque jus suum ex proprio beneplacito vivendi* (⋯) *hoc est suum libertatem et potentiam se defendendi in alium transtulit*(TTP 16, G III. 196). *Nemo unquam suam potentiam neque suum jus ita in alio transferre potuerit ut homo esse desinat*(TTP 17, G III. 201). *Summarum potestatum potentia*(TTP 20, G III. 240). *Posse existere potentia est* (⋯) *rerum perfectio ex sola earum natura et potentia existimanda*(E1p11). *Potentiam Dei*(E1p17s). *Potentia Dei est ipsa ipsius essentia*(E1p34). *Mentem* (⋯) *absolutam potentiam in actiones* (⋯) *Virtus et agendi potentia*(E3praef). *Potentia, sive conatus, quo [cujuscunque rei] in suo esse perseverare conatur, nihil est praeter ipsius rei datam, sive actualem essentiam*(E3p7d). *Per virtutem et potentiam idem intelligo* (⋯) *ipsa hominis essentia, quatenus potestatem habet, quaedam efficiendi*(E4d8). *Potentia qua res singulares et consequenter homo suum esse conservat est ipsa Dei sive Naturae potentia*(E4p4). *Hominis potentia, qua existit, et operatur, non determinatur nisi ab alia re singulari*(E4p29). *Uniuscuique jus virtute seu potentia uniuscujusque definitur*(E4p37s1). *Suum essentiam intelligere hoc est suam potentiam*(E4p53). *Dei potentia*(E4p68s). *Actiones nostram potentiam semper indicant*(E4app2). *Humana potentia admodum limitata est*(E4app32). *Potentia rationis*(E5praef). *Mens potestatem habet libidines coercendi, et quia humana potentia ad coercendos affectos*(E5p42). *Potentia rerum naturalium* (TP 2.2-5). *Humana potentia magis ex animi fortitudine aestimanda est*(TP 2.11). *Jus hominum naturale et uniuscujusque potentia*(TP 2.15). *Totius imperii corpus et mens tantum iuris habet, quantum potentia valet*(TP 3.2).

---

sovereignty is the law defined by the power of the multitude"은 위 구절을 재서술한 것일 텐데, 자케는 보통 영어로는 'right'로, 불어로는 'droit'로 번역되는 'jus'를 'law'라고 영역한 셈이다. 뜻이 통하지 않으므로 오식으로 보고 '권리'라고 옮겼다.

참고문헌

1차 문헌

Hobbes, Th., *Leviathan*.

2차 문헌

Matheron, A., *Individu et communauté chez Spinoza*(Paris : Éditions de Minuit, 1969), part III~IV.

— 샹탈 자케

피니스Finis(한계, 유한, 목적)

스피노자의 저작에서 라틴어 단어 '피니스'와 그것에 대응되는 네덜란드어 '에인트'eijnd와 '오흐메르크'oogmerk는 구별되지만 연관되는 두 관념을 아우른다. 영어로 첫 번째 것[에인트]은 'limit'(한계)라고 번역되고, 두 번째[오흐메르크]는 'end'(목적), 'aim'(목표), 'purpose'(의도)로 번역된다.

첫 번째 '한계'라는 의미의 피니스와 유사한 말로는 '피니툼'finitum(유한한), '테르미누스'terminus(한계, 끝, 기간), '엑스트레뭄'extremum(끝, 종말, 마지막), 데피니툼definitum(한정된, 명확한, 정의된)이 있다. 반대말은 '무한'the infinite으로, 이는 본성상 영원하고 어떠한 한계도 없는 것이다(Ep12). 피니스 자체는 분명 결핍을 가리키며 적어도 부분적으로는 부정이다(E1p8s1). 논쟁적인 방식으로 피니스는 무지나 어둠과 연관되기도 한다(CM 1.1).[729] 두 번째 '목적'이라는 의미의 피니스는 '선

---

[729]   [옮긴이] "상상이란 영혼이 대상에 의해 감관들에서 자극을 받아 움직인 뒤 두뇌에 남겨진 자취를 감각하는 것에 지나지 않기 때문에, 그러한 감각 내용은 단지 혼란스러운 긍정confusa affirmatio이 아닐 수 없다. 그리하여 우리는 정신이 부정하는 데 사용하는 모든 양태를, 예컨대 무지caecitas, 극단extremitas이나 피니스finis, 테르미누스terminus, 어둠tenebrae 등을, 마

함'goodness과 동의어이다. 전통적으로 이러한 의미의 피니스는 실재의 완전성을 나타내며, 그 완전성으로 인해 그 실재는 덜 완전한 존재자의 활동을 유발하는 욕망의 대상이 된다. 실재 자체는 목적이 됨으로써 목적인이 된다by being an end, is a final cause.

쇼뱅은 두 관념[한계와 목적]이 어떻게 연결되는지 다루면서 다음과 같이 말한다. "피니스란 그 자체로 엄밀히 고려할 때 그 단어의 의미에 따라 메타meta, goal(목적)이자 테르미누스terminus, boundary, limit(경계, 한계, 끝)와 동일한 것이다. 따라서 의지를 이끄는 선bonum에 피니스라는 말이 부여되는데, 왜냐하면 어떤 선들은 욕구를 진징시키며 행위자의 운동을 그치게 하고 종결시키기 때문이다. 여기에서 널리 알려진 격언이 나온다. '피니스에 도달하면 움직임은 멈춘다'acquisito fine cessat motus라는 것이다."730

스콜라철학에서는 궁극적으로 아리스토텔레스까지 거슬러 올라가는 목적에 대한 전통적인 정의로 인해 상이한 많은 정의가 생겨났는데,

---

치 존재자처럼 상상하게 되는 것이다"(CM 1.1 ; G I. 234 ; C I. 300 ; 양진호 75. 번역은 일부 수정).

730 Chauvin, *Lexicon philosophicum*. [옮긴이] 쇼뱅 사전의 구절을 번역한 것이다. 원문은 다음과 같다. "Finis ut sic, ac praecise spectatus, juxta vim nominis idem est ac meta & terminus. Hinc tribuitur bono allicienti voluntatem, quia ex bonis aliqua sedant appetitum, siniunt atque terminant motum agentis ; hinc vulgatum axioma, acquisito sine cessat motus"(Chauvin, Lexicon philosophicum, 247). 『편람』의 원문은 이렇다. "The link between both notions is dealt with by Chauvin, who observed that finis 'as to the meaning of the word is equivalent to goal (meta) and boundary, limit (terminus)'. Hence the good, which induces the will, is called an end, since some goods calm down the appetite and the motion of the agent. A well-known saying therefore runs : 'after attaining its end motion ceases'." 사실상 쇼뱅 사전의 라틴어 원문을 거의 그대로 인용한 것이나 다름없는데, 이 항목의 저자가 재서술하여 인용하는 과정에서 문장이 좀 난삽해졌다고 생각되어 쇼뱅의 원문을 번역했다.

그 흔적 일부가 스피노자에게 남아 있다. 예를 들어『윤리학』4부 정의 7 "나는 우리가 그것을 위해 어떤 것을 하는 목적을 욕구로 이해한다"Per finem, cuius causa aliquid facimus, appetitum intelligo라는 구절에서 스피노자는 "피니스 쿠이우스"finis cuius(그것을 위한 목적)라는 용어를 사용하고, 윤리학 1부 부록에서는 "필요의 목적"과 "동화의 목적"(즉 다른 실재를 자신과 동화시키기 위한 목적)이라는 개념쌍이 발견된다. 직접적인 문헌 근거는 헤이레보르트의『멜레테마타 필로소피카』인데, 스피노자는 그의 글을 거의 문자 그대로 재사용한다.[731]

우리가 스피노자 특유의 두 피니스 관념[한계와 목적]을 접하게 되는 것은「형이상학적 사유」1부 1장과『윤리학』1부 부록의 유명한 구절뿐이다.[732] 이 두 텍스트에서 스피노자는 **우리가** 어떤 것을 피니스라고 간주한다는 전제를 가정한다. 그의 검약한 존재론에 의해 목적은 단지 '이성의 존재자' 또는 심지어 '허구적 존재자'로 간주되며, 결과적으로『윤리학』4부 서문에서는 완전성과 선 역시 실재의 내재적 특성을 가

---

731 Heereboord, *Meletemata philosophica*, 2.24. [옮긴이] 후기 스콜라철학의 용어로 '필요의 목적'finis indigentiae은 갈증이나 허기 같은 내적 필요나 결핍을 충족시키려는 목적이며, '동화의 목적'finis assimilationis은 자신이 지닌 성질을 다른 존재도 갖게 하려는 목적을 뜻한다. 이는 신학적으로 신이 선善을 결여한 피조물과 그것을 공유하려는 창조의 목적과 관련된다. 스피노자는『윤리학』1부 부록에서 신의 목적이 신에게 결핍이 있음을 함축하는 필요의 목적이 아니라 동화의 목적이라 하더라도, 신의 불완전성 문제는 해결되지 않는다고 주장한다 (G II. 80).

732 [옮긴이]『형이상학적 사유』1부 1장은 앞의 주 참고.『윤리학』1부 부록의 해당 구절은 다음과 같다. "내가 여기에서 밝혀 보고자 하는 모든 편견은 오직 다음과 같은 점에서 생겨난다. 곧 사람들은 모든 자연 사물들이 그들과 마찬가지로 어떤 목적으로 인해propter finem 행위한다고 공통적으로 가정하며, 신 자신이 어떤 일정한 목적을 위해 모든 것을 인도한다고 굳게 믿는다"(G II. 78).

리키지 않는 사고방식이라고 폭로된다.[733] 더욱이 실재를 '유한'하다거나 '제한'되어 있다고 부르는 것 또한 단순히 사유의 작용이거나 더 정확히 말하면 상상의 작용일 뿐이다. 이는 연장 실체의 유한한 양量이라고 가정된 것에도 적용된다. 그래서 그 부분은 단지 양태적으로만 구별되고 실재적으로 구별되지 않는다(E1p15s2).

두 번째 관념은 자연의 목적론finalism in nature이라는 이 "통속적이고 끈질긴"[734] 편견에 대한 유명한 비판이다. 이 허구에 맞서 그는 자연학적, 인식론적, 신학적 논증을 개진하고 그것에 대한 계보학적genealogical 해명을 시도한다. 자연의 모든 현상은 신의 기계론적인 법칙에 따라 일어난다. 작용인의 결과로 인간을 포함한 모든 실재에 대해 법칙적 설명이 가능하다. 우리가 행위자에게 목적을 귀속시킨다면, 이는 단지 무지의 소산일 뿐이다. 신조차 목적을 가지고 행위하지 않는데, 이는 신 안에 불완전성이 있음을 함축할 것이기 때문이다. 발생론적으로 볼 때 목적론 학설은 자부심pride이라는 인간의 정념에서 비롯된 것이자 인간이 우주의 중심이라는 허구에서 시작된 것이다.[735]

---

733 [옮긴이] "따라서 완전성과 불완전성은 사실은 사고방식들modi cogitandi에 불과한 것, 곧 우리가 보통 같은 종이나 유에 속하는 개체들을 비교하면서 만들어 내곤 하는 통념들일 뿐이다"(E4praef ; G II. 208). 스피노자가 목적, 완전성, 선 등을 사유의 양태로 본 것에 비추어, 그의 존재론을 불필요한 개념이나 설명 원리를 최소화한 '검약한 존재론'parsimonious ontology이라고 칭한 것이라 생각된다. 이른바 '오컴의 면도날'이라 불리는 '검약 원리'Principle of parsimony를 염두에 둔 표현일 것이다.

734 Gueroult I. 393.

735 [옮긴이] 여기에서 이 항목의 저자가 말하는 자부심은 스피노자가 『윤리학』 3부 정의한 자부심Gloria(E3ad30)이라기보다는 『윤리학』 1부 부록의 다음과 같은 구절에 나타난 인간의 상상에서 비롯한 자부심이라고 보는 편이 맞으리라 생각된다. "내가 여기서 밝혀 보려고 하는 모든 편견은 오직 다음과 같은 점에서 생겨난다. 곧 사람들은 모든 자연 사물들이 그들과 마찬가지로 어떤 목적으로 인해 행위한다고 공통적으로 가정하며, 신 자신이 어떤 일정

스피노자의 반목적론은 급진적이지만, '새로운' 철학자들 사이에서 예외적인 것은 아니었다. 베르나르디노 텔레시오Bernardino Telesio[736]와 베이컨은 이미 자연학에서 목적론을 무익한 것이라고 여겼으며, 홉스는 '목적인'이라는 표현은 감각과 의지를 지닌 존재자가 자기 행위의 작용인일 때만 이해 가능하다고 말한다.[737] 또한 「제4성찰」에서 데카르트는 "이 근거 하나만으로, 흔히들 목적에서 끌어내는 모든 종류의 원인들은 자연학적 사물들에서 전혀 소용없다고 여기기에 충분하다"라고 말한다.[738] 스피노자처럼 데카르트도 우리는 신을 인간의 형상대로, 곧 자발적이고 목적을 가지고 행위하는 사람처럼 생각해서는 안 된다고 주장한다. 근대 철학이 이렇게 목적인을 거부하는 것은 쇼뱅의 사전에 반영되어 있다. 그는 이러한 관념이 윤리학에서만 유용할 뿐 자연학에서는 무익하다고 말한다.[739]

한 목적을 위해 모든 것을 인도한다고 굳게 믿는다. **왜냐하면 사람들은 신이 인간을 위해 모든 것을 만들었으며, 자신을 숭배하게 하기 위해 인간을 만들었다고 믿기 때문이다**(G Ⅱ. 78. 강조는 인용자). 물론 기독교에서는 천사도 인간을 부러워한다고 하니 목적론적 상상을 "다른 사람들이 칭찬한다고 우리가 상상하는 우리의 어떤 행동에 대한 관념을 수반하는 기쁨"(E3ad30)이라고 정의되는 스피노자의 자부심Gloria 정의와 어떤 식으로든 연관시킬 수도 있을 것이다.

736 [옮긴이] 베르나르디노 텔레시오Bernardino Telesio(1509~1588). 브루노, 베이컨, 데카르트의 근대적 자연 연구에 영향을 준 후기 르네상스 시대 이탈리아의 철학자이자 자연과학자. 주저로는 『그 고유의 원리에 따른 실재의 본성에 관하여』*De Rerum Natura Iuxta Propria Principia*(1565~1586)가 있다.

737 Hobbes. *De corpore* Ⅱ. 10. 7. [옮긴이] "형이상학의 저자들은 **작용인**과 **질료인** 외에 두 가지 다른 원인을 제시하는데, 곧 어떤 이들이 형상인이라 부르는 **본질**Essence과 **목적인**이라 부르는 목적End이 그것이다. 그렇지만 두 원인 모두 작용인이다. (…) **목적인**은 감각과 의지가 있는 실재 외에 다른 곳에는 존재하지 않는다"(강조는 저자).

738 [옮긴이] 데카르트는 그 이유를 "신의 목적을 탐구할 수 있다고 믿는 것은 무모하기 때문"이라고 밝힌다(AT Ⅶ. 55 ; 이현복 Ⅰ. 83).

739 Chauvin, *Lexicon philosophicum*.

원문

Dat dat werkstuk met het oogmerk van den maker wel overeenkomt, zo zegt men goet te wezen(KV 1.6). Eijnd des menschen (⋯) eens Ens rationis is(KV 2.4). Het laatste eynde van een slaaf en van een werktuijg is dit datze haar opgeleiden dienst behoorlijk volvoeren (⋯) alzoo ook de mensch, zoo moet hij de wetten van de natuur volgen, het welk de Gods dienst is(KV 2.18). De goddelijke wetten zijn het laatste eijnde om het welke wij zijn(KV 2.24). *Indefinitum id cujus fines investigari nequeunt*(PPC 2def4). *Omnes modos, quibus mens utitur ad negandum, quales sunt caecitas, extremitas sive finis, terminus, tenebrae etc. Tanquam entia imaginamur*(CM 1.1). *Bonum esse per se et tanquam finis ultimus ad quem omnia diriguntur*(TIE 5, G II. 6). *Finis in scientiis est unicus*(TIE e, G II. 9). *Finis universae societatis et imperii*(TTP 3, G III. 48). *Finis* (⋯) *humanarum actionum*(TTP IV, G II. 60). *Finis ultimus reipublicae* (TTP 20, G III. 240). *Omnia praejudicia pendent ab hoc uno, quod communiter supponunt homines omnes res naturales ut ipsos propter finem agere* (⋯) *omnes causas finales nihil nisi humana figmenta* (⋯) *si Deus propter finem agit, aliquid necessario appetit, quo caret. Et quamvis Theologi et metaphysici distinguant inter finem indigentiae et finem assimilationis*(E1app). *Causa quae finalis dicitur, nihil est praeter ipsum humanum appetitum*(E4praef). *Per finem cujus causa aliquid facimus appetitum intelligo*(E4d7). *Nemo suum esse alcujus finis causa conservare conatur*(E4p52s). *Finis status civilis*(TP 5.2). *Finis optimi imperii*(TP 5.7).

참고문헌

1차 문헌

Descartes, R., *Meditationes.*
Hobbes, Th., *De Corpore.*

2차 문헌

Curley, E., 'On Bennett's Spinoza, the Issue of Teleology', in E. Curley and P.-F. Moreau(eds.), *Spinoza. Issues and Directions*(Leiden : Brill, 1990), pp. 39~53.
Garret, D., 'Teleology in Spinoza and Early Modern Rationalism', in R. J. Gennaro and

Ch. Huenemann(eds.), *New Essays on the Rationalists*(Oxford : Oxford University Press, 1999), pp. 310~335.

Gueroult, M., *Spinoza I : Dieu*(Hildesheim : Olms, 1968).

Robinson, L., *Kommentar zu Spinozas Ethik*(Leipzig : Meiner, 1928).

— 헨리 크롭

포함하다 → 함축하다

표상적Objectivus(오비엑티부스) → 본질, 에세, 관념, 실재성, 완전성을 보라.

표현하다exprimere → 원인 및 질서와 연관을 보라.

피에타스Pietas(도의심/도덕/경건(함))

'렐리기오'Religio(종교)라는 단어처럼 '피에타스'도 스피노자의 저작에서는 주로 도덕적인 의미를 갖는다(두 단어가 서로 연관되어 등장하는 횟수는 일곱 번이다).『윤리학』에서는 엄격하게 철학적 의미로 그리고『신학정치론』에서는 보다 전통적인 종교적 의미로 쓰인다.

1. 피에타스는『윤리학』에 열한 번 등장하는데, 그중 4부 정리37에는 다음과 같은 정의가 포함되어 있다. "나는 우리가 이성의 인도에 따라 살아감으로써 생겨나는, 좋은 일을 하려는 욕망을 피에타스Pietas(도의심)라고 부른다." 이러한 의미의 피에타스는 이성적으로 다른 사람들에게 이익이 되는 일을 목표로 하는 능동 정서 또는 덕이다. 그러므로 피에타스는『윤리학』3부 정리59의 주석에서 정의된 가장 중요한 스피노자적 덕인 '게네로시타스'Generositas(관대함)에 관련된다. 피에타스와 게네로시타스, 이 두 개념은 이성에 근거한 그리고 다른 사람의 이익을 지향하는 이타적 실천과 관련이 있다.

피에타스는 종교와도 관련된다. 피에타스와 종교 개념은 둘 다 이성의 인도에 따라 살아가는 것을 의미한다. 그렇지만 신에 대한 인식을 함축하는 것은 종교뿐이다. 그래서 종교는 곧 피에타스이기도 하지만, 피에타스가 반드시 종교인 것은 아니다(E4p37s1 참고).

피에타스라는 덕은 이성에 근거하며, 따라서 모든 슬픔의 정서와 반대된다(E4app22 ; 24). 피에타스를 통해 인간의 화합은 진전된다. 예컨대 『윤리학』 4부 부록 15항을 보라. "하지만 사랑을 이룩하기 위해 각별히 필요한 것은 종교 및 피에타스와 관련된 것이다." 피에타스와 종교는 둘 다 『윤리학』의 중심적인 부인 4부에서 다루어지며, 스피노자의 철학적 윤리학의 핵심 개념이다.

2. 『신학정치론』에서 피에타스는 『윤리학』보다 더 "종교적인" 의미를 가지고 있다. 여기에서 스피노자는 피에타스 관념에 관습적인 종교적 실천을 포함시키는 것처럼 보인다. 그리고 이러한 측면에서 그의 주장은 동시대 스콜라철학의 담론과 비슷하다. 대부분의 17세기 스콜라철학 저자들은 피에타스의 근본적으로 도덕적인 본성을 강조하고, 현존하는 종교적·사회적 관행을 그대로 인정했다. 예컨대 미크라일리우스는 피에타스를 "우리의 조국이자 부모인 신에 대한 우리의 의무를 다하는 덕"이라고 정의했다.[740] 뷔르헤르스데이크는 『도덕철학 관념』*Idea philosophiae moralis* 13장에서 "피에타스는 신에 대한 성실한 예배conscientious adoration를 요구하는 모든 덕 중의 첫 번째 덕이다"라고 말한다. 신에 대한 올바

740　[옮긴이] Micraelius, *Lexicon philosophicum*, p. 832. 원문은 다음과 같다. "Pietas est cultus Dei, patriae & parentum, Graecis dicta *Εὐσέβεια* (Eusebeia), qua officia DEO patriae & parentibus debita exequimur." 피에타스는 신, 조국, 부모에 대한 예배[숭배]이다. 그리스어로 '에우세베이아'이며, 이를 통해 우리는 신과 조국과 부모에 대한 마땅한 의무를 수행한다.

른 예배를 우리는 아리스토텔레스에게 배울 수 없다. 대신 피타고라스 Pythagoras나 플라톤의 저작을 참고해야 한다.

그러나 스피노자는 철학과 관습적 종교 간 연결을 떼어 놓는 것처럼 보인다. 피에타스라는 단어는 『신학정치론』의 부제에 포함되며,[741] 이 논고의 논변에서 중심적 역할을 한다. 그러나 이 논고에서 피에타스의 의미는 철학적인 것이 아니라 단지 행위의 한 갈래를 의미할 뿐이다. 피에타스는 신앙과 복종에 관련되는 것이지 진리와 관련되는 것이 아니다. 예컨대 『신학정치론』 14장을 보라. "마지막으로 다음과 같은 점이 따라 나온다. 믿음은 참된 학설이 아닌 피에타스적 학설을 곧 대부분이 진리의 그림자조차 가지고 있지 않을지라도 마음을 복종으로 움직이는 학설을 필요로 한다"(TP IV. 20 ; G III. 176 ; C II. 267). 이러한 종교적 의미의 피에타스는 철학이 아닌, 유사 과학pseudo-science인 신학에만 속한다(TTP 15).

믿음과 복종에 근거한 피에타스와 이성에 근거한 피에타스가 인식적 수준에서는 본질적으로 다르더라도 도덕적 실천으로서는 거의 차이가 없다. 두 형태의 피에타스는 동일한 정치적 효과, 즉 국가 내의 사회적 평화와 안정성을 산출한다(TTP 20).[742] 『신학정치론』에서 피에타스는

741　[옮긴이] 『신학정치론』의 부제는 "국가는 그것의 평화나 피에타스를 손상시키지 않고 철학함의 자유를 승인할 수 있으며, 국가의 평화와 피에타스를 파괴하지 않고서는 철학함의 자유를 부정하는 것이 가능하지 않음을 보여 주는 몇 개의 논문들"이다.

742　[옮긴이] "최고의 피에타스는 국가의 평화와 안정과 관련하여 실천된 것이다"(TTP 20.17 ; G III. 242 ; C II. 347) ; "이 학설은 우리의 정신을 완전히 평정하게 만들뿐더러, 또한 우리의 최고의 행복 또는 지복beatitudo이 어디에 있는지, 곧 그것은 오직 신의 인식에 있다는 것을 가르쳐 주는데, 이러한 인식은 우리가 오직 사랑과 피에타스가 권고하는 것만을 행하도록 유도한다"(E2p49cs).

종종 정의와 자비의 실천으로 정의된다. 그것은 일차적으로 신념의 문제가 아니라 행위의 문제이다. "그러므로 우리는 결코 의견이 그 자체로 그리고 행위를 고려하지 않고서 어떤 피에타스나 임피에타스impietas(배덕/불경함)를 갖는다고 생각해서는 안 된다. 오히려 우리는 어떤 이의 의견이 그를 복종으로 이끌거나 그가 그 의견으로부터 죄를 짓거나 반역할 허가를 취하는 한에서만 그가 무언가를 경건하게 아니면 불경하게pie, aut impie 믿는다고 말해야 한다"(TTP 13.29 ; G III. 172 ; C II. 263).[743] 그러므로 피에타스는 공공선과 주권자/통치자의 명령과 일치해야 한다고 주장된다(TTP 19.21).[744]

· **관련 항목** : 종교, 관대함, 철학함의 자유, 믿음/신앙, 신학

원문

Adeoque minime credendum opiniones absolute consideratas, absque respectu ad opera, aliquid pietatis, aut impietatis habere, sed ea tantum de causa hominem aliquid pie, aut impie credere dicendum, quatenus ex suis opinionibus ad obedientiam movetur, vel ex iisdem licentiam ad peccandum, aut rebellandum sumit(TTP 13, G III. 172). *Sequitur denique fidem non tam requirere vera, quam pia dogmata, hoc est, talia, quae animum ad obedientiam movent : Tametsi inter ea plurima sint, quae nec umbram veritatis habent, dummodo tamen is, qui eadem amplectitur, eadem falsa ignoret*(TTP 14, G III. 176). *Omne pietatis excercitium reipublicae paci et conservationi debere accomodari*(TTP 19, G III. 232). *Pietas autem summa est, quae circa pacem et tranquillitatem reipublicae excercetur*(TTP 20, G III. 242, E2p49s1). *Cupiditatem autem bene faciendi, quae ex eo ingeneratur, quod ex rationis ductu vivimus,*

---

743   [옮긴이] 행위만 소추될 수 있고 사상의 자유와 철학함의 자유는 보장되어야 한다는 주장으로 이어진다. 이에 대해서는 이 책의 '자유'와 '철학함의 자유' 항목 참고.

744   [옮긴이] "이제 외적인exterum(형식적인) 종교적 예배와 피에타스의 모든 실행은 만일 우리가 신에게 올바로 복종하기를 원한다면 국가의 평화 및 보존과 일치해야 한다는 점을 보여주어야 할 때이다"(TTP 19.21 ; G III. 232 ; C II. 336).

Pietatem voco(E4p37s1, cf. E4p18s). *Amori autem conciliando illa apprime necessaria sunt, quae ad Religionem, & Pietatem spectant*(E4app15, cf. E4app24, E5p41). *Theologi* (⋯) *credunt summas potestates debere negotia publica tractare secundum easdam pietatis regulas, quibus vir privatus tenetur*(TP 1.2). *Ratio pietatem exercere* (⋯) *docet*(TP 2.21).

참고문헌

2차 문헌

Laux, H., *Imagination et religion chez Spinoza*(Paris : Vrin, 1993).

Roothaan, A., *Vroomheid, vrede, vrijheid, Een interpretatie van Spinoza's Tractatus Theologico-Politicus*(Assen : Van Gorcum, 1996).

Rice, L., 'Piety and Philosophical Freedom in Spinoza', in C. de Deugd(ed.), *Spinoza's Political and Theological Thought*(Amsterdam : North-Holland Publishing Co., 1984), pp. 184~204.

— 파울 유페르만스

【ㅎ】

~하는 한에서Quatenus(콰테누스)

'시베'와 함께 '콰테누스'는 스피노자 철학의 구문(構文)syntax에 나타나는 특징적인 표현이다. 콰테누스는 스콜라철학에 기원이 있고 데카르트가 『성찰』의 「제3성찰」부터 꽤 자주 사용한 표현이지만, 스피노자 『윤리학』의 모든 부(部)와 『정치론』 전반에서도 풍부하게 나타난다. 『서간집』, 『신학정치론』, 초기 저작들에서는 원숙기 저작에 비해 드물게 나온다. 예컨대 『지성교정론』에는 단 두 번 나온다.[745]

745　[옮긴이] 원문은 다음과 같다. "In comparison with his mature works the word is rare in

콰테누스에 대한 스콜라철학 학설은 논리학에서 기원했다. 콰테누스는 토마스 아퀴나스와 둔스 스코투스의 중세적 용어인 인콴툼 inquantum을 대신하는 것이었고, 형이상학의 공식적 대상인 엔스 콰테누스 엔스ens quatenus ens(존재자로서의 존재자)와 관련하여 발전된 것이었다. 콰테누스는 한편으로는 어떤 명제가 참이 되려면 해당 용어를 어떤 방식으로 이해해야 하는지를 특정한다. 예컨대 '불'은 '가까이 있는 한에서'만 '가열한다'라고, '에디오피아인은 치아에 관한 한에서 하얗다'라고 특정한다. 다른 한편으로 콰테누스는 '환원적으로'reduplicatively 사용될 수도 있는데, 이는 술어가 주어에 부착되는adhere 이유를 보여 준다. 예컨대 "인간은 인간인 한에서 배울 수 있다". 하지만 "인간은 감각을 갖는 한에서 동물이다".

쇼뱅과 고클레니우스에 따르면, 네 개의 상이한 함축이 구별될 수 있다.[746] 우리는 형식적formal, 추상적mode of consideration(고려 방식), 인과적, 조건적 의미로 콰테누스를 사용할 수 있다. 첫 번째 형식적인 의미로 사용될 때, 콰테누스는 명제에서 술어가 본질적으로 주어에 포함됨을 가리킨다. 예컨대 "양을 실체인 한에서quatenus substantia est 인식한다면 (…) 우리는 그것을 무한하고 유일하며 분할 불가능한 것으로 발견하게

---

the *Correspondence*, *Tractatus Theologico-Politicus* and the early writings, for example in the *Tractatus de intellectus emendatione* it occurs twice and in two chapters of the *Cogitata metaphysica*"(2.1 and 2.3). 『지성교정론』의 두 곳은 1절과 110절이다. 『편람』 원문에는 "「형이상학적 사유」에는 두 장(CM 2.1과 2.3)에 나온다"라고 되어 있지만, 정확한 셈은 아닌 것으로 보인다. 「형이상학적 사유」에서 콰테누스는 옮긴이가 헤아려 본 바로는 1부 3장에 두 번, 1부 6장에 한 번, 2부 1장에 한 번, 2부 3장에는 무려 다섯 번, 2부 7장에 두 번, 2부 12장에 두 번 나온다. 이를 감안하여 번역 본문에 「형이상학적 사유」에 관한 언급은 삭제했음을 밝힌다.

746 Chauvin, *Lexicon philosophicum* ; Goclenius, *Lexicon philosophicum*.

될 것이다"(E1p15s). 두 번째 추상적인 의미의 콰테누스는 우리가 실재를 인식하는 성질을 가리킨다. 예컨대 "인간인 한에서의 인간은 하나의 종species이다". 즉 베드로나 바울 같은 개별 인간인 한에서의 인간이 아니다. 스피노자에 따르면 "우리는 물이 물인 한에서는quatenus aqua est 분할되며 그 부분들은 서로 분리된다고 인식하지만, 물체적 실체인 한에서는quatenus substantia est corporea 그렇지 않다"(E1p15s). 세 번째 인과적인 의미의 콰테누스는 술어가 주어에 귀속될 수 있는 원인이나 이유를 가리킨다. 스피노자에 따르면 우리는 인간이 인간 본성의 법칙에 따라 실존하고 행위할 역량을 지닌 한에서 인간을 자유롭다고 부를 수 있다(TP 2.7).[747] 마지막 조건적인 의미의 콰테누스는 어떤 결과의 필요조건을 특정한다. "불은 가까이 있는 한에서 나무의 연소를 일으킨다." 이 경우 가까이 있다는 것 자체가 연소를 일으키는 원인은 아니며, 단지 필수 전제조건일 뿐이다.

스피노자가 콰테누스를 이 네 가지 함축을 지닌 용어로 사용했음은 분명하다. 그러나 콰테누스는 종종 특히 '고려/간주/고찰하다'considero, '~와 관련하여', '인식하다' 등과 같은 단어들과 결합하여 등장하기도 한다.[748]

---

747   [옮긴이] "그러므로 인간은 (…) 인간 본성의 법칙을 따라 실존하고 작업할 힘을 가지는 한에서만tantum quatenus 그만큼 자유롭다고 일컬어질 수 있다"(TP 2.7 : 공진성 69. 용어는 수정).

748   [옮긴이] 예컨대 다음과 같은 구절을 보라(강조는 옮긴이). "어떤 양태에 의해 변용된 것으로 **고려되는 한에서의**quatenus aliquo modo affectum consideratur 신 또는 그의 어떤 속성"(E1p28d) ; "(…) 자유 원인으로 **간주되는 한에서의** 신 (…) 신 안에 있으며, 신이 없이는 존재할 수도 인식될 수도 없는 실재들로 **간주되는 한에서** 신의 속성들의 모든 양태 (…)"(E1p29s) ; "나는 물체를, 연장되는 실재로 간주된 한에서의 신의 본질을 일정하게 규정된 방식으로 표현하는 양태로 이해한다"(E2d1) ; "인간 신체의 변용들에 대한 관념들은 인간 정신하고만 **관련되는 한에서는**quatenus ad humanam Mentem tantum referuntur 명료하고 뚜

원문

Neque mali in se habere, nisi quatenus ab iis animus movebatur(TIE 1, G II. 5). *Non autem de sua essentia, quatenus cogitabat*(PPC praef). *Ideas quatenus sunt in phantasia corporea*(PPC 1def2). *Ideis quatenus tantum modi cogitandi considerantur*(PPC 1ax9). *Ens quatenus ens*(CM 1.3). *Trianguli essentiam, quatenus est aeterna veritas*(CM 2.1). *Essentiam, quatenus ex sola rei aeternae definitione concipitur*(E1d8). *Substantia corporea quatenus substantia*(E1p15s). *Dei essentiam quatenus ut res extensa consideratur*(E2d2). *Deum essentiam quatenus ut res cogitans consideratur*(E2p5). *Mens quatenus adaequatas habet ideas*(E3p1). *Natura quatenus corporea tantum consideratur*(E3p2s). *Quatenus ad hoc exemplar magis ut minus accedunt*(E4praef). *Res singulares voco contingentes quatenus, dum ad causas attendimus*(E4d3). *Quatenus ejus essentia per ipsius causae essentiam explicatur vel definitur*(E5ax2). *Affectu quatenus ad solam Mentem refertur*(E5p3). *Ipsa Dei potentia, quatenus haec absolute libera consideratur*(TP 2.3). *Quatenus haec per naturam hujus, aut illius hominis definiri potest*(TP2.5). *Quatenus potestatem habet existendi*(TP2.7). *Quatenus ejus potentiam, seu minas metuunt*(TP 3.8).

참고문헌

2차 문헌

Douglas, A., 'Quatenus and Spinoza's Monism', *Journal of the History of Philosophy* 56(2018), pp. 261~280.

Schnepf, R., *Metaphysik im ersten Teil der Ethik Spinozas*(Wurzburg : Konigshausen and Neumann, 1996).

— 헨리 크롭

렷하지 않고 혼란스러운 것들이다"(E2p28) ; "나는 오직 영원한 실재의 정의로부터 필연적으로 따라 나오는 것으로 **인식되는 한에서의**quatenus (⋯) concipitur 실존 그 자체를 영원으로 파악한다"(E1d8).

한계 → 피니스를 보라.

한정 → 규정을 보라.

함축하다Involvere(인볼베레)

A 관념이 B 관념을 함축한다는 것, 또는 A가 B 없이 인식될 수 없다 (E2p49d)는 것은 A 관념이 B관념으로부터 형성되어야 한다(E1d3)는 것을 뜻한다.[749] 이러한 관계는 논리적 함의logical entailment, 즉 A에 대한 어떤 관념의 참이 B에 대한 어떤 관념의 참을 위한 충분조건이라는 개념과 가깝다. 하지만 완전히 동일한 것은 아니다. 동일하지 않은 이유 중 하나는 스피노자의 필연론necessitarianism에서 모든 관념은 서로를 함의하지만 entail 모든 관념이 서로를 함축하는involve 것은 아니기 때문이다.[750]

---

749   [옮긴이] 실체는 "자신 안에 있고 자신에 의해 인식되는 것, 곧 그 개념을 형성하기 위해 다른 실재의 개념을 필요로 하지 않는 것"(E1d3)이다. 반면 실체의 변용인 양태는 "다른 것 안에 있으며 또한 이 다른 것에 의해 인식되는 것"(E1d5)이다. 여기에서 "다른 것"은 실체이다. 따라서 양태 관념은 실체 관념으로부터 형성되어야 하며, 실체 관념을 함축한다. 이는 양태가 실체 없이 인식될 수 없음을 뜻한다. "A가 B의 개념을 함축해야 한다고 말하는 것은 A가 B 없이 인식될 수 없다고 말하는 것과 같기 때문이다"(E2p49d).

750   [옮긴이] 예컨대 A와 B가 신의 본성에서 필연적으로 따라 나오는 두 실재라면, A가 성립할 때 B가 성립하지 않는 것은 불가능하다. 즉 A가 참인데 B가 참이 아닌 세계를 상상할 수 없다. 이때 우리는 A의 참은 B의 참을 위한 충분조건이라고, A 관념은 B 관념을 '함의한다'entail라고 말할 수 있다. A 관념이 B 관념을 '함축한다'involve라는 것도 이와 유사한 측면이 있다. 이는 A 관념이 B 관념에 의존한다는 것이고, A 관념은 B 관념 없이 생각될 수 없다는 것이기 때문이다. 예컨대 물체 관념은 연장 관념에 의존하며 연장 관념 없이 생각될 수 없다. 물체 관념이 성립하려면 연장 관념이 성립해야 한다. 그러나 두 관계가 완전히 동일한 것은 아니다. 스피노자의 필연론에서 A 관념과 B 관념 사이의 함의 관계는 그 역도 성립하기 때문이다. 즉 B가 성립하는데 A가 성립하지 않는 것 역시 불가능하며, B가 참인데 A가 참이 아닌 세계를 상상할 수 없고, B의 참은 A의 참을 위한 충분조건이며, B 관념 역시 A 관념을 함의한다고 말할 수 있다. 하지만 함축 관계에서는 A 관념이 B 관념을 함축하고 B 관념에

'함축'involvement을 잘 이해하는 것은 무엇보다 스피노자의 존재론적 논변, 즉 가능한 모든 실체는 필연적으로 실존한다(E1p7)는 증명과 그의 적합한 관념 이론을 설명하는 데 도움을 준다. 스피노자에게 사유 속성과 연장 속성은 신 또는 자연의 힘의 표현들로서, 우리가 그 자체로 인식하고which we conceive in themselves 이를 통해 다른 모든 것을 인식하는 것들이다. 예컨대 우리는 운동을 운동하는 물체 없이 인식할 수 없다. 따라서 운동 관념은 물체 관념을 함축한다. 하지만 물체는 연장 속성 없이 인식될 수 없고, 따라서 물체 관념은 연장 관념을 함축한다. 마지막으로 연장은 우리가 그 자체로 인식하는 것이고, 그래서 어떤 다른 실재의 관념을 함축하지 않는다. 이는 누구든 연장에 대한 적합한 관념이 있으며, 이 관념으로부터 지성이 새로운 적합한 관념을 추론할 수 있음을 뜻한다. 속성 관념은 정신이 다른 모든 관념을 갖는 데 필요한 관념이다. 그러므로 A 관념이 B 관념을 함축한다고 말하는 것은 적어도 부분적으로는 누구든 B 관념을 갖지 않고서는 A 관념도 가질 수 없음을 의미한다.

어떤 관념이 다른 관념을 전혀 함축하지 않는다면, 그 관념은 당연히 [그 관념의 실존과 무관한] 별개의 실존 관념을 함축할 수 없다. 그러나 그렇다고 해서 그러한 관념이 실존을 전혀 함축하지 않는 것은 아니다. 어떤 것의 가능성이 실현되지 않았다고 생각할 때, 우리는 실존하는 실재를 실존하지 않은 것처럼 상상할 수 있다. 예컨대 우리가 태양을 포함하고 있지 않은 공간을 생각한다면, 태양 없이 공간을 상상할 수는 있

의존한다고 해서, 역으로 B 관념이 A 관념을 함축하고 A 관념에 의존하는 것은 아니다. 이를 테면 물체 관념은 연장 관념을 함축하고 연장 관념에 의존하지만, 연장 관념은 물체 관념을 함축하지 않으며 물체 관념에 의존하지 않는다. 이러한 비대칭성이 성립한다는 점에서 함의 관계와 함축 관계는 다르다는 것이다.

다. 하지만 공간을 실존하지 않는 것으로 상상할 수는 없다. 따라서 개념
적으로 독립적인 실재[예 : 공간]에 대한 관념은 [개념적으로 독립적인 것
으로] 사유된 그 실재의 실존을 함축한다.

· **관련 항목** : 개념, 관념, 적합한

원문

Dei conceptum pro ratione suae essentiae suaeque perfectionis involvere(TTP 4, G III. 69).
Per causam sui intelligo id, cujus essentia involvit existentiam(E1d1). *Effectus cognitio a*
cognitione causae dependet et eandem involvit(E1ax4). *Quicquid ut non existens potest*
concipi, ejus essentia non involvit existentiam(E1ax7). *Id cujus definitio necessariam*
existentiam involvit(E1p8s). *Contradictionem involvere*(E1p11al). *Absolutam perfectionem*
involvere(E1p11s). *Id quoad substantiam pertinet attributa involvunt*(E1p19dem). *Ejusdem*
attributi conceptum involvere(E2lem2 after p13). *Haec affirmatio conceptum sive ideam*
trianguli involvit, hoc est sine idea trianguli non potest concipi(E2p49).

참고문헌

2차 문헌

Richter, G.Th., *Spinozas philosophische Terminologie. I. Grundbegriffe der*
    Metaphysik(Leipzig : Barth, 1913).
Wilson, M.D., 'Spinoza's Causal Axiom(Ethics I, axiom 4)', in Y. Yovel(ed.), *God and*
    Nature. Spinoza's Metaphysics(Leiden : Brill, 1991), pp. 133~160.

— 올리 코이스티넨

해석Interpretatio(인테르프레타티오)

『신학정치론』16~18장에서 '해석'이라는 용어에는 입법자의 의지를 올
바르게 이해하고 있음을 나타내는 법률적-정치적 의미가 있다. 일상적
일에서 정의는 법을 올바르게 해석한 결과이다. 반면 나쁜 행위wrongdoing

는 법을 임의로 해석할 힘을 지니고 있을 때 촉진된다. 그래서 예전 히브리 국가에서는 왕들에게 법을 해석할 권한이 없었고, 이러한 권력은 레위지파에게 주어졌다. 종교적인 일 역시 법에 대한 올바른 해석에 근거한다. 『신학정치론』18장에 따르면, 모세의 율법이 쇠퇴하고 그 참된 의미와 올바른 해석이 왜곡되면서 참된 종교는 결국 변질되고 말았다.

해석의 문헌학적 의미를 미크라일리우스는 모호한 텍스트를 좀 더 명확한 용어로 설명하는 것"이라고 정의한다.[751] 이러한 설명은 신 자신에 의해 오류 없는 방식으로 또는 인간에 의해 주어질 수 있다. 성경의 텍스트를 해석하는 방법(이는 스피노자에 따르면 종종 모호하다)은 『신학정치론』앞부분의 알속인 7장에서 개진된다. 「서신30」에 따르면 이 장은 1665년 가을로 거슬러 올라간다.[752] 성서 해석 방법에 대한 스피노자의 견해는 베이컨의 해석학적 모델을 차용한 것이다. 성서 해석은 자연과학의 방법을 본받아야 한다.[753] 스피노자의 성서 해석 방법은 본문에

751　Micraelius, *Lexicon philosophicum*.

752　[옮긴이] 「서신30」에서 스피노자는 올덴부르크에게 "현재 제가 **성서를 바라보는 방식에 대한 논고를 집필 중입니다**"라고 말한다. 그리고 간략한 집필 동기를 제시하는데(이근세 207, 강조는 인용자), 그 내용으로 미루어 『신학정치론』을 지칭하는 것으로 볼 수 있다. 「서신30」에는 작성일이 기입되어 있지 않다. 그런데 역시 날짜가 없는 올덴부르크의 「서신29」에 1665년 9월 4일에 스피노자가 쓴 유실된 서신에 대한 답신이라는 언급이 있다. 따라서 「서신30」은 그 유실된 서신이 올덴부르크에게 도착하고 올덴부르트의 「서신29」가 다시 스피노자에게 배송된 이후에 작성되었을 것이다. 그런데 「서신30」에 대한 답변인 올덴부르크의 「서신31」의 날짜가 1665년 10월 12일자로 되어 있으므로, 「서신30」의 작성일은 그 이전일 것이다. 당시 보름 정도면 편지를 보낼 수 있었다 하니, 스피노자의 「서신30」은 대략 10월 초순 정도에 작성되었을 것이다. 이 항목의 저자가 '성서 해석에 대하여'라는 제목의 『신학정치론』7장의 집필 시기를 "「서신30」에 따르면 이 장은 1665년 가을로 거슬러 올라간다"라고 하는 이유이다.

753　Bacon, *Novum organum* 26ff. [옮긴이] 스피노자는 『신학정치론』7장에서 "성서를 해석하는 방법은 자연을 해석하는 방법과 조금도 다르지 않고 완전히 일치한다"라고 역설한다(TTP 7.6 ; G III. 98 ; C II. 171). 그가 말하는 자연을 해석하는 방법은 베이컨이 『신기관』*Novum*

대한 주의 깊은 독해 및 본문에 기록되어 있지는 않지만 본문과 관련이 있는 모든 사실, 이를테면 작성일, 언어 유형, 누가 저자였는지, 저자가 의도했던 것은 무엇인지 등을 검토하는 것에 그 특징이 있다. 이 방법은 이른바 '히스토리아'를 산출하고 본문에서 저자의 믿음을 알아내는 것을 목표로 한다. 성서에 대한 인식은 단지 본문text과 맥락context, 사변적 견해뿐만 아니라 실천적 가르침도 고려하는 히스토리아들에서만 도출될 수 있을 뿐이다. 해석자는 미신을 부추기는 논쟁을 피하기 위해 반드시 모든 사람들이 공유하는 자연의 빛을 사용해야 한다. 스피노자는 성경 해석자에게 마음대로 쓸 수 있는 신이 부여한 초자연적 빛이 있다는 알팍하르의 견해와 철학자와 신학자를 해석자라고 하는 마이모니데스의 논제를 다루면서, 신의 말씀과 성서를 동일시하는 '정통' 개신교의 논제와 해석자를 '성전'聖傳으로 보는 로마 가톨릭의 견해[754]를 모두 거부하고 있음을 은근히 보여 준다. 왜냐하면 스피노자에게 자연에 반하는 것은 이성에 반하는 것이고, 이성에 반하는 것은 불합리한 것이기 때문이다(TTP 6). 「서신75」에서는 일부 신약성서에 대한 영적이고 우화적인 해석이 제시되기도 한다.

---

organum 2권 10~18장에서 자연 연구 지침으로 제시한 내용일 것이다(진석용 I. 152~181 참고).

754 [옮긴이] 원문은 "the Roman Catholic view according to which the interpreter is tradition"이다. '성전'聖傳이라고 번역한 'tradition'(라틴어 Traditio)은 교회 조직을 통해 내려온 '거룩한 전통/전승'을 뜻하는 신학 용어이다. 로마 가톨릭은 계시의 원천으로 성경과 사도 전승을 모두 인정하고 이를 '신앙의 유산'Depositum fidei에 포함시킨다. 사도 전승이 성경 해석에 중요한 역할을 하는 이유이다. 반면 개신교는 '오직 성서'sola scriptura라는 구호에서 알 수 있듯이 성경만을 유일한 계시의 원천으로 인정한다. "해석자를 성전으로 본다"라는 표현 자체는 모호한 감이 있으나(interpreter가 interpretation의 오기일 가능성도 있어 보인다. 다음 문단에서 '해석자'라고 번역한 부분도 마찬가지이다), 뜻은 로마 가톨릭의 경우 성서 해석자와 그 해석을 교회 조직을 통해 내려오는 전승의 일부로 본다는 이야기일 것이다.

어떤 성서 해석 방법이든 명확한 원리가 요구되며, 17세기의 모든 신앙고백은 그 원리를 제시한다. 소치니파에 따르면, 해석자[의 성서 해석 원리]는 '렉타 라티오'recta ratio(올바른 이성)이다.[755] 마이어가 볼 때 그것은 '노바 필로소피아'nova philosophia(새로운 철학)이다.[756] 반면 볼조헌에 따르면 저자의 의도mens auctoris가 가장 중요한 요소이다.[757] 항변파 에피스코피우스는 소위 성서의 신비라는 것이 논쟁과 분열을 조장한다고 말한다.[758] 보에티우스는 성서를 통해 말씀하시는 성령은 성서의 오류 없는 해석자라고 선언한다.[759] 벨라르미노에 따르면 성서는 심오해서 오직 교회만 해석할 수 있다.[760] 이러한 이유로 홉스는 성서의 진정한 해석자는 (군주가 기독교인인 경우에 한하여) 입법권을 가진 자라고 주장한다.[761]

---

755   Bellarminus, *Bibliotheca* II, p. 240.

756   Meyer, *Interpres* 5.

757   Wolzogen, *Orthodoxa fides*, II.

758   Episcopius, *Vedelius rhapsodus*, pp. 331~335. 『신학정치론』 6장을 보라.

759   Voetius, *Disputationes selectae* V, pp. 423~435.

760   Bellarmine, *Disputationes* I, 1, p. 212와 II, 1, p. 421.

761   Hobbes, *De cive* 17.18과 27 ; *Leviathan* 33과 42. [옮긴이] 홉스는 『시민론』 17장 18절에서 "표준적 [성서] 해석자"의 불가피성을 주장하며 "신앙의 표준으로 성서 자체를 최초로 추천했던 사람들의 권위와 다를 바 없이 우리는 이 해석자의 권위에도 복종해야 한다"라고 역설한다(이준호 I. 336). 그리고 17장 27절에서 "모든 그리스도교 교회에서, 다시 말해서 모든 그리스도교 국가에서 성서 해석, 즉 모든 논쟁을 해소할 권리는 결국 국가의 최고통치권을 가진 한 사람 또는 평의회의 권한에 따르며, 그 권한에서 유래된다"라고 주장한다(이준호 I. 357). 『리바이어던』 제3부 33장에서는 성서의 권위 및 성서 해석의 권위 문제를 제기하고, '교권에 대하여'라는 제목의 42장에서 "기독교인 주권자는 국가 통치권과 교회 통치권을 모두 가지고 있"으며, "국가의 구성원과 교회의 구성원이 동일한 사람들이기 때문에, 주권자는 코먼웰스의 백성을 통치하는 동시에 교회의 신도들을 통치한다"라고 주장한다. 따라서 "『성경』의 해석자를 임명하는 것도 정치적 주권자의 권한"이 된다(진석용 II-2. 240~241). 본문의 원문은 "Hobbes's view therefore (⋯) is that the true interpreter is he who holds legislative power (if the prince is a Christian)"인데, 글의 흐름상 "therefore"의 쓰임이 어색하다. 아마도 저자가 말하려는 바는 홉스의 이 주장이 앞서 제시된 여러 해석 원칙을 거부했기 때문이라는 것이었으리라 생각된다.

원문

Ep30 ; Ep75. *Quod ex ipsa Scriptura, qua minime humanis figmentis indiget, longe melius edoceremur, in primo limine pro regula ipsius interpretationis statuunt*(TTP praef, G III. 9). *Pauca de interpretatione miraculorum notare*(TTP 6, G III. 91). *Ut mentem a theologicis praejudiciis liberemus* (…) *nobis de vera methodo interpretandi Scripturam agendum est*(TTP 7, G III. 98). *Injustitia est sub specie juris alicui detrahere quod ei ex vera interpretatione legis competit*(TTP 16, G III. 196). *Ex quo manifestum fit, quod magnam Hebraeorum principibus causam facinorum sublatam fuisse, eo quod omne jus interpretandi legum Levitis datam fuerit*(TTP 17, G III. 212). *Ut religio in exitiabilem superstitionem declinaret et legum verus sensus et interpetatio corrumperetur*(TTP 18, G III. 222).

참고문헌

1차 문헌

Bacon, F., *Novum organum*(London, 1620).

Bellarminus, R., *Disputationes de controversiis christianae fidei adversus hujus temporis haereticos*, 4 vols(Ingolstadt, 1605).

Bibliotheca Fratrum Polonorum([Amsterdam], 1656).

Episcopius, S., *Vedelius rhapsodus*, in *Opera theologica* II(Amsterdam, 1665).

Hobbes, Th., *De cive, Leviathan*.

[Meyer, L.], *Philosophia S. Scripturae interpres*([Amsterdam], 1666).

Voetius, G., *Selectae disputationes theologicae*, 5 vols(Utrecht, 1648~1669). 『신학강론선집』.

Wolzogen, L., *Orthodoxa fides*(Utrecht, 1668). 『정통 신앙』.

2차 문헌

Adler, J., ʻLetters of Judah Alfakhar and David Kimhiʼ, *Studia Spinozana*, no. 12(1996), pp. 141~167.

Bordoli, R., *Ragione e Scrittura tra Descartes e Spinoza*(Milano : Franco Angeli, 1997).

Verbeek, Th., *Spinoza's Theologico-Political Treatise. Exploring ʻthe Will of God'*(Aldershot : Ashgate, 2003).

형상적Formalis(포르말리스) → 본질, 에세, 관념, 실재성, 완전성을 보라.

형이상학Metaphysica(메타피지카)

스피노자의 저작에서 '형이상학'과 '형이상학자'라는 용어는 거의 사용되지 않는다. 상응하는 네덜란드어 '오버르나튀르퀸더'overnatuurkunde는 「형이상학적 사유」의 네덜란드어역 제목에서 발견되는데, 스피노자는 이 말을 다른 곳에서는 전혀 사용하지 않는다. 스피노자는 서양 형이상학의 대부로 알려진 인물 중 한 명이지만, 형이상학을 정의하고 그 대상을 다루는 문제에는 흥미가 없어 보인다. 「형이상학적 사유」 1부 1장에서 그는 단지 이 주제에 관한 자신의 견해를 넌지시 보여 줄 뿐이다. 「형이상학적 사유」 1부 6장에서는 형이상학을 존재자에 대한 보편학a universal science이라고 부를 준비가 되어 있는 것처럼 보이는데, 이는 존재자의 일반적 변용 또는 양태,[762] 즉 단일성unity, 진리, 선, 다른 초월적 용어들을 다루는 특수학the particular sciences에 대비되는 것이었다.

형이상학은 자연적 이성을 인식의 수단으로 사용하므로, 천사는 고려 대상이 아니다. 그는 항상 형이상학자들(분명 스피노자 자신은 포함되지 않는 일군의 학자들)을 삼인칭으로 말한다. 온톨로기아ontologia 또는

---

762 [옮긴이] 원문에는 "affects or modes" 곧 "정서 또는 양태"라고 되어 있지만, 'affects'는 'affections'(변용)의 오기라 생각된다.

온토소피아ontosophia[763]로 이해된 그의 형이상학에 대한 태도는 부정적이다. 형이상학을 거부한다는 점에서 스피노자는 홉스의 발자취를 따른 것인데, 그는『물체론』을 헌정하는 서신에서 형이상학을 명시적으로 비난하고, 교회와 국가를 위협하는 형이상학의 사악한 정신을 몰아내고자 하는 열망을 드러낸다. 더 이상 형이상학과 동일시되지 않는 제일철학에는 자연학physics의 일반 관념을 해명하는 과제만 남아 있을 뿐이다.[764]

스피노자가 넌지시 알려 준 형이상학에 대한 두 번째 견해는 데카르트의 것으로, 그는 이를『철학의 원리』프랑스어판 서문에 개진했다.[765] 스피노자는「서신27」에서 형이상학을, 자연학과 결과적으로 의학, 역학, 윤리학 같은 다른 모든 학문에 기본이 되는 원리를 다루는 제일철학이라고 언급한다.[766]『철학의 원리』1부처럼『윤리학』1부와 2부는 철학의 기

---

763 [옮긴이] 라틴어 'ontologia'와 'ontosophia'에서 '온토'onto의 어원은 주지된 바와 같이 '~이다, 존재하다'라는 뜻의 고대 그리스어 '에이미'εἰμί의 현재분사형인 '온'ὤν의 속격 '온토스'ὄντος이다. '온톨로기아'ontologia(ontology, 존재론)라는 용어는 독일 철학자 야콥 로르하르트Jacob Lorhard(1561~1609)가 *Ogdoas scholastica*(1606)에서 처음 사용한 것으로 추정된다. 이후 역시 독일 철학자이자 신학자 요하네스 클라우베르크가 *Elementa philosophiae sive Ontosophiae*(1647)에서 이런저런 존재자가 아니라 존재자 일반being in general을 다루는 학문을 나타내기 위해 '온톨로기아'와 '온토소피아'ontosophia, ontosophy라는 용어를 사용했다. '온토소피아'는 현재 거의 사용되지 않지만, '온톨로기아'는 주지된 바와 같이 독일 철학자 크리스티안 볼프 이후 지금까지 널리 사용된다.

764 Hobbes, *Leviathan*, ch.46(진석용 II-2. 46장 '공허한 철학과 허구의 전설에서 생기는 어둠에 대하여', 381~2, 389~399).

765 [옮긴이] "제1철학이나 형이상학"la premiere Philosophie ou bien la Metaphysique(AT IXb. 16 ; 원석영 II. 538). AT IX-2. 14 ; 원석영 II. 536~537도 참고.

766 [옮긴이] 네덜란드어로 작성된 블리엔베르흐에게 보낸 서신 원문에 있는 다음 구절을 말하는 것으로 보인다. "선생님께서도 아시다시피 사물들의 필연성은 그 인식이 나머지 모든 것에 앞서는 형이상학과 관련되기 때문입니다"want gelyk u.E weet der dingen nootsaaklikhyt raak de methaphisica, en de kennis van die moet al tyt voor af gaan(G IV.161 ; 이근세 197). 이 구절은 라틴어『유고』에는 빠져 있다.

초를 다룬다고 할 수 있지만, 스피노자가 1665년 6월 이후 형이상학이라는 관념을 더 이상 사용하지 않았다는 것은 놀라운 일이 아니다. 원숙기의 스피노자는 윤리학의 일반 원리에 관한 학문을 '형이상학'이라는 이름으로 부르는 것을 명백히 부적절하다고 생각했다.

· **관련 항목** : 철학, 신학

원문

Ab authoribus metaphysicis(CM 1.1). *Ab omnibus fere metaphysicis pro generalissimis entis affectionibus habentur*(CM 1.6). *Et quamvis angeli etiam creati sint, quia tamen lumine naturali non cognoscuntur ad metaphysicam non spectant*(CM 2.12). *Magnam ethices partem, quae ut cuivis notum, metaphysica et physica fundari debet*(Ep27). *Quamvis theologi et metaphysici distinguant inter finem indigentiae et finem assimilationis*(E1app).

참고문헌

1차 문헌

Descartes, R., *Principes de la Philosophie*.
Hobbes, Th., *De Corpore, Leviathan*.

2차 문헌

De Dijn, H., 'Metaphysics as Ethics', in Y. Yovel(ed.), *God and Nature in Spinoza's Metaphysics*(Leiden : Brill, 1991), pp. 119~131.

— 헨리 크롭

활동 → 악티오를 보라.

히브리 국가/히브리 민족Respublica Hebraeorum/natio Hebraica

마키아벨리는 『로마사 논고』에서 고대 로마 공화국을 엑셈플룸

exemplum(모범)으로 받아들이지만,[767] 스피노자는 히브리 국가를 참조점으로 선택한다. 신생 네덜란드 연합주에서 많은 개신교도들은 스스로를 새로운 이집트인 스페인의 폭정으로부터 해방되고 신이 좋아하는 백성으로 선택된 새로운 이스라엘 백성이라고 자처했다. 가장 직접적인 영감의 원천은 그로티우스의 친구 퀴나우스*Petrus Cunaeu*(1586~1638)였다. 그의 『히브리 국가에 관하여』*De republica Hebraeorum*는 1617년과 1700년 사이에 적어도 7판이 나왔고, 프랑스어, 영어, 네덜란드어로 번역되었다. 프랑스와 영국에서도 이미 이 주제에 관한 책들이 출간되었지만, 퀴나우스의 노작은 처음으로 제1성전기[768]의 고대 이스라엘 국가와 사울, 다윗, 솔로몬 치하의 연합 군주국가를 갓 독립한 연합주[네덜란드]의 실질적 모델로 제시했다는 점에서 달랐다. 플라비우스 요세푸스[769]에 대한 일급 전문가이자 유명한 기독교인 히브리학자였던 퀴나우스에게, 성서는 법률적·사법적 모델이었다. 왜냐하면 성서는 히브리 국가가 그리스나 로마 국가보다 더 높은 차원의 국가임을 증거하기 때문이다. 히브리 국가의 법률은 자연법과 일치했고, 그 사회 정신은 정의로운 신적 명령으로부터 직접 흘러나온 것이었다. 히브리 국가는 군주정도 과두정도 민주정도 아닌 공화정이었고, 히브리 국가의 최고의회인 산헤드

767　[옮긴이] 마키아벨리는 "로마는 혼합정부를 지속함으로써 완벽한 국가una republica perfetta를 유지했다"라고 평한다. 니콜로 마키아벨리, 강정인·안선재 옮김, 『로마사 논고』, 한길사, 2003, 84쪽.

768　[옮긴이] 제1성전기는 기원전 10세기 솔로몬 왕이 예루살렘에 성전을 건축한 후부터 바벨론의 침공으로 파괴된 기원전 586년까지의 기간을 가리킨다. 제2성전기는 스룹바벨이 예루살렘 성전을 재건한 기원전 516년부터 유대 전쟁Jewish War으로 성전이 파괴된 서기 70년까지의 시기를 말한다. 이후 유대인의 디아스포라가 시작된다.

769　[옮긴이] 플라비우스 요세푸스Flavius Josephus(37~100)는 예루살렘 성전 파괴를 기록한 유대인 역사가이다.

린Sanhedrin과 판사와 사제를 포함한 집정자들이 신성하게 제정된 법률을 일상적인 도시 상황에서 집행하고 실행했다. 퀴나우스는 네덜란드 공화국이 아테네나 로마처럼 몰락하지는 않을까 걱정했는데, 히브리 국가를 모방하면 그러한 쇠퇴를 막을 수 있다고 보았다.

『신학정치론』 3장에서 스피노자는 유대인이 신에 의해 배타적으로 선택되었다고 자칭하는 이유를 분석한다. 그는 이러한 생각[선민사상]이 이스라엘 국가의 번성을 반영한 것이라고 해석한다. 나라를 잃고 세계 곳곳으로 흩어진 후에도 유대인들이 특별한 존재인 양 행하자 사람들은 유대인들을 혐오하게 되었다.

『신학정치론』 18장에 나오는 스피노자의 주장에 따르면, 히브리 국가는 그의 시대에 적용할 수 있는 모델이 아니었다. 이스라엘 민족은 장점이 무엇이었든 간에 모방할 수 없는 정치 질서를 가지고 있었기 때문이다. 이 외에도 우리가 이 고대 국가를 이해하는 데 필요한 자료는 상당수 유실되었다(TTP 7). 설령 우리가 그 자료를 파악한다 해도, 예컨대 모세오경에 있는 규정들은 보편적 도덕이 아니라 오직 히브리 민족을 위해 마련되고 그들에게 맞추어진 일련의 법률에 불과하다. 따라서 스피노자의 목적은 히브리 국가가 조금의 보편적 중요성도 가지고 있지 않은 단지 특수한 역사적 현상일 뿐임을 보여 주려는 것이다. 히브리 국가의 특수성은 한 국가의 안정을 위한 규정(또는 의식)과 어떤 개인이 속한 민족이나 국가와 무관하게 적용되는 규정(또는 영원한 법칙)을 구분하기 위해 검토된다. 오직 이 후자, 즉 보편적 규정만 진정한 행복을 보장한다. 정치 질서 바깥에서 첫 번째 규정은 구속력이 없다(TTP 5).

히브리 국가의 정치 질서는 그 역사적 배경에 의해 설명되어야 한다. 히브리인은 애초 이집트의 노예였던 사람이었으므로 그들은 자신들이 세운 국가를 통치할 준비가 잘 되어 있지 않았다. 모세는 "그의 신적인 덕"divine virtue 때문에 적절한 통치를 할 수 있는 유일한 인물이었다. 그러나 유대인들은 완고하여 힘과 공포만으로 다스릴 수 없었으므로 모세는 사람들이 공포보다는 헌신으로 의무를 수행하도록 국가에 종교를 도입했다. 그는 또한 이런 고집 센 민족이 절대 자기 재량대로 행동하지 못하도록 모든 상황에 대비한 법을 제정하여 치명적인 불화를 예방하고자 했다. 『신학정치론』 후반부에서 스피노자는 사제들이 권력을 장악하지 않았던 시기에는 히브리 국가에 종파가 존재하지 않았다는 점을 칭찬한다(TTP 18).[770]

　　『신학정치론』 5장에서 시작된 이야기는 17장에서 계속되며, 이제 정치 질서의 구조와 역학성에 초점을 맞춘다. 스피노자는 세 시기를 구분한다. 처음 두 시기는 각각 40년과 26년으로 비교적 짧았고(TTP 9), 마지막 시기는 예루살렘이 함락될 때까지 계속된다. 첫 번째 시기는 모세의 통치기이다. 그의 군주정은 견딜 수 없었던 민주정-신정 질서intolerable democratic-theocratic order에 대한 해결책이 되었는데, 백성들이 [스스로] 받아들였던 신의 통치를 감당하지 못하고 모세를 통치자로 받아들였기 때문이다. 그래서 모세는 신의 이름으로 통치했다. 두 번째 시기에는 모세의 죽음 이후 이 테오크라티아theocratia(신정) 체제가 보다 적절한 방식으로 다시 시작되었다. 모세는 후계자를 지명하지 않았으며, 한 사람에게 절대적 권력이 부여되지도 않았다. 모세는 지파장, 제사장, 백성,

---

770　[옮긴이] "종교 안에는 종파가 전혀 존재하지 않았으며, 단지 두 번째 국가에서 제사장들이 법령을 제정하고 정사를 다룰 권한을 쥐게 된 이후에야 종파가 생겨났다"(TIE 18.6 ; G III. 222 ; C II. 323).

그리고 이미 계시된 신법(율법)으로 권력이 분배된 혼합정체를 남겼다. 이 "탁월한" 체제는 단 한 번의 내전만 겪었고 폭정이나 반란을 억제했다. 그럼에도 하나의 결함이 있었다. 제사장 계급이 다른 이들과 분리되어 시기를 불러 일으켰고, 이것이 불안정을 초래했던 것이다. 짧은 준-민주적 통치기가 끝난 뒤, 권력 투쟁은 히브리 정치의 숙명이 되었고, 이로 인해 그들은 또한 국가의 먹잇감이 되었다. 이 이야기의 교훈은 제사장 엘리트 계층이 결코 정치권력의 일부로 기능하게 두어서는 안 된다는 것이다(TTP 18~19).

스피노자는 이스라엘을 따라야 할 정치적 모델로 받아들이지는 않았지만, 그는 이 두 번째 시기의 히브리 국가를 평화와 번영을 지키려면 정부의 상이한 기능이 어떻게 조직되어야 하는지에 대해 많은 것을 가르쳐 주는 엑셈플룸으로 여겼다. '사회적 상상'의 한 형태인 히브리 국가의 신정적神政的 배경은 민주정이 실제로 행하게 될 바를 미리 보여 준다.[771]

---

771 [옮긴이] 원문은 다음과 같다. "The theocratic background of the Hebrew state as a form of 'social imaginary' prefigures what democracy will do in practice." 출처는 제시되지 않았지만, '사회적 상상'social imaginary은 코르넬리우스 카스토리아디스Cornelius Castoriadis(1922~1997)나 찰스 테일러(1931~)에게서 유래한 개념일 것이다. 테일러는 '사회적 상상'을 다음과 같이 정의한다. "사람들이 자신의 사회적 실존에 대해 상상하는 방식, 사람들이 다른 이들과 서로 조화를 이루어 가는 방식, 사람들 사이에서 일이 돌아가는 방식, 통상 충족되고는 하는 기대들, 그리고 그러한 기대들의 아래에 놓인 심층의 규범적 개념과 이미지들이다"(찰스 테일러, 이상길 옮김, 『근대의 사회적 상상 : 경제·공론장·인민 주권』, 이음, 2010, 43쪽). 스피노자는 『신학정치론』 17장에서 히브리인들이 신과 맺은 첫 번째 계약을 통해 신법과 시민법이 일치하는 신정국가를 만든 과정을 제시한다. 성서의 서사(선민, 출애굽, 율법, 언약 등)는 히브리인들이 어떤 상상에 근거하여 국가를 세우고 안정을 꾀했는지 보여 준다. 그들은 각자를 '언약의 당사자'로 인식하고 자신들의 공동체를 '언약-공동체'이자 '신이 직접 통치하는 국가'라고 상상했다. 히브리 국가의 권력 분산형 혼합정체mixed government는 이러한 상상이 제도적으로 구체화한 것이며, 모세는 국가에 종교와 법을 도입함으로써 우중을 힘과 공포로 통치하지 않고 그들이 스스로 신앙심을 통해 국가에 헌신하고 복종하게 했다. 『편람』에서 이 항목을 작성한 저자는 이러한 "히브리 국가의 신정적 배경"이

· **관련 항목** : 레스푸블리카, 임페리움, 모세, 엘렉티오, 신정, 민주정, 성서, 신학

원문

His sic universaliter consideratis, ad Hebraeorum rempublicam descendamus(TTP 5, G III. 74). *Hebraea natio omnia ornamenta, omneque decus perdidit*(nec mirum postquam tot clades et persecutiones passa est(TTP 7, G III. 106). *Hebraeorum imperium*(TTP 18, G III. 221). *In theocratia, qualis Hebraeorum civitas olim fuit*(TP 7.25).

참고문헌

1차 문헌

Cunaeus, P., *De republica Hebraeorum libri III*(Leiden, 1617).

2차 문헌

Balibar, E., 'L'héritage de la Théocratie', in *Spinoza et la politique*(Paris : Presses universitaires de France, 1985).

Campos Boralevi, L., 'Classical Foundational Myths of European Republicanism. The Jewish Commenwealth', in M. van Gelderen and Q. Skinner(eds.), *Republicanism : A Shared European Heritage*(Cambridge : Cambridge University Press, 2002), pp. 247~262.

Schama, S., *The Embarrassment of Riches : An Interpretation of Dutch Culture in the Golden Age*(New York : Knopf, 1987), ch. 2.

Tuck, R., *Philosophy and Government 1572-1651*(Cambridge : Cambridge University Press, 1993), pp. 167~169.

바로 "'사회적 상상'의 한 형태"를 보여 주는 사례라고 말하는 것이다. 저자는 히브리 국가가 신정을 도입하게 된 배경이 훗날 "민주정이 실제로 행하게 될 바를 미리 보여 준다"라고 하는데, 아마도 히브리 국가에서 이미 구성원의 평등, 집단적 자기-통치체제, 자발적 복종 메커니즘 등을 볼 수 있다는 의미일 것이다. 실제로 스피노자는 "히브리인들은 자신의 권리를 다른 사람에게 양도하지 않고 민주주의 국가에서처럼 모두가 동등하게 자신들의 권리를 포기"(TTP 17 ; G III. 206 ; C II. 303)했다면서, 명시적으로 히브리 국가와 민주주의 국가의 유사성을 언급하기도 한다.

Zac, S., 'Spinoza et l'État des Hébreux', in *Philosophie, théologie, politique dans l'oeuvre de Spinoza* (Paris : Vrin, 1979), pp. 145~176.

— **마린 테르프스트라**

히스토리아Historia(역사/탐구/묘사/설명)

'히스토리아'라는 라틴어 단어가 무려 147회나 등장하는 주목할 만한 예외적 저작인 『신학정치론』 외에,[772] 스피노자가 이 단어를 사용하는 일은 상당히 드물다. 「형이상학적 사유」와 『윤리학』에서 '히스토리아'는 단 한 번 등장할 뿐이고, 『정치론』에서는 겨우 네 번 등장한다. 스피노자가 이 단어를 사용하는 다른 방식에는 17세기 용법이 어느 정도 반영되어 있다.

고클레니우스의 사전 항목에는 이 용법에 대한 명료한 개요가 나와 있다.[773] 그는 일반적인 의미에서의 '히스토리아'는 탐구 또는 "특수한 실재에 대한 우리의 인식 또는 실재의 실존에 대한 묘사나 설명"을 나타낸다고 말한다. 이러한 의미에서 우리는 해부학anatomy을 "인간 신체의 부분에 대한 히스토리아"라고 부른다. 자연에 대한 이러한 묘사의 특징은 논변을 이용하지 않고 그리모은 것이라는 점이다. 이성의 사용은 이러한 히스토리아를 과학적 인식 곧 철학으로 바꿀 것이다. 우리는 동일한 관념을 베이컨의 (자연의) 히스토리아[자연사]에 대한 정의에서 보게 된다. "고유한 의미의 히스토리아는 개별 실재들, 즉 위치와 시간이 정해

---

772   Akkerman 1997, p. 10.

773   Goclenius, *Lexicon philosophicum*.

진 것들에 관한 것이다."[774] 고클레니우스는 계속 철학적 담론에서 히스토리아는 관찰, 즉 한 사람 이상의 경험에 근거한 인식을 의미한다고 말한다. 이 관찰은 듣거나 보거나 읽음으로써 획득될 수 있다. 마지막으로 히스토리아는 인간의 과거 행적을 기록하여 후대가 기억하게 만드는 기술accounts(이야기)을 나타낼 수 있다. 그러한 히스토리아는 만일 교회에 속한다면 '성스러운'sacred 것이라고 불릴 수 있고, 특수한 국가나 사람들이나 인간의 제도에 속한다면 '세속적'profane이라고 불릴 수 있다. 마지막 의미의 히스토리아만 현대적 용법과 얼마간 일치한다.

예컨대 「형이상학적 사유」에서 히스토리아는 자연에 대한 서술description이라는 일반적 의미로 등장한다. 스피노자는 관념을 "이야기, 곧 자연에 대한 정신의 히스토리아"라고 정의한다(CM 1.6 ; G I. 246 ; C I. 312). 같은 일반적 의미의 히스토리아가 『신학정치론』에 대한 주석에 등장하는데(Adn 8 ; G III. 253 ; C II. 185, n. 32), 그곳에서 스피노자는 "그러므로 나는 또한 미래의 실재와 과거의 실재 모두에 대한 히스토리아를 지각할 수 있고 명확하다고 부른다. (…) 비록 그것들이 수학적으로 증명될 수 없을지라도 말이다"라고 말한다. 모든 개별 히스토리아를 합치면 "자연의 보편적 히스토리아"가 되며, 이는 "철학의 유일한 토대"이다. 「서신37」의 "짧은 히스토리아"에도 전문적 의미가 있다.[775] 베이컨

774　Bacon, *De dignitate et augmentis scientiarum* 2.1. [옮긴이] James Spedding, Robert Leslie Ellis and Douglas Denon Heath(eds.), *The Works of Francis Bacon*, vol. 1: Philosophical Works 1(Cambridge Univ. Press, 2011), p. 494. 원문은 다음과 같다. "Historia proprie individuorum est, quæ circumscribuntur loco et tempore."

775　[옮긴이] "이러한 점을 적어도 방법이 요청하는 정도로 이해하기 위해서는 정신의 본성을 제일 원인을 통해서 인식할 필요는 없으며, 베이컨의 방식대로 정신이나 지각들에 대한 짧은 히스토리아로도 충분합니다sussicit mentis, sive perceptionum historiolam concinnare"(Ep37 ; 이

의 경우와 마찬가지로, 자연의 히스토리아와 철학의 경계가 아주 명확해 보이지는 않는다.

스피노자는 일반적으로 "시민 사회의 혹은 종교의 히스토리아"civil, or ecclesiastical history(베이컨) 또는 인간과 관련된 히스토리아라는 당대의 '히스토리아' 개념을 사용했다. 이러한 의미가 아우르는 것은 한 사람의 행적이나 국가의 영고성쇠(榮枯盛衰)vicissitudes(TTP 17) 및 조직적 기록 structured record을 뜻하는 엄밀하게 객관적인 함축으로부터(TTP 9) 과거 사건에 대한 아주 주관적인 견해에 이른다(TTP 6). 히스토리아를 다루는 책도 "히스토리아"라 불린다(TP 7). 그러나 현대적 용법과 달리 "시민 사회의"civil 히스토리아에는 어떤 목적과 도덕적 특성이 들어 있다.[776]

『신학정치론』 7~9장에서 스피노자는 베이컨에게서 빌려온 전문적인 의미의 '히스토리아' 개념을 사용한다. 이는 자연철학에서 자연 해석의 기초로 사용될 수 있는 자연현상에 관한 체계적 관찰 기록을 의미한다. 이러한 해석은 무분별하고 성급한 예단과 구별되어야 한다.[777] 이 영국 철학자 베이컨에 따르면, 역사는 세 부분으로 구성된다. 단어와 개념을 명료하게 하는 문헌학적philological 부분, 현상에 관한 정확한 상image을 만드는 서술적 단계descriptive phase, 마지막으로 참된 실험의 방법론적 실행 단계가 그것이다. 모든 관찰은 도표로 기록된다.[778] 스피노자는 베이

근세 239. 번역은 수정).

776   [옮긴이] 이종흡, 165~179 참고.

777   Bacon, *Novum Organum* 1.26. [옮긴이] "설명의 편의를 위해 오늘날 우리들이 자연에 대해 적용하고 있는 추론을 (경솔하고 미숙한 것인만큼) '자연에 대한 예단'이라 부르기로 하고, 사물로부터 적절하게 추론된 것을 '자연에 대한 해석'이라고 부르기로 하자"(진석용 I. 45).

778   Bacon, *Parasceve ad historiam naturalem et experimentalem*(『자연과 실험의 히스토리아와 준비』).

컨의 생각을 잘 알고 있었던 것으로 보이며(Ep37), 베이컨의 과학 모델을 [성서] 해석학hermeneutics으로 바꾸었다. 히스토리아 단계는 성서 텍스트에 관한 사실을 수집하여 저자(들)와 그들의 표현 양식idiom에 관한 정보를 확보하는 과정이다. 이는 인문주의적 성서학humanistic biblical scholarship에서 흔히 볼 수 있는 방식이었지만, 스피노자에게 독특한 점은 이 과정을 베이컨적 명칭인 "히스토리아"라고 불렀다는 점이다. 그 외에도 히스토리아 단계는 성서의 교의 목록을 만들고 이를 통해 귀납적 방식으로 성서의 보편적 진리를 추론하는 방법을 준비한다. 스피노자의 해석학적 방법의 두 번째 부분은 법칙의 추론, 즉 해석interpretation이다.[779] 그러나 성서에 대한 우리의 히스토리아들 자체가 본질적으로 결함이 있기 때문에, 성서를 토대로 한 철학이나 과학은 결코 가능하지 않다(TTP 8).

· **관련 항목** : 해석, 성서, 신학, 경험

원문

Ideae nihil aliud sunt quam narrationes sive historiae naturae mentales(CM 1.6). *Ad haec intelligendum* (⋯) *non est opus naturam mentis per primam ejus causam cognoscere, sed sufficit mentis sive perceptionum historiolam concinnere modo illo, quo Verulamius docet*(Ep37). *Historiae* (⋯) *narrationes in Vetere et Novo Testamento contentae, reliquis profanis praestatiores sunt pro ratione salutarium opinionum quae ex iis sequuntur*(TTP 5, G III. 79). *Homines in suis chronicis et historiis magis suas opiniones, quam res ipsas actas narrent* (⋯) *Multa philosophorum qui historiam naturae scripserunt* (⋯) *Historiam prophetiae concinnare et ex ea dogmata formare*(TTP 6, G III. 92, 95). *Ut mentem a praejudiciis theologicis liberemus, de vera methodo Scripturam interpretandi agendem est* (⋯) *Sicuti methodus interpretandi*

---

779 [옮긴이] 이 책의 '해석' 항목 참고. "『신학정치론』 16~18장의 '해석'이라는 용어에는 입법자의 의지에 대한 올바른 이해를 의미하는 법률적-정치적 의미가 있다. 일상적인 일에서 정의는 법에 대한 올바른 해석의 결과이다."

scripturam haud differre a methodo interpretandi naturam in hoc potissimum consistit, in concinnandis sc. historia naturae, ex qua, utpote ex certis datis, rerum naturalium definitiones concludimus (⋯) *Denique enarrare debet haec historia casus omnium librorum prophetarum* (⋯) *Mens prophetarum ex historia Scripturae eruenda, nempe a maxime universalibus incipiendum* (⋯) *Linguae Hebraicae perfectam historiam non possumus habere* (⋯) *Consimilem historiam in Ovidio de Perseo legeram* (⋯) *hae omnes hujus methodi interpretandi Scripturam ex ipsius historia difficultates*(TTP 7, G III. 98, 101, 104, 106, 110~111). *Ut Scipturae historia non tantum imperfecta* (⋯) *hoc est ut fundamenta cognitionis Scripturam non tantum pauciora* (⋯) *sed etiam vitiosa sint*(TTP 8, G III. 118). *Historia Hiskiae* (⋯) *Nathanis* (⋯) *In hisce quinque libris praecepta et historiae promiscue sine ordine narrentur* (⋯) *Scriptura historias multorum annorum comprehenderit*(TTP 9, G III. 131, 133). *Historia diversis modis repetitur* (⋯) *De Libro Jobi quidam putant Mosen scripsisse et totam historiam non nisi parabolicam esse* (⋯) *Ea quae circa historiam librorum Veteris Testamentis notare volueram*(TTP 10, G III. 142, 144, 149). *Quod ad totam Scripturam in genere attinet* (⋯) *ejus sensum ex sola ejus historia, et non ex universali historia naturae quae solius philosophiae fundamentum est, determinandum esse*(TTP 15, G III. 185). *Hebraeorum historias et successus perpendemus*(TTP 17, G III. 203). *In illa primi hominis historia*(E4p68s). *Nemo qui historias legit*(TP 7.14). *Historias tam sacras quam profanas legerunt*(TP 7.17).

참고문헌

1차 문헌

Bacon, F., *Sylva sylvarum*,『숲 속의 숲』(번역본 미출간).
______, *Novum organum*,『신기관』.
______, *De dignitate et augmentis scientiarum*.『학문의 진보』.
______, *Parasceve ad historiam naturalem et experimentalem*.『자연과 실험의 히스토리아와 준비』.
James Spedding, Robert Leslie Ellis and Douglas Denon Heath(eds.), *The Works of Francis Bacon*, Vol.1~14(Cambridge : Cambridge Univ. Press, 2011).

2차 문헌

Akkerman, F., 'Mots techniques, Mots classiques', in P. Totaro(ed.), *Spinoziana Ricerche di terminologia filosofica e critica testuale*(Florence : Olschki, 1997), pp. 1~22.
Jacobs, W.G., 'Spinozas Theologischpolitischer Traktat und das Problem der Geschichte',

in W. Kluxen(ed.), *Tradition und Innovation*(Hamburg : Meiner, 1988), pp. 82~89.

Rooden, P. van, 'Spinoza's bijbeluitleg', *Studia Rosenthaliana*, no. 18(1984), pp. 120~133.

Verbeek, Th., *Spinoza's Theologico-Political Treatise. Exploring 'the Will of God'*(Aldershot : Ashgate, 2003).

Zac, S., *Spinoza et l'interprétation de l'Écriture*(Paris : Presses Universitaires de France, 1965).

박기순, "방법으로서의 히스토리아historia 개념," 『근대 철학』, 1:1, 2006, 5~30.

조현진, "스피노자의 히스토리아 개념과 그 윤리적 기능", 『철학논집』, 제32집, 2013, 71~92.

— 헨리 크롭

힘 → 포텐티아를 보라.

5부 스피노자 저작 개요

LIFE

INFLUENCES

EARLY CRITICS

GLOSSARY

SHORT SYNOPSES OF SPINOZA'S WRITING

SPINOZA SCHOLARSHIP

해제

1. 출간된 저작들

스피노자는 생전에 두 권의 저작을 출간했다. 「형이상학적 사유」라는 부록이 있는 『데카르트의 『철학의 원리』』와 『신학정치론』(1670, 익명 출간)이 그것이다. 1675년에는 『윤리학』 출간을 준비했지만, 분위기가 점점 적대적으로 바뀌는 것을 보고 포기했다.[1] 이 저작은 스피노자가 사

---

[1] [옮긴이] "선생님의 7월 22일자 편지를 받았을 때는 제가 말씀드린 책을 출판사에 맡길 목적으로 암스테르담으로 떠나던 순간이었습니다. 제가 이 일을 처리하는 동안, 신이 존재하지 않는다는 것을 제시하려는 제 책이 출간될 것이라는 소문이 사방에 퍼졌습니다. 많은 사람들이 이런 소문을 사실로 믿었습니다. (아마도 이 소문을 주동한) 몇몇 신학자들은 이 기회를 활용하여 군주와 당국에 저를 고소하려고 합니다. 나아가 저에 대해 우호적이라고 의심받은 어리석은 데카르트주의자들은 그런 의심에서 벗어나려고 제 사유와 글에 대한 증오심을 사방에 표명하기를 멈추지 않았고, 지금도 그렇게 하고 있습니다. 제가 이와 같은 소식을 믿을 만한 사람들에게서 수집했고, 또 그들로부터 신학자들이 사방에서 제게 반대하여 음모를 꾸민다는 것을 또한 알게 된바, 상황이 어떻게 돌아가는지를 확인할 때까지는 제가 준비한 출간을 보류하기로 결정했습니다"(Ep68 ; 이근세 370).

망한 후에야『유고』*opera posthuma*(이후 OP로 약칭)의 핵심 작품*pièce de résistance*으로 출간되었다. 스피노자의 친구들은 이 전집에 미완성된 세 편의 글도 포함시켰다. 초기 저작인『지성교정론』,『히브리어 문법 강요』, 사망하기 전까지 집필 중이었던 논고인『정치론』이 그것이다. 또한『유고』에는 스피노자가 주고받은 일흔다섯 통의 서신 모음도 포함되어 있다.

2. 이후 발견된 텍스트들 : 유실된 저작, 위서, 필사본

17세기 이후 양적으로 그다지 방대하지는 않은 이 전집에 추가된 저작은 단 하나뿐이다. 1850년대에 두 개의 필사본이 발견된『신, 인간, 인간의 행복에 관한 소론』*Korte verhandeling van God, de mensch en deszelvs welstand*(『소론』또는 KV로 약칭)이 그것이다. 그 외에『신학정치론』에 대한 주석과 이전에 알려지지 않았던 약 12편의 서신이 수면 위로 떠올랐다. 스피노자가 쓴 추가적인 저작은 현존하지 않는다. 1656년 파문당한 후 보통 아폴로기아*Apologia*(변론서)라고 불리는 유대교에 대한 반론문을 (스페인어로) 썼다고 알려져 있지만, 그 흔적은 발견되지 않았다.[2]『유고』의 편집자에 따르면, 스피노자는 무지개에 관한 소논문도 썼지만 아마도 태워 버린 것 같다.[3] 어쨌든 이 논고가 1687년 헤이그에서『확률 계산』*Reeckening van kanssen*과 함께 출간된『무지개에 관한 대수적 계산』*Stelkonstige reeckening van den regenboog*이 아닌 것은 확실하다. 두 텍

---

2   Walther and Czelinski 2006, vol. 1, p. 399, no. 186.

3   *ibid.*, vol. 1, p. 4.

스트는 스피노자 저작의 비평본과 번역서에 등장하지만, 위작이다.[4] 두 텍스트의 저자는 현재 살로몬 디르크번스Salomon Dierquens로 확실히 밝혀졌다.[5] 스피노자의 초기 전기 작가인 콜레루스도 (그가 "저명 인사들"이라고 부른 필사본을 본 적이 있다는 이들의 증언에 근거하여) 스피노자가 무지개에 관한 논고를 썼지만 1676년 여름에 태워 버렸다고 보고한다. 또한 콜레루스는 스피노자가 구약성서의 네덜란드어 번역에 착수했었고, 모세오경은 이미 예전에 번역을 끝냈지만 죽기 전 어느 날 태워 버렸다는 (일견 다소 믿기 어려운) 이야기를 전한다.[6] 스피노자의 저작 대부분은 인쇄된 판본으로만 남아 있다.[7] 우리는 일부 서신들과 몇 개의 저작들(『소론』, 『윤리학』)이 필사본으로 회람되었다는 것을 알고 있지만, 이 중 남아 있는 것은 가장 오래된 『소론』의 원본 사본이다.[8] 식자공의 원고로 사용된 수고본과 상당한 정서본은 아마도 소실된 것으로 보인다.[9] 몇

4　[옮긴이] 두 위서는 익명으로 출간되었다. Anonymous, *Stelkonstige Reeckening van den Regenboog. Reeckening van Kanssen*(Den Haag 1687). 데카르트는 『방법서설』(1637)에 수록된 『기하학』에서 기하학적 도형을 대수적으로 표현할 수 있는 해석기하학analytical geometry을 제시했지만, 같은 책에 수록된 『기상학』 제8장 「무지개에 관하여」에서는 이를 적용하지 않고 무지개의 형성을 빛의 굴절과 반사를 통해 기하학적으로 설명했다. 두 위서에 대한 연구 번역의 저역자 페트리에 따르면, 『무지개에 대한 대수적 계산』은 데카르트의 기하학적 분석을 "대수적 용어algebraic terms로 재서술"하려는 시도였다. M. J. Petry(ed. and trans.), *Spinoza's Algebraic Calculation of the Rainbow & Calculation of Chances*(Dordrecht : Martinus Nijhoff Publishers, 1985), p. 16 참고.

5　De Vet 2005.

6　Walther and Czelinski 2006, vol. 1, p. 146.

7　스피노자 저작의 인쇄에 대해서는 Van de Ven 2022를 보라.

8　『윤리학』의 바티칸 필사본은 회람되지 않았다.

9　[옮긴이] '원본사본'原本寫本의 출발어는 '아포그래프'apograph였다. 아포그래프는 어떤 저자가 직접 쓴 '오토그래프'autograph(수고본/자필본/원본)를 베긴 사본을 말한다. 오토그래프가 아닌 다른 사본(아포그래프나 여타의 사본)을 베긴 것은 '안티그래프'antigraph라고 한다. 아포그래프와 안티그래프를 '원본을 그대로 베꼈다'라는 뜻의 '사본'이라고 번역하거나 '다른

편의 서신[10](마이어가 1903년에 훌륭하게 번각함)과 스피노자의 자필 주
해가 달린 『신학정치론』 한 부[11] 정도만 현존한다.

3. 언어, 번역

암스테르담의 포르투갈계 유대인이었던 부모를 둔 스피노자는 집에서
는 포르투갈어, 학교와 회당에서는 스페인어를 썼으며, 탄탄한 히브리어
교육을 받았다. 그는 일부 서신을 네덜란드어로 쓸 정도로(네덜란드어
로 쓰는 것을 꺼려했지만, Ep19 ; G IV. 95 : 12) 네덜란드어도 충분히 할
수 있었다.[12] 스피노자는 암스테르담의 프란시스쿠스 반 덴 엔덴의 라틴
어 학교에서 출석했다. 그의 라틴어 문체는 간결하고 명확하며 실질적이
다.[13] 그는 모든 철학 저작을 학문적 교류를 위한 국제 공용어인 라틴어
로 썼다. 『소론』은 네덜란드어로만 우리에게 남아 있지만, 이는 소실된
라틴어 원본의 동시대 번역본이다. 그의 저작의 네덜란드어 번역은 수
요가 많았다. 『데카르트의 『철학의 원리』』와 「형이상학적 사유」 번역은

책을 베껴 쓴 것을 자필본에 상대하여 이르는 말'이라는 뜻의 '전사본'轉寫本이나 '이사본'移
寫本이라고 옮기는 것은 두 필사본의 차이를 회석시킨다는 점에서 문제가 있다. 그래서 아포
그래프는 '원본사본'原本寫本이나 '직접사본'直接寫本으로, 안티그래프는 '간접사본'間接寫本
이나 '재사본'再寫本으로 번역하는 것이 어떨까 싶다. 본문의 "가장 오래된 『소론』의 원본사
본"이라는 말은 그러니까 스피노자가 직접 쓴 『소론』의 오토그래프를 보고 베낀 사본이라는
뜻이다. 참고로 이하에 자주 나오는 '필사본'은 '매뉴스크립트'manuscript를 옮긴 말로, 매뉴
스크립트는 원본이든 어떤 종류의 사본이든 손으로 쓴 모든 문서를 포괄적으로 지칭하는 일
반적 용어이다. 본문의 '정서본'淨書本은 'fair copies'를 옮긴 말이다. 모두 문헌 전승이 중요
한 고문서 비평학 등에서 주로 사용되는 용어들이다.

10　　W. Meijer 1903.

11　　Van der Werf 2006.

12　　[옮긴이] "제가 자라면서 배운 언어로 선생님께 편지를 썼다면 제 생각을 더 적절히 표현했
　　　을 것 같습니다"(이근세 127).

13　　Beyssade 2005 ; Kajanto 2005 ; Leopold 2005 ; Akkerman 2013.

1664년에 나왔으며, 『신학정치론』은 출간되기까지는 오랜 시간이 걸렸지만 즉시 네덜란드어로 번역되었고,[14] 스피노자가 암스테르담의 친우회에 그때그때 나누어 보냈던 라틴어 『윤리학』의 부분들은 적어도 초기에는 도착하는 대로 번역되었다(Ep28 ; G IV. 163 : 19~24 참고).[15] 『유고』는 네덜란드어 번역본 『베네딕투스 데 스피노자의 유고』*De nagelate schriften van B.d.S*(이후 NS)와 동시에 출간되었다.

1장 『지성교정론』*Tractatus de intellectus emendatione*(TIE)

사후에 출간되기는 했지만, 『지성교정론』은 훨씬 이전에 작성되었다. 『지성교정론』과 『소론』의 연대기적 순서에 관한 연구는 여전히 의견이 갈리지만, 이 두 미완성 텍스트가 스피노자의 알려져 있는 저작 중 가장 초기 저작이라는 점에서는 일반적으로 의견이 일치한다. 『지성교정론』이 『소론』보다 앞선다는, 미니니가 제시한[16] 연대가 완전히 결정적인 것은 아니지만, 이는 지금까지 알려진 가설 중 가장 그럴듯한 것이다. 그리고 최근의 많은 번역가나 주석가들이 실제로 이 가설을 채택하고 있다. 미니니는 스피노자가 이미 1656년 말이나 1657년 초에 『지성교정론』 집필을 시작

---

14   Akkerman 2005.

15   [옮긴이] "저희의 철학[『윤리학』] 제3부와 관련해서는 선생님께서 번역자가 되어 주신다면 그 일부분을 선생님께 보내 드리거나 우리의 벗 더 브리스 씨께 보내겠습니다. 그것을 모두 마무리하기 전에는 아무것도 보내지 않기로 결심했지만, 제가 생각했던 것보다 더 길기 때문에 선생님을 너무 오래 기다리시게 하고 싶지는 않습니다. 대략 정리80까지에 해당하는 부분을 선생님께 보내드립니다"(이근세 200).

16   Mignini 1979에서 제시되었고, 이후 더 다듬어졌다.

했을 것이라고 말한다.

『지성교정론』은 종종 스피노자의 서신 교환에서 진행 중인 저작으로 언급된다. 겉보기에 그는 『지성교정론』을 마무리할 계획을 결코 포기하지는 않은 것 같지만, 생애 말로 가면서 『지성교정론』을 수정하는 일에 그다지 관심이 없었던 것처럼 보이기도 한다(Ep60 ; G IV. 271 : 8~9[17]). 우리가 가지고 있는 텍스트는 1677년 『유고』로 출판된 것인데, 이는 아마도 스피노자의 유고들에서 발견된 필사본을 기초한 것이라고 추측된다. 『지성교정론』의 라틴어는 다른 텍스트들보다 훨씬 더 『유고』의 편찬자들의 편집을 거친 것으로 보인다.[18]

『지성교정론』은 소제목 없이 하나의 연속된 글로 작성되었다. 브루더K. H. Bruder는 자신이 편집한 스피노자 전집(1844) 2권에서 『지성교정론』을 110절로 나누었다. 현재 일반적으로 사용되는 절 구분이 이것이다. 이 텍스트의 중간 즈음인 49절에서 스피노자는 개요를 제시하는데, 여기에서 논증을 일곱 부분으로 구성된 것으로 제시한다. 세 부분은 이미 앞선 48개 절에서 다루어졌다. (1) 우리의 모든 사유가 향해야 할 목적을 제시한 서론(1~17절), (2) 완전성에 도달하기 위한 최선의 방식을 찾고자 지각 방식을 분석함(18~29절), (3) 정신은 규준이 되는 주어진 참된 관념으로부터 나아가면서 자연을 탐구해야 함(30~48절). 이 논고는 다음으로 이어진다. (4) "방법의 첫 번째 부분"으로 참된 관념이 어

---

17 [옮긴이] "운동과 방법에 관련된 다른 문제들에 대해서는 아직까지 아무것도 글로 정리하지 않았기 때문에 다음 기회를 위해 남겨 두겠습니다"(이근세 340). 저자는 이러한 언급에서 스피노자의 관심사가 『지성교정론』을 탈고하는 일에서 멀어졌고 자연학으로 바뀌었다고 본 듯하다.

18 Akkerman 1987, pp. 25~26.

떻게 정신이 피해야 할 다른 모든 지각과 다른지 보여 줌(49~90절), (5)
"방법의 두 번째 부분"으로 주어진 참된 관념이라는 규준의 도움으로 알
려지지 않은 실재를 지각하기 위한 규칙을 세우고(91~98절), (6) 사소
한 것에 멈추어 서지 않도록 순서를 확립함(99~110절, 미완성으로 여기
에서 끝남), 그리고 (7) 가장 완전한 존재자의 관념에 의존하는 가장 완전
한 방법(실제로 작성되지는 않음).

① 1~17절

『지성교정론』의 도입부는 으레 숨뭄 보눔summum bonum(최고선)에 대한
저자의 추구를 생생하게 (그리고 일견 자전적으로) 제시한 것으로 유명하
다.[19] 삶의 계획을 바꿈으로써 영원한 기쁨이 따르는 참되고 지고한 선에
도달하는 일이 가능할까? 슬픔이 없는 기쁨으로 정신을 채울 수 있는 유
일한 선은 (스피노자가 나중에 입증하게 될 것처럼) 정신이 자연 전체와
맺는 연합에 대한 지식이며(8절), 영원하고 무한한 것에 대한 사랑이다
(10절). 선/좋음과 악/나쁨,[20] 완전함과 불완전함은 상대적인 관념이기는
하지만, 우리는 더 완전해질 수 있다는 것, 곧 더 강하고 더 지속적인 인간
본성을 획득할 수 있다는 것을 안다. 그래서 '참된 선'은 그러한 보다 완전
한 인간 본성을 획득하는 수단이 될 수 있는 것으로 정의되고, '최고선'은
그러한 완전성을 향유하는 것으로 정의된다(13절). 그러므로 목표는 이
러한 본성을 획득하는 것이자 가능한 한 많은 다른 이들도 이를 달성하기

---

19   Zweerman 1993을 보라 ; De Dijn 1996, pp. 30~41.
20   [옮긴이] 이하 같은 방식으로 또는 택 1하여 번역했다. '선/좋음' 개념에 대해서는 이 책 4부
      용어 해설 해당 항목 참고.

위해 노력하도록 고무하는 것이다. 이를 위해서는 자연법칙에 대한 이해뿐만 아니라 사회의 재조직도 필요하다(14절). 그러나 무엇보다 먼저 우리는 지성을 치유하는 방법을 알아내야 하고, 이것이 바로 이 논고가 의도하는 바이다(16절). 그러나 그 동안에는 삶을 위한 임시적인 규칙이 필요하다. 스피노자는 다음과 같은 세 가지 규칙을 만들어 낸다. 사람들의 지성에 맞추어 말하기, 건강을 유지하는 데 필요한 한에서만 쾌락을 향유하기, 자기 보존에 필요하거나 사회적으로 불가피한 것인 한에서만 돈과 재물을 추구하기가 그것이다(17절).

② 18~29절

이곳에 나오는 네 가지 지각 또는 인식 방식들 간 구분은 분명 『소론』 2부 12장 및 『윤리학』 2부 정리40의 주석2에서 3종으로 나누어진 인식과 유사하지만, 완전히 동일하지는 않다. 『지성교정론』은 다음과 같이 구분한다(19절). ① 소문이나 기호들로부터 갖게 된 지각, ② 무작위적인 경험으로부터 갖게 된 지각, ③ 결과로부터 또는 어떤 보편자로부터 실재의 본질을 부적합하게 추론한 것에 기인하는 지각, ④ 실재의 본질을 통해 또는 그것의 가까운 원인을 통해 형성한 실재에 대한 지각. 스피노자는 자연을 이해하고 완전성에 도달하는 데 가장 적합한 것으로 주로 네 번째 방식의 지각을 사용할 것을 권고한다(29절).

③ 30~48절

그렇다면 우리는 이러한 종류의 지각을 어떻게 획득할 수 있는가? 확실한 인식은 처음부터 참된 관념이 주어져 있을 때에만 가능하다. 참된 관념은 진리의 규준으로 기능한다. 그래서 참된 방법은 인식 자체를 반성하는 인식으로 정의된다(36절). 다시 말해서 적절한 순서로 진리 자체를, 또는 실재의 표상적 본질(즉 정신 안에 포착된 것인 그것의 본질) 또는 관념(진리 자체, 실재의 표상적 본질, 관념, 이 세 가지는 모두 동일한 것이다)을 탐구하는 것이다. 가장 완전한 방법은 정신이 어떻게 모든 존재와 인식의 기저를 이루는, 가장 완전한 존재에 대한 주어진 참된 관념의 규준에 따라 인도되어야 하는지 보여 줄 것이다(38절). 이하 절에서 스피노자는 그러한 방법의 기초는 무한 퇴행infinite regress에 빠질 것이라는 반론을 일축하고, 어떻게 이 방법이 편견 없이 자연을 적절한 순서로 탐구하는 데 사용될 수 있는지 탐색한다.

④ 49~90절

논증의 개요(49절)를 제시한 후, 스피노자는 그가 방법의 "첫 번째 부분" 또는 첫 번째 과제라고 부른 것을 시작한다. 즉 참된 관념과 다른 모든 지각, 다시 말해서 거짓된 관념, 허구적 관념, 의심스러운 관념을 구분하는 것 말이다. 어떻게 우리는 이러한 관념들을 제거해야 하는가? 치료제는 명료하고 뚜렷하게 지각하고(62절), 자연의 원천과 근원에 대한 인식에 근거하여 자연에 대한 탐구를 확립하는 것이다. 그 근원에서 우리는 유일하고 무한한 존재자를 발견하는데, 이 존재자는 바로 그 점에서 진리의 규준이 된다(76절). 의심은 우리에게 신에 대한 명료하고 뚜렷한 관념이 없는 한에서만 생길 수 있다(79절). 그러고 나서 스피노자는 상상 개념을 다룬다. 상상은 오류의 원천인데, 왜냐하면 우발적인 물체적 운동fortuitous corporeal motions에 의해 수동적으로 규정되는 것이기 때문이다(84절).

⑤ 91~98절

"방법의 두 번째 부분"은 명료하고 뚜렷한 관념은 상상이 아니라 오직 능동적이고 순수한 지성에 의해서만 산출될 수 있다고 알려 준다(91절). 이 산출 과정은 발생적이므로 "바람직한 정의"bona definitio에서 시작해야 한다. 그래서 이하의 절들은 정의의 필요조건을 다루는 데 할애된다. 스피노자는 그 정의가 가까운 원인을 포함해야 하는 피조물과 자기 원인이자 그렇기 때문에 피조되지 않은 실재를 구분한다. 피조되지 않은 실재는 전적으로 그 자체를 통해 설명되어야 할 것이기 때문이다(92, 96~97절 참고).

⑥ 99~110절

모든 실재의 원인인 존재자가 있는가? 만일 그렇다면, 그 존재자의 "표상적 본질"(즉 우리 정신 안에 있는 대상으로서의 그 존재자의 본질에 대한 관념)은 우리의 다른 모든 관념의 원인일 것이고, 따라서 우리의 정신 안에 있는 관념들의 연쇄는 자연 그 자체의 본질, 순서, 통일을 반영할 것이다(99절. 42절 참고). 이 방법이 성공적이려면, 우리는 나아갈 순서를 확립하고 사소한 것에 우리의 시간을 허비하지 않도록 해야 한다. "실재의 계열"(실재가 서로 연결되어 있는 방식)로부터 우리의 관념을 연역한다는 것이 우리가 변화 가능한 모든 독특한 실재의 계열을 포착한다는 의미는 아니다. 이는 우리의 능력을 훌쩍 뛰어넘는 일일 것이다. 대신 우리는 고정되고 영원한 실재들의 계열에 집중해야 한다. 어떻게 이 일을 시작해야 하는가? 이 단계에서 스피노자는 마지막으로 지성의 역량에 대한 탐구를 시작하는데, 이는 그의 방법의 주요 부분이 될 터였다(106절). 그러나 명확하게 지각된 지성의 여덟 가지 특성을 상술한 후, 글은 서서히 멈춘다.

『유고』의 편집자는 짤막하게 "나머지는 없음"이라고 언급한다. 모든 인식이 실존하는 모든 것의 원천인 신에 대한 주어진 참된 관념에 의존한다는 스피노자의 근본 주장은『윤리학』에서 상세히 전개될 것이다.

2장 『신, 인간, 인간의 행복에 관한 소론』
Korte verhandeling van God, de mensch en deszelvs welstand(『소론』 또는 KV)

스피노자는『소론』을 아마도 1660~1662년에 썼을 것이다. 그러나 이후 포기하고 글감을 완전히 다른 텍스트로 바꾸었는데, 이것이 결국『윤리학』이 되었다.『소론』의 텍스트로 우리에게 전해진 것은 원래의 라틴어 저작이 아니라, 당대의 네덜란드어 번역본이다. 두 개의 필사본 A와 B가 남아 있는데, 모두 헤이그 왕립도서관에 보관되어 있다. 가장 오래된 필사본인 A는 17세기 말의 것이라고 추정된다. 이 필사본은『신학정치론』 및 그 주해Adnotationes의 네덜란드어 번역본과 함께 제본되어 있었다. 번역자와 필경사 모두 신원이 확인되지 않았다. 이 필사본에는 암스테르담의 의사 요하네스 모니코프Johannes Monnikhoff(1707~1787)[21]가 나중에 덧붙인 내용이 많이 포함되어 있는데, 그는 비전문 철학자이자 신비주의자였던 빌럼 도이어호프Willem Deurhoff(1650~1717)[22]를 따르던 사람이었다. 18세기 중반에 모니코프는 현재 B로 알려진 필사본을 만들기도

---

21   Jensen 2003b를 보라.

22   Jensen 2003a를 보라.

했는데, B는 A의 사본이다.[23] 이와 별도로 모니코프(또는 아마도 도이어 호프)는 이 글의 요약본을 만들었는데, 이는 모니코프 자신의 필체로 작성된[24]『베네딕투스 데 스피노자의 신, 인간, 인간의 행복에 관한 논고의 개요』*Korte Schetz der Verhandeling van Benedictus de Spinoza over God, den Mensch, en deszelfs wel-stand*라는 텍스트로 남아 있다. 이 요약본은 1851년에 발견되었고, 얼마 지나지 않아『소론』의 두 필사본도 모습을 드러냈다. B 텍스트는 1862년에, A는 1869년에 출판되었다.

우리에게 전해진 형태로 보면,『소론』은 2부로 구성되어 있고, 각각 10개의 장과 26개의 장이 포함되어 있다. 이 전체적인 구조 위에 스피노자는 이 저작을 작성하던 여러 단계에서 몇 개의 보충적 텍스트를 덧붙였다. 1부에 있는 두 개의 대화편, 마지막에 덧붙인 두 개의 부록, 아주 많은 양의 광범위한 주해가 그것이다. 보충적 텍스트가 들어 있는 위치가 [왜 그곳이어야 하는지] 항상 명확한 것도 아니고, 언제 그리고 왜 추가되었는지도 명확하지 않지만, 이 텍스트들은 스피노자가 초기에 시도한 이 저작을 개정하기 위한 작업의 일부였을 것이다.[25] 하지만 그 과정에서 그는 개정 작업을 완전히 포기하기로 결정하고, 결국 글감을 나중에『윤리학』이 될 저작으로 개작하기 시작했다. 기하학적 질서로 제시되지는 않았지만,『소론』은 전반적인 기획에서『윤리학』과 유사하다.『소

23　[옮긴이] '사본'의 출발어는 'apograph'였다. A는 스피노자의 '수고본'autograph이 아니므로, 엄밀하게 말하면 B는 '아포그래프'가 아니라 '안티그래프'라고 해야 할 것이다. 아마도 저자는 A라는 '원본'을 베꼈다는 의미에서 B를 아포그래프라고 했을 것이다. 이 부의 옮긴이 주 9번 참고.

24　[옮긴이] 즉 그의 수고본이라는 말이다.

25　Mignini 1986, pp. 63~66 ; A 필사본에 있는 숫자들의 계열에 관해서는 pp. 821~864도 참고.

론』은 스피노자의 다른 저작보다 좀 더 종교적인 언어로 작성되었다. 그래서 우리는 피조물과 창조(1.2), 신의 섭리(1.5), 예정(1.6), 영혼불멸(2.23 ; app2), 거듭남(2.22), 신의 아들(1.9 ; 2.22, n.4), 악마(2.25) 같은 용어들을 마주하게 된다. 스피노자는 이러한 단어들에 종교적인 명시적 의미보다는 철학적인 의미를 부여한다.

1부는 신과 신에게 속한 것, 다시 말해서 신의 속성, 특성, 양태를 다룬다. 첫 장은 신의 실존에 대한 증명들을 제시하고, 이어서 신은 그 두 개의 속성 곧 우리에게는 사유와 연장만 알려진 단일하고 유일한 실체로 기술된다(KV 1.2). 논증은 두 개의 대화편이 등장하면서 중단되는데, 이 대화편들은 앞선 장을 설명하고 2부의 인식론과 정념론을 앞당겨 논한다. 3~6장은 신의 특성들, 즉 인과성, 필연성, 섭리와 예정을 다룬다. 흔히 신에게 귀속되는 다른 특징들, 이를테면 영원성, 무한성, 불변성, 전지함omiscience, 자비로움, 지혜 등은 신의 속성이 아니라 신의 양태이다(1.7). 8~9장에서 스피노자는 신(실체와 속성)과 신에 의해 산출된 양태의 차이를 나투라 나투란스natura naturans(능산적 자연)와 나투라 나투라타natura naturata(소산적 자연)의 차이로 재정식화한다. 여기에서 스콜라철학의 용어를 사용한 것은 의도된 것이다. 『소론』은 이 개념들에 대한 가장 광범위한 논의를 제공한다. 「형이상학적 사유」(2.7 ; 2.9), 「서신9」, 『윤리학』 1부 정리29의 주석에 이 개념들은 다시 등장하는데, 항상 신의 어떤 특징들(특히 신의 지성)은 속성이 아니라 양태라는 자신의 견해를 제시하는 맥락에서 나타난다. 1부를 끝맺는 장은, 선과 악은 엔티아 라티오니스entia rationis 곧 자연 안에 실존하지 않는 정신의 구성물인 "이성의 존재자"로 정의된다.

2부는 인간 및 인간에게 속하는 것 또는 목차가 명시하는 것처럼

"신과 연합할 수 있는 완전한 인간에 대하여"를 다룬다. 인간은 이 부의 서문에서 강조하는 것처럼 실체가 아니라 신에 의해 산출된 유한 양태이다. 스피노자는 곧바로 인간 정신과 그것의 세 종류의 인식인 억견(상상이라고도 불린다), 참된 믿음(또는 이성), 명확한 인식에 집중한다(KV 2.1~2. 이 인식의 종류들은 『윤리학』 2부 정리40의 주석2에서 상상 또는 억견, 이성, 직관적 인식으로 다시 등장한다). 첫 번째 종류의 인식은 오류와 정념의 원천이며(2.3), 두 번째 종류의 인식은 좋은 욕망의 원천이며, 세 번째 종류의 인식은 신에 대한 진정한 사랑의 원천이다(2.5). 그다음 스피노자는 정념을 보다 자세하게 다루고(2.6~14) 이성이 정념을 어떻게 다룰 수 있는지 논한다. 『소론』에서 그가 정념을 분석할 때 사용하는 이론적 틀은 근본적으로 여전히 데카르트 『정념론』의 그것과 같다. 『윤리학』 3부에 제시된 정서에 대한 스피노자 자신의 성숙한 이론은 데카르트의 이론과 뚜렷이 다르다. 14~21장에서 스피노자는 이성의 특정한 측면을 상세히 다룬다. 이성은 선과 악, 진리와 거짓을 구분할 수 있고, 우리에게 완전한 인간의 행복이 무엇에 있는지를 보여 줄 수 있다. 의지는 인간 행위를 설명할 수 없는 환상에 불과한 관념으로, 그것은 인간 행위를 설명할 수 없다. 그러나 스피노자는 명시적으로 숙명론을 거부한다. 사실 필연성 학설은 나쁜 정념을 극복하고 사회를 개선하는 데 도움을 줄 것이다(KV 2.18 ; 유사한 구절이 『윤리학』 2부 정리49 주석의 말미에도 있다). 마지막 장은 명료한 인식과 신에 대한 사랑을 논한다. 악마는 존재하지 않는다. 악마는 신과 완전히 대립하는 것이므로 신에게서 나온 것을 아무것도 가질 수 없을 것이고, 따라서 결코 실존할 수 없다. 모든 것은 그것의 실존을 신에게 빚지고 있기 때문이다(2.25). 인간의 자유는 신과 지성의 연합을 통해 우리가 획득한 상태이다(2.26).

　　『소론』의 본문 뒤에는 두 개의 부록이 있는데, 이 부록이 나머지 텍스트와 어떤 관계인지는 불분명하다. 이 부록은 아무래도『소론』개정 작업의 후기 단계에 속했던 것 같다. 첫 번째 부록은 실체, 속성, 신에 대한 스피노자의 견해를 기하학적 순서로 제시하며 7개의 공리와 4개의 정리 및 따름정리로 이루어져 있다. 이는「서신2」의 부록(소실되었지만 복원된)과 긴밀하게 연결되어 있다.[26]『윤리학』1부의 상응하는 구절들(정의, 공리, 정리1~8)은 이 자료를 더 정교하게 발전시킨 것이다.『소론』의 두 번째 부록에서 스피노자는 신체의 관념으로서의 영혼 이론을 펼치는데, 그것은『윤리학』2부에서 더 풍부하게 다루어질 것이다.

3장 『데카르트의 『철학의 원리』』 1~2부와 「형이상학적 사유」
Renati Des Cartes Principiorum philosophiae pars I et II,
'Cogitata metaphysica'(PPC, CM)

『데카르트의『철학의 원리』』(이하 PPC)는 데카르트의『철학의 원리』(이하 PP) 1~2부(그리고 3부의 일부)를 기하학적으로 증명한 요약이다.「형이상학적 사유」(이하 CM)는 형이상학적 문제에 대한 일련의 성찰로서『데카르트의『철학의 원리』』에 부록으로 추가되었다. 밀접하게 연관되어 있는 이 두 저작은 함께 스피노자가 자신의 온전한 이름으로 출판한 유일한 책을 구성한다.

26　　Hubbeling, 1977 ; Saccaro del Buffa Battisti, 1990. [옮긴이]「서신2」와「서신2」의 부록에 대해서는 이 책 5부 8장 참고.

1663년 레인스뷔르흐에 살았을 때, 스피노자는 요하네스 카세아리우스라는 젊은 학생에게 데카르트 철학의 기초를 가르쳤다. 이를 위해 그는 『철학의 원리』2부와 3부에서 선별한 부분을 개작했고, 데카르트가 다루지 않은 몇 가지 형이상학적 문제에 대한 논의를 보충했다. 이 작업에 대해 들은 스피노자의 친구들은 그에게 이 요약에 『철학의 원리』1부도 기하학적으로 개작한 것을 덧붙여 증보된 원고를 출판해 달라고 강권했다(Meyer, PPC praef ; G I. 129 : 32~130 : 13).[27] 데카르트의 『철학의 원리』에 대한 스피노자의 해석version인 『데카르트의 『철학의 원리』』는 종종 "데카르트의 철학의 원리"라고 인급되지만, 임밀하게 말하면 이는 옳지 않다. 『데카르트의 『철학의 원리』』는 데카르트 철학 일반이 아니라 『철학의 원리』라는 제목이 붙은 데카르트의 책에 대한 설명이다.

「서신12A」(1663년 7월 26일)[28]에서 스피노자는 로데베이크 마이어에게 원고 정리를 위한 지침을 준다. 마이어는 이 책의 서문을 쓰기도 했는데, 서문에서 그는 스피노자가 이 책에서 자신의 견해를 제시한 것이 아니라 데카르트의 논증을 충실하게 재현한reproduce 것이라고 분명하게 밝힌다. 예컨대 스피노자는 의지가 지성과 구별되는 능력이라는 데카르트의 견해나 인간의 정신 또는 영혼이 실체라는 견해, 또는 어떤 것들(예를 들어 무한성)은 인간 지성을 넘어선다는 견해를 공유하지 않는다(Meyer, PPC praef ; G I. 131 : 23~133 : 4).

스피노자는 데카르트의 논증을 면밀히 따르지만 자유롭게 논의의 순서를 바꾸고 『철학의 원리』에 국한하지도 않는다. 특히 『데카르트의

---

27   [옮긴이] 이 내용은 「서신13」에도 나온다. 이근세 86 참고.
28   [옮긴이] 「서신12A」에 대해서는 이 책 5부 8장 참고.

『철학의 원리』 1부는 데카르트의 다양한 자료를 활용하는데, 그중에는 데카르트 자신이 「두 번째 반박에 대한 답변」 끝부분에서 자신의 형이상학의 토대를 기하학적으로 재서술한 유일한 텍스트인 '기하학적 방식에 따라 영혼과 신체의 구분을 증명하는 논증'이 포함된다Rationes Dei existentiam & animae a corpore distinctionem probantes, more geometrico dispositae(AT VII. 160~170 ; 원석영 I-1. 109~121).

『데카르트의 『철학의 원리』』는 '서설'Prolegomenon이라는 제목의 1부에 대한 개론적 장으로 시작하는데, 이는 기하학적으로 배열되어 있지 않다. 여기에서 스피노자는 데카르트의 근본적 회의와 코기토Cogito에서의 견고한 토대 발견, 그리고 뒤이어 처음의 회의를 제거한 방식에 대해 상술한다.

『데카르트의 『철학의 원리』』의 1부 증명들은 스피노자가 데카르트의 「두 번째 반박에 대한 답변」에 있는 기하학적 탐구에서 인용한 정의와 공리에 기초한다. 정리1~4는 코기토에서 정신의 본성을 도출한다. 정신과 신체는 실재적으로 구별되고(1p8), 정신은 신체보다 더 잘 알려진다(1p4c).

데카르트의 논증을 공들여 재구성하면서, 스피노자는 정신이 신에 대해 가지고 있는 관념으로부터 신의 실존을 연역한다(1p5~7 및 그 주석, 따름정리, 보조정리). 정리9~13과 16~20에서는 신의 완전성이 상술된다. 예컨대 신은 창조주이자 만물의 보존자이며, 지극히 이해하고 극히 신실하며, 유일무이하고 비물질적이며, 불변하고 변함없고 영원하며 모든 것을 예정했다. 그 사이에 스피노자는 데카르트의 진리와 오류에 대한 이론을 설명한다. 신은 속이는 자가 아니므로 우리가 명료하고 뚜렷하게 지각하는 것은 참이다. 오류는 명료하고 뚜렷하지 않은 지각에 동의하는 의지의 오용에 의해 생겨난다. 1부의 마지막 정리(1p21)에서는 2부의 주요 문제로 이행한다. 이 정리에는 물질 또는 스피노자가 표현하듯 연장된 실체의 실재성에 대한 데카르트의 증명이 포함된다. 사유하는 실재로서의 나는 이 연장된 실체의 한 부분인 내 신체와 밀접하게 연합되어 있다.

『데카르트의 『철학의 원리』』 2부는 데카르트 자연학의 토대가 되는 것들, 즉 물질, 운동, 입자의 본성과 특성에 대한 탐구이다. 2부는 『철학의 원리』의 여러 항에서 추려 낸 9개의 정의와 무려 21개나 되는 공리로 시작된다. 정리1~6은 물질 또는 물체/신체의 본성을 상술한다. 물질과 연장이 일치한다는 것은 데카르트주의의 핵심이다. 이는 원자의 실존을 배제한다. 왜냐하면 물질이 있는 곳에 연장이 있고 따라서 가분성 divisibility도 있기 때문이다. 그다음 운동의 본성과 규칙들이 다루어진다 (2p7~23). 이 논증 일부에는 관성 원리에 대한 데카르트의 정식화가 포함된다(2p14). 신은 운동의 주요 원인으로(2p12) 그가 처음에 물질에 부여한 운동과 정지의 양을 보존한다(2p13). 이러한 운동 법칙들에 기초하여 충돌 규칙들이 제시된다(p24~31). 마지막 부분을 향해 가면서 스피노자는 다른 물체들에 둘러싸인 물체들의 변화를 개관한다(2p31s). 마지막 다섯 개 정리(p32~37)는 유동체, 즉 모든 방향으로 동일한 힘으로 움직이는 많은 작은 입자로 나누어져 있는 물체들의 작용에 대해 논한다 (2p37s).

3부는 사실 미완성 상태이다. 약간의 예비적 자료들(서문, 요청, 두 개의 정의) 외에 단 두 개의 정리만 포함되어 있다. 이 미완의 부분에서 스피노자는 물질이 자연법칙에 따라 연속적으로 거치는 형태에 대한 데카르트의 이론을 다룬다. 이 부분은 태초에 신이 물질을 동일한 입자로 나누었으며 그것에 운동을 부여했다는 가설에서 시작한다. 이 [입자들 간의] 기계적 상호작용의 결과로 천상의 물질은 소용돌이vortices가 된다. 이렇게 모든 천체가 생겨난다(3post).[29] 소용돌이 속에서 초기의 거칠고 불규칙한 입자들은 점차 마모되어 매끈하고 둥근 형태가 된다(3p1~2).

「형이상학적 사유」는 『데카르트의 『철학의 원리』』의 부록으로 제시된다. 그 부제에 따르면, 「형이상학적 사유」는 형이상학의 일반적인 부분[일반 형이상학]과 특수한 부분[특수 형이상학]을 다룬다. 스피노자는 동시대 신스콜라주의 교과서와 데카르트의 저작에서 재료를 가져온다. 『데카르트의 『철학의 원리』』와 「형이상학적 사유」가 어떻게 연관되는지는 평가하기 어렵다. 전체 저작이 데카르트의 『철학의 원리』에 대한 입문으로 의도된 것이므로, 「형이상학적 사유」가 데카르트에게서 가져온 논증으로 신스콜라철학의 견해에 대응하는 것은 놀라운 일이 아니다.

「형이상학적 사유」 1부 1장은 존재자, 즉 실재적 존재자, 허구적 존재자, 엔티아 라티오니스entia rationis(이성의 존재자 : 정신의 구성물), 사유의 양태들에 관한 장이다. 스피노자 자신의 철학에 핵심적인 것은 존재자를 (필연적으로 실존하는) 실체와 (본질이 실존을 함축하지 않는) 양태로 나누어야지, 실체와 우유로 나누어서는 안 된다는 결론이다. 「형이상학적 사유」 2부에서 이는 신에게 적용된다. 즉 신의 본질은 그의 실존과 구별될 수 없다. 1부의 나머지는 스피노자가 여기에서 존재자의 변용이라고 부르는 것에 천착한다. 필연성, 우연성, (불)가능성(1.3), 지속과 시간(1.4), 비교에서 생기는 순서, 차이, 일치와 같은 사유의 양태들(1.5)

---

29   [옮긴이] 『데카르트의 『철학의 원리』』 3부에는 하나의 요청이 있는데, 내용상 세 가지로 나뉠 수 있다.

이 그것이다. 마지막 장(1.6)은 소위 초월적 용어들transcendental terms, 단일성, 진리, 선에 대한 비판이다. 참과 거짓에 대한 논의에서 스피노자는 유명론적 견해를 옹호한다. 흼whiteness이 흰 물체 바깥에 실존하지 않는 것처럼 진리는 참된 관념일 뿐이다. 좋은 것과 나쁜 것은 상대적인 관념일 뿐이다. 실재 그 자체는 좋은 것도 나쁜 것도 아니다. 신은 최고선으로 간주될 수 있겠으나 절대적 악은 존재하지 않는다. 「형이상학적 사유」 1부 6장에서 스피노자는 코나투스, 곧 자신의 존재를 보존하려는 모든 단일한 실재의 노력에 대해 건드리기도 한다.[30]

「형이상학적 사유」 2부에서 다루어지는 특수 형이상학은 주로 스피노자가 여기에서는 신의 속성들이라 부르는 영원성, 단일성, 측정 불가능성immeasurability(광대무변함), 불변성, 단순성, 신의 생명, 지성, 의지와 역량, 창조, 협력concurrence에 관한 것이다. 이 저작의 결론인 12장은 인간 정신, 보다 구체적으로 영혼불멸성 문제와 의지의 자유 문제를 다룬다. 「형이상학적 사유」 2부에서 스피노자는 다른 곳에서도 주장한 몇 가지 견해를 펼치기도 하지만(예컨대 2부 10장의 무로부터의ex nihilo 창조에 대한 비판), 그는 또한 자신의 철학과 양립 불가능한 입장을 옹호하기도 한다. 특히 데카르트에게서 빌려 온 의지의 자유에 대한 논증이 그렇다(2.12). 「형이상학적 사유」에서 그는 더 이상 데카르트의 견해를 충실하게 옮겨야 하는 의무 아래 있지 않지만, 그럼에도 스피노자는 자신의 견해와 양립 불가능한 관념(예컨대 영혼불멸성과 의지의 자유에 대한 관념)을 자세히 설명한다. 그의 목표는 자신의 철학을 전개하는 것이 아니라 데카르트가 여러 신스콜라철학의 개념에 맞서 어떤 종류의 논증을 제시

---

30   [옮긴이] G I. 248 ; C I. 314 참고.

할 수 있었을지를 보여 주는 것이다.

4장 『신학정치론』과 「『신학정치론』 주석」*Tractatus theologicopoliticus*, 'Adnotationes ad Tractatum theologico-politicum'(TTP, Adn)

스피노자는 『신학정치론』을 1665년에서 1669년 사이에 썼다.[31] 이 저작은 「서신30」(올덴부르크에게 보낸 서신, 1665년 10월)에 처음 언급되며, 1670년 초에 출간되었다. 폭발적인 내용을 고려하여, 저자와 암스테르담의 서적상이었던 그의 출판인[얀 리우어르츠]은 모두 이름을 드러내지 않는 편이 현명하리라 생각했고, 『신학정치론』은 익명으로 그리고 거짓 출판정보(Künraht, Hamburg)[32]를 기입한 채 출간되었다. 1675년 가을, 스피노자는 서신 교환자들에게 『신학정치론』에 약간의 주해를 보충할 계획이라고 알렸고,[33] 1676년에 다섯 개의 주해를 직접 써 놓은 『신학정치론』한 권을 야코뷔스 스타티위스 클레이프만에게 선물했다.[34] 전체 주해의 개수는 최종적으로는 서른아홉 개로 늘어났는데, 일부는 스피노자의 글이 아니라 독자들의 논평이었다.[35] 주석의 분량은 요약하기에는 너무 소략하다.

---

31 Steenbakkers 2010.

32 [옮긴이] Kunraht와 Hamburg는 각각 『신학정치론』에 기입된 가짜 출판사와 가짜 출판지이다.

33 [옮긴이] 「서신68」과 「서신69」 참고.

34 [옮긴이] 본문에 언급된 스피노자가 주석을 기입해 놓은 『신학정치론』은 현재 이스라엘 하이파 대학 도서관에 소장되어 있다.

35 Akkerman 2005를 보라.

스피노자는 『신학정치론』의 부제에서 이 책이 "국가는 그것의 평화나 경건을 손상시키지 않고 철학함의 자유를 승인할 수 있으며, 국가의 평화와 경건을 파괴하지 않고서는 철학함의 자유를 부정하는 것이 가능하지 않음을 보여 주는 몇 개의 논문"을 포함하는 복합적인 저작compound work이라고 소개한다. 스피노자의 의도는 분명하다. 『신학정치론』은 철학함의 자유에 대한 항변이자 자유로운 사상에 재갈을 물리려는 당국의 압력이 증가하던 때 당대의 정치적 논쟁에 개입하려는 것이었다. 또한 『신학정치론』은 성서 비평학 역사에서 중추적 텍스트이자 정치 사상의 고전이기도 하다.

서문에서 스피노자는 이 저작의 목적을 설명한다. 미신이 횡행하고 있으며, 이는 정치적 불안정을 초래한다. 누구나 쉽게 미신에 빠질 수 있는데, 미신의 원인은 모든 사람이 겪는 두려움 때문이다. 기독교인들은 증오로 분열되어 있으며, 교회는 부패했고, 믿음은 미신과 편견으로 변해 버렸다. 이성은 경멸의 대상이 되었고, 성서는 오해되고 있다. 스피노자는 성서 자체에서 도출되는 가르침만을 받아들이겠다고 굳게 결심하고 성서를 새롭게 연구하고자 한다. 그의 결론은 계시적 인식과 자연적 인식이 충돌하지 않는다는 것이다. 누구에게나 판단의 자유가 허용되어야 하며, 믿음은 행위로 판단되어야 한다. 두 번째 부분[36]은 이러한 자유가 허용될 수 있으며 국가의 평화와 경건을 위험에 빠뜨리지 않음을 증명하고자 한다. 저자는 종교법과 시민법 둘 다에 대한 권한이 정치체제government에 있음을 보여 주고자 고대 히브리 국가를 분석한다. 정치체제의 권한과 힘은 모든 사람이 원하는 것을 생각하고 생각하는 것을 말

---

36   [옮긴이] 『신학정치론』의 16~20장이 해당 부분이다.

할 수 있도록 허용함으로써 가장 잘 유지된다. 스피노자는 철학적인 독자에게 자신의 책을 권한다. 군중들vulgus 그리고 같은 정서에 예속된 이들은 차라리 이 책을 읽지 않는 것이 좋다. 그들은 이 책을 오해할 수밖에 없을 것이다.

1장은 예언에 관한 것이다. 자신의 기본 원칙에 따라 스피노자는 단지 성서에 명시적으로 제시된 것만 예언으로 받아들인다. 그는 예언을 신에 의해 계시된 확실한 인식[certa cognitio]으로 정의한다. 예언자들은 신의 계시를 단지 상상을 통해서만, 즉 (실재적이거나 상상적인) 말과 이미지들을 통해서만 지각했다(1.27).[37] 말이나 이미지 없이 신의 명령이 직접 계시된 유일한 사람은 그리스도뿐이다(1.18). 예언자들에 대해서는 주의 영이 그들에게 임했다고 이야기되고는 한다. 스피노자는 영spirit이라는 히브리어[루아흐ruach]가 성서에서 사용된 방식을 검토하고, 예언자들은 덕과 경건에서 탁월했으며 신의 마음을 지각했다고 결론 내린다(1.25). 우리는 이 현상의 배후에 있는 자연법칙에 대해 무지하다.

2장은 예언자들에게 부여된 것은 철학적 통찰력이 아니라 생생한 상상력이라고 주장한다. 그래서 그들의 확실성은 수학적 본성에 속하는 것이 아니라 도덕적 본성에 속한다(2.3). 그들은 신의 속성과 관련이 있는 어떠한 것도 전혀 가르치지 않았다(2.13). 예언자들의 가르침은 상대적으로 단순한 도덕적 문제를 넘어서지 않았던 것이다. 신은 자신의 계시를 예언자들의 이해력에 맞추어 전달했다. 우리가 예언으로부터 받아

37　절 번호는 아케르만이 편집한 『신학정치론』을 따른다. B. Spinoza, *Spinoza Oeuvres*, Vol. III, *Traite theologico-politique*, Texte etabli par Fokke Akkerman, traduction et notes par Jacqueline Lagree et Pierre-Francois Moreau(Paris : PUF, 1999).

들여야 할 유일한 것은 예언의 목적과 본질을 이루는 것뿐이다(2.19). 스피노자의 목적은 철학과 신학을 분리시키는 것이었다(2.20).

3장은 신이 택하신 백성選民인 히브리인을 다룬다. 신의 부르심 vocation(소명)은 누군가의 삶의 방식에 대한 선택이 [이제] 자연법칙들, 즉 신의 명령과 인도에 의해 결정된다는 것을 의미한다(3.3). 삶에는 세 가지 고결한 목적이 있다. 실재를 그것의 제1원인을 통해 이해하는 것, 정념을 다스리고 덕을 획득하는 것, 안전하고 건강하게 사는 것이 그것이다. 안전은 잘 조직된 사회에서만 획득될 수 있다(3.5). 민족마다 질서와 법률이 다른데, 히브리인들이 두각을 나타낸 것은 바로 이 점에서였다. 다른 민족도 신의 택하심을 받았을 수 있지만, 이는 그들에게 예언적으로 계시되지는 않았던 것 같다.[38] 히브리인에 대한 신의 부르심은 그들 국가의 힘에 있었고, 그 힘이 지속되었던 동안에만 계속되었다(3.11). 만일 히브리인이 나라를 재건할 수 있었다면, 신은 그들을 다시 선택할 수도 있었다(3.12).

[4장] 모든 것은 자연의 법칙에 의해 결정되므로, 모든 법은 자연적인 것이든 인간의 제도에 의해 제정된 것이든 궁극적으로 신성하다(4.1). 그럼에도 생명과 사회를 보호하기 위해 공포된 인간의 법과, 오직 최고선 즉 신에 대한 참된 인식과 사랑에만 관련된 신의 법[신법]을 구분하는 것은 유의미하다(4.3). 이 최고선을 향해 우리의 삶을 인도하

38　[옮긴이] "신이 다른 민족들에게도 특별한 법들을 일러 주었는지, 그리고 그들의 입법자들에게 예언적으로, 즉 그들이 신을 상상하는 데 익숙했던 그러한 속성들을 통해 자신을 계시했는지는 내게는 충분히 입증되지 않은 것 같다. 하지만 적어도 다음과 같은 점은 성서 자체로부터 분명하다. 신의 외적 인도를 통해ex Dei directione externa 다른 민족들도 국가와 그들 자신의 특별한 법들을 가졌다는 것이다"(G III. 48 ; C II. 116).

는 것은 당연히 신법이라고 불릴 수 있다(4.4). 신법의 대의이자 첫 번째 계명은 신을 사랑하는 것이다. 신법은 보편적이고, 종교의식이나 [성서의] 이야기들에 대한 믿음을 필요로 하지 않으며, 그 자체가 그 보상이다(4.6).[39] 신의 법칙은 영원 진리이다. 그가 입법자이자 군주로 묘사되는 것은 단지 사람들의 부적합한 이해력에 맞추기 위해서이다(4.10). 성서는 자연의 빛과 자연의 신법을[lumen, & legem divinam naturalem] 모두 추천한다(4.12 마지막 부분).

5장에서 스피노자는 성서에 근거하여 종교의식이 왜 제정되었고, 성서의 이야기들에 대한 믿음이 왜 유용한지 설명한다. 종교의식은 히브리 국가를 강화하는 데 이바지했는데(5.12), 그 이상의 유효성을 지닌 것은 아니다. 기독교의 종교의식 역시 보편적 (기독교) 교회의 외적 표지에 불과하며 지복에 이바지하지 않는다(5.13). 역사 이야기는 사람들 people [plebs][40]에게 성서의 메시지를 전파하는 데 도움을 주지만, 건전한

---

39 [옮긴이] "IV. 신법을 준수하는 것에 대한 최고의 보상은 그 법 자체이다. 즉 신을 알고 참된 자유로부터 그리고 온전하고 변함 없는 마음으로 그를 사랑하는 것이다. 반면 신법을 준수하지 않는 것에 대한 형벌은 이러한 것들의 결여와 육체에 예속됨 또는 불안정하고 흔들리는 마음이다"(G III. 62 ; C II. 130).

40 [옮긴이] 몽탁은 스피노자가 마키아벨리, 타키투스, 살루스티우스, 퀸투스 등에게서 "집단적 삶의 형태들을 가리키기 위해 위해 (…) 다섯 개의 용어들, 포풀루스populus, 플렙스plebs, 불구스vulgus, 투르바turba, 물티투도multitudo를 추출했다"면서 "이 용어들은 서로 분명히 연관되어 있지만 각각은 뚜렷한[변별적] 의미가 있다"라고 주장한다. 이 용어들은 "어떤 집단의 특정한 지위specific status of a collectivity(그 구성원 대다수의 계급적 성격이든 단순한 법적 지위든 간에)를 나타내거나, 아니면 집단이 수행한 행위의 종류(합법적이든 불법적이든, 평화적이든 폭력적이든, 합리적이든 비합리적이든 간에)를 나타내기"(번역은 일부 수정) 때문이라는 것이다. 관련 논의는 워런 몽탁, 정재화 옮김, 『신체, 대중들, 역량 : 스피노자와 그의 동시대인들』(그린비, 2019), 139~140쪽. 스피노자 철학에서 이 용어들의 함축에 대한 자세한 논의는 에티엔 발리바르, 진태원 옮김, 『스피노자와 정치』(그린비, 2014), 2부 1장 「스피노자, 반反오웰: 대중들의 공포-에밀리아 지안코티에게」 참고. 진태원은 '플렙스'를 '우중'이라고 번역했다.

견해와 올바른 삶의 방식을 가진 이들은 이를 알지 못하더라도 축복을 받을 것이다(5.19).

6장은 기적에 할애되는데, 흔히 자연법칙에서 벗어난다고 여겨지는 사건이다. 그러나 자연에 반하는 일은 일어나지 않는다(6.3~5). 만일 기적이 일어날 수 있다면, 그것은 신에 대한 믿음을 약화시킬 것이다(6.6~11). 성서 역시 신의 법령을 자연의 질서로 제시한다(6.12~15). 성서가 들려주는 기적을 해석할 때는 저자들의 의견과 편견, 표현 방식idioms을 고려해야 한다(6.16~20). 기적을 특별한 사건으로 간주하게 만드는 것은 바로 무지이다.

7~15장은 스피노자의 성서 해석과 이로부터 그가 신앙과 철학의 관계에 대해 도출한 결론을 상술한다. 7장에서는 성서 해석 방법론의 원칙을 설명한다. 성서에 대한 인식은 오직 성서 자체에서만 구해야 한다(7.3). 성서의 신성함은 전적으로 그 도덕적 가르침이 진리라는 것에 있다(7.4). 스피노자는 성서 해석에 요구되는 세 가지 근본적인 요건을 만드는데, (1) 성서가 작성된 언어, 특히 히브리어에 대한 지식, (2) 각 책의 진술에 대한 완전한 목록, (3) 책과 저자의 변천에 대한 역사적 설명이 그것이다(7.5). 성서 해석에서 유대 전통이나 로마 가톨릭의 교권은 신뢰할 수 없다. 올바른 접근은 성서의 단어들Scripture's words을 연구하는 것이다(7.9). 이 방법은 역사적·언어적 증거가 부족하기 때문에 어려움이 따른다. 그럼에도 성서의 기본적인 도덕적 메시지는 영향을 받지 않는다(7.17). 스피노자는 다른 해석 방법은 거부한다. 초자연적인 빛은 필요치 않으며(7.17), 성서를 이성에 종속시켜서도 안 된다(7.20~21).[41]

8장에서 스피노자는 모세오경의 저자가 모세가 아님을 입증한다. 여호수아, 판관기[사사기], 사무엘상하, 열왕기상하 같은 다른 여러 책 역시 기록된 사건보다 훨씬 후대에 작성되었다. 스피노자는 이 모든 책의 저자 또는 편집자가 에즈라Ezra였을 가능성이 있다고 말한다(8.12). 제9장은 성서의 책들이 편찬물compilations이라는 주장을 논증한다. 성서의 연대를 일관성 있게 제시하는 것은 불가능하다(9.7~12). 필사되고 전승되는scribal transmission 과정에서 텍스트에 원래 텍스트와는 다른 변형이 있었다(9.13~21).

10장은 구약의 여러 책의 지위와 전승 및 정경 확립 과정을 톺아본다. 성서의 각 책의 권위가 따로 검토되어야 함은 분명하다(10.17).

11장은 사도들이 예언자로서 [신약성서를] 썼는지 하는 문제를 다룬다. 스피노자는 서신서에서 사도들이 자연의 빛에 의해 인도된 교사들로 나타난다고 결론 내린다(11.7). 사도들은 서로 다른 청중을 염두에 두고 있었기 때문에, 나중에 분쟁이 일어나기도 했다(11.10).

12장에서 스피노자는 성서가 어떤 의미에서 신의 신성한 말씀인지 설명한다. 어떤 글이 사람들에게 신에 대한 복종을 곧 경건하게 살 것을 고취한다면, 그 글은 신성하다(12.5). 성서는 신법을 가르치므로, 오직 그러한 한에서 신의 말씀이다(2.7). 성서의 본문은 훼손되었지만, 그 대의大義는 어려움이나 애매함 없이 우리에게 전해져 왔다. 무엇보다 신을 사랑하고 너 자신처럼 네 이웃을 사랑하라는 것이 그것이다(12.10).

13~14장은 성서가 철학이 아니라 단순한 문제를 가르치고 있다고

---

41 [옮긴이] 스피노자에 의하면 성서 해석에서 중요한 것은 성서의 문자적 의미가 성서나 성서의 역사로부터 도출한 원리에 부합하는지이다. 그 원리에 부합한다면 성서의 단어들은 "그 문자적 의미가 자연의 빛에 반대될지라도"imo quamvis earum literalis sensus lumini naturali repugnet 유지되어야 하며, 그 원리에 부합하지 않는다면 "이성과 완전히 일치할지라도"quanquam cum ratione maxime convenirent 다르게("은유적으로"metaphorice) 해석되어야 한다(G III. 100 ; C II. 174 ; 황태연 133쪽 참고).

주장한다(13.1). 성서는 과학적 이해가 아니라 오직 정의와 자선에 대한 신성한 율법에 복종할 것만을 요구한다(13.3, 13.8, 14.1~3). 신에 관한 성서의 다른 모든 가르침은 이와 무관하며(13.9), 이에 대해서는 각자 자신이 적절하다고 보는 대로 해석할 수 있다(14.1).[42] 성서에서 우리가 추출할 수 있는 일곱 가지 보편적 믿음의 신조는 다음과 같다. (1) 최고의 존재이자 참된 삶의 본보기인 신[하느님]은 실존하신다. (2) 신은 하나이시다. (3) 신은 편재하신다omnipresent. (4) 신은 모든 것에 대한 최고의 권리와 지배권을 가지고 계신다. (5) 신을 경배하고 순종하는 것은 정의와 자비charity의 실천에 있다. (6) 이렇게 신에게 순종하는 자만이 구원받을 것이다. (7) 신은 회개하는 자를 용서하신다(14.10). 신학과 철학 사이에는 아무런 연관이 없다. 철학의 대상은 진리이지만, 신앙의 목표는 순종과 경건이다. 따라서 신앙은 철학함의 완전한 자유를 허용한다(14.13).

---

42 [옮긴이] 원문은 다음과 같다. "All its other teachings about God are irrelevant(13.9), and everyone is free to interpret these as he sees fit(14.1)." 스피노자는 성서의 가르침 중 "보편적인 또는 일반적인 신앙"(fides catholicae, sive universalis, G III. 178 ; C II. 270)에 속하는 것과 그렇지 않은 것을 구분한다. 전자는 구체적으로 본문 아래에 언급된 일곱 가지 보편적 신조를 말하며(G III. 177~178 ; C II. 268~269 참고), 후자는 그 외에 이를테면 "신은 그의 본질 또는 역량에 따라 무소부재하다" 같은 것들(역시 일곱 가지 예시가 제시된다)이다(G III. 178 ; C II. 269~270 참고). 스피노자는 "만약 각자가 더 큰 죄를 지을 자유가 있다거나 신에 대한 복종이 덜해져도 된다는 결론을 내리지 않는다면, 각자가 이러한 것들과 유사한 것들을 어떻게 이해하든 신앙과 관련해서는 중요하지 않다"라고 하면서 "각자는 이러한 [보편적 신조에 속하지 않는] 신앙의 교리들을 자기의 이해력에 맞추고, 주저함 없이 그리고 마음의 완전한 동의를 가지고 받아들이기 쉽다고 여겨지는 방식으로 그것들을 해석하여, 전심으로 신에게 복종할 수 있도록 해야만 한다"(G III. 178 ; C II. 270 참고)라고 역설한다. 요컨대 각자는 이러한 교리들에 대해서는 나름대로 해석할 수 있지만, 어디까지나 신에 대한 복종이라는 보편적 신조에 반하지 않는 한에서 그렇다. 엄밀하게 말하면 "everyone is free to interpret these as he sees fit"은 스피노자가 말한 취지와 달리 자유롭게 해석할 권리가 있다는 식으로 오해될 소지가 있어 부연한다.

15장은 성서를 이성에 종속시키거나(마이모니데스의 주장처럼) 이성을 성서에 종속시키는(알팍하르의 입장처럼) 것을 단호히 거부하면서 성서에 대한 논의를 마무리한다. 철학은 신학에 예속되지 않으며 신학도 철학에 예속되지 않는다. 성서 즉 계시는 이성의 인도 아래 사는 삶에 도달할 수 없는 아주 많은 이들에게 위로가 된다.

나머지 다섯 장은 이 논고의 정치적 부분을 이루는 것으로, 철학함의 자유가 어디까지 허용될 수 있는지 탐구한다. 16장은 [논의의] 토대를 마련한다. 자연권은 모든 개별 실재가 규정된 방식으로 실존하고 행위하는 권리로 정의된다. 즉 권리는 역량과 동연적co-extensive이다(16.2). 그리고 이성이 악하다고 간주하는 것은 단지 우리의 법과 관련하여 그런 것일 뿐 자연 전체의 법칙과 관련하여 그런 것이 아니다(16.4). 인간의 정념적인 기질passionate constitution 때문에, 국가commonwealths 설립이 필요하다(16.5~7). 최선의 정치체제는 민주주의이다. 자연적 자유에 가장 가깝기 때문이다(16.8~11). 이후 스피노자는 사인의 정치적 권리private civil right [justice jus civile privatum], 권리 침해injury [injuria], 정의, 동맹, 적, 반역 개념을 정의한다(16.12~18). 종교 문제에 대한 최고의 입법권은 국가권력에 있다(16.21).

17장은 누구도 자신의 힘과 권리를 완전히 양도할 수 없다고 주장한다. 국가 권력은 결코 절대적이지 않다는 것이다(17.1~3). 히브리 국가의 건국, 조직, 몰락에 대한 긴 분석에서 스피노자는 히브리 국가가 레위인인 제사장 지파가 제멋대로였기 때문에 몰락했다고 주장한다(17.27). 이로부터 18장에서 교훈이 도출된다. 성직자는 정치권력을 가져서는 안 되며, 견해를 범죄로 만드는 것은 위험하다는 것이다(18.5). 어떤 유형의 정치체제에서든 정치적 주권political sovereignty이 침해된다면,

몰락하게 될 것이다(18.10).

　19~20장은 연구 결과를 요약한다. 종교는 오직 국가 권력civil authorities이 승인한 경우에만 법적 효력force of law이 있으며, 종교의 예배는 국가의 이익에 복종해야 한다(19.2~11). 이를 실증하기 위해 역사적 사례가 제시된다. 20장에서는 『신학정치론』의 주요 쟁점을 다룬다. 자유로운 국가에서는 모든 사람이 원하는 것을 생각하고 생각하는 것을 말할 수 있어야 한다는 것이다.[43] 정신은 지배될 수 없다. 따라서 국가는 의견을 억누를 힘[역량]이 없으며, 결과적으로 그렇게 할 권리도 없다. 정치의 궁극적인 목적은 지배가 아니라 자유이다(20.6). 이는 단점이 없지 않지만 이 단점은 받아들여져야 한다(20.10). 최선의 정치체제는 민주정이다. 스피노자는 이를 암스테르담을 칭찬하면서 예시한다(20.15). 마지막으로 철학함의 자유의 근본적 중요성이 다시 한번 여섯 개의 테제로 제시된다(20.16).

5장 『윤리학』*Ethica ordine geometrico demonstrata*
(『기하학적 순서로 증명된 윤리학』, E)

스피노자는 『윤리학』을 1660년대 초에 집필하기 시작하여 1675년에 완성했다.[44] 그러나 출간은 연기되었다. 그가 이 책이 금서가 되지는 않을

43　[옮긴이] 『신학정치론』의 마지막 20장 제목은 "자유로운 공화국에서는in Libera Respublica 모든 이들에게 바라는 것을 생각하고 생각하는 것을 말하는 것이 허용된다는 점을 보여 준다"이다.

44　『윤리학』 본문의 역사textual history에 대해서는 Moreau and Steenbakkers 2020, pp.

까 우려했기 때문이다. 최근 린 스프라위트는 바티칸 서고에서 완성된 『윤리학』의 초기 필사본(1675년 필사본)을 발견했다.[45] 스피노자의 사망 (1677년 2월 21일) 이후, 아마도 로데베이크 마이어의 주도하에 몇몇 친구들은 라틴어 원고를 편집하고 네덜란드어로 번역하여 라틴어판(OP)과 네덜란드어판(NS)으로 된 두 개의 판본을 출간했다. 『윤리학』 집필은 『소론』을 보다 정교하게 발전시키기 위해 시작되었는데, 『소론』은 이전에 자신의 체계를 상술하려다 무위에 그친 시도였다. 두 저작의 가장 눈에 띄는 차이점은 『소론』의 경우 "기하학적 순서로" 제시되지 않았다는 점이다. 기하학적 제시 방식geometric presentation은 유클리드의 『기하학 원론』[46]을 본뜬 것이다. 스피노자의 이 방식 차용은 이러한 스타일의 철학함이 무엇인지 보여 주는 전형적인 예가 되었다. 하지만 스피노자는 그것이 그 자체로 논증적 가치demonstrative value를 갖는 것은 아니라고 보았다. 『윤리학』이 좋은 예가 되는 것처럼, 기하학적 추론이 참된 결과를 산출하는 경우는 오직 철학이 올바른 순서로 전개될 때이다. 이는 설명exposition이 존재하는 모든 것의 근원인 신에게서 출발해야 함을 의미한다.

『윤리학』은 5부로 나누어진다.

제1부 신에 관하여

『윤리학』 1부는 스피노자의 형이상학과 존재론을 제시한다. "자기 원

13~38을 보라.

45   Spruit and Totaro 2011 ; Totaro, Spruit and Steenbakkers 2011.

46   [옮긴이] 유클리드, 이무현 옮김, 『기하학 원론』(가)~(라), 교우사, 1997~2003.

인"과 실체 관념에 주목하는 텍스트의 제일 첫 부분에서 신은 단지 여러 문제 중 하나에 불과한 것처럼 보이지만, 곧 신이 출발점임이 드러난다. "신 이외에는 어떠한 실체도 존재할 수 없고 인식될 수도 없다"(E1p14). "신은 유일하다 (…) 자연 안에는 하나의 실체만이 존재"(E1p14c1)한다.

1부의 논증은 크게 두 단계로 진행된다. 정리1~20은 유일하고 전全 포괄적인 것으로서의 실체, 곧 역동적이고 무한한 생산력으로서의 자연(나투라 나투란스natura naturans, 능산적 자연), 즉 신을 연역한다. 정리 21~28은 이러한 생산력의 결과, 즉 이른바 양태 또는 하나의 실체의 다양한 배치configurations를 보여 주면서 추론을 이어 나간다. 양태(『윤리학』 1부에서 변용이라고도 불리는)라는 용어로 스피노자는 실체 안에 (그리고 실체의 결과로) 실존하는 모든 것을 나타내는데, 이는 운동과 정지 같은 무한한 자연현상으로부터 특수한 물체(인간을 포함하는) 같은 유한하고 아주 제한된 실존 형식에 이르기까지 다양하다. 이 모든 양태들 전체를 나타내는 포괄적인 용어가 나투라 나투라타natura naturata(소산적 자연), 곧 자연법칙 작용의 총합으로서의 자연이다. 그 후 1부는 (정리29에서 35까지) 신 즉 자연의 철저한 인과성에 대한 강력한 설명과 사람들이 이를 받아들이지 못하게 하는 편견에 대한 반박으로 막을 내린다.

스피노자는 우연성, 자유의지, 완전성/불완전성, 목적론을 명시적으로 거부한다. 목적론과 이와 관련된 인간중심주의 및 신인동형동성론(의인관擬人觀)anthropomorphism의 오류에 대한 비판은 응당 잘 알려져 있는 1부 부록에 제시되어 있는데, 이 부록은 종종 그 자체로 한편의 소론으로 이해되기도 한다. 우리는 자연이 어떤 목적을 위해 활동한다고 생각한다. 우리가 그렇게 행동하기 때문이다. 그리고 우리는 자연이 우리를 위해 만들어졌다고 생각한다. 이것이 모든 편견의 뿌리이다. 그러나 신, 즉 자연은 인간의 필요에 무관심하며, 절대적 가치는 존재하지 않는다. 선/좋음과 악/나쁨은 인간의 투사일 뿐이다.

제2부 정신의 본성과 기원에 관하여

『윤리학』 2부의 범위는 "단지 우리를 마치 손으로 이끌 듯이 인간 정신 및 그것의 지복으로 인도할 수 있는 것들"로 대폭 제한된다. 이후 초점은 인간 구원에 맞추어진다.

2부는 유한 양태들의 본성에 대한 일반적인 검토로 시작된다. 유한 양태는 두 가지 속성, 즉 사유와 연장으로 나타난다. 신은 필연적으로 무한하게 많은 속성을 갖고 있지만, 우리는 이 속성 중 단 두 가지에만 접근할 수 있다. 왜냐하면 우리는 그 두 속성을 본질로 하는 그러한 종류의 유한 양태이기 때문이다. 즉 연장 속성 아래에서 우리는 신체이며, 사유 속성 아래에서 우리는 정신이다. 신체와 정신은 상이한 속성 아래에서 이해된 하나이자 동일한 개별 실재이다(E2p21s).

물체의 본성에 대한 논의(정리13과 정리14)[47]로 잠시 벗어났다가, 스피노자는 정신이 할 수 있는 것에 대해 검토한다. 정신은 그것의 물리적 상응물physical counterpart인 신체를 통해 외부 물체에 접근할 수 있다. 그러나 이 외부 환경에 대한 정신의 인식은 부적합하다. 그것은 외부 물체의 본성보다 우리 신체가 변용된 방식을 [더 많이] 반영하고 있기 때문이다[E1p16]. 스피노자는 이 필요 불가결하지만 제한된 인식의 형태를 나타내기 위해 상상imaginatio이라는 용어를 쓴다. 상상은 자연의 공통 질서로부터 따라 나오는 것이며, 인간은 상상 없이 실존할 수 없다. 이렇게

---

47   [옮긴이] 국내에서는 보통 「자연학 소론」이라고 불린다.

생각된 상상은 모든 경험과 이로부터 얻게 된 경험적 인식을 설명한다. 또한 상상은 우리의 기억을 가능하게 한다. 부적합한 인식의 원천인 상상은 정리40의 주석2에 나오는 다른 두 종류의 인식, 곧 이성 및 직관적 인식과 대비된다.

정리37 이후 2부는 이성, 곧 공통 통념에 근거하여 보편적 법칙에 대한 적합한 인식을 산출하는 종류의 인식을 다룬다. 3종의 인식, 즉 직관적 인식에 대한 논의는 5부 후반부로 연기된다. 2부의 마지막 정리들은 자유의지라는 잘못된 관념을 [1부와는] 다른 방식으로 해체한다. 의지와 지성은 동일한 것이다(p49c). 스피노자는, 이해를 관념(심상mental pictures 같은 것으로 잘못 받아들여진)의 원천으로, 의지를 활동activity의 원천으로 여기는 데카르트의 구분을 거부한다. 관념은 역동적이며 의지 같은 별개의 능력에 기인하는 자극impetus을 필요로 하지 않는다는 것이다.

2부는 인간 정신에 대한 이 새로운 관점의 도덕적·실제적 이점을 열거하는 것으로 끝난다. 예컨대 그것을 통해 진정한 이성적 삶이 가능해진다. 이 주제는 4부에서 다시 다루어진다. 그러나 먼저 스피노자는 정신의 정서적 삶에 대한 복잡한 이론을 상술한다.

제3부 정서의 기원과 본성에 관하여

『윤리학』 3부는 인간이 자연의 일부[48]라는 것과 그렇기 때문에 인간이

---

48 [옮긴이] "인간이 자연의 일부"라고 옮긴 구절의 원문은 "man is part and parcel of nature"이다. 보통 'part and parcel'이라는 표현은 '주요(본질적인) 부분'을 의미하는 관용구이지만, 그러한 의미로 쓰지는 않았을 것이다. 옮긴이가 알기로 스피노자는 인간을 '자연의 한 부분'이라고만 할 뿐 다른 부분과 달리 특별하거나 더 중요한 부분이라고 말하지는 않기 때문이다(3부 서문은 인간이 '국가 속의 국가'가 아님을 천명하는 것으로 요약될 수 있다). 아마도 'part' 뒤에 유의어인 'parcel'을 한 번 더 쓴 것에 불과하다고 생각되는데, 그렇다면 이 구절은 그렇

다른 모든 것처럼 자연법칙에 종속된다는 것이 무엇을 의미하는지 보여준다. 인간의 감정 역시 검토되어야 마땅할 자연현상이다. 우리는 감정을 경멸할 것이 아니라 이해하려고 노력해야 한다.[49]

감정에 대한 스피노자의 전문 용어는 정서인데, 그는 정서를 우리의 행위 역량을 증대시키거나 감소시키고 촉진하거나 저해하는 신체와 정신의 특수한 변용이라고 정의한다[E3d3]. 정서는 우리 신체가 우리를 둘러싼 세계에 의해 변용된 방식을 반영한다. 우리의 경험은 상상에 의해 매개되므로, 이 첫 번째 종류의 인식은 정서에 대한 스피노자의 설명에서 중추적 역할을 한다. 우리의 정서적 삶은 실제 사태actual state of affairs에 의해서가 아니라 우리가 우리를 둘러싼 세계를 경험하는 방식에 의해 결정된다. 정서 관념은 신체적·정신적 활동 또는 에너지가 높아지거나 낮아지는 정도를 나타내는 역동적인 것이다.

유한 양태의 모든 역동성dynamics의 동력은 코나투스conatus이다. "각각의 실재는 (…) 자신의 존재 안에서 존속하려고 노력한다conatur"(E3p6). 코나투스는 신의 실존하고 작업하는 역량의 표현이다. 코나투스는 발전[전개], 확장, 성장을 함축하는 것으로, 단순한 현상 유지가 아니다. 인간의 경우, 이러한 노력은 의지, 욕구, 욕망 같은 상이한

게 함으로써 어떤 새로운 의미가 창출되는 것은 아니니 용어법적(冗語法的)pleonastic 표현으로 볼 수 있다. 한편 'parcel'은 같은 것 여러 개를 하나로 꾸리어 싼 것(꾸러미, 무더기, 무리, 떼)을 뜻하기도 하므로, 이러한 의미를 고려하여 'parcel'을 병기한 적극적 이유를 추론해 볼 수도 있겠다. 스피노자에 따르면 자연 안에 있는 모든 개체는 자연의 '한 부분'인데, 개체는 다른 많은 개체로 합성된 '하나의 무리'로 볼 수 있기 때문이다. 그래서 개체는 '복합 물체', '합성된 물체', '합성된 개체'와 동일시된다(E2p13s 이하「자연학 소론」참고). 두 번째 해석이 안전하다고 생각된다.

49   E3praef ; E2p49s 마지막 부분 ; E4p50s ; E4p73s ; KV 2.18 ; TP 1.1 ; Ep 30 참고.

모습을 띤다. 이 충동[코나투스] 자체는 비자발적이다. 우리는 어떤 것이 좋기 때문에 그것을 추구하는 것이 아니라, 어떤 것을 [이미 비자발적으로] 추구하기 때문에 그것을 좋다고 판단하는 것이다(E3p9s 마지막 부분).

정서는 두 그룹으로 나뉜다(E3d3exp). 우리가 겪거나 당하는 정서는 수동/정념passio이다. 정념은 우리의 행위 역량을 약화시킨다. 이러한 정념이 단연코 정서의 가장 큰 부분을 이룬다. 우리가 능동적인 원인이 되는 정서는 능동/활동actions이다. 그것은 우리의 행위 역량을 증진시킨다. 스피노자는 이 역동적 척도dynamic scale에 완전성의 정도라는 추가적인 역동설dynamism을 도입한다. 신은 가장 완전하며(E2p1s), 신의 양태들은 신의 완전성을 공유하는 정도를 반영하는 완전성의 수준에 따라 무한하게 배열된다. 인간은 각자의 정신에 의해 특징지어지므로, 인간의 완전성 수준은 인간 정신이 달성할 수 있는 것에 달려 있다. 기쁨laetitia은 더 높은 완전성으로의 이행transition, transitio이며, 슬픔tristitia은 더 낮은 완전성으로의 이행이다. 욕망cupiditas — 코나투스의 정서적 발현affective manifestation — 과 함께 기쁨과 슬픔이 세 가지 주요 정서이다(E3p11s ; E3ad2~4, ad4exp). 다른 모든 정서는 기본적으로 기쁨, 슬픔, 욕망의 변형이다.

이후 스피노자는 『윤리학』 3부의 여러 주석과 3부 부록 「정서들에 대한 정의」에서 다른 정서들을 연역한다. 분석 과정에서 감정의 무한한 다양성을 일으키는 기제가 연구된다. 예를 들어 정서는 특정 대상과 결합하거나 시간적 관점이 추가됨으로써 변형될 수 있다. 또한 연상association과 전이transfer 같은 메커니즘에 의해, 또는 우리가 다른 이들에게서 지각하는 정서를 모방함으로써 변형될 수 있다. 스피노자가 『윤리학』3부에서 연역한 많은 정서들 중에는 사랑과 미움, 희망과 공포, 연민과 시기심, 자부심과 부끄러움이 있다. 어떤 결합된 정서들은 본질적으로 불안정하고 동요하는데,[50] 여기에서도 스피노자는 그 과정[정서들의 결합 과정]의 역동성에 특별한 관심을 기울인다.

3부의 마지막 주석(E3p59s)은 마음의 능동actiones, actions(능동적 작용[능동 정서])에 할애된다. 능동은 아주 소수에 불과하지만 정서의 중요한 부분 집합으로 밝혀진다. 능동은 항상 기쁨과 욕망의 문제이며 결코 슬픔의 문제는 아니다. 코나투스로 인해 누구도 더 적은 완전성으로의 이행[슬픔]의 적합한 원인일 수 없다. 따라서 슬픔은 항상 수동/정념passio이며 우리에게 일어나는 일이다. 반면에 기쁨과 욕망은 우리 외부의 원인이나 우리 자신에 기인하는 것일 수 있는데, 전자일 때 그러한 기쁨과 욕망은 수동/정념이며, 후자일 때는 능동[능동 정서]이다. 능동은 적합한 관념에서 나오며, 수동/정념은 부적합한 관념에서 나온다. 스피노자는 인간의 능동 정서를 '강인함'Fortitudo, strength of character에 포함시키고, 그것을 '굳건함'Animositas, tenacity[51]과 '관대함'Generositas, Nobility[52]으로 나눈다. 3부 부록은 오로지 수동 정서들에 관한 것이다. 이 부록은 마흔여덟 종의 정서를 개관하고 신체적 측면과 정신적 측면이 단일한 것으로 간주하는 「정서에 대한 일반적 정의」로 끝난다.

---

50   [옮긴이] 이에 대해서는 이 책 4부 용어 해설의 '정서' 항목과 『윤리학』 3부 정리17과 정리31 참고.

51   '아니모수스'animosus('기백이 넘치는/힘찬'spirited, '용기 있는'courageous이라는 뜻) 참고.

52   '게네로수스'generosus('고귀한 태생의'high-born, 즉 '고귀한 정신을 가진'noble-spirited이라는 뜻) 참고.

제4부 인간의 예속 또는 정서의 힘에 관하여

4부는 '예속', 즉 정념에 대한 우리의 종속이라는 관점에서 인간 상태를 조망한다. 역설적으로 4부의 상당 부분은 자유로운 인간의 삶에 대한 광범위한 논의(E4p67~p73과 부록)가 차지하고 있지만, 이는 스피노자의 전략 중 하나이다.

서문에서 스피노자는 완전함과 불완전함을 단순한 '사고방식들', 즉 주관적 평가로 정의한다. 그럼에도 '완전성'은 유용한 관념이다. 그것은 우리가 이성적 삶의 방식에 접근한 정도를 가늠할 수 있게 해 주는 인간 본성의 모범을 나타내기 때문이다. 4부는 이성적 인간 또는 자유로운 인간을 현실에서 일어나는 현상으로서가 아니라 모범으로서 다루는데, 이는 우리가 우리 자신의 삶을 완전히 통제할 수 있다면 우리 행동이 어떠할 것인지 보여 준다. 그러나 인간은 필연적으로 자연의 공통 질서를 따르고 그것에 복종한다(E4ax, E4p1~p4c). 4부의 사유는 가설적 상황(즉 인간이 이성적인 상황)과 대비하여 통상적인 상황(즉 인간이 자연의 공통 질서를 따르는 상황)을 부각시키는 방식을 택한다. 이 비교는 삶의 통제가 단순히 이해의 문제가 아님을 보여 준다. 우리의 행위 역량은 통찰력만으로는 증대되지 않고 정서들 간의 상반된 역학 관계를 조작하여 정서를 억제함으로 증대될 수 있다. 4부와 5부에서 이성적이고 덕 있는 삶을 위한 규칙 중 많은 것이 정서를 제거하는 것이 아니라 정서의 균형을 이루는 것을 목표로 한다. 데카르트[53]에 맞서 스피노자는 선과 악에 대한 참된 인식이 진리라는 사실만으로 작용하는 것이 아니라고 주장한다(E4p14). 우리 정서에 영향을 주기 위해서는 인식 자체에 정서적 측

53　『정치론』 48절.

면이 있어야 한다(E4p8). 사실 통찰로 인해 저절로 우리가 잘못된 행동을 하지 않게 되는 것은 아니다. 스피노자는 오비디우스의 "나는 더 좋은 것을 보면서도, 더 나쁜 것을 행하게 되네"[54]라는 시구를 반복해서 인용한다. 4부의 중심 관념은 덕으로, 이는 우리의 코나투스, 곧 우리의 존재를 보존하기 위한 노력에 근거한다. 스피노자에게 '덕'은 남성성virility과 관련된 성질, 즉 용기, 투지, 능력, 힘을 나타낸다.[55] 정의8에서 덕은 역량potentia과 같은 것으로 정의된다. 덕으로부터 행위하는 것은 이성의 인도에 의해 행위하고 살고 자신의 존재를 보존하는 것, 즉 자신의 이익을 추구하는 것을 의미한다(E4p24). 4부는 사회적 관점을 도입한다(E4p18s, E4p29~p37). 인간에게 다른 인간보다 더 유용한 것은 없고(E4p18s), 이성적 인간이라면 더욱 그렇다(E4p35c1).[56] 그들은 본성상 일치할 것이고, 따라서 서로의 행위 역량을 증진하기 때문이다. 도덕성은 오직 사회에서만 정의될 수 있다. 자연 상태에는 선이나 악이 존재하지 않는다. 자유는 어떤 사회든 오직 사회에서만 출현할 수 있다(E4p73). 4부는 올바

---

54   『변신』 7권 20~21절.

55   E4p59s 참고. [옮긴이] "사실 때리는 행위는 물리적인 것으로 고려되는 한에서는, 그리고 우리가 사람이 팔을 들어올리고 주먹을 쥐고 팔 전체를 힘껏 아래로 움직이는 것에만 주목한다면, 인간 신체의 구조로부터 인식되는 덕목virtus이다"(E4p59s). 이 구절을 염두에 둔 주장일 것이다. 스피노자 '덕' 개념의 남성적 성질에 대해서는 이 책 4부 용어 해설의 '코나투스' 항목 참고. 여성에 대한 스피노자의 인식에 대해서는 '여성' 항목 참고.

56   [옮긴이] "따라서 인간에게 인간보다 더 유익한 것은 없다"(E4p18s) ; "사람에게 이성의 인도에 따라 살아가는 다른 사람보다 더 유용한 독특한 실재는 자연 안에 존재하지 않는다. 왜냐하면 사람에게 가장 유용한 것은 그의 본성에 가장 합치하는 것(4부 정리31에 의해), 곧 (자명한 것처럼) 사람이기 때문이다. 그러나 사람은 이성의 인도에 따라 살아갈 때 자신의 고유한 본성의 법칙들에 의해 절대적으로 행위하며(능동적이며)agit(3부 정의2에 의해), 오직 이런 한에서 그는 항상 필연적으로 다른 사람의 본성과 합치한다(앞의 정리에 의해). 따라서 사람에게 이성의 인도에 따라 살아가는 다른 사람보다 더 유용한 독특한 실재는 운운. 증명 끝"(E4p35c1).

른 삶의 규칙을 나열한 목록을 제시하면서 마무리된다.

제5부 지성의 역량에 관하여 또는 인간의 자유에 관하여

5부는 정의가 없는 유일한 부이다. 5부 전반부(정리20까지 포함되는)에서는 정서에 대한 이성적 관리 전략이 전개된다. 서문에서 스피노자는 자신의 입장과 스토아학파를 분명하게 구별한다. 스토아학파 역시 이성적 삶을 옹호하기 때문이다. [정서에 대한 이성적 관리 전략을 전개하는] 같은 맥락에서 스피노자는 또한 데카르트가 신체와 정신의 접촉점이라고 주장한 송과샘 가설을 통렬하게 비판한다. 이 사변적 이론은 [정신과 신체 간의] 관련된 양적 역학quantitative mechanics involved(운동, 힘, 속도)뿐만 아니라 신체와 정신의 상호작용도 설명하지 못한다.[57] 정신의

---

57 [옮긴이] 데카르트는 "영혼은 신체의 모든 부분에 공동으로 결합"되어 있지 신체의 특정 부분에 결합되어 있는 것이 아니라고 역설하면서도(PA 30), "다른 부분보다 더 특별하게 영혼이 기능을 실행하는 어떤 부분이 신체에 있다"라고 주장한다. 문제의 "송과샘"이 그것이다 (PA 31). 송과샘은 "영혼이 즉각적으로 기능을 실행하는 신체의 부분"(PA 31)으로, "영혼의 주요 자리le principal siege이자 우리의 모든 사유가 형성되는 장소lieu"(AT III. 19 ; CSMK 143)이다. 송과샘은 "[뇌] 물질의 중심에 위치하고, 도관 위에 아주 잘 걸려"située dans le milieu de sa substance, & tellement suspenduë au dessus du conduit 있다. 이 관을 통해서 "공동의 앞선[이전] 정기[esprits de ses cavitez anterieures]는 이후의 정기와 상호 소통"을 한다(PA 31. 이상『정념론』은 김선영 44~45). 데카르트에 의하면 영혼과 신체는 이 송과샘의 운동을 매개로 상호작용할 수 있다. 나아가 그는 "잘 지도하면, 자신의 정념에 대해 절대적 권능pouvoir absolu을 얻을 수 없을 정도로 약한 영혼은 없다"(PA 50)라고 주장한다. 이를테면 인간이 분노에 휩싸일 때 송과샘은 다량의 동물정기를 팔로 밀어내어 팔의 때리는 동작을 일으키지만, 연습과 훈련을 통해 이러한 동물정기의 흐름을 변화시킨다면 정념을 통제할 수 있다는 것이다. 그러나 스피노자는 데카르트의 이러한 주장이 송과샘이라는 "은밀한 가설"에 근거할 뿐만 아니라 막연한 정성적 분석에 지나지 않는다고 본다. "나는 정신이 이 송과샘에 대해 **어느 정도의 운동을 부여**할 수 있으며, 그것을 걸려 있는 채로 유지시키는 데에는 **어떤 힘이 요구** 되는지 무척 알고 싶었다. 왜냐하면 나는 이 샘이 동물 정기보다 정신에 의해 **더 느리게** 움직이게 되는지circumagatur 아니면 **더 빨리** 움직이게 되는지 모르기 때문이다. 그리고 우리가 굳건한 판단들과 긴밀하게 결합시켰던 정념들의 작용이 물질적 원인들에 의해 다시 그 판단

역량power은 의사-자연학적 용어로 설명될 수 없다── 스피노자에게 이는 하나의 존재론적 혼동인데, 왜냐하면 실체는 하나이기 때문이다. 정신의 능력capacities(인식, 이해, 인지)의 관점에서, 곧 사유 속성의 관점에서 본 자연의 역량과 관련하여 설명되어야 한다. 스피노자의 전략은 한마디로 훈련을 통한 상상의 개혁 또는 재훈련re-education으로 설명된다. 이 치료법에서 인식cognition은 전제 조건이다. 상상은 인과성을 고려하도록 훈련되어야 하는데, 이는 우리가 점차 많은 실재를 필연적인 것으로 이해하게 됨을 의미한다(E5p6). 자연을 이해하는 것은 우리의 역량을 증진하는 것으로, 이는 결국 더 높은 완전성 곧 기쁨으로의 이행이다. 신(또는 자연)은 이러한 기쁨의 원인이므로, 이는 신에 대한 사랑amor erga Deum(E4p15~16)으로 귀결된다.

5부 정리20의 주석에서 스피노자는 "정서들에 대한 모든 치료책" 또는 그것들을 통제하기 위해 정신이 할 수 있는 것을 요약한다. 정서에 대한 인식, 정서의 원인들의 합리적 재분배, 그리고 그 원인들의 연관 재배열 전략 몇 가지가 그것이다.[58] 전체적인 관점은 시간과 관련이 있는데, 이는 스피노자가 정신을 신체와 관련하여 다루기 때문이다.[59] 그러나

들로부터 분리될 수 있는지 모르기 때문이다"(E5praef ; G II 280. 강조는 인용자. 이는 데카르트가 자연학을 엄격한 기하학 또는 수학적 기초 위에 구축했다고 표방한 것과 무관하지 않을 것이다. AT VIII-1. 78~9 ; PP II. 64 ; 원석영 II. 120~121 참고). 나아가 스피노자는 사유 실체와 연장 실체 간 통약 불가능성incommensurability을 주장한 데카르트 자신의 철학에 의해 그의 체계 내에서 사유 실체인 정신과 연장 실체인 신체의 상호작용은 근본적으로 불가능하다고 지적한다. "분명, 의지와 운동 사이에는 아무런 **공통의 척도**ratio도 존재하지 않기 때문에 정신의 역량 또는 힘과 신체의 역량 또는 힘 사이에는 어떠한 비교도 존재하지 않는다. 결과적으로 신체의 힘은 정신의 힘에 의해 절대 규정될 수 없다"(E5praef. 강조는 인용자).

58   Bartels 2019를 보라.

59   [옮긴이] 원문은 다음과 같다. "In p20s, Spinoza summarizes what the mind can do to control the affects : cognition of the affects, rationally redistributing their causes, and several

strategies of re-ordering their connections. The perspective is a temporal one, since Spinoza is dealing with the mind in connection with the body." "전체적인 관점은 시간과 관련이 있다"라고 한 이유를 "스피노자가 정신을 신체와 관련하여 다루기 때문"이라고 한 것은 우선 본문 이하 내용에 비추어 볼 때 지금까지 정신의 정념에 대한 통제 문제를 신체의 실존 내지 신체의 지속과 관련하여 다루었기 때문이라고 볼 수 있다. 그러나 이 문제는 5부 정리7과 본문에 언급된 5부 정리20의 주석을 통해서도 해명될 수 있을 것 같다. 5부 정리7의 증명에 의하면, "이성에서 생겨난 정서[a]"는 외부 원인에 의해 지속적으로 촉진된다. 그것은 실재들의 공통 특성과 관련되며, 정신은 그것을 항상 현존하는 것으로 바라보고 항상 같은 방식으로 상상하기 때문이다(E5p7d). 반면 "혼란스럽게 또는 단편적인[잘려 나간] 방식으로 인식하는 것과 관련된 정서[b]"(E5p20s)는 외부 원인에 의해 촉진될 수 없다. 이러한 정서는 근본적으로 실존하지 않는 실재를 마치 현존하는 것처럼 "상상하게 만드는 정서"이기 때문이다(E5p7d). 그런데 "외부 원인에 의해 촉진되지 않는 정서[b]는 더 이상 앞의 정서[a]와 상반되지 않을 **때까지 점점 더** 그 정서[a]에 자신을 맞추어야 할 것이다"(E5p7d). 왜냐하면 상반된 두 작용은 동일한 기체 안에 공존할 수 없기 때문이다(E5a1 참고). 여기에서 이성의 역량과 관련된 중요한 논점이 도출된다. 그렇기 때문에 "이성에서 생겨나거나 촉발되는 정서들은 [결국] **시간을 고려한다면**si ratio temporis habeatur 우리가 부재하는 것으로 바라보는 독특한 실재들과 관련된 정서들보다 더 강하다"(E5p7)라는 것이다. 이후 5부 정리20의 주석에서 스피노자는 "정서에 대한 정신의 역량"은 다섯 가지 점에 있다고 하면서 세 번째 항에서 5부 정리7을 언급한다. 정서에 대한 정신의 역량은 "우리가 이해하는 것과 관련된 정서[a]가 우리가 혼란스럽게 또는 단편적인 방식으로 인식하는 것과 관련된 정서[b]를 **극복하게 되는 시간**에In tempore(5부 정리7을 보라)"에 있다는 것이다(이상 대괄호와 강조는 모두 옮긴이의 것). 이를 고려할 때, 저자는 이러한 논의에 근거하여 정서에 대한 이성의 역량을 말하는 스피노자의 "전체적 관점이 시간과 관련이 있다"The perspective is a temporal one라고 주장한 것이라고 해석할 수도 있을 것이다. 이러한 해석이 맞다면, 스피노자가 정념에 대한 이성의 역량에 시간이 요구된다고 본 것은 결국 그가 "정신을 신체와 관련하여 다루기 때문"since Spinoza is dealing with the mind in connection with the body이라는 말이 된다. 이는 어떻게 이해해야 하는가? 주지된 바와 같이 근본적으로 스피노자는 정서를 신체 변용이자 그 변용에 대한 관념이라고 정의한다. 평행론에 의해 정서에 상응하는 대상인 신체 변용은 외부 물체가 인간 신체에 남긴 "대상들의 인상 내지 흔적"(E2p13sPost2), 곧 실재들의 "이미지"이다. 그것은 신체에 새겨져 유지될 수 있다(E2p13sPost2, 5). 그래서 신체 변용에 대한 관념, 즉 대상의 이미지에 대한 관념은 외부 물체를 마치 우리에게 현존하는 것처럼 표상하게 되는 것이다. 정신이 외부 물체를 이렇게 표상하는[바라보는] 것을 스피노자는 "상상"이라고 한다(이상 E2p17s 참고). 신체에 그러한 흔적(신체 변용)이 남아 있는 한, 인간 신체의 변용들의 질서와 연관에 상응하는 정신 안에 존재하는 관념들의 질서와 연관이 존재하게 된다. 그것이 "기억"이다(E2p18s). 기억은 각자의 행동 방식을 설명하는 "습성"consuetudo(E2p18s) 또는 "기질"ingenium(E3p31s) 개념으로 확장된다. 각자의 습성이나 기질에 따라 인간은 실재들의 이미지들을 연결하며, 그에 따라 한 생각에서 다른 생각을 떠올리게 된다. 인간 신체와 마찬가 그 주석의 마지막 부분에서 그는 다른 수준의 분석으로 옮겨 가겠다고 알린다. 곧 그는 "신체와 관계없는"sine relatione ad Corpus, 다시 말해서 신 안에 있는 영원한 것으로서의 정신의 본질에 대한 검토로 넘어가기 위해 시간적 관점을 포기한다.

우리의 정신이 영원함은 실재를 영원의 관점 아래에서sub specie aeternitatis 인식하는 것, 곧 실재를 필연적인 것으로 또는 실재를 신 안에 있는 것으로 인식하는 것에 있다(E5p31). 여기가 3종의 인식인 직관이 진가를 발휘하는 곳이다. 3종의 인식은 신 안에 있는 그대로의 독특한 실재에 대한 직접적 이해이다(E5p24~27). 신을 향한 사랑은 이제 이중적 의미에서 신의 지적 사랑(E5p32c)이 된다. 즉 상상의 소멸과 함께 주객의 구분이 사라지면서, 신에 대한 사랑은 신에 대한 우리의 사랑이자 동시에 신이 자기 자신을 사랑하는 사랑이 되는 것이다(E5p36). 이것이 궁극적으로 인간의 구원, 지복 또는 자유가 된다(E5p36s). 이로 인해 죽음에 대한 두려움은 완화(제거가 아닌)될 수 있다. 우리가 3종의 인식으로 실재를 더 많이 이해할수록 우리의 정신은 더 영원하다. 이 영원성은 영혼의 개별적 불멸성이 아니다. 신체가 죽을 때 정신은 기능을 멈추며, 우리의 개별적 실존에 대한 기억은 없어질 것이다. 기억은 상상과 신

지로 정신도 "국가 속의 국가"(E3praef)가 아니다. 영혼 역시 "일종의 정신적 자동 장치처럼 일정한 법칙들에 따라 활동"한다(TIE 85, 김은주 95. 용어는 수정). 정념 역시 하나의 관념으로서 이러한 메커니즘에 따라 산출된다. 실존하지 않는 실재를 마치 현존하는 것처럼 "상상하게 만드는 정서"(E5p7d), "혼란스럽게 또는 단편적인 방식으로 인식하는 것과 관련된 정서"(E5p20s)는 평행론에 의거 신체에 새겨진 기억, 습성, 기질과 관련하여 다루어지는 것이다. 따라서 정념 치료는 그 "익숙해져 있는"(E2p18s) 방식을 교정하는 것이며 신체에 새겨진 경험을 지우는 것이 된다. 정신이 이성에서 생겨난 정서로 상상적 정서를 극복하는 데 상당한 "시간"이 소요될 것임은 경험적으로 분명해 보인다.

체에 속하며, 개별성은 단지 신체가 살아 있는 동안에만 계속될 뿐이다. 5부 정리40의 주석에서 스피노자는 정신의 직관과 영원성에 관한 논의를 마치고, [5부 정리41에서] 그가 분명히 밝히는 것처럼 3종의 인식에 의존하지 않는 윤리적 논증을 재개한다.

이 책의 마지막 주석(E5p40s)에서 스피노자는 키케로의 격언인 "옴니아 프라이클라라 라라"omnia praeclara rara(고귀한 모든 것은 드물다)를 다음과 같이 바꾸어 표현하면서 구원에 이르는 철학적 여정의 어려움을 강조한다. "고귀한 모든 것은 어려울 뿐만 아니라 드물다"omnia praeclara tam difficilia, quam rara sunt.

---

60 [옮긴이] 「서신84」는 『스피노자 서간집』 국역본과 『정치론』 국역본에 각각 "『정치론』에 관하여 벗에게"AD AMICUM de Tractatu Politico(이근세 416~417)와 "저자가 어느 친구에게 보낸 편지. 이 편지가 이 책의 서문으로서 적절히 기능할 수 있을 것이다"Auctoris epistola ad amicum, quae praefationis loco huic Tractatui Politico apte praefigi et inservire poterit(공진성 40~43)로 번역되어 있다. 제목이 다른 것은 전자의 번역 대본은 겝하르트본(G IV. 335~336)이고, 후자는 라틴어 『유고』(OP. 266)의 제목을 그대로 옮겼기 때문이다(NS에는 302쪽에 실렸다). 아케르만과 컬리는 수신자가 네덜란드인인 야러흐 옐러스Jarig Jelles(1619/20~1683)일 것이라고 추정하며, 따라서 OP보다 NS가 원본에 가까울 것이라고 본다(Fokke Akkerman, *Studies in the Posthumous Works of Spinoza*, Amsterdam: Krips Repro Meppel. 1980, pp. 272~273 ; C II. p. 372 참고). 본문에 언급된 「서신84」의 『정치론』에 관한 소개 부분은 다음과 같다. "이 논고의 여섯 장章은 이미 마무리되었습니다. 1장은 저작에 대한 일종의 서론을 담고 있습니다. 2장은 자연권을 다룹니다. 3장은 최고 주권자의 권리를 다룹니다. 4장은 최고 주권자의 통치에 의존하는 정치적 문제들을 검토합니다. 5장은 한 사회가 추구할 수 있는 최고 및 최대의 선이 무엇인지 검토합니다. 6장은 군주제가 폭정으로 퇴화하지 않기 위해서는 어떤 방식으로 확립되어야 하는지를 검토합니다. 현재 저는 7장을 집필하고 있습니다. 여기에서 저는 질서가 제대로 잡힌 군주제와 관련해 앞의 여섯 장의 모든 요소를 방법론적으로 증명합니다. 다음으로 저는 귀족제와 민주제를 다룰 것이고, 법 그리고 정치와 관련된 특수한 문제들을 다룰 것입니다"(이근세 417 ; 공진성 40~43 참고).

6장 『정치론』*Tractatus politicus*(TP)

스피노자는 1675년 『윤리학』을 끝낸 후 새로운 프로젝트에 착수했다. 정치학에 관한 논고 집필이었다. 그는 1677년 2월 21일에 사망했는데, 그 무렵 스피노자는 10장까지 끝내고 11장 작성을 시작한 참이었다. 원고는 유실되었다. 우리가 가지고 있는 『정치론』의 라틴어 텍스트는 OP에 수록된 인쇄본이다. 『정치론』의 네덜란드어 번역은 NS에 포함되어 OP와 동시에 출간되었다(OP와 약간 다르다).

『정치론』은 고전적인 폴리티카politica(정치학), 곧 국가의 본성과 기초에 관한 이론이다. 이 이론에는 세 가지 국가 형태status civilis에 대한 논의가 뒤따르는데, 이는 전통적으로 모든 종류의 국가에 들어 맞는 기본 형식에 대한 규정으로 간주된다. 군주정, 귀족정, 민주정이 그것이다(TP 2.17). 이러한 기본 형태는 역사 속에서 서로 계기하면서 순환하는 것으로 생각된다(8.12). 우리가 가지고 있는 『정치론』은 정치 일반에 관한 부분과 정부 형태the forms of government에 관한 부분으로 이루어져 있다. 「서신84」(1676년 후반에 알 수 없는 친구에게 보낸 서신)를 보면, 스피노자는 법과 정치에 관한 다른 특정한 문제를 다루는 세 번째 부분을 작성하려고 했던 것으로 보인다. 『정치론』의 각 장에는 제목이 없지만, 부분적으로는 「서신84」에 소개된 내용으로 대신할 수 있다.[60] 각 장은 짧은 부분('절'이라고 불리는)으로 나뉜다.[61] 스피노자는 논증을 전개하면서 『윤리학』의 기하학적 순서를 연상시키는 방식으로 앞선 항목을 참조한다.[62]

61　[옮긴이] 『정치론』의 각 장Caput은 절(§)로 나누어져 있다. 예컨대 1장(Caput 1)은 7개의 절(§I~§VII)로, 2장은 24개의 절(§I~§XXIV)로 되어 있다.

62　[옮긴이] 예컨대 다음과 같은 구절을 보라. "그리고 이 기초를 인간 공통의 본성에서 연역한다면, 제3장 제9절 및 앞 장의 제3절과 제8절에 따라 확실하듯이, 어느 누구도 이것이 최선의

1장은 서론으로, 정치 원칙political rule의 기초가 이성이 아닌 인간의 공통 본성에서 도출되어야 한다고 주장된다(1.7). 인간은 다른 무엇보다 더 정념적 본성에 따라 움직인다. 철학자들은 이러한 정념을 이해하려 하기보다 정념을 비웃고 한탄한다. 그들은 인간을 있는 그대로 사고하지 않고 바라는 대로 사고한다(1.1). 정치인들은 이 점에서 더 낫다. 그들은 경험을 통해 인간이 실제로 어떻게 행동하는지 알고 있기 때문이다. 스피노자가 여기에서 염두에 두고 있는 이는 마키아벨리로, 스피노자는 『정치론』에서 그의 정치적 현실주의를 지지한다. 스피노자의 정치 이론은 『윤리학』에서 증명된 자연법칙, 즉 인간이 정념에 종속되는 것은 필연적이라는 것으로부터 시작한다(1.5). 이성은 어느 정도는 정념을 통제할 수 있지만, 정념을 합리적으로 정돈된 상태로 만들기에는 충분하지 않다. 정부는 통치자와 피치자의 동기가 무엇이든 간에 그들이 국가의 안전security과 안정stability에 가장 잘 기여하는 일을 하도록 조직되어야 한다. 자유와 정신의 강인함이 사인私人의 덕목인 것처럼, 안전은 국가의 덕목이다(1.6).

2장은 자연권에 대한 것으로 『신학정치론』과 『윤리학』에서 제시된 자신의 철학을 개괄한다. 각각의 실재에 있는 역량은 신의 역량이며, 그것의 자연권은 그 역량이 실존하고 행위할 수 있는 만큼 확대된다(2.3). 인간은 이성보다는 맹목적 욕망에 이끌리기 때문에, 인간의 자연적 역량과 권리는 자신의 존재 안에서 존속하려는 인간의 정서적 노력affective striving으로 정의되어야 한다(2.5). 인간에게 자유란 이성에 따라 사는 삶에 있다(2.7 ; 2.11). 모든 사람이 이러한 삶을 살 수 있는 것은 아니다.

기초이고 참된 기초임을 의심할 수 없을 것이다"(TP 7.2 ; 공진성 187).

그러나 현명하든 무지하든 개개인이 하는 모든 것은 자연의 최고 권리에 의한 것이다(2.8). 분노와 증오가 지배하는 한, 인간은 본성상 서로에게 적이다(2.14). 사람들이 힘을 합치면 그들의 역량은 증대되고(2.13) 마치 하나의 정신에 의한 것처럼 인도된다(2.16). 다중의 힘으로 정의되는 이러한 집합적 권리가 주권sovereignty, imperium이다. 그 권리가 전체로서의 다중에 의해 행사될 때, 그 국가는 민주정이다. 선발된 사람들에 의해 행사될 때, 그 국가는 귀족정이다. 그리고 그 권리가 한 사람의 손에 있을 때 그 국가는 군주정이다(2.17). 자연 상태에서는 죄도 없고(2.18) 불의도 없다(2.23). 죄와 불의는 법에 의해 금지된 것이고, 이는 단지 국가 안에서만 가능하다.

3장은 국가 또는 최고 권력의 권리를 그 신민(3.2~11)과의 관계 및 다른 국가(3.12~17)와의 관계에서 분석한다. 인간 본성의 가장 근본적인 특징은 자기 보존의 보편적인 노력endeavour이다(3.18). 사회에서도 각 사람의 자연권은 사라지지 않는다(3.3). 하지만 국가commonwealth가 개인을 힘에서 능가할수록, 개인의 권리는 더 적어진다(3.2). 가장 강력한 국가는 이성에 근거하고 이성에 의해 인도되는 국가일 것이다(3.7). 주권 국가Sovereign states는 자연 상태에 있는 두 사람처럼 서로 관계할 것이다(3.11). 주권 국가들은 본성상 적敵인 것이다(3.12). 국가는 조약을 맺음으로써 동맹이 될 수 있는데, 이 조약은 조약을 맺은 국가들이 상대국에게 얻을 것이 있는 동안 지속될 것이다(3.14).

4장에서 스피노자는 최고 권력의 임무에 대해 논한다. 입법, 형사사법제도criminal justice, 군대, 전쟁과 평화, 외교, 세금 징수 등이 그것이다(4.2). 국가civitas는 잘못을 저지를 수 없다. 국가가 옳고 그름을 정의하기 때문이다. 그러나 국가는 자기 보존이라는 자연법칙에 구속된다(4.5).

4장 6절에서 스피노자는 사회계약에 대해 간략하게 언급한다.

짧지만 핵심적인 5장은 국가의 궁극적 목적인 평화와 안전에 대해 고찰한다. 최선의 국가는 사람들이 함께 조화롭게 살아가는 국가이다. 인간은 정념적일 것이다. 이러한 사실이 국가의 안정에 얼마나 영향을 미칠지는 그 국가의 체제가 어떤 특성을 갖느냐에 달려 있다(5.2). 스피노자는 홉스에 맞서 평화는 전쟁의 부재가 아니라 영혼의 강인함animi fortitudo에서 비롯되는 덕이라고 주장한다(5.4). 인간의 삶은 단지 신체의 부단한 기능에 의해 정의되는 것이 아니라 무엇보다 이성에 의해 정의되는 것으로, 이는 정신의 진정한 덕이자 생명이다(5.5). 최선의 국가는 자유로운 사람들의 국가이다(5.6).

6~7장은 군주정을 다룬다. 군주정 체제는 통치자와 피치자가 개인적 동기와 무관하게 일반적인 이익을 위해 행동하도록 보증해야 한다(6.3). 군주는 결국 한 개인에 불과하므로 이기적이지 않기를 기대할 수 없다. 그러므로 군주정을 조직하는 적절한 방법은 왕이 모든 이들의 안녕에 관심을 기울이는 동안 가장 많은 것을 획득할 수 있게 하는 것이다(6.8). 이를 위해 대규모 회의체가 있어야 하며(6.15), 왕이 어떤 결정을 내리기 전에 반드시 이 회의체의 의견을 들어야 한다(6.17). 6장 나머지 부분과 7장 전체는 좋은 군주정, 즉 자유로운 사람에 의해 수립된 군주정(7.26)에 어떤 제도가 요구되는지 상술하는 데 할애되며, 왕의 회의체[63] 구성 및 기능, 왕실 혼인, 왕의 후손 교육, 왕위 계승, 법무 행정the

---

63   [옮긴이] 국역본은 이 회의체를 '전체 자문관 회의'라고 번역했으며, 이 회의체 구성원들 중에서 상임 자문관 회의와 법률 전문가 회의의 구성원이 선출된다. 공진성 375~376. 「부록 : 정부 구조 도식」 참고.

administration of justice, 민심 획득, 부패 방지, 토지 재산, 군대 등에 관한 규정을 명시한다. 스피노자는 어떤 국가도 실제로 이 모든 요건을 충족시키지 못한다는 것을 알고 있었다(7.30). 결론에서 스피노자는 절대 왕정을 거부한다. 왕의 권력은 다중에 달려 있다(7.31).

8~10장은 귀족정을 다룬다. 귀족정의 통치자는 귀족patrician이라고 불린다(8.1). 그는 귀족정을 두 가지 형태로 구별한다. 가장 흔한 형태는 고대 로마나 스피노자 시대의 베네치아처럼, 국가가 수도와 일치하거나 수도를 중심으로 독점적으로 조직되는 형태이다(8.3~49). 다른 모델은 네덜란드의 모델로 여러 도시에 주권이 있는 모델이다(9장). 귀족의 수는 두 명부터 모든 사람에 이르기까지 다를 수 있지만, 선출co-option을 거쳐 [귀족들로 구성된] 최고 회의체[명부]에 올라야 한다.[64] 이상적인 귀족의 수는 국가 규모에 따라 달라질 수 있다. 스피노자의 계산은 약 50명당 1명의 비율이 되어야 한다는 것이다(8.13). 다시 한번 스피노자는 귀족의 통치가 절대화되는 것을 방지할 수 있는 메커니즘에 관심을 둔다. 두 개의 하위 조직인 법을 관할하는 검찰관 회의syndics, syndicus(8.20)와 일상 업무를 담당하는 원로회의senate, senatus(8.29)가 이 최고 회의체를 뒷받침한다. 스피노자는 귀족정을 안정적으로 유지하기 위한 정밀한 제도를 아주 꼼꼼하게 설명한다(8.11~49). 그럼에도 단일 도시 모델의 귀족

---

64   [옮긴이] "그러므로 그 어떤 국가에 속한 전체 다중이 귀족의 수에 포함되더라도, 저 권리가 생득적인 것이 아니고 어떤 공통의 법률에 의해 또한 다른 사람들에게 부여되지 않는다면 그 국가는 전적으로 귀족적인 것이다. 왜냐하면 명확하게 선출된 사람이 아니면 어느 누구도 귀족의 수에 포함되지 않기 때문이다"(TP 8.1 ; 공진성 241). 곧 귀족정에서 귀족의 수는 최소 두 명 이상이어야 하고 한 국가의 모든 사람이 귀족에 포함될 수도 있지만, 어쨌든 귀족에 포함되려면 최고의회 구성원인 귀족들에 의해 새로운 귀족으로 선출되어야 한다는 것이다.

정은 여전히 불안정한 형태의 정부로 남아 있다. 만일 귀족 계급이 다중을 통제하지 못한다면 권력의 균형은 쉽게 깨질 것이기 때문이다(8.39). 스피노자는 두 번째 모델인 여러 도시에 근거하는 귀족정을 선호한다. 이 모델에 수반되는 권력 균형은 협력과 평화에 도움이 된다(9.14~15). 10장에서는 그의 분석 결과가 요약된다. 귀족정의 기반은 평등을 배제한다(10.8).[65] 국가는 법적 제도가 존중될 때에만 존속될 수 있으며(10.9), 이러한 존중은 법이 이성에 근거하고 동시에 인간의 정념적 본성을 고려할 때만 계속 이어질 것이다(10.10). 스피노자는 자신이 제시한 두 모델이 그가 명시한 조건을 충족한다면 가장 안정된 상태에 도달할 수 있다고 주장한다.

배아 단계로 남은 11장은 스피노자가 민주정에 대한 논의로 넘어갔음을 보여 준다. 민주정은 그가 "절대적"이라고 부른 정부 형태인데, 왜냐하면 모든 정치권력은 결국 다중에 의존하기 때문이다(11.1. cf. 8.3). 그가 다루는 유일한 주제는 정치 참여이다. 그가 정치에 참여할 수 있는 기준으로 제시한 것은 독립성sui juris[수이 유리스, 자신의 권리 아래](11.3)이기 때문에, 여자와 세르비servi(하인 또는 노예)는 배제된다. 이들은 각각 남자와 주인에게 의존한다. 남자가 여자를 지배하는 것은 관습

---

65   [옮긴이] 다음 구절을 염두에 둔 주장이 아닌가 생각된다. "마지막으로 다른 것은 몰라도 이
      것만은 분명하다. 평등이 한번 쇠퇴하면 공동의 자유도 필연적으로 함께 사라진다. 덕이
      뛰어난 어떤 사람에게 공적인 법으로 특별한 명예를 수여하는 순간, 평등은 어떤 방법으로
      도 보존할 수 없게 된다"Denique, ut alia taceam, hoc certum est, quod aequalitas, qua semel exuta
      communis libertas necessario perit, conservari nullo modo possit, simulatque alicui viro virtute claro
      singulares honores jure publico decernuntur(TP 10.8 ; 공진성 356~359). 귀족을 세우는 것과 "덕
      이 뛰어난 어떤 사람에게 공적인 법으로 특별한 명예를 수여"하는 일이 다르지 않은 것이라
      면 말이다.

이 아닌 본성에 의한 것이다. 여성의 동등한 정치 참여는 평화를 위태롭
게 할 것이다(11.4).

7장 『히브리어 문법 강요』
Compendium grammatices linguae Hebraeae(CG)

미완성작인 스피노자의 『히브리어 문법 강요』는 1677년 후반에 라틴
어 『유고』(OP)의 일부로 출판되었다. 『유고』의 편집자들이 대신 작성
한 "독자들께 드리는 글"에 따르면, 스피노자는 이 책을 "성스러운 언어
Sacred Tongue를 열심히 공부하던 일부 친구들의 요청으로" 썼다고 한다.
언제 그리고 어떤 특별한 목적(그런 것이 있었다면)으로 썼는지는 알려
지지 않았다. 스피노자가 반 덴 엔덴의 라틴어 학교에 다닐 때 그곳에서
히브리어를 가르쳤을 가능성이 제기되었는데, 그렇다면 이 문법서의
기원은 1657년경으로 추정될 수 있다. 한편 이 저작과 스피노자가 『신학
정치론』 7장에서 히브리어를 다룬 방식의 유사성을 고려하여 겝하르
트는 이 책의 집필 시기를 스피노자가 『신학정치론』을 집필하던 시기,
즉 1665~1670년이라고 보았다.[66] 최근 오메로 프로이에티O. Proietti는
더 늦은 시기인 1670년에서 1675년 사이에 집필되었을 가능성을 제기
했다.[67]

겉보기에 스피노자는 두 부분으로 된 저작을 염두에 두었던 것 같

---

66   G I. 626 ; G IV. 444.
67   Proietti 1989와 2001.

다. 하나는 명사와 동사의 활용에 관한 것이고, 다른 하나는 구문에 관한 것이다. 계획된 첫 번째 부분은 거의 완성되었으며, 최종 형태는 33장으로 되어 있다. 두 번째 부분은 착수조차 되지 않았다.

도입부에 해당하는 히브리어 문자, 모음 부호, 악센트에 대한 네 개의 장 이후, 스피노자는 명사들nomina에 여덟 개의 장을 할애한다. 그는 명사를 여섯 종류로 구분한다. 실사(實辭)substantive, 형용사, 관계사 또는 전치사, 분사, 부정사, 부사가 그것이다(CG 5). 그는 이전의 문법 학자들이 동사에서 시작한 것과 달리 명사에서 시작한다. 히브리어의 동사가 근본적으로 명사라는 특유의 독창적인 통찰이 있었기 때문이다.[68] 『히브리어 문법 강요』의 나머지 스물한 개 장은 동사에 할애되어 있으며, 스피노자는 동사를 여덟 개의 활용형conjugations으로 분류한다.

8장 『서간집』*Epistolae*(Ep)

스피노자 사후에 스피노자 전집 편찬자들이 1677년에 출간한 텍스트 중에는 스피노자가 주고받은 일흔네 통의 서간문이 포함되어 있다. 제목은 『베네딕투스 데 스피노자에게 몇몇 학식 있는 사람들이 보낸 서신과 그의 다른 저작 해명에 상당한 도움이 되는 저자의 답신』이다.[69]

당시 편찬자들의 선별 기준은 철학적 관련성 여부였다. 예컨대 스피

---

68   이 책 4부 용어 해설 '명사' 항목 참고.

69   *Epistolae Doctorum Quorundam Virorum ad B. d. S. et Auctoris Responsiones, ad Aliorum Ejus Operum Elucidationem Non Parum Facientes*, OP, pp. 393~614.

노자의 서신 교환자들에게 온 서신은 스피노자의 답변을 부각할 때만 포함되었고, 그들이 사소하다고 여긴 문제를 다룬 메시지는 빼 버렸다. 이는 스피노자가 답변하지 않았던 올덴부르크의 마지막 서신(Ep79)과 「서신12A」[70] 그리고 익명의 친구, 아마도 보우미스터에게 보낸 아주 사적인 서신인 「서신28」이 없는 이유를 설명해 준다. 「서신28」은 『윤리학』의 탄생에 관한 귀중한 정보를 알려 주지만[71], 스피노자의 친구들(그들 중에는 보우미스터도 있었다)은 이 서신을 『유고』에 포함하지 않기로 결정했다. 원고에는 누군가 "가치 없음"이라고 갈겨쓴 메모가 남아 있다. 『에피스톨라이』*Epistolae*(서신들) 부분의 일흔네 개 항목 외에도, 『유고』에는 『정치론』의 서문 역할을 하는 한 통의 서신[Ep84]이 포함되어 있다(OP 266). 17세기 이후 열세 통의 서신이 스피노자 서간집에 추가되었다. 이 여든여덟 통의 서신 중 마흔여덟 통이 스피노자가 쓴 것이다. 우리에게 남아 있는 서간문으로 미루어 볼 때, 더 많은 서간문이 있었을 것이다(최소 117통). 그럼에도 데카르트나 라이프니츠처럼 다량의 서신을 쓴 작가와 비교할 때, 스피노자 서간문의 분량은 상대적으로 많지 않다. 스피노자 서간문의 눈에 띄는 특징은 자신이 받은 메시지에는 공손하고 때로는 다정하게 답하지만, 겉보기에는 한 번도 서신 교환을 먼저 시작한 적은 없다는 점이다.

라틴어 『유고』에 수록된 서신은 서신 교환자들 순으로 배열되어 있는데, 이러한 방식은 서신 교환의 주제별 일관성을 유지할 수 있다는 장점이 있다. 19세기에 출간된 스피노자의 저작들은 이러한 분류 방식을

---

70   마이어에게 『데카르트의 『철학의 원리』』의 원고 정리에 대한 지침을 알려 준 짧은 서신.

71   [옮긴이] 이근세 200 및 역주 146번 참고.

고수했으나, 반 블로텐과 란트는 1882~1883년 출간한 고증본 전집에서
는 스피노자 철학의 전개 과정을 문서화하기 위해 순전히 연대순으로 배
열하는 방식을 도입했다. 이에 따라 서신들에 완전히 새로운 번호가 부
여되었다. 이 번호가 현재 서신 인용에 일반적으로 사용되는 번호이다.[72]

　이 서신들은 스피노자의 삶, 그의 친구들과 지인들의 관계망, 그의
저작에 관하여 알려 주는 귀중한 자료이다. 『신학정치론』을 작성한 이유
는 「서신30」에 설명되어 있으며, 이후의 많은 서신(Ep43, 69, 73, 75, 77)
에서 스피노자는 종교에 대한 자신의 견해에 대한 비판이나 의문에 답한
다. 특히 관심을 끄는 것은 원고 단계의 스피노자 저작을 접하고서 때로
는 설명을 요청한 친구들에게 스피노자가 보낸 답신이다. 예컨대 더 프
리스에게 보낸 「서신9」와 슐러 및 치른하우스[73]와 주고받은 서신 같은

72　[옮긴이] 「서신」(Ep)이라 표기하고 반 블로텐과 란트가 붙인 번호를 병기하는 방식이다. 나
　　중에 추가된 서신은 「서신12A」(Ep12A), 「서신48A」(Ep48), 「서신48B」(Ep48B), 「서신67A」
　　(Ep67A)처럼 글자를 덧붙여 연대순으로 삽입되었다. [옮긴이] 예컨대 반 블로텐과 란트의
　　고증본 전집에서 「1663년 4월 20일 마이어에게 보낸 서신」은 연대순으로 열두 번째 서신이
　　므로 「서신12」로 표기된다. 그리고 1974년에 발견되어 추가된 「1663년 7월 26일 마이어에
　　게 보낸 서신」은 수신자가 같고 연대상 「서신12」 다음이므로 「서신12」에 글자를 덧붙여 「서
　　신12A」가 된 것이다. 「서신12A」는 발견된 이듬해에 오펜베르흐의 연구서(A. K. Offenberg,
　　Brief van Spinoza aan Lodewijk Meijer, 26 juli 1663. Text, Dutch translation, and commentary in
　　Dutch, Amsterdam : Universiteitsbibliotheek, 1975)로 처음 출판되었다(Curley I, p. 206, n. 78과
　　Shirley, p. 791 참고). 참고로 겝하르트 고증본 전집을 대본으로 한 국역본에는 겝하르트본
　　에 없는 「서신12A」가 포함되어 있지 않다. 국역본에는 「서신12A」와 「서신30A」(컬리는 이
　　서신을 'Letter 30(C)'라고 표기하고 '[Fragment 1]'과 '[Fragment 2]'로 나누어 놓았다. 전자
　　가 셜리 영역본의 "Letter 30A"에 해당하며 후자는 셜리 영역본의 "Letter 30"에 해당한다),
　　"Letter 48A"와 "Letter 48B"(이 두 서신에 대해서는 이 책 4부 '믿음의 기초' 항목 옮긴이 주 참
　　고), "Letter 67BIS"(겝하르트본의 67bis 및 셜리 영역본의 "Letter 67A"에 해당. 국역본은 겝하
　　르트본을 저본으로 하지만 이 서신이 포함되어 있지 않다. 번역자가 제시한 이유는 국역본 369쪽
　　각주 239번 참고)를 제외한 총 84통의 서신이 모두 번역되어 있다.

73　[옮긴이] 슐러Georg Hermann Schuller(1650/51~1679)와 치른하우스Ehrenfried Walther von
　　Tschirnhaus(1651~1708)는 흔히 '스피노자 친우회'Spinoza circle라 불리는 암스테르담의 스

것이 그렇다. 때때로 우리는 스피노자의 서신에서 집필 중이던 그의 저작에 관한 내용을 엿볼 수 있으며,[74] 그가 다른 근대 철학자들을 비판한 샘플을 볼 수도 있다.[75]

서신에는 또한 스피노자의 동시대인들이 그의 철학의 윤리적·종교적 함축에 대해 얼마나 우려하고 있었는지 나타난다. 행성(Ep26), 유체정역학(정수역학)hydrostatics(Ep41), 니트로(초석硝石, 질산칼륨)nitre(Ep6, 13), 확률 계산법probability calculus 등 철학이라는 이름 아래 논의되었던 다양한 주제들도 상세히 기록되어 있다. 렌즈 제작에 대한 그의 전문 지식과 기술은 렌즈, 망원경, 광학, 굴절광학dioptrics에 대한 논의에서 분명하게 드러난다(Ep26, 32, 36, 39, 40, 46). 『신학정치론』의 중요한 쟁점 중 하나인 성경 독해 방식에 대한 견해도 여러 서신에 제시되어 있다(Ep19, 21, 75). 스피노자는 「서신43」에서 제기된 무신론이라는 혐의에 반발하며, 그리스도(Ep73, 75, 78), 기적 (같은 서신), 철학과 종교의 관계(Ep76) 같은 다양한 신학적·종교적 문제도 다룬다.

서신에 철학적 일관성을 부여하면서 거듭 등장하는 두 가지 주제군은 다음과 같다.

피노자 연구 모임의 일원이었다. 스피노자와 치른하우스는 직접 서신을 주고받기도 했지만(Ep57 ; Ep59~60 ; Ep65~66) 슐러의 매개로 질의응답이 이루어지기도 했다(Ep58 ; Ep63~64 ; Ep70 ; Ep72). 이 책 101쪽과 104~105쪽과 스티븐 내들러, 김호경 옮김, 『스피노자 : 철학을 도발한 철학자』(텍스트, 2011), 605~608쪽 참고.

74 『지성교정론』에 대해서는 Ep6, 37, 60에서, 『데카르트의 『철학의 원리』』에 대해서는 Ep12A, 13에서, 『윤리학』에 대해서는 Ep23, 28, 68에서, 『『신학정치론』 주석』에 대해서는 Ep68, 69에서, 『정치론』에 대해서는 Ep84에서 언급된다.

75 베이컨에 대해서는 Ep2에서, 데카르트에 대해서는 Ep2, 15, 21, 26, 30, 32, 81, 83에서, 홉스에 대해서는 Ep50에서 다룬다.

(1) 신, 실체, 속성과 양태에 관한 형이상학 문제.

(2) 인과성, 필연성, 의지의 자유, 악의 현존과 같은 문제와 결부된 윤리적 쟁점.

(1) 처음(「서신2」와 그것의 유실된 부록)[76]부터 스피노자는 무한한 속성으로 구성된 실체라는 자신의 신 정의와 실체와 양태의 차이에 관해 설명한다. 이는 그의 철학 체계의 토대이다. 우리는 그가 실체와 속성 간의 식별 특징(그런 것이 있다면)이 있는지 탐구하는 과정을 볼 수 있다(Ep9). 『윤리학』을 끝냈을 때, 스피노자는 여전히 해결되지 않은 채 남아 있던 형이상학 문제에 답한다. 왜 우리는 신이 필연적으로 가지고 있음에 틀림없는 무한하게 많은 속성 중 단 두 가지 속성인 연장과 사유에만 접근할 수 있는지, 『윤리학』 1부 정리23의 증명에 언급된 직접적 무한 양태와 매개적 무한 양태가 무엇인지(Ep64) 하는 문제가 그것이다. 관련된 형이상학적 쟁점은 무한infinity에 관한 것이었다. 마이어에게 보낸 「서신12」는 "무한에 관하여"라는 독립적인 소론으로 회람되었다(Ep81 참고).[77] 스피노자는 무한을 세 종류로 구별한다. 자신의 본성으로부터 실

76　[옮긴이] 올덴부르크의 「서신1」에 대한 회신인 「서신2」에서 스피노자는 실체의 단일성, 산출 불가능성(필연적 실존), 무한성을 논구하고 "기하학자들의 방식으로 입증"한 "관련 증명을 선생님께 별도로 첨부해 드립니다. 이에 대한 선생님의 견해를 기다리겠습니다"라고 말한다(G IV. 8 ; 이근세 14). 본문의 "유실된 부록"은 「서신2」에 언급된 "별도로 첨부"된 문서를 말한다. 이 문서는 유실되었으나 이 책 5부 스피노자 저작 개요 2장 『소론』의 『소론』 부록에 대한 부분에 언급된 것처럼 내용 복원이 시도되었다.

77　[옮긴이] 1676년 5월 5일 치른하우스에게 보낸 「서신81」 서두에는 스피노자가 「무한에 관한 서신」Epistola de Infinito을 언급하고 관련 내용을 설명하는 부분이 나온다(이근세 410~411 참고). 「무한에 관한 서신」은 「서신12」를 지칭하는 것으로, 스피노자는 「서신81」에서 「서신12」를 실제로 「무한에 관한 서신」이라고 부른다. 「서신12」가 회람되고 있었음을 시사하는 대목이다. 「서신12」는 스피노자가 마이어에게 1663년 4월 20일에 보낸 서신이다.

존하는 것(실체)의 무한, 그 원인에 의해 한계가 없는 것의 무한(무한 양태), 어떤 수에 의해서도 표현될 수 없는 것의 무한(보다 정확히는 무한정함indefiniteness이라고 불러야 한다)이 그것이다.[78]

이 존재론적 질문군과 관련하여, 스피노자는 서신에서 인식론적이고 방법론적인 문제도 다룬다. 예컨대 「서신12」에는 우리의 지성이 시간, 척도, 수와 같은 관념을 어떻게 다루는지에 대한 논의가 포함되어 있으며, 「서신17」은 상상의 작동 방식, 「서신37」은 올바른 방법, 「서신60」은 참되고 적합한 관념에 관한 것이다. 스피노자가 반복해서 다룬 문제는 정의定義 문제이다(Ep4, 9, 10, 60). 아주 유명한 부분과 전체에 대한 논의도 있는데, 여기에는 우리의 피에 서식하는 아주 작은 벌레에 관한 놀라운 사고실험이 포함되어 있다(Ep32).

(2) 스피노자와 서신을 주고받은 몇몇 사람들은 인과성, 필연성, 자유에 관한 그의 견해를 불편해했다. 관련 쟁점은 그의 체계의 형이상학과 복잡하게 얽혀 있지만, 서신에서 제기된 문제는 종종 윤리적 측면과 관련이 있다. 만일 모든 것이 결정된 것이라면, 도덕적 책임은 존재하지 않을 것이고, 악도 궁극적으로는 신에게서 나온다는 것이다. 이 주장의 결과는 그의 동시대인들이 용인할 수 없는 것이었고, 따라서 그들은 그의 이론이 틀린 것일 수밖에 없다고 생각했다. 스피노자는 자신의 견해를 명확하게 설명하기 위해 많은 노력을 기울였다. 그는 우연은 존재하지 않으며, 필연성은 자유의 반대가 아니라 강제의 반대라고 지적한다(Ep54, 56). 자유는 자유로운 결정에 있는 것이 아닌 자유로운 필연성에

---

78   [옮긴이] 「서신12」 ; G IV. 53 ; 이근세 75~76.

있다(Ep58).[79] 인간이 자신의 행위를 도덕적으로 책임지는 방식은 자신의 행동에 따른 결과를 감내하는 데 있다(Ep78). 이는 신에게 악에 책임이 없음을 의미한다. 자연 안에는 악이 존재하지 않기 때문이다(Ep23).

참고문헌

2차 문헌

Akkerman, F., 'La Latinité de Spinoza et l'authenticité du texte du Tractatus de intellectus emendatione', *Revue des sciences philosophiques et théologiques* 71(1987), pp. 23~29.

__________, '*Tractatus Theologico-Politicus*. Texte latin, traductions néerlandaises et *Adnotationes*', in F. Akkerman and P. Steenbakkers(eds.), *Spinoza to the Letter. Studies in Words, Texts and Books*(Leiden and Boston : Brill, 2005), pp. 209~236.

__________, *Taal en tekst van Spinoza*(Voorschoten : Uitgeverij Spinozahuis, 2013).

Bartels, J., '*Over de macht van het verstand*'. *De rol van de remedies in het vijfde deel van Spinoza's* Ethica(Rijnsburg : Uitgeverij Spinozahuis, 2019. Mededelingen vanwege Het Spinozahuis, vol. 115).

Beyssade, M., 'Deux latinistes. Descartes et Spinoza', in F. Akkerman and P. Steenbakkers (eds.), *Spinoza to the Letter. Studies in Words, Texts and Books*(Leiden and Boston : Brill, 2005), pp. 55~67.

De Dijn, H., *Spinoza. The Way to Wisdom*(West Lafayette, IN : Purdue University Press, 1996).

Hubbeling, H.G., 'The Development of Spinoza's Axiomatic(Geometric) Method: The

---

79　이 서신에서 『윤리학』 1부 정의7이 인용된다. [옮긴이] 자구字句는 차이가 있다. "저는 자신의 본성의 필연성에 의해서만 실존하고 행위하는 것을 자유로운 실재라고 말합니다. 그리고 다른 실재에 의해 일정하고 규정된 방식으로 실존하고 작업하도록 규정되는 실재는 제약[강제]된 실재라고 말합니다"Ego eam rem liberam esse dico, quae ex sola suae naturae necessitate existit, & agit ; Coactam autem, quae ab alio determinatur, ad existendum, & operandum certa, ac determinata ratione(Ep58 ; 이근세 330. 번역은 수정). "자신의 본성의 필연성에 의해서만 실존하고 자기 자신에 의해서만 행위하도록 규정되는 실재는 자유롭다고 한다. 그리고 다른 실재에 의해 일정하게 규정된 방식으로 실존하고 작업하도록 규정되는 실재는 필연적이라고 또는 오히려 제약되어 있다고 한다"Ea res libera dicitur, quae ex sola suae naturae necessitate existit, & a se sola ad agendum determinatur : Necessaria autem, vel potius coacta, quae ab alio determinatur ad existendum, & operandum certa, ac determinata ratione(E1d7).

Reconstructed Geometric Proof of the Second Letter of Spinoza's Correspondence and its Relation to Earlier and Later Versions', *Revue internationale de philosophie* 31(1977), pp. 53~68.

Jensen, L., 'Deurhoff, Willem', in W. van Bunge et al.(eds.), *The Dictionary of Seventeenth and Eighteenth-Century Dutch Philosophers*(Bristol : Thoemmes, 2003a), pp. 260~265.

_______, 'Monnikhoff, Johannes', in W. van Bunge et al.(eds.), *The Dictionary of Seventeenth and Eighteenth-Century Dutch Philosophers*(Bristol : Thoemmes, 2003b), pp. 707~709.

Kajanto, I., 'Spinoza's Latinity', in F. Akkerman and P. Steenbakkers(eds.), *Spinoza to the Letter. Studies in Words, Texts and Books*(Leiden and Boston : Brill, 2005), pp. 35~54.

Leopold, J.H., 'Le langage de Spinoza et sa pratique du discours', trad. M. Beyssade, in F. Akkerman and P. Steenbakkers(eds.), *Spinoza to the Letter. Studies in Words, Texts and Books*(Leiden and Boston : Brill, 2005), pp. 9~33.

Meijer, W., *Nachbildung der im Jahre 1902 noch erhaltenene eigenhändigen Briefe des B. de Spinoza, mit Erläuterungen und Übersetzungen*(The Hague : Meijer, 1903).

Mignini, F., 'Per la datazione e l'interpretazione del Tractatus de intellectus emendatione di B. Spinoza', *La cultura* 17(1979), pp. 87~160.

_______(ed. and trans.), Spinoza, *Korte verhandeling van God, de mensch en deszelvs welstand/Breve trattato su Dio, l'uomo e il suo bene*(L'Aquila : Japadre, 1986).

Moreau, P.-F., and P. Steenbakkers, 'Introduction', in Spinoza, Œuvres, IV : *Ethica/ Éthique*, texte établi par Fokke Akkerman et Piet Steenbakkers, traduction par Pierre-François Moreau, introduction et notes par Pierre-François Moreau et Piet Steenbakkers, avec annexes par Fabrice Audié, André Charrak et Pierre-François Moreau(Paris : Presses Universitaires de France, 2020), pp. 13~66.

Proietti, O., 'Il Satyricon di Petronio e la datazione della Grammatica Ebraica Spinoziana', *Studia Spinozana* 5(1989), pp. 253~272.

_______, 'Per la cronologia degli scritti postumi di Spinoza. Terenzio e il Petronius di M. Hadrianides(Amsterdam, 1669)', *Quaderni di storia* 53(2001), pp. 105~154.

Saccaro Del Buffa Battisti, G., 'La dimostrazione dell'esistenza di Dio dall'abbozzo del 1661 e dalla Korte verhandeling al De Deo', in F. Mignini(ed.), *Dio, l'uomo, la libertà. Studi sul Breve trattato di Spinoza*(L'Aquila : Japadre, 1990), pp. 95~118.

Spruit, L., and P. Totaro(eds.), *The Vatican Manuscript of Spinoza's Ethica*(Leiden and Boston : Brill, 2011).

Steenbakkers, P., 'The Textual History of Spinoza's Ethics', in O. Koistinen(ed.), *The*

Cambridge Companion to Spinoza's Ethics(Cambridge : Cambridge University Press, 2009), pp. 26~41.

______, 'The Text of Spinoza's Tractatus Theologico-Politicus', in Y. Melamed and M. Rosenthal(eds.), *Spinoza's TheologicalPolitical Treatise. A Critical Guide*(Cambridge : Cambridge University Press, 2010), pp. 29~40.

Totaro, P., L. Spruit, and P. Steenbakkers, 'L'Ethica di Spinoza in un manoscritto della Biblioteca Apostolica Vaticana(*Vat. Lat.* 12838)', *Miscellanea Bibliothecae Apostolicae Vaticanae* 18 (2011), pp. 583~610.

Ven, J.M.M. van de, *Printing Spinoza. A Descriptive Bibliography of the Works Published in the Seventeenth Century*(Leiden and Boston : Brill, 2022. Library of the Written Word, vol. 100).

Vet, J.J.V.M. de, 'Salomon Dierquens, auteur du Stelkonstige reeckening van den regenboog et du Reeckening van kanssen', transl. I. Salien, J. Ganault and D. van Mal-maeder, in F. Akkerman and P. Steenbakkers(eds.), *Spinoza to the Letter. Studies in Words, Texts and Books*(Leiden and Boston : Brill, 2005), pp. 169~188.

Walther, M., and M. Czelinski, *Die Lebensgeschichte Spinozas. Lebensbeschreibungen und Dokumente. Zweite, stark erweiterte und vollständig neu kommentierte Auflage der Ausgabe von Jakob Freudenthal 1899*(Stuttgart-Bad Cannstatt : Frommann Holzboog, 2006).

Werf, Th. van der, 'Klefmann's Copy of Spinoza's Tractatus Theologico-Politicus', *Studia Rosenthaliana* 39(2006), pp. 247~253.

Zweerman, Th., *L'Introduction à la philosophie selon Spinoza. Une analyse structurelle à l'introduction du Traité de la réforme de l'entendement, suivie d'un commentaire de ce texte*(Leuven/Assen : Presses Universitaires de Louvain/Van Gorcum, 1993).

— 피트 스테인바이커스

[부록] 스피노자 관련 서신 고증 목록

(그레고리력 기준 1661년부터 1676년까지)

날짜 코드 앞의 수학식 기호 '〈' 또는 '〉'는 해당 날짜의 '이전' 또는 '이후'를 나타낸다. 추정된 날짜는 항상 대괄호([ ])로 표시된다. 서신의 월과 날짜가 모두, 또는 어느 하나가 알려지지 않은 경우 '00' 코드가 사용된다.

다음 행에는 혼동을 방지하기 위한 단일 서신 코드(해당되는 경우)가 스피노자 연구에서 일반적으로 사용되는 서신 번호('Ep' 번호)로 제시된다. 서신 번호는 다음 문헌에서 도입된 것이다. B. de Spinoza, *Opera quotquot reperta sunt*, 2 vols, ed. Johannes van Vloten and Jan P. N. Land(The Hague : M. Nijhoff, 1882~1883), vol. 2.

예컨대 '1661.08.26., Ep1' 또는 '〉1662.[07].[15], Ep7'처럼 표기한다.

서신 코드의 대부분은 마지막 행에서 겝하르트본 제4권의 서신 번호가 제시된다. 별표(*)가 붙은 코드는 있었을 것으로 **추정된** 서신postulated letter을 나타낸다. 따라서 이러한 서신에는 겝하르트본 서신 번호와 전통적인 '서신'(Ep) 번호 부분이 비어 있는 것이다.

'발신자/수신자' 열 다음 열은 1677년에 출간된 『유고』(OP/NS)의 서신 번호 열이다.[80]

	날짜 (연/월/일)	서신 번호	발신자/수신자	유고 (OP/ NS)	겝하르트본 (제4권) 서신 번호
1	1661. 08. 26	1	올덴부르크/스피노자	I	1
2	〈 1661. 09. 27	2, 1에 대한 답신	스피노자/올덴부르크	II	2

---

80 [옮긴이] 표의 43번을 보면 '겝하르트본(제4권)' 행에 서신 번호 '30B'가 있지만, 정확히 말하자면 겝하르트본 4권에는 그런 서신 번호가 없고 '30'(Epistola XXX)만 있다. 겝하르트본의 'Epistola XXX'와 1935년 울프가 발견한 서신 단편은 하나의 서신을 이루는 일부로 추정된다(C II. 7 참고). 그래서 일부 연구자들은 울프가 발견한 서신을 '30A'로 구분하는데, 이런 연구자들의 표기 방식을 반영해 '30B'로 표기한 것으로 보인다. 예컨대 셜리는 울프가 발견한 단편은 'Letter 30A'로, 겝하르트본의 'Epistola XXX'은 'Letter 30'으로 표기한다. 컬리는 두 서신을 'Letter 30(C)'에 묶어 놓되 '[Fragment 1]'과 '[Fragment 2]'으로 구분했다. '43번의 서신 번호' 행에 이 서신을 '30.1/2'라고 한 것도 「서신30」의 두 부분 중 첫 부분이라는 뜻이다.

	날짜 (연/월/일)	서신 번호	발신자/수신자	유고 (OP/ NS)	겝하르트본 (제4권) 서신 번호
3	1661. 09. 27	3, 2에 대한 답신	올덴부르크/스피노자	III	3
4	< 1661. 10. 20	4, 3에 대한 답신	스피노자/올덴부르크	IV	4
5	1661. 10. 21	5, 4에 대한 답신	올덴부르크/스피노자	V	5
6	1662. [01-06]. 00	6, 5에 대한 답신, 편집본	스피노자/올덴부르크	VI	6
7	> 1662. [07]. [25]	7, 6에 대한 답신	올덴부르크/스피노자	VII	7
8	1663. 01. 11*	알려진 답신 없음	마이어/스피노자		
9	1663. 02. 24	8	더 브리스/스피노자	XXVI	8
10	> 1663. 02. 24	9, 8에 대한 답신, 편집본	스피노자/더 브리스	XXVII	9
11	< 1663. [03]. 00*		더 브리스/스피노자		
12	1663. [03]. 00	10, < 1663. [03]. 00*에 대한 답신	스피노자/더 브리스	XXVIII	10
13	1663. 03. 26*		마이어/스피노자		
14	1663. 04. 03	11, 6에 대한 답신	올덴부르크(보일에게)/ 스피노자	VIII	11
15	1663. 04. 20	12, 편집된 서신, 1663. 01. 11*에 대한 답신	스피노자/마이어	XXIX	12
16	< 1663. 07. 25*		마이어/스피노자		
17	1663. 07. 26	12A, < 1663. 07. 25*에 대한 답신	스피노자/마이어		
18	< 1663. 07. 27*		보일/스피노자		
19	1663. 07. 27	13, 11에 대한 답신	스피노자/올덴부르크	IX	13
20	> [1663]. [07]. [27]*		스피노자/보일		
21	< 1663. 08. 03*		마이어/스피노자		
22	1663. 08. 03	15, < 1663. 08. 03*에 대한 답신	스피노자/마이어		15
23	1663. 08. 10	14, 13에 대한 답신	올덴부르크/스피노자	X	14

	날짜 (연/월/일)	서신 번호	발신자/수신자	유고 (OP/ NS)	겝하르트본 (제4권) 서신 번호
24	1663.08.14	16, 14에 대한 답신	올덴부르크/스피노자	XI	16
25	1664.[06].26*		발링/스피노자		
26	1664.07.20	17, 1664.[06].26*에 대한 답신	스피노자/발링	XXX	17
27	1664.12.12	18	반 블리엔베르흐/ 스피노자	XXXI	18
28	1664.12.21*		반 블리엔베르흐/ 스피노자		
29	1665.01.05	19, 18 + 1665.12.21*에 대한 답신	스피노자/ 반 블리엔베르흐	XXXII	19
30	1665.01.16	20, 19에 대한 답신	반 블리엔베르흐/ 스피노자	XXXIII	20
31	1665.01.28	21, 20에 대한 답신	스피노자/ 반 블리엔베르흐	XXXIV	21
32	1665.02.19	22, 21에 대한 답신	반 블리엔베르흐/ 스피노자	XXXV	22
33	1665.03.09*		반 블리엔베르흐/ 스피노자		
34	1665.03.13	23, 22 + 1665.03.09*에 대한 답신	스피노자/반 블리엔베르흐	XXXVI	23
35	1665.03.27	24, 23에 대한 답신	반 블리엔베르흐/ 스피노자	XXXVII	24
36	1665.04.28	25	올덴부르크/스피노자	XII	25
37	> 1665.04.28	26, 25에 대한 답신	스피노자/올덴부르크	XIII	26
38	< 1665.[06].03*		반 블리엔베르흐/ 스피노자		
39	1665.06.03	27, 24 + < 1665.[06].03*에 대한 답신	스피노자/ 반 블리엔베르흐	XXXVIII	27
40	< 1665.[06].[13]	28	스피노자/보우미스터		28
41	1665.09.04*		스피노자/올덴부르크		

	날짜 (연/월/일)	서신 번호	발신자/수신자	유고 (OP/ NS)	겝하르트본 (제4권) 서신 번호
42	> 1665.09.28	29, 1665.09.04*에 대한 답신	올덴부르크/스피노자		29
43	1665.[10].[1-15]	30.1/2, 29에 대한 답신	스피노자/올덴부르크		30B
44	1665.10.22	31, 30.1/2에 대한 답신	올덴부르크/스피노자	XIV	31
45	1665.11.[15-]20	32, 31에 대한 답신	스피노자/올덴부르크	XV	32
46	1665.12.18	33, 32에 대한 답신	올덴부르크/스피노자	XVI	33
47	< [1666.01.07]*		휘더/스피노자		
48	1666.01.07	34, < [1666.01.07]*에 대한 답신	스피노자/휘더	XXXIX	34
49	1666.02.10*		휘더/스피노자		
50	1666.03.30*		휘더/스피노자		
51	1666.04.10	35, 1666.02.10* + 1666.03.30*에 대한 답신	스피노자/휘더	XL	35
52	1666.05.19*		휘더/스피노자		
53	1666.[06].[00]	36, 1666.05.19*에 대한 답신	스피노자/휘더	XLI	36
54	< 1666.06.10*		보우미스터/스피노자		
55	1666.06.10	37, < 1666.06.10*에 대한 답신	스피노자/보우미스터	XLII	37
56	1666.10.01	38	스피노자/판 데르 메이르	XLIII	38
57	< 1667.03.03*		옐러스/스피노자		
58	1667.03.03	39, < 1667.03.03*에 대한 답신	스피노자/옐러스	XLIV	39
59	1667.03.09*		옐러스/스피노자		
60	1667.03.14*		옐러스/스피노자		
61	1667.03.25	40, 1667.03.14* + 1667.03.09*에 대한 답신	스피노자/옐러스	XLV	40

	날짜 (연/월/일)	서신 번호	발신자/수신자	유고 (OP/ NS)	겝하르트본 (제4권) 서신 번호
62	< 1669. 09. 05*		옐러스/스피노자		
63	1669. 09. 05	41, < 1669. 09. 05*에 대한 답신	스피노자/옐러스	XLVI	41
64	1671. 02. 03	42	반 벨트하위선/오스턴스	XLVIII	42
65	1671. 02. 4-17*		오스턴스/스피노자		
66	1671. 02. 4-17	43, 42 + 1671. 02. 4-17*에 대한 답신	스피노자/오스턴스	XLIX	43
67	1671. 02. 17	44	스피노자/옐러스	XLVII	44
68	1671. 10. 05	45	라이프니츠/스피노자	LI	45
69	< 1671. 11. 02	67A	스텐센/스피노자		67A
70	< 1671. [11]. 09*		스피노자/휘더		
71	< 1671. [11]. 09a*	< 1671. [11]. 09*에 대한 답신	휘더/스피노자		
72	1671. 11. 09	46, 45에 대한 답신	스피노자/라이프니츠	LII	46
73	< 1672. 03. 25*	46에 대한 답신(추정)	[라이프니츠]/스피노자		
74	1673. 02. 26	47	파브리티우스/스피노자	LIII	47
75	1673. 03. 30	48, 47에 대한 답신	스피노자/파브리티우스	LIV	48
76	< 1673. 04. 19	48A	옐러스/스피노자		
77	1673. 04. 19	48B, 48A에 대한 답신	스피노자/옐러스		
78	< 1673. 06. 15*		[그레피우스]/스피노자		
79	< 1673. 06. 15a*		보우미스터/스피노자		
80	1673. 06. 15/07. 05*		보우미스터/스피노자		
81	< 1673. 07. 21*		보우미스터/스피노자		
82	1673. 08. 7-14*		보우미스터/스피노자		
83	1673. 12. 14	49	스피노자/그레피우스		49

	날짜 (연/월/일)	서신 번호	발신자/수신자	유고 (OP/ NS)	겝하르트본 (제4권) 서신 번호
84	< 1674. [04]. 02*		옐러스/스피노자		
85	1674. 06. 02	50, < 1674. [04]. 02*에 대한 답신	스피노자/옐러스	L	50
86	1674. 09. 14	51	복설/스피노자	LV	51
87	1674. 09. 15-20	52, 51에 대한 답신	스피노자/복설	LVI	52
88	1674. 09. 21	53, 52에 대한 답신	복설/스피노자	LVII	53
89	1674. [10]. 00	54, 53에 대한 답신	스피노자/복설	LVIII	54
90	1674. [10/11]. 00	55, 54에 대한 답신	복설/스피노자	LIX	55
91	1674. [10/11]. 00a	56, 55에 대한 답신	스피노자/복설	LX	56
92	1674. 10. 08	57	치른하우스/스피노자	LXI	57
93	</> 1674. 10. 08*		슐러/스피노자		
94	> 1674. 10. 08*		얀 리우어르츠/ 스피노자		
95	> 1674. 10. 08	58, 57 + </> 1674. 10. 08*에 대한 답신	스피노자/슐러	LXII	58
96	> 1674. 10. 08a*		스피노자/ 얀 리우어르츠		
97	1675. 01. 05	59	치른하우스/스피노자	LXIII	59
98	> 1675. 01. 05 (January?)	60, 59에 대한 답신	스피노자/치른하우스	LXIV	60
99	1675. [04/05]. 00*		스피노자/올덴부르크		
100	1675. [04/05]. 00a*	1675. [04/05]. 00*에 대한 답신	올덴부르크/스피노자		
101	1675. 06. 08	61, 1675. [04/05]. 00*에 대한 답신	올덴부르크/스피노자	XVII	61
102	1675. 07. 05*		스피노자/올덴부르크		
103	1675. 07. 22	62, 1675. 07. 05*에 대한 답신	올덴부르크/스피노자	XVIII	62

	날짜 (연/월/일)	서신 번호	발신자/수신자	유고 (OP/ NS)	겝하르트본 (제4권) 서신 번호
104	< [1675]. [07]. 25*		반 헨트/스피노자		
105	< [1675]. [07]. 25a*		스피노자/슐러		
106	1675. 07. 25	63	슐러(치른하우스에게)/ 스피노자	LXV	63
107	1675. 07. 29	64, 63에 대한 답신	스피노자/슐러, 그리고 치른하우스에게도	LXVI	64
108	> 1675. 07. 29*		슐러/스피노자		
109	1675. 08. 12	65, 64에 대한 답신	치른하우스/스피노자	LXVII	65
110	1675. 08. 18	66, 65에 대한 답신	스피노자/ 슐러(치른하우스에게)	LXVIII	66
111	> 1675. 08. 18*		스피노자/슐러		
112	1675. 09. 03/11	67	뷔르흐/스피노자	LXXIII	67
113	> 1675. [07]. 22	68, 62에 대한 답신	스피노자/올덴부르크	XIX	68
114	1675. [09-11]. 00*		반 벨트하위선/ 스피노자		
115	1675. [09-11]. 00	69, 1675. [09-11]. 00*에 대한 답신	스피노자/ 반 벨트하위선		69
116	1675. 11. 14	70, > 1675. 07. 29*에 대한 답신	슐러, 그리고 치른하우스에게도/ 스피노자		70
117	1675. 11. 15	71, 68에 대한 답신	올덴부르크/스피노자	XX	71
118	1675. 11. 18	72, 70에 대한 답신	스피노자/슐러, 그리고 치른하우스에게도		72
119	1675. 12. [01]	73, 71에 대한 답신	스피노자/올덴부르크	XXI	73
120	1675. 12. 16	74, 73에 대한 답신	올덴부르크/스피노자	XXII	74
121	[1675/76]. 00. 00	76, 67에 대한 답신	스피노자/뷔르흐	LXXIV	76
122	[1676]. [01]. [01]	75, 74에 대한 답신	스피노자/올덴부르크	XXIII	75
123	1676. 01. 14	77, 75에 대한 답신	올덴부르크/스피노자	XXIV	77
124	1676. 02. 07	78, 77에 대한 답신	스피노자/올덴부르크	XXV	78

	날짜 (연/월/일)	서신 번호	발신자/수신자	유고 (OP/ NS)	겝하르트본 (제4권) 서신 번호
125	1676. 02. 11	79, 78에 대한 답신	올덴부르크/스피노자		79
126	< 1676. 07. 15*		올덴부르크/스피노자		
127	< 1676. 05. 02*	IN : 1676. 05. 02	치른하우스/슐러		
128	1676. 05. 02	80, < 1676. 05. 02*에 대한 답신	슐러(치른하우스에게)/스피노자	LXIX	80
129	1676. 05. 05	81, 80에 대한 답신	스피노자/슐러(치른하우스에게)	LXX	81
130	1676. 06. 23	82	치른하우스/스피노자	LXXI	82
131	1676. 07. 15	83, 82에 대한 답신	스피노자/치른하우스	LXXII	83
132	> 1676. [07]. 00*		***/스피노자		
133	> 1676. [07]. 00	84 (TP의 서문)	스피노자/***		G III. 272
134	> 1676. 10. [18-28]*		올덴부르크/스피노자		

6부 스피노자 연구

LIFE

INFLUENCES

EARLY CRITICS

GLOSSARY

SHORT SYNOPSES OF SPINOZA'S WRITING

SPINOZA SCHOLARSHIP

스피노자 연구의 역사는 17세기까지 거슬러 올라간다. 1677년 스피노자 사망 직후 초기의 여러 전기가 집필되었고, 서유럽 전역의 철학자들은 스피노자의 저작, 특히 『신학정치론』과 『윤리학』의 내용을 해독하는 도전적 과제에 착수했다. 오늘날 유럽과 미국뿐만 아니라 남미, 호주, 뉴질랜드, 일본의 많은 학자들이 그의 저작이 여전히 제기하는 수많은 지적 과제를 해결하는 일에 몰두하고 있다. 이 책에는 스피노자 철학을 다룬 아주 중요한 초기 주석서 일부가 수록되어 있다. 스피노자의 생애에 관한 1부는 그의 삶과 저작이 주변에 미친 영향도 일부 반영하고 있다.

조너선 이즈리얼Jonathan Israel(1946~)의 『급진 계몽주의』*Radical Enlightenment*(2001)와 『계몽주의 논쟁』*Enlightenment Contested*(2006)이 출간된 만큼, 17세기 후반과 18세기 저자들이 스피노자주의를 평가한 모든 사례를 다시 나열하는 것은 의미가 없을 것이다. 우리의 목적에는 스피노자 연구의 지속적 전통에 대한 이 개관을 19세기 중반부터 시작하는 것이 더 적절해 보인다. 이는 또한 독일 관념론이 만개하고 철학사가 하나의 고유한 분과로 등장한 이후에야 현대 스피노자 연구가 자리를 잡았다고 볼 수 있기 때문이기도 하다. 스피노자의 저작이 서양 철학의 정전canon에 오르게 된 것은 헤겔 전통의 독일 학자들이 발전시킨 역사 서술historiography에 빚지고 있다. 기념비적 저술은 쿠노 피셔Kuno Fischer(1824~1907)의 『근대 철학사』*Geschichte der neuern Philosophie*(1854)였다.

현대 스피노자 연구의 시작을 19세기로 보는 주요 이유 중 하나는 당시 스피노자 저작의 몇 가지 중요한 편찬본이 출간되었기 때문이다.[1] 18세기 동안에는 소수의 번역본만 있었을 뿐 어떤 편찬본도 나오지 않았기 때문이다. 스피노자『전집』*Opera*의 최초의 근대적 편찬본은 1802~1803년에 예나, 뷔르츠부르크, 하이델베르크에서 교수를 지낸 신학자이자 동양학자인 H. E. G 파울루스H. E. G. Paulus(1771~1851)가 선보였다.[2] 17세기 판본의 복각본으로 구성된 것으로『스피노자 생애 자료

---

[1]　　Steenbakkers 2007을 보라.

[2]　　[옮긴이] 이상 세 문장에서 쓰인 '편찬본'의 출발어는 'edition'이다. 부합하는 도착어로는 "주로 책과 같은 대량 생산품을, 찍어 낸 장소와 시기에 따라 구별하여 이르는 말"이라는 뜻의 '판본'板本이 있다. 그러나 여기에서 'edition'은 그러한 의미가 아니라고 생각된다. 두 번째 문장에서 저자는 'edition'과 'translation'(번역본)을 명확히 구분하고 있기 때문이다. 이하에서 "스피노자 저작의 몇 가지 중요한 editions"를 '전집'Opera, corpus, complete works(全集)이라고 지칭하기도 하니 그렇게 옮기는 것은 가능하겠다. 하지만 유럽에서 이러한 유의 학술적 전집은 보통 다양한 고증 과정을 거친 판본인 '고증본'critical edition(비평본)을 뜻하지만, 우리말 '전집'은 딱히 그렇지 않은 경우에도 흔히 쓰인다는 점에서 아쉬운 감이 있다. 아마도 저자는 '고증본'을 염두에 두고 'edition'이라는 말을 쓴 것이 아닌가 생각된다. 그러나 이 도착어 역시 맞춤한 것 같지는 않다. 저자는 파울루스의 스피노자『전집』을 단순한 "17세기 판본의 복각본"reprint of the seventeenth century editions이며 "고증[비평]적 관점"a critical point of view에서는 실망스러운 것이었다고 평하기 때문이다. 그래서 "여러 가지 자료를 모아 체계적으로 정리하여 책을 만듦"이라는 뜻의 '편찬'編纂이라는 말에 "'책' 또는 '판본'의 뜻을 더하는 접미사"인 '본'本을 조합한 "편찬본"으로 옮겨 보았다. '편찬본'은 '번역서'와 잘 구별되고, '전집'보다는 편찬자가 일정 부분 편집에 개입한 간행물임을 보여 주며, '고증본'과 달리 편찬자가 본문에 개입하지 않은 출판물이라는 어감이 있기 때문이다. 문제

집』*Collectanea de vita B. de Spinoza*이라는 중요한 부분을 덧붙인 판본이었다. 스피노자의 생애에 대한 초기 전기들[3]을 모아 놓은 이 자료집은 스피노자 전기 관련 자료집Spinozana의 보고가 되었다. 1788년 파울루스는 더 많은 자료를 수집하고자 암스테르담에 갔지만, 스피노자가 사망한 지 한 세기가 지난 터라 콜레루스가 이미 밝혀낸 사실 외에 새로운 발견을 할 수는 없었다.

고증적 관점에서는 실망스럽지만, 파울루스 판본은 엄청난 영향을 끼쳤다. 적절한 시기와 장소에 등장했는데, 18세기 말 스피노자에 관한 독일의 소위 '범신론 논쟁'[4]으로 인해 스피노자의 저작은 수요가 많았기 때문이다. 파울루스 판본은 피히테, 프리드리히 빌헬름 요제프 셸링Friedrich Wilhelm Joseph Schelling, 헤겔(헤겔도 약간이나마 이 판본이 출간되는 데 기여했다), 아르투어 쇼펜하우어Arthur Schopenhauer가 사용했던 판본이었다. 두 개의 그리 중요하지 않은 판본(1830년 그프뢰러Gfrörer 판본과 1843년 리들Riedel 판본)이 나온 후, 1843~1846년에 다른 중요하고 영향

될 곳이 없는 곳에서는 '고증본'이나 '판본' 등으로 옮겼다.

3   콜레루스Colerus, 루카스Lucas, 옐러스Jelles, 코르트홀트Kortholt의 전기들이 있다.

4   [옮긴이] '범신론 논쟁'Pantheismus-Streit은 스피노자 철학을 두고 18세기 말 독일에서 에프라임 레싱Gotthold Ephraim Lessing(1729~1781), 프리드리히 하인리히 야코비Friedrich Heinrich Jacobi(1743~1819), 모제스 멘델스존Moses Mendelssohn(1729~1786) 등 사이에서 일어난 논쟁을 말한다. 핵심 쟁점은 스피노자 철학이 무신론인지에 관한 것이었다. Eckart Förster, Yitzhak Y. Melamed(eds.), *Spinoza and German idealism*(Cambridge : Cambridge University Press 2012), 프리드리히 야코비, 최신한 옮김, 『스피노자 학설』(지만지, 2014) 참고. 안윤기, "18세기 범신론 논쟁 : 야코비의 스피노자의 가르침에 관한 편지들"(1785), 『칸트연구』, 30(2012), 17~58 ; 이근세, "야코비의 사유 구조와 스피노자의 영향", 『철학연구』, 127(2013), 109~133 ; 최신한, "야코비와 스피노자 논쟁", 『철학연구』, 129(2013), 315~338 ; 남기호, "야코비의 멘델스존 비판과 인격 신의 문제 ── 스피노자 논쟁의 두 번째 국면을 중심으로", 『가톨릭철학』, 38(2022), 81~132 ; 남기호 선생의 유작 『야코비와 독일 고전철학』(길, 2023), 제1장 「야코비의 멘델스존 비판」 참고.

력 있는 스피노자 전집complete works이 나왔다. 루터교 목사 브루더C. H. Bruder(1812~1892)가 출간한 판본이었다. 단순히 17세기 판본을 복간한 파울루스와 달리, 브루더는 독자적인 고증 작업을 수행했으며 그의 판본은 상당한 성공을 거두었다. 브루더 판본은 여러 번의 재인쇄를 거치며 19세기와 20세기 초 대부분의 주석과 번역의 토대가 되었다.

17세기 스피노자 전집corpus에 추가된 가장 중요한 텍스트는 1862년 요하네스 반 블로텐Johannes van Vloten(1818~1883)이 브루더 판본의『증보편』(增補篇)*Supplementum*에 수록한 스피노자의『소론』KV이었다.『소론』의 두 필사본은 1850년대에 발견되었고, 현재 헤이그에 있는 네덜란드 왕립도서관Koninklijke Bibliotheek에 소장되어 있다. 또한 반 블로텐은 새로 발견된 몇 편의 서신과 익명의 저작인『무지개에 관한 대수적 계산』을 추가했는데, 오늘날에는 더 이상 스피노자의 저작으로 간주하지 않는 텍스트이다.[5] 반 블로텐은 스피노자를 19세기 자유사상의 우상으로 만드는 데 중요한 역할을 하기도 했다. 그는 스피노자에 대한 여러 훌륭한 연구서와 스피노자의 무신론 및 유물론이라는 화제성을 강조한 수십 편의 매우 논쟁적인 논문을 저술했다. 1880년에는 기금 모금을 위해 길고도 힘든 활동 끝에 마침내 프레데릭 헥사머Frédéric Hexamer의 유명한 스피노자 동상 제막식을 거행할 수 있었다(이 동상은 여전히 헤이그의 파빌요언스흐라흐트Paviljoensgracht에 서 있다).

반 블로텐은 철학자이자 동양학자인 란트와 함께 19세기에 출판된 스피노자 저작의 마지막 주요 판본인『발견된 모든 전집』*Opera quotquot*

---

5   de Vet 2005. [옮긴이] 두 위서에 대해서는 5부 '2. 이후 발견된 텍스트들 : 유실된 저작, 위서, 필사본' 항목 참고.

reperta sunt(1882~1883)의 출간 책임을 맡았다(란트는 훗날 암스테르담과 레이던에서 교수 생활을 했다).[6] (약간의) 고증 자료apparatus criticus를 제공하고 있으며 엄격하게 최초의 판본에 근거한 반 블로텐과 란트의『전집』은 스피노자 연구의 중대한 진전이었다. 그들의『전집』은 20세기에 겝하르트의 기념비적인 판본에 의해 대체되었지만, 겝하르트는 텍스트에 개입하는 경향이 있어서 어떤 경우에는 반 블로텐과 란트가 내놓은 보수적 판본보다 신뢰성이 떨어지기도 한다. 안타깝게도 이후 인쇄본들(1895, 1914)은 새로운 쇄가 나올 때마다 이전 쇄보다 오식이 더 늘어나면서 점점 더 나빠졌다. 세 번째 판본은 유감스럽게도 가장 널리 유통되었지만 실제로 매우 엉성하다.

카를 겝하르트Carl Gebhardt(1881~1934)는『지성교정론』에 관한 박사학위 논문(1905)을 썼다. 프랑크푸르트의 쇼펜하우어 아카이브 Schopenhauer Archives 소장으로 생계를 꾸렸으며, 4권으로 된 스피노자 저작의 판본[1925]을 펴내면서 이름을 알렸다. 겝하르트는 이 판본을 "결정적"definitive 판본이라고 주장했는데, 널리 인정되는 평가이다. 겝하르트는 또한 스피노자를 암스테르담의 포르투갈 공동체라는 맥락 속에서 재조명한 선구자이기도 했다. 일찍이 1922년에 우리엘 다 코스타 Uriel da Costa의 선집을 편찬했고, 이듬해에는 후안 데 프라도Juan de Prado에 대한 중요한 논문을 발표했다. 이전 연구자들, 특히 마누엘 조엘Manuel Joel(1826~1890)의 노력에 이어 스피노자를 본질적으로 유대인 철학자

---

6   [옮긴이] 〈위키 데이터〉 https://www.wikidata.org/wiki/Q2312130에 따르면, 란트가 암스테르담과 레이던에서 교수생활을 한 것은 각각 1864~1872년과 1872~1896년이다. 그렇다면 이 시기는 반 블로텐과 함께 스피노자 전집을 출간한 이후이다. 원문은 오해의 소지가 있어 밝힌다.

로 간주하는 "전통"이 확립되었다.

스피노자 저작의 문헌사textual history 연구는 1970년대에 포커 아케르만Fokke Akkerman(1930~2017)에 의해 본격적으로 재개되었다. 이전에 네덜란드의 시인 J. H. 레오폴트J. H. Leopold(1865~1925) 같은 중요한 선구자들이 있었지만 산발적으로 이루어졌을 뿐이다.[7] 초기 저작의 경우, 필리포 미니니Filippo Mignini가 수행한 중요한 학문적 작업이 있다. 최근에는 프랑스, 이탈리아, 네덜란드 학자들이 라틴어와 네덜란드어 원문 및 프랑스어 번역을 수록한 다른 판본을 출간하기 시작했다. 이 판본은 겝하르트 판본의 뒤를 잇는 21세기 판본을 만들기 위해 기획된 것이다. 현재 『신학정치론』(2판, 3권, 2012), 『정치론』(5권, 2003), 『초기 저작: 『지성교정론』과 『소론』』(1권, 2009), 『윤리학』(4권, 2020) 등 4권이 출간되었다.[8]

스피노자의 삶과 시대에 관한 연구 또한 19세기, 특히 후반기에 들면서 활기를 되찾았다. 반 블로텐을 제외하면 쥬트펀Zutphen의 지역 문법 학교 교사였던 메인스마K. O. Meinsma(1865~1929)만큼 스피노자의 생애에 관한 새로운 세부 사항을 많이 발굴한 역사가는 없었다. 1896년에는 『스피노자와 그의 친우회』Spinoza en zijn kring를 출간했는데, 프란시스쿠스 반 덴 엔덴Franciscus van den Enden(1602~1674)과 아드리안 쿠르바흐Adriaan Koerbagh(1632~1669)를 포함한 스피노자의 암스테르담 '친우회'와 관련된 풍부한 고문서 자료가 담겨 있는 책이었고, 독일어와 프랑

---

7   스피노자에 대한 최근의 문헌학적 연구 목록은 Akkerman and Steenbakkers(eds.) 2005를 보라. [옮긴이] 다음 주소도 참고. https://philpapers.org/browse/spinoza-works.

8   [옮긴이] 원문에는 1권 초기 저작에 『데카르트의 『철학의 원리』』와 『형이상학적 사유』도 포함된 것으로 되어 있지만 오식이다.

스어로 번역되었다. 20세기에 들어서는 브레슬라우Breslau의 철학 교수였던 야콥 프로이덴탈이 수집한 사료[9]에 주목할 만한 인물인 슈타니슬라우스 폰 두닌-부르코브슈키Stanislaus von Dunin-Burkowski(1864~1934)의 새로운 자료가 추가되었다. 오스트리아에서 태어난 이 폴란드인 백작은 네덜란드에서 예수회 신자가 되었고, 생애 대부분은 독일에서 근대 초기의 반삼위일체론anti-Trinitarianism과 스피노자주의를 연구하면서 보냈다. 네덜란드 스피노자 협회Vereniging Het Spinozahuis의 전문 사서이자 사무국장인 빌럼 제라드 판 데르 탁Willem Gerard van der Tak(1885~1958)은 스피노자의 어린 시절과 관련된 많은 세부 사항을 찾아냈다. 꼴레주 드 프랑스Collège de France의 스페인어 학자 이즈리얼 레바Israel Révah(1917~1973)는 1656년 유대인 공동체의 스피노자 파문과 관련된 새로운 문서를 발견했다. 오데터 플레싱Odette Vlessing(1950~)은 스피노자 파문의 법적 측면에 대해 상당히 오랜 기간 연구를 진행해 왔다. 1990년대 초에 마르크 베제Marc Bedjai와 빔 끌레베Wim Klever(1930~)는 스피노자의 주변 인물 중에 반 덴 엔덴이 가장 중요한 역할을 수행했다는 증거를 발견했다고 주장했다.[10] 가장 완전한 "연구 현황"status quaestionis은 스티븐 내들러의 『스피노자』에서 찾을 수 있다.[11] 최근 만프레드 발터Manfred Walther와 에카르트 홀츠부크Michael Czelinski는 20세기의 많은 연구 결과를 포함하여 프로이덴탈의 스피노자의 생애 관련 문헌 자료집을 개정했다.[12]

---

9   Freudenthal 1899.

10   다른 의견은 Mertens 1994 참조.

11   Spinoza 1999. [옮긴이] 스티븐 내들러, 김호경 옮김, 『스피노자 : 철학을 도발한 철학자』(텍스트, 2011). 최근 2판이 출간되었다. Steven Nadelr, *Spinoza : A Life*, Second Edition(Cambridge : Cambridge University Press, 2018).

12   Walter & Czelinski 2006. [옮긴이] 프로이덴탈의 스피노자의 생애 관련 문헌 자료집은 앞서

스피노자 철학에 대한 해석에 관해서는, 먼저 반 블로텐 같은 많은 19세기 자유사상가뿐만 아니라 저명한 법학자 프레더릭 폴록 경Sir Frederick Pollock(1845~1937) 역시 스피노자주의를 근본적으로 독일 관념론의 대안으로 간주했다는 점이 강조될 필요가 있겠다(19세기 중반 무렵 독일 관념론은 19세기 초기의 매력을 상실한 채 다양한 형태의 실증주의에 자리를 내어 주기 시작했다). 무엇보다, 반 블로텐은 생애 대부분을 칸트주의자들과 끊임없이 논쟁을 벌였고, 폴록은 학생 시절 옥스퍼드의 지적 환경을 지배하던 헤겔주의자들 사이에서 불편함을 느꼈다. 폴록의 첫 스피노자 논문은 "스피노자 철학의 과학적 특성"The scientific character of Spinoza's philosophy을 다룬 것이었다.[13] 7년 후인 1880년, 런던 대학에서 법학 교수로 임명되기 직전에 그는 아주 영향력 있는 『스피노자 : 삶과 철학』*Spinoza : His Life and Philosophy*을 출간했다. 사망하기 몇 해 전에 그는 다시 스피노자를 연구하며 네덜란드인의 철학이 지닌 주요 매력을 다음과 같이 요약했다.

스피노자주의는 살아 숨 쉬는 창조적인 힘으로서 하나의 체계가 아니라 정신적 태도habit of mind이다. 해석은 다르더라도 칸트가 철학에 마침표를 찍었다고 주장한 칸트주의자들이 있었고, 내 기억으로는 헤겔에 대해서도 못지않은 주장을 한 헤겔주의자들이 있었다. 그러나 그런 의미의 스피노자주의 학파 같은 것은 존재하지 않으며, 개인적으로는

그가 수집한 "사료"라고 언급된 바 있는 Freudenthal 1899를 말한다.

13   [옮긴이] 이 논문은 다음 자료집의 "제4권 : 1870~1880"에 수록되어 있다. Wayne I. Boucher(ed.), *Spinoza : eighteenth and nineteenth-century discussions*, 6 Volumes(Bristol : Thoemmes Press, 1999).

앞으로도 존재하지 않을 것이라고 믿는다.[14]

반 블로텐과 폴록은 전문 철학자가 아니었지만, 프랑스에서
는 19세기의 저명한 전문 철학자 몇몇이 스피노자 철학에 대한 깊
은 관심을 공유하고 있었다. 절충적 관념론자eclectic idealist인 빅토
르 쿠쟁Victor Cousin(1792~1867), 실증주의자 이폴리트 아돌프 텐
Hyppolite-Adolphe Taine(1828~1893), 조제프 에르네스트 르낭Joseph-Ernest
Renan(1823~1892)은 모두 자신의 사상을 형성하는데 스피노자의 저작
이 준 영향에 경의를 표했다. 프랑스 철학자들이 데카르트와 스피노자
관계의 정확한 본질을 평가하는 데 늘 특별한 관심을 기울였음은 말할
필요도 없다. 1877년 르낭이 헤이그의 스피노자 추도식에서 한 강연은
널리 인용된다.[15] 프랑스에서 스피노자가 존속할 수 있도록 철학 교육 과
정에 결정적인 영향을 미친 이는 빅토르 델보스Victor Delbos(1862~1916)
로 보인다. 델보스는 스피노자에 관한 두 권의 책을 썼으며, 특히『스피
노자주의』*Le spinozisme*(1950)는 오늘날에도 여전히 인용된다.[16] 이 책은

---

14   Pollock 1935, pp. 135~136.

15   [옮긴이] Ernest Renan, "Spinoza : 1677 and 1877." 이 강연 역시 웨인 바우처가 편찬한 위
논문집 "제4권 : 1870~1880"에 수록되어 있다.

16   [옮긴이] 빅토르 델보스의 스피노자 철학과 스피노자주의 역사에서 도덕의 문제』*Le problème
moral dans la philosophie de Spinoza et dans l'histoire du spinozisme*(Paris, F. Alcan, 1893)의
"5장 스피노자"와『철학자들의 인물과 학설 : 소크라테스, 루크레티우스, 마르쿠스 아우렐
리우스, 데카르트, 스피노자, 칸트, 멘 드 비랑』*Figures Et Doctrines de Philosophes : Socrate,
Lucrèce, Marc-Aurèle, Descartes, Spinoza, Kant, Maine de Biran*(Paris : Plon-Nourrit, 1918)의
1부 "10장 스피노자의 철학에 있어서 도덕의 문제" 및 "결론 : 도덕의 문제와 스피노자 철학
의 문제 해결"은 번역되어 있다. 빅토르 델보스·모리스 블롱델, 이근세 옮김,『스피노자와 도
덕의 문제』(북코리아, 2003). 아울러 이 번역서에는 모리스 블롱델의 "근대 사상의 한 원천 :
스피노자 철학의 진화"라는 논문 번역도 수록되어 있다.

1912~1913년에 소르본에서 한 일련의 강의에 기반한 것인데, 제1차 세계대전을 앞둔 시기에 이 강연에서 반관념론을 강조한 것은 독일의 정치적 의도에 대한 프랑스인들의 점증하는 의구심과 밀접한 관련이 있다는 견해가 있다.

20세기로 접어들면서, 19세기 스피노자주의 재발견의 특징인 이념적 대립ideological strife은 상당 부분 점점 더 엄밀한 학문적 연구로 대체되었다. 스피노자를 데카르트적 혁신의 대표자가 아니라 근대 초기의 마지막 주요 중세 사상가로 보려 한 가장 출중한 시도는 헨리 울프슨H. A. Wolfson(1887~1974)의 인상적인 연구였다.[17] 울프슨은 리투아니아에서 태어났지만, 하버드 대학에서 학사와 박사학위를 모두 취득했으며, 이후에도 그곳에서만 가르쳤다. 그는 반세기 동안 유대교학Judaic Studies 교수를 지냈고, 유대교 철학과 아랍 철학 전반에 관한 중대한 연구 업적들을 출간했다. 그가 보기에 스피노자는 본질적으로 마이모니데스Maimonides와 크레스카스Hasdai ben Abraham Crescas(1340~1410/11)의 계승자였다.[18] 울프슨은 또한 스피노자의 초기 저작에서 발견되는 신플라톤주의의 흔적을 중시했다. 울프슨이 우리에게 궁극적으로 제시하는 해석은 앞서 언급한 마누엘 조엘과 겝하르트의 저작을 연상시키지만, 울프슨의 연구 범위와 대담함은 여전히 상당한 영향력을 행사하고 있다. 그가 스피노자를 유대교 신비주의자로 해석하고 스피노자주의를 고대 및 중세에서 유래했다고 여겨지는 원천으로 축소하려고 한 시도는 전후戰後 전문가들, 특

---

17   Wolfson 1934.

18   [옮긴이] 이 책 2부 5장 참고.

히 마르시알 게루에 의해 가혹한 비판을 받았지만,[19] 그럼에도 그는 스티븐 내들러를 비롯하여 스피노자주의에 대한 유대교적 해석을 선호하는 더 최근의 여러 저자들에게 중요한 영감의 원천이 되었다.

한편 20세기에 '마라노'marranos[20]라는 근대 초기 라틴 아메리카의 문화유산이 재발견되면서, 자연스럽게 스피노자를 이 강제적 위장과 은폐의 전통에 포함하려는 여러 시도가 있었다. 스페인 철학자 가브리엘 알비악Gabriel Albiac(1950~)과 이스라엘 학자 이르미야후 요벨Yirmiyahu Yovel(1935~2018)은 각기 독립적으로 특히『신학정치론』이 스피노자가 애매한 표현을 의도적으로 사용한다는 사실의 증거라고 주장한다. 따라서 그들은 어떤 의미에서 스피노자의 "전략적" 저술 방식에 주의를 기울여야 한다는 레오 스트라우스Leo Strauss(1899~1973)의 주장을 반복하고 있는 것이다. 스트라우스에 따르면 스피노자의 "외현적"exoteric 텍스트와 그것의 "내밀한"esoteric 메시지는 날카롭게 구별되어야 한다.

울프슨과 스트라우스의 기여는 의심의 여지없이 중요하지만, 1960년대까지 전문 철학자와 역사가들 사이에서 스피노자에 관한 관심은 미국과 영국에서는 물론 유럽에서도 상당히 제한적이었다는 사실을 덧붙일 필요가 있다. 현상학과 실존주의 같은 학파들이 유럽 철학을 지배하고 논리실증주의가 영어권 철학자 대부분의 주요 의제였던 동안, 강단에서 스피노자주의에 관한 관심은 산발적이었고 대개 역사적 분석에 관한 것이었다.

---

19   Gueroult 1968.

20   [옮긴이] 'marrano'는 '돼지' 또는 '더러운 사람/놈'을 뜻하는 스페인어로, 15세기 말 스페인과 포르투갈에서 강제로 기독교로 개종해야 했던 유대인의 후손을 비하하는 표현이다. '콘베르소'converso('개종자'라는 뜻) 또는 '신기독교도'New Christians라고도 한다.

상황이 극적으로 바뀐 것은 1960년대였다. 1968년과 1969년 몇 달 간격으로 파리에서 스피노자 연구를 영원히 바꾸어 놓은 세 권의 책이 나온 것이다. 먼저 마르시알 게루(1891~1976)가 『윤리학』에 대한 묵직한 주석서 제1부를 『스피노자 I : 신』*Spinoza I: Dieu*이라는 창의성이라고는 찾아볼 수 없는 제목을 붙여 발표했다. 이 주석서는 『윤리학』 1부의 "논리"를 놀라울 정도로 아름답게 재구성한 것이었다. 게루는 이미 철학사가로서 만만치 않은 명성을 구축한 터였다. 피히테, 말브랑슈, 데카르트 같은 저자를 연구할 때, 그의 접근법은 역사적 맥락은 크게 고려하지 않고, 대신 그들 텍스트에서 작동하는 내밀한 "추론 과정"inner "reasoning" 을 포착하고자 했다. 이를테면 그의 데카르트 『성찰』에 관한 연구서가 그랬다.[21] 그의 주 관심사는 자신이 연구하던 철학 텍스트의 내밀한 구조를 재구성하는 것이었다. 결과적으로 스피노자의 『윤리학』은 이러한 접근법에 걸맞은 완벽한 대상이었다는 점이 입증되었다. 게루는 타의 추종을 불허하는 엄밀한 분석으로 『윤리학』에 대한 이해 증진에 실제로 성공한 것처럼 보인다. 그는 여러 경우에서 『윤리학』의 정리를 보충하는 추가적인 증명을 제시했고, 더불어 스피노자가 이러한 대안적인 추론 방식을 포함하지 않은 이유를 덧붙이기도 했다.

후속 연구에서 게루의 몇몇 연구 결과에 대한 의문이 제기되었지만, 그가 스피노자 "합리주의"의 기초를 입증한 방식과 더불어 『윤리학』에 대한 모든 관념론적 독해를 논파한 것은 여전히 널리 받아들여지고 있다. 게루가 주장하기를, 스피노자의 "합리주의"는 데카르트의 합리주의, 특히 "영원 진리 창조"création des vérités éternelles에 대한 데카르트의 주장과

---

21   M. Gueroult 1953 참고.

비교할 경우에만 충분히 인식될 수 있다. 데카르트에 따르면 논리학과 수학의 가장 근본적인 진리는 궁극적으로 신의 의지에서 나온다. 논리학과 수학은 신이 그것들을 진리로 만들고자 원했기 때문에 진리이다. 그러나 그의 주권sovereignty에 비추어 볼 때, 신은 분명 다른 진리가 성립하기를 원할 수도 있었다. 결과적으로 데카르트의 '합리주의'는 실재의 궁극적 진리가 본질적으로 완전히 파악할 수 없는 신의 의지에 의존하므로 조건적인conditional 것으로 간주되어야 한다. 반면에 게루는 스피노자가 처음부터 그러한 능력이 존재한다는 것을 단순히 부정함으로써 자신의 형이상학에서 신의 의지를 제거했다고 주장한다. 그리고 게루는 『윤리학』을 철학의 관념론적 전통의 일부로 간주하려는 모든 시도에 치명타를 가한다. 스피노자의 (무한하거나 유한한) 양태는 그가 "신 즉 자연"이라고 부르는 실체로부터 "유출"되는 것이 아님을 입증하고, 이어서 그것이 수반하는 논리 곧 현실reality은 어떤 식으로든 주체의 어떤 "구성적인" 창조의 산물the product of any "constructive" creation로 간주할 수 없다는 논리에 충실해야 할 필요성을 강조하면서이다. 도리어 '주체'는 항상 실체의 산물products of substance로 간주해야 한다. 요컨대 인간은 어떤 식으로든 자연을 '창조'하는 것이 아니다. 인간은 실체가 아니므로 오히려 그 반대이다. 즉 인간은 항상 자연의 산물이다.

게루의 철학사 연구 방식은 많은 프랑스 철학자에게 영감을 주었다. 그중 한 명이 젊은 시절의 알렉상드르 마테롱이었다. 그는 거의 독자적으로 『윤리학』 3부, 4부, 5부에 대한 논문 작성을 시작했고, 1968년 논문 심사를 받은 후 이듬해 출간했다.[22] 그는 『윤리학』 1~2부에 제시된 형

---

22   [옮긴이] 알렉상드르 마테롱, 김문수·김은주 옮김, 『스피노자 철학에서 개인과 공동체』(그린

이상학과 인식론에 근거하여 스피노자가 어떻게 사회적이고 본질적으로 정치적인 철학을 도출해 냈는지 입증했다. 이는 스피노자 연구사에서 대체로 무시되어 온 부분이었다. 그는 스피노자의 정서 "계보학"genealogy을 꼼꼼하게 재구성하면서 스피노자를 따라 정치 공동체의 출현이 인간 "양태"의 특정한 구조 및 인간 양태와 다른 실재의 특정한 상호작용 방식의 자연적 결과임을 성공적으로 보여 주었다. 게루의 노작은 주로 미학적 동기에서 비롯된 것으로 보이지만, 마테롱의 스피노자 독해는 그가 마르크스주의를 지지한다는 사실에 강한 영향을 받았다. 이후 수십 년 동안, 마테롱의 이러한 특별한 접근 방식은 신마르크스주의자 루이 알튀세르Louis Althusser(1918~1990)[23]의 학생들이었던 에티엔 발리바르Étienne Balibar(1942~)[24]나 피에르 마슈레Pierre Macherey[25] 같은 이들에 의해 더욱 강화되었다.

스피노자가 1960년대 동안 많은 프랑스 지식인들에게 큰 영향을 주었음을 보여 주는 세 번째 책은 질 들뢰즈Gilles Deleuze(1925~1995)의 『스피노자와 표현 문제』*Spinoza et le problème de l'expression*(1968)이다.[26] 게루, 마테롱, 들뢰즈는 스피노자 철학의 모든 측면에서 전혀 일치하지 않지만, 함께 "수평적"horizontal 존재론이라는 특징적 해석을 성공적으로 내놓았다. 그들의 독해에 따르면 스피노자의 우주는 본질적으로 서로 영속적으로 상호작용하고 영향을 미치는 양태들로 이루어져 있

비, 2008).

23 [옮긴이] 진태원 엮음, 『알튀세르 효과』(그린비, 2011).

24 [옮긴이] 에티엔 발리바르, 진태원 옮김, 『스피노자와 정치』(그린비, 2014).

25 [옮긴이] 피에르 마슈레, 『헤겔 또는 스피노자』(그린비, 2010).

26 [옮긴이] 질 들뢰즈, 현영종·권순모 옮김, 『스피노자와 표현 문제』(그린비, 2019).

다. 그들 저작이 공히 호소한 것은 스피노자 연구의 르네상스를 촉발했고, 이는 오늘날까지 이어져 파리는 스피노자 연구의 비공식 "수도"가 되었다.[27] 현재 '스피노자 친우회'Association des Amis de Spinoza는 단연코 가장 활발한 연구자 그룹이다. 특히 리옹 고등사범학교École normale supérieure de Lyon의 교수이자 마테롱의 제자였던 피에르-프랑수아 모로Pierre-François Moreau(1948~)[28]의 통솔 아래, 샹탈 자케Chantal Jaquet(1956~)[29], 샤를 라몽Charles Ramond, 로랑 보브Laurent Bove(1949~), 로렌조 빈치게라Lorenzo Vinciguerra, 이브 시통Yves Citton을 비롯한 프랑스의 많은 신진 철학사 연구자들이 1960년대 후반에 확립된 전통을 이어 나가고 있다.[30] 몇몇 이탈리아 철학자들도 이 협회에서 두드러진 역할을 하고 있는데, 이는 예컨대 스피노자의 "야생적"anomalous 사상이라는 화제에 대한 안토니오 네그리Antonio Negri(1933~2023)의 집요한 성찰에서 분명히 나타난다.[31]

현재로서는 이들의 집단적 노력의 성격을 특징짓기는 쉽지 않지만, 일련의 주제가 분명 최근 부활한 스피노자 연구에서 특별한 매력을 발하

---

27 [옮긴이] 저자의 이러한 평가에 대해 이 책의 서평자 중의 한 명은 "스피노자의 유령이 대서양 상공에서 서쪽으로 향하고 있음이 발견되었다는 소문이 있다"라고 전한다. Yitzhak Melamed, "Review : *The Continuum Companion to Spinoza*," Notre Dame Philosophical Reviews, 2011.11.18. 참고.

28 [옮긴이] 피에르-프랑수아 모로, 류종렬 옮김, 『스피노자』(다른세상, 2008) ; 김은주 옮김, "알튀세르와 스피노자", 진태원 엮음, 『알튀세르 효과』(그린비, 2011), 407~423쪽 ; 김은주·김문수 옮김, 『스피노자 매뉴얼 : 인물, 사상, 유산』(에디토리얼, 2019).

29 [옮긴이] 샹탈 자케, 정지은·김종갑 옮김, 『몸 : 하나이고 여럿인 세계에 관하여』(그린비, 2021). 이 책의 3장 5절 "몸과 정신의 관계들에 대한 스피노자의 모델"(257~289)에 그가 *L'unité du corps et de l'esprit : Affects, actions et passions chez Spinoza*(Paris : Presses Universitaires de France, 2004)에서 다룬 스피노자의 심신 이론이 논의된다.

30 [옮긴이] 에티엔 발리바르, 진태원 옮김, 『스피노자와 정치』(그린비, 2014).

31 [옮긴이] 안토니오 네그리, 윤수종 옮김, 『야만적 별종 : 스피노자에 있어서 권력과 역능에 관한 연구』(푸른숲, 1997) ; 이기웅 옮김, 『전복적 스피노자』(그린비, 2005).

고 있다. 스피노자 텍스트에 대한 꼼꼼한 독해를 바탕으로 그의 '합리주의'와 '자연주의'의 정확한 성격을 심도 있게 탐구하는 한편, 개체성, 신체, 상상, 영원성 같은 더 구체적 관념들 역시 이 '협회' 구성원들에 의해 다루어지고 있기 때문이다. 또한 스피노자의 민주주의에 대한 논평과 이른바 다중의 "해방적" 잠재력liberating potential에 특히 주목하면서 그의 사상의 사회적·정치적 차원 역시 적절히 강조되고 있다. 본질적으로 정치적 의제와 『윤리학』을 플라톤적으로 독해하려는 시도에 대한 저항은 잘 맞는 것처럼 보인다.

최근 스피노자 연구의 중요한 측면 중 하나는 아케르만과 크롭Krop(네덜란드어), 컬리Curley와 셜리Shirley(영어), 모로Moreau와 라그레Lagrée(프랑스어) 등등, 바르투샤트Bartuschat(독일어), 도밍게스Dominguez(스페인어), 미니니Filippo Mignini(1946~)와 프로이에티Omero Proietti, 크리스토폴리니Paolo Cristofolini(1937~2020), 스크리바노Emilia Scribano(이탈리아어) 같은 이들에 의해 새로운 세대의 번역이 등장하고 있다는 점이다.[32] 이탈리아는 놀라울 정도로 많은 스피노자 연구 성과를 내놓고 있으며, 접근 방식도 광범위하다. 이탈리아 스피노자 연구의 원동력 중 하나는 에밀리아 지앙코티Emilia Giancotti(1930~1992)였다. 지난 수십 년간, 미니니, 크리스토폴리니, 에밀리아 스크리바노, 피나 토타로Pina Totaro, 다니엘라 보스트렌기Daniela Bostrenghi, 로베르토 보르돌리Roberto Bordoli, 오메로 프로이에티를 포함한 이탈리아의 많은 스피노자 연구자가 그의 삶, 저작, 철학의 모든 측면에 관한 활발한 토론에 이바지했다.

---

32   [옮긴이] 국역본에 대해서는 옮긴이가 부록으로 추가한 "스피노자 저작 국역본 소개" 참고.

프랑스-이탈리아의 "새로운 스피노자"는 남미와 미국에서도 상당한 주목을 받았다. 영어권 스피노자 학자들은 자신들이 훈련받은 분석철학 전통에서 연구의 실마리를 얻는다. 영국에서는 도덕철학자 스튜어트 햄프셔Stuart Hampshire(1914~2004)가 스피노자의 철학에 대한 우아하고 영향력 있는 개론서를 출간했다.[33] 20세기 영국에는 스피노자를 연구하는 학파가 없지만, 몇 가지 중요한 개별적 공헌이 있었으며, 그중에는 인식론에 관한 G. H. R. 파킨슨G. H. R. Parkinson(1923~2015)의 연구서가 주목할 만하다.[34] 최근 연구 중에는 리처드 메이슨Richard Mason(1951~2006)의 주목할 만한 연구인 『스피노자의 신』*The God of Spinoza*(1999)과 수잔 제임스Susan James(1951~)의 저작이 눈에 띈다. 미국에서는 에드윈 컬리Edwin Curley(1937~)가 1969년에 스피노자의 데카르트적 배경에 초점을 맞춘 스피노자에 대한 새로운 해석을 제시하면서 선도적 역할을 했다.[35] 조너선 베넷Jonathan Bennett(1930~2024), 앨런 도나간Alan Donagan(1925~1991), 돈 가렛Don Garrett, 스티븐 내들러Steven Nadler(1958~)[36], 토마스 쿡[37], 마카엘 델라 로카Michael Della Rocca(1962~) 등이 뒤를 이었다. 일반적으로 스피노자에 관한 글을 쓰는 대부분의 미

---

33   Hampshire 1951.

34   Parkinson 1954.

35   Curley 1969.

36   [옮긴이] 스티븐 내들러, 김호경 옮김, 『스피노자 : 철학을 도발한 철학자』(텍스트, 2011) ; 스티븐 내들러, 이혁주 옮김, 『에티카를 읽는다』(그린비, 2013) ; 김호경 옮김, 『스피노자와 근대의 탄생 : 지옥에서 꾸며진 책』(글항아리, 2014) ; 스티븐 내들러 지음, 벤 내들러 그림, 이혁주 옮김, 『철학의 이단자들 : 서양 근대 철학의 경이롭고 위험한 탄생』(창비, 2019) ; 스티븐 내들러, 연아람 옮김, 『죽음은 최소한으로 생각하라 : 삶과 죽음에 대한 스피노자의 지혜』(민음사, 2022).

37   [옮긴이] J. 토마스 쿡, 김익현 옮김, 『스피노자의 에티카 입문』(서광사, 2016).

국 철학자는 스피노자의 형이상학과 인식론에 집중하는 경향이 있다. 그
들은 실체와 인과성, 그리고 정신-신체의 상호작용(의 불가능)에 관한
스피노자의 견해를 다루는 것을 선호하지만, 이를테면 호주 학자 모이라
게이튼스Moira Gatens와 제너비브 로이드Genevieve Lloyd(1941~)의 저술로
드러나듯, 영어권 철학자 전반에서 스피노자의 신학적·정치적 견해에
관한 관심이 증가하는 것으로 보인다. 남캘리포니아 대학 교수인 포르투
갈 태생의 신경과학자 안토니오 다마지오Antonio Damasio(1944~)는 스피
노자의 심리철학이 지닌 현대적 의의를 입증하려는 시도로 상당한 성공
을 거두었다.[38]

네덜란드와 벨기에에서는 링베르투스 허벌링Hubertus Hubbeling
(1925~1986)과 헤르망 드 드뎅Herman de Dijn(1943~)이 전후戰後 스피노
자 재발견에 중요한 역할을 했다. 독일에서는 최근까지『스피노자 문헌
연구』*Studia Spinozana*의 편집장이었던 만프레드 발터와 볼프강 바르투
샤트Wolfgang Bartuschat(1938~2022)가 같은 역할을 했다. 한편 1980년대
이후 네덜란드, 독일, 프랑스에서는 스피노자 철학의 수용에 관한 연구
도 새로운 활기를 띠고 진행되고 있다. 스피노자주의가 계몽주의 시기에
끼친 영향을 가장 포괄적으로 종합하여 작품을 집필한 이는 단연 영국의
역사학자 조너선 이즈리얼Jonathan Israel(1946~)이다. 본질적으로 스피
노자주의적인 그의 "급진 계몽주의"Radical Enlightenment라는 개념은 앞으
로도 오랫동안 스피노자 학자들과 계몽주의 전문가들 사이에서 논의될
것이다.

38　[옮긴이] 안토니오 다마지오, 임지원 옮김,『스피노자의 뇌 : 기쁨, 슬픔, 느낌의 뇌과학』(사이
　　언스북스, 2007).

마지막으로 스피노자가 여러 세기에 걸쳐 많은 예술가와 문인을 비롯한 '비전문가'에게도 영감을 준 철학자였다는 점도 강조할 만하다. 서유럽과 미국에서 1960년대와 1970년대에 진행된 급속한 세속화 과정은 아마도 20세기 후반의 더 많은 대중들 사이에서 스피노자가 재발견되는 데 중요한 역할을 했을 것이다. 『윤리학』에서 볼 수 있는 고도의 전문적인 구절들과 종종 아주 추상적인 논의에도 철학을 전문적으로 공부한 적이 없는 독자들 사이에서 그 매력이 감소하는 일은 거의 일어나지 않은 것 같다. 이는 스피노자가 다른 몇몇 권위 있는 철학자들canonical philosophers이 도달하지 못한 방식으로 독자들에게 영향을 미칠 수 있는 특별한 능력을 갖추고 있음을 시사하는 것처럼 보인다. 폴록이 언급한 스피노자적인 "정신적 태도"가 지난 수 세기 동안 그랬던 것처럼, 앞으로도 학자들과 비전문가들에게 계속 영감을 줄지 가늠할 수 있는 이는 아무도 없다. 현재 널리 퍼져 있는 "수평적"이고 "해방적"인 스피노자 독해가 계속해서 지배적일 것인지도 확신할 수 없다. 불과 몇 년 전 테오 페르베이크Theo Verbeek는 스피노자의 정치철학에 대한 보수적인 분석을 제시했고, 최근 영국의 한 논문집에서는 스피노자가 신플라톤주의에 빚지고 있다는 논쟁이 조심스럽게 재개되었는데,[39] 이는 현재로서는 단지 베네딕트 데 스피노자의 삶과 사상에 관한 관심이 곧 쇠퇴할 것이라는 조짐이 전혀 없다는 사실만 보여 주는 듯하다.

2011년 이 『편람』의 초판이 출간된 이후, 특히 미국의 스피노자 연구가 만개하고 있다. 이는 예컨대 미카엘 델라 로카(예일 대학)가 편찬한 『옥스퍼드 스피노자 편람』(2017)과 이츠하크 멜라메드Yitzhak Melamed(존

---

39   Ayers 2007.

스 홉킨스 대학)가 편찬한『블랙웰 스피노자 안내서』(2021) 같은 경쟁 서적에서 드러난다. 멜라메드는『스피노자의 형이상학』(2013)에서 이른바 정신과 신체의 평행론을 새로운 관점에서 주로 해석하여 스피노자의 형이상학을 지배해 온 주요 해석을 근본적으로 수정하고자 했다. 새뮤얼 뉴랜즈Samuel Newlands(노트르담 대학)는『스피노자 재고찰』(2018)에서 스피노자의 형이상학에 대한 똑같이 야심 찬 새로운 관점을 제시했다. 마틴 린Martin Lin(럿거스 대학)의『존재와 이성』(2019)에서는 델라 로카가 시작한 최근 북미 스피노자 연구의 관념론적 경향에 대한 강력한 비판이 재개되었다. 마틴 르뷔프Martin LeBuffe(텍사스 A&M 대학, 현재 뉴질랜드 오타고 대학)는 스피노자의 도덕심리학에 대한 두 편의 주요 연구를 내놓았다.

같은 시기에 유럽 대륙에서는 조너선 이즈리얼의 급진 계몽주의와 그 후속작들이 여전히 논의를 불러일으키고 있다. 독일에서는 마틴 사르Martin Saar가 스피노자 정치철학에 대한 훌륭한 저서를 출간했고, 볼프강 바르투샤트와 만프레드 발터는 스피노자에 관한 자신들의 여러 저술을 모아 멋진 저작집을 펴냈다. 프랑스어권 저자들도 계속 주목받았고, 때때로 베스트셀러 저자가 되기도 했다. 예컨대 막심 로베르Maxime Rovere가 암스테르담의 스피노자 '친우회' 구성원들을 세심하게 연구하여 철학 소설인『스피노자와 그의 친구들』(2017)의 주제로 변모시켰을 때가 그랬다.

그러나 21세기 초반에 국가적 관점에서 학문적 경향을 구분하는 것은 점점 더 무의미해 보인다. 편집된 선집들과 개론서들은 언제나 다양한 철학적 전통들을 소환해 왔고, 국제적 협력은 이제 예외가 아닌 규범이 되었다. 이『편람』의 초판이 출간된 해에 네덜란드 학자 린 스프라위트Leen Spruit와 이탈리아의 동료 학자 피나 토타로Pina Totaro는, 바티칸 서고에서 연대가 1675년으로 거슬러 올라가는 현존하는 가장 오래된『윤리학』이 포함된 필사본을 발견하여 출간했다. 에든버러 대학 출판부는 샹탈 자케, 에티엔 발리바르, 알렉상드르 마테롱, 피에르-프랑수아 모로 등 프랑스 철학자들의 중요한 스피노자 관련 저서를 번역해 출간하기 시작했고,[40] 2019년에는 잭 스테터Jack Stetter와 샤를 라몽Charles Ramond이 미국과 프랑스의 전문가들이 한자리에 모여 서로의 연구를 논한 파리 학술대회 회보를 출간했다. 이듬해 피트 스테인바이커스Piet Steenbakkers와 작고한 포커 아케르만은 오랫동안 기다려 온『스피노자의 윤리학』고증본(2020)을 프랑스 대학 출판부에서 출간했으며, 여기에는 모로가 번역한 라틴어 본문의 프랑스어 번역도 함께 실려 있다.『신학정치론』의 최근 주요 연구로는 모겐스 뢰어케Mogens Laerke의『스피노자와 철학함의 자유』(2021)가 있는데, 이는 덴마크 출신 학자인 레르케가 옥스퍼드에서 프랑스 국립과학연구센터CNRS, 리옹 고등사범학교ENS de Lyon, 옥스퍼드 프랑스 학회Maison Française d'Oxford와 협력하여 연구한 결과로, 오늘날 스피노자 연구가 얼마나 국제적인 성격을 띠고 있는지 잘 보여 준다. 마지막으로, 2021년 말에는 네덜란드에서 일하는 이탈리아 철학사가 안드레아 산자코모Andrea Sangiacomo와 크리스틴 프리머스Kristin Primus(버클리 대학)가『스피노자 연구』*Journal of Spinoza Studies*를 창간했다. 이 새로운

---

40   [옮긴이] 앞서 "프랑스-이탈리아의 '새로운 스피노자'는 남미와 미국에서도 상당한 주목을 받았다"라는 언급이 나오는데, 이에 대해 한 서평자는 프랑스-이탈리아 연구에 대한 영미권 수용에 관한 언급만 있을 뿐 구체적 내용이 없다는 아쉬움을 표한 바 있다(옮긴이 후기 참고). 이를 고려한 듯 2판에서는 관련 언급이 약간 추가되었는데, 에든버러 대학의 번역물 출간 소개가 그중 하나인 듯하다. 실제로 에든버러 대학 출판부에서 쏟아져 나오는 "스피노자 연구" 총서(총서 편찬자는 필리포 델 루케세Filippo Del Lucchese이다)가 그 '주목'의 좋은 실례이자 이를 촉발한 계기일 것이다.

학술지는 아르헨티나, 호주, 오스트리아, 브라질, 캐나다, 핀란드, 프랑스, 독일, 헝가리, 이스라엘, 이탈리아, 네덜란드, 포르투갈, 스페인, 영국, 미국 출신의 학자들이 편집진으로 참여하고 있다는 점에서 의미심장하다.

— 빕 판 뷩어

참고문헌

1차 문헌

Colerus, J., *Korte dog waar-achtige levensbeschryving van Benedictus de Spinoza. Uit autentique stukken en mondeling getuigenis van nog levende personen, opgestelt*(Amsterdam, 1705).

Descartes, R. and B. de Spinoza, *Praecipua opera philosophica*, 2 vols, ed. C. Riedel(Leipzig : Hartung, 1843).

Lucas, M., 'La vie de feu Monsieur Spinoza', *Nouvelles Littéraires*, no. 10(1714), pp. 40~74.

Spinoza, B. de, *Opera quae supersunt omnia*, 2 vols, ed. H. E. G. Paulus(Jena : In Bibliopolo Academico, 1802~1803).

________, *Optimae notae qui ab restauratione litterarum ad Kantium usque floruerunt*, Tomus III, Sectio I et II. Benedicti de Spinoza Opera philosophica omnia, ed. A. Gförer(Stuttgart : Mezler, 1830).

________, *Opera quae supersunt omnia*, 3 vols, ed. K.H. Bruder(Leipzig : Tauchnitz, 1843~1846).

________, *Benedicti de Spinoza Opera quae supersunt omnia supplementum*, ed. J. van Vloten(Amsterdam : Muller, 1862).

________, *Opera quotquot reperta sunt*, 2 vols, ed. J. van Vloten and J. P. N. Land(The Hague : Nijhoff, 1882~1883).

________, *Opera*, 4 vols, ed. Carl Gebhardt(Heidelberg : Winter, 1925).

________, *Oeuvres III : Tractatus theologicopoliticus/Traité théologico-politique*, ed. F. Akkerman, trans. J. Lagrée and P.-F. Moreau(Paris : Presses Universitaires de France, 1판 1999, 2판 2012).

________, *Oeuvres V : Tractatus politicus/Traité politique*, ed. O. Proietti, trans. Ch. Ramond(Paris : Presses Universitaires de France, 2005).

_________, *Oeuvres I : Premiers écrits*, ed. F. Mignini, trans. M. Beyssade(Paris : Presses Universitaires de France, 2009).

_________, *Oeuvres IV : Ethica/Ethique*, Texte établi par Fokke Akkerman et Piet Steenbqkkers, Traduction par Pierre-François Moreau(Paris : Presses Universitaires de France, 2020).

2차 문헌

Akkerman, F., *Studies in the Posthumous Works of Spinoza. On Style, Earliest Translation and Modern Edition of Some Texts*(Meppel : Krips Repro, 1980).

Akkerman, F. and P. Steenbakkers(eds.), *Spinoza to the Letter. Studies in Words, Texts and Books*(Leiden and Boston : Brill, 2005).

Albiac G., *La sinagoga vacía. Un estudio de las fuentes marranas del espinosismo*(Madrid: Hiperión, 1987).

Ayers, M.(ed.), *Rationalism, Platonism and God*(Oxford : Oxford University Press, 2007).

Balibar, É., *Spinoza et la politique*(Paris : Presses Universitaires de France, 1985). 에티엔 발리바르, 진태원 옮김, 『스피노자와 정치』(그린비, 2014).

_________, *Spinoza, the Transindividual*, transl. M.G.E. Kelly(Edinburgh : Edinburgh University Press, 2020)

Bartuschat, W., *Spinozas Theorie des Menschen*(Hamburg : Meiner, 1992).

Bartuschat, W. *Spinozas Philosophie. Über den Zusammenhang von Metaphysik und Ethik*(Hamburg : Meiner, 2017).

Bedjai, M., 'Métaphysique, éthique et politique dans l'oeuvre du docteur Franciscus van den Enden(1602~1674)', *Studia Spinozana*, no. 6(1990), pp. 291~301.

Bennett, J., *A Study of Spinoza's Ethics*(Cambridge : Cambridge University Press, 1984).

Bloch, O.(ed.), *Spinoza au XVIIIe siècle*(Paris : Méridiens Klincksieck, 1990).

_________, *Spinoza au XXe siècle*(Paris : Presses Universitaires de France, 1993).

Bordoli, R., *Ragione e Scrittura tra Descartes e Spinoza. Saggio sulla 'Philosophia S. Scripturae Interpres' di Lodwijk Meyer e sulla sua recezione*(Milan : Franco Angeli, 1997).

Boucher, W.I.(ed.), *Spinoza. Eighteenth and Nineteenth-Century Discussions*, 6 vols(Bristol : Thoemmes Press, 1999).

Bove, L., *La Stratégie du conatus. Affirmation et résistance chez Spinoza*(Paris : Vrin, 1996).

Bunge, W. van, *From Stevin to Spinoza. An Essay on Philosophy in the Seventeenth-Century Dutch Republic*(Leiden and Boston : Brill, 2001)

_________, 'Spinoza Past and Present', in G. A. J. Rogers, T. Sorrell and J. Kraye(eds.),

Insiders and Outsiders in Seventeenth Century Philosophy(New York and London : Routledge, 2009), pp. 223~237.

Bunge, W. van, *Spinoza Past and Present. Essays on Spinoza, Spinozism, and Spinoza-Scholarship*(Leiden and Boston : Brill, 2012).

_______, '"Geleerd spinozisme" in Vlaanderen en Nederland, 1945~2000', *Tijdschrift voor Filosofie* no. 71(2009), pp. 11~36.

Citton, Y., *L'Envers de la liberté. L'invention d'un imaginaire spinoziste dans la France des lumières*(Paris : Éditions Amsterdam, 2006).

Cook, Th.J., *Spinoza's Ethics*(London and New York : Continuum, 2007). J. 토마스 쿡, 김익현 옮김, 『스피노자의 에티카 입문』(서광사, 2016).

Curley, E., *Spinoza's Metaphysics. An Essay in Interpretation*(Cambridge, MA : Harvard University Press, 1969).

_______, *Behind the Geometrical Method. A Reading of Spinoza's Ethics*(Princeton : Princeton University Press, 1988).

_______(ed. and transl.), *The Collected Works of Spinoza*, 2 vols(Princeton, NJ : Princeton University Press, 1985~2016).

Damasio, A., *Looking for Spinoza. Joy, Sorrow an the Feeling Brain*(Orlando : Harcourt, 2003). 안토니오 다마지오, 임지원 옮김, 『스피노자의 뇌: 기쁨, 슬픔, 느낌의 뇌과학』(사이언스북스, 2007).

De Dijn, H., *Spinoza. The Way to Wisdom*(West Lafayette : Purdue University Press, 1997).

_______, *Spinoza. De doornen en de roos*(Kapellen : Pelckmans-Klement, 2009).

Delbos, V., *Le problème moral dans la philosophie de Spinoza et dans l'histoire du spinozisme*(Paris : Alcan, 1893). 빅토르 델보스·모리스 블롱델, 이근세 옮김, 『스피노자와 도덕의 문제』(북코리아, 2003). ※ Delbos 1893의 "5장 스피노자", 델보스의 「철학자들의 인물과 학설 : 소크라테스, 루크레티우스, 마르쿠스 아우렐리우스, 데카르트, 스피노자, 칸트, 멘 드 비랑」Figures Et Doctrines de Philosophes : Socrate, Lucrèce, Marc-Aurèle, Descartes, Spinoza, Kant, Maine de Biran(Paris : Plon-Nourrit, 1918), "1부 10장 스피노자의 철학에 있어서 도덕의 문제" 및 "결론 : 도덕의 문제와 스피노자 철학의 문제 해결", 모리스 블롱델의 "근대 사상의 한 원천 : 스피노자 철학의 진화" 수록.

_______, *Le spinozisme*(Paris : Société Française d'Imprimerie, 1916).

Deleuze, G., *Spinoza et le problème de d'expression*(Paris : Minuit, 1969). 질 들뢰즈, 현영종·권순모 옮김, 『스피노자와 표현 문제』(그린비, 2019).

_______, *Spinoza. Philosophie pratique*(Paris : Minuit, 1981). 질 들뢰즈, 박기순 옮김, 『스

피노자의 철학』(민음사, 2001).

Della Rocca, M., *Representation and the Mind-Body Problem in Spinoza*(Oxford : Oxford University Press, 1996).

________, *Spinoza*(New York : Routledge, 2008).

________ (ed.), *The Oxford Handbook of Spinoza*(Oxford : Oxford University Press, 2017).

Donagan, A., *Spinoza*(Chicago: Chicago University Press, 1989).

Duffy, S., 'Spinoza Today. The Current State of Spinoza Scholarship', *Intellectual History Review*, no. 19(2009), pp. 111~132.

Dunin-Borkowski, S. von, *Spinoza*, 4 vols(Münster : Aschendorff. 1933~1936).

Fischer, K., *Geschichte der neuern Philosophie*, vol. I(Mannheim : Bassermann and Mathy, 1854).

Freudenthal, J., *Die Lebensgeschichte Spinoza's in Quellenschriften, Urkunden und nichtamtlichen Nachrichten*(Leipzig : Von Veit, 1899).

Garrett, D. (ed.), *The Cambridge Companion to Spinoza*(Cambridge : Cambridge University Press, 1996).

________ (ed.), *The Cambridge Companion to Spinoza, Second Edition*(Cambridge : Cambridge University Press, 2022).

Gatens, M. and G. Lloyd, *Collective Imaginings. Spinoza, Past and Present*(London and New York : Routledge, 1999).

________ (ed.), *Feminist Interpretations of Benedict de Spinoza*(University Park: The Pennsylvania State University Press, 2009).

Gebhardt, C., *Spinozas Abhandlung über die Verbesserung des Verstandes. Eine Entwicklungsgeschichtliche Untersuchung*(Heidelberg : Winter, 1905).

________ (ed.), *Die Schriften des Uriel da Costa*(Heidelberg : Winter, 1922).

________, 'Juan de Prado', *Chronicon Spinozanum, no. 3*(1923), pp. 269~291.

Giancotti Boscherini, E., *Lexixon Spinozanum*, 2 vols(The Hague : Nijhoff, 1970)

Gueroult, M., *Descartes selon l'ordre des raisons*, 2 vols(Paris : Aubier, 1953).

________, *Spinoza I. Dieu*(Éthique I)(Hildesheim and New York : Olms, 1968).

________, *Spinoza II. L'âme*(Éthique II)(Hildesheim and New York : Olms, 1974).

Hampe, M. and R. Schnepf(eds.), *Baruch de Spinoza. Ethik*(Berlin : Akademie Verlag, 2006).

Hampshire, S., *Spinoza*(Harmondsworth : Penguin, 1951).

Hubbeling, H.G., *Spinoza's Methodology*(Assen : Van Gorcum, 1964).

________, *Spinoza*(Baarn : Ambo, 1978).

Israel, J.I., *Radical Enlightenment. Philosophy and the Making of Modernity*, 1650-1750(Oxford : Oxford University Press, 2001).

______, *Enlightenment Contested*. Philosophy, Modernity, and the Emancipation of Man, 1670-1752(Oxford : Oxford University Press, 2006).

James, S., *Passion and Action. The Emotions in Early Modern Philosophy*(Oxford : Oxford University Press, 1997).

______, *The Emotions in Early Modern Philosophy*(Oxford : Oxford University Press, 1997).

Jaquet, Ch., *Sub specie aeternitatis. Étude des concepts de temps durée et éternité chez Spinoza*(Paris : Éditions Kimé, 1997).

______, *L'unité du corps et de l'esprit: Affects, actions et passions chez Spinoza*(Paris : Presses Universitaires de France, 2004). 영역본 : *Affects, Actions and Passions in Spinoza. The Unity of Body and Mind*, trans. T. Rezichnenko(Edinburgh : Edinburgh University Press, 2018). 국역본 : 이혁주 옮김, 『신체와 정신의 연합 : 스피노자 철학에서 정서, 능동, 수동[정념]』(그린비, 출간 예정).

Joel, M., *Zur Genesis der Lehre Spinozas, mit besonderer Berücksichtigung des kurzen Traktats von Gott, dem Menschen und derselben Glückseligkeit*(Breslau : Schletter'sche Buchhandlung, 1871).

Juffermans, P., *Drie perspectieven op religie in het denken van Spinoza. Een onderzoek naar de verschillende betekenissen van religie in het œuvre van Spinoza*(Budel : Damon, 2003).

Kingma, J. , 'Spinoza Editions in the Nineteenth Century', in F. Akkerman and P. Steenbakkers(eds.), *Spinoza to the Letter. Studies in Words, Texts and Books*(Leiden and Boston : Brill, 2005), pp. 273~281.

Klever, W. N. A. , 'Proto Spinoza Franciscus van den Enden', *Studia Spinozana*, no. 6(1990), pp. 281~289.

______, *Mannen rond Spinoza. Portret van een emanciperende generatie, 1650-1700*(Hilversum : Verloren, 1997).

Koerbagh, A., *A Light Shining in Dark Places, to Illuminate the Main Questions of Theology and Religion*, transl. M. Wielema, introd. W. van Bunge(Leiden and Boston : Brill, 2011).

Koistinen, O. and J.I. Biro(eds.), *Spinoza. Metaphysical Themes*(Oxford : Oxford University Press, 2002).

Krop, H., *Spinoza. Paradoxale icoon van Nederland*(Amsterdam : Prometheus, 2013).

Laerke, M., *Leibniz lecteur de Spinoza. La genèse d'une opposition complexe*(Paris :

Champion, 2008).

________, *Spinoza and the Freedom of Philosophizing*(Oxford : Oxford University Press, 2021).

Lavaert, S., and W. Schröder(eds.), *The Dutch Legacy. Radical Thinkers of the 17th Century and the Enlightenment*(Leiden and Boston : Brill, 2017).

LeBuffe, M., *From Bondage to Freedom : Spinoza on Human Excellence*(Oxford : Oxford University Press, 2010).

________, *Spinoza on Reason*(Oxford : Oxford University Press, 2018).

Lin, M., *Being and Reason. An Essay on Spinoza's Metaphysics*(Oxford : Oxford University Press, 2019).

Macherey, P., *Hegel ou Spinoza*(Paris : Maspero, 1979). 국역본 : 피에르 마슈레, 『헤겔 또는 스피노자』 (그린비, 2010).

________, *Avec Spinoza. Études sur la doctrine et l'histoire du spinozisme*(Paris : Presses Universitaires de France, 1992).

________, *Introduction à l'Éthique de Spinoza*, 5 vols(Paris : Presses Universitaires de France, 1994~1998).

Mason, R., *The God of Spinoza*. A Philosophical Study(Cambridge : Cambridge University Press, 1999).

________, *Spinoza : Logic, Knowledge and Religion*(Aldershot : Ashgate, 2007).

Matheron, A., *Individu et communauté chez Spinoza*(Paris : Éditions de Minuit, 1969). 국역본 : 알렉상드르 마테롱, 김문수·김은주 옮김, 『스피노자 철학에서 개인과 공동체』 (그린비, 2008).

________, *Le Christ et le salut des ignorants chez Spinoza*(Paris : Aubier-Montaigne, 1971).

________, *Anthroplogie et politique au XVIIe siècle*(Études sur Spinoza)(Paris : Vrin, 1986).

________, *Politics, Ontology, and Knowledge in Spinoza*, transl. G. Morejon(Edinburgh : Edinburgh University Press, 2020).

Meinsma, K.O., *Spinoza en zijn kring. Historisch-kritische studiën over Hollandsche vrijgeesten*(The Hague : Nijhoff, 1896).

Melamed, Y.Y., *Spinoza's Metaphysics. Substance and Thought*(Oxford : Oxford University Press, 2013).

________ (ed.), *A Companion to Spinoza*(Oxford : Blackwell, 2021).

Mertens, F., 'Franciscus van den Enden: tijd voor een herziening van diens rol in het ontstaan van het spinozisme?', *Tijdschrift voor Filosofie*, no. 56(1994), pp. 717~738.

Montag, W. and T. Stolze(eds.), *The New Spinoza*(Minneapolis: The University of

Minnesota Press, 1997).

Moreau and J. Salem(eds.), *Spinoza au XIXe siècle*(Paris : Publications de la Sorbonne, 2007), pp. 21~32.

Moreau, P.-F., *Spinoza. L'exprérience et l'éternité*(Paris : Presses Universitaires de France, 1995).

__________, 'Spinoza's Reception and Influence', in Don Garrett(ed.), *The Cambridge Companion to Spinoza*(Cambridge : Cambridge University Press, 1996), pp. 408~433. 피에르–프랑수아 모로, 박삼열 편역, "스피노자의 영향과 현대적 수용", 『스피노자와 후계자들』(북코리아, 2010) ; 피에르–프랑수아 모로, 김은주·김문수 옮김, 『스피노자 매뉴얼 : 인물, 사상, 유산』(에디토리얼, 2019), 4장 수용. ※ 박삼열의 편역서는 위 케임브리지 편람에 수록된 모로의 글을 번역한 것이며, 김은주·김문수의 번역서 4장 대본(아래 저작)도 위 모로의 글과 사실상 같은 글이다.

__________, *Problèmes du spinozizme*(Paris : Vrin, 2006). 국역본 : 피에르–프랑수아 모로, 김은 주·김문수 옮김, 『스피노자 매뉴얼: 인물, 사상, 유산』(에디토리얼, 2019).

Nadler, S., *Spinoza. A Life*(Cambridge : Cambridge University Press, 1999). 스티븐 내들 러, 김호경 옮김, 『스피노자: 철학을 도발한 철학자』(텍스트, 2011). 최근 2판이 출 간되었다. Steven Nadelr, Spinoza : A Life, Second Edition(Cambridge : Cambridge University Press, 2018).

__________, *Spinoza's Heresy. Immortality and the Jewish Mind*(Oxford : Clarendon Press, 2001).

__________, *Spinoza's Ethics. An Introduction*(Cambridge : Cambridge University Press, 2006). 국역본 : 스티븐 내들러, 이혁주 옮김, 『에티카를 읽는다』(그린비, 2013).

__________, *A Book Forged in Hell. Spinoza's Scandalous Treatise*(Princeton, NJ: Princeton University Press, 2012). 국역본 : 스티븐 내들러, 김호경 옮김, 『스피노자와 근대의 탄 생: 지옥에서 꾸며진 책』(글항아리: 2014).

__________, *Think Least of Death. Spinoza on How to Live and How to Die*(Princeton, NJ: Princeton University Press, 2019). 국역본 : 스티븐 내들러, 연아람 옮김, 『죽음은 최소 한으로 생각하라: 삶과 죽음에 대한 스피노자의 지혜』(민음사: 2022).

Negri, A., *L'anomalia selvaggia. Saggio su potere e potenza in Baruch Spinoza*(Milan: Feltrinelli, 1981). 국역본 : 안토니오 네그리, 윤수종 옮김, 『야만적 별종: 스피노자에 있어서 권력과 역능에 관한 연구』(푸른숲, 1997).

Newlands, S., *Reconceiving Spinoza*(Oxford : Oxford University Press, 2018).

Norris, C., *Spinoza and the Origins of Modern Critical Theory*(Oxford : Blackwell, 1991).

Nyden-Bullock, T., *Spinoza's Radical Cartesian Mind*(London and New York : Continuum,

2007).

Otto, R., *Studien zur Spinozarezeption in Deutschland im 18. Jahrhundert*(Frankfurt: Lang, 1994).

Parkinson, George Henry Rad., *Spinoza's Theory of Knowledge*(Oxford : Oxford University Press, 1954). 같은 제목으로 복간본이 출간되었다(Hassell Street Press 2021).

Pollock, Sir F., *Spinoza. His Life and Philosophy*(London : Kegan Paul, 1880).

_______, "The scientific character of Spinoza's philosophy," in Wayne I. Boucher(ed.), Spinoza : eighteenth and nineteenth-century discussions, Volume 4(1870~1880) of 6(Bristol :Thoemmes Press, 1999).

_______, *Spinoza*(London : Duckworth, 1935).

Ramond, Ch., *Spinoza et la pensée moderne*. Constitutions de l'Objectivité(Paris : L'Harmatan, 1998).

Reijen, M. van, *Het Argentijnse gezicht van Spinoza. Passies en politiek*(Kampen: Klement, 2010).

Renan, Ernest., 'Spinoza : 1677 and 1877', in Wayne I. Boucher(ed.), *Spinoza : eighteenth and nineteenth-century discussions*, Volume 4(1870~1880) of 6(Bristol : Thoemmes Press, 1999).

Révah, I. S., *Des marranes à Spinoza*, ed. H. Méchoulan, P.-F. Moreau and C. L. Wilke(Paris : Vrin, 1995).

Rovere, M., *Le Clan Spinoza. Amsterdam 1677 : L'invention de la libert*(Paris : Flammarion, 2017). 막심 로베르, 박영옥 옮김, 『스피노자와 그의 친구들 – 암스테르담, 1677년: 자유의 발명』(인간사랑, 2024).

Saar, M., *Die Immanenz der Macht. Politische Theorie nach Spinoza*(Berlin : Suhrkamp, 2013).

Sangiacomo, A., *Spinoza on Reason, Passions, and the Supreme Good*(Oxford : Oxford University Press, 2019).

Schröder, W., *Spinoza in der deutschen Fühaufklärung*(Würzburg : Königshausen und Neumann, 1987).

Scribano, M.E., *Da Descartes a Spinoza. Percorsi della teologia razionale nel Seicento*(Milan : Franco Angeli, 1988).

Secrétan, C., T. Dagron and L. Bove(eds.), *Qu'est-ce que les Lumières 'radicales'? Libertinage, athéisme et spinozisme dans le tournant philosophiqie de l'âge classique*(Paris : Éditions Amsterdam, 2007).

Steenbakkers, P., *Spinoza's Ethica from Manuscript to Print. Studies on Text, Form and*

Related Topics(Assen : Van Gorcum, 1994).

________, 'Les éditions de Spinoza en Allemagne au XIXe siècle', in A. Tosel, P.-F.
Moreau and J. Salem(eds.), *Spinoza au XIXe siècle*(Paris : Publications de la Sorbonne,
2007), pp. 21~32.

Stetter, J., and Ch. Ramond(eds.), *Spinoza in Twenty-First-Century American and French
Philosophy. Metaphysics, Philosophy of Mind, Moral and Political Philosophy*(London :
Bloomsbury, 2019).

Strauss, L., *Die Religionskritik Spinozas als Grundlage seiner Bibelwissenschaft.
Untersuchungen zu Spinozas Theologischpolitischem Traktat*(Berlin : AkademieVerlag,
1930).

Thissen, S., *De spinozisten. Wijsgerige beweging in Nederland, 1850-1907*(The Hague :
SDU, 2000).

Tosel, A., P.-F. Moreau and J. Salem(eds.), *Spinoza au XIXe siècle*(Paris : Publications de la
Sorbonne, 2007).

Totaro, P.(ed.), *Spinoziana. Ricerche di terminologia filosofica e critica testuale*(Florence :
Olschki, 1997).

Vaz Dias, A. M., and W. G. van der Tak, 'Spinoza. Merchant and Autodidact', *Studia
Rosenthaliana*, no. 16(1982), pp. 105~171.

________, 'The Firm of Bento y Gabriel de Spinoza', *Studia Rosenthaliana*, no. 16(1982),
pp. 178~189.

Ven, J. M. M. van de, *Printing Spinoza. A Descriptive Bibliography of the Works Published in
the Seventeenth Century*(Leiden and Boston : Brill, 2022).

Verbeek, Th., *Spinoza's Theological-political Treatise. Exploring 'the Will of God'*(Aldershot :
Ashgate, 2003).

Vernière, P., *Spinoza et la pensée française avant la Révolution*(Paris : Presses Universitaires de
France, 1954).

Vet, J. J. V. M. de, 'Salomon Dierquens, auteur du *Stelkonstge reeckening van den regenboog
et du Reeckening van kansen*', in F. Akkerman and P. Steenbakkers(eds.), Spinoza to
the Letter. Studies in Words, Texts and Books(Leiden and Boston : Brill, 2005), pp.
169~188.

Vinciguerra, L., *Spinoza et le signe. La genèse de l'imagination*(Paris : Vrin, 2005).

________, 'The Renewal of Spinozism in France, 1950~2000', *Historia Philosophica*, no.
7(2009), pp. 133~155.

Vlessing, O., 'The Excommunication of Baruch Spinoza. The Birth of a Philosopher', in J.

Israel and R. Salverda(eds.), *Dutch Jewry. Its History and Secular Culture(1500-2000)* (Leiden, Boston and Cologne : Brill, 2002), pp. 141~172.

Vloten, J. van, Baruch d'Espinoza. Zijn leven en schriften, in *verband met zijnen en onzen tijd*(Amsterdam : Muller, 1862).

Walther, M. and M. Czelinski(eds.), *Die Lebensgeschichte Spinozas. Zweite, stark erweiterte und vollständig neu kommentierte Auflage der Ausgabe von Jakob Freudenthal 1899*, 2 vols(Stuttgart-Bad Cannstatt : Frommann Holzboog, 2006).

Walther, M.(ed.), *Spinoza in der deutsche Idealismus*(Würzburg : Königshausen und Neumann, 1997).

Walther, M., *Spinoza-Studien*, 3 vols(Heidelberg : Winter, 2018).

Werf, Th. van der(ed.), *Herdenking van de 375 ste geboortedag van Benedictus de Spinoza, Mededelingen vanwege Het Spinozahuis*, no. 93(2007).

Wielema, M., *The March of the Libertines. Spinozists and the Dutch Reformed Church* (1660~1750)(Hilversum : Verloren, 2004).

Wolfson, H.A., *The Philosophy of Spinoza. Unfolding the Latent Processes of his Reasoning*, 2 vols(Cambridge, MA : Harvard University Press, 1934).

Yovel, Y., *Spinoza and Other Heretics*, 2 vols(Princeton: Princeton University Press, 1988).

— 빕 판 빙어

부록

부록

용어 해설 목록

용어 해설 항목	관련 항목	원어	분야
가능한 것	우유, 인식, 상상, 실존	Possibile	형이상학
강인함	정서, 파시오, 악티오, 코나투스, 관대함, 관용, 지성, 피에타스, 종교, 자유, 자유로운	Fortitudo	인간학/정서론
개념	관념, 지각하다	Conceptus	인식론
경험	히스토리아, 상상, 인식	Experientia	인식론
계시	신학, 믿음의 기초, 성서, 예언자, 종교의식	Revelatio	종교
공통 통념	기하학적 질서·정의·공리, 인식, 본질	Notio communis	인식론
관념	사유, 개념, 인식, 적합한, 정서, 상상, 판단, 지성, 이성의 존재자	Idea	인식론/형이상학
관대함	강인함, 정서, 악티오, 파시오, 자유로운, 우정, 사랑, 포텐티아	Generositas	인간학/정서론
관용	철학함의 자유, 레스푸블리카, 임페리움, 자유, 자유로운	Tolerantia	정치론/정서론
구별	본질, 실존, 실체, 속성, 양태, 자유, 의지	Distinctio	형이상학
군주정	예속, 미신, 임페리움, 레스푸블리카	Monarchia	정치론
귀족정	레스푸블리카, 임페리움, 군주정, 민주정, 신정, 포테스타스	Aristocratia	정치론
규정/결정/한정	악티오, 피니스, 원인, 가능한 것, 자유	Determinatio	형이상학
그리스도	예언자, 모세, 성서, 믿음의 기초	Christus	종교
기적	성서, 신학, 렉스	Miraculum	종교
기하학적 질서·정의·공리	렉스, 본질, 공통 통념	Ordo geo. Def. Ax.	방법론
나투라(자연/본성)	능산적 자연, 본질, 예언, 기적	Natura	형이상학
능산적 자연	나투라, 운동, 신·신의 지성과 의지, 무한	Natura naturans	형이상학

용어 해설 항목	관련 항목	원어	분야
덕/실력	악티오, 포텐티아, 나투라, 본질, 코나투스, 지복, 자유로운	Virtus	인간학/정서론
동등함/평등함	덕, 민주정, 자유, 자유로운, 철학함의 자유	Aequalitas	정치론
레스푸블리카(국가/공화국)	시민, 임페리움, 사회	Respublica	정치론
렉스 (법/법칙/법률/법령)	자연 상태, 임페리움, 레스푸블리카, 포테스타스, 사회, 시민	Lex	정치론
마음의 정념	파시오, 정서, 변용	Pathema animi	정서론/인간학
명사/이름, 동사	초월적인 것, 실체	Nomen/Verbum	인식론
모세	성서, 예언자, 그리스도, 계시, 종교의식, 신정, 히브리 국가/히브리 민족	Moses	종교/정치론
무	진공, 구별, 속성	Nihil	형이상학
무신론	신, 피에타스, 믿음/신앙, 믿음의 기초, 성서, 종교, 종교의식	Atheismus	형이상학/종교
무한	피니스, 실체, 속성, 양태	Infinitum	형이상학
물체/신체	정신, 운동, 변용, 속성, 공통 통념	Corpus	형이상학
미신	종교, 예속, 상상	Superstitio	종교/정치론/인간학
민주정	임페리움, 자유, 자유로운, 예속, 철학함의 자유	Democratia	정치론
믿음/신앙	인식, 믿음의 기초	Fides	종교
믿음의 기초	믿음/신앙, 성서	Fundamenta fidei	종교
바울/바울로	그리스도, 자연 상태, 렉스, 예언자, 계시	Paulus	종교
변양	양태, 변용, 엔스, 실체, 속성, 운동	Modificatio	형이상학
변용	구별, 실체, 우유, 양태, 변양, 정서, 파시오, 초월적인 것	Affectio	형이상학
본질	에세, 실존, 속성, 공통 통념, 코나투스, 포텐티아, 기하학적 질서·정의·공리, 구별, 우유, 특징	Essentia	형이상학

용어 해설 항목	관련 항목	원어	분야
사도	예언자, 히브리 국가/히브리 민족, 성서	Apostolus	종교
사유	관념, 적합한, 초월적인 것, 이성의 존재자, 양태, 변용	Cogitatio	인식론/인간학
사회	레스푸블리카, 임페리움, 자연 상태, 파시오, 상상, 코나투스	Societas	정치론
상상	오류, 정신, 인식, 변용, 파시오, 정서, 코나투스	Imaginatio	인식론/정치론
선/좋음	상상, 인식, 덕/실력, 지복	Bonum	윤리학
성서	히브리 국가/히브리 민족, 신학, 종교, 예언자, 사도, 해석, 계시, 기적, 그리스도, 모세	Scriptura sacra	종교
속성	실체, 질서와 연관, 양태, 능산적 자연, 나투라	Attributum	형이상학
시민	레스푸블리카, 임페리움, 포테스타스, 포텐티아, 자연 상태, 자유, 자유로운, 군주정, 귀족정, 민주정	Civis	정치론
시베(즉/또는)	나투라	Sive	형이상학
신·신의 지성과 의지	지성, 의지, 운동, 사유, 관념, 무한, 피니스, 능산적 자연, 변양, 실체, 속성, 신에 대한 지적 사랑	Deus, Intel. & Vol. Dei	형이상학/종교
신에 대한 지적 사랑	지복, 인식, 영원의 스페키에스에서, 피에타스, 종교	Amor intellectualis Dei	형이상학
신정	모세, 히브리 국가, 임페리움, 성서, 해석, 히스토리아	Theocratia	정치론
신학	철학, 성서, 믿음/신앙, 피에타스, 종교	Theologia	종교
실재성	에세, 엔스, 완전성, 속성, 본질	Realitas	형이상학
실존	가능한 것, 본질, 나투라, 코나투스, 에세, 엔스, 지속	Existentia	형이상학
실체	양태, 변용, 변양, 엔스, 실재성, 완전성, 우유	Substantia	형이상학
악티오(능동/작용)	파시오, 변용, 본질, 원인, 적합한, 포텐티아, 완전성, 덕, 정서, 자연 상태, 관대함	Actio	형이상학/인식론
양태	실체, 변용, 변양, 초월적인 것	Modus	형이상학

용어 해설 항목	관련 항목	원어	분야
에세(있음/존재함)	엔스, 이성의 존재자, 실재성, 완전성, 본질, 관념, 실존, 코나투스	Esse	형이상학
엔스(존재자)	변양, 실체, 에세, 이성의 존재자	Ens	형이상학
엘렉티오(선출/선택/선민/택함)	히브리 국가/히브리 민족, 바울/바울로	Electio	종교
여성	민주정, 자연 상태, 포테스타스	Femina/Mulier	인간학
영원/영원성	영원의 스페키에스에서, 지속, 본질, 실존	Aeternitas	형이상학
영원의 스페키에스에서	영원/영원성, 지속, 본질, 실존	Sub specie aeternitatis	형이상학
예속	자유, 자유로운, 정서, 파시오	Servitudo	정치론/인간학
예언자	성서, 계시, 기적, 해석, 히스토리아, 사도	Propheta	종교
오류	상상, 변용, 인식, 지성, 적합한, 관념, 자유	Error	인식론
완전성	실재성, 에세, 선/좋음	Perfectio	형이상학
욕구	코나투스, 의지, 이성	Appetitus	인간학/형이상학
우유	양태, 변양, 변용	Accidens	형이상학
우정	정서	Amicitia	인간학/정서론
운동	양태, 물체/신체, 무한, 코나투스, 신·신의 지성과 의지	Motus	형이상학
원인	물체/신체, 정신, 질서와 연관, 영원의 스페키에스에서	Causa	형이상학
유용한/유용한 것	파시오, 선/좋음, 코나투스, 인간, 사회	Utile/Utilitas	정치론
의지	지성, 인식, 이해, 판단, 사유, 상상, 인간, 자유, 악티오, 파시오, 선/좋음, 신·신의 지성과 의지	Voluntas	인간학
이성의 존재자	엔스, 에세, 사유, 상상	Ens rationis	형이상학/인식론
인간	나투라, 욕구, 코나투스, 악티오, 자유	Homo	인간학
인식	감각, 상상, 지성, 경험, ~하는 한에서, 신에 대한 지적 사랑	Cognitio	인식론

용어 해설 항목	관련 항목	원어	분야
임페리움(주권/통치권/국가)	자연 상태, 레스푸블리카, 포테스타스, 시민, 민주정, 귀족정, 신정, 동등함/평등함	Imperium	정치론
자신 안에 있음/그 자체로 존재함	실체, 속성, 양태	In se esse	형이상학
자신의 유 안에서	신, 실체, 속성, 나투라, 원인	In suo genere	형이상학
자연 상태	임페리움, 레스푸블리카, 사회, 렉스, 포텐티아, 코나투스, 파시오, 정서, 상상	Status naturae	정치론
자유	지복, 규정, 레스푸블리카, 임페리움, 자유로운, 철학함의 자유, 악티오, 상상, 인식, 판단, 신학	Libertas	정치론/형이상학
자유로운	의지, 규정/결정/한정, 자유, 예속	Liber	정치론/형이상학
자족감	정서, 파시오, 상상, 지복	Acquiescentia in se ipso	인간학/정서론
적합한	관념, 변용, 인식, 원인, 악티오, 파시오	Adaequatus	인식론
정서	변용, 파시오, 악티오, 마음의 정념, 인식, 상상, 미신, 임페리움, 예속, 종교	Affectus	인간학/정서론
정신	사유, 인식, 관념, 물체/신체	Mens	인간학
종교	강인함, 피에타스, 인식, 계시, 신학	Religio	종교
종교의식	피에타스, 종교	Caeremonia	종교
지각하다	관념, 인식, 지성, 상상	Percipio	인식론
지복	선/좋음, 신에 대한 지적 사랑, 자유, 인식, 덕	Beatitudo	인간/종교
지성	사유, 관념, 의지, 인식, 신·신의 지성과 의지	Intellectus	인식론
지속	영원/영원성, 실존, 본질, 코나투스, 무한, 피니스, 영원의 스키에스에서, 지성, 상상	Duratio	형이상학

용어 해설 항목	관련 항목	원어	분야
진공	속성, 물체/신체, 무, 구별	Vacuum	형이상학
진리	관념, 특징/명명/명칭, 적합한, 인식, 오류, 공통 통념, 히스토리아	Veritas	인식론
질서와 연관	원인, 속성	Ordo et connexio	형이상학
철학	히스토리아, 원인, 신학	Philosophia	형이상학
철학함의 자유	철학, 자유, 자유로운, 레스푸블리카, 시민	Libertas philosophandi	정치론
초월적인 것	공통 통념, 선/좋음, 양태, 엔스, 오류, 이성의 존재자, 특징/명명/명칭	Transcendentale	형이상학
코나투스	포텐티아, 악티오, 파시오, 덕/실력, 원인, 강인함	Conatus	인간학/형이상학
콘스키엔티아 (후회,의식意識)	정신, 관념, 인식, 경험, 사유, 물체/신체, 질서와 연관, 원인	Conscientia	인식론/인간학
특징/명명/명칭	본질, 우유, 진리	Denominatio	형이상학
파시오(수동/정념)	악티오, 정서, 변용, 마음의 정념, 예속, 강인함, 욕구, 의지	Passio	정서론/인간학
판단	정신, 관념, 지성, 의지, 지각, 편견	Iudicium	인식론
포테스타스(권력/권능)	포텐티아, 덕/실력, 임페리움, 자유, 자유로운, 자연 상태	Potestas	정치론/형이상학
포텐티아(역량/힘)	본질, 코나투스, 포테스타스, 임페리움, 자연 상태	Potentia	형이상학/정치론
피니스(한계/유한/목적)	무한, 규정/결정/한정, 욕망, 이성의 존재자	Finis	형이상학
피에타스(도의심/도덕/ 경건(함))	종교, 관대함, 철학함의 자유, 믿음/ 신앙, 신학	Pietas	종교/정서론/ 정치론
~하는 한에서	신·신의 지성과 의지	Quatenus	형이상학
함축하다	개념, 관념, 적합한	Involvere	형이상학
해석	성서, 히스토리아, 믿음의 기초, 계시	Interpretatio	종교
형이상학	철학, 신학	Metaphysica	형이상학
히브리 국가/히브리 민족	레스푸블리카, 임페리움, 모세, 엘렉티오, 신정, 민주정, 성서, 신학	Resp. Heb./natio Hebraica	정치론/종교

용어 해설 항목	관련 항목	원어	분야
히스토리아(역사/탐구/묘사/설명)	해석, 성서, 신학, 경험	Historia	방법론

용어 해설 목록(A~Z)

원어	용어 해설 항목	관련 항목	분야
Accidens	우유	양태, 변양, 변용	형이상학
Acquiescentia in se ipso	자족감	정서, 파시오, 상상, 지복	인간학/정서론
Actio	악티오(능동/작용)	파시오, 변용, 본질, 원인, 적합한, 포텐티아, 완전성, 덕, 정서, 자신 안에 있음, 관대함	형이상학/인식론
Adaequatus	적합한	관념, 변용, 인식, 원인, 악티오, 파시오	인식론
Aequalitas	동등함/평등함	덕, 민주정, 자유, 자유로운, 철학함의 자유	정치론
Aeternitas	영원/영원성	영원의 스페키에스에서, 지속, 본질, 실존	형이상학
Affectio	변용	구별, 실체, 우유, 양태, 변양, 정서, 파시오, 초월적인 것	형이상학
Affectus	정서	변용, 파시오, 악티오, 마음의 정념, 인식, 상상, 미신, 임페리움, 예속, 종교	인간학/정서론
Amicitia	우정	정서	인간학/정서론
Amor intellectualis Dei	신에 대한 지적 사랑	지복, 인식, 영원의 스페키에스에서, 피에타스, 종교	형이상학
Apostolus	사도	예언자, 히브리 국가/히브리 민족, 성서	종교
Appetitus	욕구	코나투스, 의지, 의식	인간학/형이상학

원어	용어 해설 항목	관련 항목	분야
Aristocratia	귀족정	레스푸블리카, 임페리움, 군주정, 민주정, 신정, 포테스타스	정치론
Atheismus	무신론	신, 피에타스, 믿음, 믿음의 기초, 성서, 종교, 종교의식	종교/형이상학
Attributum	속성	실체, 질서와 연관, 양태, 능산적 자연, 자연	형이상학
Beatitudo	지복	선/좋음, 신에 대한 지적 사랑, 자유, 인식, 덕/실력	인간/종교
Bonum	선/좋음	상상, 인식, 덕, 지복	윤리학
Caeremonia	종교의식	피에타스, 종교	종교
Causa	원인	물체/신체, 정신, 질서와 연관, 영원의 스페키에스에서	형이상학
Christus	그리스도	예언자, 모세, 성서, 믿음의 기초	종교
Civis	시민	레스푸블리카, 임페리움, 포테스타스, 포텐티아, 자연 상태, 자유, 자유로운, 군주정, 귀족정, 민주정	정치론
Cogitatio	사유	관념, 적합한, 초월적인 것, 이성의 존재자, 양태, 변용	인식론/인간학
Cognitio	인식	감각, 상상, 지성, 경험, ~하는 한에서, 신에 대한 지적 사랑	인식론
Conatus	코나투스	포텐티아, 악티오, 파시오, 덕/실력, 원인, 강인함	인간학/형이상학
Conceptus	개념	관념, 지각	인식론
Conscientia	콘스키엔티아(후회,의식意識)	정신, 관념, 인식, 경험, 사유, 물체/신체, 질서와 연관, 원인	인식론/인간학
Corpus	물체/신체	정신, 운동, 변용, 속성, 공통 통념	형이상학
Democratia	민주정	임페리움, 자유, 자유로운, 예속, 철학함의 자유	정치론
Denominatio	특징/명명/명칭	본질, 우유, 진리	형이상학
Determinatio	규정/결정/한정	악티오, 피니스, 원인, 가능한 것, 자유	형이상학

원어	용어 해설 항목	관련 항목	분야
Deus, Intel. & Vol. Dei	신·신의 지성과 의지	지성, 의지, 운동, 사유, 관념, 무한, 피니스, 능산적 자연, 변양, 실체, 속성, 신에 대한 지적 사랑	종교/형이상학
Distinctio	구별	본질, 실존, 실체, 속성, 양태, 자유, 의지	형이상학
Duratio	지속	영원/영원성, 실존, 본질, 코나투스, 무한, 피니스, 영원의 스키에스에서, 지성, 상상	형이상학
Electio	엘렉티오(선출/선택/선민/택함)	히브리 국가/히브리 민족, 바울/바울로	종교
Ens	엔스(존재자)	변양, 실체, 에세, 이성의 존재자	형이상학
Ens rationis	이성의 존재자	엔스, 에세, 사유, 상상	형이상학/인식론
Error	오류	상상, 변용, 인식, 지성, 적합한, 관념, 자유	인식론
Esse	에세(있음/존재함)	엔스, 이성의 존재자, 실재성, 완전성, 본질, 관념, 실존, 코나투스	형이상학
Essentia	본질	에세, 실존, 속성, 공통 통념, 코나투스, 포텐티아, 기하학적 질서·정의·공리, 구별, 우유, 특징	형이상학
Existentia	실존	가능한 것, 본질, 나투라, 코나투스, 에세, 엔스, 지속	형이상학
Experientia	경험	히스토리아, 상상, 인식	인식론
Femina / Mulier	여성	민주정, 자연 상태, 포테스타스	인간학
Fides	믿음/신앙	인식, 믿음의 기초	종교
Finis	피니스(한계/유한/목적)	무한, 규정/결정/한정, 욕망, 이성의 존재자	형이상학
Fortitudo	강인함	정서, 파시오, 악티오, 코나투스, 관대함, 관용, 지성, 피에타스, 종교, 자유, 자유로운	인간학/정서론
Fundamenta fidei	믿음의 기초	믿음/신앙, 성서	종교

원어	용어 해설 항목	관련 항목	분야
Generositas	관대함	강인함, 정서, 악티오, 파시오, 자유로운, 우정, 사랑, 포텐티아	인간학/정서론
Historia	히스토리아(역사/탐구/묘사/설명)	해석, 성서, 신학, 경험	방법론
Homo	인간	나투라, 욕구, 코나투스, 악티오, 자유	인간학
Idea	관념	사유, 개념, 인식, 적합한, 정서, 상상, 판단, 지성, 이성의 존재자	인식론/형이상학
Imaginatio	상상	오류, 정신, 인식, 변용, 파시오, 정서, 코나투스	인식론/정치론
Imperium	임페리움(주권/통치권/국가)	자연 상태, 레스푸블리카, 포테스타스, 시민, 민주정, 귀족정, 신정, 동등함/평등함	정치론
In se esse	자신 안에 있음/그 자체로 존재함	실체, 속성, 양태	형이상학
In suo genere	자신의 유 안에서	신, 실체, 속성, 나투라, 원인	형이상학
Infinitum	무한	피니스, 실체, 속성, 양태	형이상학
Intellectus	지성	사유, 관념, 의지, 인식, 신·신의 지성과 의지	인식론
Interpretatio	해석	성서, 히스토리아, 믿음의 기초, 계시	종교
Involvere	함축하다	개념, 관념, 적합한	형이상학
Iudicium	판단	정신, 관념, 지성, 의지, 지각, 편견	인식론
Lex	렉스(법/법칙/법률/법령)	자연 상태, 임페리움, 레스푸블리카, 포테스타스, 사회, 시민	정치론
Liber	자유로운	의지, 규정/결정/한정, 자유, 예속	정치론/형이상학
Libertas	자유	지복, 규정, 레스푸블리카, 임페리움, 자유로운, 철학함의 자유, 악티오, 상상, 인식, 판단, 신학	정치론/형이상학
Libertas philosophandi	철학함의 자유	철학, 자유, 자유로운, 레스푸블리카, 시민	정치론

원어	용어 해설 항목	관련 항목	분야
Mens	정신	사유, 인식, 관념, 물체/신체	인간학
Metaphysica	형이상학	철학, 신학	형이상학
Miraculum	기적	성서, 신학, 렉스	종교
Modificatio	변양	양태, 변용, 엔스, 실체, 속성, 운동	형이상학
Modus	양태	실체, 변용, 변양, 초월적인 것	형이상학
Monarchia	군주정	예속, 미신, 임페리움, 레스푸블리카	정치론
Moses	모세	성서, 예언자, 그리스도, 계시, 종교의식, 신정, 히브리 국가/히브리 민족	종교/정치론
Motus	운동	양태, 물체/신체, 무한, 코나투스, 신·신의 지성과 의지	형이상학
Natura	나투라(자연/본성)	능산적 자연, 본질, 예언, 기적	형이상학
Natura naturans	능산적 자연	나투라, 운동, 신·신의 지성과 의지, 무한	형이상학
Nihil	무	진공, 구별, 속성	형이상학
Nomen/Verbum	명사/이름, 동사	초월적인 것, 실체	인식론
Notio communis	공통 통념	기하학적 질서·정의·공리, 인식, 본질	인식론
Ordo et connexio	질서와 연관	원인, 속성	형이상학
Ordo geo. Def. Ax.	기하학적 질서·정의·공리	렉스, 본질, 공통 통념	방법론
Passio	파시오(수동/정념)	악티오, 정서, 변용, 마음의 정념, 예속, 강인함, 욕구, 의지	정서론/인간학
Pathema animi	마음의 정념	파시오, 정서, 변용	정서론/인간학
Paulus	바울/바울로	그리스도, 자연 상태, 렉스, 예언자, 계시	종교
Percipio	지각하다	관념, 인식, 지성, 상상	인식론

원어	용어 해설 항목	관련 항목	분야
Perfectio	완전성	실재성, 에세, 선/좋음	형이상학
Philosophia	철학	히스토리아, 원인, 신학	형이상학
Pietas	피에타스(도의심/도덕/경건(함))	종교, 관대함, 철학함의 자유, 믿음/신앙, 신학	종교/정서론/정치론
Possibile	가능한 것	우유, 인식, 상상, 실존	형이상학
Potentia	포텐티아(역량/힘)	본질, 코나투스, 포테스타스, 임페리움, 자연 상태	형이상학/정치론
Potestas	포테스타스(권력/권능)	포텐티아, 덕/실력, 임페리움, 자유, 자유로운, 자연 상태	정치론/형이상학
Propheta	예언자	성서, 계시, 기적, 해석, 히스토리아, 사도	종교
Quatenus	~하는 한에서	신·신의 지성과 의지	형이상학
Realitas	실재성	에세, 엔스, 완전성, 속성, 본질	형이상학
Religio	종교	강인함, 피에타스, 인식, 계시, 신학	종교
Resp. Heb./natio Hebraica	히브리 국가/히브리 민족	레스푸블리카, 임페리움, 모세, 엘렉티오, 신정, 민주정, 성서, 신학	정치론/종교
Respublica	레스푸블리카(국가/공화국)	시민, 임페리움, 사회	정치론
Revelatio	계시	신학, 믿음의 기초, 성서, 예언자, 종교의식	종교
Scriptura sacra	성서	히브리 국가/히브리 민족, 신학, 종교,예언자, 사도, 해석, 계시, 기적, 그리스도, 모세	종교
Servitudo	예속	자유, 자유로운, 정서, 파시오	정치론/인간학
Sive	시베(즉/또는)	나투라	형이상학
Societas	사회	레스푸블리카, 임페리움, 자연 상태, 파시오, 상상, 코나투스	정치론
Status naturae	자연 상태	임페리움, 레스푸블리카, 사회, 렉스, 포텐티아, 코나투스, 파시오, 정서, 상상	정치론

원어	용어 해설 항목	관련 항목	분야
Sub specie aeternitatis	영원의 스페키에스에서	영원/영원성, 지속, 필연성, 본질, 실존	형이상학
Substantia	실체	양태, 변용, 변양, 엔스 실재성, 완전성, 우유	형이상학
Superstitio	미신	종교, 예속, 상상	종교/정치론/인간학
Theocratia	신정	모세, 히브리 국가, 임페리움, 성서, 해석, 히스토리아	정치론
Theologia	신학	철학, 성서, 믿음, 피에타스, 종교	종교
Tolerantia	관용	철학함의 자유, 레스푸블리카, 임페리움, 자유, 자유로운	정치론/정서론
Transcendentale	초월적인 것	공통 통념, 선/좋음, 양태, 엔스, 오류, 이성의 존재자, 특징/명명/명칭	형이상학
Utile/Utilitas	유용한/유용한 것	파시오, 선/좋음, 코나투스, 인간, 사회	정치론
Vacuum	진공	속성, 물체, 무, 구별	형이상학
Veritas	진리	관념, 특징/명명/명칭, 적합한, 인식, 오류, 공통 통념, 히스토리아	인식론
Virtus	덕/실력	악티오, 포텐티아, 나투라, 본질, 코나투스, 지복, 자유로운	인간학/정서론
Voluntas	의지	지성, 인식, 이해, 판단, 사유, 상상, 인간, 자유, 악티오, 파시오, 선/좋은 것, 신·신의 지성과 의지	인간학

용어 해설 목록(표제어)

용어 해설 항목	원어	관련 항목	분야
가책 → 콘스키엔티아	Conscientia		인식론/인간학
감정 → 정서	Affectus		인간학/정서론
결정 → 규정	Determinatio		형이상학
경건 → 피에타스	Pietas		종교/정서론/정치론
공리 → 기하학적 질서	Axioma, see Ordo Geo, Ordo geo. Def. Ax.		방법론
공화국 → 레스푸블리카	Respublica		정치론
국가 → 임페리움, 레스푸블리카, 시민	Imperium, Respublica		정치론
국가권력 → 임페리움	Imperium		정치론
권력/권능/권한 → 포테스타스	Potestas		정치론/형이상학
권리(Ius) → 렉스	Ius		정치론
그리스도교(기독교) → 종교	Christianismus		종교
기쁨(Laetitia) → 정서.	Laetitia		정서론
내재적 원인(causa immanens) → 코나투스	Causa immanens		인간/형이상학
노력 → 코나투스	Conatus		인간/형이상학
능동 → 악티오	Actio		형이상학/인식론
도의심 → 피에타스	Pietas		종교/정서론/정치론
동사 → 명사	Nomen / Verbum		인식론
또는 → 시베	Sive		형이상학
마음 → 정신	Mens		인간학
목적 → 피니스	Finis		형이상학/인간학
법 → 렉스	Lex		정치론

용어 해설 항목	원어	관련 항목	분야
보편자 → 초월적인 것	Universale		형이상학
본성 → 나투라, 본질	Natura		형이상학
사고상의 존재자 → 이성의 존재자	Ens rationis		형이상학/인식론
사람 → 인간	Homo		인간학
선민/택함 → 엘렉티오	Electio		종교
선지자 → 예언자	Propheta		종교
선출/선택 → 엘렉티오	Electio		종교
소산적 자연 → 능산적 자연, 나투라	Natura naturata		형이상학
수동 → 파시오	Passio		정서론/인간학
슬픔(Tristitia) → 정서	Tristitia		정서론
신앙 → 믿음	Fides		종교
신체 → 물체	Corpus		형이상학
실력 → 덕	Virtus		인간학/정서론
악/나쁨(Malum, 말룸) → 선/좋음	Malum		윤리학
양심 → 콘스키엔티아	Conscientia		인식론/인간학
역량 → 포텐티아	Potentia		형이상학/정치론
역사 → 히스토리아	Historia		방법론
욕망(Cupiditas, 쿠피디타스) →욕구	Cupiditas		인간학/형이상학
유한 → 피니스	Finis		형이상학
의식 → 콘스키엔티아	Conscientia		인식론/인간학
이름 → 명사	Nomen/Verbum		인식론
이성(ratio) → 인식	Ratio		인식론
있음 → 에세	Esse		형이상학

용어 해설 항목	원어	관련 항목	분야
자기 원인 → 실체, 신·신의 지성과 의지, 본질, 자신 안에 있음	Causa sui		형이상학
자신의 권리 아래 → 자연 상태	Status naturae		정치론
자연 → 나투라	Natura		형이상학
작용 → 악티오	Actio		형이상학/인식론
정념 → 파시오	Passio		정서론/인간학
정의 → 기하학적 질서	Ordo geo. Def. Ax.		방법론
존재(함) → 에세	Esse		형이상학
존재자 → 엔스	Ens		형이상학
좋음 → 선	Bonum		윤리학
주권 → 임페리움	Imperium		정치론
즉 → 시베	Sive		형이상학
직관적 인식 → 인식	Intuitiva cognitio		인식론
최고 권력 → 임페리움	Imperium		정치론
타동적 원인 → 원인	Causa transiens		형이상학
통치권 → 임페리움	Imperium		정치론
특성 → 나투라, 본질, 원인, 기하학적 질서	Propria		형이상학
포함하다 → 함축하다	Involvere		형이상학
표상적(Objectivus, 오비엑티부스) → 본질, 에세, 관념, 실재성, 완전성	Objectivus		인식론/형이상학
표현하다 → 원인, 질서와 연관	exprimere		형이상학
한계 → 피니스	Finis		형이상학
한정 → 규정	Determinatio		형이상학

용어 해설 항목	원어	관련 항목	분야
형상적(Formalis, 포르말리스) → 본질, 에세, 관념, 실재성, 완전성	Formalis		형이상학
활동 → 악티오	Actio		형이상학/인식론
힘 → 포텐티아	Potentia		형이상학/정치론

용어 해설 목록 (주제별)

분야	용어 해설 항목	원어
방법론	히스토리아(역사/탐구/묘사/설명)	Historia
방법론	기하학적 질서·정의·공리	Ordo geo. Def. Ax.
윤리학	선/좋음	Bonum
인간/종교	지복	Beatitudo
인간학	정신	Mens
인간학	여성	Femina / Mulier
인간학	인간	Homo
인간학	의지	Voluntas
인간학/정서론	관대함	Generositas
인간학/정서론	우정	Amicitia
인간학/정서론	강인함	Fortitudo
인간학/정서론	덕/실력	Virtus
인간학/정서론	자족감	Acquiescentia in se ipso

분야	용어 해설 항목	원어
인간학/정서론	정서	Affectus
인간학/형이상학	욕구	Appetitus
인간학/형이상학	코나투스	Conatus
인식론	적합한	Adaequatus
인식론	판단	Iudicium
인식론	인식	Cognitio
인식론	진리	Veritas
인식론	공통 통념	Notio communis
인식론	오류	Error
인식론	개념	Conceptus
인식론	명사/이름, 동사	Nomen / Verbum
인식론	경험	Experientia
인식론	지각하다	Percipio
인식론	지성	Intellectus
인식론/인간학	사유	Cogitatio
인식론/인간학	콘스키엔티아(후회,의식意識)	Conscientia
인식론/정치론	상상	Imaginatio
인식론/형이상학	관념	Idea
정서론/인간학	마음의 정념	Pathema animi
정서론/인간학	파시오(수동/정념)	Passio
정치론	렉스(법/법칙/법률/법령)	Lex
정치론	군주정	Monarchia

분야	용어 해설 항목	원어
정치론	귀족정	Aristocratia
정치론	철학함의 자유	Libertas philosophandi
정치론	동등함/평등함	Aequalitas
정치론	레스푸블리카(국가/공화국)	Respublica
정치론	사회	Societas
정치론	민주정	Democratia
정치론	자연 상태	Status naturae
정치론	임페리움(주권/통치권/국가)	Imperium
정치론	유용한 / 유용함	Utile/Utilitas
정치론	시민	Civis
정치론	신정	Theocratia
정치론/인간학	예속	Servitudo
정치론/정서론	관용	Tolerantia
정치론/종교	히브리 국가	Resp. Heb./natio Hebraica
정치론/형이상학	자유	Libertas
정치론/형이상학	자유로운	Liber
정치론/형이상학	포테스타스(권력/권능)	Potestas
종교	신학	Theologia
종교	사도	Apostolus
종교	바울/바울로	Paulus
종교	기적	Miraculum
종교	믿음의 기초	Fundamenta fidei

분야	용어 해설 항목	원어
종교	엘렉티오(선출/선택/선민/택함)	Electio
종교	그리스도	Christus
종교	성서	Scriptura sacra
종교	계시	Revelatio
종교	믿음/신앙	Fides
종교	예언자	Propheta
종교	해석	Interpretatio
종교	종교	Religio
종교	종교의식	Caeremonia
종교/정서론/정치론	피에타스(도의심/도덕/경건(함))	Pietas
종교/정치론	모세	Moses
종교/정치론/인간학	미신	Superstitio
형이상학/종교	무신론	Atheismus
형이상학/종교	신·신의 지성과 의지	Deus, Intel. & Vol. Dei
형이상학	에세(있음/존재함)	Esse
형이상학	양태	Modus
형이상학	운동	Motus
형이상학	영원의 스페키에스에서	Sub specie aeternitatis
형이상학	영원/영원성	Aeternitas
형이상학	원인	Causa
형이상학	가능한 것	Possibile
형이상학	자신의 유 안에서	In suo genere

분야	용어 해설 항목	원어
형이상학	우유	Accidens
형이상학	속성	Attributum
형이상학	본질	Essentia
형이상학	변용	Affectio
형이상학	완전성	Perfectio
형이상학	실재성	Realitas
형이상학	신에 대한 지적 사랑	Amor intellectualis Dei
형이상학	자신 안에 있음	In se esse
형이상학	물체/신체	Corpus
형이상학	무한	Infinitum
형이상학	시베(즉/또는)	Sive
형이상학	지속	Duratio
형이상학	진공	Vacuum
형이상학	무	Nihil
형이상학	질서와 연관	Ordo et connexio
형이상학	철학	Philosophia
형이상학	변양	Modificatio
형이상학	초월적인 것	Transcendentale
형이상학	능산적 자연	Natura naturans
형이상학	나투라(자연/본성)	Natura
형이상학	특징/명명/명칭	Denominatio
형이상학	규정	Determinatio

분야	용어 해설 항목	원어
형이상학	구별	Distinctio
형이상학	실존	Existentia
형이상학	실체	Substantia
형이상학	피니스(한계/유한/목적)	Finis
형이상학	엔스(존재자)	Ens
형이상학	~하는 한에서	Quatenus
형이상학	함축하다	Involvere
형이상학	형이상학	Metaphysica
형이상학/인식론	악티오(능동/작용)	Actio
형이상학/인식론	이성의 존재자	Ens rationis
형이상학/정치론	포텐티아(역량/힘)	Potentia

국내 스피노자 관련 저역서

강신주, 『강신주의 감정수업 : 스피노자와 함께 배우는 인간의 48가지 얼굴』(민음사, 2013).

김명석, 『스피노자의 에티카 : 세계』(필로스, 2025).

김은주, 『스피노자의 형이상학 : 역량과 합리성』(민음사, 2024).

김익현, 『스피노자가 들려주는 윤리 이야기』(자음과모음, 2000).

로저 스크루턴, 조현진 옮김, 『스피노자』(궁리, 2002).

막심 로베르, 박영록 옮김, 『스피노자와 그의 친구들 — 암스테르담, 1677년 : 자유의 발명』(인간사랑, 2024).

매튜 스튜어트, 석기용 옮김, 『스피노자는 왜 라이프니츠를 몰래 만났나 : 철학의 진로를 바꾼 17세기 두 천재의 위험한 만남』(교양인, 2011).

박삼열, 『스피노자와 후계자들』(북코리아, 2010).

______, 『스피노자의 심리철학 : 긍정과 자유를 통해 심리철학을 꿰뚫다』(한국학술정보, 2020).

박지형, 『스피노자의 거미 : 자연에서 배우는 민주주의』(이음, 2019).

샹탈 자케, 정지은·김종갑 옮김, 『몸 : 하나이고 여럿인 세계에 관하여』(그린비, 2021), 3장 5절 "몸과 정신의 관계들에 대한 스피노자의 모델"(257~289쪽).

서정욱, 『스피노자 vs 라이프니츠』(세창출판사, 2021).

성동권, 『감정으로 존재하는 신』(부크크, 2023).

______, 『감정의 예속과 자유』(부크크, 2024).

______, 『신을 향한 지적인 사랑』(부크크, 2024).

______, 『신의 존재를 증명하는 감정』(부크크, 2023).

______, 『욕망의 이성』(부크크, 2023).

성회경, 『스피노자와 붓다』(한국학술정보, 2022).

스티븐 내들러, 이혁주 옮김, 『에티카를 읽는다』(그린비, 2014).

스티븐 내들러 글·벤 내들러 그림, 이혁주 옮김, 『철학의 이단자들 : 서양근대 철학의 경이롭고 위험한 탄생』(창비, 2019).

신승철, 『사랑할수록 지혜로워진다 : 스피노자와 함께 인생의 새 판 짜기』(사우, 2019).

아리엘 수아미, 강희경 옮김, 『스피노자의 동물 우화 : 해학으로 가득 찬 스피노자의 철학 동물원』(열린책들, 2010).

안토니오 네그리, 이기웅 옮김, 『전복적 스피노자』(그린비, 2005).

알렉산더 리페브르, 한병준·허유선 옮김, 『스피노자, 베르그송, 들뢰즈 : 법-이미지』(치우, 2012).

워런 몬탁, 정재화 옮김, 『신체, 대중들, 역량 : 스피노자와 그의 동시대인들』(그린비, 2019).

이경석, 『스피노자의 인식과 자유』(한국학술정보, 2005).

이덕화, 『능동적 공동체로 토지 읽기 : 스피노자 철학 개념, 코나투스』(역락, 2023).

이수영, 『에티카, 자유와 긍정의 철학 : 스피노자 철학 읽기』(오월의봄, 2013).

이용현, 『미신시대 : 스피노자가 들려주는 미신 이야기』(자유림, 2017).

이주강, 『스피노자와 아리스토텔레스』(부크크, 2019).

______, 『완전주의 : 스피노자의 반反목적론』(밥북, 2015).

장성탁, 『스피노자, 중용에서 배우는 정서적 인간 : 시공간을 초월하여 만나는 인간 정서에 대한 깊은 고찰』(바른북스, 2023).

존 버거, 김현우·진태원 옮김, 『벤투의 스케치북』(열화당, 2012).

진태원, 『스피노자 윤리학 수업』(그린비, 2022).

최민자, 『스피노자의 사상과 그 현대적 부활』(모시는사람들, 2015).

프레데리크 로르동, 전경훈 옮김, 『정치적 정서』(꿈꾼문고, 2020).

______, 현동균 옮김, 『자본주의와 자발적 예속 : 스피노자와 마르크스의 욕망과 정념의 사회학』(진인진, 2024).

프리드리히 야코비, 최신한 옮김, 『스피노자 학설』(지만지, 2014).

피에르-프랑수아 모로, 류종렬 옮김, 『스피노자』(다른세상, 2008).

황진규, 『스피노자의 생활철학 : 유쾌한 삶을 위한 '에티카' 해설서』(인간사랑, 2020).

______, 『스피노자 자연스러운 삶을 위한 철학 — 세상에서 가장 쉬운 『에티카』 해설서』(철학흥신소, 2025).

스피노자 저작 국역본 소개

『지성교정론』 번역

3종의 국역본이 있다. 황태연이 옮긴 『에티카』(비홍, 2014)와 『스피노자 선집』(비홍, 2016)에 수록된 『지성교정론』, 강영계가 옮긴 『지성개선론』(서광사, 2015), 김은주가 옮긴 『지성교정론』(길, 2020). 첫 번째 역본은 국내 초역으로 셜리, 컬리, 엘위스R. H. M. Elwes 의 영역에서 중역했다고 하며, 두 번째 역본의 대본은 브루더(K. H. Bruder ed., Opera, Lipsiae, 1844)과 블루멘슈토크가 편찬한 독역본(Konrad Blumenstock ed., Tractatus de intellectus emendatione, Darmstadt, 1980) 및 셜리의 영역본이라고 한다. 김은주의 번역은 겝하르트와 모로의 고증본을 대본으로 한 라틴어-한국어 대역본이다. 표준 번역본으로 사용될 수 있는 역본은 단연 김은주의 역서이다. 최근의 연구 성과를 반영한 풍부한 역주와 해제도 큰 도움이 된다.

『신, 인간, 인간의 행복에 관한 소론』 번역

강영계의 역본 『신과 인간과 인간의 행복에 대한 짧은 논문』(서광사, 2016)이 있다. 국내 초역이며, 블로텐J. van Vloten의 라틴어-독일어 대역본과 지크바르트Christoph Sigwart의 독역본(Freiberg in Baden : J. C. B. Mohr, 1870), 셜리의 영역본 등을 참고했다고 밝히고 있으나 결과물을 볼 때 셜리의 영역본이 주 대본이었던 것으로 보인다. 용어 번역뿐만 아니라 오역도 적지 않아 원문이나 신뢰할 만한 영역 등 다른 언어의 번역본과 대조하며 볼 필요가 있다.

『데카르트의 『철학의 원리』』 번역

강영계가 완역한 『데카르트의 철학의 원리』(서광사, 2016)가 있으며, 1부와 부록 일부만 번역한 양진호의 역본 『데카르트 철학의 원리』(책세상, 2010)이 있다. 강영계의 번역은 브루더판과 아우에르바흐Berthold Auerbach의 독역본(Erster Band, Stuttgart, 1871), 셜리의 영역본을 참고했다고 하며, 양진호의 번역은 겝하르트 판본을 대본으로 불역, 영역, 독역 등을 참고한 번역이라고 한다. 양진호의 편역본은 극히 일부만 번역된 것이지만 도움이 되며, 전문을 읽으려면 강영계의 번역본을 참고할 수밖에 없다.

『신학정치론』 번역

완역으로는 황태연이 옮긴 『신학정치론』(신아출판사, 2010)과 『스피노자 선집』(비홍, 2016), 최형익이 번역한 『신학정치론·정치학논고』(비르투, 2011), 강영계가 옮긴 『신학-

정치론』(서광사, 2017) 3종이 있다. 황태연 역본은 셜리의 영역본이 주 번역 대본이고, 최형익의 번역본은 엘위스의 영역본을 옮긴 것이며, 강영계의 번역본은 브루더 판본을 저본으로 가블리크Günter Gawlick와 니뵈너Friedrich Niewöhner가 번역한 *Tractatus Theologico-Politicus : Theologisch-Politischer Traktat*(Darmstadt : Wissenschaftliche Buchgesellschaft, 1979)와 셜리의 영역본을 참고했다고 한다. 황태연과 최형익의 역본은 모두 중역이고 아쉬운 감이 없지 않다. 가독성 측면에서는 상대적으로 최형익의 번역이 낫지만, 지금은 사용되지 않고 좋지 않은 엘위스의 영역본이 대본이다. 황태연의 번역은 읽기가 수월치 않지만, 번역 대본이 셜리의 영역본이라는 점에서 상대적으로 낫고 영역본과 함께 읽을 수 있다면 도움이 된다. 강영계의 번역은 브루더 판본을 저본으로 했다는 점에서 이전 번역본과 차별화된다. 그러나 학술적 번역이라고 보기는 어려워 보인다. 김호경이 서문과 7, 12, 15장을 번역한 역본도 있다(『신학-정치론』, 책세상, 2002). 조금 애매하지만, *Tractatus Theologico-Politicus*(Hamburg 1670)를 대본으로 한 것으로 보이며, 가블리크와 니뵈너의 독역본을 참고했다고 한다.

『정치론』 번역

현재 유통되는『정치론』 번역은 총 6종이 있다. 김성근이 옮긴『국가론』(서문문고, 2001), 추영현이 옮긴『에티카·정치론』(동서문화사, 2008), 김호경이 옮긴『정치론』(갈무리, 2009), 최형익이 옮긴『신학정치론·정치학논고』(비르투, 2011), 황태연이 옮긴『정치론』(비홍출판사, 2013)과『스피노자 선집』(비홍, 2016), 강영계가 옮긴『정치학 논고』(서광사, 2017), 공진성이 옮긴『정치론』(길, 2020)이 그것이다. 김호경의 번역은 베른햄A. G. Wernham의 영역본을 기준으로 겝하르트본과 엘위스의 역본을 참고했다고 밝혔으며, 최형익의 번역본은 엘위스의 영역본을 옮긴 것이다. 추영현의 번역본은 번역 대본에 대한 언급이 없다(『에티카』 번역 대본만 스테른Jakob Stern의 독역본이라고 되어 있다). 김성근의 번역본은 겝하르트판의 완역이라고 밝히고 있다(추영현, 김성근의 번역은 상당히 비슷해 보인다). 황태연의 번역은 셜리와 고셋A. H. Gosset의 영역본이 대본이다. 강영계는 브루더판을 저본으로 아우에르바흐의 독역본 및 셜리의 영역본을 참고했다고 밝히고 있다. 공진성의 역본은 독일에서 나온 바르투샤트Wolfgang Bartuschat의 편집본(라틴어-독일어 대역본)을 저본으로 워넘A. G. Wernham의 편집본을 참조했다고 하며 라틴어-한국어 대역본으로 나왔다. 해제, 역주, 도표 등도 도움이 된다.

『윤리학』

완역본으로는 강영계가 옮긴『에티카』(서광사, 1990, 2007. 2007년 판은 개정판이라고 되어 있지만, 번역은 이전과 거의 동일하다), 추영현이 옮긴『에티카·정치론』(동서문화사, 2008), 황태연이 옮긴『에티카』(비홍, 2014)와『스피노자 선집』(비홍, 2016), 이렇게 3종이 있다. 강영계의 번역본은 스테른의 라독 대역판을 비교하며 번역했다고 하며, 추영현의 번역본은 스테른의 독역판이 번역 대본이고, 황태연의 번역본은 컬리, 셜리, 화이트 William Hale White의 영역본을 참고하여 번역했다고 밝히고 있다(셜리의 영역본이 주 대본인 듯하다). 기존 연구 성과 반영이 미흡하고, 특히 용어 번역 등에 문제가 있다. 아쉬운 대로 하나를 고르자면, 황태연의 번역본을 추천하고 싶다. 영역본과 같이 읽을 수 있다면 특히 그렇다. 부분 번역본으로는 조현진의 역본『에티카』(책세상, 2006)가 있다. 1부 부록과 2부 정리49의 따름정리와 증명 및 주석, 3부 서문, 4부 서문과 부록, 5부 서문이 번역되어 있으며, 겝하르트 판본을 대본으로 했다고 한다. 역주, 용어 해설, 국내 스피노자 연구 문헌 소개 등은 간단하나마 도움이 된다. 두 분의 스피노자 연구자가『윤리학』을 번역 중이라고 하니 머지않아 출간될 것으로 보인다.

『스피노자 서간집』

이근세가 옮긴『스피노자 서간집』(아카넷, 2018)이 있다. 국내 초역으로, 겝하르트 비평본을 저본으로 한 번역본이며, 셜리의 영역본과 아펭C. Appuhn과 로베르M. Rovere 등 여러 프랑스어 번역본을 참고했다고 한다. 겝하르트 판본의 총 84통(『유고』OP에 수록된 72통 서신과 19세기에 발견된 12통의 서신)의 서신을 모두 번역한 것으로, 'Epistola 48bis['두 번째'라는 뜻]'과 'Epistola 67bis'을 별도로 셈하면 겝하르트 판본에 있는 총 86통의 서신 중 'Epistola 67bis'를 제외한 85통의 서신이 모두 번역되어 있다(국역본에서 '67bis'를 제외한 이유에 대해서는 이근세 369 각주 239번 참고). 역주와 서신 교환자들에 대한 소개가 포함된 옮긴이 해제도 도움이 된다.

참고로 겝하르트 비평본에 수록되지 않은(그래서 국역본에도 없는) 복원된 서신들은 현재 널리 사용되는 영역본을 참고할 수 있다. 컬리 역(C I. 206)의 'Letter 12(A)'와 셜리 역(S791~792)의 'Letter 12A'(동일 서신임), 컬리 역(C II. 12~14)의 'Letter 30'([Fragment 1]과 [Fragment 2]로 구성)과 셜리 역의 'Letter 30'(S. 843~844. 컬리의 [Fragment 2]에 해당)과 'Letter 30A'(S. 845. 컬리 'Letter 30(C)'의 [Fragment 1]에 해당), 컬리와 셜리의 'Letter 48A'(C II. 398~403 ; S 888~889)와 'Letter 48B'(C II. 403~405 ; S 890. 한 문장에 불과

한 서신 단편의 복원 서신을 번역 수록한 것이다. 겝하르트본의 'Epistola 48bis'와 국역본 '서신48-2'에 해당한다. 이 서신에 대해서는 이 책 4부 '믿음의 기초' 항목 옮긴이 주 참고), 컬리 역(C II. 451~458)의 'Letter 67BIS'와 셜리 역(S. 929~935)의 'Letter 67A'(동일 서신임. 국역본에 없는 겝하르트본의 'Epistola 67bis'에 해당) 등이 그것이다.

옮긴이 후기

우연히 무언가에 이끌렸을 것이다. 평소 관심 있던 분야의 신간이라면 책 제목의 '스피노자'라는 이름 자체가 책을 펼친 이유였을지도. 서점에서 책의 실물을 접한 이라면, 표지 디자인이나 장정, 종이 질 등 책의 물성도 유인誘因이 되었을 수 있다. 저역자와 출판사도 챙겨 보고 목차를 일별한 후 관심이 가는 곳을 직접 읽어 본 독자도 있겠다. 그리고 여기까지 온 당신은 어쩌면 나처럼 역자 후기도 빠뜨리지 않는 사람일지도 모른다.

　당신이 무엇을 기대하는지 모른다. 그저 무심히 읽을 수도 있다. 그러나 미리 말씀 드리자면, 아마도 이 후기는 결국 책 내용을 소개하고, 고마운 사람의 이름을 지루하게 나열하는 평범한 후기 이상은 아닐 것이다. 그러나 '벽돌책'을 힘겹게 들어 올린 당신이 독서를 결심할 용기를 얻는 계기가 되기를 바라는 마음으로 후기를 쓴다. 스피노자는 관계에서 발생하는 모든 정서에는 관계항의 차이나 합치에서 비롯되는 고유한 빛깔이 있다고 한다. 부디 여기까지 온 당신에게 이 부족한 후기에도 감응할 수 있는 어떤 본성이 있기를, 하여 짧지 않을 독서 여정에 용기가 되기를….

* * *

　이 책은 블룸즈버리 출판사Bloomsbury Publishing Plc가 출간한 *The Bloomsbury Companion to Spinoza*(2014)를 완역한 것이다. 본래 컨티넘 국제출판그룹 Continuum International Publishing Group에서 *The Continuum Companion to Spinoza*(2011)라는 제목으로 출간한 책이나, 블룸즈버리가 컨티넘을 인수하면서 제목이 바뀌었다. 모두 영국 출판사이다. 네덜란드 연구자 빕 판 뷩어, 헨리 크롭, 피트 스테인바이커스, 예룬 판 더 펜이 편찬을 맡았고, 네덜란드인 열세 명(편찬자 포함), 프랑스인 네 명, 이탈리아인 세 명, 벨기에인 두 명, 스위스인과 핀란드인 각각 한 명, 미국인 일곱 명과 캐나다인 한 명 등 다국적 연구자들이 집필진으로 참여했다. 스피노자의 생애(1부), 스피노자에게 영향을 준 이들이나 사조(2부), 그의 철학에 대한 초기 비평가들의 비평(3부), 스피노자 철학의 주요 용어 해설(4부), 그의 저작에 관한 소개(5부)와 스피노자 연구사(6부)를 다루는 구성이다. 블룸즈버리의 여타 컴페니언 시리즈와는 유사하지만, 서양의 다른 컴페니언류의 도서가 보통 스피노자 철학의 제 주제에 관한 논문을 묶어 출간하는 것과는 상당히 다른 짜임이다.[1] 블룸즈버리에 의하면 블룸즈버리 편람 시리즈는 대학원생이나 전문가를 위한 도서로 기획된 것이다.[2] 그러나 『스피노자 편람』(이하 『편람』)은 물론 어려운 부분도 있지만, 스피노자 철학에 관심이 있는 일반 독자에게도 큰 도움이 되는 책이라고 생각된다. 차차 언급하겠지만 이를 위해 옮긴이는 나름의 노력을 기울였다. 이 책이 출간되고 스피노자 연구자들이 쓴 세 편의 서평이 나온 것으로 안다.[3] 책의 구성과 내용을 하나씩 살펴보면서 필요시 소개하도록 하겠다.

1부 생애는 스피노자에 관한 혹은 그와 관련된 기록문서documentation 내용을 연대순으로 정리한 스피노자 생애 관련 자료집이다. 네덜란드의 스피노자 연구자 예룬 판 더 펜이 집필했다. 1장 프롤로그 : 기원 및 가족 관계, 2장 출생과 유아기, 3장 정규 교육 및 지적 훈련, 4장 기업가 활동·추방 및 초기 저작, 5장 레이던 학계

---

1   비슷한 시기에 영미권에서 출간된 편람류 도서로는 6부에서 '경쟁 서적'으로 언급된 M. Della Rocca(ed.), *The Oxford Handbook of Spinoza*(Oxford: Oxford University Press, 2017)와 Y. Melamed(ed.), *A Companion to Spinoza*(Oxford: Blackwell, 2021) 외에도 D. Garrett(ed.), *The Cambridge Companion to Spinoza*, 2nd edition(Cambridge: Cambridge University Press, 2022) 등이 있다. 국내에 소개된 피에르–프랑수아 모로, 김은주·김문수 옮김, 『스피노자 매뉴얼―인물, 사상, 유산』(에디토리얼, 2019)도 유사한 성격의 책이다.

2   "Bloomsbury Companions series is a major series of single volume companions to key research fields in the humanities aimed at postgraduate students, scholars and libraries", https://www.bloomsbury.com/uk/series/bloomsbury-companions 참조.

3   Yitzhak Melamed, "The Continuum Companion to Spinoza", *Notre Dame Philosophical Reviews*, 2011(https://ndpr.nd.edu/reviews/the-continuum-companion-to-spinoza) ; Mogens Laerke, "The Continuum Companion to Spinoza", *British Journal for the History of Philosophy*, 20(2), 2012, pp. 420~425 ; Vicente Muñoz-Reja, "The Continuum Companion to Spinoza", *Anales del Seminario de Historia de la Filosofía*, 29(1), 2012, pp. 367~416. 멜라미드는 존스 홉킨스 대학 철학과 교수이며, 레르케는 프랑스 국립과학연구센터CNRS 책임 연구원이고, 무뇨스–레하는 마드리드 자치 대학 철학과 연구원이다.

바깥에서, 6장 학술 네트워크의 확장, 7장 철학의 실천 과학의 장인匠人, 8장 논란과 명성, 9장 치명적 질병·갑작스러운 죽음과 장례, 10장 유산과 유품·로마의 조사, 11장 에필로그 : 유작·초기 반응·금지령과 금서 목록, 그리고 부록 : 스피노자 저작의 판본과 번역까지 총 열한 개의 장과 하나의 부록으로 구성되어 있다. 모든 장은 연도순으로 세분되고, 각 연도에 있었던 주요 사건과 기록이 다시 날짜순으로 정리된다. 저자는 스피노자 생애의 여러 서사를 계약서, 과세 대장, 유언장, 유산 공증 기록 같은 네덜란드의 법률 서류들이나 출생, 할례, 성인식, 매장 기록, 헌금 명세, 파문(헤렘) 문서 등 유대인 공동체의 기록, 그리고 보고서나 회의록 같은 네덜란드 개혁교회나 가톨릭 교회의 문헌과 친구나 기타 관련 인물들과의 서신 등 광범위한 1, 2차 자료에 근거하여 재구성한다. 저자는 이 연대기가 추후 본인이 출간할 '스피노자의 생애, 저작, 지적 네트워크, 그리고 스피노자에 대한 초기 수용과 관련하여 가용한 문헌 자료 제작을 목적으로 하는 책'의 축약본이라고 밝힌다.[4]

무뇨스-레하Muñoz-Reja는 이 파트가 기존 전기들에 비해 어떤 새로운 내용을 담고 있는지에 대해 유보적이면서도 조금 회의적인 견해를 피력한 바 있다. 그러나 멜라메드Y. Melamed와 레르케M. Laerke는 1부에 대해 각각 "신선하면서도 자세하고 대단히 유용"하며 "스피노자를 콘텍스트 속에서 읽으려는 이에게는 더없이 훌륭한 도구이다. 덧붙일 말이 없다There is nothing more to say about it"라는 촌평을 남겼다. 무뇨스-레하의 평이 얼마나 객관적인지는 옮긴이가 "기존 전기" 중 제대로 읽어 본 것이 두어 편에 불과해 말하기 어렵다. 다른 두 서평자의 평가도 '주례

---

4   다음 제목으로 2022년에 출간되었다. Van de Ven, *Printing Spinoza: A Descriptive Bibliography of the Works Published in the Seventeenth Century*(Leiden : Brill, 2022). 총 열 장으로 구성되어 있고, 1장 서론 이하 나머지 장의 제목은 스피노자가 생전에 출간한 저작과 사후 저작의 제목과 저작물의 출판 형태로 되어 있다(예: ch. 2. 'Principles of Philosophy' and 'Metaphysical Thoughts' : Latin and Dutch Quartos). 목차를 일별해 보았을 때 『편람』 1부 같은 구성과 형식은 아니며, 스피노자 저작을 중심으로 앞서 인용한 구절의 내용을 재구성한 듯 보인다. 이 책은 오픈 소스라 인터넷에서 검색하여 누구나 PDF 파일을 내려받을 수 있다. 스티븐 내들러가 이 책에 대한 서평을 남겼다. Steven Nadler, "Printing Spinoza: A Descriptive Bibliography of the Works Published in the Seventeenth Century", *Studia Rosenthaliana,* 49(2), 2023, pp. 241~243.

사 비평'일 가능성을 배제할 수 없으며, 아니더라도 각자의 필요나 선호, 관점에 따라 달리 보일 수 있다. 개인적으로는 많은 도움이 되었다는 정도만 밝힌다. 글은 건조하지만, 역사적 상상력을 발휘하며 읽는다면 의외로 재미있고 때로는 흥미로우며 심지어 감동적인 내용도 있을 것이다. 일반적인 전기와 비교할 때[5] 독특한 구성과 형식도 특기할 만하며 나름의 장점도 있다. 신빙성이 의심되는 일화 등은 배제하고 사료적 가치가 높은 기록을 정리한 것이라 '역사적 스피노자'에 관해 관심이 있는 이들에게 특히 좋을 것으로 생각한다.

2부 영향은 '스피노자 사유의 여러 원천과 그 영향을 소개하고 탐사'하는 부분이다. 들어가며, 1장 프랑코 페트리 뷔르헤르스데이크(1590~1635), 2장 르네 데카르트(1596~1650), 3장 프란시스쿠스 반 덴 엔덴(1602~1674), 4장 아드리안 헤이레보르트(1614~1661), 5장 유대교 철학의 영향, 6장 스토아철학으로 구성되어 있으며, 5장 유대교 철학의 영향에는 마이모니데스(1135경~1204경), 크레스카스(1340경~1410경), 아브라바넬(1460경~1523 이후), 므나세 벤 이스라엘(1604~1657), 델메디고(1591~1655) 같은 유대교 철학자와 유대교 카발라 사상이 포함되어 있다. 해당 인물이나 사조에 대한 소개 및 스피노자에게 미친 영향을 추론해 볼 수 있는 내용들이다. 2부의 편자 피트 스테인바이커스는 도입부에서 울프슨의 환원주의적 접근을 경계하면서 매우 조심스럽게 선별한 목록과 제외된 목록에 대한 변을 남긴다. 분류 기준은 영향 관계를 추산할 수 있는 '증거'이다.

무뇨스-레하는 저자가 목록 선별에 기울인 신중함을 언급하면서도 '논란의

---

[5]　국내에 소개된 스피노자 생애 관련 저작으로는 6부에도 언급된 김호경이 옮긴 스티븐 내들러의 고전적 스피노자 전기『스피노자-철학을 도발한 철학자』(텍스트, 2011)와 박영옥이 옮긴 막심 로베르의『스피노자와 그의 친구들 : 암스테르담, 1677년 : 자유의 발명』(인간사랑, 2024)이 있다. 옮긴이가 번역한 스티븐 내들러의『에티카를 읽는다』(그린비, 2013) 1장 스피노자의 생애와 저작에서 동저자의 스피노자 전기 요약을 접할 수 있으며, 피에르-프랑수아 모로, 김은주·김문수 옮김,『스피노자 매뉴얼-인물, 사상, 유산』(에디토리얼, 2019) 1장 생애에도 전기가 포함되어 있다. 에티엔 발리바르, 진태원 옮김,『스피노자와 정치』(그린비, 2014) 1부 1장 스피노자의 입장도『신학정치론』출간 당시의 정세를 읽을 수 있는 좋은 자료이다.

여지'가 있다면서 "선별 기준을 '영향을 미쳤다는 증거'에 두는 것은 한편으로 스피노자가 무엇을 읽고 읽지 않았는지에 대한 외재적 역사 연구와 다른 한편으로 그 역사적 사실들이 작품에 미친 효과 사이에서 발생하는 교차의 문제를 일으키기 때문"이라고 지적한다. 즉 '영향을 미쳤다는 증거'가 선별 기준이 되려면, 스피노자가 실제로 문제의 저작들을 읽었는지 확인할 수 있어야 하고, 또 읽었다 하더라도 그 저작들이 스피노자의 저작에 어떤 영향을 미쳤는지 확인할 수 있어야 한다는 것이다. 적실한 지적이다. 그러나 바로 이러한 문제 때문에 2부 편자는 "스피노자에게 영향을 주었을지 모를 원천에 관한 모든 탐구에는 불가피하게 틈이 있을 것"이라면서 "다른 선택이 옹호될 수 있음을 인정"하고 "다른 길을 좇아가 보고 싶은 독자들은 저자들이 참고문헌에서 더 읽을거리로 제안한 것을 찾아보길 바란다"라고 했을 것이다. 멜라메드는 2부 목차를 간단히 제시하고, 5장 유대교 철학의 영향에 대해서만 "서로 4~5세기나 떨어져 살았던 여섯 명의 유대교 철학자를 한 논문 안에 몰아넣어야 했던 이유가 명확해 보이지 않는다"라고 짧게 언급한다. 저자가 줄곧 '증거'를 강조하니 그가 자신의 주장에 충실했다면 증거가 부족하거나 애매한 인물들이 많아서 결국 '서로 4~5세기나 떨어져 살았던 여섯 명의 유대교 철학자'만 남은 것인지도 모르겠다. 그러나 멜라메드의 말대로 별도의 기준을 제시했다면 좋았을 것이다. 레르케는 베이컨이나 마키아벨리가 제외된 것에 대해 이는 "무분별한 과잉 맥락화 방식에 대한 강력한 거부"를 보여 주며 "이러한 편집상의 선택은 (…) 이 책 전체에 흐르는 역사적 신중함을 보여 주는 여러 사례"라고 주장하면서도 "홉스를 제외한 것은 (특히 델메디고는 포함되어 있다는 사실을 고려하면) 다소 지나친 감도 있다"라고 지적한다. 개인적으로는 홉스뿐만 아니라 마키아벨리와 베이컨을 포함했어도 저자의 신중함이 퇴색되지는 않았을 것 같다.[6] 옮긴이는 이를 고려하

---

6   최근 출간된 『편람』 2판(2024)에는 이들 세 철학자 및 피터르와 요한 형제Pieter and Johan De la Court(각각 생몰년은 1618~1685, 1622~1660이다)가 수록되었다. 스피노자는 이 형제들의 책을 몇 권 소장하고 있었고, 『정치론』에는 이를 활용한 흔적이 남아 있다(『편람』 2판 해당 항목 참고). 『정치론』 8장 31절에 "매우 사려 깊은 네덜란드인 V. H."prudentissimus Belga V. H 는 이들(정확히는 아마도 피터르)을 칭한 것이다. 'V. H.'는 프랑스어에서 유래한 이 형제들

여 이들과 관련된 국내 연구를 조금 소개해 놓았다.

그가 고백하는 것처럼 완전한 목록을 제시하고 소개하기에는 여러 학문적 난점과 현실적 문제가 있을 것이다. "이 목록은 전혀 완전한 것이 아니다"라는 편자의 고백은 목록의 불완전성에 대한 고백이 아니라 목록 선정의 고충으로 읽힌다. 아쉬운 점이 없지 않지만, 데카르트, 스토아학파 등 몇몇을 제외하면 국내에는 관련 연구가 거의 없어 국내 스피노자 연구에 이바지할 것이 있으리라고 생각된다. 특히 유대교 철학(6장)이나 17세기 신스콜라철학(1, 4장)과 스피노자 철학의 관계는 실제로 매우 중요하고, 서양에서는 활발히 연구되는 주제라 연구 의욕을 자극한다.

3부 초기 비평가는 빕 판 뷩어가 스피노자에 대한 당대의 적대적 비평을 모은 선집이다. 1장 피에르 베일의 『역사비평사전』(1697), 2장 새뮤얼 클라크의 『신의 존재와 속성 증명』(1705), 3장 헨리 모어의 『논박』(1679), 4장 베르나르트 니우엔테이트의 『세계관의 올바른 활용』(1718), 5장 존 톨런드의 『세레나에게 보낸 서신』(1704), 6장 크리스톱 비티흐의 『안티 스피노자』(1690)가 수록되어 있고, 각 저자의 저술 앞에는 간략하게나마 도움이 되는 해제가 포함되어 있다. 베일과 그의 텍스트에 대해서는 잔루카 모리가, 클라크, 모어, 니우엔테이트에 대해서는 빕 판 뷩어가, 톨런드는 링크 페르메이, 비티흐는 마르크 알데링크가 해제를 썼다.

의 성을 네덜란드식으로 현지화한 'Van Hove'(또는 'Van den Hove')의 약자이다. 'Court'cour나 'Hove'(hof의 복수형) 모두 '궁정' 또는 '법정'을 뜻한다. 참고로 17세기 라틴어 문헌에서 '벨기카'Belgica(또는 드물게 '벨기움'Belgium)는 로마 시대의 '갈리아 벨기카'Gallia Belgica에서 유래한 명칭으로, 오늘날의 벨기에를 지칭하는 것이 아니라 저지대 국가Low Countries 전체를 가리키는 말이었으며, 문맥에 따라서는 북부 네덜란드 공화국Dutch Republic과 스페인령 네덜란드Southern Netherlands(오늘날의 벨기에 지역)까지 지칭할 수 있는 포괄적인 용어였다. 그리고 '벨가'Belga는 이 지역 사람을 일컫는 말이다. 벨기에는 1830년에야 독립 국가가 되었고, 17세기에 벨기에라는 나라는 존재하지 않았다. 영역자 컬리(제2권)와 셜리, 모로판 고증본(제5권) 모두 'Belga'를 '네덜란드인'으로 옮겼다. 바르투샤트Wolfgang Bartuschat의 편집본을 저본으로 한 공진성의 역본은 '벨기에 사람'이라고 옮겼는데(공진성 287), 이러한 사정을 살피지 못한 번역으로 보인다. 흥미롭게도 공진성 역본 외에 다른 국역본은 모두 '네덜란드 사람' 또는 '네덜란드인'이라고 번역되어 있다. 국역본에 대해서는 옮긴이 부록 "스피노자 저작 국역본 소개" 참고.

개인적으로 가장 흥미롭게 읽은 꼭지가 이 3부였다. 17세기 유럽인들에게 스피노자 철학은 왜 그토록 불합리해 보였는가? 도대체 왜 "가장 괴물 같은 가설"(베일)이라고 비난받고 "어리석고 파괴적인 견해"(클라크)로 치부되었는가? 『윤리학』의 기하학적 방식은 정말 "학식이 없는 사람들과 평범한 사람들에게 인상적으로 보이도록" 만든 "유사-수학적인 방식"(모어)에 불과한가? "자신 안에서 만들어 낸 상상이나 개념의 특성만 보여 줄 뿐"(니우엔테이트) 무가치한 것인가? 스피노자주의자로 평가되는 톨런드조차 왜 스피노자의 사유와 연장의 동일성 이론은 "이성과 경험 모두에 반하는 것"이며, 운동 이론은 "전적으로 불확실하고 어떤 종류의 근거도 없으며 뒤죽박죽이고 철학적이지 않다"라고 일갈하는가? 말은 점잖게 하지만 『윤리학』의 방법론부터 1부 정리 하나하나를 꼼꼼하게 논박하도록 비티흐를 이끈 열정은 무엇이었는가? 왜 그토록 자신들의 철학은 옳고 스피노자의 철학은 명백히 불합리하다고 생각했는가?

그들의 글에는 사실상 스피노자 철학을 '자비의 원리'에 따라 이해해 보려는 의지가 없는 듯 보인다. 때로는 스피노자 철학의 불합리성을 웅변함으로써 자신들의 '무언가'를 증명해 보이려는 것 같다. 당시 저자들은 일반적으로 사뭇 극단적인 표현을 쓰는 경향이 있으나, 이를 고려하더라도 때로는 '비평'이 아닌 '비난'과 '폭언'에 가까운 언어가 발화된다. 그들의 주장은 어떤 '분노'에서 시작된 것이 아닐까? 무엇이 근대 유럽인들의 적대감을 자극했을까? 그들은 도대체 스피노자 철학의 어떤 측면이 그렇게 견디기 어려웠을까? 내가 보기에 그들은 무엇보다 이 세계의 유한한 실재들이 단일한 신적 실체의 변용(양태)이라는 주장에 '경악'했던 것 같다. 그들은 스피노자 철학이 유대-기독교적 사고에 터 잡은 서양 철학의 '부계 전통'에서 가장 멀리 떨어진 것임을 단번에 직감했다. '기이'한 정도가 아니라 '기괴'한 것이었다. 단순히 '불합리'한 것이 아니라 '불경'한 것이었다. '오디움 테올로기쿰'odium theologicum(신학적 증오)이 그들의 적대적 열정에 불을 지폈다. "어떻게 스스로 존재하고 무한한 완전성을 지닌 자존적 존재자가 인류의 모든 비참함에 종속될 수 있다고 상상할 수 있단 말인가?"(베일) 스피노자 철학은 무신론 자체였다. 그럼에도 신은 이런저런 존재여야 한다는 것이 기하학적으로 증명되었다고 주장한다는 점에서 더욱 역겨운 것이었다. 그들이 너 나 할 것 없이 기독교 변증가의 면모를 보이는 것은 이러한 이유 때문일 것이다. 이 책 서문에서 편찬자들은 "스피노자주의에 대한 적대적 반향은 여전히 초기 근대 철학에서 그것의 존재감을 보여 주는 중요하고도 매혹적인 측면"이라고 주장한다. 1부 생애에서 가톨릭 교회나 네덜란드 개혁교회가 얼마가 기민하고 집요하게 그리고 조직적으로 스피노자라는 괴물에 맞섰는지 볼 수 있다면, 3부 초기 비평가는 이러한 신학적 증오의 철학적 표현을 통해 당시 스피노자의 위상을 엿볼 수 있다. 당시 기독교적 세계관을 떠나 사고한다는 것이 얼마나 어려운지 여실히 보여 주는 선집이 아닐 수 없다.

레르케는 3부에 대해 "스피노자에 대한 반박에 이 정도의 지면을 할애한 것은 스피노자 철학의 수용 역사를 짧게만 언급하거나 아예 생략하는 다른 입문서들과 비교했을 때 반가운 차별점"이라고 칭찬하면서도 글의 선정 기준이 모호하다는 문제를 제기한다. 이를테면 스피노자 옹호자들이나 일부 중요한 비판자들의 저작이 포함되지 않은 이유에 설명이 필요하다는 것이다.[7] 멜라메드는 비티흐 외에는 이미 영미권에 잘 알려져 있고 영역도 되어 있다는 점에서 3부에 특별한 것이 없다고 지적한다. 선집에는 항상 포함되지 않은 텍스트에 대한 의문이 제기될 수 있다. 그러나 적어도 2부 편자처럼 선별 기준을 제시했다면 문제 제기는 이 기준에 대한 것이 될 것이고, 따라서 더 생산적인 토론이 될 것이다. 아마도 3부 편자는 널리 알려

---

7   그는 옹호자들로 바흐터Johann Georg Wachter(1673~1757), 라우Theodor Ludwig Lau(1670~1740), 슈토슈 Friedrich Wilhelm Stosch(1648~1704)를 언급한다. 비판적 텍스트로는 『신학정치론』에 대한 최초의 반박서인 토마지우스의 『익명의 저자에 대한 반박』과 스피노자의 『윤리학』에 대한 라이프니츠의 비판적 주석을 예로 든다. 토마지우스의 글은 1부 생애 부분(1670년 5월 8일 목요일 항목)과 참고문헌 목록에서 소개되며, 라이프니츠의 글은 국역되지 않았으며 영역은 다음 문헌에 수록되어 있다. Gottfried Wilhelm Leibniz, "On the Ethics of Benedict de Spinoza(1678)", in *Philosophical Papers and Letters*, Second Edition, A Selection Translated and Edited, with an Introduction By Leroy E. Loemker(Kluwer Academic Publishers, 1989). 국내의 스피노자와 라이프니츠에 관한 저술로는 서정욱, 『스피노자 vs 라이프니츠』(세창출판사, 2021) ; 매튜 스튜어트, 석기용 옮김, 『스피노자는 왜 라이프니츠를 몰래 만났나 : 철학의 진로를 바꾼 17세기 두 천재의 위험한 만남』(교양인, 2011) ; 윤선구, "스피노자와 라이프니츠에 있어 가능성 개념과 자유", 『철학』, 78, 한국철학회, 2024, 103~137쪽 등이 있다.

진 비평가(예컨대 라이프니츠)는 제외하고 상대적으로 덜 알려진 이들 중 당대의 영향력과 적대적 비평 여부를 중심으로 선집을 구성한 듯 보인다. 그렇다 하더라도 레르케가 꼽은 저작 중 라이프니츠가 빠진 것은 옮긴이도 아쉽다. 멜라메드의 지적은 영미권에서는 의미 있는 지적일 수 있다. 그러나 우리 사정은 전혀 다르다. 피에르 베일의 저 유명한 『역사비평사전』은 국내 스피노자 연구자들도 심심치 않게 언급하지만 국내 초역이다. 새뮤얼 클라크, 헨리 모어, 베르나르트 니우엔테이트, 존 톨런드, 크리스톱 비티흐도 스피노자 수용사에서 매우 중요한 인물들이지만, 그들 텍스트는 전혀 국역된 바 없다. 레르케는 서문에서 저자들이 초기 근대의 적대적 반향은 스피노자주의의 존재감을 보여 준다는 언급을 인용한다. 그러면서 "한 걸음 더 나아가 스피노자 철학의 역사적 의미에 접근하기 위해서는 초기의 반응을 그 의미의 구성 요소로 반드시 고려해야 한다"라고 역설하면서 이 선집의 가치를 적극 옹호한다. 후술하겠지만 그리스도교가 스피노자를 품을 수 없었던 이유에서 스피노자의 현대적 의의를 찾을 수도 있을 것이다. 아쉬운 부분이 없지 않지만, 근대 초기 스피노자 수용에 관한 관심과 연구의 마중물이 되리라 기대한다.

4부 용어 해설은 스피노자 철학의 주요 개념을 여러 연구자가 해설한 부분이다. 편찬은 헨리 크롭이 맡았으며 그를 포함한 스무 명이 넘는 연구자들이 필진으로 동원되었다. 스피노자의 형이상학, 인식론, 인간학, 정치철학, 종교철학 등 전 분야를 아우르는 총 112개의 항목을 다룬다. 책의 절반이 이 4부이다. 각 항목은 표제어와 표제어에 대한 해설, 그리고 해당 용어가 사용된 원문들(라틴어와 네덜란드어)과 1, 2차 참고문헌으로 이루어져 있다. 많은 저자가 이 항목들을 나누어 집필했기 때문에 차이가 있지만, 대체로 표제어에 대한 정의, 출처, 출현 빈도, 용법, 의미, 다른 철학자와의 비교 등이 본문의 주 내용을 이룬다.

개인적으로 좋았던 부분은 뷔르헤르스데이크와 헤이레보르트 등의 저술과 쇼뱅, 고클레니우스, 미크라일리우스가 각각 펴낸 17세기 사전을 자주 인용하며, 스피노자 개념과의 직간접적 관련성을 논의한다는 점이었다. 우리나라에는 거의 알려지지 않고 국내 스피노자 연구에서도 흔히 볼 수 있는 이름은 아니지만, 모두 당대에는 상당히 저명한 철학자들이었으며, 무엇보다 스피노자가 소장하고 참고했던 저작들이다. 스피노자는 새로운 개념을 만들지 않고 기존 개념을 때로는 활용하고 때로는 폐기하거나 급진화하는 방식으로 자신의 철학을 구축해 나갔다. 우리는 그가 활용한 이 저작들을 통해 스피노자의 주요 개념이 당대에 어떻게 통용되었는지, 그가 어떤 배경하에서 자신의 개념을 구축했는지, 그의 개념에 남아 있는 이전 철학의 영향은 무엇인지 등을 가늠할 수 있다. 그뿐 아니라 독자들은 2부에서 언급된 스콜라철학, 스토아철학, 데카르트 철학, 히브리 철학 등의 구체적인 영향 실례를 확인하면서 진공 속에서 탄생한 철학은 없음을 실감할 수도 있을 것이다. 옮긴이에게 『편람』에서 가장 유용한 부분은 바로 4부였다.[8]

또 한 가지 특기할 것은 『신학정치론』 관련 항목들이 많이 포함되어 있다는 점이다. 신학, 사도, 바울/바울로, 기적, 믿음의 기초, 엘렉티오(선출/선택/선민/택함), 그리스도, 성서, 계시, 믿음/신앙, 예언자, 해석, 종교, 종교의식, 피에타스(도의심/도덕/경건[함]), 모세, 미신 등이 그것이다. 다른 용어 해설 도서와 비교할 때도 상당히 많은 편이다. 내용도 전반적으로 알차서 『신학정치론』 이해에 큰 도움이 되리라 생각된다. 특히 이들 항목과 그곳의 『신학정치론』 인용문은 최근 우리 사회가 겪은 일련의 정치적·종교적 문제와 관련하여 스피노자의 현재성을 잘 보여 준다. 예전에 읽었을 때와 다르게 나는 『신학정치론』의 스피노자가 지금 우리 사회 앞에서 포효하는 것처럼 느껴졌다. 당장 『신학정치론』 서문만이라도 읽어 본다면 공감할 수 있으리라 믿는다. 현시점의 한국 사회에서 『신학정치론』의 의의는 『윤리학』을 웃돈다.

4부의 단점은 블룸즈버리의 편람 시리즈 자체가 애초 대학원생이나 전문 연구자를 위한 책이다 보니 구성에 있어 일반 독자들이 거리감을 느낄만한 부분이 있

8　다음 문헌들에도 용어 해설이 있다. 함께 읽는다면 더 좋을 것이다. 질 들뢰즈, 박기순 옮김, 『스피노자의 철학』(민음사, 2001) ; 피에르 마슈레, 진태원 옮김, 『헤겔 또는 스피노자』(그린비, 2010) 부록 용어 해설 ; 에티엔 발리바르, 진태원 옮김, 『스피노자와 정치』(그린비, 2014) 부록 용어 해설. 해외 도서로는 C. Ramond, *Dictionnaire Spinoza*(Paris: Ellipses, 2007) ; K. Hübner and J. Steinberg(eds.), *The Cambridge Spinoza Lexicon*(Cambridge: Cambridge University Press, 2024)이 있다.

다는 점이다. 먼저 『편람』 원서에는 표제어가 라틴어로 제시되어 있다. 이를테면 'Acquiescentia in se ipso' 개념을 다루는 항목의 표제어가 원서에는 'self-esteem'이나 'self-satisfaction'으로 번역되어 있지 않고 원문 그대로 되어 있다는 말이다. 멜라메드가 지적한 것처럼 이는 "번역에서 비롯될 수 있는 혼란"을 피할 수 있다는 점에서 "칭찬받을 만한 결정"praiseworthy decisions이라고 할 수도 있겠다. 무뇨스-레하는 이를 통해 "거의 문제시되지 않았던 표현들의 전문적 성격"을 보여 줄 수 있다고 지적하기도 한다. 그들의 언어에는 라틴어와 형태적으로 유사한 단어가 많으니[9] 표제어를 라틴어로 해도 거리감이 크지 않은 경우가 많다. 서평가들의 긍정적 평가는 이와 무관하지 않을 것이다. 그러나 우리말은 사정이 전혀 다르다. 라틴어를 함께 적으면 될 일이지, 라틴어 표제어가 주는 이득은 라틴어를 아는 독자에게도 그리 크지 않다고 판단했다. 표제어를 라틴어로 두고 한국어-라틴어 목록을 제시한다 해도 역시 번거로움을 피할 수는 없다. 그래서 널리 사용되는 번역어가 있고 또 오해의 소지가 크지 않은 표제어들은 번역어를 표제어로 삼았다. 라틴어 원문은 나란히 적었으며 일반 독자들을 위해 음역도 곁들였다. 하나의 번역어로 일관되게 옮기면 뜻이 통하지 않는 표제어는 음역한 후 라틴어 원문과 해설 내용을 고려한 몇 가지 번역어를 덧붙이는 방식으로 표제어를 만들었다.[10] 이렇게 음역한 다의적 표제어의 번역어들 역시 표제어에 포함하고, 음역한 표제어를 보라는 지시를 넣어 편의를 더했다.[11] 용어 해설 본문에도 부지기수로 나오는 라틴어 표현이나 간혹 등장하는 그리스어나 기타 외국어도 같은 방식으로 처리했다. 해설 과정에서 인용했거나 출처로 제시한 원문을 선별하여 나열한 "원문" 부분도 일반 독자들은

---

9 예컨대 스피노자의 '숩스탄티아'substantia(실체)라는 라틴어 개념은 영어와 프랑스어로는 'substance'로 번역되고, 독일어는 'Substanz', 이탈리아어로는 'sostanza'이다. '아펙티오'affectio(변용)와 '아펙투스'affectus(정서)는 영어와 프랑스어로는 각각 'affection'과 'affect', 독일어로는 'affektion'과 'affekt', 이탈리아어로는 'affezione'와 'affetto'이다.

10 '나투라'Natura(자연/본성), '콘스키엔티아'Conscientia(후회/의식意識), '영원의 스페키에스에서'Sub specie aeternitatis, '코나투스'Conatus(노력/추구) 같은 항목이 그렇다.

11 예컨대 '나투라'라는 표제어의 번역어인 '자연'과 '본성' 역시 표제어로 추가하고 '나투라를 보라'라는 지시어를 넣었다는 것이다.

거리감을 느낄 수 있는 대목이다. 블룸즈버리 편람 시리즈의 목적을 고려할 때 스피노자 연구자에게 원문 확인의 수고를 덜어 주려는 의도였을 것이다. 이를 고려하여 그대로 두되, 선별된 원문 중 본문 이해에 꼭 필요하다고 생각되는 구절들은 번역하여 본문 아래 옮긴이 주로 넣었다.

용어 해설 항목은 112개에 이르지만, 그럼에도 포함되지 않은 용어에 대한 이의를 제기할 수 있다. 이는 서평자들이 4부를 높이 평가하면서도 한결같이 지적한 문제이기도 하다. 레르케는 '이성'ratio, '직관적 인식'scientia intuitiva, '보편적인 것'universale, '권리'ius, '솔로몬'Solomon, '최고 권력'summa potestas, '기쁨'laetitia, '슬픔'tristitia 같은 항목이 빠진 것에 의문을 표하고, 멜라메드는 특별히 들뢰즈가 스피노자 철학의 가리사니로 삼았던 '표현하다'exprimere 항목의 부재를 예로 든다. 특히 레르케는 특정 주제에 속하는 용어 중 포함된 것과 포함되지 않은 사례를 언급하면서[12] 용어 선정의 '전반적 기준'이 모호하다고 지적한다. 이런 기준이 제시되지 않았기 때문에 '상당한 식견이 있는 스피노자주의자라면 기대할 만한 항목'entries that a reasonably well-informed Spinozist might expect to find의 결언缺焉에 의아할 수 있다는 주장이다. 애초『편람』시리즈가 의도한 독자층을 고려할 때 타당한 지적이라고 생각된다. 물론 레르케가 한발 물러서 말한 것처럼 모든 개념을 다 다룰 수는 없는 노릇이고, 또 반드시 그래야 할 이유가 있는 것도 아니다. 어떤 용어는 특정 항목에서 함께 다루는 것이 더 좋은 선택일 수 있다. 그래서 그는 관련 항목을 찾을 수 있는 지남指南이 될 '주제별 색인'index rerum이 있어야 했다고 역설한다. 그럼에도 책을 뒤적이는 수고를 덜어 줄 단순한 목록(차례)조차 없는 것은 사실상 '편집상의 실수'라고 강하게 책망한다. 그래서 레르케는 직접 용어 해설 항목을 나열하고 프린트하여 활용하라고 권하기까지 한다('욕구'Appetitus 항목을 빠뜨린 사소한 실수가 있기는 하다). 너무나 적실한 지적이다. 덧붙여 옮긴이는 주제별 색인뿐만 아니라 각 항목 뒤에 관련 항목도 제시해야 한다고 생각했다. 이런 지적과 요

---

12   이를테면 "스피노자의 인식론과 관련하여 'imaginatio', 'experientia', 'notio communis'에 대한 항목은 있는데, 정작 'ratio'나 'scientia intuitiva' 항목은 없다"라는 말이다.

구는 지나친 것이 아니다. 서양에서 출간된 용어 해설집을 보면 흔히 볼 수 있는 관행에 가까운 배려이다. 이에 옮긴이는 각 항목 본문 아래 '관련 항목' 목록을 덧붙였고, 옮긴이 부록으로 4부에서 다루어진 각 항목의 목차뿐만 아니라 주제별 색인으로 활용할 수 있는 '용어 해설 목록'를 추가했다.[13] 관련 항목 목록은 각 항목의 본문에 언급한 개념들을 중심으로 작성하여 어느 정도 임의성을 줄일 수 있었다. 그러나 용어 해설 목록의 주제별 분류는 옮긴이의 과문함이나 분류상의 애매함 때문에 미진한 점이 있을 것이다. 도움이 되기를 바랄 뿐이다.

서평자들은 앞서 언급한 문제점을 제시하면서도, 『편람』 4부의 "모든 항목이 유익한 정보를 담고" 있으며 "많은 항목이 대단히 훌륭하여 전문적인 철학 연구자나 학생들에게 계발적일 것"(레르케)이라고, "질적 편차가 없는 것은 아니지만 전반적으로 대단히 유용하고 알찬 연구 도구"이며 "독자들이 스피노자의 난해한 저작에 접근하는 데 큰 도움을 준다"(멜라메드)라고 총평한다. 그러나 나에겐 4부의 형식뿐만 아니라 내용 면에서도 어렵고 불친절한 부분이 적지 않아 보였다. 각 개념의 난이도나 중요도와 무관하지 않겠지만, 이를 떠나 여러 연구자가 집필한 것이다보니 해설의 충실도나 난이도에도 편차가 있어 보인다. 특히 스피노자의 형이상학 관련 항목은 많은 논의가 압축된 짧은 표현이나 문장이 불쑥불쑥 튀어나와 옮긴이도 읽어 내기 쉽지 않았다. 아는 이들에게는 압축적 서술에 담긴 무게가 보이겠고 또 경제적이라고 보일 수도 있겠지만, 일반 독자에게는 어렵게 느껴지거나 또 중요한 내용을 지나칠 소지도 있어 보였다. 개인적으로는 종종 당황스럽기도 하고 놀라기도 했으며 안타깝기도 했다. 당황스러웠던 것은 '이걸 이렇게 간단히 말하고 넘어가도 되나?!' 싶어서였고, 놀랐던 것은 '이걸 이렇게 간결하게 정리하다니!' 싶어서였으며, 안타까운 것은 '조금만 더 설명해 주면, 초심자에게도 큰 도움이 될 텐데…' 하는 생각이 들어서였다. 저자들에게는 나름의 이유나 의도가 있었을 수 있고 또 불가피한 측면도 있었을지 모른다. 그러나 조금만 부연하면 훨씬 더 도움이

13　『편람』 2판에는 4부 용어 해설의 목차가 추가되었다. 그러나 관련 항목이나 주제별 색인은 추가되지 않았다.

될 것 같았다. 옮긴이로서는 할 수 있는 한 이런 부분을 개선하고 싶었고, 스피노자 철학에 입문하는 독자들에게도 도움이 되는 책으로 만들고 싶었다. 부족한 점이 많겠지만, 역주를 통해 옮긴이의 바람을 확인할 수 있을 것이다.

5부 스피노자 저작 개요는 피트 스테인바이커스가 스피노자의 저작들을 소개하고 요약한 부분이다. 각 저작에 대한 소개에 앞서 먼저 스피노자의 사망 전후 출간된 저작과 사후 발견된 텍스트들(유실된 저작, 위서, 필사본 등), 스피노자 저작의 언어와 번역을 일별한다. 이후 여덟 장에 거쳐『지성교정론』,『신, 인간, 인간의 행복에 관한 소론』,『데카르트의『철학의 원리』』1~2부와「형이상학적 사유」,『신학정치론』과「『신학정치론』주석」,『윤리학』,『정치론』,『히브리어 문법 강요』,『서간집』등 스피노자 전 저작을 개관한다. 각 장은 도입 부분과 요약 부분으로 이루어져 있다. 도입 부분은 해당 저작의 역사적 배경, 형성 및 전승 과정, 집필 의도나 목적, 구성, 문헌학적 쟁점 등을 일별한다. 요약 부분은 각 텍스트의 편제에 따라 핵심 주제와 내용을 개괄한다.

도입 부분의 일부 내용은 입문하는 독자들에게는 흥미롭지 않을 수도 있겠다. 그러나 어려운 내용은 없다. 특히 집필 당시의 역사적 상황이나 집필 과정 등은 각 저작을 그 맥락 속에서 이해하는 데 이바지할 것이다(1부 생애 부분에도 풍부한 관련 내용이 있다). 요약 부분은 각각 저작의 구조와 핵심 주제를 요령 있게 제시하며 스피노자 철학의 핵심 논증이 무엇인지 파악할 수 있도록 돕는다. 별 기대 없이 읽기 시작했지만, 생각보다 개별 저작들의 내용을 정리하는 데 큰 도움이 되었다. 스피노자 철학에 입문하는 이들에게 특히 유용할 것으로 생각되는 부분이다. 특정 철학자로 입문할 때, 그의 철학을 체계적으로 정리한 2차 문헌이 도움이 될 때도 있지만, 저작 개요 정도만 읽고 곧바로 1차 문헌으로 들어가는 것도 좋은 방법이다. 1차 문헌의 중요성이야 두말할 나위 있겠는가. 문제는 어렵다는 것인데, 전체적인 그림이 잘 그려지지 않는다는 것도 한 가지 이유이다. 근본적으로는 반복으로 뚫어 내야 할 문제겠지만, 입문 단계에서는 이런 개요가 내용 이해에 대한 고충을 완화하는 데 도움이 되기도 한다. 레르케가 잘 지적했듯이 "스테인바이커스가 집필한 '스피노자 저작 개요'는 용어 해설에서 드러나는 세밀하지만 다소 단편적이고 분산적인 이미지를 넘어 스피노자의 철학과 사상에 접근하는 또 다른 통로를 제공"한다. 실제로 이 축도縮圖는 스피노자 철학에 입문하는 독자들에게 그가 쓴 저작의 역사적 배경과 핵심 주제 및 논점을 이해하는 데 일조할 것이다.

6부 스피노자 연구는 빕 판 뷩어가 집필한 것으로 지난 170여 년간 스피노자 연구의 역사를 개관하는 부분이다. 기점은 독일 철학자 쿠노 피셔(1824~1907)가 스피노자의 저작을 서양 철학사의 '정전 목록'canon에 올린 기념비적 저작인 『근대철학사』*Geschichte der neuern Philosophie*를 출간한 1854년이다. 3부 초기 비평가 4장에 나오는 니우엔테이트의 『세계관의 올바른 활용』(1718) 이후 136년 동안의 스피노자 연구는 생략한다. 저자는 이 시기를 다루지 않은 이유를 조너선 이즈리얼(1946~)이 이미 이 문제를 소상히 다루었고, 19세기 이후에야 현대 스피노자 연구가 자리를 잡았으며, 그제야 스피노자 저작의 몇 가지 중요한 편찬본이나 고증본이 출간되었기 때문이라고 밝힌다. 이후 저자는 스피노자 연구의 발전과 전개에 중요한 역할을 한 주요 판본과 인물들의 저작 및 연구 주제 등을 소개한다. 비교적 많은 지면이 할애된 부분은 20세기 스피노자 르네상스를 견인한 프랑스의 스피노자 연구이다.[14]

무뇨스-레하는 130여 년간의 공백을 지적하면서 이를 보충할 문헌으로 앞서 언급한 바우처의 선집을 제시한다.[15] 그러나 레르케는 이러한 공백이 편집자의 무지나 실수가 아닌 의도적 선택이라고 주장한다. 그는 저자의 의도를 요약하면서 그의 선택은 "범신론 논쟁이나 독일 관념론 같은 잘 알려진 '하이라이트'로 역사를

---

14 물론 제한된 지면에서 아주 소략하게 서술된다. 보다 자세한 20세기 프랑스의 스피노자 연구 동향에 대해서는 다음 논문 참고. 진태원, 「범신론의 주박에서 벗어나기-프랑스에서 스피노자 연구 동향」, 『근대철학』, 2(2), 2007, 95~126쪽.

15 Wayne I. Boucher(ed.), *Spinoza: eighteenth and nineteenth-century discussions*, 6 vols(Bristol: Thoemmes Press, 1999). 이 문헌은 6부 참고문헌에도 포함되어 있다. 6부 저자 빕 판 뷩어가 이 선집의 서평을 썼다. Wiep van Bunge, "Spinoza: Eighteenth and Nineteenth-Century Discussions," *Studia Spinozana*, vol. 14, 1998, pp. 315~321. 17~18세기를 포함하는 스피노자 수용사에 대한 조너선 이즈리얼의 간결한 고찰은 다음 문헌 참고. Jonathan I. Israel, *Spinoza, Life and Legacy*(Oxford Univ. Press, 2023), 39~42장. 더 간결한 수용사는 Moreau 1999(국역본 모로 2019, 4장 수용) 참고.

환원하려는 유혹에 저항한 결과"이며, "따라서 이 시차는 스피노자 철학 수용사의 엄청난 복잡성을 예리하게 인식한 결과이자 불과 몇 쪽으로 스피노자주의의 전 역사를 다루려는 시도가 무익함을 깨달은 데서 비롯된 것"이라고 적극 옹호한다. 개인적으로는 레르케가 말한 '유혹'에 빠지지 않으면서 범신론 논쟁은 포함할 수 있지 않았을까 하는 생각이 든다.[16]

무뇨스-레하는 프랑스와 이탈리아가 스피노자를 어떻게 받아들였는지에 대한 영미 학계의 최근 논의가 없다는 점을 특별히 지적하며 더피의 연구(Duffy 2009)를 참고하라고 일러 준다. 실제로 빕 판 벙어는 "프랑스-이탈리아의 '새로운 스피노자'는 남미와 미국에서도 상당한 주목을 받았다"라고 언급만 하고 참고문헌에 무뇨스-레하가 말한 문헌만 올려놓았다. 그러나 역자의 생각에는 뒤이은 주장이 중요해 보인다. "영어권 스피노자 학자들은 자신들이 훈련받은 분석철학 전통에서 연구의 실마리를 얻는다"라는 것이다. '상당한 주목'을 받은 것은 사실이더라도 여전히 영미권 스피노자 연구의 지배적 흐름은 그들이 구축한 고유한 연구 생태계 내에서 이루어지는 듯하다. 그런 의미에서 멜라메드가 "이 글은 명료하고 유익하지만 유럽적 시각에서 작성된 것으로, 내 생각에 현재 미국 분석철학계의 스피노자 연구를 공정하게 다루고 있지는 않다"[17]라는 지적이 더 적실해 보인다. 『편람』 2판에서 멜라메드의 지적은 반영되어 소략하게나마 영미권 스피노자 연구에 대한 간단한 소개가 추가되었고, 본 역서는 이를 반영했다.[18]

아쉬운 점이 있지만, 6부 저자는 스피노자 연구의 역사를 더 줄이기 어려울 정도로 간결하게 요약하면서 스피노자 연구의 과거와 현재를 이해하는 데 도움을 준다. 그는 스피노자 철학이 단순히 17세기의 역사적 유물이 아니라 살아 있는 철

---

16 범신론 논쟁에 대해서는 국내에도 관련 연구가 있다. 6부에서 이 논쟁이 언급될 때 국내외 약간의 참고문헌을 제시했다. 모로 2019의 4장에도 간략한 요약이 있다.

17 원문은 다음과 같다. "(…) to my mind does not do justice to current American analytic scholarship on Spinoza." 마땅히 해야 할 논의를 하지 않았다는 뉘앙스가 있다.

18 포괄적인 영미권 스피노자 연구 목록은 휘브너Karolina Hubner의 스피노자 연구 문헌 목록 (https://philpapers.org/browse/baruch-spinoza)을 참고할 수 있다. 영미권 연구뿐만 아니라 유럽 연구를 아우르는 목록이며 주제별로 정리되어 있고 검색도 가능하다.

학이며, 역사적 상황과 연구자들의 철학적 관심, 시대적 문제의식, 철학적 조류 속에서 지속적으로 재탄생하고 있음을 웅변하는 듯하다. 19세기 중반 이후 스피노자 연구사를 간단히 개관하면서 그의 지속적 생명력을 확인하고자 하는 이들에게는 분명 도움이 될 것이다.

* * *

번역은… 참 어려웠다. 1부 생애는 네덜란드인 저자의 까다로운 영어 외에도[19] 세상에서 제일 음역하기 어려운 네덜란드 사람 이름부터 당시 네덜란드와 유대인 공동체의 기관, 직책, 제도 등의 번역까지 신경 써야 할 것들이 많았다. 2부는 좀 나은 편이었으나, 3부는 극악이었다. 『편람』 원서의 베일 텍스트는 팝킨R. Popkin의 영역을 전제한 것인데, 과문한 탓이겠으나 영역으로는 종종 베일이 말하고자 하는 바를 이해할 수 없었다. 결국 프랑스어 원문을 일일이 확인하고 대조하며 번역했다. 니우엔테이트와 비티흐 텍스트의 영역은 베일에 비해서는 나은 편이었지만, 역시 문제가 있는 것은 아닐까 하는 불안감 때문에 라틴어 원문을 확인하면서 옮겨야 했

---

19 내들러는 앞서 언급한 1부 저자의 책(van de Ven 2022)에 대한 서평 말미에서 다음과 같은 '흥미로운' 지적을 하나 한다. "이 책이 어색한[부적절한] 영어 표현으로 인해 다소 손상되어 있다는 점을 지적해야겠다. 복잡하거나 잘못된 문법이 종종 나타나는데, 이는 아마도 영어 원어민들만 신경 쓸만한 문제일 것이다"I should note that the book is somewhat marred by infelicities of English, with occasions of convoluted or mistaken grammar; but these are likely things by which only native speakers will be bothered. "영어 원어민들만 신경 쓸 만한 문제"라고 한 걸음 물러서지만, 아마도 이는 원어민이 아닌데도 내가 느꼈던 어떤 불편함의 실체였을 것이다. 『편람』 1부뿐만 아니라 나머지 2~6부의 유럽 연구자들이 쓴 글에도 때로는 영미권 연구자들의 난해한 글과는 다른 차원의 어려운 점이 있었다. 그러나 내들러는 책 자체에 대해서는 "놀라운 학문적 성취"remarkable scholarly achievement라고 극찬하면서, "이런 작업을 해낼 수 있는 사람은 극히 드물고 하려고 했던 사람은 더 드물다"라며 스피노자 연구자뿐만 아니라 많은 관련 연구자들은 "판 더 펜에게 엄청난 감사의 빚을 지고 있다"라고 지적한다. S. Nadler, "Jeroen M.M. van de Ven, Printing Spinoza: A Descriptive Bibliography of the Works Published in the Seventeenth Century. Leiden/Boston: Brill, 2022", in *Studia Rosenthaliana*, 49(2), 2023, p. 243.

다. 새뮤얼 클라크, 헨리 모어, 존 톨런드의 텍스트는 출발어가 영어이지만, 그렇다고 사정이 나은 편도 아니었다. 그들보다 앞선 홉스의 글도 이렇게 어렵지는 않았던 것 같은데 자주 어떤 벽을 느끼고는 했다. 급기야 당시 문법이나 어법에서 놓치고 있는 것이 있나 싶어 초기 근대 영어에 관해 공부하다 이렇게까지 해야 하나 싶은 생각에 '현타'가 오기도 했다. 소득이 없지는 않았으나 그렇다고 해서 번역이 술술 되는 것도 아니었다. 내용 파악은 전혀 별개였다. 16세기 산문에서는 "다양한 접속사를 사용하여 문장을 길고 복잡하게 구성한 현학적 문체가 유행"[20]했다고 하는데, 그들의 글은 전형典型인 듯 보였다.

영어책을 번역하는 것인지, 프랑스어책을 번역하는 것인지, 라틴어책을 번역하는 것인지…, 이 책 번역을 가장 후회했던 부분이 3부였다. 어쩌겠는가. 덥석 계약한 업보다, 했다. 4부 용어 해설은 번역 외적으로도 손볼 곳이 많았다. 먼저 내주 방식으로 본문에 삽입된 혹은 누락(되었다고 판단)된 출처가 그랬다. 할 수 있는 한 수정하고 추가했지만, 문제는 내주라 원주와 옮긴이가 추가한 것을 구분하자니 생각보다 많아서 본문의 가독성을 떨어뜨렸다. 결국 구분하여 표기하지 않았는데 최종적으로 잘못된 출처가 있다면 당연히 옮긴이가 책임져야 할 것이다. 앞서 언급한 것처럼 4부에서는 뷔르헤르스데이크와 헤이레보르트의 저술, 그리고 쇼뱅, 고클레니우스, 미크라일리우스의 사전이 자주 인용된다. 그런데 역시 영역된 인용문이 잘 이해되지 않거나 하는 등의 이유로 원문을 찾아보아야 할 때가 적지 않았다. 다행히 구글 도서에서 원본 스캔본을 내려받을 수 있어서 원문과 비교하여 번역할 수 있었다. 글은 또 왜 그리 어려운가? 종종 영어가 모국어가 아닌 연구자들의 난해한 문장과 씨름하면서 나의 보편적 인류애에 일부 저자들을 제외하고 싶은 충동을 느끼기도 했다. 다행히 옮긴이의 문의에 친절하게 답변해 주었던 4부 편찬자 헨리 크룹 선생과 몇몇 저자들의 후의로 사달(?)이 나지는 않은 것을 감사해야 했다. 5, 6부 영어도 가끔 까다로운 때도 있었지만, 일단 어려운 내용이 아닌 데다 분량도

---

20   권혁승, 『영어사 이해』(한국문화사, 2010), 135~136쪽. 저자는 "이는 학자들이 라틴어 문장을 모방한 것으로 보인다"라고 지적한다.

적어서 비교적 수월하게 번역할 수 있었다. 번역 관련하여 독자들은 옮긴이의 고민 흔적을 이 책 곳곳의 옮긴이 주에서 확인할 수 있을 것이다. 부디 도움이 되기를 바란다.

『편람』 원서에 무수히 인용되는 스피노자 저작은 겝하르트와 모로의 고증본 및 표준 영역본인 컬리본과 신뢰할 만한 불역 등을 참고하여 번역했다.[21] 그러나 그러던 중 『스피노자 서간집』(아카넷, 2018), 『지성교정론』(길, 2020), 『정치론』(길, 2020)이 각각 이근세 선생, 김은주 선생, 공진성 선생의 번역으로 출간되었다. 반가운 일이어야 하나 마냥 반가울 수만은 없었다. 평소 어느 정도 신뢰할 수 있는 국역본이 있다면 당연히 그것을 쓰고 필요시 수정하더라도 번역본의 쪽수를 밝혀 주는 것이 원칙이라고 떠들어 왔기에 위 국역본의 번역으로 교체하는 과정을 거쳐야 했기 때문이다. 가장 많이 인용되는 『윤리학』은 진태원 선생의 후의로 선생의 원고를 활용할 수 있었다. 선생의 번역을 쓰거나 앞서 말한 고증본과 번역본을 참고하여 새로 번역했다. 인용문의 모든 번역 책임 역시 옮긴이에게 있음은 두말할 나위 없다. 번역이 마무리되고 교정 작업도 중반을 넘기던 2024년 말 『편람』 2판 소식도 들렸다.[22] 개정 내용을 전면적으로 반영하기에는 물리적으로 시간이 턱없이 부족

---

21 어쩐 일인지 『편람』 1판은 별다른 안내도 없이 주로 셜리의 영역본을 썼다(비티흐의 저작에 대한 해제 부분에서만 예외적으로 스피노자 『윤리학』을 인용할 때 셜리의 영역본을 썼다는 언급이 나온다). 심지어 엘위스R.H.M. Elwes의 영역본을 쓴 경우도 종종 있었다. 『편람』 2판이 나오면서 서문에 모두 컬리의 영역본으로 바꾸었다는 고지가 나온다(2판 「서문」 참고).

22 서평가들이 가장 칭찬한 1부 생애는 외려 구성과 형식은 그대로지만 글 자체가 상당히 바뀌었다. 2부 영향은 '마키아벨리, 베이컨, 홉스, 피터르'와 '요한 형제' 항목이 추가되었다. 3부 초기 비평가는 참고문헌만 조금 바뀌었으며, 4부 용어 해설에는 '공리'와 '정의'(1판의 '기하학적 질서·정의·공리' 항목과 관련), '이성'과 '직관적 인식'(1판의 '인식' 항목과 관련된 항목이다. 레르케의 서평을 의식한 것이 분명하다), 그리고 '파문', '부정', '평화', '시간' 등 총 여덟 개의 항목이 추가되었다. 5부 스피노자 저작 개요에는 유실된 편지에 관한 도표가 추가되었고, 일부 내용에 조금 변화가 있었으며, 6부 스피노자 연구에는 앞서 언급한 것처럼 영미권 연구에 관한 내용이 보완되었다. 전체적으로 참고문헌도 아주 약간 업데이트(추가나 수정)되었다. 출판사 홈페이지에 보면 이 외에도 2부에 '델메디고'와 '이자크 라 페레르'Isaac La Peyrère(1596~1676) 항목, 3부에 '빌럼 반 블리엔베르흐'Willem van Blijenbergh(1632~1696) 항목, 4부에 '빛'Lumen과 '방법'Methodus 항목이 추가되었다고 하는데, 델메디고는 1판에도 있던 항목으로 내용도 개정되지 않았으며, 나머지 항목도 실제로는 추가되지 않았다. 5부

했다. 아니, 개정 내용을 정확히 확인하는 것조차 쉽지 않은 일이었다.[23] 출간 계약 기간도 문제였다. 아쉬운 대로 변경 내용이 많지 않았던 3부, 5부, 6부만 우선 반영했다.

두 가지 번역어에 대한 논의 후 번역 문제는 마무리하고자 한다.

먼저 저 유명한 **'명석판명'**明晳判明 문제이다. '명석한'과 '판명한'은 각각 라틴어의 'clara'와 'distincta'(프랑스어 'claire'와 'distincte' 및 영어의 'clear'와 'distinct')의 번역어로 주지된 바와 같이 일본에서 유입되어 우리나라에서도 관례처럼 사용되는 말이다. 이 번역어를 계속 쓸 이유는 많다. 먼저 철학하는 이들에게는 이미 익숙하다는 무시할 수 없는 장점이 있다. 어느 정도냐 하면 새로운 번역어가 오히려 어색하고 자동으로 '명석판명'이 떠오를 정도이다. 무엇보다 널리 오래 사용되어 왔기 때문에 다른 문헌과의 통일성 및 연속성을 확보할 수 있다. 그러나 이 번역어는 결정적으로 데카르트가 나타내고자 한 의도와 너무 동떨어져 있다. '명석판명'의 원어는 본래 아주 평이한 일상어이다. '클라라'clara는 '밝은', '맑은', '분명한', '명확한', '이해하기 쉬운' 정도의 뜻이다. '디스팅크타'distincta는 '다른', '별개의', '구

______

에 '지금은 유실된 스피노자의 서신을 복원'a reconstruction of dozens of letters now lost from Spinoza consolidates한 것도 포함되었다는 언급도 나오는데, 5부 끝에 있는 '스피노자 관련 서신 고증 목록'(도표)를 말한 것으로 보인다.

23 문서 비교 프로그램으로 쉽게 파악할 수 있을 것 같았지만 간단하지 않았다. 1부는 글 자체가 많이 바뀌어서 변경 내용을 확인하고 반영하는 것이 무의미했다. 큰 변화가 없고 분량이 비교적 많지 않은 부여야 비교 결과를 활용할 수 있었다. 4부는 너무 방대하여 문서 비교 프로그램을 돌려 봐도 변경 내용 확인 작업이 쉽지 않았다. 변경 내용이 일대일 대응하는 방식으로 한 화면에 나오지 않을 때도 많아서 서로 다른 페이지를 왔다 갔다 하며 확인해야 하는 상황이었다. 첫 글자가 같은 항목끼리 파일을 대충 스무 개 정도로 쪼개어 비교해 보았지만 역시 쉽지 않은 일이었다. 제일 확실한 방법은 112개의 항목을 따로 파일로 만들어서 비교하는 것이었다. 약 4분의 1 정도는 각 항목 파일을 만들어 확인했고, 나머지는 스무 개 정도로 쪼갠 파일로 훑어 보았지만 추후 전면적인 확인 작업이 필요한 상황이다. 다만 이렇게라도 일별해 본 결과 '실체' 같은 항목은 내용이 소폭 개정되었으며(2판 반영함), '신에 대한 지적 사랑', '판단' 등은 상당히 개정된 듯 보인다. 나머지 항목은 그대로이거나 있다 하더라도 오탈자와 참고문헌 등만 소폭 변경된 것으로 보인다.

별되는' 등의 의미이다. '명석'明晳의 각 한자어에는 '밝다'라는 뜻이 있지만, '명석하다'라는 말은 '생각이나 판단력이 분명하고 똑똑하다'라는 사전적 정의와 '명석한 판단'이나 '명석한 두뇌' 같은 용례에서 알 수 있듯이 지성의 일반적인 '능력'이나 '판단력'을 나타내는 경향이 강하다. 그러나 '클라라'에는 데카르트가 '집중하고 있는 정신에 현존하며 드러난 지각'을 '바라보는 눈에 현존하여 눈을 충분히 강하고 분명하게 자극하는 것'에 비유한 것에서 알 수 있듯이 '밝음'이나 '맑음'이라는 감각적 뉘앙스가 있다. 그러나 '명석한'은 데카르트가 '클라라'라는 수식어로 드러내고자 한 지각의 투명성과 직접성을 드러내지 못하고 원의를 일반적인 지적 명료함으로 축소한다. 정신이 어떤 대상을 주시할 때 그것이 정신에 아주 명료하고 생생하게 드러난다는 현상적 의미를 충분히 드러내지 못하는 것이다. '판명'判明 역시 각각 '판가름하다', '나누다', '구별하다'라는 뜻과 '밝다'라는 의미가 있지만, '판명하다'라는 말은 '어떤 사실을 판단하여 명백하게 밝히다'라는 뜻과 '진위 여부를 판명하다'나 '과거에 벌어진 일이 사실인지를 판명하다' 같은 용례에서 드러나듯이, 역시 판단 능력과 관련된 지적 활동을 나타내는 말이다. 따라서 명사를 수식하면 해당 명사는 지적 활동의 '결과'라는 뉘앙스를 갖게 된다("판명한 사실"). 그러나 데카르트의 '디스팅크타'는 지각이 다른 모든 지각으로부터 날카롭게 분리되어 오직 명료한 내용만 그 자체 내에 포함하고 외부의 다른 것과 잘 구별되는 지각의 고유한 속성이나 상태를 지시하는 말에 가깝다. 사물의 윤곽이 아주 또렷하고 분명하여 다른 것과 잘 구별될 때처럼, '디스팅크타'는 어떤 지각이 모호하지 않고 아주 명료하며 다른 것과 잘 구별된다는 것을 직관적으로 전달하려는 수식어인 것이다. 다시 말해서 이러한 구별됨/변별됨distinctness은 지성의 능동적인 '판단 행위'의 결과라기보다 해당 지각이 다른 모든 지각으로부터 명확하게 분리되어 있음을 지성이 '인식하는' 지각의 본질적 특성이다. 즉 '디스팅크타'라는 특성은 지성이 어떤 지각을 능동적으로 다른 것과 '구별하는' 동사적 행위에 따른 결과임을 나타낸다기보다 그것에 다른 것과 분명히 '구별되는' 어떤 명사적 특성이 있음을 나타내는 말에 가깝다. 구별됨은 지각의 내재적 특성이며 지성은 이를 인식할 뿐이다. 그러나 '판명한'은 이러한 측면을 포착하기에는 너무 지적이고 동사적이어서 오히려

판단 행위의 결과를 가리키는 말처럼 들린다.[24]

그러나 나는 이보다 더 중요한 문제가 이 도착어를 처음 접한 이들 중 곧바로 그 의미를 이해할 수 있는 사람이 '거의' 없다는 점이라고 생각한다. 관례처럼 '명석판명'이라는 번역어를 사용 중이고(나 또한 그랬다) 그 결과 '명석판명'은 국어사전에도 등재되어 있다. '명석하다'와 '판명하다'가 쓰이지 않는 말인 것도 아니다. 그러나 사람들은 보통 '명료한'이나 '명확한'을 써야 할 곳에 '명석한'을 쓰지 않는다. '뚜렷한'이나 '구별되는'으로 꾸며야 할 명사 앞에 '판명한'이라는 말을 두는 일은 더더욱 드물다. 특히 '판명하다'는 '판명하여', '판명해', '판명하니' 같은 활용 형태로 나타나고 명사를 수식하는 관형어로는 잘 쓰이지 않아 '판명한 관념'이라는 말은 더 이상하게 느껴진다. 그래서 이 번역어를 처음 접한 사람은 보통 "명석판명 →명석한=명료한, 명확한…, 판명한=뚜렷한, 구별되는…", 이런 식의 이해 과정을 거친다. 이 단어의 철학적 의미를 익히는 것을 넘어, 뜻도 쓰임도 와닿지 않는 생경한 번역어 자체를 익혀야 하는 것이다. 단언컨대 이 표현이 적어도 중학교 교과 과정에 나오고 뉴스나 드라마 대사에도 심심치 않게 쓰이는 시대가 도래하지 않는한, 이 번역어를 처음 접하는 사람의 수고는 영원히(!) 계속될 것이다. 엄마가 "똑같은 옷 있는데 뭘 또 사?"라고 할 때 자연스럽게 "엄마, 이거랑 저건 **판명하게** 다른 옷이야!"라고 답하고, 게임 롤에서 엄청난 활약을 했을 때 "나의 캐리는 너무 압도

---

24 "바라보는 눈에 현존하여praesentia 눈을 충분히 강하고 분명하게fortiter & aperte 자극하는 것들을 우리가 클라라하게 본다고 말하듯이, 나는 집중하고 있는 정신에 현존하며 드러난 지각을 클라라하다고[즉 페르켑티오 클라라perceptio clara] 부른다. 나는 클라라하기 때문에 모든 다른 것과 잘 구별되어 단지 클라라한 것만을 담고 있는 지각을 디스팅크타하다고[즉 페르켑티오 디스팅크타perceptio distincta] 부른다"(PP I. 45 ; 원석영 II. 38~39). "통증은 디스팅크타하지 않은 지각이 클라라할 수는 있다는 것을 보여 주는 한 예이다. 그러나 클라라하지 않은 지각은 디스팅크타하지 않다. 심한 통증을 느끼고 있는 사람은 통증에 대해 아주 클라라한 지각을 가지고 있다. 그러나 그 지각이 항상 디스팅크타하지는 않다. 왜냐하면 일반적으로 사람들은 통증에 대한 지각을 통증의 본성에 대한 모호한 판단과 혼동하기 때문이다. (…) 따라서 이와 같이 디스팅크타하지 않은 클라라한 지각이 있을 수 있다. 그러나 클라라하지 않은 디스팅크타한 지각은 있을 수 없다"(PP I. 46 ; 원석영 II. 39. 위 논의 내용을 고려하여 두 단어만 음역으로 수정함). 알다시피 데카르트 철학에서 사유, 연장, 신, 단순 본성 등에 대한 관념은 클라라하고 디스팅크타하게 지각되는 관념이다.

적이고 **명석판명**했지. 그래서 상대 팀도 나에게 **명석하게** '갓겜'god game이라고 외쳤다구!" 같은 말을 아무렇지도 않게 쓰는 시대가 과연 도래할까? 이를 기대하기 어려움에도 이 표현을 고수하는 것은 무의미한 수고와 이해의 책임을 독자에게 전가하는 일 아닌가?

언젠가 인터넷에 떠도는 통역에 관한 글을 읽은 적이 있다. 요지는 "통역은 철두철미한 서비스업"이며 "우리의 고객인 (…) 청중으로 하여금 **그게 뭔가를 생각하는 노동**을 하도록 해서는 안 된다"(강조는 인용자)라는 것이었다. 어느 통번역학과 교수의 글이라고 하는데 출처가 정확한지 확인할 수 없어서 이름을 밝히지는 않았지만, 누구의 말이든 공감되는 주장이 아닐 수 없다. (번역자들의 처우를 고려할 때 말하기 저어되지만) 번역이라고 어찌 다르겠는가. 저자가 원문에서 전달하려는 것을 독자는 번역문에서 읽어 낼 수 있어야 한다. 저자가 요구하지 않는 것을 독자에게 강요해서는 안 된다. '명석판명한' 같은 원의原意를 반영하지도 못하고 생경하기까지 한 번역어로 독자에게 무의미한 인식 노동을 강제하고 이해의 책임을 지우는 일은 이제 지양해야 하지 않을까?

그러나 '명석판명'이라는 번역어가 이미 널리 쓰이는 상황에서 새로운 번역어는 기존 번역어에 익숙해진 사람에게 불편을 초래하고 나아가 이미 명석판명이라고 되어 있는 다른 문헌과의 통일성이나 연속성을 깨뜨린다는 점에서 독자에게 새로운 수고를 부과하는 것 아닌가? 새로운 독자가 뜻도 잘 통하지 않고 생경한 번역어를 익혀야 하는 상황은 개선될 수 있지만, 기존 독자는 새로운 번역어가 기존 번역어의 다른 번역어임을 새로 배워야 하지 않느냐는 것이다. 그렇다면 결국 조삼모사 아닌가? 그러나 두 수고의 내용과 효과는 엄연히 다르다. 하나는 문제적 도착어를 계속 배워야 하는 수고이며, 그 효과는 문제 상황의 현상 유지이다. 그러나 다른 하나는 새로운 번역어와 기존 번역어의 관계를 익히는 수고이며, 그 효과는 문제 상황의 개선이다. 명석판명이라는 번역어는 악화가 양화를 구축하듯, 이해의 책임을 독자에게 전가하면서 자연스럽고 평이한 번역어를 구축해 왔다. '자장면'이나 '쇠고기'가 억지로 '짜장면'이나 '소고기'를 밀어내려고 했던 것과 같다. 당연히 이러한 구축을 끊기 위해 새로운 도착어를 고민하자는 제안이 속속 등장하고 있

다. 이러한 노력에 동참하는 마음으로 옮긴이는 '클라라'와 '디스팅크타'의 기본 도
착어로 각각 '명료한'과 '뚜렷한'(상황에 따라 '뚜렷하게 구별되는', '변별되는'이라고 번
역)을 채택했다.

　　둘째는 '**신**'神이라는 번역어이다. 알다시피 '신'은 영어로는 '갓'(God 또는 god)
이고 라틴어로는 '데우스'Deus이다. 그런데 『신학정치론』에서 스피노자가 말하는
'데우스'는 유대 기독교의 '야훼/여호와', 즉 한국의 그리스도교 신자가 '하나님'(개
신교) 또는 '하느님'(가톨릭)이라고 부르는 바로 그 '신'이다(이하 '하나님'). 『신학정
치론』은 성경에 관한 신학 서적이라고 해도 과언이 아닐 정도로 성경 구절을 수없
이 인용하며 하나님, 그리스도, 구원, 믿음 등에 대한 논의를 전개해 나간다. 따라
서 『신학정치론』의 '데우스'의 도착어는 적어도 그리스도교와의 연관성을 고려한
다면[25] '신'보다 '하나님'이 적절하다.[26] 당대 그리스도교 신앙인이 『신학정치론』을
읽으면서 자신이 믿던 초월적이고 인격적인 신 개념이 해체되고 재구성되는 지적
충격을 경험했을 것을 고려한다면 더 그렇다. 그들은 『신학정치론』의 '신'과 자신
이 믿는 '(유일)신' 사이에서 인지 부조화를 겪었을 것이다. 실제로 『신학정치론』은
『편람』 1부와 3부에서 볼 수 있는 그리스도교의 '적대적 반향'이 자연스러울 법한
내용으로 가득하다. 보수 개신교가 경기를 일으키는 성서 비평학Biblical Criticism
은 스피노자의 역사 비평Historical Criticism으로 거슬러 올라간다.[27] 『편람』의 『신학

25　한국 유대교에는 '야훼'를 부르는 별도의 신명이 없고 보통 '하쉠'('그 이름'이라는 뜻)이라고
　　부른다고 한다. 유대교와 기독교는 뿌리가 같으므로 『신학정치론』의 '데우스'는 당연히 유
　　대 기독교의 '야훼'를 지칭한다('하쉠'과 '야훼'라는 신명에 대해서는 아래 주 참고). 그러나 나
　　는 여기에서 특별히 한국 그리스도교가 신을 부르는 '하나님/하느님'이라는 말을 문제 삼고
　　있으므로, 한국 유대교가 이 명칭을 쓰지 않는다는 사실은 의도적으로 배제하고 논의를 진행
　　하고자 한다. 그러나 독자들께서는 『신학정치론』의 데우스가 유대 기독교의 '야훼' 신을 염
　　두에 둔 것임을 기억해 주셨으면 한다.
26　진석용의 홉스 『리바이어던』 번역서가 'God'을 '하느님'이라고 번역했다. 예컨대 진석용 II-
　　2, 75, 312 참고.
27　E. Porter(ed.), *Dictionary of Biblical Criticism and Interpretation*(Routledge, 2007), p. 36. 나

정치론』 관련 항목에 나오는 'God'도 마찬가지이다. 애초 '신'이라는 번역어가 어색한 경우도 적지 않다. 이를테면 이 책 4부 '그리스도' 항목에는 『신학정치론』 1장에서 "스피노자는 인간을 구원으로 이끄는 God의 섭리가 그리스도에게 간접적으로 말씀과 환상으로 계시된 것이 아니라 직접적으로 계시되었다고 주장한다"라거나, "성서가 말하는 것처럼 God과 '서로 얼굴을 마주 보면서' 소통했던 모세와 달리, 그리스도는 God의 정신을 자신의 지성으로 감각의 도움 없이 직접 알았다"라는 구절이 나오는데, 이 구절에 등장하는 'God'이 기독교의 '하나님', 즉 '여호와/

는 『신학정치론』의 '신학적' 급진성은 성경의 '문자'와 하나님 '말씀'의 동일시를 '우상 숭배'라고 규정한 것에서 시작된다고 본다. 그에 의하면 성경의 '문자'를 하나님의 '말씀'처럼 숭배해야 '신성의 불빛인 이성'이 죄악시되고 성경에 대한 합리적 의문의 자기 억제가 신앙으로 추앙된다. 그래야 성경의 '문자'를 전유專有하는 사악한 이가 인간을 두려움에 빠뜨려 '예속' 상태에서 벗어나지 못하게 만들 수 있다. 스피노자는 근본적으로 이 우상 숭배를 타파해야 종교가 미신에서 벗어나는 것이 가능하다고 보았다. "묻습니다. 이성이 항변하는데도 누가 자신의 마음속에 무언가를 받아들일 수 있습니까? 마음속에서 무언가를 부정한다는 것은 결국 이성이 그것에 반대한다는 사실 외에 무엇이겠습니까? 저는 사람들이 **하나님의 최고 선물이자 신성의 불빛인 이성**을 인간의 사악한 행동으로 인해 훼손될 수 있는 **죽은 문자에**mortuis literis 종속시키려고 한다는 사실에 대해, 그리고 **하나님 말씀의 진정한 원본인 정신**에 대해 업신여기듯 말하고 그것이 부패하고 눈멀고 길을 잃었다고 주장하는 것은 죄로 여기지 않으면서 **하나님 말씀의 우상인 그 문자에** 대해de litera & verbi Dei idolo 그런 생각을 품는 것은 가장 큰 죄라 여겨야 한다고 주장한다는 사실에 대해, 실로 놀라움을 금할 수 없습니다. (…) 그들은 이성과 자신의 판단을 믿지 않는 것을 경건하다고 여기면서 우리에게 성서를 전해 준 이들의 충실성을 의심하는 것은 불경하다고 여깁니다. 그러나 이는 **어리석음일 뿐 경건이 아닙니다.** 묻습니다. 무엇이 그들을 불안하게 하는 것인지요? 무엇을 두려워하는 것인지요? **인간이 의도적으로 모든 것을 모르는 체하고 이성과 완전히 작별하지 않으면 종교와 신앙을 수호할 수 없습니까?** 실로 그들이 이렇게 믿는다면, 그들은 **성경을 신뢰한다기보다는 오히려 두려워하는 것입니다**"(TTP 15.10~11 ; G III. 182 ; C II. 275. 강조는 옮긴이). 이는 어느 신학자의 말처럼 **'성경 우상 숭배'**라고 할만하다. 전광훈 같은 '삯꾼'(요 10 : 11~18. 성실하고 착한 삯꾼도 많은데 미안한 표현이다)이 왜 성경의 '축자영감설'을 강조하며 "이성의 불완전"(2007.10.28. / 2021.02.19 / 2022.09.18 / 2024.03.24)이라는 제목의 설교를 줄기차게 우려먹겠는가? 어떻게 해야 "대가리 박는다, 실시!" 하는 그의 명령에 50~60대 성인이 실제로 예배당에서 '신속하게' 대가리를 박는 일이 일어날 수 있겠는가? "악마도 제 목적을 위해 성경을 인용할 줄 안다"The devil can cite Scripture for his purpose라는 셰익스피어의 말을 되새겨 볼 일이다.

야훼'를 말하는 것임은 두말할 나위 없다. 『신학정치론』에는 '그리스도'Christus[28]에 관한 언급도 많이 나오는데, 이러한 마당에 한국 기독교에서 '하나님'이라고 옮기는 'Deus/God'만 '신'이라고 번역하는 것도 어색한 일이다.

『윤리학』의 '데우스'는 어떤가? 스피노자의 『윤리학』 1부 제목은 "On God"De Deo(신에 관하여)이다. 스피노자는 이곳에서 성서를 언급하지 않으며 자신의 '데우스' 이론을 전개해 나간다. 그리고 내재적이고 자연과 동일시되는Deus, sive Natura 비인격적 존재자로서의 신론을 구축한다. 그러나 『윤리학』의 데우스와 『신학정치론』의 데우스는 당연히 다른 데우스가 아니다. 『윤리학』의 데우스는 『신학정치론』에서 유대 기독교의 데우스를 비판하며 제시한 바로 그 데우스이다. 동일한 언어 기호를 사용하므로 이를테면 서양의 그리스도인은 긍정적으로든 부정적으로든 철학자들의 'God'과 자신이 믿는 'God'(독일어로는 'Gott', 프랑스어로는 'Dieu'…)을 자연스럽게 연결해서 사고할 수 있다(인도유럽어족은 대체로 상황이 다르지 않다). 즉 별개의 대상에 관한 상이한 담론이 아니라 같은 대상에 대한 여러 담론 중 하나로 받아들일 수 있고, 그래서 이를테면 스피노자 『윤리학』의 내재적이고 비인격적인 신론을 접하면서 유대·기독교의 초월적이고 인격적인 '하나님' 이해에 대한 비판을 함축하는 것으로 읽을 수 있다. 서양의 기독교 신학은 철학의 신론과 함께 풍부한 내포를 지닌 개념으로 발전해 왔다. 개인적으로야 철학이나 신학의 신론을 양립 불가능한 담론으로 받아들이고 어느 쪽에서든 다른 쪽을 거부할 수 있지만, 기독교의 신론과 철학의 신론이 서로 영향을 주고받으면서 역동적으로 상호 발전해 왔음은 부정할 수 없다.

그러나 우리나라의 기독교인 역시 철학자가 말하는 '신'을 자신이 믿는 '하나님'과 연관 지어 생각할까? 이를테면 우연히 스피노자의 『윤리학』 1부 '신에 관하여'를 접한 한국의 보수 기독교인이 과연 스피노자가 말한 '신'을 그들이 믿는 '하나님'과 연결 지어 생각할까? 아마도 그렇지 않을 것이다. 인지언어학적 관점에서

---

28   스피노자는 『신학정치론』에서 '예수'Jesus를 내가 알기로는 예외 없이 '그리스도'Christus라고 부른다. 『『신학정치론』 주석』에서만 몇 차례 '예수'라는 이름이 등장할 뿐이다.

볼 때 '하나님'과 '신'은 한국의 기독교인, 특히 보수적 교단에 속한 신앙인에게는 서로 다른 개념적 네트워크를 활성화하는 경향이 있기 때문이다. 그들이 믿는 신에 대한 하나의 담론으로 받아들이기보다 아예 다른 대상에 대한 철학적 담론처럼 여길 소지가 크다. 단순히 의미상의 구분을 넘어 화용론적 차원에서 서로 다른 담화 영역discourse domain으로 인식되는 것이다. 물론 한국의 기독교인들도 '하나님'을 '신'이라고 생각하고 '신'이라고 부르기도 한다. '하나님' 같은 기독교의 신을 일컫는 별도의 말 없이 'God'이라는 언어 형식linguistic form을 쓴다고 해서 영미권 그리스도교인들이 '유일신'으로서의 '신'과 일반 명사로서의 '신'을 구별하지 않는 것도 아니다. 알다시피 유대 기독교의 신론의 주지主旨는 '유일신' 사상이기 때문이다. 그러나 서양의 그리스도인들은 철학자의 'God'이나 기독교의 'God'이나 모두 단어 형태상으로는 동일한 'God'이므로 이 둘을 개념적으로 연결하기 쉽다. 이는 다의성polysemy을 가진 하나의 단어가 다른 의미를 활성화하는 자연스러운 언어적 현상으로, '철학적 신'과 '기독교적 유일신'이라는 개념적 연관성을 강화한다. 다시 말해서 하나의 기표가 활성화하는 복수의 기의 간 인지적 연결이 확보되는 것이다. 반면 한국의 그리스도인, 특히 보수 개신교인에게는 두 기표 간 의미론적·인지적 간극이 너무 크다. 보수적 교단일수록 더 그렇다. 한국의 기독교인은 '하나님'이라는 어휘 자체에서 즉시 종교적 정체성과 특수한 개념 틀을 인식하게 된다. 다른 '신(들)'은 '하나님'이 아닌 '우상'으로 간주되며 그러한 신에 관한 담론은 성서적 진리가 아닌 세속적이거나 이단적인 것으로 규정된다. 따라서 『윤리학』의 '데우스'를 '신'이라고 번역하면 『신학정치론』의 '데우스'가 그리스도교의 '하나님'과 관련하여 지녔던 전복적 가치가 크게 약화될 수 있다. 물론 이러한 언어적 분화가 모든 독자에게 동일하게 작용한다고 단정할 수는 없으며 당연히 개인의 종교적 배경과 철학적 소양에 따라 차이가 있을 수 있다. 그러나 언어 공동체 차원에서 관찰되는 일반적 경향성은 무시할 수 없다.[29] 스피노자 『윤리학』의 신론이 초월적이고 인

---

29 '신'으로 번역될 수 있는 히브리어로는 '엘로힘'אֱלֹהִים 또는 '엘'אֵל이 있고 헬라어로는 '테오스'θεός, 라틴어로는 앞서 언급한 대로 '데우스'가 있다. 이를 영어 성경은 보통 'God' 또는

'god'이라고 옮긴다. 그러나 한중일의 사정은 조금 다르다. 우리나라와 중국에서는 위 단어를 각각 '하나님/하느님'과 '上帝'Shàngdì/'天主'Tiānzhǔ라고 번역하며 성서의 신인 '야훼'를 가리키는 것이 아닐 때는 보통 '神'(신, Shén)이라고 번역한다. 일본에는 한국이나 중국처럼 '하늘'天을 넣은 유사한 번역어 없이 일본의 전통 종교 신토(神道)Shinto에서 유래한 '카미'(神)Kami가 주로 사용된다. 이를 잘 보여 주는 성경 구절이 출애굽기 34장 14절이다. "너는 다른 신god(לֹא, 神/神明, 神/神々)에게 절하지 말라 여호와(יהוה, 耶和华[음역], 主/わたし, Jehovah/Lord)는 질투라 이름하는 질투의 하나님God(לֹא, 上帝/神, 神)임이니라"('개역개정'의 번역이다. 개신교에서 널리 쓰이는 번역본이며 개신교가 쓰는 다른 번역본도 앞뒤의 'לֹא'을 각각 '신'과 '하나님'이라고 번역했다. 괄호 안은 히브리어 원어, 중국어, 일본어, 영어 번역이다. 중국어 번역은 CUNPSS, CSBS, CNVS, 일본어 번역은 JA1955, 新共同訳, JCB, 그리고 영역은 ASV, NASB1955, RSV, NIV이다). 가톨릭과 개신교의 공동번역(개정판 포함)은 두 단어 모두 공히 '신'이라고 번역했지만, 가톨릭도 '신'으로 번역될 수 있는 일반 명사를 '하느님'이라고 번역할 때도 많다. 이를테면 요한복음 1장 1절, "한 처음, 천지가 창조되기 전부터 말씀이 계셨다. 말씀은 하느님과 함께 계셨고 하느님God(θεός, 上帝/神, 神)과 똑같은 분이셨다"의 '테오스'가 그렇다(공동번역과 공동번역 개정판 모두 동일하다. 추가로 내가 확인한 일본어 성경 5종 JA1955, 新共同訳, AB, ERV, JCB에는 모두 '神'이라고 되어 있다). 번역어 사정만 놓고 보면 우리나라와 중국이 비슷하고, '神' 외에 별도의 용어가 없는 일본은 오히려 영미권과 유사하다. 그래서 JCB 같은 일본어 번역본은 '유일신' 신앙을 강조하기 위해 위 출애굽기 구절에서 처음 나오는 '신'을 '神々'(신들)이라고 하고 영어 성경은 'god'라고 번역한 것이다. 그러나 한국어의 '하나님'과 '신'처럼 음성적으로도 구별되는 두 단어가 존재할 때와 영어의 'God'과 'god'처럼 음성 형태는 동일하되 문자 표기에서만 대소문자로 구별될 때와는 다른 효과를 낳을 수 있다. 소쉬르가 지적한 것처럼 기표는 언어 체계 내에서 상대적 가치를 가지기 때문이다. '하나님'과 '신'은 맥락에 따라 서로 다른 기의를 활성화하여 각각 고유한 개념적 영역을 형성한다. 그래서 한국의 그리스도인은 위 출애굽기 번역에서 알 수 있듯이 '신'과 '하나님'을 의미론적으로 구분하여 사용하는 것이 일반적이다. 그러나 영어권 국가나 일본의 그리스도인은 오히려 'God'이나 '神'의 두 기의를 구분하지 않는 것이 일차적으로 자연스러운 언어 처리이며, 구체적으로 구분하려면 맥락 의존적 해석이라는 인지적 활동을 거쳐야 한다. 물론, '하나님'과 '신'을 구분하는 것은 기독교 내에서는 인지적 명확성과 종교적 정체성 강화에 기여할 것이다. 그러나 거꾸로 다른 담론과의 관계에서는 배타적 정체성을 견인할 수 있다. 참고로 위 출애굽기 구절에서 '여호와'는 유대 기독교가 신봉하는 신의 이름이다. '여호와'는 중세 마소라 학자들이 '야훼'를 직접 발음하지 말고 '아도나이'라고 읽도록 유도하고자 야훼의 자음에 '아도나이'אֲדֹנָי('주인', '주님'이라는 뜻) 모음 부호를 수정하여 붙인 것을 후대 서구 학자들이 문자 그대로 읽은 발음이다. 일부 일역이나 영역에서 '여호와'를 '主'Shu와 'Lord'라고 번역한 것은 신명을 직접 부르지 않는 이 전통을 따른 것이다. 한국어 표준 새번역도 위 출애굽기 구절의 '여호와'를 '주'라고 번역했다. '아도나이'의 헬라어 칠십인역은 '퀴리오스'κύριος이고, 라틴어 불가타역은 '도미누스'Dominus이다. 유대교는 이 전통에 따라 예배나 일상생활에서 '야훼' 대신 '아도나이'나 '엘로힘' 또는 '그 이름'이라는 뜻의 '하격적인 유대 기독교의 신론에 겨눈 예리한 칼날이 무뎌지고 보수 교단에 속한 신앙인(오른쪽일수록 더)은 스피노자의 '신'을 자신이 믿는 '하나님'과는 무관한 철학자들의 현학적이고 추상적인 개념적 실체로 치부할 가능성이 높다. 스피노자가 그리스도교에 가한 지적 도전과 인지적 충격이 제대로 전달되지 못하는 것이다. 스피노자 철학이 지닌 신학적·철학적 긴장은 사라지고 그리스도교 하나님의 재개념화reconceptualization라는 스피노자 철학의 가장 도발적인 측면이 거세되고 마는 것이다. 이는 단순히 단어 하나의 번역 문제가 아니라 『신학정치론』과 『윤리학』의 화용론적 효과와 핵심적인 이론적 역량이 약화되는 중요한 문제이다.

그러나 옮긴이는 고민 끝에 스피노자 텍스트의 '데우스'를 '신'이라고 번역했다. 첫째, 스피노자는 유대 기독교의 초월적이고 인격적인 신 이해를 해체하고 내재적이며 자연과 동일시되는 비인격적 신론을 제시하고 있기 때문이다. 스피노자가 유대 기독교의 신 관념을 직접 겨냥하고 있는 것은 사실이나, 그의 궁극적 목표는 그것을 넘어서는 근본적으로 새로운 신 관념을 제시하는 것이었다. 따라서 스피노자의 '데우스'를 '하나님'이라고 번역하는 것은 그의 신론이 지닌 비/반기독교적 가치와 기독교 신학을 넘어서는 개념적 확장성을 되려 가릴 수 있다. 『신학정치론』의 신론 역시 전통적인 기독교 신학은 받아들일 수 없었던 이질적 신이었다. 더구나 비기독교인에게는 '하나님'이라는 번역어가 오히려 스피노자의 신론을 철학적으로 이해하는 데 방해가 될 수도 있다. 독자들이 기독교인일 확률은 4분의 1에 불과하고 그나마도 줄어드는 추세이기 때문이다. 둘째, '신'은 철학적 담론에서 중립적이고 학문적으로 통용되는 번역어로, 스피노자의 신 개념을 기독교적 '하나님'의 종교적 함의 없이 전달할 수 있기 때문이다. '신'이라는 번역어는 특히 『신학정치론』의 비판적 효과를 약화할 수 있지만, 스피노자의 신 개념을 그리스도교의 신 개념이라는 특정 범주에 고정하지 않고 보다 개방된 철학적 담론의 장 속에 위치시킬 수 있다. 반면 '하나님'이라는 도착어는 서양 철학사의 거대한 흐름 속에서 유대

쉠'השם'이라는 말로 신을 지칭하나, 가톨릭은 권고 사항에 속하고, 개신교는 이를 특별히 금기시하지 않는다.

기독교와 비판적 거리를 유지하며 발전시켜 온 철학적 신론과의 개념적 단절을 초래하고 스피노자를 신학적 논쟁의 장에만 가두는 결과를 낳을 수 있다. 따라서 기독교의 '하나님'을 포괄하는 보다 중립적인 '신'이라는 번역어가 더 적합하다고 판단했다.

우리말에 그리스도교에서 실제로 사용되면서도 동시에 철학에서 널리 쓰이는 번역어가 존재하지 않는다는 딜레마가 있는 것은 분명하다. 그럼에도 여전히 『신학정치론』의 '데우스' 번역에는 아쉬움이 남는다. 스피노자의 비전통적이고 급진적인 신 개념이 유대 기독교의 전통적 신 이해와 충돌하며 유발하는 생생한 긴장감을 살리는 데는 '하나님'이 더 유리할 수 있기 때문이다. 특히 최근 우리가 경험한 극우 개신교도의 종교적·정치적 행태를 보면서 나는 마지막까지 적어도 『신학정치론』 인용문과 관련 항목의 'Deus/God'은 '하나님'이라고 번역할까, 심각하게 고민했다. '하나님'이라고 번역하면, 우연히 이 책을 접한 그들이 가상과 미신에 불과한 하나님 관념에 균열이 생기고 하나님을 지금과는 다르게 인식하는 계기가 될 수도 있지 않을까 하는 (부질없는) 생각 때문이었다. 당대 스피노자의 외침에 그리스도교는 크게 동요했다. 그러나 이미 다원화되고 세속화된 지 오래된 세상에서 어느 보수 개신교도가 우연히 스피노자를 접한다 해도 그러한 충격은 없을 것이다. 한국의 많은 보수 개신교 교단에 이승은 관심사가 아니며, 비기독교적인 속세의 허다한 관념은 사유의 대상이 아닌, 외면해야 할 금기가 된 지 오래되었기 때문이다. 학술적 번역어로서의 안정성과 확장성을 고려하여 결국 '신'이라고 번역했지만, 독자 여러분은 『신학정치론』뿐만 아니라 『윤리학』의 신론이 바로 그리스도교의 '하나님'에 관한 새로운 이론일 수 있음을 기억해 주었으면 하는 바람이다. 우리는 스피노자의 현재성 중 하나가 바로 여기에 있는 시공간 속에 살고 있다.

* * *

마무리할 때이다. 종종 번역 계약을 후회하고는 했다. 과연 끝낼 수 있을지 막막한 때도 많았다. 한 번은 혼자 끙끙거리다 어느 연구자에게 함께 번역하지 않겠느냐고 제안한 일이 있었다. 기다렸다는 듯이 '흔쾌히' 그러자 하셔서 놀랍기도 하고 정말 감사하기도 했다. 그런데 어쩐 일인지 불과 며칠 뒤에 연락이 두절되었다. 나중에 같은 일을 다른 분과 한 번 더 겪었다. 그제야 나는, 이 책을 '나의 일'로 운명처럼 받아들였던 듯하다. 처음에는 형벌 같았다. 그러나 어느 순간 제법 명랑하게 번역을 진행할 수 있었다. 모두 사랑하는 사람과 감사한 분들 덕택이다.

먼저 아내 수진 씨께 깊은 사랑과 감사와 존경의 마음을 전한다. 함께한 시간이 어느새 20년을 넘었다. 그녀의 꺼지지 않는 온기와 넓은 슬기와 오랜 근기가 내 힘의 원천이다. 수년 동안 번역으로 분망한 나를 지켜보며 아내는 "이제 번역은 절대 하지 말라"라며 애정 어린 핀잔을 주곤 했는데, 이젠 정말 아내 말을 들을 참이다(이미 계약해 놓은 2권만 끝내면 진짜 번역은 끝이다!). 어느덧 장성하여 예술가를 꿈꾸는 아들 진혁, 서로 바빠 많은 시간을 함께하지는 못하지만 가끔 영화를 보고 이야기를 나눌 때면 언젠가 건네준 니체 책을 제법 인용한다. 철학을 좋아하는(싫어하지는 않는) 것 같아서 다행(?)이다. 뭐든 잘하리라고, 뭐든 잘될 것이라고 믿고 응원한다. 못난 사위를 너른 품으로 보듬어 주시던 나의 장모 고 권중순 권사는 이 책이 출간되는 것을 보시지 못하고 소천하셨다. 장인어른 전영곤 장로와 내 부모님 이은협 장로와 박숙자 권사도 이제 연로하시나 여전히 의연하고 정직하게 사시며 격려와 후원을 아끼지 않으신다. 늘 빚진 마음이다. 이 자리를 빌려 깊은 존경과 감사의 마음을 전한다.

진태원 선배, 스피노자 공부나 번역을 하다 풀리지 않는 문제가 있을 때면 선배를 찾았다. 귀찮을 법도 한데 늘 다정하게 답해 주시고 격려도 잊지 않으신다. 선배의 부탁은 번번이 들어 드리지도 못했는데 추천사까지 흔쾌히 써 주셨다. 성균관대학교 박상태 선배는 형이 없는 나에게 도타운 친형 같은 존재이다. 생활부터 공부까지 언제나 살뜰하게 살펴 주시고 모든 문제를 밝혀 주신다. 장숙藏孰의 김영민 선생님, 연세대학교 문창옥 선생님, 충북대학교 박기순 선생님, 영산대학교 화쟁연구소 박태원 선생님, 한신대학교 이준모 선생님, 최근 작고하신 고 김경재 선생님, 예가교회 조익표·장영진 목사님, 늘 생각하고 그립고 또 감사한 마음이다. 민중신학자이자 생태신학자인 전 향린교회 목사 김희헌 형의 기개氣概에도 감사 드린다. 형의 기백은 바라보는 것만으로도 힘이 된다. 밤새워 스피노자와 철학 이야기를 나눌 수 있는 동화 작가이자 일러스트레이터인 김형준 형, 늘 세속의 슬픔을 명랑하게 살아 내는 존재의 실력을 보여 주신다. 민중교회 목사이자 기독교윤리학자인 김성호 선배의 무구한 눈빛과 격려 그리고 형수님의 도움에도 감사 드린다(선배의 부탁으로 1부 생애의 여러 히브리어와 암스테르담 유대인 공동체에 관한 내용을 흔쾌히 검토해 주신 구약신학자 김상기 박사님께도 감사 드린다). 스콜라철학에 대해 아낌없이 시간을 내어 유익한 조언을 해 주신 가톨릭대학교 정현석 교수님께도 감사 드린다. 먼발치에서나마 선배들과 선생님들께서 보여 주신 삶과 학문의 모범을 따라 한 걸음 내디딜 용기를 얻는다. 농사짓는 시인이자 시민운동가인 지민겸, '무을'이라는 시골교회 목사이자 신학자인 친구 최희돈 역시 내 삶의 든든한 지주이자 도반道伴이다. 늘 보고 싶고 애틋한 후배 김지홍, 정종명, 정진혁, 대학에서 스피노자 강의를 할 때 만난 방훈, 유승환, 이승현, 홍수현 씨에게도 고마운 마음 전하고 싶다.

　　'행촉시사'라는 공부 모임에서 『윤리학』을 함께 읽었던 김봉렬, 김정섭, 김형준, 엄진옥, 이민영, 조윤호 씨께도 감사드린다. 철학아카데미의 『윤리학』 강독에서 만난 송용석, 오미숙, 이영숙, 이윤성, 정현각 선생 등 여러분들도 떠오른다. 오래전 일이라 기억이 희미하지만, 4부 용어 해설의 주요 항목을 번역한 원고를 토대로 철학아카데미에서 '스피노자의 근본 개념'이라는 강좌를 열었을 때도 몇몇 분들이 계속 참여하여 원고를 다듬는 데 도움을 주셨다. 송용석 씨는 출간 직전까지 "도대체 책이 언제 나오는 거냐"라며 상냥한 독촉으로 나를 다잡아 주셨다. 그즈음 다중지성의 정원에서도 『윤리학』 강독을 열어 김숙경, 권미경, 진희수, 채명주 선생 등 여러분들과 스피노자를 다시 읽을 수 있었다. 김숙경, 권미경, 이영숙, 진희수 선생과 방훈 씨와 홍수현 씨는 이 책 3부 피에르 베일의 『역사비평사전』 초고로 진행한 강독과 『신학정치론』 강독을 함께하면서 번역을 제고하는 데 큰 도움을 주셨고, 나중에는 『편람』 전체의 방대한 원고를 나누어 교정까지 봐 주셨다. 노고에 깊이 감사 드린다. 전 그린비 편집부의 임유진 선생과 구세주 선생께도 감사 드린다. 첫 번째와 두 번째 편집을 각각 힘들게 마무리해 주셨는데 책 출간을 보지 못하시고 퇴사하셨다. 내 무능과 비재非才 탓이다. 이후에는 이진희 편집장님과 문혜림 선생, 민승환 선생이 세 번째 편집을 맡아 번번이(뻔뻔히) 마감을 어기는 역자를 만나 고생을 많이 하셨다. 평소 시간 약속을 목숨처럼 여기자며 살아왔는데 출판사에는 그냥 양치기 소년이다. 주 편집자였던 민승환 선생의 수고는 이루 말할 수 없을 것이다. 다섯 분께 깊이 감사 드리고 또 죄송했다는 말씀 드린다.

* * *

2021년이 시작되기 직전, 집 근처에 일산도서관이 개관했더랬다. 최근 4~5년간 수업이나 논문 등 다른 일이 없을 때면 번역을 하러 이곳으로 출근하다시피 했다. 작년부터는 거의 '살았다'. 계약 기간이 임박해 더 이상 미루기도 어려웠지만, 마침 2학기 과목 하나가 폐강된 덕(?)에 수업 부담이 줄고 또 때마침 2024년 한국연구재단 학술연구교수 지원을 받을 수 있게 된 터였다. 아내가 자기는 돈 내고 다녀야 하는 거 아니냐고 농담할 정도였다(이 자리를 빌려 도서관 직원 분들께도 심심한 감사의 말씀을 드린다. 예, 맞아요. 제가 바로 '그 사람'입니다~). 주 69시간을 일하면 안 된다는 값진(?) 체험도 무시로 했다. 같은 시간이 다시 주어져도 이 이상은 못할 것 같은 마음이다. 그런데도 원고를 볼 때마다 손대고 싶은 곳이 보인다. 더 이상 수정하지 않기로 한 약속도 거듭 어겨 왔는데 '그때는 맞고 지금은 틀리다'라는 느낌이 자꾸 든다. 나는 그런 '몸'을 가지고 태어난 듯하다. 신이 영원히 고치라고 명하면 기꺼이 그럴 수 있을 것 같다. 아니 되려 잘 됐다 할 것 같다. 그러나 이제 헤어질 결심을 한다. 어쩔 수가 없다. 분명 누군가의 형안炯眼에 옮긴이의 무능력과 부주의함이 드러나기도 할 것이다. 겸허히 수용하고 개선을 약속 드린다는 말씀과 함께 세상에 내보낸다.

작년 어느 날, 여느 때처럼 도서관의 익숙한 정적 속에서 번역에 침잠하다 스피노자의 어느 서신과 운명처럼 재회한 일이 있었다. 잊고 지내던 한 구절이 홀연 경이롭게 다가와 새삼 커다란 용기와 기쁨을 선사하는 것이었다. 벅찬 감동과 여운에 한동안 곁을 바장이다 조용히 그의 말을 가슴에 새겼다. 그때를 기억하며 글을 나눈다. 부디 이 무거운 책을 손에 든 당신도 용기를 얻고 같은 기쁨을 누릴 수 있기를….

(…) 진리는 진리와 모순되지 않습니다. 설령 제가 자연적 지성으로부터 이미 수확한 결실이 언젠가 단 한 번이라도 거짓임을 발견하게 될지라도, 그 결실은 저를 복되게 만들 것입니다. **왜냐하면 저는 지금 그것을 향유하고 있고 슬픔과 탄식이 아니라 평온과 기쁨과 명랑함 속에서 삶을 영위하고자 힘쓰며 그리하여 한 단계 더 올라가고 있기 때문입니다.**

(…) veritas veritati non repugna t… & si fructum, quem jam ex intellectu naturali cepi, vel semel falsum esse deprehenderem, me fortunatum redderet, quoniam fruor, & vitam non maerore & gemitu, sed tranquillitate, laetitia, & hilaritate transigere studeo & subinde gradum unum adscendo. (서신 21 중에서)

2025년 12월
일산도서관에서
옮긴이

인명 색인

Ernest 1003

리벤달, 마테이스 판 Lievendael, Matijs van 135

리우어르츠 세뇨르, 얀 Rieuwertsz Sr, Jan 54, 62~63, 67, 69, 87~88, 94, 111, 118, 120~123, 125~126, 131, 143, 146

리히터, 크리스토퍼 필립 Richter, Christoph Philipp 406, 650~651

릭스털, 피터르 Rixtel, Pieter 191

[ㅁ]

마레시우스, 사무엘 Maresius, Samuel Des 539, 634, 811

마이모니데스, 모세스 Maimonides, Moses 166, 182, 203, 205~210, 435, 460, 587, 623, 634~645, 701~702, 905, 953, 1004

마이어, 로데베이크 Meyer, Lodewijk 54, 62, 65~69, 102, 105, 107, 122, 130~131, 182~183, 194, 200, 523, 597, 635, 705, 716, 798, 971, 906, 928, 940, 955, 977, 980

마키아벨리, 니콜로 Machiavelli, Niccolò 167~168, 192, 489, 536, 579, 758, 854, 856, 910, 970

마테론, 알렉상드르 Matheron, Alexandre 803, 1007~1009, 1015

말브랑슈, 니콜라스 Malebranche, Nicolas 238, 242, 244, 652, 1006

말트라니야, 미구엘 페레스 드 Maltranilla, Miguel Pérez de 48, 52~53

메넬라오스 Menelaus 59

메이슨, 리처드 Mason, Richard 1011

메인스마, K. O. Meinsma, K.O. 1000

모닉호프, 요하네스 Monnikhoff, Johannes 34~35

모르테라, 사울 레비 Mortera, Saul Levi 218

모세 Moses 214, 438, 451~452, 501, 506~512, 597, 630, 904, 913, 950

모어, 헨리 More, Henry 321~324, 330

몽모랑시-부트빌, 프랑수와-앙리 드 Montmorency-Bouteville, François-Henri de 103

므다엥, 카타리나 Medaens, Catharina 191

미니니, 필리포 Mignini, Filippo 929, 1000, 1010

미크라일리우스, 요하네스 Micraelius, Johannes 455, 486, 534, 541, 552, 578, 605, 718, 726, 754, 874, 881, 894, 904

[ㅂ]

바르나르츠, 얀 Warnaertz, Jan 40

바르베리니, 프란체스코 Barberini, Francesco 123~124, 135~136, 138, 141~144

바르크만, 시몬 Barkman, Simon 40

바르투샤트, 볼프강 Bartuschat, Wolfgang 1010, 1012, 1014

보우미스터, 요하네스 Bouwmeester,

Johannes 63, 68~69, 122, 130, 193, 716, 977

발란, 야콥 Vallan, Jacob 193

발리바르, 에티엔 Balibar, Étienne 1008, 1015

발링, 피터르 Balling, Pieter 54, 63, 69, 193~194, 716

발메스, 아브라암 데 Balmes, Abraham de 505

발터, 만프레드 Walther, Manfred 1001, 1012, 1014

버만, 프란시스쿠스 Burman, Franciscus 88, 147, 360

베넷, 조너선 Bennett, Jonathan 764, 1011

베르길리우스 virgil 190

베르버, 빌럼 판 데르 Werve, Willem van der 86

베이컨, 프란시스 Bacon, Francis 55, 57 ~58, 167, 182, 192, 199, 405~408, 460, 474, 748, 840, 851, 891, 904, 916~919, 979

베일, 피에르 Bayle, Pierre 7, 226, 235~247, 426, 518, 520,

베제, 마르크 Bedjai, Marc 1001

벨라르미노, 로베르토 Bellarmino, Roberto 542

보르키우스, 올라우스 Borrichius, Olaus 56, 58~59, 77

보시우스, 제라두스 요하네스 Vossius, Gerardus Joannes 519

보에티우스, 기스베르투스 Voetius, Gisvertus 171, 179~180, 517, 520, 542, 573, 592, 597, 634, 677, 680, 690, 906

복설, 휘호 다니엘스 Boxel, Hugo Danielsz 94, 107

본테쿠, 코르넬리스 Bontekoe, Cornelis 818~819

볼트링크스, 베이난트 Woltrincx, Wijnant 36

볼트링크스, 피터르 Woltrincx, Pieter 36

볼프, 크리스티안 Wolff, Christian 406, 552, 676

부르댕, 피에르 Bourdin, Pierre 179~180

뷔르헤르스데이크, 프랑코 페트리 Burgers-dijk, Franco Petri 55, 149, 167, 171~175, 197~198, 201, 460, 474, 552, 557, 663, 668, 767~768, 806, 825, 850, 894

뷔르흐, 알버르트 쿤라츤 Burgh, Albert Coenraadszn 92, 111, 113~114

브랑크, 프랑수아 Vranck, François 190

브레단, 다니엘 Bredan, Daniel 33, 36

브론호르스트, 헨드릭 판 Bronchorst, Hendrik van 69~70

브루노, 조르다노 Bruno, Giordano 167, 192, 474

브루더, 칼 헤르만 Bruder, Karl Hermann 14, 998

브리스, 시몬 요스턴 더 Vries, Simon Joosten de 54, 61, 67, 716

블로텐, 반 Vloten, Van 24, 977, 998~1003

블리엔베르흐, 빌럼 반 Blijenbergh,
Willem van　63, 70~71, 595,
624~625, 717

비야코르타 엔리케스 데 Villacorta,
Enríquez d　105

비젤, 요한 Wiesel, Johann　81

비티흐, 크리스톱 Wittich, Christoph　151,
359~364, 634

빅만, 아이작 Beeckman, Issac　178

빌럼 3세 William III　106~107, 149

빌럼, 다비드 르 레우 드 Wilhem, David le
Leu de　178

빗, 얀 더 Witt, Johan de　7, 95~96

빗, 코르넬리스 더 Witt, Cornelis de　117

[ㅅ]

샤누, 피에르 핵터 Chanut, Pierre Hector
181

성 베르나르 Bernard of Clairvau, St　621

세네카 Seneca　226, 401, 475, 839

세니오르, 바루흐 Senior, Baruch　31

셸링, 프리드리히 빌헬름 요제프 Schelling,
Friedrich Wilhelm Joseph　997

소치니, 파우스토 Socinus, Fausto 251, 279

솔라노 이 로블레스, 토마스 Solano y
Robles, Tomas　48, 52~53

쇼뱅, 에티엔 Chauvin, Étienne　407, 417,
448, 475, 477, 493, 503, 522, 558,
564, 593, 605, 612, 639, 663~664,
671, 711, 718, 734, 739, 742, 767,
777, 781, 813, 822, 828, 841, 848,
870, 872, 888, 891, 898

쇼펜하우어, 아르투어 Schopenhauer,
Arthur　997, 999

수아레즈, 프란시스코 Suarez, Francisco
434, 474, 671, 676, 850

슈르만, 아나 마리아 반 Schurman, Anna
Maria van　687

슈브로, 위르뱅 Chevreau, Urbain
100~101

슐러, 게오르크 헤르만 Schuller, Georg
Hermann　94, 109, 112~113,
118~120, 123~125, 127~128,
130, 132, 137~138, 141, 143, 145,
353, 524, 716, 876, 978

스반, 마르티누스 헨리퀴스 더 Swaan,
Martinus Henricus de　124, 136,
139

스반, 얀 더 Swaan, Jan de　136, 139

스텐센, 닐스 Stensen, Niels　56, 60, 92,
97, 98, 113~114, 123, 131~135,
716

스투프, 장 바티스트 Stouppe, Jean-
Baptiste　93, 102~104

스투프, 피에르 알렉상드르 Stouppe, Pierre
Alexandre　103~105

스트라우스, 레오 Strauss, Leo　1005

스트랄런, 리퀴스 판 Stralen, Rykus van
140,

스페이크, 헨드릭 판 데르 Spijck, Hendrik
van der 86, 92, 118~122, 125~129,
135, 137, 140~141

스헬튀스, 야코뷔스 Scheltus, Jacobus 149

저자 약력

도널드 러더포드 Donald Rutherford

미국 캘리포니아 대학 샌디에이고(University of California, San Diego) 철학과 교수(캘리포니아주 라호야)

로랑 보브 Laurent Bove

프랑스 피카르디 줄 베른 대학(Université de Picardie Jules Verne) 인문사회과학·철학 학부 교수

로베르토 보르돌리 Roberto Bordoli

이탈리아 우르비노 대학(Università degli Studi di Urbino Carlo Bo) 철학과 교수

린 스프라위트 Leen Spruit

네덜란드 라드바우트 대학(Radboud University) 역사·미술사·고전학부 교수(네이메헌) 및 이탈리아 로마 사피엔차 대학(Università La Sapienza Roma) 문학·철학부 강사

링크 페르메이 Rienk Vermij

미국 오클라호마 대학(University of Oklahoma) 과학사학과 교수(오클라호마주 노먼)

마르크 알데링크 Mark Aalderink

네덜란드 페넨달(Veenendaal) 선임 프론트엔드·백엔드 개발자

마린 테르프스트라 Marin Terpstra

네덜란드 라드바우트 대학 정치철학 강사(은퇴, 네이메헌)

미리암 판 렌 Miriam van Reijen

네덜란드 아반스 응용과학대학(AVANS Hogeschool) 은퇴 강사(브레다)

미하엘 함페 Michael Hampe

스위스 취리히 연방 공과대학(ETH Zürich) 인문·사회·정치과학부 철학과 교수

베르트 보스 Bert Bos

네덜란드 라이덴 대학(Leiden University) 철학과 명예교수

빕 판 뷩어 Wiep van Bunge

네덜란드 에라스무스 대학 로테르담(Erasmus University Rotterdam) 철학부 교수

샹탈 자케 Chantal Jaquet

프랑스 파리1 팡테옹-소르본 대학(Université Paris 1 Panthéon-Sorbonne) HIPHIMO 소장 겸 철학과 교수

얀 노르데흐라프 Jan Noordegraaf

네덜란드 암스테르담 자유대학(Free University of Amsterdam) 문과부 은퇴 선임강사

올리 코이스티넨 Olli Koistinen

핀란드 투르쿠 대학(University of Turku) 철학과 교수

예룬 판 더 펜 Jeroen van de Ven

네덜란드 에라스무스 대학 로테르담 철학부 연구원

잔루카 모리 Gianluca Mori

이탈리아 피에몬테 오리엔탈레 "아메데오 아보가드로" 대학(Università del Piemonte Orientale) 문학·철학부 교수

조너선 이즈리얼 Jonathan Israel

미국 프린스턴 고등연구소(Institute for Advanced Study) 명예교수

존 밀러 Jon Miller

캐나다 퀸즈 대학(Queen's University) 철학과 부교수(온타리오주 킹스턴)

타마르 루다브스키 Tamar Rudavsky
미국 오하이오 주립대학(The Ohio State University) 멜턴 유대학 연구센터 교수(오하이오
주 콜럼버스)

태미 나이든 Tammy Nyden
미국 그린넬 칼리지(Grinnell College) 철학과 부교수(아이오와주 그린넬)

테드 슈말츠 Tad Schmalz
미국 미시간 대학(University of Michigan) 철학과 교수(미시간주 앤아버)

테오 페르베이크 Theo Verbeek
네덜란드 위트레흐트 대학 철학과 명예교수

토마스 쿡 Thomas Cook
미국 롤린스 칼리지(Rollins College) 철학·종교학과 교수(플로리다주 윈터파크)

파울 유페르만스 Paul Juffermans
네덜란드 틸뷔르흐 대학(Tilburg University) HOVO 브라반트 시니어아카데미 전임 강사
(전직)

프랭크 메르텐스 Frank Mertens
프랑스 독립 연구자

피에르-프랑수아 모로 Pierre-Francois Moreau
프랑스 리옹 고등사범대학(École Normale Supérieure de Lyon) 인문과학부 명예교수

피트 스테인바이커스 Piet Steenbakkers
네덜란드 위트레흐트 대학(Utrecht University) 철학·종교학과 연구원

필립 뷔이스 Filip Buyse

벨기에 르네상스시대 의학·신체 연구센터(CSMBR) 및 왕립 플랑드르화학회(KVCV) 회원

한 판 룰러 Han van Ruler

네덜란드 에라스무스 대학 로테르담 철학부 교수

한스 흐리브나우 Hans Gribnau

네덜란드 라이덴 대학 법학부 및 틸뷔르흐 대학(Tilburg University) 법학부 교수

헤르만 드 뎅 Herman De Dijn

벨기에 루뱅 가톨릭대학(Catholic University of Leuven) 철학연구소 명예교수

헨리 크롭 Henri Krop

네덜란드 에라스무스 대학 로테르담 철학부 명예교수